# AUFSTIEG UND NIEDERGANG DER RÖMISCHEN WELT (ANRW)

# RISE AND DECLINE OF THE ROMAN WORLD

HERAUSGEGEBEN VON / EDITED BY

WOLFGANG HAASE

UND / AND

HILDEGARD TEMPORINI

TEIL II: PRINCIPAT
BAND 26.1

PART II: PRINCIPATE
VOLUME 26.1

WALTER DE GRUYTER · BERLIN · NEW YORK 1992

AUFSTIEG UND NIEDERGANG DER RÖMISCHEN W

BAND II. 26.1

---

RISE AND DECLINE OF THE ROMAN WORLD

VOLUME II. 26.1

# AUFSTIEG UND NIEDERGANG DER RÖMISCHEN WELT (ANRW)



GESCHICHTE UND KULTUR ROMS
IM SPIEGEL DER NEUEREN FORSCHUNG

## TEIL II: PRINCIPAT

## BAND 26

(1. TEILBAND)

RELIGION
(VORKONSTANTINISCHES CHRISTENTUM:
NEUES TESTAMENT [SACHTHEMEN])

HERAUSGEGEBEN
VON
WOLFGANG HAASE

WALTER DE GRUYTER · BERLIN · NEW YORK 1992

⊗ Gedruckt auf säurefreiem Papier,
das die US-ANSI-Norm über Haltbarkeit erfüllt.

⊗ Printed on acid-free paper which falls
within the guidelines of the ANSI to ensure
permanence and durability.

*Library of Congress Cataloging-in-Publication Data*

Aufstieg und Niedergang der römischen Welt:
Geschichte und Kultur Roms im Spiegel der neueren Forschung.

English, French, German, Italian and Spanish.
Later volumes have English parallel title: Rise and decline of the Roman world.
The volumes of Teil II have separate titles: Politische Geschichte, Künste, Recht, Religion, Sprache und Literatur, Philosophie, Wissenschaften, Technik.
Teil II edited by Hildegard Temporini and Wolfgang Haase.
„Joseph Vogt zum 23. 6. 1970" (28 p.) in pocket of vol. I, 1.

Includes bibliographies.
Contents: T. I. Von den Anfängen Roms bis zum Ausgang der Republik (5 v.) – T. II. Principat.
1. Rome – Civilization – Collected works. I. Vogt, Joseph, 1895 – 1986. II. Temporini, Hildegard. III. Haase, Wolfgang. IV. Title: Rise and decline of the Roman world.
DG209.T36 937 72-83058
ISBN 3-11-001885-3 (I, 1)

*Die Deutsche Bibliothek – CIP-Einheitsaufnahme*

**Aufstieg und Niedergang der römischen Welt** : (ANRW) ; Geschichte und Kultur Roms im Spiegel der neueren Forschung / hrsg. von Wolfgang Haase und Hildegard Temporini. – Berlin ; New York : de Gruyter.
Teilw. hrsg. von Hildegard Temporini und Wolfgang Haase. –
Teilw. mit Parallelt.: Rise and Decline of the Roman world
NE: Haase, Wolfgang [Hrsg.]; Temporini, Hildegard [Hrsg.]; ANRW; PT
Teil 2. Principat.
Bd. 26. Religion (Vorkonstantinisches Christentum: Neues Testament [Sachthemen]) / hrsg. von Wolfgang Haase
(Teilbd. 1.) – (1992)
ISBN 3-11-010223-4



Printed in Germany
Satz und Druck: Arthur Collignon GmbH, Berlin 30
Buchbinderische Verarbeitung: Lüderitz & Bauer, Berlin 61
Einbandgestaltung und Schutzumschlag: Rudolf Hübler

# Vorwort

Mit dem vorliegenden Teilband II 26,1 beginnt innerhalb der Rubrik 'Religion' des II. Teils ('Principat') dieses Werkes die Publikation des zweiten der beiden der neutestamentlichen Wissenschaft gewidmeten Bände. Innerhalb der Gruppe von Bänden zum frühen Christentum in vorkonstantinischer Zeit (= Bde. II 23 – II 28) ist von 1982 bis 1987 Bd. II 25 erschienen, der in 6 Teilbänden Beiträge über Leben und Umwelt Jesu (II 25,1) und über die neutestamentlichen Schriften als solche und überwiegend jeweils im ganzen (II 25,2 – 6) enthält. Bd. II 26 wird nun, ebenfalls in 6 Teilbänden, hauptsächlich historische, religionsgeschichtliche und theologiegeschichtliche Sachthemen zum Neuen Testament behandeln. Am Anfang von Teilbd. II 26,1 stellt eine Gruppe von Beiträgen zur neutestamentlichen Text- und Kanongeschichte (unt. S. 3 – 265) eine Brücke zu Bd. II 25,2 – 6 dar. Hauptziel der Sammlung von Beiträgen in den Bänden II 25 und II 26 ist es, wie im Vorwort zu Teilbd. II 25,1 (Berlin – New York 1982, S. V) dargelegt, „die Welt Jesu und des Neuen Testaments als ein Produkt von Wechselwirkungen der jüdischen und der römischen Welt, jeweils mit Einschluß und unter besonderer Berücksichtigung ihres hellenistischen Elements, in einander ergänzenden Einzelbildern vor Augen zu führen."

Wie am Anfang von Teilbd. II 25,1 (a. a. O.) sei auch hier wieder, mit aktualisierenden Ergänzungen, auf die vielfältigen sachlichen Beziehungen zwischen den beiden Bänden zum Neuen Testament und anderen Bänden dieses Werkes, insbesondere der Rubrik 'Religion', hingewiesen: Innerhalb der Rubrik 'Politische Geschichte: Provinzen und Randvölker' bieten Bd. II 7 über die Provinzen des hellenisierten Balkanraumes und des griechischen Mutterlandes (Teilbd. 1 [1979]) sowie Kleinasiens (Teilbd. 2 [1980]) und Bd. II 8 (1977) über Syrien, Palästina und Arabien mit vielen ihrer Beiträge auch Ausschnitte der neutestamentlichen Zeitgeschichte. Innerhalb der Rubrik 'Religion' geben in Bd. II 18 (Teilbde. 1 – 6 [1986 ff.]) über die religiösen Verhältnisse in den Provinzen und bei den Rand- und Nachbarvölkern des römischen

Reiches vor allem die Teilbände II 18,3 – 5 über die Gebiete des hellenisierten Balkanraumes und des griechischen Mutterlandes (Teilbd. 2 [1990]), Kleinasiens (Teilbd. 3 [1990]), des syrisch-arabischen und des iranischen Raumes (Teilbd. 4 [1990]) sowie Ägyptens und Nordafrikas (Teilbd. 5 [1993]) auch Einblicke in die pagane religionsgeschichtliche Umwelt des Neuen Testaments. Die Bände II 19 – II 21 (1979, 1987, 1984), die das antike Judentum im Gesichtskreis der römischen Welt behandeln, liefern u. a. auch religions-, kultur- und literaturgeschichtliche Informationen über Voraussetzungen und Bedingungen der Entstehung des Christentums. Bd. II 23, in dem Beiträge über das Verhältnis des vorkonstantinischen Christentums zum römischen Staat (Teilbd. 1 [1979]) und zu paganer Religiosität (Teilbd. 2 [1980]) vereinigt sind, reicht teilweise bis in die Zeit Jesu und des Neuen Testaments zurück. Zur Bequemlichkeit des Lesers wird im Anschluß an dieses Vorwort der Inhalt der Bände II 7, II 8, II 18,2 – 5, II 19 – II 21, II 23 und II 25 vollständig mitgeteilt.

Am Schluß von Bd. II 26 (Teilbd. 6) werden, wie in der Vorbemerkung zu Teilbd. II 25,6 (1988, S. V) angekündigt, einige wichtige Nachträge zu Bd. II 25 erscheinen.

Grundsätzlich sei auch hier (wie zuletzt im Vorwort zu Teilbd. II 36,5 [1992] S. V) betont, daß in diesem Band wie immer in diesem Werk weder sachliche Vollständigkeit noch formale Einheitlichkeit angestrebt ist. Es stehen verschiedene Typen von Beiträgen nebeneinander, die in ihrer Gesamtheit als zusammenfassende Darstellungen, Problem- und Forschungsberichte und exemplarische Untersuchungen oder Interpretationsstudien, jeweils mit Betonung der bibliographischen Information, das behandelte Gebiet repräsentativ erfassen sollen.

Bei der redaktionellen Arbeit ist der Herausgeber diesmal in Tübingen von Edeltraud Dürr, Guido Santalucia, Dietmar Vögele sowie Alexander F. Wensler und in Boston von Lynn Catterson, Roxanne Gentilcore und Lisa Marsh tatkräftig unterstützt worden. Im Verlag de Gruyter ist dieser Teilband von Renate Stefan herstellerisch betreut worden. Allen Genannten sei für ihre Bereitschaft und Sorgfalt vielmals gedankt. Dank gebührt schließlich auch für vielfache Anregung und Hilfe meinem nächsten Kollegen und Kodirektor am Institute for the Classical Tradition der Boston University, Meyer Reinhold, für angenehme Arbeitsbedingungen dem Chairman des Department of Classical Studies, Jeffrey Henderson, und für allgemeine Unterstützung dem Dean des College of Liberal Arts und der Graduate School, DENNIS D. BERKEY, und nicht zuletzt dem Executive Vice President und Provost der Boston University, JON WESTLING.

W. H.

Department of Classical Studies/
ANRW Research Center,
Boston University

Arbeitsstelle ANRW,
Universität Tübingen

im Juli 1992

Inhaltsübersicht der Bände II 7, II 8, II 18,2 – 5, II 19 – II 21, II 23 und II 25:

Band II 7 (1979/80): POLITISCHE GESCHICHTE (PROVINZEN UND RANDVÖLKER: GRIECHISCHER BALKANRAUM; KLEINASIEN): 1. Halbband: D. NÖRR (München), Zur Herrschaftsstruktur des römischen Reiches: Die Städte des Ostens und das Imperium (3 – 20); CHR. M. DANOV (Sofia – Wien), Die Thraker auf dem Ostbalkan von der hellenistischen Zeit bis zur Gründung Konstantinopels (21 – 185); R. D. SULLIVAN (Saskatoon, Saskatchewan), Thrace in the Eastern Dynastic Network (186 – 211); B. GEROV (Sofia), Die Grenzen der römischen Provinz Thracia bis zur Gründung des Aurelianischen Dakien (212 – 240); CHR. M. DANOV (Sofia – Wien), Philippopolis, Serdica, Odessos. Zur Geschichte und Kultur der bedeutendsten Städte Thrakiens von Alexander d. Gr. bis Justinian (241 – 300). – F. PAPAZOGLOU (Belgrade), Quelques aspects de l'histoire de la province de Macédoine (302 – 369). – D. J. GEAGAN (Hamilton, Ontario), Roman Athens: Some Aspects of Life and Culture I. 86 B. C. – A. D. 267 (371 – 437); J. WISEMAN (Boston, Mass.), Corinth and Rome I: 228 B. C. – A. D. 267 (438 – 548); J. M. FOSSEY (Montreal, Quebec), The Cities of the Kopaïs in the Roman Period (549 – 591).

2. Halbband: TH. PEKÁRY (Münster), Kleinasien unter römischer Herrschaft (595 – 657); A. D. MACRO (Hartford, Conn.), The Cities of Asia Minor under the Roman Imperium (658 – 697); D. H. FRENCH (Ankara), The Roman Road-system of Asia Minor (698 – 729); M. P. SPEIDEL (Honolulu, Hawaii), Legionaries from Asia Minor (730 – 746). – D. KNIBBE (Wien) – W. ALZINGER (Wien), Ephesos vom Beginn der römischen Herrschaft in Kleinasien bis zum Ende der Principatszeit (748 – 830). – S. JAMESON (Cambridge), The Lycian League: Some Problems in its Administration (832 – 855). – B. F. HARRIS (North Ryde, N. S. W.), Bithynia: Roman Sovereignty and the Survival of Hellenism (857 – 901). – E. OLSHAUSEN (Stuttgart), Pontos und Rom (63 v. Chr. – 64 n. Chr.) (903 – 912); R. D. SULLIVAN (Vancouver, B. C.), Dynasts in Pontus (913 – 930). – T. DREW-BEAR (Lyon), Problèmes de la géographie historique en Phrygie: L'exemple d'Alia (932 – 952). – R. K. SHERK (Buffalo, N. Y.), Roman Galatia: The Governors from 25 B. C. to A. D. 114 (954 – 1052); S. MITCHELL (Oxford), Population and the Land in Roman Galatia (1053 – 1081). – R. TEJA (Salamanca), Die römische Provinz Kappadokien in der Prinzipatszeit (1083 – 1124); R. D. SULLIVAN (Vancouver, B. C.), The Dynasty of Cappadocia (1125 – 1168); T. B. MITFORD (Oxford), Cappadocia and Armenia Minor: Historical Setting of the *Limes* (1169 – 1228). – T. B. MITFORD † (St. Andrews), Roman Rough Cilicia (1230 – 1261); H. HELLENKEMPER (Köln), Zur Entwicklung des Stadtbildes in Kilikien (1262 – 1283). – T. B. MITFORD † (St. Andrews), Roman Cyprus (1285 – 1384).

Band II 8 (1977): POLITISCHE GESCHICHTE (PROVINZEN UND RANDVÖLKER: SYRIEN, PALÄSTINA, ARABIEN): B. LIFSHITZ † (Jérusalem), Études sur l'historie de la province romaine de Syrie (3–30); W. VAN RENGEN (Bruxelles), L'épigraphie grecque et latine de Syrie. Bilan d'un quart de siècle de recherches épigraphiques (31–53); J. LASSUS (Aix-en-Provence), La ville d'Antioche à l'époque romaine d'après l'archéologie (54–102); J. et J. CH. BALTY (Bruxelles), Apamée de Syrie, archéologie et histoire I. Des origines à la Tétrarchie (103–134); J. LAUFFRAY (Karnak–Paris), Beyrouth Archéologie et Histoire, époques gréco-romaines I. Période hellénistique et Haut-Empire romain (135–163); E. FRÉZOULS (Strasbourg), Cyrrhus et la Cyrrhestique jusqu'à la fin du Haut-Empire (164–197); R. D. SULLIVAN (Saskatoon, Saskatchewan), The Dynasty of Emesa (198–219); H. BIETENHARD (Bern), Die syrische Dekapolis von Pompeius bis Trajan (220–261); B. LIFSHITZ † (Jérusalem), Scythopolis. L'histoire, les institutions et les cultes de la ville à l'époque hellénistique et impériale (262–294). – R. D. SULLIVAN (Saskatoon, Saskatchewan), The Dynasty of Judaea in the First Century (296–354); S. APPLEBAUM (Tel Aviv), Judaea as a Roman Province; the Countryside as a Political and Economic Factor (355–396); D. SPERBER (Jerusalem), Aspects of Agrarian Life in Roman Palestine I. Agricultural Decline in Palestine during the Later Principate (397–443); B. LIFSHITZ † (Jérusalem), Jérusalem sous la domination romaine. Histoire de la ville depuis la conquête de Pompée jusqu'à Constantin (63 a. C.–325 p. C.) (444–489); B. LIFSHITZ † (Jérusalem), Césarée de Palestine, son histoire et ses institutions (490–518); A. NEGEV (Jerusalem), The Nabateans and the Provincia Arabia (520–686); M. P. SPEIDEL (Honolulu, Hawaii), The Roman Army in Arabia (687–730). – R. D. SULLIVAN (Saskatoon, Saskatchewan), The Dynasty of Commagene (732–798); H. J. W. DRIJVERS (Groningen), Hatra, Palmyra und Edessa. Die Städte der syrisch-mesopotamischen Wüste in politischer, kulturgeschichtlicher und religionsgeschichtlicher Beleuchtung (799–906). – R. D. SULLIVAN (Saskatoon, Saskatchewan), Papyri Reflecting the Eastern Dynastic Network (908–939).

Band II 18 (1989/90): RELIGION (HEIDENTUM: DIE RELIGIÖSEN VERHÄLTNISSE IN DEN PROVINZEN [FORTS.]): 2. Teilband: H. KENNER (Wien), Die Götterwelt der Austria Romana (875–974) [Verzeichnis der Götter-, Dämonen- und Heroennamen S. 1652–1655]; L. VIDMAN (Prag), Der ägyptische Kult in den Donauprovinzen (975–1013); LJ. ZOTOVIĆ (Belgrad), Die Ausbreitung des Mithraskultes in Südosteuropa (1014–1037); Z. KÁDÁR (Budapest), Der Kult der Heilgötter in Pannonien und den übrigen Donauprovinzen (1038–1061); J. KOLENDO (Varsovie), Le culte de Juppiter Depulsor et les incursions des Barbares (1062–1076); A. BODOR (Cluj–Napoca), Die griechisch-römischen Kulte in der Provinz Dacia und das Nachwirken einheimischer Traditionen (1077–1164); S. SANIE (Iaşi), Die syrischen und palmyrenischen Kulte im römischen Dakien (1165–1271); S. SANIE (Iaşi), Kulte und Glauben im römischen Süden der Moldau (Ostrumänien) (1272–1316). – V. VELKOV (Sofia) – V. GERASSIMOVA-TOMOVA (Sofia), Kulte und Religionen in Thrakien und Untermösien (1317–1361); V. NAJDENOVA (Sofia), The Cult of Jupiter Dolichenus in Lower Moesia and Thrace (1362–1396); V. NAJDENOVA (Sofia), Mithraism in Lower Moesia and Thrace (1397–1422). – S. DÜLL (Rom), Götterkulte Makedoniens in römischer Zeit [Hinweis auf den Nachtrag in Bd. II. 18.6] (1424). – P. W. VAN DER HORST (Utrecht), The Altar of the 'Unknown God' in Athens (Acts 17:23) and the Cult of 'Unknown Gods' in the Hellenistic and Roman Periods (1426–1456); L. J. ALDERINK (Moorhead, Minn.), The Eleusinian Mysteries in Roman Imperial Times (1457–1498); K. CLINTON (Ithaca, N. Y.), The Eleusinian Mysteries: Roman Initiates and Benefactors, Second Century B. C. to A. D. 267 (1499–1539); CHR. GALLANT (Atlanta, Georgia), A Jungian Interpretation of the Eleusinian Myth and Mysteries (1540–1563); S. G. COLE (Chicago, Ill.), The Mysteries of Samothrace during the Roman Period (1564–1598); S. LEVIN (Binghamton, N. Y.), The Old Greek Oracles in Decline (1599–1649); J. R. WISEMAN (Boston, Mass.), Corinth as a Religious Center under the Principate, I. Paganism before Constantine [Hinweis auf den Nachtrag in Bd. II. 18.6] (1650). – H. KENNER (Wien), Die Götterwelt der Austria Romana: Verzeichnis der Götter-, Dämonen- und Heroennamen (1652–1655).

3. Teilband: D. Knibbe (Wien), Der Kaiserkult in Asia am Beispiel von Ephesos [Hinweis auf den Nachtrag in Bd. II. 18.6] (1659); R. E. Oster (Memphis, Tenn.), Ephesus as a Religious Center under the Principate, I. Paganism before Constantine (1661–1728); P. Frei (Zürich), Die Götterkulte Lykiens in der Kaiserzeit (1729–1864); E. Olshausen (Stuttgart), Götter, Heroen und ihre Kulte in Pontos – ein erster Bericht (1865–1906); Th. Drew-Bear (Lyon) – Chr. Naour †, Divinités de Phrygie [Indices se trouvent à la fin du tome II. 18.4] (1907–2044); Th. S. MacKay (Seattle, Wash.), The Major Sanctuaries of Pamphylia and Cilicia (2045–2129); J. Nollé (München), Götter und Kulte der pamphylischen Städte [Hinweis auf den Nachtrag in Bd. II. 18.6] (2130); T. B. Mitford † (St. Andrews), The Cults of Roman Rough Cilicia (2131–2160); E. N. Lane (Columbia, Mo.), Men: A Neglected Cult of Roman Asia Minor (2161–2174). – T. B. Mitford † (St. Andrews), The Cults of Roman Cyprus (2176–2211).

4. Teilband: E. Frézouls (Strasbourg), Remarques sur les cultes de la Syrie romaine [Hinweis auf den Nachtrag in Bd. II. 18.6] (2213); L. M. Hoppe (Wichita, Kansas), Mithraism in Syria (2214–2235); Y. Hajjar (Montréal), Divinités oraculaires et rites divinatoires en Syrie et en Phénicie à l'époque gréco-romaine [v. Index général à la fin de ce tome] (2236–2320); M. Pietrzykowski (Varsovie), Les adytons des temples syriens à l'époque romaine [Hinweis auf den Nachtrag in Bd. II. 18.6] (2321); F. W. Norris (Johnson City, Tenn.), Antioch on-the-Orontes as a Religious Center, I. Paganism before Constantine (2322–2379); L. M. Hopfe (Wichita, Kansas), Caesarea Palaestinae as a Religious Center (2380–2411); G. Mussies (Utrecht), Marnas God of Gaza (2412–2457); Y. Hajjar (Montréal), Baalbek, grand centre religieux sous l'Empire (suivi d'un appendice: Supplément II au corpus des documents iconographiques et épigraphiques héliopolitains) [v. Index général à la fin de ce tome] (2458–2508); Y. Hajjar (Montréal), Dieux et cultes non héliopolitains de la Béqaʿ, de l'Hermon et de l'Abilène à l'époque romaine [v. Index général à la fin de ce tome] (2509–2604); M. Gawlikowski (Varsovie), Les dieux de Palmyre (2605–2658); M. Gawlikowski (Varsovie), Les dieux des Nabatéens (2659–2677). – J. R. Russell (New York, N. Y.), Pre-Christian Armenian Religion (2679–2692). – M. van Esbroeck (Munich), La religion géorgienne pré-chrétienne (2694–2725). – J. R. Russell (New York, N. Y.), Religion in Iran in the Parthian Period [Hinweis auf den Nachtrag in Bd. II. 18.6] (2727); J. R. Russell (New York, N. Y.) et alii, Religion in Iran in the Sassanian Period [Hinweis auf den Nachtrag in Bd. II. 18.6] (2727); J. Ries (Louvain-la-Neuve), Le culte de Mithra en Iran (2728–2775). – Th. Drew-Bear (Lyon) – Chr. Naour †, Divinités de Phrygie (ci-dessus [ANRW II. 18.3], pp. 1907–2044): Indices (2777–2781). – Index général des articles de Y. Hajjar, ci-dessus pp. 2236–2320, 2458–2508 et 2509–2604 (2783–2797).

5. Teilband (in Vorbereitung): I. Hofmann (Wien), Meroitische Religion; J. Yellin (Wellesley, Mass.), Meroitic Funeray Religion. – L. Kákosy (Budapest), Probleme der Religion im römerzeitlichen Ägypten; B. W. W. Dombrowski (Göttingen), Alexandria als religiöses Zentrum in der römischen Kaiserzeit, I. Von Augustus bis Diokletian; J. Whitehorne (St. Lucia, Queensland), Pagan Cults in Roman Oxyrhynchus; H. Heinen (Trier), Herrscherkult im römischen Ägypten; E. Huzar (East Lansing, Mich.), Emperor Worship in Julio-Claudian Egypt; J. C. Grenier (Montpellier), L'empereur et le Pharaon; D. Bonneau (Caën), La divinité du Nil sous le Principat; F. Dunand (Strasbourg) – R. Lichtenberg Strasbourg – Paris), Pratiques et croyances funéraires en Égypte romaine; L. H. Corcoran (Memphis, Tenn.), Evidence for the Survival of Pharaonic Religion in Roman Egypt: The Portrait Mummy; W. Brashear (Berlin), The Greek Magical Papyri: An Introduction and Survey; R. Ritner (Chicago, Ill.), Egyptian Magical Practice under the Roman Empire: the Demotic Spells and their Religious Context; S. Pernigotti (Bologna), La magia copta: i testi. – A. Laronde (Grenoble – Paris), Les cultes de la Cyrénaique à la fin de l'époque hellénistique et à l'époque romaine. – L. Foucher (Tours), Le paganisme en Afrique Proconsulaire sous l'Empire: Bilan de 36 ans de recherches (1953–1988); M. LeGlay (Paris), Le paganisme en Numidie et dans les Maurétanies sous l'Empire romain: Etat des recherches entre 1954 et 1990; G. Ch. Picard (Paris) – C. Picard (Paris), La Romanisation de la religion punique; G. Camps (Aix-en-Provence), Traditions libyques dans la religion des Africains sous l'Empire romain.

Band II 19 (1979): RELIGION (JUDENTUM: ALLGEMEINES; PALÄSTINISCHES JUDENTUM): 1. Halbband: P. SACCHI (Torino), Da Qohelet al tempo di Gesù. Alcune linee del pensiero giudaico (3–32); B. S. JACKSON (Liverpool), The Concept of Religious Law in Judaism (33–52). – J. H. CHARLESWORTH (Durham, N. C.), A History of Pseudepigrapha Research: The Re-emerging Importance of the Pseudepigrapha (54–88); I. GRUENWALD (Tel Aviv), Jewish Apocalyptic Literature (89–118); R. A. KRAFT (Philadelphia, Pa.), "Ezra" Materials in Judaism and Christianity (119–136); R. RUBINKIEWICZ (Lublin), La vision de l'histoire dans l'Apocalypse d'Abraham (137–151); S. HOLM-NIELSEN (Kopenhagen), Religiöse Poesie des Spätjudentums (152–186). – J. H. CHARLESWORTH (Durham, N. C.), The Concept of the Messiah in the Pseudepigrapha (188–218); J. M. BAUMGARTEN (Baltimore, Md.), The Heavenly Tribunal and the Personification of Ṣedeq in Jewish Apocalyptic (219–239); H. C. C. CAVALLIN (Uppsala), Leben nach dem Tode im Spätjudentum und im frühen Christentum I. Spätjudentum (240–345); J. MAIER (Köln), Die Sonne im religiösen Denken des antiken Judentums (346–412). – R. GOLDENBERG (Stony Brook, N. Y.), The Jewish Sabbath in the Roman World up to the Time of Constantine the Great (414–447); S. B. HOENIG (New York, N. Y.), The Ancient City-Square: The Forerunner of the Synagogue (448–476); A. TH. KRAABEL (Minneapolis, Minn.), The Diaspora Synagogue: Archaeological and Epigraphic Evidence since Sukenik (477–510). – A. HULTGÅRD (Uppsala), Das Judentum in der hellenistisch-römischen Zeit und die iranische Religion – ein religionsgeschichtliches Problem (512–590). – B. WARDY (Montreal, Quebec), Jewish Religion in Pagan Literature during the Late Republic and Early Empire (592–644). – J. F. STRANGE (Tampa, Florida), Archaeology and the Religion of Judaism in Palestine (646–685); E. M. MEYERS (Durham, N. C.), The Cultural Setting of Galilee: The Case of Regionalism and Early Judaism (686–702). – H. BIETENHARD (Bern), Die Handschriftenfunde vom Toten Meer (Ḥirbet Qumran) und die Essener-Frage. Die Funde in der Wüste Juda (704–778); H. GABRION (Paris), L'interprétation de l'Ecriture dans la littérature de Qumrān (779–848). – P. HOLLENBACH (Ames, Iowa), Social Aspects of John the Baptizer's Preaching Mission in the Context of Palestinian Judaism (850–875).

2. Halbband: J. NEUSNER (Providence, R. I.), The Formation of Rabbinic Judaism: Yavneh (Jamnia) from A. D. 70 to 100 (3–42); P. SCHÄFER (Köln), Die Flucht Joḥanan b. Zakkais aus Jerusalem und die Gründung des 'Lehrhauses' in Jabne (43–101). – G. PORTON (Urbana, Ill.), Midrash: Palestinian Jews and the Hebrew Bible in the Greco-Roman Period (103–138); B. M. BOKSER (Berkeley, Cal.), An Annotated Bibliographical Guide to the Study of the Palestinian Talmud (139–256); D. GOODBLATT (Haifa), The Babylonian Talmud (257–336). – G. STEMBERGER (Wien), Die Beurteilung Roms in der rabbinischen Literatur (338–396); M. HADAS-LEBEL (Paris), Le paganisme à travers les sources rabbiniques des IIe et IIIe siècles. Contribution à l'étude du syncrétisme dans l'empire romain (397–485). – E. STIEGMAN (Halifax, Canada), Rabbinic Anthropology (487–579); H. BIETENHARD (Bern), Logos-Theologie im Rabbinat. Ein Beitrag zur Lehre vom Worte Gottes im rabbinischen Schrifttum (580–618); W. S. GREEN (Rochester, N. Y.), Palestinian Holy Men: Charismatic Leadership and Rabbinic Tradition (619–647). – L. I. LEVINE (Jerusalem), The Jewish Patriarch (Nasi) in Third Century Palestine (649–688).

Band II 20 (1987): RELIGION (HELLENISTISCHES JUDENTUM IN RÖMISCHER ZEIT, AUSGENOMMEN PHILON UND JOSEPHUS): 1. Halbband: G. DELLING† (Halle/S.), Die Begegnung zwischen Hellenismus und Judentum (3–39). – C. AZIZA (Paris), L'utilisation polémique du récit de l'Exode chez les écrivains alexandrins (IVème siècle av. J.-C. – Ier siècle ap. J.-C.) (41–65). – N. WALTER (Naumburg), Jüdisch-hellenistische Literatur vor Philon von Alexandrien (unter Ausschluß der Historiker) (67–120); E. TOV (Jerusalem), Die griechischen Bibelübersetzungen (121–189); O. MUNNICH (Grenoble), Contribution à l'étude de la première révision de la Septante (190–220); A. PAUL (Paris), La Bible grecque d'Aquila et l'idéologie du judaïsme ancien (221–245); R. DORAN (Amherst, Massachusetts), The Jewish Hellenistic Historians Before Josephus (246–297); A. PAUL

(Paris), Le Troisième livre des Macchabées (298–336); A. BARZANÒ (Milano–Bergamo), Giusto di Tiberiade (337–358); M. DE JONGE (Leiden), The Testaments of the Twelve Patriarchs: Central Problems and Essential Viewpoints (359–420); J. J. COLLINS (Notre Dame, Indiana), The Development of the Sibylline Tradition (421–459); V. NIKIPROWETZKY † (Paris), La Sibylle juive et le 'Troisième Livre' des 'Pseudo-Oracles Sibyllins' depuis Charles Alexandre (460–542); CH. BURCHARD (Heidelberg), Der jüdische Asenethroman und seine Nachwirkung. Von Egeria zu Anna Katharina Emmerick oder von Moses aus Aggel zu Karl Kerényi (543–667).

2. Halbband: L. H. KANT (New Haven, Connecticut), Jewish Inscriptions in Greek and Latin (671–713). – M. HADAS-LEBEL (Paris), L'évolution de l'image de Rome auprès des Juifs en deux siècles de relations judéo-romaines –164 à +70 (715–856). – G. LEASE (Santa Cruz, Calif.), Jewish Mystery Cults since Goodenough (858–880); D. M. HAY (Cedar Rapids, Iowa), The Psychology of Faith in Hellenistic Judaism (881–925); J. H. CHARLESWORTH (Princeton, N. J.), Jewish Interest in Astrology during the Hellenistic and Roman Period (926–950); J. H. CHARLESWORTH (Princeton, N. J.) (unter Mithilfe von J. R. MUELLER), Die 'Schrift des Sem': Einführung, Text und Übersetzung (951–987); A. STROBEL (Jerusalem), Weltenjahr, große Konjunktion und Messiasstern. Ein themageschichtlicher Überblick (988–1187). – J. RIAUD (Paris), Les Thérapeutes d'Alexandrie dans la tradition et dans la recherche critique jusqu'aux découvertes de Qumran (1189–1295).

Band II 21 (1984): RELIGION (HELLENISTISCHES JUDENTUM IN RÖMISCHER ZEIT: PHILON UND JOSEPHUS): 1. Halbband: S. SANDMEL † (Cincinnati, Ohio), Philo Judaeus: An Introduction to the Man, his Writings, and his Significance (3–46); E. HILGERT (Chicago, Ill.), Bibliographia Philoniana 1935–1981 (47–97); P. BORGEN (Trondheim), Philo of Alexandria. A Critical and Synthetical Survey of Research since World War II (98–154). – J. CAZEAUX (Lyon), Philon d'Alexandrie, exégète (156–226); B. L. MACK (Claremont, Calif.), Philo Judaeus and Exegetical Traditions in Alexandria (227–271); A. TERIAN (Berrien Springs, Mich.), A Critical Introduction to Philo's Dialogues (272–294); B. A. PEARSON (Santa Barbara, Calif.), Philo and Gnosticism (295–342); TH. M. CONLEY (Urbana, Ill.), Philo's Rhetoric: Argumentation and Style (343–371); D. WINSTON (Berkeley, Calif.), Philo's Ethical Theory (372–416); R. BARRACLOUGH (Brisbane, Queensland [Australia]), Philo's Politics. Roman Rule and Hellenistic Judaism (417–553); CLARA KRAUS REGGIANI (Roma), I rapporti tra l'impero romano e il mondo ebraico al tempo di Caligola secondo la 'Legatio ad Gaium' di Filone Alessandrino (554–586). – F. TRISOGLIO (Torino), Filone Alessandrino e l'esegesi cristiana. Contributo alla conoscenza dell'influsso esercitato da Filone sul IV secolo, specificatamente in Gregorio di Nazianzo (588–730); H. SAVON (Paris), Saint Ambroise et saint Jérôme, lecteurs de Philon (731–759).

2. Halbband: L. H. FELDMAN (New York, N. Y.), Flavius Josephus Revisited: the Man, His Writings, and His Significance (763–862). – H. R. MOEHRING (Providence, R. I.), Joseph Ben Matthia and Flavius Josephus: the Jewish Prophet and Roman Historian (864–944); O. MICHEL (Tübingen), Die Rettung Israels und die Rolle Roms nach den Reden im 'Bellum Iudaicum'. Analysen und Perspektiven (945–976); F. TRISOGLIO (Torino), L'intervento divino nelle vicende umane dalla storiografia classica greca a Flavio Giuseppe e ad Eusebio di Cesarea (977–1104). – H. SCHRECKENBERG (Münster/Westf.), Josephus und die christliche Wirkungsgeschichte seines 'Bellum Judaicum' (1106–1217). – – Nachtrag zu Bd. II 19: A. Y. COLLINS (Chicago, Ill.), Numerical Symbolism in Jewish and Early Christian Apocalyptic Literature (1221–1287); A. M. RABELLO (Jérusalem), L'observance des fêtes juives dans l'Empire romain (1288–1312); J. GUTMANN (Detroit, Mich.), Early Synagogue and Jewish Catacomb Art and its Relation to Christian Art (1313–1342).

(Als eine Art Korollar zu Bd. II 21 ist separat erschienen: LOUIS H. FELDMAN, Josephus and Modern Scholarship, 1937–1980 [under the general editorship of W. HAASE] [Berlin–New York 1984]; vgl. den Korrekturnachtrag in Bd. II 20,2 [1987], S. 1297–1304.)

Band II 23 (1979/80): RELIGION (VORKONSTANTINISCHES CHRISTENTUM: VERHÄLTNIS ZU RÖMISCHEM STAAT UND HEIDNISCHER RELIGION): 1. Halbband: E. A. JUDGE (North Ryde, N. S. W.), 'Antike und Christentum': Towards a Definition of the Field. A Bibliographical Survey (3–58). – K. ALAND (Münster/Westf.), Das Verhältnis von Kirche und Staat in der Frühzeit (60–246); P. KERESZTES (Waterloo, Ontario, Canada), The Imperial Roman Government and the Christian Church I. From Nero to the Severi (247–315); CH. SAUMAGNE (†), M. MESLIN (Paris), De la légalité du Procès de Lyon de l'année 177 (316–339); M. SORDI (Milano), I rapporti fra il Cristianesimo e l'impero dai Severi a Gallieno (340–374); P. KERESZTES (Waterloo, Ontario, Canada), The Imperial Roman Government and the Christian Church II. From Gallienus to the Great Persecution (375–386); C. ANDRESEN (Göttingen), „Siegreiche Kirche" im Aufstieg des Christentums. Untersuchungen zu Eusebius von Caesarea und Dionysios von Alexandrien (387–459); W. SCHÄFKE (Köln), Frühchristlicher Widerstand (460–723); J. HELGELAND (Fargo, N. D.), Christians and the Roman Army from Marcus Aurelius to Constantine (724–834); L. J. SWIFT (Lexington, Ky.), War and the Christian Conscience I. The Early Years (835–868).

2. Halbband: P. STOCKMEIER (München), Christlicher Glaube und antike Religiosität (871–909); R. P. C. HANSON (Manchester), The Christian Attitude to Pagan Religions up to the Time of Constantine the Great (910–973); C. A. CONTRERAS (Fresno, Cal.), Christian Views of Paganism (974–1022); D. L. JONES (Columbia, S. C.), Christianity and the Roman Imperial Cult (1023–1054); S. BENKO (Fresno, Cal.), Pagan Criticism of Christianity During the First Two Centuries A. D. (1055–1118); A. MEREDITH (Oxford), Porphyry and Julian Against the Christians (1119–1149). – E. FERGUSON (Abilene, Tx.), Spiritual Sacrifice in Early Christianity and its Environment (1151–1189); A. HAMMAN (Besançon–Rome), La prière chrétienne et la prière païenne, formes et différences (1190–1247); D. H. WIENS (Fresno, Cal.), Mystery Concepts in Primitive Christianity and in its Environment (1248–1284); J. HELGELAND (Fargo, N. D.), Time and Space: Christian and Roman (1285–1305); G. LEASE (Santa Cruz, Cal.), Mithraism and Christianity: Borrowings and Transformations (1306–1332); A. F. SEGAL (Toronto, Ontario), Heavenly Ascent in Hellenistic Judaism, Early Christianity and their Environment (1333–1394); J. S. HANSON (Wellesley, Mass.), Dreams and Visions in the Graeco-Roman World and Early Christianity (1395–1427); K. BERGER (Heidelberg), Hellenistisch-heidnische Prodigien und die Vorzeichen in der jüdischen und christlichen Apokalyptik (1428–1469); A. B. KOLENKOW (Berkeley, Cal.), Relationships between Miracle and Prophecy in the Greco-Roman World and Early Christianity (1470–1506); D. E. AUNE (Chicago, Ill.), Magic in Early Christianity (1507–1557).

Band II 25 (1982–1988): RELIGION (VORKONSTANTINISCHES CHRISTENTUM: LEBEN UND UMWELT JESU; NEUES TESTAMENT [KANONISCHE SCHRIFTEN UND APOKRYPHEN]): 1. Teilband: E. STAUFFER † (Erlangen), Jesus, Geschichte und Verkündigung (3–130); M. WILCOX (Bangor, Wales), Jesus in the Light of his Jewish Environment (131–195); P. W. HOLLENBACH (Ames, Ia.), The Conversion of Jesus: From Jesus the Baptizer to Jesus the Healer (196–219); R. LEIVESTAD (Oslo), Jesus – Messias – Menschensohn. Die jüdischen Heilandserwartungen zur Zeit der ersten römischen Kaiser und die Frage nach dem messianischen Selbstbewußtsein Jesu (220–264); H. BIETENHARD (Bern), „Der Menschensohn" – ὁ υἱὸς τοῦ ἀνθρώπου. Sprachliche, religionsgeschichtliche und exegetische Untersuchungen zu einem Begriff der synoptischen Evangelien, I. Sprachlicher und religionsgeschichtlicher Teil (265–350); M. PESCE (Bologna), Discepolato gesuano e discepolato rabbinico. Problemi e prospettive della comparazione (351–389); E. P. SANDERS (Hamilton, Ontario), Jesus, Paul and Judaism (390–450); J. H. CHARLESWORTH (Durham, N. C.), The Historical Jesus in Light of Writings Contemporaneous with Him (451–476); J. D. M. DERRETT (London), Law and Society in Jesu's World (477–564); O. BETZ (Tübingen), Probleme des Prozesses Jesu (565–647); H.-W. KUHN (Heidelberg), Die Kreuzesstrafe während der frühen Kaiserzeit. Ihre Wirklichkeit und Wertung in der Umwelt des Urchristentums (648–793); H. W. BARTSCH (Frankfurt a. M.), Inhalt und Funktion des urchristlichen Osterglaubens, mit einer Bibliographie zum Thema 'Auferstehung Jesu Christi' 1862–1959 (in Auswahl) und 1960–1974 von H. RUMPELTES (Frankfurt a. M.) sowie 1975–1980 von TH. POLA (Tübingen) (794–890).

2. Teilband: J. W. VOELZ (Fort Wayne, Ind.), The Language of the New Testament (893–977); M. WILCOX (Bangor, Wales), Semitisms in the New Testament (978–1029). – K. BERGER (Heidelberg), Hellenistische Gattungen im Neuen Testament (1031–1432) [Register unten, S. 1831–1885]; S. SEGERT (Los Angeles, Cal.), Semitic Poetic Structures in the New Testament (1433–1462); H. KÖSTER (Cambridge, Mass.), Überlieferung und Geschichte der frühchristlichen Evangelienliteratur (1463–1542); D. DORMEYER (Münster) – H. FRANKEMÖLLE (Paderborn), Evangelium als literarische Gattung und als theologischer Begriff. Tendenzen und Aufgaben der Evangelienforschung im 20. Jahrhundert, mit einer Untersuchung des Markusevangeliums in seinem Verhältnis zur antiken Biographie (1543–1704); D. L. TIEDE (St. Paul, Minn.), Religious Propaganda and the Gospel Literature of the Early Christian Mission (1705–1729); J. L. WHITE (Chicago, Ill.), New Testament Epistolary Literature in the Framework of Ancient Epistolography (1730–1756). – B. REICKE (Basel), Die Entstehungsverhältnisse der synoptischen Evangelien (1758–1791); R. C. TANNEHILL (Delaware, Ohio), Types and Functions of Apophthegms in the Synoptic Gospels (1792–1829). – K. BERGER (Heidelberg), Register zu dem Beitrag oben, S. 1031–1432 (1831–1885).

3. Teilband: G. STANTON (London), The Origin and Purpose of Matthew's Gospel: Matthean Scholarship from 1945 to 1980 (1889–1951); A. PAUL (Paris), Matthieu 1 comme écriture apocalyptique. Le récit véritable de la 'crucifixion' de l'ἔρως (1952–1968); P. POKORNÝ (Prag), Das Markus-Evangelium. Literarische und theologische Einleitung mit Forschungsbericht (1969–2035); G. RAU (Lorch [Württemberg]), Das Markus-Evangelium. Komposition und Intention der ersten Darstellung christlicher Mission (2036–2257); M. RESE (Münster [Westf.]), Das Lukas-Evangelium. Ein Forschungsbericht (2258–2328); D. DAUBE (Berkeley, Calif.), Neglected Nuances of Exposition in Luke-Acts (2329–2356); M. S. ENSLIN † (Philadelphia, Penn.), Luke and Matthew, Compilers or Authors? (2357–2388); R. KYSAR (Reading, Pa.), The Fourth Gospel. A Report on Recent Research (2389–2480); D. E. H. WHITELEY (Oxford), Was John Written by a Sadducee? (2481–2505); J. BEUTLER (Frankfurt a. M.), Literarische Gattungen im Johannesevangelium. Ein Forschungsbericht 1919–1980 (2506–2568); F. F. BRUCE (Manchester), The Acts of the Apostles: Historical Record or Theological Reconstruction? (2569–2603); K. LOENING (Münster i. Westf.), Das Evangelium und die Kulturen. Heilsgeschichtliche und kulturelle Aspekte kirchlicher Realität in der Apostelgeschichte (2604–2646).

4. Teilband: H. HÜBNER (Göttingen), Paulusforschung seit 1945. Ein kritischer Literaturbericht (2649–2840); J. PLEVNIK (Toronto) – T. PRENDERGAST (Toronto), Paul's Letter to the Romans: Trends in Interpretation 1960–1992 [Hinweis auf den Nachtrag am Schluß von Band II. 25.6] (2841); J. D. G. DUNN (Durham), Paul's Epistle to the Romans: An Analysis of Structure and Argument (2842–2890); H. RÄISÄNEN (Helsinki), Römer 9–11: Analyse eines geistigen Ringens (2891–2939); G. SELLIN (Oldenburg), Hauptprobleme des Ersten Korintherbriefes (2940–3044); G. DAUTZENBERG (Gießen), Der zweite Korintherbrief als Briefsammlung. Zur Frage der literarischen Einheitlichkeit und des theologischen Gefüges von 2 Kor 1–8 (3045–3066); A. SUHL (Münster), Der Galaterbrief – Situation und Argumentation (3067–3134); G. BOUWMAN (Tilburg), Die Hagar- und Sara-Perikope (Gal 4,21–31). Exemplarische Interpretation zum Schriftbeweis bei Paulus (3135–3155); H. MERKEL (Osnabrück), Der Epheserbrief in der neueren exegetischen Diskussion (3156–3246); E. BEST (St. Andrews, Scotland), Recipients and Title of the Letter to the Ephesians: Why and When the Designation "Ephesians"? (3247–3279); W. SCHENK (Eppstein, Ts.), Der Philipperbrief in der neueren Forschung (1945–1985) (3280–3313); M. RISSI (Richmond, Va.), Der Christushymnus in Phil 2,6–11 (3314–3326); W. SCHENK (Eppstein, Ts.), Der Kolosserbrief in der neueren Forschung (1945–1985) (3327–3364); W. TRILLING (Leipzig), Die beiden Briefe des Apostels Paulus an die Thessalonicher. Eine Forschungsübersicht

(3365–3403); W. Schenk (Eppstein, Ts.), Die Briefe an Timotheus I und II und an Titus (Pastoralbriefe) in der neueren Forschung (1945–1985) (3404–3438); W. Schenk (Eppstein, Ts.), Der Brief des Paulus an Philemon in der neueren Forschung (1945–1987) (3439–3495); F. F. Bruce (Manchester), 'To the Hebrews': A Document of Roman Christianity? (3496–3521); H. Feld (Saarbrücken–Tübingen), Der Hebräerbrief: Literarische Form, religionsgeschichtlicher Hintergrund, theologische Fragen (3522–3601); C. Spicq, O. P. (Fribourg, Suisse), L'Épître aux Hébreux et Philon: Un cas d'Insertion de la littérature sacrée dans la Culture profane du Ier siècle (Hébr. V,11–VI,20 et le 'De sacrificiis Abelis et Caïni' de Philon) (3602–3618).

5. Teilband: P. H. Davids (Vancouver, British Columbia), The Epistle of James in Modern Discussion (3621–3645); E. Baasland (Oslo), Literarische Form, Thematik und geschichtliche Einordnung des Jakobusbriefes (3646–3684); E. Cothenet (Paris), La Première de Pierre: bilan de 35 ans de recherches (3685–3712); R. J. Bauckham (Manchester), 2 Peter: An Account of Research (3713–3752); K. Wengst (Bochum), Probleme der Johannesbriefe (3753–3772); J. Beutler (Frankfurt a. M.), Die Johannesbriefe in der neuesten Literatur (1978–1985) (3773–3790); R. J. Bauckham (Manchester), The Letter of Jude: An Account of Research (3791–3826); M. L. Soards (Dayton, Ohio), 1 Peter, 2 Peter, and Jude as Evidence for a Petrine School (with Addenda by V. Olivier Ward [Dayton, Ohio]) (3827–3849). – O. Böcher (Mainz), Die Johannes-Apokalypse in der neueren Forschung (3850–3893); O. Böcher (Mainz), Die Johannes-Apokalypse und die Texte von Qumran (3894–3898); R. Bergmeier (Weingarten/Baden), Die Erzhure und das Tier: Apk 12 18 – 13 18 und 17 f. Eine quellen- und redaktionskritische Analyse (3899–3916). – J. H. Charlesworth (Princeton, N. J.), Research on the New Testament Apocrypha and Pseudepigrapha (3919–3968); S. Gero (Tübingen), Apocryphal Gospels: A Survey of Textual and Literary Problems (3969–3996); A. F. J. Klijn (Groningen), Das Hebräer- und das Nazoräerevangelium (3997–4033); G. Howard (Athens, Georgia), The Gospel of the Ebionites (4034–4053); J. Helderman (Amsterdam), Das Evangelium Veritatis in der neueren Forschung (4054–4106); G. Sfameni Gasparro (Messina), Il 'Vangelo secondo Filippo': rassegna degli studi e proposte di interpretazione (4107–4166); J. J. Buckley (Cambridge, Mass.), Conceptual Models and Polemical Issues in the Gospel of Philip (4167–4194).

6. Teilband: F. T. Fallon (Medway, Mass.) – R. Cameron (Middletown, Conn.), The Gospel of Thomas: A Forschungsbericht and Analysis (4195–4251); E. Cothenet (Paris), Le Protévangile de Jacques: origine, genre et signification d'un premier midrash chrétien sur la Nativité de Marie (4252–4269); S. Levin (Binghamton, N. Y.), The Early History of Christianity, in Light of the 'Secret Gospel' of Mark (4270–4292); E. Junod (Genève) – J.-D. Kaestli (Genève), Le dossier des 'Actes de Jean': état de la question et perspectives nouvelles (4293–4362); G. Poupon (Genève), Les 'Actes de Pierre' et leur remaniement (4363–4383); J.-M. Prieur (Saint-Bénezet, France), Les Actes apocryphes de l'apôtre André: Présentation des diverses traditions apocryphes et état de la question (4384–4414); Y. Tissot (Neuchâtel), L'encratisme des Actes de Thomas (4415–4430); F. Bovon (Genève), Les Actes de Philippe (4431–4527); S. H. Griffith (Washington, D. C.), The Syriac 'Doctrina Addai' [Hinweis auf den Nachtrag am Schluß von Band II 26] (4528); B. Dehandschutter (Leuven), L'Epistula Jacobi apocrypha de Nag Hammadi (CG I,2) comme apocryphe néotestamentaire (4529–4550); G. Sfameni Gasparro (Messina), L'Epistula Titi discipuli Pauli de dispositione sanctimonii e la tradizione dell'enkrateia (4551–4664); A. Yarbro Collins (Notre Dame, Indiana), Early Christian Apocalyptic Literature (4665–4711); R. J. Bauckham (Manchester), The Apocalypse of Peter: An Account of Research (4712–4750); E. Norelli (Bologna), L''Ascensio Isaiae' come apocrifo cristiano [Hinweis auf den Nachtrag am Schluß von Band II 26] (4751); A. J. Welburn (London), Iranian Prophetology and the Birth of the Messiah: the Apocalypse of Adam (4752–4794). – – Nachtrag zu Band II. 25.4: J. Plevnik (Toronto) – T. Prendergast (Toronto), Paul's Letter to the Romans: Trends in Interpretation 1960–1992 [Hinweis auf den Nachtrag am Schluß von Band II 26] (4975).

# Inhalt



RELIGION

(VORKONSTANTINISCHES CHRISTENTUM:
NEUES TESTAMENT [SACHTHEMEN])

**Band II. 26.1:**

**Band II. 26.2:**

**Band II. 26.3:**

**Band II. 26.4:**

**Band II. 26.5:**

**Band II. 26.6:**

---

NACHTRAG ZU BAND II. 25.3:



---

NACHTRAG ZU BAND II. 25.6:

# RELIGION

# (VORKONSTANTINISCHES CHRISTENTUM: NEUES TESTAMENT [SACHTHEMEN])

# Die Anfangsprozesse der Verschriftlichung im Frühchristentum

von WERNER H. KELBER, Houston, Texas

*Inhalt*

## *I. Die Medienumwelt des Neuen Testaments*

Die Texte des Neuen Testaments entstanden in einer kulturellen Umwelt, die sowohl der Schriftlichkeit wie der Mündlichkeit einen hohen Wert beimaß. Einerseits übermittelten die alten Kulturen des Nahen und Mittleren Ostens dem frühen Christentum ein jahrtausendaltes literarisches Vermächtnis. Während die Anfänge meist piktographischen Schrifttums bis ins 4. vorchristliche Jahrtausend zurückreichen, entwickelten sich die Vorformen des semitischen Alphabets im Laufe des 2. Jahrtausends. Die vor nicht allzu langer Zeit entdeckten Archive der syrischen Stadt Ebla lassen sich auf das 3. vorchristliche Jahrtausend zurückdatieren. Das königliche Archiv von Mari entstand etwa in der ersten Hälfte des 2. Jahrtausends v. Chr. und die Briefsammlung von Amarna in der zweiten Hälfte des 2. Jahrtausends. Die Existenz weiterer Staats- und Stadtarchive – im sumerischen Nippur und im hethitischen Bogazköy, sowie die assyrischen Bibliotheken von Assur (1100 v. Chr.), Ninive

Abkürzungen:

| | |
|---|---|
| AJA | American Journal of Archaeology |
| ANRW | Aufstieg und Niedergang der Römischen Welt / Rise and Decline of the Roman World |
| ARW | Archiv für Religionswissenschaft |
| BEvT | Beiträge zur Evangelischen Theologie |
| BKV | Bibliothek der Kirchenväter |
| BMMLA | Bulletin of the Midwest Modern Language Association |
| BSOAS | Bulletin of the School of Oriental and African Studies |
| CJ | The Classical Journal |
| ContRev | Contemporary Review |
| CPh | Classical Philology |
| ExpT | Expository Times |
| FFF | Foundations & Facets Forum |
| FRLANT | Forschungen zur Religion und Literatur des Alten und Neuen Testaments |
| HSCL | Harvard Studies in Comparative Literature |
| HSCP | Harvard Studies in Classical Philology |
| HTR | Harvard Theological Review |
| JBL | Journal of Biblical Literature |
| JBR | Journal of Bible and Religion |
| JR | Journal of Religion |
| LingBib | Linguistica Biblica |
| NLH | New Literary History |
| PhT | Philosophy Today |
| RGG | Die Religion in Geschichte und Gegenwart, 3. Auflg. |
| SBT | Studies in Biblical Theology |
| SNT | Studien zum Neuen Testament |
| SUNT | Studien zur Umwelt des Neuen Testaments |
| TAPA | Transactions and Proceedings of the American Philological Association |
| TCLP | Traveaux du Cercle Linguistique de Prague |
| ThR | Theologische Rundschau |

(800 – 650 v. Chr.) und Nimrod (705 – 614 v. Chr. ) – stellen die menschliche Leidenschaft des Schreibens und des systematischen Sammelns schriftlicher Dokumente in der vorchristlichen Welt eindeutig unter Beweis.[1]

Weit unmittelbarer wurde das frühe Christentum von der intensiven Schreibkultur jüdischer, griechisch-römischer und jüdisch-hellenistischer Geistesströmungen berührt. Die Wurzeln des Althebräischen gehen auf das Kanaanäische zurück, das seit dem 3. Jahrtausend v. Chr. dem nordwestlichen Zweig der semitischen Sprachen angehörte. Das aus der kanaanäischen Schriftkultur von den Israeliten übernommene, aus 22 Zeichen bestehende Konsonantenalphabet hatte seine konventionelle Form bereits im 12. Jahrhundert erreicht. Für die Entstehungszeit der jahwistischen Schrift, der ursprünglichsten Traditionsschicht des Pentateuchs, wird allgemein die davidisch-salomonische Ära des 11. und 10. Jahrhunderts angenommen. Eine Datierung der ältesten Bestandteile des Jahwisten verliert sich im Dunkel des 11. und 12. Jahrhunderts. Was die hebräische Geschichtsschreibung anbelangt, so erstreckte sich ihre Blütezeit vom 10. bis zum 7. Jahrhundert v. Chr. Um das Jahr 200 war die Sammlung von Prophetenschriften im allgemeinen abgeschlossen. Nahezu von Anfang an und in zunehmendem Maße nahm so die Verschriftlichung des Wortes in der jüdischen Kultur einen sehr breiten Rahmen ein. Was dabei überrascht, ist die Intensität, mit welcher die Schriftrolle nicht nur als Träger von Weisheit und Offenbarung, sondern häufig auch als Kultobjekt verehrt wurde. Das ist ohne Beispiel in der Antike[2].

Angesichts der mit der Schreibkunst verbundenen technischen Schwierigkeiten wird die Komposition von Texten vornehmlich als eine städtische Kulturleistung anzusehen sein. Aus diesem Grunde hat man jüngst sogar die in der Nähe von Chirbet Qumran gefundenen Schriftrollen mit der Stadtkultur von Jerusalem in Verbindung gebracht.[3] Aber wo immer auch die Schriftrollen vom Toten Meer kopiert, redigiert und verfaßt sein mögen, in Jerusalem oder in Qumran, das Leben dieser Wüstengemeinde und ihre Vorstellung der Offenbarung waren eng mit der Existenz von Texten verbunden. Auf alle Fälle hat Qumran neben biblischen und bereits bekannten außerbiblischen Texten zahllose Fragmente bislang unbekannter Dokumente zutage gefördert, welche

| | |
|---|---|
| TS | Theological Studies |
| TU | Texte und Untersuchungen zur Geschichte der altchristl. Literatur |
| TZ | Theologische Zeitschrift |
| ZDA | Zeitschrift für deutsches Altertum und deutsche Literatur |
| ZNW | Zeitschrift für die Neutestamentliche Wissenschaft und die Kunde der älteren Kirche |

[1] IGNACE J. GELB, A Study of Writing, Chicago 1963, revised edition (urspr. als: A Study of Writing: The Foundations of Grammatology, 1952). D. J. WISEMAN, Books in the Ancient Near East and in the Old Testament, New York und Cambridge 1970 (Cambridge History of the Bible I), 30 – 48.

[2] RUDOLF MEYER, RGG I, s. v. Sprache und Schriftzeichen des AT, 1126 – 1130. ARTUR WEISER, Einleitung in das Alte Testament, Göttingen 1957 (4. Auflg.).

[3] NORMAN GOLB, Who Wrote the Dead Sea Scrolls?, The Sciences (1987), 40 – 47.

unsere Kenntnis des apokryphen und pseudepigraphischen Schrifttums um ein wesentliches bereichert haben.[4]

Was die griechische Kulturwelt betrifft, so hat man das mykenische Griechisch der Linear B-Tafeln zwischen 1500 und 1400 v. Chr. datiert.[5] Die Einführung des vokalisierten griechischen Alphabets wird dann etwa um 700 v. Chr. anzusetzen sein.[6] Es bildete eine Grundvoraussetzung für die literarische Hochblüte der klassischen Antike. Die Hellenisierung des Mittelmeerraumes und des Nahen Ostens seit dem 3. vorchristlichen Jahrhundert beschleunigte die chirographischen Prozesse und erhöhte den Umfang und die Vielfalt literarischer Formen im römischen, hellenistischen und jüdisch-hellenistischen Schrifttum. Nie zuvor hatte es in der westlichen Geschichte eine derartig intensive Produktion von Papyri, Schriftrollen und Manuskripten gegeben wie im hellenistischen Zeitalter.[7] Von daher ist es zu verstehen, wenn der Verfasser des 'Predigers' gegen Ende des 3. vorchristlichen Jahrhunderts seiner Klage Luft machte: „Des vielen Büchermachens ist kein Ende" (12:12). Unter den vielen Bibliotheken der Antike verdient die von den Ptolemäern in Alexandria erbaute besondere Erwähnung. Sie darf als ein geistiges Zentrum des Hellenismus angesehen werden.[8] Das wohl eindruckvollste Zeugnis jüdisch-hellenistischer Schriftgelehrsamkeit Ägyptens war die 'Septuaginta'.[9] Sie stellte eine derart überragende Kulturleistung dar, daß es nicht verwundern darf, wenn das hellenistische Judentum sie als Werk göttlicher Inspiration betrachtete, wie aus dem Bericht des sogenannten 'Aristeasbriefes' hervorgeht. Zahlreiche Rezensionen dieses Riesenwerkes können den Eindruck nur noch verstärken,

[4] FRANK MOORE CROSS, JR., The Ancient Library of Qumran and Modern Biblical Studies, rev. ed., Garden City, N.Y. 1961. – (Dt. Ausg. Die antike Bibliothek von Qumran und die moderne biblische Wissenschaft, Neukirchen – Vluyn 1967 (Neukirchener Studienbücher 5).

[5] JOHN CHADWICK, The Decipherment of Linear B, Cambridge (Eng.) 1960.

[6] RHYS CARPENTER, The Antiquity of the Greek Alphabet, AJA 37 (1933), 8 – 29; DERS., The Greek Alphabeth Again, AJA 42 (1938), 58 – 69. ERIC A. HAVELOCK, The Literate Revolution in Greece and Its Cultural Consequences, Princeton 1982.

[7] LUDWIG BIELER, Geschichte der römischen Literatur, Berlin 1972 (3. Ausg.). MANFRED FUHRMANN, Römische Literatur, Frankfurt 1974 (Neues Handbuch der Literaturwissenschaft 3). ALBIN LESKY, A History of Greek Literature, New York 1966. E. VOGT (hrsg.), Griechische Literatur, Wiesbaden 1981 (Neues Handbuch der Literaturwissenschaft 2). GEORGE W. E. NICKELSBURG, Jewish Literatur between the Bible and the Mishnah, Philadelphia 1981. GERHARD DELLING und MALWIN MASER, Bibliographie zur jüdisch-hellenistischen und intertestamentarischen Literatur: 1900 – 1970, Berlin 1975 (TU 106, 2. Ausg.).

[8] EDWARD A. PARSONS, The Alexandrian Library, Glory of the Hellenic World: Its Rise, Antiquities, and Destructions, New York 1952.

[9] HARRY M. ORLINSKY, Current Progress and Problems in Septuagint Research, in: The Study of the Bible Today and Tomorrow (hrsg. H. WILLOUGHBY), Chicago 1947, 144 – 161. SIDNEY JELLICOE, The Septuagint and Modern Study, Library of Biblical Studies, New York 1968. Vgl. auch N. WALTER, Jüdisch-hellenistische Literatur vor Philon von Alexandrien (unter Ausschluß der Historiker), ANRW II 21,1, hrsg. v. W. HAASE, Berlin – New York 1987, 67 – 120 (hier 72 – 76) und bes. E. TOV, Die griechischen Bibelübersetzungen, ebd. 121 – 189.

daß die technische Kunstfertigkeit des Schreibens, eine kompetente Übersetzungsfähigkeit und eine literarische Kultur lange vor den Anfängen des Christentums in Hochblüte standen.

Andererseits gilt es zu bedenken, daß die Sammlung und Kanonisierung biblischer Schriften leicht zu dem Gedanken verführen kann, der Text sei der einzig bedeutsame Kulturträger antiker Zivilisation gewesen. Trotz der Klage des 'Predigers' muß daran festgehalten werden, daß die Vorstellung, vom schriftlichen Wort dominiert oder gar überflutet zu sein, erst nach GUTENBERG zu einer weit verbreiteten Lebenserfahrung bzw. -bedrohung wurde. In der gesamten Antike lag die Schreibkunst in den Händen einer intellektuellen Elite, und privates Lesen erforderte einen Bildungsstand, wie er nur wenigen gegönnt war.[10] Analphabetentum war sehr weit verbreitet. Wenn man bedenkt, daß die Schreib- und Lesefähigkeit im Westen bis ins 19. Jahrhundert auf eine Minderheit der Bevölkerung beschränkt geblieben ist, wird man sich vor einer Unterschätzung antiker Sprechkultur in acht nehmen müssen. Die Mündlichkeit, welche über Hunderttausende von Jahren hinweg der Menschheit als einziges bzw. vorherrschendes Medium gedient hatte, war auch nach Einführung alphabetischer Schreibsysteme noch lange nicht aus dem Felde der Kommunikation geschlagen. Trotz der raschen Entwicklung chirographischer Technik in der Antike blieb das hellenistische Zeitalter noch weitgehend von mündlichen Kommunikationsprozessen, Kompositionsstrategien und Bildungsidealen abhängig. Mnemotechnik und formelhafte Ausdrucksweise beherrschten vielfach die Strukturen des Denkens. WALTER ONG, dessen gesamte Lebensarbeit dem Studium mündlicher Hermeneutik und den Umsetzungsprozessen von Mündlichkeit zur Schriftlichkeit gewidmet ist, konstatierte den hartnäckigen Fortbestand mündlicher Kultur folgendermaßen: „In der Antike waren die der Literatur am meisten zugetanen Kulturbereiche noch derart an das mündliche Wort gebunden, daß es unserem mehr visuell strukturierten Wahrnehmungsvermögen als nahezu unglaublich, wenn nicht gar pervers erscheinen muß."[11] Redner verfügten über ein reiches Reservoir an rhetorischen Gemeinplätzen. Die Rhetorik war einer der entscheidendsten und vorrangigsten Faktoren zivilisierten Lebens.[12] Weil die überwiegende Mehrheit der Bevölkerung auf den Umgang mit dem mündlichen Wort angewiesen war,

[10] JOSEF BALOGH, „Voces Paginarum", Philologus 82 (1926), 84–109, 202–240. SOLOMON GANDZ, The Dawn of Literature: Prolegomena to a History of Unwritten Literature, Osiris 7 (1939), 261–522. EUGENE S. MCCARTNEY, Notes on Reading and Praying Audibly, CPh 43 (1948), 184–187. W. B. SEDGWICK, Reading and Writing in Classical Antiquity, ContRev 135 (1929), 90–94. S. SUDHAUS, Lautes und Leises Beten, ARW 9 (1906), 185–200. G. L. HENDRICKSON, Ancient Reading, CJ 25 (1929), 182–196. PAUL SAENGER, Silent Reading: Its Impact on Late Medieval Script and Society, Viator 13 (1982), 367–414, bes. 367–375.

[11] WALTER J. ONG, The Presence of the Word: Some Prolegomena for Cultural and Religious History, New Haven and London 1967, 55.

[12] WINIFRED BRYAN HORNER (hrsg.), The Present State of Scholarship in Historical and Contemporary Rhetoric, Columbia and London 1983, bes. chap. 1: RICHARD LEO ENOS, The Classical Period, 10–39.

mußte vieles in einer Weise niedergeschrieben werden, daß es vorgelesen und gehört werden konnte. Texte waren in der Regel hörerfreundlich. Der Gedanke, Texte seien ästhetische Objekte und der bloßen Kontemplation bzw. Interpretation gewidmete Kunstwerke, war für das hermeneutische Bewußtsein der Antike unvorstellbar. Diktieren und Rezitieren sorgten dafür, daß sowohl die Komposition wie die Rezeption von Manuskripten in Kontakt mit der mündlichen Sprache blieben. Weder das Lesen noch das Schreiben war eine rein visuelle Angelegenheit. Texte bewiesen ihre Rezeptionsfähigkeit in der Regel dadurch, daß sie sich zum Vorlesen oder zumindest zum lauten Lesen eigneten. Das Sinnpotential eines Textes lag daher weniger in seiner literarischen Eigenwelt, als vielmehr in der Wirkung, die er auf seine Hörer auszuüben imstande war. Der Hauptzweck aller Texte bestand darin, die Kommunikationswege aufrecht zu erhalten.

Als Folge dieser in der Antike und im hellenistischen Zeitalter üblichen doppelten Loyalität gegenüber der Schriftlichkeit und der Mündlichkeit war das Frühchristentum außerstande, eine mündliche Tradition zu entwickeln, die sich, etwa nach Analogie der hinduistischen 'Weden', über ein Jahrtausend hin hätte erstrecken können. Schriftlichkeit trat sehr früh in der Geschichte der Frühchristenheit ein, und Teile der mündlichen Verkündigung wurden schon sehr bald in Texte umgesetzt. Überdies darf man mit einem wechselseitigen Verhältnis von Diskurs und Texten rechnen, das verschiedene Formen annehmen konnte: direkte Transposition von Rede in Schriftlichkeit, hermeneutische Entfaltung von Texten in Verkündigung, literarische Verarbeitung mündlichen Gedankengutes sowie gewaltsame Verdrängung mündlicher Traditionen durch die sich als überlegene Autorität aufspielende Literatur. Trotz all dieser möglichen Wechselbeziehungen und ungeachtet der Autorität des schriftlichen Wortes war das mündliche Wort in Frühchristentum, wie andernorts in der Antike, ein Kommunikationsmittel ersten Ranges. In der Tat ist die Verkündigung des Evangeliums ohne das gesprochene Wort undenkbar.[13]

## *II. Die Verkündigung Jesu*

Das Evangelium nahm seinen Anfang in der Person und Verkündigung Jesu. Wie Sokrates war er im mündlichen Medium zu Hause. Soweit sich aus den Evangelien erschließen läßt, scheint er niemals die Notwendigkeit empfunden zu haben, seine Botschaft schriftlich niederzulegen. Das einzige Mal, wenn die Tradition ihn im Akt des Schreibens erfaßt, schreibt er mit dem Finger auf die Erde. Die Geschichte von der Ehebrecherin (Joh. 8:1–11)

[13] RAGNAR ASTING, Die Verkündigung des Wortes im Urchristentum, Stuttgart 1939. AMOS N. WILDER, The Language of the Gospel: Early Christian Rhetoric, New York and Evanston 1964. LUKAS VISCHER, Die Rechtfertigung der Schriftstellerei in der alten Kirche, TZ 12 (1956), 320–336.

scheint diesen Schreibakt geradezu als eine Parodie auf den formalen Prozeß der Verschriftlichung und der von ihm erstrebten Permanenz zu betrachten. Denn Wind und Wetter werden das in den Sand Geschriebene alsbald wieder auslöschen. Die einzige Stelle in den kanonischen Evangelien, welche auf den Grad der Bildung Jesu Bezug nimmt, schildert ihn als einen Mann der Schriftkenntnis, dem es jedoch an einer formalen, rabbinischen Schulung ermangelte (Joh. 7:15). Soweit uns die Evangelien das Bild eines Wanderpredigers übermittelt haben, der sich des Dialoges und der Streitgespräche bediente, der seiner Botschaft kraftvollen und denkwürdigen Ausdruck zu geben verstand, durch Worte und Gesten Heilungen vollbrachte und von zahlreichen Zuhörern umgeben war, werden sie Züge eines ganz von der Kraft des mündlichen Wortes getragenen und der Verkündigung gewidmeten Lebensstils bewahrt haben.

Der Aphorismus oder das Herrenwort (*ho logos*) und die parabolische Geschichte oder das Gleichnis (*hē parabolē*) stellen die beiden formalen Einheiten der Verkündigung Jesu dar. Solange sie im mündlichen Medium kursierten, wurden sie als Sprechakte praktiziert und nicht als literarische Formen honoriert. Beide zusammen bildeten die Grundlage dessen, was man die Evangelientradition zu nennen pflegt. Sowohl der Aphorismus wie das Gleichnis waren in der jüdischen und griechisch-römischen Kultur verwurzelt. Weit davon entfernt, christliche Erfindungen zu sein, boten sie sich Jesus und seinen Nachfolgern als fertige linguistische Werkzeuge an.

## 1. Das Herrenwort

Die aphoristische Sprechweise entsprach einer alten Gepflogenheit in der Antike, Information zu handhaben. Lehrer und Philosophen, Propheten und Wissenschaftler waren geschult, Wissen aphoristisch zu formulieren.[14] Kürze, rhythmisch strukturierte Gliederung, Appell an die visuelle Einbildungskraft und ein scharf eingestellter Blickpunkt waren Merkmale aphoristischer Formulierungen, einschließlich derjenigen der Jesustradition. Diese vier Attribute kamen den Anforderungen mündlicher Komposition und auditiver Rezeption entgegen. Wie jede andere Gattung, so setzte auch der Aphorismus dem Sprecher künstlerische und ideologische Grenzen. Gemessen an antiken und modernen Maßstäben ist der Aphorismus ein Genre mit stark begrenzten Möglichkeiten. Aber formale Einschränkungen müssen sich keineswegs nur negativ auswirken. Sie können ganz im Gegenteil auch als Ansporn dazu dienen, dem Genre das Genre-Mögliche abzuverlangen. Eine effektive Sprechweise des aphoristischen Genres zeichnete sich demnach nicht nur durch eine rhetorisch gekonnte Vortragsweise aus, sondern auch durch geschickte Ausnützung des im Genre liegenden Sprachpotentials. Als Beweis dafür läßt

[14] Eine Übersicht alter Spruchsammlungen bietet JOHN S. KLOPPENBORG, The Formation of Q: Trajectories in Ancient Wisdom Collections, Philadelphia 1987, 329 – 341.

sich die Polyphonie der in der Evangelientradition vorhandenen aphoristischen Typen anführen: Weisheitssprüche, apokalyptische Worte, prophetische Worte, Ich-Worte, Seligpreisungen, Amen-Worte, Drohworte, Sätze heiligen Rechtes, Gemeinderegeln, Sprichworte, Fluchworte, Offenbarungssprüche und andere mehr. Innerhalb der vom aphoristischen Genre gesetzten Grenzen war Mannigfaltigkeit erstrebenswert, um maximale rhetorische Wirkung zu erzielen.[15]

## 2. Das Gleichnis

Die parabolische Verkündigung nahm die Form von Kurzgeschichten an, ein Hauptinstrument mündlicher Lehre. Kürze, linguistische und thematische Strukturierung, Anschaulichkeit, und eine begrenzte Anzahl von *dramatis personae* dürfen wiederum als ein Zugeständnis an Hörerbedürfnisse gelten. Wie die aphoristische Tradition, so zeichnete sich auch das parabolische Reservoir durch eine Vielzahl von Erzählstrukturen aus, die sich vom 'Mini-Gleichnis' des Feigenbaumes bis zur relativ komplizierten Choreographie des Gleichnisses vom verlorenen Sohn erstreckten, welch letzteres sich in zwei separate, aber ineinander verwickelte Teile aufgliedert: die Reise des jüngeren Sohnes und die Konfrontation des älteren Sohnes mit dem Vater. Ganz im Sinne des Ethos der Mündlichkeit blieben die Gleichnisse Jesu im engen Kontakt mit der Welt ihrer Hörer. Bis zu einem gewissen Grade konnten die letzteren sich in diesen Geschichten wiedererkennen. Doch im Verlaufe vieler parabolischer Erzählungen geriet die narrative Realität früher oder später in Widerspruch zu den Lebenserfahrungen des Publikums. Wenn die Logik eines Gleichnisses mit den täglichen Lebenserfahrungen der Hörer kollidierte, klaffte eine Lücke zwischen narrativer und sozialer Wirklichkeit auf, die eine vollständige Identifizierung mit der Gleichniswelt schwer machte. Mit anderen Worten: die Gleichnisse waren nicht harmlose Geschichtchen, die sich wie von selbst erklärten. Vielmehr stellten sie Anforderungen an ihre Hörer, die Konstruktion ihrer Lebenswelt im Lichte parabolischer Logik zu überprüfen.[16] „Wer Ohren

[15] RUDOLF BULTMANN, Die Geschichte der synoptischen Tradition, Göttingen 1970, 8. Aufl., 73–222. JOHN DOMINIC CROSSAN, In Fragments: The Aphorisms of Jesus, San Francisco 1983. ROBERT C. TANNEHILL, The Sword of His Mouth, Philadelphia and Missoula 1975 (Semeia Supplements 1). HELMUT KÖSTER, Synoptische Überlieferung bei den Apostolischen Vätern, Berlin 1957 (TU 65). LESLIE LEE KLINE, The Sayings of Jesus in the Pseudo-Clementine Homilies, Missoula 1975 (Society of Biblical Literature: Dissertation Series 14).

[16] Bezüglich einer Affinität der Gleichnisse mit griechisch-römischer Rhetorik vgl. MARSH H. MCCALL, Ancient Rhetorical Theories of Simile and Comparison, Cambridge (USA) 1969. Das Verhältnis der Gleichnisse zur rabbinischen Tradition wurde kürzlich von zwei Forschern neu untersucht: DAVID FLUSSER, Die rabbinischen Gleichnisse und der Gleichniserzähler Jesus, Frankfurt 1981, und PETER DSCHULNIGG, Rabbinische Gleichnisse und das Neue Testament, Frankfurt 1988. In den U.S.A. wurde eine vor etwa einem Vierteljahrhundert begonnene und bislang nicht abgeschlossene Reihe literarkritischer und linguistischer Studien über die Parabeln von ROBERT W. FUNK eingeleitet: Language,

hat zu hören, der höre!" Diese am Ende mancher Gleichnisse angebrachte 'Weckformel' unterstreicht deren rhetorische Herausforderung. Der Sinn der Gleichnisse lag daher nicht in ihnen selbst als fertigen Kompositionen, sondern in ihrer Fähigkeit, das Publikum zu engagieren. Ein Gleichnis hatte daher den beabsichtigten Erfolg, wenn es gelang, die Hörer derart zu engagieren, daß sie das, was in der Geschichte begonnen hatte, in ihrem Leben fortsetzten.

## *III. Geschichten über Jesus*

Abgesehen von den von Jesus selbst praktizierten aphoristischen und parabolischen Sprechakten kursierten alsbald Geschichten über Jesus in der Tradition. Während er sich in Wort und Tat engagierte, blieb es anderen überlassen, davon Bericht zu erstatten. Viele seiner Tätigkeiten wurden von anderen weitererzählt und mythologisch verarbeitet. Von den vielen zur Verfügung stehenden Typen sollen drei hier behandelt werden: die Wundergeschichten, welche wir heroische Geschichten nennen, die Dämonenaustreibungen, denen wir die Bezeichnung Kontrastgeschichten verleihen, und Apophthegmata, die in didaktische Geschichten umbenannt werden. Die linguistische Schematik dieser drei Typen ist eingehend analysiert worden.[17] Uns geht es darum, aufzuzeigen, in welch hohem Maße die dramatische Struktur dieser Geschichten von mündlich-mnemonischen Erfordernissen geprägt ist.

### 1. Die heroische Geschichte

Mnemonischen Bedürfnissen entsprechend zeichnen sich die meisten heroischen Geschichten durch einen geradlinigen Handlungsablauf aus. Nicht mehr als zwei Hauptpersonen treten in der Regel zur selben Zeit auf. Das Augenmerk ist entweder auf Jesus und den Kranken oder auf Jesus und

Hermeneutic, and Word of God, N. Y., Evanston, London 1966, 124–222. JOHN DOMINIC CROSSAN, In Parables: The Challenge of the Historical Jesus, San Francisco 1973; DERS., Cliffs of Fall: Paradox and Polyvalence in the Parables of Jesus, New York 1980; DERS., A Basic Bibliography for Parables Research, Semeia 1 (1974), 236–274. BERNARD BRANDON SCOTT, Jesus, Symbol-Maker for the Kingdom, Philadelphia 1981. MARY ANN TOLBERT, Perspectives on the Parables: An Approach to Multiple Interpretations, Philadelphia 1979. CHARLES E. CARLSTON, The Parables of the Triple Tradition, Philadelphia 1975.

[17] WILHELM GEMOLL, Das Apophthegma, Wien 1924. BULTMANN (Anm. 15) 8–73, 223–260. GERD THEISSEN, Urchristliche Wundergeschichten: Ein Beitrag zur formgeschichtlichen Erforschung der synoptischen Evangelien, Gütersloh 1974 (Studien zum Neuen Testament 8). HANS CONZELMANN und ANDREAS LINDEMANN, Arbeitsbuch zum Neuen Testament, Tübingen 1975, 67–79. KENZO TAGAWA, Miracles et Evangile, Paris 1966 (Études d'histoire et de philosophie religieuses 62).

einen Bittsteller gerichtet, der im Namen des Kranken interveniert. Von einer modernen, literarisch geschulten Sicht her gesehen, ist die Persönlichkeit der Darsteller meist nur mangelhaft entwickelt. Die Kranken oder ihre Bittsteller sind nahezu auswechselbare Typen, denn was im Gedächtnis haften bleiben soll, muß typisch sein. Jesus selbst spielt die Rolle des Wundertäters. Die mündliche Tradition zeigt wenig Geduld mit den prosaischen Einzelheiten seines Lebens. Sie klammert sich statt dessen an die außerordentlichen Züge seiner Wirksamkeit. Das Genie mündlicher Apperzeption zeigt sich gerade darin, daß es sich auf einen Wesenszug Jesu konzentriert, ihn belichtet und vergrößert und als sein Hauptmerkmal typisiert. Mit anderen Worten: Jesus ist zu einer idealtypischen, einer 'gewichtigen' Figur ('*heavy figure*') geworden. „Farblose Personen sind für die Mnemotechnik unbrauchbar.“[18] Die Verwicklungen und Alltäglichkeiten seines Lebens bleiben dabei völlig unberücksichtigt. Indem die heroischen Geschichten Jesu Leben auf eine einzige außerordentliche Dimension reduzieren, tragen sie dazu bei, daß seine Gestalt sowohl intensiviert wie auch simplifiziert und dadurch eben menmonisch verwendbar wird.[19]

## 2. Die Kontrastgeschichte

Die Erzählungen von den Dämonenaustreibungen handeln von der unversöhnlichen Feindschaft zwischen Jesus und den Mächten des Bösen. Die Vorstellungswelt dieser Geschichten ist die einer ungeschminkten Konfrontation. Subtile Differenzierungen sind hier nicht zu erwarten. Gewalt und Vernichtung sind massiv gegenwärtig. Daß der *agōn* oder konfliktgeladene Wettstreit eine Hauptrolle in der mündlichen Tradition und der ihr nahestehenden Literatur spielt, hat ONG in mehreren Studien eingehend nachgewiesen. In der Mündlichkeit verwurzeltes Denken war häufig von einem „kämpferischen Ton“ und einer „kriegerischen Dynamik“ beherrscht; Ausdrucksweisen, die in der rhetorischen Kunst institutionalisiert wurden.[20] Indem die menschliche

[18] WALTER J. ONG, Oralität und Literalität: Die Technologisierung des Wortes, Opladen 1987, 73. AXEL OLRIK, Epische Gesetze der Volksdichtung, ZDA 51 (1909), 1–12. HERMANN BAUSINGER, Formen der „Volkspoesie“, Berlin 1968 (Grundlagen der Germanistik 6).

[19] ANTOINETTE C. WIRE, The Structure of the Gospel Miracle Stories and Their Tellers, Semeia 11 (1978), 83–113. LAWRENCE J. MCGINLEY, Form Criticism of the Synoptic Healing Narratives, TS 3 (1947), 216–230.

[20] WALTER J. ONG, Oralität und Literalität (Anm. 18), 48–50; DERS., Fighting for Life: Contest, Sexuality, and Consciousness, Ithaca and London 1981, 118–148; DERS., Agonistic Structures in Academia: Past to Present, Interchange 5 (1974), 1–12. ERIC A. HAVELOCK (The Greek Concept of Justice: From Its Shadow in Homer to Its Substance in Plato, Cambridge [USA] and London 1978) hat Verbindungen zwischen mnemonisch linguistischen Erfordernissen und der homerischen Vorliebe für Krieg und Gewalt gezogen: “War is a subject preferred to peace. This meets one of the theoretic requirements of memorized speech, which likes to follow not only metrical but thematic rhythms,

Situation in ihrer krassen Gegensätzlichkeit erfaßt wird, werden die Hörer engagiert und provoziert. Kampf und Wettbewerb, Konflikt und Widerstand haben einen eindeutigen, mnemonischen Vorteil gegenüber der täglichen Routine, den Ambiguitäten und Kleinlichkeiten des menschlichen Lebens. Natürlich sind die Kontrastgeschichten auch von einer ethischen Grundüberzeugung getragen: das Böse unterliegt dem Guten. Aber die funktionellen Bedürfnisse eines sich nicht auf Texte stützenden Gedächtnisses trugen mindestens ebensoviel zur antithetischen Erfassung der Gestalt Jesu bei wie die Verpflichtung zu hohen ethischen Werten.

Den Tradenten dieser beiden Erzählungsweisen konnte es kaum darum gehen, die 'Natur' Jesu oder das 'Wesen' des Heils zu erfassen. Man darf kaum damit rechnen, daß in diesen Geschichten subtile Christologien investiert sind. In der Tat sind Vorstellungen wie 'Natur' und 'Wesen' der mündlichen Auffassungsgabe fremd. Die Aufgabe der Erzähler bestand weder darin, die Person Jesu mit theologischem Scharfsinn zu ergründen, noch sie historisch zu eruieren, sondern vielmehr darin, sie in der Einbildungskraft der Zuhörer ins Leben zu rufen bzw. lebendig zu erhalten. Für beide Geschichten galt ideologische Einfalt als eine Tugend der Notwendigkeit. In beiden ist Jesus eine unkomplizierte Gestalt, die Kranke heilt und böse Geister überwindet. Die erschreckend paradoxe Vorstellung, daß der Held erst selbst vernichtet werden muß, um dem Bösen Einhalt zu gebieten, liegt außerhalb des geistigen Horizontes dieser Geschichten.

### 3. Die didaktische Geschichte

Die didaktische Geschichte setzt sich aus einem Dialog zwischen Jesus und einem oder mehreren Gesprächspartnern zusammen, welcher in einem Jesuswort gipfelt.[21] Häufig handelt es sich dabei um ein Streitgespräch, wobei Jesu Gesprächspartner die Aufgabe zukommt, das Gegenteil dessen zu verteidigen, was als didaktisches Ziel der Geschichte erwiesen werden soll. Dieser Disputationsprozeß, der anfänglich das bestreiten läßt, was letzten Endes im Gedächtnis bewahrt werden soll, implizierte eine Pädagogik der *via negativa*. Durch die Polarisierung des Themas wird der Zuhörer in das Streitgespräch hineingezogen, um auf dessen Höhepunkt mit dem Herrenwort vertraut gemacht zu werden. Das hat seinen guten Grund, denn die auf dem Höhepunkt der Geschichte plazierten Worte sind in der Regel die Träger der sozialen,

taking their most obvious form in a pairing arrangement between two contending parties" (89). "It is probably true that war as a way of life after the fashion of the *Iliad* has been a concept in part foisted upon Western culture by the mnemonic requirement of oral epic" (90).

21 Heinz-Wolfgang Kuhn, Ältere Sammlungen im Markusevangelium, Göttingen 1971 (Studien zur Umwelt des Neuen Testaments 8), 53 – 89, 146 – 188. Arland J. Hultgren, Jesus and His Adversaries: The Form and Function of the Conflict Stories in the Synoptic Tradition, Minneapolis 1979.

kultischen und ethischen Werte der Gesellschaft (Mk. 2:19, 12:17, etc.). Die Normen, die den Hörern vermittelt werden sollen, sind in einen Erzählkontext eingebettet, der als 'Gedächtnisbrücke' fungiert. Zwar sind die einzelnen Szenen und handelnden Personen wiederum typisiert, aber gerade dadurch wirken sie auf die Vorstellungskraft der Hörer. Auf diese Weise gelingt es den Geschichten, die nötige Information nicht mechanisch, sondern im normalen Erzählablauf ins Gedächtnis zu rufen. Um im Gedächtnis einen bleibenden Eindruck zu hinterlassen, „muß die Pille gezuckert werden". Im Fall der didaktischen Geschichten ist die Pille die im Herrenwort gelagerte Information, und die darauf hinführende Geschichte dient der Verzuckerung.

In jüngster Zeit hat die Forschung eine Verwandtschaft zwischen den didaktischen Geschichten der synoptischen Tradition und den griechisch-römischen *Chriën* erkannt.[22] Die in den rhetorischen Schulen gehandhabten *Chriën* bestanden häufig aus einem Dialog zwischen Vertretern zweier Schultraditionen. Sie stellten das Modell eines Sprechaktes in Kleinformat dar. Im Markusevangelium dramatisieren über die Hälfte der didaktischen Geschichten den Bruch mit jüdischen Autoritäten (Mk. 2:15–17; 2:18–22; 7:1–13; 10:2–9, u. a. m.). Sie dienen offensichtlich dazu, eine selbständige, christliche Identität gegenüber dem Judentum zu erstellen. Diese soziologische Funktion der didaktischen Geschichten schließt in keiner Weise ihre mnemonische Pädagogik aus.

## *IV. Prinzipien der Mündlichkeit*[23]

### 1. Die 'Gleichursprünglichkeit' der Worte Jesu

Wenn man sich Aphorismus und Gleichnis als isolierte Einzelstücke vorstellt, deren Verständnis von ihrer Einordnung in einen größeren Erzählzusam-

[22] Ronald F. Hock und Edward N. O'Neil, The Chreia in Ancient Rhetoric, Atlanta 1986 (Vol. 1: The *Progymnasmata*). James C. VanderKam, Intertestamental Pronouncement Stories, Semeia 20 (1981), 65–72. Vernon K. Robbins, Classifying Pronouncement Stories in Plutarch's Parallel Lives, Semeia 20 (1981), 29–52. Gary G. Porton, The pronouncement Story in Tannaitic Literature: A Review of Bultmann's Theory, Semeia 20 (1981), 81–100.

[23] Eric A. Havelock, Preface to Plato. A History of Greek Mind (Vol. I), Cambridge (USA) 1963; Ders., The Greek Concept of Justice (Anm. 20); Ders., The Literate Revolution in Greece (Anm. 6). Albert B. Lord, The Singer of Tales, Cambridge (Eng.) 1960 (HSCL 24) – (Dt. Ausg. Der Sänger erzählt. Wie ein Epos entsteht, München 1965). Walter J. Ong, Ramus. Method and the Decay of Dialogue: From the Art of Discourse to the Art of Reason, Cambridge (USA) 1958; Ders., The Presence of the Word (Anm. 11); Ders., Oralität und Literalität (Anm. 18); Ders., Fighting for Life (Anm. 20); Ders., Agonistic Structures in Academia (Anm. 20); Ders., Interfaces of the Word: Studies in the Evolution of Consciousness and Culture, Ithaca and London 1977. Jacob Neusner, The oral Torah: the sacred books of Judaism: an introduction, San Francisco 1986; Ders., Oral tradition in Judaism: the case of the Mishnah, New York

menhang abhängt, dann denkt man literarisch aus der Perspektive der fertigen Evangelien. Im mündlichen Kontext, vor allem vor der Abfassung der narrativen Evangelien, war jede Verkündigung eines Herrenwortes oder Gleichnisses von einer ihr eigenen Logik und Konsistenz bestimmt. Jede Verkündigung bedeutete in der Tat ein weltschaffendes bzw. weltvernichtendes Sprachereignis, oder zumindest erschloß sie die Möglichkeit dafür. Mit anderen Worten: jede Wiedergabe eines Herrenwortes oder einer Parabel konstituierte einen Akt authentischer Kommunikation.

Damit soll keinesfalls dem westlichen Individualismus das Wort geredet werden, welcher das Bild des einsamen Denkers und seiner privatisierten, enthistorisierten Sprache kultiviert hat. Dazu bedurfte es jahrhundertelangen, intensiven Umgangs mit dem schriftlichen und gedruckten Wort, welches der Bewußtseinsbildung und Introspektion zutiefst förderlich war. Die Chirographie der Antike war außerstande, Sprache derart zu privatisieren, wie das unter dem Eindruck der Drucktechnik zunehmend der Fall war.[24] Privates Lesen blieb ein seltener Luxus. Aphoristisch-parabolische Verkündigung entsprang der Welt eines Sprechers und richtete sich an die Welt von Hörern. Kommunikation spielte sich dabei in einer Biosphäre ab, die von Sprecher und Hörern in gleichem Maße geteilt wurde. Wenn trotz dieser geschichtlichen Kontextur aller Mündlichkeit die authentische Kommunikation der Verkündigung Jesu betont wird, so will das besagen, daß Aphorismus und Parabel eigenständig wirksam waren und nicht als Fragmente anzusehen sind, denen es an einem klärenden Zusammenhang ermangelte. So war beispielsweise die Erzählung eines Gleichnisses keineswegs auf die Interpretationshilfen anderer Gleichnisse oder Herrenworte angewiesen. Jedes Gleichnis und jeder Aphorismus konnte für sich selbst sprechen. Immer gilt es zu bedenken, daß der Eindruck, Aphorismus, Gleichnis, heroische Geschichte, Kontrastgeschichte und didaktische Geschichte seien aufeinander angewiesen, erst durch die Evangelienerzählungen ins Leben gerufen wurde. Von ihnen haben wir die Vorstellung übernommen, daß Jesusworte und -geschichten ganz natürlich in einem umfassenden Erzählzusammenhang angesiedelt sind.

1987 (The Albert Bates Lord Studies in Oral Tradition 1; Garland Reference Library of the Humanities 764). WERNER H. KELBER, Markus und die mündliche Tradition, LingBib 45 (1979) 7–55; DERS., The Oral and the Written Gospel. The Hermeneutics of Speaking and Writing in the Synoptic Tradition, Mark, Paul and Q, Philadelphia 1983; DERS., The Authority of the Word in St. John's Gospel: Charismatic Speech, Narrative Text, Logocentric Metaphysics, Oral Tradition 2 (1987), 108–131; DERS., Die Fleischwerdung des Wortes in der Körperlichkeit des Textes, in: Materialität der Kommunikation (hrsg. HANS U. GUMBRECHT und K. LUDWIG PFEIFFER), Frankfurt 1988, 31–42. JOHN MILES FOLEY (hrsg.), Oral Tradition in Literature: Interpretation in Context, Columbia, Missouri 1986; DERS. (hrsg.), Comparative Research on Oral Traditions: A Memorial for Milman Parry, Columbus, Ohio 1987. BERKLEY PEABODY, The Winged Word: A Study in the Technique of Ancient Greek Oral Composition as Seen Principally through Hesiod's Works and Days, Albany, N. Y. 1975.

[24] ELIZABETH L. EISENSTEIN, The Printing Press as an Agent of Change, Cambridge (Eng.) 1979.

Wenn Jesus, der aphoristische, parabolische Lehrer, ein Gleichnis an einer Stelle erzählte und sich daraufhin an einen anderen Ort begab, um dort dieselbe Geschichte, unter Anpassung an neue Umweltbedingungen, wieder vorzutragen, dann stellte dieser zweite Vortrag keinesfalls eine Kopie des sogenannten Originals dar. Vielmehr bildeten sowohl der erste wie der zweite Vortrag eine authentische Version dieses Gleichnisses. ALBERT LORD gebührt das Verdienst, mit allem Nachdruck darauf aufmerksam gemacht zu haben, daß Begriffe wie 'Urtext' oder 'Urwort' nicht der Wirklichkeit mündlicher Kompositionen entsprechen.

> „Unsere Vorstellung von 'der Urfassung' und 'dem Epos' verliert in der mündlichen Tradition einfach ihren Sinn. Wir halten diese Begriffe für logisch und wesentlich, weil wir in einer Gesellschaft aufgewachsen sind, in der ein Schöpfungsakt durch die Schrift ganz selbstverständlich seine fest fixierte künstlerische Form erhält, so daß wir überzeugt sind, es müsse für alles einen 'Urtext' geben. Ein Lied, das zum erstenmal in der mündlichen epischen Tradition auftaucht, läßt sich daher nicht als 'Urtext' bezeichnen, der Begriff ist hier fehl am Platze. Wir müssen uns mit dem Gedanken vertraut machen, daß wir in eine andere Vorstellungswelt eingedrungen sind, in der für manche Begriffe, die unser Denken bestimmen, einfach kein Raum ist. In der mündlichen Tradition wird die Vorstellung eines Urtextes unlogisch."[25]

Selbst wenn es möglich wäre, sämtliche mündlichen Vorträge etwa eines Herrenwortes vergleichsweise zusammenzustellen, so ließe sich doch niemals ein evolutionäres Gefälle nachweisen, das uns zurück zum sogenannten *ipsissimum verbum* führen könnte. Und gesetzt den Fall, es ließen sich von all den Versionen dieses einen Herrenwortes gewisse Strukturen abstrahieren, welche sich für alle oder die meisten Fassungen als charakteristisch erweisen, so hätten wir damit lediglich ein fiktives Gebilde konstruiert. Die Vorstellung von Varianten des einen 'Originales' ist in der Mündlichkeit fehl am Platze, „denn es gibt ja kein 'Original', das variiert werden könnte!"[26] Für die neutestamentliche Wissenschaft werden damit all die Methoden und Versuche, welche noch immer auf der Suche nach den *ipsissima verba* unterwegs sind, kritisch in Frage gestellt. Diese Suche ist nicht nur mit – unserer Meinung nach – unüberwindlichen technischen Schwierigkeiten belastet, sondern sie beruht, was viel bedeutsamer ist, auf der Vorstellung des einen ursprünglichen Wortes, einer Konzeption also, welcher in der Mündlichkeit überhaupt keine Existenzberechtigung zukommt. „In gewissem Sinne ist jeder Vortrag 'eine' Urfassung, wenn nicht sogar 'die' Urfassung."[27] Während wir dazu geneigt sind, dem

[25] LORD, Der Sänger erzählt (Anm. 23), 151. Vgl. ARNALDO MOMIGLIANO, Ancient History and the Antiquarian, in: DERS., Studies in Historiography, London 1966, 2: "*the whole modern method of historical research is founded on the distinction between original and derivative authorities.*"

[26] LORD (Anm. 23), 151.

[27] LORD (Anm. 23), 151.

einen, 'ursprünglichen' Wort nachzuspüren, muß man in der mündlichen Wirklichkeit mit einer Pluralität von authentischen Worten rechnen. Aber eben dieser Gedanke einer Pluralität von 'Originalen' steht in glattem Widerspruch zu unserer gängigen Vorstellung von dem einen, 'ursprünglichen' Wort. „Wir halten es für unumgänglich, einen einwandfreien Text zu rekonstruieren oder nach einem Original zu suchen, denn etwas, das ständig im Wechsel begriffen ist, kann uns nicht zufrieden stellen."[28] Die unaufhörliche Suche nach der 'ursprünglichen' Botschaft Jesu zeigt deutlich, wie fremdartig, ja nahezu unzugänglich uns mündliche Hermeneutik ist. Hier bildet MARTIN HEIDEGGER's so ganz andersartige Vorstellungswelt eine nicht geringe Hilfestellung: „Das Phänomen der *Gleichursprünglichkeit* der konstitutiven Momente ist in der Ontologie oft mißachtet worden zufolge einer methodisch ungezügelten Tendenz zur Herkunftsnachweisung von allem und jedem aus einem einfachen 'Urgrund'."[29] Wir, die wir es gewohnt sind, für alles einen einzigen Ursprung anzunehmen, müssen, wenn wir uns ernstlich in die Sprachwirklichkeit von Jesu Verkündigung versetzen wollen, HEIDEGGER's Begriff der 'Gleichursprünglichkeit' durchdenken lernen. Jedes gesprochene Wort Jesu war 'gleichursprünglich' mit allen seinen anderen gesprochenen Worten. Eine dreimalige Verkündigung eines Wortes stellte nicht drei Versionen eines Urwortes dar, sondern drei 'gleichursprüngliche' Verkündigungen. Erst die Schriftlichkeit schaffte die Möglichkeit, einen Primärtext von sekundären Versionen zu unterscheiden.

## 2. Die situationsgebundene Konkretisation

Für ein Verständnis mündlicher Sinngebung ist die Einsicht in nichtlinguistische Faktoren, welche am Sprechakt beteiligt sind, von entscheidender Bedeutung. Das oben bereits angedeutete Prinzip einer von Sprechern und Hörern geteilten Biosphäre ist hier weiter auszuführen. Mündliche Kommunikation ist zwangsläufig in ein dichtes Gewebe von sozialen Umständen, religiösen Interessen und politischen Ideologien verflochten. Dazu gehören sowohl das unmittelbare Milieu des Sprachaktes wie die die Gesamtheit der Sprecher und Hörer bewegenden Ereignisse, Werte und Vorstellungen. Außerdem sucht der Vortragende die Zuhörer instinktiv durch Stimmlage, Nuancierung der Tonstärke und Phrasieren der Worte zu beeinflussen. Hörer in der Antike waren selten stumme Beisitzende. Die didaktischen Geschichten zeigen die für die Hörer bestehenden Möglichkeiten, den Redner während oder nach Abschluß seines Vortrages in Fragen zu verwickeln. Ihre Einwürfe, Zustimmungen und Kritiken beeinflußten ihrerseits den Sprecher und seine weiteren Ausführungen. Selbst wenn sich die Zuhörerschaft völlig in Schweigen hüllte, würden Gesichtsausdrücke einzelner Hörer dem Sprecher verraten, ob seine Rede

[28] LORD (Anm. 23), 150.
[29] MARTIN HEIDEGGER, Sein und Zeit, Tübingen 1986, 16. Auflg., 131.

angekommen war oder ihr Ziel verfehlt hatte. In diesem Nexus wechselseitiger Beziehungen und sozialer Gemeinsamkeiten spielte sich die Verkündigung Jesu ab, und von ihr erhielt sie ideologische und pragmatische Unterstützung.

### 3. Die Nichtobjektivierbarkeit

Der rein auditive Charakter mündlicher Rede hat ein Defizit an visueller Vergegenständlichung der Sprache zur Folge. Allerdings muß sogleich zugestanden werden, daß wir Mündlichkeit im Grunde nicht verstehen, solange wir sie negativ als ein Defizit schriftlicher Attribute definieren. Genau für sich betrachtet, stellt Mündlichkeit eine zwischen Mund und Ohren vermittelnde, hörbare Kommunikation dar.[30] Der Klang, dieses scheinbar immateriellste aller sprachlichen Attribute, ist ein wesentliches Merkmal aller gesprochenen Sprache. Die Stimme kommt aus dem Innern des menschlichen Körpers und dringt in das Innere der Hörer ein. Von allen Sinneswahrnehmungen ist das Hören engstens mit der Interiorität des menschlichen Bewußtseins verbunden. „Das Sehen isoliert, das Hören bezieht ein."[31] Die klassische linguistische Differenzierung von Signifikant und Signifikat, welche den Leser auffordert, das dargestellte Geschehen als Signifikant, z. B. als Zeichenausdruck aufzufassen und es mit einem entsprechenden Signifikat oder Zeicheninhalt zu verbinden, hat in der mündlichen Sprache überhaupt keinen Rückhalt. Zeichenausdruck und Zeicheninhalt sind heuristische Prinzipien, die erst durch die Schriftlichkeit möglich geworden sind. Gesprochene Worte hinterlassen keine sichtbaren Spuren, und sie lassen sich auch deshalb nicht äußerlich verifizieren. Sie existieren nur im Augenblick ihrer Aussprache. Im Moment ihres Lebens erfahren sie ihr Ableben. Zwar wirkt das Gesprochene im Bewußtsein der Hörer weiter, aber eben nur als Aus- und Nachwirkung der Rede. Man kann nie mehr zur Rede als einem visuell fixierten Objekt zurückkehren. Mündlichkeit hat kein ihren Sprechakt überdauerndes linguistisches Eigenleben. In ihrer Aussprache sprechen sich die Worte aus.

Aus diesem Grunde sperrt sich mündlicher Diskurs im Grunde gegen jegliche Analyse. Alle Untersuchungen mündlicher Sprache, einschließlich der hier unternommenen, beruhen auf einer Transposition in ein anderes Medium. Damit Gesprochenes analysiert werden kann, muß es entweder auf einem magnetischen Band aufgenommen und dabei elektronisch manipuliert werden

[30] MARCEL JOUSSE hat bahnbrechende Arbeiten zum Verständnis wortorientierten, mündlichen Sprachbewußtseins im Nahen und Mittleren Osten geliefert: Éudes de psychologie linguistique. Le style oral, rythmque et mnémotechnique chez les verbo-moteurs, Paris 1925; DERS., L'anthropologie du geste, Paris 1974; DERS., La manducation de la parole, Paris 1975; DERS., Le parlant, la parole et le souffle, Paris 1978. In Bezug auf gegenwärtige phänomenologische Studien vgl. bes. MAURICE MERLEAU-PONTY, L'œil et l'esprit, Les temps modernes 18 (1961), 184–185; DON IHDE, Listening and Voice. A Phenomenology of Sound, Athens, Ohio 1976 and C. J. BLEEKER, L'œil et l'oreille: Leur signification religieuse, in: The Sacred Bridge, Leiden 1963 (Supplement to Numen VII).

[31] ONG, Oralität und Literalität (Anm. 18), 75.

oder der Schrift anvertraut und dadurch zum Schweigen verurteilt werden. Mündlichkeit als solche läßt sich nicht analysieren, denn um die Analyse durchzuführen, muß das Gesprochene vergegenständlicht werden, was seinem eigenständigen, nichtobjektivierbaren Charakter zuwiderläuft.

Diese Nichtobjektivierbarkeit gesprochener Sprache ist eine Vorstellung, die der modernen und postmodernen Geisteswissenschaft schwer fällt. Die zunehmende Konzentration literarkritischer und hermeneutischer Bemühungen im 19. und 20. Jahrhundert, der Sprache selbst als linguistischem Phänomen auf die Spur zu kommen, setzt Erkenntnisprämissen voraus, die den Weg zur Erfassung des konkreten Vollzugs der Rede weitgehend verbauten. So zeichneten sich der angloamerikanische *New Criticism* sowie verschiedene Ausprägungen strukturalistischer und formalistischer Sprachanalyse durch eine rein textorientierte Mentalität aus. DERRIDA's Dekonstruktivismus legt eine ausgesprochen feindselige Haltung gegenüber der des Logozentrismus angeklagten Mündlichkeit zutage. Erst die Sprechakttheorie, rezeptions- und wirkungsästhetische Theorien sowie die zunehmende Wiederentdeckung der Rhetorik scheinen hier eine Wendung von einer rein texgebundenen Sprachwissenschaft zu oralen, rhetorischen Sensibilitäten anzubahnen. Die Schwierigkeit bleibt, daß Mündlichkeit selbst nicht als ein autonomes, rein linguistisches Konstituiert-Sein vorgestellt werden kann. Jedes gesprochene Wort ist die Äußerung eines Sprechers. Die Aktualisierungsbedingungen mündlicher Rede implizieren den Vortrag des Sprechenden, die Wahrnehmung der Hörer und einen beiden gemeinsamen Lebenskontext. Die in diesem interpersonellen Bereich bodenständige Redewirklichkeit läßt sich daher nicht als neutrales Objekt vis-à-vis Sprecher und Hörern abstrahieren.

## 4. Die Zeitgebundenheit

Geschriebene Worte sind räumlich organisierte, sichtbare Zeichen. Auf Grund dieser räumlichen Gebundenheit kann sich das Geschriebene nicht in der Gegenwart behaupten, sondern ist immer schon der Vergangenheit anheimgefallen. „Das Schreiben versetzt alles in die Vergangenheit."[32] Das Sprechen hingegen ist zeitlich und nie räumlich gebunden und kann sich daher nur in der Gegenwart realisieren. So konnte auch Jesus nicht in der Vergangenheit sprechen. Seine Rede manifestierte sich in der Gegenwart, ja als Gegenwart. Mündlichkeit und Zeitlichkeit sind untrennbar zusammengehörig. Sie bedingen und durchdringen einander. Rede spricht sich in der Zeitlichkeit aus, und Zeitlichkeit ist das Medium gesprochener Worte. Alles Reden atmet Gegenwärtigkeit.

Bekanntlich wird den Worten Jesu in den Evangelien wirkende Kraft und Energeia zugeschrieben. Sie erwecken zum Leben, überwinden Krankheit, besiegen Dämonen und vergeben Sünden. Diese Vorstellung von der unmittel-

[32] STEPHEN A. TYLER, On Being Out of Words, Cultural Anthropology 1 (1986), 135.

baren Wirkungskraft der Sprache ist in der mündlichen Hermeneutik vieler alter Kulturen verwurzelt.[33] Wiederum kann der Vergleich mit dem geschriebenen Wort diese mündliche Vorstellungsweise am besten klären. Schreiben basiert auf der Technik, Worten Sichtbarkeit zu verleihen. Die so erzielte Verobjektivierung fördert den Eindruck, Sprache sei derart beschaffen, daß sie sich einerseits in Schriftzeichen und andererseits in deren Bezugswerte und -welten trennen ließe. Diese Scheidung von Signifikant und Signifikat läßt sich aber, wie bereits angedeutet, in der Mündlichkeit nicht (ohne weiteres) nachweisen. Beim gesprochenen Wort ist eine vom Sinngehalt trennbare linguistische Identität nicht offensichtlich greifbar. Gerade weil die Rede ohne jegliche Objektivierung auszukommen scheint, erweckt sie den Eindruck, engstens mit der Wirklichkeit verbunden zu sein, von der sie spricht. Hinzu kommt der bereits besprochene Synergismus von Rede und Zeitlichkeit, welcher den Worten eine Art ontologischer Glaubwürdigkeit verleiht. Damit sind wir an einer entscheidenden Prämisse der Mündlichkeit angelangt, nach welcher gesprochene Worte „derselben Wirklichkeitsebene angehören wie die Dinge und Ereignisse, von denen sie sprechen."[34] Medium und Modus, Form und Inhalt, Sprache und Sein scheinen in der Mündlichkeit eine Art synthetische Einheit zu bilden.

Natürlich sind diese Prämissen, wie überhaupt die Dichotomie von Mündlichkeit und Schriftlichkeit, durch die postmoderne Linguistik und vor allem das philosophische Werk DERRIDA's in Frage gestellt worden.[35] Aber es ist hier nicht der Ort, eine Diskussion mit DERRIDA zu eröffnen. Vielmehr geht es darum, eine im Urchristentum wie bei vielen alten Völkern gängige mündliche Hermeneutik herauszuarbeiten. Ohne ein Verständnis des in der Gegenwart als wirksam empfundenen Wortes lassen sich weder die christliche Vorstellung vom lebendigen, lebenspendenden Wort noch eine mit dieser mündlichen Hermeneutik ringende Traditionsgeschichte verständlich machen.

## *V. Die prophetisch-charismatische Reaktivierung*

Auch nach dem gewaltsamen Tode Jesu gab es noch die Möglichkeit, mündliche Wortwirksamkeit und den von Aphorismen und Gleichnissen einge-

[33] S. J. TAMBIAH, The Magical Power of Words, Man 3 (1968), 175–208. JOHN COLIN CAROTHERS, Culture, Psychiatry, and the Written Word, Psychiatry 22 (1959), 307–320. PEDRO LAÍN ENTRALGO, The Therapy of the Word in Classical Antiquity, New Haven and London 1970. JAMES ALEXANDER KERR THOMSON, The Art of the Logos, London 1935. ROBERT W. FUNK, Saying and Seeing: Phenomenology of Language and the New Testament, JBR 34 (1966), 197–313.

[34] CAROTHERS (Anm. 23); 312.

[35] JACQUES DERRIDA, Grammatologie, Frankfurt 1974; DERS., Die Schrift und die Differenz, Frankfurt 1976; DERS., Die Stimme und das Phänomen, Frankfurt 1979.

leiteten mündlichen Traditionsmodus fortzusetzen. Klassisch prophetischem Vorbild folgend, unternahmen es frühchristliche Sprecher, die Worte Jesu in dessen Namen und mit dessen Autorität zu verkünden.[36] Die Legitimationsformel für prophetische Rede im Frühchristentum findet sich in allen kanonischen Evangelien wieder. Wir zitieren hier die lukanische Fassung:

> „Wer euch hört, der hört mich, und wer euch verwirft, der verwirft mich; wer aber mich verwirft, der verwirft den, der mich gesandt hat" (Lk. 10:16).

Dieses Wort legitimiert die apostolische Identität der Gesandten. Es geht in erster Linie nicht um die Botschaft, sondern um die Autorität der Gesandten. Genauer gesagt wird die Botschaft durch die Autorität der Sender beglaubigt. Wiederum begegnet uns hier eine in der mündlichen Hermeneutik herrschende Vorstellung, welcher zufolge der Überbringer der Botschaft (fast) ebenso bedeutsam ist wie seine Botschaft. Es kann nicht übersehen werden, daß die Formel die Botschafter nicht nur als Jesu Abgesandte legitimiert, sondern vielmehr als Träger der ihm eigenen Autorität. Als legitimierte Nachfolger Jesu verkörpern sie so seinen gegenwärtigen, göttlichen Machtanspruch. Es wird nicht ratsam sein, die Identität dieses Jesus, welcher sich in seinen Nachfolgern und deren Botschaft inkarnierte, mit christologischer Präzision erfassen zu wollen. War es der irdische Jesus, der auferstandene Christus oder der wiedergekommene Menschensohn? Christologische Überlegungen dieser Art sind dem Phänomen der Reaktivierung der Worte Jesu fremd. Man wird sich mit der Feststellung begnügen müssen, daß Jesu Identität als Sprecher aphoristischer und parabolischer Weisheitsworte in die Persönlichkeiten seiner prophetisch charismatischen Nachfolger und die Lebenswelt ihrer Zuhörer verlängert werden konnte. Durch das Medium dieser bevollmächtigten Nachfolger ließ sich seine Autorität aufrecht und seine *viva vox* lebendig erhalten.

Man mag diese Vergegenwärtigung Jesu und seiner Botschaft als ein kühnes Experiment betrachten, welches die Prämissen seiner Mündlichkeit in der Tradition fortzusetzen suchte. Überdies entwirft die Legitimationsformel geradezu ein Modell des Traditionsprozesses im Sinne von Kontinuität und Präsenz. Sowohl die Autorität wie die Botschaft des charismatischen Sprechers

[36] FRANK W. BEARE, Sayings of the Risen Jesus in the Synoptic Tradition: An Inquiry into Their Origin and Significance, in: Christian History and Interpretation: Studies Presented to John Knox, New York and Cambridge (Eng.) 1967. DAVID E. AUNE, Christian Prophecy and the Sayings of Jesus: An Index to Synoptic Pericopae Ostensibly Influenced by Early Christian Prophets, Missoula 1975. M. EUGENE BORING, Sayings of the Risen Jesus: Christian Prophecy in the Synoptic Tradition, New York and Cambridge (Eng.) 1982 (Society for New Testament Studies; Monograph Series 46); DERS., How May We Identify Oracles of Christian Prophets in the Synoptic Tradition? Mark 3:28–29 as a Test Case, JBL 91 (1972), 501–521. GERHARD DAUTZENBERG, Urchristliche Prophetie: Ihre Erforschung, ihre Voraussetzungen im Judentum und ihre Struktur im ersten Korintherbrief, Stuttgart 1975. ULRICH B. MÜLLER, Prophetie und Predigt im Neuen Testament: Formgeschichtliche Untersuchungen zur urchristlichen Prophetie, Gütersloh 1975 (SNT 10). DAVID HILL, New Testament Prophecy, Atlanta 1979.

Jesus sind vergegenwärtigt. Doch die darin implizierte Problematik läßt sich ebenfalls nicht abstreiten. Denn ungeachtet der faktischen Abwesenheit Jesu inszeniert hier die Tradition die Illusion seiner Vollgegenwart. Man wird kritisch fragen müssen, ob und inwieweit sich fundamentale Abwesenheit aufgrund eines durch die mündliche Hermeneutik ermöglichten Postulats autoritativer Substituierung als Präsenz überspielen läßt.

## *VI. Gruppierungsprozesse der Jesusworte*

Ein weiterer Traditionsmodus der Jesusworte bestand in der Sammlung von Aphorismen und Gleichnissen. Die Zusammenstellung von beiden Einheiten der Verkündigung Jesu ließ verschiedenen Kombinationsmöglichkeiten freien Lauf. Zwei Herrenworte konnten sich zu einem aphoristischen Kompositum vereinen. Mit Gesprächspartnern ausgestattete aphoristische Komplexe gestalteten sich zu kleinen Dialogszenen. Ohne Dialogpartner konnte sich die Ansammlung von Worten zu Redeeinheiten entwickeln. Aphoristische Komplexe, Dialogszenen und Redestücke fanden Einlaß in die kanonischen Evangelien, wo sie in einem großen Erzählzusammenhang fungierten. Ihren Höhepunkt erreichten die Gruppierungsprozesse in Sammlungen von Herrenworten, in welchen sich ein eigenständiges Evangelien-Genre Ausdruck verschaffte.[37] Drei repräsentativen Exponenten dieser Gattung der Herrenworte gilt es nun nachzugehen: dem esoterischen 'Thomasevangelium', der Redequelle Q, und der Offenbarungsrede des 'Apokryphon des Jakobus'.

### 1. Das esoterische Evangelium (ThEv)[38]

Der Aufbau des 'Thomasevangeliums' (= ThEv) ist derart gestaltet, daß 'Jesus der Lebendige' 114 Aphorismen und Gleichnisse verkündet, die als

[37] Über die Bedeutung der Gattung des Wort- oder Diskursevangeliums für das Verständnis der frühchristlichen Traditionsgeschichte ist man sich erst seit der Entdeckung der Nag Hammadi-Dokumente völlig klar geworden. Ihre Erforschung wurde in den USA vor allem unter der Leitung von JAMES M. ROBINSON, Claremont, und HELMUT KÖSTER, Harvard, vorangetrieben. Wichtige Ergebnisse der beiden Forscher sind in dem folgenden Sammelband veröffentlicht: Entwicklungslinien durch die Welt des frühen Christentums, Tübingen 1971. Vgl. auch PHEME PERKINS, The Gnostic Dialogue. The Early Church and the Crisis of Gnosticism, New York 1980.

[38] The Facsimile Edition of the Nag Hammadi Codices, Leiden 1972–1979, Codex II, 2. Dt. Übersetzung in: ERNST HAENCHEN, Die Botschaft des Thomas-Evangeliums, Berlin 1961, 14–33. Englische Übersetzung vgl. A. GUILLAUMONT, H.-CH. PUECH, G. QUISPEL, W. TILL, YASSAH 'ABD AL MASIH, The Gospel According To Thomas, Leiden und New York, 1959. Eng. Übersetzung von H. KOESTER und THOMAS O. LAMBDIN in: The Nag Hammadi Library in English (hrsg. JAMES M. ROBINSON), San Francisco 1977, 118–

'verborgene Worte' gekennzeichnet sind. Die gesamte Niederschrift wird Didymos Judas Thomas zugeschrieben, welcher nach der syrischen Tradition als Zwillingsbruder Jesu galt. Die Dramatisierung expliziert oder setzt stillschweigend voraus, daß sämtliche Aphorismen und Gleichnisse an Jünger-Figuren gerichtet sind, unter welchen Maria, Salome, Simon Petrus, Matthäus und Thomas namentlich hervorgehoben sind. In 90 Fällen werden ein Wort oder Gleichnis mit der kurzen Formel 'Jesus sprach' eingeführt. Einige Male setzen eine minimale Rahmenhandlung oder ein kurzer Dialog die folgenden Worte in Szene. Von der Perspektive der kanonischen Evangelien her betrachtet, vermißt man sowohl eine narrative Syntax wie eine kontinuierliche Redeeinheit. Mit anderen Worten: dem ThEv war weder daran gelegen, das Material in ein narratives Kontinuum einzuordnen, noch es in einem fortlaufenden Diskurs zusammenzuschmelzen. So erweckt es den Eindruck einer Reihe von Einzelworten oder einer Anhäufung von diskreten Sprucheinheiten.

Häufig wird angenommen, das ThEv habe die kanonischen Evangelien bereits gekannt und seinerseits eine gnostizierende Umdeutung der Orthodoxie unternommen.[39] Andererseits wird in der von ROBINSON und KÖSTER geleiteten Nag Hammadi-Forschung in den Vereinigten Staaten zunehmend die Meinung vertreten, daß es sich im Kern des ThEv um eine alte, noch vor den kanonischen Evangelien liegende Sammlung handle.[40] Wie so oft ist die Problematik äußerst kompliziert und sowohl mit technischen Problemen als auch mit ideologischen Prämissen belastet. Es ist hier nicht der Ort, die gesamte Forschungsproblematik darzulegen. Wir begnügen uns damit, der Frage des Genres von ThEv nachzugehen, welches in der Tat auf ein frühes Kompositionsdatum hinzudeuten scheint.

Die Exklusivität der Zuhörerschaft im ThEv muß auffallen, da sie in direktem Gegensatz zu den kanonischen Evangelien steht, wo Jesus sich an

130. EDGAR HENNECKE und WILHELM SCHNEEMELCHER (hrsg.), Neutestamentliche Apokryphen, Tübingen 1968 (4. Auflg.), Bd. I, 119–223.

[39] HAENCHEN (Anm. 38); DERS., Literatur zum Thomasevangelium, ThR 27 (1961), 147–178, 306–338. ROBERT M. GRANT and DAVID NOEL FREEDMAN, The Secret Sayings of Jesus. The Gnostic Gospel of Thomas, Garden City, N. Y. 1960 – (Dt. Ausg. Geheime Worte Jesu. Das Thomas-Evangelium, Frankfurt 1960). BERTIL GÄRTNER, The Theology of the Gospel According to Thomas, New York 1961. HARVEY K. MCARTHUR, The Dependence of the Gospel of Thomas on the Synoptics, ExpT 71 (1960), 286–287. WOLFGANG SCHRAGE, Das Verhältnis des Thomas-Evangeliums zur synoptischen Tradition und zu den koptischen Evangelienübersetzungen, Berlin 1964 (Beihefte zur Zeitschrift für die neutestamentliche Wissenschaft 29). J. E. MÉNARD, L'Evangile selon Thomas, Leiden 1975 (Nag Hammadi Studies 5). R. MCL. WILSON, Studies in the Gospel of Thomas, London 1960.

[40] Vgl. JAMES M. ROBINSON, LOGOI SOPHON – Zur Gattung der Spruchquelle Q; HELMUT KÖSTER, GNOMAI DIAPHOROI – Ursprung und Wesen der Mannigfaltigkeit in der Geschichte des frühen Christentums; DERS., Ein Jesus und vier ursprüngliche Evangeliengattungen, in: Entwicklungslinien (Anm. 37) 70–106, 107–146, 147–190. STEVAN L. DAVIES, The Gospel of Thomas and Christian Wisdom, New York 1983. RON CAMERON, Parable and Interpretation in the Gospel of Thomas, FFF 2 (1986), 3–39. CHARLES W. HEDRICK, The Treasure Parable in Matthew and Thomas, FFF 2 (1986), 41–54.

Menschengruppen unterschiedlicher Größe richtet und mit einzelnen Personen spricht, die nicht dem Jüngerkeis angehören. Im ThEv ist seine Botschaft auf einige wenige beschränkt. Nicht zu übersehen ist dabei die den Frauen zugefallene Rolle, denn sie sind damit praktisch der privilegierten Jüngergruppe zugerechnet. Diese, dem Genre des ThEv zugrundeliegende Szenerie war den Kirchenvätern nicht unbekannt. Von vielen Stellen sei hier nur ein Wort des Irenäus zitiert:

> „... indem sie [die Häretiker] sagen, daß dies der Heiland im Verborgenen nicht alle gelehrt habe, sondern nur einige seiner Schüler, die das begreifen und die von ihm angeführten Gründe, Rätselreden und Gleichnisse verstehen konnten."[41]

An diesen und mehreren anderen Stellen[42] zielt die Polemik des Irenäus deutlich auf das Genre der Herrenworte ab. Im Einvernehmen mit dem von der Orthodoxie praktizierten offenen Propagieren des Evangeliums richtete sich der Unwille des Bischofs gegen die esoterische, nur wenigen Eingeweihten zugängliche Verkündigung. Die Eindringlichkeit, mit der sich Irenäus wiederholt gegen die esoterische Kommunikationsweise wendet, verdient besondere Beachtung, und die Herausarbeitung ihrer sprachsoziologischen Funktion kann dem Verständnis des Genres der Herrenworte dienlich sein. Drei die Esoterik kennzeichnende Faktoren verdienen unsere besondere Beachtung.[43]

Erstens gedeiht esoterisches Wissen am besten in der Isolation. Größere Gruppen entkräften das esoterische Potential. Je beschränkter und faßbarer die Gruppe ist, desto größer die Chancen für das esoterische Wissen. Zweitens ist esoterische Kommunikation engstens mit der Besitzergreifung besonderen Wissens verbunden. Redegut, das vom charismatischen Lehrer einer begrenzten Zahl von Rezipienten anvertraut ist, wird *eo ipso* zur privilegierten Information. Drittens führt esoterisches Wissen zur Stärkung der Autorität. Spezielle Information, die einigen Wenigen übermittelt wird, läßt sich sofort in Kategorien von Macht und Prestige übersetzen. Das ThEv bevorzugt die männlichen und weiblichen Jünger in einem für die kanonischen Evangelien unvorstellbaren Maße. Wenn man überhaupt an dem Begriff der apostolischen Sukzession noch festhalten will, dann scheint uns dieser bezüglich des ThEv weitaus berechtigter zu sein als in Bezug auf die im Kanon tradierten narrativen Evangelien. Das wird noch deutlicher gezeigt werden, wenn wir das Thema der Jüngernachfolge im Markusevangelium behandeln (vgl. VIII, 2, unten S. 45–49).

Die kombinierten Faktoren von Exklusivität, privilegierter Information und Apostolizität deuten auf eine dem Genre zugrundeliegende pragmatische Funktion. Wenn man von Irenäus' Polemik einmal absieht, so kann man erkennen, wie das Prinzip einer unter dem Siegel der Verschwiegenheit einigen

[41] Irenäus, adv. haer. II, 27, 2 (übers. E. KLEBBA, BKV Irenäus Bd. I).

[42] Irenäus, adv. haer. I, 3, 1; I, 25, 5; I, 30, 14.

[43] W. H. JANSEN, The Esoteric-Exoteric Factor in Folklore, in: The Study of Folklore (hrsg. A. DUNDES), Prentice Hall, Inc. 1965, 43–51.

Privilegierten anvertrauten Information dem Interesse der Konservierung dienen soll. Denn was im Besitz einiger Auserwählter ist, ist den Vielen vorenthalten und soll auf diese Weise intakt bleiben.

Damit soll in keiner Weise abgestritten werden, daß das Genre in seiner gegenwärtigen Form hermeneutischen Interessen ganz anderer Art dient. Davon soll noch gehandelt werden. Aber welche Rolle auch immer das Genre in seinem jetzigen, fortgeschrittenen Stadium spielt, seine grundsätzliche *raison d'être* war nicht Interpretation, sondern Konservation.

Esoterik und Konservierungsdrang konnten in der antiken und mittelalterlichen Kultur in einem welchselseitigen Verhältnis stehen. EISENSTEIN hat eindrucksvolle Parallelen zwischen Geheimhaltung und der Sicherstellung von Information gesammelt. Geschlossene Systeme, esoterische Bünde und die Errichtung intellektueller Barrieren übten dabei wichtige soziale Funktionen aus. Das Verlorengehen vieler Manuskripte, mangelhafte Aufbewahrungsräume, die Hinfälligkeit des Schreibmaterials und der Zustand des Verfalls, in dem sich viele Manuskripte befanden, bedeuteten ständige Unsicherheitsfaktoren für die chirographische Kultur. Esoterische Geheimhaltung und Zensur bzw. privilegiertes Eigentumsrecht stellten einen Mechanismus dar, der dazu diente, wertvolle Daten zu schützen. Die beste Möglichkeit, die Integrität von Materialien zu bewahren, bestand darin, deren Veröffentlichung zu beschränken oder völlig zu verhindern.

> *"Many forms of knowledge had to be esoteric during the age of scribes if they were to survive at all ... closed systems, secretive attitudes and even mental barriers served important social functions ... To be preserved intact, techniques had to be entrusted to a select group of initiates who were instructed not only in special skills but also in the 'mysteries' associated with them. Special symbols, rituals, and incantations performed the necessary function of organizing data, laying out schedules, and preserving techniques in easily memorized forms."*[44]

EISENSTEIN's kulturhistorische Analysen, welche sich vor allem auf die Schreibkultur beziehen, treffen mit noch größerer Relevanz auf die Mündlichkeit zu. Angesichts des nicht objektivierbaren Zustandes und der rein intellektuellen Auffassungsmöglichkeit gesprochener Worte war das Bedürfnis nach Konservierungsmöglichkeiten in der Mündlichkeit noch größer als in der Schriftlichkeit. Daß sich in der Tradition *post Christum* ein Drang nach Erhaltung der Aphorismen und Gleichnisse bemerkbar machte, bedarf wohl kaum eines Beweises. Dieser Drang war um so größer, als man mit einer raschen Verbreitung des Evangeliums rechnen muß. Starke zentrifugale Kräfte drohten die Botschaft in viele Richtungen zu zersplittern. Im Hinblick auf diese Entwicklung darf man im Genre der Herrenworte den Versuch erblicken, kostbar gewordene Herrenworte einzusammeln und auf diese Weise der auseinanderstrebenden Dynamik entgegenzuwirken.

[44] EISENSTEIN (Anm. 24), Bd. I, 270.

Allem Anschein nach handelt es sich beim ThEv um eine gänzlich unsystematische Anhäufung von Materialien. Jedenfalls ist es bislang nicht gelungen, strukturelle oder thematische Ordnungsprinzipien zu entdecken. Alle Information wird durch das Mittel koordinierender Strategien dargeboten. Subordinierte Satzgefüge sind auf individuelle Aphorismen oder Gleichnisse beschränkt. Nirgends regt sich in dem Genre der Wunsch nach einer Gesamtgliederung oder narrativen Zusammenschau aller Einzelteile. So wird man sich wohl mit dem Gedanken einer planlosen Anhäufung von Worten begnügen müssen. Aber gerade diese Vorstellung der Planlosigkeit bringt uns dem ursprünglichen Genre einen guten Schritt näher.

Die Datenverarbeitung des ThEv aufgrund einer einfachen Koordinationstechnik erinnert deutlich an das uralte Genre der 'Listen'.[45] Die grundsätzliche Aufgabe der 'Listen' bestand darin, wichtige Daten vor dem Vergessen und der Verfälschung zu bewahren. Sie gehen daher auf meist funktionale, pragmatische Bedürfnisse zurück. Datenspeicherung, nicht Interpretation ist maßgebend. In Bezug auf das, was erhalten werden kann, scheinen dem Genre der 'Liste' kaum Grenzen gesetzt zu sein. Ihr Repertoire reichte von Vokabularien in Keilschrift bis zu sumerischen Aufzählungen von Bäumen, Pflanzen und Vögeln, und von bürokratischen Bestandsaufnahmen im minoischen Kreta, in Mesopotamien und an anderen Orten bis hin zur Erfassung von Weisheitsworten im talmudischen Judentum, und vom berühmten Katalog der Männer, Städte und Schiffe in der 'Ilias' bis zum Kanon, einem Untertyp des Genres der 'Liste'. Trotz dieses schier unersättlichen Verlangens, Information aller Art zu speichern, werden Daten derselben Art oft vorgezogen.

'Listen' haben weder Anfang noch Ende, und sie sind häufig, aber nicht immer durch fehlende Organisationsstrukturen gekennzeichnet. Vom modernen Standpunkt aus betrachtet, haftet ihnen etwas Fragmentarisches an. Sie machen den Eindruck der Zersplitterung einer Ganzheit in eine Vielzahl von Bruchstücken. Andererseits mag das Genre der 'Liste' von sich aus gesehen eine durchgehende Erzählungsabfolge durchaus für eine unerwünschte Einmischung halten, welche der Nebeneinanderstellung einer Einheit neben die andere in die Quere kommt. Nach dem Modell der 'Liste' wird daher die diskrete Aufreihung von Aphorismen und Gleichnissen im ThEv weniger als eine Fragmentierung der Wirklichkeit, sondern als Speicherung der beiden Redeeinheiten der Verkündigung Jesu anzusehen sein.

Man wird dem Genre der 'Liste' nicht gerecht, wenn man es ausschließlich für eine den Bedürfnissen der Schriftlichkeit angemessene Größe hält. Das überraschend häufige Auftreten von 'Listen' in den Anfangsphasen von Schriftsystemen legt den Gedanken nahe, daß sie nicht jeglichen Bezug zur Mündlich-

[45] R. Borger, Handbuch der Keilschriftliteratur, Berlin 1975, passim. Jack Goody, The Domestication of the Savage Mind, Cambridge (Eng.) 1977, 74–111. Jonathan Z. Smith, Sacred Persistence. Toward a Redescription of Canon, in: Imagining Religion: from Babylon to Jonestown, Chicago 1982, 36–52. Hugh Kenner, Flaubert, Joyce and Beckett. The Stoic Comedians, Boston 1962. Hayden White, The Value of Narrativity in the Representation of Reality, Critical Inquiry 7 (1980), 5–27.

keit verloren haben. Gerade in Übergangsphasen von Mündlichkeit zu Schriftlichkeit können sie eine wichtige Rolle spielen. Im Falle des ThEv ist kaum zu übersehen, wie sehr das Genre noch imstande ist, mündliche Interessen wahrzunehmen. Sein prinzipielles Augenmerk ist auf die beiden Redeeinheiten der Verkündigung Jesu gerichtet. Die bewußte Beschränkung auf Aphorismen und Gleichnisse sowie die esoterische Rahmenhandlung zielen insgesamt darauf ab, Jesu Rede im engsten Kreise aufzubewahren. Die Identität des Sprechers, welcher als 'Jesus der Lebendige' vorgestellt wird, kommt mündlichen Interessen in besonderem Maße entgegen. Wie immer man über eine christologische Präzisierung dieser Jesus-Figur befinden mag, sie versteht sich offensichtlich nicht als eine Autorität der Vergangenheit. 'Jesus der Lebendige' will als eine gegenwärtige und gegenwärtig sprechende Autorität verstanden sein. Hinzu kommt das Fehlen einer narrativen Syntax. Die kanonischen Evangelien konstituieren sich in einer räumlich-zeitlichen Rahmenhandlung, welche jede Person, einschließlich Jesus selbst, historisiert. Das Fehlen einer narrativen Lokalisierung und Zeitenfolge im ThEv führt weiter dazu, die gegenwärtige Relevanz Jesu zu privilegieren. All dies ist als ein Versuch zu bewerten, die Dimension der Vergangenheit zu überspielen, welche unvermeidlich mit dem Schreibakt gegeben ist. So ist es denn auch kaum verwunderlich, daß sich keines der Worte im ThEv mit der Bedeutung des Todes Jesu beschäftigt. Denn wenn es der Sinn des Genres war, die Gegenwart Jesu als Sprecher von Aphorismen und Gleichnissen zu realisieren, dann wäre jede Reflexion über seinen Tod irrelevant, ja sogar widersprüchlich. Ein Genre, dem es darum ging, 'Jesus den Lebendigen' für die Gegenwart zu erhalten und in die Gegenwart hinein sprechen zu lassen, konnte nicht zur selben Zeit seine Abwesenheit im Tode propagieren.

Andererseits läßt sich das ThEv nur als das Produkt chirographischer Technik begreifen. Die Nebeneinanderstellung von 114 Redeeinheiten entspricht keinem mündlichen Diskurs. Man spricht nicht in Listen! Die unablässige Folge von einem Wort nach dem anderen überfordert die Aufnahmefähigkeit antiker wie moderner Hörer. Daß sich das ThEv einer gewissen Spannung zwischen Rede und Schreiben bewußt ist, kann man seiner Einleitung ablesen, wonach „die verborgenen Worte, welche Jesus der Lebendige s p r a c h" eben jene sind, welche Didymos Judas Thomas „s c h r i e b". Angesichts dieser zweideutigen Mediensituation darf man fragen, inwieweit die Worte denn noch imstande sind, die gegenwärtige Autorität Jesu zu vertreten, wenn es sich im Grunde um die geschriebenen Produkte des Didymos Judas Thomas handelt.

Trotz der mündlichen Ambitionen des Genres hat sich die Schriftlichkeit in einem Maße behauptet, welches der Identität von 'Liste' ein Ende setzte. Denn obwohl die Wurzeln des ThEv in der 'Liste' zu suchen sind, ist das Endprodukt mit einer formalen Einleitung und einer Schlußformel ausgestattet. Das Präskript vertritt noch das Genre der 'Worte', aber der möglicherweise von einem späteren Schreiber angefügte Kolophon faßt die 114 Worte als das 'Evangelium nach Thomas' zusammen. Laut seiner eigenen Definition ist der gegenwärtige Text daher ein Evangelium und nicht (mehr) eine 'Liste'. Indem das ThEv derart auf seine Identität als Evangelium pocht, schickt es sich an, seine eigene Entstehungsgeschichte zu überspielen. Alle individuellen Aphorismen und Gleichnisse sollen einer bewußten Intentionalität untergeordnet werden. Diese ist programmatisch im ersten Logion zum Ausdruck gebracht: „Wer die Bedeutung (*hermēneia*) dieser Worte findet, wird den Tod nicht schmecken." Interpretation ist das Hauptanliegen des Genres, wie es uns im EvTh und bereits im davorliegenden Papyrus Oxyrhynchus 654 vorliegt.[46] Das funktionelle Bedürfnis nach Konservation ist gänzlich von der hermeneutischen Aufgabe der Interpretation abgelöst worden.

Schriftlichkeit ist überdies kein sehr wirkungsvolles Mittel, esoterische Interessen wahrzunehmen. Zwar hat das ThEv die esoterische Rahmenszene beibehalten, wonach 'Jesus der Lebendige' zu einem auserwählten Kreis von Jüngern spricht, aber seine schriftliche Komposition kommt einer offenen Einladung an alle gleich, das zu interpretieren, was ursprünglich nur wenigen anvertraut war. Das Schreiben kompromittiert die protektionistischen Instinkte esoterischer Geheimhaltung. Damit verschiebt sich die Hermeneutik des ThEv von der esoterischen Geheimhaltung und der Exklusivität der Zuhörer auf die Interpretation des in den 'verborgenen Worten' liegenden Sinnes. Obwohl Jesu Worte nur wenigen anvertraut waren, sind sie im Schreibakt allen zugänglich gemacht, die sie lesen oder hören können. Und doch sind sie nicht direkt zugänglich, sondern bedürfen der Interpretation.

So wird man insgesamt das ThEv als ein Genre bewerten dürfen, dessen Existenz zwar ohne Schriftlichkeit undenkbar war und dessen gattungsmäßige Identität einen folgenreichen Wandel von 'Liste' zu Evangelium durchgemacht hat, das aber trotz allem noch mit mündlichen Interessen stark sympathisiert. Mediengeschichtlich ist es in sich zerspalten zwischen dem Wunsch, die *viva vox* des 'lebendigen' Jesus zu erhalten, und der Notwendigkeit, seine in Schrift erstarrten Worte zu interpretieren. Vom Gesichtspunkt der Medienkunde stellt sich das ThEv als ein Zwischenstadium dar, welches sowohl mündlichen wie schriftlichen Interessen gerecht zu werden sucht. Traditionsgeschichtlich

[46] Von 1896 bis 1903 erforschten BERNARD GRENFELL und ARTHUR HUNT, Universität von Oxford, die reichste Fundstätte hellenistischer Papyri im ägyptischen Oxyrhynchus. Dabei stießen sie auf drei Papyri, welche Jesusworte enthielten. Diese wurden alle im später entdeckten Thomasevangelium wiedergefunden: Ox. Pap. 654 = ThEv log. 1–6 [7]; Ox. Pap. 1 = ThEv log. 26–30, 31–33 b [77]; Ox. Pap. 655 = ThEv log. 36–39 [40]. B. P. GRENFELL und A. S. HUNT, LOGIA IESOU: Sayings of our Lord from an Early Greek Papyrus, London 1897. B. P. GRENFELL und A. S. HUNT, The Oxyrhynchus Papyri: Part I, London 1898. B. P. GRENFELL und A. S. HUNT, The Oxyrhynchus Papyri: Part IV, London 1904. B. P. GRENFELL und A. S. HUNT, New Sayings of Jesus and Fragment of a Lost Gospel from Oxyrhynchus, London 1904. B. P. GRENFELL und A. S. HUNT, The Oxyrhynchus Papyri: Part X, London 1914. Bereits in ihrer Veröffentlichung von 1898 zogen die beiden Forscher vier folgenreiche, heute in der amerikanischen Forschung weithin anerkannte Schlußfolgerungen: "(1) ... we have here part of a collection of sayings, not extracts from a narrative gospel; (2) ... they were not heretical; (3) ... they were independent of the Four Gospels in their present shape; (4) ... they were earlier than 140 A. D., and might go back to the first century" (The Oxyrhynchus Papyri: Part I, 1898, 2).

verkörpert es die Problematik der Transformationsprozesse von Mündlichkeit zu Schriftlichkeit.

## 2. Die Redequelle (Q)[47]

Die Hauptschwierigkeit, welcher sich eine Analyse von Q gegenübersieht, besteht in der hypothetischen und letztlich unbeweisbaren Existenz der Redequelle. Hinzu kommt neuerdings die in einigen Kreisen neutestamentlicher Wissenschaft stark vorangetriebene Infragestellung der Zwei-Quellen-Theorie,[48] welche der Q-Hypothese zugrunde liegt. Wenn hier dennoch eine Aussage über Q gemacht wird, dann kommt sie praktisch einer generellen Zustimmung zur Zwei-Quellen-Theorie gleich. Angesichts des tatsächlichen Defizits eines Textes werden sich unsere Ausführungen allerdings in engen Schranken halten müssen.

An einigen Punkten läßt sich in der heutigen Q-Forschung eine gewisse Übereinstimmung feststellen. Mit Sicherheit darf angenommen werden, daß die Redequelle in griechischer Sprache existierte. Ob sie ursprünglich in Aramäisch verfaßt war, wird wohl eine offene Frage bleiben müssen. Aller Wahrscheinlichkeit nach verfügte Q weder über eine Passions- noch über eine Auferstehungsgeschichte. Diese vom Standpunkt der kanonischen Evangelien aus gesehen erstaunliche Tatsache wird kaum als ein Zufallsergebnis zu werten sein. Vielmehr wird man das 'Fehlen' einer Passionsgeschichte für die konsequente Folge einer bestimmten theologischen Auffassung halten dürfen. Dies findet seine Bestätigung auch darin, daß keines der Einzelworte Q's einen Hinweis auf die soteriologische Bedeutung des Todes und der Auferstehung Jesu zu geben scheint. Im allgemeinen wird angenommen, daß Lukas die Redequelle sowohl in Anordnung wie Formulierung getreuer überliefert hat als Matthäus. Der Grundbestand des zweifellos schriftlich fixierten Textes setzte sich aus Jesusworten und Gleichnissen zusammen. Erstere zeichnen sich durch eine große Variationsbreite aus: Bildworte (Lk. 6:39), Drohworte (Lk. 10:13–15), Makarismen (Lk. 10:23–24), apophthegmatische Worte (Lk. 11:29), Vergleichsworte (Lk. 17:24) und andere mehr. Von reinen Spruchsammlungen im Sinne des ThEv unterscheidet sich Q unter anderem durch das Vorhandensein zweier Erzähleinheiten, nämlich der Versuchungsgeschichte (Lk. 4:1–13) und der Wundergeschichte des Hauptmanns von Kapernaüm (Lk. 7:1–10). Beide

[47] Zur Bibliographie der Q-Forschung vgl. J. DELOBEL et al. (hrsg.), Logia: Les paroles de Jésus, Louvain 1982 (Bibliotheca ephemeridum theologicarum Lovaniensium 59). Demnächst s. auch P. HOFFMANN, Die Logienquelle (Q) in der neueren Forschung, ANRW II 26,4, hrsg. v. W. HAASE, Berlin–New York 1993/94 (in Vorbereitung); J. S. KLOPPENBORG, The Sayings Gospel Q: Literary and Stratigraphic Problems, ebd.

[48] WILLIAM R. FARMER, The Synoptic Problem: A Critical Review of the Problem of the Literary Relationship Between Matthew, Mark and Luke, New York 1964. BERNARD ORCHARD, Matthew, Luke and Mark, Manchester 1977 (The Griesbach Solution to the Synoptic Question 1). HANS-HERBERT STOLDT, Geschichte und Kritik der Markushypothese, Göttingen 1977.

lassen sich notfalls so erklären, daß das Schwergewicht auf ihrem jeweiligen Redeanteil liegt. Bemerkenswert ist außerdem, daß die Redequelle in der uns überlieferten Fassung bei Matthäus und Lukas mit der Verkündigung Johannes des Täufers einsetzt. Jesus ist also nicht der alleinige Sprecher in Q.

Im Gegensatz zum ThEv ist die Verarbeitung des Redestoffes in Q wesentlich planvoller gestaltet. Zwar läßt die Forschung bis heute keinerlei Übereinstimmung hinsichtlich einer Gesamtgliederung von Q erkennen, was nicht zuletzt auf die unsichere, rein theoretisch eruierte Textbasis zurückzuführen sein wird. Immerhin scheinen Gruppierungen von Einzelworten aufgrund thematischer oder formaler Einsichten als das wohl wichtigste Ordnungsprinzip von Q erwiesen zu sein. Zu den thematisch bestimmten Redeeinheiten kann man beispielsweise die folgenden zählen: Jesu Antrittsrede (Lk. 6:20b–49), Jüngerschaft und Mission (Lk. 9:57–62; 10:2–24), Gebet (Lk. 11:2–4, 9–13), Auseinandersetzung mit Israel (Lk. 11:14–52), furchtlose Verkündigung (Lk. 12:2–12), Sorge um materielles Wohl (Lk. 12:22–31, 33–34) und Vorbereitung auf das Ende (Lk. 12:39–59). Nach formalen Gesichtspunkten sind etwa die vier Makarismen (Lk. 6:20b–23) oder die sieben Weherufe (Lk. 11:39–52) geordnet. Ob die einzelnen Gruppierungsblöcke selbst noch untereinander zu einer höheren Einheit verbunden sind, muß hier dahingestellt bleiben. Auf alle Fälle handelt es sich bei der Redequelle Q um einen schriftlich wesentlich gründlicher verarbeiteten Text, als das im ThEv der Fall war. Im Gegensatz zum ThEv richten sich die Sprecher Johannes and Jesus sowohl an Jünger wie auch an die allgemeine Öffentlichkeit. Aber nie sind Jünger als Einzelpersonen namentlich gekennzeichnet. Die Rolle der Zwölf ist unbekannt. Genau genommen wendet sich Q nicht einmal an die 'Jünger' (*mathētai*) als solche, sondern an die 'Nachfolgenden' (*akolouthein*). Dementsprechend fehlt auch jeglicher Hinweis auf ein esoterisches Motiv; nirgends wird die Botschaft als eine Geheimlehre charakterisiert. Im Gegenteil: die 'Jünger' werden ausgesandt, um die Botschaft unter das Volk zu verbreiten (Lk. 10:2–24). Ganz im Sinne der kanonischen Evangelien scheint das Genre von Q exoterisch ausgerichtet zu sein.

Nicht auszuschließen ist die Annahme, daß die Redequelle in der Form, in der sie Matthäus und Lukas vorlag, bereits auf eine komplizierte Überlieferungsgeschichte zurückblicken konnte. So vermutete beispielsweise SCHULZ einen Überlieferungsprozeß von einer alten, palästinisch-judenchristlichen Traditionsstufe zu einer jüngeren, hellenistisch-judenchristlichen Schicht, welche ihrerseits durch eine der jüngsten hellenistischen Überlieferung angehörenden Redaktion abgeschlossen wurde.[49] KLOPPENBORG hat es von mehr formalen Gesichtspunkten aus unternommen, eine literarische Evolution nachzuweisen, die von Unterweisung in Weisheitssprüchen über eine apophthegmatische Spruchsammlung ('*chriae collection*') bis hin zu einer Protobiographie führte. Die Aufnahme Q's in die Evangelienerzählungen des Matthäus und Lukas ist nach KLOPPENBORG daher eine geradlinige Fortentwicklung eines Genres,

[49] SIEGFRIED SCHULZ, Q. Die Spruchquelle der Evangelisten, Zürich 1972.

das bereits entscheidende Schritte in Richtung des narrativen Evangeliums unternommen hatte.[50] Diesen und anderen traditionsgeschichtlichen Theorien kann man nicht ohne eine gewisse Skepsis gegenüberstehen. Nur allzu schnell ist bei all dem vergessen, daß es sich bei Q um einen rein theoretisch erschlossenen Text handelt, welcher seinerseits auf der Arbeitshypothese der nicht unumstrittenen Zwei-Quellen-Theorie beruht. Unbeantwortet bleibt überdies in den meisten Arbeiten über Q die reservierte oder vielleicht sogar ablehnende Haltung des Markus gegenüber der Redequelle. Wie läßt sich das gegenüber den anderen kanonischen Evangelien relativ geringe Ausmaß an Redematerial bei Markus erklären? (Vgl. VIII, 1, unt. S. 44).

Die Analyse der Redequelle ist überdies noch mit einer besonderen Schwierigkeit behaftet, insofern ihre Einarbeitung in die beiden narrativen Evangelien unweigerlich gewisse Änderungen zur Folge gehabt haben muß. Dies darf man bei aller Übereinstimmung der beiden Fassungen in Matthäus und Lukas nicht außer acht lassen. Zwei Beispiele sollen das verdeutlichen. Mit Sicherheit darf angenommen werden, daß das Präskript von Q seiner Einbettung in die anders geartete Gattung des narrativen Evangeliums zum Opfer gefallen ist. Man wird sich der Bedeutung dieses Verlustes erst bewußt, wenn man bedenkt, daß es die Aufgabe des Präskripts ist, Hinweise auf die Gattungsbestimmung zu geben und den hermeneutischen Status des Sprechers – oder der Sprecher – zu spezifizieren. Vielleicht auch war die Redequelle, ähnlich dem ThEv, mit einem formalen Schlußwort, einem Kolophon, ausgestattet, aus welchem man ebenfalls gewisse Rückschlüsse auf ihre gattungsmäßige Eigenart hätte ziehen können. Bei allem Eifer, mit welchem Rekonstruktionen des Q-Textes unternommen werden, sollte man nicht vergessen, daß uns entscheidende Merkmale, vor allem Präskript und Kolophon, wohl abhanden gekommen sind.

Das zweite Beispiel betrifft das besonders schwierige Problem der hermeneutischen Funktion Jesu, des Hauptsprechers in Q, und seiner Worte. Bekanntlich läßt sich in der Q-Verkündigung eine historisierende und eine aktualisierende Tendenz feststellen. Ein *kai eipen autois*-Stil (Lk. 4:4; 9:58–60; 13:20) verlegt Herrenworte in die Vergangenheit und öffnet damit den Weg, sie als Worte des historisierten, vorösterlichen Jesus zu hören. Ein *lego hymin*-Stil (Lk. 6:27; 10:12; 12:22) präsentiert Herrenworte als direkte Anrede an die Q-Gemeinde und schafft damit die Möglichkeit, sie als Worte des Auferstandenen oder Erhöhten zu vernehmen. Was hat es mit der Identität dieses Jesus der Redequelle auf sich, daß er sowohl aus der Vergangenheit wie in der Gegenwart sprechen kann? Ist er der vorösterliche Jesus der kanonischen Evangelien oder 'Jesus der Lebendige' des ThEv? Zum Verständnis der hermeneutischen Situation von Q ist es notwendig, daß man sich zunächst einmal von der Vorstellung einer scharfen Trennung von vorösterlichen und nachösterlichen Worten frei macht. Q setzt zwar Passion und Auferstehung voraus, macht sie aber nicht zum Inhalt seiner Verkündigung. Dieser Punkt wurde kürzlich von

[50] Kloppenborg, The Formation of Q (Anm. 14). Vgl. auch Ders., The Sayings Gospel Q (Anm. 47).

BORING[51] und vor längerer Zeit bereits von TÖDT betont.[52] Für die Hermeneutik von Q ist es unvorstellbar, daß Jesus vor dem Tode eine bestimmte Existenz- und Redeweise und als Folge der Auferstehung dann eine andere annahm. Man wird TÖDT zustimmen müssen: „die Gemeinde, die in der Logienquelle die Sprüche Jesu sammelte, empfand so die Identität des irdischen Jesus mit dem Auferstandenen, daß sie sich nicht zu einer Unterscheidung vor- und nachösterlicher Worte gedrängt sah".[53] So wird man damit rechnen dürfen, daß die Herrenworte in Q *stricto sensu* als Worte weder des vorösterlichen noch des nachösterlichen Jesus anzusehen sind, sondern als solche des irdischen Jesus, welcher seine Verkündigung in der Gegenwart fortsetzte. Das Anliegen einer „Weiterverkündigung der Predigt Jesu"[54] und die darin implizierte Kontinuität des Vergangenen mit dem Gegenwärtigen drücken sich in dem teils historisierenden, teils aktualisierenden Redestil Q's aus.

Eben diese Ambiguität des Redestiles ist es, welche eine genauere traditionsgeschichtliche Einordnung von Q wie auch eine Bestimmung seines Status in bezug auf Mündlichkeit und Schriftlichkeit so schwierig macht. Auf der einen Seite stellte KLOPPENBORG die These auf, es handele sich bei Q um eine Zwischenstufe in einer Tradition, deren Kurs zielsicher auf das narrative Evangelium zusteuere. Auf der anderen Seite haben ROBINSON,[55] KOESTER,[56] BORING[57] wie auch der Autor dieses Artikels[58] die gattungsmäßige Differenz von Q und narrativem Evangelium hervorgehoben. Entsprechend hätten Matthäus und Lukas durch die Eingliederung Q's in ihren Geschichtsrahmen den Weg der Redequelle in Richtung des ThEv versperrt. Wie immer man sich zu diesem traditionsgeschichtlichen Problem auch stellen mag, das Fehlen einer umfassenden biographischen Rahmenerzählung in Q, der Mischstil der Rede Jesu und eine mangelnde Unterscheidung zwischen seiner vor- und nachösterlichen Autorität deuten darauf hin, daß der historisierte und der aktualisierte Jesus ein und dieselbe Identität beanspruchen. Trotz aller historisierenden Tendenzen scheint uns das hermeneutische Hauptanliegen Q's nicht darin zu liegen, Jesu historische Authentizität festzuhalten, sondern vielmehr darin,

[51] BORING, Sayings of the Risen Jesus (Anm. 36), 180–182.

[52] HEINZ EDUARD TÖDT, Der Menschensohn in der synoptischen Überlieferung, Gütersloh 1959 (2. Aufl.), 228–245.

[53] TÖDT (Anm. 52), 241.

[54] TÖDT (Anm. 52), 225–231.

[55] JAMES M. ROBINSON, On the *Gattung* of Mark (and John), in: Jesus and Man's Hope, Bd. I (hrsg. DIKRAN Y. HADIDIAN et al.), Pittsburgh 1970, 99–129; DERS., Jesus: From Easter to Valentinus (or to the Apostles' Creed), JBL 101 (1982), 5–37; DERS., Gnosticism and the New Testament, in: The Problem of History in Mark and other Marcan Studies, Philadelphia 1982, 40–53; DERS., The Gospel as Narrative, in: The Bible and the Narrative Tradition (hrsg. FRANK DEMAY MCCONNELL), New York/Oxford 1986.

[56] KÖSTER, GNOMAI DIAPHOROI: Ursprung und Wesen der Mannigfaltigkeit in der Geschichte des frühen Christentums; DERS., Ein Jesus und vier ursprüngliche Evangeliengattungen, in: Entwicklungslinien (Anm. 37), 107–146; 147–190.

[57] BORING, Sayings of the Risen Jesus (Anm. 36), 233–235; DERS., The Paucity of Sayings in Mark: A Hypothesis, Missoula 1977 (SBL Seminar Papers), 371–377.

[58] KELBER, The Oral and the Written Gospel (Anm. 23), 201–203.

seine Identität und Botschaft ungebrochen fortzusetzen. Hier zeigt sich dann eben doch bei aller Verschriftlichung der Drang, Jesus direkt und unmittelbar in die Gegenwart hinein sprechen zu lassen. Und zwar spricht er weder als der vorösterliche der kanonischen Evangelien, noch als 'Jesus der Lebendige' des ThEv, sondern als der Vergangene, welcher in seinen Worten Gegenwärtigkeit beansprucht.

So darf auch Q als eine Zwischenstufe zwischen Mündlichkeit und Schriftlichkeit angesehen werden. Ähnlich wie das ThEv versucht die Redequelle sich im gleichzeitigen Dienste an schriftlichen und mündlichen Interessen zu bewähren, aber im Gegensatz zum ThEv sieht sie sich nicht einer Spannung zwischen der *viva vox* und dem Wunsch nach Interpretation ausgesetzt, sondern vielmehr von der Hoffnung beseelt, auf Vergangenheit, Gegenwart und Zukunft Jesu gleichzeitig zu beharren. Den verschriftlichten und damit der Vergangenheit angehörenden Menschensohn dennoch als gegenwärtige, mündliche Autorität sprechen zu lassen, das war mediengeschichtlich das Hauptanliegen der Redequelle Q.

### 3. Die Offenbarungsrede (ApoJak)

Letztlich ist eine dritte Möglichkeit der Gruppierung von Jesusworten zu besprechen, nämlich die sogenannte Offenbarungsrede oder das Diskursevangelium. In dieser Gattung sind Aphorismen und gleichnisartige Worte weder diskret nebeneinandergestellt noch in thematisch geordnete Redeeinheiten zusammengefaßt. Vielmehr ist der Versuch unternommen, das gesamte Redematerial zu einem mehr oder weniger fortlaufenden Diskurs oder Dialog zu verarbeiten. Die Fiktion des Diskurses ist dadurch erzielt, daß Herrenworte logisch und dramatisch engstens miteinander verbunden werden. So entwickelt sich vielfach ein Wort rückbezüglich aus der vorhergehenden Rede und schafft zugleich die Voraussetzungen für die nachfolgenden Worte. Infolgedessen erwecken die derart verketteten Herrenworte den Eindruck, sie ergänzten und interpretierten einander und hätten niemals die Rolle diskreter Einzelworte gespielt. Kurzum, das Spruchmaterial wird aufgrund des rhetorischen Prinzips der *gradatio* verarbeitet.[59] Das Ergebnis dieser maximalen Ausnutzung aphoristischer Energien ist die Verschmelzung aller Worte zu einem Wortdrama ("*sayings plot*"), dem Diskurs.

Als Beispiel für die Gattung der Offenbarungsrede soll uns das 'Apokryphon des Jakobus' (= ApoJak) dienen, ein aus dem 2. oder 3. Jahrhundert stammendes Dokument, welches sich in der Nag Hammadi-Sammlung befindet.[60] Dieser Text inszeniert die Erscheinung des 'Erlösers' vor den 12 Jüngern

[59] Chaim Perelman, Rhetoric, The New Encyclopaedia Britannica, Chicago 1987 (15th ed.), Vol. 26, 803–810, bes. 804.

[60] The Facsimile Edition of the Nag Hammadi Codices, Leiden 1972–1978, Codex I, 2. Vgl. Hennecke-Schmeemelcher (Anm. 38), 245–249. Eng. Übersetzung von Francis E. Williams und Dieter Müller in: The Nag Hammadi Library in English (Anm. 38),

nach dessen Abwesenheit von 550 Tagen. Zweifellos handelt es sich bei der Identität des 'Erlösers' um den Auferstandenen.[61] Seine Erscheinung trifft die Jünger zu einem Zeitpunkt an, als diese gerade in Erinnerungen an eine frühere Zeit schwelgen. Es war dies eine Zeit, wo er zu jedem gesprochen hatte, „sei es im geheimen oder offen,“[62] was sie alsdann in Büchern niedergeschrieben hatten. Diesmal nimmt der 'Erlöser' Petrus und Jakobus beiseite, um sie über seine vorösterliche und nachösterliche Existenz aufzuklären:

> „Fortan, sei es im Wachen oder im Schlafen, bedenkt, daß ihr den Menschensohn gesehen und mit ihm persönlich gesprochen und ihm zugehört habt. Wehe denen, die den Menschensohn (nur) gesehen haben. Gesegnet sind die, welche den Menschensohn nicht gesehen haben, und die nicht mit ihm verkehrt und nicht mit ihm gesprochen haben, und die nichts von ihm gehört haben: euer ist das Leben. ... Anfänglich sprach ich zu euch in Gleichnissen (*parabolē*) und ihr habt nicht verstanden; jetzt spreche ich offen, und ihr versteht (immer noch) nicht“.[63]

An diesem Beispiel wird deutlich, wie die Dichotomie verborgener (oder parabolischer) und offenbarer Rede die hermeneutische Grundlage für eine Gattung darstellt, in welcher der Auferstandene einer privilegierten Gruppe von Jüngern Offenbarung zukommen läßt. Gewisse Ähnlichkeiten mit dem EvTh dürfen nicht über grundsätzliche Andersartigkeiten hinwegtäuschen. Die Dichotomie von Verborgenheit und Offenbarung impliziert eine deutliche Abwertung des irdischen Lebens Jesu. Seine vorösterlichen Worte und Taten waren demnach verborgen oder mißverstanden geblieben, und zwar in einem Maße, daß sich die, welche den irdischen Jesus weder gesehen noch gehört haben, glücklich preisen dürfen. Diese Vorstellung einer verborgenen Vergangenheit des irdischen Jesus kann nicht ohne weiteres mit der Hermeneutik des ThEv gleichgesetzt werden. Explizit ist sie dort nirgends vorhanden. Vielmehr waren die Worte 'Jesus des Lebendigen' im ThEv keine 'offenen' Worte, sondern unter einer Hülle 'verborgene' und darum der Auslegung bedürftige. Die Aufgabe einer hermeneutischen Enthüllung war den Hörern bzw. den Lesern des Evangeliums aufgegeben. Die Rede des 'Erlösers' im ApoJak hingegen gibt sich als Offenbarungsrede kund, welche Licht in das Dunkel einer verborgenen oder mißverstandenen Vergangenheit bringen soll.

29–36. Zur text- und traditionsgeschichtlichen Arbeit am ApoJak vgl. RON CAMERON, Sayings Traditions in the “Apocryphon of James”, Philadelphia 1984.

[61] Abgesehen vom ApoJak sind mindestens acht der insgesamt 52 Nag Hammadi Texte teilweise oder *in toto* nach dem Modell der Offenbarungsrede oder des Diskursevangeliums gestaltet: das Apokryphon des Johannes, das Buch von Thomas dem Athleten, die Sophia Jesu Christi, der Dialog des Erlösers, die erste Apokalypse des Jakobus, die zweite Apokalypse des Jakobus, der Petrusbrief an Philippus, das Evangelium nach Maria. Vgl. A. Y. COLLINS, Early Christian Apocalyptic Literature, ANRW II 25,6, hrsg. v. W. HAASE, Berlin – New York 1988, 4665–4711.

[62] ApoJak 2:10–15.

[63] ApoJak 3:12–25; 7:1–6.

Nun muß aber zugestanden werden, daß die im ApoJak als 'offene' Rede gekennzeichnete Kommunikation des 'Erlösers' alles andere als deutlich und klar ist. Nicht selten bleibt sie in dunkler Undurchsichtigkeit verhüllt und stößt auf nur geringes Verständnis der beiden bevorzugten Jünger. Doch wenn selbst die sogenannte 'offene' Rede noch verschleiert ist, dann bedeutet das, daß sich die Problematik der vorösterlichen Gleichnisrede zugegebenermaßen in die nachösterliche Rede eingeschlichen hat. Das Genre, welches auf der Dichotomie verborgener und offenbarer Rede basiert, birgt somit in sich die Keimzelle seiner eigenen Dekonstruktion: selbst die 'offene' Rede ist im Grunde 'verborgene' Rede geblieben. Auch die Mutmaßung, das mangelnde Verständnis der beiden Jünger diene lediglich als dunkler Hintergrund, auf dem sich Jesu Rede für die Leser des ApoJak um so klarer abhebe, erweist sich als nicht ganz zutreffend. Denn insofern das ApoJak auf das Unverständnis des Petrus und Jakobus stößt, bietet es auch dem Leser gewisse Interpretationsschwierigkeiten. Und die Aufgabe der Interpretation wiederum problematisiert auch für den Leser jeglichen Anspruch auf direkte Offenbarungsrede.

So darf auch die Offenbarungsrede als ein Genre betrachtet werden, das sich bereits der Problematik mündlicher wie schriftlicher Sprache bewußt ist. Insofern das ApoJak durch den Auferstandenen den beiden privilegierten Jüngern Offenbarung zukommen läßt, zeigt es sich vom Wunsche nach mündlicher Unmittelbarkeit und Präsenz getragen. Dahinter steckt der tief in der westlichen Philosophie- und Religionsgeschichte wurzelnde Gedanke, gesprochene Sprache sei die Selbstaffektion des menschlichen Bewußtseins. Zumindest den beiden Lieblingsjüngern gegenüber offenbarte sich der 'Erlöser' in 'offener' Rede. Zu dieser Maßnahme sieht sich der Auferstandene genötigt, weil seine vorösterliche, parabolisch verhüllte Rede unwirksam und unverstanden geblieben war. Insofern sich aber die Offenbarungsrede des Auferstandenen selber in Undurchsichtigkeiten verwickelte, deckte sie die problematische Fiktion ihrer sogenannten direkten, unmittelbaren Sprache auf. Sowohl in der hochentwickelten Verarbeitung der Worte zu einem dramatischen Diskurs wie auch in deren unvermeidlichem Interpretationsbedürfnis zeigt sich aber das Zugeständnis an eine Schriftlichkeit, welche sich wesentlich von der beabsichtigten Offenbarungswirksamkeit und Ereignishaftigkeit der Herrenworte distanziert.

Trotz aller Unterschiedlichkeiten zeichnen sich die drei besprochenen Typen von frühchristlichen Gruppierungsprozessen – das esoterische Evangelium (ThEv), die Redequelle Q, und die Offenbarungsrede (ApoJak) – durch eine gemeinsame Grundproblematik aus. Vom Gesichtspunkt der narrativen Evangelien aus betrachtet, versuchen alle drei Wort- und Diskursevangelien ohne einen historisierenden Erzählzusammenhang auszukommen. Dem liegt das Bemühen zugrunde, die Herrenworte als direkte und in einem Fall 'offene' Kommunikation in die Gegenwart hinein wirken zu lassen. Zugleich zeigten sich in allen Fällen durch die Schriftlichkeit bedingte Komplikationen, welche der direkten Kommunikation im Wege standen. Insgesamt stellen die Wort- und Diskursevangelien eine zwischen mündlichen und schriftlichen Ambitionen ambivalente Tradition dar, welche darum ringt, einen Ausgleich zu finden zwischen der *viva vox* 'Jesus des Lebendigen' und dem hermeneutischen Schicksal seiner Worte, zwischen seiner geschichtlichen Menschwerdung und seiner gegenwärtigen Wortwirksamkeit und zwischen der verhüllenden und enthüllenden Wesensart seiner Verkündigung.

## *VII. Die synoptische Tradition*

Im 20. Jahrhundert entwarfen BULTMANN, GERHARDSSON und RIESNER die forschungsgeschichtlich bedeutsamsten Modelle der vorkanonischen, synoptischen Tradition. BULTMANN, der zusammen mit SCHMIDT und DIBELIUS als Begründer der formgeschichtlichen Schule gilt, nahm eine aktive Überlieferungsgeschichte an, welche sich von den einfachsten Formen mündlicher Verkündigung bis hin zum komplizierten Gebilde des narrativen Evangeliums entwickelte.[64] Andernorts habe ich die evolutionstheoretischen Voraussetzungen des BULTMANNschen Modells nachzuweisen versucht.[65] GERHARDSSON[66] und RIESNER,[67] die viele Prämissen der Formgeschichte in Frage stellten, sprachen sich dagegen für einen stabilen und relativ kontinuierlichen Traditionsprozeß aus. Der erstere berief sich dabei auf Gesetze der rabbinischen Hermeneutik, während der letztere verläßliche Überlieferungsbedingungen im Kreise von Jesu Jüngern und Sympathisanten annahm.

In der neutestamentlichen Wissenschaft ist es üblich, GERHARDSSONS Thesen im krassen Gegensatz zum BULTMANNschen Modell, und RIESNERS Werk als eine historisch präzisierende Weiterentwicklung der Anliegen GERHARDSSONS zu sehen. Dabei werden aber die bei aller Unterschiedlichkeit den drei Versuchen gemeinsamen theoretischen Prämissen allzu rasch unterschlagen. Wir stellen drei solcher Prämissen heraus. Erstens zeichnen sich alle Traditionsmodelle durch das Fehlen einer differenzierten Betrachtungsweise von Mündlichkeit und Schriftlichkeit aus. Medienunterschiede und -übergänge

[64] BULTMANN, Die Geschichte der synoptischen Tradition (Anm. 15).

[65] KELBER, The Oral and the Written Gospel (Anm. 23), 2–8.

[66] BIRGER GERHARDSSON, Memory and Manuscript: Oral Tradition and Written Transmission in Rabbinic Judaism and Early Christianity, Uppsala 1961 (Acta SemNTUps 22); DERS., Tradition and Transmission in Early Christiantiy, Lund 1964 (Coniectanea neotestamentica 20); DERS., The Origins of the Gospel Traditions, Philadelphia 1979 – (Dt. Ausg. Die Anfänge der Evangelientradition, Wuppertal 1977 [Glauben und Denken 919]); DERS., The Gospel Tradition, Lund 1986 (Coniectanea biblica: New Testament Series 15). Eine kritische Auseinandersetzung mit dem Werk GERHARDSSON's wurde von den folgenden drei Forschern vorgelegt: MORTON SMITH, A Comparison of Early Christian and Early Rabbinic Tradition, JBL 82 (1963), 169–176; JACOB NEUSNER, The Rabbinic Traditions about the Pharisees Before 70 A. D. The Problem of Oral Tradition, Kairos 14 (1972), 57–70; KELBER, The Oral and the Written Gospel (Anm. 23), 8–14.

[67] RAINER RIESNER, Jesus als Lehrer, Tübingen 1984 (2. verb. Aufl.).

werden grundsätzlich verwischt und für unwesentlich gehalten. Zweitens postulieren alle Modelle einen geradlinigen, zielsicheren Richtungskurs für die Tradition. Obwohl man sich hinsichtlich überwiegend mündlicher Prozesse in der synoptischen Tradition einig zu sein scheint, ist man dennoch geneigt, die gesprochenen, 'lebendigen' Worte auf ein lineares Paradigma zu reduzieren. Drittens wird ein glatter Übergang von der Tradition zum Evangelium angenommen. Stets wird das Evangelium in ungebrochener und problemloser Kontinuität zur vorausgehenden Traditionsgeschichte gesehen. Insgesamt haben diese allen Traditionsmodellen zugrunde liegenden Prämissen dem Paradigma synoptischer Geradlinigkeit den Status populärer und akademischer Glaubwürdigkeit verliehen.

Wir, die wir zutiefst von einem Kommunikationsmodus beeinflußt sind, in welchem Worte im typographischen Raum in exakter Reihenfolge nebeneinander gestellt sind, können uns Redeprozesse kaum anders vorstellen als nach dem Muster linearer Vorgänge. Und dennoch, wenn beispielsweise ein Gleichnis an einem Ort erzählt und zu einem späteren Zeitpunkt vom selben Sprecher an einem anderen Ort neu vorgetragen wurde, um alsdann von Hörern weitererzählt zu werden, dann läßt sich der gesamte Prozeß weder als geradlinig noch als eine Entwicklung verstehen. Hier kann uns ein aus der Naturwissenschaft stammender Vergleich zu Hilfe kommen. Nach den Gesetzen der Quantentheorie bewegt sich ein Elektron 'sprunghaft' von einem Zustand zum anderen, ohne dabei eine Zwischenposition einzunehmen. Ähnlich mag man sich den Vorgang mündlicher Prozesse vorstellen. Letztere bestehen aus jeweils diskreten, authentischen Sprechakten, welche, getrennt durch Intervalle des Nichtsprechens, weder als eine durch zeitliche noch als eine durch räumliche Verbindungslinien kontinuierliche Entwicklungsgeschichte denkbar sind.

Die insbesondere von GERHARDSSON und RIESNER vertretene Ansicht, Jesus habe seine Botschaft durch die Methode verbalen Memorierens oder Auswendiglernens gelehrt, findet in der Evangelientradition keinerlei Anhalt. Nirgends, weder in den kanonischen noch in den außerkanonischen Evangelien, wird Jesus als Repetitor geschildert, welcher bestrebt war, den Jüngern und anderen Zuhörern seine Worte einzudrillen. Vielmehr zeigen uns die Evangelien einen Jesus, dessen Botschaft in der bereits genannten Biosphäre zur Sprache kommt und von sozialen Umständen abhängig ist. So werden beispielsweise Jesu Worte und Handlungen, welche Hörern besonders zu Herzen gingen, in Erinnerung behalten und als Erinnertes an Freunde und Bekannte weitergegeben. In solchen Vorgängen des Erinnerns und Weitersagens darf man die Anfänge der mündlichen Tradition sehen. Das Fortleben der Botschaft im Traditionsprozeß war demnach nicht schlechthin eine Angelegenheit passiver Überlieferung, sondern engstens mit der rhetorischen Überzeugungskraft des Sprechers, der existentiellen Relevanz der Botschaft und der Aufnahmefähigkeit der Hörer verbunden.

Zur Verteidigung eines mehr oder weniger mechanistischen Traditionsmodells wird häufig der konservative und traditionelle Charakter mündlicher Überlieferungen ins Felde geführt. Demgegenüber muß betont werden, daß ein auf verbalem Auswendiglernen beruhendes, wortgetreues Wiederholen streng von einer das Erinnerungsvermögen stützenden, mnemotechnisch strukturierten Sprache zu unterscheiden ist. All die oben geschilderten rhetorischen, didaktischen, funktionellen und narrativen Eigenheiten der Worte und Geschichten von und über Jesus dienen sehr wohl dazu, die Fähigkeiten der Erinnerung zu stärken. Aber diese Vorgänge haben nichts damit zu tun, Gehörtes *verbaliter* zu präservieren. Dem Erzähler einer heroischen Geschichte beispielsweise stehen zahllose Möglichkeiten offen, die mnemonisch geprägten Grundstrukturen zu variieren. Er kann die Grundthematik üppig ausschmükken, rein dekoratives oder auch sachlich relevantes Material einbauen, Einleitungen und Schlußformeln anfügen u. v. a. m. „Neue Information und neue Erfahrungen werden ständig auf überlieferte Modelle übertragen."[68] Die mündliche Überlieferung verwirklicht sich darum nicht nur in der Erhaltung vergangenen Sprachgutes, sondern auch in stetigen Neukompositionen. Die Problematik mündlicher Tradition läßt sich nicht von derjenigen der Komposition trennen. Wenn man daher in der synoptischen Tradition typischen Merkmalen der das Erinnerungsvermögen apostrophierenden Redeweisen begegnet, so darf man dabei nicht deren kompositorische Variabilität aus dem Auge verlieren, und wenn man eine Fülle von standardisierten Thematiken, Alliterationen, Assonanzen, Wiederholungen und Antithesen antrifft, so muß man stets die kreative und adaptive Performanz im Auge behalten.

Während sich einerseits GERHARDSSONS Modell passiver Überlieferungsprozesse als unhaltbar erweist, so ist seine Skepsis gegenüber der formkritischen Privilegierung der Gemeinschaft auf Kosten individueller Sprecher durchaus berechtigt. BULTMANNS These vom Ursprung vieler Herrenworte und Erzählungen im Leben der Gemeinde ist von einer im 18. und 19. Jahrhundert gängigen Mystik des Volkes belastet, d. h. einem nostalgischen Glauben an die schöpferische Spontaneität der Kollektivität. Diese von einem romantischen und zuweilen nationalistischen Zweig der Folklorik geförderte Idee einer Gemeinschaftsproduktion ist „selten korrekt oder nützlich".[69] Individuelle Sprecher und Sprecherinnen sind untrennbar mit der mündlichen Traditions- und Kompositionsgeschichte verbunden. Allerdings muß gegen GERHARDSSON der Einwand erhoben werden, daß die urchristliche Verkündigungstätigkeit nicht auf die zwölf Apostel beschränkt werden kann. In der Geschichte der menschlichen Kommunikation darf die Mündlichkeit als das bei weitem demokratischste Medium gelten. Allen Versuchen zum Trotze muß gesagt werden, daß sich das verkündigte Wort weder völlig regulieren noch kontrollieren läßt, denn nahezu jeder Mensch verfügt über Hör- und Sprechfähigkeiten. Viele Einzelpersonen der frühchristlichen Geschichte – Jünger, Apostel, Propheten, Lehrer und Leute aus dem 'einfachen Volk' – werden für immer anonym bleiben, aber das bedeutet weder, daß sie bedeutungslose Figuren waren, noch, daß sich die Verkündigung in der Anonymität des Gemeinschafts-

[68] HAVELOCK, Preface to Plato (Anm. 23), 122.

[69] RUTH FINNEGAN, Oral Poetry: Its Nature, Significance and Social Context, New York and Cambridge (Eng.) 1977, 140.

lebens entwickelte. Gesprochene Worte schließen einen Vertrag mit der Welt ihrer Hörer oder, um es in einer anderen Metapher auszudrücken, sie existieren in einem reziproken und teilweise sogar parasitischen Verhältnis zur Zuhörerschaft. Sie müssen nicht nur einfühlend auf kollektive Interessen eingehen und es verstehen, die Rezeptivität zu manipulieren, sondern sie sind in einem hohen Maße vom Widerhall, den sie bei den Hörern auslösen, abhängig. Auf jeden Fall kann sich Mündlichkeit niemals unter Absehung von der Zuhörerschaft realisieren. Aber dieses funktionelle und wesenhafte Bedürfnis der Mündlichkeit, auf das engste mit der sozialen Wirklichkeit zu kooperieren, bedeutet in keiner Weise, daß sie auf persönliche Träger der Verkündigung verzichten kann.

Sobald man sich der Dialektik mündlicher Verbalisierung und sozialer Gegebenheiten bewußt ist und das homöostatische Anpassungsbedürfnis aller Mündlichkeit an das jeweilige Publikum ernst nimmt, müssen Vergessen, Mißverständnis und Ablehnung nicht weniger als Fakten der Traditions- und Kompositionsgeschichte in Betracht gezogen werden wie das Erinnern und Weitersagen. Es gibt kein Gesetz, welches vorschreibt, Wachstum und fortschreitende Evolution seien der dominierende Wesenszug und das unvermeidliche Schicksal aller mündlichen Traditionen. Sobald man die unweigerliche Verwurzelung der Verkündigung im sozialen Leben der Hörer anerkennt, wird man sowohl mit Kontinuität als auch mit Diskontinuität rechnen müssen. Keineswegs alle Worte Jesu stießen auf das Verständnis der Zuhörer, und keineswegs alle Gleichnisse werden enthusiastisch aufgenommen worden sein. Darum ist es kaum zu kühn zu behaupten, daß eine (große?) Anzahl von Herrenworten wohl nie Aufnahme in die kanonischen Evangelien gefunden hat.

Ein Wort, das die Hörer gleichgültig läßt, befremdet oder gar abstößt, wird sich in dieser Form nur unter großen Schwierigkeiten weiterverkündigen lassen. Es muß entweder geändert, d. h. den sozialen Erwartungen angepaßt, oder aber eliminiert werden. Die auf der textlichen Ebene beobachtete redaktionelle Anpassungsfähigkeit vieler Herrenworte und Geschichten ist demnach ein Vorgang, der bereits für die Mündlichkeit angenommen werden muß. Die Tradition sieht sich in ihrem ureigensten Interesse genötigt, Korrekturen vorzunehmen. Das unter dem technischen Begriff der 'Präventivzensur'[70] bekannte Phänomen ist bislang nicht genügend berücksichtigt worden. Auditive Amnesie und die sich daraus ergebenden Diskontinuitäten sind epistemologisch kaum weniger bedeutsam als Erinnerungsfähigkeit und Kontinuierlichkeit. Verlust und Vergessen stellen eine Art des Todes dar, welcher im Leben mündlicher Kommunikation ständig gegenwärtig ist. Keinem Modell der synoptischen Tradition kann Gültigkeit zugesprochen werden, das nicht Amnesie, Revisionen und die Abstoßung von Materialien ernsthaft in Betracht zieht.

[70] PETR GRIGO'EVICH BOGATYREV und ROMAN JAKOBSON, Die Folklore als eine besondere Form des Schaffens, Nijmegen und Utrecht 1929, 900–913; vgl. 309: „Bei der Untersuchung der Folklore muß man stets als Grundbegriff die Präventivzensur der Gemeinschaft im Auge behalten."

Die durch die 'Präventivzensur' verursachten Veränderungen können vielgestaltige Formen annehmen. Schrumpfungsprozesse beispielsweise spielen eine bekannte Rolle im Prozeß mündlicher Überlieferungen. Eine Geschichte, die mit einem feinen Instinkt für Detail, mit Ausschmückungen, Wiederholungen und Abschweifungen erzählt wurde, kann von den Zuhörern im Interesse des Erinnerungsvermögens auf ein strukturelles Mindestmaß reduziert werden. TAYLOR sah sich sogar veranlaßt, auf Grund seiner Experimente mit mündlichen Überlieferungsvorgängen den Schluß zu ziehen, selektive Erinnerung sei die Norm: „die Tendenz mündlicher Überlieferung bewegt sich unbedingt in Richtung einer Verkürzung."[71] Man kann sich durchaus einen prophetischen Sprecher vorstellen, der sein rhetorisches Spiel auf die Spitze treibt, während seine Zuhörer nur imstande sind, die wesentlichsten Züge seiner Botschaft zu behalten und weiterzugeben.

Abgesehen von Wachstums- und Schrumpfungsprozessen muß mit einer großen Anzahl weiterer Tendenzen gerechnet werden: konventionelle Grundzüge lassen sich in endlosen Variationen kombinieren und umgruppieren, Themen und Personen von Erzählungen sind austauschbar, und wesensfremde Züge können einem Genre eingemischt werden. Der Schöpfung neuer Variationen bzw. Kompositionen von Herrenworten ist kein Ende gesetzt. Beobachtungen dieser Art lassen sich nicht nur innerhalb der synoptischen Evangelien, sondern auch in bezug auf das ThEv und Q anstellen, die einen beträchtlichen Teil von Herrenworten gemeinsam haben. Aufs Ganze gesehen zeigt die synoptische Tradition viele Gesichter und mannigfache Neigungen. Nicht selten zeichnet sie sich durch einen beharrlichen, konservativen Drang zur Erhaltung wesentlicher Information aus, aber sie kann ebensogut mit einer nahezu an Leichtsinn grenzenden Sorglosigkeit Traditionsgut eliminieren, welches die Schwelle sozialer Billigung nicht überschreiten kann. Sie verfügt sowohl über eine erstaunliche Anpassungsfähigkeit wie auch über einen Genius, Material heranzuziehen oder neu zu gestalten. Angesichts der vielfältigen Traditionsmöglichkeiten muß das Paradigma synoptischer Geradlinigkeit in Frage gestellt werden.

Von Anfang an unterlag die Verkündigung Jesu und die seiner Nachfolger Gesetzen, welche den Umgang mündlicher Kommunikation im Kontext sozialer Wirklichkeit bestimmen. Manche Worte mögen an einem Ort kaum ein Echo gefunden, aber andernorts bereitwillige Aufnahme und Weitererzählung erfahren haben, während andere stillschweigend in Vergessenheit gerieten, ohne jemals wieder zur Sprache gebracht zu werden. Ohne Zweifel wird es manchen Traditionen gelungen sein, in relativ ungebrochener Form den Weg ins Evangelium zu finden, aber viele andere werden den Umweg über mehr oder weniger drastische Metamorphosen haben einschlagen müssen. Insgesamt darf man sich die vormarkinische Traditionsgeschichte als ein pulsierendes Phänomen vorstellen: expansiv und konstriktiv, progressiv und regressiv, kontinuierlich und diskontinuierlich. Ihre Verhaltensweise ist der der Börse nicht

[71] VINCENT TAYLOR, The Formation of the Gospel Tradition, London 1933, 124.

unähnlich, deren Kurs unberechenbaren Schwankungen ausgesetzt ist, welche auf mehr oder weniger rätselhafte Weise mit sozialen und politischen Zusammenhängen verwickelt sind. Um es mit einer anderen Metapher auszudrücken: die Tradition bewegte sich in proliferierende Richtungen, wobei sich Herrenworte schriftlich zu Verkündigungseinheiten konsolidieren konnten, um alsbald wieder mündlich zerspalten zu werden, oder aber ganz im Sande verliefen, um unerwarteterweise wieder zur Sprache zu kommen. Insgesamt läßt sich kaum glaubhaft machen, daß sich die synoptische Tradition unter dem Zwang einer prädestinierten Gesetzmäßigkeit einzig in Richtung auf das narrative Evangelium zubewegen mußte.

Die gegenwärtige Forschungslage wird es kaum noch zulassen, die synoptische Überlieferung als eine rein mündliche, von aller Textlichkeit unangetastete Traditions- und Kompositionsgeschichte zu betrachten. Davon wird später noch genauer zu handeln sein (vgl. X, unt. S. 54–58). Angesichts der eingangs bereits erwähnten doppelten Loyalität gegenüber dem mündlichen und dem schriftlichen Wort im hellenistischen Zeitalter ist es mehr als wahrscheinlich, daß Herrenworte und verschiedene Gruppierungen derselben Geschichten und vielleicht die Rudimente von Evangelienerzählungen bereits schriftlich niedergelegt waren. Stets gilt es zu bedenken, daß der Kanon linguistisch künstliche Grenzen setzt, welche sich in keiner Weise mit dem Übergang von Mündlichkeit zu Schriftlichkeit decken. Überdies wurden schriftliche Traditionen in der Regel laut vorgelesen oder mündlich exegesiert. Diese häufige Interaktion von Schriftlichkeit und mündlicher Verkündigung stellt komplizierte Traditionsvorgänge dar, welche wiederum nicht so beschaffen sind, daß sie auf einen progressiven Verdichtungsprozeß von mündlicher Rede zum narrativen Evangelium hin reduzierbar sind. Alles in allem ist die synoptische Tradition so etwas wie ein Schlagwort, welches ein Gewirr von traditions- und kompositionsgeschichtlichen Vorgängen, von Kontinuitäten und Diskontinuitäten, von Erinnerungen und Amnesie, von getreuen Weitererzählungen und Revisionen, von mündlichen und schriftlichen Kommunikationen und von wechselseitigen Übergängen repräsentiert; von Prozessen also, welche sich in ihrer Gesamtheit nicht unter ein einziges theoretisches Paradigma subsumieren lassen.

Beachtenswerterweise hat gerade der Wissenschaftler für ein heterogenes, multilaterales Modell der synoptischen Tradition plädiert, der sich in seinen Bemühungen um die Redaktionsgeschichte des Markusevangeliums einen besonderen Namen gemacht hat. WILLI MARXSEN war derart von der theologisch-thematischen Integrität des Evangeliums beeindruckt, daß es ihm „alles andere eher als selbstverständlich" erschien, „daß dieses ganz disparate Material am Ende in die Einheit des Evangeliums hineinmündete."[72] Wenn man nun aber mit MARXSEN annimmt, „die Einzeltradition selbst drängt ... aber

[72] WILLI MARXSEN, Der Evangelist Markus. Studien zur Redaktionsgeschichte des Evangeliums, Göttingen 1959, 2. Aufl. (Forschungen zur Religion und Literatur des Alten und Neuen Testaments 67 = N.F. 49), 8.

geradezu auseinander"[73], dann kann man die Basis umfassender Integrationsbemühungen nur mehr auf der Ebene des Evangeliums selber sehen. Mit Recht hat GÜTTGEMANNS die erkenntnistheoretische Leistung MARXENS in bezug auf unser Verständnis von Evangelium und Tradition gewürdigt: „Marxsens Interesse ist also der Versuch, die individuelle theologische Leistung des Markus angemessener zu würdigen, als das bei der bisherigen antiindividualistischen, soziologischen Einstellung der Formgeschichte möglich war. Gegenüber dem in den vorliterarischen Sammlungen möglicherweise schon vorhandenen individuellen Element ist die Leistung der eigenen Gestaltung in der 'Form' des Evangeliums ungleich größer."[74]

Damit ist nun auch das klassische Paradigma synoptischer Geradlinigkeit auf Grund einer Reflexion sowohl über die Traditionsvorgänge wie über den Charakter des Evangeliums selber problematisiert worden. Wenn es sich nämlich in der Tat herausstellt, daß das Evangelium durch größere theologische und literarische Einheitlichkeit gekennzeichnet ist, als dies die Formgeschichte wahrzunehmen imstande war, und sich andererseits die Traditions- und Kompositionsgeschichte nicht als eine zwangsläufig graduelle Entwicklungsgeschichte verstehen läßt, dann können gewisse Spannungen zwischen Evangelium und Tradition nicht mehr in Abrede gestellt werden.

## *VIII. Das Markusevangelium*

Von vorliterarischen Zeiten bis hin zur Postmoderne war die Kunst, Geschichten zu erzählen, eine ständige Begleiterscheinung menschlichen Kulturschaffens. So 'natürlich' erscheint der Impuls zu erzählen, daß man sich kaum eine Sprache oder ein Volk ohne narratives Interesse vorstellen kann. Ereignisse und Erfahrungen in einen dramatisch-logischen Zusammenhang und eine zeitliche Abfolge einzuordnen, darf man mit Recht für ein elementar menschliches Bedürfnis halten. So scheint denn auch die sich in den kanonischen Evangelien kundtuende Lust am Erzählen kaum einer besonderen Erklärung bedürftig.

Prosaerzählungen, insbesondere in der Form von Biographien, waren eine herkömmliche Erscheinung in der hellenistischen Literatur. Zum Teil wenigstens lassen sich diese auf den Wunsch zurückführen, die Erinnerung an außerordentliche Dichter, Philosophen, Wundertäter und Figuren des öffentlichen Lebens wach zu erhalten. So ist es durchaus verständlich, daß man die Gattung des Evangeliums häufig in Analogie zu hellenistisch-römischen

[73] MARXSEN, Der Evangelist Markus (Anm. 72), 9.

[74] ERHARDT GÜTTGEMANNS, Offene Fragen zur Formgeschichte des Evangeliums. Eine methodologische Skizze der Grundlagenproblematik der Form- und Redaktionsgeschichte, München 1970, 77–78 (BEvT 54).

Biographien oder Aretalogien untersucht hat.[75] Und dennoch, wenn man bedenkt, daß die Erzählung von einem gekreuzigten Gottessohn eine moralische, ästhetische und literarische Monstrosität darstellte, welche jüdischen, hellenistischen und römischen Sensibilitäten zuwider lief,[76] dann muß die Frage gestellt werden, ob sich die kanonische Evangeliengattung ganz aus einer homologen Entsprechung in der hellenistischen Biographie erklären läßt.

Gleichzeitig darf auf die offensichtliche Tatsache hingewiesen werden, daß das Genre der Erzählung bei weitem keinen einheitlichen Kommunikationsmodus in der frühchristlichen Literatur darstellte. Beträchtliche Teile des kanonischen Schrifttums beweisen, daß eine Verkündigung des Christus keineswegs auf die Erzählweise angewiesen war. Zudem haben wir in den vom ThEv, Q und ApoJak repräsentierten Wort- und Diskursgattungen einen Evangelientyp kennengelernt, welcher dem Modus der Erzählung nicht unbedingt freundlich gesinnt war. Die Gruppierungsprozesse der Herrenworte haben eine ganz andere Möglichkeit gezeigt, die Botschaft Jesu zu organisieren und weiterzutragen. Die Existenz nicht-narrativer christlicher Traditionen und die zunehmende Erkenntnis eines Evangelientypus, welcher dem Erzählungsmodus geflissentlich aus dem Wege ging, lassen es heute nicht mehr als ratsam erscheinen, die Erklärung für die Gattung des narrativen Evangeliums alleine in einer Abhängigkeit von hellenistisch-römischen Modellen zu finden. Innerchristliche Prozesse sind nicht von der Hand zu weisen.

Was beim narrativen Evangelium überrascht, ist der polemische Ton, in dem es sich im Kanon behauptet hat. ELAINE PAGELS hat nach jahrelanger Beschäftigung mit den Nag Hammadi-Texten jüngst ihrem Befremden über die aggressive Rhetorik der kanonischen Evangelien erneut Ausdruck gegeben: „Die Evangelien, welche als orthodox akzeptiert wurden, interpretieren die Jesus-Traditionen im allgemeinen im Stil der Konfrontierung."[77] Dabei deutet sie an, daß sich der polemische Stil unter anderem aus einer Auseinandersetzung mit der Tradition ergab. In Bezug auf Markus werden wir eine Polemik zur Sprache bringen, welche sich nicht gegen die jüdische Tradition, sondern vielmehr gegen prominente christliche Traditionsträger richtet. Der Wunsch, die Tradition unkritisch fortzusetzen, kann daher kaum eine ausreichende Begründung für die Evangelienkomposition abgeben.

[75] CLYDE WEBER VOTAW, The Gospels and Contemporary Biographies in the Greco-Roman World, Philadelphia 1970 (Biblical Series 27). MOSES HADAS und MORTON SMITH, Heroes and Gods: Spiritual Biographies in Antiquity, New York 1965 (Religious Perspectives 13). PHILIP L. SHULER, The Synoptic Gospels and the Problem of Genre, McMaster University 1975 (Ph. D. Dissertation).

[76] MARTIN HENGEL, *Mors turpissima crucis*: Die Kreuzigung in der antiken Welt und die „Torheit" des „Wortes vom Kreuz", in: Rechtfertigung. Festschrift für Ernst Käsemann zum 70. Geburtstag (hrsg. J. FRIEDRICH, W. PÖHLMANN und P. STUHLMACHER), Tübingen 1976, 125–184.

[77] ELAINE H. PAGELS, The Orthodox Against the Gnostics: Confrontation and Interiority in Early Christianity, in: The Other Side of God. A Polarity in World Religions (hrsg. PETER L. BERGER), Garden City, N. Y. 1981, 62.

Im folgenden werden vier Charakteristiken des Markusevangeliums besprochen, welche in ihrer Gesamtheit eine Motivierung des narrativen Genres zu begründen suchen: die reservierte Einstellung gegenüber den Herrenworten; die narrative Metamorphose der Jünger von privilegierten 'Insidern' zu Außenseitern; das Fernhalten der Ostererfahrung von den Jüngern; und die narrative Bewältigung des vorösterlichen Lebens Jesu, welches im Tode seinen Höhepunkt erreicht.

## 1. Die Minderzahl der Herrenworte

Die relativ geringe Zahl von Herrenworten bei Markus ist eine bekannte Tatsache der synoptischen Traditions- und Kompositionsgeschichte. BORING hat jüngst die folgenden statistischen Berechnungen vorgelegt: im Verhältnis zu ihren jeweiligen Evangelientexten enthalten Markus 27,5 Prozent, Matthäus 55,2 Prozent und Lukas 48,5 Prozent an Herrenworten.[78] Das bedeutet, daß Markus nur ein klein wenig über die Hälfte an Spruchmaterial im Vergleich mit Matthäus und Lukas besitzt. Diese merkwürdige Tatsache ist nach wie vor ein ungelöstes Rätsel geblieben. Schon immer hat sich der relativ geringe Umfang an Herrenworten als ein Problem für die Zwei-Quellen-Theorie und ihre beiden grundlegenden Prämissen von der Priorität des Markus und einer vormarkinischen Existenz von Q erwiesen. War die Spruchtradition, welche sich in Q kristallisierte, dem Markus unbekannt geblieben, oder hat er sich bewußt von dem Genre des Wort- und Diskursevangeliums distanziert?

## 2. Die Disqualifizierung der Jünger

Von den vielen Themen, welche Markus in seinem Evangelium dramatisierte, fällt das der Jüngernachfolge durch seine besonders sorgfältige literarische Verarbeitung auf. Man wird davon ausgehen müssen, daß es sich um ein narratives Thema handelt, welches keinerlei Rückschlüsse auf die historische Situation der Jünger zur Zeit Jesu zuläßt.[79]

[78] BORING, The Paucity of Sayings in Mark (Anm. 57), 371.

[79] Der Autor dieses Artikels hat das Jüngerthema in Markus mehrfach bearbeitet, vgl. WERNER H. KELBER, The Kingdom in Mark: A New Place and a New Time, Philadelphia 1974; DERS., Mark 14:32–42: Gethsemane. Passion Christology and Discipleship Failure, ZNW 63 (1972), 166–187; DERS., The Hour of the Son of Man and the Temptation of the Disciples, in: The Passion in Mark (hrsg. WERNER H. KELBER), Philadelphia 1976, 41–60; DERS., Mark's Story of Jesus, Philadelphia 1979; DERS., Apostolic Tradition and the Form of the Gospel, in: Discipleship in the New Testament (hrsg. FERNANDO F. SEGOVIA), Philadelphia 1985, 24–46; DERS., The Oral and the Written Gospel (Anm. 23), 90–139. Vgl. außerdem THEODORE J. WEEDEN, Mark-Traditions in Conflict, Philadelphia 1971; JOSEPH B. TYSON, The Blindness of the Disciples in Mark, JBL 80 (1961), 261–268; ROBERT C. TANNEHILL, The Disciples in Mark, JR 57 (1977), 386–405. Bezüglich einer ganz anderen Interpretation des Jüngerthemas vgl. u. a. KLEMENS STOCK, Boten

Im ersten öffentlichen Akt nach seiner Verkündigung des Reiches Gottes ruft Jesus vier Fischer in seine Nachfolge (1:16–20). Die Berufung dieser Jünger ist mit der Verheißung verbunden, daß sie in den Rang von Menschenfischern erhoben werden. Sobald die vier Beruf und Familien aufgeben, um Jesus nachzufolgen, beginnt sich ein positives Verhältnis zwischen diesen treuen Nachfolgern und den Lesern des Evangeliums anzuspinnen. Die Jünger sind zu Idealfiguren avanciert, die dem Leser als Vorbild dienen. Die Sympathisierung der Leser mit den Jüngern wird im folgenden noch verstärkt, indem der Eindruck erweckt wird, es bestehe ein grundsätzlicher Konsens zwischen Jesus und seinen Nachfolgern. Die Berufung der Zwölf (3:13–19) bestätigt das Vertrauen der Leser, denn nun ist es offensichtlich, daß diese Zwölf, und insbesondere Petrus, Jakobus und Johannes, in Führungspositionen eingesetzt wurden. Gewiß, die Kennzeichnung des Judas als eines, „der ihn verriet" (3:19), verursacht einen Riß im Vertrauensverhältnis der Leser. Aber sie kann den Glauben an die Verläßlichkeit der Elf nicht untergraben. Im Gegenteil! Insofern Judas alleine negativ apostrophiert wird, scheint es sich bei ihm um eine Ausnahme zu handeln, die wiederum unseren positiven Eindruck von den elf anderen nur noch verstärkt.

Nach der öffentlichen Verkündigung der Geschichte vom Sämann (4:1–9) zieht sich Jesus von der Menge zurück und legt das Gleichnis speziell für den Zwölferkreis und einige weitere Auserwählte aus. Im Gesamtverlauf der Erzählung ist dies das erste Mal, daß Jesus sich offiziell in einer Rede an die Zwölf wendet. Die sogenannte Parabelrede ist also Jesu erste Verkündigung des Evangeliums an die Zwölf. Diese, zusammen mit einigen anderen, sind somit privilegierte 'Insider' geworden. Sie sind nicht nur Teilhaber am „Geheimnis des Reichen Gottes" (4:11), sondern sie werden auch von den Merkmalen der Außenseiter in Kenntnis gesetzt (4:11b–12). Kaum ist diese 'Insider'-Außenseiter-Dichotomie in Szene gesetzt, da beginnt sich Jesus kritisch über das Verständnis der Jünger zu äußern (4:13). Der Ton des Vorwurfs scheint schlecht zum privilegierten Status der Jünger zu passen. Gerade an der Stelle, wo das Vertrauensverhältnis zwischen Jüngern und Lesern seinen Höhepunkt erreicht hat, wird der Prozeß der Verstoßung der Jünger zu Außenseitern in Bewegung gesetzt.

Anschließend unternimmt Jesus eine Reihe von Schiffsreisen (4:35; 5:21; 6:32; 6:45; 8:10; 8:13), welche den ökumenischen Raum zu den Heiden(christen) eröffnen, ohne dabei das jüdische Land im Stich zu lassen. Die Jünger, welche ihn begleiten, sollen sich dabei das Paradigma seiner Reisen einprägen. Einmal schickt Jesus die Jünger alleine auf Reisen (6:7–13), und als sie zurückkehren, werden sie zu Aposteln designiert (6:30). Trotz aller Bemühungen Jesu scheint sich aber die Logik und der Zweck seiner Reisetätigkeit dem Verständnis der apostolischen Sukzessoren zu entziehen. Im Anschluß an die zweite Reise

aus dem Mit-Ihm-Sein, Rom 1975; Ernest Best, Following Jesus. Discipleship in the Gospel of Mark, Sheffield 1981 (Journal for the Study of the New Testament: Supplement Series 4). Günther Schmahl, Die Zwölf im Markusevangelium. Eine redaktionsgeschichtliche Untersuchung, Trier 1974.

zu den Heiden (6:45) werden sie in einer narrativen Seitenbemerkung der Herzenshärte angeklagt (6:52), eine schwerwiegende Anklage, welche früher gegen feindselige Zuhörer in einer Synagoge gerichtet war (3:5) und später gegen eine Gruppe von Pharisäern erhoben wird (10:5). An dieser Stelle ist unser Vertrauen zu den Jüngern beträchtlich ins Wanken geraten. Endgültig erschüttert wird das Verhältnis der Leser zu den Jüngern, wenn Jesus im Anschluß an die zweite Speisung seinen engsten Nachfolgern den gesamten Katalog von Außenseitercharakteristiken vorhält: Herzenshärte, Verständnislosigkeit, Sehen und doch-nicht-Sehen und darum Blindheit, Hören und doch-nicht-Hören und darum Taubheit (8:17 – 18; 4:11 – 12). Am Ende der Schiffsreisen sind die Jünger somit einem Rollenwechsel unterzogen worden: die einstmaligen 'Insider' sind zu Außenseitern geworden.

Auf den ersten Blick scheint das Petrusbekenntnis (8:29) unsere volle Glaubwürdigkeit zu verdienen. Daß Jesus der Christus sei, ist dem Leser ja bereits seit dem ersten Verse des Evangeliums bekannt. Jesu strenger Befehl an Petrus und die Jünger, „sie sollten zu niemandem über ihn reden“ (8:30), läßt durchaus den Schluß zu, Petrus habe in der Tat das rechte Bekenntnis abgelegt. Nun ist der Leser aber angehalten, dem Fortgang der Erzählung zu folgen und die narrativen Implikationen von Jesu eigenem Bekenntnis, nämlich der sich an das Petrusbekenntnis unmittelbar anschließenden, ersten Leidensweissagung, zu bedenken (8:31). Jesus bekennt sich hier 'offen' (*parrhēsia*) als der leidende und auferstehende Menschensohn (8:31). Die darauffolgende Szene (8:32 – 33) bringt alsdann deutlich zum Ausdruck, daß Petrus in offener Opposition zu Jesu Selbstbekenntnis als des leidenden Menschensohnes steht. Wenn Petrus sich am Ende den ungeheuren Vorwurf des Satans zuzieht, dann deshalb, weil, wie sich nun herausstellt, sein Christusbekenntnis bei aller formalen Korrektheit inhaltlich und ideologisch eben doch falsch gelegen war. Es steht sogar in krassem Gegensatz zu Jesu Menschensohnbekenntnis. Die Vorstellung eines leidenden Menschensohnes ist für ihn nicht akzeptabel. Das jedenfalls ist der Eindruck, den der Leser an diesem Punkt in der Erzählung gewinnen muß.

Gleich anschließend verleitet den Petrus zusammen mit Jakobus und Johannes eine falsche Einschätzung der Präsenz Jesu zu einem Fehlurteil hinsichtlich der Verklärung (9:2 – 8). Sie meinen, der 'lebendige', verklärte Christus müsse fortan bei ihnen verweilen. Einerseits wünscht sich das Triumvirat des Petrus, Jakobus und Johannes die permanente Gegenwart des 'Lebendigen', und andererseits können die drei der Auferstehung von den Toten keinerlei Sinn abgewinnen (9:9 – 10). Selbst eine exorzistische Geisteraustreibung, welche früher durchaus noch im Rahmen des Möglichen war (6:7, 13), gelingt den Jüngern nun nicht mehr (9:14 – 29).

Jesu zweite Leidensankündigung ist kaum von größerem Erfolg begleitet als die erste: sie stößt auf das Unverständnis und die Furcht der Jünger (9:31 – 32). Anschließend vereiteln die Jünger entgegen den Wünschen Jesu die Tätigkeit eines erfahrenen Dämonenaustreibers (9:38 – 41) und verwehren den Kindern Eintritt in das Reich Gottes (10:13 – 16). Jesu unnachgiebige Haltung gegenüber dem Reichen schockiert die Jünger und veranlaßt Petrus, ihren

Sprecher, auf die vielen Opfer hinzuweisen, welche sie in der Nachfolge auf sich genommen hätten (10:17–28). Demgegenüber verheißt Jesus eine neue Gemeinschaft und das ewige Leben (10:29–30). Insofern diese Zusage aber nur „mit Verfolgungen" (10:30a: *meta diōgmōn*) verwirklicht werden kann, ist sie von einem unüberhörbar kritischen Ton getragen. Noch bedenklicher muß Jesu letztes Wort in diesem Zusammenhang erscheinen: „Viele aber, welche Erste sind, werden Letzte sein und die Letzten Erste" (10:31). Hier handelt es sich um eine an Petrus und die Jünger gerichtete Warnung. Waren nicht gerade sie als Erste erwählt und in die apostolische Sukzession einberufen worden?

Dem verunsicherten Leser, der sich an dieser Stelle weder für noch gegen die Jünger entscheiden kann, werden alsbald wieder klare Richtlinien erteilt. Die dritte Leidensverkündigung, welche direkt an die Adresse der Zwölf gerichtet ist (10:32–34), veranlaßt Jakobus und Johannes, sich um Machtpositionen im königlichen Kabinett zu bewerben. Kaum ein angemessenes Verhalten angesichts der angekündigten Kreuzigung des Christus (10:35–40)! Es scheint, die Jünger haben sich wieder fest in ihrer Position als Außenseiter konsolidiert.

Unklar bleibt die Rolle der Jünger in Bezug auf die kleine Apokalypse von Kapitel 13. Was diese Abschiedsrede den Jüngern in Aussicht stellt, sind falsche Messiasprätendenten und falsche Propheten, Kriegswirren und Verfolgung, der „Greuel der Verwüstung" (13:14) und Vernichtung, Verkündigung unter großem Druck und die Hilfe des Geistes, Ausharren bis zum Ende, und nicht zuletzt die Ankunft des Menschensohnes. Bemerkenswerterweise wird eine Wiedervereinigung der Zwölf mit dem kommenden Menschensohn zwar implizit in Aussicht gestellt, aber nicht speziell versprochen. Eine entscheidende Frage ist, ob sich die vier Auserwählten Jesu letzte Rede, im Gegensatz zu seinen Leidensweissagungen, zu Herzen nehmen können, denn es darf nicht übersehen werden, daß die Rede gerade darauf ausgerichtet ist, Mißverständnisse unter den Jüngern aus dem Wege zu räumen.[80] In der Einführung der Rede wird die überschwengliche Begeisterung, mit welcher sich ein Jünger über den Tempel äußert, sofort von Jesu Vorhersage der Zerstörung des Tempels korrigiert (13:1–2). Desgleichen wird die von den Vier geäußerte Vermutung hinsichtlich einer Korrelation von Tempelzerstörung und Eschaton in der nachfolgenden Rede richtiggestellt. Wenn demnach die kleine Apokalypse tatsächlich falsche Vorstellungen der Jünger korrigiert, dann forciert die bisherige Logik der Jüngererzählung die Frage, ob Jesu Worte diesmal bei ihnen 'angekommen' sind. Ob die Apokalypse das nachösterliche Apostolat der Zwölf sicherstellt, muß darum vorerst offen gelassen werden. Man kann darüber keinen voreiligen Schluß ziehen, ehe die Erzählung am Ende angelangt ist.

Nun gibt die Passionsgeschichte keinerlei Anlaß, eine 'Umkehr' der Jünger anzunehmen. In der Tat: sind nicht Außenseiter nach Jesu eigenen Worten

[80] Vgl. RUDOLF PESCH, Naherwartungen. Tradition und Redaktion in Mk 13, Düsseldorf 1968.

nach draußen (*exo*) verwiesen worden, „damit sie nicht etwa umkehren und ihnen vergeben werde“ (4:12)? Wenn Jesus in seiner apokalyptischen Rede die Jünger ermahnte, angesichts tödlicher Gefahren auszuharren bis ans Ende (13:13), zu wachen und nicht zu schlafen (13:33–37), dann antizipierte er damit nicht nur eine langfristige Situation, sondern auch ein Ereignis, welches sich in Kürze in seiner eigenen Passion realisieren würde. In Gethsemane sind die drei Auserwählten, Petrus, Jakobus und Johannes, nicht imstande zu wachen. Während Jesus mit seinem Todesschicksal ringt, werden sie vom Schlaf überwältigt (14:32–42). Die unmittelbare Wirkung der Rede Jesu auf die Jünger ist daher alles andere als ermutigend.

Wenn die Leser sich überhaupt noch irgendwelchen Hoffnungen hinsichtlich der Zwölf hingeben, so werden ihnen diese endgültig im Ausgang der Evangelienerzählung genommen. Die einzelnen Geschichten sind bekannt und können in aller Kürze wiedergegeben werden. Judas ergreift die Initiative, Jesus in die Hände seiner Gegner zu überliefern (14:10–11). In seinen kurz vor der Verhaftung an die Zwölf gerichteten Worten spricht Jesus metaphorisch von seinem Tode und der Flucht seiner Anhänger sowie von seiner Auferstehung und Rückkehr nach Galiläa (14:26–28). „Ich werde euch nach Galiläa vorausgehen“, lautet die Verheißung. Von einer Wiedervereinigung wird speziell nichts gesagt. Die sich im Laufe der Erzählung aufdrängende Frage ist wiederum, ob die Jünger imstande sein werden, die Nachfolge anzutreten. Petrus legt Protest gegen die Ankündigung der Jüngerflucht ein, was Jesus seinerseits veranlaßt, die Verleugnung des Petrus vorherzusagen. Petrus wiederum leugnet seine Verleugnung ab (14:29–31). Weit davon entfernt, Jesus zu verleugnen, würde er (Petrus) bereit sein, mit ihm zu sterben; „ebenso sagten aber auch [die anderen] alle“ (14:29–31). Damit haben sich alle Jünger auf die Seite des Petrus geschlagen und gegen Jesus Stellung genommen. Entsprechend verläuft dann auch der Rest der Erzählung. Nach dem Versagen der drei Auserwählten in Gethsemane überliefert Judas Jesus in die Hände der religiösen Machthaber. Im Augenblick der Verhaftung ergreifen sämtliche Jünger die Flucht (14:50). Petrus, die letzte Hoffnung, verleugnet Jesus just in dem Moment, als Jesus sein schicksalsschweres Bekenntnis vor dem Hohenpriester ablegt (14:53–72). Und so stirbt Jesus auf Golgotha, verspottet von den Autoritäten, verlästert von den Vorübergehenden, verachtet von den beiden zur Rechten und Linken Gekreuzigten und verlassen von den Jüngern.

In seinem bekannten Buch über das Markusevangelium hat sich FRANK KERMODE folgendermaßen über das Jüngerproblem geäußert: „Sie [die Jünger] benehmen sich genauso wie die Außenseiter nach der Parabeltheorie.“[81] Den ehemals privilegierten 'Insidern' wurde die peinliche Rolle der Außenseiter zugewiesen. Dieser Rollenwechsel kann seine Wirkung auf die Leser nicht verfehlen. In dem Maße, in dem ihr anfängliches Vertrauensverhältnis erschüttert wird, sehen sie sich zunehmend veranlaßt, sich von den Jüngern zu

[81] FRANK KERMODE, The Genesis of Secrecy. On the Interpretation of Narrative, Cambridge (USA) und London 1979, 46.

distanzieren. Diese Jüngerdisqualifizierung und die daraus resultierende Aufforderung an die Leser, nicht dem Beispiel der Zwölf zu folgen, ist eines der erstaunlichsten und rätselhaftesten Themen in der gesamten Evangelienliteratur. Warum steht Markus, der von einer überwiegenden Mehrzahl der Neutestamentler sicherlich mit Recht für das älteste kanonische Evangelium gehalten wird, so direkt im Widerspruch zur gängigen Vorstellung einer apostolischen Kontinuität von Tradition und Evangelium?

Nun ist es schon immer eine Versuchung gewesen, eine nachösterliche Versöhnung zwischen Jesus und den Jüngern zu postulieren. Aber dieser Lösungsversuch läßt sich teils auf Evangelienharmonisierungen und teils auf den natürlichen Wunsch nach einem befriedigenden *dénouemont* zurückführen. Genau genommen wirft die Jüngererzählung die folgende Fragestellung auf: ist den Jüngern ein Verständnis des irdischen Jesus vorenthalten, weil ihnen erst vom Auferstandenen die volle Offenbarung zuteil werden kann, oder haben sie Jesu Leben und Tod so gründlich mißverstanden, daß sie das Privileg einer Wiedervereinigung mit dem Auferstandenen verspielt haben?

Hier erkennen wir auch, wie sich die aus der Jüngerthematik resultierende Problematik direkt mit der des Wort- und Diskursevangeliums berührt. Denn in den vom Typ des ThEv und der ApoJak repräsentierten Evangelien sind die Jünger die privilegierten Empfänger der Offenbarungsworte des Auferstandenen.

### 3. Die Unzugänglichkeit der Ostererfahrung

Nach dem Abgang der Jünger werden drei Frauen als entscheidende Mittlerfiguren zwischen dem Auferstandenen und den Jüngern eingeschaltet (16:1 – 8). Zum letzten Mal wird die Hoffnung erweckt, daß die seit der Kreuzigung abgebrochene Beziehung zwischen Jesus und den Jüngern wieder hergestellt und die Jünger voll rehabilitiert werden können. Die Frauen werden mit der Aufgabe betraut, den Jüngern „und dem Petrus" (16:7) die Nachricht von der Auferstehung des Gekreuzigten zu übermitteln. Von Zittern und Entsetzen überwältigt, ergreifen die Frauen die Flucht (16:8: *ephygon*), so wie vormals die Jünger die Flucht ergriffen hatten (14:50: *ephygon pantes*). „Und sie sagten niemandem etwas, denn sie fürchteten sich" (16:8). Und so endet das Evangelium überraschend und ohne einen formalen Abschluß.

Der Rest ist den Lesern überlassen. Auf ihnen lastet nun die Aufgabe der Interpretation. Welchen Schluß haben sie aus der Erzählung zu ziehen? Wenn die Jüngerthematik tatsächlich auf dem Schema von Verhüllung und Enthüllung basierte, – was den Jüngern zu Jesu Lebzeiten verborgen blieb, wird ihnen vom Auferstandenen offenbart –, warum hat dann der Evangelist ausgerechnet die Offenbarung zu Ostern unterschlagen?

Statt dessen scheint die narrative Logik des Evangeliums ihre Leser in eine andere Richtung zu weisen. Ganz unmißverständlich ist zum Ausdruck gebracht worden, daß den Jüngern die Logik des Kreuzestodes nicht einleuchtete. Entsprechend glänzten sie alle bei der Kreuzigung durch ihre Abwesenheit.

Doch waren sie nicht rechtzeitig von Jesus gewarnt worden, sie könnten, wenn einmal nach außen verstoßen, den Weg nicht mehr zurück finden (4:11–12)? War es ihnen nicht klar und deutlich gesagt worden: „wer sein Leben retten will, der wird es verlieren" (8:35)? Hatten sie nicht selbst Zweifel über die Auferstehung von den Toten geäußert (9:9–10)? Wenn nun aber Verrat, Verleugnung und Flucht ihr Verhalten beim Kreuzestod kennzeichnete, und wenn sie der Auferstehung von den Toten keinen Sinn abgewinnen konnten, wie kann ihnen da eine Begegnung mit dem Auferstandenen zuteil werden? Eben diese in der Erzählung sorgsam vorbereitete Vorenthaltung der Ostererfahrung von den Jüngern ist es, die mit logischer Konsequenz in den letzten Versen des Evangeliums auserzählt wurde. Denn wenn nach der dramatischen Logik dieser Geschichte die Frauen es unterließen, den Jüngern die Auferstehungsbotschaft zu übermitteln, dann wurden diese nie von der Auferstehung in Kenntnis gesetzt. Sie konnten sich infolgedessen auch nie in Richtung Galiläa in Bewegung setzen, um dem Auferstandenen wiederzubegegnen. Ostern blieb ihnen vorenthalten.

Wenn man daher annehmen muß, daß das Defizit einer Auferstehungsgeschichte mit dem bewußten Vorenthalten des Auferstandenen von den Jüngern in Zusammenhang zu bringen ist, dann wird man kaum umhin können, daraus den Schluß zu ziehen, daß das überraschende Ende des Evangeliums nicht durch Zufall, sondern mit Absicht zustande kam. Wenn dem aber so ist, dann wird man auch konzedieren müssen, daß das kanonische Evangelium nicht, wie so oft behauptet wurde, aus dem Osterglauben selbst entsprang, sondern vielmehr aus dem Wunsche, die Aufmerksamkeit vom Auferstandenen weg zum Gekreuzigten zu lenken.

## 4. Der vorösterliche Erzählungsrahmen

Was die Form des Evangeliums anlangt, so ist die wohl entscheidendste Folge der narrativen Vorenthaltung einer Auferstehungsgeschichte die, daß die gesamte Erzählung in einen vorösterlichen Rahmen gespannt ist. Die defizitäre Ostergeschichte legitimiert das Markusevangelium als eine rein vorösterliche Erzählung. Damit unterscheidet sich Markus nicht nur von den anderen kanonischen Evangelien, sondern insbesondere auch vom Typus der Wort- und Diskursevangelien. Alle Herrenworte und Gleichnisse sind in einzigartiger Weise an den irdischen Jesus gebunden. Er, und nicht der Auferstandene, beglaubigt die Tradition. Dem 'lebendigen' Herrn ist kein einziges Wort anvertraut. Zwar ist die Auferstehung als gegeben vorausgesetzt, aber der Auferstandene selbst zeichnet sich durch Abwesenheit aus.

Damit wird nun auch der theologische Akzent von der Auferstehung auf die Kreuzigung verlagert. Diese Akzentverschiebung wird in der Erzählung *inter alia* durch die Einführung des Königstitels in der Passionsgeschichte durchgeführt. Pilatus, welcher das Todesurteil ratifizierte, apostrophiert Jesus als erster mit 'König der Juden' (15:2). Vom Volk, das seinen Tod gefordert hat, wird berichtet, daß es ihn 'König der Juden' genannt hat (15:12). Die römischen Soldaten verspotten ihn als 'König der Juden' (15:16–20). Die Kreuzesaufschrift tituliert ihn als den 'König der Juden' (15:26). Die religiösen Autoritäten verlästern ihn als 'König Israels' (15:31–32). Kurzum, eben die Personen, welche die Erzählung als die Hauptverantwortlichen am Tode Jesu identifiziert hat, designieren ihn zum König. Im Spott und aus Unwissenheit verkünden sie paradoxerweise ein großes Stück an Wahrheit. Denn nach der Logik der Erzählung muß Jesu Krone aus Dornen geflochten sein und seine Einsetzung als Gottessohn am Kreuz verwirklicht werden. Die Botschaft vom Reiche Gottes, welche er in Galiläa eingeleitet und bis hinauf nach Tyrus (7:24) und Sidon (7:31) verkündet hatte, findet am Kreuz ihren krönenden Höhepunkt.

## *IX. Das narrative Evangelium als Gegenform zum Wortevangelium*

Seit WREDE's bahnbrechendem Werk[82] kann kein Zweifel mehr bestehen, daß das narrative Evangelium zutiefst in einer theologisch arbeitenden Traditionsgeschichte verwurzelt ist. Die Frage, die zum Abschluß unserer Überlegungen zur Diskussion steht, ist, ob und in welcher Weise sich die vier zur Form des Evangeliums entscheidend beitragenden Charakteristiken traditionsgeschichtlich erklären lassen. Wir werden die These zu begründen versuchen, daß das Markusevangelium eine Gegenform zum Typus des Wort- und Diskursevangeliums darstellt.

Der relativ geringe Umfang an Spruchmaterial im Markusevangelium darf nicht als ein isoliertes Phänomen betrachtet werden. Vielmehr handelt es sich dabei um eine die frühchristliche Traditionsgeschichte kennzeichnende Problematik. Die bei Markus gemachten Beobachtungen können durch drei weitere ergänzt werden: das Fehlen des Genres eines Wort- oder Diskursevangeliums im Kanon, die durch Matthäus und Lukas erfolgte Dekonstruktion von Q und die Erhaltung des Genres in einem Christentum gnostizierender Tendenzen (Nag Hammadi). Das sich daraus ergebende Gesamtbild zeigt deutlich eine vom kanonischen Christentum eingenommene, reservierte Haltung gegenüber dem Wort- und Diskursevangelium. Daraus wird man den Schluß ziehen dürfen, daß man auch bei Markus mit einer bewußt reservierten Haltung gegenüber dem Genre des Wort- und Diskursevangeliums rechnen darf.[83]

Wir sahen, wie das Markusevangelium Jesu erste und groß angelegte Rede an die Zwölf als eine esoterische Kommunikation konzipiert hat. Im

[82] WILLIAM WREDE, Das Messiasgeheimnis in den Evangelien. Zugleich ein Beitrag zum Verständnis des Markusevangeliums, Göttingen 1901 (3. Auflg. 1963).

[83] ETIENNE TROCMÉ (The Formation of the Gospel According to Mark, London and Philadelphia 1975, 37–45, 83–85) hat die reservierte Haltung des Markus gegenüber einer gewissen Tradition von Herrenworten und Gleichnissen deutlich gesehen.

sogenannten 'Gleichniskapitel' (4:1–34) verkündete Jesus dem Zwölferkreis und einigen anderen Privilegierten das Geheimnis vom Reiche Gottes in Gleichnissen und parabelhaften Aphorismen. Wenn man davon absieht, daß es sich bei dem Verkündiger um den irdischen, von der Evangelienerzählung historisierten Jesus handelt, dann läßt sich der Eindruck kaum vermeiden, daß diese Szene das traditionsgeschichtliche Modell des Wort- oder Diskursevangeliums wiederspiegelt. Anhand von Gleichnissen und Aphorismen vermittelt Jesus einem Kreis von Auserwählten Offenbarung vom Reiche Gottes. Esoterik, privilegierte Empfänger, Aufreihung von Spruchgut ohne narrative Einlagen und Vertrauen in die gegenwärtige Wortwirksamkeit stellen grundsätzliche Komponenten des Spruchevangeliums dar. Wenn die Jünger aber im weiteren Ablauf der Markuserzählung an der Botschaft Jesu zunehmend scheitern, dann wird dadurch das Modell der Jünger als 'Insider' grundsätzlich in Frage gestellt. Zwar sind die Jünger auch im Typus der Offenbarungsrede mit Verständnisschwierigkeiten belastet, aber die markinische Jüngererzählung bringt ein Novum. Indem Markus die 'Insider' zur Außenseite verbannt, hat er der Re-Inszenierung des Wort- und Diskursevangeliums das Leben abgeschnürt. Nach seiner Darstellung hat sich das esoterische Traditionsmodell nicht bewährt und sogar in sein Gegenteil verkehrt.

Der Gegensatz zur Offenbarungsrede tritt umso deutlicher zutage, als die Jünger gerade an den ideologischen Werten scheitern, die von Markus besonders betont, aber vom Wort- und Diskursevangelium oft unterschlagen oder ausdrücklich abgelehnt wurden. Die Dramatisierung der Schiffsreisen zeigte, wie sie sich der Ausweitung des Reiches Gottes verschlossen und große Schwierigkeiten hatten, mit dem Öffentlichkeitsanspruch des Evangeliums zurechtzukommen. So konnten sie sich nie ganz von den Zügen eines gewissen esoterischen Egoismus freimachen. Ihr Hauptproblem bestand darin, daß sie dem Tode Jesu keinen Sinn abgewinnen konnten. Der innere Zusammenhang des Reiches Gottes mit dem Kreuz scheint ihnen für immer verborgen geblieben zu sein. Sowohl der Kreuzestod wie die Auferstehung von den Toten waren für sie befremdliche Vorstellungen. Statt dessen klammerten sie sich in der Verklärungsgeschichte an die Illusion einer Präsenz des 'Lebendigen', ohne jemals dessen Tod wahrnehmen zu wollen.

Laut Markus ist das Geheimnis des Reiches Gottes nicht mehr auf die Verkündigung und Interpretation seiner *logoi* beschränkt. Die esoterische Rede konstituiert im Rahmen des narrativen Evangeliums ja selbst keine in sich ruhende Enklave mehr, sondern sie weist metaphorisch über sich selbst hinaus auf einen geschichtlichen Prozeß, der im Leben und Tode Jesu seinen Anfang nimmt und mit seiner Wiederkunft zur Erfüllung kommt. Das Versagen der Jünger, der anfänglichen 'Insider' der esoterischen Rede, dem im Evangelium dramatisierten Leben und Tode einen Sinn abzugewinnen, kommt demnach einem Scheitern des esoterischen Paradigmas am narrativen Evangelium gleich.

Auch der scheinbar ambivalente Abschluß des Evangeliums kann aus der Perspektive einer Strategie der Abwehr gegen die Offenbarungsrede in ein neues Licht gerückt werden. Eine Verleugnung des Todes Jesu muß – der narrativen Logik entsprechend – zwangsläufig den Entzug des Lebens zur

Folge haben, denn Jüngerschaft ist ja in erster Linie eine Nachfolge des in den Tod Gehenden. Angesichts des Verhaltens der Jünger in der Passion muß zugestanden werden, daß der Erzähler in der Vorenthaltung des Auferstandenen eine durchaus konsequente Schlußfolgerung gezogen hat. So bildet die Erzählung vom Versagen der Frauen als Mittlerfiguren bei aller Absonderlichkeit dennoch den von der Logik der Jüngerdramatisierung geforderten Abschluß. Wer angesichts des Todes Jesu die Flucht ergriff, konnte der Botschaft vom Leben nicht teilhaftig werden. Damit scheint uns die sich durch das Evangelium ziehende Jüngererzählung als eine dramatisch konsequente Geschichte erwiesen zu sein. Die Motivierung für eine derartige Erzählung ist wiederum in traditionsgeschichtlichen Zusammenhängen zu suchen. Wir haben gesehen, wie sich die Übertragung von Außenseiterattributen auf die Jünger gegen deren im Genre der Offenbarungsrede begründete Position als 'Insider' gerichtet hat. Daß die markinische Jüngerdisqualifizierung nun tatsächlich das Genre des Wort- und Diskursevangeliums im Sinne hatte, bringt die narrative Logik des Endes deutlich zum Ausdruck. Wenn der Auferstandene den Jüngern vorenthalten ist, dann können diese nicht Empfänger seiner Offenbarungsworte sein. Damit ist aber traditionsgeschichtlich dem Wort- und Diskursevangelium der Boden entzogen, denn dieses basiert ja gerade auf dem 'lebendigen' Jesus und seiner Wortverkündigung an privilegierte, apostolische Hörer. Das Ende des narrativen Evangeliums ist derart konstruiert, daß es die Prämissen des Wort- und Diskursevangeliums außer Kraft setzt! So zeigt sich, wie das vielumstrittene Ende des Markusevangeliums nicht nur einen der narrativen Dynamik durchaus folgerichtigen Abschluß bildet, sondern damit auch einen ganz bestimmten Zweck innerhalb der Traditionsgeschichte verfolgt. Es ist genau darauf angelegt, das Genre der Offenbarungsrede zu disqualifizieren.

Der derart gestaltete markinische Abschluß hat zwangsläufig eine Verlagerung der gesamten Erzählung in einen vorösterlichen Rahmen zur Folge.[84] Sämtliche Herrenworte, Gleichnisse, heroische Geschichten, Kontrastgeschichten, didaktische Geschichten u. v. a. m. sind einer Dramatisierung des irdischen Lebens und Todes Jesu ein- und untergeordnet. Es muß auffallen, daß die sich daraus ergebende Endform des narrativen Evangeliums eine rechte Gegenform zum Wort- und Diskursevangelium darstellt. Im letzteren spricht nur der 'lebendige' Herr; die Fülle der Herrenworte wird von ihm allein beglaubigt. Bei Markus sind alle Worte und Geschehnisse an den irdischen Jesus gebunden. Der Auferstandene „ist nicht nur abwesend, er ist schweigsam".[85]

Mit der gewonnenen Einsicht in das narrative Evangelium läßt sich nun das Thema der Verschriftlichungsprozesse im Frühchristentum zum Abschluß

[84] Der Zusammenhang zwischen der Form des Evangeliums und dem geringen Umfang an Herrenworten und Gleichnissen wurde wiederum von Trocmé deutlich erkannt: "*In order to break the hold of the 'sayings of Jesus', therefore, the author of Mark resorted to a semi-biographical presentation of Jesus and his real intentions*" (85).

[85] Boring, The Paucity of Sayings in Mark (Anm. 57), 377.

bringen. In der Vorstellung der meisten alten Kulturen bedeuteten gesprochene Worte Macht und Ereignis. Auch das Frühchristentum war von dieser mündlichen Hermeneutik noch tief geprägt. Seiner Wortverkündigung haftete ein Hauch von Präsenz und gegenwärtiger Wirksamkeit an. Das galt in besonderem Maße, wenn es sich um charismatische Sprecher wie Jesus selbst oder um bevollmächtigte Nachfolger handelte. Aber es war in unterschiedlicher Weise zu allen Zeiten der Fall, wo das Evangelium verkündet wurde. Sobald man gesprochene Worte niederschrieb, wurden sie von einem Zustand der Bewegung in der Zeit in einen der dinglichen Ruhe im Raum verwandelt. Ihre Verortung im verobjektivierenden Raum kam dabei immer einer Versetzung in die Vergangenheit gleich. Drei Beispiele von Gruppierungseinheiten der Jesusworte schienen uns besonders geeignet, Übergangsprobleme von der Verkündigung zum Text zu verdeutlichen. In jedem Fall wurde das ambivalente Verhältnis von Mündlichkeit zu Schriftlichkeit hervorgehoben. Demgegenüber sahen wir, wie im narrativen Evangelium die Verschriftlichung der synoptischen Tradition ihren vorläufigen Höhepunkt erreichte. In Markus verband sich die Eigenart des Schreibens, alles in die Vergangenheit zu versetzen, mit der narrativen Beschränkung auf die historisierte Geschichte Jesu zu einer einzigartigen Synthese. Erstmals wurde die Tradition völlig in die Vergangenheit eingeschrieben. Das ist um so bemerkenswerter, als das Evangelium noch bei Paulus rein mündlichen Charakter hatte und der Apostel selbst und seine apostolischen Mitarbeiter sich als Sprecher des auferstandenen '*kyrios*' wußten. Nirgends kann man im Bereich des paulinischen Christentums Ansätze zu einem narrativen, biographischen Evangelium entdecken. Sobald einmal der Typus des narrativen Evangeliums feststand, konnten Matthäus und Lukas die Redequelle Q einbauen und Auferstehungsgeschichten anhängen. Aber beide Traditionseinheiten mußten sich nun dem von Markus geschaffenen Evangelientyp anpassen. Q wurde seiner gattungsgeschichtlichen Eigenart beraubt, und der Auferstandene war nicht mehr der Ausgangspunkt, sondern der Abschluß des Evangeliums.

## *X. Postskript*

Texte führen eine große Literaturfracht mit sich. Das war im Altertum nicht anders als in der Gegenwart. Die meisten Texte schöpfen aus einem Reservoir von mündlichem und schriftlichem Traditionsmaterial und entspringen aus einer Vielzahl von Beweggründen. Wenn wir in dieser Abhandlung unser Augenmerk im Interesse von Verschriftlichungsprozessen besonders auf das Wort- und Diskursevangelium und dessen Dekonstruktion gerichtet haben, dann darf das keineswegs als die einzig schlüssige Deutung der Genese des Markusevangeliums verstanden werden. Andere Beweggründe und Traditionsverarbeitungen können nicht ausgeschlossen werden, denn die kanonischen Evangelien haben sich längst als äußerst komplizierte Textgestalten erwiesen.

Ich habe in anderen Abhandlungen darzulegen versucht, wie die narrative Intention der markinischen Erzählung darauf hinausläuft, in Galiläa das Reich Gottes zu begründen, in Judäa eine Verbindung zwischen dem Kreuzestod und der Zerstörung von Jerusalem herzustellen, um dann am Ende den Lesern (aber nicht den Jüngern!) den Weg nach Galiläa freizugeben.[86] So gesehen scheint das Evangelium ein nach 70 n. Chr. geschriebener Text zu sein, der angesichts der Zerstörung von Jerusalem die Legitimationsgrundlage für ein galiläisches oder wohl genauer syrisches Christentum legt. Diese auf LOHMEYER[87] und MARXSEN[88] zurückgehende These wurde jüngst in großer Ausführlichkeit von MACK[89] unterbaut. Es ist keineswegs einzusehen, warum diese zeitgeschichtliche Motivierung die hier dargelegten traditionsgeschichtlichen Prämissen ausschließen sollte.

Weitaus komplizierter wird die traditionsgeschichtliche Situation, wenn das viel erörterte 'Secret Gospel of Mark' in die Diskussion mit einbezogen wird.[90] Die Entdeckung dieses Textes geht auf das Jahr 1958 zurück, als MORTON SMITH im griechisch-orthodoxen Kloster von Mar Saba in der judäischen Wüste auf einen fragmentarischen Brief des Clemens von Alexandria stieß. In diesem, an einen sonst unbekannten Theodor adressierten Brief, zitierte Clemens einen Teil des 'Secret Mark'. Das Zitat besteht aus der Geschichte von einem reichen Jüngling (*neaniskos ... ēn gar plousios*), den Jesus von den Toten auferweckte. Von ihm wird berichtet, daß er, nachdem er dem Leben wiedergeschenkt war, Jesus liebte (*ēgapēsen auton*) und ihn anflehte, bei ihm bleiben zu dürfen (*hina met' autou ē*). „Nach sechs Tagen" (*kai meth' hēmeras hex*) verbrachte er, „mit einem linnenen Gewand auf dem bloßen Leib bekleidet" (*peribeblēmenos sindona epi gymnou*), eine Nacht bei Jesus, um in „das Geheimnis des Reiches Gottes" eingeweiht zu werden (*edidaske gar auton ho Iēsous to mysterion tēs basileias tou theou*).[91] Clemens selbst vertrat die Ansicht, 'Secret Mark' sei eine vor allem durch Zugaben verlängerte, revidierte Ausgabe des kanonischen Markus. SMITH war geneigt, sich dieser Meinung anzuschließen.[92] Im Gegensatz dazu haben jüngst Kö-

86 KELBER, The Kingdom in Mark (Anm. 79); DERS., Mark's Story of Jesus (Anm. 79).

87 ERNST LOHMEYER, Galiläa und Jerusalem, Göttingen 1936 (Forschungen zu Religion und Literatur des Alten und Neuen Testaments 52 = N.F. 34); DERS., Das Evangelium des Markus, Göttingen 1967 (17. Aufl.) (Kritisch-exegetischer Komm. über das Neue Testament: 1. Abt., Bd. 2, Ergh.).

88 MARXSEN, Der Evangelist Markus (Anm. 72).

89 BURTON L. MACK, A Myth of Innocence. Mark and Christian Origins, Philadelphia 1988.

90 Zur Photokopie, griechischen Transkription und englischen Übersetzung des Klemensfragmentes vgl. MORTON SMITH, Clement of Alexandria and a Secret Gospel of Mark, Cambridge (USA) 1973, 446–453; DERS., The Secret Gospel. The Discovery and Interpretation of the Secret Gospel According to Mark, New York 1973; DERS., Clement of Alexandria and Secret Mark: The Score at the End of the First Decade, HTR 75 (1982), 449–461. S. auch S. LEVIN, The Early History of Christianity in Light of the 'Secret Gospel' of Mark, ANRW II 25,6, hrsg. v. W. HAASE, Berlin–New York 1988, 4270–4292.

91 Vgl. SMITH, Clement of Alexandria and a Secret Gospel of Mark (Anm. 90), 452, 1–18.

92 SMITH, Clement of Alexandria and a Secret Gospel of Mark (Anm. 90), 88–97, 138–146.

STER[93] und CROSSAN[94] eine genaue Umkehrung der Kompositionsfolge vorgeschlagen: der kanonische Markus habe 'Secret Mark' revidiert. Die kanonische Version sei eine Reaktion auf die Karpokratianer, welche in die geheimnisvolle, nächtliche Initiation des auferstandenen Jünglings eine prekäre Bedeutung im Sinne gnostisch homosexuellen Libertinismus hineingelesen hätten. Daraufhin habe es der kanonische Markus, der sich einer delikaten Situation gegenübersah, unternommen, die explosive Geschichte durch Zerstückelung und Verstreuung zu eliminieren. Die Folge davon war, daß der nackte Jüngling nun völlig unmotiviert in der Verhaftungsgeschichte (14:51–52) erscheine, das Motiv der Liebe in die Geschichte vom reichen Mann transponiert und in dem Sinne geändert worden sei, daß Jesus ihn liebte und nicht umgekehrt (10:17–22), die sechs Tage mit der Verklärung in Verbindung gebracht (9:2) und das Geheimnis vom Reiche Gottes in die Parabelrede (4:11) verlegt worden seien. Auf diese Weise habe der kanonische Markus dem karpokratianischen Ärgernis den Wind aus den Segeln genommen, denn die erotische Lesart mußte fortan den Eindruck erwecken, sekundär aus unzusammenhängenden Bestandteilen zusammengebastelt worden zu sein.

'Secret Mark' stellt uns vor außerordentlich labyrinthische Probleme, deren Lösungen, falls sie überhaupt je gefunden werden, ein umfangreiches Maß an philologischer, textkritischer und historischer Arbeit erfordern. Der gegenwärtige Forschungsstand läßt keine endgültigen Schlußfolgerungen zu. Wir müssen uns daher mit den folgenden fünf, allgemein gehaltenen Bemerkungen begnügen.

Erstens muß gefragt werden, ob die These des Clemens von der Priorität des kanonischen Markus gegenüber 'Secret Mark' so gänzlich unhaltbar ist. Könnte man nicht beispielsweise annehmen, daß es gerade das rätselhafte Auftreten des nackten Jünglings in der Verhaftungsgeschichte des kanonischen Markus war, welches narrative Explikationen anregte, die einerseits in der Auferstehungsgeschichte des reichen Jünglings bei 'Secret Mark' und andererseits in der johanneischen Auferstehungsgeschichte des Lazarus Ausdruck fanden? Mit anderen Worten, Mk. 14:51–52 könnte als eine narrative 'Unbestimmtheitsstelle'[95] empfunden worden sein, und zusätzliche Erzählungen könnten dem Zweck gedient haben, diese Leerstelle aufzufüllen.

Zweitens kann die synoptische Tradition, wie bereits angedeutet, nicht ausschließlich als eine Geschichte mündlicher Überlieferung verstanden werden. Die Möglichkeit, daß es in der vormarkinischen Traditionsgeschichte mehr Evangelienerzählung gab, als bislang angenommen wurde, ist nicht

[93] HELMUT KÖSTER, History and Development of Mark's Gospel (From Mark to Secret Mark and 'Canonical' Mark), in: Colloquy on New Testament Studies. A Time for Reappraisal and Fresh Approaches, Macon GA 1983.

[94] JOHN DOMINIC CROSSAN, Four Other Gospels. Shadows on the Contours of Canon, Minneapolis 1985.

[95] Zur Konzeption der '*Unbestimmtheitsstelle*' vgl. ROMAN INGARDEN, Das literarische Kunstwerk, Tübingen 1960 (2. Auflg.). Der Begriff wurde von WOLFGANG ISER (Der Akt des Lesens: Theorie ästhetischer Wirkung, München 1976, 267–280) übernommen.

mehr von der Hand zu weisen. Wie man bekanntlich seit langem mit einer johanneischen Tradition gerechnet hat, so wird man nun auch eine speziell markinische Überlieferungsgeschichte annehmen müssen. Die vielfältige Verwurzelung des Markus in der Tradition könnte noch weitaus komplizierter sein, als man das ohnehin schon zumindest seit WREDE angenommen hat. So darf vermutet werden, daß die Forschung noch mehr Abhängigkeitsspuren, metaphorische Verschiebungen, Transpositionen und Substitutionen in Markus entdecken wird, die sich auf seine Verarbeitung von Traditionen zurückführen lassen können. Nach CROSSAN's traditionsgeschichtlichen Studien soll Markus nicht nur 'Secret Mark' dekonstruiert haben, sondern auch 'Papyrus Egerton 2' einer Revision unterzogen und sich für seine Passionsgeschichte das Petrusevangelium zunutze gemacht haben.[96] CROSSAN sieht in all dem den Triumph von Intertextualität in der Tradition. Und doch ist Intertextualität nicht schlechthin das objektive Ergebnis harter Evidenz, sondern auch die Folge einer im ausschließlichen Umgang mit schriftlich erhaltenem Beweismaterial entstandenen wissenschaftlichen Perspektive. Wir, die wir geschult sind, Texte zu interpretieren und zu verfassen und uns von einer Flut von Texten umgeben sehen, müssen früher oder später auf das Phänomen der Intertextualität stoßen.

Drittens darf bei allem Zugeständnis an Schriftlichkeit in der synoptischen Überlieferung die mündliche Tradition keinesfalls außer acht gelassen werden. Texte haben es offensichtlich nicht in ihrer Macht, der Verkündigung Einhalt zu gebieten. Die andauernde Existenz synoptischer Mündlichkeit, insbesondere der Herrenworte, ist von KÖSTER eindrucksvoll nachgewiesen worden.[97] Seine Analyse der Herrenworte bei den Apostolischen Vätern (95 – 150 n. Chr.) kam zu dem Schluß, daß wörtliche Zitate selten seien. In der Regel fand er Varianten vor, die er der 'freien Überlieferung' zuschrieb. Mit anderen Worten, die überwältigende Mehrzahl der Herrenworte bei den Apostolischen Vätern sind nicht als Derivate der in den Evangelien schriftlich niedergelegten Spruchtraditionen, sondern als mündliche Kompositionen zu verstehen. Von einem Fall zum anderen zeigte KÖSTER, wie das synoptische Spruchgut bei den Apostolischen Vätern noch auf eine vor Markus liegende, mündliche Tradition zurückging. Erst um die Mitte des zweiten Jahrhunderts, beginnend mit Justin, errangen die synoptischen Evangelien, vor allem Matthäus und Lukas, die Geltung schriftlicher Autoritäten, welche mit der mündlichen Tradition in Wettbewerb traten.

Viertens mag es ratsam erscheinen, auch über die Problematik von Markus und seinen Traditionen von mediengeschichtlicher Sicht her neue Reflexionen anzustellen. Gesetzt den Fall, Markus sei in der Tat in mannigfache Traditionskomplexe verwickelt, wie hat man sich das technisch vorzustellen, daß er trotzdem fähig war, eine narrativ-theologisch einheitliche Erzählung zu verfassen? Muten wir ihm nicht zu, zu viele Bälle gleichzeitig zu jonglieren? Auf jeden Fall erscheint uns das Prinzip der Intertextualität um so unwahrscheinlicher, je

96 CROSSAN, Four Other Gospels (Anm. 94).
97 HELMUT KÖSTER, Synoptische Überlieferung bei den Apostolischen Vätern (Anm. 15).

größer die Anzahl der Traditionen ist, die er zu verarbeiten scheint. Bei einer Vielzahl von Traditionen scheint eine mündliche Apperzeption des Markus größere Wahrscheinlichkeit zu haben als zahlreiche direkte Textabhängigkeiten. Wie hätte er mühsam erst einen Text kopieren, dann einen anderen revidieren und ein Papyrusfragment dekonstruieren und ein anderes zerstückeln und verstreuen können? Ist es da nicht plausibler anzunehmen, Markus habe aus einem Gedächtnis geschöpft, das im Besitz vieler unterschiedlicher Traditionen war? Was uns textgebundenen Lesern als dicht gewobene Intertextualität erscheint, kann in der Antike durchaus freies Kompositionsschaffen gewesen sein.

Fünftens muß noch einmal darauf hingewiesen werden, daß von all den Traditionen, die Markus verarbeitet zu haben scheint, dem Wort- und Diskursevangelium eine besonders prominente Rolle zuzuschreiben ist. Die relativ geringe Zahl der Herrenworte, die christologische Konzentration auf das Kreuz, die Vorenthaltung des 'lebendigen', auferstandenen Herren, der Rollenwechsel der Jünger von privilegierten 'Insidern' zu Außenseitern und die vorösterliche Erzählform des Evangeliums sind alles Attribute, die sich zu einem Gesamtbild fügen, das dem Genre des Wort- und Diskursevangeliums genau entgegengesetzt ist.

## *XI. Literaturverzeichnis*

(Hier sind nur solche Werke aufgeführt, die für das Thema der Verschriftlichungsprozesse speziell einschlägig sind.)

Abel, Ernest L., The Psychology of Memory and Rumor Transmission and their Bearing on Oral Transmission in Early Christianity, JR 51, 1971, 270–281.

Asting, Ragnar, Die Verkündigung des Wortes im Urchristentum: Dargestellt an den Begriffen 'Wort Gottes', 'Evangelium' und 'Zeugnis', Stuttgart 1939.

Aune, David E., Christian Prophecy and the Sayings of Jesus: An Index to Synoptic Pericopae Ostensibly Influenced by Early Christian Prophets, Missoula, MT 1975.

Balogh, Josef, „Voces Parinarum“, Philologus 82, 1926, 84–109, 202–240.

Bausinger, Hermann, Formen der „Volkspoesie“, Berlin 1968 (Grundlagen der Germanistik 6).

Beare, Frank W., Sayings of the Risen Jesus in the Synoptic Tradition: An Inquiry into Their Origin and Significance, New York and Cambridge (Eng.) 1967.

Bertholet, Alfred, Die Macht der Schrift in Glauben und Aberglauben, Berlin 1949.

Bleeker, C. J., L'Œil et l'Oreille: Leur Signification Religieuse, Leiden 1963 (Supplement to Numen 7).

Bogatyrev, Petr Grigo'evich und Roman Jakobson, Die Folklore als eine besondere Form des Schaffens, Nijmegen und Utrecht 1929.

Boman, Thorleif, Die Jesus-Überlieferung im Lichte der neueren Volkskunde, Göttingen 1967.

Boring, M. Eugene, Sayings of the Risen Jesus: Christian Prophecy in the Synoptic Tradition, New York and Cambridge (Eng.) 1982 (Society for New Testament Studies; Monograph Series 46).

– How May We Identify Oracles of Christian Prophets in the Synoptic Tradition? Mark 3:28–29 as a Test Case, JBL 91, 1972, 501–521.

– The Paucity of Sayings in Mark: A Hypothesis, Missoula 1977 (SBL Seminar Papers, 371–377).

BULTMANN, RUDOLF, Die Geschichte der synoptischen Tradition, Göttingen, 8. Auflg. 1970 (FRLANT 29, NF 12).

CAROTHERS, JOHN COLIN, Culture, Psychiatry, and the Written Word, Psychiatry 22, 1959, 307–320.

CARPENTER, RHYS, The Antiquity of the Greek Alphabet, AJA 37, 1933, 8–29.

– The Greek Alphabet Again, AJA 42, 1938, 58–69.

CAMERON, RON, Parable and Interpretation in the Gospel of Thomas, FFF 2, 1986, 3–39.

– Sayings Tradition in the Apokryphon of James, Philadelphia 1984.

CROSSAN, JOHN DOMINIC, In Parables: The Challenge of the Historical Jesus, San Francisco 1973.

– A Basic Bibliography for Parables Research, Semeia 1, 1974, 236–274.

– A Form for Absence: The Markan Creation of Gospel, Semeia 12, 1978, 41–55.

– Cliffs of Fall: Paradox and Polyvalence in the Parables of Jesus, New York 1980.

– In Fragments: The Aphorisms of Jesus, San Francisco 1983.

DSCHULNIGG, PETER, Rabbinische Gleichnisse und das Neue Testament, Frankfurt 1988.

EISENSTEIN, ELIZABETH L., The Printing Press as an Agent of Change, Cambridge (Eng.), 1979 (2 Bd.).

ENTRALGO, PEDRO LA'IN, The Therapy of the Word in Classical Antiquity, New Haven und London, 1970.

FINNEGAN, RUTH, How Oral is Oral Literature?, BSOAS 37, 1974, 52–64.

– Oral Poetry: Its Nature, Significance and Social Context, New York and Cambridge (Eng.) 1977.

FITZMYER, JOSEPH A., Memory and Manuscript: The Origins and Transmission of the Gospel Tradition, TS 23, 1962, 442–457.

FLUSSER, DAVID, Die rabbinischen Gleichnisse und der Gleichniserzähler Jesus, Frankfurt 1981.

FOLEY, JOHN MILES (hrsg.), Oral Tradition in Literature: Interpretation in Context, Columbia, MO 1986.

– (hrsg.) Comparative Research on Oral Traditions: A Memorial for Milman Parry, Columbus, OH 1987.

FUNK, ROBERT W., Saying and Seeing: Phenomenology of Language and the New Testament, JBR 34, 1966, 197–213.

– Language, Hermeneutic, and the Word of God: The Problem of Language in the New Testament and Contemporary Theology, New York 1966 (reprint: Missoula, MT, 1979).

GANDZ, SOLOMON, The Dawn of Literature: Prolegomena to a History of Unwritten Literature, Osiris 7, 1939, 261–522.

GELB, IGNACE J., A Study of Writing, Chicago, IL 1963, rev. ed.

GEMOLL, WILHELM, Das Apophthegma, Wien 1924.

GERHARDSSON, BIRGER, Memory and Manuscript: Oral Tradition and Written Transmission in Rabbinic Judaism and Early Christianity, Uppsala 1961 (Acta SemNTUps 22).

– Tradition and Transmission in Early Christianity, Lund 1964 (Coniectanea neotestamentica 20).

– The Origins of the Gospel Traditions, Philadelphia 1979.

– The Gospel Tradition, Lund 1986 (Coniectanea biblica: New Testament Series 15).

GOODY, JACK, The Domestication of the Savage Mind, New York and Cambridge (Eng.) 1977.

– (hrsg.), Literacy in Traditional Societies, New York and Cambridge (Eng.) 1968.

GUNKEL, HERMANN, The Legends of Genesis: The Biblical Saga and History, New York 1964.

GÜTTGEMANNS, ERHARDT, Offene Fragen zur Formgeschichte des Evangeliums, München 1970 (BEvT 54).

HAVELOCK, ERIC A., Preface to Plato. A History of the Greek Mind (vol. I), Cambridge (USA) 1963.
– The Greek Concept of Justice: From Its Shadow in Homer to Its Substance in Plato, Cambridge (USA) and London 1978.
– The Literate Revolution in Greece and Its Cultural Consequences, Princeton 1982.

HAVELOCK, ERIC A. and JACKSON P. HERSHBELL, Communication Arts in the Ancient World, New York 1978.

HENDRICKSON, G. L., Ancient Reading, CJ 25, 1929, 182–196.

HOCK, RONALD F. and EDWARD N. O'NEIL, The Chreia in Ancient Rhetoric, Atlanta 1986 (Bd. I: The *Progymnasmata*).

HORNER, WINIFRED BRYAN (hrsg.), The Present State of Scholarship in Historical and Contemporary Rhetoric, Columbia, MO and London 1983.

HULTGREN, ARLAND J., Jesus and His Adversaries: The Form and Function of the Conflict Stories in the Synoptic Tradition, Minneapolis 1979.

IHDE, DON, Listening and Voice: A Phenomenology of Sound, Athens, OH 1976.

JOUSSE, MARCEL, Études de psychologie linguistique. Le style oral, rythmique et mnémotechnique chez les verbo-moteurs, Paris 1925.
– L'anthropologie du geste, Paris 1974.
– La manducation de la parole, Paris 1975.
– Le parlant, la parole et le souffle, Paris 1978.

KELBER, WERNER H., The Kingdom in Mark: A New Place and a New Time, Philadelphia, PA 1974.
– (hrsg.) The Passion in Mark: Studies on Mark 14–16, Philadelphia, PA 1976.
– Mark's Story of Jesus, Philadelphia, PA 1979.
– Walter Ong's Three Incarnations of the Word: Orality – Literacy – Technology, PhT 23, 1979, 70–74.
– Markus und die Mündliche Tradition, LingBib 45, 1979, 7–55.
– The Oral and the Written Gospel. The Hermeneutics of Speaking and Writing in the Synoptic Tradition, Mark, Paul, and Q, Philadelphia, PA 1983.
– From Aphorism to Sayings Gospel and from Parable to Narrative Gospel, FFF 1, 1985, 1–8.
– The Authority of the Word in St. John's Gospel: Charismatic Speech, Narrative Text, Logocentric Metaphysics, Oral Tradition 2, 1987, 108–131.
– Die Fleischwerdung des Wortes in der Körperlichkeit des Textes, in: Materialität der Kommunikation (hrsg. HANS U. GUMBRECHT und K. LUDWIG PFEIFFER), Frankfurt 1988, 31–42.

KLINE, LESLIE LEE, The Sayings of Jesus in the Pseudo-Clementine Homilies, Missoula, MT 1975 (Society of Biblical Literature: Dissertation Series 14).

KLOPPENBORG, JOHN S., The Formation of Q: Trajectories in Ancient Wisdom Collections, Philadelphia, PA 1987.

KÖSTER, HELMUT, Synoptische Überlieferung bei den Apostolischen Vätern, Berlin 1957 (TU 65).
– Die außerkanonischen Herrenworte als Produkte der christlichen Gemeinde, ZNW 48, 1957, 220–237.
– History and Development of Mark's Gospel (From Mark to Secret Mark and 'Canonical' Mark) in: Colloquy on New Testament Studies. A Time for Reappraisal and Fresh Approaches, Macon, GA 1985, 35–57.

KUHN, HEINZ-WOLFGANG, Ältere Sammlungen im Markusevangelium, Göttingen 1971 (SUNT 8).

LORD, ALBERT BATES, Avdo Međedović, Guslar, in: Slavic Folklore: A Symposium, Philadelphia, PA 1956.
– The Singer of Tales, Cambridge (USA) 1960 (HSCL 24); dt. Ausg., Der Sänger erzählt. Wie ein Epos entsteht, München 1965.

– The Gospels as Oral Traditional Literature, in: The Relationships Among the Gospels (hrsg. WILLIAM O. WALKER JR.), San Antonio, TX 1978 (Trinity University Monograph Series in Religion 5).

MCCALL, MARSH H., Ancient Rhetorical Theories of Simile and Comparison, Cambridge (USA) 1969.

MCCARTHEY, EUGENE S., Notes on Reading and Praying Audibly, CPh 43, 1948, 184–187.

MCGINLEY, J., Form Criticism of the Synoptic Healing Narratives, TS 3, 1947, 216–230.

MERLEAU-PONTY, MAURICE, L'œil et l'esprit, Les temps modernes 18, 1961, nos. 184–185.

NEUSNER, JACOB, The oral Torah: the sacred books of Judaism: an introduction, San Francisco, CA 1986.

– Oral Tradition in Judaism: the case of the Mishnah, New York 1987 (The Albert Bates Lord Studies in Oral Tradition 1; Garland Reference Library of the Humanities 764).

– The Rabbinic Tradition about the Pharisees Before 70 A.D. The Problem of Oral Tradition, Kairos 14, 1972, 57–70.

NIELSEN, EDUARD, Oral Tradition: A Modern Problem in Old Testament Introduction, London 1954 (SBT 11).

OLRIK, AXEL, Epische Gesetze der Volksdichtung, ZDA 51, 1909, 1–12.

ONG, WALTER J., Ramus. Method, and the Decay of Dialogue. From the Art of Discourse to the Art of Reason. Cambridge (USA) 1958.

– Ramus and Talon Inventory, Cambridge (USA) 1958.

– The Presence of the Word: Some Prolegomena for Cultural and Religious History, New Haven, CT and London 1967; pbck reprint: Minneapolis 1981.

– Agonistic Structures in Academia: Past and Present, Interchange 5, 1974, 1–12.

– Mass in Ewondo, America 131, 1974, 148–151.

– From Mimesis to Irony: The Distancing of Voice, BMMLA 9, 1976, 1–24.

– Interfaces of the Word: Studies in the Evolution of Consciousness and Culture, Ithaca, NY and London 1977.

– Technology Outside Us and Inside Us, Communio 5, 1978, 100–121.

– Oral Remembering and Narrative Structures, in: Georgetown University Round Table on Languages and Linguistics (hrsg. DEBORAH TANNEN), Washington, D.C. 1982.

– Orality and Literacy. The Technologizing of the Word, London and New York 1982; dt. Ausg., Oralität und Literalität. Die Technologisierung des Wortes, Opladen 1987.

PARRY, MILMAN, Studies in the Epic Technique of Oral Verse-Making, I: Homer and Homeric Style, HSCP 41, 1930, 73–147.

– Studies in the Epic Technique of Oral Verse-Making, II: The Homeric Language as the Language of Oral Poetry, HSCP 43, 1932, 1–50.

– Whole Formulaic Verses in Greek and Southslavic Heroic Songs, TAPA 64, 1933, 179–197.

PEABODY, BERKLEY, The Winged Word: A Study in the Technique of Ancient Greek Oral Composition as Seen Principally through Hesiod's Works and Days, Albany, N.Y. 1975.

PERELMAN, CHAÏM, Rhetoric, in: The New Encyclopaedia Britannica, Chicago 1987 (15. Ausg.), Bd. 26, 803–810.

PERELMAN, CHAÏM und L. OLBRECHTS-TYTECA, The New Rhetoric. A Treatise on Argumentation, Notre Dame, IN 1969.

PORTON, GARY G., The pronouncement Story in Tannaitic Literature: A Review of Bultmann's Theory, Semeia 20, 1981, 81–100.

RIESNER, RAINER, Jesus als Lehrer. Eine Untersuchung zum Ursprung der Evangelien-Überlieferung, Tübingen 1984 (2. verb. Auflg.).

ROBBINS, VERNON K., Classifying Pronouncement Stories in Plutarch's Parallel Lives, Semeia 20, 1981, 29–52.

ROBINSON, JAMES M., On the *Gattung* of Mark (and John), in: Jesus and Man's Hope (hrsg. DIKRAN Y. HADIDIAN et al.), Pittsburgh, PA 1970, Bd. I, 99–129.
– Jesus: From Easter to Valentinus (or to the Apostles' Creed), JBL 101, 1982, 5–37.
– Gnosticism and the New Testament, in: The Problem of History in Mark and other Marcan Studies, Philadelphia, PA 1982, 40–53.
– The Gospel as Narrative, in: The Bible and the Narrative Tradition (hrsg. FRANK MCCONNEL), New York/Oxford 1986, 97–112.
ROBINSON, JAMES M., und HELMUT KÖSTER, Entwicklungslinien durch die Welt des Frühchristentums, Tübingen 1971.

SAENGER, PAUL, Silent Reading: Its Impact on Late Medieval Script and Society, Viator 13, 1982, 367–414.
SEDGWICK, W. B., Reading and Writing in Classical Antiquity, ContRev 135, 1929, 90–94.
SMITH, MORTON, A Comparison of Early Christian and Early Rabbinic Tradition, JBL 82, 1963, 169–176.
– Clement of Alexandria and a Secret Gospel of Mark, Cambridge (USA) 1973.
– The Secret Gospel. The Discovery and Interpretation of the Secret Gospel According to Mark, New York 1973.
– Clement of Alexandria and Secret Mark: The Score at the End of the First Decade, HTR 75, 1982, 449–461.
SUDHAUS, S., Lautes und Leises Beten, ARW 9, 1906, 185–200.

TAMBIAH, S. J., The Magical Power of Words, Man 3, 1968, 175–208.
TANNEHILL, ROBERT C., The Sword of His Mouth, Philadelphia, PA und Missoula, MT 1975 (Semeia Supplement 1).
– Synoptic Pronouncement Stories: Form and Function, Chico, CA 1980 (SBL Seminar Papers), 51–56.
– The Pronouncement Story and Its Types; Varieties of Synoptic Pronouncement Stories, Semeia 20, 1981.
TEDLOCK, DENNIS, Toward an Oral Poetics, NLH 8, 1977, 507–519.
THEISSEN, GERD, Urchristliche Wundergeschichten: Ein Beitrag zur formgeschichtlichen Erforschung der synoptischen Evangelien, Gütersloh 1974 (Studien zum Neuen Testament 8).
THOMSON, JAMES ALEXANDER KERR, The Art of the Logos, London 1935.
TYLER, STEPHEN A., The Said and the Unsaid: Mind, Meaning, and Culture, New York, NY, San Francisco, CA, London 1978.
– On Being Out of Words, Cultural Anthropology 1, 1986, 131–137.

VACHEK, JOSEF, Zum Problem der geschriebenen Sprache, TCLP 8, 1939, 94–104.
VANDERKAM, JAMES C., Intertestamental Pronouncement Stories, Semeia 20, 1981, 65–72.
VANSINA, JAN, Oral Tradition: A Study in Historical Methodology, Chicago 1965.
VISCHER, LUKAS, Die Rechtfertigung der Schriftstellerei in der alten Kirche, TZ 12, 1956, 320–336.

WILDER, AMOS, The Language of the Gospel: Early Christian Rhetoric, New York, NY and Evanston, IL 1964.
WIRE, ANTOINETTE C., The Structure of the Gospel Miracle Stories and Their Tellers, Semeia 11, 1978, 83–113.
WISEMAN, D. J., Books in the Ancient Near East and in the Old Testament, New York, NY and Cambridge (Eng.) 1970 (Cambridge History of the Bible I) 30–48.

# Die Entstehungsgeschichte des Neuen Testaments

von A. F. J. KLIJN, Groningen

*Inhalt*



## *I. Einleitung*[1]

Die christliche Bibel umfaßt zwei Teile: das sog. 'Alte Testament' und das sog. 'Neue Testament'. Das Neue Testament enthält Zeugnisse unterschiedlicher Gattung über das Leben Jesu, seine Predigt und seine Bedeutung für die damalige Zeit. Die vier Evangelien des Matthäus, Markus, Lukas und Johannes berichten im wesentlichen über Jesu Reden und Handeln während seiner Erdentage; die Apostelgeschichte erzählt über das Entstehen der jungen Kirche und deren Entwicklung in den ersten Jahrzehnten sowie über das Leben des Apostels Paulus und seine sogenannten „Missionsreisen"; die dreizehn Paulusbriefe richten sich an unterschiedliche christliche Gemeinden und Personen; der Hebräerbrief und die sieben katholischen Briefe sind bestimmt für mehrere Gemeinden beziehungsweise die ganze christliche Gemeinschaft; die Offenbarung des Johannes schließlich handelt über das Ende der Welt, das Gericht und die dem Gericht vorausgehenden Schrecken und Wirrnisse.

Dieser Beitrag wurde von Dr. CHRISTIAN ROSE (Tübingen) sprachlich überarbeitet.

[1] Uitgeversmaatschappij J. H. Kok B. V., Kampen/Niederlande hat diese Bearbeitung meiner Beiträge 'De Canon van het Nieuwe Testament', Bijbels Handboek III, Kampen 1987, S. 157 – 193, genehmigt.

Der vielfältige Charakter der neutestamentlichen Schriften gründet in deren unterschiedlichem Hintergrund und Ursprung. Unsere Aufgabe ist es festzustellen, wie sich die einzelnen Schriften zum zweiten Teil der christlichen Bibel entwickelt haben. Das Thema wird oft behandelt unter der Überschrift: „Die Geschichte des neutestamentlichen Kanons“.[2]

## *II. Zum 'Kanon'-Begriff*

Die zuletzt getroffene Feststellung erfordert zunächst eine Beschäftigung mit dem Begriff 'Kanon', um die Verwendung des Wortes für den weiteren Verlauf der Darstellung zu klären und zu begründen.

Die Grundbedeutung des ursprünglich semitischen Wortes ist „Pfahl“ oder „Stab“, vielfach mit der Bedeutung „Rohr“. Es wurde meistens benutzt, um Pflanzenteile wie Wurzel, Stengel oder Halm zu umschreiben. In der griechischen Sprache bekommt das Wort die Bedeutung „Meßlatte“, „Richtschnur“ und endlich „Norm“.[3] In der griechischen Übersetzung des Alten Testaments kommt das Wort vor im 4. Makkabäerbuch:

> „Wer immer aber unter Berücksichtigung des gesamten 'Kanons' der Philosophie sich philosophisch betätigt ...“ (7,21).

Philo benutzt das Wort siebenundzwanzig Mal, zum Beispiel in der Wendung „Kanon der Wahrheit“ (leg. alleg. 3.233).

[2] Im folgenden seien einige Monographien aufgelistet, die sich mit dem Thema des Kanons befassen. Als erste nennen wir B. M. METZGER, The Canon of the New Testament. Its Origin, Development, and Significance, Oxford 1987. METZGER gibt eine ausführliche historische Übersicht über die Literatur vor und im zwanzigsten Jahrhundert, S. 11–36; TH. ZAHN, Geschichte des neutestamentlichen Kanons I, Erlangen 1888; II Erlangen 1892 (Neudruck Hildesheim–New York 1975); B. F. WESTCOTT, A general Survey of the History of the Canon of the New Testament, London 1896[7]; TH. ZAHN, Grundriß der Geschichte des neutestamentlichen Kanons, Leipzig 1904[2]; G. R. GREGORY, Canon and Text of the New Testament, New York 1907; J. LEIPOLDT, Geschichte des neutestamentlichen Kanons I, Leipzig 1904[2] (Neudruck Leipzig 1974); A. SOUTER (rev. C. S. C. WILLIAMS), The Text and Canon of the New Testament, London 1954[2]; R. M. GRANT, The Formation of the New Testament, London 1965, vgl. DERS., The New Testament Canon, in: The Cambridge History of the Bible I, ed. P. R. ACKROYD and C. F. EVANS, Cambridge 1970, S. 284–308; W. SCHNEEMELCHER, Zur Geschichte des neutestamentlichen Kanons, in: DERS. (Herausg.), Neutestamentliche Apokryphen, I: Evangelien, Tübingen 1987[5], S. 7–40.

[3] In den meisten der obengenannten Monographien findet man eine Untersuchung zum Begriff des „Kanons“, vgl. auch BEYER, s. v. κανών, in: ThWNT III (1938), S. 600–606; A. BLAISE, Dictionnaire latin-français des auteurs chrétiens, Leuven 1954, s. v. *canon*, und H. OPPEL, KANΩN. Zur Bedeutungsgeschichte des Wortes und seiner lateinischen Entsprechungen, Philologus, Suppl. B. XXX 4, Leipzig 1937.

In der ältesten christlichen Literatur wird das Wort kaum verwendet. Es kommt vier Mal im Neuen Testament vor. Der 2. Korintherbrief verwendet es in 10,12–16 in einer Bedeutung, die nicht ganz klar ist, aber vielleicht der Bedeutung „Richtschnur" am nächsten kommt. In Gal. 6,16 ist der Gebrauch des Begriffs eher deutlich: „Alle, die sich nach diesem Maßstab richten ...".

In den Schriften der Apostolischen Väter, die in den Jahren zwischen etwa 100 und 180 entstanden sind, kommt das Wort nur im 1. Klemensbrief vor, wo den Frauen gesagt wird, „nach dem Kanon der Untertänigkeit" zu leben (1,3), wo geschrieben wird über „den ruhmvollen und ehrfurchtsvollen Kanon unserer Überlieferung" (7,2) und wo gesagt wird, daß ein Amtsträger den Kanon, der für sein Amt festgelegt worden ist, nicht überschreiten soll (41,1).

In der Folgezeit wird das griechische κανών und das lateinische *canon* zum Begriff für alles, was als Regel in der Kirche gilt oder auf Synoden und Konzilien beschlossen wird. In Bezug auf die biblischen Schriften schreibt Eusebius, hist. eccles. VI 25 3, daß Origenes nur vier Evangelien τὸν ἐκκλησιαστικὸν φυλάττων κανόνα kennt. In canon 59 der Synode von Laodicea wird festgestellt, daß gelesen werden kann

> οὐδὲ ἀκανόνιστα βιβλία, ἀλλὰ μόνα τὰ κανονικὰ τῆς καινῆς καὶ παλαιᾶς διαθήκης.[4]

Dies bedeutet, daß es Regeln gibt und daß Angelegenheiten in der Kirche „geregelt" werden. Auch Athanasius schreibt in seinem berühmten Osterfestbrief von 367 über die uns bekannten siebenundzwanzig neutestamentlichen Schriften, die als κανονιζόμενα betrachtet wurden. Mit diesem Ausdruck gibt er seiner Liste eine Art kirchliche Untermauerung.[5]

Vielleicht ist Amphilochius von Ikonium der erste, der die Liste uneingeschränkt als κανών bezeichnet. Jedenfalls wird von etwa dieser Zeit an das Wort κανών benutzt als Bezeichnung der (alt- und) neutestamentlichen Schriften.[6]

Aus alledem folgt: Die geprägte Wendung „Kanon des Neuen Testaments" geht auf eine späte kirchliche Bildung zurück, und zwar zu einer Zeit, in der die biblischen Schriften im kirchlichen Leben schon längst als „göttlich" und „inspiriert" anerkannt waren. Die Geschichte der Kanonwerdung verlangt daher nach einer historischen Untersuchung, die es ermöglicht, das Anwachsen des Schriftenkanons vom Beginn bis zu seinem Abschluß zu rekonstruieren.

[4] ZAHN, Geschichte II, S. 193–202: Die Beschlüsse der Synode von Laodicea, bes. S. 202.

[5] ZAHN, Geschichte II, S. 203–212: Der Osterfestbrief des Athanasius vom Jahr 367, bes. S. 210–212.

[6] ZAHN, Geschichte II, S. 212–219: Die Metrischen Verzeichnisse ... des Amphilochius von Ikonium (Gestorben nach 394), bes. 217–219: οὗτος ἀψευδέστατος κανὼν ἂν εἴη τῶν θεοπνεύστων γραφῶν, vgl. METZGER, o. c. S. 292: *"The use of the word* κανών *for the whole collection is still later, the clearest instance occurring in a poem* (Iambi ad Seleucum) *composed about A. D. 380 by Amphilochius, bishop of Iconium".*

### III. *Jesus und die christliche Überlieferung*

Der einzige Schriftenkanon, den Jesus gekannt hat, war das „Alte Testament". Wir haben darum zuerst festzustellen, wie es zu einer Erweiterung der heiligen Schriften des üblichen Schriftenkanons durch ein „Neues Testament" kommen konnte. Hierfür gab es zweifellos gewichtige Argumente.

Diese Entwicklung ist in Einzelheiten nicht mehr zu rekonstruieren. Wir beschränken uns deshalb auf einige Aspekte, die für das Entstehen des „Neuen Testaments" bedeutsam waren.

Das Neue Testament hat seinen Ursprung in der Person Jesu. In allen seinen Teilen handelt es von und bezieht es sich auf Jesus. Die einzelnen Schriften sind entstanden aus einer Wechselwirkung zwischen der Person Jesu und dem Zeugnis derer, die mit Jesus gelebt oder sich mit seinem Leben auseinandergesetzt haben.[7] Die schriftlichen Niederschläge dieser Auseinandersetzung, wie sie uns das Neue Testament überliefert, sind zum Teil zufällig entstanden. Zum anderen Teil erklären sie sich aus der Besonderheit von Person und Werk Jesu, wie sie in der späteren Überlieferung gewürdigt wurden.[8] In dieser begegnen wir Jesus namentlich als Lehrer.

Die vier Evangelien berichten davon, daß Jesus gelehrt hat.[9] In mehreren Summarien wird festgestellt, daß er Unterricht gab (Mk 1,21–22; Mt 4,23 und 9,35, Apg. 1,1). Als Lehrer war Jesus dem Rabbi seiner Zeit ähnlich[10] und wurde mit diesem Namen angesprochen (Mt 26,25.29; Mk 9,5; 11,21; 14,45; Joh. 1,39; 4,31; 6,25; 9,2 und 11,8). Wie ein Rabbi legte Jesus seinen Schülern[11] das Gesetz im Hinblick auf das Alltagsleben aus. Im Zentrum seiner Lehre stand aber nicht so sehr die Auslegung der Thora (vgl. die Bergpredigt, Mt 5,2 und 7,28–29) als vielmehr seine Botschaft vom Kommen des Gottesreiches (vgl. Mt 4,17/Mk 1,15). Außerdem propagierte er eine neue Lebenshaltung, bei der es nicht so sehr darauf ankommt, wie der Mensch handelt, als vielmehr darauf, was der Mensch ist (vgl. Mt 15,11). Diese neue Lebenshaltung

[7] B. GERHARDSSON, Memory and Manuscript, Acta Sem. Neotest. Upsal. XXII, Lund 1964²; B. GERHARDSSON, Tradition and Transmission in the early Church, Coniect. Neotest. XX, Lund – Copenhagen 1964; B. GERHARDSSON, Der Weg der Evangelientradition, in: Das Evangelium und die Evangelien, WUNT 28, herausgeg. v. P. STUHLMACHER, Tübingen 1983, S. 79–102, und B. GERHARDSSON, The Gospel Tradition, Coniect. Bibl., New Testament Series 15, Lund 1986.

[8] Das heißt, daß hier keine Aussagen über den historischen Jesus gemacht werden.

[9] Siehe R. RIESNER, Jesus als Lehrer, WUNT 2. R. 7, Tübingen 1984.

[10] Das heißt freilich nicht, daß es keine Unterschiede zwischen dem Rabbi Jesus und den zeitgenössischen Rabbis gab, vgl. RIESNER, o. c., S. 499.

[11] Zur unterschiedlichen Bedeutung der Jünger in den einzelnen Evangelien vgl.: M. J. WILKINS, The Concept of Disciple in Matthew's Gospel. in: Suppl. to NT LIX, Leiden 1988, and C. C. BLACK, The Disciples according to Mark, JSNT, Supplem. Series 27, Sheffield 1989.

zeigt sich in der Bereitschaft des Menschen, dem Weg Jesu konsequent zu folgen.[12]

Neben die Schriftauslegung, die Botschaft vom Kommen des Gottesreiches und die Forderung einer neuen Lebenshaltung tritt in der Unterweisung Jesu die Ankündigung seines Leidens und Sterbens. Das Thema Nachfolge ist hier von zentraler Bedeutung. Das Markusevangelium beginnt mit der Aufforderung Jesu an seine ersten Jünger alles im Stich zu lassen und ihm zu folgen (vgl. Mk 1,14–20). Wie Jesus alles hinter sich gelassen hat, so sollen seine Nachfolger alles verlassen (Mk 10,28). Jesus hat sein Kreuz auf sich genommen, so sollen auch seine Nachfolger ihr Kreuz auf sich nehmen und ihm nachfolgen (Mk 8,34). Als in der jungen Jerusalemer Gemeinde die Frage aufkommt, wer Judas ersetzen solle, wird festgelegt, daß es ein Schüler sein müsse, der sich ihnen angeschlossen habe seit der Zeit, da Jesus bei ihnen „ein- und ausgegangen" sei, d. h. von der Zeit Johannes des Täufers bis zur Himmelfahrt Jesu (Apg. 1,21–22).[13]

Mit diesen Hinweisen ist die Verwendung des Wortes keineswegs erschöpft. Nur diejenigen, die Jesus konsequent folgen, sind geeignet für das Reich Gottes (Lk 9,61–62). Auf die Frage, was man tun müsse, um das Leben zu erben, lautet die Antwort, daß man Jesus zu folgen habe (Mk 10,17–21). Nach dem Zeugnis des Johannesevangeliums leben nur diejenigen nicht in der Finsternis, die Jesus folgen (Joh. 8,12). Keiner ist Jesu würdig, der nicht sein Kreuz auf sich nimmt und nachfolgt (Mt 10,38).

Gegenüber der jüdisch-religiösen Literatur war der Ruf Jesu in die Nachfolge neu und einzigartig. Für die daran anknüpfende christliche Überlieferung bedeutete dies: Wer Jesus nachfolgen wollte, mußte wissen, was Jesus verkündet und wie er gehandelt hat. Welche Konsequenzen die Nachfolge für den einzelnen „Schüler" hatte, konnte nur derjenige wirklich ermessen, der genau über das Leben Jesu von seiner Taufe bis zur Himmelfahrt und sein Wirken von Galiläa bis nach Jerusalem Bescheid wußte. So kam es, daß in gleichem Maße Traditionen über Jesu Unterweisung wie über sein Leben und Werk gesammelt wurden.[14]

Wir haben festgestellt, daß das Neue Testament das Buch über Jesu Leben, Verkündigung und Werk darstellt. Es handelte sich um sein Leben von der Taufe bis zur Himmelfahrt. Ohne Zweifel wurde während seines Lebens

[12] Siehe E. SCHWEIZER, Erniedrigung und Erhöhung bei Jesus und seinen Nachfolgern, AThANT 28, Zürich 1955, und E. HAENCHEN, Der Weg Jesu. Eine Erklärung des Markus-Evangeliums und der kanonischen Parallelen, Berlin 1966.

[13] M. BARTH, Der Augenzeuge, Zürich 1946 und A. A. TRITES, The New Testament Concept of Witness, SNTS, Monograph Series 31, Cambridge 1977.

[14] J. M. ROBINSON, Logoi Sophoi: Zur Gattung der Spruchquelle Q, in: H. KÖSTER und J. M. ROBINSON, Entwicklungslinien durch die Welt des frühen Christentums, Tübingen 1971, S. 67–106, nimmt eine unmittelbare Linie zwischen Jesus, dem Weisheitslehrer, und der Spruchsammlung im Thomasevangelium an. Es ist jedoch fraglich, ob es Spruchsammlung(en) immer isoliert gegeben hat und ob sie nicht neben andersartigen Überlieferungen eine besondere Funktion gehabt haben. Ohnehin ist das Thomasevangelium eine deutlich sekundäre Bildung.

schon über Jesus gesprochen und wurden Jesus betreffende Traditionen gesammelt. Aber das Reden Jesu hat mit der Himmelfahrt kein Ende genommen. Der Heilige Geist trat, so möchte man sagen, an Jesu Stelle. Dies zeigt unter anderem die Verheißung Jesu, daß die Christen, wenn sie vor Gericht angeklagt werden würden, sich nicht darum kümmern sollten, was sie zu sagen hätten, denn der Heilige Geist werde sie das alles lehren (Lk 12,12). Wie Jesus ist der Geist ein Lehrer. Er lehrt nicht nur Neues, sondern er wird, so bezeugt es das Johannesevangelium (14,26), die Jünger auch alles lehren und an alles erinnern, was Jesus den Jüngern zuvor gesagt hat.[15]

In diesem Zusammenhang ist hinzuweisen auf Apostelgeschichte 2. Erst nach der Ausgießung des Heiligen Geistes waren Petrus und die anderen Jünger imstande zu predigen, „daß Gott Jesus zum Herrn und Christus gemacht hat" (2,36). Derselbe Geist hilft der jungen Gemeinde zu erkennen, wie sie sich gegenüber den eben bekehrten Heiden verhalten soll (Apg. 15,28). Schließlich hat der Geist, der in den christlichen Propheten wirkt, bestimmt, daß Paulus und Barnabas ausgesandt werden (Apg. 13,1–2).

Paulus spricht in seinen Briefen oft aus der Kraft des Heiligen Geistes. Er äußert seine Meinung in der Frage, ob es wünschenswert sei, zu heiraten oder nicht, als ein Mensch, „der meint den Geist zu haben" (1 Kor. 7,40). Mehrmals betont er, daß ihm ein Geheimnis offenbart worden sei. Der Inhalt dieses Geheimnisses kann sich beziehen auf seine Arbeit unter den Heiden (Eph. 3,3–9), auf Israel, das am Ende gerettet werden soll (Röm. 11,25), oder aber auf das Ende überhaupt (1 Kor. 15,51). An anderer Stelle wird eine alttestamentliche Passage (Gen. 2,24) vom Geist erläutert (Eph. 5,32).

Zusammenfassend läßt sich festhalten: Der vom Heiligen Geist gewirkten und inspirierten Rede kommt in der christlichen Überlieferung die gleiche Dignität zu wie dem Handeln und Verkündigen Jesu. Der Geist stand der jungen Gemeinde in schwierigen Situationen bei, besonders in ihrem Verhältnis zu den Juden und den Heiden. Die Offenbarung des Geistes und die Überlieferung Jesu sind zwei in gleichem Maße gewichtige Teile der neutestamentlichen Botschaft.

Die Worte und Taten Jesu sowie die vom Geist gewirkte Unterweisung weiterzugeben, das war die Aufgabe der von Jesus gesandten und bevollmächtigten Jünger.

Der Begriff Überlieferung kommt im Neuen Testament vielfach vor. Damit wird an die im Judentum geläufige und bekannte Terminologie angeknüpft.[16] Dies zeigt sich besonders in den Paulusbriefen. Die auf Jesus zurückzuführende Abendmahls-Paradosis bezeugt Paulus mit den Worten: „Denn vom Herrn habe ich empfangen, was ich euch weitergegeben habe ..." (1 Kor. 11,23). Die Wörter „empfangen" und „weitergeben" lassen sich ebenfalls in

[15] M. E. Boring, Sayings of the risen Jesus. Christian Prophecy in the Synoptic Tradition, SNTS, Monograph Series 46, Cambridge 1982, und besonders S. Schulz, Q. Die Spruchquelle der Evangelisten, Zürich 1972.

[16] W. Rordorf und A. Schneider, L'évolution du concept de tradition dans l'Église ancienne, Traditio Christiana V, Berne–Francfort s. M. 1982.

jüdischen Quellen nachweisen. Im großen Auferstehungskapitel des Apostels heißt es: „Dies ist die Erstüberlieferung, die ich euch weitergegeben habe ..." (1 Kor. 15,3). In der Auseinandersetzung des Galaterbriefes um den Apostolat antwortet Paulus auf die Behauptung, er sei kein Apostel Christi, weil er nicht zum ursprünglichen Jüngerkreis gehöre, mit dem Hinweis, er habe das den Galatern verkündigte Evangelium (1,9) durch eine Offenbarung Jesu Christi empfangen (1,12). So ist gewährleistet, daß die Überlieferungskette von Jesus bis zu den Aposteln nicht unterbrochen wurde. Paulus ermahnt die Gemeinde in Philippi, das zu tun, was sie „gelernt" und „empfangen" habe (Phil. 4,9). Wichtig ist, daß das Überlieferte gelernt wurde. Das setzt voraus, daß die Überlieferung in Worte gefaßt und deutlich umgrenzt war. Die Gemeinde in Thessaloniki war durch Paulus aufgefordert, sich jeglichem Bruder zu entziehen, der sich nicht richtet nach „der Überlieferung, die ihr von uns empfangen habt" (2 Thess. 3,6). Die Gemeinden sollen fest beharren bei den „Überlieferungen", die sie brieflich oder mündlich von Paulus „gelernt" haben (2 Thess. 2,15). Diese Überlieferungen, die Paulus gelehrt hat, werden also abgegrenzt gegenüber anderen, unzuverlässigen Überlieferungen.

Wir haben gesehen, daß der Begriff „Überlieferung" Verwendung findet in bezug auf das Verhalten der Christen im Alltag, ferner im Zusammenhang mit der Abendmahls-Paradosis und schließlich im Kontext der eschatologischen Auferstehungsbotschaft. Sachlich handelt es sich dabei um die Botschaft von Jesu Worten und Taten sowie um die vom Heiligen Geist gewirkte Unterweisung.

Auch wenn die Überlieferung in der Anfangszeit im Fluß war, so konnte man sich dennoch auf sie berufen. Es ist zudem nicht ausgeschlossen, daß diese Überlieferung schon früh schriftlich verbreitet war.

Sie war fester Besitz der Gemeinde. Nicht nur die Amtsträger, sondern jedes Gemeindemitglied war mit der Überlieferung vertraut, so daß sie nötigenfalls in Erinnerung gerufen werden konnte.

Bereits in den Evangelien gewinnt die Erinnerung[17] an die Worte des Herrn Bedeutung. So erinnert sich Petrus, nachdem er Jesus verleugnet hat, an die Worte seines Herrn: „Bevor der Hahn kräht, wirst du mich dreimal verleugnen" (Mt 26,75/Mk 14,72/Lk 22,61). Im Johannesevangelium ermutigt Jesus die von der Welt gehaßten Jünger mit den Worten:

> „Erinnert euch an das Wort, das ich zu euch gesprochen habe: Ein Sklave ist nicht mehr als sein Herr ..." (Joh. 15,20).

Die Gemeinde wird sich – so versichert Jesus – an die Wohltat der Frau erinnern, die ihn vor seinem Tode gesalbt hat (Mt 26,13). Das Abendmahl wird gefeiert, um sich den Tod Jesu in Erinnerung zu bringen (Lk 22,19 und 1 Kor. 11,24–25). In der Apostelgeschichte schließlich heißt es von Petrus, daß er sich an ein Wort Jesu erinnert, als der Geist auf einen heidnischen Offizier herabkommt (Apg. 11,16).

[17] Siehe GERHARDSSON, Memory and Manuscript, passim und MICHEL, s. v. μιμνῄσκομαι κ. τ. λ., in: ThWNT IV (1942), S. 678–687.

Die Aufforderung, sich zu erinnern, begegnet besonders in den späteren Schriften des Neuen Testaments. Der Titusbrief nennt als eine der Pflichten der Gemeinde die Erinnerung an die Forderung, sich der Obrigkeit unterzuordnen (Tit. 3,1). Zu Beginn des Judasbriefes heißt es: „So will ich euch daran erinnern, obwohl ihr ein für allemal über alles Bescheid wißt ..." (5). Es zeigt sich, daß hier nichts Neues gesagt wird und daß die Gemeinde schon alles weiß. Der mit dem Judasbrief verwandte 2. Petrusbrief unterstreicht diesen Gedanken. „Doch ich halte es für richtig ... euch durch ständiges Erinnern wach zu halten." (2 Petr. 1,13), und weiter: „Das ist nun schon der zweite Brief, ... den ich euch schreibe: Durch ihn möchte ich eure Erinnerung wachrufen ..." (3,1).[18]

Namentlich der 2. Petrusbrief vermittelt uns das Bild einer Gemeinde, die schon mit vielen Überlieferungen vertraut ist. Der Schreiber des Briefes kann sich auf diese Überlieferungen berufen. Inhaltlich handelt es sich um Worte Jesu, Ereignisse aus seinem Leben und Hinweise auf Worte der Propheten. Während in den Evangelien über das Leben Jesu berichtet wird, finden wir in den Briefen vorwiegend Überlieferungen mit prophetischem Charakter. Eine echt prophetische Schrift ist die Offenbarung des Johannes, deren Inhalt vor Änderungen geschützt wird mit den Worten:

> „Wer etwas hinzusetzt, dem wird Gott ... Plagen zufügen ... Und wer von den Worten dieses Weissagungsbuches etwas wegläßt, dem wird Gott wegnehmen seinen Anteil am Baume des Lebens ..." (22,18–19).[19]

Das Neue Testament enthält nur einen Teil der ältesten Überlieferung. Das aber heißt, daß das Neue Testament eine bewußte oder unbewußte Auswahl der damals bekannten Überlieferungen bietet. Diese Begrenzung hat es von Anfang an gegeben, weil bei der Überlieferung schon frühzeitig zwischen wahr und falsch unterschieden wurde. Das Neue Testament kennt nicht nur Lügenapostel (2 Kor. 11,13), sondern auch Lügenlehrer (2 Petr. 2,1) und Lügenpropheten (Mt 7,15). Es ist offensichtlich nicht immer leicht gewesen, Lüge und Wahrheit zu unterscheiden. Darum gab es von Anfang an eine Tendenz, die Überlieferung zu fixieren. Die Glaubensüberlieferung ist nach dem Zeugnis der Pastoralbriefe ein anvertrautes Gut (1 Tim. 6,20 und 2 Tim. 1,14) bzw. ein gutes Bekenntnis (1 Tim. 6,12). Das Glaubensgut soll bewahrt (1 Tim. 6,20) und zuverlässigen Leuten anvertraut werden (2 Tim. 2,2). Es zeichnet sich dabei eine ununterbrochene Linie ab, die mit Jesus und seinen Nachfolgern anfängt. Sie garantiert die Zuverlässigkeit der Überlieferung. Ein treffendes Beispiel hierfür finden wir in Judas 17:

[18] Vgl. auch 1. Klem. XIII 1 und Polycarpus, An die Philipp. II 3, und siehe A. F. J. Klijn, Jude 5 to 7: in: The New Testament Age. Essays in Honor of Bo Reicke, vol. II, ed. by W. C. Weinrich, Macon, GA 1984, S. 237–244.

[19] Vgl. W. C. van Unnik, De la règle Μήτε προσθεῖναι μήτε ἀφελεῖν dans l'histoire du canon, Vig. Christ. III, 1949, S. 1–36 (= Ders., Sparsa Collecta II, Supplem. to NT XXX, Leiden 1980, S. 123–156). Leipoldt, o. c., S. 23, meint: „Aber tatsächlich bildeten die urchristlichen Apokalypsen den Grundstock eines neutestamentlichen Kanons: es waren die ersten christlichen Bücher, denen man unbedingte Autorität zuschrieb".

> „Ihr aber ... behaltet die Worte im Gedächtnis, die euch von den Aposteln unseres Herrn Jesus Christus zuvor gesagt worden sind".

Im Epheserbrief wird gesagt, daß die Kirche gebaut ist auf dem Fundament der Apostel und Propheten (2,20).

Die Aussage, daß die Apostel, d.h. die Augenzeugen, die Wahrheit der Überlieferung verbürgen, ist ein geläufiger Gedanke im Neuen Testament. Der Schluß des Johannesevangeliums lautet:

> „Dieser Jünger ist es, der dies alles bezeugt und dieses Buch geschrieben hat, und wir wissen, daß sein Zeugnis wahr ist" (21,24).

Im ersten Johannesbrief lesen wir, daß der Schreiber das Wort des Lebens mit eigenen Augen gesehen hat (1,1). Lukas schreibt am Anfang seines Evangeliums, daß er Auskunft empfangen hat von denjenigen, die von Anfang an Augenzeugen gewesen sind (1,1–4).

Ungehemmte Geistesäußerungen waren eine große Gefahr. In 2 Thess. 2,1–2 schreibt Paulus:

> „So bitten wir euch: Laßt euch nicht so schnell vom vernünftigen Denken abbringen ... weder durch einen Prophetengeist noch durch ein Wort oder einen Brief ...".

Der Judasbrief fordert dazu auf, für den Glauben zu kämpfen, der ein für allemal den Heiligen überliefert worden ist (3). Aus alledem ergibt sich ganz eindeutig: Der Inhalt der Überlieferung ist festgelegt, und es kommt nichts Neues dazu. Die Zeit der neuen Offenbarungen ist endgültig abgeschlossen.

Damit stehen wir am Ende unserer Erörterung über Jesus und die christliche Überlieferung. Es zeigt sich, daß schon sehr früh von einer gewissen Kanonisierung der Überlieferung auszugehen ist. Jesus hat gelehrt, und seine Jünger haben den Inhalt seiner Unterweisung bewahrt. Diese Lehre Jesu war großenteils Anschauungsunterricht. Dem Leben Jesu sollten die Jünger nachfolgen. Das aber erforderte eine Interpretation für die Jünger. Zudem gibt es zwei Einschränkungen: Erstens waren die Überlieferungen selbstverständlich örtlich gebunden. Und zweitens ist die schriftliche Fixierung der Überlieferung, z.B. in den Evangelien, das Resultat eines Prozesses, in dessen Verlauf einzelne Traditionen entweder adaptiert oder aber ignoriert wurden.

Dies alles hat sich vor dem Jahr 100 abgespielt. Vielleicht darf man vermuten, daß es zwischen 60 und 100 geschehen sein mußte, denn Paulus kannte ohne Zweifel Jesusüberlieferungen, aber keine Evangelien.[20] Ob der Verfasser der Pastoralbriefe die Evangelien gekannt hat, wissen wir nicht. Im Blick auf die Kenntnis anderer Überlieferungen läßt sich nur mit Sicherheit feststellen, daß der 2. Petrusbrief „die Paulusbriefe" (2 Petr. 3,15–16) gekannt haben muß.

Welcher Wert den Evangelien und den Briefen beigemessen wurde, ist uns unbekannt. Aus der Tatsache, daß der Redaktor des Matthäusevangeliums

[20] Vgl. D. L. DUNGAN, The Sayings of Jesus in the Churches of Paul, Oxford 1971.

das Markusevangelium als Quelle zu benutzen wagte, können wir schließen, daß die Bedeutung der Evangelien in den letzten vier Jahrzehnten des 1. Jahrhunderts noch nicht allgemein hoch eingeschätzt wurde. Die Autorität der Paulusbriefe war zumindest in den Gemeinden groß, die er selbst gegründet hatte, obwohl es auch eine Menge Paulusgegner gegeben haben muß.[21]

Endlich gibt es Briefe wie den Jakobusbrief und den 1. Petrusbrief, bei denen sich ein konkreter Adressat nicht ausmachen läßt. Bei diesen Schriften wurden die Namen urchristlicher Autoritäten benützt, um ihnen so Gehör zu verschaffen.

Es hat viele Gründe gegeben, die christliche Botschaft schriftlich niederzulegen und zu fixieren. Die anfängliche Bedeutung der einzelnen Schriften ist schwierig festzustellen, weil die Kirche keine einheitliche Größe war. Es gab griechisch, aramäisch, syrisch und koptisch sprechende Christen, die sich in Häusern, Synagogen, Schulen und privaten Versammlungen trafen.

## *IV. Von etwa 100 bis 200*

Wir haben festgestellt, daß die Schriften des Neuen Testaments – von einzelnen Ausnahmen abgesehen – vor dem Jahre 100 verfaßt wurden. Die Geschichte zwischen den Jahren 100 und 200 ist für die Kirche eine ganz besondere. Das Jahrhundert der großen Schriftsteller und Theologen wie Irenäus, Tertullian und Klemens von Alexandrien ist noch nicht angebrochen. Aus dieser Zeit stammen viele der großenteils anonymen Schriften, wie die der sogenannten Apostolischen Väter, der Apologeten, ferner die apokryphen Evangelien, Apostelgeschichten und apokryphen Offenbarungen. Zur gleichen Zeit beginnen auch die meisten Schriften des Neuen Testaments sich als maßgebend und kanonisch durchzusetzen.

In den meisten der Untersuchungen zur Geschichte des Kanons wird geprüft, wie die Zitate und Anspielungen aus dem Neuen Testament benutzt und eingeleitet werden.[22] Im 2. Klemensbrief (etwa 150)[23] zum Beispiel werden einige alttestamentliche Stellen zitiert mit der Einleitung „Er (scil. Gott) sagte". Eine dieser Stellen wird fortgesetzt mit den Worten:

> „Eine andere Schriftstelle sagt: 'Ich bin nicht gekommen, um die Gerechten zu rufen, sondern die Sünder'" (II 4, vgl. Mk 2,17/Mt 9,13).

[21] Vgl. J. H. SCHÜTZ, Paul and the Anatomy of Apostolic Authority, SNTS, Monograph Series 26, Cambridge 1975.

[22] Siehe: The New Testament in the Apostolic Fathers, by a Committee of the Oxford Society of Historical Theology, Oxford 1905, and H. KÖSTER, Synoptische Tradition bei den Apostolischen Vätern, TU 65, Berlin 1957.

[23] Vgl. K. P. DONFRIED, The Setting of Second Clement in early Christianity, Supplem. to NT XXXVIII, Leiden 1974. Siehe demnächst auch E. BAASLAND, Der 2. Klemensbrief und frühchristliche Rhetorik. 'Die erste christliche Predigt' im Lichte der neueren Forschung, ANRW II 27,1, hrsg. v. W. HAASE, Berlin – New York 1992 (im Druck).

Es handelt sich hierbei ohne Zweifel um eine geschriebene Quelle, die anscheinend dieselbe Autorität besaß wie das Alte Testament.[24] Im Barnabasbrief (etwa 135) wird die Aussage: „Viele sind gerufen und wenige auserwählt" (vgl. Mt 22,14) eingeleitet mit den Worten: „Es ist geschrieben" (4,14), was ebenfalls auf eine schriftliche Quelle hinweist, ohne jedoch Rückschlüsse auf deren Autorität zuzulassen.[25] Im 2. Klemensbrief wird die Frage: „Wenn ihr das Geringe nicht bewahrt habt, wer wird euch das Große geben?" (vgl. Lk 16,10–11; Lk 19,17 und Mt 25,21) eingeleitet mit den Worten: „Denn der Herr sagt im Evangelium ..." (VIII 5). Ob dem Verfasser hierbei eine schriftliche Quelle vorlag, läßt sich nicht mehr feststellen. Und noch viel weniger, welche Autorität diese mögliche Quelle hatte.

Vielfach werden Worte Jesu, die aus dem Neuen Testament bekannt sind, eingeleitet mit: „Der Herr sagt" oder: „Der Herr sagte" (vgl. 2 Klemens 5,2; 6,1; 8,5; Barnabas 6,13; Polycarpus, An die Philipp. [etwa 125] 7,2; Didache [etwa 125] 9,5 und 14,3). Das heißt nicht ohne weiteres, daß die Zitate nur mündlich bekannt waren, aber es bedeutet zumindest, daß die Worte als lebendige Überlieferung im Umlauf waren.

Der mündlichen Überlieferung ist es zuzuschreiben, daß die Worte Jesu zunächst weder formal noch inhaltlich fest fixiert waren. Ein bekanntes Beispiel hierfür ist Didache I 3 – II 1 mit einer Anzahl von *logia*, die zusammengesetzt sind aus neutestamentlichen Logien und anderen, nicht näher bekannten Überlieferungen. Hier wurde mündliche Tradition mit katechetischem Ziel aufgenommen.[26] Es läßt sich verstehen, daß diese vielfältige Überlieferung nicht in ihrer ganzen Fülle in die vier kanonischen Evangelien aufgenommen worden ist. Schon im Neuen Testament wird auf Jesusworte allenfalls angespielt – etwa mit den Worten: „Und dabei die Worte des Herrn Jesus im Gedächtnis bewahren ..." (Apg. 20,35), ohne daß diese aus den kanonischen Evangelien bekannt sind.

Solche außerkanonische Jesus-Logien mit der Einleitung „(Und) Jesus sagt(e)" werden *agrapha* genannt.[27]

Es läßt sich verstehen, daß die mündliche Überlieferung gewürdigt wurde, indem man sie zu sammeln suchte. Ein bekannter Sammler war Papias.

[24] Der 2. Klemensbrief benutzt neben den synoptischen Evangelien auch andere Quellen, vgl. XII 2. Siehe dazu T. BAARDA, 2 Clement 12 and the Sayings of Jesus, in: Logia. Les Paroles de Jésus, ed. J. DELOBEL, BETL LIX, Leuven 1962, S. 129–156.

[25] Barnabas kennt das Alte Testament als Schrift, aber von einer Benutzung einzelner Schriften des Neuen Testament ist weiter kaum die Rede. Vgl. L. W. BARNARD, The 'Epistle of Barnabas' and its Contemporary Setting, ANRW II 27,1, hrsg. v. W. HAASE, Berlin – New York 1992, Kap. II and IV (im Druck).

[26] C. M. TUCKETT, Synoptic Tradition in the Didache, in: The New Testament in Early Christianity, ed. J.-M. SEVRIN, BETL LXXXVI, Leuven 1989, S. 197–230, bes. 214–230, und C. N. JEFFORD, The Sayings of Jesus in the Teaching of the Twelve Apostles, Supplem. to Vig. Christ. XI, Leiden 1989, bes. S. 38–52. Vgl. F. E. VOKES, Life and Order in an Early Church: the Didache, ANRW II 27,1, hrsg. v. W. HAASE, Berlin – New York 1992, Kap. IV (im Druck).

[27] A. RESCH, Agrapha, TU N. F. XV 3–4, Leipzig 1906[2] (Neudruck Darmstadt 1967) und O. HOFIUS, Unbekannte Jesusworte, in: Das Evangelium und die Evangelien, herausgeg. v. P. STUHLMACHER, WUNT 28, Tübingen 1983, S. 355–382.

Vermutlich weil er ein Anhänger des Chiliasmus war, ist sein schriftstellerisches Werk verlorengegangen. Aber Papias hat darin so viele wichtige Informationen hinterlassen, daß Eusebius einige Stücke daraus abgeschrieben hat.[28] Eusebius, hist. eccles. III 39 4, schreibt, daß Papias zusammengetragen hat, was er von den „Eltern" gelernt hat, weil, so sagte Papias, „ich der Meinung war, daß das, was in den Büchern stand, mir nicht so viel von Nutzen wäre, wie das lebendige Wort, das noch da ist". Unter diesen „Eltern" versteht er offenbar die Schüler der Apostel. Nach Irenäus (etwa 200) haben diese „Eltern" eine wichtige Stellung in Klein-Asien innegehabt.[29] Im übrigen ergibt sich aus der genannten Eusebius-Stelle (III 39 7), daß Papias sich nicht unmittelbar an die „Eltern" gewandt, sondern ihre Schüler gefragt hat.

Papias ist auch derjenige, der als Erster über die Autorenschaft der Evangelien geschrieben hat. Nach dem Zeugnis des Papias soll Matthäus sein Evangelium in hebräischer Sprache geschrieben haben[30], und soll Markus der Dolmetscher des Petrus gewesen sein (vgl. Eusebius, hist. eccles. III 39 15–16). Auch wenn man diese Auskünfte als nicht historisch betrachtet, ist es dennoch wichtig zu sehen, daß Papias versucht, die Evangelien mittelbar oder unmittelbar einem Apostel, d. h. einem Augenzeugen, zuzuschreiben.

Es gibt auch Spuren, daß die Apostolischen Väter das ‚corpus Paulinum' benutzt haben. Deutlich zu greifen ist dies im 1. Klemensbrief: „Nehme den Brief des seligen Apostels Paulus" (47,1). Polycarpus, An die Philipp. 3,2, weiß von „Briefen"[31], die Paulus nach Philippi gesandt hat. Sie werden als „Schrift" zitiert, und wir wissen nicht, wieviele und welche dieser Briefe bekannt waren. Jedenfalls ist es möglich festzustellen, welche Schriften des Neuen Testaments neben den Evangelien den Apostolischen Vätern bekannt gewesen sind:

| | |
|---|---|
| 1 Klemens: | Apostelgeschichte, 1 Korinther, Titus, Hebräer[32] |
| 2 Klemens: | 1 Korinther, Epheser, Hebräer, Jakobus, 1 Petrus |
| Ignatius: | 1 Korinther, Epheser (Römer, 2 Korinther, 1 und 2 Timotheus, Titus?)[33] |

[28] U. H. J. Körtner, Papias von Hierapolis, Göttingen 1983. Vgl. demnächst auch W. R. Schoedel, Papias of Hierapolis, ANRW II 27,1, hrsg. v. W. Haase, Berlin – New York 1992, Kap. I.4.a (im Druck).

[29] Vgl. Bornkamm, s. v. πρέσβυς κ. τ. λ., in: ThWNT VI (1959), S. 651–683, bes. 676–678. Der wahre Presbyter ist nach Irenäus, adv. haer. IV 26 4: *qui et apostolorum, sicut praediximus, doctrinam custodiunt et cum persbyterii ordine sermonem sanum et conservationem sine offensa praestant ad confirmationem et correptionem reliquorum.* Siehe auch H. von Campenhausen, Kirchliches Amt und geistliche Vollmacht in den ersten drei Jahrhunderten, BHT 14, Tübingen 1963², bes. 82–134.

[30] Siehe J. Kürzinger, Das Papiaszeugnis und die Erstgestalt des Matthäusevangeliums, BZ N. F. IV, 1960, S. 19–38. Vgl. demnächst auch Schoedel, Papias of Hierapolis (ob. Anm. 28), Kap. III.3 (im Druck).

[31] Siehe J. Gnilka, Der Philipperbrief, Herders Theol. Komm. z. N. T. X 3, Freiburg i. B. 1968, S. 6–18.

[32] D. A. Hagner, The Use of the Old and New Testament in Clement of Rome, Supplem. to NT XXXIV, Leiden 1973.

[33] H. Rathke, Ignatius von Antiochien und die Paulusbriefe, TU 99, Berlin 1967.

| | |
|---|---|
| Polycarpus: | Römer, 2 Korinther, Galater, Epheser, Philipper, 2 Thessalonicher, 1 und 2 Timotheus, 1 Petrus, 1 Johannes |
| Barnabas: | Römer, Epheser, Hebräer |
| Didache: | 1 Korinther (10,6 = 1 Kor. 16,22: *maranatha*) |
| Hirt des Hermas: | 1 Korinther, Epheser, Hebräer, Jakobus[34] |
| Martyrium Polycarpi: | Römer, 1 Korinther, Philipper, Kolosser, Hebräer, 1 Petrus.[35] |

Es zeigt sich also, daß alle Paulusbriefe bekannt gewesen sind. Von den katholischen Briefen waren hingegen nur 1 Petrus, Jakobus und 1 Johannes bekannt.

Wir setzten die Übersicht über die Schriftsteller des zweiten Jahrhunderts fort. Wir können dabei Melito (etwa 170), in dessen ʽPassah-Homilieʼ es nur Anspielungen gibt, außer Betracht lassen.[36]

Wichtiger sind die Akten der Scilitanischen Märtyrer, die im Jahre 180 verfaßt wurden und das älteste datierbare lateinische Dokument darstellen. Auf die Frage des Prokonsuls, was sie mitbringen, antworten die Märtyrer: „Die Bücher und die Briefe des Paulus, eines gerechten Mannes". Wir wissen nicht, was mit den „Büchern" gemeint ist, vielleicht die Evangelien. Es ist auch nicht sicher, wie die Bemerkung über die Paulusbriefe im einzelnen interpretiert werden soll. Der Ausdruck „gerechter Mann" hingegen scheint eine Empfehlung zu sein, die darauf hinweist, daß die Briefe zu dieser Zeit noch keine endgültige Autorität erlangt hatten.[37]

Auch die Berichte über Hegesippus, einen palästinensischen Christen (Mitte des zweiten Jahrhunderts), zeigen, daß Paulus noch immer keine besondere Stellung einnahm. Hegesippus reiste nach Korinth, und während seiner Reise sah er, daß man sich in allen Städten so verhielt, „wie es das Gesetz verkündigt und die Propheten und der Herr" fordern (Eusebius, hist. eccles. IV 22 3). Das „Gesetz" und „der Herr" erweisen sich als maßgebend. Eusebius schreibt weiter, daß Hegesippus zitiert „aus dem Hebräer-Evangelium und aus dem syrischen und dem hebräischen Idiom" (hist. eccles. IV 22 8). Dies

[34] Die einzige Schrift, die von dem Hirt namentlich zitiert wird, ist das Buch von Eldad und Modad, siehe vis. II 3 4. Vgl. R. Joly, Le Milieu complexe du ʽPasteurʼ d'Hermas, ANRW II 27,1, hrsg. v. W. Haase, Berlin – New York 1992, Kap. VI (im Druck).

[35] A. Lindemann, Der Apostel Paulus im 2. Jahrhundert, in: The New Testament in early Christiantiy, ed. J.-M. Sevrin, BETL LXXXVI, Leuven 1989, S. 39 – 67, bes. 67: „Paulus wird von zahlreichen Autoren zitiert und als Beleg für das eigene Denken eingesetzt".

[36] Eusebius, hist. eccles. IV 26 13 – 14 zitiert einen Brief, den Melito „seinem Bruder Onesimus" geschrieben hat, in dem er die Bücher „des Alten Testaments" aufführt. Dies könnte bedeuten, daß er „ein Neues Testament" gekannt hat, vgl. W. C. van Unnik, ʽΗ Καινὴ διαθήκη – A Problem in the early History of the Canon, Studia Patristica I, Berlin 1961, S. 212 – 227 (= Ders., Sparsa Collecta II, Supplem. to NT XXX, Leiden 1980, S. 157 – 171).

[37] Metzger, o. c., S. 150 – 157.

bedeutet offensichtlich, daß Hegesippus vertraut war mit Überlieferungen in hebräischer und aramäischer Sprache.[38]

Wir beschäftigen uns mit drei weiteren Schriftstellern, die die vier Evangelien benutzt haben. Dies bestätigt, daß es allmählich eine gewisse Stabilisierung dessen gegeben hat, was an Überlieferungen Verwendung fand. Es handelt sich um Theophilus von Antiochien, Justinus und Tatian. Sie werden zu den Apologeten gerechnet, weil sie mindestens ein Werk verfaßt haben, in dem sie die christliche Religion verteidigten.

Theophilus hat seine Apologie 'Ad Autolycum' etwa im Jahre 180 geschrieben.[39] Seine Art des Zitierens unterscheidet sich nicht von der der zeitgenössischen Schriftsteller. Theophilus leitet sein Zitat aus dem Johannesevangelium ein mit den Worten: „Die Heiligen Schriften und alle, die inspiriert waren, unter denen auch Johannes" (II 22). Er benutzt also das Wort „inspiriert" (*pneumatophoroi*, wörtlich: 'Geistträger') für einen der Evangelisten.[40] Weiter zeigt sich, daß für Theophilus das „Evangelium" die gleiche Autorität besitzt wie das Alte Testament. In einer langen Beweisführung zieht er Spr. 4,25 heran, danach, wie er sagt, „die Stimme des Evangeliums" mit Worten aus Mt 5,23 und Mt 5,32, die er zitiert mit der Einleitung: „Das sagt das Evangelium". Der Gedankengang wird fortgesetzt mit einem Zitat von Spr. 6,28–29. Zum Schluß zitiert er Jes. 66,5, unmittelbar gefolgt von Mt 5,44–45 (III 13–14).

Justinus, der Märtyrer (etwa 155), hat seine erste Apologie teilweise den christlichen Zusammenkünften gewidmet. Nach Justinus hat man dabei „die Erinnerungen der Apostel oder die Schriften der Propheten" gelesen (I 57 2). Es ist nicht genau bekannt, was unter den „Erinnerungen der Apostel" zu verstehen ist. Es handelt sich vermutlich um die Evangelien, weil die „Erinnerungen" in anderem Zusammenhang erwähnt werden mit der Hinzufügung „die die Evangelien genannt werden" (I 66 3).[41] Er ist bestimmter in seiner Schrift 'Dialog mit Trypho', wo er Zitate einleitet mit den Worten: „Es ist geschrieben" (49 5 = Mt 17,11–13) bzw.: „Im Evangelium" (100 1 = Mt 11,27). Auch in dieser Schrift verwendet Justin den Ausdruck „die Erinnerungen der Apostel", dieses Mal mit Bezug auf Jesu Versuchung in der Wüste (103 6, vgl. 105 6 und 107 1).

[38] Es handelt sich hier nicht um die syrische Übersetzung, wie z. B. M. BLACK, An Aramaic Approach to the Gospel and Acts, Oxford 1967[3], S. 206, voraussetzt, sondern um Überlieferungen in aramäischer Sprache.

[39] R. M. GRANT, The Bible of Theophilus of Antioch, JBL LXVI, 1947, S. 173–196.

[40] Nach GRANT, o. c., sind bei Theophilus Matthäus, Lukas, Johannes, die Apostelgeschichte, die meisten Paulusbriefe, zwei Petrusbriefe und die Offenbarung belegt. Diese seien als inspirierte Schriften angeführt, aber sie hätten einen niedrigeren Stellenwert als die Bücher des Alten Testaments.

[41] Vgl. C. H. COSGROVE, Justin Martyr and the Emerging Christian Canon, Vig. Christ. 36, 1982, S. 209–232, und L. ABRAMOWSKI, Die „Erinnerungen der Apostel" bei Justin, in: Das Evangelium und die Evangelien, herausgeg. v. P. STUHLMACHER, WUNT 28, Tübingen 1983, S. 341–353.

Die Evangelien waren maßgebend für Justinus, auch wenn die von ihm zitierten Jesus-Logien nicht immer den Worten Jesu aus den kanonischen Evangelien entsprechen. Oft begegnen wir Zitaten, die offensichtlich aus Lukas und Matthäus zusammengesetzt sind.[42] Wie im 2. Klemensbrief und in der Didache werden die Evangelien miteinander harmonisiert.[43] Dabei ist jedoch nicht immer genau zu bestimmen, ob diese Zitate unmittelbar den Evangelien entnommen sind oder der noch immer umlaufenden mündlichen Überlieferung entstammen.

Bei Justin begegnen wir dem merkwürdigen Phänomen, daß es, jedenfalls in Rom, eine Tendenz gegeben haben muß, die die mündliche und die schriftliche Überlieferung miteinander zu harmonieren suchte. Wir haben oben darauf hingewiesen, daß das Matthäusevangelium das Markusevangelium als Quelle benutzt hat. Es steht fest, daß viele Schriftsteller versucht haben, die große Menge der Überlieferungen in einer Schrift zusammenzufassen. Die Versuche sind offensichtlich lokaler Art gewesen.[44] Die Resultate dieser Versuche sind allerdings verschwunden zugunsten der geschriebenen Evangelien, die schnell maßgebend wurden. Zumindest einer dieser zahlreichen Schriftsteller hat sich jedoch ziemlich erfolgreich durchgesetzt.

Tatian, etwa 165, war Schüler des Justinus in Rom.[45] Aufgrund von Schwierigkeiten mit der Kirche Roms ist er in die syrische Stadt Edessa umgesiedelt und hat dort, vielleicht auch schon früher, eine Harmonie der Evangelien hergestellt, die große Verbreitung erlangt hat. Es ist nicht bekannt, ob das Werk ursprünglich in griechischer oder in syrischer Sprache geschrieben war. Jedenfalls steht fest, daß die Harmonie im Griechischen, Syrischen, Armenischen, Persischen, Arabischen, Lateinischen und mehreren europäischen Sprachen bekannt gewesen ist. Der Text der Harmonie ist jedoch nur in der syrischen Kirche und vielleicht auch in der armenischen maßgebend gewesen.

Aus dieser Übersicht ergibt sich, daß es mehrere, zum Teil einander entgegengesetzte Tendenzen gegeben hat. Einerseits wurde versucht, die Überlieferung so gut wie möglich ausfindig zu machen und zu bewahren (Hegesippus) und schriftlich festzulegen (Evangelien). Andererseits gab es Versuche, die Überlieferung übersichtlich zu machen und auszugleichen (Harmonisierung).[46]

[42] J. BELLINZONI, The Sayings of Jesus in the Writings of Justin Martyr, Supplem. to NT XVII, Leiden 1967.

[43] Vgl. W. L. PETERSEN, Textual Evidence of Tatian's Dependence upon Justin's 'ΑΠΟΜΝΗΜΟΝΕΥΜΑΤΑ', NTS 36, 1990, S. 512–534.

[44] Vgl. G. STRECKER, Eine Evangelienharmonie bei Justin und Pseudo-Klemens, NTS 24, 1978, S. 297–316, und L. L. KLINE, The Sayings of Jesus in the Pseudo-Clementine Homilies, The SBL Diss. Series 14, Missoula, Montana 1975.

[45] Vgl. B. M. METZGER, The early Versions of the New Testament, Oxford 1977, S. 10–36.

[46] Vgl. T. BAARDA, ΔΙΑΦΩΝΙΑ – ΣΥΜΦΩΝΙΑ. Factors in the Harmonisation of the Gospels. Especially in the Diatessaron of Titian, in: Gospel Tradition in the Second Century, ed. W. L. PETERSEN, Notre Dame–London 1989, S. 135–154.

Die uns heute bekannten Quellen sind das Ergebnis des zweiten Verfahrens. Das übrige Überlieferungsgut ist als „apokryph“ bekannt.

Neben den anonym herausgegebenen vier Evangelien gab es andere, ebenso anonym veröffentlichte Evangelien. Die altchristlichen Schriftsteller weisen auf das Hebräerevangelium hin, das Nazoräerevangelium, das Ebionitenevangelium und das Evangelium der Ägypter.[47] Die Namen dieser Evangelien sind wichtig, weil sie zeigen, daß die Evangelien verbunden waren mit einem bestimmten Tradenten-Kreis bzw. gelesen wurden in einem bestimmten Land oder in einer bestimmten Sprache. Es mag erlaubt sein festzustellen, daß es mit den kanonischen Evangelien nicht anders gewesen sein wird. Wie bei den kanonischen handelt es sich bei den oben genannten Evangelien um Versuche, die Überlieferung schriftlich festzulegen. Der einzige Unterschied dabei ist, daß die sogenannten „apokryphen Evangelien“ – möglicherweise aufgrund der Sprache oder aber der Theologie – nicht zu einer allgemeingültigen Geltung gekommen sind.

Nun gibt es aber auch apokryphe Evangelien, die nach bestimmten Personen benannt wurden, wie das Thomasevangelium[48], das Philippusevangelium[49] oder das Petrusevangelium[50]. Wir haben schon oben (S. 75) darauf hingewiesen, daß die ursprünglich anonymen kanonischen Evangelien erst allmählich mit einem Namen versehen wurden. Das weist auf eine Tendenz hin, die Schriften zu legitimieren. Die apokryphen Evangelien hingegen wurden von Anfang an mit einem Namen versehen und stammen aus einem späteren Zeitabschnitt. Dabei ist klar, daß unter dem Namen eines Apostels und unter Heranziehung der kanonischen Evangelien bestimmte Gedanken und Theologoumena propagiert werden sollten.

Zumindest einige der sogenannten „apokryphen Apostelgeschichten“, namentlich die des Petrus, Paulus, Johannes, Andreas und Thomas, wurden schon im zweiten Jahrhundert geschrieben.[51] Der Inhalt dieser Schriften ist gänzlich legendär und beweist, daß es nur sehr wenig ursprüngliche Überlieferungen in bezug auf die Apostel gegeben hat, und sie zeigen ferner, daß allmählich der Apostel als Augenzeuge wichtig geworden ist. Diese Entwicklung ist, wie wir sehen werden, nicht unwichtig für das Wachsen eines Schriften-Kanons.

[47] A. F. J. Klijn, Das Hebräer- und das Nazoräerevangelium, ANRW II 25,5, ed. W. Haase, Berlin – New York 1988, S. 3997 – 4033, G. Howard, The Gospel of the Ebionites, ANRW II 25,5, Berlin – New York 1988, S. 4034 – 4053, W. Schneemelcher, Ägypterevangelium, in: W. Schneemelcher, Neutestamentliche Apokryphen I, Tübingen $1987^5$, S. 174 – 179 und A. F. J. Klijn, Jewish-Christian Gospel Tradition, in: Supplem. to Vig. Christ. XVII, Leiden u.s.w. 1992.

[48] B. Blatz, Das koptische Thomasevangelium, in: W. Schneemelcher, o. c., S. 93 – 113.

[49] H.-M. Schenke, Das Evangelium nach Philippus, in: W. Schneemelcher, o. c., S. 148 – 173.

[50] C. Maurer u. W. Schneemelcher, Das Petrusevangelium, in: W. Schneemelcher, o. c., S. 180 – 188.

[51] W. Schneemelcher u. a., Apostelgeschichten des 2. und 3. Jahrhunderts, in: Ders., Neutestamentliche Apokryphen I, Tübingen $1989^5$, S. 71 – 367.

Wir kommen noch darauf zurück, daß es einige apokryphe Paulusbriefe gegeben hat. Diese aber wurden nicht im zweiten Jahrhundert geschrieben. Im übrigen ist es interessant, daß die Anzahl der apokryphen Briefe klein geblieben ist, was zeigt, daß Briefe noch immer nicht das am besten geeignete Mittel waren, neue Gedanken zu propagieren.

Wichtig für unsere Kenntnis der Kanonbildung ist der 'Canon Muratori'. Es handelt sich dabei um eine Liste von christlichen Schriften, die in lateinischer Sprache überliefert und etwa um 200 in Rom verfaßt worden ist. Sie ist bereits vielfach veröffentlicht, so daß wir uns hier auf eine kritische Besprechung beschränken.[52]

Der ursprüngliche Anfang ist verloren gegangen, und die Liste beginnt mit Lukas, der – so der *canon* – sein Evangelium unter seinem eigenen Namen, aber ganz unter dem Einfluß des Paulus, verfaßt hätte. Ausführlich wird über Johannes gesprochen. Er ist einer der Jünger, der nach Fasten und Beten seiner „Mitjünger und Bischöfe" von Andreas – aufgrund einer Offenbarung – angewiesen worden sei, das Evangelium zu schreiben, was wieder von allen Jüngern hätte überprüft werden sollen. In den daran anschließenden Bemerkungen wird einerseits gesagt, daß die Evangelien wohl verschiedene *principia* kennen, aber andererseits in allen alles *principali spiritu* erklärt sei. Und dann wird anhand von 1 Joh. 1,1 gesagt, daß Johannes Augen- und Ohrenzeuge gewesen sei.

Es ist ganz offensichtlich, daß hier Apologie betrieben wird. Es wird erstens behauptet, daß Lukas und Johannes mittelbar oder unmittelbar Augenzeugen gewesen seien. Und zweitens wird Wert darauf gelegt, daß ihre Evangelien apostolischen Ursprungs seien. Ferner sehen wir, daß die Unterschiede zwischen den Evangelien verharmlost werden. Es gibt wohl mehrere *principia* – d. h. Anfänge oder Tendenzen –, aber in allen ist derselbe Geist am Werk.

Wir haben oben (S. 78) darauf hingewiesen, daß immer wieder versucht wurde, die Überlieferung zusammenzufassen. Im 'Canon Muratori' wird diesen Versuchen Einhalt geboten. Schließlich sehen wir, wieviel dem *canon* daran gelegen ist, Johannes zu verteidigen. Faktisch ist sein Evangelium von allen Aposteln genehmigt. Auf die das Johannesevangelium betreffenden Probleme kommen wir später (unt. S. 85) zurück.

Die Liste fährt fort mit den Taten „aller Apostel", d. h. mit der Apostelgeschichte und mit den Paulusbriefen in folgender Ordnung: an die Korinther, der erste (Brief), an die Epheser, der zweite, an die Philipper, der dritte, an die Kolosser, der vierte, an die Galater, der fünfte, an die Thessalonicher, der sechste, an die Römer, der siebente, und am Schluß heißt es:

> „Aber wenn auch an die Korinther und an die Thessalonicher zu ihrer Zurechtweisung noch einmal geschrieben wird, so ist doch deutlich er-

[52] S. P. TREGELLES, Canon Muratorianus. The Earliest Catalogue of the Books of the New Testament, Oxford 1867, und Übersetzung in SCHNEEMELCHER, Neut. Apokr. I, S. 27–29, vgl. E. FERGUSON, Canon Muratori. Date and Provenance, Studia Patristica XVIII, Berlin 1982, S. 677–683.

> kennbar, daß eine Gemeinde über den ganzen Erdkreis verstreut ist. Denn auch Johannes in der Offenbarung schreibt zwar an sieben Gemeinden, redet jedoch zu allen".[53]

Darauf werden die Briefe an Philemon, Titus und die zwei an Timotheus erwähnt, die

> „zu Ehren der katholischen Kirche für die Ordnung der kirchlichen Zucht heilig gehalten werden sollen".

Wir lassen hier die auffällige Anordnung der Paulusbriefe beiseite. Es ist ohnehin klar, daß es sich wieder um ein apologetisches Werk handelt. Es wird versucht festzustellen, daß die paulinischen Einzelbriefe für die ganze Kirche bestimmt sind und daß dasselbe von der Offenbarung gesagt werden kann. Selbst die Briefe an Einzelpersonen haben einen allgemeinen Charakter bekommen. Das Allgemeine zeigt sich auch in der Deutung des Namens der Apostelgeschichte, die – so der *canon* – von den Taten „aller Apostel" handle. Man könne dies vergleichen mit dem Johannesevangelium, das von allen Aposteln legitimiert worden sei.

Weiter wird die Verfasserschaft der Briefe an die Laodicener und die Alexandriner[54] durch den Apostel Paulus verworfen. Es wird gesagt, daß sie für die Sekte Markions gefälscht worden seien.

Dann geht das Werk weiter mit der Bemerkung:

> „Ferner werden ein Brief des Judas und zwei mit der Aufschrift Johannes in der katholischen Kirche gehalten, und die Weisheit, die von Freunden Salomos[55] ... geschrieben ist".

Das heißt, daß in dieser Zeit nur drei von den später sieben katholischen Briefen erwähnt werden und daß der Hebräerbrief völlig außer Betracht bleibt.

Die 'Offenbarungen' des Petrus und Paulus werden nicht in der Kirche gelesen. Der 'Hirt des Hermas' könne zwar gelesen werden, aber nicht öffentlich in der Kirche.

Endlich wird gesagt, daß von Arsinous, Valentin und Miltiades[56] nichts angenommen wird. Dasselbe gilt für das Psalmenbuch, verfaßt für Markion und Basilides, „zusammen mit dem Kleinasiaten Basilides, dem Stifter der Kataphryger".[57]

Besonders am Ende dieses Werkes wird deutlich, daß es einen Unterschied gibt zwischen Schriften, die in der katholischen Kirche gelesen werden, und

[53] K. Stendahl, The Apocalypse of John and the Epistles of Paul in the Muratorian Fragment, in: Current Issues in New Testament Interpretation. Essays in Honor of O. A. Piper, ed. W. Klassen and G. F. Snyder, London 1962, S. 239–245.

[54] Es gibt einen Laodicenerbrief in den lateinischen Bibeln, aber es wird angenommen, daß es sich im 'Canon Muratori' um einen anderen, nicht mehr bekannten handelt. Der Alexandrinerbrief ist völlig unbekannt.

[55] Ursprünglich ὑπὸ Φίλωνος, siehe Metzger, o. c., S. 198, A. 21.

[56] In der Handschrift 'Mitiades', vgl. Eusebius, hist. eccles. V 16 3.

[57] D. h. Montanisten, siehe unten.

solchen, die von Ketzern herstammen. Es scheint, als ob die maßgebenden kanonischen Schriften abgegrenzt werden von den häretischen.

Das bringt uns auf ein neues Thema. Oben (S. 79) wurde schon darauf hingewiesen, daß es sogenannte apokryphe Schriften gab, die oft abgewiesen wurden, weil sie mit anderen Schriften konkurrierten. Diese Schriften stammten teils aus christlichen Gruppen, die sich in eine Richtung entwickelten, die später als häretisch abqualifiziert wurde. Es steht fest, daß in dieser Auseinandersetzung der Inhalt des Kanons seine Gestalt bekommen hat. Über diese Auseinandersetzung wird das Folgende Aufschluß geben.

Für die Geschichte der Kanonbildung ist Markion äußerst wichtig. Er wurde etwa 85 in der Stadt Sinope in der kleianasiatischen Provinz Pontus geboren und ist etwa 160 gestorben. In der Mitte des zweiten Jahrhunderts hat er sich von der Kirche getrennt und seine eigene christliche Gemeinde gegründet, die bald großen Einfluß gewann. Im Zentrum seiner Theologie stand der Gedanke der Trennung zwischen dem Gott Jesu Christi und dem Gott des Alten Testaments. Jesus offenbarte einen guten gnädigen Gott. Der Gott des Alten Testaments hingegen war verantwortlich für die ungerechte und schwache Schöpfung. Nach Markion haben nur Lukas und Paulus diesen Gedanken verstanden. Darum waren für Markion nur ihre Schriften maßgebend, obwohl auch sie zuerst von kirchlichen Makeln gereinigt werden müssen.[58] Dies bedeutet, daß Markion einen geschlossenen Kanon gekannt hat. Aufgrund dieser Feststellung ergeben sich zwei Fragen: Welche Konsequenz folgt aus der markionischen Anordnung der Paulusbriefe für die uns beschäftigende Frage nach der Entstehung und der ursprünglichen Ordnung der Sammlung? Und ferner: Welche Bedeutung hatte der Kanon Markions für den Kanon der katholischen Kirche?

In seinem Traktat 'Adversus Marcionem' hat Tertullian die Briefe des Paulus im markionitischen *corpus* kritisch untersucht, und zwar in der folgenden Ordnung: Galater, 1 und 2 Korinther, Römer, 1 und 2 Thessalonicher, Laodicener, d. h. der kanonische Epheserbrief, Kolosser, Philipper und Philemon. Vielleicht hat der Galaterbrief die erste Stelle bekommen, weil in diesem Brief die Gedanken des Markion am besten zum Ausdruck kommen.[59] Nichts-

[58] A. von Harnack, Marcion, TU 45, Leipzig 1924², bleibt maßgebend, vgl. auch E. C. Blackman, Marcion and his Influence, London 1948.

[59] D. de Bruyne, Prologues bibliques d'origine marcionite, Revue Bénédictine XIV, 1907, S. 1–16, meinte in sieben Prologen, die in vielen lateinischen Handschriften den Paulusbriefen vorangehen, die Hand eines markionitischen Redaktors erkannt zu haben, und zwar in den Prologen zum Galaterbrief, zum Korintherbrief, zum Römerbrief, zu den Thessalonicherbriefen, zum Epheserbrief, zu den Kolosserbriefen (Kolosserbrief und Philemon) und zum Philipperbrief. Diese These wird kritisiert von N. A. Dahl, The Origin of the earliest Prologues to the Pauline Letters, Semeia 12, 1978, S. 233–277, H. J. Frede, Altlateinische Paulus-Handschriften, Freiburg 1964, S. 165–178, und J. J. Clabeaux, A lost Edition of the Letters of Paul. A Reassessment of the Text of the Pauline Corpus attested by Marcion, CBQ, Monograph Series 21, Washington, DC 1989.

destoweniger gibt es einen Unterschied zwischen der Ordnung im oben genannten 'Canon Muratori' und der Tertullians. Aber es gibt auch Unterschiede in anderer Hinsicht. Nicht nur in bestimmten Listen, sondern auch in einzelnen Handschriften gibt es Abweichungen. Man hat sich gefragt, ob die voneinander abweichende Reihenfolge Auskunft geben könnte nicht nur über die ursprüngliche Anordnung der paulinischen Sammlung, sondern auch über deren Entstehung.[60]

Es handelt sich hierbei freilich um ein höchst kompliziertes Problem. Man möchte meinen, daß die Abwesenheit der Pastoralbriefe bei Markion die besondere Stellung dieser Briefe beweist. Andererseits ist aber nicht ausgeschlossen, daß Markion selbst verantwortlich ist für sein kurzes *corpus*. Ohne eingehende Untersuchungen ist es unmöglich, sich einer der in der Forschung vertretenen Meinungen anzuschließen. Das wichtigste Ergebnis unserer Erörterung ist und bleibt, daß keine anderen Briefe als die kanonischen beim Namen genannt oder benutzt worden sind. Die Reihenfolge der Briefe kann voneinander abweichen, aber deren Anzahl und Inhalt waren schon früh festgelegt.[61]

Die zweite Frage handelt vom Einfluß Markions auf die Kanonbildung der Kirche. Ist Markion Vorbild oder wenigstens Anlaß gewesen für die Herausbildung eines eigenen kirchlichen Kanons? In letzter Zeit gibt es eine Tendenz, diese Frage zu bejahen.[62] Wir sind der Meinung, daß diese Frage umsichtig beantwortet werden muß. Erstens haben wir gesehen, daß bereits um 150 die Kirche selbst damit beschäftigt war, maßgebende Schriften herauszustellen. Ohne Zweifel hatten die vier Evangelien und die Paulusbriefe schon eine besondere Stellung. Daß man sich in der Kirche nicht einig war über die Bedeutung einzelner Schriften, wie zum Beispiel über die der katholischen Briefe, ist gesichert. Es war darum für die Kirche viel schwieriger, den Kanon abzuschließen, als für Markion, der sich ohnehin auf bestimmte Schriften beschränkte. Der kirchliche Prozeß der Kanonbildung wurde vielleicht beschleunigt durch den markionitischen Kanon. Aber dieser Kanon ist bestimmt nicht der einzige Anlaß dazu gewesen, die Herausbildung eines kirchlichen Kanons zu verfolgen.[63] Die Sache ist viel komplizierter.

[60] K. ALAND, Die Entstehung des Corpus Paulinum, in: DERS., Neutestamentliche Entwürfe, Theol. Bücherei 63, München 1978, S. 302–350.

[61] D. TROBISCH, Die Entstehung der Paulusbriefsammlung, Novum Testamentum et Orbis Antiquus 10, Freiburg – Göttingen 1989, S. 134: „Die erhaltene Textform ist eine Vermengung mindestens zweier Ausgaben" (gemeint ist: Röm., Kor., Gal., Eph., Phil., Kol., Thes., Tim., Tit., Philemon und Röm., Hebr., 1 Kor., Eph.).

[62] H. VON CAMPENHAUSEN, Die Entstehung der Christlichen Bibel, BHT 39, Tübingen 1986, S. 378–379: „Den Anfang machte hier der Ketzer Markion. Er ... verpflichtete seine Kirche ... auf eine kleine ... Auswahl urchristlicher Dokumente ... Dadurch wurde auch die Großkirche genötigt, ihm und allen anderen Irrlehrern eine entsprechende ... Sammlung echter Urkunden entgegenzustellen".

[63] Vgl. METZGER, o. c., S. 99: *"It is nearer to the truth to regard Marcion's canon as accelerating the process of fixing the Church's canon, a process that already began in the first half of the second century"*.

Aus dem ʽCanon Muratoriʼ sahen wir, daß nicht nur markionitische Schriften abgelehnt wurden, sondern auch die einiger gnostischer Sektenlehrer. Und das bringt uns zur Frage der Benutzung der christlichen Schriften in der gnostischen Literatur.

In den gnostischen Schriften wird das Neue Testament häufig zitiert. Herakleon hat einen Kommentar zum Johannesevangelium geschrieben[64], und das Evangelium der Wahrheit, die Schrift, die als erste aus der Nag-Hammadi Bibliothek untersucht wurde, benutzte das Matthäus- und das Johannesevangelium, Römer, 1 Korinther, Galater, Epheser, Kolosser und die Johannesoffenbarung. Darüber hinaus gibt es vage Anspielungen auf die Apostelgeschichte, den 1. Johannesbrief und den 1. Petrusbrief.[65] Ein anderes Beispiel ist der Brief des Petrus an Philippus, wo eine enge Bekanntschaft mit dem Lukasevangelium ersichtlich ist.[66] Das Thomasevangelium[67] und das Philippusevangelium[68] enthalten eine lange Reihe von Jesusworten, gewöhnlich eingeleitet mit der Wendung: „Jesus sagte", die zum Teil den uns bekannten Evangelien entnommen worden sind.

Es erfordert noch einige Zeit, bis alle gnostischen Schriften gründlich untersucht worden sind. Es ist aber jetzt schon klar, wie diese gnostischen Schriften ihre Quellen benutzten. Es zeigt sich, daß alles den gnostischen Auffassungen untergeordnet worden ist. Die Schriften des Alten und Neuen Testaments sind für die Gnostiker niemals maßgebend gewesen. Maßgebend war nur ein gnostischer Gedanke. Dieser Gedanke wurde oft in Offenbarungen zum Ausdruck gebracht, und diese Offenbarungen wiederum wurden Jesus in

[64] E. H. PAGELS, The Johannine Gospel in Gnostic Exegesis: Heracleon's Commentary on John, Nashville – New York 1973.

[65] W. C. VAN UNNIK, The Recently Discovered Gospel of Truth and the New Testament, in: H. C. PUECH, G. QUISPEL, W. C. VAN UNNIK, The Jung Codex. A newly discovered Gnostic Papyrus, London 1955, S. 81 – 129 (= DERS., Sparsa Collecta III, Suppl. to NT XXXI, Leiden 1983, S. 363 – 372) und neuerdings J. HELDERMAN, Das Evangelium Veritatis in der neueren Forschung, ANRW II 25,5, hrsg. v. W. HAASE, Berlin – New York 1988, S. 4099 – 4101 (ʽAnspielungen und Zitate im Evangelium Veritatisʼ).

[66] G. P. LUTTIKHUIZEN, The Letter of Peter to Philip and the New Testament, in: Nag Hammadi and Gnosis, ed. R. McL. WILSON, NHS XIV, Leiden 1978, S. 96 – 102.

[67] Die Debatte über die Quellen des Thomasevangeliums hat noch immer kein Ende. Besonders QUISPEL versucht ständig, eine von den kanonischen Evangelien unabhängige Quelle nachzuweisen. Vgl. auch R. M. GRANT and D. N. FREEDMAN, The Secret Sayings of Jesus according to the Gospel of Thomas, London 1970, S. 103 ff., F. T. FALLON – R. CAMERON, The Gospel of Thomas: A Forschungsbericht and Analysis, ANRW II 25,6, hrsg. v. W. HAASE, Berlin – New York 1988, S. 4205 ff. u. 4213 ff. und W. KELBER, Die Anfangsprozesse der Verschriftlichung im Frühchristentum, ob. in diesem Band (ANRW II 26,1), S. 22 – 29, bes. 23.

[68] E. SEGELBERG, The Gospel of Philip and the New Testament, in: The New Testament and Gnosis. Essays in Honour of R. McL. WILSON, ed. A. H. B. LOGAN and A. J. M. WEDDERBURN, Edinburgh 1983, S. 204 – 212. Vgl. auch G. SFAMENI GASPARRO, Il ʽVangelo secondo Filippoʼ: rassegna degli studi e proposte di interpretazione, ANRW II 25,5, hrsg. v. W. HAASE, Berlin – New York 1988, S. 4107 – 4166.

den Mund gelegt, so daß der Jesus der gnostischen Schriften ein gnostischer Lehrer ist und bleibt.[69]

Auf den ersten Blick scheint es, als ob diese Benutzung der christlichen und jüdischen Überlieferung völlig unterschiedlich ist von dem, was uns im markionitischen Kanon begegnete. Es gibt aber keinen wesentlichen Unterschied. Markion und die Gnostiker sind in gleicher Weise frei mit der Überlieferung umgegangen und haben sie ihren Gedanken untergeordnet. Markion hat nur einen Teil als maßgebend festgelegt, die Gnostiker hingegen haben nur einen Teil zitiert und benutzt.

Beiläufig ist es wichtig zu bemerken, daß die markionitische Hochschätzung des Lukasevangeliums niemals zu seiner Verwerfung seitens der katholischen Kirche geführt hat. Im Gegensatz dazu hat die Johannesoffenbarung unter ihrer Beliebtheit in montanistischen Kreisen gelitten.[70] Nach Epiphanius gab es eine Gruppe von Christen – die sogenannten *alogi* –, die das Johannesevangelium, die Johannesbriefe und besonders die Johannesoffenbarung abgelehnt haben, weil diese Schriften wiederum von den Montanisten geschätzt wurden.[71]

Es gab in dieser Zeit einen Streit, um die wildwachsende Überlieferung zu fixieren. Wir haben allerhand Versuche gesehen, der unkontrollierten Entwicklung entgegenzutreten. Man versuchte, Überlieferungen zusammenzufassen und schriftlich festzulegen. Andere wurden abgestoßen oder außer acht gelassen.

Zwischen derartigen Extrempositionen entwickelte sich ein bestimmtes Leitmotiv. Ein großer Teil der christlichen Gemeinschaft war mehr und mehr der Meinung, daß sie eine weltweite Einheit darstelle, deren Mitglieder zusammengehörten. Die Einheit drückte sich in einer gemeinsamen Überlieferung aus und sollte sich auch darin zeigen. Dies bedeutete einerseits, daß bestimmte lokale oder regionale Gruppen Schriften akzeptieren mußten, die nicht von Anfang an in ihrer Mitte gelesen wurden. Andererseits mußten Schriften abgelehnt werden, die nur auf bestimmte lokale und regionale Gruppen beschränkt waren. In diesem Streit und für die weitere Entwicklung war das

[69] Dies hat sich klar gezeigt in einer Untersuchung über den biblischen Seth in den gnostischen Schriften, vgl. A. F. J. KLIJN, Seth in Jewish, Christian and Gnostic Literature, Supplem. to NT XLVI, Leiden 1977, S. 119: "*They* (scil. *gnostic writings*) *never adapted ideas taken from their environment simply for their own sake. Such ideas were rigourously integrated into their own system of thought*".

[70] Es handelt sich hier um den Römer Gajus, der unter Zephyrin (etwa 200) einen Dialog mit dem Montanisten Proclus aufgesetzt hat, in dem er die Offenbarung dem Erzketzer Kerinthus zuschreibt, vgl. Eusebius hist. eccles. II 25 6; VI 20 3 und bes. III 28 2, siehe A. F. J. KLIJN und G. J. REININK, Patristic Evidence for Jewish Christian Sects, Supplem. to NT XXXVI, Leiden 1973, S. 4–12.

[71] Epiphanius, panarion LI, vgl. A. BLUDAU, Die ersten Gegner der Johannesbriefe, Bibl. Studien XXIII, Freiburg 1925, und H. PAULSEN, Die Bedeutung des Montanismus für die Herausbildung des Kanons, Vig. Christ. 32, 1978, S. 19–52, bes. 52: „Denn in der Tat wird der Großkriche in der Auseinandersetzung mit dem Montanismus nachdrücklich zu Bewußtsein gebracht, daß sie nicht nur geschichtlich geworden ist, sondern daß sie zugleich in einem unendlichen qualitativen Abstand zu ihrer eigenen 'Urzeit' steht."

Wort „katholisch" – sei es ausgesprochen oder unausgesprochen – bestimmend. Das Wort „apostolisch" wurde immer häufiger benutzt, um eine einmal akzeptierte Schrift im nachhinein zu legitimieren.

Das Ergebnis war ein zwar abgeschlossener, aber unglücklicher Vierevangelienkanon, eine Apostelgeschichte, die mehr über Paulus berichtete als über die anderen Apostel, eine Reihe von Paulusbriefen, die eher an Einzelgemeinden als an die ganze Kirche geschrieben worden waren, eine Offenbarung, die der Überlieferung nach vielleicht von einem Apostel geschrieben war, aber Gedanken propagierte, die vielen christlichen Gemeinden zuwiderliefe und endlich einige katholische Briefe, die glücklicherweise versuchten, die ganze christliche Gemeinschaft zu belehren. Das heißt: Es gab ein *corpus*, auf das man sich berufen konnte, das aber immer wieder ausgelegt und verteidigt werden mußte.

### *V. Von etwa 200 bis zum Ende des vierten Jahrhunderts*

Am Ende des zweiten Jahrhunderts scheinen die Grenzen des Kanons ziemlich festzuliegen, auch wenn um diese Grenzen noch heftig gestritten wurde. Die Beschreibung dieser Periode kann sich darum auf einige Streitpunkte beschränken.

Wir beginnen unsere Darlegungen mit den vier Evangelien. Diese waren um 200 maßgebend. Die Position des Johannesevangeliums war in Kleinasien schwach, weil es von den Montanisten einseitig ausgelegt wurde. Für das Lukasevangelium bestanden zu keiner Zeit Schwierigkeiten der Anerkennung, auch wenn es das einzige Evangelium darstellte, das Markion in seinen Kanon aufgenommen hatte. Nur die Syrische Kirche hatte sich zu diesem Zeitpunkt noch auf keinen Vierevangelienkanon festgelegt, sondern hatte mit dem 'Diatessaron' Tatians noch immer eine Evangelienharmonie im Gebrauch.[72]

Es war notwendig, daß sich Irenäus gegen die Kritik der Häretiker an den vier Evangelien verteidigte. Diese wollten statt der vier Evangelien nur e i n Evangelium anerkennen. Nach dem Zeugnis des Irenäus lasen die Ebioniten nur das Matthäusevangelium und anerkannte Valentinus lediglich das Johannesevangelium (adv. haer. III 11 7). Irenäus hingegen sah sich aus mehreren Gründen verpflichtet, die Existenz der vier Evangelien zu rechtfertigen. Zum ersten wollte er den apostolischen Ursprung der Evangelien unter-

[72] Vgl. The Doctrine of Addai, the Apostle, ed. G. PHILLIPS, London 1876, S. 34: *"But a large multitude ... came ... to the reading of the Old and New Testament, of the Diatessaron, and they believed ..."*, S. 44: *"But the Law, and the Prophets, and the Gospel, which ye read every day before the people, and the Epistles of Paul, which Simon Peter sent us from the city of Rome, and the Acts of the Twelve Apostles, which John the son of Zebedee, sent us from Ephesus. These Books read ye in the churches ..."* Diese Stellen sind äußerst wichtig für unsere Kenntnis der Kanonsgeschichte in Syrien.

streichen. Zum zweiten wurden die Evangelien – so die Begründung des Irenäus – für jeweils andere Gruppen von Christen geschrieben. Markus hatte die Predigt des Petrus für die Römer schriftlich festgehalten, Matthäus hatte für Judenchristen geschrieben, Lukas hatte die Predigt des Paulus in die Gattung eines Evangeliums überführt und Johannes hatte sein Evangelium für die Gemeinde in Ephesus bestimmt (III 1 1). Mit diesen Bemerkungen läßt es Irenäus freilich nicht bewenden. Vielmehr holt der Bischof, um die Vierzahl der Evangelien endgültig zu rechtfertigen, weiter aus. Er rekurriert – zum dritten – dabei auf die Johannesoffenbarung, die in 4,7 unter Aufnahme von Ez. 1,10 und Ez. 10,14 die vier Lebewesen vor dem himmlischen Thron beschreibt. Irenäus identifiziert die vier Lebewesen mit den vier Evangelien: den Menschen mit Matthäus, den Adler mit Markus, den Stier mit Lukas und den Löwen mit Johannes. Als vierten Grund für die Vielzahl der Evangelien nennt Irenäus die vier folgenden Bundesschlüsse: den Noah-Bund, den Abraham-Bund, den Sinai-Bund im Zusammenhang mit der Gesetzgebung und den neuen Bund in der Person Jesu (III 11 8). Diese vier Gründe erklären und rechtfertigen nach Irenäus hinreichend die vier Evangelien gegenüber der häretischen Kritik. Zudem ergibt sich für Irenäus aus alledem die unumstößliche Tatsache, daß der Vier-Evangelien-Kanon auf Gott selbst zurückgeführt werden muß. Man mag das Engagement des Irenäus bewundern, eine kritische Würdigung seiner Rechtfertigung kommt jedoch nicht umhin, die einzelnen Argumente als einen verzweifelten Versuch zu betrachten, den Vier-Evangelien-Kanon auf diese Weise zu verteidigen und für das kirchliche Leben zu bewahren.

Daß die Stellung zum Vier-Evangelien-Kanon im 3./4. Jahrhundert keineswegs einheitlich war, zeigt sich bei Origenes. Er wieß darauf hin, daß die vier Evangelien formal und inhaltlich voneinander abweichen. Wollte man die Evangelien als historische Dokumente verstehen, so mußte man nach der Meinung des Alexandriners seinen Glauben aufgeben, da diese inhaltlich viel zu verschieden seien. Origenes schlägt vor, die Evangelien allegorisch zu verstehen und auszulegen. Auf diese Weise sei es möglich festzustellen, daß es sich bei den vier Evangelien in der Sache um nur e i n Evangelium handle und daß die Schreiber vom Geist inspiriert worden seien (Komm. zum Johannesevangelium X 3 14).

Eusebius versucht, die Bedeutsamkeit der Evangelien exegetisch zu klären, indem er den Inhalt des Johannesevangeliums mit dem der Synoptiker vergleicht. Er gelangt dabei zu dem Ergebnis, daß Johannes das Leben Jesu beschreibt bis zu dem Zeitpunkt, zu dem Johannes der Täufer eingekerkert wurde (vgl. Joh. 4,1–2 und Lk 3,19–20). Die drei anderen Evangelien hingegen berichten über die auf die Einkerkerung des Täufers folgenden Ereignisse (hist. eccles. III 24 12). Im übrigen geht auch Eusebius davon aus, daß die Evangelien für unterschiedliche Personenkreise bestimmt waren (vgl. III 24 15).[73]

[73] H. MERKEL, Die Widersprüche zwischen den Evangelien, WUNT 13, Tübingen 1971.

Am ausführlichsten hat sich Augustinus mit diesem Problem beschäftigt. Er hat der Frage nach der Bedeutung der Evangelien ein ganzes Werk gewidmet. In 'De consensu evangelistarum' versucht er in der Hauptsache, die Angriffe der Nicht-Christen, vor allem die des Celsus und die des Porphyrius, zu wiederlegen. Dieses Werk Augustins ist von herausragender Bedeutung, weil es in der Folgezeit von vielen benutzt worden ist.[74]

Unsere Ausführungen zeigen, daß die Kirche zu keiner Zeit die Existenz der vier Evangelien angezweifelt hat. Auch in Syrien wurde das 'Diatessaron' bald abgelöst. Dies geschah ungeachtet der geschilderten und von der Kirche sehr wohl wahrgenommenen Probleme. Somit liegt der Schluß nahe, daß es sehr gewichtige Argumente gegeben haben muß, einen Vier-Evangelien-Kanon einzuführen. Die Einheit dieses Kanons wurde dadurch zum Ausdruck gebracht, daß man die in den Gemeinden ursprünglich titellos verbreiteten Schriften mit der Überschrift 'Evangelium' versah und durch einen Hinweis auf den Autor ergänzte. So entstanden die Evangelienüberschriften: Das Evangelium nach Matthäus, nach Markus, nach Lukas und nach Johannes. Es verdient bemerkt zu werden, daß die genannte Reihenfolge zu dieser Zeit noch nicht feststand.[75]

Wir wenden uns der Apostelgeschichte zu. Diese war ursprünglich der zweite Teil des lukanischen Geschichtswerkes, das auf klassische Weise eingeleitet wurde (Apg. 1,1–4). Die beiden Teile sind früh auseinandergefallen. Die Apostelgeschichte wurde anfänglich kaum zitiert. Anspielungen finden sich in Polycarpus, An die Philipper 1,2 (Apg. 2,24), im Brief an Diognet 3,4, bei Tatian, Oratio ad Graecos 4, bei Athenagoras, Legatio 23 (Apg. 17,24–25) und bei Justin, Apologia I 50 12 (Apg. 1,8). Es ist bemerkenswert, daß der Text der Apostelgeschichte in den Handschriften mit zahllosen Varianten überliefert worden ist, so daß man geneigt sein könnte, von zwei verschiedenen Textgestalten zu sprechen.[76] Dies läßt sich nur so erklären, daß dem Buch lediglich geringe Bedeutung beigemessen wurde. Hieronymus, der die Apostelgeschichte als kanonisch anerkannte, schreibt, daß das Buch „nichts anderes als Geschichte zu sein scheint", aber es „ist Medizin für die kranke Seele" (epist. LIII 9). Vielleicht hat das im Laufe der Zeit stetig wachsende Interesse an der Apostelgeschichte etwas zu tun mit dem Einfluß der Sekte des Markion, die eine ernsthafte Bedrohung für die Existenz der Kirche darstellte. Der 'Canon Muratori' kennt das Buch als die „Taten

[74] H. J. Vogels, St. Augustins Schrift De Consensu Evangelistarum, Bibl. Studien 13, Freiburg i. B. 1908.

[75] Metzger, o. c., S. 296–297, über die Ordnung der Evangelien.

[76] So schon F. Blass, Evangelium secundum Lucam sive Lucae ad Theophilum liber prior secundum formam quae videtur Romanam, Lipsiae 1897, und besonders M. E. Boismard und A. Lamouille, Le Texte Occidental des Actes des Apôtres, 2 Bände, Paris 1985. Dazu ist jetzt zu vergleichen: J. N. Birdsall, The Recent History of New Testament Textual Criticism (from Westcott and Hort, 1881, to the present), unten in diesem Band (ANRW II 26,1), S. 158–163.

aller Apostel".[77] Irenäus zitiert das Werk als „Schrift" (adv. haer. III 12 5). Er betont in der Auseinandersetzung mit den Häretikern die ständige Präsenz des Lukas während der Reise des Paulus mit der Bemerkung:

> „Wie können also sie (scil. die Häreretiker), die niemals mit Paulus gewesen sind, sich rühmen, verborgene und unaussprechliche Geheimnisse gelernt zu haben?" (adv. haer. III 14 1).

Die Apostelgeschichte bildet – so wird man ihre „kanonische Bedeutung" einzuschätzen haben – ein Gegengewicht gegenüber einer allzugroßen Heraushebung des Paulus, obwohl – oder gerade weil – der größte Teil über Paulus handelt. Trifft diese Sicht der Dinge zu, so kann die Bedeutung und Funktion der Apostelgeschichte mit der der katholischen Briefe verglichen werden. Es ist gewiß kein Zufall, daß die katholischen Briefe in vielen alten Handschriften unmittelbar im Anschluß an die Apostelgeschichte überliefert sind (vgl. die Handschriften A und G).[78]

Die Paulusbriefe wurden in der ganzen Kirche gelesen. Doch gibt es noch Einzelheiten, die unsere Aufmerksamkeit erfordern. Wie oben gesagt, sind die Paulusbriefe in der 'Doctrina Addai' belegt. Es ist auch ein Kommentar von Ephrem zum 'Corpus Paulinum' bekannt. Hier gibt es aber zwei Abweichungen vom üblichen Umfang des *corpus*. Der Brief an Philemon fehlt, dafür wurde ein dritter Korintherbrief hinzugefügt.[79]

Wir werden zuerst über diese beiden Besonderheiten handeln. Es wurde schon oben festgestellt, daß Philemon im 'Canon Muratori' und bei Markion Teil der Paulusbriefe war. Dagegen wird der Brief nicht zitiert von Hippolyt, Cyprian, Irenäus und Klemens von Alexandrien. Aber diese Beobachtung genügt nicht, um daraus zu schließen, daß sie den Brief nicht gekannt haben. Es bleibt also die Bemerkung im Vorwort des Philemonkommentars von Hieronymus, daß der Brief *a plerisque veteribus* verworfen wurde.[80] Es ist nach wie vor ungeklärt, was Hieronymus mit diesen Worten gemeint hat.[81] Jedenfalls ist die Verwerfung des Philemonbriefes nicht allgemeiner Natur gewesen.

Die Probleme in bezug auf den dritten Korintherbrief sind weit verwickelter. In Syrien war der 3. Korintherbrief Teil der Paulusbriefe. Das war höchst-

77 Vgl. Irenäus, adv. Haer. III 13 3, Clemens Alexandrinus, strom. V 82 4, und Tertullian, de bapt. 10 4: *actus apostolorum*. R. PESCH, Die Apostelgeschichte (Apg. 1–12), Ev. Kath. Komm. z. N. T. V/1, Neukirchen 1986: S. 23: „Der Titel trifft aber weder den Inhalt ... noch die Intentionen von dessen Verfasser ..."

78 Siehe D. LÜHRMANN, Gal. 2,9 und die katholischen Briefe. Bermerkungen zum Kanon und zur regula fidei, ZNW 72, 1981, S. 65–87.

79 Der Text des Kommentars ist nur in armenischer Sprache bekannt, siehe Teil II der Werke von Ephrem in Armenisch, herausgegeben in Venedig, und S. Ephraemi Syri commentarii in epistolas D. Pauli nunc primum ex Arm. in Lat. serm. a patribus Mekitharistis translati, Venetiis 1893, S. 117–124.

80 Hieronymus, Prolog Kommentar Philemon, MIGNE, P. L. XXVI, 637 C.

81 Vgl. ZAHN, Geschichte des neut. Kanons I, S. 270.

wahrscheinlich auch der Fall in Armenien, wo der Brief in vielen Handschriften überliefert wurde. Der Brief ist auch überliefert in fünf lateinischen Bibelhandschriften und wurde vor kurzem separat auf einem Papyrus in griechischer Sprache entdeckt. Endlich war der Brief Teil der apokryphen Paulusakten in koptischer Sprache. Der Brief ist allmählich in Vergessenheit geraten, obwohl er in Syrien und Armenien kanonische Bedeutung hatte.[82]

Eine merkwürdige Beliebtheit genoß der Brief an die Laodicener. Es handelt sich dabei um eine Zusammenstellung zahlreicher Stellen aus den echten Paulusbriefen. Daß es einen solchen Brief an die Gemeinde zu Laodicea gegeben haben muß, hat man aus Kol. 4,16 geschlossen. Der Brief findet sich zudem des öfteren in lateinischen Bibelhandschriften. Selbst Priscillian (gest. 385) und Filaster (gest. 397) haben ihn für paulinisch gehalten. Er ist allerdings allmählich in Vergessenheit geraten.[83]

Über keine der neutestamentlichen Schriften wurde so viel diskutiert wie über den Hebräerbrief. Dem Brief kam nie unbeschränkte Popularität zu. Dennoch wurde er schon im Jahre 96 von Klemens von Rom (Eusebius, hist. eccles. III 38 1) und um 200 von Irenäus (Eusebius, hist. eccles. V 26 1) zitiert. Auch Klemens von Alexandrien zitierte den Hebräerbrief in seinen 'Stromateis' (Eusebius, hist. eccles. VI 13 6). Nach dem Zeugnis des Eusebius wies derselbe Klemens in seinem Werk 'Hypotyposen' den Brief dem Apostel Paulus zu, der ihn in hebräischer Sprache verfaßt habe. Lukas habe den Brief übersetzt. In diesem Zusammenhang behauptet Eusebius, unter Bezugnahme auf Klemens, daß der „Presbyter", d. h. Pantänus, gesagt habe, Paulus habe seinen Namen aus Anspruchslosigkeit weggelassen, weil er ja ein Apostel der Heiden und nicht der Juden gewesen sei (Eusebius, hist. eccles. VI 14 2–4). Bemerkenswert sind die Äußerungen des Origenes in bezug auf den Hebräer-Brief. Nach seiner Meinung begegnet uns in ihm ein erheblich besseres Griechisch, als es Paulus zu benutzen pflegte. Aber die Gedanken seien paulinisch. Darum nimmt Origenes an, der Brief sei von jemandem geschrieben, der Paulus gehört und seine Worte zusammengefaßt habe. Origenes gelangt zu dem Schluß, daß Gott allein wisse, wer den Brief geschrieben habe. Im übrigen weist er noch darauf hin, daß einige sagten, Lukas oder Klemens von Rom seien für das Werk verantwortlich (Eusebius, hist. eccles. VI 25 11–14). Eusebius betrachtete vierzehn Paulusbriefe als maßgebend, einschließlich des Hebräerbriefes (Eusebius, hist. eccles. III 3 5).

Der Westen dagegen hatte Schwierigkeiten mit dieser Schrift. Nach dem Zeugnis des Eusebius (hist. eccles. V 26) hatte Irenäus das Werk in einer verlorengegangenen Schrift zitiert. Es gibt allerdings einige Anspielungen in seinem Werk 'Adversus haereses'. Der Brief wird dagegen nicht erwähnt im

[82] Siehe A. F. J. KLIJN, The apocryphal Correspondence between Paul and the Corinthians, Vig. Christ. 17, 1963, S. 2–23.

[83] Der Text in B. F. WESTCOTT, A General Survey of the History of the Canon of the New Testament, London 1896, S. 591–595, vgl. Hieronymus, de viris illustribus 5: *Legunt quidam et ad Laodicenses sed ab omnibus exploditur.*

'Canon Muratori'. Der Römer Gaius kannte nur dreizehn Paulusbriefe, den Hebräerbrief nicht inbegriffen, denn „noch bis heute gilt er bei einigen Römern nicht als Schrift des Apostels" (Eusebius, hist. eccles. VI 20 3). Tertullian hat den Brief gekannt und zitiert ihn in de Pudicitia 20 2 unter der Überschrift 'Barnabas an die Hebräer' mit der Zufügung, daß er „öfters herangezogen wird als der Hirt des Hermas". Der Vergleich mit dem Hirten ist verständlich, weil in beiden Schriften von einer zweiten Buße die Rede ist. Nach Hebr. 6,4–8 ist es für diejenigen Christen, die abgefallen sind, unmöglich, noch einmal zur Umkehr erneuert zu werden. Der Hirt kennt aufgrund einer göttlichen Festsetzung die Möglichkeit, während der Tage der Buße von der Sünde umzukehren (vis. II 2 5). Man kann also in den Aussagen des Hirten eine Korrektur der Position des Hebräerbriefes erkennen. Die von den Montanisten, zu denen Tertullian gerechnet werden kann, und den Novatianern geübte strenge Bußpraxis führte dazu, daß bei ihnen der Hebräerbrief sehr beliebt war. Dies dürfte für die Orthodoxen im Westen Grund genug gewesen sein, dem Hebräerbrief lange Zeit skeptisch gegenüber zu stehen. Mit den stetig zunehmenden Kontakten zwischen der lateinisch sprechenden Kirche und der Kirche im Osten bildet sich überall auch eine größere Anerkennung des Hebräerbriefes. Hieronymus kennt aber noch immer viele, die den Brief nicht akzeptieren (epist. III 9), und er nennt deren Skepsis „eine lateinische Gewohnheit" (in Is. III VI 2 3).[84]

Noch geraume Zeit nach 200 herrschte Ungewißheit über die katholischen Briefe. Dies wird klar von Eusebius, hist. eccles. III 25 3, festgestellt. Er schreibt, daß von den sieben katholischen Briefen noch immer fünf „umstritten" sind, namentlich der 2. Petrusbrief, der 2. und 3. Johannesbrief, der Jakobusbrief und der Judas-Brief. Damit ist vorausgesetzt, daß Eusebius diese Briefe kennt, daß es aber auch Schriftsteller gibt, die sie nicht benutzt haben. Die neueren Untersuchungen haben diese Mitteilung bestätigt. Die Zeugen für diese Zeit sind zum Beispiel der 'Canon Muratori' und der 'Canon Mommsenianus'[85], der Syrer Ephrem, die 'Peschitta' und Schriftsteller wie Hippolytus, Cyprian, Tertullian und Klemens Alexandrinus. Von den hier genannten hat keiner alle sieben katholischen Briefe benutzt. Der Jakobusbrief war bekannt bei Ephrem, der 'Peschitta' und bei Irenäus; der 2. Petrusbrief im 'Canon Mommsenianus'[86]; der 2. Johannesbrief im 'Canon Muratori', bei Hippolytrus, im 'Canon Mommsenianus' und bei Klemens Alexandrinus; der 3. Johannesbrief im 'Ca-

[84] W. BAUER, Der Apostolos der Syrer, Gießen 1903, S. 24–25: „Man sagt nicht zu viel, wenn man behauptet: der Hebräerbrief ist geradzu ein Lieblingsbuch der Syrer unserer Epoche gewesen".

[85] Siehe ZAHN, Gesch. des neut. Kanons II, S. 143–156, etwa 360, auch bekannt als Cheltenham Canon, vgl. METZGER, Canon, 311–312.

[86] Der Text gibt am Ende die rätselhaften Worte wieder: *epistulae Johannes III ... una sola* und *epistulae Petri II ... una sola*. Die Worte *una sola* bedeuten vielleicht, daß der Verfasser der Schrift eine Quelle benutzt haben mag, die er korrigiert, weil er selber nur den 1. Johannesbrief und den 1. Petrusbrief gekannt hat, vgl. METZGER, Canon, S. 232.

non Mommsenianus' und der Judas-Brief im 'Canon Muratori', bei Klemens Alexandrinus und bei Tertullian.

Andererseits schreibt Eusebius in hist. eccles. III 25 3, daß zu den oben genannten umstrittenen Büchern auch der Barnabasbrief und die Didache gehören. Auch dies stimmt mit unseren Beobachtungen überein, weil Klemens Alexandrinus den Barnabasbrief und den 1. Klemensbrief zitiert und die Didache als „Schrift" bezeichnet (vgl. strom. I XX 100 4: ὑπὸ τῆς γραφῆς εὕρηται, folgt Did. 3,5). Irenäus hat den 1. Klemensbrief und einige der Ignatiusbriefe zitiert. Im 'Codex Sinaiticus' wird der Barnabasbrief gefunden und im 'Codex Claromontanus' der 1. und 2. Klemensbrief.

Bei Origenes, Eusebius und Athanasius sind die sieben katholischen Briefe ein fester Bestandteil der neutestamentlichen Schriften.

Oben wurde bereits festgestellt, daß unter dem Einfluß des Montanismus die 'Offenbarung' verdächtig worden war. Es fällt auf, daß besonders Eusebius sich mit diesem Buch beschäftigt hat, weil er die christlichen Schriftsteller, die das Buch verworfen haben, erwähnt.[87] Darum auch hat er das Buch unter die „umstrittenen" gerechnet (hist. eccles. III 25 2). Im übrigen ist die Verwerfung der Offenbarung charakteristisch für das Christentum im Osten, insbesondere in Syrien. Hier könnte hinzugefügt werden, daß in den östlichen Kirchen, der armenischen, äthiopischen und arabischen, jeweils ein eigener Schriftenkanon Geltung hatte.[88]

Im Westen wurde auf den Synoden von Hippo Regius im Jahre 393 und von Karthago in den Jahren 397 und 419 ein Schriftenkanon mit siebenundzwanzig Schriften endgültig festgestellt.

## *VI. Rückblick und Ausblick*

Rückblickend kann festgehalten werden: Die Kanongeschichte ist nicht mit Hilfe vernünftiger Argumente zu erklären. Es gab ohne Zweifel Motive, die die Entwicklung angeregt haben. Die älteste Triebfeder, bestimmte Schriften als maßgebend zu betrachten, war die Autorität des jeweiligen Schriftstellers und besonders die Autorität desjenigen, der in einer Schrift spricht oder über den gesprochen wird. Die Autorität des Verfassers war in dem Maße unumstritten, wie der Schriftsteller bei den Lesern schon als maßgebend bekannt war oder der Inhalt der schriftlichen Quellen bereits in mündlicher Form als Gemeingut anerkannt wurde.

Insofern die Autorität des Verfassers oder aber der Inhalt als maßgebend anerkannt wurden, gab es mit der Verbreitung und Verwendung urchristlicher

[87] R. M. GRANT, Eusebius as Church Historian, Oxford 1980, S. 126–141: *"A recurrent Theme: The Canon of Scriptures"*.

[88] Siehe METZGER, Canon, S. 218–228.

Schriften keine Probleme. Diese konnten erst entstehen, sobald eine schriftliche Quelle in eine Umgebung gelangte, wo der Schriftsteller nicht als Autorität anerkannt war oder wo der Inhalt eines Werkes nicht in Übereinstimmung gebracht werden konnte mit der Überlieferung, die in der Gegend, in die die bisher unbekannte Schrift gelangte, als maßgebend galt. Dann mußte die Autorität dieser bislang unbekannten Schrift begründet werden. Die Bestätigung der Autorität war entscheidend davon abhängig, ob es sich bei dem Verfasser der Schrift um einen Apostel, zumindest aber um einen Augenzeugen handelte.

Es gab für die Herausbildung ein weiteres Motiv, das aber nur schwer näher zu definieren ist. Im 'Canon Muratori' dient für die kanonische Einschätzung einer Schrift neben der Apostolizität auch das Argument, daß eine Schrift „in der Kirche gelesen" wird oder wurde. Daß heißt, daß auch die „Autorität" der Leser bzw. der Benützer maßgebend war. Die einzelne Gemeinde oder aber mehrere Gemeinden, die eine Schrift seit Jahren gelesen und als maßgebend betrachtet hatten, garantierten deren kanonische Bedeutung. Andererseits war es nicht leicht, einer Gemeinde zu untersagen, eine Schrift zu lesen, die sie schon seit langer Zeit benutzt hatte.[89]

Das Ergebnis dieses gleichermaßen bewußten und unbewußten Verfahrens war, daß schon sehr schnell der größte Teil des heutigen Kanons wohlbegründet feststand. Diejenigen Schriften, die nicht von Anfang an dazugehörten, wurden schließlich wegen ihrer Apostolizität, wie etwa einige der katholischen Briefe, oder wegen ihrer vermeintlichen Allgemeingültigkeit, wie etwa der Hebräerbrief, nachträglich aufgenommen.

Es ist im Rahmen dieser Untersuchung weder möglich, die weitere Entwicklung des Kanons zu verfogen, noch ist hier der Ort, den Kanonbegriff der späteren Kirche festzustellen. Es genügt, daß die *notae canonicitatis*, wie etwa die oben erwähnte Apostolizität einer neutestamentlichen Schrift, auf dem Tridentinischen Konzil anerkannt wurden, weil auch die Kirchen im Zeitalter der Reformation am Gedanken der göttlichen Inspiration der Schriften uneingeschränkt festhielten. Die wachsende Kenntnis der Kanongeschichte seit dem Zeitalter der Aufklärung gewann für die Bedeutung des Kanons mehr und mehr an Gewicht. Es wurde insbesondere immer mehr deutlich und auch anerkannt, daß die Schriften des Neuen Testaments unterschiedlichen Charakter besitzen, daß man über die Kanonizität mehrerer Schriften gestritten hat und daß das Neue Testament das Ergebnis einer historisch zufälligen Entwicklung darstellt. Es wird heutzutage versucht, diesen historischen Tatsachen Rechnung zu tragen, indem man der Geschichte der Kanonwerdung die ihr für den christlichen Glauben angemessene Bedeutung zumißt.[90]

[89] H. VON CAMPENHAUSEN, Die Entstehung des Neuen Testaments, in: E. KÄSEMANN (Herausgeber), Das Neue Testament als Kanon, Göttingen 1970, S. 109–123, S. 121: „Eine wesentliche Rolle spielte bei diesen Entscheidungen vielfach die Erwägung, ob eine Schrift schon seit langem in den Gemeinden verbreitet war und gottesdienstlich verlesen wurde".

[90] Siehe METZGER, Canon, S. 267–288.

## *Bibliographie*

ABRAMOWSKI L., Die „Erinnerungen der Apostel" bei Justin, in: Das Evangelium und die Evangelien, herausgeg. von P. STUHLMACHER, WUNT 28, Tübingen 1983, S. 341–353

ALAND K., Die Entstehung des Corpus Paulinum, in: DERS., Neutestamentliche Entwürfe, Theol. Bücherei 63, München 1979

BAARDA T., 2 Clement 12 and the Sayings of Jesus, in: Logia. Les Paroles de Jésus, ed. J. DELOBEL, BETL LIX, Leuven 1962, S. 129–156

BAARDA T., ΔΙΑΦΩΝΙΑ – ΣΥΜΦΩΝΙΑ. Factors in the Harmonisation of the Gospel Tradition in the Second Century, especially in the Diatessaron of Tatian, in: Gospel Tradition in the Second Century, ed. W. L. PEDERSEN, Notre Dame – London 1989, S. 133–154

BARTH M., Der Augenzeuge. Eine Untersuchung über die Wahrnehmung des Menschensohnes durch die Apostel, Zürich 1946

BAUER W., Der Apostolos der Syrer, Gießen 1903

BELLINZONI A. J., The Sayings of Jesus in the Writings of Justin Martyr, Supplem. to NT XVII, Leiden 1967

BEYER, s. v. κανών, in: ThWNT III (1938), S. 600–606

BLACK C. C., The Disciples according to Mark, JSNT, Supplem. Series 27, Sheffield 1989

BLACK M., An Aramaic Approach to the Gospels and Acts, Oxford 1967[3]

BLACKMAN E. C., Marcion and his Influence, London 1948

BLAISE A., Dictionnaire latin-français des auteurs chrétiens, Leuven 1954

BLASS F., Evangelium secundum Lucam sive Lucae ad Theophilum liber prior secundum formam quae videtur Romanam, Lipsiae 1897

BLATZ B., Das koptische Thomasevangelium, in: W. SCHNEEMELCHER, Neutestamentliche Apokryphen I, Tübingen 1987[5], S. 93–113

BLUDAU A., Die ersten Gegner der Johannesbriefe, Bibl. Studien XXIII, Freiburg 1925

BOISMARD M. E. u. LAMOUILLE A., Le Texte Occidental des Actes des Apôtres, 2 Bände, Paris 1984

BORING M. E., Sayings of the Risen Jesus. Christian Prophecy in the Synoptic Tradition, SNTS, Monograph Series 46, Cambridge 1982

BORNKAMM, s. v. πρέσβυς κ. τ. λ., in: ThWNT VI (1959), S. 651–683

BRUYNE D. DE, Prologues bibliques d'origine marcionite, Revue Bénédictine XIV, 1907, S. 1–16

CAMPENHAUSEN H. VON, Kirchliches Amt und geistliche Vollmacht in den ersten drei Jahrhunderten, BHT 14, Tübingen 1963[2]

CAMPENHAUSEN H. VON, Die Entstehung des Neuen Testaments, in: E. KÄSEMANN (Herausgeber), Das Neue Testament als Kanon. Dokumentation und Kritische Analyse zur gegenwärtigen Diskussion, Göttingen 1970, S. 109–123

CAMPENHAUSEN H. VON, Die Entstehung der christlichen Bibel, BHT 39, Tübingen 1986

CLABEAUX J. J., A Lost Edition of the Letters of Paul. A Reassessment of the Text of the Pauline Corpus attested by Marcion, CBQ, Monograph Series 21, Washington, DC 1989

COSGROVE C. H., Justin Martyr and the emerging Christian Canon, Vig. Christ. 36, 1982, S. 209–232

DAHL N. A., The Origin of the Earliest Prologues of the Pauline Letters, Semeia 12, 1978, S. 233–277

DONFRIED K. P., The Setting of Second Clement in Early Christianity, Supplem. to NT XXXVIII, Leiden 1976

DUNGAN D. L., The Sayings of Jesus in the Churches of Paul, Oxford 1971

FERGUSON E., Canon Muratori. Date and Provenance, Studia Patristica XVIII, Berlin 1982, S. 677–683

FREDE H. J., Altlateinische Paulus-Handschriften, Vetus Latina. Die Reste der altlateinischen Bibel. Aus der Geschichte der lateinischen Bibel 4, Freiburg 1964

GERHARDSSON B., Memory and Manuscript. Oral Tradition and written Transmission in Rabbinic Judaism and early Christianity, Acta Sem. Neot. Upsal. XXII, Lund 1964[2]
GERHARDSSON B., Tradition and Transmission in Early Christianity, Coniect. Neotest. XX, Lund – Copenhagen 1964
GERHARDSSON B., Der Weg der Evangelientradition, in: Das Evangelium und die Evangelien, herausgeg. von P. STUHLMACHER, WUNT 28, Tübingen 1983, S. 79 – 102
GERHARDSSON B., The Gospel Tradition, Coniect. Bibl., New Testament Series 13, Lund 1986
GNILKA J., Der Philipperbrief, Herders Theol. Komm. z. N. T. X, 3, Freiburg i. B. 1968
GRANT R. M., The Bible of Theophilus of Antioch, JBL LXVI, 1947, S. 173 – 196
GRANT R. M., The Formation of the New Testament, London 1965
GRANT R. M., The New Testament Canon, in: The Cambridge History of the Bible I, ed. P. R. ACKROYD and C. F. EVANS, Cambridge 1970, S. 284 – 308
GRANT R. M. u. FREEDMAN D. N., The secret Sayings of Jesus according to the Gospel of Thomas, London 1960
GREGORY C. R., Canon and Text of the New Testament, New York 1907

HAENCHEN E., Der Weg Jesu. Eine Erklärung des Markus-Evangeliums und der kanonischen Parallelen, Sammlung Töpelmann, 2. R., 6, Berlin 1966
HAGNER A. D., The Use of the Old and New Testament in Clement of Rome, Supplem. to NT XXXIV, Leiden 1973
HARNACK A. VON, Marcion. Das Evangelium vom fremden Gott, TU 45, Leipzig 1924[2]
HENGEL M., Die Evangelienüberschriften, Sitzungsber. d. Heidelberger Akad. der Wiss., Philos.-hist. Kl. Jg. 1984, 3, Heidelberg 1984
HOFIUS O., Unbekannte Jesusworte, in: Das Evangelium und die Evangelien, herausgeg. von P. STUHLMACHER, WUNT 28, Tübingen 1983, S. 355 – 382
HOWARD G., The Gospel of the Ebionites, ANRW II 25,5, ed. W. HAASE, Berlin – New York 1988, S. 4034 – 4053

JEFFORD C. N., The Sayings of Jesus in the Teaching of the Twelve Apostles, Supplem. to Vig. Christ. XI, Leiden 1989

KLIJN A. F. J., The Apocryphal Correspondence between Paul and the Corinthians, Vig. Christ. 17, 1963, S. 2 – 23
KLIJN A. F. J., Seth in Jewish, Christian and Gnostic Literature, Supplem. to NT XLVI, Leiden 1977
KLIJN A. F. J., Jude 5 to 7, in: The New Testament Age. Essays in Honor of Bo Reicke, vol. II, ed. by. W. C. WEINRICH, Macon, GA 1984, S. 237 – 244
KLIJN A. F. J., Das Hebräer- und das Nazoräerevangelium, ANRW II 25,5, hrsg. v. W. HAASE, Berlin – New York 1988, S. 3997 – 4033
KLIJN A. F. J., Jewish-Christian Gospel Tradition, in: Supplem. to Vig. Christ. XVII, Leiden u.s.w. 1992
KLIJN A. F. J. u. REININK G. J., Patristic Evidence for Jewish-Christian Sects, Supplem. to NT XXXVI, Leiden 1973
KLINE L. L., The Sayings of Jesus in the Pseudo-Clementine Homilies, SBL Diss. Series 14, Missoula, Montana 1975
KÖRTNER U. J., Papias von Hierapolis. Ein Beitrag zur Geschichte des frühen Christentums, Forsch. zur Rel. und Lit. des Alten und Neuen Testamentes 133, Göttingen 1983
KÖSTER H., Synoptische Tradition bei den Apostolischen Vätern, TU 65, Berlin 1957
KÜRZINGER J., Das Papiaszeugnis und die Erstgestalt des Matthäusevangeliums, in: Bibl. Zeitschr. n. F. IV, 1960, S. 19 – 38

LEIPOLDT, J., Geschichte des neutestamentlichen Kanons I, Leipzig 1904[2]
LINDEMANN A., Der Apostel Paulus im 2. Jahrhundert, in: The New Testament in Early Christianity, ed. J.-M. SEVRIN, BETL LXXXVI, Leuven 1989, S. 39 – 67

LÜHRMANN D., Gal. 2,9 und die katholischen Briefe. Bemerkungen zum Kanon und zur regula fidei, ZNW 72, 1981, S. 65 – 87

LUTTIKHUIZEN G. P., The Letter of Peter to Philip and the New Testament, in: Nag Hammadi and Gnosis. Papers read at the First international Congress of Coptology (Cairo, December 1976), ed. R. McL. WILSON, NHS XIV, Leiden 1978, S. 96 – 102

MAURER C. u. SCHNEEMELCHER W., Das Petrusevangelium, in: W. SCHNEEMELCHER, Neut. Apokr. I, S. 180 – 188

METZGER B. M., The early Versions of the New Testament, Oxford 1977

METZGER B. M., The Canon of the New Testament. Its Origin, Development and Significance, Oxford 1987

MERKEL H., Die Widersprüche zwischen den Evangelien. Ihre polemische und apologetische Behandlung in der alten Kirche bis zu Augustin, Wissensch. Unters. z. NT 134, Freiburg i. B. 1908

MICHEL (O.), s. v. μιμνήκομαι κ. τ. λ., in: ThWNT IV (1942), S. 678 – 687

The New Testament in the Apostolic Fathers by a Committee of the Oxford Society of Historical Theology, Oxford 1905

OPPEL, H., ΚΑΝΩΝ. Zur Bedeutungsgeschichte des Wortes und seiner lateinischen Entsprechungen, Philologus, Supplem. B. XXX 4, Leipzig 1937

PAGELS E. H., The Johannine Gospel in Gnostic Exegesis: Heracleon's Commentary on John, Society of Biblical Literature. Monograph Series 17, Nashville – New York 1973

PAULSEN H., Die Bedeutung des Montanismus für die Herausbildung des Kanons, Vig. Christ. 32, 1978, S. 19 – 52

PESCH R., Die Apostelgeschichte (Apg. 1 – 12), Ev. Kath. Komm. z. N. T. V, 1, Neukirchen 1986

PETERSEN W. L., Textual Evidence of Tatian's Dependence upon Justin's 'ΑΠΟΜΝΗΜΟΝΕΥΜΑΤΑ', NTS 36, 1990, S. 512 – 534

PHILLIPS G. (ed.), The Doctrine of Addai, the Apostle, London 1876

RESCH A., Agrapha, TU n. F. XV 3 – 4. Leipzig 1906[2]

RIESNER R., Jesus als Lehrer. Eine Untersuchung zum Ursprung der Evangelienüberlieferung, WUNT 2. R. 7, Tübingen 1984

ROBINSON J. M., Logoi Sophon: Zur Gattung der Spruchquelle Q, in: H. KÖSTER und J. M. ROBINSON, Entwicklungslinien durch die Welt des frühen Christentums, Tübingen 1971, S. 67 – 106

RORDORF W. u. SCHNEIDER A., L'évolution du concept de tradition dans l'église ancienne, Traditio Christina V, Berne – Francfort s. M. 1982

RATHKE H., Ignatius von Antiochien und die Paulusbriefe, TU 99, Berlin 1967

SCHENKE H.-M., Das Evangelium nach Philippus, in: SCHNEEMELCHER, Neut. Apokr. I, S. 180 – 188

SCHNEEMELCHER W., Neutestamentliche Apokryphen, I: Evangelien, Tübingen 1987[5], und II: Apostolische Apokalypsen und Verwandtes, Tübingen 1989[5]

SCHULZ S., Q. Die Spruchquelle der Evangelisten, Zürich 1972

SCHÜTZ J. H., Paul and the Anatomy of Apostolic Authority, SNTS, Monograph Series 26, Cambridge 1975

SCHWEIZER E., Erniedrigung und Erhöhung bei Jesus und seinen Nachfolgern, AThAnt 28, Zürich 1955

SEGELBERG E., The Gospel of Philip and the New Testament, in: The New Testament and Gnosis. Essays in Honour of R. McL. Wilson, ed. by A. H. B. LOGAN and A. J. M. WEDDERBURN, Edinburgh 1983, S. 204 – 212

SOUTER A. (rev. C. S. C. WILLIAMS), The Text and Canon of the New Testament, London 1954[2]

STENDAHL K., The Apocalypse of John and the Epistles of Paul in the Muratorian Fragment, in: Current Issues in New Testament Interpretation. Essays in Honor of O. A. Piper, ed. by W. KLASSEN and G. F. SNYDER, London 1962, S. 239–245

STRECKER G., Eine Evangelienharmonie bei Justin und Pseudo-Klemens, NTS 24, 1978, S. 297–316

TREGELLES S. P., Canon Muratorianus, The earliest Catalogue of the Books of the New Testament, Oxford 1867

TRITES A. A., The New Testament Concept of Witness, SNTS, Monograph Series 31, Cambridge 1977

TROBISCH D., Die Entstehung der Paulusbriefsammlung, Novum Testamentum et Orbis Antiquus 10, Freiburg – Göttingen 1989

TUCKETT C. M., Synoptic Tradition in the Didache, in: The New Testament in early Christianity, ed. J.-M. SEVRIN, BETL LXXXVI, Leuven 1989, S. 197–230

UNNIK W. C. VAN, De la règle Μήτε προσθεῖναι μήτε ἀφελεῖν dans l'histoire du canon, Vig. Christ. III 1949, S. 1–36 (= DERS., Sparsa Collecta. The collected Essays II, Supplem. to NT XXX, Leiden 1980, S. 123–156)

UNNIK W. C. VAN, The recently discovered Gospel of Truth and the New Testament, in: H. C. PUECH, G. QUISPEL, W. C. VAN UNNIK, The Jung Codex. A newly discovered Gnostic Papyrus, London 1955, S. 81–129

UNNIK W. C. VAN, Ἡ καινὴ διαθήκη – A Problem in the Early History of the Canon, in: Studia Patristica I, Berlin 1961, S. 212–227 (= DERS., Sparsa Collecta. The collected Essays II, Supplem. to NT XXX, Leiden 1980, S. 157–171)

VOGELS H. J., St. Augustins Schrift De Consensu Evangelistarum, Bibl. Studien 13, Freiburg i. B. 1908

WESTCOTT B. F., A General Survey of the History of the Canon of the New Testament, London 1896[7]

WILKINS M. J., The Concept of Disciple in Matthew's Gospel, Supplem. to NT LIX, Leiden 1988

ZAHN TH., Geschichte des neutestamentlichen Kanons I, Erlangen 1888; II Erlangen 1892

ZAHN TH., Grundriß der Geschichte des neutestamentlichen Kanons, Leipzig 1904[2]

# The Recent History of New Testament Textual Criticism (from WESTCOTT and HORT, 1881, to the present)

by J. NEVILLE BIRDSALL, Birmingham

*Contents*

## *Introduction*

The edition of 'The New Testament in the Original Greek', which appeared in 1881, was the product of twenty-eight years of collaboration between the Cambridge scholars, B. F. WESTCOTT and F. J. A. HORT, Fellows of

Abbreviations in the footnotes follow: S. Schwertner, Internationales Abkürzungsverzeichnis für Theologie und Grenzgebiete, Berlin, 1974. The following are also used:

| | |
|---|---|
| Aland, Text (G) | Kurt Aland, Barbara Aland. Der Text des Neues Testaments. Einführung in die wissenschaftlichen Ausgaben sowie in Theorie und Praxis der modernen Textkritik, Stuttgart, 1982. |
| Aland, Text (E) | Kurt Aland, Barbara Aland. The Text of the New Testament, translated by Erroll F. Rhodes, Grand Rapids/Leiden, 1987 (Second edition, revised and enlarged, ibid., 1989). |
| BC | The Beginnings of Christianity. Part I. The Acts of the Apostles, edited by F. J. Foakes Jackson and Kirsopp Lake, 5 volumes, London, 1920 – 1933. |
| BSFNTT | Bericht der (Hermann Kunst-)Stiftung zur Förderung der Neutestamentlichen Textforschung, Münster/Westfalen, 1961 – . |
| Colwell, Studies | E. C. Colwell, Studies in the Methodology in Textual Criticism of the New Testament (NTTS IX), Leiden/Grand Rapids (Michigan), 1969. |
| CC.CPG | Corpus Christianorum (Series Graeca) Clavis Patrum Graecorum, 5 volumes, Turnhout, 1974 – 1987. |
| Duplacy | Jean Duplacy, Études de critique textuelle, présentées par Joel Delobel (BEThL 78), Leuven, 1987. |
| F/S Casey | Biblical and patristic studies in memory of Robert Pierce Casey, edited by J. Neville Birdsall and Robert W. Thomson, Freiburg im Breisgau, 1963. |
| Gregory, TK | Caspar René Gregory, Textkritik des Neuen Testaments. 3 Bde., Leipzig, 1900, 1902, 1909. |
| Klijn | A. F. J. Klijn, A survey of the researches into the Western Text of the Gospels and Acts, Utrecht, 1949. |
| Lake, TNT | Kirsopp Lake, The Text of the New Testament. Sixth Edition revised by Silva New, A. B., London, 1928. |
| Metzger, Bibl. | Bruce M. Metzger, Annotated Bibliography of the Textual Criticism of the New Testament 1914 – 1939 (StD XVI), Copenhagen, 1955. |
| Metzger, Text | Bruce M. Metzger, The Text of the New Testament. Its Transmission, Corruption and Restoration. Second Edition, Oxford, 1968. |
| Metzger, Versions | Bruce M. Metzger, The Early Versions of the New Testament. Their Origin, Transmission and Limitations, Oxford, 1977. |
| Peters | Curt Peters, Das Diatessaron Tatians. Seine Überlieferung und sein Nachwirken im Morgen- und Abendland sowie der heutige Stand der Forschung (OrChrA 123), Roma, 1939. |
| Tisch. 8 | Novum Testamentum Graece ... recensuit ... Constantinus Tischendorf. Editio octava critica maior. Vol. 1, Lipsiae, 1869; vol. 2, ibid., 1872; vol. 3, Prolegomena scripsit Caspar René Gregory, ibid., 1894. |
| v H | Joseph van Haelst, Catalogue des papyrus littéraires juifs et chrétiens (Université de Paris IV, Sér. «Papyrologie» 1), Paris, 1976. |
| v S | Die Schriften des Neuen Testaments in ihrer ältesten erreichbaren Textgestalt hergestellt auf Grund ihrer Textgeschichte von Hermann Freiherr von Soden. I. Teil, Untersuchungen, 1. Abteilung, Die Textzeugen, Berlin, 1902; 2. Abteilung, Die Textformen, A. Die Evangelien, ibid., 1907; 3. Abteilung, Die Textformen, B. Der Apostolos mit Apokalypse, ibid., 1910; II. Teil. Text mit Apparat, Göttingen, 1913. |

Trinity College.[1] While there was from ultra-conservative theological quarters opposition to it, an opposition indeed recently revived, it quickly commanded the acceptance of influential scholarship. With hindsight, and some of the models provided by twentieth century sociology, we may perhaps consider that to some degree this acceptance and success was underpinned by factors other than the intellectual, such as the situation of the two ancient English universities within society, and their practically monopolist status in English speaking education and learning: but it would nevertheless be facile to attribute the dominance of the edition over biblical scholarship in theirs and succeeding generations solely to this cause. Perceived against the background of the previous centuries of knowledge of the text of the New Testament since the first printings of the Greek text, we may see the importance of their work not only in the text established by them, but also the theoretical foundation which they supplied for it, and the relationship of the theory to the two magnificent uncial witnesses which were brought to light in the early years of their joint research and reflection. It was no doubt due to that combination of structured theory and objective evidence, that in the course of decades, scholarship both Roman Catholic and conservative Protestant, in the persons of their most significant teachers, was following these liberal Anglicans. Even after a century and more, we have not yet succeeded in erecting a new theory to account for our establishment of texts from evidence which has greatly increased in quantity and in the detail and accuracy in which much of it is known: and the texts we establish still bear an uncanny resemblance to their edition.

In this survey of the century since their work, we shall give first place to a description of the advances in the knowledge of Greek materials and of the early New Testament versions, advance then to the development of new theory as scholars have sought to account for the new information and the implied need for modification of the inherited theory, and thence to a review of the most significant editions and their relation to fact and theory. In conclusion, we shall venture some observations about possible ways ahead which the future may explore and test.


| | |
|---|---|
| Vööbus, EVV | Arthur Vööbus, Early Versions of the New Testament. Manuscript Studies (PETSE 6), Stockholm, 1954. |
| WH | The New Testament in the Original Greek. The Text revised by Brooke Foss Westcott and Fenton John Anthony Hort. Two volumes: (1) Text, (2) Introduction. Appendix, Cambridge/London, 1881. Second edition. Text, ibid., 1890. Introduction. Appendix, ibid., 1896. (The second volume, second edition, only is cited in this article.) |
| Wisse | Frederik Wisse. The Profile Method for Classifying and Evaluating Manuscript Evidence applied to the continuous Greek text of the Gospel of Luke (StD 44), Grand Rapids (Michigan), 1982. |


[1] WH pg. 16 para. 20. "In the spring of 1853 we were led ... to project the construction of a text such as is now published".

## *I. The Greek Evidence*

### 1. Evidence known to WESTCOTT and HORT

WESTCOTT and HORT, in their introduction, survey, on pages 74 and 78, the Greek manuscripts known to them, having given earlier in the book[2] a list of the dates when information about uncial[3] manuscripts had become available to scholars up to that time. Most of their materials, in this class even, had become available only in the nineteenth century, much of it through the labours of TISCHENDORF.[4] They appear to have known about nineteen uncials. They knew the potential value of minuscules ('cursives' in their terminology): "valuable texts may lie hidden amongst them". But they observe that "hardly any have been printed *in extenso*". Similarly, "comparatively few Lectionaries have as yet been collated", although they consider that this class "does not promise considerable assistance in the recovery of the apostolic text".[5] One of the watchwords, printed in capitals on page 31, is that "knowledge of documents should precede final judgement upon readings". But their aims were in regions of study for which a sound text was but the foundation: hence, they worked with what they had. Their acquaintance with the documents is impressive: but they were not afraid to extrapolate from the documentary evidence back to stages of textual evolution earlier than the dates of that evidence. They do not make explicit what the ultimate sources of their methods are: we might hazard the view that HEGEL lay behind the dialectic of their eventual analysis, but there is no evidence that either scholar knew or embraced any aspect of HEGEL's work. Their confidence in genealogy may be related to HORT's known interest in the Darwinian theory of evolution, but nothing shows a conscious link of textual theory or reconstruction with the scientific interest. They scarcely lived to see even the beginnings of the advances in knowledge of which later generations have been the beneficiaries but we may presume that they would have welcomed them and have adjusted their theoretical constructions according to necessity.

### 2. Advances in knowledge of uncial manuscripts

The accessibility of the uncial manuscripts which they term the 'four great MSS', namely the codices Sinaiticus (Aleph), Alexandrinus (A), Vaticanus (B) and Ephraemi (C), was very soon, in three of the four cases, materially

[2] WH pg. 15.
[3] Some palaeographers have recently urged that for Greek script the term 'majuscule' be substituted in usage for 'uncial'. This suggestion has not been universally taken up.
[4] See TISCH. 8 passim.
[5] WH pgg. 76 f. paras 104, 105.

improved by the production of photographic facsimiles: only codex Ephraemi has remained without such presentation. Codex Alexandrinus was photographically reproduced in full size in four volumes[6] between 1879 and 1883, the fourth volume containing the New Testament portion: a reduced facsimile[7] appeared in 1909. Codex Vaticanus, which during the nineteenth century had been notoriously difficult of access, until the appearance of its text edited by VERCELLONE and COZZA in 1868, was produced in photographic facsimile[8] in 1889 – 1890 and again in 1904 – 1907.[9] More recently, a reduced facsimile was produced in colour in 1965.[10] Codex Sinaiticus, while still in the then (and now again) St. Petersburg, was edited in 1911 (New Testament)[11] and 1922 (Old Testamant) by HELEN and KIRSOPP LAKE. Upon its purchase by the British Museum in 1934, it was carefully examined and rebound, and from this issued the valuable study by H. J. MILNE and T. C. SKEAT, 'Scribes and correctors of the Codex Sinaiticus' in 1938.

Although WESTCOTT and HORT rejected the text of the gospels and Acts found in the Codex Bezae (D), its importance in their opinion was such that they could write of it as "invaluable for the secure recovery of the true text", and that "no other source of evidence ... surpasses it in value on the ... ground of historical or indirect instructiveness".[12] The importance of the manuscript has not diminished, even though we would not consider it to present of itself a third or second century text. A photographic facsimile was produced in 1899.[13] Other uncial manuscripts already known in the nineteenth century have been presented in full in photographic facsimile in the twentieth, namely

[6] Facsimile of the Codex Alexandrinus, 4 volumes, London, 1879 – 83, esp. vol. 4: New Testament and Clementine Epistles.

[7] The Codex Alexandrinus (Royal MS. 1 D v – viii) in reduced photographic facsimile. 4 volumes, London, 1909 – 36 (New Testament and Clementine Epistles, 1909).

[8] Νέα Διαθήκη. Novum Testamentum e codice Vaticano 1209 nativi textus Graeci primo omnium phototypice repraesentatum, Rome, 1889 (editor G. COZZA-LUZI, see TISCH. 8 vol. III pg. 40): Vetus Testamentum iuxta LXX, interpretum versionem ..., Rome, 1890.

[9] Bibliorum SS. Graecorum Codex Vaticanus 1209 (Cod. B) denuo phototypice expressus 4 voll. Milan, 1904 – 1907 (pars altera Testamentum novum 1904) (= Codices e Vaticanis selecti phototypice expressi 4).

[10] TA IEPA BIBΛIA. Codex Vaticanus graecus 1209 (Codex B) phototypice expressus ..., H KAINH ΔIAΘHKH (editor C. M. MARTINI), Vatican City, 1965 (cp. Novum Testamentum e codice Vaticano Graeco 1209 [Codex B] tertia vice phototypice expressum, Vatican City, 1968 [= Codices e Vaticanis selecti quam simillime expressi 30]).

[11] Codex Sinaiticus Petropolitanus. The New Testament, the Epistle of Barnabas and the Shepherd of Hermas preserved in the Imperial Library of St. Petersburg, now reproduced in facsimile from photographs by HELEN and KIRSOPP LAKE with a description and introduction to the history of the Codex by KIRSOPP LAKE, The New Testament. The Epistle of Barnabas and the Shepherd of Hermas, Oxford, 1911 (Old Testament, Oxford, 1922, s. v. Codex Sinaiticus Petropolitanus et Friderico-Augustanus Lipsiensis).

[12] WH pg. 149 para. 292.

[13] Codex Bezae Cantabrigiensis quattuor evangelia et actus apostolorum complectens Graece et Latine sumptibus academiae phototypice repraesentatus, 2 volumes, Cambridge, 1899.

G (012) of the Pauline Epistles in 1909,[14] and a part of the much fragmented and scattered H of the Paulines (014),[15] namely the Athos fragments in 1905.[16]

In his final edition, TISCHENDORF appears to have known and used eighty-eight uncial manuscripts. The number by 1976 had grown to two hundred and seventy-four (although some adjustments need to be made to this figure). Many of these are relatively small fragments, particularly in the higher numbers, and where these are fragments discovered in excavations they are often to be found edited, not infrequently with photographic plates, in papyrological publications or in surveys of the holdings of libraries. Many of those brought to light after TISCHENDORF's editions have been at least collated, but only two extensive manuscripts discovered since then, have had photographic facsimile presentation accorded to them. As it so happens, they are manuscripts which have made a great impression upon textual theory of the history of the gospel text, and thus the assessment of their importance, reflected in the expense given to their reproduction, has been shown to rest upon sound instinct. These are the Koridethi codex and the Freer codex. The Koridethi codex (038 or Θ) has a curious history of discovery. It was first found in 1853 and reports of it appeared between that year and 1872: for a time it was in fact in St. Petersburg. It was returned to the Caucasus, however, and was lost sight of until 1901 when it was transferred to the Ecclesiastical-Historical Museum in Tbilisi. There followed speedily a collation of the manuscript for the German scholar HERMANN VON SODEN in 1902 or 1903, a photographic facsimile of the gospel of Mark, one folio in natural size, the rest in reduced reproduction, in 1907,[17] and in 1913, a full diplomatic presentation of the text of all four gospels, history of the manuscript and palaeographical and textual discussion by GUSTAV BEERMANN (the collator in the earlier year) and C. R. GREGORY.[18] Its evidence was given by VON SODEN in his edition of 1913, and later became the pivot of the theory of local texts, and of the Caesarean text in particular.

The Freer codex (032 or W) was bought in Egypt in 1906, one of a lot of four, including one other New Testament manuscript, namely of the Paulines, and two manuscripts of the Old Testament in Greek. Within two years, the gospel manuscript was widely publicized, primarily because of the presence, within the 'longer ending' of Mark, of an addition consisting of question and answer between the disciples and the risen Jesus about the rule

[14] Der Codex Boernerianus der Briefe des Apostels Paulus (MSC. Dresd. A. 145b). In Lichtdruck nachgebildet mit einem Vorwort von A. REICHARDT, Leipzig, 1909.

[15] For an account of the locations of the fragments see KURT TREU, Die griechischen Handschriften des Neuen Testaments in der UdSSR (TU 91), Berlin, 1966, s. v. Leningrad, Öffentliche Bibliothek, Gr. 14 (pgg. 31 – 34).

[16] Facsimiles of the Athos fragments of Codex H of the Pauline Epistles photographed and deciphered by KIRSOPP LAKE, Oxford, 1905 (to which TREU fn. 15 makes no reference).

[17] Koridetskoe evangelie, I. E. EVSEYEVA (with a preface: Charakter und Wert des Textes dieses Codex, von H. FRHR. VON SODEN – Berlin) (Material'i po arkheologii Kavkaza XI), Moskva, 1907.

[18] Die Koridethi Evangelien Θ 038, herausgegeben von GUSTAV BEERMANN und CASPAR RENÉ GREGORY, Leipzig, 1913.

of Satan and the end of the age, generally called the Freer Logion. The disciples' question was already known from a reference by St. Jerome. The manuscript itself, in 1912, was both published in a fine facsimile,[19] and made available in the form of a collation,[20] with an introduction and discussion by the American scholar, HENRY A. SANDERS. The manuscript of the Pauline Epistles, much fragmented, was published in transcription in 1918 (016 or I).[21]

### 3. Papyri: discoveries and publications

The Egyptian provenance of these two manuscripts and the others of the collection leads us to consider a further group of materials, almost entirely unknown in 1881, but today occupying a central place in both practical study and theory of textual criticism. This is the papyri,[22] documents on a material made from reeds, and widely used in the ancient world, but preserved, with few exceptions, in Egypt, where the climate favours the survival of vegetable material buried in the sands. (Many fragments of parchment manuscripts are also preserved, and these, as already intimated, are ranked amongst the uncials.) Since Napoleon's campaigns in Egypt, the science of Egyptology had begun to grow, papyrology as a part of it, and already in the 1880s some Christian theological literature was coming to light. TISCHENDORF in fact knew one papyrus, brought to St. Petersburg from Mount Sinai, and utilized some of its readings in his eighth edition in I Corinthians.[23] But the potential significance of this category did not begin to be realized for some time, although numbers of Biblical papyri began to be published from the late 1890s on, especially in the publications from the Oxyrhynchus site and the neighbouring region of the Fayyum. The reasons for this slow realization were several, amongst them, that most of the portions of the New Testament discovered were of meagre extent and their relevance to textual theory was not perceived as any other than in a corroborative function in relation to the theory espoused by the editor, which was generally that of WESTCOTT and HORT. However, by the 1930s just over forty were known: since the third volume of C. R. GREGORY's 'Textkritik des Neuen Testaments' in 1909, these had been listed separately from uncials written upon parchment. Many of

[19] Facsimile of the Washington Manuscript of the Four Gospels in the Freer Collection (edited by H. A. SANDERS), Ann Arbor, 1912.

[20] The New Testament Manuscripts in the Freer Collection. Part I: The Washington Manuscript of the Four Gospels, by HENRY A. SANDERS (University of Michigan Studies. Humanistic Series Vol. IX), New York, 1912. Second edition 1918.

[21] ID., (as fn. 20) Second edition. Part II: The Washington Manuscript of the Epistles of Paul, New York, 1918.

[22] See E. G. TURNER, Greek Papyri. An Introduction, Oxford, 1968 (paperback 1980), and ID., Greek Manuscripts of the Ancient World, Oxford, 1971; Second edition, revised and enlarged, edited by P. J. PARSONS (Bulletin of the Institute of Classical Studies Supplement 46), London, 1987.

[23] viz. p11 cited under the siglum of Q paul.

them had been provided with photographic reproduction in their original publication or elsewhere, although this was not invariable. From that date, greater use of them began to be made, as the later section on theories will show. Especially in the case of the Acts, perhaps because a project of large dimensions was afoot in the study of it, several texts from fragmentary papyri were published, and their textual relations discussed.[24] In 1933 there began to appear the publication of the texts of a collection of papyri purchased some three years earlier by Mr. A. CHESTER BEATTY (later SIR CHESTER BEATTY).[25] Their publication had been committed to SIR FREDERIC KENYON, a renowned palaeographer and papyrologist, who had been Director and Principal Librarian of the British Museum. There are twelve manuscripts, three of the New Testament, eight of the Old Testament, and one containing part of the first book of Enoch, and a homily on the 'Passover' by Melito of Sardis, which had previously been known only by name and a few fragments. These were all published by Sir FREDERIC, between 1933 and 1941, with the exception of the last, which the American scholar CAMPBELL BONNER edited.[26] (This was agreed as a response to the generosity of the University of Michigan, which had obtained some leaves of the papyri of Gospels-Acts and the Pauline Epistles, but had conceded the rights of publication to the British Museum: the converse was agreed for Enoch and Melito). Each section of scripture represented is edited by text, and by photographic facsimile, in separate fascicules. (Some Old Testament material has recently been re-edited, and augmented). The New Testament manuscripts are three in number. The first to be published was that containing the four gospels and Acts, thirty leaves of an original 110 being preserved. The second, which contains the Paulines, has survived better: eighty-six leaves of an original 104: thirty of these are at Ann Arbor, Michigan. The order of the epistles is Romans, Hebrews, I Corinthians, II Corinthians, Ephesians, Galatians, Philippians, Colossians and I Thessalonians. It is presumed that II Thessalonians followed. The presence or absence of Philemon remains a problem, but it is clear that the Pastoral Epistles were not included. The third papyrus consists of ten leaves of a manuscript of the Book of Revelation, from an original of thirty-two leaves. Their sigla in the conventional lists are p45, p46 and p47 respectively: p45 and p47 are dated within the third century, p46 as early as about AD

[24] BC III (The Text of Acts by JAMES HARDY ROPES) pgg. xvii – xxi and ccx et seqq: BC V pgg. 262 – 268 (Additional Note XXIII. The Michigan Papyrus Fragment 1571 by SILVA NEW): A. C. CLARK, The Acts of the Apostles, Oxford, 1933, pgg. 409 – 413 Addendum (containing edition and commentary of the text of p48 = v H 486).

[25] Full bibliographical details on this collection may be conveniently and recently found in KEVIN J. CATHCART, The Biblical and other early Christian manuscripts of the Chester Beatty library (Back to the Sources. Biblical and Near Eastern Studies in honour of Dermot Ryan, edited by KEVIN J. CATHCART and JOHN F. HEALEY, Dublin, 1989, pgg. 129 – 163).

[26] CAMPBELL BONNER, The Last Chapters of Enoch in Greek (StD VIII), London, 1937; ID., The Homily on the Passion by Melito Bishop of Sardis and some fragments of the apocryphal Ezekiel (StD XII), London, 1940.

200. One leaf of p45, separated from the larger lots, became the property of the Austrian National Library at Vienna and was edited separately.

The year 1935 saw the publication of two other manuscripts which occasioned great interest, and still do so. The first is a papyrus fragment of the gospel of St. John,[27] a single leaf of a codex, with verses from chapter 18 (= p52). This is by common consent the earliest Christian codex, and the oldest surviving fragment of the New Testament. It is dated within the first half of the second century by all papyrologists, C. H. ROBERTS, its first editor, placing it near the beginning of that century and within its first decade. In any event, it bears upon a number of subjects of moment, such as the existence of the gospel of St. John and the date of its composition, the Christian use of the codex form of manuscript book, and the spread of Christianity to and within Egypt. The second manuscript is an uncial parchment fragment,[28] discovered not in Egypt, but in the excavations of the Hellenistic and Roman trading and frontier town of Dura-Europos on the Euphrates. The fragment was found in an embankment which was built in AD 256 in the process of the final attack upon the town by the Sassanid Shapur I, by whom it was destroyed. It is of interest to the New Testament scholar because it contains a few verses of the gospel harmony known as the 'Diatessaron'. This was composed by the apologist Tatian 'the Assyrian', a pupil of Justin Martyr, in the latter part of the second century, probably about AD 172. Since there is considerable debate about the original language of this harmony (Greek or Syriac), this Greek fragment has played no unimportant part in the continuance of it, but without leading to its resolution.[29]

The Second World War brought a halt to much scholarly work of every kind and to excavations in many places. Some years after its cessation, rumour began to indicate that another lot of papyri, Greek and Coptic, had earlier been discovered and had found a home in the collection of the Swiss collector, MARTIN BODMER.[30] There are copies of the Gospel of St. John (BODMER II), Jude (BODMER VII), I and II Peter (BODMER VIII), the Gospels of St. Luke and St. John (BODMER XIV–XV), and the Acts and Catholic Epistles (BODMER XVII). The two gospel manuscripts have been dated in the second century by some scholars, but the most recent analysis, by SIR ERIC TURNER, using new criteria, places them later, in the third century.[31] We have full photographic facsimile reproduction of the gospel manuscripts, and sample plates for the

[27] An unpublished fragment of the Fourth Gospel in the John Rylands Library, edited by C. H. ROBERTS, M. A., Manchester, 1935.

[28] CARL H. KRAELING, A Greek fragment of Tatian's Diatessaron from Dura, edited with facsimile, transcription and introduction, London, 1935. (The manuscript is to be found at New Haven, Connecticut, U.S.A., Yale University, listed as P. Dura 10 – P. Dura inv. 24 – and has the number 0212 in the GREGORY – ALAND list of New Testament mss.)

[29] PETERS, ch. XI: 'Das griechische Diatessaron und das Problem des Beza-Textes'.

[30] Full bibliographical details of the BODMER collection may be conveniently traced in v H following indications s. num. 118.

[31] ERIC G. TURNER. The Typology of the Early Codex (Haney Foundation series. Publ. 8), Pennsylvania, 1977, pg. 95.

rest. The collection is distinguished from the CHESTER BEATTY collection by its high proportion of early Christian non-biblical material in Greek and of Biblical material in Coptic. There are Greek classical texts. The sigla of the New Testament manuscripts in the conventional lists are p66 (BODMER II: Gospel of St. John), p72 (BODMER VII and VIII: Epistles of Jude, and Peter), p75 (BODMER XIV – XV: Gospels of St. Luke and St. John), and p74 (BODMER XVII: the Acts of the Apostles, the Catholic Epistles).

Since the registration of these papyri, the list has increased to ninety-six: the additions are all small fragments of which a number are still unpublished. The 'Institut für Neutestamentliche Textforschung', Münster, has begun the publication of a synoptic presentation of the text of the papyrus manuscripts of the New Testament, of which the volume containing the Catholic Epistles appeared in 1986,[32] and that containing Romans, I and II Corinthians in 1989.[33] This marks a major advance in the availability of the evidence about which all discussion must turn.

## 4. Advances in knowledge of minuscle manuscripts

In the conventional lists of New Testament manuscripts, papyrus and parchment manuscripts are distinguished: parchment manuscripts are further divided into two groups according to the style of Greek handwriting used in them, which constitutes a basically chronological division. The manuscripts which we have already considered, as being those which had dominated the editions up to the time of TISCHENDORF, and therefore constituted the most important base of the theoretical and practical achievements of WESTCOTT and HORT, are the uncials. The minuscules or cursives, as we have noted, were not so thoroughly exploited by the nineteenth century scholars, to some extent because, as HORT noted, the evidence of only very few of them was available in printed form. Another reason was that, taken as a group, the minuscules are later in date than the uncials, and as any sampling will show, most of them attest the kind of text, which the theories and analysis of WESTCOTT and HORT considered to be the latest to arise within the history of the New Testament text. They knew however that "valuable texts may lie hidden amongst them". Under such a description, they intended, as their brief discussions show, not only such minuscules as supported the kind of text which in their view embodied the 'original text' but also those which attested the so-called 'Western Text', which they considered a primitive corruption, for which the only uncial evidence in the gospels and Acts was the codex Bezae. They also observed that many of these exhibited what they termed 'mixed texts', that is, their salient readings were sometimes affiliated to the text deemed original, sometimes to the 'Western Text' and sometimes to the

32 ANTF 6.
33 ANTF 12.

dominant medieval text. Contamination and accidental mixture lay behind their text, as WESTCOTT and HORT, and their generation considered.[34]

The succeeding generations began to pay attention to the minuscules, both those which attested texts such as WESTCOTT and HORT had identified, and those which they deemed to show mixed texts. A group of minuscules (carrying the numbers 13, 69, 124 and 346) had already been identified as attesting a distinctive 'mixed text', in the work of two Irish scholars, W. H. FERRAR and T. K. ABBOTT, and consequently termed the FERRAR Group. JAMES RENDEL HARRIS, an English scholar, devoted a number of papers and monographs to the study of this group, introducing codicological factors to the investigation in addition to strictly textual. This entailed the demonstration that the links in the group extended to features such as the calendar or menologion to be found in some of them, and to a peculiar system of calculating the extent of the text, normally in a unit termed a *stichos*, but in this group in one termed a *rhema*. The palaeography of the manuscripts linked most of the members to Calabria, a centre of Greek Christianity in the late middle ages: one member, however, namely 69, known as the Leicester codex from the city where it still resides, had been written two centuries later, and in England, by a scribe who, from his name of Emmanuel of Constantinople, was presumably a refugee from Anatolia as the Turkish threat drew nearer. A younger scholar, KIRSOPP LAKE, joined RENDEL HARRIS in these researches, and added several other manuscripts to the group.[35] He also studied another group, of which the basic constituence had already been known by HORT's time, namely the group 'codex 1 and its allies', as his title called them.[36] He suggests in his preface that this group should be known as family 1, and the FERRAR Group as family 13. Meanwhile, other minuscules were being investigated by H. C. HOSKIER[37] (an American scholar of private means), by the German WILHELM BOUSSET,[38] and by the Cambridge scholar, later Dean of Westminster and of Wells, JOSEPH ARMITAGE ROBINSON.[39]

These researches, and a few others such as that of A. V. VALENTINE-RICHARDS[40] on a group of manuscripts of the Acts (posthumously published as late as 1934), were done in the latter years of the nineteenth century and the early years of this: but there was no flood of work in this area. This was partly due, as we must admit, to the fact that in English speaking areas, at any rate, the work of WESTCOTT and HORT had a mesmeric effect: but there

[34] WH pgg. 154 f., paras 211, 212.

[35] KIRSOPP and SILVA LAKE, Family 13 (The FERRAR Group). The Text according to Mark, with a collation of Codex 28 of the Gospels (StD XI), London/Philadelphia, 1941.

[36] Codex 1 of the Gospels and its Allies, by KIRSOPP LAKE, M. A. (TaS VII No. 3), Cambridge, 1902 (see pg. vi).

[37] JThS XIV (1912–1913), pgg. 78–116; 242–293; 359–384; Evan. 157 (Rome Vat. Urb. 2).

[38] Textkritische Studien zum Neuen Testament (TU 11.4), Leipzig, 1894.

[39] Euthaliana (TaS III.3), Cambridge, 1895.

[40] The Text of Acts in Codex 614 (TISCH. 137) and its allies (with an introduction by J. M. CREED, D. D.), Cambridge, 1934.

were other factors. The First World War, with its terrible loss of young manpower on all sides, was one. An earlier was a practical moratorium, which is well described and accounted for by some words of KIRSOPP LAKE:[41] "At about this time, towards the end of the nineties, it began to be generally known that, owing to the munificence of a rich German lady, Professor H. VON SODEN of Berlin had been enabled to undertake the editing of the text of the New Testament on a hitherto unprecendented scale. He was to be helped by a large staff of highly trained assistants who would examine all the known MSS. of the New Testament in every conceivable language. It was generally felt that, until this undertaking had made public its results, it was relatively useless for ordinary persons to engage in detailed research." The work of VON SODEN was published between 1902 and 1913 in four volumes. In the preface to the first of these,[42] thanking Miss ELISE KÖNIG for her support, he intimates that the work had begun in 1896, which is confirmed by the words in the preface to the last volume[43] in 1913, that the work had taken more than sixteen years. In that latter preface he names forty-five assistants: in the former, he is far more specific, and we discover that at that date (1902) eleven had been engaged in journeys of research, both near and far, covering amongst areas not previously so thoroughly explored many countries of the Near East. Others were thanked for help in editing, and in an apparently large number of specific tasks: and ALFRED SCHMIDTKE is accorded particular praise for his collaboration, described as tireless and sacrificial.

VON SODEN's work aroused great criticism. Some of this would not have carried weight if his basic theory had proved acceptable, for example the new nomenclature which he proposed for the listing of Greek manuscripts. This would have removed the distinctions based on material (papyrus or parchment) and on style of writing (uncial or minuscule) and would have indicated both the date and the content of manuscripts with considerable subtlety. But, as we shall see when we consider the history of theory in this period, the work was 'a tragic failure': to quote LAKE once more, "few books have ever been greater disappointments".[44] Thus it is easy to overlook the positive achievements which were subsumed within the analyses and the critical apparatus of VON SODEN's work. One of the few scholars who have investigated his work in detail is FREDERIK WISSE, who writes of "von Soden's splendid achievement of finding and establishing a significant number of MS groups".[45] Because of the very great differences between his system of classification and either of those which GREGORY used, it is an impossible task to calculate how many manuscripts previously quite unknown VON SODEN and his team of helpers discovered, especially in the monasteries and libraries of the East. It must have run into hundreds. It might be a simple task for a mathematician

[41] LAKE, TNT pgg. 77, 78.
[42] v S I i pg. v.
[43] v S II pg. vii.
[44] LAKE, TNT pg. 78.
[45] WISSE pg. 13.

to devise a calculus by means of which the calculation could be made: perhaps a painstaking headcount is all that is required. But the virtue of the work was also to be found in the analysis of manuscripts which previously had been only numbers on a list, and in the intimations of their relationships. In this, as LAKE said elsewhere, and WISSE demonstrates, VON SODEN was "so often instructive, so rarely correct";[46] but we should not let the faults, which are manifest and well known,[47] overshadow the very positive contribution which he made in this area.

Due, no doubt, to the factor of universal warfare and to the dire economic and political effects of that, the period after the appearance and criticisms of VON SODEN's work was marked by the relatively low level of work on minuscule manuscripts. Changing theological emphases may also have played a part, although it lies more within our section dealing with the theoretical aspect of textual criticism to trace these. At any rate, the whole period between the two world wars saw little but sporadic publication of collations or monographs. The occasion of these was often the growth of available collections,[48] especially in the United States of America, where both universities and private collectors began to amass manuscripts in considerable quantity. Thus GOODSPEED,[49] and EDMUNDS and HATCH in collaboration,[50] published collations of gospel manuscripts, and some decades later, KENNETH CLARK those of 'Eight American Praxapostoloi'.[51] KIRSOPP LAKE had emigrated to the United States in 1914 to a Chair at Harvard and exercized great influence upon the pursuit of textual criticism from that position. He continued to work on the intriguing problems of the FERRAR Group, on which he published a monograph of importance in collaboration with SILVA LAKE, his second wife.[52] Under their joint editorship (she under her former name of SILVA NEW) 'Six Collations of New Testament Manuscripts'[53] were published "made by various members of a small group who have set themselves the task of examining the families into which the manuscripts of the Gospel of Mark may be divided". As a means of testing one part of VON SODEN's analysis of texts, LAKE himself collated chapter 11 of Mark in all the gospel manuscripts of the monastery of St. Catherine on Mount Sinai, and of the collections at Patmos, and in Jerusalem.[54] As SILVA NEW, his wife studied a family of gospel manuscripts

[46] KIRSOPP and SILVA LAKE, The Byzantine Text of the Gospels, dans: Cinquantenaire de l'École biblique et archéologique française de Jérusalem (15 novembre 1890 – 15 novembre 1940). Mémorial Lagrange, Paris, 1940, pgg. 251 – 258, esp. pg. 253 para 5.

[47] WISSE ch. II 'Von Soden's Legacy', passim.

[48] See K. W. CLARK, A Descriptive Catalogue of Greek New Testament Manuscripts in America, Chicago, 1937.

[49] See METZGER, Bibl. pg. 21, nos. 249, 250, 251.

[50] Ibid., no. 248.

[51] KENNETH W. CLARK, Eight American Praxapostoloi, Chicago, 1941.

[52] (StD XI), Philadelphia, 1941 (see fn. 35 above).

[53] (HThS XVII), Cambridge (Mass.), 1932.

[54] The Caesarean Text of the Gospel of Mark, HThR XXI (1928), Excursus I, The Ecclesiastical Text, KIRSOPP LAKE, pgg. 338 – 357.

which both BOUSSET and VON SODEN had identified, a study which appeared as 'Family Π and the Codex Alexandrinus'.[55] Not least, they produced a work of importance not only to students of the Greek New Testament and its transmission, but to all palaeographers of Greek, namely, 'Dated Greek Minuscule Manuscripts to the Year 1200'.[56] This was published between 1934 and 1939 in ten portfolios of photographic plates, drawn from the great libraries of Europe and the Near East. The introduction and indices were delayed in publication until 1945.[57] This was intended to provide the means for a study of Greek hands in manuscripts which carry a specific date, and thus to place the palaeography of Greek manuscripts upon a more secure footing. While a number of detailed criticisms have justly been levelled, the work has great value and may be said to be the beginning of the scientific progress in Greek palaeography which has advanced so rapidly in recent decades.

Amongst the manuscripts presented in LAKE's 'Six Collations'[58] is a Praxapostolos discovered by one of VON SODEN's young collaborators, EDUARD FREIHERR VON DER GOLTZ, in the monastery of the Great Laura of Mount Athos. This carries the number in the present lists of 1739, and in earlier literature has often been referred to as the Codex VON DER GOLTZ in honour of its first discoverer. The manuscript immediately aroused interest, because of its text, well analysed by VON DER GOLTZ, but its importance was obscured by VON SODEN's discussion within the categories of his own theories. The important text was outshone by the prescript to the Pauline Epistles, and by the series of marginal notes through the whole of the Acts of the Apostles, and both Catholic and Pauline Epistles. In the Acts and Catholic Epistles, these notes are derived from the writings of Irenaeus, Clement of Alexandria, Origen, Eusebius of Caesarea and Basil of Cappadocian Caesarea: in the Paulines exclusively from the works of Origen. This narrowing of attention is no doubt to be linked with the content of the prescript which describes the discovery of the archetype of this part of 1739, a very ancient copy which upon examination had proved to be congruent with the text of the Pauline Epistles used by Origen in his commentaries or homilies. The original compiler had carefully marked the passages where such agreement was found: in the epistle to the Romans however, he appears to have copied the lemmata of the commentary of Origen to form the text while the readings of the very ancient copy are reported in the margin. This manuscript has made its contribution to three fields: Origenian studies, the study of scholarship in late antiquity and the middle Byzantine period, and the textual

[55] (StD V), London, 1936.

[56] American Academy of Arts and Sciences. Monumenta Palaeographica Vetera I, Boston (Mass.).

[57] ID., Indices, Volumes I to X, ibid., 1945.

[58] Op. cit. 53 above, pgg. 141–219. Codex 1739. Athos, Laura 184 (B′ 64) (Greg. 1739; VON SODEN α78), KIRSOPP LAKE, J. DE ZWAAN, MORTON S. ENSLIN.

criticism of the Pauline Epistles. It will appear again when our survey turns to the growth of theory.[59]

Two scholars in the period devoted much attention to the manuscripts of the Apocalypse of St. John, of which the majority are minuscules, HERMAN C. HOSKIER published in 1929 a massive work 'Concerning the Text of the Apocalypse'[60] in which all manuscripts known to him are described and a collation given against the Textus Receptus. In the next three decades, taking this work as a launching base, the German Catholic scholar, JOSEF SCHMID devoted his research to examining the interrelationships of the manuscripts, bringing new ones to light and tracing the evolution of the text of the Apocalypse. In the course of this, he also established the critical text of the earliest Greek commentary on the book, namely that of the sixth century Andreas of Cappadocian Caesarea. The text-study published in 1955 must be the basis of any future work in this area.[61]

## 5. The analysis of the lectionary texts

The manuscripts whose discovery and use we have surveyed to this point, whatever their distinction in material base or style of writing, are all united in one feature, namely that they contain a continuous text of their respective portions of the New Testament. There is also another group of witnesses to the New Testament text which are separately catalogued. These give the text divided into portions for reading in the services of the Greek Church, known as lections or pericopae. Although some few of these have been quoted in critical apparatuses since the eighteenth century, it is only in the last fifty years that they have been methodically studied and their apparent problems solved. These problems arise from the fact that the organization of the lectionary follows a pattern which appears complex and even without a rationale until its structure is perceived. It falls into two parts; the 'menologion' gives readings for festivals dated by the calendar, the 'synaxarion' gives those for the 'movable' church year, which varies according to the date of Easter. Moreover, within the synaxarion, the gospels for example, are not read in sequence throughout the week. There are distinct series for Sundays, Saturdays, and weekdays. In the evolution of the lectionary, the Sunday and Saturday

[59] The earlier literature is given in KIRSOPP LAKE, as in the preceding note. Further studies are in the use made of this codex by G. ZUNTZ, The Text of the Epistles. A Disquisition upon the Corpus Paulinum, Oxford, 1953, passim and in an unpublished thesis: A Study of MS. 1739 of the Pauline Epistles and its relationship to MSS. 6, 424, 1908 and M, J. N. BIRDSALL, Ph. D. thesis, May, 1959, University of Nottingham.

[60] 2 Volumes, London, 1929.

[61] JOSEF SCHMID, Studien zur Geschichte des griechischen Apokalypse-Textes, 2 volumes in 3 (Münchener Theologische Studien, I. Hist. Abt., 1. Ergänzungsband), München, 1955–1956 (I. Teil. Der Apokalypse-Kommentar des Andreas von Kaisareia. Einleitung, 1956; I. Teil, id., Text, 1955; II. Teil. Die alten Stämme, 1955). The bibliography of his earlier publications over the previous twenty years may be traced here.

sequences were apparently the first to be fixed, the weekday sequences following later. Two consequences follow from this: we may find the same passage used twice or more during the year, and a passage in one occurrence may differ in textual complexion from the same passage in another. Until this was realized, the lectionaries baffled textual scholars with the result that 'slight and incompetent use' was made of them. The first scholar to observe these data and to devise a methodology to deal with them was the American E. C. COLWELL, as recently as 1932, who in the next year collaborated with his colleague D. W. RIDDLE in 'Prolegomena to the study of the lectionary text of the gospels'.[62] There followed a number of studies, usually in the form of academic theses, at Chicago and other American centres of research, linked to an extent, with the professional migrations of COLWELL. A number of these theses found printed form in a series of 'Studies in the Lectionary Text of the New Testament'.[63] For the gospel of St. Luke, a complete collation of forty-one lectionary manuscripts was contributed to the apparatus of the edition of the gospel prepared under the auspices of the International Greek New Testament Project. This contribution represents the first attempt to present the evidence of lectionaries within a critical apparatus in a full and complete form, based upon a scientific analysis of their nature and content.[64] Similar materials for the transmission of the text of the Catholic Epistles in the lectionaries have been analyzed by KLAUS JUNACK[65] in preparation for the 'Editio Critica Maior' which is the goal of the work of the 'Institut für Neutestamentliche Textforschung', Münster.[66]

## 6. New evidence from the fathers

Alongside the manuscripts of the Greek New Testament, a parallel source of knowledge of the 'original Greek' and an aid to its restitution, is the corpus of quotations from Biblical sources utilized by the Fathers of the Church, and other writers of the early Christian period. WESTCOTT and HORT knew this well: the testing of the chronological sequence of text-types by the criterion

[62] Studies in the Lectionary Text of the Greek New Testament, Volume I, Chicago, 1933.

[63] Id., Volume 2, nos. 1–6, Chicago, 1934–1966.

[64] The New Testament in Greek. The Gospel according to St. Luke, edited by the American and British Committees of the International Greek New Testament Project, Oxford, Part One, Chapters 1–12, 1984, Part Two, Chapters 13–24, 1987; see Part One, Introduction pg. vi, Section 3 (2); pg. vii, Section 4 (3); pg. xi, Section 5.2. See also B. M. METZGER, Greek Lectionaries and a Critical Edition of the Greek New Testament, in: K. ALAND, Die alten Übersetzungen des Neuen Testaments, die Kirchenväterzitate und Lektionare (ANTF 5), Berlin/New York, 1972, pgg. 479–497.

[65] KLAUS JUNACK, Zu den griechischen Lektionaren und ihrer Überlieferung der katholischen Briefe, ANTF 5, pgg. 498–591 (see fn. 64 above).

[66] See further DUPLACY, pgg. 81–117, IDEM, Les lectionnaires et l'édition du Nouveau Testament Grec, dans: Mélanges bibliques en hommage au R. P. Béda Rigaux, pub. sous la dir. de A. DESCAMPS et A. HALLEUX, Gembloux, 1970, pgg. 509–545.

of their attestation in the wording of patristic quotation is one of the keystones of their method.[67] In the Introduction to their edition, they show themselves masters of these data as they were available to them. Since then, we have come to possess in many cases, edited texts much more securely based than those to which they could have recourse. Manuscripts have been discovered or newly and more carefully collated. By way of example only, we may allude to the papyri discovered in 1941 at Toura in Egypt:[68] they had been hidden in ancient stone quarries, which were being at that time utilized for storage by the British Army. Amongst those which found a home in the Museum of Antiquities at Cairo, are works of Origen in two manuscripts, works of the fourth century Alexandrian teacher Didymus the Blind in five manuscripts, and commentary fragments on Psalms and the Gospel of St. John, of unknown authorship.[69] Some of the works both of Origen and of Didymus are previously unknown or known only by reference or in translation.

More far reaching have been the effects of the establishment of series of critical texts under the guidance of national or academic institutions. The eldest of these is the corpus established in Germany in 1891 as 'Die griechischen christlichen Schriftsteller der ersten drei Jahrhunderte', since 1946 with an abbreviated title indicating however an extended scope. 'Sources chrétiennes' began publication in France during the Second World War, and 'Corpus christianorum' in Belgium after. Both of these also cover Latin and other texts. It is to their Greek texts that we here refer. There are also editions of single authors, such as the edition of the works of Gregory of Nyssa,[70] started by Werner Jaeger, and that of John of Damascus,[71] of which Bonifatius Kotter published five volumes before his death. Thus, we are well supplied; yet nevertheless, the textual critic, concerned as he is with precise identification of parallel citation of a verse by father and by manuscript of the Bible, needs to have vigilance. Within the brief span of a scholar's life, one could point to an instance where emendation of a patristic text obscured a coincidence with a significant family of manuscripts,[72] and to another in which the existence of a good edition of one writer, and an unsatisfactory edition of another led to the incorrect duplication of reference to a whole series of verses of a gospel, as if quoted by both, when in fact one father only used those verses.[73]

67 WH pgg. 87–89 paras 123–126; pgg. 159–162 paras 220–223.

68 Entretien d'Origène avec Héraclide et les évêques ses collègues sur le Père, le Fils, et l'Ame, édité par Jean Scherer (Publications de la Société Fouad I de Papyrologie. Textes et documents IX), Le Caire, 1949, pg. 1, fn. 1.

69 v H pgg. 643 f. s. num. 643.

70 CC.CPG vol. II, pgg. 209–230.

71 CC.CPG vol. III, pgg. 511–536.

72 Origeniana (Quaderni di 'Vetera Christianorum' 12), Bari, 1975, pgg. 215–222: J. Neville Birdsall, The Text and Scholia of the Codex von der Goltz and its allies, and their bearing upon the texts of the works of Origen, especially the Commentary on Romans.

73 The New Testament in Greek. The Gospel according to St. Luke Part Two, Oxford, 1987, pg. 258 col. 2 Note, and Robert Pierce Casey, Serapion of Thmuis against the Manichees (HThS XV), Cambridge (Mass.), 1931, pgg. 3, 4.

## 7. New material from Mount Sinai

Discoveries in the field of manuscripts do not come to an end. In 1975, the monks of St. Catherine's monastery on Mount Sinai made known to the Greek government the discovery of a remarkable cache of manuscripts in the monastery. By 1978, this news was becoming more widely and publicly known, and a survey appeared in 1980 from the pen of the Greek palaeographer, LINOS POLITIS.[74] Some photographs have appeared in that and other publications, but no full description is yet to hand, much less a catalogue. Greek manuscripts are present in the greatest proportion, but many languages used by Christians are also represented, and also Hebrew (Coptic however being absent in the rollcall). For the examination and identification of possible Greek New Testament material in this discovery, access has been granted to the 'Münster Institute', and a report by Professor BARBARA ALAND gives the following information. The first examination revealed sixty-nine New Testament manuscripts, while a second visit enabled previously unidentified small fragments to be examined, revealing (in addition to further parts of those previously identified) thirteen more manuscripts in these debris. Here is, indeed, as ALAND herself intimates, scope for the patient detailed work, which characterized the earlier publication of the Englishman RENDEL HARRIS in 1890, 'Biblical Fragments from Mount Sinai'. The reports of Professor ALAND herself already go some way toward the realization of her own words.[75]

## 8. Studies in the Greek language and its palaeography

All that has been passed here in review is strictly within the field of the textual criticism of the New Testament. It needs to be mentioned that the same period of just over a century has seen massive advances of knowledge and information in two areas ancillary to our main theme, namely those of Greek palaeography and of the study of the Greek language in the periods of late antiquity and of the Byzantine Empire. In these advances, the same factors have played their part: previously unknown wealth of papyrus manuscripts, the opening up of the resources of the Middle East, and the more thorough and systematic investigation of the holdings of the Western libraries of the medieval and modern periods. In the palaeographical field, the investigation of minuscule hands begun by the albums of the LAKES has been taken far further in the years since the Second World War. The state of current discussion is well exemplified in the conference papers published under the title 'La paléographie grecque et byzantine'.[76] Behind this lie many papers and many

[74] LINOS POLITIS, Nouveaux Manuscrits Grecs découverts au Mont Sinai. Rapport préliminaire, Scr. XXXIV (1908), pgg. 5 – 17.

[75] BSFNTT, 1982 – 1984, pgg. 76 – 89; BARBARA ALAND, Die neuen Neutestamentlichen Handschriften vom Sinai; EAD., ibid., 1985 – 1987, pgg. 55 f.

[76] Colloques internationaux du Centre National de la Recherche Scientifique, No. 559, Paris, 1977.

useful collections of photographs. The field of the papyri has been similarly served. Uncial or majuscule has been investigated particularly by GUGLIELMO CAVALLO, above all in his study 'Ricerche sulla maiuscola biblica'.[77] The study of the language of the relevant periods has been summarized in a number of grammars of New Testament Greek: the Greek of the papyri of the Roman and Byzantine periods has recently been treated by FRANCIS GIGNAC.[78] Knowledge both of the forms of letters in different styles, and of the phonology and orthography of vernacular Greek are essential in avoiding irrelevances in collation and should always be borne in mind in the preliminary stages of resolving cruces within the textual transmission.

## *II. The Evidence of the ancient versions*

WESTCOTT and HORT devoted some space in their introduction[79] to the ancient versions, summarizing the current critical situation accurately and succinctly. Naming as the three principal versions the Latin, the Syrian and the Coptic ('Egyptian' in their terminology), and alluding to 'outlying versions', they state that "the history of all is still more or less obscure". Nevertheless, they attempt to define the alignment of all versions known to them to the main text-types as identified in their reconstruction. Material advances in knowledge of documents have been considerable in the intervening period, but the precise definition of the relationship of the versions to the development of the Greek text still remains in some respects obscure, although not impenetrably, while the value of the versional evidence in establishing the original text is still a matter of unresolved debate.

### 1. Latin

In the Latin field, the 'Clementine Vulgate'[80] had been established as the standard edition for the Roman Catholic church by a Bull of Pope Clement VIII in 1592. Sound scholarship, the highest, judged by the standards of the day, lay behind it: but there was left no room for manœuvre in research by scholars of the Roman obedience. At the time of its publication, Protestant scholarship was more occupied with the Greek text: but in the succeeding

77 (Studi e testi di papirologia 2), Firenze, 1967.

78 FRANCIS THOMAS GIGNAC, A Grammar of the Greek Papyri of the Roman and Byzantine Periods (Testi e documenti per lo studio dell'antichità LV), Vol. 1. Phonology, Milano, n. d. (preface 1975); Vol. 2. Morphology, ibid., 1981 (preface 1977).

79 WH pgg. 78–86, paras 107–122; pgg. 155–159, paras 213–219.

80 GREGORY TK pgg. 620–626; C. H. TURNER, The Oldest Manuscript of the Vulgate Gospels, Oxford, 1931, pgg. xx, xxi.

centuries it was in those circles that awareness of the need of a critical edition to represent the product of St. Jerome and his day arose. RICHARD BENTLEY in the eighteenth century proposed a critical edition of the Greek New Testament for which the Vulgate would be one of the foundations. He knew that a critical edition of the Vulgate would need to be undertaken and we have record of the collations which were made with both these ends in view. But BENTLEY's turbulent Mastership of Trinity College, Cambridge, so filled his time with pamphleteering and litigation that he never achieved his vision. At length, shortly before the appearance of WESTCOTT and HORT's work, plans were made by an Oxford scholar, JOHN WORDSWORTH, later Bishop of Salisbury, to produce a new edition of the 'Vulgate' of the New Testament. He was advised by WESTCOTT himself, whose article on the 'Vulgate' in SMITH's Dictionary of the Bible of 1863,[81] showed his mastery of the field. The first fascicule appeared in 1889, and the gospel volume was completed by 1898. The associate of WORDSWORTH in this work was HENRY JULIAN WHITE, who after WORDSWORTH's death in 1911 became the editor of the continuing work. In the same year, WHITE produced an 'Editio Minor' and the work continued on the 'Editio Maior', with the assistance of RAMSBOTHAM, and SPARKS, until WHITE's death in 1934. The work was guided by a number of editors, until the last, SPARKS, brought the whole to completion in 1954.[82]

From its inception, the edition had given space in its *apparatus criticus* to the readings of the manuscripts in which the various forms of the pre-Vulgate Latin version, or Old Latin, are to be found, and the proportion of this provision was increased as the work progressed. A series of editions of significant manuscripts was also established in relation to the work, entitled 'Old Latin Biblical Texts'.[83] Between 1883 and 1911, six such editions were published, amongst which pride of place should probably be given to the second, containing the edition and studies of the Codex Bobbiensis (denominated *k* in the *apparatus criticus*), a fragmentary manuscript of Mark and Matthew, preserved in Turin, by WORDSWORTH, WILLIAM SANDAY, and WHITE, published in 1886. The seventh volume was not published until 1923, entitled 'Novum Testamentum Sancti Irenaei', in which the quotations from the New Testament in the work of Irenaeus (mainly preserved in a Latin translation) are marshalled for examination, with introductory essays. A full *apparatus* from Old Latin manuscripts is given below the text, and thus provides a focus for evidence which by the nature of the documents from which it is derived is much fragmented. (It also provides, in translation, the evidence from the Armenian version of Irenaeus, published in 1910).

Meanwhile, at the instance of Pope Pius X, the Benedictine monks of St. Anselm in Rome, were asked to undertake the task of producing a new

[81] Vol. III, pgg. 1688 – 1718.

[82] Novum Testamentum Latine recensuerunt I. WORDSWORTH et H. I. WHITE. Pars prior. Quattuor evangelia, Oxford, 1898; Pars secunda. Epistulae Paulinae, ibid., 1941; Pars tertia. Actus apostolorum – Epistulae canonicae – Apocalypsis Iohannis, ibid., 1954. See the prefaces to P. secunda (CLAUDE JENKINS) and P. tertia (H. F. D. SPARKS).

[83] Place of publication, Oxford.

critical edition of the 'Vulgate'. This command was made in 1907: in 1926 the first volume, Genesis, appeared. The work progresses through the Old Testament. A series of volumes of prolegomena was founded, publishing both texts and studies, 'Collectanea Biblica Latina', which began publication in 1912.[84] In addition to such a study as that of Dom HENRI QUENTIN, 'Mémoire sur l'établissement du texte de la Vulgate' (no. 6:1922), in which are to be found studies of previous work, manuscripts and his *règle de fer* for the establishment of the text, a number of Old Latin manuscripts of New Testament content were published in the series. Other material for Old Latin studies appeard in other series not limited to these fields, such as 'Neutestamentliche Abhandlungen' and 'Bonner Biblische Beiträge'. These were mainly by H. J. VOGELS and his pupils.

There have been many scholars who have worked as individuals during the twentieth century up to the Second World War. HANS FREIHERR VON SODEN[85] produced an influential monograph on the African Latin New Testament text, the Cambridge scholar F. C. BURKITT, not only two important studies,[86] but a mass of articles, mainly in the 'Journal of Theological Studies' and also a definitive summary on 'Itala Problems' in a *Festschrift* for AMELLI.[87] ADOLF JÜLICHER, who had written on the Latin versions of Acts, instituted an edition of the Old Latin of the gospels based on the available manuscripts.[88] This was brought to press after JÜLICHER's death in 1938 by WALTER MATZKOW, a casualty of the war, and KURT ALAND, but the critical principles on which he had established the printed text, remained obscure even to them: yet the work remains a useful reference work for the readings of the manuscripts.

Meanwhile, one of the greatest advances in the study of the Old Latin Bible was under way. Already in the eighteenth century, the Maurist PETRUS SABATIER had gathered together the surviving materials, from manuscripts and patristic quotations, for the restitution of the Latin Bible prior to the work of Jerome. The Oratorian GIUSEPPE BIANCHINI had also worked on a collection of Old Latin material. In the early twentieth century, JOSEPH DENK, a parish priest in Bavaria, who had assisted in the collection of material for the 'Thesaurus linguae Latinae', began to gather quotations of scripture from the Latin fathers who used the pre-Hieronymian forms of text. On his death in 1927, his materials were given into the keeping of the Benedictine Archabbey of Beuron in Swabia, where Father ALBAN DOLD had already established a

84 Place of Publication, Rome and elsewhere, by various publishers.

85 Das lateinische Neue Testament in Afrika zur Zeit Cyprians (TU 33), Leipzig, 1909.

86 The Rules of Tyconius (TaS III.1), Cambridge, 1894; The Old Latin and the Itala (TaS IV.3), ibid., 1896.

87 Miscellanea Amelli, Monte Cassino, 1920, pgg. 25–41.

88 Itala. Das Neue Testament in altlateinischer Überlieferung nach den Handschriften, hrsg. von A. JÜLICHER und W. MATZKOW. I. Matthäus-Evangelium, Berlin, 1938; 2te verb. Auflage 1972; II. Markus-Evangelium 1940; 2te verb. Auflage 1970; III. Lucas-Evangelium 1954; 2te verb. Auflage 1976; IV. Johannes-Evangelium 1963.

reputation for the study of palimpsest manuscripts. In the years after the Second World War the 'Vetus Latina Institut' was established at Beuron, and under the initial direction of Father BONIFATIUS FISCHER, publication began in 1949.[89] Work is in progress both on the Old Testament and the New. Within the corpus of the latter, the Catholic Epistles, and the later Paulines from Ephesians through to Hebrews have appeared. In association with this work, as with that of the Oxford and the Benedictine Vulgate editions, a monograph series[90] has been established for both editions and studies, and has reached fourteen volumes. The material is presented in the edition in analyzed form, the different text-types given in a synoptic presentation, and the fullest evidence of both manuscripts and quotations is assembled adjacently. Full introductions are provided to each book, the monograph series giving scope for wider ranging disquisitions arising from the underlying research.

The first fascicule of 'Vetus Latina' to appear was a 'Verzeichnis der Sigel', not only of the manuscripts of the Latin Bible, but also of the Christian authors and translations into Latin, in which the Old Latin text and vocabulary are found. FISCHER in his introduction to this expresses the hope that this may be a contribution not only to the work of Biblical criticism but to that of patristics. No doubt it has been such. The extent of coverage indicated by it reaches to the end of the eighth century. In possessing a collection of textual material from so long a period the students of this area are better placed than those who study any other for text-critical purposes. During the period here under review there has been, so far as editions go, a comparable development of series of texts newly edited; the 'Corpus scriptorum ecclesiasticorum latinorum' having begun publication in Vienna in 1866 continues publication, while the 'Corpus christianorum' began its publications with Latin texts in 1953, the Greek series not appearing until 1977. The fact that the 'Verzeichnis' for 'Vetus Latina' received a third revision and expansion in 1981, and since that time two *Aktualisierungshefte* have appeared is a reflection of advances in Latin patristic research and publication since then, and of the systematic perusal of new materials in the interest of textual study. It is a model which might be used to improve the interface between Greek patristic studies and textual criticism of the Bible. However, there is also in progress an index of scripture in the fathers, covering both quotations and allusions, produced in Strasbourg,[91] since 1975. This will at length give closely similar coverage for Greek as well as Latin to that which 'Vetus Latina' is achieving, although it would seem doubtful whether any edition of the Greek New Testament will even attempt to emulate the provision of the text of such quotations within its own compass.

[89] Vetus Latina. Die Reste der altlateinischen Bibel nach Petrus Sabatier. Neu gesammelt und herausgegeben von der Erzabtei Beuron. Freiburg, 1949 – .

[90] Aus der Geschichte der lateinischen Bibel. Freiburg, 1957 – .

[91] Biblia patristica. Index des citations et allusions bibliques dans la littérature patristique. In progress. 4 volumes and supplement, Paris, 1975 – 1987.

A new critical edition of the Vulgate Bible was produced in 1969 with an interconfessional editorial board drawn from participants in all the projects which have been here described in brief, and with Father ROBERT WEBER as editor-in-chief.[92] The edition differs in a number of places in the New Testament from the Oxford text, these changes marking advances both in knowledge and in critical judgement, especially since the work of WHITE in the 'Editio Minor' of 1911.

Advance in palaeography and in the knowledge of late Latin lie behind the advances in knowledge: in the case of late Latin, however, it would be true to say that there has been much interaction, since in the use of popular Latin by Christians in their translations and their original productions, late Latin assumed a literary form which makes it singularly accessible. Hence many studies of late Latin derive a mass of examples from Christian writings including the translations of the Old Latin Bible. As guides to this field we may mention, by way of example or initiation, the work of EINAR LÖFSTEDT, 'Late Latin',[93] and numerous works of CHRISTINE MOHRMANN. In the field of palaeography, we may make mention, as a magisterial guide, of BERNHARD BISCHOFF, 'Paläographie des römischen Altertums und des abendländischen Mittelalters',[94] and the collection of E. A. LOWE, 'Codices latini antiquiores',[95] in which many of the manuscripts of the Latin Bible, especially those with Old Latin text, are represented.

While the series and editions reviewed present in many cases, complete texts of manuscripts, and all are based on full collation of the manuscripts represented in them, and frequently plates reproduce single leaves of these, there are few reproductions which have been undertaken. The bilingual manuscript of the Paulines, codex Boernerianus (G) was mentioned amongst Greek uncials photographically reproduced:[96] it is an interlinear Graeco-Latin manuscript and thus the Latin text is simultaneously available. The only other Old Latin witness thus reproduced in full is the codex Bobbiensis (k) in 1913 with a palaeographical introduction by C. CIPOLLA.[97] A few Vulgate manuscripts have been reproduced, preeminently the Lindisfarne Gospels and the Book of Kells.[98] This has been for the sake, primarily, of their magnificent illumination, rather than for their textual content.

[92] Biblia sacra iuxta vulgatam versionem adiuvantibus BONIFATIO FISCHER OSB, IOHANNE GRIBOMONT OSB, H. F. D. SPARKS, W. THIELE, rec., brevique appar. instr. ROBERTUS WEBER OSB, 2 volumes, Stuttgart, 1969.

[93] (Inst. for Sammenlingn. Kulturforskn. Ser. A, 25), Oslo, 1959.

[94] (Grundlagen der Germanistik 24), Berlin, 1979.

[95] ELIAS AVERY LOWE, Parts 1–11 and Supplement, Oxford, 1934–1971.

[96] Fn. 14 above.

[97] Il codice evangelico *k* della Biblioteca Universitaria Nazionale di Torino. (Raccolta di codici riprodotti in fac-simile a cura della Regia Accademia delle Scienze di Torino), Torino, 1913.

[98] METZGER, Versions, pgg. 337, 339 f., 343.

## 2. Syriac

### a) The Old Syriac

The picture of the Syriac versions in their earliest forms has changed its outlines strikingly in the past hundred years, so far as the gospels are concerned. HORT could indeed declare[99] that the study of the Peshitta Syriac, which from post-Chalcedonian times has been the 'authorized version' of all churches using Syriac as vernacular or liturgically, had revealed that there must have been an 'Old Syriac'; but only one manuscript had then come to light which appeared to be an instance of such an earlier version. This was the manuscript discovered amongst the holdings of the British Museum by CURETON in 1842 and published in 1858. Not all scholars had HORT's insight into the significance of the 'Curetonian Syriac', as it came to be called, but in 1892 (in time to be utilized in Additional and Supplementary Notes in the second edition of WESTCOTT and HORT's edition) there came to light in St. Catherine's Monastery on Mount Sinai a palimpsest manuscript. Under Syriac hagiographical writings, 142 leaves of a gospel manuscript survive (forty other leaves from four different other manuscripts have also been used): this, written in the late fourth or early fifth century, contains a version which is, with numerous variations, essentially the same as that in the Curetonian. The Curetonian was republished with the readings of the Sinaitic manuscript and with both a translation and an accompanying volume of introduction and notes by FRANCIS CRAWFORD BURKITT (who had shared in the first transcription of the Sinaitic Syriac) in 1904.[100] Mrs. AGNES SMITH LEWIS, the discoverer of the manuscript on Sinai, made several subsequent visits there, and published her definitive transcription in 1910.[101] These discoveries made it quite clear that an Old Syriac version of the gospels had existed. The problems of reading the Sinai palimpsest were made evident, otherwise than by the disagreements of Mrs. LEWIS and Professor BURKITT and others, by the publication of a facsimile[102] produced by a Finnish expedition in 1928, conceived and led by ARTHUR HJELT, who had already written a study of the Old Syriac version. Technical aids for photography under ultra-violet light had been prepared: but it was impossible to use them, since electric light was not available. The edition, then, does not provide great help in the resolution of the passages which may remain in dispute: but it does help us to understand both the

[99] WH pg. 84 para. 18; pgg. 235 f. Additional Note; pg. 328 Additional Note to pg. 121 para. 170.

[100] Evangelion da-Mepharreshe. The Curetonian Version of the Four Gospels with readings of the Sinai Palimpsest and the early Syriac Patristic evidence. Volume I. Text. Volume II. Introduction and Notes, Cambridge, 1904.

[101] The Old Syriac Gospels or Evangelion da-Mepharreshe; being the text of the Sinai or Syro-Antiochene palimpsest, including the latest additions and emendations, with the variants of the Curetonian text, corroborations from many other mss., and a list of quotations from ancient authors, London, 1910.

[102] Syrus Sinaiticus, herausgegeben von ARTHUR HJELT, Helsingfors, 1930.

difficulties of the scholars who earlier worked upon the manuscript, and to appreciate their skill. It would seem that the palimpsest leaves not derived from the gospel manuscript still remain in some cases undeciphered, although their content is known in a general way.

No other gospel manuscripts of the Old Syriac version have come to light and there are none at all of the other parts of the New Testament. To fill the gap in our knowledge recourse may be had to the quotations in Syriac writers. This was done by BURKITT in the edition mentioned, and more recently by LELOIR, KERSCHENSTEINER and BAARDA,[103] and above all by VÖÖBUS.[104] Each new edition of a Syriac writer, even each new manuscript of a Syriac work identified, potentially provides fresh scope for this type of study. VÖÖBUS in particular not only indefatigably brought new manuscripts to light, but frequently analyzed the quotations of scripture in the works found in them.

b) Translations based on the Old Syriac

For the study of these areas of the Syriac, we must lay under contribution two other areas and their attendant publications and research, namely the versions of both scripture and of works by Syriac authors in the Armenian and Georgian languages, and the gospel harmony known as the 'Diatessaron'. Armenia and Georgia were converted in the fourth and fifth centuries respectively, in the sense that official acceptance of the Christian faith is to be dated from those points. Of the prior infiltration which must have laid the foundation of the Church we have little sure knowledge in either case. There survives much in the Christian literature and liturgy of both peoples which demonstrates the ultimately Syriac roots, although it is equally clear, especially in the case of the Georgian that direct Greek influence was not much later in its impact than the initial conversion. Much of the Syriac legacy in Georgian is derived through Armenian. Direct access to Syriac substrata is then more likely in Armenian literature than in Georgian; but a distinction must be made between the patristic field and the Biblical. There is no manuscript trace of an 'Old Armenian' version of the New Testament: this must be sought through quotations of scripture in Armenian versions of literary or liturgical works. An Old Georgian version has survived, however, (in the gospels, two in fact), which bears marks of its Armenian intermediary and ultimate Syriac roots, even though the influence of direct Greek revision is also evident and must have arisen very early in the history of Georgian Christianity.

103 LOUIS LELOIR, L'Évangile d'Ephrèm d'après les œuvres éditées. Recueil des textes (CSCO 180. Subsidia T. 12), Louvain, 1958; JOSEF KERSCHENSTEINER, Der altsyrische Paulustext (CSCO 315. Subsidia T. 37), Louvain, 1970; T. BAARDA, The Gospel Quotations of Aphrahat the Persian Sage. I. Aphrahat's text of the Fourth Gospel. Proefschrift. Free University of Amsterdam, Amsterdam, 1975.

104 See the bibliography in: A Tribute to Arthur Vööbus. Studies in early Christian Literature and its Environment, primarily in the Syrian East, edited by ROBERT H. FISCHER, Chicago, 1977.

In 1881, the Armenian Bible had been available since 1805. This, not the first printing of an Armenian Bible, was edited by IOVHAN ZOHRABIAN, a Mechitarist monk of San Lazzaro, Venice,[105] on the basis of a manuscript in the library of that house. There are variant readings, but the source of these is not clearly identified. Until the present, there is no other edition available, except in the case of the book of Revelation. A complex edition, presenting the data sometimes in Armenian, sometimes in English translation, was made by the English scholar FREDERICK C. CONYBEARE in 1907:[106] this laid under contribution the edition published two years earlier in Jerusalem by FREDERIK MURAD. Two photographic facsimiles have appeared, one of a manuscript preserved in Moscow, published in 1899,[107] the other of a Etchmiadzin manuscript published in 1920[108] by the French Armenologist FREDERIC MACLER. Both these manuscripts are now in Erevan. The method of extracting textual data about the Old Armenian from patristic and other quotations is demonstrated in exemplary fashion by STANISLAS LYONNET in 'Les origines de la version arménienne et le Diatessaron', 1950.[109] LYONNET had earlier contributed discussions of both Armenian and Georgian versions to the study of New Testament textual criticism by the Dominican Biblical scholar, M.-J. LAGRANGE.[110] Most recently, the text of the manuscript edited by MACLER, with an apparatus of readings from the former Moscow manuscript, has been published in transcription, with introduction and lexicon by BEDA KÜNZLE.[111]

In 1900, GREGORY could still write that little was known of the Georgian version. By 1928, the version of the gospels was well known enough to certain scholars for use to be made of it in a wide-ranging theory of New Testament textual criticism as a whole (namely, that of 'The Caesarean Text')[112] and for an edition of the gospels to be in progress in a leading series of Oriental Christian texts, namely 'Patrologia Orientalis'. Both these instances were due to the work of the American ROBERT PIERPONT BLAKE, who had travelled and

105 Astowacašownč matean hin ew nor katakaranç (viz. God-inspired scriptures of the Old and New Covenants), Venice, 1805.

106 The Armenian Version of Revelation and Cyril of Alexandria's Scholia on the Incarnation and Epistle on Easter, edited from the oldest mss. and Englished by FRED. C. CONYBEARE, London, 1907.

107 G. KHALATHEANTS, Évangile traduit en langue arménienne ancienne et écrit en l'an 887. Édition phototypique du Ms. de l'Institut Lazareff des langues orientales, Moscow, 1899 (I owe this reference to METZGER, Versions pg. 159 fn. 1).

108 L'Évangile Arménien. Édition phototypique du manuscrit no. 229 de la Bibliothèque d'Etchmiadzin, publiée sous les auspices de M. LÉON MANTACHEFF par FRÉDERIC MACLER, Paris, 1920.

109 (Biblica et orientalia 13), Roma, 1950.

110 M.-J. LAGRANGE, O. P., Introduction à l'étude du Nouveau Testament. Deuxième partie. Critique textuelle. II. La critique rationnelle, avec la collaboration du r. p. ST. LYONNET S. J. Deuxième édition, Paris, 1935.

111 BEDA O. KÜNZLE, Das altarmenische Evangelium. Teil I: Edition. Teil II: Lexikon, Bern/Frankfurt am Main/New York, 1984. (Title and text given in parallel also in French.)

112 KIRSOPP LAKE, ROBERT P. BLAKE, SILVA NEW, The Caesarean Text of the Gospel of Mark, HThR XXI (1928), pgg. 207–404.

studied in Georgia. A number of Georgian scholars figure in his pages, AKAKI SHANIDZE, IVANE DŽAVAXISHVILI, and above all, NICHOLAS MARR: the two former were BLAKE's contemporaries, the latter their teacher and BLAKE's.[113] MARR's eccentric theories of the origin and growth of language,[114] which exercized such domination over Soviet linguistics that STALIN at length had to write in their refutation, have obscured for many Western scholars the fact that he founded by his own research and his energetic promotion modern Georgian philology, to which this remarkable advance in the publication of New Testament material, as well as much else of early Christian Georgian literature, owed its impetus. Already, in 1916, a facsimile of the oldest dated Georgian Biblical manuscript then known, named the Adiš gospels, from the village where it had survived, had been prepared under E. TAQAIŠVILI.[115] This was the basis of BLAKE's edition,[116] and was also edited at a later date by SHANIDZE.[117] BLAKE gave the readings of two other dated manuscripts from the tenth century, SHANIDZE gave the text of the Adiš manuscript with the text of yet two more tenth century manuscripts in parallel. This was not published until 1945. BLAKE's edition covered Mark, Matthew and John, and was posthumously brought to a conclusion by the French scholar MAURICE BRIÈRE, who had earlier been co-worker with BLAKE, as well as with MARR. In addition, SHANIDZE and DŽAVAXISHVILI had edited early fragmentary manuscripts, in which the same types of Georgian gospel text were found in very ancient forms of the language, which were obsolete long before the five complete manuscripts edited had been written.[118] Thus, by 1955, the oldest strata of the Georgian version were available to scholarship. In 1979, IMNAISHVILI, SHANIDZE's pupil and successor, edited the later revisions of the gospels made from the tenth century onwards. Meanwhile, the 'Acts of the Apostles' had been edited both in Georgia, by ILIA ABULADZE, and in Belgium by GARITTE (1949 and 1955), the Catholic Epistles in 1956 and the Book of

[113] See also M. TARCHNIŠVILI, Geschichte der kirchlichen georgischen Literatur (StT 185), Città del Vaticano, 1955.

[114] See LAWRENCE L. THOMAS, The Linguistic Theories of N. Ja. Marr (University of California Publications in Linguistics Vol. 14), Berkeley/Los Angeles, 1957.

[115] Materiali po arkheologii Kavkaza, pod redaktsiei grafini P. S. UVAROVOI, A. S. KHAKHANOVA i E. S. TAKAISHVILI: Adishkoe Evangelie, Vypusk XIV, Moskva, 1916. (This work is, as it seems, rarely found in Western collections. BLAKE notes a copy in the Widener Library at Harvard. There is a copy in the Cambridge University Library, England. The work is not catalogued for either the British Museum or the Wardrop Collection in Oxford.)

[116] PO XX fasc. 3 (Paris, 1938) – Mark; id. XXIV fasc. 1 (ibid., 1933) – Matthew; id. XXVI fasc. 4 (ibid., 1950) – John; id. XXVII (ibid., 1955) – Luke.

[117] A. SHANIDZE. Two Old Recensions of the Georgian Gospels according to Three Shatberd Manuscripts (A. D. 897, 936 and 973) – title also in Russian and Georgian, Tbilisi, 1945.

[118] These texts are conveniently collected by JOSEPH MOLITOR, Monumenta Iberica Antiquiora (CSCO 166: subsidia 10), Louvain, 1956. More recent work may be studied in: LAMARA KADŽAIA, Die älteste georgische Vier-Evangelien Handschrift. Aus dem Georgischen übersetzt von HEINRICH GREEVEN und MICHAEL JOB, Bochum, 1989.

Revelation in 1961. Our knowledge of the whole New Testament Canon was made complete by the publication of the Pauline Epistles in 1974. One lacuna remains: the text of New Testament readings in the Jerusalem lectionary, used early in the Georgian church, is not fully known, although the outline and order of the lectionary is well edited.[119]

In contrast to work on the Armenian version, very little has been done to study the quotations from scripture in early Georgian patristic translation and original work. There is a steady flow of the edition of such texts in Georgia, which may provide scope for such researches.

c) The 'Diatessaron'[120]

The gospel harmony of Tatian has already found mention in the section of discoveries of Greek documents in reference to the Dura fragment discovered in 1933 and published two years later. The work is alluded to in the 'Ecclesiastical History' of Eusebius, and the Syriac version of his work, which we have in a manuscript dated in AD 462, makes it clear that it was in use by the time of the translation, sometime in the fourth century. Eusebius, however, in the Greek original writes as if he had never seen a copy of the work: and indeed, it did vanish from Western eyes for many centuries. Already in 1881, it was emerging into scholarly view. An Armenian version of a Commentary of St. Ephraem the Syrian on the 'Concordant Gospel' published in 1836 was in fact Ephraem's commentary on the 'Diatessaron', but the fact was hidden for forty years more by the general ignorance of Armenian amongst Western scholars. In 1876, a translation appeared by the German scholar GEORG MOESINGER. 1881 in fact saw a lengthy monograph devoted to Tatian's 'Diatessaron' by THEODOR ZAHN, using MOESINGER's translation as the basis of his study of the text and order of the harmony as it lay before St. Ephraem. Over the years, the need became clear that a study by a scholar who could handle the original was necessary: such a scholar emerged in Dom LOUIS LELOIR, who gave a new edition and translation of the Armenian in 1953 and 1954.[121] Shortly afterwards, a Syriac manuscript newly acquired by Sir CHESTER BEATTY was identified as containing the Syriac original of the Armenian translation and Dom LOUIS was commissioned with the edition of that. This was accomplished in 1963.[122] Yet more leaves of the same manuscript were

[119] For all further bibliographical details see the bibliographies appended to the present writer's articles: Georgian Studies and the New Testament, NTS vol. 29 (1983), pgg. 318–320; The Modern Encyclopedia of Russian and Soviet Literature, edited by HARRY WEBER, Gulf Breeze (Florida), 1979, 'The Georgian Bible'.

[120] Bibliography up to the year 1939 is to be found in the important survey by PETERS (see list of abbreviations).

[121] Saint Éphrèm. Commentaire de l'Évangile Concordant. Version Arménienne, éditée par LOUIS LELOIR (CSCO 1367), Louvain, 1953; Id., traduite par LOUIS LELOIR (CSCO 145), ibid., 1954.

[122] Saint Éphrèm. Commentaire de l'évangile concordant. Texte syriaque (manuscript Chester Beatty 709) édité et traduit par Dom LOUIS LELOIR, O.S.B. (CBM no. 8), Dublin, 1963.

purchased by Sir CHESTER BEATTY in 1984 and 1986, of which Dom LOUIS once more is the editor, and has published foretastes of his subject in reports, with text and translations, in two publications.[123]

In 1888, an Arabic version of the 'Diatessaron' was published from two Vatican manuscripts. In 1935, a second edition appeared from the Dominican A. MARMARDJI, using an additional manuscript from Jerusalem. It would appear from discussion at the time of both publicaions that there is room for improvement in editorial method, and while much use has been made of this important witness using the editions hitherto made, another edition is much to be desired.[124]

As exploration in Central Asia opened up new avenues of research in the early years of the century, fragments of Diatessaric material came to light in Turkish dialects and in Sogdian. It is no doubt due to the small number of workers in these fields, and the many different roads of research which they can follow, that no systematic account of these can readily be found.[125] However, another Asian source revealed itself in 1943 when a notice appeared of the importance of a Persian harmony preserved in the Laurentian library in Florence.[126] The scholar to whose attention this manuscript had been brought, GIUSEPPE MESSINA S. J., gave a sample of the text, and proceeded in 1951 to publish an edition of the whole.[127] While many indications are to be found of its Diatessaric links, it differs from the Arabic and from the 'Diatessaron' as we may perceive it through Ephraem's commentary in many respects, especially of order. Like the Arabic, and the Central Asian materials, it is translated from Syriac, and adds to our resources.

'Diatessaron' studies have also concerned themselves, and especially in the twentieth century, with Western harmony tradition: it is still justifiably a matter of debate whether the many harmonies, in Latin and in Western vernaculars of the Middle Ages, are descendants of the work of Tatian, or represent a parallel stream (perhaps connected at a point earlier than Tatian's activity). Amongst Latin manuscripts, the most outstanding is the Codex Fuldensis (which, furthermore, is an important witness to the Vulgate text in the rest of the New Testament, and even in the gospels, in spite of the harmony features). The edition of RANKE in 1868 has not supplanted it, even though it has a number of faults, as BONIFATIUS FISCHER points out.[128] Much other

[123] RB 94 (1987), pgg. 481 – 518, Le commentaire d'Éphrèm sur le Diatessaron. Quarante et un folios retrouvés; Mémorial Dom Jean Gribomont (1920 – 1986) (Studia Ephem. Augustinianum 27), Roma, 1988, pgg. 361 – 391, S. Éphrèm: Le Texte de son commentaire du sermon sur la montagne.

[124] See T. BAARDA, The Author of the Arabic Diatessaron, Miscellanea Neotestamentica, ed. T. BAARDA, e. a. Vol. 1, Leiden, 1978, pgg. 61 – 103. Reprinted in: T. BAARDA, Early Transmission of Words of Jesus, Amsterdam, 1983, pgg. 207 – 250.

[125] See however PETERS, pgg. 46 – 48; 88 f.

[126] Notizia su un Diatessaron Persiano tradotto dal siriaco (BibOr 10), Roma, 1943.

[127] Diatessaron persiano. I. Introduzione. II. Testo e traduzione (BibOr 14), Roma, 1951.

[128] Lateinische Bibelhandschriften im frühen Mittelalter (AGLB 11), Freiburg, 1985, pgg. 57 f., fn. 66.

Latin material was surveyed by VOGELS in a monograph of 1919,[129] but only lists based upon collation are given there. The Old High German gospel harmony, commonly known amongst Germanists as the 'Tatian', again is available in an edition of the last century, namely that of SIEVERS in 1892, which has not been replaced. A number of harmonies in dialects of German, from the Middle Ages, have been edited, and laid under contribution in the field of 'Diatessaron' studies. An edition on the basis of seven manuscripts appeared in 1970.[130]

There is a close textual link between the text published in the preceding work and the harmonies which are known in Medieval Dutch. Following a publication of one manuscript in 1835 J. BERGSMA published in the closing years of the century an edition giving the full text of two manuscripts, with the readings of two others. These data were not noticed by textual critics of the New Testament until the year 1923, when a Dutch theologian, DANIEL PLOOIJ, equipped to bring Greek and Semitic learning to their study, pointed out in two successive publications, the second in 1925, links with the 'Diatessaron' of Tatian as known in the Eastern sources, and the traces of Tatianic theology which revealed themselves in the Dutch harmonies. He then, in 1929, instituted the publication of the text of one of the harmonies, preserved in Liège, accompanied by an English translation and a thorough textual commentary. This edition, interrupted in 1938, was resumed by his successors in 1963 and completed in 1970.[131] Meanwhile, another Dutch scholar interested himself from the time of his academic *Proefschrift* with the Medieval Dutch Bible translation, and later, from 1970 onwards, has published several harmonistic texts from the manuscripts known to the earlier scholars in a series devoted to the whole range of such Dutch versions of the Middle Ages.[132]

Other harmonies in Western medieval vernaculars which have been published and brought into the discussions of *Diatessaronforscher* are in the late Middle English (publication in 1922) and in dialects of Italian (publication in 1938). While all these publications are to be welcomed simply for the sake of their philological importance in the history of their languages and of Western

[129] H. J. VOGELS, Beiträge zur Geschichte des Diatessaron im Abendland (NTA VIII.1), Münster i. W., 1919.

[130] Diatessaron Theodiscum, ed. CHRISTOPH GERHARDT, Das Leben Jesu hrsg. von CHRISTOPH GERHARDT (Corpus sacrae scripturae Neerlandicae medii aevi. Series minor. Tomus I: Harmoniae evangeliorum. Volumen IV, Verzameling van Middelnederlandse Bijbelteksten. Kleine Reeks. Afdeling I: Evangeliënharmonien, deel IV.), Leiden, 1970.

[131] The Liège Diatessaron edited with a textual apparatus by D. PLOOIJ ... English translation of the Dutch text by A. J. BARNOUW (VNAW. Afdeeling Letterkunde. Nieuwe Reeks, Deel XXIX No. 1 = Pt. I, 1929; Deel XXIX No. 6 = Pt. II, 1931; Deel XXXI = Pt. III, 1933; id. = Pt. IV, 1935; id. = Pt. V, 1938; id. = Pt. VI, 1963; id. = Pt. VII, 1965; id. = Pt. VIII, 1970), Amsterdam.

[132] C. C. DE BRUIN. Series title is as in fn. 130 above.

medieval culture, debate continues unabated over the interpretation of the links of their orders and their readings with the second century work, to which they appear to bear affinity.[133]

d) The Peshitta Syriac

The term Peshitta, 'clear' or 'simple', is traditionally applied to the Syriac version of the Bible which from the fifth century has been in use amongst Syriac speakers, and is the 'authorized' version of all churches whose liturgical language is still Syriac, irrespective of their theological differences. In the New Testament, it appears to be a revision of the Old Syriac texts, while the affinities of its standards of revision have not been precisely identified in terms of Greek manuscripts, known to us. Its canon lacked II Peter, II and III John, Jude and the Book of Revelation. Surprizingly little scholarly attention has been given to its text in the century we are considering, apart from an edition of the gospels. This was made by G. H. GWILLIAM on the basis of collations made by P. E. PUSEY, and published in 1901 at Oxford.[134] Forty-two manuscripts were collated as its base. It includes in its marginalia notes drawn from the Massora or scholarly apparatus found in manuscripts of both the Nestorian and the Jacobite Syriac churches. The rest of the New Testament text of the Peshitta canon was printed, together with the text of PUSEY and GWILLIAM's edition, by the British and Foreign Bible Society. Its text rested on work which GWILLIAM had continued to do up to his death: this had been taken to its completion by J. PINKERTON, who was killed in action in 1916. We have no notes left by these scholars, and thus are ignorant of the bases of these parts of the New Testament.

The present Director of the 'Institut für Neutestamentliche Textforschung', Professor Dr. BARBARA ALAND, in connection with the edition of the Catholic Epistles which is to be the first instalment of the 'Editio Critica Maior', has produced an edition of the canonical Peshitta Epistles.[135] This reproduces the GWILLIAM text of the British and Foreign Bible Society, as referred to above, together with that of the later Syriac versions (for which see the following paragraphs), and a thesaurus of quotation material drawn from published Syriac writers from between the fourth and the thirteenth centuries, and from the West Syrian Massora. She is engaged on a similar presentation of the evidence for the Pauline Epistles.

133 For other recent work upon the 'Diatessaron' see *inter alia* the essays of T. BAARDA (fn. 124 above) and the monograph of W. L. PETERSEN, The Diatessaron and Ephrem Syrus as sources of Romanos the Melodist (CSCO 475, subsidia 74), Louvain, 1985.

134 Tetraevangelium sanctum iuxta simplicem Syrorum versionem ad fidem codicum, massorae, editionum denuo recognitum, ed. by PHILIPPUS EDWARDUS PUSEY and GEORGIUS HENRICUS GWILLIAM, Oxford, 1901.

135 Das Neue Testament in syrischer Überlieferung, I. Die großen katholischen Briefe (ANTF 7), Berlin/New York, 1986.

e) The later Syriac versions

Two revisions of the Peshitta were made in the sixth and seventh centuries respectively.[136] These are known as the Philoxenian from Mar Xenaia, bishop of Mabbug, who commissioned it, and the Harklean, from Thomas of Harkel, who executed it. Both represent the desire to have a text closer to the Greek, in the context of theological controversy. The earlier, the Philoxenian, has left few manuscript traces: otherwise scholars have sought to confirm the tradition of its existence from the evidence of quotations. The Catholic Epistles lacking in the Peshitta have been edited from twenty manuscript by JOHN GWYNN, an Irish scholar, in 1909,[137] and the section of St. John's gospel on the Woman taken in adultery (John 7.53 – 8.11) from twelve manuscripts. The Book of Revelation is known in this version from a single manuscript, now preserved in the John Rylands University Library, Manchester.[138] On the backstrip of the *editio princeps* it is called the Crawford MS., having been in the library of the Earl of Crawford and Balcarres.

The work of Thomas of Harkel on the New Testament apart from the Apocalypse was edited in two volumes in 1799 and 1803 from three Oxford manuscripts. The Book of Revelation was edited in 1631 from a single manuscript by LOUIS DE DIEU. Apart from an edition of St. John's Gospel in 1853, no further edition of the material edited by WHITE has been undertaken although several new manuscripts have come to light.[139] For the Revelation, however, a photographic edition with a full introduction was made by ARTHUR VÖÖBUS in 1978 from a manuscript discovered by him in Mardin in Syria.[140] Materials thus lie to hand for a new edition of the whole of this New Testament version, which is of value since its highly contrived and artificial method of translation reflects with great precision the underlying Greek.

f) The 'Palestinian Syriac'

Another version is conventionally linked with the Syriac versions hitherto described, probably because the alphabet in which it is written appears to be

136 On the interrelation of these two versions, about which there has been unending debate, see the definitive essay of S. P. BROCK, The Resolution of the Philoxenian/Harclean Problem, in: New Testament Textual Criticism. Its Significance for Exegesis. Essays in Honour of B. M. Metzger, edited by ELDON J. EPP and GORDON D. FEE, Oxford, 1981, pgg. 325 – 343.

137 JOHN GWYNN, Remnants of the Later Syriac Versions of the Bible, London/Oxford, 1909.

138 The Apocalypse of St. John, in a Syriac version hitherto unknown, edited by JOHN GWYNN, Dublin, 1897.

139 There should be mentioned an edition by ROBERT L. BENSLY, The Harklean Version of the Epistle to the Hebrews, chap. XI.28 – XIII.25, Cambridge, 1889, which filled a lacuna in the manuscripts utilized by WHITE.

140 The Apocalypse in the Harklean Version. A facsimile Edition of Ms. Mardin Orth. 35, fol. 143r – 159v, with an introduction by ARTHUR VÖÖBUS (CSCO 400, subsidia 56), Louvain, 1978.

related to the oldest form of the Syriac alphabet, the Estrangelo. A more precise description of its language is Christian Palestinian Aramaic, since its closest affinities are with Jewish Palestinian and Samaritan Aramaic. First edited from a Vatican manuscript, fresh manuscript discoveries in Sinai led to a new edition of a gospel lectionary in 1899 by AGNES SMITH LEWIS and MARGARET DUNLOP GIBSON,[141] the discoverers of the Sinaitic Syriac palimpsest. A number of fragments of the gospels, Acts, Pauline Epistles, and James and II Peter have been discovered in the twentieth century. No edition has been made.[142]

There have been no facsimile editions of the New Testament manuscripts in the Syriac versions apart from those of HJELT and VÖÖBUS mentioned. The miniatures of the oldest Peshitta manuscript of the gospels, the 'Rabbula Gospels' preserved in Florence, have been reproduced.[143] There are some volumes of plates illustrating New Testament manuscripts in which Syriac manuscripts are to be found.[144] Also worthy of mention is the handsome 'Album of Dated Syriac Manuscripts' compiled by the American W. H. P. HATCH, in which a number of Biblical manuscripts figure.[145]. These include the Rabbula gospels of AD 586, and the Palestinian Syriac Lectionary of AD 1030, from which the first edition was made. Studies of the Syriac language and its related Aramaic continue,[146] particularly supported by epigraphical discovery and edition, and palaeographical studies too appear, both of which contribute to better understanding of these versions.

### 3. Coptic versions

The term 'Coptic' denotes the final form the Egyptian language, which is known mainly in documents of Christian provenance. The language is differentiated into several dialects, six or seven having been distinguished. The dominant literary dialects are Sahidic, the language of Upper or Southern Egypt, and Bohairic, that of Lower or Northern Egypt. Bohairic is the liturgical language of the present day Coptic Church. This fact was perhaps the reason

141 The Palestinian Syriac Lectionary of the Gospels re-edited from two Sinai MSS. and from P. DE LAGARDE's edition of the 'Evangeliarium Hierosolymitanum', London, 1899.

142 See VÖÖBUS, EVV, pgg. 121–131 and 323.

143 See METZGER, Versions, pg. 51 s. num. (11).

144 E.g. H. J. VOGELS, Codicum Novi Testamenti Specimina, Bonn, 1929, plates 42–45.

145 American Academy of Arts and Sciences. Monumenta Palaeographica Vetera. Second Series. An Album of Dated Syriac Manuscripts by WILLIAM HENRY PAINE HATCH, Boston (Mass.), 1946.

146 KLAUS BEYER, The Aramaic Language. Its distribution and subdivisions, translated by JOHN F. HEALEY, Göttingen, 1986 (translated from ID., Die aramäischen Texte vom Toten Meer samt den Inschriften aus Palästina, dem Testament Levis aus der Kairoer Genisa, der Fastenrolle und den alten talmudischen Zitaten: Aramäistische Einleitung, Text, Übersetzung, Deutung, Grammatik, Wörterbuch, Deutsch-Aramäische Wortliste, Register, Göttingen, 1984).

why Bohairic was the better known of the dialects up to the end of the nineteenth century, far more manuscripts being known in that dialect, and various editions of parts of the New Testament made from them. WESTCOTT and HORT[147] thought the Bohairic to be the earliest translation into Coptic; although they considered the Sahidic "probably little if at all inferior in antiquity", the manuscript remains known to them were all fragmentary. They also knew of the Fayyumic dialect and its version, which they called 'Bashmuric'. In the succeeding years, the balance has changed dramatically, and the view of the date of the Bohairic version has fluctuated. KURT ALAND, in a programmatic essay written in 1977, indicates that "we have all the books of the Sahidic New Testament in complete manuscripts, and for some parts, more than one".[148] In the first part of the new catalogue of Coptic New Testament Manuscripts, which is the first only of that which deals with the Gospel manuscripts in Sahidic, one hundred and thirty manuscripts are numbered.[149] KURT ALAND can indicate[150] that for the Catholic Epistles fifty-nine Sahidic manuscripts were used in a thesis recently written at the time of the survey, one hundred and twenty-four Bohairic, and two Fayyumic and Achmimic, in addition to those already to be found in the editions of GEORGE HORNER. These covered the Bohairic (four volumes, 1898 to 1905)[151] and the Sahidic (seven volumes, 1911 to 1924).[152] HORNER's method was to publish what lay to hand, following the text of a particular manuscript, and giving the text of other manuscripts in a critical *apparatus*. It was not a critical edition, giving a text established on the basis of the editor's understanding of the tradition: HORNER was a pragmatist. Yet the compendium has served until recently. Now we may look forward to critical editions, for which the catalogue of manuscripts is the preparation.

There has been no lack of published texts in the long period between HORNER's editions and the present marshalling of the full resources of the Coptic versions. A study of the Coptic versions of the 'Acts of the Apostles', which has been praised for its exemplary method, is that of JOUSSEN.[153] There he sets out both the published and the unpublished materials on which his analysis will be based. KASSER[154] has given a list of all published materials

147 WH pgg. 85 f. para. 120; pgg. 157 f. para. 217.

148 The Coptic New Testament, in: A Tribute to Arthur Vööbus. Studies in early Christian Literature and its environment, primarily in the Syrian East, ed. by R. H. FISCHER, Chicago, 1977, pgg. 3–12, esp. pg. 5.

149 ANTF 8, Berlin/New York, 1986. Liste der koptischen Handschriften des Neuen Testaments I. Die sahidischen Handschriften der Evangelien. I. Teil, bearbeitet von F. J. SCHMITZ und G. MINK (cp. ANTF 13, Berlin/New York, 1989 – II. Teil 1. Halbband, in which fifty more mss. are catalogued).

150 Art. cit. (fn. 148) pg. 6.

151 The Coptic version of the New Testament in the Northern dialect, otherwise called Memphitic and Bohairic, Oxford, 1898–1905.

152 The Coptic version of the New Testament in the Southern dialect, otherwise called Sahidic and Thebaic, Oxford, 1911–1924.

153 ANTON JOUSSEN, Die koptischen Versionen der Apostelgeschichte (BBB 34), Bonn, 1969.

154 RUDOLPHE KASSER, L'Évangile selon saint Jean et les versions coptes, Neuchâtel, 1966.

for the Gospel of John in Sahidic. These will give some impression, which the catalogue begun at Münster will expand, of the rich data which confront the textual critic of these versions. We may in addition mention some of the most extensive texts which have been published. In Sahidic, the texts of Mark, Luke and John from a papyrus in Barcelona,[155] the text of Matthew and Romans from a text in the BODMER collection at Geneva,[156] the Acts and the Pauline epistles from a CHESTER BEATTY manuscript,[157] the Acts from a Berlin papyrus.[158] These range in date from the third to the fifth century. In Subachmimic, we have a copy of the gospel of St. John from the fourth century, edited from a manuscript of the British and Foreign Bible Society by Sir HERBERT THOMPSON; for this manuscript, not only do we have the text given but a photograph of each folium opposite the transcription.[159] In 'Middle-Egyptian', called Oxyrhynchite by some students of it, we have a parchment codex of St. Matthew of the fourth century.[160] A Fayyumic version of the Gospel of St. John, preserved at Michigan, has been edited by HUSSELMAN.[161] Several early manuscripts in Bohairic have altered once more the view of the age of this version: amongst these is a manuscript of St. John, followed by chapters of Genesis.[162] Its editor, KASSER, considers 'proto-Bohairic' a more accurate term for its language. Most of these editions are provided with good photographs, as indeed are a large number of the editions even of fragmentary texts.

In the Coptic field, editions have been made of collections of material of known provenance and preserved in a single institution. Such is the work of PAUL KAHLE, junior, on the texts from the former monastery of Apa Apollo, found at Deir el-Bala'izah,[163] preserved in the Bodleian Library, Oxford.

155 HANS QUECKE, Das Markusevangelium saidisch (Papyrologica Castroctaviana 4) Barcelona, 1972; ID., Das Lukasevangelium saidisch (Papyrologica Castroctaviana 6), ibid., 1977; ID., Das Johannesevangelium saidisch (Papyrologica Castroctaviana 11), Roma/Barcelona, 1984.

156 Papyrus Bodmer XIX. Évangile de Matthieu XIV,28 – XXVIII,20. Épître aux romains I,1 – II,3 en sahidique publiée par RUDOLPHE KASSER, Cologny – Genève, 1962.

157 The Coptic Version of the Acts of the Apostles and the Pauline Epistles in the Sahidic dialect, edited by Sir HERBERT THOMPSON, Cambridge, 1932.

158 Die Berliner Handschrift der sahidischen Apostelgeschichte (P.15 926), bearbeitet u. hrsg. von F. HINTZE und H.-M. SCHENKE (TU 109), Berlin, 1970.

159 The Gospel of St. John according to the earliest Coptic manuscript, edited with a translation by Sir HERBERT THOMPSON (British School of Archaeology in Egypt and Egyptian Research Account. Twenty-ninth year 1923), London, 1924.

160 Das Matthäus-Evangelium im mittelägyptischen Dialekt des Koptischen (Codex Scheide), hrsg. von H.-M. SCHENKE (TU 127), Berlin, 1981.

161 The Gospel of John in Fayumic Coptic (P. Mich. Inv. 3521), edited by ELINOR M. HUSSELMAN (The University of Michigan. Kelsey Museum of Archaeology. Studies 2), Ann Arbor (Michigan), 1962.

162 Papyrus Bodmer III. Évangile de Jean et Genèse I – IV,2, en bohairique, édité/traduit par RUDOLPHE KASSER (CSCO 177/178. Scriptores coptici 25, 26), Louvain, 1960.

163 PAUL E. KAHLE, Bala'izah: Coptic texts from Deir el-Bala'izah in Upper Egypt. 2 vols., London, 1954.

Amongst the sixty-three literary texts are a number of Biblical manuscripts, for example, fragments of Ephesians and the Catholic Epistles in Sahidic from the fourth century, a fragment of Matthew from a Greek-Coptic lectionary (GREGORY – ALAND l 1604) also Sahidic in dialect, and an early Bohairic text of Philippians (again, fragmentary) from the fourth or fifth century.[164] There is a wealth of information and discussion of many manuscripts other than those in this collection. But the *pièce de résistance* amongst publications devoted to such a collection is the photographic edition by HENRI HYVERNAT of the manuscripts from the former monastery of the Archangel Michael at Hamouli in the Fayyum. These, a large collection of ancient and complete manuscripts mostly dating from the ninth or tenth century, are preserved in the Pierpont Morgan Library, New York. The facsimiles were published in 1922 in fifty-six volumes.[165] Volumes IV to IX contain New Testament texts, Matthew, Mark, Luke, John (Sahidic), the same gospels (Bohairic), two manuscripts of the Pauline Epistles and one of the Catholic Epistles (Sahidic), a Greek-Sahidic lectionary (l 1602 in the GREGORY – ALAND list), and a Sahidic menologion.

Because of this wealth of material, which is only a part of the rich new resources in Coptic come to light in this period, Coptic palaeography has made considerable advances in this century. We may refer to the album of MARIA CRAMER (1964).[166] Likewise, the understanding of the language, its dialects and its evolution, advances all the while, although the non-specialist observes that debate goes on concerning the definition of the dialects, their interaction and their rise and fall. It is encouraging to see that the 'Münster Institute' has undertaken the study of this version as thoroughly as its announcements suggest. Yet it is regrettable that the attention of scholars who command the Coptic language has been so utterly diverted, by the Nag-Hammadi material, from the New Testament, where so much remains to be done. There will never cease to be need for independent judgement, however great the services of massive and well-funded institutions. In scholarship as in commerce, monopoly is unhealthy.

## 4. The Ethiopic version

While the knowledge of the Old Testament in Ge'ez (or Ethiopic as it has been traditionally termed by Western scholarship) has advanced with a number of critical editions and studies, the knowledge of the New Testament has scarcely advanced in the period under survey. There is still no critical edition of the whole canonical collection. Recently, a critical edition of the

164 See METZGER, Versions, pg. 112, s. numm. 5 and 6; pg. 124 s. num. 2.

165 H. HYVERNAT, Bibliothecae Pierpont Morgan codices coptici photographice expressi. 56 voll. in 63, Romae, 1922. (For fuller details see W. KAMMERER, A Coptic Bibliography, Ann Arbor (Michigan), 1950, pgg. 33 f. s. num. 726.)

166 MARIA CRAMER, Koptische Paläographie, Wiesbaden, 1964.

Book of Revelation on the basis of twenty-five manuscripts has appeared.[167] Although the earliest of the manuscripts is from the fifteenth century, and the text has suffered corruptions of various kinds, the editor stresses the version's importance, since it was made directly from the Greek, and is affiliated to the most reliable group of Greek witnesses.[168] A study of the Acts of the Apostles in Ethiopic was made on the basis of a fifteenth century manuscript.[169] Otherwise, no critical work has been done in anything like the depth of study which should be demanded.[170] It is considered by the most recent scholarship, that the Gospels, like the Revelation, were translated directly from Greek, and should therefore have some importance.[171]

While a number of catalogues of manuscripts in different locations have been made, no facsimile of a complete manuscript of the New Testament has been made.

## 5. The Church Slavonic version

We are in a similar case with the version in Old Church Slavonic, with the exception that a number of the oldest manuscripts, both 'straight-text' manuscripts and lectionaries, have been edited by Slavonic philologists, many in the nineteenth century. But no critical text based on these has yet been made, apart from the work of Josef Vajs: this has met with severe criticism, a recent summary describing it as "satisfactory neither in scope nor execution".[172]

## 6. The Gothic version

Hort could write of the Gothic version that, although it had 'many gaps', it was "admirably edited from MSS of about the sixth century".[173] This state of affairs has continued, or indeed, has been enhanced. The main

167 Die äthiopische Übersetzung der Johannes-Apokalyse hrsg./übersetzt von Dr. Josef Hofmann (CSCO 281/282, Scriptores aethiopici 55, 56), Louvain, 1967.

168 Die äthiopische Johannes-Apokalypse, kritisch untersucht von Dr. Josef Hofmann (CSCO 297, subsidia 33), Louvain, 1969.

169 James A. Montgomery, The Ethiopic Text of Acts of the Apostles, HThR 27 (1934), pgg. 169–204.

170 See however M.-E. Boismard, A. Lamouille, Texte occidental des Actes des Apôtres, 1. Introduction et textes (Synthèse 17), Paris, 1984, pgg. 77–94. Introduction I. E. 'Les témoins éthiopiens'.

171 Josef Hofmann, Das Neue Testament in äthiopischer Sprache, ANTF 5, pgg. 345–373 (see fn. 64 above).

172 Metzger, Versions, ch. IX. On the work of Vajs see pgg. 416–421 and 428. See also Christian Hannick, Das Neue Testament in altkirchenslavischer Sprache, ANTF 5, pgg. 403–435.

173 WH pg. 86 para. 121; pg. 158 para. 218.

manuscript of the gospels is a purple manuscript with silver letters, known accordingly as the 'Codex Argenteus'. It is preserved in Uppsala where a full photographic edition was produced in 1927.[174] The final leaf of Mark, which was missing, was discovered in 1970 in the German town of Speyer am Rhein, and its two sides were shortly thereafter published, the recto in 1971 and the verso in 1973.[175] A Milan palimpsest contains a few verses of Matthew. A fragmentary outer bifolium of a quaternion of Luke was discovered in Egypt: this contains, on facing pages, the gospel in Gothic and Latin. The Pauline Epistles are all represented, albeit piecemeal, in palimpsests at Milan, and in other manuscripts in Turin and Wolfenbüttel.[176] The edition of WILHELM STREITBERG, Die gotische Bibel (first edition 1908, second edition 1919, fourth unchanged edition 1960) has become standard, but it is clear from the discussions of FRIEDRICHSEN and others that some improvements could be made.[177]

## 7. Other versions

We have knowledge of a number of versions of minor importance, whose existence nevertheless shows the spread of scriptures in translations at particular times in the history of the church. Frequently their discovery and publication has been by students of the languages in which they were written, and where this has remained the case, little study of their textual implications has been made. Such are the various Arabic versions, the Persian, the Nubian (of which some new materials have come to light recently), and the Sogdian.[178] These derive from Syriac or Coptic models. In the West, the Latin was the model.[179] In versions of the 'Acts of the Apostles' in Bohemian, Provençal[180] and Medieval Dutch,[181] texts affiliated to the Old Latin have been discerned.

## 8. Summary

Summarizing concerning the growth of our knowledge of the versions, we may observe the imbalance of the state of information and its accessibility. There has been a vast expansion of materials known, but the edition of them

[174] Codex Argenteus Upsaliensis iussu Senatus Universitatis phototypice editus, Uppsala, 1927, hrsg. OTTO VON FRIESEN und ANDERS GRAPE.

[175] ELFRIEDE STUTZ, Ein Evangelienfragment in Speyer, ZVSF 85 (1971), pgg. 85–95; EAD., Fragmentum Spirense – Verso, ZVSF 87 (1973), pgg. 1–15 (each with a photographic plate).

[176] ELFRIEDE STUTZ, Das Neue Testament in gothischer Sprache, ANTF 5, pgg. 375–402, esp. the chart on pgg. 376–7.

[177] G. W. S. FRIEDRICHSEN, Gothic Studies, Oxford, 1961.

[178] METZGER, Versions, ch. VI.

[179] Ibid., ch. X.

[180] BC III, pgg. cxxxv–cxlii.

[181] A. F. J. KLIJN, A Medieval Dutch Text of Acts, NTS 1 (1955), pgg. 51–56.

has been uneven. As with Greek manuscripts, much has depended on the ebb and flow of scholarly fashion, both in philology and in theology, and thus much remains to be done. Since the centre of Biblical philology is in countries of Western culture, it is not surprizing that the study of Latin materials is in a healthy state. Neglected areas such as the Catholic Epistles in Syriac and the cataloguing of Coptic manuscripts have been undertaken by the 'Münster Institute' in preparation for their eventual major edition. The Georgian versions are admirably covered by editions, but there is much scope for further analysis and the tracing of the history of the versions. Armenian and Ethiopic[182] still await critical editions for the whole New Testament, but there are recent new beginnings upon the necessary work. The 'minor versions' await scholars who combine linguistic expertise with text-critical interest and skill. The 'Diatessaron' tradition, of such intrinsic interest and importance in itself, and arguably of significance for the knowledge of the earliest history of the text, has had a number of individual editions and studies devoted to its elucidation, and some works of partial synthesis, which are of great value. In a visionary mood, we may indicate the *desideratum* of that branch of these pursuits, the production of a textual presentation of all the data bearing upon this great harmony tradition.

## *III. Development of theory*

### 1. The problem and the parameters of its discussion

The objective of textual criticism in any field is to establish the original text of the work which is the object of study. The raw materials for this task are the items within the categories which we have reviewed. Manuscripts, versions and quotations, within the outlines and internal characteristics which permit them to be classified as examples of, or excerpts from, one and the same work, throw up a considerable number of variations. Some are errors, some minutiae of spelling not affecting the sense, some are substitutions of vocabulary, some changes of word-form or sentence structure, and some, wholesale recastings or complete changes of sense. New Testament textual criticism shares with other literary study some basic methods and criteria for establishing the original text on purely internal grounds for which the essential requisites are a thorough knowledge of the language of the original and the capacity to understand its subject matter and the categories of its thought. In the course of identifying the variations of the manuscripts, etcetera, the various

[182] For Ethiopic, there is recently announced – see the review of the present writer in JThS n. s. 42 (1991), pgg. 658–662 – R. ZUURMOND, Research into the text of the synoptic gospels in Ge'ez: general introduction and edition of the Gospel of Mark (Äthiopische Forschungen 27), Wiesbaden, 1989.

witnesses will be found to fall into groups identifiable by the presence of regular patterns of readings or forms of words. The witnesses may be classified according to the group with which they reveal themselves to be aligned. According to the age of the manuscripts and other witnesses, their geographical origin and distribution, and the known historical relations between the regions and churches with which they are known to be associated, a tentative history of the development or developments of the text may be constructed.

Throughout the period under review, there has been constant debate (implicit or explicit) and experiment around the problem, whether, if groupings can be identified, these are in any way useful in the establishment of the text. In other terms, can the analyses and collocations of manuscripts and of groupings of manuscripts help to decide whether a variation in a particular manuscript or group is the original reading or a corruption of it, accidental or deliberate? Those who have thought that this is so, have inevitably gone on to make value judgements, talking about the 'best manuscript' or 'best text'. Within the debates, all positions have been represented from those whose method is solely eclectic, based on judgements of variations or readings alone, to those who follow a particular manuscript or group of manuscripts and other witnesses, rarely deviating from its text (because error is present in every manuscript, this extreme never extends to following one source of information, right or wrong, against all other). While one may perceive movement from one adopted position to another, sometimes its modification, sometimes its opposite, there has been no progression in the debate discernible in terms of a chronology. Nevertheless, something of a consensus appears to have emerged on a certain number of the issues under consideration.

## 2. The theory of Westcott and Hort

To review the positions taken, then, historically, does not yield a logical chain of arguments although some antithetical movements of opinion may be discerned. Westcott and Hort began their cooperative work in 1853.[183] If we take the exposition of 'The Methods of Textual Criticism' in the introduction to their text[184] to give the development of their working procedure, we arrive at the conclusion that, working independently, they pursued internal evidence first, as set out under Hort's treatment of intrinsic and transcriptional probability; then, by a process of correlation with the incidence of readings in the textual materials known to them,[185] arrived at the view of the excellence of Codex Vaticanus as a textual witness[186] for which their theory is well known. It was the conflict of this estimation with the chronology of the patristic attestation of the 'Western Text' that led to the historical

[183] WH pg. 16 para. 20 (see fn. 1 above).
[184] WH pg. 19–72 paras 24–95, esp. pgg. 30 f. para. 38.
[185] WH pgg. 146–162 paras 199–223.
[186] WH pgg. 150 f. para. 204.

reconstruction of the corruption of the text, which at one and the same time, was intended to show the secondary nature of the text of the mass of late manuscripts, and to explain the origin of the 'Western Text'.

The construction was as follows. The evidence falls upon analysis into four groupings, which may be termed 'texts'. These are the 'Syrian Text', attested by the mass of late manuscripts and the Peshitta Syriac; the 'Alexandrian Text', of which one manuscript is a pure example, but whose readings may be discerned in a number of Greek manuscripts and in Coptic sources;[187] the 'Neutral Text', known from Codices Vaticanus and Sinaiticus, the former showing fewer signs of contamination than the latter; and the 'Western Text', known from Codex Bezae, and the Old Latin and Old Syriac versions. Many manuscripts, while essentially witnesses to a particular text, may carry readings of other texts through contamination of their ancestors. The 'Syrian' text is known from the time of St. John Chrysostom (late fourth century) onward, but is not attested prior to that time. The 'Alexandrian' text is related to the 'Neutral' text, but results from stylistic revision. Origen is generally a witness to the 'Neutral' text, as is Clement of Alexandria: but other early fathers such as Justin Martyr, Irenaeus, Tertullian and Cyprian attest the 'Western' text. Thus the patristic evidence might seem to give the priority to the 'Western' text, even though the Codex Bezae is later than the Codices Vaticanus and Sinaiticus (WESTCOTT and HORT dated it in the sixth century, rather later than would be thought today). But, falling back upon internal evidence, the 'Western' text is judged to be secondary in most respects, because of the characteristics of paraphrase, additions or alterations known in apocryphal or non-biblical sources, and assimilation, of which harmonization is the 'most dangerous' variety.[188] In all these respects, the 'Western' text is deemed secondary to the 'Neutral' text. But the manuscripts of the 'Neutral' text, have a series of passages in the Gospels (mainly in St. Luke), longer by a sentence or more than the 'Western' text. The 'Western' text is so rarely shorter than the 'Neutral', that these longer passages of the 'Neutral' text are rejected as not original. But the two scholars, perceiving perhaps the logical problem inherent in saying that a neutral text had been interpolated, preferred to emphasize that at these points the 'Western' text had not been subject to interpolation, and to describe these longer readings coined the phrase 'Western non-interpolations'.[189]

Given their data, this was not only an erudite but an ingenious construction; and in many respects, we find ourselves agreeing with their textual judgements if not with their history of the text. The two great uncials are textually very remarkable manuscripts, as subsequent investigation has continued to rediscover. A number of papyri have shown that their text existed more than a hundred years before their execution. Examination of the text

[187] WH pgg. 84 f. and 135–7; paras 118–188.
[188] WH pg. 124 para. 186 (line 7).
[189] WH pgg. 175–7 paras 240–4 (para 240 line 5: "[a few other Western readings] are all omissions, or, to speak more correctly, non-interpolations").

has not infrequently shown readings in the Codex Vaticanus still to be acceptable readings. Even the ALANDS, who are highly critical of the theory write that "the editions of Tischendorf and of Westcott and Hort were sufficient to make the Textus Receptus"[190] (in which of course the so-called 'Syrian' text had found a printed form in the sixteenth century) 'obsolete'. But their edition had unfortunate effects and left unresolved a number of problems. Inevitably, lesser men saw in the Codex Vaticanus the "best manuscript", or derived from HORT's use of it the concept that a 'best' manuscript could exist and should be followed. From this derived the tendency, which long persisted, to classify all new discoveries in Hortian terms, to which we have referred above. As late as the nineteen-forties and fifties, one encountered in New Testament circles analyses of attestation of variants which ran that, such and such a manuscript in the *apparatus criticus* has a 'Neutral' text, and thus, it was inferred, its readings might be judged to be correct, or, alternatively, that such a witness was 'Western' in type and thus not to be followed. This lack of the learning, subtlety and acumen which characterized WESTCOTT and HORT made a mockery of their method: but their method laid itself open to such travesty. The low standard of textual understanding amongst at least English speaking students of the New Testament today is no doubt the result of such examples from those who were teaching in the period mentioned. The leading scholars of today were taught not to examine HORT and follow him, but to imitate wooden models such as those given. Once they realized that there were latent problems, and alternative theories, they had no examples worthy to be followed in the discussion of new data.

### 3. HORT's successors and the concept of corruption

But to revert from these long term problems produced by Hortian theory, to the work of the men who were directly under its influence, some indeed under the personal influence of either scholar. We think especially of JAMES RENDEL HARRIS and F. C. BURKITT, whose manuscript and versional studies are mentioned above. F. H. CHASE must also be mentioned. HARRIS published an important monograph on the Codex Bezae.[191] He sought to show how some peculiarities of its Greek text were due to the influence of the facing Latin version. He thus introduced the notion – or rather reintroduced it, as it had often been mooted – of corruption of Greek texts by other versions in bilingual manuscripts. CHASE[192] argued for corruption by a Syriac text, beginning with the 'Acts of the Apostles' in the same codex: there he was hampered by the absence of a known manuscript of Old Syriac Acts. VON

[190] The term Textus receptus (= 'accepted text') derives from the preface to the Elzevir edition of 1633; but it is customary to use it of any of the sixteenth or seventeenth century editions. They differed from one another in detail.

[191] Codex Bezae. A Study of the so-called Western Text of the New Testament (TaS II.1), Cambridge, 1891.

[192] FREDERIC HENRY CHASE, The Old Syriac Element in the Text of Codex Bezae, London, 1893; ID., The Syro-Latin Text of the Gospels, London, 1895.

SODEN opted for Latinization as a factor in the peculiarities of Codex Bezae.[193] A wider application of corruption by versions was to be found in HENRY A. SANDERS' treatment of the text of the Freer Codex (W), envisaging not only both the Latin and Syriac as possible influences, but Coptic also, sometimes from trilingual manuscripts.[194] The same complexity is found, broadcast, in the works of H. C. HOSKIER. Apart from the question of the interaction of the Greek and Latin sides of the Codex Bezae, which are discussed by ROPES and CLARK in their major editions of the Acts, this line of research appears to have petered out just after the First World War. RENDEL HARRIS's interests extended widely; amongst others, to the problems of restoring the text of Tatian's 'Diatessaron' and of the influence of the 'Diatessaron' in the earliest period upon the Greek text. In a study of 1890,[195] incident upon the publication of the Arabic 'Diatessaron', he attempts to establish both the influence of the 'Diatessaron' upon several minuscule Greek manuscripts, and also the origin of the intrusion of the 'Western non-interpolations' into the Greek text, by the influence of the mosaic of the 'Diatessaron''s structure upon parallel passages in the separate gospels. The latter suggestion seems to have aroused no echo amongst others. The former is linked to the important work in the establishment of the FERRAR group and its extension by further discoveries.

HARRIS's hypothesis of Syriac influence[196] upon the text of the FERRAR group was ingenious as were so many of his suggestions. Its basis was the presence in some manuscripts of the group of a stichometry or line-count which was not calculated in *stichoi* but in *rhemata*. This HARRIS believed to be a retroversion of the Syriac word *pethgame*. His textual examples of corruption by the 'Diatessaron' were riders to this. But F. C. BURKITT showed weaknesses in the theory, especially the lateness of the manuscripts in which the *pethgame* stichometry was found in Syriac, and the parallel fact that Latin manuscripts of the same period have the same calculations, thus providing another possible origin for the feature in this family of Calabrian manuscripts.[197] BURKITT also examined some readings which the Old Syriac had in common with groups of Greek manuscripts, of which the FERRAR group is one. He showed conclusively that there was overall a simpler hypothesis to explain these data, namely that a common Greek text lay behind the Old Syriac and the concurring element in the minuscules.[198] He began to intimate in a number of places, his belief that in such texts original readings might be found. Such an opinion was later to have wide-reaching theoretical progeny.

The idea of the corruption of the Gospel text by the 'Diatessaron' of Tatian was rarely pursued in English circles after HARRIS's day, but in Germany

[193] v S. I ii A pgg. 1323–1340 para. 292.

[194] Op. cit. (fn. 20 above) ch. IV. The Problem of the Text.

[196] J. RENDEL HARRIS, The Diatessaron of Tatian, London, 1890, ch. IX (pgg. 50–59): 'On the relation of the Tatian text to the Western non-interpolations'.

[196] On the Origin of the Ferrar Group. A lecture on the genealogical Relations of the New Testament MSS., delivered at Mansfield College (Oxford), London, 1893.

[197] Evangelion da-Mepharreshe (see fn. 110 above), Vol. II, pgg. 36 f.

[198] Ibid., pgg. 245–251.

and elsewhere it continued in vogue. Amongst the outstanding proponents of this approach was H. J. VOGELS, who applied the model to the study of Codex Bezae[199] and to the Old Syriac gospels,[200] and held to this as a sufficient explanation of the phenomena of the early forms of the text, right till the end of his scholarly career. Active at the same time was the Orientalist ANTON BAUMSTARK.[201] His work consisted more in the discussion of variant readings in a number of Eastern versions, and in examining the Diatessaric links of various harmonies. He was also a strong advocate of the existence of a Latin 'Diatessaron' which mediated Tatianic readings to the gospels in Latin and in the vernaculars of the medieval West. A strong supporter of such views was the Dutch scholar DANIEL PLOOIJ who investigated the medieval Dutch harmonies[202] and initiated a commented edition of the manuscript text preserved at Liège. Both RENDEL HARRIS and VOGELS were his inspiration in this. The Jesuit scholar, LYONNET, worked on the search for the Old Armenian, and concluded that an Armenian 'Diatessaron' lay behind the oldest stratum of separated gospel texts in that field,[203] a view more recently criticized by the Estonian ARTHUR VÖÖBUS[204] and the Dane HENNING LEHMANN.[205] JOSEPH MOLITOR, who produced a whole series of philological aids to the better knowledge and understanding of the New Testament in Georgian, also sought to highlight harmonistic features in the Georgian gospel text, with the implication that Diatessaric features were to be seen in these.[206] The latter arguments were not altogether convincing: more reasonably we may see such features present in the Georgian only as a heritage from the Syriac and Armenian ancestry of one stratum of the Georgian gospels. Earlier attempts to find evidence of a Georgian 'Diatessaron' were made by HARNACK and LAKE (neither of whom knew the language!) but recent research[207] has shown these views fallacious.

199 HEINRICH JOSEF VOGELS, Die Harmonistik im Evangelientext des Codex Cantabrigiensis (TU 36.1a), Leipzig, 1910.

200 ID., Die altsyrischen Evangelien in ihrem Verhältnis zu Tatians Diatessaron (BSt[F] 16.5), Freiburg im Breisgau, 1911.

201 PETERS, passim.

202 A Primitive Text of the Diatessaron. The Liège Manuscript of a Medieval Dutch Translation, Leyden, 1923; A Further Study of the Liège Diatessaron, Leyden, 1925.

203 See fn. 109 above.

204 EVV, ch. IV, The Armenian versions. 2. The Old Armenian versions, pgg. 138–159.

205 HENNING J. LEHMANN, Per piscatores. Orsordawkh. Studies in the Armenian version of a collection of homilies by Eusebius of Emesa and Severian of Gabala, Aarhus, 1975.

206 Synopsis Latina evangeliorum ibericorum antiquissimorum (CSCO 256: subsidia 24), Louvain 1965; ID., Tatians Diatessaron und sein Verhältnis zur altsyrischen und altgeorgischen Überlieferung, OrChr 53 (1969), pgg. 1–88; ID., id., ibid., 54 (1970), pgg. 1–75; ID., id., ibid., 55 (1971), pgg. 1–61.

207 J. NEVILLE BIRDSALL, The 'Martyrdom of St. Eustathius of Mzketha' and its links with the Diatessaron, NTS 18 (1972), pgg. 452–6; ID., New Testament Textual Criticism. Its Significance for Exegesis, Essays in honour of Bruce M. Metzger, edd. E. J. EPP and G. D. FEE, Oxford, 1981, pgg. 313–324: 'Diatessaric readings in the 'The Martyrdom of St. Abo of Tiflis'?'.

4. Von Soden's theory (structure and faults)

We have already made lengthy mention of the work of Hermann Freiherr von Soden, the high hopes it raised and the disappointment which it occasioned.[208] On the basis of the work of his collaborators, and without reference to other theories, he analyzed the data, first using the textual forms in which the pericope about the adulteress (Jn. 7.53–8.11) is found. This led to the identification of two main types of text, the first being the 'text of the second millennium' which he called the Koine text. He further analyzed this into a number of sub-varieties. The second he identified in the great uncials (Sinaiticus, Vaticanus, and others), some minuscules, the Sahidic and Bohairic versions, and the quotations of a number of Egyptian fathers. These two texts are clearly, on the one hand, the text called 'Syrian' by Westcott and Hort, and, on the other, a text attested by the witnesses called 'Neutral' and 'Alexandrian' by them. Utilizing two references by St. Jerome to recensions of the Bible (one of which alluded to the Old Testament, however!), he ascribed the Koine text to the martyr Lucian of Antioch,[209] and the Egyptian text to Hesychius,[210] a more shadowy figure; these would be two recensions created in the third century. The rest of the material contained the Codex Bezae, manuscripts such as the Koridethi codex unknown to earlier scholars, and a mass of minuscules, generally with the type of text which Hort and others called 'mixed texts', the type of minuscules which often fell into family groupings such as the Ferrar group. Von Soden identified a number of other groups. These all he interpreted as the representatives of a third recension, named the I(erosoluma) text, identified with the recension ostensibly referred to by St. Jerome, linked with Origen but promulgated by Eusebius and Pamphilus again in the late third century. The distinctive peculiarities of the Codex Bezae which separated it from other manuscripts he explained partly by special editorial activity and partly by the influence of Latin and Syriac versions upon it. None of the witnesses to the I recension is without corruption from the Koine recension, the Eta group (roughly equivalent to family 1, established by Lake) being the best representative of I.

From these recensional texts, von Soden believed that he could work back to the text known from the earlier fathers, a text which he termed the I-H-K text. This he constructed by the application of three main criteria, namely 1. the elminiation of readings due to the influence of parallel passages; 2. the elimination (where the previous principle does not suffice) of readings

[208] For analysis and comment, reference may be made to Klijn, pgg. 36–52, ch. III 'Hermann von Soden'; Wisse, pgg. 9–18, ch. II 'Von Soden's Legacy'; Lake, pgg. 77–84.

[209] B. M. Metzger, Chapters in the History of New Testament Textual Criticism (NTTS IV), Leiden/Grand Rapids (Michigan), 1963, ch. 1, pgg. 1–41, 'The Lucianic Recension of the Greek Bible', cp. Aland Text (G), pgg. 74 ff.; Id. (E), pgg. 64–66, 172.

[210] Mémorial Lagrange, Paris, 1940, pgg. 245–250, Sir Frederic G. Kenyon, Hesychius and the Text of the New Testament. Contrast Aland Text (G) pgg. 75 f. and (E), pgg. 65 f.

(in the gospels) which conform to Matthew, as the favourite gospel; 3. otherwise, to follow the agreement of two of the three recensions. This should have given a text with which the Ante-Nicene fathers' quotations agreed. It is argued that Origen attests an I-H-K text: the apparent exceptions to this intepretation are ascribed to chance or to Origen's own free mode of citation and conflation of parallels (variations so caused are often found in the Codex Bezae, family 1 and the FERRAR group, all influenced by Origen). Obstinately, the still earlier evidence viz. Old Latin and Old Syriac versions, and quotations of Tertullian, Irenaeus and Clement of Alexandria, fails to give an evident I-H-K text. This is due to the corrupting influence of the 'Diatessaron' of Tatian, which VON SODEN considered to have existed in Greek (a view about which there was and is great debate). Such cutting of the Gordian knot might have found acceptance, had VON SODEN had evidence of the earliest form of the Harmony of Tatian: but it was clear that he accepted the text of the Arabic version of the Harmony as that earliest form. As it was already clear that the Arabic is based on a Syriac greatly influenced by the Peshitta, VON SODEN's argument lost all force (the Peshitta is, on his own estimate, influenced by the K recension!). Similar circularity of argument was observed in other stages of his analyses. Not only so, but the *apparatus criticus* given with his publication of his restored text also came under criticism from other points of view. His presentation of data (given in an analyzed form) often conflicts with his conclusions in the earlier volumes of introduction, without any explanation. His collations, too, often proved faulty and erroneous where they could be checked. Moreover, his new system of *sigla* for the manuscripts, and the method of citation in the *apparatus* make it frequently quite impossible to deduce the readings of the manuscripts.

Yet it must be stressed that the analysis of the Koine text, the identification of various minuscule families, and the statements about manuscripts in the introduction and the text-volume make his work, as the ALANDs have recently said "a necessary tool for textual critics".[211]

## 5. Stemmata and the notion of 'local texts'

WESTCOTT and HORT had considered their method to be a genealogical method, wherein lay a serious logical fault in their work, for they were tracing the genealogy of their reconstructed texts, and not the genealogy of documents, as their introduction suggests. It was, one may suggest, the reliance upon two manuscripts, Vaticanus and Sinaiticus, for the reconstruction of their 'Neutral' text, and upon one manuscript, the Codex Bezae, for their Western text, that may have led them astray here (even the best may be dazzled by their own brilliance!). It is then of interest that RENDEL HARRIS subtitles his study of the FERRAR group published in 1893,[212] "a lecture upon the genealogical

[211] ALAND Text (G), pgg. 32 f., ID. (E), pgg. 22 f.
[212] See fn. 196 above.

relations of New Testament MSS". We may wonder, in the light of all that has followed from his continuation of these researches, whether he perceived the illogical flaw in the work of his teachers and was tacitly correcting it by pursuing a new trail: it is impossible to tell, since, due to the conventions of the period his deference to them, even obsequiousness (a trait very evident in CHASE's prefaces and a private letter in my possession), is so great that it quite obliterates from public gaze any hint of criticism or difference. HARRIS followed up the observation of the Abbé MARTIN that a majority of the manuscripts in the FERRAR Group were written in Calabria, and strengthened this understanding of the group as witnesses to a text with a specifiable local origin. The younger KIRSOPP LAKE identified a similar group, namely "Codex 1 of the gospels and its allies",[213] suggesting for it the name of Family 1. The suggestion of a Constantinopolitan origin, once hypothetical, appears confirmed by the provenance of MS. 1582. LAKE's study of the family text showed that there is a number of minuscules, including those numbered 22 28 565 and 700, in addition to the two families identified by FERRAR and himself, which share a number of readings in common, but the affiliation of the readings which they have with others is their most distinctive feature. Some readings are shared with the witnesses to HORT's 'Neutral' text, others with the Old Latin and the Old Syriac, others with either of these, others with the older texts, but not the 'Syrian' (which LAKE was by then calling the 'Antiochian'); HORT had known that such witnesses as these had such a textual complexion, but regarded them as evidence of mixture, and their greatest value was seen as a source of 'Western' readings for which no earlier Greek evidence was to be found.

The stimulus to a different assessment came through the discovery of the Koridethi codex.[214] An uncial manuscript, even a late one, with this type of text, was held to give assurance that such a so-called 'mixed' text was of earlier origin and not the product of later mixture by some sort of accident. Already, VON SODEN had associated the Koridethi codex with the minuscule groups in his I-text, but, apart from the general problems of his analysis, he had complicated the issue by linking the Codex Bezae with this larger group. It was not until the third decade of the century that two independent publications indicated the possibility of a new analysis. These analyses had been made by KIRSOPP LAKE, by then in America, and the Oxford scholar, B. H. STREETER, LAKE's research was shared with ROBERT PIERPONT BLAKE, another Harvard professor, who was expert in the Armenian and Georgian languages. In an article[215] published in 1923, they made the collocation of the Koridethi manuscript and the minuscules previously studied, "reviving and adding to" the data which LAKE had earlier given in "Codex 1 and its allies". They believed at that date that they had identified a text, current at some point in the East,

[213] See fn. 36 above.
[214] See fnn. 17 and 18 above.
[215] K. LAKE and R. P. BLAKE, The Text of the Gospels and the Koridethi Codex, HThR 16 (1923), pgg. 267–286.

which was distinct from any text in the scheme of WESTCOTT and HORT. In a later publication, they appear to concede that this discovery arose out of examination and criticism of VON SODEN's theories. The publication of STREETER appeared in his book 'The Four Gospels' in 1924.[216] He was able to refer to the work of LAKE and BLAKE published in the previous year. He could even anticipate, through the courtesy of BLAKE, their demonstration of the links of the Old Georgian with the Koridethi codex and the minuscules, which was to appear at length in 1928. But clearly STREETER must have been at work on these data for some time. His text-critical works are few, either clustered about this point in time, or a decade later, when he felt that he must correct the tentative criticisms of the young TASKER.[217] Since the central and most important part of the book is its exposition and development of his solution of the Synoptic problem, it would appear a plausible suggestion that he turned to investigate textual problems since it was to textual criticism that he would turn to resolve the most serious obstacle to his opinions, namely the problem of the agreements of Matthew and Luke against Mark. Here STREETER, taking up an idea of BURKITT,[218] suggests that many agreements of the two, probably later, evangelists against Mark, their ostensible source, are in fact cases where the text of one of them has been corrupted by assimilation. In the manuscript tradition are to be found variant readings, which if adopted, would in fact lead to the disappearance of the apparent agreement. BURKITT, one may deduce, would have been happy to conclude that true readings might be found in any ancient text. STREETER is concerned in the textual theory he evolves to give a rational explanation of how this might be. This he provides in the theory of local texts.

According to this reconstruction, the text of the gospels lies before us in several different forms which are in their origin the text as preserved in each of the great Christian centres which became the great sees. The Neutral and Alexandrian texts of HORT's system are in fact variant forms of the text in the see of Alexandria. The Western text is in fact no unity but is in its African Latin form the text of Carthage in which the ancient Roman text has found its preservation, while the European Latin, although it has a Roman constituent, preserves in its distinctive readings, the text characteristic of the see of Ephesus. The Old Syriac transmits the text of Antioch. The text identified in the Koridethi codex and its minuscule allies must then be the text of some ancient Christian centre. But which? STREETER found the answer in data already alluded to by GRIESBACH, namely that Origen did not always quote the gospels in the same textual form in commentaries written at different times. Examining these assertions and the data on which they were based, led STREETER to state

216 BURNETT HILMAN STREETER, The Four Gospels. A study of origins, treating of the manuscript tradition, sources, authorship and dates, London, 1924 (fourth impression, revised, 1930; fifth impression, 1936).

217 See METZGER, Bibl. numm. 737 and 748 (TASKER); 965 and 746 (STREETER).

218 F. CRAWFORD BURKITT, The Gospel History and its Transmission, (third edition) Edinburgh, 1911, pgg. 42–52.

that the change coincides with Origen's move from Alexandria to Caesarea: he claimed that in the first five books of the Commentary on St. John (written before the move in AD 231) a Neutral text of Mark was quoted, and in the remaining books, and in the Commentary of St. Matthew a text like that of the Koridethi codex and the related minuscules: these latter works were written after the move to Caesarea. He is led to the conclusion that Origen is using from the time of his migration the 'old text of Caesarea'. Hence the common text of the Koridethi codex and its allies was accorded the name of the 'Caesarean Text'. Thus the early Christian world was ringed by a circle of texts, the Alexandrian, the Caesarean, the 'old text of Antioch' (now known through the Old Syriac), the Ephesian text (known in a corrupted form in the 'European Latin'), the Roman text (known in the 'African Latin').[219] The Byzantine text (as STREETER called the formerly named 'Syrian' or 'Antiochian' text) and the 'Latin Vulgate' of St. Jerome were later Standard texts. The Byzantine text stems from the revision attributed to Lucian the martyr of Antioch:[220] the Hesychius to whom St. Jerome ascribes another recension remains unidentified as does the recension made by him.

The line of research was taken forward by a Harvard triumvirate of KIRSOPP LAKE, R. P. BLAKE and SILVA NEW.[221] Their contribution was twofold. They firstly brought to the attestation of the 'Caesarean Text', Oriental versions. The Georgian was just coming to light outside the Russian domains, largely due to the work of BLAKE, who made known what was being done in Georgia and Russia, and himself published the Georgian gospels from three manuscripts.[222] He showed that in Mark many readings were shared with the text of the Koridethi manuscripts and its allies. Behind the Georgian, he postulated an Armenian; this he believed to be lost however, as it was not to be found in the only critical Armenian text, known to him in the edition of ZOHRAB. The third version introduced by them into the discussion was the Palestinian Syriac, which they believed to be 'a debased representative of the Syriac which underlies the Armenian' (viz. the postulated Armenian of their reconstruction of the ancestry of the Georgian). SILVA NEW investigated the marginal notes of the Harklean Syriac, in the hope of finding traces of this lost version in Syriac, but her results are inconclusive.

Secondly, LAKE and his associates revealed that the data of Origen's quotations from Mark in the works under question was not in fact to be so readily linked with the date of his migration to Caesarea. According to their analysis of the textual data from the gospel of St. Mark, dating these by the facts of Origen's biography as we know them, it transpired that he already used the 'Caesarean Text' at times, while still resident in Alexandria, and the 'Neutral Text' at times, after his migration. Analogously to the 'Western Text' and the 'Neutral Text', the nomenclature of the 'Caesarean Text' lost its

219 Op. cit. (fn. 216), chs. III and IV.
220 Ibid., ch. V.
221 The Caesarean Text of the Gospel of Mark, HThR 21 (1928), pgg. 207–404.
222 See fn. 116 above.

ostensible meaning almost as soon as it was coined. Like those terms, we can understand its origin, and can agree that the data which it was intended to interpret have some relation to the locality (or quality) which the adjective denotes: but it is basically misleading, and has misled not only beginners, but expert practitioners too.

## 6. The breakdown of the theory of 'local texts'

F. C. BURKITT was critical of STREETER's work from a methodological viewpoint. Reviewing 'The Four Gospels' he wrote,[223] "My chief objection to speaking of 'the Caesarean text' is that this term gives apparent definiteness and consistence to a set of 'various readings' that remain to me obstinately disparate and amorphous", while admitting that the sub-groups within the Caesarean family do exhibit individuality. STREETER replied in the sense that by 'text' he did not mean 'recension' but the "majority of readings which are either peculiar to, or only rarely found outside, this group of authorities".[224] We may note that the Harvard scholars admitted that "the Caesarean text was never a definite entity like the Vulgate or the Peshitto" and drew an analogy with the Old Latin sub-group known as the European Latin, of which they said (rightly) "the MSS. of the European Latin can be easily recognized as neither African nor Vulgate; they were used at one period in one place but they are full of variation".[225] BURKITT, very interestingly, as the debate proceeded, in a review of the Harvard monograph, wrote, "It is easier, from some points of view, to reconstruct the original than some half-way house like the 'neutral' or the 'Caesarean' text that contains some corruptions but not all".[226]

From that point, the development of theory might have taken straightway the directions which it has more recently followed, namely the investigation of methods of establishing with precision the relationships of individual manuscripts, and the practice of rational criticism in choosing original readings from the whole gamut of manuscript sources. But it did not: BURKITT died shortly after the debates mentioned, and in any case was never a theorist on a large scale. STREETER, a slightly younger man, died in an air accident, and in all probability would have remained wedded to his creature, as we are all wont to do.[227] LAKE published in 1941, with the former SILVA NEW, now Mrs. LAKE, a definitive study of the text of Mark[228] in the FERRAR group where

223 JThS 26 (1924/25), pgg. 278 – 294: quotation from pg. 284.

224 Ibid., pg. 375 (in an article answering BURKITT's criticism, pgg. 373 – 8, with a rejoinder by BURKITT, pgg. 378 – 380).

225 Op. cit. (fn. 221 above), pg. 326.

226 JThS 34, pgg. 363 – 368: 'The Chester Beatty papyri': quotation from pg. 367.

227 For STREETER's response when a younger scholar challenged him, see the controversy in the articles noted in fn. 217 above.

228 Family 13 (The FERRAR Group), (StD XI), London and Philadelphia (Pennsylvania), 1941, pgg. 7 f.

they make some theoretical observations which show a perception of what was happening to the concept of the 'Caesarean Text', while in an essay in the 'Mémorial Lagrange'[229] of about the same time, the LAKES state that the denomination of 'Caesarean' was perhaps bestowed 'too hastily'.

STREETER and those who espoused his theory considered some of the manuscripts which they laid under contribution to be 'stronger' witnesses to the Caesarean text than others. The Koridethi codex and the minuscule 565 led the file with the Old Georgian version, followed by family 1, the FERRAR group, 28,700 and the Freer codex (W) (in chapters 5.31–16.8 of St. Mark only). Other witnesses were the various minuscules and families which had been identified by the analyses of VON SODEN. Change in this perception was brought about by the discovery and examination of the CHESTER BEATTY papyrus of the gospels in 1933 and the following years.[230] For the concepts 'strong' and 'weak' imply that those points at which the family 1 and the rest differ from the Koridethi codex and 565 are points at which their text has been corrupted by contamination, usually by the Byzantine text, in the course of centuries. But now, in the text of a third century papyrus, there is a witness which shares a number of these points of difference against the attestation of the stronger members. The chronology will not bear the notion of corruption. An interpretation of the data which could suggest a resolution of the problem was first proposed by a Spanish Biblical scholar, TEÓFILO AYUSO MARAZUELA, writing in 1934 and 1935. In the first, he compared the text of p45 with the witnesses to the 'Caesarean Text' and showed that there was a closer affinity than the edition by KENYON had intimated.[231] In the second,[232] he indicated the correlations with the various witnesses, analyzing them into the groupings p45, W, 28, family 1, and the FERRAR group, and as a second group, Θ 565, 700, Origen, Eusebius, the Georgian version, the Armenian version, and perhaps (in his view) the Sinaitic Syriac. p45, being Egyptian, is of the third century and antecedent to Origen. He suggests that the group headed by the papyrus presents a text, which had arisen in Egypt, and may be called the 'pre-recensional Caesarean'; the 'recensional Caesarean' was due to recensional work by Origen. In both the 'Western' and the 'pre-recensional Caesarean' we encounter the text of the second and third centuries, and their united witness 'can have decisive value'.

It is unlikely that outside Spanish speaking and Roman Catholic scholarly circles, these significant articles were known, until B. M. METZGER brought

[229] See fn. 210 above, pg. 255.

[230] STREETER, however, considered the text of the papyrus a "welcome vindication of the critical methods employed by us (viz. LAKE and himself) in the reconstruction of this very ancient text", The Four Gospels (fifth impression, 1936), pg. viii.

[231] El texto cesariense del papiro de Chester Beatty en el Evangelio de San Marcos, EstB 4 (1934), pgg. 268–281 (inaccessible to the present writer: details from B. M. METZGER, Chapters in the History of the New Testament Textual Criticism, Leiden, 1963 [see fn. 209 above], pgg. 124 f. and fn. 6).

[232] ¿Texto cesariense o precesariense? Su realidad y su trascendencia en la critica textual del Nuevo Testamento, Bib. 16 (1935), pgg. 369–415.

them to light in an article of 1947.[233] It is the more significant then that similar views were expressed by the LAKES in a brief passage in the study of the FERRAR group published in 1941.[234] But the notion of recensions (in the strict sense of an editorially produced text, based on particular principles of choice) appears to have died hard. LAGRANGE,[235] who may be described as the father of rational criticism in the modern study of the New Testament text, still presents his data and conclusions under the heads of recensions (even though he is rather sceptical of the existence of the 'Caesarean Text' and the methods of its 'discoverers'). At later dates, the Spanish Jesuit JOSÉ-MARIA BOVER sought to identify a Caesarean text of the Pauline Epistles in one of VON SODEN's sub-divisions of the I-text,[236] and the Canadian MURIEL CARDER, such a text for the Catholic Epistles.[237] Some studies of the lectionary text still dealt in such categories, especially that of the 'Caesarean Text', as did the present writer's early study on the complexion of the quotations of the Patriarch Photius.[238] The hand editions which derive from the work of EBERHARD NESTLE, up to the twenty-fifth, utilize the *sigla* H and K (in the older form of printed German), which suggest if they do not imply Sodenian notions and identifications of recensions. In several recent studies of quotations, the 'Caesarean' category has been invoked.

Some recent studies have highlighted the inadmissibility of the strict notion of recension to the interpretation of the data. In a study of 1981, LARRY HURTADO subjected the 'pre-Caesarean Text' to scrutiny, especially in regard to the affiliation of the chapters 5–16 of Mark in the Freer Codex (W) to the other witnesses ascribed to that group.[239] He finds a close relationship with p45, and one somewhat less close with family 13 (the FERRAR group): but, judging by strict criteria defining relationship which he takes from COLWELL and TUNE, concludes that no relationship in any meaningful sense can be postulated with the Koridethi codex, 565 and 700. If he be right, then the latter group cannot have come into existence as a recension of the former. It would even seem that W p45 and the FERRAR group, although they have much in common textually, cannot properly be considered a 'text'. HURTADO, again utilizing concepts and methods of COLWELL, sees each manuscript as a separate entity, distinguishable by specific scribal characteristics, their common ground explicable in the textual base of which they are each a modification. In spite of freeing himself from the 'Caesarean' and 'pre-

233 Recent Spanish contributions to the Textual Criticism of the New Textament, JBL 66 (1947), pgg. 401–23 (reprinted as noted in fn. 231 above).

234 See fn. 228 above.

235 See fn. 110 above.

236 Novi Testamenti Biblia graece et latine. Critico apparatu aucta, edidit JOSEPH M. BOVER, S. I. Editio tertia, Matriti, 1943. Prolegomena, pg. LIII.

237 M. M. CARDER, Evidence for a Caesarean Text in the Catholic Epistles, NTS 16 (1969), pgg. 252–270.

238 The text of the gospels in Photius, JThS n. s. 7 (1955), pgg. 42–55; 190–198.

239 LARRY W. HURTADO, Text-critical methodology and the pre-Caesarean Text: Codex W in the Gospel of Mark (StD 43), Grand Rapids (Michigan), 1981.

Caesarean' texts, however, HURTADO continues to speak of Western, Neutral and Byzantine texts as if they were definable unities.

To mention HURTADO is to anticipate chronologically, but focuses attention on the complex of questions which were emerging under the guise of the 'discovery' of the 'Caesarean Text'. The nub of the complex is the presence in manuscripts of forms of words (or 'readings') which appear to indicate the relationship of the text of the manuscript to some other form of the text constructed by analysis, whether it be deemed the 'original text' or some intermediary form which is thought to have existed, as a 'recension' for example. These are abstract entities, whereas the manuscripts which transmit the data from which the abstracts are constructed are objective entities. Until recently, there arose not infrequently a confusion between these two types of focuses of research, so that the 'Caesarean Text', in the instance we have been reviewing, has been thought of in as concrete a way as the Koridethi codex or manuscripts of the FERRAR group. But this is misleading. The manuscripts lie available in libraries, and we have photographs or written records of the text in them. Between these we may establish, on occasion, relationships which have been called 'bibliographical', such as that one was copied from another, and so on. This does not necessarily correspond to the way in which the different textual forms (or 'states of text', as the current terminology has it) evolved from one another. The increasing problems of the Caesarean school of research seem, on reflection, to have sprung from the lack of this distinction. The 'Caesarean Text' was deemed to have existed because of a marked community of reading between the Koridethi codex, the minuscules 565 and 700, and the quotations of Origen in certain of his works and of Eusebius generally. The chronology of the composition of Origen's works was thought to give a *terminus ante quem* for the recensional creation of this. The 'Text' was thought to be a conflation of readings of the 'Neutral' and 'Western' texts. The other minuscules were known, bibliographically, to be later, and their differences with the reconstructed text were observed to agree with the Textus Receptus, taken to be representative of the Byzantine Text. They were therefore defined as instances of the Caesarean Text weakened by corruption by the dominant Byzantine Text of the later centuries. The further analysis of Origen's quotations had weakened the data of the theorization, but could be explained by the assumption that the 'Caesarean Text', having been used in Egypt by Origen, and the 'Neutral Text' having been used in Caesarea by him, each had an origin earlier than he. The 'Caesarean Text' therefore did not owe its creation to him, but was simply adopted by him, deliberately or not. But the anticipation was that if an Egyptian witness to the 'Caesarean Text' were to be found, it would be of the type of text shared by Origen with the primary group of 'stronger' witnesses. The CHESTER BEATTY papyrus of the gospels, p45, was found however to be allied textually to the 'weaker' witnesses. While there were ways to be found out of the theoretical problems which now arose, and while the notion of the recensional creation of the 'Caesarean Text' was still a possibility (this time, out of the 'pre-Caesarean

Text'), it became clear that the whole set of theoretical abstract notions was in the melting pot, and hence the interpretation of the data in general.

## 7. Statistical and taxonomic models of analysis

It was against such a background that new methods were devised, or old methods more generally embraced. The post-war projects of compiling a new *apparatus criticus* for the New Testament were a focus for the investigation of the question of correctly grouping manuscripts and indicating their affiliations. There had already been a number of tentative blazings of the trail.[240] As a prolegomenon to the establishment of the text of the 'Latin Vulgate', Dom HENRI QUENTIN had devised a 'rule of iron' for finding the original text, or rather "the nearest form of text to the original that we can reach with extant manuscripts". He declares that embarking upon his task, he knows neither errors nor common faults, nor good readings nor bad, but only different forms of text. Then by a method resting upon the rigorous use of statistics, he discriminated families and classified the manuscripts which composed them, finally classifying the families themselves. He had already selected seventy manuscripts from amongst the hundreds in existence, and based his analysis upon collations of eight chapters from amongst the 235 of the 'Octateuch', with which he was concerned. His 'rule of iron' sought to find by comparisons of triads of manuscripts the one which is mediator between the others: and by such a lengthy process to reduce the number of manuscripts with which he must deal to establish the original text, to three. The method was criticized by other Catholic Biblical scholars, and was not used beyond the first three books of the 'Octateuch'. The work was however a pathfinder in modern textual criticism of many literatures. Sir WALTER GREG, an English medievalist, attempted to devise a 'calculus of variants'. ARCHIBALD HILL, a linguist, and more recently, VINTON DEARING, an editor of Dryden, have all contributed to statistical methods for the establishment of a text. (It is to DEARING that we owe the distinction drawn above between bibliographical and textual schemes. He considers that a rigorous method may be devised by which a text may be established in its original form. A historical reconstruction related to actual manuscripts known or unknown he does not attempt. This has puzzled so eminent an exponent of New Testament textual criticism as B. M. METZGER:[241] but surely, as we have intimated above, the problem of knitting the two

[240] For the whole theoretical development of method, surveyed magisterially, the work of JEAN DUPLACY should be consulted: Classification des états d'un texte, mathématiques et informatique: repères historiques et recherches méthodologiques, RHT 5 (1975), pgg. 249–309 (rp. DUPLACY, pgg. 193–257); ID., Préalables philologiques à la classification automatique des états d'un texte, Colloques internationaux du C.N.R.S. 579 (Paris, 1979), pgg. 23–33 (rp. DUPLACY, pgg. 279–292).

[241] METZGER, Text, pgg. 168 f.

aspects together is the unsolved problem of the art. Perhaps the division of the two aspects and the seeking of solutions to the separate problems may be a necessary moratorium before they can again be treated together.)

In parallel with these general theoretical developments there were others more specifically linked in their origins to the problems encountered by critics of the New Testament, who have to analyze large numbers of manuscripts with a relatively high number of variations. The process begins in 1911 with a small book[242] by a parish priest, E. A. HUTTON, who sought to devise a method of locating manuscripts. He hit on a method of identifying, throughout the whole canonical corpus, places where there was to be found triple variation. He did not use all such places but limited himself to those places where the variation was distinctive of the three text-types of the classical Hortian scheme, 'Neutral', 'Western' and 'Syrian'. This was an important beginning, as F. C. BURKITT appears to have discerned, since he contributed a few pages of notes on the passages selected by HUTTON, and used them to make some general comments on the Hortian scheme. The virtue of HUTTON's work was that especially in the case of the 'Syrian text' it gave opportunity to see specific agreement of a witness with that, rather than obliging the investigator to rely simply upon the silence of his collation as indicating 'no variation against TR'. The work had no successor for many years until in 1959, the American E. C. COLWELL published a paper on 'Method in locating a newly discovered manuscript within the manuscript tradition of the Greek New Testament',[243] the result of collaboration between him and MERRILL M. PARVIS. They changed the coverage of the list of variations from triple to multiple variations, and extended their coverage beyond those passages alone where the major text-types were revealed. This, as COLWELL emphasises, is a preliminary step. When the initial location has been suggested by use of such a list of passages of multiple variation, the new witness must be further tested to discover its agreement with a list of distinctive readings of the text-type to which it ostensibly belongs, and the percentage of agreement with that text-type within the total quantity of readings derived from a representative sample of all text groups in a specific block of text. Such percentage must, of course, be high to admit a definite allocation of the new witness to such a group.

COLWELL and a number of his students developed this method further, leading to the Profile Method (often called the Claremont Profile Method, from the institution in California where COLWELL ended his academic career). This was developed in part to provide a rational selection of Greek minuscule manuscripts for inclusion in the *apparatus criticus* of the Gospel of St. Luke which the International Greek New Testament Project[244] (an Anglo-American collaborative venture) was preparing in the mid-century. It arose from the observation, that, whereas there are some well defined groups of minuscules

[242] An Atlas of Textual Criticism being an attempt to show the mutual relationship of the authorities for the text of the New Testament up to about 1000 A. D., Cambridge, 1911.

[243] TU 73 (Berlin, 1959), pgg. 757–777 (rp. COLWELL, Studies, pgg. 26–44).

[244] See fn. 73 above.

such as the FERRAR group, which have distinctive singular readings, there are other groups which are identified, not by singular readings, but only by the distinctive selection of possible variations which they have in common. Based upon the type of analysis of the data developed in the 'Multiple Method' (as the earlier approach was generally called, from its initial step – much to COLWELL's annoyance, as his *obiter dicta* in a number of papers show), it introduced other refinements, and was used to select the 128 minuscules which are quoted in the IGNTP edition of 1984–1988. Another example of such a method is to be found in the work of W. L. RICHARDS[245] on the classification of the manuscripts of the Johannine Epistles, published in 1977. It has also been adopted, as I am informed, for analyzing manuscripts of the Septuagint version of the Psalms.[246]

The 'Multiple Method' deals in well defined or definable groups of manuscripts, in a much more subtle manner than the recensional analyses of HORT or VON SODEN or the various reorganizations of the textual data which characterized the evolution of the researches on the 'Caesarean Text': nevertheless, it is with groups that it deals, and not with individual manuscripts, or rather, the 'states of text' which they present. Here many present us with cases of contamination, that is, where characteristic variants of more than one definable group are mingled together. New approaches proper to defining the relationship of such states of text have been made by the Oxford classicist J. G. GRIFFITH[247] and the French Biblical scholar JEAN DUPLACY.[248] Each working with editorial concerns in mind, their methods, as well as being interconnected also owe something to the more abstract approaches of QUENTIN and his successors. The examples which they have each produced are based upon a predetermined number of 'states of text', which are compared by reference to a certain number of places or points of variation. GRIFFITH used fifteen manuscripts of the gospels in three passages. DUPLACY utilized lists drawn up by other scholars in previous essays of classification, with larger numbers of manuscripts and more points of variation. The differences between the 'states of text' are transmuted into percentages of agreement, the resultant presentation taking the form of a grid in which a gradual movement from one state of text to the next, and so on, may be perceived, something in the manner of the presentation of a colour spectrum. This is only approximative: a representation nearer to the reality of a number of 'states of text' and their distance each from all the others, would be in the form of a multi-dimensional space. DUPLACY has experimented in ways of reducing this (highly abstract even for the mathematician) to other forms of diagrammatic representation on the two-dimensional page. Since, in dealing with twenty-seven 'states

245 The Classification of the Greek Manuscripts of the Johannine Epistles (SBL Dissertation Series 35), Missoula (Montana), 1977. See also WISSE for an exposition of the Profile Method.

246 For COLWELL's methods and their development, see COLWELL, chs. I–VI.

247 DUPLACY, pgg. 211–214 (s. anno 1969), pg. 257 (s. anno 1973).

248 Fn. 240 above.

of text' a Euclidean space of twenty-seven dimensions is to be envisaged, the complexity to be anticipated in dealing with the five hundred states of text which must be analyzed e. g. in editing the text of the Catholic Epistles may be imagined. For the full calculation of the relationship of such – and even greater numbers – of 'states of text', recourse must be had to the abilities now at our disposal in the computer. To this, literary and textual scholars dealing with many diverse subjects are giving their attention. While we have exploratory work such as that we have indicated, the full application of these resources to the textual criticism of the New Testament has not been achieved.

## 8. Eclecticism, its antecedents and modifications

We have noted that F. C. BURKITT was sceptical of the value of tracing relationships of manuscripts, and of the reconstruction that STREETER and the LAKES made on such bases. It was easier, said he, to reconstruct the original text than some halfway house.[249] In earlier works he had suggested that the original might be found, not uniquely in the agreement of Codex Vaticanus and Codex Sinaiticus, but that there might be places where we had no right to reject (as a candidate for originality) the reading in which the oldest Syriac and the oldest Latin agree,[250] while in another place[251] he questions, perhaps rhetorically, whether it is not possible that a reading known from manuscript 1, and the Sinaitic Syriac is original. (Later discovery added other Greek manuscripts and the Old Georgian to the attestation of this variation at Mark 10, verses 11 and 12). BURKITT was judging here partly at least upon grounds of congruity of the reading in question with the historical circumstances of Jesus's ministry. The Oxford scholar C. H. TURNER[252] drew attention to the factor of Marcan usage as a possible criterion for judgement between readings. It was following such scholars that more recently G. D. KILPATRICK[253] became the chief advocate of rational criticism. He often drew attention to the classical scholar A. E. HOUSMAN as an exponent of this method in the area of Latin poetry, and to MARIE-JOSEPH LAGRANGE as the New Testament critic who had exemplified the possibilities of the approach. The method turns its back,

[249] Fn. 226 above.

[250] The Biblical Text of Clement of Alexandria in the four Gospels and the Acts of the Apostles, collected and edited by P. MORDAUNT BARNARD, with an introduction by F. C. BURKITT (TaS V. 5), 1899, Cambridge, pg. xix.

[251] See fn. 100 above, op. cit., Vol. II, pg. 250 *re* Mk x 11, 12.

[252] Marcan Usage: Notes, Critical and Exegetical, on the Second Gospel, JThS 25 (1923–1924), pgg. 377–386; ID., ibid., 26 (1924–1925), pgg. 12–20, 145–156, 225–240; ID., ibid., 27 (1925–1926), pgg. 58–62; ID., ibid., 28 (1926–1927), pgg. 9–30, 349–362; ID., ibid., 29 (1927–1928), pgg. 275–289, 346–361; ID., A Textual Commentary on Mark I ibid., 28 (1926–1927), pgg. 145–158.

[253] For the late G. D. KILPATRICK's bibliography to 1974, see the Festschrift in his honour: Studies in New Testament Language and Text, edited by J. K.ELLIOTT (NT. S vol. XLIV), Leiden, 1976, pgg. 4–13. For his collected papers (1990) see infra, pg. 193.

in KILPATRICK's hands, on the problems of the history of the tradition and the relationships of manuscripts, and seeks, on internal grounds alone to judge which reading is original. He argued that we may find the explanation of variation in a number of factors, e.g. palaeographical errors, where some combination of letters was mistaken for another superficially similar; or where there were mistakes of omission through the similarity of the beginning or end of phrases: linguistic development, where similar or identical pronunciation led to confusion of homophones; correction of harsh original, roughly translated perhaps from an Aramaic oral tradition, and later accommodated to a more sophisticated sense of Greek style; or there may be cases where the original terminology of New Testament writings in technical matters such as weights and measures, official titles, topography etc., was inaccurate, or at a later date appeared to be inaccurate, and lent itself to correction. Later KILPATRICK stressed particularly that in his view a factor deeply influential in the corruption of the text was the Atticizing movement amongst Greek critics of the second century. They sought to bring literary language back from closeness to the contemporary vernacular to conformity with the standards of classical Attic literature. Where variants are found in the New Testament, they may not infrequently be explained from the contrast of the Attic norm with the Hellenistic, which can be illustrated from the handbooks and lexica of the Atticists. In such cases, the original will be the Hellenistic form, the Atticizing form the correction. KILPATRICK's pupil, J. KEITH ELLIOTT, has continued this line of critical assessment.

The assumption of this approach, as practised by the two scholars named, is that the original reading will be found anywhere amongst recorded variants of the New Testament text. For example, KILPATRICK can argue[254] that since, in five out of seven instances, there is Greek evidence for such a form of words as τῷ ἀγγέλῳ τῷ ἐν Ἐφέσῳ ἐκκλησίας, in the 'letters to the seven churches of Asia' (Revelation 2.1; 2.8; 2.12; 2.18; 3.1), we should restore the same form at 3.7 and 3.14 although the evidence for it is found only in versions (Armenian, Syriac and Latin). It is known to have been the style of the author, and it is the harder reading which lent itself to correction and thus the versional evidence even for a matter of syntax in a Greek document, must carry weight. KILPATRICK's scholarship was such that he always pursued his method with full awareness of the data and with great circumspection; it goes without saying that his method is as open to misuse in the hands of his followers, as was the method of HORT (as we have pointed out above).

Others have sought to combine rational criticism with assessment of the worth of manuscripts. This was the procedure of the work of LAGRANGE.[255] Using the criteria of rational criticism he reached the conclusion that the recension headed by Codex Vaticanus was generally to be accepted on the criteria which he proposed. There could be mistakes, but these were less likely

[254] Professor J. Schmid on the Greek Text of the Apocalypse, VigChr XIII (1959), pgg. 1–13.

[255] See fn. 110 above.

to be found in witnesses of that type than elsewhere. A similar approach is found in the work of GÜNTHER ZUNTZ, a classical philologist who also turned his attention to a number of questions of New Testament textual criticism.[256] His combination of rational criticism with a careful study and assessment of the manuscript tradition is found in his lectures 'The Text of the Epistles'. Here he begins from the earliest document, namely the CHESTER BEATTY papyrus of the Pauline Epistles, p46, and by internal criticism demonstrates where this papyrus, and its allies amongst later uncials, minuscules and versions, has preserved the original text, and where it has been corrupted. In spite of the presence of such corruption sporadically, he perceives a scholarly tradition at work, within which early Christian scholars have shown themselves aware of the problems of transmission and have applied their skills to the preservation of the text, with a high incidence of success. He would place this as early as AD 100, and considers that we have reason to believe that Alexandria was one locus of such Christian philology. The present writer attempted a similar approach to that of ZUNTZ in studying the BODMER papyrus of Luke (p75),[257] where it was found that in comparison with another early papyrus (p45) the BODMER papyrus usually preserved a form known to have been the vernacular of the early centuries, whereas the other document made various changes, some of which can be seen to coincide with literary criteria of the day. Both documents are Egyptian, which underlines the fact that it is not the origin of a manuscript but only its contents which can indicate whether it stands in a good or a corrupt tradition. Linked with wider assessment of the importance of p75 on these grounds, must be the demonstration of C. M. MARTINI S. J.,[258] that the BODMER papyrus of Luke and John is so closely related to Codex Vaticanus in text that it must be considered to be a closely related member of the same family (although it cannot be the direct ancestor of the Codex).

### 9. The peculiar problems of the Acts of the Apostles

Most of the theories here surveyed have been based on work on the text of the gospels. There has also been much work on the peculiar problems of the 'Acts of the Apostles'. Here the contrast of the text of the ancient manuscripts which were known to HORT, namely the Codex Vaticanus and its allies, and the Codex Bezae, is strikingly greater than anywhere else within the New Testament. In the Codex Bezae, whose support is in the ancient

[256] The Text of the Epistles. A Disquisition upon the *Corpus Paulinum*, by G. ZUNTZ (The Schweich Lectures of the British Academy, 1946), London, 1953.

[257] Op. cit., fn. 253 above: pgg. 39–51: J. NEVILLE BIRDSALL, Rational Eclecticism and the Oldest Manuscripts. A comparative study of the Bodmer and the Chester Beatty Papyri of the Gospel of Luke.

[258] CARLO M. MARTINI, S. I. Il problema della recensionalità del codice B alla luce del papiro Bodmer XIV (AnBib 26), Roma, 1966.

versions and the quotations of early fathers, there are a series of longer passages, by comparison with the Vaticanus: these often add matters of detail, and sometimes alter the sense of passages considerably. HORT's answer here was as elsewhere.[259] The 'Western Text' of the Codex Bezae and its allies, is a second century corruption of the text in the days before it was treated with due reverence as scripture. Yet, again in concert with the data elsewhere, he must admit that the earliest patristic evidence is on the side of the longer text. The text of the majority was seen as a conflation, partially revised, of these two older texts. The movement of theory in the following century has been directed to the resolution of the problems of the data and the shortcomings of the Hortian construct.

In the great work planned by F. J. FOAKES JACKSON and KIRSOPP LAKE on the Beginnings of Christianity[260] (but never carried beyond the first part, dealing with the Acts of the Apostles), the Harvard scholar JAMES HARDY ROPES contributed as volume III, a study of the Text of Acts, which appeared in 1926. ROPES appears to have considered everything afresh with encyclopedic coverage and massive learning, and came down in the end on the side of a theory not unlike HORT's. The text of the 'Old Uncials' (i. e. of Codex Vaticanus, Codex Siniaticus, and some others) is nearer to the original text of the Acts than that of the 'Western Text' (as he still calls it). This is not to deny corruption at places in the Old Uncials and residual originality at places in the 'Western' tradition, but the relative weighting is as given. The majority text (in ROPES' terminology, the Antiochian Text) is a revised conflation. In his concluding summary, ROPES also speaks of the 'Caesarean Text' of Acts, on the one hand stating that it is still a subject of inquiry in many respects, but on the other indicating that "in an ample body of manuscripts dating from the tenth century on there is contained a group of texts made up of excellent ancient readings, partly non-western, partly 'Western'", in which he thinks that the 'Caesarean Text' may be discerned. This possibility was never followed by him or others in this form: whatever the theory, there is such a body of data and it still demands attention from some competent scholar.

ROPES needed to take account of the theories of FRIEDRICH BLASS and THEODOR ZAHN, who argued for an interpretation of the data in the sense that the author of the Acts produced two editions of his work. The 'Western Text' is the first edition, which St. Luke has revised to give it greater conciseness. This theory, although superficially attractive, has not stood the test of time: it founders on the examination of the variants between the two texts, which shows that in a number of cases the picture of what took place is different in the two forms, and that in others the 'Western Text' rests on a misunderstanding of the non-western. ROPES gives a discussion with indication of the many other scholars who have dealt with these problems in even greater detail.[261]

259 WH. Notes on Select Readings (Acts), pgg. 92 – 101 (these notes are paginated separately from the Introduction in the same second volume).

260 See under BC amongst abbreviations at the head of footnotes.

261 ROPES, op. cit., pgg. ccxxvii – ccxxxi.

A paper of GÜNTHER ZUNTZ given in 1939, but not published until 1972, also argues for the originality of the text of the Old Uncials.[262] His treatment of the data of the 'Western Text' has some differences which are perhaps dealing with the unsolved questions of ROPES. He has a new witness to take into account, namely the CHESTER BEATTY papyrus of the Gospels and Acts, p45, which had come to light in 1933. This manuscript's text, in his view, belongs to that element of the 'Western Text' which ROPES suggested would be of great value if recovered.[263] ZUNTZ puts it that the readings of the group (to which p45 may be affiliated) are remnants of the original text, while the other elements of the 'Western Text', which are not reflected in the papyrus, are the product of retranslation, from the Syriac, of an ecclesiastical adaptation, namely, the lectionary-text of the oldest church of Edessa. It would appear from his final paragraph that although the current authentic text of the second century was that form of the 'Western Text' to which p45 bears witness, the genuine text is not to be identified with that. Rather, 'something like a miracle' brought the genuine text of the New Testament through the danger zone of the second century. "It was performed by the co-operation of Greek philological scholarship, centred at Alexandria, and imperturbable Roman sobriety". But although ZUNTZ developed this understanding in the case of the Pauline Epistles, he said no more on the Acts than the essay here referred to.

A. C. CLARK was a Latinist whose work on the text tradition of Cicero and other Latin authors led him to the perception that many textual differences are due to omissions with a constant of length in terms of letters. This he was at first inclined to ascribe to accidental omissions of manuscript lines, but later found that deliberate abbreviation explained other cases. Always interested in the textual questions of the New Testament, he first suggested accidental omissions of lines of the same length or its multiples as an explanation of the chief differences of the gospel texts:[264] but in his work on Acts[265] he is writing after his realization that deliberate abridgment is known elsewhere. Applying this to the textual problems of Acts, he believed himself to have shown that the majority of differences between the text known in Codex Bezae and that of Vaticanus and its allies may be explained as omissions of whole lines in the Codex Bezae. That manuscript is written in sense lines, and not in a fixed number of letters per line. He brought out an edition of the text of Acts based on Codex Bezae and showing by the use of different founts the lines which the abbreviator had omitted, on grounds of style. The most

[262] G. ZUNTZ, Opuscula selecta. Classica. Hellenistica. Christiana, Manchester, 1972, pgg. 189–215: 'On the Western Text of the Acts of the Apostles'.

[263] Op. cit., pg. ccxl. "The 'Western' text thus includes two elements: an ancient base, which would be of the greatest possible value if it could be recovered, and the paraphrastic rewriting of a second-century Christian".

[264] ALBERT C. CLARK, The Primitive Text of the Gospels and Acts, Oxford, 1914.

[265] ID., The Acts of the Apostles. A critical edition with introduction and notes on selected passages, Oxford, 1933.

telling criticism came from the LAKES, who pointed out that there was no trace in manuscripts earlier than Codex Bezae of a text divided into sense lines.[266] Hence that manuscript could not be a replica of the earliest form of Acts (as his hypothesis demanded) which had been emended in the suggested way. Subsequent discoveries have substantiated their argument. CLARK's edition, like ROPES's, remains an important source of information on many individual matters, but its main thesis has been put to one side by textual critics.

The moratorium of the Second World War affected work on Acts as well as every other aspect of Biblical studies. In the sixties two contributions appeared on the text of Acts which exemplify trends outlined earlier in this survey. G. D. KILPATRICK contributed to a Memorial volume for ROBERT PIERCE CASEY an essay on 'An Eclectic Study of the Text of Acts',[267] surveying a wide range of variant readings from his standpoint of thorough-going rational criticism. It is not only valuable for its own sake, but as an instance in which most of the categories applied to the resolution of variation by KILPATRICK are employed. He concludes: "No type of witness lack instances of deliberately rewriting the text. We have found examples in the Old Uncials of the free revision of wording which was hitherto regarded as peculiar to the Eastern text. This can only encourage us to look at even the major variations on their merits and to refrain from discarding categorically all the major variations of the Western text on the ground that it is the Western text which paraphrases."

In 1966 ELDON J. EPP published a revised, altered and augmented form of a Ph. D. thesis submitted to Harvard University in 1961, entitled 'The theological tendency of Codex Bezae Cantabrigiensis in Acts'.[268] He amasses a weighty body of evidence to support his view that the Western Text, especially as found in the Codex Bezae (but not exclusively there), is marked by a thorough-going anti-Judaic tendency to which a large number of the variations of that text may be traced (by 'anti-Judaic' he means opposition to Judaism as a religion, not to Jews as members of a particular race). EPP's work might be described as an exercize in limited rational criticism, applied to the analysis of a specific text. He does not give any attention in his own conclusions, and only passing comment in his survey of the work of others, to the theoretical possibilities arising out of his work, for example, whether a link with Tatian's known anti-Judaic tendencies might be investigated, or whether his work should be brought into association with writers of Asia Minor, where for instance, Polycarp's quotation of Acts 2.24 is our first glimpse of a 'Western' reading.

[266] KIRSOPP and SILVA LAKE, The Acts of the Apostles, JBL 53 (1934), pgg. 34–45.

[267] F/S CASEY, pgg. 64–77. "Eastern" in the fourth line must be a printer's error for "Western".

[268] MSSNTS 3, Cambridge, 1966.

More recently, in 1984, appeared a collaborative work by Dominicans of Jerusalem, M.-E. BOISMARD, and A. LAMOUILLE,[269] which proposes the resurrection of the thesis that the same author is responsible for both major text-types in the book of the Acts. The work, in nearly six hundred pages, is according to its authors only a prolegomenon to further work on the literary criticism of the Acts. They give the impression that they may reintroduce the views of AUGUST POTT (1900) that the 'We-source' of the latter part of Acts had a continued independent existence and thus influenced the Acts after their initial composition. In the work here surveyed they are concerned with the 'reconstitution and rehabilitation' of the 'Western Text', and claim to be within a stream of critical thinking as shown in various essays by a number of scholars in the immediately prior ten years. The 'Western Text' for them reflects St. Luke's first edition, the 'pre-Alexandrian' (the name meets us without explanation, before or after) presumably the second. But these terms do not refer in any simple way to the text of any manuscript or other witness: hence the need to reconstitute the 'Western Text' in the research presented in so massive a prolegomenon. They give due attention to the Codex Bezae, as did all scholars previously who have made any contribution to the problems of the text of the Acts: but a much greater proportion of space to the other sources of knowledge, such as the Greek minuscules which support the Codex Bezae, in some but not all of its peculiar readings, the ancient versions and the quotations in the fathers. Amongst these, the Ethiopic (on the basis of unpublished manuscripts) and the quotations by St. John Chrysostom attract particular attention. From all these, and from other witnesses not studied by them in such detail, they reconstruct the Western text, which they present in a synopsis with the Alexandrian. Many details are drawn from many sources: no pure uncorrupted witness to the 'Western Text' any longer exists, all that survives is greater or smaller debris.

Apart from the ascription of the two texts to one author (a separate question, to which will refer their eventual contribution, as they seem to promise), the whole text-critical procedure is open to question, especially as it bears a close family resemblance to BOISMARD's work of the early 1950s on the gospel of St. John. There he laid great stress on the quotations by the fathers, and upon readings in the versions, including the evidence of Ethiopic manuscripts previously unstudied and unpublished: these bore witness to a very short and concise text, which has sometimes left its mark upon well known Greek manuscripts (BOISMARD's text of Acts in its Western form is characterized equally by very short readings): equally, it has otherwise disappeared. The work was, as in this collaborative work, massively erudite and seductively brilliant;[270] but it fell down (in this writers's view, at least)

[269] M.-E. BOISMARD, A. LAMOUILLE, Texte Occidental des Actes des Apôtres, I. Introduction et Textes, II. Apparat Critique ('Synthèse' no. 17), Paris, 1984.

[270] On BOISMARD's work on John see J. N. BIRDSALL, The Text of the Fourth Gospel: some current questions, EvQ XXIX (1957), pgg. 195–205; ID., The Bodmer papyrus of the Gospel of John, London, 1960.

once the BODMER papyri came to light. The two papyri of that collection are early, many papyrologists dating both in the second century. One (p75) has a family relationship with the Codex Vaticanus, and the other, while showing readings akin to other ancient texts, is not a clear forerunner of any later manuscript.[271] BOISMARD dealt only with the latter (p66), and sought, in a brave rearguard action, to defend his earlier analysis of the tradition, seeing in this papyrus a conflation of the texts, including the *brevissimum*, which he had previously isolated. But does the time-scale with which the reconstructor must operate allow for the rise of three texts of John, and their conflation, by the end of the second century or the beginning of the third, with the disappearance of any concrete documentary evidence of their existence prior to that time? It would seem that BOISMARD's work both on St. John and on the Acts is best understood as a 'textual' reconstruction. This is easily obscured by the insistence on the bibliographical materials, given in rich profusion, from which his data about readings are derived. His reconstruction may be acceptable on rational-critical grounds, but founders on the difficulty of relating it with plausibility to a history of the text which takes the bibliographical data seriously. But the information and research brought to the attention of fellow scholars will be valued even by those who completely disagree with them, or who find shortcomings in their presentation.

## 10. The text of the Apocalypse of John

JOSEF SCHMID, a German Catholic priest and Biblical professor, who, amongst other things, produced a synopsis of the first three gospels and revised a massive introduction to the New Testament, devoted his life's research to the textual analysis of the Greek text of the Apocalypse of St. John. His resultant discussion appeared in 1955.[272] In contradistinction to any attempt to follow the divisions of the textual witness proposed for the other New Testament books, he allows the evidence to speak for itself. The manuscript witness falls into four groups, two of which reveal themselves in ancient witnesses, namely a text attested in the codices Alexandrinus (A) and Ephraemi Rescriptus (C) and in the lemmata of the commentary of Oecumenius, and another found in the CHESTER BEATTY papyrus of the Apocalypse (p47) and the Codex Sinaiticus (א) and in the quotations of Origen. The other main text-types are found, on the one hand, in the manuscripts of the commentary of Andreas of Cappadocian Caesarea in the lemmata, and on the other, in the mass of manuscripts, which attest a text which is denominated

[271] The general view of p66 which has emerged lately is, however, as presenting a text related to p75 and B, but that text treated with greater freedom. E. J. EPP considers that its scribe or scriptorium was intent "on producing a more readable common Greek style" (ID., Gospel Traditions in the Second Century, ed. WILLIAM L. PETERSEN, Notre Dame/London, 1989, pgg. 71–105).

[272] See fn. 61 above.

Koine by SCHMID. The Andreas and Koine texts are recensional, yet not recensions of the other two texts, but of earlier texts of equal antiquity. They share seventy-two readings of which eight are survivals of the original text. No one of the four text-types is dispensible in the restitution of the original: but the AC Oec text proves upon the close examination given to all by SCHMID to have preserved the true text in a higher proportion than any of the others. The main critique of SCHMID's work is that by KILPATRICK to which we have referred.[273] The gravamen of that is that SCHMID has not given the versions the place which they should occupy: but KILPATRICK commends the work as "an example of the way in which the text and language of New Testament books can be profitably studied together". SCHMID's work leaves little to be done in respect of the basic text of Revelation; only, again to quote KILPATRICK, "we have to relate Professor Schmid's conclusions to the evidence of the versions as this becomes more fully available".

## 11. Conservative Protestant reaction

It will be clear from the survey of the history of textual theory that the debate has been conducted within the limits of the data upon which WESTCOTT and HORT laid stress, and for the resolution of which their theories were propounded and their text established. It is a debate about the status and origins of the text-types which they called ʿNeutralʾ and ʿWesternʾ, or alternative interpretations of the evidence. It has been taken as common ground that the text of the majority of Greek manuscripts, mainly minuscules, HORT's ʿSyrianʾ, STREETER's ʿAntiochianʾ, LAKE's ʿByzantineʾ, text, is a latecomer on the scene, attested first in the works of Asterius Sophista, early fourth century, and used by Chrysostom half a century later, from which point dates the ʿCodex Alexandrinusʾ. Its deposition from the place of standard text of the New Testament by the work of WESTCOTT and HORT met with opposition, especially from J. W. BURGON, Dean of Chichester and other Anglican clergy of the Catholic persuasion. The learning of these could not however overthrow the data nor, for the time being, the theoretical explanation of them. The decades of the 1970s and 1980s, however, have seen a recrudescense of support for the Majority Text, as it is now called.[274] This is theologically motivated by a strongly ideological American conservative protestantism, which cannot believe that a Divinely inspired scripture could have been transmitted in a small number of witnesses only and recovered only by modern scholarship in recent times. In this setting, one cannot enter into the theological debate which

[273] See fn. 254.

[274] We should note the distinct approach of G. D. KILPATRICK, who on rational-critical grounds urges the originality of readings within the text of the majority; The New Testament in historical and contemporary perspective. Essays in memory of G. H. C. MACGREGOR, edited by HUGH ANDERSON and WILLIAM BARCLAY, Oxford, 1965, pgg. 189 – 208. VIII: ʿThe Greek New Testament Text of Today and the Textus Receptusʾ.

presuppositions such as these demand if any common ground of discussion is to be established between those of such views and others equally sincere in their adherence to Christian truth. This setting limits us to a brief survey of representative work in which the advocacy for the 'Majority Text' is exemplified. WILBUR N. PICKERING has sought to argue the case in 'The Identity of the New Testament Text' which appeared in 1977 and in a revised edition in 1980.[275] The method adopted is that of the debating chamber, not of scholarly discussion. A large part of the 'argument' consists in the quotation of the excerpted words of scholars from HORT to the present writer, the object being to show the inherent contradictions and conflicts in the work of those who may be regarded as the inheritors of the Hortian task and methods. Not infrequently the excerptation is such that the original sense is obscured or changed. It is in the tradition of the courtroom tricks of a Perry Mason rather than in that of scholarly debate, more a polemic than a discussion. HARRY A. STURZ's 'The Byzantine Text-Type and New Testament Textual Criticism'[276] shows better the scholarship of its author and attempts a dialogue; yet he too indulges in the forensic approach characteristic of his associate. Where he does seek to argue, the argument takes the form that readings which are known to the Byzantine or Majority text were attested in early witnesses not known to WESTCOTT and HORT. But it has never been in question that readings in the later text are known in earlier texts; the point is that the later text is shown to be both conflate and revised. The real weakness of STURZ is his stress upon readings. Thus, for example, he asserts that readings of the Byzantine text are attested by Clement of Alexandria at Luke 10.22, and 12.22 and 23. Individual readings indeed are, but the scripture as quoted by Clement viewed as a whole does not congrue with the later text. Clement, if he shows anything, shows a far greater freedom in quotation than any manuscript, however corrupt it might be deemed to be.

The third example of this movement is to be found in the publication of 'The Greek New Testament according to the Majority Text' in 1982.[277] The editors were ZANE C. HODGES (who had published several previous essays on the same topic) and ARTHUR L. FARSTAD. The introduction exhibits a number of features which have attracted the criticism of reviewers. The problem is presented as the choice between an Egyptian text sparsely attested, and the Majority Text, to which the mass of Greek manuscripts bear witness. The Codex Bezae is excluded from the apparatus on the grounds of its highly idiosyncratic text. No mention is made of the support of the core text of the Codex Bezae by early versions especially the Latin, and by many fathers. The evidence on which WESTCOTT and HORT based their analysis and reconstruction is therefore very gravely obscured, and their understanding of the 'Major-

[275] WILBUR N. PICKERING, The Identity of the New Testament Text. Revised Edition, Nashville (Tennessee), 1980.

[276] HARRY A. STURZ, The Byzantine Text-Type and New Testament Textual Criticism, Nashville (Tennessee), 1984.

[277] The Greek New Testament according to the Majority Text, Nashville (Tennessee), 1982.

ity Text' misrepresented. For the data the editors appear to have relied upon printed apparatuses, not new collations, and particularly upon the data in VON SODEN's edition, the shortcomings and inaccuracies of which are well known. In their introduction they give a prominent place to the stemmata in two parts of the New Testment, namely the 'Pericope Adulterae' (St. John 7.53 – 8.11) and the 'Book of Revelation'. In the former case, they are relying on VON SODEN's data which are not wholly accurate. In the latter they are utilizing a part of the New Testament of which the textual history is completely other than that of the rest of the Greek New Testament: to argue from these examples to the reconstruction of the history and text of the New Testament lacks cogency. GORDON FEE, reviewing the edition,[278] gave as his verdict that it "reflects highly selective and sometimes misleading use of historical data, and thus results in nearly impossible – certainly most highly improbable – historical conclusions".

## 12. COLWELL – a practical scholar theorizing

One of the problems of the bibliography of New Testament textual criticism in the period under review is that a number of the most perceptive scholars in the field have published their contributions exclusively or almost exclusively in periodical articles and similar organs. So it was with F. C. BURKITT whose name has often figured here, and so it was with the American scholar whose contributions in theory and method are now to be surveyed, namely, ERNEST C. COLWELL. We are fortunate however in his case that the recent practice of republishing such articles in a collection has brought together his main contributions in a single volume.[279] His entrance into the field of theoretical textual criticism was preceded by work on the gospel of John (its language, and its character within the early church),[280] by palaeography (in which he initiated a notable technique of dating early minuscule)[281] and by his perceptive methodological analysis of the lectionaries from which there sprang much important collation and interpretation of their data.[282] Against such a solid background of work with *Realien*, he entered on discussion of theory in an article of 1947 on 'Genealogical Method: its achievements and its limitations'.[283] In this he criticized the fault of WESTCOTT and HORT, of attempting genealogy not of manuscripts but of constructed texts, and the over-simplifications which arose from that. He outlined the problems of data and of nomenclature arising as the notions of 'local texts' and the 'Caesarean

[278] Trinity Journal (Trinity Seminary, Deerfield, Illinois) 4 (1983), pgg. 107 – 113.

[279] COLWELL, Studies, passim.

[280] The Greek of the Fourth Gospel, Chicago, 1931; ID., John Defends the Gospel, Chicago, 1936.

[281] Studies, ch. IX.

[282] Ibid., ch. VI.

[283] Ibid., ch. V.

Text' were promoted and investigated and praised the concrete achievements of HARRIS, LAKE and others who had worked at the small families of minuscules such as the FERRAR Group, profoundly improving our understanding of them. He concluded that "A new theory and method is needed ... Our dilemma seems to be that we know too much to believe the old; we do not yet know enough to create the new. No patching will preserve the theory of Westcott and Hort".[284]

A gap of ten years elapsed before the appearance of a series of articles[285] which encapsulate COLWELL's investigations in the fields of knowledge about which he considered in 1947 that we did not know enough, especially the problems of the accurate charting of relationships between manuscripts and the identification of different types of grouping. The two earliest articles were those which initiated the Multiple Method and led to the analyses by profile outlined above. Two subsequent dealt with quantitative relationships between text-types: COLWELL had already stated in 1958 that different types of classification into groups were called for, to avoid misleading nomenclature (which the 'Caesarean' researchers were particularly guilty of). COLWELL[286] suggested four main groups to which a manuscript belongs; the 'family' in which the manuscripts are copies of an identifiable exemplar; the 'tribe' in which a number of families may belong; the 'sub-Text-type' within which both tribes and individual manuscripts will find a place – here the strict genealogical proof will be supplanted by agreement in significant readings; and the Text-type in which both recensions and the sub-Text-types containing the raw material out of which they were constructed will belong. In the definition of a Text-type we are indicating not a static entity of which the text can be reconstructed, but must recognize that we are dealing with process.[287] In two further articles, he was concerned with problems arising out of the study of individual manuscripts, clearly stimulated by the appearance of the BODMER papyri, p66 and p75, and turning to the study of the CHESTER BEATTY gospel papyrus, p45, in conjunction with the newer finds.[288] To effect a meaningful correlation of newly discovered or investigated manuscripts with the materials previously known, we must work with units of variation rather than with a collation of whole text with the whole text, and we must exclude from our calculations the nonsense reading, the reading which rests simply on dislocation of the text, and the singular reading. The individual manuscript, in the shape of the papyri in question has become the focus of COLWELL's activity and theorizing about method, so that his penultimate article dealt with the evaluation of scribal habits[289] (a step on the way to the exclusion, on rational

[284] Ibid., pg. 83.

[285] Ibid., chs. I–IV.

[286] Ibid., ch. I, originally published as: The Significance of Grouping of New Testament Manuscripts, NTS 4 (1958), pgg. 73–92.

[287] Ibid., pg. 53.

[288] Ibid., pgg. 101–105.

[289] Ibid., ch. VIII.

grounds, of singular readings which make sense). Being given to programmatic catalogues (there were four in the eight articles under consideration!), he gives a list of fourteen points, some of which are general principles, some specific tasks which he considers demand urgent attention, and finally Ecclesiastes 12.12 which perhaps is a testamentary observation of a scholar in his sixty-fourth year.

But his final statement was yet to come, entitled 'Hort Redivivus: A Plea and a Program' (1968).[290] As he himself observes, his criticism of HORT over genealogical method gives him the moral advantage in his call for a reconsideration of HORT's method of approach to the problems of the New Testament text; clearly, twenty years' research and reflection have led him to perceive essential virtues which an error of application cannot abolish. The overarching virtue is HORT's perception that Textual Criticism is an historical discipline, and he perceives as a common fault amongst the mass of his contemporary practitioners that they have lost sight of this. Apart from the failure of several writers of handbooks on the New Testament text and related essays to attempt a history of the manuscript tradition, he is particularly concerned about the reliance upon internal evidence alone which he sees both as the underlying feature of recent Bible translation in its relation to the Greek text, and in the eclecticism of KILPATRICK. He uses two principles of HORT to recall textual critics to the importance of the history of the text for the resolution of the problem of establishing the text. "All trustworthy restoration of corrupted texts is founded on the study of their history"[291] and "Knowledge of documents should precede final judgement upon readings".[292] He criticizes both himself (in his essay of 1974), KILPATRICK, and ALAND (in essays of 1965), seeing a shared pattern of fault, namely an obsession with one fault of HORT's to the exclusion of a just appreciation of his practice seen as a whole. Adopting what he sees as HORT's method, he admits that after the lapse of time improvements are necessary; first, we no longer need to attack the Textus Receptus (would he have changed his mind some years later?) and secondly, we can begin very close to the begining of the transmission of the text because of the newly discovered materials. With these things in mind, he sets out a five point programme, as follows: I. Begin with readings both in Greek manuscripts, and in the versions and fathers. This will lead to an understanding of scribal habits, from which compendia of corruptions in all these sources could be and need to be drawn up; II. Characterize individual scribes and manuscripts. This will help in discarding such readings as he had pinpointed in his work on the three early gospel papyri; III. Group the manuscripts (his earlier essays set out guiding lines); IV. Construct a historical framework. Here COLWELL makes some interesting observations, above all that "the story

290 Ibid., ch. XI, originally published under the same title in Transitions in: Biblical Scholarship (Essays in Divinity, Vol. VI), ed. J. COERT RYLAARSDAM, Chicago (Illinois), 1968, ch. 6, pgg. 131–156.

291 WH pg. 40 para. 49.

292 WH pg. 31 para. 38.

of the manuscript tradition of the New Testament is the story of a progression from a relatively uncontrolled tradition to a rigorously controlled tradition". Scribal waywardness and the freedoms taken by translators (who "make J. B. PHILLIPS look like a careful workman"!) led to the wide divergency of readings which characterize the lack of homogeneity in the heterogeneous group of witnesses which "should not be referred to" as the 'Western Text'. He admits a 'Caesarean Text' seen as a process of the beginnings of control exercized upon the heterogeneous materials in the text of 'Western' witnesses.[293] The Byzantine text and the Alexandrian text (he uses the terminology of Alpha text-type and Beta text-type), both date from the fourth century, as does the similar work and product of Jerome in the Latin sphere. (To fill in this part of the picture, we must refer to the essay of 1961[294] where it becomes clear that COLWELL was basing some of his points on the work of ZUNTZ and of SCHMID.) Thus, with such wide-ranging "knowledge of documents" we may proceed to point V. Final judgement on readings. His exposition of this takes the form of reference to words of HORT on the limitations of judgement about Intrinsic and Transcriptional Probability, and finally that "no rule of precedence has been adopted; but documentary attestation has been in most cases allowed to confer place of honour against internal evidence, range of attestation being taken into account as between one well attested reading and another".[295]

As a commentary upon HORT's Introduction alone, this last word of COLWELL is well worth our attention, and should send us back to HORT again, who is a classic worth the reading, to say the least that should be said. But it is also worthy of attention as a considered statement of a scholar so much of whose life was devoted to the practice and theory of textual criticism. As we shall indicate, his programme coincides closely with the work of two other scholars who are unlikely to have been influenced by COLWELL or he by them, and one of whom has emphatically distanced himself from HORT. Whether or not COLWELL is right in linking his perception of the way forward with HORT, he seems on survey to be a sound example of the consensus which we see emerging from the debates of a hundred years and near the beginning of a new millenium.

## 13. ZUNTZ – classical philology and New Testament text

ZUNTZ and COLWELL were near contemporaries, of different backgrounds and formations, the one a theologian, the other a classical philologist by

293 Studies, pgg. 166–7. This heterogeneous text material COLWELL calls the "Early Koine, the popular missionary text of the Christian movement".

294 Ibid., ch. III, originally published as: The Origin of Texttypes of New Testament Manuscripts, in: Early Christian Origins. Studies in honor of Harold R. Willoughby, ed. ALLEN WIKGREN, Chicago (Illinois), 1961, pgg. 128–38.

295 WH pg. 17 para. 21.

training and expertise, who turned his attention to Biblical philology, to the great profit of the discipline. While not a theorist, concluding remarks or *obiter dicta* serve to reveal the overall picture of the transmission of the text to which he was led by his more detailed work. He utilizes the terminology of Alexandrian, Western and Byzantine texts. He stresses that "from the great reservoir, the popular text of the second century"[296] of which, for the epistles, Marcion is the fullest extant witness, two main streams of tradition flowed. The Western tradition "derives from this largely corrupt second-century basis", and increases in corruption until checked by the work of St. Jerome.[297] Nevertheless ancient and even original readings can be preserved in that tradition, of which the proof is the presence of readings shared by the other texts. ZUNTZ emphasizes that the inclusion of the readings in the Byzantine tradition which are also found in the Western is not due to some reviser sending westward for codices or readings to include, but to the existence of manuscripts of such a kind or at least including some such readings at the time of the revision (which he places in the eighth century).[298] (Whether anyone ever thought otherwise seems dubious.) By his analysis of the readings of the traditions, ZUNTZ finds that while there may be good readings in any tradition, the tradition represented by p46 B 1739 and others has a higher proportion of such. That tradition, because of links with Caesarea, which may be proven in the case of 1739, he inclines to call 'Caesarean' and to associate it with the Caesarean text of Mark, whose identification by LAKE and his collaborators, ZUNTZ calls "one of the most splendid achievements of modern criticism". The tradition goes back to the fourth century and may have links with the martyr Pamphilus. But ZUNTZ considers that philological care given to the text at that date would not alone explain the good readings of the text preserved in such high proportions. He perceives a particular problem in the preservation of such readings as both the absence and the presence of the phrases "in Rome" and "in Ephesus" in the opening verses in the respective epistles. In his interpretation, these both go back to conditions in the first century composition and distribution of the epistles; how can both have been preserved? His hypothesis is that already around AD 100 there was to be found the application of philological skills, associated with Alexandrian scholarly methods, although the corruption of the text by and after that same time suggests that the scholarly work was very limited in extent. A text derived from such philological activity lies behind the excellence of the 'Caesarean Text' in the Paulines.[299] In his essay on the Acts,[300] he intimates that a similar application of scholarly skill was behind the preservation of the genuine text. ZUNTZ made no detailed study of the text of the gospels, but appears to cover

[296] Op. cit., fn. 256 above, pg. 265.
[297] Ibid., pg. 267.
[298] Ibid., pgg. 151 and 265.
[299] Ibid., pgg. 274–9.
[300] Op. cit., fnn. 262 and 263 above.

the evolution of that by his generalized remarks. In a more recent writing[301] he credits Eusebius with an edition in which observations about the origin of the gospels were to be found, but says nothing specific about the textual complexion of this hypothetical edition. In looking at ZUNTZ's work overall, we seem to see the exemplification of COLWELL's five points of method: the philologist in his study of readings goes to the individual manuscript in his case, to the papyri p46 and p45; on the basis of his knowledge of readings he groups the manuscripts (admittedly making use of earlier work, but with his own significant modifications) and on this basis erects an historical reconstruction of the transmission and corruption of the text. This, in its turn, is the foundation of his judgement of readings. COLWELL bases some parts of his earlier essays on the work of ZUNTZ. He may then have been influenced in his wider thinking by it. In any case to illustrate what COLWELL in his final text-critical essay was urging upon his fellow labourers, we may take ZUNTZ as the prime example.

The most striking original hypothesis proposed by ZUNTZ is his notion of Alexandrian philological 'know-how' being appropriated by Christians in their Biblical production so early as the end of the first century of the Christian era. His arguments, though circumstantial, are highly plausible. They have however received little comment or support. It may be that behind the data of some observations by the papyrologists C. H. ROBERTS and T. C. SKEAT lurks some hint of support for his attractive notion. They observe that the "Christian manuscripts of the second century ... generally exhibit a competent style of writing ... which is likely to be the work of experienced scribes".[302] Critical signs in Christian papyri, which in ROBERTS' view might tempt scholars to posit a link with the Catechetical school of Alexandria, do not however appear, on ROBERTS' own showing, until the following century:[303] the presence of reading aids, however, does appear earlier, and at least shows a church in Egypt, careful for the intelligent lection of its scriptures. ROBERTS, it should be observed, cites ZUNTZ's views with approval, but does not claim to do more than surround the hypothesis with circumstances which enhance its probability.[304]

## 14. ALAND – entrepreneurial pragmatism

KURT ALAND will have left as enduring a mark on the textual criticism of the New Testament in the twentieth century as any of the greatest names

301 Markus-Philologie. Historische, literargeschichtliche und stilistische Untersuchungen zum zweiten Evangelium, hrsg. von HUBERT CANCIK (Wissenschaftliche Untersuchungen zum Neuen Testament 33), Tübingen, 1984, pgg. 47–72. GÜNTHER ZUNTZ, Wann wurde das Evangelium Marci geschrieben? See pgg. 57–59.

302 C. H. ROBERTS and T. C. SKEAT, The Birth of the Codex, London, 1983, pg. 46.

303 Manuscript, Society and Belief in Early Christian Egypt. By COLIN H. ROBERTS (The Schweich Lectures of the British Academy, 1977), London, 1979, pgg. 21–25.

304 See also Les débuts du codex, ed. ALAIN BLANCHARD (Bibliologia 9), Turnhout, 1989, esp. pgg. 13–35, JOSEPH VAN HAELST, 'Les origines du codex'.

in its history since the invention of printing. The beginning of his career was as a church historian, particularly as a Luther scholar, but already in 1950 an item in his list of published work shows the growth of an interest in textual criticism. In 1958 he founded the 'Institut für Neutestamentliche Textforschung' in Münster/Westfalen, and by amazing entrepreneurial ability established it, and saw its growth up to the present. Under the auspices of that institute have been published a valuable series of handbooks, catalogues and monographs, 'Arbeiten zur Neutestamentlichen Textforschung', which by 1987 had reached ten volumes. Amongst these is the standard list of Greek manuscripts of the New Testament, and the beginnings, as has been noted above, of a catalogue of the manuscripts of the New Testament in Coptic. The text of the papyri of the Catholic epistles, the text and a study of the Syriac evidence for the same part of the canon, and a major study of the analysis and classification of the Greek manuscripts of that same part, have also appeared. Work on the papyri of the Pauline corpus has recently been published. In addition there is a collection of essays by collaborators of the Institut, and another of KURT ALAND's collected papers. All this has been done under his editorship. A major edition of the textual evidence of the New Testament and of its text has been long planned, which will begin with the Catholic epistles. Two hand editions, while their editorship has been shared, have emanated from Münster. In his work his wife BARBARA ALAND has been associated for a number of years, and is his successor as Director of the Institut. Another volume of collected papers has appeared under other auspices.

In 1982 appeared from the hand of these two scholars 'Der Text des Neuen Testaments. Einführung in die wissenschaftlichen Ausgaben sowie in Theorie und Praxis der modernen Textkritik', published by the 'Deutsche Bibelgesellschaft'. An English, or rather, an American,[305] translation appeared in 1987. Second revised editions of both are announced. In a section devoted to theory, it seems convenient to utilize the summary afforded in this publication of the mature views of KURT ALAND and his wife and collaborator, rather than to extract a history of the development of their views from essays which are for the most part detailed and meticulous examinations of particular areas

[305] The Americanism of the edition is seen in a number of linguistic features and matters of style. One of the most puzzling or irritating to a native English speaker (in contrast to an American speaker) is the use of 'jelly' on pg. 58 (in both editions) to translate the German *Marmelade*. The English equivalent for this is 'jam', a preserve made of any fruit (English 'marmalade' is reserved for a 'jam' of citrous fruits). American 'jelly' is the equivalent of English 'marmalade', i.e. especially 'orange marmalade'. The English 'jelly', however, is a food made with fruit juices and gelatin, for which the American is (the trade-name) 'jello'. The translation is not only confusing to an English reader, but does not correctly translate the German *Marmelade*, which is of much wider reference. In style, the American translation gives full Christian names to all scholars, in the course of which procedure giving incorrectly the German form BERNHARD as the first name of the English papyrologist, BERNARD P. GRENFELL.

of the problematic of the textual criticism of the New Testament or of the most striking *cruces interpretum* of that field.

The main object of the book is to promote the hand editions for which ALAND has been editor-in-chief, and to give a reasoned account of the use of their *apparatus criticus*. Thus to extract theory from it is not always as fulfilling an exercise as we might wish. However, the section on the transmission of the text[306] gives us an insight into the historical perceptions derived from so long an acquaintance with the data. Basing themselves upon the papyri, they consider that the 'early text' was not uniformly transmitted. There was a 'normal' text transmitted with a limited amount of variation, a 'free' text, characterized by a greater degree of variation, and a 'strict' text reproducing its exemplar with greater fidelity. The history of the New Testament Canon explains why in later manuscripts, the distinct parts of the New Testament may have differing textual characters: they were put together from manuscripts which differed in the degree of accuracy with which their text had been transmitted. Thus the Codex Vaticanus has an excellent text of the gospels, but (in their opinion) a less valuable text of the Pauline Epistles. The high view of p46 and its allies in text (in distinction from the quality of the transcription of p46) they do not appear to share with ZUNTZ and others. They are at great pains to deny the unity of any 'Western Text', stressing the distinctness of the versions which have contributed to the concept, and to emphasize that the Codex Bezae is a product of the East (or North Africa – an unusual opinion) and that its text is not a second century text. This emphasis is, as the preceding summary has shown, one that has long been to the forefront of the discussions of experts, although it is quite true that the popular view of the non-expert has been in error here, as in so much else in this field. The discernible text-types are products of Christian scholarship, restoring the scriptural resources of the church after the mass destruction of Bibles which characterized the persecution of Diocletian. The foundations of the recensions were laid in the peace which preceded the persecution. The names of Hesychius and Lucian[307] (which are known to us from St. Jerome) are associated here with two recensions. To Lucian, the ALANDS ascribe the Byzantine or Koine text; this would be generally agreed. To Hesychius (following HUG, BOUSSET and VON SODEN) they ascribe the Alexandrian recension. Hesychius is however an utterly shadowy figure, and this identification is dubious, especially as St. Jerome says that it had additions to the text (whereas the Alexandrian text as known to us is generally shorter than other well defined text-types) and disapproved of it (whereas his revision of the gospels followed the type of Alexandrian text which we find in the Codex Vaticanus). The ALANDS never make clear however the exact relationship of the Hesychian text to that Codex, nor the text of that Codex to the recensional work which they posit for Bishop Demetrius reorganizing his diocese in Egypt about AD

306 ALAND, Text (G), pgg. 57–79; (E), pgg. 48–71.

307 On these relatively shadowy figures, see the works referred to in fnn. 209 and 210 above.

200. We may also guess from what is said about p75 and p46 that these Egyptian papyri have texts such as might have been produced by such recension: but this is not explicitly said. The Codex Bezae, somewhat surprizingly, is the achievement of an outstanding early theologian of the third or fourth century.[308] It is tendentiously revised on the basis of a papyrus of erratic traits. "In its day it attracted only a limited following". On the basis of this effect of market economy it is dismissed. As to the Caesarean text, it is rather difficult to discover the opinion of these authors. In one place, it is "purely hypothetical",[309] in another the minuscule 565 is a principal representative of the 'Caesarean text'.[310] Since in a third,[311] discussing the importance of patristic quotations for tracing textual history, they indicate the difficulties of identifying the quotations of Origen or Eusebius with the text of manuscripts thought to characterize the Caesarean Text, they may be presumed to share the widely diffused scepticism of the view in the form entertained by STREETER.

There is no attempt to link the history of the text as here presented with the establishment of the original text, unless it be in the remark early in the book, that there are "constant changes of relationship" between manuscripts. This is one of the justifications put forward for the establishment of the text by the decision of an editorial board of five. The description of this method as eclectic is rebutted; it is defended on the basis partly of the value of different backgrounds and perspectives being represented on the editorial board, but partly on the grounds that they are producing a text which will be used by the churches which accept it in "formulating expressions of faith". It appears to be agreed by them, that their editorial procedure is open to criticism "from a strictly philological view".[312] So far as a detailed essay in textual criticism may serve in lieu of a programmatic statement, we may look at an essay published in 1967 on the significance of p75 for the text of the New Testament.[313] Here the date of new discoveries is made the basis for an attempt to refute the Hortian hypothesis of the 'Western non-interpolations'. While exegetical argument is introduced to justify the passages as part of the original text, the weight rests upon the existence of early papyri in which the passages are attested. The dismissal of the Bezan and Old Latin witness is made on the basis of the type of theory which has just been summarized. But the coincidence of these witnesses in these omissions (which must, on ALAND's view, be "community of error") is not provided with any explanation. Furthermore, if we cast our net wider than upon these admittedly hard cases ('Hard cases make bad law', says an English proverb), it can be shown that there are variants of text, which our forefathers would have called 'Western', while we

308 ALAND, Text (G), pgg. 78 f. and 60 f.; ID., (E), pgg. 68 f. and 50 f.

309 ID., (G), pg. 76; ID., (E), pg. 66.

310 ID., (G), pg. 149 (Plate 47); ID., (E), pg. 141 (Plate 41).

311 ID., pg. 180; ID., (E), pg. 168.

312 ID., (G), pgg. 43 – 46; ID., (E), pgg. 34 – 36.

313 Die Bedeutung des p75 für den Text des Neuen Testaments, Studien zur Überlieferung des Neuen Testaments und seines Textes (ANTF 2), Berlin, 1967, pgg. 155 – 172.

are properly advised not so to call them, which occur in early papyri, in Irenaeus, and in the versions, and cannot be dismissed as non-existent in pre-Diocletianic times. In the proceedings of a conference at Notre Dame in 1988 on 'Gospel traditions in the second century', proof of this proposition is available from the present writer's pen.[314]

Whether the readings of Egyptian papyri or those of a more diffuse attestation are original is of course another matter, and requires both historical reconstruction and rational criticism. The ALAND's handbook provides an introduction to praxis.[315] Their twelve basic rules would command much assent, although it should be noted that J. K. ELLIOTT in an important review dissents from three, and very skilfully shows the 'Standard Text' of Acts 16.12 deserting the rules in its basis! Their thirty pages of selected examples of causes of variants and their evaluation, and of the reasons for various omissions of the 'Standard Text', again are of great interest, and the present writer does not often find himself in disagreement: here again though, it should be noted that ELLIOTT at least does dissent in a number of cases. But what is not found is the careful stylistic discussion which characterizes the discussions of KILPATRICK: it would be interesting, if there are overlaps, to collate the treatments in these two places. Another point of note is how frequently the omissions of the 'Standard Text' discussed here are also omissions in WESTCOTT and HORT. Is Münster at the end of the twentieth century, as it was suggested that Cambridge was at the end of the nineteenth, still in bondage in the land of Egypt?[316]

The ALANDS do not appear to have concerned themselves with classification theory. There is no allusion in their handbook, and we cannot therefore extract any relationship which might exist between their views and their principles of restitution of the text. The volumes 9 to 11 of 'Arbeiten zur Neutestamentlichen Textforschung', devoted to 'Text und Textwert der griechischen Handschriften des Neuen Testaments', and dealing with the Catholic Epistles, provide raw material for such analyses in their rich provision of lists and tables. The first volume indeed contains as one such list *Handschriftenprofile* based on their selection of *Textstellen*. But the user is left to extract his own groupings from the data provided. It may of course be the case that some study based on these data and lists will at length appear and what at present is a lacuna will be filled. Guidance is given for tracing the relationships of one manuscript (the example being the minuscule 614) in the introduction to vol. 10, while BARBARA ALAND, in her study of the Syriac versions (ANTF 7) has outlined the identification of the *Vorlage* of the Harklean Syriac, and, arising from that, the specification of a *Gruppe* (which she indicates as the equivalent of COLWELL's term 'Tribe') and of the Family 2138.

[314] Gospel Traditions in the Second Century. Origins, Recensions, Text, and Transmission, ed. WILLIAM L. PETERSEN, Notre Dame (Indiana)/London, 1989, pgg. 3–17; J. NEVILLE BIRDSALL, The Western Text in the Second Century.

[315] ALAND, Text (G), pgg. 282–318; ID., (E), pgg. 275–311.

[316] Fn. 250 above, op. cit., pg. xviii: "Let us come up out of the land of Egypt, which speaks with such doubtful authority" (F. C. BURKITT).

## 15. Consensus at the end of the twentieth century

As has been suggested, it is instructive to compare the conclusions of the ALANDS with the points raised by COLWELL in his programmatic catalogues. Congruent opinions include: that the Alexandrian text is a made text, based on good old manuscripts, treated with philological know-how; that the Caesarean Text is not a text-type, but at least two; that the text-critical approach to the New Testament must be section by section, and even book by book. In the ALANDS' list for praxis, we find, as in COLWELL, a beginning with readings, followed by a movement to the assessment of the manuscript tradition; they do not place the reconstruction of a historical framework within their code of praxis, but they have made such a reconstruction, as we have seen. In conclusion, we must note that COLWELL's final point is that judgement on internal criteria must be controlled by documentary evidence: this is clearly congruent with points 4 and 5 of the ALANDS' code. But the astonishing thing is that COLWELL quotes HORT as a pertinent summary of this essential procedure. The ALANDS on the other hand seem possessed by an intense antagonism to WESTCOTT and HORT, and a desire to emphasise the total difference between themselves and these past scholars. Why this is so remains unclear. Apart from that, the coincidence between COLWELL and the scholars of Münster, taken with the points at which we have observed congruence between COLWELL and ZUNTZ, must indicate that a consensus is emerging in the work of leading practitioners of New Testament textual criticism in the late twentieth century. It probably matters little for the progress of the discipline whether they or we acknowledge a debt to the past and its worthies. If the consensus has been reached by different routes, and in some cases independently, the common ground is very impressive. The present writer, who has worked in this field for nearly forty years, also signals his concurrence in many points, while deprecating the failure of the ALANDS to mention a number of scholars past and present whose contribution has been far from negligible. Nor can he agree that the early versions can be ignored, as the ALANDS tend to do, especially if they have support in the attestation of their readings from the earliest Greek fathers, or if versions in different quarters of the early Christian world are in agreement against the Greek tradition of the papyri, however early. The links of the groupings revealed by taxonomy and profile analysis should also be employed as part of historical analysis revealing the elements of process within text-types, and their evolution from the original text.

This lengthy survey has sought to outline theoretical developments in the past century, identifying those workers who seem to have been the forerunners of advance or to have been the instigators or the foci of debate. Inevitably there are those whose names must be subsumed in a catalogue of the type found in the eleventh chapter of the letter to the Hebrews, when time fails the author to rehearse all the worthies of the Old Covenant. VON HARNACK, LIETZMANN and BOUSSET all made contributions to theory and interpretation, LIETZMANN being influential upon the work of LAGRANGE, KILPATRICK and

ZUNTZ. MATTHEW BLACK has been especially active in the interpretation of the Syriac material. O'CALLAGHAN and QUECKE have contributed to papyrological and Coptological aspects of the study. VAGANAY published an influential introduction, which DUPLACY was unable to revise before his death. AMPHOUX is their successor. On the American side have been SUGGS, TUNE, FEE, MCREYNOLDS, GREENLEE, E. P. SAUNDERS, K. W. CLARK. B. M. METZGER's many surveys and bibliographies both indicate his own contribution and point to many unmentioned names. R. P. CASEY left an influence on both his native America and in England, but too little written work in any of the fields of which he was a master. And there are those who scarcely have any memorial – the research students and assistants, whose work contributed the raw material of their mentor's publication. Although there remains, as this survey will have revealed, so much yet to do both in the publication of material and the perfecting of theory, we can end this section in a hopeful vein for the future of these studies, for there are still even in places where it is difficult to pursue philology, workers applying themselves devotedly to fact and interpretation.

## *IV. Critical editions*

The edition of WESTCOTT and HORT was published in two volumes in 1881: the first volume contained the text, a brief summary of the critical principles lying behind it, and notice of the readings discussed in the appendix. This was found in the second volume, preceded by HORT's Introduction. The discussion of the 'select readings' has an express declaration by the editors that "we have assumed that our readers would have access to the *apparatus critici* of Tischendorf and Tregelles".[317] The imprint of 1896 contained in addition, six pages of additional notes by the editors, arising mainly from the discovery of new documents, and five of supplementary notes supplied by F. C. BURKITT from Syriac sources, especially the Sinaitic Syriac gospel palimpsest which BURKITT had helped to decipher and publish. These all have value and interest still, especially when the two editors differed in their opinion, and record their views in parenthesis (e. g. Luke 2.14, where WESTCOTT was clearly much less happy than HORT to accept the reading εὐδοκίας, on the grounds of the difficulty of the phrase resulting from it, and was disinclined to accept an argument of HORT for the reading, based on the better division of the angelic hymn, which results from the acceptance of εὐδοκίας).[318] A number of BURKITT's readings were later emended by him or others: a proportion of his comments then, have only an historical value. The readings could probably be derived from the Editio Princeps of the Sinaitic Syriac.

The exegete BERNHARD WEISS devoted several books in the series 'Texte und Untersuchungen' to the text of the New Testament, using as a main

[317] WH, Notes on Select Readings, pg. 2 col. 1.
[318] Ibid., pgg. 52–56.

*criterion* the exegetical appropriateness of variant readings. Assessing manuscripts on the incidence of error in their text, he decided that the Codex Vaticanus was the best. He published an edition enshrining these principles and conclusions in 1894–1900 and a hand edition similarly in 1902–1905. His work met with respect and praise even from those who disagreed on various points; but it seems to have been relatively neglected and overlooked, perhaps overshadowed by the work of VON SODEN and the ensuing debates.[319]

The revisers of the English Authorized Version, whose revised translation was published in 1881, had before them, progressively from 1871 onwards until 1876, instalments of WESTCOTT and HORT's text. As a result of their debates and decisions, the resultant English version followed sometimes that edition and sometimes the Textus Receptus. In the same year, a member of the panel of British translators, Archdeacon EDWIN PALMER, constructed the text which it may be inferred lies behind the Revised Version (where the English might render either, he adopted the reading of the Textus Receptus). This text was probably the first example of 'textual criticism by majority vote', as bad a principle of criticism as it is of choosing a governing body, but which has become something of a habit in the twentieth century. In 1910, this text was provided with a useful *apparatus criticus* by the Scots classical scholar and New Testament scholar, ALEXANDER SOUTER, and a second edition with augmented *apparatus* appeared in 1947.

The work of a classical scholar, schoolmaster and Fellow of University College, London, RICHARD WEYMOUTH, explains itself best if its full title is given: 'The resultant Greek Testament exhibiting the text in which the majority of modern editors were agreed and containing the readings of STEPHEN (1550), LACHMANN, TREGELLES, TISCHENDORF, LIGHTFOOT, ELLICOTT, ALFORD, WEISS, the BÂLE edition (1880), WESTCOTT–HORT, and the Revision Committee'. Three editions were issued in 1886, 1892 and 1896. On that basis, WEYMOUTH made a modern English translation which appeared in 1903, posthumously, and was revised in 1924.

A similarly constructed edition, which has had a long and influential history, was made by EBERHARD NESTLE for the 'Priviligierte Württembergische Bibelanstalt'. He had written an important Introduction to the Greek New Testament, dealing with textual matters, and thus was expert where WEYMOUTH was not. He based his text on a comparison of TISCHENDORF and WESTCOTT–HORT, and where the two differed gave a casting vote to a third edition. In the first and second editions of NESTLE's text, this casting vote was held by WEYMOUTH: from NESTLE's third edition on, the edition of BERNHARD WEISS played this role. The *apparatus criticus* of the edition at first concentrated primarily on the editions from which the Greek text was compiled, although some readings of Greek manuscripts such as Codex Bezae

[319] Surveys of critical editions are given in GREGORY TK, METZGER, Bibl. and METZGER, Text, up to the respective dates of their publication. ALAND Text (G) and (E) also covers this period, concentrating however upon the relationship of texts to their own hand editions, and stating this in statistical form.

were also given. From the thirteenth edition on (1927) a more comprehensive coverage of all categories of attestation was aimed at, while the information about basic editions, together with that of von Soden, was still made available. In 1952 (the twenty-first edition) Kurt Aland became associated with the work. The Nestle edition retained the same form, with continuing improvement, until the twenty-fifth edition 1963. A very considerable amount of material was shown in the *apparatus criticus*, and it could be claimed with a high degree of justification, in the preface of the twenty-sixth edition (1979), that the other pocket editions began to play a subordinate role.

The British and Foreign Bible Society printed a form of the Textus Receptus until 1904, when it adopted by permission the text of the third edition of Nestle (1903). It reproduced accordingly the *apparatus* limited to the readings of the three nineteenth century editions on whose concurrence the Greek text was based. This it continued to do until 1958 when G. D. Kilpatrick, retaining the same text, compiled a critical *apparatus* of manuscripts, versions and patristic citations. This was somewhat more limited in the number of variant readings given than the current Nestle, but a wider attestation was generally given. Erwin Nestle, who had been editor of the edition founded by his father from the thirteenth edition on (1927) and some other scholars gave Kilpatrick advice and help in the preparation of this Bible Society edition.

In the meanwhile, as we have already intimated above, the vast edition of Hermann Freiherr von Soden had appeared (1902–1913). We have covered the manuscript investigations on which its information was based and the theories by which its text was established. The edition, as the Alands have remarked, has a wealth of variant readings and is a useful source of information. (They also say that von Soden anticipated many of the spectacular discoveries of recent decades, sometimes in a well developed form. It would have been instructive if they had specified to what they refer in these laconic phrases.)[320] But in spite of this praise – we may compare the adage of the Lakes that von Soden is "so often instructive, so rarely correct" – and the confidence reposed in von Soden by the editors of the Majority Greek Text, most scholars who have used his work regularly have found a number of faults. His new sigla for the manuscripts would no doubt have been used if his theories and his edition had passed muster, but since his work was not accepted, they recede more and more into the mists of the past. One gains the impression that younger scholars are not resorting to his edition, as earlier generations did and that their generation does not know his sigla. The edition is obscure for this reason, and because of neglect is becoming more obscure. When the nomenclature is mastered (or in the measure that it is mastered) the dispersal of material in three *apparatus* compounds the complexity for the user. Sometimes, it cannot be decided which witnesses give their support to a particular variant reading. Lastly, from the beginning it has become clear

320 Aland, Text (G), pg. 33; Id., (E), pg. 23.

to the user who can check the data given that the material is not always accurate or trustworthy. When the data in the discussions of the preliminary volumes does not agree with that of the *apparatus criticus*, we are in further perplexity. Nothing seems to suggest that we shall cease to need to consult VON SODEN, but these problems will remain with every user.

Three hand editions were prepared in the twentieth century by Roman Catholic scholars, namely those of HEINRICH JOSEPH VOGELS, AUGUSTIN MERK, S. J., and JOSÉ-MARIA BOVER, S. J. VOGELS's edition appeared first in 1920 and went into four editions (edition 4, 1955). While his *apparatus* is limited, he gives a fuller coverage of the Old Latin and Old Syriac versions, and because of his belief that Tatian and Marcion, the second century heresiarchs, had been a major factor in the corruption of the text, he gives a place to the most important distinctive readings which can be traced to them. The text established by him is closer to the Textus Receptus than any other modern edition.

MERK produced his first edition in Rome in 1933, and died shortly after publishing the fifth in 1944. Under the successive editors, J. P. SMITH, S. J., and C. M. MARTINI, S. J., each like him professor at the Pontifical Biblical Institute (MARTINI, later Rector, now Cardinal Archbishop of Milan), it reached a ninth edition in 1964. MERK's edition unfortunately has a number of faults. He divided his witnesses according to the classifications of VON SODEN, which later study has not invariably confirmed: and there are many errors in the citation of evidence (KILPATRICK[321] reviewing particularly noted problems with the Old Latin: the present writer found that about half the instances quoted from the Armenian are not completely accurate). A useful feature, however, is his careful citation of the many strands form which the evidence of the 'Diatessaron' of Tatian may be deduced. The later editors did not succeed in putting everything right. MERK's establishment of the text follows his own independent way: KILPATRICK found his brief statement of his principles not always in harmony with his practice.

The Spanish scholar BOVER produced his first edition in 1943. He died in 1954, just after the publication of his third edition (1952) but the work continued to be printed until a fifth edition in 1968. The text of his first edition lies behind the trilingual edition (Greek – Latin – Castilian) which was produced in 1977 under his name with JOSÉ O'CALLAGHAN as co-editor. His text frequently differs from others and favours readings of the so-called 'Western' or 'Caesarean' text-types.

Two other texts with slender *apparatus* or none should be mentioned. In 1964, R. V. G. TASKER published 'The Greek New Testament, being the text translated in the New English Bible 1961'. This is the analogue of the work of Archdeacon PALMER's reconstruction of the Greek lying behind the Revised Version of 1881. It reflects the textual opinions, knowledge and ignorance of

[321] G. D. KILPATRICK, Three Recent Editions of the Greek New Testament, JThS 50 (1949), pgg. 10 – 23; 142 – 155.

the panel of translators rather than any text that ever was. Its production, as the ALANDS rightly put it, was "an exercise of little scholarly significance".

From 1958, G. D. KILPATRICK exemplified the text-critical principles which his published work expounded, in the fascicles of 'A Greek-English Diglot for the Use of Translators'. The series was never completed because of the outcry over the text, the complaint being (as oral tradition has it) that the text was too far removed from WESTCOTT and HORT. This is an example of the dead hand of tradition and prejudice elevating WESTCOTT and HORT's work to an idolatrous eminence. It exemplifies the triumph of ignorance over learning which we see from time to time in the history of the textual criticism of a work of antiquity which has become holy scripture: the attitude remains constant, only the text changes its identity from century to century.

We finally turn to two great projects of publishing an *apparatus criticus* to the Greek New Testament which have been instituted during the twentieth century. The first of these both in respect of the time of its institution and in respect of the appearance of its final product is that which is generally called the 'International Greek New Testament Project'.[322] The notion of a new edition of the Greek New Testament produced by international cooperation seems to go back to 1926. In a meeting in Breslau (as words of T. C. SKEAT tell us)[323] in October of that year, German representatives, who had themselves cherished hopes of producing such an edition, agreed to relinquish their plans and collaborate with the British Committee, which had been formed that year. SKEAT continues "an editor for the work was found in the Revd. S. C. E. Legg".[324] It is very difficult, practically impossible in fact, to discover any more to fill in this bare statement. The membership of the British Committee and their German counterparts could doubtless be found minuted or reported somewhere: and the *curriculum vitae* of LEGG up to the point where this onerous task was laid upon him. His bibliography (to judge from the compilation of METZGER, where little is overlooked and rarely)[325] includes only a study in collaboration with Sir FREDERIC KENYON in 1937 on the passages Luke 22.15–20 and I Corinthians 11.23–26 published in a collection on 'The Ministry and the Sacraments'. As he was a parish priest in the Church of England, we may presume that he devoted all his leisure to the task he had undertaken. He was criticized by his reviewers for neglecting to collate manuscripts in England: there is evidence[326] however of work on minuscule 517, which is incorporated in his volume on Matthew. There is evidence too of visits to libraries in Western Europe. What we do not discover is what the British Committee and any others who were to be cooperating did between

[322] See fn. 64.
[323] Op. cit. (fnn. 64 and 322), pg. v.
[324] Ibid.
[325] METZGER, Bibl. nos. 1046 (pg. 108) and 1076 (pgg. 111 f.)
[326] In LEGG's own copy of SCRIVENER, Adversaria Critica Sacra (in the present writer's collection), there are notes of the collation of 517, and library slips from the Bibliothèque Nationale, Paris, and from the Ambrosiana, Milan; the latter is dated in 1934.

1926 and the appearance of the *apparatus* to Mark in 1935 and Matthew in 1940. Why did LEGG, in spite of the strictures upon his product continue to work at and complete an *apparatus* to Luke which he 'delivered to the Committee in 1948'? It certainly appears as if a young man untried in this field was commissioned to do the work and left to get on with it. It might even appear as if communications between committee and editor, especially after the initial criticism following the publication of the first fascicule, had become sketchy. Whatever may be true in these conjectures, and whatever other factors may have played their part (once again we have to admit that the outbreak and course of the war in 1939 must have been one of these), it is tragic that a man whom his mentors surely regarded as of the greatest promise should have been allowed to waste, in terms of scholarly output, his whole life.

The volumes published reprinted the text established by WESTCOTT and HORT. STREETER had indeed suggested in 'The Four Gospels' in 1924 that the Byzantine text should be the collating base of "a thesaurus of various readings to bring up to date Tischendorf's large edition of 1869":[327] but this had gone unheeded. In the *apparatus* evidence both for the WH text and for variants was given: manuscripts in Greek, versions, and patristic evidence were cited. Patristic quotations figured in the margin below, and were alluded to in the *apparatus* by conventional initials. On all these grounds the volumes met with increasing criticism,[328] the volume of St. Mark's gospel from COLWELL and LIETZMANN, that of St. Matthew's gospel by one of the leading English New Testament scholars T. W. MANSON.[329] Nevertheless, the work had already by 1942 begun to be spoken of as the 'new TISCHENDORF'. MANSON pointed out the deficiencies in the patristic coverage, and in the versions: he remarked rightly and generously that "no one man can hope to deal with the masses of material". In the cases of Greek manuscripts, MANSON thought there was a distinct improvement, but went on to admit that while the proportion of errors was lower here, his confidence was undermined by what he found in the *apparatus* as a whole. KILPATRICK,[330] then a young emergent scholar, added to the criticism about neglect of Greek manuscripts in England, and the compounding of error in this department by reliance upon VON SODEN. Even SOUTER's hand *apparatus*, he found, could be used to supplement the work of LEGG.

Not surprizingly, the Committee could not recommend publication of the *apparatus* to St. Luke's gospel which LEGG sent to them in 1948. "It had become clear that the task was beyond the powers of one man". It was decided that the work must proceed by the collaboration of many. KILPATRICK wrote on behalf of the committee to COLWELL, at that time (October 1948) President

[327] B. H. STREETER, The Four Gospels, pg. 147.

[328] See METZGER, Text, pg. 145, fn. 1.

[329] JThS 43 (1942), pgg. 83–92.

[330] Ibid., pgg. 30–36 (where a reference to LIETZMANN's review may be found in fn. 2 on pg. 31).

of the University of Chicago,[331] suggesting Anglo-American cooperation in such a task. COLWELL tells us that a conference meeting at Chicago at that time "voted enthusiastically to cooperate with the British in planning the project". In consequence, G. D. KILPATRICK visited the United States and met with the American Committee and the editorial board, working out a large part of the decisions necessary to launch the project. In the same year, Dr. MERRILL M. PARVIS visited "the various members of the British Committee and reached agreement with them as to procedures so that the active work of collation could begin early in 1950, with publication in 1954". These words are quoted from COLWELL writing in 1952. SKEAT writes that "a joint meeting of the British and American Committees was held in Oxford in 1952, at which the general lines of the project were agreed, and the decision made to concentrate, as a first objective, on preparing an apparatus criticus for the Gospel according to Luke".

The progress after that was not as COLWELL had hoped in 1952. In 1964 a specimen covering Luke 20:1–6 was produced, compiled jointly by PARVIS and Dr. G. G. WILLIS, now Executive Editor appointed by the British Committee. On circulation to a number of leading scholars, the work was criticized: in this criticism there was some misunderstanding (e.g. of the use of the Textus Receptus as the collating base) but also a number of well taken points (e.g. it was clear that not all the data given came from new collations. These were not yet made in certain cases, and older material had to be used for the sake of example). Some changes in presentation were approved as a result of the criticisms. The work suffered setback when Dr. WILLIS suffered an almost total loss of eyesight in 1968 and resigned his editorship. In 1970, the present writer became Executive Editor, a task carried out by him until 1977: his successor was J. KEITH ELLIOTT who brought the work through to publication. The first volume, containing the first twelve chapters appeared in 1984 (with an Introduction written by T. C. SKEAT who had acted as Secretary and Treasurer of the British Committee, as well as undertaking some valuable editorial tasks), while the second volume, containing the remaining twelve chapters, appeared in 1987.[332]

The object was solely to provide such a thesaurus of variant readings as STREETER had suggested and accepted the view both of STREETER and of MANSON in the course of his review of LEGG's Matthew, that the appropriate base for the presentation of these should be a form of the Byzantine text. Both the older scholars appear to have had in mind in their remarks a

331 The dates, and the sequence of events, can be demonstrated by reference to various statements of COLWELL, e.g.: What is the Best New Testament?, Chicago (Illinois), 1952, pgg. 106–109, and New Testament Manuscript Studies, ed. MERRILL M. PARVIS and ALLEN P. WIKGREN, Chicago (Illinois), 1950, pgg. ix f. SKEAT, loc. cit., gives the detailed background of the British enterprize, which saw itself as continuing the work begun in 1926. The representation of events in ALAND, Text (G), pgg. 33 f., (E), pg. 24 seems to rest on an inaccurate understanding (I can trace the date 1942 in no statement British or American).

332 See fn. 64.

reconstruction of the Byzantine text: for the IGNTP, the Textus Receptus was reprinted in a form which was taken from the Oxford University Press's imprints of 1873 and 1828, in its turn derived through MILL (1707) from STEPHANUS's third edition of 1550. Information precedes the *apparatus*, verse by verse, on three categories of data, the extent and incipits of lectionary *pericopae*, the *lacunae* in Greek and versional manuscripts, and the extent of the quotations by the fathers. Although it was originally intended that all Greek writers of the manuscript period should be quoted, and all Latin writers quoting the Old Latin, a term was eventually set at AD 500, simply for reasons of available time, while the evidence from three Syriac sources, Ephraem, Afrahat and the 'Liber Graduum' was added, although not within the original intentions, since Old Syriac manuscript material is scanty. Both the lectionary material and the patristic information is the fullest to be given in an *apparatus* to date: improvements and expansions could be suggested but both features enrich the edition. Inevitably, there is also room for correction: no edition ever escapes this need, and every edition mentioned in this survey requires vigilance in the user. It is to be hoped that the specific strictures made by reviewers in regard to this problem will be effective in preventing some mistakes recurring when the IGNTP proceeds, as it is set to do, to produce an *apparatus* for the gospel of St. John.[333]

Massive text-critical work is latent in the text produced by HEINRICH GREEVEN[334] in his new edition of the synopsis of the gospels begun by ALBERT HUCK in 1892. HUCK had followed TISCHENDORF's 'Editio Critica Maior', but the ninth edition by LIETZMANN and OPITZ had been revised by the current NESTLE text. GREEVEN in consultation with nearly three hundred colleagues through a questionnaire, decided not to follow the current twenty-first edition of NESTLE for this new thirteenth edition of HUCK, but to establish a new text of the Synoptic gospels and of the Johannine *pericopae* which are parallel to the synoptic materials and thus quoted in this work. He generally established a text in which readings judged to have arisen through the assimilation of one gospel to another, are avoided: in orthography he sometimes follows the oldest manuscripts, sometimes judgements about the norm of Hellenistic Greek at the time of the composition of the gospels. The influence of KILPATRICK has been suspected because of the latter's provision of an English version of the introduction and pericope headings. This, however, is a simplistic judgement: GREEVEN rather pursues a course which appears to embrace some of KILPATRICK's observations and decisions, but to follow his own judgement in other respects. His judgement, whether shared with KILPATRICK or not, is deserving of close attention, and respect.

We have mentioned above that KURT ALAND has been editor of two hand-editions of the Greek New Testament, BARBARA ALAND being associated

[333] NTS 36 (1990), pgg. 157–160. D. C. PARKER, The International Greek New Testament Project: the Gospel of John.

[334] ALBERT HUCK, Synopse der drei ersten Evangelien, 13. Auflage, völlig neu bearbeitet von HEINRICH GREEVEN, Tübingen, 1981.

with him on the title page of the latest editions and expressly in the handbook. One of these hand-editions is the twenty-sixth edition of NESTLE, the other, entitled 'The Greek New Testament', is issued for the United Bible Societies.[335] The text published in these is intended to be uniform, although reviewers have pointed out quite a number of instances where exact correspondence is not found. In their handbook the term Standard Text is used for that text, the somewhat haughty term being ascribed to reviewers by the modest authors.[336] (One gathers that the misleading term is to be dropped, but it is sad to reflect that like every other instance of inaccurate terminology in the text-critical field, it will without doubt be a long time a-dying.) We have discussed above the establishment of the text. The editorial board consisted of KURT ALAND, MATTHEW BLACK, ALLEN WIKGREN, BRUCE METZGER and CARLO-MARIA MARTINI. The Greek New Testament is intended for non-specialists who are engaged in Bible translation: the variants given in the *apparatus* are said to be "those significant for translators or necessary for the establishing of the text". The figure of 1440 has been given as the number of variants cited in the GNT. For each of these places, all known variants are given from a large number of witnesses. An indication is given by means of the indices A, B, C or D, of the relative degree of certainty for each variant adopted as the text. A certain amount of newly revealed information is to be found in the attestation given, drawn from the ongoing work of the Münster Institute. There are many praiseworthy features in this edition, but reviewers have indicated various inconsistencies and, in some cases, the presence of variants which can generally have little significance for the category of users for whom the edition is intended. It is also highly disturbing to observe at conferences of those who study and teach in the field of New Testament, that this edition, with its severely limited *apparatus criticus*, is that which the majority of those present use, often quite clearly without making any further recourse to fuller editions, even to NESTLE – ALAND 26, which has at least 10,000 variants listed. (TISCHENDORF is seldom known, and it seems to the present writer that many younger practitioners of textual criticism make no recourse to VON SODEN any longer.)

The latest edition of NESTLE has many more variants and it is for that reason extremely useful as a hand edition for the specialist scholar. It also contains much of the information for making basic exegetical judgements (to be followed, as should go without saying, by enquiry in the older editions mentioned and in editions of versions and the like). But it is not infallible. To take a single field known to the writer, the important minuscule group of 1739 6 424 and its corrector, 1908 and the late uncials 0121a, 0121b and 0243, are cited in the Pauline Epistles (and where they give the text, in the rest of the praxapostolos corpus): but the evidence is not always exhaustive. Since it

[335] First edition, Stuttgart, 1966; second edition, 1968; third edition, 1975; third edition (corrected), 1983.

[336] ALAND Text (G), pg. 41: (E), pg. 30.

has been demonstrated[337] that 6 and the corrector of 424 are not descendants of 1739 but belong to a parallel line of descent within a family structure, they should have their textual information given as fully as their more impressive relation. In Acts, in at least one place,[338] a gloss from the margin of 1739 written in a late hand (and therefore unrelated to the important series of marginal notes written by the original scribe and of considerable age and interest) has crept into the *apparatus* as a variant reading! Such observations make the expert suspicious that there may be other misleading accidental features. The work is however to be commended for its informative introduction and its detailed lists of Greek and Latin manuscripts (the latter confined to those preserving Old Latin text) and of quotations and allusions of the Old Testament and apocrypha found in the New Testament text.

BRUCE METZGER provided a Textual Commentary for the third edition of the Greek New Testament,[339] surveying the 1400 variants found in its *apparatus* and adding another six hundred. One of the interesting features is the record of dissent among the editors. Their opinions are often given in the form 'by a majority/minority'. Sometimes where dissent was not stifled, an editor will sign a dissentient opinion. In view of the different backgrounds of the board, in nationality, churchmanship, academic training and age, it would have been very revealing to know on every occasion how they voted, and their reasons. This would of course have expanded the treatment greatly, but would have been at least of historical interest, and no doubt instructive to their peers as well. As it is, J. K. ELLIOTT in a review of METZGER's commentary[340] has observed that the American members recorded signed dissent more frequently than their colleagues, ALAND twice, MARTINI once, and BLACK not at all. We must leave it to someone with the imaginative insight into the workings of committees possessed by the English novelist C. P. SNOW,[341] to elucidate what these statistics mean: it will help if he or she knows the members as well!

## *Conclusions*

Our survey of materials reveals that, although great advances have been made in the hundred years covered by this historical review, we are still far from a complete knowledge in detail of the many witnesses to the text of the New Testament now known to exist. Whether Greek manuscripts, ancient or

337 See fn. 59 above.

338 Acts 19.24.

339 A Textual Commentary on the Greek New Testament. A companion volume to the United Bible Societies' Greek New Testament (third edition), by BRUCE M. METZGER, on behalf and with the cooperation of the Editorial Committee, etc., London/New York, 1971.

320 NT XVII (1975), pgg. 130–150, The United Bible Societies' Textual Commentary Evaluated, esp. pgg. 133–136.

341 E.g. C. P. SNOW, The Masters, London, 1937; ID., The Light and the Dark, London/New York, 1947.

medieval versions, or quotations of scripture by writers in Greek or other languages, we are far from having investigated all that there is to investigate. In the practical endeavours to collect material, the great projects of the period have all exercized selection: there has been little opportunity to check the principles of selection, although those who have devised them have sometimes used, or appeared to use, sophisticated statistical methods. Since even these practitioners are primarily textual critics and not statisticians, and since the bulk of textual critics are not statistically skilled at all, we need help to check the validity of the schemes of selection which we have now inherited. Perhaps the work of DUPLACY shows a way forward. A similar problem of the possibility of judgement inheres in the assessment of the relationships of manuscripts and other witnesses. In both cases, a general outline may be said to have emerged, but a carefully coordinated map, with all minute details marked and in place, we do not have yet.

The impression that we are wrestling with forces not yet completely under our control (whatever may be our optimism) is deepened by a study of the *apparatus critici* which have been constructed. The recent 'Greek New Testament' of the United Bible Societies has won praise from reviewers for its clarity, and rightly so, whatever faults it may also have. But it has attained this at the expense of wider coverage. Since this hand-edition has become that most regularly used by New Testament scholars, this is dangerous in giving a false impression of the simplicity of the textual problems of the New Testament. But as soon as we move to the other hand-edition of the same editors-in-chief, NESTLE – ALAND 26, we find obscurities emerging, and occasional mistakes. When we look at larger *apparatus*, whether the bygone, VON SODEN or LEGG, or the recent, namely the two volumes for the gospel of St. Luke, of the International Greek New Testament Project, we discover a very high incidence of complexity and obscurity, and from place to place, attendant error. The 'Editio Critica Maior' of the 'Institut für Neutestamentliche Textforschung' is still awaited at the time of writing. Will greater funds, a single organization, recourse to computerization, prove the answer to these problems? or do the ruins of VON SODEN and LEGG say to us, "Look on my works, ye Mighty, and despair"?[342]

Great economic problems are latent in these practical issues. They are not such that a young scholar with an interest in this area of learning and a will to pursue an aspect of it will be unable to do so; but they may well prove to be such that organizations other than the institute named above can rarely if ever be established. If the society of market forces alone comes to predominate totally in the world, textual criticism will very likely be a casualty, although we might hope that its status will be that of the walking wounded, not of the fatally injured. If one organization for the coordination of plans and the correlation of our complex materials does emerge as a monopoly (and

[342] PERCY BYSSHE SHELLEY, Poetical Works, Oxford Edition, 1904, pg. 546: 'Ozymandias' (*incipit*: "I met a traveller from an antique land"), line 11.

the entrepreneurial thoroughness which has already shown itself at Münster suggests that it might, if that is not already a *fait accompli*), a number of further problems will arise of greater severity than hitherto. Paramount among these will be the psychological problem of the dominance of the printed text, and the neglect of the critical *apparatus*. Twice already this has beset Biblical scholarship, in the reign of the Textus Receptus and the reign of the text of WESTCOTT and HORT. We have alluded to the deliterious effects of the latter from place to place above, and a like corruption of knowledge and judgement can already be perceived in any body of scholars dependent mainly upon the 'Greek New Testament'. It is to be hoped that if a monopolist domination does establish itself, there will be enough other interested parties to continue research, forming an opposition (in parliamentary fashion), or an "underground", building for future reconstruction.

In theory, a consensus appears to be emerging, with strong respect for the texts dependent upon Alexandrian scholarship and its appropriation by the Church. Neglect of the other discernible traditions would be a false step, however, and it is therefore most salutary that there are strong opinions still held for an eclectic method based on rational criticism, and for a reconstruction of the history of the text in which the witnesses once linked in the notion of the 'Western Text' are regarded as pointing to the original. These, and some adherents of the consensus too, may form the opposition, or the *maquis*, whichever is the necessity of the time to come.

We may reflect however on the malaise which affects all aspects of textual criticism, our research of raw materials, our organization of them for consultation, our theorizations about the history that would explain their variety and our attempts to establish the original stock to which they bear witness. Does it have its roots deeper than within the subject itself? Is the problem in the philosophies of the twentieth century, which in various ways have cast doubt upon the possibility of a unified understanding of things, and even upon the possibility of knowledge of things? In WESTCOTT and HORT's day, several systems competed, but each would have propounded an overall vision of the structure and meaning of all reality. In our background, whether or not we are philosophers, there is bound to be at least a tinge of scepticism about such constructions, sapping our confidence in our ability to construct a satisfactory or valid understanding even of our own area of learning or to see it as an ordered whole. Textual criticism may have to wait for the turn of the philosophical tide before it can regain the confidence which characterized some of the great amongst our intellectual forefathers. The pragmatism of texts established by committees and the dogmatism of texts based upon ideology are but "fragments which we shore against our ruins".[343]

The textual criticism of the New Testament belongs to two worlds. On the one hand, it is an intellectual discipline linked to the textual criticism of

343 T. S. ELIOT, The Waste Land, New York, 1922, line 430: "These fragments I have shored against my ruin."

any literary texts whatsoever. It has much to contribute to the discussion of the problems of others and much to learn from them. On the other hand, it is an aspect of the study of part of the Biblical writings which Christians view as scripture, basic to faith and practice: and since it seeks to establish the original texts which stem from apostolic witness and enshrine dominical words and acts, it is a fundamental part of theological study, and moreover impinges upon every Christian who opens a Bible or hears it read. Because of the incompleteness of the work of New Testament textual criticism and the lack of unanimity in its debates, it contributes to a crisis of confidence in scripture and uncertainty about its continued relevance which may be discerned in all quarters of the Christian world. Such a movement as the attempt to reestablish the majority text of the Greek witnesses as original must be understood against this background: however critical has been the assessment of the movement given here, on grounds of its lack of cogency, comprehension and proper debate, the present writer does not lack sympathy with the perplexity of those who make the attempt, and their churches. It seems to him that the practical answer lies in another direction, taking as a starting point the acceptance of the present situation amongst expert scholars (and the uncertainties of the future to which we have pointed) as the given situation with which we must cope for some time to come. We have a text containing many variations and the questions raised by this are often unresolved, whether they concern the original form of the text or its subsequent history, be that corruption or preservation. Theologians of all complexions and churchmanship continue to use the New Testament in their investigations and discussions, and Christians use it as the support of their devotional and liturgical life. They should not seek as this referential point one form of the text alone, but use the text in all its variations, as the witness of scripture as the Church has experienced and interpreted it. Such a variorum text will show us not only the original but the Church's understanding of it. If we discern error in certain places, this will warn us against misinterpretation: but in other places, even where a variant reading may not commend itself as the wording of the original, it may reveal itself as a gloss which illuminates nuances of the original, which further reflection has emphasised. Both the text printed as the base of any edition (often established by the editor as nearest to the original) and the accompanying *apparatus* will be source material for theological discussion, and for the wider scriptural function of proclamation and edification.

## *Bibliography*

The bibliography is essentially a classification and a cross reference index for the works quoted in the footnotes, with the addition of some works not there alluded to. First are listed the footnotes which give a simple reference to the standard works given in abbreviation. Where the reference in the text is to some matter discussed or outlined in the standard work, this topic is named in a following parenthesis. Otherwise, it is to be assumed that the footnotes and the corresponding text are discussing the standard work itself.

Secondly, in classified order and alphabetized are given all works otherwise found mentioned in the footnotes. These are given by summary title and date, with an indication of the footnotes where the full bibliographical information will be found. Where significant works not to be found in the footnotes are included in this part of the bibliography, full bibliographical detail is given.

1. References to standard works

ALAND Text (G) & (E): fnn. 211 (VON SODEN), 305, 306, 308–312 inclusive, 315, 319, 320 (VON SODEN), 331 (International Greek New Testament Project), 336

BC: fnn. 24 (papyri and early fragments of Acts), id. (p38), 180 (Provençal version of Acts), 260, 261 (theories of BLASS and ZAHN)

BSFNTT: fn. 75 (new Sinai Mss.)

COLWELL, Studies: fnn. 243, 246, 279, 281 (paleography of minuscule), 282–290 inclusive, 293, 294

CC.CPG: fnn. 70 (Gregory of Nyssa), 71 (John of Damascus)

DUPLACY: fnn. 66 (lectionaries), 240 (theory of classification, and computerization), 247 (J. G. GRIFFITH), 248

F/S CASEY: fn. 267 (G. D. KILPATRICK's essay)

GREGORY TK: fnn. 80, 319

KLIJN: fn. 208 (VON SODEN)

LAKE TNT: fnn. 41 (VON SODEN), 44 (VON SODEN), 208 (VON SODEN-scheme of classification)

METZGER Bibl.: fnn. 49 (GOODSPEED), 50 (EDMUNDS and HATCH), 217 (TASKER and STREETER), 227 (TASKER and STREETER), 319 (LEGG)

METZGER Text: fnn. 241 (DEARING), 319, 328 (LEGG's editions)

METZGER Versions: fnn. 98 (Lindisfarne Gospels, Book of Kells), 107, 143 (Rabbula gospels), 164 (texts from Bala'izah), 172 (Church Slavonic), 178 (Sogdian), 179 (versions derived from the Latin versions)

PETERS: fnn. 28 (Greek Diatessaron), 120, 125 (Sogdian, Turkish evidence), 201 (BAUMSTARK)

TISCH 8: fnn. 4, 23

v H: fnn. 24 (p48), 30 (BODMER Collection), 69 (Toura Mss.)

v S: fnn. 42 & 43 (duration of work and collaborators), 193 (Codex Bezae)

VÖÖBUS EVV: fnn. 142 (Palestinian Syriac), 204 (Armenian Diatessaron)

WH: fnn. 1 (date of beginning of work), 2 (availability of uncial Mss.), 5 (minuscules and lectionaries), 12 (Codex Bezae), 34 (mixed texts), 67 (function of patristic quotations), 79 (versions), 99 (existence of Old Syriac revealed by study of Peshitta), 147 (Coptic versions), 173 (Gothic version), 183 (collaboration of WESTCOTT and HORT), 184 & 185 (methods and working procedures), 186 (Codex Vaticanus), 187 (Alexandrian text), 188 (corruption of Western Text), 189 (Western non-interpolations), 259 (Western Text of the Acts of the Apostles), 291 & 292 (principles of criticism, quoted by COLWELL), 295 (methods of procedure, cited by COLWELL), 317 (critical apparatus of TISCHENDORF and TREGELLES), 318 (discussion of Old Syriac; and additional notes by F. C. BURKITT)

WISSE: fnn. 45 (VON SODEN), 47 & 208 (VON SODEN's Legacy)

2. Facsimile editions

Codex Alexandrinus (A: 02), 1879–1883 (ed. E. MAUNDE THOMPSON) fn. 6; 1909 (ed. F. G. KENYON) fn. 7

Codex Vaticanus (B: 03), 1889 (COZZA-LUZI), fn. 8; 1904–1907 fn. 9; 1965 & 1968 fn. 10

Codex Sinaiticus (Aleph or S: 01), 1911 & 1922 (edd. KIRSOPP and HELEN LAKE) fn. 11
Codex Bezae Cantabrigensis (D: 05) 1899 fn. 13
Codex Boernerianus (G: 012) 1909 (ed. REICHARDT) fnn. 14, 96
Athos fragments of Paul (Hp: 015) 1905 (ed. KIRSOPP LAKE fn. 16 (see also TREU, op. cit., in fn. 15, pg. 31 – 34: the work of LAKE is, however, overlooked)
Codex Koridethi (Θ: 038) 1907 (ed. I. A. EVSEYEV) fn. 17
Codex Washingtonianus (Freer Gospels) (W: 032) 1912 (ed. H. A. SANDERS) fn. 19
Papyrus 38; 1933 (ed. SILVA NEW) fn. 24
Papyrus 52; 1935 (ed. ROBERTS) fn. 27
Dura fragment of Diatessaron (0212) 1935 (ed. C. H. KRAELING) fn. 28

3. Text editions

Codex Koridethi (Θ: 038) 1913 (edd. BEERMANN & GREGORY) fnn. 18, 214
Freer Paulines (I: 016) 1918 (ed. H. A. SANDERS) fn. 21
Papyrus 48; 1933 (ed. A. C. CLARK) fn. 24
Das N. T. auf Papyrus: Die katholischen Briefe, 1986 (edd. GRUNEWALD, JUNACK) fn. 32
Id.: Die Paulinischen Briefe. 1 Röm., 1 Kor., 2 Kor., 1989 (edd. JUNACK, GÜTING, NIMTZ, WITTE) fn. 33
Family 13 (The Ferrar group). Gospel of Mark, 1941 (edd. KIRSOPP and SILVA LAKE) fnn. 35, 52, 228, 234
Family 1. Four gospels. 1902 (ed. KIRSOPP LAKE) fnn. 36, 213

4. Collations

Codex Washingtonianus (W: 032) 1912, 1918 (ed. H. A. SANDERS) fnn. 20, 194
Codex 157 (Vatican, Urb. gr. 2) 1912 (ed. H. C. HOSKIER) fn. 37
Codex 700 (London, B. L. EGERTON 2610) 1890: A full account and collation of the Greek cursive Codex Evangelium 604 ... by HERMAN C. HOSKIER, London, 1890 (not mentioned in the text: cp. fn. 37)
Codices 614, 383, 431, 1518 (Acts of the Apostles) 1934 (ed. A. V. VALENTINE-RICHARDS) fn. 40
Codices 703, 666, 1290 (Bixby Gospels, Harvard Gospels, Haskell Gospels) 1915, 1919, 1918 (ed. E. J. GOODSPEED) fn. 49 (ref. to METZGER Bibl.)
Codices 2324, 2346, 669 (The Gospel Manuscripts of the General Theological Seminary, 1918, ed. E. C. EDMUNDS & W. H. P. HATCH) fn. 50 (ref. to METZGER Bibl.)
Eight American Praxapostoloi, 1941, ed. K. W. CLARK fn. 51
Six Collations of New Testament Manuscripts, 1932, ed. KIRSOPP LAKE and SILVA NEW fn. 53
Family Π and the Codex Alexandrinus. The Text according to Mark, 1936, ed. SILVA LAKE fn. 55
Concerning the Text of the Apocalypse. Collations of all existing available Greek documents, 1929, ed. H. C. HOSKIER fn. 60
Studies in the Lectionary Text of the Greek New Testament, Vol. I, Prolegomena edd. E. C. COLWELL & D. W. RIDDLE, 1933; Vol. II, six fascicules, 1934 – 1966 (BRANTON, REDUS, METZGER, BUCK, BRAY, HARMS) fnn. 62, 63
The New Testament in Greek. The Gospel according to St. Luke, 1984, 1987 fnn. 64, 73, 244
J. K. ELLIOTT. A Bibliography of Greek New Testament Manuscripts (SNTS Monograph series 62), Cambridge, 1989 (on the *lacunae* in the coverage of this work, see the present writer's reviews in JThS. n. s. 41 [1990] pg. 209 – 212, and ClR n. s. 40 [1990] pg. 151 f.)

5. Studies on Greek and general topics

ALAND, K., Die Bedeutung des p75 für den Text des NTs fn. 313
ID., The Coptic New Testament fnn. 148, 150
AYUSO MARAZUELA, T., El texto caesariense del papiro de Chester Beatty fn. 231
ID., ¿Texto cesariense o precesariense? fn. 232

BIRDSALL, J. NEVILLE, The Text of the Gospels in Photius fn. 238 cp. The Text of the Acts and Epistles in Photius, JThS n. s. 7 (1958) pp. 278–291
ID., Study of MS. 1739 of the Pauline Epistles fnn. 59, 72, 337
ID., The Text of the Fourth Gospel fn. 270
ID., The BODMER papyrus of the Gospel of John fn. 270
ID., The Martyrdom of St. Eustathius of Mzketha and its links with the Diatessaron fn. 207
ID., Rational Eclecticism and the Oldest Manuscripts fnn. 257, 273
ID., Diatessaric readings in the Martyrdom of St. Abo of Tiflis? fn. 207
ID., The Western Text in the Second Century fn. 314
BOISMARD, M.-E., LAMOUILLE, A., Texte occidental des Actes des Apôtres fnn. 170, 269
BOUSSET, W., Textktritische Studien fn. 38
BROCK, S. P., The Resolution of the Philoxenian/Harclean Problem fn. 136
BURKITT, F. C., The Gospel History and its Transmission fn. 218.
ID., Evangelion da-Mepharreshe (re Mk. 10, 11, 12) fn. 251
ID., Review of STREETER, Four Gospels fn. 223
ID., Note to STREETER's response fn. 224
ID., The Chester Beatty Papyri fn. 226

CARDER, M. M., Caesarean Text in the Catholic Epistles fn. 237
CHASE, F. H., The Old Syriac Element in the Text of Codex Bezae fn. 192
ID., The Syro-Latin Text of the Gospels fn. 192
CLARK, A. C., The Primitive Text of the Gospels fn. 280
ID., The Acts of the Apostles fnn. 24, 265
COLWELL, E. C., The Greek of the Fourth Gospel fn. 280
ID., John Defends the Gospel fn. 280
ID., What is the Best New Testament? fn. 331

EPP, E. J., The Theological Tendency of Codex Bezae Cantabrigiensis fn. 268
ID., The Significance of the Papyri for determining the ... Text in the Second Century fn. 271

FEE, G. D., Review of the Greek New Testament according to the Majority Text fn. 278
FISCHER, BONIFATIUS, Lateinische Bibelhandschriften im frühen Mittelalter fn. 128
FRIDRICHSEN, G. W. S., Gothic Studies fn. 177
ID., The Gothic Version of the Gospels, Oxford, 1926
ID., The Gothic Version of the Epistles, Oxford, 1939

HANNICK, C., Das Neue Testament in altkirchenslavischer Sprache fn. 172
HARRIS, J. R., The Diatessaron of Tatian fn. 195
ID., Codex Bezae fn. 191
ID., The Origin of the Ferrer Group fnn. 196, 212
HOFMANN, J., Die äthiopische Johannes-Apokalypse kritisch untersucht fn. 168
ID., Das Neue Testament in äthiopischer Sprache fn. 171
HURTADO, L. W., Text-critical Methodology and the pre-Caesarean Text fn. 239
HUTTON, E. A., An Atlas of Textual Criticism fn. 242

JOUSSEN, A., Die koptischen Versionen der Apostelgeschichte fn. 153
JUNACK, K., Zu den griechischen Lektionaren fn. 65

KASSER, R., L'évangile selon Saint Jean et les versions coptes fn. 154
KENYON, F. G., Hesychius and the Text of the New Testament fnn. 210, 307
KILPATRICK, G. D., Review of J. SCHMID on the Apocalypse fnn. 254, 273

Id., An Eclectic Study of the Text of Acts fn. 267
Id., The Greek N. T. Text of Today and the Textus Receptus fn. 274
Id., Bibliography to 1974 fn. 253
Id., The Principles and Practice of New Testament Textual Criticism. Collected Essays of G. D. Kilpatrick, ed. J. K. Elliott, 1990

Lake, K. & Blake, R. P., The Text of the Gospels and the Koridethi Codex fn. 215
Lake, K., Blake, R. P. & New, S., The Caesarean Text of the Gospel of Mark fnn. 54, 112, 221, 225
Lake, Kirsopp & Silva, The Acts of the Apostles fn. 266
Id., The Byzantine Text of the Gospels fnn. 46, 229
Lehmann, H., Per piscatores fn. 205

Martini, C. M., Il problema della recensionalità del codice B alla luce del papiro Bodmer XIV fn. 258
Metzger, B. M., The Lucianic Recension of the Greek Bible fnn. 209, 307
Id., Recent Spanish Contributions to the Textual Criticism of the New Testament fn. 233
Id., Greek Lectionaries and a critical Edition of the New Testament fnn. 64, 322
Montgomery, J. A., The Ethiopic Text of the Acts of the Apostles fn. 169

Parvis, M. M. & Wikgren, A. P., New Testament Manuscript Studies fn. 331
Petersen, W. L., Gospel Traditions in the Second Century fnn. 271, 314
Pickering, W. N., The Identity of the New Testament Text fn. 275
Plooij, D., A Primitive Text of the Diatessaron fn. 202
Id., A Further Study of the Liège Diatessaron fn. 202

Richards, W. L., The Classification of the Greek Manuscripts of the Johannine Epistles fn. 245
Robinson, J. A., Euthaliana fn. 39

Schmid, J., Studien zur Geschichte des griechischen Apokalypsetextes fnn. 61, 272
Strange, W. A., The Problem of the Text of Acts. Ph.D. thesis, unpublished, Oxford, 1988 (to be published)
Streeter, B. H., The Four Gospels fnn. 216, 219, 220, 230, 327
Id., Rejoinder to review of The Four Gospels by F. C. Burkitt fn. 224
Sturz, H. A., The Byzantine Text-Type fn. 276
Stutz, E., Das Neue Testament in gotischer Sprache fn. 176

Turner, C. H., Marcan Usage: Notes, critical and exegetical, on the Second Gospel fn. 252

Vogels, H. J., Beiträge zur Geschichte des Diatessarons im Abendland fn. 129
Id., Die Harmonistik im Evangelientext des Codex Cantabrigiensis fn. 199
Id., Die altsyrischen Evangelien fn. 200

Zuntz, G., The Text of the Epistles fnn. 59, 256, 296–9
Id., Opuscula selecta fnn. 262, 263, 300
Id., Wann wurde das Evangelium Marci geschrieben? fn. 301

6. Versions (all references)

a) Latin

Burkitt, F. C., The Old Latin and the Itala fn. 86
Id., Itala Problems fn. 87

Cipolla, C., Il codice evangelico k fn. 97
Collectanea Biblica Latina fn. 84

Fischer, B. and others, Aus der Geschichte der lateinischen Bibel fn. 90

Jülicher, A., Matzkow, W. & Aland, K., Itala. Das Neue Testament in altlateinischer Überlieferung fn. 88

LÖFSTEDT, E., Late Latin fn. 93

VON SODEN, HANS, Das lateinische Neue Testament in Afrika fn. 85

TURNER, C. H., The Oldest Manuscript of the Vulgate Gospels fn. 80

Vetus Latina. Die Reste der altlateinischen Bibel fn. 89

WEBER, R., Biblia sacra fn. 92

WESTCOTT, B. F., The Vulgate (Latin versions of the Bible) fn. 81

WORDSWORTH, J., SANDAY, W. & others, Old Latin Biblical Texts fn. 83

WORDSWORTH, J., WHITE, H. J. & others, Novum Testamentum Latine fn. 82

b) Syriac

ALAND, B., Das Neue Testament in syrischer Überlieferung fn. 135

BENSLY, R. L., Harklean version of the Epistle to the Hebrews fn. 139

BURKITT, F. C., Supplementary notes to WH, second edition fn. 318

ID., Evangelion da Mepharreshe fnn. 100, 192, 197, 198, 251

GWYNN, J., The Apocalypse of St. John, in a Syriac version fn. 138

ID., Remnants of the later Syriac versions fn. 137

HJELT, A., Syrus Sinaiticus fn. 102

LEWIS, A. S. & GIBSON, M. D., The Palestinian Syriac Lectionary fn. 141

LEWIS, A. S., The Old Syriac Gospels fn. 101

PUSEY, P. E. & GWILLIAM, G. H., Tetraevangelium sanctum iuxta simplicem Syrorum versionem fn. 134

VÖÖBUS, A., The Apocalypse in the Harklean version fn. 140

c) Diatessaron

BAARDA, T., The author of the Arabic Diatessaron fnn. 124, 133

DE BRUIN, C. C., Corpus sacrae scripturae Neerlandicae medii aevi fnn. 130, 132

MESSINA, G., Notizia su un Diatessaron persiano fn. 126

ID., Diatessaron persiano fn. 127

MOLITOR, J., Tatians Diatessaron fn. 206

PLOOIJ, D., The Liège Diatessaron fn. 131

d) Armenian

CONYBEARE, F. C., The Armenian version of Revelation fn. 106

KHALATHEANTZ, G., Évangile traduit en langue arménienne fn. 107

KÜNZLE, B., Das altarmenische Evangelium fn. 111

LYONNET, S., Les versions arméniennes et géorgiennes in M.-J. LAGRANGE, Critique textuelle. fn. 110

ID., L'origine de la version arménienne et le Diatessaron fnn. 109, 203

MACLER, F., Le texte arménien de l'évangile d'après Matthieu et Marc (Annales du musée Guimet. Bibliothèque d'études, T. 28), Paris, 1919

MANTACHEFF, L. & MACLER, F., L'Évangile arménien. Edition phototypique fn. 108

ZOHRABIAN, I., Bible in Armenian fn. 105

e) Georgian

BIRDSALL, J. N., Bibliographies on the Georgian Bible fn. 119

BLAKE, R. P., Editions of Georgian Mark & Matthew fnn. 116, 222

BLAKE, R. P. & BRIÈRE, M., Edition of Georgian John fnn. 116, 222

BRIÈRE, M., Edition of Georgian Luke fn. 116

KADŽAIA, L., GREEVEN, H. & JOB, M., Die älteste georgische Vier-Evangelien Handschrift fn. 118

MOLITOR, J., Synopsis latina evangeliorum ibericorum antiquissimorum fn. 206
ID., Monumenta iberica antiquiora fn. 118

SHANIDZE, A., Two Old Recensions of the Georgian gospels fn. 117

TAKAISHVILI, E. S., Adishkoe Evangelie fn. 115

f) Coptic

HINTZE, F. & SCHENKE, H.-M., Saidische Apostelgeschichte fn. 158
HORNER, G., Coptic version of the New Testament in ... Bohairic fn. 151
ID., Coptic version of the New Testament in ... Sahidic fn. 152
HUSSELMAN, E. M., Gospel of John in Fayumic fn.161
HYVERNAT, H., Pierpont Morgan Coptic manuscripts fn. 165

KAHLE, P. E., Bala'izah fn. 163
KASSER, R., Papyrus BODMER III Jean ... en bohairique fn. 162
ID., Papyrus BODMER XIX Matthieu, Epître aux Romains en sahidique fn. 156

QUECKE, H., Mark, Luke, John in Sahidic fn. 155

SCHENKE, H.-M., Matthäus-Evangelium im mitteläg yptischen Dialekt fn. 160

THOMPSON, H., Gospel of St. John according to the earliest Coptic manuscript fn. 159
ID., Coptic version of Acts and Pauline epistles fn. 157

g) Ethiopic

HOFMANN, J., Die äthiopische Übersetzung der Johannes-Apokalypse fn. 167

ZUURMOND, R., Novum Testamentum Aethiopice: The Synoptic Gospels. General Introduction* Edition of the Gospel of Mark, Stuttgart, 1989 (Aethiopistische Forschungen 27) fn. 182

h) Gothic

VON FRIESEN, O. & GRAPE, A., Codex Argenteus Upsaliensis fn. 174

STUTZ, E., Ein Evangelienfragment in Speyer fn. 175

i) Church Slavonic

VAJS, J., Editions of Gospels in Church Slavonic fn. 172

7. Patristica

BAARDA, T., The Gospel Quotations of Aphrahat the Persian Sage fn. 103
BARNARD, P. M. & BURKITT, F. C., The Biblical Text of Clement of Alexandria fnn. 250, 316
Biblia Patristica. Index des citations et allusions bibliques fn. 91
BURKITT, F. C., The Rules of Tyconius fn. 86
BONNER, CAMPBELL, The Last Chapters of Enoch in Greek fn. 26
ID., The Homily on the Passion by Melito ... of Sardis fn. 26

CASEY, R. P., Serapion of Thmuis against the Manichees fn. 73

KERSCHENSTEINER, J., Der altsyrische Paulustext fn. 103

LELOIR, L., S. Ephrem. Commentaire de l'évangile concordant. Texte syriaque fn. 122
ID., idem. Version arménienne fn. 121
ID., L'évangile d'Ephrem d'après les œuvres editées fn. 103
ID., Le commentaire d'Ephrem ... quarante-et-un folios retrouvés fn. 123

PETERSEN, W. L., The Diatessaron and Ephrem Syrus as sources of Romanos the Melodist fn. 133

SCHERER, J., Entretien d'Origène avec Héraclide fn. 68

TARCHNIŠVILI, M., Geschichte der kirchlichen georgischen Literatur fn. 113

Vetus Latina, Kirchenschriftsteller. Verzeichnis und Sigel. 3. Auflage (ed. H. J. FREDE) 1981; Aktualisierungshefte, 1984 & 1988 cp. fn. 89
VÖÖBUS, A., A Tribute to Arthur Vööbus, ed. ROBERT FISCHER fn. 104

8. Palaeography and papyrology

BISCHOFF, B., Paläographie des römischen Altertums usw. fn. 94
BLANCHARD, A., Les débuts du codex fn. 304
CAVALLO, G., Ricerche sulla maiuscola biblica fn. 77 cp. fn 3
COLWELL, E. C., A chronology for the letters E, H, Λ, Π fn. 281
CRAMER, M., Koptische Paläographie fn. 166
GIGNAC, F. T., Grammar of Greek Papyri fn. 78
HATCH, W. H. P., Album of dated Syriac manuscripts fn. 145
LAKE, KIRSOPP and SILVA, Dated Greek minuscule manuscripts fn. 56
ID., idem. Indices fn. 57
LOWE, E. A., Codices latini antiquiores fn. 95
La paléographie grecque et byzantine fn. 76
ROBERTS, C. H. & SKEAT, T. C., The Birth of the Codex fn. 302
ROBERTS, C. H., Manuscript, Society, and Belief fn. 303
TURNER, E. G., Greek papyri fn. 22
ID., Typology of the early codex fn. 31
VOGELS, H. J., Codicum novi testamenti specimina fn. 144

9. Catalogues

BODMER, Papyri. vH 118 fn. 30
CATHCART, K. J., Chester Beatty papyri fn. 25 (and vH s. num. 7)
CLARK, K. W., Descriptive Catalogue of Greek N. T. mss. in America fn. 48
POLITIS, L., Nouveaux manuscrits grecs ... au Mt. Sinai fn. 74
SCHMITZ, F.-J. & MINK, G., Liste der koptischen Handschriften des NTs fn. 149
TREU, K., Die griechischen Handschriften des Neuen Testaments in der UdSSR fn. 15

10. Handbooks

BEYER, K., The Aramaic Language fn. 146
LAGRANGE, M.-J., Critique textuelle fn. 110, 235
THOMSON, L. L., Linguistic Theories of Nicholas Marr fn. 114

11. Editions of the New Testament in Greek

ELZEVIR, B. & A., Novum Testamentum, 1633 (= Textus Receptus) fn. 190, METZGER Text pgg. 105 f.
TREGELLES, S. P., The Greek New Testament, London, 7 parts, 1857–79 (cp. fn. 317)
PALMER, E., The Greek Testament with the readings adopted by the revisers of the authorized version, Oxford, 1881 (GREGORY TK pg. 988)
WEYMOUTH, R. F., The Resultant Greek Testament, London, 1886, '92, '96 (GREGORY TK pg. 989)
SOUTER, A., Novvm Testamentvm Graece. Textvi a retractoribus anglis adhibito brevem adnotationem criticam subiecit, Oxford, 1910; editio altera penitus reformata 1947 (METZGER Text pgg. 138 f.)
WEISS, B., Das Neue Testament. Handausgabe, 3 Bde. (2. Auflage) 1902 (GREGORY TK pg. 988)

VOGELS, H. J., Novum Testamentum Graece et Latine, ed. 1, Düsseldorf, 1920, ed. 4, Freiburg im Breisgau, 1955 (METZGER, Text pg. 143)
MERK, A., Novum Testamentum Graece et Latine, ed. 1, Romae, 1933; ed. 9, 1964; ed. 10, 1984 (METZGER Text pg. 143; ALAND Text (E) pg. 25)
LEGG, S. C. E., Nouum Testamentum Graece secundum textum Westcotto-Hortianum. Euangelium secundum Marcum, Oxford, 1935; Euangelium secundum Matthaeum, ibid. 1938 fnn. 324, 325, 326, 328, 329, 330 (METZGER Text pgg. 144 f.)
BOVER, J. M., Novi Testamenti Biblia Graeca et Latina fn. 236 (METZGER Text pgg. 143 f.)
ID. & O'CALLAGHAN, J., Nuevo Testamento Trilingue. Edición critica de JOSÉ M. BOVER y JOSÉ O'CALLAGHAN, Madrid, 1977
British & Foreign Bible Society, H KAINH ΔΙΑΘΗΚΗ. Second edition with revised critical apparatus (G. D. KILPATRICK, ERWIN NESTLE), London, 1958 (METZGER Text pg. 144)
Id., A Greek-English Diglot for the use of translators. Seven fascicules (G. D. KILPATRICK) London, 1958 – 1964 (METZGER Text pgg. 177 – 9)
ALAND, K., BLACK, M., MARTINI, C. M., METZGER, B. M. & WIKGREN, A. P., Novum Testamentum Graece post EBERHARD NESTLE et ERWIN NESTLE communiter ediderunt, Stuttgart, 1979 (NESTLE – ALAND 26) fn. 338 ALAND Text passim.
HUCK, A. & GREEVEN, H., Synopse der drei ersten Evangelien fn. 334
HODGES, Z. C., FARSTAD, A. L., The Greek New Testament according to the Majority Text fn. 277
ALAND, K. and others, The Greek New Testament fn. 335
International Greek New Testament Project. The American and British Committees. The New Testament in Greek. The Gospel according to St. Luke fnn. 64, 73, 244, 322, 323, 331, 332

12. Critical comments

KILPATRICK, G. D., Critique of MERK, SOUTER, VOGELS fn. 321
PARKER, D. C., Future of IGNTP-Gospel according to St. John fn. 333
METZGER, B. M., A Textual Commentary on the Greek New Testament fn. 339
ELLIOTT, J. K., Review of METZGER. A Textual Commentary fn. 340

13. English Literature

SHELLEY, P. B., Poetical Works fn. 342
ELIOT, T. S., The Waste Land fn. 343
SNOW, C. P., The Masters, The Light and the Dark fn. 341

14. Addenda

HATCH, W. H. P., The Greek Manuscripts of the New Testament at Mount Sinai (American Schools of Oriental Research. Publications of the Jerusalem School, Vol. I), Paris, 1932
ID., The Greek Manuscripts in Jerusalem (ibid., Vol. II), Paris, 1934
ID., The Principal Uncial Manuscripts of the New Testament, Chicago, 1939
ID., Facsimiles and Descriptions of Minuscule Manuscripts of the New Testament, Cambridge, Mass., 1951
TARCHNISCHVILI, M., Le grand lectionnaire de l'église de Jérusalem. Texte CSCO 188 & 204 (I.9 & 13); Traduction CSCO 189 & 205 (I.10 & 14), Louvain, 1959 – 60

# The Translations of the New Testament into Latin: The Old Latin and the Vulgate

by J. K. Elliott, Leeds

*Contents*

# Part One: The Old Latin

## *I. General Introduction*

The translations of the Bible into Latin are best considered under two subheadings. The first is those translations dependent on the major revision inaugurated in 382 by Pope Damasus. This revision is associated primarily with the name of Damasus' secretary Jerome and is known as the Vulgate. The second is those translations in existence prior to Jerome. Those manuscripts containing all or part of the scriptures which date from before Jerome's time or which betray a text independent of the Vulgate are designated Old Latin. It is significant that although the Vulgate became the dominant version of the Bible in Latin it did not succeed in ousting the Old Latin completely.

There are in existence many manuscripts which are Old Latin and which date from well after Jerome's day. There are several manuscripts which are mixed in type, that is, in some books or parts of books the text is Old Latin and in other parts Vulgate.

The Latin versions of the Bible are important for several reasons. Primarily the Latin Bible was the only version of the scriptures known and used by the majority of Western Christians for several centuries. The religious terminology of many Western European languages has been influenced by the Bible in Latin, and many secular terms came into European languages through the Latin Bible.

As far as Biblical scholars and in particular textual critics are concerned, many manuscripts of the Latin Bible are of special importance because they often testify to a text older than many surviving Greek manuscripts (in the case of the New Testament) or of the Massoretic or Septuagint text (for the Old Testament). The form of the pre-Jerome Latin is naturally of particular importance because of its greater age. These Old Latin texts are found not only in those manuscripts or portions of manuscripts betraying a pre-Jerome type of text but also in the Biblical quotations found in the writings of those early Church authors writing in Latin. The pre-Jerome fathers are naturally of special importance, but many of the later patristic writers quoted scripture from a version independent of the Vulgate so that the Biblical quotations even from late fathers may testify to an Old Latin text.

Such patristic quotations need to be analysed carefully in the light of their contexts and in the light of the writer's general reliability – some fathers were more scrupulous in quoting verbatim from the scriptures than others whose paraphrase may not be helpful in our reconstruction of the text underlying the quotation. But when the father is seen to be quoting reliably and consistently from a text then his quotations are of particular importance. In the case of the pre-Jerome fathers their testimony serves to indicate the type of text in use at a certain time and in a certain locality and quite often one is able to show similarities between a particular surviving manuscript of the Old Latin and a given father's quotations.

Although there is no one Old Latin manuscript containing the whole of the New Testament, there are sufficient manuscripts in existence and sufficient patristic quotations of an Old Latin type to enable editors to reconstruct the whole of the pre-Jerome New Testament in Latin. One should however be cautious in speaking of the Old Latin version. The plural might perhaps be more accurate.[1] There seem in fact to have been several Old Latin versions, and one of the reasons why Jerome was asked to undertake his revision was because there were so many translations of the Bible in Latin in existence. Certainly no two existing Old Latin manuscripts are exactly the same, and we cannot detect one Old Latin text in the quotations of the same Biblical passage in the various fathers. Sometimes the differences between the New Testament texts concern synonyms, sometimes different constructions and often the differences can be accounted for only by presuming the translations are based on different underlying Greek texts.

As far as the Old Latin New Testament is concerned one can conclude either that there was originally one translation which underwent several revisions or that several independent translations were made at different places at various times or that some books in the New Testament were revised or retranslated more than others. Whatever possibility is the likeliest uniformity is not a feature of the pre-Jerome Latin New Testament.

## *II. The Origins of the Latin Translations*

The reason why the New Testament was translated from Greek into Latin is obvious, namely that the New Testament was needed by Christians who either never knew Greek or for whom Latin was replacing Greek as the *lingua franca*. What is less obvious is where and when this need first resulted in the translation of the New Testament into Latin.

Rome is usually ruled out as the provenance of the first Latin versions. Greek continued to be the *lingua franca* of the Christian community there long after New Testament times. Clement of Rome in the first century and Ignatius and Justin Martyr in the second wrote in Greek from Rome, so too did Hermas in the second century. Greek is found in the catacombs in Rome. Even as late as the third century Greek was still being used in Rome: Hippolytus' writing was in Greek, and the Roman bishop Cornelius in 250 wrote in Greek to his churches. It was not until the time of Novatian a few years later that we find a Christian writing from Rome in Latin.

[1] Augustine, de doctrina christiana II 11, 16 states that several versions were in existence: indeed "out of all number"!

But outside Rome other Christian communities used Latin and seemed to know their scriptures in Latin quite early. According to the Acts of the Scillitan Martyrs these Christians in Carthage knew Paul's letters and the gospels about the year 180 and it is unlikely they knew Greek. Cyprian of Carthage 200–258 quoted from a Latin Bible. Tertullian in North Africa made his own translation from the Greek at the beginning of the third century. A letter describing the persecution of the churches at Lyons and at Vienne in 177 knows of a Latin New Testament. Latin therefore seems to have been the language of Christians in Gaul and North Africa earlier than in Rome. It is therefore likely that the earliest rendering of the New Testament in Latin began either in Gaul or North Africa and the majority of scholars now argue that North Africa is the more probable birthplace of the Old Latin version. Many of the extant manuscripts have a text closest to the quotations of the North African patristic writers. Such a translation dates at least from the time of Cyprian bishop of Carthage who died in 258. Insofar as he quotes regularly from the scriptures in Latin he uses the same type of text as is represented in the manuscripts *k* and *h* (see below p. 208). One theory suggests that possibly Tatian's Harmony of the Gospels was translated into Latin soon after it was composed. This means the first attempts to translate the Bible into Latin began before 200 in North Africa.

A more vexed question is whether there was an independent translation made into Latin north of the Mediterranean. Many scholars have divided the extant Old Latin New Testament manuscripts into (at least) two main groups 1) the African manuscripts which agree broadly with the text of the Biblical quotations found in the main African writers and 2) the European manuscripts which agree broadly with the European fathers' quotations. The African manuscripts are *k e m* for the Gospels, *m r* (Paul) *m h* (Acts, Catholic Epistles, Revelation). The European manuscripts are $a\ a^2\ b\ c\ f\ ff^2\ q$ (Gospels) $g\ g^2\ s$ (Acts) *ff* (Catholic Epistles) *g* (Revelation). Some scholars speak of a Spanish Old Latin group of manuscripts and others of a North Italian type known as the Itala. An Itala version is referred to once by Augustine, de doctrina christiana II 15–22 (in MIGNE, Patrologia Latina XXXIV, column 46 f.) but it is uncertain if he was referring to a group of Old Latin manuscripts, or to the Vulgate or something else.

But whatever may be said in support of a Spanish text or a North Italian, the two larger groupings, European and North African, have been the subject of much scholarly debate in this century, and the main question has been the relationship between them. There are certain linguistic characteristics peculiar to each which have encouraged some scholars to champion the idea that both emanate from two separate independent translations originating on opposite sides of the Mediterranean.

The modern consensus of opinion however is that this is unlikely. Although there are undoubted differences between the African and European manuscripts there is also much cross-fertilisation between them. The European is likely to be based on a revision of the original African translation as it is less crude and literal. (Those who have identified a separate Itala group including *f g* in the Gospels and $r\ r^2\ r^3$ in the Epistles have in effect merely isolated some manuscripts which have carried on the process of refining the European text type.) Several New Testament books may well have been translated several times. Probably at first only popular passages would have been translated and it is unlikely that the whole of the New Testament was translated at one time. This means that there would often be discrepancies in quality and exactness both within particular New Testament books and within the New Testament as a whole. There would also have been comparisons made between translators and translations which resulted in revisions. Such activity need not have been restricted geographically. All these observations point to the conclusion that it is improbable that the differences between the African and European manuscripts can be attributed to their original independence. The similarities and differences between the various manuscripts of the Old Latin are more likely to represent different and often piecemeal attempts to revise the translation by a casual but continuing process of improvement. In some instances a more thorough and calculated revision may have occurred. JÜLICHER (see Bibliography) thought that Acts had been revised in the period before Jerome, and that this revision could be seen in the Old Latin manuscript *gig* and in the quotations by Lucifer and Niceta and in the Ambrosiaster. In Paul it is thought that the so-called FREISING Fragments from Spain betray a revised text based on Alexandrian Greek manuscripts, and that this revision can also be detected in the texts of Augustine of Hippo written after 390 (and by Augustine's successor at Hippo, Capreolus), and of Vigilius and Fulgentius.

These and other theories by no means attract a consensus of scholarly opinion, but they do enforce the view that there is no such thing as a uniform version of the New Testament in Latin prior to Jerome's Vulgate. The essential distinction between 'African' and 'European' types is really only a difference between an earlier and a later form of the Latin.

The Old Latin versions spread widely and manuscripts and patristic evidence comes from Italy, Gaul, Spain, Africa and Ireland. The version existed longest in Spain and Ireland because of the isolation of these two countries from the rest of Christendom. The Vulgate therefore made a slower impression there, although in other areas as well the Vulgate was used not instead of but alongside other versions, hence the large number of mixed manuscripts.

### *III. Linguistic Characteristics of the Latin Versions*

The consensus of modern scholarly opinion is that there was a development from the earliest attempts to translate the Bible into Latin beginning in North Africa (of which Cyprian is the earliest reliable representative) to the Vulgate. It is generally agreed that there were continuous revisions made. The revisers tended to eliminate words which did not render the Greek exactly. Revision in other words was often undertaken by comparison with a Greek text.

Many of the early versions look like literal renderings and possibly originated as interlinear and word for word translations. Sometimes the translations are in fact transliterations. Words like *agape*, *anastasis* and *eremus* occur in the Old Latin (although did not survive into the Vulgate); other words like *angelus*, *salvator*, *martyr*, *hypocrita*, *baptisma* and *thesaurus* originated in the Old Latin and did survive into the Vulgate. In many cases an overliteral rendering of the Greek resulted in dubious Latin and unliterary forms. It is no wonder that revision was a constant activity. METZGER[2] points to Luke 24:4–5 where the Old Latin manuscripts betray 27 different variants – many of these can be accounted for as attempts to revise the Latin and produce a more accurate translation.

For a full discussion on the limitations of the New Testament in Latin the valuable sub-chapter by BONIFATIUS FISCHER in METZGER's book on the Versions is indispensable.[3] A section of the bibliography to this article includes books and articles on the nature of the problems of translating the Bible into Latin.

## *IV. Old Latin Manuscripts*

There is no manuscript extant containing the complete New Testament in an Old Latin version. The majority of mss. containing an Old Latin text are gospel mss. Many Latin mss. of the New Testament are mixed, that is in some parts the text is Vulgate, in others Old Latin.

Collections of Old Latin mss. may be found in the series 'Collectanea Biblica Latina' (= CBL), Rome 1912– and in Old Latin Biblical Texts (= OLBT) in seven volumes published in Oxford from 1883. Specimen facsimiles of Old Latin mss. may be seen in:

E. A. LOWE, Codices Latini Antiquiores. A Palaeographical Guide to Latin Manuscripts prior to the ninth century, Oxford 1934–66, Supplement 1971, Part II, 2nd ed., 1972.

H. J. VOGELS, Codicum Novi Testamenti Specimina, Bonn 1929.

The following reference books give full bibliographical details of editions of patristic writings which contain quotations from the scriptures:

B. FISCHER, Verzeichnis der Sigel für Handschriften und Kirchenschriftsteller, Freiburg 1949 (= Vetus Latina I).

A second edition of the section on the Patristic material (= Vetus Latina I) appeared in 1963 and five supplements were published between 1964 and 1970. These have been updated by

H. J. FREDE, Kirchenschriftsteller: Verzeichnis und Sigel, Freiburg 1981, with two Aktualisierungsheften 1984 and 1988.

2 B. M. METZGER, The Text of the New Testament, Oxford, 2nd ed., 1968, p. 72.

3 'Limitations of Latin in Representing Greek' pp. 362–374, in: B. M. METZGER, The Early Versions of the New Testament, Oxford 1977.

The following list contains only the principal Old Latin manuscripts which are commonly cited in the apparatus of a critical edition of the New Testament. The italic letter at the beginning represents the traditional *siglum* by which the ms. is known. There then follows the number given to that ms. in the new Beuron system. (Some more recently identified Old Latin mss. are known only by the Beuron number and do not have a letter.)

There then follows a brief description of the contents of the ms. in which the following conventional symbols are used:

e = Gospels
a = Acts of the Apostles
p = Pauline epistles
c = Catholic epistles
r = Revelation

The precise contents of small fragments are usually given.

The name by which the ms. is known comes next and then the date or century in which the ms. was written. In many cases the range of dates reflects the divergence of opinion held by scholars. Any special features of the ms. are described immediately before the present location of the ms. is given.

The brief bibliography at the end of each entry may often be supplemented from

H. J. Vogels, Handbuch der Textkritik des Neuen Testaments, Bonn, 2nd ed., 1955

or from

B. M. Metzger, The Early Versions of the New Testament, Oxford 1977, pp. 285–329, esp. 296–308 and pp. 461–464.

The various fascicles of the Vetus Latina edition give details of all manuscripts which occur in the texts covered in that edition. Further Old Latin manuscripts also appear in the introductions and apparatus of major critical editions of the New Testament in Greek and in Latin, for example

The United Bible Societies' Greek New Testament, 3rd edition 1975.

See

J. K. Elliott, Old Latin Manuscripts in Printed Editions of the Greek New Testament, in: Id., A Survey of Manuscripts Used in Editions of the Greek New Testament, Leiden 1987 (= Supplement LVII to Novum Testamentum, pp. 259–80).

*a* 3 e, Vercellensis IV–V.

Traditionally thought to have been written by Eusebius of Vercelli.
Vercelli, Biblioteca Capitolare.

A. Gasquet, Codex Vercellensis, Rome 1914 (= CBL III).
J. Belsheim, Codex Vercellensis, Christiania 1897.
C. H. Turner, Did Codex Vercellensis (a) contain the Last Twelve Verses of St. Mark?, JTS XXIX (1927–8), pp. 16–18.

*a*[2] 16 e Lk xi 11–29, xiii 16–34, Curiensis V–VI.

Chur, Rhätisches Museum.

J. WORDSWORTH, W. SANDAY, H. J. WHITE, Portions of the Gospels According to St. Mark and St. Matthew, Oxford 1886 (= OLBT II) (see also *n* and *o*).

*ar* 61 eapcr, Book of Armagh IX.

Vulgate but partly Old Latin in a and p.
Dublin, Trinity College.

J. GWYNN, Liber Ardmachanus, The Book of Armagh, Dublin 1913.

*aur* (or *z*) 15 e, Aureus VI–VIII.

Stockholm, Kungl. Biblioteket.

J. BELSHEIM, Codex Aureus, Christiania 1898.

*b* 4 e (incomplete), Veronensis IV–VI.

Like *e* is written in silver and gold on purple vellum. Western order gospels (i. e. Mt Jn Lk Mk).
Verona, Bibioteca Capitolare.

E. S. BUCHANAN, The Four Gospels from the Codex Veronensis *b*, Oxford 1911 (= OLBT VI).

*β* 26 e, Luke i 64–ii 50, Carinthianus VI–VII.

St. Paul Carinthia (Austria), Stiftsbibliothek.

D. DE BRUYNE, Deux Feuillets d'un texte préhieronymien des Évangiles, Rev. Bén. XXXV (1923), pp. 62–80.

*c* 6 eapcr, Colbertinus XII–XIII.

Mixed text with Vulgate readings in pcr. Mk and Lk especially are Old Latin.
Paris, Bibliothèque Nationale.

J. BELSHEIM, Codex Colbertinus Parisiensis, Christiania 1888.
H. J. VOGELS, Evangelium Colbertinum, Bonn 1953 (= Bonner biblische Beiträge IV and V).

*d* 5 eac.

Bilingual[4] gospels in western order. Acts + III Jn. Bezae Cantabrigiensis V–VI.
Cambridge, University Library (Facsimile edition, Cambridge 1899).

E. J. EPP, The Theological Tendency of Codex Bezae Cantabrigiensis in Acts, Cambridge 1966.

[4] 'Bilingual' in these lists means Greek-Latin. For bibliographical details (including facsimiles) of these mss. see J. K. ELLIOTT, A Bibliography of Greek New Testament Manuscripts, Cambridge 1989 (= SNTS Monograph 62).

F. H. SCRIVENER, Bezae Codex Cantabrigiensis, Cambridge 1864.
J. R. HARRIS, Codex Bezae. A Study of the so-called Western Text of the New Testament, Cambridge 1891 (= Texts and Studies II).

*d* 75 p, Claromontanus V – VI.

Bilingual. Paris, Bibliothèque Nationale.

H. J. VOGELS, Der Codex Claromontanus der Paulinischen Briefe, in: S. H. WOOD (ed.), Amicitiae Corolla, London 1933, pp. 274 – 99.
C. VON TISCHENDORF, Codex Claromontanus sive epistulae Pauli omnes Graece et Latine, Leipzig 1852.

*dem* 59 apcr, Demidovianus XIII.

Lost.

C. F. MATTHAEI, Novum Testamentum, Riga 1782 – 8.

*δ* 27 e, Sangellensis IX.

St. Gallen, Stiftsbibliothek.

H. C. M. RETTIG, Antiquissimus quatuor evangeliorum canonicorum Codex Sangallensis, Graeco-Latinus interlinearis, Zürich 1836.
J. R. HARRIS, The Codex Sangallensis (Δ). A Study on the Text of the Old Latin Gospels, London 1891.

*e* 2 e, Palatinus IV – V.

Silver and gold letters on purple vellum. Western order Gospels.
Trent, Museo Nazionale (also single leaves in Dublin and London).

C. VON TISCHENDORF, Evangelium Palatinum ineditum, Leipzig 1847.
H. J. VOGELS, Evangelium Palatinum, Münster 1926 (= Nt. Abh. XII 3).
J. MIZZI, A Comparative Study of Some Portions of Cod. Palatinus and Cod. Bobiensis, Rev. Bén. LXXV (1965), pp. 7 – 39.

*e* 50 a, Laudianus VI.

Oxford, Bodleian Library.

C. VON TISCHENDORF, Codex Laudianus, Leipzig 1870 (= Monumenta Sacra Inedita IX).
J. BELSHEIM, Acta Apostolorum ante Hieronymum latine translata ex codice latino-graeco Laudiano Oxoniensi, Christiania 1893.

*e* 76 p, Sangermanensis IX.

Bilingual.
Leningrad, Public Library.

J. BELSHEIM, Epistulae Paulinae ante Hieronymum Latine translatae ex codice Sangermanensi Gr-Lat, Christiania 1885.

*f* 10 e, Brixianus VI.

Brescia, Museo d'Arte Cristiana.

F. C. BURKITT, The Vulgate Gospels and the Codex Brixianus, JTS I (1899–1900), pp. 129–134.

*f* 78 p, Augiensis IX.

Bilingual.
Cambridge, Trinity College.

F. H. SCRIVENER, An Exact Transcript of the Codex Augiensis, Cambridge 1859.

*ff* 66 c (only James and a unique text of the Epistle of Barnabas in Latin), Corbeiensis X–XI.

St. Petersburg, Public Library.

J. BELSHEIM, Der Brief des Jakobus in alter lateinischer Übersetzung aus der Zeit vor Hieronymus, Christiania 1883.

J. WORDSWORTH, The Corbey St. James (ff) and its Relation to other Latin Versions and to the Original Language of the Epistle, Studia Biblica I (1885), pp. 113–150.

$ff^1$ 9 e (Mt mixed with Vulgate), Corbeiensis I VIII–XI.

St. Petersburg, Public Library.

J. BELSHEIM, Das Evangelium des Matthäus nach dem lateinischen Codex $ff^1$ Corbeiensis, Christiania 1881.

$ff^2$ 8 e (in order Mt Lk Jn Mk), Corbeiensis II V–VI.

Paris, Bibliothèque Nationale.

E. S. BUCHANAN, The Four Gospels from the Codex Corbeiensis $ff^2$, Oxford 1907 (= OLBT V).

g 77 p, Boernerianus IX.

Bilingual.
Dresden, Sächsische Landesbibliothek.

A. REICHARDT, Der Codex Boernerianus der Briefe des Apostels Paulus in Lichtdruck nachgebildet, Leipzig 1909.

$g^1$ 7 eapcr, Gospels contain OL readings. Sangermanensis I VII–X.

Paris, Bibliothèque Nationale.

J. WORDSWORTH, The Gospel according to St. Matthew from St. Germain Ms. $g^1$, Oxford 1883 (= OLBT I).

$g^2$ 52 Acts vi 8–vii 2, vii 51–viii 4, Fragmenta Mediolanensia VIII–XI.

Milan, Biblioteca Ambrosiana.

A. M. CERIANI, Monumenta sacra et profana e codicibus praesertim Bibliothecae Ambrosianae I.2, Milan 1866.

*gig* 51 eapcr (only a r are Old Latin), Gigas XIII.

So called because of its size (20″ × 36″).
Written in the Benedictine monastry in Podlažic (Bohemia), captured by the Swedish army from the Imperial Treasury in Prague in 1648 and now in Stockholm, Kungl. Biblioteket.

J. Belsheim, Die Apostelgeschichte und die Offenbarung Johannis in einer alten lateinischen Übersetzung aus dem Gigas librorum, Christiania 1879.

*h* 12 e (only Mt is Old Latin), Claromontanus V.

Rome, Biblioteca Apostolica Vaticana.

J. Belsheim, Evangelium secundum Matthaeum ... e codice olim Claromontano nunc Vaticano, Christiania 1892.

*h* 55 acr, Floriacensis V – VII.

Palimpsest.
Paris, Bibliothèque Nationale.

S. Berger, Le palimpseste de Fleury, Fragments du Nouveau Testament en latin, Paris 1889.

*i* 17 e Lk x 36 – xxiii 10, Mk ii 17 – ii 29, iv 4 – x 1, x 33 – xiv 36, xv 33 – 40, Vindobonensis V – VI.

A purple codex.
Naples, Biblioteca Nazionale.

J. Belsheim, Codex Vindobonensis, Leipzig 1885.

*j* 22 e Lk xxiv + parts of Jn., Sarzanensis V – VI.

A purple codex.
Sarezzano Church.

G. Godu, Codex Sarzanensis, Montecassino 1936.

*k* 1 e Mk viii 8 – 11, 14 – 16, viii 19 – xvi 8, Mt i 1 – iii 10, iv 2 – xiv 17, xv 20 – 36, Bobiensis IV – V.

Turin, Biblioteca Universitaria Nazionale.

C. Cipolla, Il Codice evangelico k della Biblioteca Universitaria Nazionale di Torino, Turin 1913.

J. Wordsworth, W. Sanday and H. J. White, Portions of the Gospels According to St. Mark and St. Matthew from the Bobbio ms. (k), Oxford 1886 (= OLBT II), re-collated by C. H. Turner and F. C. Burkitt, JTS V (1903 – 4), pp. 88 – 107.

P. W. Hoogterp, Étude sur le latin du Codex Bobiensis (k) des Évangiles, Wageningen 1930.

A. H. A. Bakker, A Study of Codex Evang. Bobbiensis (k), Amsterdam 1933, reviewed by F. C. Burkitt, JTS XXXV (1934), pp. 329 – 332.

*l* 11 e, Rehdigeranus VII – VIII.

Breslau, Stadtbibliothek.

H. J. Vogels, Codex Rehdigeranus, Rome 1913 (= CBL II).

*l* 67 eapcr, Legionensis VII.

Vulgate palimpsest ms. but OL in part of Acts, Jas, I Pet., I Jn., III John. León, Archivo Catedralicio.

R. BEER, Boletín de la Real Academia de la Historia XI, Madrid 1887.

B. FISCHER, Ein neuer Zeuge zum westlichen Text der Apostelgeschichte, in: J. N. BIRDSALL and R. W. THOMPSON (eds.), Biblical and Patristic Studies. In memory of Robert Pierce Casey, Freiburg 1963, pp. 33–63.

*m* eapcr (not III Jn. Heb., Philm), Speculum (of Pseudo-Augustine) IV–IX.

J. BELSHEIM, Fragmenta Novi Testamenti in libro Speculum, Christiania 1899.

A. VACCARI, Les Traces de la Vetus Latina dans le Speculum de Saint Augustin, in: F. L. CROSS (ed.), Studia Patristica IV, Berlin 1961 (= Texte und Untersuchungen LXXIX).

*mon* 86 p, Monza X.

Tobit ix 10–end, Esther, Judith to viii 31, Vulgate + Rom. i 1–x 2, fragments of xii–xv 10, xv 11–end, I Cor. i 1–5, Eph. iv 1–end, Col., I and II Thess., I Tim, II Tim i 1–iv 1.
Monza, Biblioteca Capitolare.

H. J. FREDE, Altlateinische Paulushandschriften, Freiburg 1964 (= Aus der Geschichte der lateinischen Bibel 4).

*μ* 35 e, Book of Mulling VII.

Dublin, Trinity College.

H. J. LAWLOR, Chapters on the Book of Mulling, Edinburgh 1897.

G. G. WILLIS, Some interesting Readings in the Book of Mulling, in: F. L. CROSS (ed.), Studia Evangelica, Berlin 1959 (= Texte und Untersuchungen LXXIII).

*n* 16 e mainly fragments of Mt Mk, Sangallensis IV–V.

St. Gallen, Stiftsbibliothek.

WORDSWORTH, SANDAY and WHITE, OLBT II (op. cit).

B. BISCHOFF, Neue Materialien zum Bestand und zur Geschichte der altlateinischen Bibelübersetzungen, Vatican 1946 (= Studi e Testi CXXI).

*o* 16 e (only Mk xvi 14–20), Sangallensis VII.

St. Gallen, Stiftsbibliothek.

WORDSWORTH, SANDAY and WHITE, OLBT II (op. cit.)

*p* 54 eapcr, Perpinianensis XIII.

Vulgate but African type Old Latin in part of Acts and in Catholic Epp.
Paris, Bibliothèque Nationale.

E. S. BUCHANAN, An Old Latin Text of the Catholic Epistles, JTS XII (1910–11), pp. 497–534.

S. BERGER, Un ancien texte latin des Actes des Apôtres retrouvé dans un manuscrit provenant de Perpignan, in: Notices et extraits des manuscrits de la Bibliothèque Nationale XXXV 1, Paris 1895–6, pp. 169–208.

*p* 20 e Jn xi 14 – 44, Sangallensis VIII.

St. Gallen, Stiftsbibliothek.

Wordsworth, Sanday and White, OLBT II (op. cit.).

*π* 18 e Lk and Jn fragments, Fragmenta Stuttgartensia VII.

Palimpsest.
Stuttgart, Landesbibliothek and Darmstadt, Landesbibliothek and Donaueschingen, Hofbibliothek.

A. Dold, Konstanzer altlateinische Propheten- und Evangelien-Bruchstücke mit Glossen, Beuron 1925 (= Texte und Arbeiten VII – IX).

*q* 13 e, Monacensis VI – VII.

Munich, Bayerische Staatsbibliothek.

H. J. White, The Four Gospels from the Munich MS *q*, Oxford 1888 (= OLBT III).

$r^1$ 14 e, Usserianus I VI – VII.

Dublin, Trinity College.

T. K. Abbott, Evangeliorum Versio antehieronymiana ex codice Usseriano, Dublin 1884.

$r^2$ 28 e, Usserianus II VIII – IX.

Dublin, Trinity College.

H. C. Hoskier, The Text of Codex Usserianus 2, London 1919.

*r* 57 a, Schlettstadtensis VII – VIII.

Selestat, Bibliothèque Municipale.

G. Morin, Études, textes, découvertes, Maredsous 1913.

*r* 62 Vulgate Bible but OL readings in Acts, Rodensis X.

Paris, Bibliothèque Nationale.

J. Wordsworth and H. J. White, Novum Testamentum Latine secundum editionem S. Hieronymi II.1, Oxford 1905.

$r$, $r^1$, $r^2$, $r^3$ 64 Portions of p + c, Frisingensia Fragmenta V – VIII.

Munich, Bayerische Staatsbibliothek und Universitätsbibliothek.

D. de Bruyne, Les Fragments de Freising, Rome 1921 (= CBL V).

$r^4$ 80 p Romans v, vi, Fragmenta Heidelbergensia VI – VII.

Heidelberg, Universitätsbibliothek.

R. Sillib, Ein Bruchstück der Augustiner Bibel, ZNW VII (1960), pp. 82 – 86.

*ρ* 24 e Jn xiii 3 – 17 only, Ambrosianus VII – VIII.

Palimpsest.
Milan, Biblioteca Ambrosiana.

A. Wilmart, Un ancient texte latin de l'évangile selon Saint Jean, Rev. Bib. XXXI (1922), pp. 182 – 202.
A. Dold, Das Sacramentar im Schabcodex M12 sup. der Bibliotheca Ambrosiana, Beuron 1952 (= Texte und Arbeiten I).

*s* 21 e Lk xvii – xxi, Ambrosianus V – VIII.

Milan, Biblioteca Ambrosiana.

Wordsworth, Sanday and White, OLBT II (op. cit.).

*s* 53 ac, Bobiensis V – VI.

Palimpsest.
Naples, Biblioteca Nazionale.

H. J. White, Portions of the Acts of the Apostles, of the Epistle of St. James and of the First Epistle of St. Peter from the Bobbio Palimpsest (s), Oxford 1897 (= OLBT IV).

*t* 19 e Mk i 2 – 23, ii 22 – 27, iii 11 – 18, Bernensis or Fragmenta Bernensia, V – VI.

Palimpsest.
Berne, Universitätsbibliothek.

Wordsworth, Sanday and White, OLBT II (op. cit.).

*t* 56 eapcr, Liber Comicus Toletanus XI.

OL in a, c, p, and r.
Paris, Bibliothèque Nationale.

J. Pérez de Urbel and A. González y Ruiz-Zorrilla, Liber Commicus, Madrid 1950 – 5.

*v* 25 e Jn xix 22 – xx 11, Vindobonensis VII.

Vienna, Nationalbibliothek.

H. J. White, The Four Gospels from the Munich MS *q*, Oxford 1888 (= OLBT III), pp. 161 – 3.

*v* 81 p (fragments of Hebrews), Fragmentum Veronense VII – IX.

Paris, Bibliothèque Nationale.

A. Souter, A Fragment of an Unpublished Latin Text of the Epistle to the Hebrews, Rome 1924 (= Studi e Testi XXXVII), pp. 39 – 46.

*w* 58 ac, Wernigerodensis XV.

Vulgate NT with OL readings in Acts and Catholic Epp.
Prague, Comenius Evangelical Theological Faculty.

H. J. Frede, Epistulae ad Philippenses et ad Colossenses, Freiburg 1966 – 71 (= Vetus Latina 24 [2]).

*w* 79 p (fragments of Romans xi – xv), Guelferbytanus VI.

Palimpsest.
Wolfenbüttel, Herzog-August-Bibliothek.

W. STREITBERG, Die Gotische Bibel I, Heidelberg, 6th ed., 1971.
A. DOLD, Die Provenienz der altlateinischen Römerbrieftexte in den gotischen-lateinischen Fragmenta des Codex Carolinus von Wolfenbüttel, Zentralblatt für Bibliothekswesen, Beiheft LXXV, Leipzig 1950, pp. 13 – 29.

*w* 83 p, Waldeccensis XI.

Mengeringhausen/Waldeck, Stadtarchiv.

V. SCHULTZE, Codex Waldeccensis, Munich 1904.

*z* 65 pcr Vulgate except for portions of Heb., I Pet., I Jn., Harleianus Londiniensis VIII.

London, British Library.

E. S. BUCHANAN, The Epistles and Apocalypse from the Codex Harleianus, London 1912.

23 Jn vii 27 – 28, 30 – 1, Fragmentum Aberdonense V.

Aberdeen, University Library.

E. G. TURNER, Catalogue of Greek and Latin Papyri and Ostraca in the Possession of the University of Aberdeen, Aberdeen 1939.

33 e Jn (i – v only are Old Latin), Parisiensis V – VI.

Paris, Bibliothèque Nationale.

34 e Jn i 1 – 17, Codex Cryptoferratensis.

Palimpsest.
Grottaferrata.

J. COZZA, Sacrorum Bibliorum vetustissima fragmenta Graeca et Latina ex palimpsestis codicibus Bibliothecae cryptoferratensis ii, Rome 1867.

82 p (fragments of Hebrews), Fragmenta Monacensia IX.

Munich, Bayerische Staatsbibliothek.

B. BISCHOFF, Neue Materialien zum Bestand und zur Geschichte der altlateinischen Bibelübersetzungen, Rome 1946 (= Studi e Testi CXXI).

89 p, Budapestiensis c. 800.

Budapest, National-Museum.

H. J. FREDE, Ein neuer Paulustext und Kommentar, Freiburg 1973 – 4 (= Vetus Latina. Aus der Geschichte der lateinischen Bibel VII and VIII).

## *V. Printed Editions of the Old Latin*

The following printed editions of the New Testament are either devoted entirely to the Latin New Testament or else give prominence in their apparatus to the variants in the Old Latin manuscripts. In the list below SABATIER's text represents the first attempt to publish relics of the pre-Jerome version of the Bible into a usable collection, which included patristic quotations. BIANCHINI published the text of mss. *a b f ff*$^2$.

J. DENK followed by A. DOLD built up collections of patristic quotations from the Bible. These formed the basis of the exhaustive collection of such material housed at the Vetus Latina Institut in Beuron and which is gradually being published in the fascicles in the 'Vetus Latina' series (see further below).

G. BIANCHINI, Evangeliarium quadruplex Latinae versionis antiquae seu veteris Italicae, Rome 1749 (repr. in: J. MIGNE, Patrologia Latina XII, Paris 1845).
J. M. BOVER, Novi Testamenti Biblia Graece et Latine, Madrid, 3rd ed., 1953.
A. JÜLICHER and W. MATZKOW, Itala: Das Neue Testament in altlateinischer Überlieferung, Berlin:
I: Matthäus-Evangelium (1938, 2nd ed. by K. ALAND 1972);
II: Marcus-Evangelium (1940, 2nd ed. by K. ALAND 1970);
III: Lucas-Evangelium (by K. ALAND 1954, 2nd ed., 1970);
IV: Johannes-Evangelium (by K. ALAND 1963).
A. MERK, Novum Testamentum Graece et Latine, Rome, 9th ed., 1964.
P. SABATIER, Bibliorum sacrorum Latinae versiones antiquae seu Vetus Italica, Rheims 1743 (repr. Munich 1976).
H. J. VOGELS, Novum Testamentum Graece et Latine, Freiburg, 4th ed., 1955.
J. WORDSWORTH and H. J. WHITE et al., Novum Testamentum Domini Nostri Jesu Christi Latine, Oxford 1889–1954.

Editions of the Greek New Testament which give prominence to variants in the Latin tradition include:

K. ALAND, M. BLACK, B. M. METZGER, A. WIKGREN, The Greek New Testament, Stuttgart 1966, 2nd ed. 1968, 3rd ed. with C. M. MARTINI 1975.
G. D. KILPATRICK, Η ΚΑΙΝΗ ΔΙΑΘΗΚΗ (British and Foreign Bible Society), London, 2nd ed., 1958.
S. C. E. LEGG, Novum Testamentum Graece, Oxford:
I: Evangelium secundum Marcum (1935);
II: Evangelium secundum Matthaeum (1940).
E. NESTLE, Novum Testamentum Graece, Stuttgart, 26th ed. with K. ALAND et al., 1979.
A. SOUTER, Novum Testamentum Graece, Oxford, 2nd ed., 1947.
C. VON TISCHENDORF, Novum Testamentum Graece,
III: Prolegomena (by C. R. GREGORY), Leipzig, 8th ed., 1884–94.
The New Testament in Greek,
III: The Gospel According to St. Luke, Oxford 1984 and 1987.

### Vetus Latina

'Vetus Latina, Die Reste der altlateinischen Bibel nach Petrus Sabatier neu gesammelt und herausgegeben von der Erzabtei Beuron' is the title of an ambitious programme devoted to publishing a new edition of the Old Latin which will supersede SABATIER's edition of 1743 by including the evidence of all known Old Latin manuscripts, and, more significantly, all scriptural quotations culled from editions of church fathers who wrote up to c. 1000 A. D.

The following fascicles of the New Testament have appeared to date:

H. J. FREDE, Epistula ad Ephesios, Freiburg 1962–4 (= Vetus Latina 24 [1]).
H. J. FREDE, Epistula ad Philippenses et ad Colossenses, Freiburg 1966–71 (= Vetus Latina 24 [2]).
H. J. FREDE, Epistulae ad Thessalonicenses, Timotheum, Titum, Philemonem, Hebraeos, Freiburg 1975–91 (= Vetus Latin 25).
W. THIELE, Epistulae Catholicae, Freiburg 1956–69 (= Vetus Latin 26 [1]).

As far as the Old Testament is concerned the following have appeared:

B. FISCHER, Genesis, 1951–4 (= Vetus Latina 2).
W. THIELE, Sapientia 1977–85 (= Vetus Latina 11 [1]).
W. THIELE, Sirach 1987– (= Vetus Latina 11 [2]).
R. GRYSON, Esaias 1987– (= Vetus Latina 12).

Eventually the rest of the OT and NT will appear with the following volume numbers and titles. (Volume I has already appeared as the index of *sigla* – see above p. 203).

3 Exodus, Leviticus
4 Numeri, Deuteronomium, Josue, Judicum, Ruth
5 1–4 Regum
6 1–2 Paralipomenon, Esdras, Nehemias, 3–4 Esdras
7 Tobit, Judith, Esther
8 Job
9 Psalmi
10 Proverbia, Ecclesiastes, Canticum, Canticorum
13 Jeremias (mit Lamentationes, Baruch), Ezechiel
14 Daniel, 12 Prophetae
15 1–2 Macchabaeorum
16 Matthaeus
17 Marcus
18 Lucas
19 Johannes
20 Actus Apostolorum
21 Ad Romanos
22 Ad Corinthios I
23 Ad Corinthios II, ad Galatas
26 (2) Apocalypsis
27 Agrapha, Unbestimmbares; Zusammenfassung der Nachträge; Autoren- und Handschriftenregister

There are several distinctive features of the 'Vetus Latina' editions. Each page in the text fascicles is in effect divided into four sections, (1) the families identified by the editors and printed underneath their Greek original(s) (2) a verse-by-verse statement of which manuscripts are deficient.[5] (3) the critical apparatus (4) the extant patristic quotations set out in full. (1) is often complicated to read as it usually comprises several lines of text running concurrently. Each line represents a type of the Latin such as Tertullian, Cyprian, the bilingual mss. DEFG, Ambrose, the Vulgate. Such a policy has frequently been criticised by reviewers, who point out that many of the texts are so mixed that it is confusing to show them as belonging to an identifiable text type. (This does not apply to the Old Latin editions of the gospels published by JÜLICHER – MATZKOW – ALAND as they print the readings of all mss. used divided artificially into 'Itala' and 'Afra'.

The complicated system of showing the text types in the Beuron fascicles does not affect the apparatus. Even though the text has been divided (however needlessly) into families, the apparatus has not. Insofar as the apparatus is concerned, beginning with the fascicles published after 1961, the Introduction to each book lists the nature of the manuscripts cited in the apparatus, and the procedure on which this evidence is based (i. e. whether on a new collation from a photograph or from the original manuscript, or from a printed edition).

The main value of these editions is however the rich storehouse of patristic material printed at the bottom of each page. All reviewers have rightly been impressed by the superb collection of evidence published in these fascicles. As the remaining fascicles gradually appear we shall have at our disposal as complete a picture of the pre-Jerome Latin as humanly possible.

## *VI. Select Bibliography*

The following list deals mainly with books published this century. It is divided into three sub-sections:

1. Books and articles dealing with the translation of the Bible into Latin, with special reference to the Old Latin.
2. Books and articles dealing with the Old Latin version of particular books or parts of the New Testament.
3. General books on New Testament textual criticism which contain special sections on the Old Latin version.

A monumental bibliography comprising writings by ecclesiastical authors in the first seven centuries and a bibliography of 5000 titles (articles, books and monographs) on the Latin version is:

T. AYUSO MARAZUELA, La Vetus Latina Hispana, Vol. I: Prolegómenos, Madrid 1953.

[5] This does not apply to the first fascicle published (Genesis).

Up-to-date bibliographical information on the Bible in general is provided in the annual.

Elenchus Bibliographicus Biblicus, ed. P. Nober, Rome Biblical Institute Press. Up to volume 49 the 'Elenchus' was published as part of the journal 'Biblica'. For the Old Latin version see under their sub-heading III: Textus et Versiones 5. Vetus Latina.

1. The Translation of the Bible into Latin, with Special Reference to the Old Latin Version of the New Testament

B. Botte, 'Itala', in: Dictionnaire de la Bible, Supplément IV, Paris 1949, cols. 777–782.

F. C. Burkitt, The Old Latin and the Itala, Cambridge 1896 (= Texts and Studies IV,3).

F. C. Burkitt, Saint Augustine's Bible and the Itala, JTS XI (1910), pp. 258–68 and 447–58.

F. C. Burkitt, Itala Problems, in: Scritti varii di letteratura ecclesiastica dedicati a R. A. Amelli, Montecassino 1920.

P. Corssen, Bericht über die lateinischen Bibelübersetzungen, in: Bursian, Jahresberichte über die Fortschritte der klassischen Altertumswissenschaft CI, Leipzig 1899, pp. 1–83.

B. Fischer, Das Neue Testament in lateinischer Sprache, in: K. Aland (ed.), Die alten Übersetzungen des Neuen Testaments, die Kirchenväterzitate und Lektionare, Berlin and New York 1972 (= Arbeiten zur Neutestamentlichen Textforschung 5), pp. 1–92.

B. Fischer, Die Alkuin-Bibel, Freiburg 1957 (= Aus der Geschichte der lateinischen Bibel 1).

H. G. Frede, Pelagius, der irische Paulustext, Sedulius Scottus, Freiburg 1961 (= Aus der Geschichte der lateinischen Bibel 3).

H. Haffter, Der Italaforscher Joseph Denk und der Thesaurus linguae Latinae, Zeitschr. für die neutest. Wiss. LVIII (1967), pp. 139–44.

W. Henss, Leitbilder der Bibelübersetzung im 5. Jahrhundert. Die Praefatio im Evangelienkodex Brixianus (*f*) und das Problem der gotisch-lateinischen Bibelbilinguen, Heidelberg 1973 (= AHAW 1973,1).

H. A. A. Kennedy, The Old Latin Versions, in: J. Hastings, Dictionary of the Bible III, Edinburgh 1900, pp. 47–62.

E. A. Lowe, Codices rescripti. A List of the oldest Latin Palimpsests with Stray Observations on their Origin, Studi et Testi CCXXXV (1964), pp. 67–113.

W. Matzkow, De vocabulis quibusdam Italae et Vulgatae Christianis quaestiones lexiographicae, Berlin 1933.

C. Mohrmann, Les origines de la latinité chrétienne à Rome, Vigiliae Christianae III (1949), pp. 67–106 and 163–83.

C. Mohrmann, Traits caractéristiques du latin des chrétiens, in: Miscellanea Giovanni Mercati I: Bibbia, Letteratura cristiana antica, Vatican 1946 (= Studi e Testi CXXI), pp. 437 f.

C. Mohrmann, Études sur le latin des chrétiens IV. Latin chrétien et latin médiéval (inc. Appendix by J. Schrijnen, Charakteristik des altchristlichen Lateins), Rome 1971 (= Storia e Letteratura 143).

B. M. Peebles, Bible. Latin Versions, in: New Catholic Encyclopedia II, New York 1967, pp. 436–457.

H. Quentin, La prétendue Itala de Saint Augustin, Rev. Bib. XXXVI (1927), pp. 216–25.

H. Rönsch, Itala und Vulgata, Marburg, 2nd ed., 1875.

K. T. Schäfer, Die Altlateinische Bibel, Bonn 1957 (= Bonner Akademische Reden XVII).

K. T. Schäfer, Die Zitate in der lateinischen Irenäusüberlieferung und ihr Wert für die Textgeschichte des Neuen Testaments, in: Vom Wort des Lebens. Festschrift für M. Meinertz zur Vollendung des 70. Lebensjahres, ed. N. Nadler, Münster 1951, pp. 50–59.

J. Schildenberger, Die Itala des hl. Augustinus, in: Colligere Fragmenta. Festschrift A. Dold zum 70. Geburtstag am 7. 7. 1952, ed. B. Fischer and V. Fiala, Beuron 1952 (= Texte und Arbeiten I,2), pp. 84–102.

F. Stummer, Einführung in die lateinische Bibel. Ein Handbuch für Vorlesungen und Selbstunterricht, Paderborn 1928.

J. Schrijnen, Charakteristik des altchristlichen Lateins, Nijmegen 1932.

H. von Soden, Das lateinische Neue Testament in Afrika zur Zeit Cyprians, Leipzig 1909 (= Texte und Untersuchungen XXXIII).

H. F. D. Sparks, The Latin Bible, in: H. W. Robinson, The Bible in its Ancient and English Versions, Oxford 1940, pp. 100–110.

W. Süss, Studien zur lateinischen Bibel, in: Acta et Commentationes Universitatis Tartuensis 4 (1932), pp. 86 ff.

A. Vaccari, Una 'Itala' fenice negli scritti di S. Agostino, Civ. Catt. LXXX (1929), pp. 108–17.

H. J. Vogels, Zur 'afrikanischen' Evangelienübersetzung, Biblische Zeitschrift XII (1918), pp. 251 ff.

L. Ziegler, Die lateinischen Übersetzungen vor Hieronymus, Munich 1879.

2. The Old Latin Version of Specific Sections of the New Testament

H. J. Frede, Altlateinische Paulus-Handschriften, Freiburg 1964 (= Aus der Geschichte der lateinischen Bibel 4).

A. J. B. Higgins, The Latin Text of Luke in Marcion and Tertullian, Vigiliae Christianae V (1951), pp. 1–42.

A. Jülicher, Kritische Analyse der lateinischen Übersetzung der Apostelgeschichte, Zeitschr. für die neutest. Wiss. XV (1914), pp. 163 ff.

H. Linke, Studien zur Itala, Breslau 1889.

M. Mees, Matthäus 5:1–26 in der altlateinischen Bibelübersetzung, Vetera Christianorum 3 (1966), pp. 85–100.

E. Nellessen, Untersuchungen zur altlateinischen Überlieferung des Ersten Thessalonicherbriefes, Bonn 1965 (= Bonner Biblische Beiträge 22).

D. Plooij, The Latin Text of the Epistles of St. Paul, Leiden 1936 (= Bulletin of the Bezan Club XI).

J. Regul, Die antimarcionitischen Evangelienprologe, Freiburg 1969 (= Aus der Geschichte der lateinischen Bibel 6).

K. T. Schäfer, Der griechisch-lateinische Text des Galaterbriefes in der Handschriftengruppe *DEFG*, Düsseldorf 1934.

K. T. Schäfer, Untersuchungen zur Geschichte der lateinischen Übersetzung des Hebräerbriefes, Freiburg 1929.

M. C. Tenney, The Quotations from Luke in Tertullian as Related to the Texts of the Second and Third Centuries, Harvard Studies in Classical Philology LVI–LVII (1947), pp. 247–60.

W. Thiele, Wortschatzuntersuchungen zu den lateinischen Texten der Johannesbriefe, Freiburg 1958 (= Aus der Geschichte der lateinischen Bibel 2).

W. Thiele, Probleme der Versio Latina in den Katholischen Briefen, in: K. Aland, Die alten Übersetzungen des Neuen Testaments, die Kirchenväterzitate und Lektionare, Berlin, New York 1972 (= Arbeiten zur Neutestamentlichen Textforschung 5), pp. 93–119.

W. Thiele, Die lateinischen Texte des I Petrusbriefes, Freiburg 1965 (= Aus der Geschichte der lateinischen Bibel 5).

F. H. TINNEFELD, Untersuchungen zur altlateinischen Überlieferung des I Timotheusbriefes. Der lateinische Paulustext in den Handschriften *DEFG* und in den Kommentaren des Ambrosiaster und des Pelagius, Wiesbaden 1963 (= Klassisch-philologische Studien XXVI).

H. J. VOGELS, Untersuchungen zur Geschichte der lateinischen Apokalypse-Übersetzung, Düsseldorf 1920.

L. ZIEGLER, Italafragmente der paulinischen Briefe, Marburg 1876.

H. ZIMMERMANN, Untersuchungen zur Geschichte der altlateinischen Überlieferung des zweiten Korintherbriefes, Bonn 1960 (= Bonner Biblische Beiträge 16).

3. Textual Criticism and the Old Latin Version

One historic book containing a study of the Old Latin version:

R. SIMON, Histoire critique des Versions du Nouveau Testament, Rotterdam 1690.

More recent studies which include a history of the Old Latin version:

K. LAKE, The Text of the New Testament, rev. by SILVA NEW, London, 6th ed., 1928.

BRUCE M. METZGER, The Early Versions of the New Testament. Their Origin, Transmission and Limitations, Oxford 1977.[6]

BRUCE M. METZGER, The Text of the New Testament. Its Transmission, Corruption and Restoration, Oxford, 2nd ed., 1968.

H. J. VOGELS, Handbuch der Textkritik des Neuen Testaments, Bonn, 2nd ed., 1955.

ARTHUR VÖÖBUS, Early Versions of the New Testament. Manuscript Studies, Stockholm 1954 (= Papers of the Estonian Theological Society in Exile 6).

B. F. WESTCOTT and F. J. A. HORT, The New Testament in the Original Greek, Vol. II: Introduction and Appendix, London, 2nd ed., 1896.

## *VII. Appendix: The Old Latin Versions of the Old Testament*

As with the New Testament, different versions of the pre-Jerome Latin were in use. Cyprian and Augustine both quote the Old Testament in Latin but used different versions. Augustine and Jerome both testified to the multiplicity of renderings although it remains an open question whether these were recensions of an original single version or different translations.

Possibly the Old Latin Old Testament was in existence in Africa before the emergence of Christianity there. If so it would have been translated from the Hebrew. But the manuscripts of the Old Testament in Latin now in existence all testify to a Greek original. As with the New Testament the Latin of the pre-Jerome version is very Greek in style with many transliterations. This of course means that our Old Latin manuscripts were translated from the Septuagint (LXX).

[6] This is the most recent and in many ways the most complete survey of the versions of the New Testament. I gratefully acknowledge my debt to this book in preparing this survey.

The earliest fathers quoting the Old Testament in Latin were in North Africa which again suggests the first translation(s) were made there. Cyprian and Tertullian used a Latin Psalter or rather two differing versions of the Latin Psalter. As with the New Testament there are differences between these African quotations and manuscripts of the Old Testament and the European. The latter is more polished.

The Old Latin is of particular importance for the Old Testament insofar as it takes us behind the Hexaplaric recension of the LXX. This means that the Old Latin often supports the Lucianic revision, and throws valuable light on it.

## *VIII. Bibliography to the Appendix*

A useful survey of the Old Latin Old Testament is found in

B. J. ROBERTS, The Old Testament Text and Versions, Cardiff 1951.

ROBERTS commends with justification the valuable article in HASTINGS' Dictionary of the Bible III by H. A. A. KENNEDY entitled 'The Old Latin Versions' (pp. 47–62) which contains a full list of Old Latin Old Testament manuscripts known in 1900 on pp. 49–51.

In addition to these general surveys the following contain studies on aspects of the Old Testament in Latin:

A. ALLGEIER, Die altlateinischen Psalteren. Prolegomena zu einer Textgeschichte der Hieronymianischen Psalmenübersetzungen, Freiburg i. Br. 1928.

A. BAUMSTARK, Aramäischer Einfluß im altlateinischen Text von Habakuk 3, Leipzig 1931 (= Oriens Christianus 6), pp. 163–8.

A. V. BILLEN, The Old Latin Texts of the Heptateuch, London and Cambridge 1927.

A. V. BILLEN, The Old Latin Version of Judges, JTS XLIII (1942), pp. 140–149.

A. M. CERIANI, Critici Biblici. Le recensioni dei LXX e la versione latina detta Itala, Milan 1886.

E. VON DOBSCHÜTZ, A Collection of Old Latin Biblical Quotations; Somnium Neronis, JTS XVI (1915), pp. 1 ff.

A. DOLD and A. ALLGEIER, Der Palimpsestpsalter im Codex Sangallensis 912. Eine altlateinische Übersetzung des frühen 6. Jahrh. aus der einstigen Kloster-Bibliothek von Bobbio, Beuron 1933 (= Texte und Arbeiten I,21/24).

A. DOLD, Konstanzer altlateinische Propheten- und Evangelienbruchstücke mit Glossen, nebst zugehörigen Prophetentexten aus Zürich und St. Gallen, Beuron 1923 (= Texte und Arbeiten I,7–9).

W. O. E. OESTERLEY, The Old Latin Texts of the Minor Prophets, JTS V (1904), pp. 76 ff., 570 ff. and ibid. VI (1905), pp. 67 ff., 217 ff.

J. SCHILDENBERGER, Die altlateinischen Texte des Proverbienbuches, Beuron 1941 (= Texte und Arbeiten I,32/33).

E. WÜRTHWEIN, The Text of the Old Testament, London 1980 (transl. from IDEM, Der Text des Alten Testaments. Eine Einführung in die Biblia Hebraica, Stuttgart, 4th ed., 1973).

## Part Two: The Vulgate

### *I. Introduction*

The Latin version of the Bible known as the Vulgate is that version associated with Jerome. The name Vulgate, meaning commonly accepted, was not used of the version until the middle ages. Roger Bacon seems to have been the first to apply the term Vulgate to Jerome's text, but Bacon also speaks of the Septuagint, the Greek Old Testament, as the Vulgate too.

Jerome himself referred to the Latin version of the scriptures as *in latino*, *latinus interpres* or *apud latinos* and to his own version as *nostra interpretatio* or *translatio nova* in contrast to the *antiqua interpretatio or vetus editio*. He used the term Vulgate as an adjective to refer to the Septuagint or to the prevalent form of the Latin he knew.

Discussions on the name may be found in

A. ALLGEIER, Haec vetus et vulgata editio. Neue wort- and begriffsgeschichtliche Beiträge zur Bibel aus dem Tridentum, Biblica XXIX (1948), pp. 353–90

and in

E. T. SUTCLIFFE, The Name Vulgate, Biblica XXIX (1948), pp. 345–52.

### *II. Jerome's Version of the New Testament*

The great diversity of texts to be found in so-called Old Latin manuscripts meant that hardly any two manuscripts agreed. As a result, Pope Damasus in 382 decided that a new authoritative version of the Bible in Latin was required. The person Damasus commissioned to undertake the work was Eusebius Hieronymus (St. Jerome).

Jerome was probably born in either 346 or 347 in Stridon in what is now Jugoslavia. He was trained in classical studies in Rome, Trier and Antioch, then spent five years in the Syrian desert at Chalcis where he began a correspondence with Pope Damasus on doctrinal and biblical matters. After spending some time in Bethlehem, Jerome visited Constantinople and befriended there Gregory of Nazianzus.

A visit to Rome in 382 resulted in the Pope's learning of Jerome's linguistic skills in Hebrew, Latin and Greek. He therefore kept him in Rome as his secretary for three years during which time he invited Jerome to undertake the much-needed revision of the Latin Bible.

The Pope's instructions to Jerome concerning the new edition of the Latin scriptures have not been preserved, but a letter from Jerome to Damasus prefacing the gospels gives the extent of the work and the circumstances under which it would be done. We learn from that letter[1] that Damasus required a new Latin text based on the revision of texts already in circulation but checked against the Greek. Although Jerome was the natural choice as reviser insofar as he had been a colleague of Gregory of Nazianzus and also of Didymus of Alexandria and was a man aware of the textual studies undertaken by Origen, and a man of proven linguistic abilities, he had reservations about making such a revision. In this preface to the gospels Jerome shows he was diffident about embarking on a task which he knew would result in a text that most conservative people would be opposed to. However he did undertake the work.

Jerome's revision of the gospels was completed by 384 and this was prefaced by Jerome's comments. Such prefaces are absent from the other Vulgate books in the New Testament. This fact has led some scholars to question the amount of revision Jerome himself did on the rest of the New Testament. Pope Damasus died soon after the work on the gospels was completed and this caused Jerome to depart to settle in Bethlehem, where he did the rest of his work on the Bible. This interruption, together with Jerome's increasing preoccupation with the translation of the Hebrew Old Testament in his years in the Middle East, makes some scholars doubt Jerome's active participation in the rest of the New Testament. It has been suggested for instance that as he worked his way through the New Testament, his interest waned. Certainly the remaining books in the New Testament Vulgate were scarcely revised. More significantly, Jerome's commentaries on Paul's letters make use of a text significantly different from the Vulgate. These date for the most part from after the time his postulated revised New Testament appeared.

Another indication of the problem concerning the extent of Jerome's revision is that Augustine speaks of Jerome's work only with reference to the Old Testament and the gospels. Augustine did not in fact use the Vulgate New Testament outside the gospels. On the other hand, Jerome's own evidence is that he did in fact revise the whole of the New Testament and it is perhaps most reasonable to conclude that his reforming zeal diminished as he worked through it, hence the evident lack of revision in the later books of the Vulgate New Testament.

Jerome's text found favour with many including Augustine, but conservative opposition to the new text meant that the old texts continued to be used. The prefaces which Jerome wrote show that he created much controversy, and as a result his text was not given official status by Damasus' successors.

In Gaul however the Vulgate gained ground rapidly. Prosper of Aquitaine commended its use in the fifth century. In 604 Pope Gregory allowed the Vulgate equal status with the Old Latin in the liturgy. Isidore of Seville a generation later wrote that Jerome's text was spreading throughout the Latin churches.[2] However what was being spread was not always a pure Jerome

[1] Preserved in Migne, Patrologia Latina XXIX, Paris 1846, col. 557.

[2] De ecclesiasticis officiis I 12, 18. In Migne, Patrologia Latina LXXXIII, Paris 1850, col. 748.

text. Compromises between the new and the old text meant that many of Jerome's manuscripts were contaminated with familiar Old Latin readings. Many Latin mss. as a result are of a mixed Old Latin and Vulgate type. There was much harmonisation, some conscious, some sub-conscious, between the Vulgate and the Old Latin. The Old Latin was certainly known, read and indeed still being copied in many parts of the world. In Spain, which was cut off from the rest of western Christianity, Old Latin mss. continued to be copied. In Ireland too the Old Latin was still in use until well after Jerome's day. One can see that many of the mss. of the Vulgate copied in Ireland became tinged by Old Latin readings. These contaminated Vulgate texts in turn influenced those copies of the Vulgate copied from Irish texts in Gaul, Switzerland and Germany. Irish texts brought over to England became mixed with Italian texts introduced by Augustine. There was therefore much fusion and mixing of texts.

It was only in the ninth century that the Vulgate finally ousted the Old Latin although mss. were still being copied that displayed a predominantly Old Latin type of text. Old Latin *c* was copied in the thirteenth century for example. This ms. contains the gospels in a pre-Jerome type of text.

The corruption of Jerome's text was the motive for the revision of the Vulgate undertaken in the mid sixth-century by Cassiodorus. He attempted to restore the purity of Jerome's text. He claimed[3] to have attempted to produce an official version of the Latin for his monastery at Vivarium, but nothing of this text has come down to us. However it has been suggested that Codex Amiatinus of the eighth century represents the revised text of Cassiodorus insofar as this ms. resembles Cassiodorus' citations in 'De institutione divinarum litterarum'. One of the more enduring aspects of Cassiodorus' writings is that he is the first known writer to list the contents of a complete Bible containing Jerome's version. The contents he lists are Jerome's Hebrew canon (excluding Psalms), the Gallicum Psalter (see below in the Appendix), Judith, Tobit, the unrevised Old Latin books Wisdom, I and II Maccabees, Baruch, Ecclesiasticus, the Gospels and the Acts, Epistles and Revelation. Such a Bible is identical with Codex Amiatinus.

Other attempts to revise the Vulgate were made by Theodulf and Alcuin. Alcuin's revision was undertaken at the instigation of Charlemagne who in his capitulary Admonitio Generalis in 789 ordered that the Vulgate be revised in order to achieve uniformity and accuracy. Alcuin of Northumbria attempted such a revision while serving as Abbot of Tours.

Theodulf's revision was a private revision and as a consequence did not have the same influence on the subsequent history of the text as Alcuin's authorized revision. Theodulf of Zaragoza was Abbot of Fleury and Bishop of Orléans and attempted his revision by analysing variants, largely in Spanish mss. In his revision he tended to introduce corrupt Spanish readings. Those

[3] De institutione divinarum litterarum, MIGNE, Patrologia Latina LXX, Paris 1847, col. 1109.

mss. identified as having been influenced by Theodulf are Θ and H (see below, pp. 226, 230).

Lanfranc, Archbishop of Canterbury (1069 – 89), is said to have undertaken another revision. In the twelfth century Stephen Harding of Cîteaux undertook yet another revision by removing scribal emendations. His four-volume work is still to be seen in Dijon library.

In the following century Jerome's text was subject to further revision. A systematised series of books listing variant readings were produced. Among these the Correctorium Parisiense of 1226, the Correctorium Sorbonicum, the Correctorium of Hugo of St. Caro in 1240 and the Correctorium Vaticanum of William of Mara are the best known. Most of the work was done in Paris and many of these texts were produced, although they vary in quality. The Correctorium Vaticanum is considered the most reliable, but when printing was invented STEPHANUS made use of the worst of the correctoria, the Parisiense, as the base for his printed text. Other early printed editions were made from inferior mss. often for no other reason than that the best preserved and most respected mss. were not entrusted to the printers' workshops.

The Vulgate text was granted official recognition only at the Council of Trent in 1546.

## *III. Characteristics of Jerome's Version*

Jerome did not make a thorough linguistic revision of the Old Latin, but he did correct the style occasionally. As far as the text was concerned he did not make many alterations. Occasionally Jerome did correct some errors or incorrect readings when these did not correspond to the Greek.

The Old Latin and Greek texts used by Jerome are not known. Scholars cannot reconstruct with certainty these mss. WORDSWORTH and WHITE assumed Jerome had based his revision on the Old Latin ms. *f* insofar as much of this codex represents the text that appeared in the Vulgate. F. C. BURKITT disagreed and pointed out that much of *f* is dependent on Codex Argenteus. A. SOUTER argued that *a* was used by Jerome. VOGELS on the other hand stated that one cannot identify or isolate any one extant ms. as representing the text revised by Jerome. If one examines the readings in the Old Latin mss. *a* $ff^2$ *b* *i* and *q* and compares them with the Vulgate there are about 3500 differences and alterations in the gospels alone.

As with the Old Latin so with the Greek used by Jerome. Scholars are not able to agree which Greek mss. Jerome is likely to have consulted. In his letter to Damasus he claims to have revised the Old Latin in consultation with the Greek, but no specific text or texts are referred to. Scholars nowadays are generally of the opinion that Jerome tried to make his revision agree with what is now known as the Alexandrian type of text, and to move away from the so-called Western text-type. This seems to be especially true in the case of the catholic epistles in the Vulgate where WORDSWORTH and WHITE followed by BURKITT identified Codex Vaticanus (B) as one of the mss. used by Jerome. In Acts it has been suggested that he used a text close to Codex Alexandrinus (A), and in the Apocalypse a text close to Sinaiticus (א). Jerome seems not to have made much significant use of the Greek in revising the pauline epistles.

It is however a delusive task trying to pinpoint these matters with any degree of precision. The bulk of mss. which have come down to us were not available or written in Jerome's day. The mss. he read and the texts they represented have for the most part not survived.

## *IV. Vulgate Manuscripts*

The following is only a selection from over 10 000 mss. containing all or part of the Bible in a predominantly Vulgate text. The Vulgate was probably the most frequently copied book ever. The list below is intended to include the most significant mss. and those which are frequently referred to in theological or palaeographical works, or which have been made use of in modern critical editions of the Vulgate. Some of the mss. are complete Bibles, and contain the Old Testament in the Vulgate version. The contents given below refer only to the books in the New Testament canon.

Where the ms. is known by a letter (be it from the Roman or Greek alphabet) this is given first as representing the traditional or normal *siglum* by which the ms. is known (mss. not allocated a *siglum* by WORDSWORTH and WHITE or the Stuttgart edition occur at the end of the list). The Stuttgart *sigla* where different have normally been noted below. There then follows a brief description of the contents of the ms. in which the following conventional abbreviations are used:

e = Gospels
a = Acts of the Apostles
p = Pauline Epistles
c = Catholic Epistles
r = Apocalypse

The precise contents of small fragments are usually given. The name of the codex is then printed, and this is followed by the date or century in which the ms. was written. In many cases the range of dates here reflects the divergence of opinion held by different experts. Any special features of the ms. are described immediately before the present location of the ms. is given.

An asterisk after the *siglum* denotes that the ms. was used in WORDSWORTH and WHITE's edition of the Vulgate, and fuller details about these mss. are to be found in their prefaces to the individual books of the New Testament.

The brief bibliography that appears for many of the entries can often be supplemented by reference to

B. M. METZGER, The Early Versions of the New Testament. Their Origin, Transmission and Limitations, Oxford 1977, pp. 330–374.[4]

A* eapcr, Amiatinus VII–VIII.

Text in sense lines (cola et commata). Ammonian sections in the Gospels.
Florence, Laurentian Library.

C. VON TISCHENDORF, Novum Testamentum ex codice Amiatino, Leipzig 1850 and 1854.
H. J. WHITE, Codex Amiatinus and its birthplace. Appendix on the Italian Origin of the Codex, Oxford 1890 (= Studia Biblica II).
G. SCHMID, Zur Geschichte des Codex Amiatinus, Theologische Quartalschrift LXXXIX (1907), pp. 571–84.
A. MERCATI, Per la Storia del Codice Amiatino, Biblica III (1922), pp. 324–8.
B. FISCHER, Codex Amiatinus und Cassiodor, Biblische Zeitschrift VI (1962), pp. 57–79.
J. CHAPMAN, The Codex Amiatinus and Cassiodorus, Revue Bénédictine XXXVIII (1926), pp. 139 ff. and ibid. XXXIX (1927), pp. 12 ff.
W. SANDAY, The Italian Origin of the Codex Amiatinus, Oxford 1890 (= Appendix to Studia Biblica II).
I. B. DE ROSSI, La Bibbia offerta da Ceolfrido Abbate al Sepolcro di S. Pietro, Rome 1887.

B* e, Bigotianus VIII.

Paris, Bibliothèque Nationale.

L. DELISLE, Cabinet des MSS. de la Bibliothèque Nationale à Paris. Étude sur la formation de ce dépôt, comprenant les éléments d'une histoire de la calligraphie, de la miniature, de la reliure et du commerce des livres à Paris avant l'invention de l'imprimerie, Paris 1881.

$B_2$* ($\Phi^B$) apc, Bambergensis IX.

Bamberg, Staatliche Bibliothek.

F. LEITSCHUH, Aus den Schätzen der königlichen Bibliothek zu Bamberg, Bamberg 1888.
F. LEITSCHUH, Führer durch die königliche Bibliothek zu Bamberg, Bamberg, 2nd ed., 1889.

C* eapcr, Cavensis IX.

Adds Psalterium ex Hebraeo.
Salerno, Benedictine Abbey of Corpo di Cava.

E. A. LOWE, The Codex Cavensis. New Light on its Later History, in: Quantulacumque. Studies presented to K. Lake, ed. R. P. CASEY et al., London 1937, pp. 325–31.
L. ZIEGLER, Bruchstücke einer vorhieronymianischen Übersetzung der Petrusbriefe, in: Sitzungsberichte der königlichen bayrischen Akademie der Wissenschaften, Heft V, Munich 1876, pp. 655 ff.

[4] I gratefully acknowledge my debt to this book in preparing this article.

D* eapcr, Dublinensis (Ardmachanus) c808.

Epistle to Laodiceans included.
Dublin, Trinity College.

J. GWYNN, Liber Ardmachanus. The Book of Armagh, Dublin 1913.

E* e, Egertonensis IX.

London, British Library.

F* eapcr, Fuldensis 541 – 546.

Also contains Epistle to the Laodiceans. Gospels appear as a harmony based on Tatian's Diatessaron.
Fulda, Landesbibliothek.

E. RANKE, Codex Fuldensis. Novum Testamentum Latine Interprete Hieronymo, Marburg and Leipzig 1868.

H. J. VOGELS, Beiträge zur Geschichte des Diatessaron im Abendland, Münster 1919 (= Neutestamentliche Abhandl. VIII,1).

G* eapcr, Sangermanensis IX.

Adds Shepherd of Hermas. Matthew is Old Latin ($g^1$).
Paris, Bibliothèque Nationale.

H* eapc, Hubertanus IX – X.

London, British Library.

I* e, Ingolstadiensis IX.

Munich, Universitätsbibliothek.

I* acr, Iuueniani Vallicellianus VIII – IX.

Rome, Biblioteca Vallicelliana.

J* e, Foro-Juliensis VI – VII.

Mark in fragments in Venice, Biblioteca Marciana, and in Prague. Rest of Gospels in Cividale del Friuli, Archaeological Museum.

G. BIANCHINI, Evangeliarium quadruplex Latinae versionis antiquae seu veteris Italicae II, Rome 1749, pp. 473 ff.

J. DOBROVSKÝ, Fragmentum Pragense Evangelii S. Marci vulgo autographi, Prague 1778 (rep. 1953).

K* ($Ø^G$) eapcr, Grandivellensis (Carolinus) IX.

London, British Library.

Facsimile edition. Die Bibel von Moutier-Grandval, Berne 1971.

L* c, Lemovicensis VIII – XI.

Paris, Bibliothèque Nationale.

L c, Luxoviense VII – VIII.

Paris, Bibliothèque Nationale.

L* e (Mt Mk Lk i – iii 9), Lichfeldensis VII – VIII.

Lichfield, Chapter Library.

F. H. A. Scrivener, Codex S. Ceaddae Latinus, Evangelia SSS. Matthaei, Marci, Lucae ad cap. III. 9 complectens, circa septimum vel octavuum saeculum scriptus, in ecclesia cathedrali Lichfieldensi servatus, Cambridge 1887.

$L_2$* p, Langobardus VIII.

Paris, Bibliothèque Nationale.

M* e, Mediolanensis VI.

Milan, Ambrosian Library.

M* a, Monacensis IX.

Munich, Bayrische Staatsbibliothek.

$M_2$* p, Monacensis VIII.

Munich, Bayrische Staatsbibliothek.

N* p, Colmariensis IX.

Colmar, Bibliothèque Municipale.

O* e, Oxoniensis VII.

Oxford, Bodleian Library. Known as St. Augustine's Gospels – formerly at St. Augustine's Canterbury.

$O_2$* p, Oxoniensis IX.

Oxford, Bodleian Library.

E. S. Buchanan, The Epistles of S. Paul from the Codex Laudianus, London 1914 (= Sacred Latin Texts II).

O* a, Oxoniensis VIII.

Oxford, Bodleian Library.

P* e (Luke i 26 – xii 7), Perusinus VI – VII.

Perugia, Chapter House.

G. Bianchini, Evangeliarium quadruplex Latinae versionis antiquae seu veteris Italicae II, Rome 1749, p. 562.

Q* e, Book of Kells VII – IX.

Dublin, Trinity College.

T. V. ABBOTT, Evangeliorum versio antehieronymiana ex Codice Usseriano, Dublin 1884.
E. H. ALTON and P. MEYER, Evangeliorum quattuor Codex Cenannensis, Berne 1950 – 1. Facsimile edition.

R* e, Rushworthianus 820.

Interlinear translation into Mercian (for Matthew) and Northumbrian (Mark, Luke, John).
Oxford, Bodleian Library.

J. STEVENSON and G. WARING, The Lindisfarne and Rushworth Gospels, Surtees Society XXVIII, XXXIX, XLIII, XLVIII, Durham 1854 – 65.
W. W. SKEAT, The Gospel according to St. Matthew in Anglo-Saxon, Northumbrian and Old Mercian Versions, Cambridge 1887.

$R_2$* eapcr, Rodendis (Bible de Rosas) X.

Paris, Bibliothèque Nationale.

$R_3$* p, Reginensis VII – VIII.

Rome, Vatican Library.

S e (John), Stonyhurstensis VII – VIII.

Stonyhurst, Jesuit College (on deposit in British Library).

$S_2$ ar, Sangallensis VIII.

St. Gallen, Convent Library.

S* p, Cantabrigensis IX.

Cambridge, Trinity College.

T* eapcr, Toletanus 988.

Madrid, National Library.

G. BIANCHINI, Vindiciae Canonicarum Scripturarum, Vulgatae Latinae editiones I, Rome 1740, XLVII – CCXVI, in: J. P. MIGNE, Patrologia Latina XXIX, 875 – 1152.
E. A. LOWE, On the date of Codex Toletanus, Revue Bénédictine XXXV (1923), pp. 267 – 71.
L. F. SMITH, A Note on the Codex Toletanus, Revue Bénédictine XXXVI (1924), p. 347.

U* e (Matthew i 1 – iii 4 and John i 1 – 21), Ultratraiectina VII – VIII.

Utrecht, University Library.

$U_2$* apr, Ulmensis IX.

Adds Letter to the Laodiceans after Hebrews.
London, British Library.

V* (Ø$^{v}$) eapcr, Vallicellianus IX.

Rome, Biblioteca Vallicelliana.

W* eapcr, Codex Willelmi de Hales 1254.

A later Vulgate text of a type found in the early printed editions.
London, British Library.

X* e, Codex Corporis Christi VII Cantabrigiensis.

Cambridge, Corpus Christi College.

Y* e, Lindisfarnensis VII – VIII.

Codex with interlinear translation into Anglo-Saxon by Aldred in 950.
London, British Library.

J. STEVENSON and G. WARING, The Lindisfarne and Rushworth Gospels, Surtees Society XXVII, XXXIX, XLIII, XLVIII, Durham 1854 – 65.
W. W. SKEAT, The Holy Gospels in Anglo-Saxon, Northumbrian and Old Mercian Versions, Cambridge 1871 – 87.
Facsimile edition: T. D. KENDRICK, Evangeliorum quattuor codex Lindisfarnensis, Olten and Lausanne, I 1956, II 1960.

Z* e, Harleianus VI – VII.

London, British Library.

$Z_2$* pcr, Harleianus VIII – IX.

London, British Library.

E. S. BUCHANAN, The Epistles and Apocalypse from the Codex Harleianus, London 1912 (= Sacred Latin Texts I).

ꝺF e, Beneventanus IX.

Written in cola et commata.
London, British Library.

ƎP* e, Epternacensis IX.

Paris, Bibliothèque Nationale.

J. M. HEER, Evangelium Gatianum, Quattuor Evangelia Latine translata ex Codice monasterii S. Gatiani Turonensis, Freiburg-im-Breisgau 1910.

M* e, Martin-Turonensis VIII – IX.

Tours, City Library.

Δ* e, Dunenensis VI – VIII.

Traditionally written by Bede.
Durham, Cathedral Library.

Θ* eapcr, Theodulphianus IX.

Gospels in silver on purple parchment.
Paris, Bibliothèque Nationale.

L. Delisle, Les Bibles de Théodulfe. Notice lue à la Séance tri-mestrielle de l'Institut le 3 juillet 1878, et insérée dans la Bibliothèque de l'École des Chartes, Paris 1879.

$\Lambda^L$ eapcr, Legionensis 960.

León, Church of S. Isidoro.

T. Ayuso Marazuela, La Biblia de Oña. Notable Fragmento casi desconocido de un Códice visigótico homogéneo de la Biblia de San Isidoro de León, Zaragoza 1945.

B. Fischer, Algunas observaciones sobre el Codex Gothicus de la R. C. de S. Isidoro en León y sobre la tradición española de la Vulgata, Archivos leonenses XV (1967), pp. 5–47.

Π* r, Parisinus IX.

Paris, Bibliothèque Nationale.

Σ e, Sangallensis V–VI.

St. Gallen, Convent library (and other libraries).

C. H. Turner, The Oldest Manuscript of the Vulgate Gospels, Oxford 1931.

P. Lehmann, The Oldest Manuscript of the Vulgate Gospels Supplements, Zentralblatt für Bibliothekswesen L (1933), pp. 50–76.

B. Bischoff, Zur Rekonstruktion der ältesten Handschrift der Vulgata-Evangelien und der Vorlage ihrer Marginalien, Stuttgart 1966 (= Mittelalterliche Studien I), pp. 101–11.

A. Dold, Neue Teile der ältesten Vulgata-Evangelienhandschrift aus dem 5. Jahrhundert, Biblica XXII (1941), pp. 105 ff.

Σ* r, Triueriensis VIII.

Trier, Stadtbibliothek.

$Ø^p$ eapcr, Paulinus IX.

Rome, St. Paul without the Walls.

e, Codex Adae VIII.

Trier, Stadtbibliothek.

e, Adelbert IX.

Gniezno, Chapter Library.

F. Gryglewicz, The St. Adelbert Codex of the Gospels, New Testament Studies XI (1964–5), pp. 256–78.

eapcr, Aemilianeus X.

Epistle to the Laodiceans added in margin.
Madrid, Royal Academy of History.

eapcr, Aniciensis IX – X.

Le Puy, Cathedral.

apcr, Colbertinus XII – XIII.

Old Latin in gospels (*c*).
Paris, Bibliothèque Nationale.

eapcr, Complutensis I IX – X.

Whole Bible including Epistle to the Laodiceans. Used by Ximines for the Polyglot bible.
Madrid, University Library.

M. Revilla, La Biblia Polyglota de Alcalá, Madrid 1917.
R. Miquélez and P. Martínez, El Códice complutense o la primera Biblia visogótica de Alcalá, Anales de la Universidad de Madrid, Letras IV (1935), pp. 204 – 19.

e, Durmachensis, Book of Durrow VI – VII.

Dublin, Trinity College (*Siglum* D in Stuttgart Vulgate).

e, Echternach Gospels VIII.

Paris, Bibliothèque Nationale.

e, Book of Mulling VIII – IX.

Dublin, Trinity College.

H. J. Lawlor, Chapters on the Book of Mulling, Edinburgh 1897.

e (portions of John) The Stowe St. John VIII – IX.

Dublin, Irish Academy.

J. H. Bernard, On the Stowe St. John, and on the Citations from Scripture in the Leabhar Breac, Transactions of the Royal Irish Academy XXX, part VIII, Dublin 1893, pp. 313 – 324.

Specimen facsimiles of some of the above mss. may be seen in:

E. A. Lowe, Codices Latini Antiquiores. A Palaeographical Guide to Latin Manuscripts Prior to the Ninth Century I – XI, Oxford 1934 – 66, Supplement 1971, Part II 2nd ed. 1972.
H. J. Vogels, Codicum Novi Testamenti Specimina, Bonn 1929.

Fuller lists of mss. may be consulted in:

S. Berger, Histoire de la Vulgate pendant les premiers siècles du moyen âge, Paris 1843, pp. 374 – 422, which lists 253 mss.
C. R. Gregory in the third volume of C. von Tischendorf's 'Novum Testamentum Graece' examines 2270 mss. See also C. Vercellone, Variae Lectiones Vulgatae latinae Bibliorum, Vol. I, Rome 1861, lxxxiii f. and Vol. II, ibid. 1864, xvii f. and H. J. White,

in: F. H. A. SCRIVENER, A Plain Introduction to the Criticism of the New Testament for the Use of Biblical Students, 4th ed. by E. MILLER, London and New York 1894, Vol. II, pp. 97 f.

Many of the above manuscripts are divided by critics into various types:

a) The Italian Group

This group is characterised by its beautiful writing. Many of these mss. were sent to England and were copied there. Codex Amiatinus (A) is one such example of a ms. of an Italian text-type copied in the north of England in either Wearmouth or Jarrow.

The oldest extant Vulgate ms. of the gospels is Codex Sangallensis (Σ). If it is dated correctly as being from the fifth century, then it was written close to Jerome's own day. This is also a ms. displaying an Italian type of text.

Among other mss. normally placed in this category are F Y and J.

b) The Spanish type

This category of mss. is differentiated from the Italian not only by its style of writing, but its distinctive orthography. Also it is a type of text given to frequent interpolations and marginal notes. The mss. normally assigned to this type are T $\Lambda^L$ and C.

c) The Irish type

This type is characterised by artistic decoration and also by the mixed Old Latin and Vulgate character of its text. The mss. DL(e)RQ are Irish.

d) The French type

Colbertinus and G are included in this category.

e) The Recension of Alcuin

Mss. influenced by the revision undertaken by Alcuin (see above) are usually prefixed in the lists of *sigla* with Ø and include $Ø^p$ $Ø^v$ and $Ø^g$ B (Bambergensis) and possibly M which WORDSWORTH and WHITE consider to be an Alcuinian text contaminated by Irish colouring. Many of the so-called Carolingian mss. contain Alcuin's revision. This revision was basically orthographical and grammatical.

f) The Recension of Theodulf

Among the mss. identified as having been influenced by Theodulf (see above) are Θ H. Theodulf tended to introduce corrupt Spanish readings into the mss. he was attempting to revise.

## *V. Printed Editions of the Vulgate*

Although the first book printed by Gutenberg's method was the Mazarin Bible in 1456 this was not a critical edition of the Latin text. The first Latin Bible established as a critical edition was STEPHANUS' in 1528. For the first edition this made use of three mss. The larger edition, printed between 1538–40 and reprinted in 1546, made use of seventeen mss., some of which are still extant. This edition became the basis for the official Vulgate of the Catholic Church.

It was in fact in 1546 that the Council of Trent decided to institute an official and accurate version of the printed Latin Bible. No immediate steps were taken although Popes Pius IV and V collected mss. of the Vulgate in Rome for this purpose. It was only in the reign of Sixtus V (1585–90) that work on this text began in earnest. One allegedly good ms. Codex Amiatinus, was made the basis for this edition. This work resulted in the so-called Sixtine edition of 1590, published in three volumes. This edition was suppressed on the grounds of its inaccuracies and a new edition was published in 1592 under Pope Clement VIII. This saw about 3000 changes from the Sixtine edition, and it was this Clementine text of 1592 which became the official Roman Catholic version of the Bible. Three editions appeared between 1592–8 which brought the total number of editions of the Vulgate printed between 1471 and 1599 to about two hundred.

Chapters were introduced into printed editions of the Vulgate. These were based on earlier attempts to divide up the Bible that had begun as early as the twelfth century. By and large, the system used by Stephen Langton (died 1228) is the one that survived and it is this which is substantially the same as used today. The chapters were divided into verses in STEPHANUS' Greek and Latin New Testament (Geneva 1551). A new and different verse division was begun in the Sixtine edition but dropped in the Clementine edition which reverted to the earlier versification.

LACHMANN issued a Vulgate New Testament between 1842–50 based largely on Codex Fuldensis, but it was not until 1877 when J. WORDSWORTH began his edition of the Vulgate that a modern, reliable critical edition was started. WORDSWORTH and his assistant H. J. WHITE issued the Gospels and Acts between 1889–1905. The rest of the New Testament was published gradually under various editors from 1913–1954. For this edition 29 mss. were used for the Gospels, 28 mss. for Acts, 21 for the epistles, and 24 for the Apocalpyse.

WHITE argued that the codices F and M represented the purest lines of Vulgate text. His edition of the Gospels (with WORDSWORTH) tended to prefer the text found in AFGMSYΔ partly on the grounds that these mss. seem to have been less contaminated by Old Latin readings but primarily because their readings agreed by and large with the Greek uncials Codex Sinaiticus (א) and

Codex Vaticanus (B), both of which were enjoying a supremacy over other Greek mss. at the time WORDSWORTH and WHITE were compiling their text. Nowadays אB are not considered to be as significant or as pure as the nineteenth-century revisers suggested.

An editio minor of the New Testament was produced in 1911 by H. J. WHITE. This contained the revised text of the Vulgate with an *apparatus criticus* showing the variants in ACDFGHMVZ and the Clementine and Sixtine editions.

WORDSWORTH and WHITE's Vulgate has now been rivalled by the oecumenical text published in 1969–75 by the 'Württembergische Bibelanstalt' under R. WEBER's direction. This makes use of several mss. not found in other editions. The New Testament text differs from both WORDSWORTH and WHITE and the Clementine Vulgate.

A new venture is under way to print an official Vatican edition of the Vulgate but to date no work has appeared on the New Testament.

The main printed editions of the New Testament in the Vulgate are:

J. LEAL, Novum Testamentum DNJCh juxta editionem Sixto-Clementinam, Madrid 1960.
C. VON TISCHENDORF, Novum Testamentum Latine, Rome 1899.
L. TURRADO and A. COLUNGA, Biblia sacra juxta Vulgatam Clementinam, Madrid 1957.
C. VERCELLONE, Biblia Sacra Vulgatae, Rome 1861.
R. WEBER, Biblia Sacra iuxta Vulgatam Versionem, Stuttgart I 1969, II 1975, III 1983.
J. WORDSWORTH, H. J. WHITE and others, Novum Testamentum Domini Nostri Iesu Christi, latine secundum editionem S. Hieronymi ad codicum manuscriptorum fidem, Oxford 1889–1954.
Nova Vulgata Bibliorum Sacrorum Editio (The New Latin Vulgate: "Neovulgata") 1986.
See also: T. STRAMARE (ed.), La Bibbia 'Vulgata' dalle origini ai nostri giorni, Atti del simposio internazionale in onore di Sisto v, Grottamare, 29–21 agosto 1985, Rome 1987 (= Collectanea Biblica Latina 16).

## *VI. Select Bibliography*

The following list deals mainly with books published this century. It is divided into three subsections:

1. Books and articles dealing with the translation of the Bible into Latin with special reference to the Vulgate
2. Books and articles dealing with the Vulgate version of particular books or parts of the New Testament
3. General books on New Testament textual criticism which contain special sections on the Vulgate.

Up-to-date bibliographical information on the Bible in general is provided in the annual.

Elenchus Bibliographicus Biblicus, ed. P. NOBER, Rome Biblical Institute Press. Up to volume 49 the Elenchus was published as part of the journal Biblica. For the Vulgate version see under the heading III. Textus et Versiones 6. Vulgata.

A monumental bibliography comprising writings by ecclesiastical authors in the first seven centuries and a bibliography of 5000 titles (articles, books, and monogoraphs) on the Latin versions is:

T. AYUSO MARAZUELA, La Vetus Latina Hispana. Origen, Dependencia, Derivaciones, Valor e Influo universal. Reconstrucción, Sistematización y Análisis de sus diversos Elementos. Coordinación y Edición critica de su Texto. Estudio comparativo con los demás Elementos de la 'Vetus Latina', los Padres e Escritores eclesiásticos, los Textos griegos y la Vulgata, Vol. I. Prolegómenos, Madrid 1953.

1. The Translation of the New Testament into Latin, with Special Reference to the Vulgate

X. M. LE BACHELET, Bellarmin et la bible Sixto-Clémentine. Étude et Documents inédits, Paris 1911 (= Études de théologie historique 3).
P. M. BAUMGARTEN, Neue Kunde von alten Bibeln. Mit zahlreichen Beiträgen zur Kultur- und Literaturgeschichte Roms am Ausgange des sechzehnten Jahrhunderts, Rone 1922.
P. M. BAUMGARTEN, Die Vulgata Sixtina von 1590 and ihre Einführungsbulle, Münster 1911.
S. BERGER, Histoire de la Vulgate pendant les premiers siècles du moyen âge, Paris 1893 (rep. New York 1958).
S. BERGER, De l'Histoire de la Vulgate en France. Leçon d'Ouverture faite à la Faculté de Théologie protestante de Paris le 4 Nov. 1887, Paris 1887.
L. BIELER, The New Testament in the Celtic Church, in: Studia Evangelica, ed. F. L. CROSS, III, Berlin 1964, pp. 318–70 (= Texte und Untersuchungen LXXXVIII).
L. BIELER, Der Bibeltext des hl. Patrick, Biblica XXVIII (1947), pp. 37–58, 235–67.
D. DE BRUYNE, Sommaires, divisions et rubriques de la Bible latine, Namur 1920.
A. CARDOLIANI, Le texte de la Bible en Irlande du Ve au IXe siècle, Revue Biblique LVII (1950), pp. 3–39.
J. CHAPMAN, St. Jerome and the Vulgate New Testament, Journal of Theological Studies XXIV (1923), pp. 33–51, 113–25, 283–99.
F. X. COLLOMBET, Histoire de Saint Jérôme, Père de l'église au IVe siècle. Sa vie, ses écrits et ses doctrines, Paris 1844.
P. CORSSEN, Bericht über die lateinischen Bibelübersetzungen, in: BURSIAN, Jahresberichte über die Fortschritte der klassischen Altertumswissenschaft CI, Leipzig 1899, pp. 1–83.
L. DELISLE, Les Bibles de Théodulfe, Paris 1879 (= Bibliothèque de l'École des Chartes XL), pp. 1–47.
H. DENIFLE, Die Handschriften der Bibel-Correctorien des 13. Jahrhunderts, Freiburg 1888 (= Archiv für Litteratur- und Kirchengeschichte des Mittelalters IV), pp. 263 ff., 471 ff.
E. VON DOBSCHÜTZ, Studien zur Textkritik der Vulgata, Leipzig 1894.
A. DUFOURCQ, De Manichaeismo apud Latinos quinto sextoque saeculo atque de latinis Apocryphis libris, thèse, Paris 1900.
B. FISCHER, Bibeltext und Bibelreform unter Karl dem Grossen, in: Karl der Grosse. Lebenswerk und Nachleben, II: Das geistige Leben, ed. B. BISCHOFF, Düsseldorf 1965, pp. 156–216.
B. FISCHER, Novae Concordantiae Bibliorum Sacrorum Iuxta Vulgatam Versionem Critice Editam I–V, Stuttgart 1977.
B. FISCHER, Das Neue Testament in lateinischer Sprache, in: Die alten Übersetzungen des Neuen Testaments, die Kirchenväterzitate und Lektionare, ed. K. ALAND, Berlin and New York 1972 (= Arbeiten zur neutestamentlichen Textforschung 5).
B. FISCHER, Die Alkuin-Bibel, Freiburg 1953 (= Vetus Latina: Aus der Geschichte der lateinischen Bibel 1).

B. Fischer, Lateinische Bibelhandschriften im frühen Mittelalter, Freiburg 1985 (= Aus der Geschichte der lateinischen Bibel 11).

B. Fischer, Beiträge zur Geschichte der lateinischen Bibeltexte, Freiburg 1986 (= Aus der Geschichte der lateinischen Bibel 12).

B. Fischer, Die lateinischen Evangelien bis zum 10. Jahrhundert, I: Varianten zu Matthäus, Freiburg 1988 (= Aus der Geschichte der lateinischen Bibel 13).

B. Fischer, Der Vulgata-Text des Neuen Testamentes, Zeitschrift für die neutestamentliche Wissenschaft XLVI (1955), pp. 178–96.

B. Fischer, Bibelausgaben des frühen Mittelalters, Settimane di studio del Centro italiano sull'Alto Medioevo X, Spoleto (1963), pp. 519–600.

H. J. Frede, Pelagius, der irische Paulustext, Sedulius Scottus, Freiburg 1961 (= Vetus Latina. Aus der Geschichte der lateinischen Bibel 3).

O. F. Fritzsche, Lateinische Bibelübersetzungen, in: J. J. Herzog, G. L. Plitt and A. Hauck (eds.), Real-Encyklopädie für protestantische Theologie und Kirche, VIII Leipzig 1881, pp. 433–472.

H. Glunz, History of the Vulgate in England from Alcuin to Roger Bacon. Being an Inquiry into the Text of some English Manuscripts of the Vulgate Gospels, Cambridge 1933.

H. Glunz, Britannien und Bibeltext. Der Vulgatatext der Evangelien in seinem Verhältnis zur irisch-angelsächsischen Kultur des Frühmittelalters, Leipzig 1930 (= Kölner anglistische Arbeiten XII).

H. Goelzer, Étude lexicographique et grammatique de la Latinité de Saint Jérôme, Paris 1884.

J. Gribomont, Les éditions critiques de la Vulgate, Studi medievali, 3rd series II (1961), pp. 363–77.

G. Grützmacher, Hieronymus. Eine biographische Studie zur alten Kirchengeschichte, 1: Sein Leben und seine Schriften bis zum Jahre 385, Leipzig 1901 (= Studien zur Geschichte der Theologie der Kirche 6,3).

J. A. Hagen, Sprachliche Erörterungen zur Vulgata, Freiburg i. Br. 1863.

H. Hagendahl, Jerome and the Latin Classics, Vigiliae Christianae XXVIII (1974), pp. 216–27.

H. Höpfl, Introductio generalis in sacram scripturam, 6th ed. by L. Leloir, I, Naples and Rome 1958.

L. J. Hopkin-James, The Celtic Gospels. Their Story and their Text, Oxford and London 1934.

K. K. Hulley, Principles of Textual Criticism Known to St. Jerome, Harvard Studies in Classical Philology LV (1944), pp. 89 ff.

F. Kaulen, Geschichte der Vulgata, Mainz 1868.

J. N. D. Kelly, Jerome. His Life, Writings and Controversies, London 1975.

W. Koch, Der authentische Charakter der Vulgata im Lichte der Trienter Konzilsverhandlungen, Theologische Quartalschrift XCVI (1914), pp. 401–22, ibid. XCVII (1915), pp. 225–49, 529–49, ibid. XCVIII (1916), pp. 313–54.

M.-J. Lagrange, La révision de la Vulgate par S. Jérôme, Revue Biblique XV (1918), pp. 254–7.

A. Lang, Die Bibel Stephen Hardings, Cistercienser-Chronik 51 (1939), pp. 275–281 and ibid. 52 (1940), pp. 33–37.

R. Loewe, The Mediaeval History of the Latin Vulgate, in: Cambridge History of the Bible II, ed. G. W. H. Lampe, Cambridge 1969, pp. 102–54.

P. McGurk, Latin Gospel Books from A. D. 400 to A. D. 800, Paris, Brussels and Amsterdam 1961 (= Les Publications de Scriptorium V).

A. Maichle, Das Dekret „De editione et usu sacrorum librorum". Seine Entstehung und Erklärung, Freiburg 1914 (= Freiburger Theologische Studien 15).

E. MANGENOT, Saint Jérôme reviseur du Nouveau Testament, Revue Biblique XI (1918), pp. 244–53.
E. MANGENOT, Correctoires de la Bible, in: Dictionnaire de la Bible II, Paris 1899, cols. 1022–6.
J. P. P. MARTIN, La Vulgate latine au XIIIe siècle d'après R. Bacon, Le Muséon VII (1888), pp. 88–107.
J. P. P. MARTIN, Le texte parisien de la Vulgate latine, Le Muséon VIII (1889), pp. 444–66, ibid. IX (1890), pp. 55–70.
W. MATZKOW, De vocabulis quibusdam Italae et Vulgatae Christianis quaestiones lexicographae, Diss., Berlin 1933.
G. Q. A. MEERSHOEK, Le Latin biblique d'après saint Jérôme. Aspects linguistiques de la rencontre entre la Bible et le monde classique, Nijmegen 1966 (= Latinitas Christianorum Primaeva XX).
A. C. MILLARES, Contibución al 'Corpus' de códices visogóticos, Madrid 1931, pp. 94–130.
C. MOHRMANN, Traits caractéristiques du latin des chrétiens, in: Miscellanea Giovanni Mercati, I (= Studi e Testi CXXI [1946]), pp. 437 f.
C. MOHRMANN, Les origines de la latinité chrétienne, Vigiliae Christianae III (1949), pp. 67–106, 163–83.

E. NESTLE, Urtext und Übersetzungen der Bibel, in: Real-Encyclopädie für protestantische Theologie und Kirche, III, ed. J. J. HERZOG, Leipzig 1897.
E. NESTLE, Ein Jubiläum der lateinischen Bibel zum 9. Nov. 1892, Tübingen 1892.

B. M. PEEBLES, Bible. Latin Versions, in: New Catholic Encyclopedia II, New York 1967, pp. 426–457.
C. PRAUSNITZ, Über einige Bibelkorrectorien des 13. Jahrhunderts, Theologische Studien und Kritiken CIII (1931), pp. 457–64.

H. QUENTIN, Mémoire sur l'établissement du texte de la Vulgate, Paris 1922 (= Collectanea Biblica Latina VI).

H. RÖNSCH, Itala und Vulgata, Marburg, 2nd edition, 1875.

K. T. SCHÄFER, Pelagius und die Vulgata, New Testament Studies IX (1962–3), pp. 361–6.
B. SMALLEY, The Study of the Bible in the Middle Ages, Oxford and New York 1952.
H. F. D. SPARKS, The Latin Bible, in: H. W. ROBINSON (ed.), The Bible in its Ancient and English Versions, Oxford 1940, pp. 100–127.
H. F. D. SPARKS, Jerome as Biblical Scholar, in: P. R. ACKROYD and C. F. EVANS (eds.), The Cambridge History of the Bible, I, Cambridge 1970, pp. 510–41.
F. STUMMER, Einführung in die lateinische Bibel. Ein Handbuch für Vorlesungen und Selbstunterricht, Paderborn 1928.
W. SÜSS, Studien zur lateinischen Bibel, in: Acta et Commentationes Universitatis Tartuensis 4 (1932), pp. 86 ff.
E. T. SUTCLIFFE, The Council of Trent on the Authentia of the Vulgate, Journal of Theological Studies LIX (1948), pp. 35–42.
E. T. SUTCLIFFE, Jerome, in: G. W. H. LAMPE (ed.), The Cambridge History of the Bible II, Cambridge 1969, pp. 80–101.

A. THIERRY, Saint Jérôme. La société chrétienne à Rome et l'émigration romaine en Terre Sainte, Paris 1867 (= Récits de l'histoire romaine au Ve siècle 4).

H. J. VOGELS, Vulgatastudien. Die Evangelien der Vulgata untersucht auf ihre lateinische und griechische Vorlage, Münster 1928 (= Neutestamentliche Abhandlungen XIV, 2–3).

H. J. WHITE, John Wordsworth, Bishop of Salisbury and his work on the Vulgate New Testament, Journal of Theological Studies XIII (1911–12), pp. 201–8.

H. J. WHITE, The Latin Versions, in: SCRIVENER and MILLER, Introduction to the Criticism of the New Testament II ([4]1894), pp. 56 – 90.
H. J. WHITE, Vulgate, in: HASTINGS' Dictionary of the Bible IV, 1902, pp. 872 – 90.
O. ZÖCKLER, Hieronymus. Sein Leben und Wirken aus seinen Schriften dargestellt, Gotha 1865.

2. The Vulgate Version of Specific Sections of the New Testament

U. BORSE, Der Kolosserbrieftext des Pelagius, Diss., Bonn 1966.
D. DE BRUYNE, Études sur les origines de notre texte latin de saint Paul, Revue Biblique XXIV (1915), pp. 358 – 92.
D. DE BRUYNE, Saint Jérôme et la Vulgate des Actes, des Épîtres et de l'Apocalypse, Bulletin de littérature ecclésiastique XXI (1920), pp. 269 – 92.
E. BUONAIUTI, Pelagius and Pauline Vulgate, Expository Times XXVII (1915 – 16), pp. 425 – 7.
F. C. BURKITT, The Vulgate Gospels and the Codex Brixianus, Journal of Theological Studies I (1889 – 1900), pp. 129 – 34.
J. CHAPMAN, Pelage et le texte de S. Paul, Revue d'histoire ecclésiastique XVIII (1922), pp. 469 – 81, ibid. XIX (1923), pp. 25 – 42.
J. CHAPMAN, Notes on the Early History of the Vulgate Gospels, Oxford 1908.
E. DIEHL, Zur Textgeschichte des lateinischen Paulus, I: Die direkte Überlieferung, Zeitschrift für die neutestamentliche Wissenschaft XX (1921), pp. 97 – 132.
H. J. FREDE, Der Paulustext des Pelagius, Sacris erudiri XVI (1965), pp. 165 – 83.
A. VON HARNACK, Zur Revision der Prinzipien der neutestamentlichen Textkritik. Die Bedeutung der Vulgata für den Text der katholischen Briefe und der Anteil des Hieronymus, Leipzig 1916 (= Beiträge zur Einleitung in das Neue Testament VII).
A. VON HARNACK, Studien zur Vulgata des Hebräerbriefs, in: IDEM, Studien zur Geschichte des Neuen Testaments und der alten Kirche I, Berlin and Leipzig 1931, pp. 191 – 234.
A. JÜLICHER, Kritische Analyse der lateinischen Übersetzung der Apostelgeschichte, Zeitschrift für die neutestamentliche Wissenschaft XV (1914), pp. 163 – 88.
M.-J. LAGRANGE, La Vulgate latine de l'Épître aux Romains et le texte grec, Revue Biblique XIII (1916), pp. 225 – 35.
M.-J. LAGRANGE, La Vulgate latine de l'Épître aux Galates et le texte grec, Revue Biblique XIV (1917), pp. 424 – 50.
E. NELLESSEN, Der lateinische Paulustext im Codex Baliolensis des Pelagius-Kommentars, Zeitschrift für die neutestamentliche Wissenschaft LIX (1968), pp. 210 – 30.
D. PLOOIJ, The Latin Text of the Epistles of St. Paul, Leiden 1936 (= Bulletin of the Bezan Club XI).
J. H. ROPES and W. H. P. HATCH, The Vulgate, Peshitto, Sahidic and Bohairic Versions of Acts and the Greek MSS, Harvard Theological Review XXI (1928), pp. 69 – 95.
K. T. SCHÄFER, Untersuchungen zur Geschichte der lateinischen Überlieferung des Hebräerbriefs, Freiburg 1929 (= Römische Quartalschrift XXIII).
A. SOUTER, Pelagius' Expositions of Thirteen Epistles of St. Paul, Cambridge 1922 – 31 (= Texts and Studies I – III).
A. SOUTER, The Character and History of Pelagius' Commentary on the Epistles of St. Paul, Proceedings of the British Academy (1915 – 16), pp. 261 – 96.
A. SOUTER, Pelagius and the Pauline Text in the Book of Armagh, Journal of Theological Studies XVI (1915), p. 105.
A. SOUTER, The Type or Types of Gospel Text used by St. Jerome, Journal of Theological Studies XII (1911 – 12), pp. 583 – 92.

W. THIELE, Zum lateinischen Paulustext. Textkritik und Überlieferungsgeschichte, Zeitschrift für die neutestamentliche Wissenschaft LX (1969), pp. 264–73.

H. J. VOGELS, Untersuchungen zur Geschichte der lateinischen Apokalypseübersetzung, Düsseldorf 1920.

H. J. VOGELS, Die Vorlage des Vulgatatextes der Evangelien, Revue Bénédictine XXXVIII (1926), pp. 123 ff.

J. WORDSWORTH and H. J. WHITE, On the Question of what Greek MSS or class of MSS St. Jerome used in revising the Latin Gospels, Academy 27 (January 1894), pp. 83–4.

3. Textual Criticism and the Vulgate

One historic book containing a study of the Latin Versions is:

R. SIMON, Histoire critique des Versions du Nouveau Testament, Rotterdam 1690.

More recent studies on the New Testament text which include a history of the Vulgate version:

K. LAKE, The Text of the New Testament, London, 6th ed., 1928.

B. M. METZGER, The Early Versions of the New Testament. Their Origin, Transmission and Limitations, Oxford 1977.

B. M. METZGER, The Text of the New Testament. Its Transmission, Corruption and Restauration, Oxford, 2nd ed., 1968.

H. SCHNEIDER, Der Text der Gutenbergbibel, Bonn 1954, pp. 79–102 (= Bonner Biblische Beiträge VII).

H. J. VOGELS, Handbuch der Textkritik des Neuen Testaments, Bonn, 2nd ed., 1955.

A. VÖÖBUS, Early Versions of the New Testament. Manuscript Studies, Stockholm 1954 (= Papers of the Estonian Theological Society in Exile 6).

B. F. WESTCOTT and F. J. A. HORT, The New Testament in the Original Greek, Vol. II: Introduction and Appendix, London, 2nd ed., 1896.

## *VII. Appendix: The Vulgate Old Testament*

Jerome's work on the Old Testament was more thorough and ambitious than what he attempted for the New Testament. Unlike the New Testament which he revised, much of Jerome's work on the Hebrew Old Testament resulted in a new translation. Originally though his Old Testament work was only a revision.

It is generally agreed that the first part of the Old Testament he worked on was the Psalter. This work was undertaken simultaneously with the New Testament and was published in 383. Damasus used it in the liturgy and this so-called Psalterium Romanum was used regularly until the time of Pope Pius V (1566–72). The method of revising was similar to that of the New Testament revisions, that is it seems to have been a revision based on the Old Latin checked against the Greek (the Septuagint) but Jerome's first revision of the Psalter is less of a linguistic revision than his work on the gospels.

Recently it has been suggested that because of this, and other, reasons the Psalterium Romanum was not in fact revised by Jerome himself. Certainly when compared with the later revision of the Psalter undertaken by Jerome the Greek has been treated somewhat differently. This fact might however not be of great significance because the later work on the Old Testament was made from the Septuagint (LXX) in Origen's Hexapla or from the Hebrew.

The Roman Psalter was so badly copied that a second revision was soon required. This second revision known as the Gallican Psalter was made by Jerome in 387 in Bethlehem and rapidly became the authorized version of the Psalms in Latin. It is said that this revision was instigated by Jerome's having seen in Caesarea Origen's Hexapla (either the original or Pamphilus' copy of it). This Psalter is a revision of the Old Latin against the LXX as it appeared in the Hexapla. Jerome also incorporated the critical signs used by Origen in his text. These signs enabled the reader to identify those passages which were absent from the LXX yet were present in the Hebrew, and also those passages lacking in the LXX and supplied from Theodotion's Greek Old Testament. This Psalter was used in the churches of Gaul probably due to the influence of Geoffrey of Tours (540–94) and hence it became known as the Gallican psalter. It was later used in the Breviary. In England it underlay Coverdale's translation into English and the version of the Psalms in the Anglican Book of Common Prayer.

Jerome also treated other books, notably Job, in the way he had revised the Psalterium Gallicanum, that is he revised the Old Latin in the light of the Hexapla. B. J. ROBERTS (see Bibliography, p. 242) refers to three Vulgate mss. containing such a revision of Job with Proverbs, Ecclesiastes and the Song of Songs.[5] It is also known that Chronicles was also revised in this way insofar as the Preface to this revision (but not the revision itself) has survived. All these books seem to have been treated in the same way as the Psalterium Gallicanum but the exact extent of these translations from the Greek is not known. The Prefaces to those other books translated by Jerome from the Hebrew do not specify if he had revised these books previously from the LXX and Old Latin. The bulk of Jerome's Old Testament was in fact made from the Hebrew not the LXX. The reason why Jerome abandoned revising the Old Testament Latin in favour of translating it anew into Latin was because he became aware of the poor state of the LXX. He claims to have had a thorough knowledge of Hebrew, although some modern scholars have doubted his competence.

Most of the work was done between 390 and 405. Jerome began with Samuel and Kings, which he prefaced with an introduction that amounts to an introduction not just to those books but to the Old Testament as a whole. He then translated Job, and the Prophets. Then came the third revision of the Psalms, this time from the Hebrew. This became known as the Psalterium iuxta Hebraeos but never gained popularity. In 394–6 Ezra-Nehemiah and

[5] See also A. VACCARI, Scritti di Erudizione e di Filologia II, Rome 1958 (= Storia e Letteratura 67).

Chronicles were translated, and so too were Proverbs, Ecclesiastes and the Song of Songs. The Pentateuch was translated between 398 – 404 and then Jerome worked through Joshua, Judges, Ruth and Esther. The books of the Old Testament found only in the LXX and not in the Hebrew canon were translated more hastily, or were left as in the Old Latin (for example, Maccabees, Baruch and Wisdom).

The text of the Hebrew used by Jerome seems to have been very close to that of the Massoretic Text. The Greek used by him seems to have been the Septuagint as well as the versions of Symmachus, Aquila and Theodotion. As Jerome often preserved many Old Latin readings which had been made in the translation from the Greek these too can be traced in his version. Many details of language and style in the Vulgate originated in the Old Latin especially in books like Judith and Tobit.

A Rabbinic influence can also be located in Jerome's Old Testament insofar as traces of the Mishnah are evident. Sometimes Jerome departs from the Hebrew or LXX and gives renderings which have their counterpart in the Targumim.

The aim of the translation was to give the sense but not always the words of the original, hence amplifications and glosses have sometimes been added. Many Hebrew names were translated not transliterated.

There are some minor changes of content and order in Jerome's edition. The first two commandments for instance appear as number one, and the tenth is divided into the two. The Vulgate Esther has extra chapters. The final chapter of Job is differently numbered. The numbers of the Psalms also differ insofar as the title sometimes counts as verse one. Hence the Vulgate Psalms may be one verse ahead of modern versions. Psalms 9 and 10 are numbered as one Psalm which means that the Vulgate Psalter is one behind the Massoretic texts up to 114. Vulgate Psalms 114 and 115 are one (Psalm 113) which makes the Vulgate two behind. However 116 is divided into two (114 and 115) and 147 is also two (146 and 147), 148 – 50 are therefore the same as the Massoretic text.

The effect of Jerome's work was to minimize the importance of LXX. Even though Jerome had made use of the Greek in his revisions and translations, his own version displaced the LXX from its previously held position of authority. In Jerome's own lifetime this caused much bitterness on two grounds. (a) His championing of the Hebrew text laid him open to the charge that he was Judaizing the church, and (b) the legends surrounding the origin of the LXX had imbued it with a certain aura of holiness and its use in the early centuries of Christianity had made it an authoritative version.

However, Jerome's version not only caused the LXX to be superseded but also the Old Latin. The Vulgate gradually replaced the earlier versions in Latin, but was itself corrupted in the copying. Cassiodorus in the sixth century attempted a revision. Other revisions were made, including the thirteenth-century correctoria. After the invention of printing ninety editions of the Latin Bible were produced by 1500. The emended version produced under Clement VIII became the official Vulgate.

The importance of the Vulgate Old Testament is that this version predates our oldest complete Hebrew mss., although care needs to be exercised before accepting Jerome's text as an indication of the earlier state of the text whenever he differs from the Massoretic text, because Jerome often made use of the LXX and other Greek versions in his translation. The Vulgate is also important, together with the Syriac and the Targums to check the text of the LXX.

The Clementine revision of the Sixtine version of the Old Testament and Apocrypha became the offical and normative Vulgate. In 1907 Pope Pius X announced that the Benedictines were to prepare a revision of the Vulgate text. This work, 'Biblia Sacra Iuxta Latinam Vulgatam Versionem', has been progressing since then. The Clementine edition is available in the 1959 Turin edition: Biblia Sacra Vulgatae Editionis.

Many of the Vulgate mss. of the New Testament are in fact complete Bibles or contain substantial portions of the Old Testament, for instance A. Among well-known mss. of the Vulgate Old Testament are the following:

Ashburnham Pentateuch (Paris: Bibliothèque Nationale) VII – VIII
Codex Cavensis (Salerno: Abbey of Corpo di Cava) IX. This adds the Psalterium ex Hebraeo (or iuxta Hebraeos) after the New Testament. In the Old Testament the Psalterium Gallicanum is given.
Codex Toletanus (Madrid: National Library) VIII – X
Codex Aemilianeus (Madrid: Academy of History) X
Codex Gothicus Legionensis (León: S. Isidoro) X
Codex Aniciensis (Le Puy: Cathedral) IX – X
Codex Complutensis (Madrid: University Library) IX – X
Ruth, Esther, Tobit, Judith, I – II Maccabees are Old Latin, the rest of the Old Testament is Vulgate.
Codex Rosas (Paris: Bibliothèque Nationale) X. Tobit and Judith are both Old Latin and Vulgate.
Codex Sangermanensis (Paris: Bibliothèque Nationale) IX. This ms. contains half of the Old Testament. It was referred to by STEPHANUS as the „*S. Germani exemplar latum*“ (Another Bible in Paris dating from IX – X is referred to by Stephanus as „*S. Germani exemplar parvum*“).
Codex St. Hubertanus (London: British Museum) IX

## *VIII. Bibliography to the Appendix*

A useful survey of the Vulgate Old Testament is found in:

B. J. ROBERTS, The Old Testament Text and Versions. The Hebrew Text in Transmission and the History of the ancient Versions, Cardiff 1951.

ROBERTS commends, with justification, the valuable article entitled 'Vulgate' by H. J. WHITE, in: HASTINGS' Dictionary of the Bible, IX, Edinburgh 1902, pp. 873 – 90.

In addition to these general surveys, the following contain studies on aspects of the Old Testament Vulgate:

A. ALLGEIER, Ist das Psalterium iuxta Hebraeos die letzte Psalmenübersetzung des hl. Hieronymus?, Theologie und Glaube XVIII (1926), pp. 671–87.

A. ALLGEIER, Die Hexapla in der Psalmenübersetzung des hl. Hieronymus, Biblica VIII (1927), pp. 450–63.

A. ALLGEIER, Schlußbemerkungen zum Gebrauch der Hexapla bei Hieronymus, Biblica VIII (1927), pp. 468 f.

A. ALLGEIER, Vergleichende Untersuchungen zum Sprachgebrauch der lateinischen Übersetzung des Psalters und der Evangelien, Zeitschrift für die alttestamentliche Wissenschaft V (1928), pp. 34–49.

A. ALLGEIER, Der Brief an Sunnia und Fretela und seine Bedeutung für die Textherstellung der Vulgata, Biblica XI (1930), pp. 86–107.

A. ALLGEIER, Die mittelalterliche Überlieferung des Psalterium iuxta Hebraeos und semitistische Kenntnisse im Abendland, Oriens Christianus V (1930), pp. 200–31.

A. ALLGEIER, Die erste Psalmenübersetzung des hl. Hieronymus und das Psalterium Romanum, Biblica XII (1931), pp. 447–82.

A. ALLGEIER, Die Psalmen der Vulgata. Ihre Eigenart, sprachliche Grundlage und geschichtliche Stellung, Paderborn 1940.

W. DE GRAY BIRCH, The History, Art and Palaeography of the ms. styled the Utrecht Psalter, London 1876.

D. DE BRUYNE, La Critique de la Vulgate, Revue Bénédictine XXXVI (1924), pp. 137–64.

D. DE BRUYNE, La Reconstitution du Psautier Hexaplaire Latin, Revue Bénédictine XLI (1929), pp. 297–324.

D. DE BRUYNE, La Lettre de Jérôme à Sunnia et Fretela sur le Psautier, Zeitschrift für die neutestamentliche Wissenschaft XXVIII (1929), pp. 1–13.

D. DE BRUYNE and B. SODAR, Les anciennes traductions latines des Machabées, Maredsous 1932 (= Anecdota Maredsolana IV).

D. DE BRUYNE, Le problème du Psautier Romain, Revue Bénédictine XLII (1930), pp. 101–26.

F. C. BURKITT, The Text of the Vulgate, Journal of Theological Studies XXIV (1923), pp. 406–14.

F. C. BURKITT, Notes on Genesis in the Latin Vulgate, Revue Bénédictine XXXIX (1927), pp. 251–61.

F. C. BURKITT, The Text of Exodus XL 17–19 in the Munich Palimpsest, Journal of Theological Studies XXIX (1928), pp. 146 ff.

F. C. BURKITT, Jerome's Work on the Psalter, Journal of Theological Studies XXX (1929), pp. 395 ff.

W. W. CANNON, Jerome and Symmachus, Zeitschrift für die alttestamentliche Wissenschaft IV (1927), pp. 191–9.

P. CAPELLE, Le texte du Psautier latin en Afrique, Rome 1913 (= Collectanea Biblica Latina IV).

J. CHAPMAN, The Families of Vulgate mss. in the Pentateuch, Revue Bénédictine XXXVII (1925), pp. 5–40 and 365–403.

A. DOLD, Prophetentexte in Vulgata-Übersetzungen nach der ältesten Handschriftenüberlieferung der St. Galler Palimpseste No. 193 and No. 567, Beuron 1917 (= Texte und Arbeiten, 1. Abt., 1–2).

A. DOLD, Lateinische Fragmente der Sapientialbücher aus dem Münchener Palimpsest CLM 19105, Leipzig 1928.

A. Dold, Zwei Bobbienser Palimpseste mit frühestem Vulgatatext aus Cod. Vat. Lat. 5763 und Cod. Carolin. Guelferbytanus, 2 Bde., Beuron 1931 (= Texte und Arbeiten I, 19–20).

J. Ecker, Psalterium iuxta Hebraeos Hieronymi in seinem Verhältnis zu Masora, Septuaginta und Vulgata mit Berücksichtigung der übrigen alten Versionen untersucht, Leipzig 1909.

C. H. Gordon, Rabbinic Exegesis in the Vulgate of Proverbs, Journal of Biblical Literature XLIX (1930), pp. 384–416.

J. M. Harden, Psalterium iuxta Hebraeos Hieronymi, London 1922.

J. J. Jepson, The Latinity of the Vulgate Psalter, Thesis of the Catholic University of America, Baltimore 1915.

B. Kedar-Kopfstein, The Vulgate as a Translation, Hebrew University Dissertation, Jerusalem 1968.

P. de Lagarde, Probe einer neuen Ausgabe der lateinischen Übersetzungen des Alten Testaments, Göttingen 1885.

P. de Lagarde, Psalterium juxta Hebraeos Hieronymi, Leipzig 1874.

M.-J. Lagrange, De quelques opinions sur l'Ancien Psautier Latin, Revue Biblique XLI (1932), pp. 161–86.

H. Lietzmann, Die neue römische Vulgata, Theologische Literaturzeitung XLV (1940), pp. 225–30.

A. B. Macaulay and J. Brebner, The Vulgate Psalter, London and Toronto 1913.

W. Nowack, Die Bedeutung des Hieronymus für die alttestamentliche Kritik, Göttingen 1875.

F. J. Pinkmann, Knots Untied of the Latin Psalter, London 1936.

H. Quentin, Mémoire sur l'établissement du texte de la Vulgate, Rome 1922 (= Collectanea Biblica Latina VI).

F. Reuschenbach, Hieronymus als Übersetzer des Genesis, Diss., Limburg 1948.

B. J. Roberts, see at the beginning of this bibliography.

H. de Sainte-Marie, Sancti Hieronymi Psalterium iuxta Hebraeos, Rome 1954 (= Collectanea Biblica Latina XI).

P. Salmon, La Revision de la Vulgate, état des travaux, difficultés et résultats. Conférence donnée à l'institut biblique de Rome le 24 janvier 1937, Città del Vaticano 1937.

A. Schulz, Bemerkungen zur Vulgata, Biblische Zeitschrift XX (1932), pp. 229–46.

J. O. Smit, De Vulgaat. Geschiedenes en Herzïening van de Latijnse Bijbelvertaling, Roermond 1948.

F. Stummer, Die neue römische Ausgabe der Vulgata zur Genesis, Zeitschrift für die alttestamentliche Wissenschaft IV (1927), pp. 141–50.

F. Stummer, Spuren jüdischer und christlicher Einflüsse auf die Übersetzung der Grossen Propheten durch Hieronymus, Journal of the American Oriental Society VIII (1928), pp. 35–48.

F. Stummer, Hauptprobleme der Erforschung der alttestamentlichen Vulgata, Beiheft zur Zeitschrift für die alttestamentliche Wissenschaft LXVI (1936), pp. 233–9.

F. Stummer, Einige Beobachtungen über die Arbeitsweise des Hieronymus bei der Übersetzung des A. T. aus der hebraica veritas, Biblica X (1929), pp. 3–30.

F. Stummer, Beiträge zur Lexicographie der lateinischen Bibel, Biblica XVIII (1937), pp. 23–50.

F. Stummer, Beiträge zu dem Problem „Hieronymus und die Targumim", Biblica XVIII (1937), pp. 174–81.

P. THIELMANN, Beiträge zur Textkritik der Vulgata, insbesondere des Buches Judith, Spire 1883.

C. VERCELLONE, Variae Lectiones Vulgatae Latinae Bibliorum Editionis, Rome 1860–6.

R. WEBER, Le Psautier Romain et les autres anciens Psautiers Latins, Rome 1953 (= Collectanea Biblica Latina X).

E. WÜRTHWEIN, The Text of the Old Testament, London 1980 (= transl. from IDEM, Der Text des Alten Testaments. Eine Einführung in die Biblia Hebraica, Stuttgart, 4th ed., 1973).

F. X. WUTZ, Onomastica Sacra. Untersuchungen zum Liber interpretationis nominum hebraicorum des Hl. Hieronymus, Leipzig 1914 (= Texte und Untersuchungen zur Geschichte der altchristlichen Literatur, Reihe III, Band II).

# The Use of Greek Patristic Citations in New Testament Textual Criticism: The State of the Question

by GORDON D. FEE, Vancouver, British Columbia

*Contents*



*Abbreviations*

| | |
|---|---|
| CBQ | The Catholic Biblical Quarterly |
| CSEL | Corpus scriptorum ecclesiasticorum Latinorum |
| EQ | The Evangelical Quarterly |
| ETL | Ephemerides theologicae Lovanienses |
| GCS | Die griechischen christlichen Schriftsteller der ersten drei Jahrhunderte |
| IGNTP | International Greek New Testament Project, Oxford |
| JBL | The Journal of Biblical Literature |
| LTP | Laval théologique et philosophique |
| MS(S) | manuscript(s) |
| NA[26] | Novum Testamentum Graece, ed. E. NESTLE, K. ALAND ..., Stuttgart[26], 1979 |
| NT | New Testament |

| | |
|---|---|
| NTGF | The New Testament in the Greek Fathers |
| NTS | New Testament Studies |
| OL | Old Latin |
| PG | Patrologiae cursus completus. Series Graeca |
| SBL | The Society of Biblical Literature |
| SD | Studies and Documents |
| SNTSMS | Society of New Testament Studies Monograph Series |
| UBS | United Bible Societies |
| UBS³ | The Greek New Testament, ed. K. ALAND, M. BLACK ..., Münster, New York, London, Edinburgh, Amsterdam, Stuttgart³, 1966 (published by the UBS) |
| WTJ | The Westminser Theological Journal |

In New Testament (NT) textual criticism, patristic citations have ordinarily been viewed as the third line of evidence, after the Greek manuscripts (MSS) and Early Versions. Along with the Early Versions, they are considered as indirect, or supplementary, evidence for the text of the NT,[1] and often therefore are also thought to be of tertiary importance. In fact, however, patristic evidence is often of primary importance, both in the task of reconstructing the history of the text as well as in that of recovering the original. F. J. A. HORT, for example, used the Fathers as one of three criteria in determining the secondary character of the Byzantine texttype;[2] and his use of the Fathers in his debate with EZRA ABBOT on John 1:18 is still a model for evaluating the data,[3] despite his use – born of necessity – of some uncritical texts of the Fathers.

## *I. The Problems*

The problems with the use of this evidence are three, reflecting in turn the Father himself, the transmission of his evidence, and our own need to discriminate carefully what is truly primary and what is not.

[1] Such judgments are regularly found in the manuals on textual criticism, most recently those by B. M. METZGER, The Text of the New Testament; Its Transmission, Corruption, and Restoration (Oxford, ²1968) 86–88; and K. and B. ALAND, Der Text des Neuen Testaments. Einführung in die wissenschaftlichen Aufgaben sowie in Theorie und Praxis der modernen Textkritik (Stuttgart, 1982) 179–82 = English transl. by E. RHODES, The Text of the New Testament (Grand Rapids, 1987) 166–69. The latter is particularly instructive, inasmuch as a whole chapter is devoted to the Early Versions, while the Greek patristic evidence receives less than three pages, mostly bemoaning the difficulties and lack of valid or definitive studies of the Fathers' texts. Cf. also the overview articles by M. J. SUGGS, The Use of Patristic Evidence in the Search for a Primitive New Testament Text, NTS 4 (1957/58) 139–47, who calls this evidence "supplemental", and B. M. METZGER, Patristic Evidence and the Textual Criticism of the New Testament, NTS 17 (1971/72) 379–400, who speaks of it as "indirect".

[2] The New Testament in the Original Greek [vol. II]. Introduction Appendix (London, ²1896) 107–15. Cf. the use of this evidence by B. H. STREETER in: ID., The Four Gospels. A Study of Origins (London, 1924) chap. 4.

[3] Two Dissertations (Cambridge, London, 1876) 1–72, esp. 30–42.

1. The Church Father and his Bible

The problems created by the Fathers themselves and their citing habits are several, and are frequently noted. Basically, they cover four areas:

a. The question of copying or citing from memory. Did the Father cite Scripture by looking up the passage and copying his text or did he simply cite from memory? If, as appears to be most common, it was from memory, can his memory be trusted to reproduce the copy of Scripture he must have possessed?

b. The question of citing habits. The citing habits of the Fathers range from rather precise (e.g. Origen) to moderately careful (e.g. Eusebius) to notoriously slovenly (e.g. Epiphanius); therefore, the habits of each Father himself must be carefully studied before his citations can be fully useful.

c. The character/type of work involved. In many Fathers the care with which they cite varies from work to work.[4] For the most part, they tend to be more accurate in commentaries and controversial treatises, the latter especially so if the meaning of the biblical text is involved; whereas they cannot necessarily be expected to be as precise in letters and sermons.

d. The number of Bibles used by the Father. It is perhaps presumptuous to assume that any Father, writing over a thirty to forty year period, had only one Bible; and perhaps it is folly even to assume he had only one Bible at any given time. After all, as early as Origen there is acknowledgment of many copies of Scripture. Furthermore, some Fathers tended to relocate from time to time (Irenaeus, Origen, Athanasius, Chrysostom), so that they may not only have used different Bibles in a lifetime, but Bibles from different geographical centers with differing kinds of texts.

2. Scribes and Editors

All the scribal questions asked of the NT MSS themselves must also be applied to the Fathers' texts, and especially to that portion of their texts where they cite Scripture. It has long been recognized that the monks of the Middle Ages, to whom we are indebted for many of the extant copies of the Fathers, sometimes tended to conform biblical passages to a more contemporary text – although as SUGGS has pointed out, this problem can be overstated, since there is also good evidence that the trained copyist normally aimed at verbal accuracy.[5]

Unfortunately, neither are editors faultless. This is true not only of the older, and sometimes less critical editions (which MIGNE reproduced in his

[4] My own work with the Fathers confirms this judgment first made by J. M. BEBB, The Evidence of the Early Versions and Patristic Quotations on the Text of the New Testament, Studia Biblica et Ecclesiastica, 2 (1890) 216; and repeated by SUGGS, Use, 143, and METZGER, Patristic Evidence, 379–80.

[5] SUGGS, Use, 140.

'Patrologia Graeca', sometimes adding his own errors), but also of such editions as E. PUSEY's of Cyril of Alexandria[6] and of some of the editors in the magisterial 'Die griechischen christlichen Schriftsteller der ersten drei Jahrhunderte' (see below p. 252). The net result is that even though critical editions are a must, and greatly increase our access to the Fathers' NT texts, they must also be used critically by those seeking to recover those texts.

## 3. The Need to Discriminate

The problem here rests with the judgments, or lack thereof, on the part of those who use these data. This is often true of individual authors, whose use of patristic evidence sometimes belies failure to have worked carefully with a Father's citation in context.[7] But it is also – and especially – true of the *apparatus critici* of our standard critical editions, which in turn leads to any number of misjudgments on the part of those who use such editions, usually because they lack the time and resources to investigate every patristic citation of a given passage.

This problem is well illustrated in the apparatus of the UBS³ 'Greek New Testament', where for the most part the evidence was derived from the apparatuses of TISCHENDORF and VON SODEN.[8] In this text for the first time, even though limited in its selection, the working scholar has available a handy, reliable list of Greek and versional evidence for most of the (translationally) significant variants in the NT. But the patristic evidence in the majority of instances is either incomplete, ambiguous, or unreliable. This evidence can never be implicitly trusted, as one can with the Greek and versional evidence,

[6] It was suggested by E. NESTLE, that "as late as 1872, an Oxford editor, in bringing out Cyril of Alexandria's Commentary on the Gospel according to St. John, wrote down only the initial and final words of the quotations in his manuscript, and allowed the compositor to set up the rest from a printed edition of the Textus Receptus" (Introduction to the Textual Criticism of the Greek New Testament. Translated by W. EDIE [London, ²1901] 145 = ID., Einführung in das Griechische Neue Testament [Göttingen, ²1899] 116), repeated by K. and B. ALAND, Der Text, 179, ID., The Text, 167. This is not at all true of the Johannine citations; others I have not checked. But PUSEY did make some editorial blunders. For example, he tended to conform many of Cyril's citations to one another, often from work to work, and sometimes without MS support. Thus, all MSS of the commentary on Zeph 3:16 read his citation of John 15:13 as follows: μείζονα ταύτης τῆς ἀγάπης (a reading also found in the fragments of his Luke comm. [PG 72,725]). PUSEY, however, has conformed it to read μείζονα ταύτης ἀγάπην with the normal text. At the same place in the commentary he makes Cyril read the future ἕξετε in a citation of John 16:33 against all MS evidence, because apparently he decided that this was Cyril's usual text (which it probably was; but since ἔχετε is found in other citations [Ador. 5; Hom. div. 7], it is probably best to follow the MS evidence here).

[7] A case in point is the use of Origen's discussion of Luke 10:42 in catena fragment 78 in John by M. AUGSTEN and A. BAKER, discussed below (section V, p. 263–64).

[8] See the Introduction to the UBS³, p. xxxvi.

and the close study of any of these passages always requires personal, firsthand analysis of the patristic data.[9]

The problem, it must be quickly pointed out, is not the fault of the editors of the UBS text; rather it is the result of a great *lacuna* in NT studies, namely, the collection and presentation of the NT text(s) used by the Greek Fathers,[10] based on a careful analysis and evaluation of the available data. HORT himself lamented this problem over one hundred years ago: "It is unsatisfactory that so much of the patristic testimony remains uncertain in the present state of knowledge; but such is the fact. Much of the uncertainty, though not all, will doubtless disappear when the Fathers have been carefully edited."[11] It is the unfortunate reality of this science that over one hundred years later, the ALAND's can make a similar lament about the condition of this evidence, to the effect that the vast majority of work in this area still remains to be done.[12]

This is not to say that some work has not been done. In fact, analyses of Greek patristic texts can be found scattered throughout the literature and in several unpublished dissertations.[13] Unfortunately, most of these studies suffer from substantial methodological failures;[14] and the published portions of these analyses present only lists of variants and statistics. As of this writing, the only Greek Father for whom we have a complete published text is Clement

[9] For example, in my study of Luke 10:41–42 in the METZGER Festschrift ('One Thing is Needful?' Luke 10:42, in: New Testament Textual Criticism, ed. E. J. EPP and G. D. FEE [Oxford, 1981] 61–75) the analysis of the patristic evidence, which is highly important primary evidence for this passage, demonstrated the UBS[3] to be unreliable on six counts (Basil in var. 1; Clement and Basil in var. 2; Origen in var. 5; Clement and Augustine in var. 6) and incomplete on several others (Evagrius, Nilus, Augustine, for var. 2; Cassian, Olympiodorus for var. 4). Such a problem occurs again and again in this edition.

[10] The evidence for the pre-Vulgate Latin Fathers is both more readily accessible, from the Vetus Latina Institut at Beuron, and of limited value, since for the most part the text represented in these Fathers is that of the Old Latin version(s). For an account of these data, see M. H. J. FREDE, Bibelzitate bei lateinischen Kirchenvätern. Beobachtungen bei der Herausgabe der 'Vetus Latina', in: La Bible et les Pères. Colloque de Strassbourg 1er–3 octobre 1969 (Paris, 1971) 79–96.

[11] Two Dissertations, 5.

[12] Text, 168–69.

[13] I am aware of the following on the American scene:

ATHANASIUS: (Gospels) G. ZERVOPOULOS, Boston U., 1955.
BASIL: (Gospels in 'Moralia') H. H. OLIVER, Emory, 1961.
CLEMENT ALEX: (Gospels) R. J. SWANSON, Yale, 1956; (Paul in 'Stromata') J. A. BROOKS, Princeton, 1965.
CYRIL ALEX: (Gospels) L . H. WITHERSPOON, Boston U., 1962.
DIDYMUS: (Gospels) W. C. LINSS, Boston U., 1955.
EUSEBIUS CAES: (NT in 'Demonstratio') H. S. MURPHY, Yale, 1951; (full NT) M. J. SUGGS, Duke, 1954; (Gospels) D. VOLTURNO, Boston U., 1956.
ORIGEN: (Matth. in 'comm. in Matt.') K. W. KIM, Chicago U., 1946.

[14] The ALAND's have rightly judged "that there is not one of them which would not be worth doing over" (Der Text, 180; The Text 168).

of Alexandria.[15] In addition there is available the text of the Gospels in Didymus of Alexandria,[16] the text of the Pauline corpus in Hippolytus of Rome,[17] plus the reconstructed text of John 4 in Origen and Cyril,[18] and the avilable text of Mark in Chrysostom.[19] As long as such a situation prevails, the usefulness of Greek patristic data will lie outside the reach of most working scholars.

However, we are currently at a point in history where great progress can be made. In an extensive paper on patristic citations presented twenty years ago at a special consultation on NT textual criticism,[20] I noted that there were six tasks before us: (1) continued publication of good critical editions of the Fathers; (2) an index of NT citations from all Fathers for each NT book; (3) the critical reconstruction, or otherwise full and critical presentation, of each Father's NT text; (4) the evaluation of each Father's textual relationships, i. e., placing the Father's evidence in the history of the transmission of the text; (5) the presentation of such evidence in the various *apparatus critici*; and (6) the evaluation and use of patristic citations in the recovery of the 'original' NT text. For the present study these are regrouped under four heads – gathering, presenting, evaluating, and using the evidence – with some "where we are" or "should be" comments on each.

## *II. Gathering the Evidence*

Getting access to the patristic data is probably the most frustrating part of any scholar's attempt to deal in detail with a given textual variant.

[15] See M. MEES, Die Zitate aus dem Neuen Testament bei Clemens von Alexandrien, Quaderni di „Vetera Christianorum" 2 (Bari, 1970). One should now add: the full NT text of Gregory of Nyssa, Vol. 2 in: The New Testament in the Greek Fathers (by J. A. BROOKS) (Atlanta, 1991).

[16] As Vol. 1 in the new SBL series, The New Testament in the Greek Fathers (G. D. FEE, editor), by BART EHRMAN, Didymus the Blind and the Text of the Gospels (Atlanta, 1986).

[17] CARROLL D. OSBURN, The Text of the Pauline Epistles in Hippolytus of Rome, Second Century 2 (1982) 97 – 124.

[18] G. D. FEE, The Text of John in Origen and Cyril of Alexandria: A Contribution to Methodology in the Recovery and Analysis of Patristic Citations, Biblica 52 (1971) 357 – 94.

[19] G. D. FEE, The Text of John and Mark in the Writings of Chrysostom, NTS 26 (1979/80) 525 – 47.

[20] Called by the Society of Biblical Literature at its 90th annual meeting, held in New York, October 22 – 27, 1970. The paper was subsequently published in two parts, as 'The Text of John in Origen' (n. 18), and 'The Text of John in *The Jerusalem Bible*: A Critique of the Use of Patristic Citations' in: New Testament Textual Criticism, JBL 90 (1971) 163 – 73.

Fortunately, some of that frustration is now being relieved. My purpose here is simply to report on the present state of affairs, to the time of this writing.

## 1. The Index to the Fathers

The four-volume 'Clavis Patrum Graecorum', published in the Greek series of the 'Corpus Christianorum' (Turnhout), is now the absolutely indispensable guidebook to the Greek Fathers and their works.[21] The 'Clavis' alerts one to all the works of a given Father, the best critical editions, discussions about authenticity, the availability of a work in early versions, and the more significant bibliography. It should also help to standardize nomenclature.

## 2. The Critical Editions

Although much work remains yet to be done,[22] a random look through the 'Clavis' reveals that the publication of critical editions continues apace. Besides the two major series, 'Die griechischen christlichen Schriftsteller der ersten drei Jahrhunderte' (1897–) and 'Sources chrétiennes' (1941–), critical editions also appear in a great variety of other places. One needs always to consult the 'Clavis' for the latest edition of a given Father's work(s).

The necessity and usefulness of these editions can scarcely be undervalued. Take, for example, the NT citations in Hippolytus of Rome. On the basis of J. W. BURGON's large collection of patristic evidence,[23] all gathered from uncritical editions, H. C. HOSKIER argued that Hippolytus's citations of 1 Thess 4:13–17 and 2 Thess 2:1–12 (in his 'On Christ and Antichrist') are "generally found on the side of [the Byzantine MSS]."[24] But a check of these citations in the ACHELIS edition of GCS demonstrates that Hippolytus's text is consistently in agreement with D F G and the OL,[25] which is precisely what one would expect of someone living in Rome in the early third century.

However, as already noted, for NT textual criticism a note of caution must also be struck, since the editors of these editions are not always sensitive to the special nature of the NT citations or to the citing habits of the Father.[26]

[21] For the Latin Fathers, see 'Clavis Patrum Latinorum' (Brügge, 1961).

[22] The single most glaring need continues to be the lack of a critical edition of the majority of the works of Chrysostom.

[23] For this collection, see METZGER, Patristic Evidence, 171.

[24] Codex B and Its Allies. A Study and an Indictment (London, 1914) 427.

[25] Cf. G. D. FEE, A Critique of W. N. Pickering's *The Identity of the New Testament Text*. A Review Article, WTJ 41 (1979) 419–20; and C. D. OSBURN, Text of the Pauline Epistles in Hippolytus.

[26] All who have worked closely with these data have their stories to tell. Cf. e. g. G. D. FEE, Text of John in *The Jerusalem Bible*, 164 n. 2 (on PREUSCHEN's edition of Origen); SUGGS, Use, 141 n. 1 (on HEIKEL's edition of Eusebius); and K. and B. ALAND, Der Text, 179 f.; ID., The Text, 167 (on the CSEL edition of Cyprian).

One must therefore never simply take the edition at face value, but must always be ready to rethink with the editor as to which variant in the Father's own manuscript tradition most likely represents the actual text of the Father.

## 3. The Index of Patristic Citations

In order to find the patristic evidence for any given NT text, the first volumes of the much needed and very welcome index of patristic quotations are now available from the Centre d'Analyse et de Documentation patristique of the faculty of Protestant Theology of Strasbourg.[27] The first four volumes include all of the Fathers of the second and third centuries, plus three Palestinian Fathers from the fourth (Eusebius of Caesarea, Cyril of Jerusalem, Epiphanius of Salamis). Happily, this index is of all biblical citations, not just the NT. Also happily, but for textual purposes somewhat frustratingly, allusions, as well as citations and adaptations, are included. Frequently one must sift through a large number of inconsequential listings in order to realize a minimal net gain of textual data. Nonetheless, such a thorough index is a giant step forward.

## 4. The IGNTP Luke

The International Greek New Testament Project (IGNTP), now over forty years old, has finally published its edition of the available evidence for the Gospel of Luke.[28] The patristic apparatus in this edition is a significant advance over anything heretofore available for Luke's Gospel. Nonetheless, for all its value, there still remain some imperfections in this edition,[29]

[27] Biblia Patristica, Index des Citations et Allusions bibliques dans la littérature patristique (4 vols., Paris, 1975 – 87).

[28] The New Testament in Greek. The Gospel According to St. Luke. Part I, chapters 1 – 12 (Oxford, 1984); Part II, chapters 13 – 24 (1987). For a history of the patristic data in this volume, see J. Duplacy et J. Suggs, Les citations grecques et la critique du texte du Nouveau Testament: Le passé, le présent et l'avenir, in: La Bible et les Pères (Paris, 1971) 187 – 213.

[29] Cf., e. g., the review by W. L. Petersen in JBL 107 (1988) 758 – 62, who especially highlights the inadequacies of the patristic evidence. These problems are the result of many factors, mostly related to a lack of proper oversight for the decade between 1955 and 1966. During that period an enormous amount of nearly useless data had been collected, because the collectors (1) did not use critical editions (relying mostly of Migne's PG), and (2) even then did not carefully read the Father's text, but relied on Migne's notoriously unreliable references, so that at times it is quite incomplete. The present writer was hired by the Project to spend the summer of 1969 to see what could be done with the material available to that time. I soon discovered that a great deal had not been done at all, and that much that had been done needed to be redone. After several months of labor (continuing on into the Autumn), I turned over to the editors files of cards that were approximately 90 to 95 per cent checked or redone altogether. By such a process some errors are bound to have made their way into the apparatus.

particularly because the apparatus lacks a way of being sensitive to the evaluating process.

With these various tools, one now has access to the critical editions of the Fathers' works and to all of their biblical references. But the greater task still remains, that of presenting these data within the framework of a full evaluation.

## *III. Presenting the Evidence*

Unfortunately, despite the good progress over the past twenty years, convenient access to reliable patristic data is still many years away. Here the needs are two: (1) the full presentation, with careful evaluation, of the NT texts used by individual Fathers, Father by Father, and where necessary, work by work; (2) the production of an apparatus for patristic evidence in our critical editions that can be used with a similar measure of confidence as with the manuscript and versional evidence.

What is needed in the first instance is a full presentation of the NT text of each of the Greek Fathers, as that text can be culled from his extant works and either presented or in some cases reconstructed, where that is possible or necessary. To this end a series has now been launched under the auspices of the Society of Biblical Literature through Scholars Press, entitled 'The New Testament in the Greek Fathers: Texts and Analyses' (NTGF),[30] in which such presentations can now be published in a uniform way, either of a given Fathers' entire NT,[31] or of portions thereof.[32] The parameters of this series, which are herewith described, should serve as basic guidelines for all such presentations.[33]

1. The Introduction to each volume provides a brief sketch of the Father's life and writings, and discusses the unique problems attendant to the analysis and classification of his citations of the NT text. Normally this also includes (1) a discussion of the problems concerning the authenticity of works commonly attributed to the Father, (2) other circumstances of his life that might complicate a textual analysis (e.g. Didymus's blindness, or Origen's or Chrysostom's moves from one locale to another), (3) and comments on the Father's citing habits that may contribute to the formal analysis.

2. The second component is the actual presentation of the text, which in every case is to be based *only* on critical editions of the Father's

[30] Currently edited by GORDON D. FEE, BRUCE M. METZGER, WILLIAM L. PETERSEN, and BART EHRMAN.

[31] As with MEES's presentation of Clement of Alexandria (see p. 251 n. 15); cf. vol. 2 of NTGF by JAMES BROOKS, of the whole NT of Gregory of Nyssa.

[32] As in vol. 1 of NTGF by EHRMAN, of the text of the Gospels in Didymus the Blind.

[33] The following sketch combines material from an original proposal by the author at the centennial meeting of the SBL in 1980 with the presentation made by BART EHRMAN at the annual SBL meeting in 1986, announcing the actual appearance of the series.

works. The presentation itself takes one of two forms, depending on the quantity of the evidence and the nature of the Father's citing habits. First, where a Father (a) cites freely, and/or (b) cites infrequently, and/or (c) cites texts in two or more forms, the safest procedure is to list all the various forms in which a text is cited, in a fashion similar to the study of Clement's text by M. MEES.[34] However, in contrast to MEES's work, a more thorough evaluation of the data as to what actually constituted Clement's text is both possible and desirable.

The second method is that proposed by the author some years ago for Origen and Cyril of Alexandria,[35] in which a carefully reconstructed text of the Father's NT is presented. Such a presentation must be careful not to lose any piece of evidence, including textual variations in the transmission of the Father's work; at the same time a thorough evaluation of the data is made so as to present to the highest degree possible the very text of the Father's NT.

3. At some point, either with the presentation of the text itself or in a full listing elsewhere, an apparatus of the Father's text is included, collated in full against carefully selected control MSS representing the previously established textual groups. No standardized group of witnesses is required, but normally twenty to forty of the most important textual representatives are included. The collations are presented in full for all citations (or usable adaptations).

4. These data are then analyzed so as to ascertain the textual affinities or relationships of the Father's text with the other available witnesses to the NT text. The basic methodology employed here is the quantitative method, pioneered by E. C. COLWELL and further refined by G. D. FEE,[36] in which percentages of agreements are established between the Father's text and all the other MSS used in the collation, where any two of them agree in variation against all the rest.

Since for most Fathers this method only establishes the broader parameters of his textual relationships, some kind of further analysis is also usually needed. This may take the form of group profiles, pioneered by B. EHRMAN,[37] or of a profile method I devised for my study of the text of John and Mark in Chrysostom,[38] in which one isolates a Father's agreements/disagreements with the Majority Text and $UBS^3$, as well as all singular readings and subsingular agreements.

5. Finally, each volume will normally conclude with some statement concerning the historical results of the study, especially in terms of how the analysis has contributed to our further understanding of the history of the

[34] See p. 251 n. 15.

[35] See p. 251 n. 18.

[36] See: Codex Sinaiticus in the Gospel of John: A Contribution to Methodology in Establishing Textual Relationships, NTS 15 (1968/69) 23–44.

[37] See esp.: The Use of Group Profiles for the Classification of New Testament Documentary Evidence, JBL 106 (1987) 465–86.

[38] See p. 251 n. 19.

transmission of the NT. The significance of these conclusions will vary, but their potential for helping us write the history of the NT text is great, since they afford us firm evidence for the condition of the text at some datable, geographical point.[39]

It can scarcely be emphasized enough how useful such collections and presentations of patristic evidence will be for the future of this discipline; it is hoped that many scholars will find some time to engage in this effort, or at least to direct younger scholars toward dissertations that might eventually be included in the series.[40]

## *IV. Evaluating the Evidence*

Over thirty years ago R. M. GRANT rightly argued that "patristic citations are not citations unless they have been adequately analyzed."[41] Indeed, the unfortunately numerous examples of careless or completely invalid usage demand that this must become an inviolable axiom in our discipline. The needs here are two: First, there is a need to devise a set of criteria, or guidelines, by which to assess the degrees of certainty or doubt with regard to any patristic citation. Second, for the sake of those who regularly use the $NA^{26}$ or $UBS^{3}$ editions, a means is needed whereby these degrees of certainty or doubt can be expressed in the *apparatus criticus*, thus enabling the user to move toward the same degree of confidence with regard to these data as with the manuscript and versional evidence.

The following guidelines are offered as a preliminary working list toward such a set of criteria, beginning with certainty and working toward extremely doubtful materials. At the same time suggestions are made as to how such certainty and doubt might appear in an apparatus, including a sample reworking of the apparatus of Luke 10:42.

1. A Father's name could be listed in **bold type** when there is absolute certainty as to the actual text used by that Father (as much as historians may speak of "absolute certainty"). Such cases include:

1.1 When in his subsequent discussion the Father makes a point of the very words used by the biblical author.

[e. g. Chrysostom's evidence for εἶχεν ἐξουσίαν in John 7:1. In his ʽHom. 48 in John' he says, "What are you saying blessed John? Did he not εἶχεν

[39] EHRMAN also suggested, and in his volume included, an appendix of the results of the study that could become a part of the UBS apparatus.

[40] Cf. the appeal by the ALAND's (Der Text, 181; ID., The Text, 169): "This is a field ripe for innumerable doctoral dissertations and learned investigations. Any volunteers?"

[41] The Citation of Patristic Evidence in an Apparatus Criticus, in: New Testament Manuscript Studies, ed. M. M. PARVIS and A. P. WIKGREN (Chicago, 1950) 124.

ἐξουσίαν, who was able to do all that he wanted to? ... For when he says that he εἶχεν ἐξουσίαν, he speaks of him as to his being man, ..."; cf. BASIL's interpretation of the ὀλίγων and ἑνός of Luke 10:42 in ʿreg. fus.ʾ 20.3.]

1.2 When in a commentary or homily the subsequent discussion confirms the wording of a citation.

[e.g. Origen's thoroughgoing discussion of the text of the Lord's Prayer in both Luke and Matthew in ʿOn Prayerʾ; cf., as an example of ʿomissionʾ in a Father's text, Cyril of Jerusalem's homily on the story of the healing of the invalid in John 5, where it is certain from his discussion in the homily itself that he knew nothing of the gloss in vv. 3b – 4.]

1.3 When the Father actually cites a known variation to his own text.[42] (In this case, of course, the Father becomes certain evidence for two readings; but one reading is that of the Father's own text, which is the first interest in the use of his materials. His evidence for the second reading should continue to be designated ORIGEN$^{mss}$.)

[e.g. Origen in ʿHom. 6.40 in Johnʾ, mentions that other MSS known to him have Βηθαβαρᾷ in John 1:28, which he prefers to the Βηθανιᾷ of his text.]

1.4 When in a commentary, homily, or controversial treatise, the Father repeats the text in the same way again and again.

[Editors must use proper caution here, because this could simply be a case of consistent faulty memory. But in many cases one can arrive at the highest level of certainty. E.g. in his ʿCommentary on Johnʾ, Book X, Origen cites or alludes to the text of John 2:15 five times in which the words τὰ κέρματα occur; in Book XIII he has occasion to refer back to this event and twice more cites it with τὰ κέρματα. Since this reading is consonant with Origen's textual relationships elsewhere, one can have the highest degree of certainty that this is the reading of his text.]

For all other kinds of citations it is absolutely imperative that a Father's citing habits be known (i.e. his degree of concern for verbal accuracy, his tendencies to adapt, cite loosely, paraphrase, or toward omissions or substitutions, etc.). For example, Origen demonstrates a very high degree of verbal accuracy (at least when he cites John's Gospel), whereas Epiphanius shows

[42] See e.g. the useful collections of such notes in Origen and Jerome gathered by B. M. METZGER, Explicit References in the Works of Origen to Variant Readings in New Testament Manuscripts, in: Biblical and Patristic Studies in Memory of Robert Pierce Casey, ed. J. N. BIRDSALL and R. W. THOMSON (Freiburg, 1963) 78 – 95; ID., St. Jerome's Explicit References to Variant Readings in Manuscripts of the New Testament, in: Text and Interpretation. Studies in the New Testament pres. to Matthew Black, ed. E. BEST and R. MCL. WILSON (Cambridge, London, 1979) 179 – 90.

practically none at all,[43] while Asterius the Sophist, although demonstrating a generally high degree of verbal accuracy, shows clear proclivities toward the omission of words and phrases in the interest of his homiletical style. This kind of information is especially important for the next categories.

2. We should include a Father's name in CAPITALS in those cases where there is a high degree of probability that we have the Father's actual text, but not with the same degree of certainty as in category 1. These include the following:

2.1 A citation of several verses in length, especially so when the biblical author or book is also singled out.

[This assumes that an author is more likely to have consulted his text at such points than otherwise. However, one must use great care here; for this is also a place where a copyist of the Father's work may have unconsciously conformed the text to his own standard (e.g. the full citation of the Matthean version of the Lord's Prayer in Origen's 'On Prayer' has been conformed to the prevailing text by addition of ὅτι in v. 5 and τῆς in v. 10, as the subsequent discussion by Origen makes clear). And, of course, in a Father like Epiphanius, who does not consult his text, this criterion is of no value (see, e.g., his 'citations' of Mark 5:2–14 in the 'Panarion'.)]

2.2 An isolated citation with a text form that shows clear affinities with a Father's otherwise well-established textual relationships.

[e.g. in his homily on the sinful woman in Luke 7:36–50, Amphilochius in a short space twice cites v. 37 in the word order of the Majority text; since his textual proclivities are clearly in this direction, one can be reasonably certain that this represents his actual NT. So also Origen's many single citations of the Gospel of John that are in harmony with $P^{75}$ and B.]

2.3 In most of the isolated citations of a Father whose citing habits reflect a rather high degree of verbal accuracy.

[Although this must be used with some degree of caution, and usually in conjunction with 2.2, Origen serves as a case in point. Since the majority of his isolated citations of the Gospel of John scattered throughout his works generally conform to the Egyptian text found in his Commentary, one can have reasonable certainty about his isolated citations of other NT books as well.]

[43] This phenomenon in particular mars the study by L. ELDREDGE, The Gospel Text of Epiphanius of Salamis, SD 41 (Salt Lake City, 1969). Cf. my review in JBL 90 (1970) 368–70.

2.4 When a Father alludes to the language of a passage in such a way that is virtually impossible for him to have done so without knowledge of the biblical text.

[This criterion has especially to do with large additions/omissions. The operative word is "language". E.g. one can assume by the language he uses that Tertullian knew a text of John 5 that carried the gloss of vv. 3b – 4. But one can be equally dubious as to whether Ps-Didymus ('De Trinitate') or Amphilochius knew a text of John with these words. Even though they refer to an angel stirring the water, in both cases the rest of their comments not only do not reflect the "language" of the gloss, but in fact offer a different understanding of the tradition. Here one can be sure only that they knew about the tradition reflected in the Western gloss; but it is doubtful whether they knew a biblical text with these words.[44]]

2.5 Where in various unsuspecting ways [e.g. verb inflections where the root is changed in allusions or adaptations] the Father reveals his text where subsequent scribes are most highly likely to have tampered with it.

[e.g. despite the occurrence of ἀνέστρεψε in two citations of John 2:15 in the Commentary, Origen elsewhere refers back to this passage in five different adaptations, and in each case the verb appears as an inflected form of ἀνατρέπω.[45]]

2.6 In Synoptic parallels when a Father actually notes the usage in another Gospel.

[e.g. in 'Hom. 58 in Mt', Chrysostom notes that in contrast to Matthew, the disciples in Mark (9:33) οὐκ ἠρώτησαν, ἀλλ' ἐν ἑαυτοῖς διελογίζοντο (repeated a few lines later). This is a typically free rendering by Chrysostom of the Byzantine text of this verse. One is well-advised to use caution here, however, since most such allusions are from memory and some Fathers have notoriously poor memories in this regard.[46]]

3. In most other citations, the Father should be simply listed in regular lower case. This is not to throw unnecessary doubt on a patristic citation; rather, it is to inform the user that some degree of caution is necessary, since the editors do not have the two higher kinds of certainty about the citation. In most cases these citations probably reflect the actual text used by the Father, but one simply cannot be as sure as in the cases noted above.

[44] For a fuller analysis of these texts, see G. D. FEE, On the Inauthenticity of John 5:3b – 4, EQ 54 (1982) 207 – 18.

[45] For the data here see G. D. FEE, The *Lemma* of Origen's Commentary on John, Book X – An Independent Witness to the Egyptian Textual Tradition?, NTS 20 (1973/74) 78 – 81.

[46] E.g. in his 'Hom. 44 in Matt.', Chrysostom says, "Therefore, another evangelist also says", and then 'cites' Mark 4:13 as follows: πῶς οὖν ἔγνωτε τὴν παραβολήν;

4. There is one category of citations that needs further comment, and which may appear in our apparatuses in any of the above forms, depending on the other criteria. It is well known that Fathers in two or more citations often reflect two or more text forms. In such cases the following guidelines should prevail:

4.1 Many times a careful analysis of all the data reveals that in fact the Father knew and used only one form of text and that the second citation reflects either (a) a fault of memory, or (b) inconsequential omissions or adaptations in a new context. This is especially true when the two citations reflect a "long" or "short" form of text (i. e. the addition/omission of adverbs, adjectives, pronouns, or prepositional phrases). In most such cases the "long" form reflects the Father's actual text, while the "short" form is an abbreviated version made by the Father himself.[47] I would argue that such "short form" variants have no business in our apparatuses.

4.2 On the other hand, sometimes it can be shown beyond reasonable doubt that the Father knew and used two different forms of text (e. g. Origen's Mark citations in the 'Commentary on John'; Hesychius's two homilies on the presentation of Jesus). In such cases the Father should be listed twice, as reasonably certain evidence that he knew and used two different texts.

4.3 In many instances no clear decision can be made as to 4.1 or 4.2. In such cases one must use the Father's evidence with utmost caution, perhaps list it twice, but in parentheses. For the most part it is far less likely that a Father actually knew and used two different texts than either that he is guilty of carelessness or that an error has made its way into his own textual tradition. This means that we usually must admit to our not knowing his text rather than to suggest that he knew both forms.

5. Finally, in the following situations one must exhibit the greatest caution in including or using a Father's text as supporting evidence. If one were to choose to include them in an apparatus, then they should be enclosed with parentheses, indicating to the reader the highest form of doubt that this is good evidence:

5.1 Synoptic parallels are especially treacherous waters.[48] With most Fathers there is a strong tendency for *memoriter* citations to become intricately, but probably not purposefully, harmonized. Therefore, such evidence can be used with confidence in only three categories of citations: (a) Where the text is part of a commentary or homily on the Gospel in question; (b) where the Father explicitly tells us from which Gospel he is citing; (c) where the material cited or referred to is unique to one of the Gospels.

[47] Cf. the similar judgments by METZGER, Patristic Evidence, 396.

[48] See some of the suggestions in this regard in G. D. FEE, Modern Textual Criticism and the Synoptic Problem: On the Problem of Harmonization in the Gospels, in: J. J. GRIESBACH, Synoptic and Text-Critical Studies 1776 – 1976, SNTSMS 34, ed. B. ORCHARD and T. R. W. LONGSTAFF (Cambridge, 1978) 154 – 69.

5.2 It is generally a doubtful procedure to place much confidence in the 'short text' of a Father, when one is dealing with an isolated quotation and the alleged 'omission' is at the beginning or end of the citation.[49]

[Examples of this dubious practice abound in the UBS³ apparatus; e.g. the alleged 'omission' of καὶ ἡ ζωή by Origen and Titus of Bostra in John 11:25 is patently mistaken, as is the 'omission' of ἢ ἑνός by Origen or of the whole clause by Clement and Augustine in Luke 10:42; and a significant portion of the patristic evidence for John 3:13 and 1 Cor 2:14 is highly suspect. Here in particular our apparatuses need to be 'cleaned up' by omitting all such dubious, or patently incorrect, 'evidence'.]

5.3 Lemmata of commentaries and homilies are notoriously poor risks; in the *catenae* they are even worse. In the former case, unless the lemmata can be demonstrated to have been generally carefully preserved (as in Origen's 'Commentary on John'), they are only as useful in establishing a Father's text as they are supported by the ensuing commentary.

5.4 In an isolated citation of a single verse one can almost never use a Father's evidence for the presence or absence (or substitution) of connective particles and conjunctions.[50] In most cases such conjunctive signals have either been omitted or conformed to the Father's own context. Unfortunately, a much too high incidence of these nearly useless 'variants' occurs in the IGNTP Luke. Except for those instances where a citation is of several verses in length, it should be universally agreed to eliminate such items from all quantitative analyses; they should also be eliminated from our appartuses.

5.5 In a Father with a notorious number of singular readings (e.g. Chrysostom's homilies; Epiphanius's 'Panarion'), one must be especially cautious in finding any significance in his sub-singular readings, i.e. isolated agreements with one or a few other witnesses. Usually such agreements mean nothing as to the Father's text, but rather reflect independently created singular readings. If such data are ever to be included in an apparatus (on the principle of not losing any piece of datum), then they must appear in parentheses.

49 This is one of several problems with the attempt by M.-E. BOISMARD, following the earlier lead of F. C. CONYBEARE, to use the Fathers (along with the versions) to discover an earlier, independent, and more likely original text than that found in the early Greek MSS. BOISMARD's proposal appeared in a series of articles in Revue Biblique (A propos de Jean v, 39, 55 [1948] 5–34; Critique textuelle et citations partristiques, 57 [1950] 388–408; Lectio brevior, potior, 58 [1951] 161–68; Dans le sein du Père (*Jo.* 1,18), 59 [1952] 23–39; Problèmes de critique textuelle concernant le quatrième évangile, 60 [1953] 347–71; Le papyrus Bodmer II, 64 [1957] 363–98), and became the basis for the idiosyncratic text of John's Gospel in the Jerusalem Bible.
Cf. the critiques by FEE, Text of John in *The Jerusalem Bible*, and METZGER, Patristic Evidence, 387–97 (who notes earlier critiques by F. NEIRYNCK in ETL 53 [1977] 383–99, and M. ROBERGE in LTP 34 [1978] 275–89).

50 This was first noted by SUGGS, Use, 142. My own work with these data over many years has confirmed absolutely the validity of this judgment.

Since these are programmatic suggestions, it is hoped that they might be subjected to careful scrutiny and further refinement. The use of such criteria, of course, assumes a certain amount of knowledge of the Fathers and their texts; those who gather and present these texts are in the best position to offer this kind of service. Hopefully, the presentations of the future will attempt to aid others in this way.

On the basis of such criteria the *apparatus critici* of the future could also be designed so as to reflect the degrees of certainty or doubt involved. Such apparatuses should be guided by two principles: on the one hand, no single datum should be lost or discarded; on the other hand, not all data should be implied to have equal value (as is now the case).

To illustrate such an apparatus, I have reworked that of $UBS^3$ for Luke 10:41–42, on the basis of the rather thorough study of each of the Father's texts for my contribution to the METZGER Festschrift:[51]

> "μεριμνᾶς καὶ θορυβάζῃ (or τυρβάζῃ) περὶ πολλά, ἑνὸς δέ ἐστιν χρεία $P^{45,75}$ A C* K P Δ Θ Π Ψ $f^{13}$ 28 565 700 892 1009 1010 1071 1079 1195 1216 1230 1241 1242 1253 1344 1365 1546 1646 2148 2174 Byz Lect $it^{aur,f,(q)}$ vg $syr^{c,p,h}$ $cop^{sa}$ CHRYSOSTOM Evagrius Nilus PS-BASIL PS-MACARIUS JOHN-DAMASCUS AUGUSTINE // μεριμνᾶς καὶ θορυβάζῃ περὶ πολλά, ὀλίγων δέ ἐστιν χρεία ἢ ἑνὸς $P^3$ ℵ B $C^2$ L 1 33 579 2193 $syr^{hmg}$ $cop^{bo}$ eth $it^y$ **Origen Basil** CYRIL-ALEXANDRIA OLYMPIODORUS JEROME CASSIAN // μεριμνᾶς καὶ θορυβάζῃ περὶ πολλά, ὀλίγων δέ ἐστιν χρεία 38 $cop^{boms}$ arm geo // μεριμνᾶς καὶ θορυβάζῃ περὶ πολλά $it^c$ // θορυβάζῃ D $it^d$ // omit $it^{a,b,e,ff^2,i,l,r^1}$ $syr^s$ AMBROSE POSSIDIUS"

When all of our *apparatus critici* can so distinguish between Fathers' certain and less certain citations, and leave the dubious ones out altogether, then the users of our Greek critical texts can have far more confidence in their own ability to make textual decisions.

## V. *Using the Evidence*

The final step in the process is the use of this evidence in the twofold task of finding the original NT text and writing the history of its transmission. The Fathers have long played a significant role in each of these tasks, as can be seen from the following illustrations. Hopefully, when much more of the evidence has been presented and evaluated in the manner outlined here, we will be able to do these two tasks with even greater precision.

[51] See p. 250 n. 9.

## 1. The Fathers and the Original NT Text

To illustrate the significance of carefully evaluated patristic evidence, where one has the highest degree of certainty as to the Father's text, we might examine in greater detail two texts from the previous discussion: Luke 10:42 and John 7:1.

### a. Luke 10:42[52]

In some of the discussions on this text, it had been argued (1) that the so-called 'conflate' reading ("Martha, Martha, you are concerned and troubled over many things; few things are needed, indeed only one") was the creation of Origen, and (2) that this reading was basically an Egyptian phenomenon. A careful analysis of the patristic evidence makes it clear that neither of these is true.

First, Origen's evidence is preserved in two *catenae* fragments: one from John's Gospel, in which he mentions and interprets only the 'few things' (= Judaism); the other from Luke's Gospel, where he cites and interprets both the 'few things' (= Judaism) and the 'one thing' (= Christianity). This evidence has been treated in two ways. On the one hand, A. Baker argued that since Origen 'knew' a text with only ὀλίγων and since $P^{75}$ was equally early evidence in Egypt for a text with only ἑνός, Origen himself was the source of the 'conflate' reading found in the rest of the Egyptian evidence.[53] On the other hand, Monika Augsten argued on the basis of the Johannine fragment that Origen was early evidence for the variant that reads only ὀλίγων, which she considered to be the Lukan original.[54]

But this is questionable use of patristic evidence, especially with regard to the confidence both scholars place on Origen's knowing a text with only ὀλίγων. Two things mitigate against it: (1) In this fragment, Origen does not in fact 'cite' the text. Rather in a passage in which his interest is in Martha alone, he adapts the Lukan passage and concludes by 'citing' only her portion ("Martha, Martha, about many things you are troubled and distracted [περισπᾶσαι], but few things are needed"), which he then proceeds to interpret as referring to Judaism and the 'few things' needed in the Law for salvation. This is a clear case where criterion 5.2 prevails (a 'short text' where the 'omission' lies at the end of a citation). (2) This is further confirmed by the *catena* fragment from Luke's Gospel, where Origen interprets both portions of the text. The interpretation of ὀλίγων is not only the same in both cases, but is clearly dependent on the contrast with ἑνός. One can be sure, therefore, that the longer text is the only one Origen knew and used. Not only did he

[52] For the full display of evidence and more complete discussion, see my 'One Thing is Needful?' (p. 250 n. 9).

[53] One Thing Necessary, CBQ 27 (1965) 127–37.

[54] Monika Augsten, Lukanische Miszelle, NTS 14 (1967/68) 581–83.

not create the longer reading, he is the certain evidence that this reading existed very early in Egypt.

Second, that this is not simply an Egyptian reading is also made certain by other patristic evidence. Jerome cites this text in a letter written from Rome in 384. Whether this reading was available in Rome or came from Jerusalem, in either case it clearly existed outside Egypt. So too with Basil, who as Origen, not only knew only this text, but offered an interpretation of the two parts. Thus, even though the rest of the evidence from the East reads ἑνὸς δέ ἐστιν χρεία, Basil and Jerome offer evidence that is not easily traceable to Egypt for the existence of this reading elsewhere. That it is probably the original text can be shown on other grounds.

b. John 7:1

Here the 'standard text' reads: οὐ γὰρ ἤθελεν ἐν τῇ Ἰουδαίᾳ περιπατεῖν ("For he did not wish to go about in Judea"). But another reading found very early in the OL codices a b ff² l r¹, as well as in Codex W, is also the only reading known to Chrysostom: οὐ γὰρ εἶχεν ἐξουσίαν ἐν τῇ Ἰουδαίᾳ περιπατεῖν ("For he did not have authority to go about in Judea"). On all counts, this latter reading is the *lectio difficilior*, so much so that Chrysostom felt compelled to explain why the Son of God did not have such authority – it had to do with the self-imposed limitations of his humanity.

The evidence from Chrysostom is especially noteworthy. Even though he is the only witness to this reading in the geographical area from which the Byzantine text emerged, and to which he is one of the early witnesses, he shares a reading in this case with the early and best of the OL evidence, as well as with one MS from Egypt. It is possible, of course, that this is merely a 'western' reading that found its way to Antioch and Egypt and influenced Chrysostom and W; but it is equally likely (more likely, I would argue) that here we have early and independent witnesses to the original text, which was suppressed very early for theological reasons. In any case, Chrysostom serves in this instance as the equivalent of any MS, and as datable (391 C.E.) and geographically certain (Antioch) evidence.

The value of such evidence, of course, is that Chrysostom antedates by several centuries the actual Greek MSS with which he otherwise shares textual affinities.

Discussions such as these can be found scattered throughout the literature; in each case the text of the Fathers plays a role of primary significance, right alongside the Greek MS tradition. Hence the need for a full presentation and evaluation of this evidence.

## 2. Writing the History of Transmission

Although there are still several *lacunae* in the data, and several places where precision is not easy to come by, what we now know about the texts of the earliest Fathers gives us considerable confidence in outlining the history of transmission with some broad strokes. What we learn from this evidence confirms what has been known for a long time – despite some demurrers from the twentieth century based on early judgments from the evidence of the Papyri and from inadequate presentation of the patristic evidence.

It is now certain that two distinct forms of the NT existed in the East and West. The last authors in the West to write in Greek (Hippolytus of Rome and Irenaeus of Lyons) both used Greek texts that looked very much like those that lay behind the earliest Latin versions. Tertullian, and all subsequent writers in Latin, are clearly dependent on these Latin versions.

A different picture emerges in Egypt, where the basic text, such as that found in Origen and the earliest Greek MSS from this area ($P^{75}$ $P^{46}$ $P^{72}$ B, and to a lesser degree $P^{66}$), looks very much like a good, but not perfect, preservation of the original texts themselves. When Origen moved to Caesarea (230 C. E.), he appears to have taken along his Alexandrian copy of John's Gospel; however, for much of the rest of the NT he began to use texts that differed considerably from those in Alexandria. Similar, somewhat mixed, texts can also be found in other early writers from this area (e. g. Eusebius, Epiphanius, Cyril of Jerusalem, Basil). In the meantime the later writers in Alexandria (Didymus, Cyril) exhibit texts that have begun to be modified toward a text that emerges about the same time in Antioch and elsewhere. The earliest Father with extant text, who used this emerging text, is Asterius the Sophist.[55] This text was also that used by Chrysostom in Antioch and then in Constantinople; although it looked very much like Basil's, it had been modified considerably, so that it was about seventy-five per cent along the way to the text that would eventually dominate in the Greek church – probably very much under the influence of Chrysostom himself.

These broad outlines seem clear, the difficulties lie with the evidence from the Fathers in Palestine and Asia Minor, where there seem to have been various degrees of textual mixture – of more than one kind. Although this is the area where much work has formerly been done, the results of these labors are for the most part of little usefulness, since so many of them represent faulty methodology. Once these studies have been redone, with full presentations and evaluations, it is still possible that some of the details of the text(s) in these areas can be written with more precision.

All of this to say, then, that much has been done; but there is still much that needs doing. The studies of the future will be of much greater usefulness to all, if they take seriously the suggestions put forth in this overview.

[55] This judgment was based on my own (unpublished) analysis of the material attributed to Asterius edited by M. Richard, Asterii Sophistae commentariorum in Psalmos quae supersunt. Accedunt aliquot homiliae anonymae (Oslo, 1956). This attribution has recently been called into question by W. Kinzig, In Search of Asterius: Studies on the Authorship of the Homilies on the Psalms (Göttingen: Vandenhoeck & Ruprecht, 1990), who considers the author to have been another Asterius who wrote ca. 385 – 410.

# Hellenistic Moralists and the New Testament

by Abraham J. Malherbe, New Haven, Connecticut

*Contents*



## *I. Introduction*

The affinity between Christian ethical teaching and that of the hellenistic moralists was recognized by the early church. Justin Martyr's conviction, that whatever had been correctly said by all men belonged to Christians[1], was shared by many of the Church Fathers. Some of them were heavily indebted to hellenistic moral teaching, especially to that of the Stoics[2], without making

[1] II Apol. 13,4.

[2] Cf. F. Ueberweg and Karl Praechter, Grundriß der Geschichte der Philosophie, I. Die Philosophie des Altertums, Berlin 1926, 503; M. P. Nilsson, Geschichte der griechischen Religion, II. Handbuch der Altertumswissenschaft V,2,2, Munich [2]1961, 399 ff.; M. Spanneut, Le stoicisme des pères de l'Église, Patristica Sorbonensia 1, Paris 1957; M. L. Colish, The Stoic Tradition from Antiquity to the Early Middle Ages, Vol. II, Leiden 1985. For broader dependence, see J. Whitaker, Christianity and Morality in the Roman Empire, Vig. Christ. 33 (1979), 209–225.

explicit reference to their sources, while others openly acknowledged their debt. Such influence can already be observed in some of the Apostolic Fathers, e.g. Clement of Rome[3] and the Shepherd of Hermas[4], but the moralists are first explicitly mentioned by the Apologists, and the use of their works increases from then on.

Of the philosophers of the Cynic and Stoic types, Musonius Rufus was held in high repute by Christians as he was by pagans[5]. Justin regarded him as one of the philosophers whose moral teaching was admirable[6], Origen placed him in the company of Heracles, Odysseus and Socrates[7], and Clement of Alexandria used his works in Books II and III of his 'Paedagogus'[8]. Musonius' student Epictetus also enjoyed wide circulation in the early church, although his influence in the second and third centuries appears to have been rather slight[9]. He is not mentioned by Justin or Clement, but traces of his

[3] Cf. LOUIS SANDERS, L'hellénisme de Saint Clément de Rome et le Paulinisme, Studia Hellenistica 2, Louvain 1943, and the discussion of the possible influence of Stoicism on chapter 20 of his letter to Corinth: W. C. VAN UNNIK, Is I Clement 20 Purely Stoic?, Vig. Christ. 4 (1950), 181–189 (= ID., Sparsa Collecta. The Collected Essays 3, Suppl. to Novum Testamentum 21, Leiden 1983, 52–58); M. POHLENZ, Die Stoa, Geschichte einer geistigen Bewegung, I, Göttingen 1959, 406, J. J. THIERRY, Note sur τὰ ἐλάχιστα τῶν ζώων au chapitre XX de la 1ª Clementis, Vig. Christ. 14 (1960), 235–244.

[4] Cf. M. DIBELIUS, Der Hirt des Hermas, Handbuch zum Neuen Testament, Erg.band IV, Tübingen 1923, especially his commentary on the Mandates.

[5] R. HIRZEL, Der Dialog, II, Leipzig 1895, 239 called him "the Roman Socrates". For a sketch of his life, see CORA F. LUTZ, Musonius Rufus: "The Roman Socrates", Yale Classical Studies 10 (1947) 3 ff.

[6] II Apol. 8,1.

[7] c. Cels. III,66. For Heracles in Christian writings, see A. J. MALHERBE, Reallex. f. Antike u. Christ. XIV (1988), 559–583, esp. 567–583, s. v. Herakles.

[8] PAUL WENDLAND, Quaestiones Musonianae, Berlin 1886, claimed that Clement took large blocks of material word for word from a book by Musonius which Lucius had also used in the publication of his notes on Musonius's diatribes. In ID., Philo und die kynisch-stoische Diatribe, 1895, WENDLAND gave up this theory, but still held that other authors, e.g. Epictetus, Plutarch and Tertullian, did borrow from a more complete set of notes by Lucius than those preserved by Stobaeus. Although his views have been criticized, e.g. by O. HENSE, C. Musonii Rufi reliquiae, Berlin 1905, Vff., Clement's dependence on Musonius is generally accepted, cf. H. I. MARROU, Reallex. f. Antike u. Christ. III (1957), 1001 f., s. v. Diatribe, and M. SPANNEUT, ibid. V (1962), 633 f., s. v. Epiktet. For a recent discussion, see A. C. VAN GEYTENBEEK, Musonius Rufus and Greek Diatribe, Assen 1963, 19 ff. (= ID., Musonius Rufus en de griekse diatribe, Amsterdam 1948, 20 ff.). On Clement's debt to Stoic ethics, see H. CHADWICK, Early Christian Thought and the Classical Tradition. Studies in Justin, Clement, and Origen, Oxford 1966, 41–43, 58–63, and especially M. POHLENZ, Klemens von Alexandreia und sein hellenisches Christentum, Nachr. d. Akad. d. Wiss. in Göttingen, Phil.-hist. Kl. N. F. 5,1,5, Göttingen 1943.

[9] See SPANNEUT, op. cit. (n. 8) 599–681. The Encheiridion circulated in two Christian recensions, cf. MIGNE, PG LXXIX, 1255–1316 for that ascribed to Nilus, and H. SCHENKL, Epicteti Dissertationes, Berlin 1916, for the evidence of Christian use in general, and see M. SPANNEUT, Image de l'homme dans un commentaire chrétien inédit du *Manuel* d'Épictète, in: Images of Man in Ancient and Medieval Thought. Studia Gerardo Verbeke, F. BOISSIER (ed.), Louvain 1976, 213–30.

influence can probably be found in their writings[10]. The first Christian to mention him by name is Origen, who claims that while Plato benefits the educated, Epictetus benefits all people who want to live a better life[11].

Christian moral teaching was similar not only to that of Stoicism[12]. As did their pagan contemporaries, Christians borrowed extensively from whatever school happened to meet their immediate needs[13]. Celsus could, not without cause, throw it up to the Christians that their system of morals was shared by the philosophers, and that there was nothing especially impressive or new about it, a charge with which Christians could not completely disagree[14]. The respect with which the moral philosophers were viewed is well illustrated by the growing Christianization of Seneca in the early church. Whereas Tertullian referred to him as *Seneca saepe noster*[15], two hundred years later Jerome dropped the qualifying adverb and called him *noster Seneca*[16]. In the interven-

[10] See SPANNEUT, op. cit. (n. 8), 633 f. Also instructive, for a later period, is the high regard in which Synesius held Dio Chrysostom, another student of Musonius. See Synesius, Dio (Synesios von Kyrene. Ein Kommentar zu seinem Dion, K. TREU [ed.], Texte u. Untersuchungen zur Gesch. d. altchristlichen Literatur 71, Berlin 1958), on which see J. BREGMAN, Synesius of Cyrene, Philosopher-Bishop, The Transformation of the Classical Heritage 3, Berkeley – Los Angeles – London 1982, esp. 127 – 133, 138 – 139.

[11] c. Cels. VI,2. Epictetus did not exert a real influence on Origen. The influence, such as it was, can be traced to Alexandria, where Epictetus seems to have had a large following. See also U. KUEHNEWEG, Die griechischen Apologeten und die Ethik, Vig. Christ. 42 (1988), 112 – 20.

[12] See, for example, H. CHADWICK, The Sentences of Sextus, Texts and Stud. 2nd Ser. 5, Cambridge 1959, for a Christianization of Neopythagorean ethics. See further D. L. BALCH, Neopythagorean Moralists and the New Testament Household Codes, below in this volume (ANRW II 26.1), 380 – 410; ID., Household Ethical Codes in Peripatetic, Neopythagorean and Early Christian Moralists, SBL 1977 Seminar Papers, Missoula, Mont. 1977, 397 – 404; ID., Let Wives Be Submissive: The Domestic Code in 1 Peter, Chico, Cal. 1981. More remote, but still relevant, is W. FAUTH, Pythagoras, Jesus von Nazareth und der Helios-Apollon des Julianus Apostata, Zeitschrift f. d. neutestl. Wiss. 78 (1987), 26 – 48. K. ZIEGLER, RE XXI (1951), 948, s. v. Plutarchos von Chaironeia, stresses the usefulness of the Middle Platonist Plutarch's writings to Christians. The first Christian to study Plutarch carefully, and who took the title of one of his own works, Στρωματεῖς, from him, is Clement of Alexandria, who does not, however, mention him as a source.

[13] For the character of this 'philosophical Koine' and its interest in ethics, see P. WENDLAND, Die hellenistisch-römische Kultur, Tübingen ³1912, ch. V; W. SCHMID and O. STÄHLIN, Geschichte der griechischen Litteratur, II.1, Handbuch der Altertumswissenschaft VII, 1, Munich 1920, 50 ff.; L. FRIEDLÄNDER, Darstellungen aus der Sittengeschichte Roms, IV, Leipzig ⁸1910, ch. III: Die Philosophie als Erzieherin zur Sittlichkeit; A. DIHLE, Reallex. f. Antike u. Christ. VI (1966), 661 ff., s. v. Ethik; A. H. CHROUST, The Meaning of Philosophy in the Hellenistic Roman World, The Thomist 17 (1954), 196 – 253; E. HATCH, The Influence of Greek Ideas and Usages upon the Christian Church, London 1888, 139 – 170; K. PRÜMM, Religionsgeschichtliches Handbuch für den Raum der altchristlichen Umwelt: Hellenistisch-römische Geistesströmungen und Kulte mit Beachtung des Eigenlebens der Provinzen, Freiburg i. Br. 1943 (anast. repr. Rome 1954), 193 ff.

[14] c. Cels. I,4. Cf. CHADWICK, op. cit. (n. 12), 161.

[15] de anima 20.

[16] adv. Jovin. I,49.

ing period a collection of fourteen letters purporting to have passed between Paul and Seneca had come into existence[17]. These spurious writings reflect the tacit assumption that Paul and Seneca have much in common[18], and they may have been written either to recommend Seneca to Christians or Christianity to readers of Seneca[19].

Given this recognized affinity of early Christian morality to its hellenistic antecedents, the writings of the New Testament could also be expected to betray such influence. A considerable amount of work has been done to clarify the relationship between the New Testament (especially the Pauline letters and the Epistle of James) and the moral philosophers. I shall attempt to point out in this essay that much still remains to be done. I shall identify some of the main lines of investigation in the history of research[20], and in a few cases will point to new directions in which future research might go.

[17] For a still excellent discussion, see J. B. Lightfoot, St. Paul's Epistle to the Philippians, London [4]1878, 270–333. Cf. also A. Kurfess, in: E. Hennecke and W. Schneemelcher, New Testament Apocrypha, II, Philadelphia 1965, 133–141 (= Id., Neutestamentliche Apokryphen in deutscher Übersetzung, II, Tübingen [3]1964, 84–89); K. Abel, Seneca. Leben und Leistung, in: ANRW II.32.2, W. Haase (ed.), Berlin–New York 1985, 701–702. See also A. J. Malherbe, 'Seneca' on Paul as Letter Writer, in: The Future of Early Christianity. Essays in Honor of Helmut Koester, B. A. Pearson (ed.), Minneapolis 1991, 414–21.

[18] For a judicious treatment of the two, see J. N. Sevenster, Paul and Seneca, Supplements to Novum Testamentum 4, Leiden 1961.

[19] Thus Lightfoot, op. cit., 329, who sees as supporting evidence for this view the fact that in several manuscripts these letters precede the genuine works of Seneca. For an argument against the view that Seneca was viewed as a Christian in the Middle Ages, see A. Momigliano, Note sulla legenda del cristianesimo di Seneca, Riv. storica italiana 62 (1950), 333–338 (= Id., Primo contributo alla storia degli studi classici, Parte prima, Storia e letteratura 47, Rome 1955, 21–26). On the letters, see L. Bocciolini Palagi, Il carteggio apocrifo di Seneca e san Paolo. Introduzione, testo, commento, Accademia Toscana di Scienze e Lettere „la Colombaria": Studi 46, Florence 1978, and the discussion by A. Moda, Seneca e il Cristianesimo – a proposito di tre libri recenti, Henoch 5 (1983), 93–109.

[20] I am not aware of any single *Forschungsbericht* that covers the entire range of subjects touched upon here. Of still inestimable value is Wendland's Die hellenistisch-römische Kultur, ch. V. The articles by Rudolf Bultmann on *Paulusforschung* in Theol. Rundschau N. F. 1 (1929), 26–59, 6 (1934) 229–245, 8 (1936) 1–22 contain much of interest, as does M. Dibelius, Zur Formgeschichte des Neuen Testaments (außerhalb der Evangelien), Theol. Rundschau N. F. 3 (1931), 207–242. See also B. Rigaux, Saint Paul et ses Lettres. État de la question, Studia Neotestamentica Subs. 2, Paris 1962 (= Id., The Letters of St. Paul, Chicago 1968). As well as more recent works on New Testament ethics, especially W. Schrage, Die konkreten Einzelgebote in der paulinischen Paränese. Ein Beitrag zur neutestamentlichen Ethik, Gütersloh 1961, and J. E. Crouch, The Origin and Intention of the Colossian Haustafel, Forschungen zur Religion und Literatur des Alten und Neuen Testaments 109, Göttingen 1972. For a comprehensive treatment, see Dihle, op. cit. (n. 13), 646–796, and for more detailed treatment of particular subjects and figures the articles in Reallex. f. Antike u. Christ. For broader surveys, see E. A. Judge, St. Paul and Classical Society, Jahrb. f. Antike u. Christ. 15 (1972), 19–36, and F. F. Bruce, The New Testament and Classical Studies, New Test.

## *II. The 'Corpus Hellenisticum Novi Testamenti' and the Problem of Parallels*

During the last quarter of the nineteenth century and the first two decades of the twentieth, great interest was shown in post-Aristotelian philosophy[21]. This was evidenced by the critical editions of important hellenistic authors as well as by many special studies that were published during the period[22]. It was also a period in which classicists were actively engaged in the study of the literary sources of early Christianity[23]. This collaboration was welcomed by *neotestamentici* even when they thought that their own work was not always judged graciously or fairly[24]. They were increasingly convinced that a knowledge of hellenistic popular philosophy was necessary for a proper understanding of the New Testament. Thus C. F. G. HEINRICI, especially in his commentaries on I and II Corinthians, had stressed the Greek character

Stud. 22 (1976), 229 – 242. On literary relations, see K. BERGER, Hellenistische Gattungen im Neuen Testament, in: ANRW II.25.2, W. HAASE (ed.), Berlin – New York 1984, 1031 – 1432, 1831 – 1885. Material of literary interest discussed in the present article is treated in: Graeco-Roman Literature and the New Testament: Selected Forms and Genres, D. E. AUNE (ed.), SBL Sources for Biblical Study 21, Atlanta, Ga. 1988. ID., The New Testament in Its Literary Environment, Library of Early Christianity 8, Philadelphia 1987, also contains much of interest.

[21] KARL PRAECHTER, Griechische Philosophie, in W. KROLL (ed.), Die Altertumswissenschaft im letzten Vierteljahrhundert, Leipzig 1905, 84 – 128.

[22] For a bibliography of some of the major publications, see WENDLAND, Die hellenistisch-römische Kultur, 75 and passim.

[23] One should also take note of the work done on hellenistic Jewish authors. For bibliography before 1900, see E. SCHÜRER, Geschichte des jüdischen Volkes im Zeitalter Jesu Christi, 4 vols., Leipzig, vol. I $^{5}$1920, vol. II $^{4}$1907, vol. III $^{4}$1909, vol. IV $^{4}$1911 (cf. IDEM, A History of the Jewish People in the Time of Jesus Christ, 2nd rev. edition, 5 vols., Edinburgh 1885 – 1890); for the period since then, see G. DELLING, Bibliographie zur jüdisch-hellenistischen und neutestamentarischen Literatur 1900 – 1970, Texte u. Untersuchungen 106, Berlin $^{2}$1975, and N. WALTER, Jüdisch-hellenistische Literatur vor Philon von Alexandrien (unter Ausschluß der Historiker), in: ANRW II.20.1, W. HAASE (ed.), Berlin – New York 1987, 67 – 120; R. DORAN, The Jewish Hellenistic Historians Before Josephus, ibid. 246 – 297, among others. Of great potential use to persons interested in the New Testament, is P. W. VAN DER HORST, The Sentences of pseudo-Phocylides, Studia in Veteris Testamenti Pseudepigrapha 4, Leiden 1978.

[24] See J. WEISS, Die Aufgaben der neutestamentlichen Wissenschaft in der Gegenwart, Göttingen 1908, 3 f. for a sharp comment on the disdain with which classicists viewed the work of New Testament scholars. E. NORDEN, in the 'Nachträge' to 'Die antike Kunstprosa', Berlin $^{3}$1915, II, 3, apologizes to C. F. G. HEINRICI for the discourteous comments he had made in his first edition on the latter's commentary on II Corinthians. See also H. LIETZMANN, Die klassische Philologie und das Neue Testament, Neue Jahrb. f. d. klass. Altertum 21 (1905), 7 – 21, esp. 20; H. D. BETZ, Theologische Realenzyklop. 15 (1986) 22 – 23, s. v. Hellenismus; H. HOMMEL, Herrenworte im Lichte sokratischer Überlieferung, Zeitschr. f. d. neutest. Wiss. 57 (1966), 3 f. (= ID., Sebasmata. Studien zur antiken Religionsgeschichte und zum frühen Christentum II, Tübingen 1984, 53).

of much that is in Paul's letters, and had adduced material from the popular philosophers to illustrate them[25]. J. WEISS insisted that the New Testament scholar should know Seneca, Epictetus, Plutarch, Lucian, M. Aurelius and Cicero intimately, and should read the New Testament with VON ARNIM's collection of Stoic texts in hand[26]. It was in this climate that younger scholars did the major work that has determined the view of the relationship between the New Testament and the moralists ever since[27].

HEINRICI, around 1910, organized a group of young scholars to bring out a "new WETTSTEIN"[28]. The reference was to the eighteenth century work of J. J. WETTSTEIN which has been best known for the extensive linguistic and other parallels in Greek and Latin literature which he collected in his edition of the New Testament[29]. It was optimistically thought by HEINRICI's immediate successors in the project that with the aid of a large staff of collaborators the literature roughly contemporary with the New Testament could quickly be combed in the interest of composing a 'Corpus Hellenisticum Novi Testamenti'[30]. The project languished from time to time, but was revitalized two decades ago. Members of the project at that time were less sanguine about

25 See E. VON DOBSCHÜTZ's description of HEINRICI's life (with bibliography) in the introduction to the latter's posthumously published 'Die Hermes-Mystik und das Neue Testament', Leipzig 1918, VII – XVII.

26 op. cit., 4.11.55.

27 It is perhaps natural that in the nineteenth century attempts were made to prove that Seneca, Epictetus and M. Aurelius were familiar with Christian doctrine and were influenced by it. WENDLAND's judgment (Die hellenistisch-römische Kultur, 95 f.), that existing similarities were due to their common appropriation of popular Stoic thought, has also been that of subsequent scholarship. For a detailed treatment of the problem as it relates to the possible interdependence between Epictetus and the New Testament, see A. BONHÖFFER, Epiktet und das Neue Testament, Religionsgeschichtliche Versuche und Vorarbeiten, Gießen 1911, and his discussion with R. BULTMANN (Das religiöse Moment in der ethischen Unterweisung des Epiktet und das Neue Testament, Zeitschrift f. d. neutestl. Wiss. 13 [1912] 97 – 110, 177 – 91) in his article 'Epiktet und das Neue Testament', Zeitschrift f. d. neutestl. Wiss. 13 (1912) 281 – 92. See further, M. POHLENZ, Paulus und die Stoa, Zeitschrift f. d. neutestl. Wiss. 48 (1949) 69 – 104. For the problem in broader perspective, see L. HERRMANN, Chrestos: Temoignages paiens et juifs sur le christianisme du première siècle, Brussels 1970, and cf. H. BRAUN, Die Indifferenz gegenüber der Welt bei Paulus und bei Epiktet, in: Gesammelte Studien zum Neuen Testament und seiner Umwelt, Tübingen $^{2}$1967, 159 – 67. L. HERRMANN, Sénèque et les premiers chrétiens, Collection Latomus 167, Brussels 1979, 75 – 79, 88, 90, considers it possible that Seneca reacted to Christian teachings.

28 For the organizational details, see VON DOBSCHÜTZ, Der Plan eines neuen Wettstein, Zeitschrift f. d. neutestl. Wiss. 21 (1922), 146 – 48. For the most recent account of the project, see W. C. VAN UNNIK, Corpus Hellenisticum Novi Testamenti, Journ. of Bib. Lit. 83 (1964), 17 – 33 (= ID., Sparsa Collecta 2, Suppl. to Novum Testamentum 30, Leiden 1980, 194 – 214). The present survey is superseded by the contribution of P. W. VAN DER HORST to the Anchor Bible Dictionary, 1. 1157 – 61, s. v. Corpus Hellenisticum, New York 1992.

29 Η ΚΑΙΝΗ ΔΙΑΘΗΚΗ, 2 vols, Amsterdam 1751 – 52.

30 See VON DOBSCHÜTZ, in: E. STANGE (ed.), Die Religionswissenschaft der Gegenwart in Selbstdarstellungen, IV, Leipzig 1928, 49.

completing it in the immediate future. Work then proceeded in a more systematic manner with the aim "to investigate everything that has been preserved from Greek and Roman antiquity as to its significance for the proper understanding of the NT"[31]. Work on the hellenistic-Jewish texts was carried out under direction of G. DELLING of Halle until his recent death, while W. C. VAN UNNIK of Utrecht until his death in 1978 was the director of work being done on pagan authors. An American branch of the latter section under the energetic leadership of H. D. BETZ was active, first at the Institute for Antiquity and Christianity at Claremont, California, and then at Chicago.

Since the project does include work on some of the moral philosophers, a brief report on the pagan philosophers is in order. The work has been carried out in a number of ways. All collaborators who worked systematically through selected authors were to forward their cards on which parallels were noted to the master file in Utrecht, from which the final reference work would be compiled. The American branch has so far primarily concentrated on Plutarch's Pythian dialogues and his ethical writings[32], and has contributed three volumes to the recently established series, 'Studia ad Corpus Hellenisticum Novi Testamenti'[33], in which studies on Apollonius of Tyana by G. PETZKE[34] of Mainz, Dio Chrysostom by G. MUSSIES[35] of Utrecht, and Aelius Aristides by P. W. VAN DER HORST of Utrecht have appeared[35a]. With earlier monographs on Plutarch[36] and Lucian[37], the works on Seneca and Epictetus[37a], and a preliminary study on Musonius[38], most of the major authors have now been treated in one way or another. A major area still requiring attention is

[31] VAN UNNIK, op. cit. (n. 28), 23 (= IDEM, Sparsa Collecta 2, 202).

[32] See H. D. BETZ, Corpus Hellenisticum Novi Testamenti, Bulletin of the Institute for Antiquity and Christianity, No. 6, Claremont, California, February 1973, 5–7, who also lists Apuleius, Artemidorus, and the 'Corpus Hermeticum' as corpora of primary interest. In addition, a new project on the 'Papyri Graecae Magicae' has been undertaken. The first major volume to appear is 'The Greek Magical Papyri in Translation', Vol. One. Texts, H. D. BETZ (ed.), Chicago 1986. See also W. C. GRESE, Corpus Hermeticum XIII and Early Christian Literature, SCHNT 5, Leiden 1979.

[33] Plutarch's Theological Writings and Early Christian Literature, H. D. BETZ (ed.), SCHNT 3, Leiden 1975; Plutarch's Ethical Writings and Early Christian Literature, H. D. BETZ (ed.), SCHNT 4, Leiden 1978.

[34] Die Traditionen über Apollonius von Tyana und das Neue Testament, SCHNT 1, Leiden 1970.

[35] Dio Chrysostom and the New Testament, SCHNT 2, Leiden 1972.

[35a] Aelius Aristides and the New Testament, SCHNT 6, Leiden 1980.

[36] H. ALMQVIST, Plutarch und das Neue Testament, Acta Seminarii Neotestamentici Upsaliensis 15, Uppsala 1946.

[37] H. D. BETZ, Lukian von Samosata und das Neue Testament, Texte u. Untersuchungen 76, Berlin 1961.

[37a] See notes 18 and 27.

[38] P. W. VAN DER HORST, Musonius Rufus and the New Testament, Novum Testamentum 16 (1974) 306–15; cf. ID., Hierocles the Stoic and the New Testament, ibid., 17 (1975) 156–60, and ID., Macrobius and the New Testament, ibid., 15 (1973) 220–32.

Cynicism, but a beginning has been made and further work, not formally related to the project, has been planned[38a].

Work of the sort so far described appears to have slowed, and the organized future of the project is not clear. Nor is it clear what form the new WETTSTEIN might take. In the meantime, however, G. STRECKER has undertaken a project at Göttingen to rework the old WETTSTEIN and make it more usable by printing selected texts from that work in German translation with important Greek and Latin words and phrases in parentheses. The use of the best modern texts and translations and brief introductory comments will make this work accessible to a wider range of readers. For the time being, however, the "old WETTSTEIN" will continue to be the handiest collection of parallels available[38b].

38a Important Cynic sources have recently been made more readily available: H. A. ATTRIDGE, First Century Cynicism in the Epistles of Heraclitus, Harvard Theological Studies 29, Missoula, Montana 1976; E. N. O'NEIL, Teles (The Cynic Teacher), Texts and Translations 11, Missoula, Montana 1977; A. J. MALHERBE, The Cynic Epistles: A Study Edition, SBL Sources for Biblical Study 12, Missoula, Montana 1977; J. F. KINDSTRAND, Bion of Borysthenes: A Collection of the Fragments with Introduction and Commentary, Acta Universitatis Upsaliensis, Studia Graeca Upsaliensia 11, Uppsala 1976; L. PAQUET, Les cyniques grecs: Fragments et témoignages, Collection φ philosophica 4, Ottawa 1975; J. T. FITZGERALD and L. M. WHITE, The Tabula of Cebes, SBL Texts and Translations 24, Chico, Calif. 1983. For recent brief studies, see H. FUNKE, Antisthenes bei Paulus, Hermes 98 (1970), 459–71, and A. J. MALHERBE, The Beasts at Ephesus, Journ. of Bib. Lit. 87 (1968), 71–80; ID., 'Gentle as a Nurse'. The Cynic Background to 1 Thess. 2, Nov. Test. 12 (1970), 203–17; ID., Medical Imagery in the Pastoral Epistles, Texts and Studies, W. EUGENE MARCH (ed.), San Antonio, Texas 1980 (= ID., Paul and the Popular Philosophers, Minneapolis 1989, 79–89, 35–48, 121–36). MALHERBE's students have continued to show the importance of Cynicism and the other philosophies for the illumination of the New Testament, e. g. R. F. HOCK, Paul's Tentmaking and the Problem of His Social Class, Journ. of Bib. Lit. 97 (1978), 555–564; ID., The Social Context of Paul's Ministry: Tentmaking and Apostleship, Philadelphia 1980; ID., Anchor Bible Dictionary, 1. 1221–26, s. v. Cynics, New York 1992; B. FIORE, The Function of Personal Example in the Socratic and Pastoral Epistles, Analecta Biblica 105, Rome 1986; J. T. FITZGERALD, Cracks in an Earthen Vessel: An Examination of the Catalogues of Hardships in the Corinthian Correspondence, SBLDS 99, Atlanta 1988; L. T. JOHNSON, II Timothy and the Polemic against False Teachers: A Re-examination, Journ. of Rel. Stud. 6/7 (1978/79), 1–26; ID., James 3:13–4:10 and the Topos Peri Phthonou, Nov. Test. 25 (1983), 327–47. See also the recent work by F. G. DOWNING, Cynics and Christians, New Test. Studies 30 (1984), 582–93; ID., The Social Contexts of Jesus the Teacher, New Test. Studies 33 (1987), 439–51. See further, n. 305 below.

38b WETTSTEIN's collection, of course, was not the only one of its kind. He himself made use of other Spicilegia and Observationes which had been and were being published by his predecessors and contemporaries. The usefulness of his collection over others from the period lies in its extensiveness and, since its reprinting in 1962, its availability. But the scholar can still with profit consult other works of the genre, e. g. G. W. KIRCHMAIER, Παραλληλισμός Novi Foederis et Polybii, Wittenberg 1725; C. F. MUNTHE, Observationes philologicae in sacros Novi Testamenti libros, ex Diodoro Siculo collectae, Leipzig 1755; C. F. LOESNER, Observationes ad Novum Testamentum e Philone Alexandrino, Leipzig 1777; J. T. KREBS, Observationes in Novum Testamentum e Flavio Iosepho, Leipzig

Although work on the project is thus progressing, it is taking place with certain methodological problems still unresolved. Considerable diversity characterizes the contributions which have been published. Some consist of little more than a brief introduction to the author or work treated and a listing of parallels. Some of these list the parallels in canonical order while others follow the order of the pagan author's work. Again, others gather together statements by a pagan author on particular topics and list brief references to New Testament passages, while yet others engage in longer comparisons of select topics. Diversity of approach is unavoidable, and a certain amount is indeed desirable. Different authors, corpora of material, problems or themes may well require different approaches if the enterprise is to avoid being superficial or mechanical. More serious attention, however, needs to be given at this time to the misuse to which a potentially useful tool could be put, and to guard, if possible, already in its preparation, against such future misuse. Contributors as well as readers would do well to learn from both the successes and failures of STRACK-BILLERBECK's 'Kommentar zum Neuen Testament aus Talmud and Midrasch'.

A major problem attending the use of such tools as the 'Corpus Hellenisticum' is the focus on 'parallels'[39]. The problem is not confined to this project; indeed, modern electronic technology as much as anything else demands that more concerted attention be given to what constitutes a parallel and how parallels are to be used in the attempt to situate the New Testament more securely in its cultural context. The Thesaurus Linguae Graecae, now avialable on CD-ROM, provides almost instant access to verbal parallels in almost any ancient Greek author or selected group of authors, PHI CAT is in process of doing the same for Latin writers, and the Harvard Perseus project is making

1755; G. RAPHEL, Annotationes in sacram scripturam, historicae in vetus, philologicae in novum testamentum, ex Xenophonte, Polybio, Arriano et Herodoto collectae, 2 vols., Utrecht 1747, G. F. HEZEL, Novi foederis volumina sacra virorum clarissimorum opera ac studio, e scriptoribus graecis illustrata, Halle 1788. For further information on this type of investigation, see JAN ROS, De Studie van het Bijbelgrieksch van Hugo Grotius tot Adolf Deissmann, Nijmegen – Utrecht 1940, 47 – 55; E. SPRINGHETTI, Introductio Historica-Grammatica in Graecitatem Novi Testamenti, Rome 1966, 30 – 46. I am grateful to Professor H. J. DE JONGE for reference to these two works. For the context which gave rise to the *annotationes* and *observationes* literature, see ID., De bestudering van het Nieuwe Testament aan de Noordnederlandse universiteiten en het Remonstrants Seminarie van 1575 tot 1700, Amsterdam 1980, 29 – 55 (= Verhandel. der Koninkl. Nederl. Akad. v. Wetenschappen, Afd. Letterk., Nieuwe Reeks, deel 106); an abridged version appears in ID., The Study of the New Testament in the Dutch Universities, 1575 – 1700, History of Universities 1 (1981), 113 – 129.

[39] Biblical scholars have recently once more been cautioned to maintain perspective in this type of enterprise, cf. S. SANDMEL, Parallelomania, Journ. of Bib. Lit. 81 (1962), 1 – 13. For an awareness of the problems by someone actively engaged in the study of parallels, see M. DIBELIUS, in: E. STANGE (ed.), Die Religionswissenschaft der Gegenwart in Selbstdarstellungen, V, Leipzig 1929, 13, and VAN DER HORST, Aelius Aristides (n. 35a), VII – IX.

LIDDDELL-SCOTT, among other useful tools, available on disk[40]. By using these tools imaginatively, for example, by focusing on semantic fields, the researcher can quite easily identify masses of 'parallels' to phenomena in the New Testament.

Parallels so collected may very well be used in the ways parallels from hellenistic moral philosophical material have been used in the past. These ways range from the rather superficial use of some concept or description from the philosophers to illuminate a New Testament term, for example, the apostle[40a], or the subject of freedom[40b], through the citing of parallels in commentaries on books of the New Testament without allowing the exposition of those books to be substantially influenced by the parallels[40c], or a similar use in treatments of such subjects as New Testament ethics[40d].

Such uncritical use of parallels is particularly unfortunate in light of the fact that the moral philosophers have frequently been approached with conceptions of ecleticism and syncretism which have not always contributed to precision. Quite often, scholars have operated on the supposition that we have to do with philosophic teachers who gathered whatever they thought potentially useful and stuffed it in their own grab-bags of teachings. The philosophers did so, it is assumed, without recognizing conceptual differences between their own views and those of the people from whom they borrowed. It is further often thought that they did not modify or adapt what they borrowed to their situations. The philosophers in fact did not use materials they derived from others in so undiscriminating a manner[40e], and the supposition that they did has led to the obscuration or loss of the nuances and contours of much moral teaching[40f]. The problem has been accentuated when

40 The most useful source of information about development in computer-related resources for biblical and ancillary studies is R. A. KRAFT's column, Offline, which appears regularly in 'Religious Studies News'.

40a K. RENGSTORFF, Theol. Wört. z. Neuen Testament, I (1933), 408–12, s. v. ἀπόστολος.

40b Most recently by S. VOLLENWEIDER, Freiheit als neue Schöpfung: Eine Untersuchung zur Eleutheria bei Paulus und in seiner Umwelt, FRLANT 147, Göttingen 1989, esp. 23–104.

40c E. g., J. WEISS, Der erste Korintherbrief, Kritisch-exegetischer Kommentar über das NT 5, Göttingen 1910; H. CONZELMANN, Der erste Brief an die Korinther, 11. Aufl., Kritisch-exegetischer Kommentar über das NT 5, Göttingen 1969; H. WINDISCH, Der zweite Korintherbrief, Kritisch-exegetischer Kommentar über das NT 6, Göttingen 1924. C. P. SPICQ, Les épîtres pastorales, ÉB, Paris 1969, is a mine of information, but the material collected is not adequately brought into the interpretation of the letters.

40d E. g., H. PREISKER, Das Ethos des Urchristentums, Gütersloh 1949, 27–30, 105–11; M. S. ENSLIN, The Ethics of Paul, Nashville 1957. For a much more creative use, see W. A. MEEKS, The Moral World of the First Christians, Library of Early Christianity 6, Westminster 1986, 40–64.

40e On the use of compilations of teachings, which one might expect to be used superficially, see A. J. MALHERBE, Moral Exhortation: A Greco-Roman Sourcebook, Library of Early Christianity 4, Philadelphia 1986, 117–20.

40f For the disparaging label 'electic' unjustly applied to philosophers accused of being 'indiscriminate assemblers of other thinkers' doctrines', see: The Question of 'Eclecticism': Studies in Later Greek Philosophy, J. M. DILLON and A. A. LONG (eds.), Berkeley 1988, here, vii.

the philosophical materials have been approached from the Christian side with an agenda set by a New Testament interest, thus offering a Christian organizing principle for 'parallels' found in the pagan materials.

That philosophy in the early Empire was particularly interested in ethics, and that philosophers shared much moral instruction with each other, is of course true. But the agreement has been overdone in recent literature, especially when, as can be expected, a pagan parallel is discovered by using indices, lexica or some other aid which allows one to zero in on some word or phrase from the outside, so to speak, rather than discovering it from within by reading the philosophers themselves. When one reads the philosophers with the intention of respecting the coherence and integrity of each author's thought, one will find that the philosophers differed among themselves on many matters. It is ironic, in an age when we have become so aware of the diversity representedd in the New Testament, that we fail to notice that not only did a Platonist like Plutarch inveigh sharply against Epicureans and Stoics alike, but that his own Platonism was of a particular brand. So, too, Stoics differed from Cynics, and Cynics differed among themselves on such matters as whether they might beg from people and, if so, from whom, whether they should associate with political rulers, whether the harsh, ascetic life was the only one to lead, whether all people were in the direst moral condition, whether harsh speech was the only appropriate remedy, and so on[40g].

It is precisely when we begin to see how the philosophers engaged each other on those issues which were also of interest to the writers of the New Testament that they become of greater value to us as we seek to place the New Testament in its cultural context. J. N. SEVENSTER's comparison of the thought of Paul and Seneca, for example, may have come out differently if the net had been cast more widely. SEVENSTER is not content with concentrating on isolated details, but compares Seneca's and Paul's thoughts on God, man, social relations, eschatology, etc. The prospects for such an approach would appear to be promising, particularly since SEVENSTER understands that great care should be taken when drawing parallels, and that if the true significance of apparent parallels is to be determined, the words of both authors should be read in their respective contexts. Having done so, SEVENSTER's conclusion is that "there is a profound and lasting contrast between Paul and Seneca", that Paul uses phrases that are reminiscent of Seneca, but makes them "instrumental to the particular purpose of his own preachings", while Seneca, when he appears to echo Paul, "pursues his own particular line of thought", and that "superficial resemblances are precisely what, on closer examination, reveal the underlying difference [between the two] most clearly"[40h].

[40g] For an attempt to detail some of the most important differences among the Cynics, see A. J. MALHERBE, Self-Definition among Epicureans and Cynics, in: Jewish and Christian Self-Definition, B. F. MEYER and E. P. SANDERS (eds.), Philadelphia 1982, 3.46–59, 192–97 (= Paul and the Popular Philosophers, 11–24).

[40h] Paul and Seneca (n. 18), 240.

Perhaps SEVENSTER was too disposed to find those differences, but that is understandable in light of the claims that had been made about the similarities between Paul and Seneca. Nevertheless, the comparison would have been richer had it taken into consideration other Stoics, and, indeed, other contemporary philosophers who treated the same subjects. Then we would have moved from parallels to comparative texts, and discovered that there is no substitue for reading the texts themselves, and, of as great importance, a wide range of texts. What would have been discovered was a diversity of viewpoint in which Seneca and Paul shared. SEVENSTER, the seasoned scholar, does, however, alert us to think more carefully about the nature of parallels, and, indeed, about the desire to find them – or not to find them[40i]. I shall return to the matter later in this survey, when I discuss the description of the wise man.

## *III. Epistolary Paraenesis*

The study of paraenesis in the New Testament has benefited much from an awareness of its affinity to the teaching of the moral philosophers. The 'Handbuch zum Neuen Testament', edited by HANS LIETZMANN, has as its major purpose the gathering of *„das weitschichtige Material ... das aus den zeitgenössischen Quellen zum sprachlichen und sachlichen Verständnis des Neuen Testaments beigebracht werden konnte"*[41]. In the treatment of the paraenetic sections of the Pauline letters the importance of the moralists was early shown in the commentaries in the series by LIETZMANN himself[42] and by MARTIN DIBELIUS[43]. The latter, especially, has influenced the understanding of the nature of paraenesis as held by most New Testament scholars[44]. *„Unter Paränese verstehen wir dabei einen Text, der Mahnungen allgemein sittlichen Inhalts aneinanderreiht. Gewöhnlich richten sich die Sprüche an eine bestimmte (wenn auch vielleicht fingierte) Adresse oder haben mindestens die*

40i On the problem of parallels, see further VAN DER HORST, Corpus Hellenisticum (n. 28).

41 H. LIETZMANN, in: E. STANGE (ed.), Die Religionswissenschaft der Gegenwart in Selbstdarstellungen, II, Leipzig 1926, 24. Some illustrative texts have been collected in: A. J. MALHERBE, Moral Exhortation, a Greco-Roman Sourcebook.

42 An die Römer, Handbuch zum Neuen Testament VIII, Tübingen 1906, ⁴1933; An die Korinther, Handbuch zum Neuen Testament IX, Tübingen 1907, ⁵1969 (ed. W. G. KÜMMEL).

43 An die Thessalonicher. An die Philipper, Handbuch zum Neuen Testament XI, Tübingen 1911, ³1937; An die Kolosser, An die Epheser. An Philemon, Handbuch zum Neuen Testament XII, Tübingen 1912, ³1937; An Timotheus I, II. An Titus, Tübingen 1913, ³1953 (neu bearb. H. CONZELMANN).

44 This influence was exerted through his students, as well as through his own continuing work, ID., Der Brief des Jakobus, Kritisch-exegetischer Kommentar über das Neue Testament 15, Göttingen 1921, 1957 (ed. H. GREEVEN); Der Hirt des Hermas (cit. in n. 4); Geschichte der urchristlichen Literatur, II, Berlin 1926, 65–76; From Tradition to Gospel, New York 1935, 238 ff.

*Form des Befehls oder Aufrufs; das unterscheidet sie von dem Gnomologium, der bloßen Sentenzen-Sammlung*"[45]. DIBELIUS gave special attention to the formal characteristics of paraenesis, and this concern, combined with an interest in the origin of paraenetic material, has dominated the investigation ever since[46].

The insights gained from DIBELIUS and his successors are valuable, but their interest in form and origin has led to too narrow an understanding of paraenesis. If the investigation is to proceed significantly a broader approach must be adopted. In particular, a fresh look should be taken at the characteristics of paraenesis, especially those features that may take us beyond a concern with the form and origin of *topoi*, virtue and vice lists, diatribe, lists of duties of members of a household, and the like. Given the fact that the paraenetic sections of the New Testament which have an affinity with the paraenesis of the moral philosophers are found mostly, but not exclusively, in the epistles, the tradition of pagan epistolary paraenesis should particularly be brought into the discussion more than it has been in the past[47]. Such an approach to Paul's first letter to the Thessalonians provides an example of how an awareness of the characteristics of paraenesis may contribute to a firmer grasp of the nature and the intention of the letter as a whole.

It is generally agreed that a major function of I Thessalonians is paraenetic. This is clear from the fact that chapters 4 and 5, generally agreed as constituting the paraenetic section of the letter, makes up almost one half of the letter. The paraenetic intent of the letter becomes an even more prominent feature, should one accept the claims, based on form criticism, that the whole point of the letter is found in 4,1–2 and 4,10b–12 and that 4,1–5,11 is the

[45] Der Brief des Jakobus, 4. In addition to the early work by P. WENDLAND, Anaximenes von Lampsakos, Berlin 1905, 81ff. and R. VETSCHERA, Zur griechischen Paränese, Programm des Staatsgymnasiums zu Smichow 1911/12, see J. KROLL, Theognis-Interpretationen, Philologus Supplementband 29, Leipzig 1936, 60.99; DAVID G. BRADLEY, The Origin of the Hortatory Materials in the Letters of Paul, PhD Diss. Yale University 1947. The most useful summary of the older literature is by V. P. FURNISH, Paul's Exhortations in the Context of His Letters and Thought, PhD Diss. Yale University 1960, 6–72.

[46] VETSCHERA, op. cit. 5 had already warned against defining paraenesis too completely in terms of formal characteristics. The work of R. J. KARRIS, The Function and 'Sitz im Leben' of the Paraenetic Elements in the Pastoral Epistles, ThD Diss. Harvard University 1971, is a welcome exception. See, at greater length, FIORE, The Function of Personal Example (n. 38a), and ID., Anchor Bible Dictionary, s. v. Paraenesis (forthcoming). The view of paraenesis presented here informs L. G. PERDUE, Paraenesis and the Epistle of James, Zeitschrift f. d. neutestl. Wiss. 72 (1981), 242–246; D. W. PALMER, Thanksgiving, Self-Defence, and Exhortation in 1 Thessalonians 1–3, Colloquium 14 (1981), 23–31.

[47] FURNISH, op. cit. 34–36 does point to the paraenetic letter, but does not treat the subject at any length. See, now, S. K. STOWERS, Letter-Writing in Greco-Roman Antiquity, Philadelphia 1986, 94–106. The interpretation of I Thessalonians offered here informs the commentary on the Thessalonian correspondence in the Anchor Bible being prepared by A. J. MALHERBE.

body of the letter[48], and that all Pauline thanksgivings, in this case 1,2–3,13, have either explicitly or implicitly a paraenetic function[49]. I wish here to supplement insights derived from form criticism by considering the character of I Thessalonians as a paraenetic letter.

Before examining I Thessalonians in greater detail it is necessary to identify certain features of paraenesis. Paraenesis is avowedly traditional and unoriginal. Thus in his paraenetic discourse to Nicocles, Isocrates says:

> "And do not be surprised that in what I have said there are many things you know as well as I (ἃ καὶ σὺ γιγνώσκεις). This is not from inadvertence on my part, for I have realized all along that among so great a multitude both of mankind in general and of their rulers there are some who have uttered one or another of these precepts, some who have heard them, some who have observed other people put them into practice, and some who are carrying them out in their own lives. But the truth is that in these discourses it is not possible to say what is paradoxical or incredible or outside the circle of accepted belief; but, rather, we should regard that man as the most accomplished in this field who can collect the greatest number of ideas scattered among the thoughts of all the rest and present them in the best form"[50].

Paraenetic precepts are also generally applicable, so that it has been questioned whether precepts do in fact have anything to do with the actual situation to which they are addressed[51].

Objections were raised in antiquity to the paraenetic practice of addressing precepts to someone who already knew what was being advised. Aristo the Stoic held paraenesis and exhortation to be the business of nurses and

[48] C. J. BJERKELUND, Parakalô. Form, Funktion und Sinn der parakalô-Sätze in den paulinischen Briefen, transl. by K. KVIDELAND, Bibliotheca theologica Norvegica 1, Oslo 1967. For recent form critical study of the letter, see H. BOERS, The Form Critical Study of Paul's Letters: I Thessalonians as a Case Study, New Test. Stud. 22 (1976), 140–58.

[49] P. SCHUBERT, Form and Function of the Pauline Thanksgivings, Zeitschrift f. d. neutest. Wiss. Beih. 20, Berlin 1939.

[50] Isocrates, ad Nic. 40 f., cf. 52. See also Dio Chrysostom, Or. 3,25 f.; 13,14 f.; 17,1 f. For the use of florilegia in the genre, see ps.-Isocrates, Demonicus 51 f.; Seneca, ep. 84,3 ff.10 f.

[51] Cf. Seneca, ep. 94,35 (*praecepta generalia*). The view represented by DIBELIUS, that paraenesis does not reflect the situation addressed, may be due to his one-sided emphasis on certain aspects of the form of paraenesis. For a recent discussion of this feature, see SCHRAGE, op. cit. (n. 20), especially 37 ff., 117 ff. We cannot pursue the subject here. It should be noted, however, that Seneca, although he has a high regard for traditional wisdom, nevertheless realizes that the task of selection, adaptation and application always remains, cf. epp. 84; 64,7 ff.; ad Marciam 2,1, and I. HADOT, Seneca und die griechisch-römische Tradition der Seelenleitung, Quellen u. Studien zur Gesch. der Philosophie 13, Berlin 1969, 179 ff. For a discussion, especially as it touches Paul's letter to the Romans, see K. P. DONFRIED (ed.), The Romans Debate, 2nd ed., Peabody, Mass. 1991.

paedagogues[52]. According to him, *praecepta dare scienti supervacuum est*[53]. Seneca countered that to point out the obvious is not superfluous, but does a great deal of good, "for we sometimes know facts without paying attention to them (*scimus nec adtendimus*). Advice (*admonitio*) is not teaching; it merely engages the attention and arouses us, and concentrates the memory (*memoriam continet*), and keeps it from losing grip." To illustrate his point Seneca, lapsing into paraenetic style, gives three examples of how paraenesis concentrates the memory:

> "You all know (*scitis*) that bribery has been going on and everyone knows that you know (*et hoc vos scire omnes sciunt*). You know (*scis*) that friendship should be scrupulously honored, and yet you do not hold it in honor (*sed non facis*). You know (*scis*) that a man does wrong in requiring chastity of his wife while he himself is intriguing with the wives of other men; you know (*scis*) that, as your wife should have no dealings with a lover, neither should you yourself with a mistress; and yet you do not act accordingly (*et non facis*)."

Given this human failure to act on the basis of what one knows, one "must continually be brought to remember (*subinde ad memoriam reducendus es*) these facts"[54]. There is thus an awareness in paraenesis that the hearers or readers already know what is being inculcated, and that repetition of what is already known is to serve as a jog to the memory[55]. In the example from Seneca, remembrance is stirred by the use of the second person of *scire*.

When the situation calls for a less admonitory tone, and the speaker or writer is more sensitive to his relationship with his audience, the audience's knowledge of the subject at hand is referred to in another way, for example by Isocrates, Philip 105:

> "I might go on and endeavour to speak at great length (πλείω λέγειν) on how you could carry on the war so as to triumph most quickly over the power of the King; but as things are, I fear that I might lay myself open to criticism if, having had no part in a soldier's life, I should now venture to advise (παραινεῖν) you, whose achievements in war are without parallel in number and magnitude. Therefore, on this subject I think I need say no more (περὶ μὲν τούτων οὐδὲν οἶμαι δεῖν πλείω λέγειν)."

[52] ap. Sextus Empiricus, adv. dogm. I,12.
[53] ap. Seneca, ep. 94,11.
[54] ep. 94,25 f. Cf. ep. 94,21 (*praecepta*) *memoriam renovant.*
[55] Cf. Dio Chrysostom, Or. 17,2: "Since I observe that it is not our ignorance of the difference between good and evil that hurts us so much as it is our failure to heed the dictates of reason on these matters and to be true to our personal opinions, I consider it most salutary to remind men of this without ceasing, and to appeal to their reason to give heed (μεγάλην ὠφέλειαν ἡγοῦμαι τὸ συνεχῶς ἀναμιμνήσκειν καὶ διὰ τοῦ λόγου παρακαλεῖν πρὸς τὸ πείθεσθαι) and in their acts to observe what is right and proper." Cf. also Isocrates, Nic. 12.

The implication is that since Philip already knows how to conduct warfare he should continue doing so in the same manner as he had in the past.

Further characteristics of paraenesis of particular interest to I Thessalonians conveniently appear together in ps-Isocrates, 'Demonicus'. After some introductory remarks on friendship (1–3), the nature of the discourse – it is παραίνεσις (4–5) – and a short encomium on virtue (6–7), 'Isocrates' suggests that it is easy to learn from Heracles and Theseus (8). He then continues in 9–11:

> "Nay, if you will but recall also your father's principles, you will have from your own house a noble illustration of what I am telling you (ἀναμνησθεὶς οἰκεῖον παράδειγμα). For he did not (οὐ) belittle virtue nor (οὐδέ) pass his life in indolence; on the contrary (ἀλλά), he trained his body by toil, and by his spirit withstood dangers. Nor (οὐδέ) did he love wealth inordinately; but (ἀλλ'), although he enjoyed the good things at his hand as became a mortal, yet he cared for his possessions as if he had been immortal. Neither (οὐδέ) did he order his existence sordidly, but (ἀλλά) was a lover of beauty, munificent in his manner of life, and generous to his friends; and he prized more those who were devoted to him than those who were his kin by blood; for he considered that in the matter of companionship nature is a much better guide than convention, character than kinship, and freedom of choice than compulsion. But all time would fail us if we should try to recount all his activities. On another occasion I shall set them forth in detail; for the present, however, I have produced a sample (δεῖγμα) of the nature of Hipponicus, after whom you should pattern your life as an example (πρὸς ὃν δεῖ ζῆν σε ὥσπερ πρὸς παράδειγμα), regarding his conduct as your law, and striving to imitate and emulate (μιμητὴν ... ζηλωτὴν ... γιγνόμενον) your father's virtue."

The use of παράδειγμα in exhortation has been well detailed[56]. Moralists held that nothing is more beneficial that *bonorum virorum conversatio*[57]. To be a true follower one must imitate (μιμεῖσθαι) his model, be his μιμητής or ζηλωτής[58]. The moralist therefore reminds (ὑπομιμνήσκειν) his hearers of outstanding figures, taking care to describe the qualities of the virtuous men[59]. This call to remembrance is in fact a call to conduct oneself as a μιμητής of

[56] E.g. K. ALEWELL, Über das rhetorische παράδειγμα. Theorie, Beispielsammlungen, Verwendung in der römischen Literatur der Kaiserzeit, Diss. Leipzig 1913, esp. 87 ff.

[57] Seneca, epp. 94,40 f.; 25,6; 52,8. See esp. FIORE, The Function of Personal Example (n. 38a).

[58] Actual association is not required to be a μαθητής, ζηλωτής, μιμητής of someone, cf. Dio Chrysostom, Or. 55,3 ff. On the practice of modeling oneself after someone, see A. D. NOCK, Conversion. The Old and the New in Religion from Alexander the Great to Augustine of Hippo, Oxford 1933, 175 ff.; P. RABBOW, Seelenführung. Methodik der Exerzitien in der Antike, Munich 1954, 121.156.260 ff.; K. LATTE, Römische Religionsgeschichte, Handbuch der Altertumswissenschaft V, 4, Munich 1960, 340 ff.

[59] M. Aurelius 11,26; Seneca, ep. 95,72; Plutarch, quomodo quis suos in virt sent. profectus 85AB.

the model. The favorite models were, of course, kings[60] and sages[61], especially Socrates[62]. It is possible that the original context of paraenesis was the advice given by a father to his son[63], and the οἰκεῖον παράδειγμα became a standard feature in paraenesis[64]. The sage also exhorts his listeners as a father, and addresses them as his children[65].

One last feature that is noteworthy is the way in which the model is used. The purpose of the παραίνεσις which "Isocrates" will give is to advise young men what they should aspire to (ὀρέγεσθαι) and what they should abstain from (ἀπέχεσθαι) (5)[66]. This advice is then given in antithetical form (οὐ ... ἀλλά, οὐδέ ... ἀλλά) and describes the model Demonicus is to follow, that is, that he is reminded of[67].

The ancient handbooks which provided instruction in letter-writing came from the schools of rhetoric[68]. The instructions that have come down

[60] E. g. ps.-Isocrates, Demonicus 36.

[61] E. g. Lucian, Demonax 2 f.; Nigrinus 26. Cf. D. CLAY, Lucian of Samosata: Four Philosophical Lives (Nigrinus, Demonax, Peregrinus, Alexander Pseudomantis), in: ANRW II.36.5, W. HAASE (ed.), Berlin – New York 1992, 3406 – 3450, esp. 3420 ff.

[62] E. g. Xenophon, memorabilia 1, 2, 3; 6, 3. Cf. K. GAISER, Protreptik und Paränese bei Platon. Untersuchungen zur Form des platonischen Dialogs, Tübinger Beiträge zur Altertumswissenschaft 40, Stuttgart 1959, 155.224 ff.; K. DÖRING, Exemplum Socratis: Studien zur Sokratesnachwirkung in der kynisch-stoischen Popularphilosophie und im frühen Christentum, Hermes Einzelschriften 42, Wiesbaden 1979.

[63] KROLL, op. cit. (n. 45), 99.

[64] See J. DALFEN, Formgeschichtliche Untersuchungen zu den Selbstbetrachtungen Marc Aurels, Inaug. Diss. Munich 1967, 6 f.35.61 ff.134 ff. Cf. Pliny, ep. 8,13: Genialis is fortunate to have his father to emulate.

[65] E. g. Epictetus 3,33,82. FURNISH, op. cit. (n. 45), 53 ff. lists a number of examples where such words as παῖς, τέκνον, νήπιος are used in paraenetic address, e. g. Plutarch, de lib. educ. 4C, cf. 8F.9EF; ps.-Isocrates, Demonicus 44; M. Aurelius 11,18,9. See also P. GUTIERREZ, La paternité spirituelle selon Saint Paul, Paris 1965, 51 – 54, whose treatment, however, is too brief.

[66] This is, in fact, a shorthand description of paraenesis. See Seneca, epp. 94,48; 95,13 (*facienda et vitanda*); 94,50 (*hoc vitabis, hoc facies*).

[67] This is in keeping with the rhetorical rules for the use of historical examples. See, e. g. Trypho, περὶ τρόπων III 200,21 SPENGEL, παράδειγμά ἐστι τοῦ προγεγονότος πράγματος παρένθεσις καθ' ὁμοιότητα τῶν ὑποκειμένων πρὸς παραίνεσιν προτροπῆς ἢ ἀποτροπῆς ἕνεκεν. For other examples, see ALEWELL, op. cit. (n. 56), 24 ff. For the remembrance of the παράδειγμα, see Quintilian, inst. or. 5,11,6; Zeno, I 380,9 SPENGEL; Rufus, I 469,15 ff. SPENGEL.

[68] On rhetoric and epistolography, see H. PETER, Der Brief in der römischen Literatur, Abh. d. phil.-hist. Klasse d. Sächs. Ges. d. Wiss. in Leipzig 20, Leipzig 1901, 14 f., 18 ff.; E. BRINKMANN, Der älteste Briefsteller, Rh. Mus. 64 (1909), 310 – 317; H. RABE, Aus Rhetoren-Handschriften, ibid., 289; SCHMID – STÄHLIN, op. cit. (n. 13), 301 n. 8.781.825 (with bibliography); H. RÜDIGER, Briefe des Altertums, Zürich $^{2}$1965, 15 ff. According to Theon, Progymnasmata 10 II 115,22 SPENGEL, letter-writing was one of the exercises in προσωποποιΐα. For the place of epistolography in ancient rhetoric, together with the texts (and translation) dealing with epistolary theory, see A. J. MALHERBE, Ancient Epistolary Theorists, Ohio Journal of Religious Studies 5 (1977), 3 – 77 (a new edition is in SBL Sources for Biblical Study 19, Atlanta, Ga. 1988; References are to this edition).

to us under the names of Demetrius[69] and Libanius or Proclus[70] belong to rhetoricians who were concerned with the proper style of letters. The collections of sample letters which they provide are not model letters so much as they are samples of various styles. They provide a guide to the tone in which one was to write letters[71]. The samples also indicate that the intention of the writer was to be made clear, in keeping with rhetorical practice, by adopting in the letter a style appropriate to that intention. Hence a paraenetic letter would be written in a style appropriate to and characteristic of paraenesis.

By the first century A. D. the paraenetic letter was established as a form of hortatory address[72]. As could be expected from teachers of rhetoric, exhortation was analyzed and classified, and Demetrius gives us examples of the admonitory (νουθετητικός) and advisory (συμβουλευτικός) types[73]. Demetrius does not call the samples paraenetic, but some rhetoricians did[74]. In any case, Libanius knows of a παραινετικὴ ἐπιστολή in which "we exhort (παραινοῦμεν) someone, advising (προτρέποντες) him to pursue (ὁρμῆσαι) something, or to abstain (ἀφέξεσθαι) from something". He then gives the sample letter:

> ζηλωτὴς ἀεί, βέλτιστε, γίνου τῶν ἐναρέτων ἀνδρῶν· κρεῖττον γάρ ἐστι τοὺς ἀγαθοὺς ζηλοῦντα καλῶς ἀκούειν ἢ φαύλοις ἑπόμενον ἐπονείδιστον εἶναι τοῖς πᾶσιν[75].

The emulation of virtuous men stated in antithesis to following bad men belongs, as we have seen, to paraenetic style.

But see G. A. KENNEDY, Greek Rhetoric under Roman Emperors, A History of Rhetoric 3, Princeton, N. J. 1983, 70–73, for the view that letter writing was on the fringes of formal education and that instruction in it might have been given by experienced civil servants. See also STOWERS, Letter Writing (n. 47), 32–35.

69 Demetrii et Libanii qui feruntur τύποι ἐπιστολικοί et ἐπιστολιμαῖοι χαρακτῆρες, V. WEICHERT (ed.), Leipzig 1910; R. HERCHER, Epistolographi Graeci, Paris 1873, 1 ff. BRINKMANN, op. cit., dates the work in the period from the second century B. C. to mid first century A. D. – H. KOSKENNIEMI, Studien zur Idee und Phraseologie des griechischen Briefes bis 400 n. Chr., Annales Academiae Scientiarum Fennicae, Ser. B, 102,2, Helsinki 1956, 54 ff., followed by K. THRAEDE, Grundzüge griechisch-römischer Brieftopik, Zetemata 48, Munich 1970, 26, thinks a date in the second or third century A. D. to be more likely. See MALHERBE, Ancient Epistolary Theorists, 2–5.

70 HERCHER, op. cit., 6 ff.; pp. 30–41, 66–81 MALHERBE. The present form is probably to be dated in the 4th or 5th century A. D., although the material on which it is based is much older, cf. KOSKENNIEMI, op. cit., 56.

71 KOSKENNIEMI, op. cit., 62.

72 Thus already FURNISH, op. cit. (n. 45), 34 f.

73 Nos. 7 and 11 p. 3 HERCHER = pp. 34, 36 MALHERBE.

74 E. g. ps.-Libanius, ἐπιστολιμαῖοι χαρακτῆρες 1 p. 15,8 WEICHERT; p. 68 MALHERBE (on the paraenetic letter): ταύτην (sc. παραινετικήν) δέ τινες καὶ συμβουλευτικὴν εἶπον, οὐκ εὖ, παραίνεσις γὰρ συμβουλῆς διαφέρει.

75 No. 1 p. 8 HERCHER = No. 52 p. 74 MALHERBE.

Some of the letters of Seneca, Cicero and Pliny are paraenetic in nature and exhibit the characteristics of paraenesis which we have identified[76].

In his letters to Lucilius, Seneca frequently refers to models of conduct. Ep. 52,8 illustrates the antithetic way in which the model is used:

> "Let us choose ... from among the living, not (*non*) men who pour forth their words with the greatest glibness, turning out commonplaces (*communes locos*) ... but (*sed*) men who teach us by their lives, men who tell us what we ought to do (*quid faciendum sit*) and then prove it by their practice, who show us what we should avoid (*quid vitandum sit*), and then are never caught doing that which they have ordered us to avoid"[77].

Seneca's letters also contain many references to his own circumstances and conduct. Their ability to convince proceeds from the authoritative person of Seneca the teacher, who is conscious of the truth of what he writes[78]. He wishes his letters to be exactly what his conversation would be if he were with Lucilius[79]. His letters are only a substitute,

> "for the living voice and the intimacy of a common life will help you more than the written word. You must go to the scene of the action, first, because men put more faith in their eyes than in their ears, and second, because the way is long if one follows precepts (*praecepta*), but short and helpful if one follows examples (*exempla*)"[80].

[76] For papyrus letters classified according to the types given in the handbooks, see KOSKENNIEMI, op. cit. 61 f.; BRINKMANN, op. cit., 313 f.; WEICHERT, op. cit., XIX f.; B. OLSSON, Papyrusbriefe aus der frühesten Römerzeit, Uppsala 1925, 7–10. From epp. ad fam. 2,4,1; 4,3,1; 6,10, it would appear that Cicero knew of the different types, but whether he was indebted to the handbooks for the classification is a moot point, cf. KOSKENNIEMI, Cicero über die Briefarten, Arctos N. S. 1 (1954), 97–102. Cf. also HADOT, op. cit. (n. 51), 168 n. 32. For examples of some different types, see STOWERS, Letter Writing (n. 47).

[77] According to Seneca, ep. 11,8 f., the advice to choose a model originated with Epicurus.

[78] See W. TRILLITZSCH, Senecas Beweisführung, Deutsche Akad. d. Wiss. zu Berlin, Schriften der Sekt. f. Altertumswiss. 37, Berlin 1962, 69 f. Cf. Seneca, de vita beata 3,2.

[79] epp. 75,1 ff.; 40,1.

[80] ep. 6,5 f. W. GANSS, Das Bild des Weisen bei Seneca, Diss. Freiburg 1952, 94 ff., discusses the question raised in antiquity as to whether in fact there had been any ideal wise man. He points out that Seneca did believe that the ideal could be realized. On the question of the attainability of the ideal, see further A. J. MALHERBE, Pseudo Heraclitus, Epistle 4: The Divinization of the Wise Man, Jahrb. f. Antike u. Christ. 21 (1978), 54–56, and the basic study by U. KNOCHE, Der Philosoph Seneca, Frankfurt 1933, 14 ff. This questioning may explain the relative scarcity with which philosophers present themselves as models to be emulated. Seneca does so on occasion, cf. ep. 8,3, and it appears that Lucilius regarded Seneca as a model, cf. ep. 83,1 ff. Cf. also de ben. 5,19,8, and see TRILLITZSCH, op. cit., 26.35 f. For the function of Seneca's comments on himself in his letters, see HILDEGARD CANCIK, Untersuchungen zu Senecas Epistulae Morales, Spudasmata 18, Hildesheim 1967, II. Teil, and HADOT, op. cit., 174 ff.

Yet more is implied in referring to oneself as an example to be followed. Thus Pliny concludes a letter in which he had been describing his conduct:

> "I mention this, not only to enforce my advice by example (*ut te non sine exemplo monerem*), but also that this letter may be a sort of pledge binding me to persevere in the same abstinence in the future"[81].

The paraenetic function of remembrance also appears in the letters[82]. After extolling the value of personal examples, Seneca exclaims in ep. 11,9:

> "Happy is the man who can make others better, not merely when he is in their company, but even when he is in their thoughts! And happy also is he who can so revere a man as to calm and regulate himself by calling him to mind (*ad memoriam*)! One who can so revere another, will soon be himself worthy of reverence"[83].

These letters further reflect the awareness, common in paraenesis, that what is being inculcated is not new, and that no extended treatment of a subject is necessary – reminder suffices. Thus, for example, in Seneca, ep. 13,15[84]:

> "I am exhorting you far too long, since what you need is reminding rather than exhortation[85]. The path to which I am leading you is not different from that on which your nature leads you; you were born to such conduct as I describe[86]. Hence there is all the more reason why you should increase and beautify (*auge et exorna*) the good that is in you."

Cicero expresses this awareness by saying that there is no need for writing on the subject, ep. ad fam. 1,4,3, *ego neque de meo studio, neque de nonnullorum iniuria scribendum mihi esse arbitror*. Similarly, in ep. ad fam. 2,4,2, *quoniam mihi nullum scribendi argumentum relictum est ... in hanc sententiam scriberem plura, nisi te tua sponte satis incitatum esse confiderem*. Statements

[81] ep. 7,1,7. Cf. A. N. SHERWIN-WHITE, The Letters of Pliny, A Historical and Social Commentary, Oxford 1966, 42. Cf. also ep. 2,6,6, and for Pliny's use of examples, see H. P. BÜTLER, Die geistige Welt des jüngeren Plinius. Studien zur Thematik seiner Briefe, Bibl. d. Klass. Altertumswiss. N. F. 2,38, Heidelberg 1970, 88 ff.

[82] It is striking how often the themes of forgetting and remembering occur in the sample letters of the handbooks. KOSKENNIEMI, op. cit., 37, describing the philophronetic aim of the letter, points out that according to Aristotle τὸ συζῆν is necessary for φιλία. When that is lacking, friendship is forgotten (cf. eth. Nic. 8,5, 1157 b 20; 8,9, 1159 b 31; cf. pol. 3,5, 1280 b 38; eth. Nic. 8,5, 1157 b 10). The friendly letter is an attempt to overcome this danger by keeping remembrance alive. There is, nevertheless, a special, paraenetic function of remembrance.

[83] Cf. also Cicero, ep. ad fam. 2,1,2.

[84] TRILLITZSCH, op. cit., 71, referring to the words with which the letter begins, *multum tibi esse animi scio*, says: „*Gleichzeitig zeigen uns diese Worte schon, daß wir es hier wieder mit einem paränetischen Brief zu tun haben werden*". For other examples, see epp. 8,10; 99,32.

[85] See Pliny, ep. 8,14,1, quoted below.

[86] Cf. Epictetus, 1,24,1–6, "What is there left to discuss? Has not Zeus given you directions?"

such as these usually appear at the end of a letter[87]. It is also to be noted that their use by no means completely rules out the giving of advice[88]. These examples seem to indicate that it is the close relationship between the writer and the recipient as much as the traditional character of paraenesis that makes extended comment superfluous. Because of the philophronetic character of the letter a short note suffices[89]. The writer can assume that his friend already knows what he should be doing.

Coupled with that assumption is the advice that the recipients are to act in keeping with the knowledge that they already have, for example, Pliny, ep. 8,24,1:

> "The love I bear you obliges me to give you, not indeed a precept (for you are far from needing a preceptor), but a reminder *ut, quae scis, teneas et observes aut scias melius.*"

The conviction that the readers are already acting in keeping with what they know gives rise to the exhortation that they continue to do so[90]. This is sometimes expressed in the following manner, e.g. by Seneca, ep. 25,4, "But do you yourself show me (*te praesta*), as indeed you are doing (*ut facis*), that you are stout-hearted"[91], and by Ignatius, Pol. 1,2, πάντων ἀνέχου ἐν ἀγάπῃ, ὥσπερ καὶ ποιεῖς[92]. The imperative is also used without the adverbial phrase, but with other indications that the desired action is already taking place, for example, Seneca, ep. 1,1 f., *ita fac ..., fac, ergo, mi Lucili, quod facere te scribis.*

Against this background I now turn to consider I Thessalonians. Commentators disagree on whether Paul's main intention in writing the letter is fulfilled in the autobiographical chapters 1–3, in which the reassured Paul expresses joy over the Thessalonians, or in the paraenetic section, chapters 4 and 5. Based on the assumption that the two sections stand apart as to their content and intention, either option has been elected on the basis of the formal

87 But sometimes they also come at the beginning, cf. Pliny, ep. 8,24,1, or are scattered throughout the body, cf. Seneca, ep. 24,6.9.11.15; Cicero, ep. ad Quintum frat. 1,1,18.36.

88 Cf. Seneca, ep. 47,21. After a long discussion of the relationship between master and slave, Seneca concludes the letter: "I do not wish to delay you longer; for you need no exhortation."

89 Cf. Demetrius, de elocutione 231, φιλοφρόνησις γάρ τις βούλεται εἶναι ἡ ἐπιστολὴ σύντομος. But the rule is not absolute: In Cicero it is precisely his *benevolentia* (ep. ad fam. 6,3,1; 4,4) and his *amicitia* (ibid. 7,1,6) that are on occasion responsible for the length of his letters. In general, need seems to have determined the length of letters. Cf. THRAEDE, op. cit. (n. 69), 154 f.

90 Cf. Seneca, epp. 1,1; 5,1; 13,15; 24,16; Cicero, ep. ad Quintum frat. 1,1,8.

91 Cf. Cicero, ep. ad fam. 6,10b,4: *Quod quidem si facis, magnum fructum studiorum optimorum capis, in quibus te semper scio esse versatum; idque ut facias, etiam te hortor.*

92 For other paraenetic elements in Polycarp 1,2, see DALFEN, op. cit. (n. 64), 49. Similar expressions in Ignatius appear in Eph. 4 (ὅπερ καὶ ποιεῖτε), 8,1 (ὥσπερ οὐδὲ ἐξαπατᾶσθε), Rom. 2,1 (ὥσπερ καὶ ἀρέσκετε), Trall. 2,2 (ὥσπερ ποιεῖτε). These passages were already pointed to by N. A. DAHL, Anamnesis, Studia Theol. 1 (1947), 75 n. 4.1.

structure of the letter and sometimes on an understanding of paraenesis as consisting of *topoi* from traditional wisdom which stand by themselves and have nothing to do with the historical or literary contexts in which they appear. The studies by SCHUBERT and BJERKELUND on the form of I Thessalonians provide a convenient basis for examining the letter as a paraenetic letter.

SCHUBERT notes that at first glance the first thanksgiving period (1,2 ff.) appears to turn into a digression on Paul's relationship with the Thessalonians[93]. In fact, however, he points out, it does not. The theme of the first part of the 'digression' is clearly announced in 1,3 and is developed in 1,6 – 10, while the theme of the second is stated in 1,5b, a 'topic' sentence, and is developed in 2,1 – 12. From the point of view of form, function and content the 'digressions' are legitimate and constitutive elements of the Pauline thanksgiving. SCHUBERT is impressed by the unity given to 1,5 – 2,14 ff. by the ten occurrences of forms of γίνεσθαι, five in the first person plural, and five in the second person plural. This antithetical style, which he describes as an epistolary and not a literary or rhetorical style, exhibits Paul's interest in this section in his relationship with the Thessalonians. This antithesis actually characterizes the thanksgiving from beginning to end, i. e. from 1,2 to 3,13. The second thanksgiving, 2,13, is not an independent or complete thanksgiving, and its continuation in 2,13 – 16 is peculiar as to its form and content[94]. The third thanksgiving, 3,9 f. or rather, the second repetition of the thanksgiving construction, achieves a climactic effect through its fuller language. The prayer in 3,11 – 13 is explained as reflecting Paul's highly developed sense of form: It serves as a needed double climax to the long drawn out thanksgiving.

SCHUBERT thinks that the function of the thanksgiving in I Thessalonians is somewhat different from the usual function it performs in letters, which is to introduce the body of the letter, and to indicate the occasion for the letter it introduces[95]. The only structural peculiarity in I Thessalonians is its length, and its function cannot be radically different. Yet, in I Thessalonians the indication has grown into the full development of its contents. He thus concludes that the thanksgiving constitutes the main body of the letter. It contains all the primary information Paul wished to convey. Nothing else in the letter equals in importance the extensive and personal description of Paul's constant anxiety and longing desire for the Thessalonian church. According to this understanding 4,1 – 5,22, which is 'exhortation', constitutes the conclusion of the letter.

BJERKELUND[96], addressing himself especially to a partitioning theory of the Thessalonian correspondence proposed by SCHMITHALS[97], explains the

[93] op. cit. (n. 49), 16 – 20, for the form and content of the first thanksgiving.

[94] Ibid., 23 for the second and third thanksgivings.

[95] Ibid., 24 – 27. See P. T. O'BRIEN, Introductory Thanksgivings in the Letters of Paul, Suppl. to Nov. Test. 49, Leiden 1977, 141 – 166, who builds on SCHUBERT, but stresses that the paraenetic and didactic functions of the thanksgiving period should not be overlooked.

[96] op. cit. (n. 48), 125 – 138.

[97] W. SCHMITHALS, Die Thessalonicherbriefe als Briefkompositionen, in: Zeit und Geschichte. Dankesgabe an Rudolf Bultmann, Tübingen 1964, 295 – 315, further developed

structure of I Thessalonians in accordance with an εὐχαριστῶ-παρακαλῶ formula that he has isolated. He builds on SCHUBERT's identification of the thanksgiving period that begins in 1,2 and ends with the climax in 3,11–13, but disagrees with the claim that this constitutes the body of the letter. BJERKELUND sees the main stress of the letter as lying in the summons to perfection (παρακαλοῦμεν ... περισσεύητε μᾶλλον) in 4,1–2 (cf. παρακαλοῦμεν ... περισσεύειν μᾶλλον, 4,10b), which introduces the body of the letter, viz. 4,1–5,11. The thanksgiving serves as introduction. The summons to perfection presupposes that the Thessalonians know how they should conduct themselves, and they are already doing so. The occasion for writing was the coming of Timothy with the good report of the Thessalonians' positive attitude toward Paul. Paul now expresses his joy and urges them on to perfection. BJERKELUND finds analogies for the structure of the letter, in which exhortation is preceded by remembrance of a good relationship in the past, especially in royal correspondence.

These insights into the structure and intention of the letter, derived from form critical considerations, can be supplemented and in some respects corrected when the letter is seen as a paraenetic letter. To SCHUBERT's claim that the epistolary antithetic style in which forms of γίνεσθαι occur shows Paul's interest in stressing the close relationship which had been established between himself and the Thessalonians, one can add the ἀδιαλείπτως μνημονεύοντες of 1,3, which does not refer to Paul's prayer, but to his constant remembrance of the Thessalonians and their reception of the gospel. This no doubt exhibits the philophronetic character of the letter[98].

The καθὼς οἴδατε in 1,5 now serves to remind the Thessalonians of Paul's ministry to them[99]. The first of a number of occurrences of οἴδατε in the section (2,1.2.5.11), it further unites the section as a reminder of Paul's ministry (cf. μνημονεύετε, 2,9)[100]. The function of this remembrance, effected by οἴδατε, is not simply philophronetic, but more precisely paraenetic. It is as μιμηταί of Paul that the Thessalonians are called to remember, and this theme continues throughout the whole section. Paul is not at all conveying primary information as SCHUBERT claims[101]. As μιμηταί they already know the qualities he exhibited

in ID., The Historical Situation of the Thessalonian Epistles, in: Paul and the Gnostics, Nashville, Tennessee, 1972, 123–218 (= ID., Paulus und die Gnostiker, Hamburg-Bergstedt 1965, 89–158).

98 See n. 82.

99 Thus also DAHL, op. cit. (n. 92), 74.

100 Cf. also the combination in Acts 20,31–34, μνημονεύοντες ... αὐτοὶ γινώσκετε. J. MUNCK, Paul and the Salvation of Mankind, London 1959, 126 f. (= ID., Paulus und die Heilsgeschichte, Aarhus 1954, 119 f.) draws attention to statements in Paul introduced by εἰδότες (or οἴδαμεν) which are dogmatic propositions or at least crystallized traditional material. The paraenetic nature of some of the passages he refers to escaped him.

101 Also seen by H. VON CAMPENHAUSEN, Die Begründung kirchlicher Entscheidungen beim Apostel Paulus, Sitzungsber. d. Heidelb. Akad. d. Wiss., Phil.-hist. Kl., 1957, 2. Abh., Heidelberg 1957, 8 f. (= ID., Aus der Frühzeit des Christentums. Studien zur Kirchengeschichte des ersten und zweiten Jahrhunderts, Tübingen 1963, 34 f.).

and which they should emulate. In paraenetic style it suffices to remind them, a function performed by οἴδατε[102]. The use of μιμητής here and in 2,14 differs from all other New Testament occurrences in that Paul does not call his readers to become his emulators, but addresses them as people who had already become his followers in the matters at hand[103]. This again expresses Paul's satisfaction with them: they already exemplify to a degree the qualities they should have[104].

Paul's description of himself is therefore not to be viewed as a personal defense[105]. In keeping with his paraenetic intent, he reminds his μιμηταί of the qualities they should imitate in their model, and he does so in the antithetical style used by philosopher-preachers to describe themselves[106], a style that is appropriate to the paraenetic use of historical examples[107]: οὐ ... ἀλλά (2,1 f.), οὐκ ... οὐδέ ... οὐδέ ... ἀλλά ..., οὐχ ... ἀλλά (2,3 f.) ... οὔτε ... οὔτε ... οὔτε ... οὔτε ... οὔτε ... ἀλλά ..., οὐ ... ἀλλά (2,5 – 8). Viewed from the paraenetic perspective of the letter, it is significant that the two metaphors Paul uses to describe his work are those of father and nurse[108].

If this view, that 1,5b – 2,12 is basically a paraenetic reminder of the μιμηταί, is correct, it would be preferable to speak of the problematic section 2,13 – 16 as a continuation of the thanksgiving or as marking a progression in the thanksgiving. It again refers to the Thessalonians' reception of the gospel and of its ongoing effect, and of their being μιμηταί, the latter theme having been carried forward throughout the preceding section by the oft-repeated οἴδατε and by μνημονεύετε. But this time the readers are described as imitators of the churches in Judea who had suffered at the hands of the Jews[109]. Not too much should be made of this shift from Paul to the Judean

102 Cf. Seneca's *scis, scitis,* above, n. 53.

103 Cf. H. D. Betz, Nachfolge und Nachahmung Jesu Christi im Neuen Testament, Beiträge zur hist. Theologie 37, Tübingen 1967, 143 f.

104 Cf. 1,7 f., they have themselves already become a τύπος to others, their faith is known everywhere. For ὥστε μὴ χρείαν ἔχειν ἡμᾶς λαλεῖν τι, see below, nts. 122, 123.

105 This is argued at great length by Schmithals (n. 97), and forms the basis for J. E. Frame, A Critical and Exegetical Commentary on the Epistles of St. Paul to the Thessalonians, International Critical Commentary 37, Edinburgh 1912.

106 Malherbe, op. cit. (n. 33), and see further, below, pp. 296 – 98.

107 See n. 67.

108 See nts. 52 and 65. For this paraenetic form elsewhere in Paul, see I Cor. 4,14 – 17. For the significance of these images in Paul's psychagogy, see below, V. Ancient Psychagogy (pp. 301 – 304).

109 At this point I am unpersuaded by the formal arguments made by B. A. Pearson, I Thessalonians 2:13 – 16: A Deutero-Pauline Interpolation, Harvard Theol. Rev. 64 (1971), 88 ff. in support of his hypothesis that an interpolator used words and phrases from 1,2 ff. to provide a putative 'Pauline' framework of a new message. That 2:13 – 16 is an interpolation, is the minority position. Recent commentators who hold the view that the passage was an original part of Paul's argument include W. Marxsen, Der erste Brief an die Thessalonicher, Zürcher Bibelkommentare 11,1, Zürich 1979, 47 – 51; K. P. Donfried, Paul and Judaism: I Thessalonians 2:13 – 16 as a Test Case, Interpretation 38 (1984), 242 – 253; R. F. Collins, Studies on the First Letter to the Thessalonians,

churches as the model emulated. All kinds of models are referred to in paraenetic letters. Furthermore, it should be noted that in 2,15 Paul includes himself with those who had been persecuted by the Jews. Thus, even though he adduces a new historical example which his readers emulated, he himself remains in the picture. Although not as clearly as in the preceding section, the paraenetic element is present, even if only implicitly, in this section, the polemical digression notwithstanding. Digressions are, after all, frequent in paraenesis[110].

R. W. FUNK has described 2,17–3,13 as an apostolic *parousia*, i. e. a more or less discrete section in which Paul "(a) implies that the letter is an anticipatory surrogate for his presence, ... (b) commends the emissary who is to represent him in the meantime; and (c) speaks of an impending visit or a visit for which he prays." FUNK recognizes that *philophronesis, parousia, homilia* are basic motifs in the conception and form of the Greek letter, but sees Paul as according a greater significance to his presence[111]. Here I want only to draw attention to the pronounced philophronetic character of this section. Its similarity to the sample letter of friendship provided by Demetrius (p. 1f. HERCHER = 1 p. 32 MALHERBE) is striking:

> Εἰ καὶ πολύ σου διάστημα τυγχάνω κεχωρισμένος, τῷ σώματι μόνον τοῦτο πάσχω· σοῦ γὰρ οὐδέποτε δυνατὸν ἐπιλαθέσθαι με, οὐδὲ τῆς γεγονυίας ἡμῖν ἐκ παίδων ἀνεγκλήτου συναναστροφῆς. εἰδὼς δὲ ἐμαυτὸν τὰ πρός σε γνησίως διακείμενον καὶ πάντοτε τό σοι συμφέρον ἀπροφασίστως ὑπηρετήσαντα, τὴν αὐτὴν ὑπείληφα καὶ σὲ περὶ ἐμοῦ ἔχοντα γνώμην κατὰ μηδὲν ἀντερεῖν πρός με. καλῶς οὖν ποιήσεις πυκνότερον ἐπισκοπῶν τοὺς ἐν οἴκῳ, μή τινος ἔχωσι χρείαν, καὶ συμπαριστάμενος ἐν οἷς ἂν δέωνται καὶ γράφων ἡμῖν περὶ ὧν ἂν αἱρῇ.
>
> "Even though I have been separated from you for a long time, I suffer this in body only. For I can never forget you or the impeccable way we were raised together from childhood up. Knowing that I myself am genuinely concerned about your affairs, and that I have worked unstintingly for what is most advantageous to you, I have assumed that you, too, have the same opinion of me, and will refuse me in nothing. You will do well, therefore, to give close attention to the members of my household lest they need anything, to assist them in whatever they might need, and to write us about whatever you might choose."

BETL 66, Louvain 1984, 96–135; T. HOLTZ, Der erste Brief an die Thessalonicher, EKK 13, Neukirchen-Vluyn 1986, 96–113; and esp. T. BAARDA, "Maar de toorn is over hen gekomen", in: Paulus en de andere joden, T. BAARDA, H. JANSEN, S. J. NOORDA, J. S. Vos (eds.), Delft 1984, 15–74.

110 Cf. B. S. EASTON, Interpreter's Bible, XII, Nashville, Tennessee, 1957, 11. However, confidence in such an understanding of the section must be limited until polemical digressions in epistolary paraenesis have been examined in greater detail.

111 The Apostolic 'Parousia': Form and Significance, in: Christian History and Interpretation. Studies Presented to John Knox, W. R. FARMER et al. (edd.), Cambridge 1967, 250.266.

Klaus Thraede has directed attention to 2,17, which reminds him of the τύπος φιλικός[112]. He thinks that Paul owes the expression ἀπορφανισθέντες ... προσώπῳ οὐ καρδίᾳ to the παρών/ἀπών epistolary convention, but that he did not simply use the formula; as the paraphrase of ἀπορφανισθέντες for the colourless ἀπόντες indicates, he tailored it to his own needs[113]. The longing to see them, again expressed in 3,6 (ἐπιποθοῦντες) and 3,10 (δεόμενοι εἰς τὸ ἰδεῖν ὑμῶν τὸ πρόσωπον) is yet another example of the *Brieftopik*[114], as is ἔχετε μνείαν ἡμῶν ἀγαθήν in 3:6.

That the section is so strongly philophronetic does not mean that it is not paraenetic. It does largely deal with the historical circumstances of the letter, but in 3,3 f., immediately after mentioning Timothy's mission εἰς τὸ στηρίξαι ὑμᾶς καὶ παρακαλέσαι, the familiar paraenetic οἴδατε occurs twice. Furthermore, friendship and paraenesis are closely related. Thus Isocrates' Demonicus opens with remarks on friendship, and Cicero sees the various aspects of paraenesis as flourishing best among friends[115]. Seneca's paraenetic letters were written to his friend Lucilius, and friendship formed the basis of his advice to him[116]. Paul's use of the philophronetic style in this section is perfectly good paraenetic form.

I Thessalonians 1–3 thus exhibits the characteristics of a paraenetic letter. The description of the readers as μιμηταί, the theme of remembrance of what is already known, expressed by οἴδατε and μνημονεύετε, the description of Paul himself in antithetical style, the theme of *philophronesis*, all contribute to this conclusion. Seen thus, it is not correct to see the functions of chapters 1–3 and 4–5 as being different, the intention of the former being the imparting of information or the making of an apology, and the latter being purely paraenetic. As is the case with Seneca, Paul's *Selbstzeugnis* in the first part of the letter itself fulfils a paraenetic function.

Given the general acceptance of chapters 4 and 5 as paraenesis[117], it remains only briefly to point to certain features in them that may be illuminated by this investigation. As in the first three chapters, Paul also here reminds the Thessalonians, but whereas the reminders earlier were generally of the manner of Paul's conduct[118], here they are of specific teachings that the Thessalonians had received from him and therefore knew[119]. Compared to Seneca's *scis, scitis*, Paul's οἴδατε, especially when linked with καθὼς καὶ περιπατεῖτε (4,1),

112 op. cit. (n. 69), 95 ff.

113 E. Pax, Konvertitenprobleme im ersten Thessalonicherbrief, Bibel und Leben 13 (1972), 33, thinks the language of I Thessalonians is influenced by the Jewish *Konvertitensprache*. See also Id., Beobachtungen zur Konvertitensprache des ersten Thessalonicherbriefes, Studii Biblici Franciscani liber annuus 21 (1971), 220–261.

114 See also the examples expressing πόθος in Koskenniemi, op. cit. (n. 69), 174 f.

115 Cf. de officiis 1,58.

116 See Hadot, op. cit. (n. 51), 164–176.

117 For treatment and full bibliography, see O. Merk, Handeln als Glauben. Die Motivierungen der Paulinischen Ethik, Marburger theol. Studien 5, Marburg 1968, 45–58.

118 However, see 3,3 f.

119 Cf. 4,1.2.6.11; 5,2.

etc. reflects a much more positive relationship with his readers than that presupposed in the examples given by Seneca[120]. These reminders link the paraenesis to the period described in chapters 1 and 2. The example Paul set provided a basis for his exhortation. The Thessalonians are in fact to imitate Paul, even if that is not explicitly stated in the last two chapters of the letter[121].

Paul's statements περί ... οὐ χρείαν ἔχετε γράφειν ὑμῖν in 4,9 and περί ... οὐ χρείαν ἔχετε ὑμῖν γράφεσθαι in 5,1[122], function in the same way as Cicero's *neque de ... neque de ... scribendum mihi esse arbitror*[123]. There is no need for writing on a subject on which the readers are already well informed. These statements do at least two things: (1) They express confidence in the recipients, and (2) they do remind them of the major points of moral instruction that they should have in mind.

Finally, the conviction (?) that they are already doing what they are being exhorted to (καθὼς καὶ περιπατεῖτε, 4,1; καὶ γὰρ ποιεῖτε, 4,10; καθὼς καὶ ποιεῖτε, 5,11) finds its counterpart in Seneca's *ut facis* and Ignatius' ὥσπερ καὶ ποιεῖς[124], while the περισσεύειν μᾶλλον (4,1 f., cf 10b) that BJERKELUND has shown to be important, has its counterpart, to some degree at least, in Seneca's *auge et exorna*[125].

Should this attempt to see I Thessalonians as a paraenetic letter be convincing, it suggests that an examination of paraenesis from a broader perspective than has heretofore been the practice, may reap significant results elsewhere in the study of the New Testament.

## *IV. Description of the Wise Man*

The value of the moralists to illuminate the New Testament can further be illustrated by comparing statements from them with those in Paul where he describes his own work as a preacher. To illustrate, I begin with Paul's

[120] See above, nts. 53, 54, 55.

[121] Cf. 2,9 with 4,11. II Thessalonians 3,7 f. understands the practice in this way: δεῖ μιμεῖσθαι ἡμᾶς ... ἐργαζόμενοι ... ἵνα ἑαυτοὺς τύπον δῶμεν ὑμῖν εἰς τὸ μιμεῖσθαι ἡμᾶς. Whether II Thessalonians was written by Paul or not is unimportant at this point; it understands I Thessalonians correctly in this respect, even if the theological aspects of Paul's practice are not present. Cf. also Acts 20,31 – 34.

[122] 1,8, ὥστε μὴ χρείαν ἔχειν ἡμᾶς λαλεῖν should also be included here. For λαλεῖν as equaling γράφειν, see Demetrius, de elocutione 223 f.232, and Seneca, ep. 67,2. For the idea, cf. Isocrates, Philip 105, οὐδὲν οἶμαι δεῖν πλείω λέγειν.

[123] For similar constructions, see II Cor 9,1, περισσόν μοί ἐστιν τὸ γράφειν ὑμῖν; Epistle to Diognetus 2,10, περισσὸν ἡγοῦμαι καὶ τὸ πλείω λέγειν, and U. WILCKEN, Grundzüge und Chrestomathie der Papyruskunde, Leipzig – Berlin 1912, 238, II,4, περισσὸν ἡγοῦμαι διεξωδέστερον ὑμῖν γράφειν.

[124] See nts. 91 f.

[125] See nts. 84 ff.

description of his ministry in Thessalonica in I Thessalonians 2. Since Paul here presents himself as a model to be followed, one might expect the passage to reveal something of his self-understanding as preacher and teacher. That there are similarities in this passage to statements describing Cynics has long been recognized. DIBELIUS argued that the tone of the chapter, which on the surface appears to be an apology, is to be explained by the situations in which Paul found himself as a wandering preacher[126]. Without being forced by particular circumstances in Thessalonica, Paul found it necessary to distinguish himself from other preachers of his day. To illustrate his point, DIBELIUS brought into the discussion descriptions of wandering Cynics[127]. He has been followed in this[128], but a more extensive comparison can be made than has been done heretofore[129]. In particular, attention should be given to the differences among pagan popular philosophers, for it is precisely when that is done that their statements about themselves take on added significance, and that Paul's appropriation of their language becomes clear. In the absence of a detailed description of the similarities and contrasts between moral philosophers, I shall concentrate here on one passage that systematically describes the different kinds of philosopher-preachers, and then compare it with I Thessalonians 2[130].

[126] An die Thessalonicher I.II. An die Philipper, Tübingen ³1937, 7–11.

[127] Lucian, de morte Peregrini 13.16; dialogi mortuorum 10,8.9; piscator 31; Aelius Aristides, pro quatuorviris II 401 DINDORF; ps.-Diogenes, ep. 38; Epictetus, 3,22,13.

[128] E.g. by G. BORNKAMM, Faith and Reason in Paul, in: ID., Early Christian Experience, New York 1969, 45 n. 22 (= ID., Studien zu Antike und Urchristentum: Gesammelte Aufsätze, II, Munich 1963, 130 n. 22).

[129] This is not to claim that such comparisons have not been made. That the material is relevant, is well known, cf. K. DEISSNER, Das Sendungsbewußtsein der Urchristenheit, Zeitschr. f. syst. Theol. 7 (1930), 772–790; ID., Das Idealbild des stoischen Weisen, Greifswalder Univ.-Reden 24, Greifswald 1930, and the review by J. HAUSSLEITER in Deutsche Literaturzeitung 36 (1930), 1688–1691; K. H. RENGSTORF, Theol. Wörterb. z. NT I (1933), 408–412, s. v. Ἀπόστολος; W. SCHMITHALS, The Office of the Apostle in the Early Church, Nashville, Tennessee 1969, 111–114 (= ID., Das kirchliche Apostelamt, Göttingen 1961, 100–103). It is fair to say, however, that these studies give an inadequate picture of the situation. They tend to be based on Epictetus (and, in the case of DEISSNER, on Seneca), and do not sufficiently recognize the diversity of viewpoints held by moral philosophers. In more recent studies this pernicious tendency toward harmonization has increased, especially in the construction of a picture of the so-called θεῖος ἀνήρ: H. WINDISCH, Paulus und Christus, Leipzig 1934; L. BIELER, Θεῖος Ἀνήρ. Das Bild des 'göttlichen Menschen' in Spätantike und Frühchristentum, Vienna, I (1935), II (1936); H. D. BETZ, Lukian von Samosata und das Neue Testament. Religionsgeschichtliche und paränetische Parallelen, Texte u. Unters. zur Gesch. der altchristl. Lit. 76 = 5. Reihe, 21, Berlin 1961, 100–143; D. GEORGI, Die Gegner des Paulus im 2. Korintherbrief. Studien zur religiösen Propaganda in der Spätantike, Wiss. Monograph. zum Alten u. Neuen Test. 11, Neukirchen–Vluyn 1964. A welcome testing on the methodological level of the hypothesis has been begun by D. L. TIEDE, The Charismatic Figure as Miracle Worker, Missoula, Montana, 1972, and carried forward by C. R. HOLLADAY, *Theios Aner* in Hellenistic Judaism. A Critique of the Use of This Category in New Testament Christology, SBL Dissertation Series 40, Missoula, Montana 1977.

[130] For a more complete treatment, see MALHERBE, 'Gentle as a Nurse' (n. 38a).

In Oration 32,8 – 11 Dio Chrysostom first describes four types of philosophers whom he criticizes and then describes the ideal philosopher. Dio had been invited to deliver the address, and there is no need to assume that he is having to defend himself against specific charges that he was a charlatan[131]. Yet he is aware of the suspicion of the crowd, and he sets out to make clear what kind of preacher he in fact is[132].

Dio first mentions the resident philosophers (32,8), some of whom do not appear in public at all, perhaps because they despair of improving the masses[133], while others confine themselves to lecture halls, addressing only men who are likely to agree with them[134]. From what he says elsewhere, it appears that he considers them useless (ἀνωφελεῖς) and unwilling to enter the ἀγών of life[135]. The next type he mentions is the so-called Cynics (32,9) who play to the crowd. They are the sort satirized by Lucian. They deceive (πλανᾶν, ἀπατᾶν) by their flattery (κολακεύειν, θωπεύειν)[136]. Such behaviour called forth the derision commonly directed at the Cynics, charging them that they were only concerned for their own δόξα, ἡδονή and χρήματα, and that they would

131 See Or. 12; 33 and 35, in the proemia of which he also speaks of his relationship to his audience. On these discourses, see H. von Arnim, Leben und Werke des Dio von Prusa, Berlin 1898, 438 f.460 ff., and W. Elliger, Dion Chrysostomos: Sämtliche Reden, Zürich 1967, XVI. W. Weber, Eine Gerichtsverhandlung vor Kaiser Traian, Hermes 50 (1915), 78 f. dates Or. 32 between A. D. 108 – 112. For a modification of what is presented here, see P. Desideri, Dione di Prusa, Messina – Florence 1978, 150 – 152.

132 Cf. Or. 12,1.8 f.15; 13,11; 34,1 – 3; 35,2.5.6, and see Friedländer, op. cit. (n. 13), 301 ff. for the reactions of different classes of people to philosophers. Given the situation described by such writers as Lucian, the suspicion was justified. Cf. R. Helm, Lucian und die Philosophenschulen, Neue Jahrbb. f. d. klass. Altertum 9 (1902), 351 – 369; C. P. Jones, Culture and Society in Lucian, Cambridge, Mass. 1986, 24 – 32; D. Clay, Lucian of Samosata: Four Philosophical Lives (n. 61); H. G. Nesselrath, Kaiserzeitlicher Skeptizismus in platonischem Gewand: Lukians 'Hermotimos', in: ANRW II.36.5, W. Haase (ed.), Berlin – New York 1992, 3451 – 3482.

133 For the type, see von Arnim, op. cit., 445 ff.; Friedländer, op. cit., 335 f.338 f.; Nock, op. cit. (n. 58), 178 f.296; S. Dill, Roman Society from Nero to Marcus Aurelius, London 1904, 289 – 333; Sevenster, op. cit. (n. 18), 15 ff.

134 For this type, see von Arnim, op. cit., 446 ff.; Friedländer, op. cit., 339.

135 Cf. Or. 32,20 – 24. On ὠφέλεια as motivation of the Cynics, see G. A. Gerhard, Phoinix von Kolophon, Leipzig – Berlin 1909, 33 f.36.39. On the ἀγών, see V. C. Pfitzner, Paul and the Agon Motif, Traditional Athletic Imagery in the Pauline Literature, Novum Testamentum Suppl. 16, Leiden 1967, esp. 16 – 37, and A. J. Malherbe, The Beasts at Ephesus, Journ. of Bib. Lit. 87 (1968), 74 ff. (= Id., Paul and the Popular Philosophers, Minneapolis 1989, 79 – 89).

136 ἀπάτη is the more common of the two terms used among the Cynics, but they are also used interchangeably, cf. Dio, Or. 4,33,35. C. P. Jones, The Roman World of Dio Chrysostom, Cambridge, Mass. 1978, 37, 171 n. 12, suggests that ἀπάτη means “diversion”. For πλάνη, cf. also W. Crönert, Kolotes und Menedemos, Studien zur Palaeographie u. Papyruskunde 6, Munich 1906, 36; Euripides, Rhadam. Fr. 659 p. 566 Nauck, and Hippocrates's description of certain philosophers as ἐξαπάται, de victu 24,8 vol. VI p. 496 Littré. On deceit and flattery, cf. Dio, Or. 48,10 and O. Ribbeck, Kolax. Eine ethologische Studie, Abhandl. d. philol.-hist. Klasse d. Sächs. Akad. d. Wiss. in Leipzig 9, Leipzig 1883.

use any means that would gratify their appetites[137]. The third type Dio takes to task is those philosophers who put on rhetorical displays by making epideictic speeches for their own profit rather than to benefit their hearers (32,10)[138].

Before describing his ideal, Dio upbraids men of yet another type. They are the ones who do speak with παρρησία, that boldness of speech with which the philosopher lays bare the shortcomings of his hearers in order eventually to improve them[139], but they do so ἐνδεῶς, οὐδ' ὡς ἐμπλῆσαι τὰς ἀκοὰς ὑμῶν οὐδ' ὥστε διατελέσαι λέγοντες, ἀλλὰ ἓν ἢ δύο ῥήματα εἰπόντες, καὶ λοιδορήσαντες μᾶλλον ἢ διδάξαντες ὑμᾶς, κατὰ σπουδὴν ἀπίασιν. This type of speaker, who confused λοιδορία with παρρησία, was a common sight in Imperial times, and figured in the discussion of how a philosopher's outspokenness should be tempered[140]. As humane a person as Dio held that the philosopher should be harsh when the situation demanded[141], but he adapted his teaching to his hearers' condition and needs, giving individual attention to them, always with the aim of benefiting them[142]. They might scorn him, ὁ δὲ οὐκ ὀργίζεται πρὸς αὐτοὺς οὐδ' ἔχει χαλεπῶς, ἀλλ' ἔστιν, οἶμαι, καὶ πατρὸς εὐνούστερος ἑκάστῳ καὶ ἀδελφῶν καὶ φίλων[143]. Charlatans also were abusive, but for different reasons[144], and frequently departed posthaste before they were attacked for

137 For the reproach they brought on philosophy, see Lucian, fug. 21; pisc. 34; Julian, or VII 225a f. On achieving no good because of a softened message, see Dio, Or. 33,10.15. On the joining of φιλόδοξος, φιλήδονος and φιλοχρήματος, see GERHARD, op. cit., 58 ff. 87 f.

138 Among them were the κιθαρῳδοὶ Κυνικοί, a breed Dio considered a peculiarly Alexandrian phenomenon (cf. 32,62.68). On this assessment of the rhetoricians, see Or. 2,18; 4,35 ff.; 12,10; 33,1–6.23; 35,1.9 f. For this type, see FRIEDLÄNDER, op. cit. 345 ff.

139 On παρρησία, see H. SCHLIER, Theol. Wörterb. z. NT, V (1954), 869–884, s. v. παρρησία, and esp. E. PETERSON, Zur Bedeutungsgeschichte von παρρησία, Reinhold Seeberg Festschrift, Leipzig 1929, 283–297. See also D. FREDRICKSON (n. 277).

140 For the harshness of the Cynics, see esp. GERHARD, op. cit., 67 ff. 165 ff., and ID., Zur Legende vom Kyniker Diogenes, Arch. f. d. Religionswiss. 15 (1912), 388–408. The type led to Timon the misanthrope being remembered as a Cynic, see F. BERTRAM, Die Timonlegende. Eine Entwicklungsgeschichte des Misanthropentypus in der antiken Literatur, Heidelberg 1906, 33, n. 1.38.40 ff. On the harsh Cynics, see MALHERBE, Medical Imagery in the Pastoral Epistles (n. 38a) (= ID., Paul and the Popular Philosophers, 121–36), and on the diversity of the Cynics, ID., Self-Definition among Epicureans and Cynics, in: Jewish and Christian Self-Definition, Vol. III, B. F. MEYER and E. P. SANDERS (eds.), Philadelphia 1983, 46–59, 192–197.

141 Cr. Or. 32,19 ff. 27.33; 33,7.11 ff.

142 Or. 77/78,38. On giving individual attention, see n. 161.

143 Or. 77/78,42.

144 They hoped in this way to secure the admiration of the masses, cf. Lucian, vit. auct. 10 f.; Epictetus, 2,22,28 ff.; 3,22,50 f.; 4,8,34. See also Aelius Aristides II p. 401 DINDORF, οὗτοι γάρ εἰσιν οἱ τὴν μὲν ἀναισχυντίαν ἐλευθερίαν νομίζοντες, τὸ δ' ἀπεχθάνεσθαι παρρησιάζεσθαι, τὸ δὲ λαμβάνειν φιλανθρωπεύεσθαι, and on this often cited passage, see J. BERNAYS, Lukian und die Kyniker, Berlin 1879, 38.100 ff.; FRIEDLÄNDER, op. cit., 306 ff.; and esp. E. NORDEN, Beiträge zur Geschichte der griechischen Philosophie, Jahrb. f. class. Philol., Suppl. 19,2, Leipzig 1893, 404 ff., and A. BOULANGER, Aelius Aristide et

having aroused the ὕβρις of the mob[145]. Some Cynics with a pessimistic view of mankind thought that people could only be improved through the most abusive scolding[146]. A reaction set in against the harshness of such preaching[147], and stress came to be placed on the need for gentleness. On occasion the harshness of a certain kind of παρρησία (frequently described by βάρος and cognates)[148], is contrasted to gentle speech like that of a nurse who knows her charges[149].

After thus describing the different kinds of philosophers, Dio describes the ideal in negative antithetical formulations designed to distinguish himself from them (32,11 f.):

> "But to find a man who with purity and without guile speaks with a philosopher's boldness (καθαρῶς καὶ ἀδόλως παρρησιαζόμενον), not for the sake of glory (μήτε δόξης χάριν), not making false pretensions for the sake of gain (μήτ' ἐπ' ἀργυρίῳ), but (ἀλλ') who stands ready out of good will and concern for his fellowman, if need be, to submit to ridicule and the uproar of the mob – to find such a man is not easy, but rather the good fortune of a very lucky city, so great is the dearth of noble, independent souls, and such the abundance of flatterers (κολάκων), charlatans and sophists. In my own case I feel that I have chosen that role, not of my own volition, but by (οὐκ ἀπ' ... ἀλλ' ὑπό) the will of some deity. For when divine providence is at work for men, the gods provide, not only good counsellors who need no urging, but also words that are appropriate and profitable to the listener."

Paul's description of his own ministry in I Thessalonians 2 has marked similarities both as to its form and content to Dio's description of the ideal philosopher. Paul claims that his sojourn in Thessalonica had not been empty (εἴσοδος ... οὐ κενή). On the contrary (ἀλλά), despite having experienced violence (ὑβρισθέντες) in Philippi, he spoke boldly in God (ἐπαρρησιασάμεθα ἐν τῷ θεῷ) in a great struggle (ἐν πολλῷ ἀγῶνι) to the Thessalonians (2,1 f.). He did not

la sophistique dans la province d'Asie au 2° siècle de notre ère, Bibl. des Ecoles franç. d'Athènes et de Rome 1,126, Paris, 1923, 249 ff. See further, MALHERBE, Medical Imagery in the Pastoral Epistles (n. 38a).

145 For the threat of the mob, see Dio, Or. 32,20.24.29.74; 34,6; Gnom. Vat. 352; ps.-Diogenes, ep. 45.

146 Their low view of mankind appears most clearly in some of the Cynic letters, e. g. ps.-Heraclitus, epp. 2; 4; 5; ps.-Diogenes, epp. 27; 28. ps.-Hippocrates, epp. 17; 28. On these letters, see R. HELM, Lucian and Menipp, Leipzig – Berlin 1906, 90 f.; WENDLAND, Philo und die kynisch-stoische Diatribe, 38 f.; GERHARD, Phoinix von Kolophon 67 f., 156 ff., 165 ff., 170 ff.; Hippocrates: Pseudepigraphic Writings, W. D. SMITH (ed.), Studies in Ancient Medicine 2, Leiden 1990, 20 – 32.

147 GERHARD, op. cit., 39 ff.

148 E. g. Maximus Tyrius, Or. IV p. 43,17 ff. HOBEIN; Plutarch, quomodo adulator 59C; 72A.

149 See Plutarch, op. cit. 69 B. C., and cf. Maximus Tyrius, op. cit.; ps.-Diogenes, ep. 29,4.5; Dio Chrysostom, Or. 4,73 ff.; 33,10.

speak out of error (οὐκ ἐκ πλάνης), was not motivated by impurity (οὐκ ἐξ ἀκαθαρσίας), did not speak with guile (οὐδὲ ἐν δόλῳ), but (ἀλλά) spoke as he had been entrusted by God to speak, not (οὐ) to please men, but (ἀλλά) God. He did not at any time flatter (οὔτε γάρ ποτε ἐν λόγῳ κολακείας), or use a cloak for greed (ἐν προφάσει πλεονεξίας), nor seek glory (οὔτε ... δόξαν) from anyone, though as an apostle he could have made his weight felt (δυνάμενοι ἐν βάρει εἶναι). Yet he was gentle as a nurse with her own children (ἀλλὰ ἐγενήθημεν ἤπιοι ἐν μέσῳ ὑμῶν, ὡς ἐὰν τροφὸς θάλπῃ τὰ ἑαυτῆς τέκνα, 2,3–7). He was prepared to share with them not only (οὐ μόνον) his message, but (ἀλλά) himself (2,8). As a father with his children he worked with each one individually (ἕνα ἕκαστον ὑμῶν ὡς πατὴρ τέκνα ἑαυτοῦ, 2,11). They received his message, not (οὐ) as a message of men, but (ἀλλά) as what it really is, a message from God (2,13).

These striking similarities between Dio and Paul lend support to DIBELIUS's view that Paul is not here defending himself against specific charges that had been made against him in Thessalonica. But we must go further than that. Just as Dio is saying something positive about himself against the background of the false philosophers, so is Paul. As I have attempted to show, he is presenting himself as a model to be emulated, and he does so in terms remarkably similar to those with which Dio describes himself. This suggests that what must still be done is to compare the self-understanding of Paul and Dio (and other philosophers who use the same kind of language to describe themselves). Pointing to the similarities on the surface, as has been done here, will not suffice. More attention must still be paid, in this case, to both Dio and Paul[150].

It is especially in his Corinthian correspondence that Paul describes himself or his own ministry in terms derived from his philosophic counterparts. I draw attention here to ways in which Paul describes himself in these letters.

An important literary device used in describing the understanding or self-understanding of the ideal sage is the catalogue of vicissitudes, the so-called *peristasis* catalogue. J. T. FITZGERALD has recently studied the nature of such lists and the ways they functioned in the philosophical literature and in Paul's Corinthian correspondence (e.g. 1 Cor. 4,7–13; 2 Cor. 4,7–12; 6,3–10)[150a]. By detailing the wise man's hardships, the moral philosophers established him as a reliable guide for people in their moral development. The lists in which they did so functioned in various ways, which FITZGERALD also finds, *mutatis mutandis*, in Paul. They show the sage's experiences as part of a divine scheme

150 The greatest caution should be exercized not to assume that Dio and Paul understood the terms they used in the same manner. Cynics did not always use the terms in the same way among themselves. For the sophistication with which Paul used such traditions, particularly in polemic and apologetic, see H. D. BETZ, Der Apostel Paulus und die sokratische Tradition, BHT 45, Tübingen 1972; MALHERBE, Antisthenes and Odysseus (n. 38a).

150a J. T. FITZGERALD, Cracks in an Earthen Vessel (n. 38a). See also M. EBNER, Leidenslisten und Apostelbrief: Untersuchungen zu Form, Motivik und Funktion der Peristasenkataloge bei Paulus, Forschung zur Bibel 56, Würzburg 1991.

in which the divine exhibits him as a model; his acquisition of virtue in face of the hardships he endures is the result of his own effort rather than a matter of luck; and his hardships distinguish him from people who only pretend to be philosophers, and from his opponents. Throughout, there is a concern with power, whether derived from philosophy, the sage's own mind, or the divine, which justifies the wise man's praise of himself. Paul's lists of hardships, according to FITZGERALD, "take us to the center of Paul's understanding of God and his own self-understanding, yet anchor him in the culture and conventions of his time"[150b].

This is an appropriate place to return to the matter of parallels. A methodological advance in FITZGERALD's work is that a phenomenon in one Christian author's work is not superficially compared with what are thought to be *the* philosophic parallels[150c], or with *one* philosopher, as SEVENSTER did with Paul and Seneca. To have done either would, on the one hand, have attenuated the differences between the philosophers, and, on the other, narrowed the focus too narrowly to only one person who may or may not have been significant to the context in which Paul lived. Furthermore, either approach tends to lead to recording 'parallels' without really discovering how the persons under consideration engaged the issues of interest to themselves, in this instance, how they understood themselves and their philosophic task. And, when we remain on the level of parallels, any correspondence found between the two entities compared tends to be limited to words or turns of phrase, and is explained in terms of derivation, usually the Christian deriving a particular item from pagans, but then radically changing it. The reasons for stressing these differences in usage or meaning are various, ranging from theological presupposition through narrowness of education which makes a world other than the one we are expert in look strange to us, to the simple fact that although some things may sound the same, they sometimes actually do mean something quite different to different writers[150d].

The problems associated with hunting for parallels is accentuated when we speak of someone, say Paul, and his 'background'[150e]. The next step is then to think of Paul as taking things from his 'background' and adapting them to his own circumstances or purposes. It is potentially fruitful, and certainly more realistic, to place Paul in the context of discussions about the

[150b] Ibid., 207.

[150c] As is done by K. DEISSNER, Das Sendungsbewußtsein der Urchristenheit, Zeitschrift f. syst. Theologie 7 (1930), 772–90, still the most useful discussion.

[150d] See, e.g., L. T. JOHNSON, Taciturnity and True Religion: Jas. 1,26–27, in: Greeks, Romans, and Christians: Essays in Honor of Abraham J. Malherbe, D. L. BALCH, E. FERGUSON, W. A. MEEKS (eds.), Minneapolis 1990, 329–39.

[150e] See J. M. ROBINSON in: ROBINSON and H. KOESTER, Trajectories through Early Christianity, Philadelphia 1971, 8–19 ('From 'Background' to 'Trajectories'') (= ID. in: IID., Entwicklungslinien durch die Welt des frühen Christentums, Tübingen 1971, 8–19). Although his indictment that the world through which early Christianity moved has erroneously been conceptualized as strangely immobile or static does not fairly describe the classical scholarship I know, his argument on 'background' is to the point.

matters in which we are interested. The point is that in doing so we would focus on more than certain words, and would discover that the philosophers agreed with each other on some matters and disagreed on others, just as Paul agreed with some of them on some matters and disagreed on others. SEVENSTER's discovery of the differences between Paul's and Seneca's views therefore does not surprise; it is exactly what one would expect. But the differences would likely have been ameliorated, had SEVENSTER brought other contemporaries or near-contemporaries to Paul and Seneca into the comparison. As it is, dissimilarity as the decisive criterion in comparison does not enrich our understanding of Paul.

An approach of the sort I suggest is made easier when an identifiable tradition is used by people who share a basic, self-orienting goal, for example, a commitment to help people better themselves, but who differ in their own self-understandings and the consequences thereof for the ways in which they go about their shared task. I have attempted to follow this approach in examining Paul's use of military metaphor in 2 Cor. 10,1–6 in light of a tradition that goes back to Antisthenes[150f].

Antisthenes used military imagery in two ways: of the rational faculties which are the wise man's fortifications, and, as exemplified in Odysseus, who was the prototype of people who wished to benefit others, of the philosopher's simple garb as his only weapons. The former became popular with the Stoics, who described the self-sufficient philosopher as secure within the fortifications of his reason. Cynics used the latter, of the philosopher's dress, to express their self-understanding, and in doing so showed how they differed among themselves. Rigoristic Cynics hostile to the Antisthenic tradition claimed that their simple dress was the weapons of the gods with which they drove away those who would corrupt them and distinguished themselves from their opponents. Cynics of moderate bent, on the other hand, identified with Odysseus, clad in rags and suffering humiliation, in order to save people. For both types of Cynic, the humble dress was a symbol for their disposition and demeanor.

In 2 Cor. 10,3–6 Paul uses the Antisthenic tradition in a way that shows his familiarity with the way in which the philosophers used it to express their self-understanding. He describes his opponents in the language of the lofty Stoic, and shares with the mild Cynic the value he attaches to his own humble demeanor and manner of life, but then he describes that demeanor as God's weapons, an image he derived from the rigoristic Cynics. Clearly, Paul is not facilely using images he had picked up. The way he uses the images shows that he understood them to deal with one's self-understanding, an issue of

[150f] Antisthenes and Odysseus and Paul at War, Harv. Th. R. 76 (1983), 143–73 (= ID., Paul and the Popular Philosophers, 91–119). See already H. D. BETZ, Der Apostel Paulus und die sokratische Tradition: Eine exegetische Untersuchung zu seiner 'Apologie' 2 Kor. 1–13, BHTh 45, Tübingen 1972. According to H. FUNKE, Antisthenes bei Paulus, Hermes 98 (1970), 459–71, Paul had already in 1 Cor. 9,24–27 made us of Antisthenes.

paramount importance in the conflict between himself and his Corinthian adversaries.

Why does Paul use these particular images only here? Probably because it was his opponents who had introduced the imagery when they described him as weak, lowly, and vacillating, a preacher like Odysseus who constantly looked to God for help. So, it was not only the Stoics and Cynics, but also Paul's opponents who constituted the context of his self-defense. Such a situation cannot be grasped adequately by operating simply with a notion of parallels. What we have to do with, rather, is a situation in which a rich diversity of proclaimers were about, who were called upon to explain and defend themselves[150g]. Paul was part of that scene; he had to address the questions his behavior raised, and he did so creatively in terms that belonged to the discussion.

## V. *Ancient Psychagogy*

The constant attention philosophers devoted to their followers' intellectual, spiritual, and moral growth resulted in a well developed system of care known as psychagogy[151]. This system included what today is meant by spiritual exercises, psychotherapy, and psychological and pastoral counseling[152]. Epicurus, especially, stressed the need for this kind of care, and a major source for our knowledge of it is a speech on the subject by the Epicurean Zeno of Sidon, preserved by his student Philodemus (first cent. B. C.)[153]. By the first

150g It is the merit of D. GEORGI's work that it has firmly lodged the point that Paul had to compete with many other preachers: Die Gegner des Paulus im 2. Korintherbrief: Studien zur religiösen Propaganda in der Spätantike, WMANT 11, Neukirchen-Vluyn 1984. The precision with which the attempt is made to differentiate between the Christian preachers is absent from his treatment of Paul's contemporaries.

151 What follows is treated in detail in A. J. MALHERBE, Paul and the Thessalonians: The Philosophic Tradition of Pastoral Care, Philadelphia 1987. See also ID., 'Pastoral Care' in the Thessalonian Church, NTS 36 (1990), 375–91; S. K. STOWERS, Paul on the Use and Abuse of Reason, in: Greeks, Romans, Christians (n. 150d), 253–86; C. C. GLAD, Adaptability in Epicurean and Early Christian Psychagogy, Ph. D. Diss. Brown Univ. 1991.

152 Still basic is RABBOW, Seelenführung (n. 58). See also HADOT, Seelenleitung (n. 51); E. DES PLACES, Direction spirituelle, I. Dans l'antiquité classique, Dictionnaire de Spiritualité 3 (1957), 1002–1008; H. G. INGENKAMP, Plutarchs Schriften über die Heilung der Seele, Hypomnemata 34, Göttingen 1971; P. HADOT, Exercises spirituels et philosophie antique, Paris 1981, 13–70, esp. for bibliography; R. J. NEWMAN, *Cotidie meditare*. Theory and Practice of the *meditatio* in Imperial Stoicism, in: ANRW II.36.3, W. HAASE (ed.), Berlin – New York 1989, 1473–1517; T. BONHOEFFER, Ursprung und Wesen der christlichen Seelsorge, Beiträge zur evangelischen Theologie 95, Munich 1985, esp. 53–85.

153 A. OLIVIERI, Philodemi Περὶ Παρρησίας, Leipzig 1914, on which see N. W. DE WITT, Organization and Procedure in Epicurean Groups, Class. Philology 31 (1936), 205–211; M. GIGANTE, Philodème: Sur la liberté de parole, Actes du VIII^e Congrès, Assoc.

century A. D., however, elements of the system were widely used, for example by the Stoics Epictetus, Seneca and Dio Chrysostom, and by the Platonist Plutarch[154].

Conversion to philosophy required a radical reorientation entailing social, intellectual, and moral transformation or readjustment which often resulted in confusion, bewilderment, and sometimes depression[155]. Philosophic teachers therefore took great pains to analyze the conditions of their followers in order to treat them appropriately and effectively[156]. Such analysis took into consideration not only the strain in social relationships brought about by commitment to a new way of life[157], but also the psychological traits of different persons[158]. From incisive analysis could proceed effective παρρησία, a proper understanding of which recognized that both the teacher and the disciple had responsibilities[159]. Basic to the enterprise was a relationship of respect and trust: The teacher demonstrated his goal of benefiting or helping his listeners by exemplifying the principles he taught and providing them a measure of security; the students respected their teacher and emulated him[160].

Within this relationship the philosopher's speech is highly nuanced. He will be careful to select the right moment to speak, whether publicly or privately, to groups or individuals, mostly preferring to take someone aside[161]. His instruction will always be adapted to the conditions of those he wishes to benefit, and will thus vary. On one occasion he may persuade and exhort, on another abuse and reproach, on yet another comfort, always adapting his speech just as a physician does his cure to the disease[162].

Guillaume Budé, Paris 1969, 196 – 217; M. R. Riley, The Epicurean Criticism of Socrates, Phoenix 34 (1980), 63 – 66; cf. T. Dorandi, Filodemo: gli orientamenti della ricerca attuale, ANRW II.36.4, W. Haase (ed.), Berlin – New York 1990, 2348 and E. Asmis, Philodemus' Epicureanism, ibid., 2393 – 2394. The most recent extensive discussion is by Glad (n. 151).

154 See B. L. Hijmans, ASKESIS: Notes on Epictetus' Educational System, Assen 1959; Dio Chrys., Or. 77/78; Hadot, Seelenleitung (n. 51); Plut., de recta ratione audiendi; quomodo adulator ab amico internoscatur; de profectibus in virtute.

155 See Malherbe, Paul and the Thessalonians (n. 151), 36 – 43.

156 For Epicurus, see Seneca, epp. 52,3; cf. 94,50 – 52; 95,36; Cicero, Tusc. disp. 4,32; cf. Hadot, Seelenleitung (n. 51), 155 ff.

157 E. g. Epict. 1,22,18 f.; Plut., de prof. in virt. 77EF, 78A – C; Philod., Περὶ Παρρησίας XXIIa.

158 See Philod., Περὶ Παρρησίας 2, 7, 8, 10, 38, 59, 86. It is important to create in the listeners a disposition to be benefited: 13, 66, 79, Ia.

159 E. g. Philod., Περὶ Παρρησίας 8, 18, 36, 41, 44, 61, 67; Plut., de prof. in virt. 80B – F, 84E.

160 Musonius Rufus, Fr. 11; Seneca, epp. 6,5 f.; 11,8 – 10; 25,5 f.; 52,8 – 10; 94,55 – 59; Lucian, Nigrinus 6 f., and on the whole subject, see Fiore, The Function of Personal Example (n. 38a).

161 Cf. Dio Chrys., Or. 77/78,38; Plut., de recta ratione audiendi 43E – 44A; quomodo adulator 70D – 71D; Apollonius of Tyana, Ep. 10; Philo, de decal. 36 – 39, and see Rabbow, Seelenführung (n. 58), 272 – 279; Hadot, Seelenleitung (n. 51), 64 – 66.

162 See Malherbe, Medical Imagery (n. 38a) and esp. Id., 'In Season and Out of Season' (n. 38a). Also useful are M. Gigante, Philosophia medicans in Filodemo, Cronache

It is to be expected that the writings of the New Testament, which to a considerable degree aim at the moral formation of individuals as well as communities, would reflect an awareness of these practices. This material has not sufficiently been brought into the social description of the founding and formation of the earliest Christian communities[163], but a beginning has been made.

It is ironic, in view of their modern designation as the "Pastoral Epistles", and their frequent utilization of traditions from the moral philosophers, that the letters bearing the names of Timothy and Titus as addressees offer advice that flies in the face of ideal psychagogy. For example, in II Timothy 4:2, the reader is commanded, ἐπίστηθι εὐκαίρως ἀκαίρως, which rejects the traditional advice to determine the right καιρός to speak and to adapt one's speech to the circumstances and conditions addressed.[164] Furthermore, in these letters there is no room for private instruction; exhortation is to take place in public for all to hear[165]. The situation reflected is one in which an established church is being subverted by interlopers who have found entrance into private homes. To counter this strategy, the author describes the heretics as beyond cure, and, implicitly, as virtually beyond the methods of care used with people who can still be corrected.

The situation is quite different with I Thessalonians, which was written within a matter of months after Paul had founded the church. The letter reveals that in his founding and nurturing of a church, Paul followed the methods of the moral philosophers. Like converts to philosophy, the Thessalonian Christians also assumed their new way of life with mixed emotions (I Thess. 1:6), suffered grief (4:13) and distress (3:3), redefined their social relationships (4:3–12), and were in need of further instruction (3:10). Paul had presented himself as a model to be imitated (1:6, cf. II Thess. 3:7–10). In his pastoral work he had been as gentle as a nurse (2:7), and, like a father, had given attention to his converts individually (ἕνα ἕκαστον ὑμῶν, 2:11) and varied his speech to include exhortation, encouragement and firm direction (παρακαλοῦντες ὑμᾶς καὶ παραμυθούμενοι καὶ μαρτυρόμενοι, 2:11). In keeping with the long tradition of consolation literature, he had alerted them to the difficulties they would experience (3:1–5)[166].

Separated from the Thessalonians, Paul had sent Timothy to strengthen them (3:1–5) and, it would appear, determine whether they still remembered

Ercolanesi 5 (1975), 56–61; M. Nussbaum, Therapeutic Arguments: Epicurus and Aristotle, in: The Norms of Nature: Studies in Hellenistic Ethics, M. Schofield and G. Striker (eds.), Cambridge 1986, 31–74.

163 The most thorough treatment is by W. A. Meeks, The First Urban Christians: The Social World of the Apostle Paul, New Haven 1983; cf. also A. J. Malherbe, Social Aspects of Early Christianity, 2nd ed. enl., Philadelphia 1983.

164 See the discussion in Malherbe, 'In Season and Out of Season' (n. 38a).

165 See I Tim. 4:12–15; 5:19–21, 24–25; II Tim. 2:2; Tit. 2:7–8.

166 Cf. Epictetus 3,24,103–104; Seneca, epp. 24,15; 91,4; see Rabbow, Seelenführung (n. 58), 160–171; Hadot, Seelenleitung (n. 51), 59–61; Vollenweider, Freiheit als neue Schöpfung (n. 40b), 51–53.

him as their model in the faith (3:6). Timothy's report that they did remember him became the occasion for writing a letter in the paraenetic style. Given the condition of the converts, however, the paraenetic elements in the letter serve a pastoral function: the philophronesis in the letter binds Paul closer to the Thessalonians, who may have felt abandoned by him; the repeated references to what they already know and do instil self-confidence in new converts who were prone to be disheartened by the slow progress they were making in the new life[167]. In writing this first Christian pastoral letter, Paul was creating something new[168], but in Epicurus he had a predecessor and in Seneca a contemporary who used letters as means by which to engage in pastoral care[169].

Paul also directs the Thessalonians to undertake pastoral care of each other, and in doing so again makes use of the philosophic psychagogic traditions. As he had given attention to individuals, so they are to exhort and edify one another εἷς τὸν ἕνα (5:11). He then specifies how this is to take place by first turning to the responsibilities of the listeners to respect those who have their benefit at heart (5:12–13). Then he advises the leaders to adapt their speech to the conditions of the persons they seek to help: νουθετεῖτε τοὺς ἀτάκτους, παραμυθεῖσθε τοὺς ὀλιγοψύχους, ἀντέχεσθε τῶν ἀσθενῶν, μακροθυμεῖτε πρὸς πάντας (5:14). Governing the entire situation is the advice to be at peace with each other (5:13) and not to retaliate (5:14)[170].

The psychagogic tradition became increasingly important to Christians in later centuries as more structure was given to the spiritual life by developing devotional and spiritual exercises. The initial attempts that have been made to bring the psychagogic tradition to bear on New Testament practice justify the expectation that this literature may throw in much sharper relief the New Testament writers' concern with pastoral practice.

## *VI. The* Haustafeln

Much work has been done by New Testament scholars on the lists of duties of members of a household which frequently appear in paraenetic

167 Addressed esp. by Plut., de prof. in virt.

168 Stressed esp. by H. Koester, I Thessalonians – Experiment in Christian Writing, in: Continuity and Discontinuity in Church History, F. F. Church and T. George (eds.), Leiden 1979, 33–44.

169 See W. Schmid, Reallex. f. Antike u. Christ. V (1962), 743, s. v. Epikur (= Id., Ausgewählte philologische Schriften, H. Erbse und J. Küppers [edd.], Berlin–New York 1984, 202 f.); P. Vielhauer, Geschichte der urchristlichen Literatur, Berlin 1975, 61–62; Hadot, Seelenleitung (n. 51); G. Mazzoli, Le 'Epistulae Morales ad Lucilium' di Seneca. Valore letterario e filosofico, in: ANRW II.36.3, W. Haase (ed.), Berlin–New York 1989, 1823–1877.

170 On non-retaliation, see Musonius Rufus, Fr. 10; Epict. 3,22,54; 4,1,127; ench. 42; Dio Chrys., 77/78,42; Plut., quomodo adul. 72EF.

literature such as the diatribe, but not only in literature of that type[171]. At the turn of the century, KARL PRAECHTER[172] proved that excerpts preserved by Stobaeus and attributed by him to a certain 'Hierocles', came from an ethical handbook dealing with duties, written by a first or second-century Stoic by that name, rather than from Hierocles the Neoplatonist, as had previously been thought[173]. Under the lemmata τίνα τρόπον θεοῖς χρηστέον[174], πῶς πατρίδι χρηστέον[175], πῶς χρηστέον τοῖς γονεῦσιν[176], περὶ φιλαδελφίας[177], πῶς συγγενέσι χρηστέον[178], ὁ οἰκονομικός[179], περὶ γάμου (καὶ παιδοποιίας)[180] Stobaeus collects excerpts from the handbook which appears to have been known widely[181]. Hierocles, according to PRAECHTER, was not a thinker of great depth but rather belonged to the Stoic popular philosophers. Similar, but much briefer listings of duties are found frequently in other pagan[182] and Jewish[183] authors, and appear to have been part of general moral instruction.

Such lists of duties are also used in the New Testament[184] and in other early Christian literature[185]. DIBELIUS, making use of the work of PRAECHTER and WENDLAND[186], demonstrated the similarity of these Christian codes to the pagan and hellenistic Jewish lists[187]. He argued that the Christian lists were

[171] For additional information to that provided here, see D. L. BALCH, Household Codes, in: Graeco-Roman Literature and the New Testament (n. 20); P. FIEDLER, Reallex. f. Antike u. Christ. XIII (1986), 1063–73, s. v. Haustafel.

[172] Hierokles der Stoiker, Leipzig 1901.

[173] It is possible that he is the Stoic Gellius refers to as *vir sanctus et gravis* (noct. Att. 9,5,8), cf. SCHMID–STÄHLIN, op. cit. 359.

[174] Anth. I,3,53–54; II,9,7.

[175] Anth. III,39,34–36.

[176] Anth. IV,25,53.

[177] Anth. IV,27,20.

[178] Anth. IV,27,23.

[179] Anth. IV,28,21.

[180] Anth. IV,22,21–24; 24,14.

[181] A papyrus of a considerable section of another work by Hierocles, his Ἠθικὴ Στοιχείωσις, was published by H. VON ARNIM, Hierokles ethische Elementarlehre (Papyrus 9780), Berliner Klassikertexte 4, Berlin 1906, who suggested that it was the introductory chapter to the handbook on duties. However, PRAECHTER points out the excerpts from the handbook seem to be addressed to a wide circle and therefore avoid technical philosophical discussion in the strict sense, whereas the Ἠθικὴ Στοιχείωσις had a more philosophically sophisticated audience in view, cf. UEBERWEG–PRAECHTER, op. cit., 499. SCHMID–STÄHLIN, op. cit., 358, follows VON ARNIM. Now also cf. M. ISNARDI PARENTE, Ierocle stoico. Oikeiosis e doveri sociali, in: ANRW II.36.3, W. HAASE (ed.), Berlin–New York 1989, 2201–2226. An English translation is available in MALHERBE, Moral Exhortation (n. 41), 85–104.

[182] E. g. Cicero, de officiis 1,17,58; 3,15,63; Horace, ep. ad Pis. 312–316; ps.-Plutarch, de lib. educ. 7DE; Dio Chrysostom, Or 4,91.

[183] E. g. ps.-Phocylides 175–230; Philo, de post. Caini 181; quod deus sit immutabilis 17.19; de plantatione 17.

[184] E. g. Eph. 5,22 ff.; Col. 3,18 ff.; Tit. 2,1 ff.; I Pet. 2,13 ff.

[185] E. g. I Clem. 1,3; 21,6 ff.; Polycarp, Phil. 4,2 ff.

[186] Die hellenistisch-römische Kultur, 86 ff.

[187] An die Kolosser, Epheser, an Philemon, Tübingen 1912, $^{3}$1937. See the excursus following commentary on Col. 4,1.

superficially Christianized examples of the same form. His student, KARL WEIDINGER, developed his teacher's view further, bringing into the discussion more material from hellenistic philosophers, and stressing the Stoic background to the lists[188]. According to DIBELIUS and WEIDINGER, these *Haustafeln*[189] were adopted and modified by Christians as their expectation of the parousia waned and they found it necessary to come to terms with the world. Their views on the *Haustafeln* are widely accepted among New Testament scholars[190], although there are some significant exceptions[191]. It is fair to say that the interest in the origin and form of the *Haustafel* has until recently dominated the investigation[192], and that the general view has been that the *Haustafeln* are of a casual nature and not directly related to the situations to which they are addressed. The last word has not yet been written on either the origin of the form or the manner in which the *Haustafeln* are appropriated by the New Testament writers. A beginning has nevertheless been made to extend the investigation beyond the sources identified by DIBELIUS and his followers. During the last twenty years three scholars, independently of each other, have brought new texts into the discussion and raised new questions about their function. These scholars argue that the New Testament codes ultimately derive from the discussion about household management, especially as outlined by Aristotle in pol. I 1253b 1–14. D. LÜHRMANN, in addition to Aristotle, brought into the discussion passages from Xenophon, oeconomica;

188 Die Haustafeln: Ein Stück urchristlicher Paränese, Leipzig 1928.

189 This term, perhaps originated by LUTHER, has become a technical term for the lists. See WEIDINGER, op. cit. 1 f.

190 E.g. H. SCHLIER, Der Brief an die Epheser, Düsseldorf $^{5}$1965, 250 ff., who claims that the scheme underlying the *Haustafel* corresponds to catechetical traditions of early Christianity which in turn are related to the Stoic and hellenistic Jewish schemes of duties. See also E. LOHSE, Die Briefe an die Kolosser und an Philemon, Kritisch-exegetischer Kommentar über das Neue Testament 9,2, Göttingen 1968, 220 ff.; K. H. SCHELKLE, Die Petrusbriefe. Der Judasbrief. Auslegung, Herders theol. Komm. zum Neuen Testament 13,2, Freiburg 1961, 98 ff.; J. N. D. KELLY, A Commentary on the Epistles of Peter and of Jude, London 1969, 107 ff.; R. BULTMANN, Theology of the New Testament, New York 1951, I, 118 (= ID., Theologie des Neuen Testaments, Tübingen $^{5}$1965, 120 f.).

191 For a survey of interpretations which see the *Haustafeln* as Jewish or Christian creations, see J. E. CROUCH, The Origin and Intention of the Colossian Haustafel, Forschungen zur Religion und Literatur des Alten und Neuen Testaments 109, Göttingen 1972. CROUCH himself stresses the hellenistic Jewish background as the origin of the material from which the Christian *Haustafeln* were constructed. For an argument in favor of the Old Testament as the ultimate but not proximate source, see D. SCHROEDER, Die Haustafeln des Neuen Testaments. Ihre Herkunft und ihr theologischer Sinn, Diss. Hamburg 1959, and ID., Lists, Ethical: Interpreter's Dictionary of the Bible, Suppl. (Nashville 1976) 546–7.

192 Exceptions are KARRIS, op. cit. (n. 46) and CROUCH, op. cit. The latter submits a thesis that a tension between enthusiastic and nomistic tendencies in the early church provided the context within which the Christian *Haustafeln* were drawn up from material already present in hellenistic Judaism. Seen thus, the *Haustafel* would be the expression of the nomistic tendency of Pauline Christianity.

the ps. Aristotelian oeconomica; Philodemus, oeconomica, and Seneca (ep. 94,1–3)[193], to which K. THRAEDE added the Neopythagorean literature[194]. D. BALCH canvassed more widely, and demonstrated the importance of Plato, the Middle Platonists, and, above all, Arius Didymus[195].

This effort to locate the *Haustafeln* more securely in ancient political and social philosophy has been accompanied by a desire to discover the function or functions to which the material was put. LÜHRMANN, arguing that the codes were latently political, situated them in the social and institutional development of early Christianity[196]. THRAEDE made a more precise specification by claiming that the *Haustafeln*, although they are anti-egalitarian, nevertheless support a humanitarian view of authority[197]. The function of the *Haustafeln* has also been regarded as apologetic, and here I Peter 2,11–3,12 has been the subject of debate.

W. C. VAN UNNIK has shown that the language of Jewish proselytism is used frequently in I Peter[198]. Whether his thesis, that the letter was written to Christians who had been God-fearers[199] before their conversion to Christianity,

[193] D. LÜHRMANN, Wo man nicht mehr Sklave oder Freier ist. Überlegungen zur Struktur frühchristlicher Gemeinden, Wort und Dienst 13 (1975), 53–83; ID., Neutestamentliche Haustafeln und antike Ökonomie, New Test. Studies 27 (1980), 83–97.

[194] K. THRAEDE, Ärger mit der Freiheit. Die Bedeutung von Frauen, in: Theorie und Praxis der alten Kirche, G. SCHARFFENORTH and K. THRAEDE (eds.), Gelnhausen–Berlin 1977, 35–182; ID., Zum historischen Hintergrund der 'Haustafeln' des NT, in: Pietas. Festschrift für Bernhard Kötting, E. DASSMANN und K. S. FRANK (eds.), Jahrb. f. Antike u. Christ., Ergänzungsbd. 8, Münster 1980, 359–68. For the Pythagorean material, in addition to Iamblichus, vit. Pyth. 45–50, see F. WILHELM, Die oeconomica der Neopythagoreer Bryson, Kallikratides, Periktione, Phintys, Rhein. Mus. 70 (1915), 161–223. The texts are conveniently gathered in H. THESLEFF, The Pythagorean Texts of the Hellenistic Period, Acta Academiae Aboensis. Ser. A: Humaniora 30,1, Åbo 1965. On WILHELM's argument, see ID., An Introduction to the Pythagorean Writings of the Hellenistic Period, Acta Academiae Aboensis, Humaniora 24,3, Åbo 1961, 57–97.

[195] D. L. BALCH, "Let Wives Be Submissive ...": The Origin, Form and Apologetic Function of the Household Duty Code (Haustafel) in I Peter, Diss. Yale University, 1974; revised as: Let Wives Be Submissive: The Domestic Code in 1 Peter, Soc. of Bib. Lit. Monograph Series 26, Chico 1981. See also ID., Household Ethical Codes in Peripatetic, Neopythagorean and Early Christian Moralists, Soc. of Bib. Lit. Seminar Papers 11, Missoula, Montana 1977, 397–404. The relevant text from Arius Didymus is found in Stobaeus, Anth. II,7,26, an English translation of which appears in BALCH, Household Codes, 41–44.

[196] See also K.-H. BIERITZ and C. KAEHLER, Theol. Realenz. XIV (1985), 478–92, s.v. Haus.

[197] See also K. MÜLLER, Die Haustafel des Kolosserbriefes und das antike Frauenthema. Eine kritische Rückschau auf alte Ergebnisse, in: Die Frau im Urchristentum, G. DAUTZENBERG (ed.), Quaestiones disputatae 95, Freiburg 1983, 263–319.

[198] De verlossing 1 Pet. 1:18–19 en het probleem van den eersten Petrusbrief, Meded. der Ned. Akad. van Wetenschappen, Afd. Letterkunde, N.R., Deel 1, Nr. 1, 1942.

[199] The φοβούμενοι τὸν θεόν or σεβόμενοι τὸν θεόν were the non-Jews who observed the so-called Noachian laws which were regarded as binding on all people, but who did not become proselytes. For a discussion, with bibliography of older works, see K. G. KUHN, Theol. Wört. z. Neuen Testament, VI (1959), 740ff., s.v. προσήλυτος. For more recent

be accepted or not, he has demonstrated that the hellenistic Jewish writings, and especially their statements relating to proselytes, contribute to the clarification of the letter. One of the functions that the *Haustafel* performs in that literature helps us better to understand its use in I Peter, and that is what I wish to explore here. As we shall see, the texts which are most relevant to I Peter deal with the relationship between Jews and pagans. On the one hand, they deal with proselytism and the problems raised by it, and on the other with apologies for the Jewish way of life. In order to move beyond the merely literary or formal level, it will be necessary to take note of some characteristic statements made of proselytism and proselytes which reflect the tension of the social situation in which Jews found themselves.

In a number of passages Philo expresses his concern that special consideration should be given to the proselyte who had been wrenched from his past associations. The proselyte is said to have turned his kinsfolk into mortal enemies by leaving the myths so highly honoured by his parents, grandparents, ancestors and blood relations[200]. Proselytes have left their country, their kinsfolk and their friends for the sake of virtue and religion[201]. It is clear that Philo recognizes the disruptive social effect conversion to Judaism had, and it is to be expected that pagan observers would comment on this feature of Judaism[202]. Indeed, Tacitus in describing the Jews, says of the proselytes:

> *Transgressi in morem eorum idem usurpant, nec quicquam prius imbuuntur quam contemnere deos, exuere patriam, parentes liberos fratres vilia habere*[203].

Proselytism thus upset precisely those social relationships with which the *Haustafeln* have to do. It can be expected that in their defenses against such charges Jewish writers would have had to deal with the accusation that Judaism was inimical to social calm and harmony.

discussions, see K. ROMANIUK, Die Gottesfürchtigen im NT, Aegyptus 44 (1964), 66–91; B. LIFSHITZ, Du nouveau sur les 'Sympathisants', Journ. for the Study of Judaism 1 (1970), 77–84. It has recently been argued by T. A. KRAABEL that the God-Fearers are a creation of Luke and did not exist as a group associated with the synagogue: The God-Fearers – A Literary and Theological Invention, Biblical Archaeological Review 12 (1986), 46–53, 64. For contrary opinions, see R. F. TANNENBAUM, Jews and God-Fearers in the Holy City of Aphrodite, ibid., 54–57; L. H. FELDMAN, The Omnipresence of the God-Fearers, ibid., 58–64, 66–69. For the important evidence from Aphrodisias, see J. REYNOLDS and R. TANNENBAUM, Jews and God-Fearers at Aphrodisias: Greek Inscriptions with Commentary, Cambridge Philolog. Soc. Supp. 12, Cambridge 1987.

200 de spec. leg. 4,178.

201 Ibid. 1,52.

202 For a summary of the calumnies made against the Jews, see J. JUSTER, Les Juifs dans l'empire romaine, Paris 1914, I, 45 ff. M. STERN, Greek and Latin Authors on Jews and Judaism, 3 vols., Jerusalem 1976–1984.

203 hist. 5,5. For a somewhat similar criticism of another minority group characterized by a high exclusiveness, viz. the Epicureans, see Epictetus, 3,7,20 f.

Philo does so to a degree in a passage in which the *Haustafel* is made to function apologetically[204]. The passage is contained in his 'De hypothetica', two fragments of which are preserved by Eusebius[205]. The title of the work suggests that it was ethical or hortatory in nature, and the character of the preserved passages supports this[206], but there are also indications that it had an apologetic intention[207]. The combination of ethics and apologetics was due to the conviction that Jewish morality was superior to that of non-Jews. Consequently, ethics figured prominently in both Jewish religious propaganda as well as apologetics[208]. In the 'Hypothetica' Philo gives an epitome of the Jewish πολιτεία which stresses the clarity of the Jewish laws, and boasts that Jews succeed in keeping them. The reason for their success, Philo claims, is the weekly synagogal instruction they receive in their laws. The result is that,

[204] Josephus, in the second book of his 'Contra Apionem' refutes the charges of Apollonius Molon, Lysimachus, Apion and others, that Jews were anti-social, among other things (cf. 145 ff.). Josephus' defense (ἀπολογία, 147), stressing the Jewish ὁμόνοια (cf. 179. 283 f.294) and συμφωνία (cf. 170.181), contains (189.199.205.206.209) what WEIDINGER, op. cit., 26 f., lists as a *Haustafel*, and which illustrates to him the fact that the *Haustafel* functioned in hellenistic Judaism in proselyte propaganda. According to M. HENGEL, Die Ursprünge der christlichen Mission, New Test. Stud. 18 (1971), 27 n. 44, 184–219 is a proselyte catechism. That this listing of precepts and prohibitions can be called a *Haustafel* is to be doubted, and D. SCHROEDER, Die Haustafeln des Neuen Testaments. Ihre Herkunft und ihr theologischer Sinn, Diss. Hamburg 1959, 70, is probably correct in his refusal to accept it as such. What the section does that is of interest to us, is to demonstrate, on the one hand, the need of Jews to affirm that Judaism was not socially irresponsible, and on the other, the Jewish claim that their order was due to their obedience to divine will. On c. Ap. 2.145–296 as following the pattern of an encomium outlined by Menander of Laodicea, see DAVID L. BALCH, Josephus, Against Apion 2.145–296, Society of Biblical Literature Seminar Papers 1, Missoula, Montana 1975, 187–92.

[205] praep. evang. 8,6 and 7 355c–361b.

[206] As J. BERNAYS, Philon's Hypothetika und die Verwünschungen des Buzyges in Athen, in: ID., Gesammelte Abhandlungen, Berlin 1885, 262–282, has shown, ὑποθήκη refers to suggestions as to moral conduct. Cf. Isocrates, ad Nic. 3; Philo of Larissa, ap. Stobaeus, Anth. 2,38; Diog. Laert. 1,2; Eus., praep. ev. 14,27 782a; Musonius p. 91,16 HENSE. See further, HADOT, op. cit. (n. 51), 10 ff. For further discussion of the work, see B. MOTZO, Le 'Ὑποθετικά di Filone, Atti d. Reale Accad. d. Sc. di Torino 47 (1911/12), 556–573; G.E. STERLING, Philo and the Logic of Apologetics: An Analysis of the Hypothetica, Soc. of Bib. Lit.: 1990 Seminar Papers 29, Atlanta 1990, 412–30.

[207] In praep. ev. 8, 5 355b, where he first mentions the 'Hypothetica' and introduces the first fragment, Eusebius says 'Ὑποθετικῶν, ἔνθα τὸν ὑπὲρ Ἰουδαίων, ὡς πρὸς κατηγόρους αὐτῶν, ποιούμενος λόγον, ταῦτά φησιν. Cf. also 6 360b. Whether the Hypothetica is identical to the Apologia pro Judaeis from which Eusebius quotes in VIII,11 is uncertain. See further, I. HEINEMANN, Philons griechische und jüdische Bildung, Ber. d. jüd.-theol. Seminars Fränckelscher Stiftung 1929, Breslau 1932, 352 ff.

[208] See P. DALBERT, Die Theologie der hellenistisch-jüdischen Missionsliteratur unter Ausschluß von Philo und Josephus, Hamburg 1954, 23; K. AXENFELD, Die jüdische Propaganda als Vorläuferin und Wegbereiterin der urchristlichen Mission, in: Missionswissenschaftliche Studien. Festschrift G. Warneck, Berlin 1904, 1–80.

> "whomsoever of them you accost and interrogate about the national customs, he can tell you readily and easily; and each seems qualified to impart a knowledge of the laws, husband to wife, and father to children, and master to servants"[209].

What we have here is clearly a reference to an apologetic use of the *Haustafel*. It would be too much to say that Philo directly addresses himself to the kind of charge made by Tacitus, although it cannot be doubted that he of all hellenistic Jews must have been aware of such charges. What does emerge from the passage is a presentation of Judaism that sees its life in society as its defense against charges that it is antisocial[210]. The *Haustafel* is one way in which that life is described. This use of the *Haustafel* throws new light on its significance in I Peter.

I Peter was most probably written in Rome during the reign of Domitian[211]. The addressees were experiencing πειρασμοί (1,6; 4,12) which were, mostly likely "spasmodic, unofficial, and social rather than legal in character"[212]. They are described as being spoken against (2,12), reviled (3,9), troubled (3,14), abused (4,4) and reproached (4,14). The letter, exhorting them to continue in the Christian ἀναστροφή, contains long sentences of paraenesis[213]. A theological basis for specific moral instruction is given in chapters 1 and 2, and concludes with the statement that God's choosing of Christians as his peculiar people took place ὅπως τὰς ἀρετὰς ἐξαγγείλατε τοῦ ἐκ σκότους ὑμᾶς καλέσαντος εἰς τὸ θαυμαστὸν αὐτοῦ φῶς (2,10). That proclamation is evidently to take place through the way of life to which they are exhorted in the *Haustafel* that follows.

The *Haustafel* is introduced in 2,12 in a manner which shows that the way of life it espouses has both a missionary as well as an apologetic value:

209 praep. ev. 8,7 360b. Cf. 358a; 359b for other references to the relationships between members of the household.

210 This line of argument continues in early Christian apologetic. See Aristides, apol. 15; ep. ad Diogn. 5–6; Athenagoras, supp. 11, and cf. J. Geffcken, Zwei griechische Apologeten, Leipzig 1907, 86 ff. 92 ff.; H. I. Marrou, À Diognète, Paris 1951, 143 ff.; A. Harnack, The Mission and Expansion of Christianity in the First Three Centuries, I, New York 1908, 205 ff. (= Id., Die Mission und Ausbreitung des Christentums während der ersten drei Jahrhunderte, Leipzig [4]1924, I, 226 ff.).

211 See Feine–Behm–Kümmel, Introduction to the New Testament, Nashville, Tennessee [17]1973, 416 ff., and for another discussion, Kelly, op. cit. (n. 190), 1 ff. Cf. also E. Cothenet, La Première de Pierre: bilan de 35 ans de recherches, in: ANRW II.25.5, W. Haase (ed.), Berlin–New York 1988, 3685–3712, and M. L. Soards, 1 Peter, 2 Peter, and Jude as Evidence for a Petrine School, ibid., 3827–3849.

212 E. G. Selwyn, The first Epistle of St. Peter, London [2]1947, 52. Thus also P. Lippert, Leben als Zeugnis. Die werbende Kraft christlicher Lebensführung nach dem Kirchenverständnis neutestamentlicher Briefe, Stuttgarter biblische Monographien 4, Stuttgart 1968, 61 ff., who has much to say that is to the point.

213 Cf. E. Lohse, Paränese und Kerygma im 1. Petrusbrief, Zeitschr. f. d. neutest. Wiss. 45 (1954), 68–89.

τὴν ἀναστροφὴν ὑμῶν ἐν τοῖς ἔθνεσιν ἔχοντες καλήν, ἵνα ἐν ᾧ καταλαλοῦσιν ὑμῶν ὡς κακοποιῶν, ἐκ τῶν καλῶν ἔργων ἐποπτεύοντες δοξάσωσιν τὸν θεὸν ἐν ἡμέρᾳ ἐπισκοπῆς.

Then follows a list of duties treating the responsibilities of Christians toward governmental authorities (2,13 ff.), of slaves to their masters (2,18 ff.), of wives to their husbands (3,1 ff.), of husbands to their wives (3,7), and finally, of all Christians to each other (3,8 f.). The *Haustafel* is then closed with a quotation of Psalm 34,13 – 17 which at once supports the immediately preceding exhortation and prepares for the one that follows[214]. The missionary and apologetic motives also appear in the detailed advice given in the *Haustafel*. Christians are told to be subject to the governing authorities, for it is the will of God ἀγαθοποιοῦντες φιμοῦν τὴν τῶν ἀφρόνων ἀνθρώπων ἀγνωσίαν (2,15)[215]. The missionary motive appears clearly in 3,1 f., where Christian wives are told to be subject to their unbelieving husbands so that διὰ τῆς τῶν γυναικῶν ἀναστροφῆς ἄνευ λόγου κερδηθήσονται, ἐποπτεύσαντες τὴν ἐν φόβῳ ἁγνὴν ἀναστροφὴν ὑμῶν[216]. I Peter is obviously sensitive to the relationship between Christians and society, and by means of the *Haustafel* seeks to clarify what that relationship should be[217]. The suggestion therefore lies close to hand that an investigation of the function of *Haustafeln* which are used in contexts reflecting missionary or apologetic interests may help us to move beyond mere literary study of the codes. Such an approach may enable us to see more sharply precisely what the points at issue were between the early church and society, and how they were addressed[218]. D. L. BALCH has pursued this line

[214] The fact that the longest exhortations are addressed to slaves and women does not itself necessarily imply that the churches in view had a preponderance of those two groups in their membership. Christianity had a reputation as a domestic troublemaker, cf. HARNACK, op. cit., 393 – 398 (= ID., Mission und Ausbreitung I, 405 – 409) and, more recently, E. R. DODDS, Pagan and Christian in an Age of Anxiety. Some Aspects of Religious Experience from Marcus Aurelius to Constantine, The Wiles Lectures 1963, Cambridge 1965, 115 ff. Since slaves and women would cause peculiar and persistent problems in religiously divided households, it is to be expected that special attention would be given them in a situation where the Christian community was already under attack. For the problem of women converted to other cults, see FRIEDLÄNDER, op. cit. (n. 13) I, 506 ff.

[215] See W. C. VAN UNNIK, The Teaching of Good Works in I Peter, New Test. Stud. 1 (1954), 92 – 110 (= ID., Sparsa Collecta 2, 83 – 105). Cf. 3,15, Christians are to be ἕτοιμοι ἀεὶ πρὸς ἀπολογίαν παντὶ τῷ αἰτοῦντι ὑμᾶς λόγον περὶ τῆς ἐν ὑμῖν ἐλπίδος, where the defense in mind may be verbal, but not exclusively so, as ἀναστροφή in 3,16 shows. Cf. 3,16 with Philo, above, n. 207.

[216] See D. DAUBE, κερδαίνω as a Missionary Term, Harvard Theol. Rev. 40 (1947), 109 – 120.

[217] For the Christian awareness of pagan reaction to the church, see W. C. VAN UNNIK, Die Rücksicht auf die Reaktion der Nicht-Christen als Motiv in der altchristlichen Paränese, in: Judentum, Christentum, Kirche. Festschrift J. Jeremias, Berlin 1964, 221 – 233 (= ID., Sparsa Collecta 2, 307 – 322).

[218] More attention should also be given to the *Haustafel* in I Clement 21,6 – 8. I Clement, roughly contemporary with I Peter, was also written in Rome, and its use of the *Haustafel*

of investigation. An examination of two encomia in Dionysius of Halicarnassus and Josephus revealed the apologetic function of domestic codes[219], and BALCH succeeded in locating the codes in the Romans' relations with foreign cults whom they suspected of sedition. He finds the same apologetic function in several of the New Testament codes, and particularly in I Peter, where, he argues, the code promotes Christian integration into Graeco-Roman society. In this, he has been opposed by J. H. ELLIOTT, who emphasizes the apocalyptic dualism of the letter and concludes that the author seeks the termination, rather than integration, of previous associations[220]. ELLIOT's argument reminds one that the theological significance of the codes can be slighted[221].

It is true to say, however, that social and political questions have dominated the discussion, witness the summary by BALCH:

> "First, do the codes represent partisanship for one philosophic option among many in Greco-Roman society for ordering household relationships (THRAEDE)? Or do they represent the church's apologetic response to Greco-Roman social, political pressure to conform to a relatively uniform, hierarchical, patriarchal Roman 'constitution' (BALCH)? Second, are they to be described as an 'advance' (*Fortschritt*) over alternatives available in Jewish and Neophytagorean circles (THRAEDE, MUELLER)? Or do they deprive women of prominent leadership roles formerly held in Pauline Christianity so that the codes function to patriarchalize church office and to marginalize influential women (SCHÜSSLER FIORENZA)? Third, is there no critique of Roman society in these codes (THRAEDE, MUELLER, SCHÜSSLER FIORENZA)? Or do 1 Pet. and Col. correct key Hellenistic values about justice and piety (BALCH)? Fourth, does the code in 1 Peter encourage Christians to terminate familial, social and religious ties with pagans (ELLIOTT)? Or does it function to encourage adaptation

should be studied in light of W. C. VAN UNNIK's determination that as to its literary genre, I Clement is a συμβουλευτικὸς λόγος περὶ ὁμονοίας: Studies over de zogenaamde eerste brief van Clemens. I. Het litteraire genre, Med. d. koninklijke Nederlandse Akad. v. Wetensch., Afd. Letterk., N. R., Deel 33, No. 4, 1970. What makes the *Haustafel* in I Clement of special interest is the fact that it is immediately followed by a quotation of Psalm 34,11–17, which may suggest a tradition from which I Peter also derived his *Haustafel*. For the view that Psalm 34,11–22 represented the outline of a catechism for proselytes supposedly used by Jewish missionaries, see G. KLEIN, Der älteste christliche Katechismus und die jüdische Propaganda-Literatur, Berlin 1909.

219 D. L. BALCH, Two Apologetic Encomia: Dionysius on Rome and Josephus on the Jews, Journ. for the Study of Judaism 13 (1982), 102–22.

220 J. H. ELLIOTT, A Home for the Homeless: A Sociological Exegesis of I Peter, Its Situation and Strategy, Philadelphia 1981. The debate between BALCH and ELLIOTT is contained in: Perspectives on 1 Peter, C. H. TALBERT (ed.), Macon, Georgia 1986, 61–101.

221 See N. A. DAHL, Neutestamentliche Ansätze zur Lehre von den zwei Regimenten, in: Reich Gottes und Welt, H. H. SCHREY (ed.), Darmstadt 1969, 21 ff. (= Lutherische Rundschau 15 [1965], 441–62). W. SCHRAGE, Zur Ethik der neutestamentlichen Haustafeln, New Test. Studies 21 (1974), 1–22, is an excellent discussion which partially redresses the balance.

of Greco-Roman values (I would employ the sociological category of 'selective acculturation') over against social patterns in the early Jesus movement and in Pauline Christianity (LÜHRMANN, BALCH, SCHÜSSLER FIORENZA)?"[221a].

These are questions which have also risen with some insistence in and about Western society during the last quarter of a century, and the answers given have sometimes reflected the preoccupations of modern rather than ancient society; nevertheless, the discussion has been richer and more satisfying than early generations' concentration on questions of form and origin.

## *VII. The Diatribe*

Also around the turn of the century, concurrently with the publication of critical editions of the moralists' works, the diatribe became the object of intense study[222]. Attention was given to the diatribe, not only as it appears in the writings of pagan philosophers, but also as to its use by hellenistic Jewish authors, especially Philo[223]. The intensity with which the subject was pursued, and the claims that were made for its importance, resulted in the charge that some researchers were guilty of a 'diatribe mania' and in cautions that the

221a BALCH, Household Codes, 35–36. See also his bibliographic discussion, and now, M. GIELEN, Tradition und Theologie neutestamentlicher Haustafelethik: Ein Beitrag zur Frage einer christlichen Auseinandersetzung mit gesellschaftlichen Normen, Frankfurt 1990.

222 This account is now superseded by those of S. K. STOWERS, The Diatribe, in: Graeco-Roman Literature and the New Testament (n. 20); ID., Anchor Bible Dictionary, s. v. Diatribe (in press). As in so many other matters, in this too, U. VON WILAMOWITZ-MOELLENDORFF had anticipated later investigation. See his 'Antigonos von Karystos', Philologische Untersuchungen 4, Berlin 1881, Excurs 3: Der kynische Prediger Teles. – For a summary of the results of the work done at this time, see PRAECHTER, op. cit. (n. 2) 100, and WENDLAND, Die hellenistisch-römische Kultur, ch. V: Die philosophische Propaganda und die Diatribe. For later discussions and bibliography, see UEBERWEG–PRAECHTER, Grundriß, 35* 130* ff.; SCHMID–STÄHLIN, op. cit., II.1, 55 f. For a more recent general discussion, see W. CAPELLE and H. I. MARROU, Reallex. f. Antike u. Christ. III (1957), 990–1008, s. v. Diatribe. A more detailed treatment is A. OLTRAMARE, Les origines de la diatribe romaine, Diss. Lausanne 1926 (on which see the review by R. PHILIPPSON in Gnomon 3 [1927], 728). For the relationship to satire, see E. G. SCHMIDT, Diatribe und Satire, Wiss. Zeitschr. d. Univ. Rostock 15 (1966), Gesellschafts- u. sprachwissenschl. Reihe, Heft 15, 507–515.

223 Cf. P. WENDLAND, Philo und die kynisch-stoische Diatribe, Berlin 1895. On IV Maccabees, see E. NORDEN, Die antike Kunstprosa, I, Berlin [2]1915/1923, 416–418, who is followed by M. HADAS, The Third and Fourth Books of Maccabees, New York 1953. For the Wisdom of Solomon, see J. M. REESE, Hellenistic Influence on the Book of Wisdom and Its Consequences, Analecta Biblica 41, Rome 1970, who is too imprecise in his designation of what is diatribal.

importance of the diatribe not be over-estimated[224]. It could be expected that students of the New Testament would avail themselves of the newly gained insights of classicists into this form of moral teaching. HEINRICI had already shown its importance for elucidating Paul's style in some of his letters[225]. He was followed by WEISS, who called for a more intensive treatment of the influence of the diatribe, not only on Paul, but also on the Epistle of James[226]. His student, RUDOLF BULTMANN, took up the task in his dissertation, which was devoted to a comparison of Paul's style of preaching to the Cynic-Stoic diatribe[227]. Since the majority of New Testament scholars still depend on BULTMANN for their knowledge of the diatribe, it is appropriate to take note of his understanding of the diatribe and of what he considers to be the results of his investigation[228].

BULTMANN states that he builds on the work that had previously been done on the diatribe, and he therefore does not need to write a history of the diatribe. He has only to sketch a picture of the *Gattung*. He concentrates on Epictetus and Teles as sources for the diatribe, for they represent to him most clearly the nature of the diatribe. He places great stress on the fact that the diatribe in its written form represents the oral preaching of the moralists. For this reason, he discounts the importance of Seneca's letters which are literary compositions, consciously written, and which may say nothing of Seneca's preaching style. He affirms that Paul's letters, on the other hand, are actual or real letters which reflect his preaching style. BULTMANN does recognize that

224 Thus T. SINKO, The Cynic-Stoic Diatribe (in Polish), Eos 21 (1916), 21 – 63 (a German summary appears in Philol. Wochensch. 39 [1917], 630 f.). See also A. D. NOCK, Sallustius, Concerning the Gods and the Universe, Cambridge 1926, xxvii ff.; MARROU, op. cit. (n. 222), 1007; SCHMIDT, op. cit. (n. 222) 507 f.

225 Especially in his commentaries on I and II Corinthians. See also ID., Der litterarische Charakter der neutestamentlichen Schriften, Leipzig 1908, 11 ff.

226 J. WEISS, op. cit. (n. 24) 11 ff. WEISS' commentary, 'Der erste Korintherbrief', Göttingen 1910, reflects his interest in the diatribe. J. H. ROPES, A Critical and Exegetical Commentary on the Epistle of James, International Critical Commentary 40, Edinburgh 1916, showed that James adopts the diatribal style. See already J. GEFFCKEN, Kynika und Verwandtes, Heidelberg 1909, 45, and A. BONHÖFFER, op. cit. (n. 27), 90 ff. ROPES was followed by M. DIBELIUS, Der Brief des Jakobus (cit. in n. 44), who pushed the classification further. See also A. WIFSTRAND, Stylistic Problems in the Epistles of James and Peter, Stud. Theol. 1 (1948), 170 – 182. For the use of examples (Abraham and Rahab) within the diatribal section, James 2,14 – 26, see R. B. WARD, The Works of Abraham, Harvard Theol. Rev. 61 (1968), 283 – 290.

227 Der Stil der paulinischen Predigt und die kynisch-stoische Diatribe, Göttingen 1910. The enduring value of the book is recognized by H. HÜBNER in his *Geleitwort* to the 1984 reprint. (Now also cf. M.-O. GOULET-CAZÉ, Le livre VI de Diogène Laërce: analyse de sa structure et réflexions méthodologiques, in: ANRW II.36.5, W. HAASE (ed.), Berlin – New York 1992, 4025 – 4039.)

228 See, for example, the dissertation by BULTMANN's student, H. THYEN, Der Stil der jüdisch-hellenistischen Homilie, Göttingen 1955. THYEN argues, *inter alia*, that Paul, in his dependence on diatribal style, is a child of the hellenistic synagogue. He does not carry the investigation of the diatribe further than BULTMANN. His identification of certain writings as synagogue homilies is at best question-begging.

the literary *Gattung* of the letter has impressed itself on Paul's letters, but does not deal at length with the problems that this may raise for his study[229]. He also recognizes that there are Jewish elements in Paul's letters, but does not take them into consideration because the preliminary work on which he would have to depend had not yet been done. He admits, therefore, that his work is a contribution to only one half of the problem.

Having thus set the limits for his investigation, BULTMANN divides his work between the style of the diatribe and the style of Paul in light of the diatribe. He discusses each under five categories: (1) dialogical character, (2) rhetorical character, (3) constituent parts and arrangement, (4) method of argumentation, and (5) tone and mood. He concludes that Paul is dependent on the hellenistic diatribe, especially in those sections of his letters which seem to reflect his preaching. Furthermore, *„Verwandtschaft in den Ausdrucksformen wird stets eine gewisse Verwandtschaft im Geist einschließen"*[230]. Yet, in the final analysis, the differences are greater than the similarities, for Paul reaches his conclusions not by intellectual means but through intuition and experience.

BULTMANN's is in many respects an excellent analysis of some major characteristics of the diatribe. It is abundantly clear that, especially in Paul's letters, these characteristics do appear. One may compare, for example, I Corinthians 7,27,

δέδεσαι γυναικί; μὴ ζήτει λύσιν·
λέλυσαι ἀπὸ γυναικός; μὴ ζήτει γυναῖκα,

with Teles 10,6 ff. HENSE,

γέρων γέγονας· μὴ ζήτει τὰ τοῦ νέου.
ἀσθενὴς πάλιν· μὴ ζήτει τὰ τοῦ ἰσχυροῦ
......
ἄπορος πάλιν γέγονας· μὴ ζήτει τὴν τοῦ εὐπόρου δίαιταν[231].

229 In his view of the Pauline letters as 'real' letters, BULTMANN shows the influence of A. DEISSMANN who, on the basis of his study of the papyrus letters, drew a distinction between 'true letters' and 'epistles'. See his: Bible Studies, Edinburgh 1901 (= Bibelstudien, Marburg 1895); Light from the Ancient East, New York ²1927, 148–241 (= Licht vom Osten, Tübingen 1923, 116–213); Paul: A Study in Social and Religious History, London 1926, 8–11 (= Paulus, Tübingen 1911, 4–7). DEISSMANN insisted that Paul's letters belonged to the former category. The distinction is still accepted by most New Testament scholars. For a considerably different view, see STOWERS, Letter-Writing in Greco-Roman Antiquity (n. 47). Given the rhetorical features of the diatribe, it is important to note the increasing attention being given to the New Testament letters, esp. those of Paul, as rhetorical products. For the relation of letter writing to rhetoric, see A. J. MALHERBE, Ancient Epistolary Theorists, SBL Sources for Biblical Study 19, Atlanta, Ga. 1988, Introduction, n. 10.

230 BULTMANN, Der Stil, 109. On the similarities to and differences from Epictetus, see ID., Das religiöse Moment in der ethischen Unterweisung des Epiktet und das Neue Testament, Zeitschr. f. d. neutest. Wiss. 13 (1912), 97–110, 177–191, and the reply in the same volume, 281–292, by A. BONHÖFFER, Epiktet und das Neue Testament.

231 Pointed to by WEISS, op. cit. (n. 24), 12 f., who also lists Philo, de Iosepho 143 f.

The diatribal style, complete with a quotation from Menander (!), is also evident in I Corinthians 15,29 – 34,

> ἐπεὶ τί ποιήσουσιν οἱ βαπτιζόμενοι ὑπὲρ τῶν νεκρῶν; εἰ ὅλως νεκροὶ οὐκ ἐγείρονται, τί καὶ βαπτίζονται ὑπὲρ αὐτῶν; τί καὶ ἡμεῖς κινδυνεύομεν πᾶσαν ὥραν; καθ' ἡμέραν ἀποθνήσκω, νὴ τὴν ὑμετέραν καύχησιν, ἀδελφοί, ἣν ἔχω ἐν Χριστῷ Ἰησοῦ τῷ κυρίῳ ἡμῶν. εἰ κατὰ ἄνθρωπον ἐθηριομάχησα ἐν Ἐφέσῳ, τί μοι τὸ ὄφελος; εἰ νεκροὶ οὐκ ἐγείρονται, φάγωμεν καὶ πίωμεν, αὔριον γὰρ ἀποθνῄσκομεν. μὴ πλανᾶσθε· φθείρουσιν ἤθη χρηστὰ ὁμιλίαι κακαί. ἐκνήψατε δικαίως καὶ μὴ ἁμαρτάνετε· ἀγνωσίαν γὰρ θεοῦ τίνες ἔχουσιν· πρὸς ἐντροπὴν ὑμῖν λαλῶ[232].

Of a different nature, showing his indebtedness to both hellenistic and Jewish backgrounds, is Romans 3,1 – 6a,

> Τί οὖν τὸ περισσὸν τοῦ Ἰουδαίου, ἢ τίς ἡ ὠφέλεια τῆς περιτομῆς; πολὺ κατὰ πάντα τρόπον. πρῶτον μὲν [γὰρ] ὅτι ἐπιστεύθησαν τὰ λόγια τοῦ θεοῦ. τί γάρ; εἰ ἠπίστησάν τινες, μὴ ἡ ἀπιστία αὐτῶν τὴν πίστιν τοῦ θεοῦ καταργήσει; μὴ γένοιτο· γινέσθω δὲ ὁ θεὸς ἀληθής, πᾶς δὲ ἄνθρωπος ψεύστης, καθάπερ γέγραπται· ὅπως ἂν δικαιωθῇς ἐν τοῖς λόγοις σου καὶ νικήσεις ἐν τῷ κρίνεσθαί σε. εἰ δὲ ἡ ἀδικία ἡμῶν θεοῦ δικαιοσύνην συνίστησιν, τί ἐροῦμεν; μὴ ἄδικος ὁ θεὸς ὁ ἐπιφέρων τὴν ὀργήν; κατὰ ἄνθρωπον λέγω. μὴ γένοιτο.

Bultmann's work, although it was generally well received, did not pass without criticism. A. Bonhöffer was most pointed in his rejection of Bultmann's thesis that Paul was dependent on the Cynic-Stoic diatribe, but, probably because his comments are hidden in a footnote in a book seldom read, they have not received much attention[233]. He raises three major objections.

First, he finds fault with Bultmann's selection of Epictetus as the major representative of the diatribe. Bultmann would have done well to use Teles, Musonius[234] or Plutarch[235], whose works are considered to be far more

[232] On the diatribal style and the Cynic-Stoic tradition behind ἐθηριομάχησα, see Malherbe, The Beasts at Ephesus, Journ. of Bib. Lit. 87 (1968), 71 – 80 (= Id., Paul and the Popular Philosophers, 79 – 89). Also relevant is H. Funke, Antisthenes bei Paulus, Hermes 98 (1970), 459 – 471.

[233] A. Bonhöffer, op. cit. (n. 27), 179 n. 1. Prümm, op. cit. (n. 13), 150, refers to Bonhöffer with approval. M. J. Lagrange, Saint Paul, Épitre aux Romains, Études Bibliques 11a, Paris 1950, LVII, is extreme in his correction of Bultmann, when he says of Paul: « *Tout ce qui reste chez lui de ce procédé essentiel de la diatribe, c'est l'objection prêtée à un auditeur fictif.* » For a more positive comment, see M. Pohlenz, Paulus und die Stoa, Zeitschr. f. d. neutestl. Wiss. 42 (1949), 81 n. 30.

[234] On Musonius and the diatribe, see van Geytenbeek, op. cit. (n. 8).

[235] On Plutarch and the diatribe, see J. Seidel, Vestigia diatribae, qualia reperiuntur in aliquot Plutarchi Scriptis Moralibus, Diss. Breslau, 1906; G. Abernetty, De Plutarchi qui fertur de superstitione libello, Diss. Königsberg 1911, 95 – 100; H. A. Moellering, Plutarch on Superstition, Boston 1963, 24 ff.; D. E. Aune, De esu carnium orationes I and II (Moralia 993A – 999B), in: Plutarch's Theological Writings and Early Christian Literature, SCHNT 3, H. D. Betz (ed.), Leiden 1975, 301 – 16.

representative of the diatribe in the first century. BONHÖFFER considers Epictetus' discourses, as to their style, to be peculiar and original to himself[236]. In this judgment BONHÖFFER would seem to have the support of WENDLAND, who was the first to distinguish between an older form of the diatribe and that from the hellenistic-Roman period[237]. The earlier diatribe made use of all the devices usually associated with the genre with the aims, not only of bringing the audience to its moral senses, but also to entertain it. Epictetus, BONHÖFFER and WENDLAND agree, represents this type of diatribe and not that which was current in his own day. The later diatribe is calmer in tone and is more didactic, with its subject matter better arranged and treated more systematically. According to WENDLAND this type of diatribe is found in Musonius, Dio Chrysostom, much of the Neopythagorean literature, the letters of Seneca, and the pseudonymous letters bearing the names of Heraclitus, Hippocrates, and the Cynics.

This valid criticism involves more than the proper placing of Epictetus and Paul in the history of the diatribe. It has far-reaching implications for the degree and manner in which the diatribe can be used to illustrate or understand Paul's letters. BULTMANN is open to the first criticism precisely because of his stress on the *Gattung*. It is generally agreed today that the diatribe is not a literary *Gattung*, even if the term "diatribe" continues to be used for the sake of convenience[238]. But even if one should grant the legitimacy of BULTMANN's definition of his task, it still remains questionable whether a realistic picture can be obtained without giving serious attention to the way in which diatribal and epistolary elements combine, both in pagan letters as well as those of Paul. It is therefore particularly unfortunate that BULTMANN (understandably) worked with a narrow conception of the nature of Paul's letters, and rejected Seneca out of hand[239]. In light of recent work on ancient epistolography[240],

236 op. cit., cf. also 92 n. 1. On Epictetus' peculiar use of the diatribe, see also W. CAPELLE, Epiktet, Teles und Musonius, Wege zu glückseligem Leben, Bibliothek der Alten Welt, Griech. Reihe 31, Zürich 1948, 67 f.

237 See his Philo und die kynisch-stoische Diatribe, 3 ff., and Die hellenistisch-römische Kultur, 75 ff. Cf. also CAPELLE, Reallex. f. Antike u. Christ. III (1957), 990 ff., s. v. Diatribe. The precise nature of the distinctions claimed by WENDLAND have not been examined closely.

238 For the denial that it is a *Gattung*, see CAPELLE, op. cit. (n. 237) 992; TRILLITZSCH, op. cit. (n. 78) 19; SCHMIDT, op. cit. (n. 222) 508; H. RAHN, Morphologie der antiken Literatur. Eine Einführung, Darmstadt 1969, 156. For a summary of the discussion, see CANCIK, op. cit. (n. 80), 47 n. 79.

239 As I have attempted to demonstrate above in the discussion of I Thessalonians as a paraenetic letter, a narrow form critical approach to Paul's letters which relies solely on informal papyrus letters as models of hellenistic epistolography overlooks the contribution that can be made by enlarging one's perspective.

240 Esp. THRAEDE, op. cit. (n. 69), who extends the discussion to include so-called literary letters, J. L. WHITE, New Testament Epistolary Literature in the Framework of Ancient Epistolography, in: ANRW II.25.2, W. HAASE (ed.), Berlin – New York 1984, 1730 – 1756, and STOWERS (n. 47).

and especially on the letters of Seneca in which the two forms are mixed[241], it is to be hoped that the subject will be reopened for further investigation.

WENDLAND's view of the historical development of the diatribe, on which BULTMANN depended, has been called into question. It is not unreasonable to expect that a correlation might exist between the various styles of the diatribe and the social settings in which they were delivered.[242] S. K. STOWERS, accordingly, has argued that the differences are not to be explained by the evolution of a literary genre, but by the adaptation of different authors to their own circumstances.[243] In particular, he stresses the school setting in which most practitioners of the style worked, and thus denies that the diatribe is preeminently characteristic of the street preachers of the day. Paul's use of the style, according to STOWERS, should be seen in similar terms: it does not reflect Paul's preaching style, but the scholastic way in which he instructed his churches. BULTMANN's concentration on Epictetus, and his consequently narrow understanding of the diatribe, limit what the diatribe, more broadly understood, may contribute to our understanding, not only of Paul's style, but of the way in which he argues. In many respects Paul's letters are more like the later diatribe. This is especially true of Romans, which is replete with diatribal stylistic elements and is also the best example of a systematic exposition of Paul's teaching. It is natural, given BULTMANN's base, that his discussion of Paul's *Argumentationsweise* as compared with that of the diatribe occupies less than two pages. He worked with the disadvantage that much of the preliminary work on which he would have had to depend had not been done. We are more fortunate today: beginnings of the sort required by him have now been made in the study of both pagan[244] and Jewish[245] material.

Paul's letter to the Romans is a natural place to begin a new investigation of his use of the diatribe. BULTMANN, and since him commentators on the letter, have frequently pointed to many formal diatribal elements in the letter, and now STOWERS has shown how those elements help to carry the argument

[241] Especially CANCIK, op. cit. (n. 80), 46 ff. On the mixed form of Seneca's letters, see also E. BICKEL, Geschichte der römischen Literatur, Heidelberg [2]1961, 172.386 f., G. MAURACH, Der Bau von Senecas epistulae morales, Bibl. d. klass. Altertumswiss. N. F. 2,30, Heidelberg 1970, 198, K. ABEL, Seneca. Leben und Leistung, in: ANRW II.32.2, W. HAASE (ed.), Berlin – New York 1985, 745 f., and G. MAZZOLI, Le 'Epistulae Morales ad Lucilium' di Seneca. Valore letterario e filosofico, ibid. 1846 ff.

[242] MALHERBE, Social Aspects of Early Christianity, 2nd ed., enl., Philadelphia 1983, 50 n. 55.

[243] S. K. STOWERS, The Diatribe and Paul's Letter to the Romans, SBLDS 57, Chico, Calif. 1981.

[244] See especially TRILLITZSCH, op. cit. (n. 78).

[245] See G. MAYER, Reallex. f. Antike u. Christ. VI (1966), 1194 – 1211, s. v. Exegese (Judentum). It is especially significant that recent studies have shown Jewish and hellenistic methods of interpretation not to be unrelated. See D. DAUBE, Rabbinic Methods of Interpretation and hellenistic Rhetoric, Hebrew Union Coll. Annual 22 (1949), 239 – 264; H. A. FISCHEL, Studies in Cynicism and the Ancient Near East: the Transformation of a Chria, in: Religions in Antiquity. Essays in Memory of Erwin Ramsdell Goodenough, J. NEUSNER (ed.), Leiden 1968, 372 – 411.

forward, and how they fit in with what has been considered to be non-diatribal. For example, the diatribal elements in 3,1–6a quoted above are quite clear, but so is the quotation of Psalms 116,11 and 15,6 in v. 4. BULTMANN's treatment of quotations in the diatribe and Paul is quite brief[246], and it is not to be wondered at, therefore, that most commentators on the passage are content to limit themselves to recording the fact that τί οὖν; μὴ γένοιτο and τί ἐροῦμεν; appear frequently in the diatribe. HEINRICI pointed to the fact that in Romans 9–11 the rabbinic method of Scriptural interpretation is combined with the diatribe[247], and the same may be true elsewhere in the letter where Old Testament quotations are central to an argument that is being conducted in a diatribal manner[248]. By examining the way citations function in the more didactic and systematic diatribes, Paul's procedure here may become clearer.

In a 1987 dissertation more wide ranging than those of BULTMANN or STOWERS, T. SCHMELLER differs from both[248a]. He corrects BULTMANN by attributing to oral speech only those parts of Paul's letters which reflect themes of missionary preaching, and he takes issue with STOWERS on whether the diatribe is to be seen as the exclusive property of philosophic teachers. In any case, the Paul that emerges from SCHMELLER's work is an adept stylist who consciously and deliberately adopted diatribal elements in such a way that they became part of his argumentation. In this SCHMELLER and STOWERS agree, despite their many differences.

All this having been said, one should nevertheless be careful not to overreact against BULTMANN. While he was too dependent on Epictetus for his comparative material and generalized on that narrow base, the similarities he adduced cannot be denied. Indeed, the similarities between Paul and Epictetus are sometimes far greater and more significant than BULTMANN realized. Thus, for example, the "diatribal" μὴ γένοιτο is used in remarkably similar ways by Paul and Epictetus, but is either not characteristic of or is not used at all by Bion, Teles, Musonius, Plutarch, Dio Chrysostom or Maximus of Tyre. At issue is the way in which μὴ γένοιτο functions as part of a larger form, for example, τί οὖν ἐροῦμεν; ... μὴ γένοιτο, used to further an argument. Epictetus frequently uses μὴ γένοιτο in this manner (diss. 3.7.2–4; cf. 1.2.35; 1.10.7; 2.23.23); Paul always does (e.g. Rom. 3:1–6; 6:1–3,15–16; 7:7,13; 9:14). That Paul is more consistent in the way the phrase functions in his reasoned argument calls into question BULTMANN's claim that Paul felt less need than Epictetus did to confirm his propositions intellectually[249].

[246] op. cit., 42 ff. 94 ff.

[247] Der litterarische Charakter der neutestl. Schriften, 68.

[248] E. g. 4,1 ff.; 7,7 ff.; cf. Gal. 2,15–17.

[248a] T. SCHMELLER, Paulus und die 'Diatribe', Neutest. Abh., N. F. 19, Munich 1987.

[249] See A. J. MALHERBE, Μὴ γένοιτο in the Diatribe and Paul, Harv. Theol. Rev. 73 (1980), 231–40 (= ID., Paul and the Popular Philosophers, 25–33).

BONHÖFFER's second criticism is that BULTMANN attributes much to the diatribe that is not peculiarly diatribal, but rather belongs to prose style[250]. In his third criticism he finds himself unable to agree that the diatribe became part of Paul's means of expression because he so frequently heard the discourses of the popular philosophers. What similarities do exist are explained as being due to the fact that both Paul and Epictetus were original, creative men with an extraordinary gift for speech, and that it would be an error to look to dependency as the way to explain these similarities[251]. While one may generally agree with this criticism, it does not do justice to the similarities in details. More important than questions of derivation or dependency is that of function. Comparative study of forms used in diatribal style precedes the examination of the functions to which they are put, but does not substitute for it. This is where further work on the diatribe may profitably be done.

## *VIII. The* Topoi

One type of material that appears frequently in moral propaganda and is also found in the New Testament is the *topos*, the stock treatment of subjects of interest to the moralist[252]. The titles of Seneca's essays, Plutarch's

[250] See also MARROU, op. cit. (n. 8), 1007.

[251] See also p. 145. MARROU, op. cit., further argues, *„vor allem haben die Kunstmittel der Diatribe einen so elementaren, so einfachen, so natürlichen Charakter, daß sie ständig durch irgendeinen Autor zu irgendeinem Zeitpunkt der Literaturgeschichte von neuem erfunden sein können."*

[252] See WENDLAND, Die hellenistisch-römische Kultur, 87; UEBERWEG – PRAECHTER, Grundriß, 26* f.; TRILLITZSCH, op. cit. (n. 78), 14,17,21,23,41; MARROU, op. cit., 1004. H. THROM, Die Thesis, Paderborn 1932, index, s. v. *topos*. The term *topos* is used with considerable ambiguity (see E. R. CURTIUS, European Literature and the Latin Middle Ages, Princeton 1953, 70 f. [= ID., Europäische Literatur und lateinisches Mittelalter, Bern [8]1973, 79]). With reference to rhetoric, it described common topics or intellectual themes by which an author makes his argument plausible; it also described clichés, in many different kinds of literature, esp. on moral subjects such as courage, friendship, etc. In New Testament scholarship (see J. I. H. MACDONALD, Kerygma and Didache, Cambridge 1980, 70 ff.) it is most frequently used of clichés (e. g. H. D. BETZ, Galatians, Philadelphia 1979, 220 – 37, on Gal. 4:12 – 20). D. G. BRADLEY, The *Topos* as a Form in the Pauline Paraenesis, Journ. of Bib. Lit. 72 (1953), 240, describes it as a "treatment in independent form of the topic of a proper thought or action, or of a virtue or a vice," thus as slightly more than a cliché. His particular understanding of a *topos* as not closely related to the context to which it is addressed is criticized by J. C. BRUNT, More on the *Topos* as a New Testament Form, ibid. 104 (1985), 495 – 500. See also T. Y. MULLINS, Topos as a New Testament Form, ibid. 99 (1980), 541 – 47. For a very useful discussion, especially of some of the functions (e. g. consolation, protrepsis, apology) to which a *topos* may be put, see H. WANKEL, Alle Menschen müssen sterben, Hermes 111 (1983), 129 – 54. I use the term of traditional, fairly systematic treatments of moral topics which use clichés, maxims, short definitions, etc. See also: Topik: Beiträge zur interdisziplinären Diskussion, D. BREVER, H. SCHANZE (eds.), Kritische Information, Munich 1981, esp. 17 – 53.

Moralia, the diatribes of Musonius, Epictetus and Dio Chrysostom, and the subject headings under which Stobaeus collects his material, make it sufficiently clear what subjects were discussed with some regularity[253]. This is another area that calls for investigation.

The *topos* περὶ οἰκονομίας has already come under consideration in the treatment of the *Haustafeln*.

The *topoi* περὶ φιλαδελφίας and περὶ ἡσυχίας illuminate I Thessalonians 4,9–12. Here Paul exhorts his readers to φιλαδελφία and urges them φιλοτιμεῖσθαι ἡσυχάζειν καὶ πράσσειν τὰ ἴδια καὶ ἐργάζεσθαι ταῖς χερσίν ὑμῶν, καθὼς ὑμῖν παρηγγείλαμεν, ἵνα περιπατῆτε εὐσχημόνως πρὸς τοὺς ἔξω καὶ μηδενὸς χρείαν ἔχητε (4,11 f.). Commentators on the passage usually mention that φιλία or φιλανθρωπία is a great virtue among pagan philosophers, and refer to the virtual absence of the terms in the New Testament, where φιλαδελφία and ἀγάπη are substituted for them[254]. In light of the immense amount of work that has been done on the theme of friendship in antiquity[255], one can wish that it had been related to this passage at greater length than has been the case. It should be noted that in this passage φιλαδελφία appears in context with ἡσυχάζειν and πράσσειν τὰ ἴδια, and that the advice is given with a view toward the church's relationship to the society at large. Attention has frequently been drawn to the parallels to πράσσειν τὰ ἴδια in Plato[256], but it has not sufficiently been recognized that the discussion of ἡσυχία was a commonplace in the first century A. D.[257], when the temptation to retire from public life was especially great[258]. An examination of this passage in I Thessalonians in light of the way the *topoi* on φιλανθρωπία and ἡσυχία are

[253] See the listing in OLTRAMARE, op. cit. (n. 222), 301–306, of themes that appear with some regularity, and PAQUET, op. cit. (n. 38a), 303–4.

[254] φιλανθρωπία: Acts 28,2; Titus 3,4; φιλία: James 4,4. For a discussion of the possible reasons for the Christian avoidance of the terms for friends and friendship, see HARNACK, op. cit. (n. 210), 419 f.; J. N. SEVENSTER, Waarom spreekt Paulus nooit van vrienden en vriendscap? Nederl. Theol. Tijdsch. 9 (1954/55), 356–363; G. STÄHLIN, Theol. Wört. z. Neuen Test. IX (1970), 160, 5 ff., s. v. φίλος κτλ.

[255] For a collection of the major sources, and for an outline of the *topos*, see G. BOHNENBLUST, Beiträge zum Topos Περὶ Φιλίας, Diss. Bern 1905. For more recent discussions, with the most important bibliography, see K. TREU, Reallex. f. Antike u. Christ. VIII (1969), 418–434, s. v. Freundschaft; U. LUCK, Theol. Wört. z. Neuen Test. IX (1970), 107 ff., s. v. φιλανθρωπία, and STÄHLIN, op. cit., 112 ff.; DIHLE, op. cit. (n. 13), 658 f.; J. C. FRAISSE, Philia: la notion d'amitié dans la philosophie antique, Paris 1974.

[256] Cf. rep. 6,496D; 4,433A; Dio Cassius 60,27,4. Note the influence of rep. 496C ff. (and also ep. 7,325E and Phaedo 89D) in Socratici, ep. 42, which also speaks of retirement from the crowd, although the word ἡσυχία is not used. Cf. J. SYKUTRIS, Die Briefe des Sokrates und der Sokratiker, Paderborn 1933, 78 f.

[257] See the material collected by F. WILHELM, Plutarchos ΠΕΡΙ ΗΣΥΧΙΑΣ, Rhein. Mus. 73 (1924) 466–482.

[258] See the excellent discussion, with copious notes and bibliography, by R. MACMULLEN, Enemies of the Roman Order. Treason, Unrest and Alienation in the Empire, Cambridge, Massachusetts 1966, ch. II. See also A. J. FESTUGIÈRE, Personal Religion among the Greeks, Sather Classical Lectures 26, Los Angeles 1954, ch. IV.

combined in discussions of the relationship between a minority group and the larger society may particularly help to clarify Paul's meaning.

To withdraw from public affairs and mind one's own business was, in Paul's day, a political ideal for some, but it was also widely criticized by others as socially and politically irresponsible[259]. It is therefore not immediately clear how Paul could expect that the quietism he inculcated would meet with the larger society's approval. A further complication is added by the fact that Paul speaks on the economic and not the political level, and that manual labor was generally looked down on by those of more favored status. The matter becomes clearer when we remember the Cynic elements in I Thessalonians and note that Lucian criticized converts to Cynicism for abandoning their trades[260]. Such people, who were frequently manual laborers like the Thessalonians, were often accused of becoming busybodies who meddled in other people's affairs[261]. Paul evidently thinks the Thessalonians are in danger of lapsing into the same behavior, and therefore gives advice that would distance them from the socially irresponsible Cynics. But, in doing so, he had to be careful lest he appear to be recommending an equally unacceptable way of life. The themes of friendship and retirement were not confined to any particular school[262]; however, they were associated in a special way with the Epicureans. Their living in ἡσυχία was a dogma of that school, and may have been one of the attractions Epicureanism offered[263]. The Epicurean neither took part in public affairs, nor was he concerned with the approval of outsiders. It was sufficient that he have the bond of friendship which bound him to other disciples of Epicurus. A well-known description by FESTUGIÈRE is overly romantic, yet contains elements of truth. "Sheltered from the world and the buffetings of Fortune, this little group had the feeling that they had reached harbour. They nestled down together under the protection of the Sage whose words were received as oracles. There was no more need to doubt or to re-examine their problems; Epicurus had resolved them once for all. It was enough to believe, to obey, to love one another ... Since they had no care left but to strive to understand better what the Master had said, friendship was

259 Plut., de Stoic. repugn. 1043A – 1044B; cf. Seneca, epp. 14,8; 56; 68; 73. What follows is treated at greater length in MALHERBE, Paul and the Thessalonians (n. 151), 95 – 107.

260 fug. 17; vit. auct. 11.

261 Cf. Luc., Icaromen. 31; for defenses against the charge, see Epict., diss. 3,22,95 – 97; Dio Chrys., or. 80,1; cf. 31,2 – 3; Max. Tyr., or. 15,9.

262 For a good example of the combination of the two themes in a treatment of the philosopher's desire to withdraw, see ps.-Chion, ep. 16, and the commentary by I. DÜRING, Chion of Heraclea. A Novel in Letters, Göteborg 1951, 102 ff. The unknown author of the letters cannot conveniently be placed in any one school, even if he does claim to have been a friend of Plato.

263 See FESTUGIÈRE, op. cit., 50. For the security it was thought to offer, see Κύριαι Δόξαι 14: Τῆς ἀσφαλείας τῆς ἐξ ἀνθρώπων γενομένης μέχρι τινος δυνάμει τινὶ ἐξοριστικῇ καὶ εὐπορία εἰλικρινεστάτη γίνεται ἡ ἐκ τῆς ἡσυχίας καὶ ἐκχωρήσεως τῶν πολλῶν ἀσφάλεια. See further W. SCHMID, Reallex. f. Antike u. Christ. V (1962), 727 ff., s. v. Epikur (= ID., Ausgewählte philologische Schriften, 189 ff.), and H. C. BALDRY, The Unity of Mankind in Greek Thought, Cambridge 1965, 147 ff.

not only, as it had been in other schools, a stimulus in the course of research; it became the primary pursuit of the elect"[264]. This friendship provided the basis on which the community arranged its means of support[265]. Sharing a widely held prejudice, Epicureans do not seem to have viewed manual labour highly as a source of income[266].

The Epicureans were, of course, violently opposed. Plutarch, the "apostle of φιλανθρωπία", as HIRZEL called him[267], brings together many of the arguments and insults that were thrown at them[268]. At one point he briefly summarizes the reputation they have "among all mankind": They are guilty of ἀφιλία, ἀπραξία, ἀθεότης, ἡδυπάθεια, ὀλιγωρία[269]. Elsewhere they are accused of setting up as honourable a life that is ἀνέξοδος, ἀπολίτευτος, ἀφιλάνθρωπος, ἀνενθουσίαστος[270]. The Epicureans, in their flight from society, had obviously not succeeded in not giving offense, and attacks like that of Plutarch prove the wisdom of Seneca's advice that withdrawal from society should take place without ostentation, for *quae quis fugit, damnat*[271].

Christianity was also a minority group, but it showed a more positive concern πρὸς τοὺς ἔξω than did the Epicureans[272]. That is also clear from

[264] A. J. FESTUGIÈRE, Epicurus and His Gods, Cambridge, Massachusetts 1956, 41 f.; SCHMID, op. cit., 723 ff. For a sketch of the Epicurean community as reconstructed from Philodemus' Περὶ Παρρησίας, see N. W. DE WITT, Organization and Procedure in Epicurean Groups, Class. Philol. 31 (1936), 205–211; cf. also 50 (1955) 262–266. For an excellent treatment of Epicureans, see B. FRISCHER, The Sculpted Word: Epicureanism and Philosophical Recruitment, Berkeley–Los Angeles 1982.

[265] See, for example, Sent. Vat. 39, Οὔθ' ὁ τὴν χρείαν ἐπιζητῶν διὰ παντὸς φίλος οὔθ' ὁ μηδέποτε συνάπτων· ὃ μὲν γὰρ καπηλεύει τῇ χάριτι τὴν ἀμοιβήν, ὃ δὲ ἀποκόπτει τὴν περὶ τοῦ μέλλοντος εὐελπιστίαν. Cf. also 23 and 34. On the support of Epicurus himself by his followers, see the passages collected by R. WESTMAN, Plutarch gegen Kolotes. Seine Schrift Adversus Colotem als philosophiegeschichtliche Quelle, Acta Philos. Fennica 7, Helsingfors 1955, 226, and the discussion by N. W. DE WITT, The Epicurean Doctrine of Gratitude, Am. J. Philol. 57 (1937), 320–328.

[266] See Philodemus, Περὶ Οἰκονομίας col. XXII 18 ff. JENSEN, and the discussion in FESTUGIÈRE, Personal Religion among the Greeks, 55 f., where the attitude toward manual labour is contrasted with that of Musonius, Τίς ὁ φιλοσόφῳ προσήκων πόρος; pp. 57 ff. HENSE. I am not implying, of course, that there was anything unique in the Epicureans' low esteem of manual labour. It is Musonius who has the striking attitude here. For the issue as to whether a philosopher should engage in such work, see Socratici, epp. 12 and 13, and the discussion in SYKUTRIS, op. cit. (n. 256), 51 ff. This question, as background to Paul's practice of working with his hands to support himself while preaching, has been investigated by R. F. HOCK, The Social Context of Paul's Ministry (n. 38a).

[267] R. HIRZEL, Plutarch, Das Erbe der Alten 4, Leipzig 1912, 25.

[268] Especially in the three treatises against the Epicureans, non posse suaviter vivi sec. Epic., adv. Col., an recte dict. sit lat. esse viv., does he criticize their ἡσυχία. Cf. in general, J. P. HERSHBELL, Plutarch and Epicureanism, in: ANRW II.36.5, W. HAASE (ed.), Berlin–New York 1992, 3353–3383.

[269] non posse suav. vivi sec. Epic. 1100 B. C. Cf. also an rect. dict. sit lat. esse viv. 1129D; 1130E.

[270] Ibid. 1098D.

[271] ep. 14,8.

[272] See, for example, I Cor. 5,12; Col. 4,5; I Tim. 3,7, and cf. VAN UNNIK, op. cit. (n. 217) (= ID., Sparsa Collecta 2, 307–322).

I Thessalonians 4,9–12, in which Paul wants to prevent the church from becoming isolationistic in its life and attitude. It may be significant that Christians were frequently lumped together with Epicureans[273], and indeed, from the standpoint of an outsider they were in many respects similar[274]. However, whether or not Paul was afraid that Christians might consciously be treated in the same way as the Epicureans were is not the point. What does seem likely is that he was aware of the temptations that faced a group like his Thessalonian church[275], and that he used the *topoi* appropriate to the situation to guard against them.

The *topos* περὶ φιλίας has recently been shown to be useful for understanding other passages in the New Testament. H. D. BETZ has adduced elements from it in his commentary on Gal. 4,12–20[276], and P. MARSHALL has used it to elucidate the points at issue between Paul and the Corinthians. MARSHALL analyzes the conflict between them in light of the conventions pertaining to friendship and enmity in Graeco-Roman society[277]. MARSHALL argues that Paul's refusal of an offer of friendship in the form of aid from certain people of rank among members of the Corinthian church was interpreted by them

273 See A. D. SIMPSON, Epicureans, Christians, Atheists in the Second Century, Transactions and Proceedings of the American Philol. Association 72 (1941) 372–381, and R. JUNGKUNTZ, Fathers, Heretics and Epicureans, Journ. of Eccl. Hist. 17 (1966), 3–10.

274 N. W. DE WITT, Epicurus and His Philosophy, Minneapolis 1954, 336 f., and especially ID., St. Paul and Epicurus, Minneapolis 1954, greatly exaggerates the similarities that do exist. See also A. R. NEUMANN, RE Suppl. XI (1968), 648, s. v. Epikuros. On Tertullian's demand, Apol. 38–39, that Christians be allowed to exist as other sects, e. g. the Epicureans, see R. L. WILKEN, Collegia, Philosophical Schools, and Theology, in: S. BENKO and J. J. O'ROURKE (eds.), The Catacombs and the Colosseum. The Roman Empire as the Setting of Primitive Christianity, Valley Forge, Pennsylvania 1971, 268–291.

275 The tendency not to work was not the result of the Thessalonians' expectation of the imminent *parousia*, as is often alleged. Paul worked to support himself during the short period that he was with them while first establishing the church (I Thess. 2,9), thus before they would have departed from his eschatological teaching. II Thess. 3,7 f. understands his working as his giving them an example to follow (see n. 121). He must have anticipated the problem. HARNACK, op. cit. (n. 210) 174, n. 2 (= ID., Mission und Ausbreitung, I, 198 n. 1) draws attention to ps.-Clement, de virgin. 1,2, which contains a sharp warning to the *otiosi* who chatter about religion instead of attending to their business. Paul might have suspected that the Thessalonians harboured this tendency. Cf. II Thess. 3,11, μηδὲν ἐργαζομένους ἀλλὰ περιεργαζομένους.

276 See n. 252.

277 The same method is followed by K. L. BERRY, The Function of Friendship Language in Paul's Letter to the Philippians, Diss. Yale Univ. (in progress), who examines Paul's use of the *topos* to cement the relationship between himself and the Philippians as well as relationships within the Philippian community. Similarly, D. E. FREDRICKSON, Paul's Παρρησία: Bold Speech in the Argument of 2 Corinthians 2:12–7:16, Diss. Yale Univ. 1991, argues that Paul's presentation of himself as a παρρησιαστής in this section of 2 Corinthians is paradigmatic, and that he offers himself as a model of someone who brings about reconciliation. For other studies on *topoi*, see JOHNSON, James 3:13–4:10 and the *Topos Peri Phthonou* (n. 38a); O. L. YARBROUGH, Not Like the Gentiles: Marriage Rules in the Letters of Paul, SBL Diss. Ser. 80, Atlanta 1985 (περὶ γάμου).

as a hostile act and grounds for enmity. These Corinthians and rival apostles became friends by mutual recommendation. They also became joint enemies of Paul, whom they denigrated by following certain conventional themes of invective. This approach, which moves well beyond the listing of "parallels", and uses *topoi* to construct a real world in which people lived, points in the direction of future research.

These comments are intended to be suggestive only, and to argue that a more detailed study of the *topoi* might very well cast new light on passages which have traditionally been seen primarily from a theological perspective. In order to attain greater certainty, more attention would have to be given to the constituent parts of the *topoi* in both groups of literature in order to determine whether the same complexes of ideas occur in each. The elimination or modification by the New Testament writers of standard parts of a *topos* would be especially significant. Equally important is the need to determine the function to which the *topos* is put by a writer.

## *IX. Varia*

Other types of material can only be mentioned. Some of them, such as the catalogues of virtues and vices, have been the object of intensive research[278]. Recently, B. FIORE has more closely examined the way such lists

[278] The lists appear in pagan, Jewish and Christian authors, e. g. Dio Chrysostom's orations on kingship, 1,26,82; 3,5; Philo, virt. 180 ff.; Romans 1,28 ff.; Gal. 5,19 ff. E. VON DOBSCHÜTZ, Die urchristlichen Gemeinden. Sittengeschichtliche Bilder, Leipzig 1902, 277 – 284: 'Zur Terminologie des Sittlichen', pointed to the lists in early Christian literature, and suggested that their background was twofold, viz. Greek (Orphic) and Jewish (Old Testament). LIETZMANN, in an excursus to Rom. 1,28 – 31 in his commentary on Romans (n. 42), drew attention to the Cynic-Stoic and hellenistic Jewish use of such lists. As usual, the cogency of his views impressed subsequent scholars. The first extensive treatment of the subject was that of A. VÖGTLE, Die Tugend- und Lasterkataloge im Neuen Testament, exegetisch, religions- und formgeschichtlich untersucht, Münster 1936, who was primarily concerned with the form and derivation of the catalogues. S. WIBBING, Die Tugend- und Lasterkataloge im Neuen Testament und ihre Traditionsgeschichte unter besonderer Berücksichtigung der Qumran-Texte, Zeitschrift für die Neutestamentliche Wissenschaft und die Kunde der älteren Kirche, Beih. 25, Berlin 1959, sought to relate the lists to a Jewish tradition, while E. KAMLAH, Die Form der katalogischen Paränese im Neuen Testament, Wiss. Untersuchungen zum Neuen Testament 7, Tübingen 1964, argued for an Iranian background. For a criticism of WIBBING and KAMLAH, see H. CONZELMANN, Der erste Brief an die Korinther, Kritisch-exegetischer Kommentar über das Neue Testament 5, Göttingen 1969, 123, n. 74, who insists that Christians took over the catalogues from Judaism, whose source in turn had been the Greek philosophers. Whereas these studies were primarily concerned with the origin, form and content of the lists, KARRIS, op. cit. (n. 46), deals with their function in the Pastoral Epistles. He stresses the use of lists of vices in the criticism of philosophers and sophists. Although he finds a pre-history of such criticism already in Greek Comedy, he claims that a sharp

were used to fill out the personal examples which were applied in exhortation, particularly in the Pastoral Epistles[279]. He was followed by L. R. DONELSON, who identified paraenetic, apologetic, polemical and paideutic functions in the Pastorals[279a]. to which could be added the use of lists as qualifications for office (e. g., 1 Tim. 3,2–7).

It is the way such lists were examined as part of personal examples that has been most interesting. FIORE's is the first thorough study devoted to personal example in the New Testament. He finds particularly illuminating the use of examples in the pagan instruction of young officials in moral exhortation. Of special significance is his bringing the pseudo-Socratic letters into the discussion. He observes that these Cynic letters, as also the Pastoral Epistles, are to be understood as extended instances of personal examples of a group's putative founder, which are used in the exhortation and discipline of a community. DONELSON's more broadly conceived study of pseudepigraphy and ethical argument in the Pastoral Epistles also makes use of the Socratic epistles, gives attention to personal example in the Pastorals, and in some respects approximates FIORE's conclusions. FIORE's and DONELSON's work are two major illustrations of how newly available texts, in this case the Cynic letters, have been brought into the discussion and contributed new insights.

The peristasis catalogues have likewise received considerable attention[280], and have already come under discussion above. The gnomologies

rise in such criticism took place after A. D. 70. His major point is that the use of lists of vices in the Pastoral Epistles should be seen against this background: they are used to demonstrate that the teaching of the religious opponents in view in the letters is false because they do not practise what they preach. This is a traditional polemical function of the lists, and their use in the Pastoral Epistles does not therefore enable us to determine from them the contours of the heresy that is being opposed in the letters. See also his article, The Background and Significance of the Polemic of the Pastoral Epistles, Journ. of Bib. Lit. 92 (1973), 549–64, and E. SCHWEIZER, Gottesgerechtigkeit und Lasterkataloge bei Paulus (inkl. Kol. und Eph.), in: Rechtfertigung. Festschrift für Ernst Kaesemann zum 70. Geburtstag, J. FRIEDRICH, W. PÖHLMANN, P. STUHLMACHER (eds.), Tübingen 1976, 461–77. L. T. JOHNSON, II Timothy and the Polemic Against False Teachers: A Re-Examination, Journal of Religious Studies 6/7 (1978–79), 1–26, argues against KARRIS that the function of the polemic in the Pastorals is to serve as an antitype to the picture of the ideal teacher put forward in the letters. See further, J. T. FITZGERALD, Anchor Bible Dictionary, s. v. Virtue/Vice Lists (in press).

279 B. FIORE, The Function of Personal Example in the Socratic and Pastoral Epistles, Analecta Biblica, Rome 1986.

279a L. R. DONELSON, Pseudepigraphy and Ethical Argument in the Pastoral Epistles, Hermeneut. Unters. z. Theol. 22, Tübingen 1986, 171–76.

280 The περιστάσεις endured by the sage are a stock subject among the philosophers, e. g. Epictetus, 1,24; Dio Chrysostom, Or. 9,9; 32,21; Musonius 26,13 ff. HENSE; Seneca, ep. 13,1 ff. Paul's description of his own hardships are sometimes very similiar. To II Cor 6,3 ff., cf. Dio Chrysostom, Or. 8,15 ff., and see R. HOÏSTAD, Eine hellenistische Parallele zu 2. Kor. 6,3 ff., Coniectanea Neotestamentica 9 (1944), 22 f. To II Cor 4,8 f., cf. Plutarch, Stoicos absurd. poetis dicere 1057E, and see A. FRIDRICHSEN, ibid., 27 ff. See further BULTMANN, op. cit. (n. 227), 19 f.; A. FRIDRICHSEN, Zum Stil des paulinischen Peristasenkatalogs 2 Cor 11,23 ff., Symbolae Osloenses 7 (1929), 25–29, and ID., Peristasenkatalog

and the sententia literature have suffered relative neglect[281], which is all the more surprising, given the fact that early Christians found them such convient collections to Christianize with only slight alteration, but the situation has begun to change[281a]. The moral philosophers have also been brought into

und Res Gestae, ibid. 8 (1928) 78 – 82; H. D. BETZ, Der Apostel Paulus und die sokratische Tradition. Eine exegetische Untersuchung zu seiner 'Apologie', 2. Kor. 10 – 13, Beitr. zur hist. Theol. 45, Tübingen 1972, 98 ff.; W. SCHRAGE, Leid, Kreuz und Eschaton. Die Peristasenkataloge als Merkmale paulinischer theologia crucis und Eschatologie, Ev. Theologie 34 (1974), 141 – 74; P. HODGSON, Paul the Apostle and First Century Tribulation Lists, Zeitschr. f. d. neutest. Wiss. 74 (1983), 59 – 80. The most thorough treatments are that by J. FITZGERALD, Cracks in an Earthen Vessel (n. 38a) and M. EBNER (n. 150a).

281 For the importance of the gnomologies among the moralists, see WENDLAND, Die hellenistisch-römische Kultur, 87, 95. VETSCHERA, op. cit. (n. 45); for the most recent bibliography, see VAN DER HORST, The Sentences of pseudo-Phocylides (n. 23), 263 – 80. A. VON HARNACK, History of Dogma, I, London 1900, 154 n. 2 (= ID., Lehrbuch der Dogmengeschichte, I, 4. Aufl., Tübingen 1909 [repr. Darmstadt 1980], 173 n. 2), already called for an investigation of the gnomologies in conjunction with Jewish and Christian works on moral instruction. The status of the non-investigation so far as the New Testament is concerned, is reflected in the fact that H. CHADWICK could give less than one column to the New Testament in his article on 'Florilegium', in: Reallex. f. Antike u. Christ. VII (1969), 1143 (commenting only on the quotations in I Cor. 15,33 and Acts 17,28, and not on Titus 1,12). The gnomologies represent a type of material used in rudimentary moral instruction. That is also the level of instruction presumed by most of the material that has been demonstrated in this essay to be relevant. One may expect that an examination of the nature suggested by HARNACK will reap positive results. The same is also true of proverbs, which represent the lowest common denominator of moral philosophy, cf. A. EHRHARDT, Greek Proverbs in the Gospel, Harvard Theol. Rev. 46 (1953), 59 – 77, repr. in ID., The Framework of the New Testament Stories, Cambridge, Massachusetts 1964, 44 – 63, and MALHERBE, Social Aspects of Early Christianity (n. 242), 41 – 44. For the proverb σκληρόν σοι πρὸς κέντρα λακτίζειν, Acts 26,14, which appears in Euripides and elsewhere, see H. CONZELMANN, Die Apostelgeschichte, Tübingen 1963, ad loc.; J. MUNCK, op. cit. (n. 100), 20 ff. For the question whether Luke knew Euripides, especially the 'Bacchae', see the discussion in the literature cited by P. W. VAN DER HORST, Drohung und Mord Schnaubend (Acta ix,1), Nov. Test. 12 (1970), 265 n. 2, and the fuller treatments by E. PLÜMACHER, Lukas als hellenistischer Schriftsteller, Studien zur Umwelt des Neuen Testaments 9, Göttingen 1972, 28 f., and R. RENEHAN, Classical Greek Quotations in the New Testament, in: The Heritage of the Early Church: Essays in Honor of the Very Reverend Georges Vasilievich Florovsky, Rome 1973, 17 – 45. Cf. also H. B. ROSÉN, Motifs and *Topoi* from the New Comedy in the New Testament?, Ancient Society 3 (1972), 245 – 57. The moralists recognized that the poets represented the thought and feeling of people generally, see Dio Chrysostom, Or. 7,97 f. 101; cf. 2,5. On the authority of quotations from the poets in works of philosophers, see Quintilian, inst. or. 5,11,39, and further on the subject, TRILLITZSCH, op. cit. (n. 78), 25 f., 83 ff.

281a See C. ANDRESEN, Theol. Realenzyklop. 3 (1978), 57 – 58, s. v. Antike und Christentum. The texts have been made readily available, e. g., The Sentences of Sextus, H. CHADWICK (ed.), Cambridge 1959; The Sentences of Sextus, R. A. EDWARDS and R. A. WILD (eds.), SBLTT 22, Chico, Cal. 1981, but they have not been used to any great extent. For the most recent interest in gnomes, see the quite different studies by W. T. WILSON, Love Without Pretense: Romans 12,9 – 21 and Hellenistic-Jewish Wisdom Literature, WUNT 2.46, Tübingen 1991, and I. H. HENDERSON, Gnomic Quatrains in the Synoptics: An Experiment in Genre Definition, New Test. Stud. 37 (1991), 481 – 98.

discussions of early Christian polemic[282], apologetic[283], and the parables[284], although the surface has hardly been scratched.

I cannot discuss in even the briefest way recent studies of such qualities as humility[285] or conscience[286], or examine ways in which the philosophers might otherwise have influenced Paul's theology[287]. It remains only to correct the impression that may inadvertently have been created so far, that it is exclusively the Pauline literature that has been examined in light of the moral philosophers. In point of fact, earlier generations debated whether the presentation of Jesus in the Gospels was influenced by interpretations of Heracles, who was a patron saint of the moralists[288]. The Cynics have more recently also found their way into Gospels study, with claims made that Jesus should be seen against the background of Cynicism and that the Q material shows Cynic influence, claims which of course have met with vigorous objection[289]. And the Epistle of James has recently been examined by L. JOHNSON in a manner that demonstrates that DIBELIUS has not spoken the last word on that document[290].

The subject of school rhetoric has again found its place in New Testament scholarship, particularly through the influence of H.D. BETZ[291], and a systematic collection of the chreiai has been begun and this material

[282] J. H. NEYREY, The Form and Background of the Polemic in 2 Peter, Diss. Yale Univ. 1977; ID., The Form and Background of the Polemic in 2 Peter, Journal of Bib. Lit. 99 (1980), 407–31. See also n. 279.

[283] A. J. MALHERBE, "Not in a Corner": Early Christian Apologetic in Acts 26:26, The Second Century 5 (1986), 193–210 (= ID., Paul and the Popular Philosophers, 147–63).

[284] R. F. HOCK, Lazarus and Micyllus: Greco-Roman Backgrounds to Luke 16:19–31, Journ. of Bib. Lit. 106 (1987), 447–63.

[285] See A. DIHLE, Reallex. f. Antike u. Christ. 3 (1957), 735–78, s. v. Demut.

[286] See H. CHADWICK, Reallex. f. Antike u. Christ. 10 (1978), 1025–1107, s. v. Gewissen.

[287] D. SEELEY, The Noble Death: Graeco-Roman Martyrology and Paul's Concept of Salvation, Journ. f. the Study of the New Test. Supp. Ser. 28, Sheffield 1990, for example, has argued that Paul's interpretation of the death of Jesus belonged to a world in which the philosophers held that the noble death of someone like Socrates held value for others.

[288] See A. J. MALHERBE, Reallex. f. Antike u. Christ. 14 (1988), 569–72, s. v. Herakles. D. E. AUNE, Heracles and Christ: Heracles Imagery in the Christology of Early Christianity, in Greeks, Romans, and Christians, 3–19, is also skeptical about possible influence on the Gospels, but more inclined to a possible relationship to the Christology of Hebrews. See also H. A. ATTRIDGE, Hebrews, Hermeneia, Minneapolis 1989, 79–82.

[289] For bibliography and trenchant criticism, see C. M. TUCKETT, A Cynic Q?, Biblica 70 (1989), 349–76. For the type of study that TUCKETT criticizes, see F. G. DOWNING, Christ and the Cynics: Jesus and Other Radical Preachers in First Century Tradition, Journ. f. the Study of the Old Test. Manuals 4, Sheffield 1988, which pulls together much of DOWNING's earlier work.

[290] His most recent article is: Taciturnity and True Religion: Jas. 1,26–27 (n. 150d).

[291] See H. D. BETZ, The Problem of Rhetoric and Theology according to the Apostle Paul, in: L'Apôtre Paul: Personalité, style et conception du ministère, A. VANHOYE (ed.), BETL 73, Louvain 1986, 16–48. For recent criticism, see C. J. CLASSEN, Paulus und die antike Rhetorik, Zeitschr. f. d. neutest. Wiss. 82 (1991), 1–33.

can now enter the discussion[292]. Nevertheless, the ways in which such rhetoric functioned in disseminating popular philosophy has received no sustained attention from New Testament scholarship.

Philosophical rhetorical conventions and styles, such as paraenesis, the diatribe, and the use of examples have been studied at some depth and have already come under consideration above. We have observed that Paul, in particular, has emerged as an adept appropriator of such customary means of expression. His creative use of a particular style is quite different from the Pastoral Epistles, which also reflect an awareness of rhetorical conventions but at times deliberately fly in the face of them. For example, a dictum so widespread that it was taken as axiomatic, was that one should be especially careful to select the correct time and circumstance for certain kinds of speech, just as a physician adapts his cure to the condition of a patient at the time the cure is applied. The advice in 2 Timothy 4,2, to speak "in season and out of season", in contrast, brooks no such consideration[293]. There may be theological grounds for this difference between Paul and the Pastorals, as there may be for the fact that, although Paul knows the hortatory traditions which employed medical imagery, he avoids using such imagery, while the Pastorals are replete with it, but use it only polemically[294].

It has become evident by now that a revived interest in the social dimension of early Christianity has been manifested even in the study of the ways in which moral philosophers formulated or expressed their teaching[295]. That interest has also been overt. S. STOWERS has sought to correct some of the misunderstandings of where in a city someone like Paul could be expected to find an audience[296]. R. HOCK has more firmly placed Paul the manual worker in the context of the ideology and practice of moral philosophers who also worked to support themselves, thus correcting the traditional interpretation which looked to Paul's Jewish background for clarification of

292 R. F. HOCK and E. O'NEIL, The Chreia in Ancient Rhetoric. Volume I. The Progymnasmata, Soc. of Bib. Lit. Texts. and Trans. 27, Atlanta 1986; R. F. HOCK, The Chreia, in Greco-Roman Literature and the New Testament: Selected Forms and Genres, D. E. AUNE (ed.), Soc. of Bib. Lit. Sources f. Bib. Stud. 21, Atlanta 1988, 1–23.

293 See A. J. MALHERBE, 'In Season and Out of Season': 2 Timothy 4,2, Journ. of Bib. Lit. 103 (1984), 235–43 (= ID., Paul and the Popular Philosophers, 137–45).

294 See A. J. MALHERBE, Medical Imagery in the Pastoral Epistles, in Paul and the Popular Philosophers, 121–36; IDEM, 'Pastoral Care' in the Thessalonian Church, New Test. Stud. 6 (1990), esp. 377–86.

295 This interest is reflected in the organization of my book, 'Moral Exhortation', which begins with a consideration of the social settings in which moral instruction took place; throughout it draws attention to the contexts in which certain methods and forms of instruction were used.

296 S. K. STOWERS, Social Status, Public Speaking and Private Teaching: The Circumstances of Paul's Preaching Activity, Nov. Test. 26 (1984), 59–82. See also J. HAHN, Der Philosoph und die Gesellschaft: Selbstverständnis, öffentliches Auftreten und populäre Erwartungen in der hohen Kaiserzeit, Heidelberger Althistorische Beiträge und Epigraphische Studien 7, Stuttgart 1989.

his practice[297]. E. JUDGE has compared the Pauline churches to "scholastic communities" like those of the 'sophists', which would include for him philosophers[298], and I have examined the methods Paul employed to found and nurture communities with the psychagogy of the moral philosophers[299]. Put succinctly, the interest has shifted from ethics to ethos[300], without as yet a full appreciation of the long stride that has thus been taken from the individualism of Greek ethics to the communal concerns of the early Christians[301].

## X. *Conclusion*

Even so eclectic a sampling as this reveals that much has been and is being accomplished. Because of the broad shoulders of those giants who still support our work, we have been able to refine some of the questions they raised around the turn of the century and to treat the same issues with finer nuance.

In some respects, unfortunately, we have not gone substantially beyond those pioneers. JOHANNES WEISS's list of the authors we should know (Seneca, Epictetus, Plutarch, Lucian, Musonius, M. Aurelius and Cicero) has virtually constituted a canon for most scholars. Together with Dio Chrysostom the list represents, more or less, the sources that have been taken to represent hellenistic moral philosophy during the last seventy five years.

What strikes one about the list is that Stoics predominate and that the sections of Cicero which have been found of interest are also Stoic. To a degree the same could also be said of Plutarch. This is quite understandable in light of the common view that in the hellenistic period philosophy had become democratized and was syncretistic in character, with Stoicism its major component[302]. So Plutarch, for example, although he was a Platonist, was

297 R. F. HOCK, The Social Context of Paul's Ministry: Tentmaking and Apostleship, Philadelphia 1980.

298 E. A. JUDGE, The Early Christians as a Scholastic Community, Journ. of Rel. Hist. 1 (1960), 4–15, 125–37. See also W. A. MEEKS, The First Urban Christians: The Social World of the Apostle Paul, New Haven 1983.

299 MALHERBE, Paul and the Thessalonians; IDEM, 'Pastoral Care' in the Thessalonian Church.

300 This shift is exemplified, for example, by the different concerns of V. P. FURNISH, Theology and Ethics in Paul, Nashville 1968, on the one hand, and W. A. MEEKS, The Moral of the First Christians (n. 40d), on the other. See also L. E. KECK, On the Ethos of Early Christians, Journ. of the Am. Acad. of Rel. 42 (1974), 435–52.

301 W. WILLI, Griechische Popularphilosophie. Ein gemeinverständlicher Vortrag, Greifswald 1923, 15–16; DIHLE, Ethik (n. 13), 652–61; cf. ANDRESEN, Antike und Christentum (n. 281a), 58, for a Christian '*Individualethik*'.

302 See, e. g., P. WENDLAND, Die hellenistisch-römische Kultur (n. 13), 75–90, and cf., more recently, G. VERBEKE, Le stoïcisme, une philosophie sans frontière, in: ANRW I.4, H. TEMPORINI (ed.), Berlin – New York 1973, 3–42.

nevertheless eclectic and had a special fondness for Stoic and Cynic traditions. As it turns out, Plutarch has most in common with those New Testament writings which are themselves most influenced by the same traditions[303]. While the Stoics have been in preponderance as sources for New Testament scholars, other schools have not entirely been neglected. In addition to Plutarch, the Peripatetics and Neopythagoreans have begun to make their appearance in the literature. Cynicism has received increased play, and the Epicureans continue to tantalize us. Lucian, of course, remains a major source for the philosophical and religious culture of the period. What seem to have been responsible for the continuing pride of place accorded Stoicism were, partly, the clear affinities of Stoicism with the New Testament that the early church had acknowledged and modern scholarship has detailed, as well as the notion of a 'philosophical Koine' in which Stocism was the most important ingredient[304]. The Stoics' preeminence has also been due to the fact that they have been better served by editors, translators and publishers who have made tools available which provide easy access to their thought. It is much more difficult, for these and other reasons, to work with the Neopythagoreans, Epicureans or the Peripatetics, as the New Testament scholarly guild's generally poor knowledge of these philosophers eloquently testify. The texts are gradually becoming available in more accessible form, sometimes due to the efforts of students of the Christian part of the comparison[305], and their investigation can now proceed apace, once more of us add Italian to the languages we read in our research.

It is fair to say that New Testament scholarship has not followed WEISS's prescription to develop a thorough knowledge of the Latin writers. This is particularly unfortunate, given the fragmentary nature of the sources for our knowledge of hellenistic philosophy. Cicero is indispensable, and so is Seneca, who is the more valuable for being Paul's contemporary. It has become obvious lately that it is they who offer the most extensive discussion of some matters that interest us, and we shall do well to become as familiar with them as we are with Epictetus[306].

The success that we have enjoyed in examining the philosophers has diverted our eyes from other possible materials that could be of assistance in

[303] Thus E. N. O'NEIL in Plutarch's Ethical Writings and Early Christian Literature (n. 33), 305.

[304] See the bibliographies of D. LÜHRMANN and D. L. BALCH in A. J. MALHERBE, Social Aspects of Early Christianity, 2nd enl. ed., Philadelphia 1983, 116 n. 13.

[305] E. g., G. ARRIGHETTI, Epicuro, Opere, Biblioteca di cultura filosofica 41, rev. ed., Turin 1973, H. THESLEFF, The Pythagorean Texts of the Hellenistic Period, Acta Academiae Aboensis, Ser. A: Humaniora 30,1, Åbo 1965; A. STÄDELE, Die Briefe des Pythagoras und der Pythagoreer, Beiträge zur klassischen Philologie 115, Meisenhaim 1980. See also J. C. THOM, The Golden Verses of Pythagoras: Its Literary Composition and Religio-Historical Significance, Ph. D. Diss., Univ. of Chicago, 1990, and the excellent collection of texts: Socraticorum reliquiae, 4 vols., G. GIANNANTONI (ed.), Elenchos. Collana di testi e studi sul pensiero antico 7,1–4, Rome 1983–85. See further, n. 38a.

[306] Esp. in 'Pastoral Care' in the Thessalonian Church.

placing the New Testament in its cultural environment. For instance, we have not sufficiently been aware of the forms by which philosophy was vulgarized. Surveys of ethics regularly treat the matter[307], and introductions to the ethics of the period list as evidence of this vulgarization such materials as Aesop's fables, which have at their core a philosophical precept, usually a moral one[308]. It is refreshing that Valerius Maximus has now been introduced to readers of New Testament journals[309].

If the virtual omission of so much pagan material from our treatment of hellenistic moral philosophy surprises, it is astonishing that we have paid relatively little attention to hellenistic Jewish texts in exploring the philosophic moral context of early Christianity[310]. To record this failure is not to share a widely held assumption that the influence of hellenistic philosophy came to Christianity via Judaism[311]; I think it can be demonstrated, for example, that in many respects Paul had no Jewish antecedents for the way he appropriated elements from the moralists. But that does not mean that the Jewish texts are not important to us. If the relationship between Judaism and Christianity in this respect was not alway genealogical, it certainly was at least analogical. The Jewish writings are witnesses of how the religious tradition of which Christianity was part had already appropriated the philosophical traditions in which we are interested, and at the very least they sensitize us to issues which were thought important in such an appropriation[312].

For much the same reason, the recent concentration on the canonical Christian texts has been unfortunate. Our neglect of the later Christian writers is radically different from the accomplishment of MARTIN DIBELIUS, for example, who contributed so much to our understanding of early Christian paraenesis, not only in his commentary on James, but also in his commentary on the Shepherd of Hermas, particularly on the Mandates. One of the difficulties in working with the New Testament is that explicit references to pagan material are very few, and that at most we have to do with allusions or implicit use of the philosophic traditions. While this is also true of the

307 E. g., by DIHLE, Ethik (n. 13), 661–70; IDEM, Die goldene Regel. Eine Einführung in die Geschichte der antiken und frühchristlichen Vulgärethik, Göttingen 1962; IDEM, Real. f. Ant. und Christ. 11 (1981), 930–40, s. v. Goldene Regel.

308 See WILLI, Griechische Popularphilosophie (n. 301).

309 R. HODGSON, Valerius Maximus and the Social World of the New Testament, Cath. Bib. Quart. 51 (1989), 683–93.

310 The pioneers in our enterprise were not guilty of the same omission. See, e. g., P. WENDLAND, Philo und die kynisch-stoische Diatribe, in Beiträge zur Geschichte der griechischen Philosophie und Religion, P. WENDLAND and O. KERN (eds.), Berlin 1895. See also H. THYEN, Der Stil der Jüdisch-Hellenistischen Homilie, FRLANT 65, Göttingen 1955.

311 E. g., ANDRESEN, Antike und Christentum (n. 281a), 56, 57, 58; and apparently BETZ, Theol. Realenzyklop. 15 (1986), 21, s. v. Hellenismus.

312 We can well afford to become intimately acquainted with P. W. VAN DER HORST, The Sentences of Pseudo-Phocylides, Studia in Veteris Testamenti Pseudepigrapha 4, Leiden 1978, and H. W. HOLLANDER and M. J. DE JONGE, The Testaments of the Twelve Patriarchs: A Commentary, Studia in Vet. Test. Pseudepigrapha 8, Leiden 1985, as vexing as the problems of the Testaments are.

Apostolic Fathers, the Apologists, as we have seen, were explicit about their interest in the philosophers, and Clement of Alexandria is a major source for our knowledge of Musonius Rufus. They are of great value to us in pointing to materials some Christians, at least, found congenial, and in identifying certain issues they thought it important to be aware of when shopping around in the moralists. The danger, of course, is that we could easily read those later writers back into the New Testament, but the hazard of anachronism should not deter us from learning from them.

# Stoicism and the New Testament: An Essay in Historiography*

by Marcia L. Colish, Oberlin, Ohio

*Contents*



The possibility of a connection between Stoicism and the New Testament or between particular authors in these two traditions has been a topic of interest and controversy from late antiquity to the present. Commentators representing a wide range of religious, philosophical, and political views, as well as a variety of educational and academic perspectives, have addressed themselves to this question. Many have seized on the topic as a way of arguing for the more general compatibility or incompatibility between Christian and classical values which they seek to advocate. From its beginnings, this question has been harnessed to a series of other agendas which have moved it out of the realm of historical fact *per se* and into a broad array of partisan arenas in which ideological convictions have clashed, often drawing auxiliary troops from the scholarly methodologies made available by competing fields of research. The personal and career situations of some of the participants in the debate have also, at times, played a part in channeling its directions. The purpose of this essay is to chart the main currents of the historiography of

* I would like to acknowledge the support of the Institute for Advanced Study, Princeton, where this essay was written in 1987.

this theme, as a means of tracking the extra-historical uses to which it has been put over the centuries. Since exhaustiveness will be neither possible nor necessary, the emphasis will be placed on the most typical or influential exponents of particular positions and on secondary accounts, where they exist, that provide the reader with an orientation to the literature of the parts of the story which they treat.

## *I. Testimonies of the Roman Stoics*

The gap between contrasting scholarly approaches in our own day can be illustrated by considering how authors representing different learned disciplines have treated the question of what the Roman Stoics knew, and thought, about the early Christian movement. Scholars whose expertise lies in fields such as literature and philosophy have sometimes displayed a far looser sense of the evidence required to document the attitudes of the Stoics on this point than is true for the ancient historians. LÉON HERRMANN and ELEUTERIO ELORDUY are good examples.[1] Before he came to address the matter of Seneca's attitude toward Christianity, HERRMANN had to his credit extensive publications on Senecan tragedy, while ELORDUY had become the leading authority writing in the Spanish language on Stoic philosophy. Neither scholar shows himself at the top of his form in moving from these disciplines to historical research. Both HERRMANN and ELORDUY argue from what might have happened to what, in their estimation, did happen. As HERRMANN notes, Seneca had a brother, Gallio, who served in the Near East, where he would have been able to come in contact with Christians. Although no letters that the brothers might have exchanged are extant, this family tie, in HERRMANN's view, is sufficient for us to think that Gallio passed his views on to Seneca. For his part, ELORDUY argues that Seneca's standing in Nero's court would have authorized him to preside over the hearing in Rome at which St. Paul was required to give an account of himself. He concludes that Seneca did in fact preside, giving him the chance to gain a personal acquaintance with Paul and his teachings. Since Nero did not start to persecute the Christians until 64 A.D., the year of Seneca's fall from the emperor's grace, ELORDUY claims that Seneca can be accepted as a protector of Paul and the early Christians and a sympathizer with their ideas. This sympathy, he asserts, led the two thinkers to exchange writings expressing their friendship, although none of

[1] LÉON HERRMANN, Sénèque et les premiers chrétiens, Collection Latomus, 167 (Bruxelles, 1979); ELEUTERIO ELORDUY, Séneca y el cristianesimo, in: Actas del congreso internacional de filosofía en conmemoración de Séneca, en el XIX centenario de su muerte (Córdoba, 1965), pp. 182–206. Cf. ELORDUY's more moderate position, which simply notes parallels between Seneca and Paul, in his Estoicismo y cristianesimo, Estudios eclesiasticos, 18 (1944), pp. 375–411.

these texts has survived. HERRMANN's assessment of Seneca's attitude toward Christianity is more complex, if equally imaginative. Seneca, he thinks, first felt disdain for the Christians. He then moved to a more tolerant position, but reverted to opposition later on. HERRMANN seeks to bolster this latter point with a highly personal reading of Seneca's 'Hercules Oetaeus', as an implied contrast between the heroic death of Hercules and the passion of Christ. In both of these accounts, the perceived affinities or disaffinities between the ideas of Seneca and Paul, and an array of historical might-have-beens and absent texts, compensate, in the authors' view, for the missing testimony.

The historians, on the other hand, have not been inclined to rewrite this chapter in the biographies of Seneca and Paul in the past perfect subjunctive. In sharp opposition to the methods and conclusions of HERRMANN and ELORDUY stand historians such as GIUSEPPE SCARPAT, STEPHEN BENKO, and ROBERT L. WILKEN, who limit themselves to what can be based on hard textual evidence.[2] They insist that Seneca had no known opinion at all about the early Christians and that the earliest, and only, Stoics who referred to them were Epictetus, in his Discourses 4.7.1–6 and Marcus Aurelius, in his Meditations 11.3, texts which show these Stoics criticizing the Christian martyrs as motivated by ignorance, irrationality, and obstinacy and not by the exercise of free will, self-control, and philosophical understanding of the sort that they themselves would find acceptable.

## *II. The Latin Apologists and Church Fathers*

The earliest writers in antiquity to posit both a connection and an antagonism between Stoicism and the Bible were the Christian apologists and church fathers. One *topos* found frequently in this context, betraying a fine indifference to chronology, is the idea that any truths found in pagan philosophers were learned by them from biblical authors. While applied first to Plato and the Old Testament, this canard was later extended to the Stoics and the New Testament as well.[3] Whether or not they ascribed the ideas of the philosophers to the influence of the Bible, the Latin Christian writers of the period frequently noticed positive parallels between Stoicism and Christianity as well as objectionable doctrines in the Stoic tradition which, they thought,

[2] GIUSEPPE SCARPAT, Il pensiero religioso di Seneca e l'ambiente ebraico e cristiano, 2nd rev. ed. (Brescia, 1983), esp. pp. 120–27, 138, 152–53; STEPHEN BENKO, Pagan Rome and the Early Christians (Bloomington, 1984), pp. ix, 40–43, 111, 140; ROBERT L. WILKEN, The Christians as the Pagans Saw Them (New Haven, 1984), p. 82.

[3] The fullest treatment of this theme is GERALD L. ELLSPERMANN, The Attitude of the Early Christian Latin Writers toward Pagan Literature and Learning (Washington, 1949), pp. 113–16, who explores the Greek apologetic sources as well.

expressed pagan error and would lead Christians into heresy. Some of these authors accented the disparities between Stoicism and Christianity preclusively, as with Arnobius on the notion of *krasis* and the Stoics' cyclical cosmology.[4] Others accented the positive comparisons, as with Minucius Felix on theodicy and divine providence, monotheism, the argument for God's existence from *consensus omnium*, moral equality, and free will. The same can be said for Ambrose on ethics.[5] More typical was the tendency for Latin apologists and church fathers to combine these supportive and combative attitudes, sometimes classifying the same Stoic teachings as compatible, or as incompatible, with the gospel depending on the needs of their argument. Thus, Tertullian could deride Stoic rationalism as a manifestation of the sinful state of vain curiosity and intellectual pride while drawing positively on the doctrines of natural theology, the *logos*, *krasis*, the *hegemonikon*, free will, and the materiality of the human soul, as well as the doctrine of seminal reasons that inspires him to describe Seneca as *saepe noster*.[6] Similarly, Lactantius could approve the Stoic position on providence, theodicy, and the *hegemonikon* while attacking the Stoics on virtue, the passions, and *apatheia*, even though the latter three ideas are logical pendants of the first.[7] Jerome, in turn, could both accept and reject the Stoic position on virtue, the passions, and the moral equality of the sexes as the rhetorical demands of his polemics required.[8]

By far the most extended, and influential, Latin exponent of the selective approval and disapproval of Stoicism from a Christian perspective was Augustine.[9] His position is important not only as an index of the wide range of Stoic themes on which he took a stand but also because of the massive authority he enjoyed in the Middle Ages and beyond. With respect to Stoicism the Augustinian legacy was bound to be a multiform one, since Augustine's own views on the relationship between Stoicism and biblical Christianity were anything but monolithic. To be sure, some of the Stoic material that Augustine approves of, and draws on repeatedly, is of primarily philosophical interest, and is detachable from a Christian, or a specifically Augustinian, theological perspective. His handling of Stoic sign theory, linguistics, logic, and epistemology fits to a large extent into this category. But most of the Stoic principles he discusses and uses, for better or for worse, are important to him for their theological implications. Thus, he approves heartily of the Stoic doctrine of the *hegemonikon* and insists on the ancient Stoic rather than the middle Stoic account of the origins of the virtues, the vices, and the passions in the mind, and not in any infrarational faculties of man, because of its utility in attacking

4 For Arnobius see MARCIA L. COLISH, The Stoic Tradition from Antiquity to the Early Middle Ages, vol. II: Stoicism in Christian Latin Thought through the Sixth Century, enlarged and corrected ed. (Leiden, 1990), pp. 36–37.

5 For Minucius, see ibid., II, pp. 31–33; for Ambrose, II, pp. 52–70.

6 ibid., II, pp. 16–17 for the negative view; II, pp. 17–29 for the positive view.

7 ibid., II, pp. 41–47.

8 ibid., II, pp. 73–90.

9 ibid., II, pp. 142–238.

Manichean dualism. On the other hand, his confrontation with the Pelagians, which led the late Augustine to develop his doctrine of grace and predestination, also inclined him to take an increasingly dim view of the Stoic theory of the sage, of the *summum bonum* defined as the virtue lying within the sage's control, of *apatheia* as an attainable or even as a desirable state, and, in short, of the constellation of Stoic ethical and psychological teaching that argued for an uncompromising rationalism and for the full moral autarchy of the sage. In the final phase of his anti-Pelagian development, Augustine decisively and specifically contrasts this Stoic understanding of human nature with his own view of the Christian properly guided by grace, illumination, obedience, and charity. Readers of Augustine, in his own time and later, could thus find him approving warmly of some Stoic ideas which he held in higher esteem for their conformity with Christianity even than those of his beloved Platonists, and, at the same time, denouncing Stoic ethics as both psychologically impossible and as a dangerous capitulation to the sin of intellectual pride.

There was another important issue, destined to surface again, on which Augustine, as well as Jerome, provided equivocal guidance. This issue was the apocryphal correspondence between Seneca and St. Paul produced by an anonymous Christian writer in the late fourth century, who sought thereby to prove that the apostle had converted the philosopher to Christianity.[10] Augustine mentions having read this correspondence in his Epistola 153.14, noting that some people regarded it as authentic, although he remains noncommittal himself. Jerome's treatment of the letters is rather more problematic. He includes Seneca in his 'De viris inlustribus', a work assembling potted biographies of figures he wishes to honor for their contributions to Christian literature.[11] Not all the personages whose *vitae* are found in this work were orthodox Christians, or even Christians at all. Philo Judaeus, seven heretics and schismatics, and five pagan philosophers are present on Jerome's list. He takes many liberties with the historical record in presenting the lives of the philosophers. Nor is his critical sense as acute as it might have been in Seneca's case. Jerome praises him as a man of the most continent life, conveniently overlooking Seneca's two marriages. And, despite his formidable abilities as a philologist, Jerome raises no questions about the plausibility of dating the fourth-century correspondence to the century when Seneca and Paul actually lived. None of this inspiries confidence in Jerome's judgment. While he does not state,

[10] The text is edited by CLAUDE W. BARLOW, Epistolae Senecae ad Paulum et Pauli ad Senecam 'quae vocantur', Papers and Monographs of the American Academy in Rome, 10 (Horn, Austria, 1938). The most recent review of the literature surrounding this text, and the possibility that it might have affected the popularity of Seneca in the Middle Ages, is LAURA BOCCIOLINI PALAGI, Il carteggio apocrifo di Seneca e San Paolo, Accademia toscana di scienze e lettere "La Columbaria", 46 (Firenze, 1978), pp. 7–34. See also L. D. REYNOLDS, The Medieval Tradition of Seneca's Letters (Oxford, 1965), pp. 81–89; SCARPAT, Il pensiero religioso di Seneca, pp. 113–22.

[11] COLISH, Stoic Tradition, II, pp. 83–84.

flat out, that he holds the letters to be authentic and that he agrees with those who think that Seneca was converted by Paul, his treatment of the whole matter is far more credulous and less guarded than Augustine's.

## *III. The Middle Ages*

Neither the doubts that Augustine and Jerome may have had, nor the suggestibility they may have conveyed, concerning Paul's evangelization of Seneca can be said to have affected the broader attitudes toward Seneca himself or toward the compatibility or incompatibility between Stoicism and Christianity as this topic was understood in the Middle Ages. There were, to be sure, a handful of medieval authors who expressed specific opinions about the alleged relationship between Seneca and Paul. An anonymous eleventh-century poet affirmed the legend of Seneca's conversion and urged that Seneca be respected for his life as well as his writings.[12] Two other notes were struck, by twelfth-century authors who took a stand on Seneca's religion, that will reverberate later on. As part of his project of marshalling as much support as he could find in pagan authors for his doctrine of the Trinity, Peter Abelard cites Seneca as one of the authors whose words should be read as an *involucrum* hiding a Christian truth within. He mentions the Seneca-Paul correspondence in this connection. But it is precisely as a repository of pagan wisdom that Seneca can play the role to which Abelard assigns him.[13] And, swimming against the contemporary tide, Philip of Harvengt argues that Paul had been influenced by Seneca.[14] A few voices did protest that Seneca's Stoicism was incompatible with Christianity. The Carolingian theologian Paschasius Radbertus thought that this was the case with Seneca's doctrine of hope; Walter of St.-Victor, the late twelfth-century author of the 'Contra quatuor labyrinthos Franciae', denounces Seneca as a suicide and as hence a pagan; and Lawrence of Durham (d. 1154) dismisses a taste for Seneca, as well as for Plato, as a youthful folly which he has now outgrown.[15] But the prevailing emphasis during the Middle Ages, which peaks in the twelfth century, was to ignore the question of Seneca's religion altogether and to embrace him warmly as a moral authority. A renewed interest in the physical sciences in the high Middle

[12] The text is printed in O. ROSSBACH, De Senecae philosophi librorum recensione et emendatione, Breslauer philologische Abhandlungen, 2:3 (Breslau, 1888), p. 63, and in MGH, Poetae latini medii aevi, 5:2, pp. 495–96. For discussion of the text see G. M. ROSS, Seneca's Philosophical Influence, in: Seneca, ed. C. D. N. COSTA (London, 1974), pp. 133–34.

[13] PL 78: 535 D, 790 B, 1033 D, 1164 C. See the discussion in ROSS, Seneca's Philosophical Influence, pp. 137–38.

[14] Epistola 13, in PL 203: 101 D – 111 A. See the discussion in ROSS, Seneca's Philosophical Influence, p. 138.

[15] ROSS, Seneca's Philosophical Influence, pp. 138–40.

Ages drew attention to Seneca's 'Quaestiones naturales'; but it was above all as a source of Stoic ethical teaching that he was revered and employed as an authority on whom Christians could rely without hesitation. This popularity, found in vernacular as well as Latin literature and in ascetic as well as civic, homiletic, and scholastic authors, reveals at the same time the breadth of the appeal of Roman Stoic ethics as mediated by Seneca, the independence with which twelfth and thirteenth-century writers could treat their patristic forebears, who often took a more critical stance toward Stoicism than they did, and their ability to derive a variety of Christian-Stoic ethical positions, for all sorts of people, from Seneca, making him the unrivalled exemplar who, as "*Seneca morale*", is given a place of honor as an ethicist in the noble castle inhabited by the virtuous pagans in Dante's 'Divine Comedy'.[16]

## *IV. The Renaissance*

Renaissance thinkers are often described, and praised, as being at the same time more classical, and more critical in their attitude toward their sources, than the thinkers of the Middle Ages. With respect to the theme of Seneca and Paul, or Stoicism and the New Testament more generally, it would have to be said that the movement initiated by Francesco Petrarch and Giovanni Boccaccio and concluded by DESIDERIUS ERASMUS and his contemporaries earns a mixed review. The Renaissance humanists took a range of views on the compatibility between Stoicism and Christianity, motivated, in some cases, by the attraction that the anti-Stoic side of the Augustinian heritage may have exerted upon them, and in other cases, particularly with those figures whose careers overlapped with the nascent Reformation, by the urge to take a more circumspect attitude toward the classics and to pay more thoroughgoing attention to biblical studies. Another contemporary debate that conditioned the way in which some humanists came down on this question was the literary norm of Ciceronianism, and how closely this stylistic standard should be emulated, to the exclusion of other stylistic exemplars, such as Seneca, in the correct and elegant use of the Latin language.

That two contemporary *trecento* Italians could take contrasting positions on Seneca's Christianity, and on whether to go the whole distance as Christian Stoics, can be illustrated clearly by comparing Boccaccio and Petrarch, each

[16] For the general medieval developments, see KLAUS-DIETER NOTHDURFT, Studien zum Einfluß Senecas auf die Philosophie und Theologie des zwölften Jahrhunderts (Leiden, 1963); J. M. DÉCHANET, Seneca Noster: Des lettres à Lucilius à la Lettre aux Frères de Mont-Dieu, in: Mélanges Joseph de Ghellinck, S. J. (Gembloux, 1951), II, pp. 753–66; GÉRARD VERBEKE, The Presence of Stoicism in Medieval Thought (Washington, 1983); REYNOLDS, Medieval Tradition, pp. 104–11; ROSS, Seneca's Philosophical Influence, pp. 116–40.

of whom responded differently to the patristic legacy. After a hiatus of four centuries, Italian humanists known to both Boccaccio and Petrarch had revived the myth of Seneca's conversion. Initially this idea seems to have been stimulated by the renewed interest in the study of Senecan drama, for the leading figure in that movement, Albertino Mussato, called Seneca a Christian in the commentary on his tragedies composed before 1329. Scholastic authors also picked up this theme, for the same relationship between Seneca and Paul is argued by an anonymous scholastic writing in the late thirteenth to early fourteenth century, whose work is preserved in BM Harley MS. 2268. The Dominican Giovanni Colonna, a friend of Petrarch, follows suit, placing Seneca among the Christians he includes in his 'De viris illustribus' (ca. 1332). Dominican authors appear to have been especially concerned with advancing the claims of the Christian Seneca, for the same point is made by Domenico Peccioli, O. P. (d. 1408) in his commentary on Seneca's 'Letters to Lucilius'. Boccaccio is known to have made use of Peccioli's work, and he may well have been familiar with other contemporary treatments of the theme. It is his own advocacy of the myth of Seneca's conversion in his influential 'Commento alla Divina Commedia' (1373), which shows more credulity than Dante on this point, that launched it anew in the Renaissance.[17]

For his part, although he was familiar with Colonna's work, and while he had imbibed an interest in Stoicism from Barlaam, the monk who taught him Greek and who also wrote an 'Ethica secundum Stoicos', Petrarch took a much more independent line. He found in Seneca an author useful to his cause, for Seneca treats important ethical questions in a pleasing literary manner. Petrarch was thus happy to recruit Seneca to his humanist campaign against the scholastics. He also found appealing a number of Stoic ethical doctrines, seizing in particular upon Stoic equanimity as a useful therapy in his 'De remediis utriusque fortunae'. Seneca was one of the classical authors to whom Petrarch addressed letters. In so doing, he testifies to his selective approach to his sources, for he does not hesitate to borrow ideas from the Roman historians who were critical of Seneca's political conduct. Petrarch himself adds the objection that Seneca was remiss in failing to stay Nero's hand against the Christians. None the less, he generally regards Seneca's philosophy as supportive of Christianity.

At the same time, Petrarch's increasing concern with the promotion of Ciceronian style led him to distance himself from Seneca in his later years. The complexity of his attitude toward Stoicism, as well as his tendency to use even those authors to whom he feels the most drawn primarily as agencies for formulating his own personal outlook can be seen in his treatment of Augustine. Petrarch uses Augustine as a source both for Stoic and for anti-Stoic ethics in his 'Secretum', a dialogue in which he casts Augustine in the

[17] Bocciolini Palagi, Il carteggio, p. 23; Ross, Seneca's Philosophical Influence, p. 142, and, most importantly, Letizia A. Panizza, Gasparino Barzizza's Commentaries on Seneca's Letters, Traditio, 33 (1977), pp. 305 – 08, 313. I would like to thank Dr. Panizza for making available a copy of this article.

role of the *magister* and himself as the *discipulus*. While he accepts the guidance of both Augustine the Stoic and Augustine the anti-Stoic up to a point, he refuses to go the whole way with either Augustine, the sticking point being his attachment to love and glory.[18] This work alone suggests, as will other later developments, that the contrast that has been drawn between Stoicism and Augustianism as alternative modes of Renaissance consciousness may have been posed too crisply.[19]

Cicero, an author whose appeal helped to draw Petrarch away from Stoicism, could also serve as a source for that school's doctrine in the Renaissance, as can be seen by considering another seminal *trecento* humanist, Coluccio Salutati (1331–1406).[20] Salutati's main initial source of Stoicism was, indeed, Cicero, from whom he acquired an appreciation of Stoic ethics as a remedy against fortune and a conviction of the importance of inner virtue as the true ground of freedom and nobility and as a means by which the sage could detach himself from affliction, loss, and the fear of death. His earliest works draw on these themes. He treats them as compatible with Christianity, and he articulates them in the context of a specifically civic vision of humanism. It was only in the 1380s that Salutati started to draw on Seneca, in particular the 'Hercules furens' and 'Hercules Oetaeus', in the composition of his own work on the labors of Hercules, which he uses to develop his program and rationale for a literary humanism bent as well to civic purposes. Building on the theories of the poet as prophet in Dante and Boccaccio, Salutati strengthens the case for this idea. This is why he seizes on the Hercules material as found in Seneca. Since it is fictitious and mythological, not historical, he can use it to address the issue of how poetic *inventio*, as allegory, provides a direct access to theological truth. Salutati explicitly christianizes this message, arguing that God wants religious truth to be mediated through poetry, in particular the moral truth contained in Hercules' labors, which signify mastery over self, service to society, and the eventual apotheosis of the virtuous man and citizen. In this way, Salutati annexes Seneca's Stoic Hercules to a defense of humanist education, self-perfection, and active citizenship. In his final years Salutati moved somewhat away from Stoicism and more in the direction of Christianity, questioning the doctrine of *apatheia* and giving divine grace more prominence in his analysis of ethical behavior. It was not Augustine who prompted this move, however, but Aristotle, indirectly, and events in his own life. At work here, in part, was Cicero's critique of the rigorism of early Stoic ethics and

[18] Bocciolini Palagi, Il carteggio, pp. 23–24; Ross, Seneca's Philosophical Influence, p. 142. On Augustine as a source both for, and against, Stoic ethics in Petrarch see especially Hans Baron, Petrarch's "Secretum": Its Making and Meaning (Cambridge, MA, 1985), ch. 2 and pp. 136–37, 221–22, 236–48.

[19] William J. Bouwsma, The Two Faces of Humanism: Stoicism and Augustinianism in Renaissance Thought, in: Itinerarium Italicum: The Profile of the Italian Renaissance in the Mirror of Its European Transformations, ed. Heiko A. Oberman and Thomas O. Brady (Leiden, 1975), pp. 3–60.

[20] Ronald G. Witt, Hercules at the Crossroads: The Life, Works, and Thought of Coluccio Salutati (Durham, NC, 1983), pp. 64–77, 212–26, 358–67, 402–13, 426–29.

his preference for the Aristotelianized, and more moderate, ethics of the middle Stoics; in part, Salutati's shift was provoked by family crisis, the death of his wife and son. These modifications in emphasis apart, his Stoic stress on heroic virtue and his binding of this question to his overall civic humanist program remained intact.

Not all of the humanists of the Renaissance were, like Petrarch, concerned with forging a personal ethic or, like Salutati, committed to linking literary studies with civic concerns. As we move into the *quattrocento*, the emergence of a more strictly philological and historical interest in both Seneca and the New Testament set the stage for a new round of remythologizing and demythologizing of the Seneca-Paul correspondence. The remythologizing movement of the fifteenth century owes its major debt to the Bergamasque humanist Gasparino Barzizza (1360 – 1431). Barzizza wrote a commentary on the Seneca-Paul correspondence, accompanied by a biography of Seneca, during an appointment at the University of Padua, where he was lecturing on Senecas's letters. The commentary, completed in 1408, treats the correspondence as authentic. Barzizza's goal at this point was simply to produce as accurate an understanding of Seneca's *vita* and *opera* as he could. Following this stage of his career he turned his attention to Cicero and did not go back to Senecan studies, stylistic preferences taking pride of place over subject matter. Barzizza's cult of Ciceronianism after 1411 inclined him to criticize Seneca's Latin and also his moral character. But his earlier work on Seneca reflects his desire to promote a careful program of textual criticism aimed at distinguishing the genuine from the apocryphal works of Seneca and at mining systematically the evidence about Seneca that could be found in other classical and early Christian authors. In Barzizza's own career one can see his own self-conscious growth as a philologist in the context of the expansion of the humanist movement itself, for his biography of Seneca makes use of newly recovered materials, such as Tacitus' 'Annals', which made possible a fuller reconstruction of the subject than had been possible earlier. In particular, Barzizza's life of Seneca emphasizes the philosopher's later years, after Nero had foiled the conspiracy of Piso. Much attention is paid to Seneca's suicide. Barzizza seeks to present Nero as the truly guilty party, and to exonerate Seneca as much as possible, by treating his suicide as an act of Christian martyrdom in the face of a tyrant. Retaining the idea that Seneca had been converted by Paul, Barzizza thus tries to Christianize Seneca in practice as well as precept, by presenting his death, although self-administered, as not self-willed, and hence as morally defensible on Christian no less than Stoic grounds. Barzizza's biography of Seneca, which enjoyed considerable popularity later in the fifteenth century, thus manages to combine the most up-to-date scholarly apparatus of the humanist movement with the most elaborate defense to date of the myth of Seneca's conversion.[21]

Both demythologizing, and the perpetuation of Barzizza's remythologizing, can be documented in the immediate sequel. Sharp criticism of Barzizza's

[21] PANIZZA, Gasparino Barzizza's Commentaries, pp. 229 – 304, 316 – 30.

position on Seneca set in quite soon after he wrote, with the first doubts cast on the authenticity of the Seneca-Paul correspondence coming from Angelo Decembrio. Decembrio had studied with Barzizza in Milan, where he moved after his appointment in Padua, and later became a protégé of Leonello d'Este at his court in Ferrara. In Decembrio's 'De politia litteratura', a presentation copy of which, now preserved in Rome, Vat. Lat. MS 1794, was given to Pope Pius II in 1462, the author reports on discussions held on the Seneca-Paul correspondence at the court in Ferrara. He notes that Leonello, himself a pupil of Guarino of Verona, had led in the attack on the authenticity of the correspondence. According to Decembrio, Leonello had charged Jerome with the lack of critical sense that had put the myth into circulation in the first place. In addition to dismissing Seneca's claims to Christianity, Leonello also disparaged his merits as a moral philosopher and, pointedly, as a Latin stylist as well. The preference for Cicero is visibly at work. It is possible that the real author of these views was Guarino himself, and that his pupil was repeating the master's opinions, even though no express statement on the subject has survived in Guarino's own writings. Guarino's son, Battista, who inherited his father's position as the head of the Ferrarese court school and who also succeeded him at the University of Ferrara, wrote a work, the 'De ordine docendi et studendi' (1459), in which he reputedly lays down his father's rules. Notable, by their presence, are the strictures of such authors as Quintilian and Aulus Gellius, who had objected to Seneca's style; and equally notable, by its absence, is any reference at all to Seneca as a moralist.[22]

In the same period, an even more influential humanist, Lorenzo Valla (1407–57), detected the forgery, although he attacked it for somewhat different reasons. Valla's goal was twofold. As a commentator on the Pauline epistles, he sought to apply his considerable gifts as a historical philogist to the clarification of Paul's message in its own historical context. At the same time, as a Christian humanist he wanted to attack the idea that the virtuous pagans could be put on the same level, as moral authorities, as the virtuous Christians. In particular, he criticized Stoicism, as he understood it, a case Valla makes forcibly in his dialogue, the 'De vero falsoque bono', which underwent several revisions after its first appearance in 1431. In all of them the Stoic interlocutor gets the decidedly short end of the debate. In this work Valla takes pains, through his citations of Paul, to demonstrate the contradictions he wants to point up between Christian and Stoic ethics. As an editor of Paul, Valla asserted that Jerome's Vulgate text needed correction, and that he himself was in possession of the philological expertise equal to the task. The importance of that enterprise for a renewal of Christian theology based on the Bible served as part of Valla's extended brief for humanist education as opposed to scholasticism, for only a patient attention to the fine nuances of the ancient tongues would equip the Christian scholar for the work of biblical reconstruction. The fact that Jerome had been the one to give

[22] ibid., pp. 333–36.

credence to the Seneca-Paul myth provided a handy weapon which Valla could wield in these interrelated battles. In a diatribe, 'In errores Antonii Raudensis adnotationes', completed around 1444, Valla refers to another work of his in which he had confronted and demolished the authenticity of the Seneca-Paul correspondence directly. None of his extant works meets this precise description. Still, the overall outlines of Valla's conception of the humanist program leave no doubts about his position or the rationale supporting it.[23]

Meanwhile, and none the less, humanists during the second half of the fifteenth century continued to follow Barzizza's lead. Printers and early editors of Seneca used a mangled version of his biography of Seneca, without attribution, to preface early printed texts and translations of his works, such as those appearing in Venice in 1490, 1493, 1494, and 1503, a trend which persisted into the later sixteenth-century translations of Seneca as well.[24] This tendency also survived the transfer of the humanist movement across the Alps, even in so noted a practitioner as JACQUES LEFÈVRE D'ÉTAPLES. In his 1512 edition of the Pauline epistles, reprinted in 1515, 1517, and 1532, LEFÈVRE's preface attests to the authenticity of the Seneca-Paul correspondence on Jerome's authority. While LEFÈVRE's *forte* as a humanist did not lie in the detection of *dubia* and *spuria*, his motivation as a Christian humanist had much in common with Valla's. Yet, it could lead him to support the myth and to ignore the deficiencies of the Vulgate text of the Bible.[25] In 1512, however, the same year in which LEFÈVRE's first edition of Paul was issued, the Spanish humanist JUAN LUIS VIVES, in his edition of Augustine's 'City of God', questioned the authenticity of the Seneca-Paul correspondence in his comment at Civ. dei 6.10.[26] The Augustine edition was an enterprise in which VIVES participated at the instance of ERASMUS, who was familiar with VIVES' views as well as LEFÈVRE's at the point when he caused the spotlight to focus primarily on himself in this connection.

Such was the situation paving the way for the entrance of ERASMUS on the scene, the humanist who took, and received, the principal credit for laying the Seneca-Paul myth to rest, at least for the immediate future. Attacking Barzizza, whose life of Seneca he used without ascription, and LEFÈVRE D'ÉTAPLES as well, although omitting to credit the work of Decembrio, Guarino, Valla, and VIVES, ERASMUS denounced the correspondence as a forgery in the prefaces to both his 1515 and 1529 editions of Seneca.[27] For

[23] ibid., p. 336; SALVATORE I. CAMPOREALE, Lorenzo Valla: Umanesimo e teologia (Firenze, 1972), pp. 123–24, 277–403, 407. See also RUDOLF PFEIFFER, History of Classical Scholarship from 1300 to 1850 (London, 1976), p. 40.

[24] PANIZZA, Gasparino Barzizza's Commentaries, pp. 336–37.

[25] EUGENE F. RICE, ed., The Prefatory Epistles of Jacques Lefèvre d'Étaples and Related Texts (New York, 1972), pp. xxi, xxii, 299, 301 n. 9; PANIZZA, Gasparino Barzizza's Commentaries, pp. 331, 339.

[26] KARL ALFRED BLÜHER, Seneca in Spanien: Untersuchung zur Geschichte der Seneca-Rezeption in Spanien vom 13. bis 17. Jahrhundert (München, 1969), pp. 192, 196–97, 201–18.

[27] PANIZZA, Gasparino Barzizza's Commentaries, pp. 298, 337–41.

ERASMUS, as for the other humanists who had entered the fray, far more was at stake here than the simple quest for historical truth. Not only did ERASMUS have the goal of demonstrating his superiority to other humanists as a textual critic, he also had two other, distinctly Erasmian, agendas in this connection, which are related to the two periods in his career when these two successive editions were published. Several related issues were involved: the authority of Jerome and the accuracy of the text of his Vulgate Bible, which ERASMUS was in the course of reevaluating in the editorial work he was doing in the second decade of the sixteenth century; the educational program that he attached to Christian humanism at these two points in his life; his sponsorship of VIVES' edition of Augustine and his own growing familiarity with Augustine in the 1520s, which was associated in turn with the outbreak of the Protestant Reformation and ERASMUS' debate with MARTIN LUTHER on free will in 1524–25.[28]

In the period when ERASMUS was working on his first edition of Seneca he had not yet become the "Prince of Humanists" whose earnings from the press freed him from the exigencies of patronage. He supported himself mainly as the tutor to wealthy and prominent young men, writing treatises such as 'The Education of a Christian Prince', which he dedicated to Charles of Habsburg, and editing classical authors such as Plutarch, whom he was advocating in such works as the best agents of Christian humanist education. Erasmus was concurrently engaged in editing the letters of Jerome, a figure he revered as an *alter ego* no less than as an exponent of the elegantly written patristic theology he wished to substitute for scholasticism.[29] At the same time, ERASMUS was preparing his edition of the Greek New Testament, which catapulted him to fame when it was published in 1516. The juxtaposition of these two latter activities yielded some embarassments. Much as he appreciated Jerome's acumen as a philologist, his satirical send-ups of the corrupt clerks and monks of his day, and his concern for the relations between Ciceronianism and Christianity, ERASMUS could not but be taken aback by the flaws in Jerome's Vulgate Bible and by the scholarly sloppiness he reveals in his 'De viris inlustribus'. These issues all come together in the preface to ERASMUS' 1515 edition of Seneca. Here, he seeks to present Jerome as a philologist with a finer critical sense than Jerome himself displays, while pointedly dissociating himself from the newly resuscitated Renaissance myth of Seneca's conversion which Jerome had helped to promote. At the same time, the preface seeks to explain to Christian readers the advantages to be gained from the study of

[28] For the events and activities in Erasmus' career at the points when he published his two editions of Seneca see ROLAND H. BAINTON, Erasmus of Christendom (New York, 1969), pp. 41–50, 131, 204–05; MARJORIE O'ROURKE BOYLE, Christening Pagan Mysteries: Erasmus in Pursuit of Wisdom (Toronto, 1981), pp. 11–12, 16–17, 19, 75, 85–87; EADEM, Rhetoric and Reform: Erasmus' Civil Dispute with Luther (Cambridge, MA, 1983); ROSS, Seneca's Philosophical Influence, pp. 144–45. I would also like to acknowledge the unpublished Oberlin College honors thesis of ROBERT B. HARDY, A Study of Erasmus' Editions of the Works of Lucius Annaeus Seneca (1986).

[29] EUGENE F. RICE, Saint Jerome in the Renaissance (Baltimore, 1985), pp. 132–36.

Seneca. With more charity than accuracy, ERASMUS says of Jerome that he included Seneca in his 'De viris inlustribus', alone among the gentiles, not, ERASMUS insists, because Jerome really believed in the authenticity of the Seneca-Paul correspondence, but, rather, as a forgivable pretext for the praise of Seneca. While Seneca was not a Christian, ERASMUS continues, and while his style does contain some faults, he richly deserves to be read by Christians because his high standards of morality recommend him to all who aspire to a virtuous life.[30]

During the decade and a half that separates ERASMUS' first from his second edition of Seneca, his preoccupation with vindicating Jerome gave way to other interests. In the face of the Ciceronian movement among early sixteenth-century humanists, who sought to restrict acceptable Latin to the language of Cicero alone, and who, in ERASMUS' estimation, had taken humanism beyond the point of no return into pedantry and antiquarianism, he had published his 'Ciceronianus' (1525), attacking the extreme imitation of Cicero and the study of the classics as an end in itself. The model he invokes for the brand of Christian humanism he is now advocating is that of Augustine's 'De doctrina christiana', in which Christians are instructed to spoil the Egyptians of their gold and silver and to apply the endowment of classical learning so obtained to the tasks of biblical exegesis and preaching. In the same period he was reading more widely in the works of Augustine, especially in connection with his debate on free will with LUTHER. LUTHER had attacked ERASMUS, for bringing pagan authorities to bear on the question, as well as for undervaluing the importance of divine grace in human ethical action. While rejecting what he felt was LUTHER's extreme and unwarranted interpretation of Augustine on grace, and while backing off from the full implications of what the later Augustine himself had said on that subject, ERASMUS also found, at this time, a need to qualify his dependence on classical authors, seen as representing unaided human wisdom and effort, and to strengthen the role he accorded to grace in his own account of the collaboration of God and man in human salvation.

These concerns of the 1520s come together in ERASMUS' preface to his 1529 edition of Seneca. With his case against the Ciceronians in mind, he returns to Seneca's stylistic flaws, but he mutes his criticism in the light of other points he wants to make. He takes umbrage, for instance, at certain unnamed scholars – for whom we may read LEFÈVRE – who persist in regarding Seneca as a Christian and the correspondence with Paul as genuine. Harking back to the Hieronymian authority that had been invoked to support this view, he observes that Jerome, after all, included a number of non-Christians in the 'De viris inlustribus', and some heretics too, their qualifications being not their faith but the direct or indirect contributions which they made to Christian literature. As for Seneca, his own particular legacy is treated

[30] DESIDERIUS ERASMUS, Epistola 325, in: Opus Epistolarum, ed. P. S. ALLEN (Oxford, 1910), II, pp. 53–54.

far more gingerly here than had been the case in the 1515 preface. Although he was a pagan, ERASMUS avers, Seneca can still be read by Christians with profit. His main assets are the integrity, the constancy, the prudence, and the love of clemency and moderation that he displays and instills in his readers, inspiring them to love the good and to flee from sordid pleasures. In support of this assessment, ERASMUS notes that revered church fathers such as Jerome and Augustine had drawn on Seneca in a positive way. The latter point is no doubt aimed against his Lutheran antagonists. None the less, ERASMUS takes pains to point out with care the Senecan ideas which Christians should shun. Seneca, he stresses, was not a monotheist; and he thought that the virtue of the sage could be attained autonomously, without any divine assistance. These doctrines are pernicious, he warns, and Seneca should be used with circumspection, and selectively, by the Christian reader.[31] In comparing ERASMUS' attitude toward Seneca, and toward the relationship between Stoicism and Christian values more generally, in these prefaces to his two editions of the philosopher, we can track not only his own shifting concerns and career orientations at two different times in his life, but also some of the polarities and tensions within the humanist movement itself, and the complexity of the *donné* on Stoicism and the New Testament which it left to the sixteenth and seventeenth centuries.

## V. *The Sixteenth and Seventeenth Centuries*

Complexities continued to abound and proliferate as the Christian humanist movement ceded pride of place to the Reformation and Counterreformation, although not all of ERASMUS' contemporaries and immediate successors fastened on the same issues. The theme of providence and fate drew Christian thinkers of various kinds to Stoicism, and to the view that it was compatible or not with Christianity. Best known as neo-Aristotelians, the Paduan philosopher PIETRO POMPONAZZI, in his 'De fato', and the Parisian humanist GUILLAUME BUDÉ, in his 'De contemptu rerum fortuitarum', drew positively on the Stoic position, as did the reformed theologian HULDRICH ZWINGLI in his 'De providentia' (1530), who annexed Stoicism to his own strongly Augustinian doctrine of predestination. JOHN CALVIN, the century's sternest defender of that position, was sensitive, in his early commentary on Seneca's 'De clementia' (1532), to the differences between Stoic fatalism and Christian predestination, a divergence which he accented in his mature theological works.[32] But, while Protestant divines continued to participate in

[31] ERASMUS, Epistola 2091, ed. ALLEN (Oxford, 1934), VIII, pp. 26–39.

[32] GÜNTER ABEL, Stoizismus und frühe Neuzeit: Zur Entstehungsgeschichte modernen Denkens im Felde von Ethik und Politik (Berlin, 1978), pp. 44–66; ROSS, Seneca's Philosophical Influence, p. 145.

the debate to some extent, and while the Christian humanist approach remained a live option, the catalysts that precipitated the next phase of development were a neo-Stoic revival based on the publication, translation, and study of the Greek as well as the Latin Stoic authors, the widespread use of Seneca as a model in the revival of European vernacular drama, and the yoking of Stoicism to the ethical, political, and confessional agendas of Europe in the age of religious wars and nascent royal absolutism.

The textual and editorial foundations of the neo-Stoic movement constitute a tale that has been told repeatedly in the scholarly literature. The ground-breaking survey was published by LÉONTINE ZANTA, who accented the application of neo-Stoicism to an emerging libertine, or at least *politique*, attitude, above all in the French thinkers active in the movement across the sixteenth century, which distinguishes them as a group from the Renaissance humanists and medieval writers who, in ZANTA's view, all saw Stoicism as compatible with Christianity.[33] GÜNTHER ABEL, although he adds much rich detail made possible thanks to the scholarship of the intervening decades, tends to follow ZANTA's lead, in stressing the role of neo-Stoicism in the emergence of an a-Christian ethical and political outlook. Without ignoring those thinkers who did indeed link Stoicism with Christianity in the sixteenth and seventeenth centuries, ABEL emphasizes the separability of the segments of their work where this occurs from the areas in which they defended human reason, in its own right, by an appeal to the Stoic tradition.[34] Proof of the claim that historians tend to find what they look for, two other scholars, JULIAN-EYMARD D'ANGERS[35] and ANTHONY LEVI,[36] point up the omissions of ZANTA and ABEL by studying a wider range of figures, including many professedly religious thinkers, in this period. Their findings are complementary. Both tell a tale more complicated and less teleological than that of ZANTA and ABEL, in which the religious as well as secular uses of neo-Stoicism persist. Further, they show that, among the religious writers, post-Tridentine Catholics tended to preempt the topic from their Protestant compeers. The Catholic apologists did not hesitate to use Stoicism in their conduct of intra-confessional debates, as well as in the defense of the Counterreformation against Protestants, skeptics, and atheists. Also, while France is the center of the neo-Stoic movement, KARL ALFRED BLÜHER has shown that it also won a rapid and enduring victory in the thought of early modern Spanish Catholics, who put it to the service of some highly local concerns as well as to a more generally Counterreformation cause.[37]

33 LÉONTINE ZANTA, La Renaissance du stoïcisme au XVI siècle (Paris, 1914).

34 ABEL, Stoizismus und frühe Neuzeit.

35 JULIEN-EYMARD D'ANGERS, Recherches sur le stoïcisme aux XVI et XVII siècles, ed. L. ANTOINE (Hildesheim, 1976). This volume reprints many essays published by the author on this theme during the previous two decades.

36 ANTHONY LEVI, French Moralists: The Theory of the Passions, 1585 to 1649 (Oxford, 1964).

37 BLÜHER, Seneca in Spanien.

This new, and more complex, picture of the perceived relations between Stoicism, or individual Stoic authors, and Christianity in the sixteenth and seventeenth century begins with the work of neo-Stoics of the second half of the sixteenth century such as JUSTUS LIPSIUS, GUILLAUME DU VAIR, and PIERRE CHARRON. Their initial achievement was their detailed study of the Greek as well as Latin Stoic authors and their reconstruction of Stoicism as a system of philosophy based on these sources. For the first time, thanks to their efforts and those of editors on whom they drew, Stoic doctrine, and the interconnections of its subdivisions, could be appreciated as a whole. Having made this access to the Stoic system possible, however, these late sixteenth-century neo-Stoics rarely called upon all aspects of it in their own work. LIPSIUS, for example, although he revived Stoic physics, remained primarily interested in Stoic ethics, and paid no attention at all to Stoic logic. LIPSIUS was a university professor who lived in the troubled world of the Netherlands and Germany in the age of the Dutch revolt against Spain. Born and raised a Catholic, he remained above the confessional fray, to the point where he could subscribe to a Lutheran profession of faith in order to teach at Jena, a Calvinist profession of faith in order to teach at Leiden, and later could persuade the Catholic authorities of his fidelity to Rome in order to teach at Louvain. Literary taste in part drew him to Stoicism, as he moved away from the style of Cicero toward that of Seneca. Once that step was taken he dedicated himself to forging a synthesis of Stoicism and a deliberately non-dogmatic Christianity, confining himself to principles that all Christians shared. What he sought and found in Stoicism was the doctrine of equanimity, as an anodyne to the sufferings brought on by the tumultuous wars, upheavals, and persecutions of his time. LIPSIUS, to be sure, gets some of his Stoicism wrong. He tends to dematerialize the Stoic doctrine of the deity and the human soul, and ignores the inconvenient Stoic defense of suicide. He also seeks to translate the Stoics' cyclical cosmology into a description of a single and linear creation and end of the *saeculum*. But these lapses pale before LIPSIUS' major project, the reformulation of Stoicism into a Stoic-Christian philosophy of constancy and tranquillity in the face of political confusion.[38]

For his part, DU VAIR was far more interested in the personal therapy and consolation which Stoic ethics could provide. Public calamity, to be sure, remains the context, and it was one with which DU VAIR, as a *parlementaire* and *politique* during the Franch wars of religion, was all too familiar. Still, his emphasis is more on the personal side of ethics, and his concern with moral liberty well explains the appeal of Epictetus, whom he translated into French, to him. Given the maelstrom of political events, the individual becomes the center of moral meaning for DU VAIR. Internalizing the law of God as the

[38] ABEL, Stoizismus und frühe Neuzeit, pp. 67–113; JASON LEWIS SAUNDERS, Justus Lipsius: The Philosophy of Renaissance Stoicism (New York, 1955); LEVI, French Moralists, pp. 63–73; PFEIFFER, History of Classical Scholarship, p. 126; ROSS, Seneca's Philosophical Influence, pp. 145–48; ZANTA, La Renaissance, pp. 86–94, 129–47, 151–331, 334–37.

law of his own being, mastering the passions, and acknowledging the privileged status of friendship and marriage seen as a relationship of equals are the Stoic doctrines which DU VAIR enlists as techniques for rising above the rival fanaticisms that have torn apart public life. Indeed, he classifies quarrels over religion among the foolish opinions of the fickle mob from which the sage should detach himself. While DU VAIR is even less interested in Stoic physics than is LIPSIUS, and while he accents the duty of the sage to function as a citizen even in evil times, the directionality of his Stoic-Christian synthesis takes him inward, toward the internal psychology that serves as the ground of the sage's constancy.[39]

The third member of this seminal group, PIERRE CHARRON, strikes two other contemporary notes in his yoking of Christianity and Stoicism, drawing Stoicism into a close bond with Counterreformation Catholicism and with citizenship in a strong and authoritarian state. For him the two were connected. Taking a position no doubt more in line with the Catholic mainstream than the views of *politiques* such as DU VAIR, he holds that religion is the positive foundation of the state. Both the state and the official church have to be defended against heresy, religious indifference, and skepticism. CHARRON seeks and finds in Stoicism a support for the idea of the family as the seminary of good citizens and for the importance of an active life of obedience and service to the state. He stands as an apologist against those who seek to ground political morality on a purely philosophical foundation, and against those espousing religious toleration or, indeed, any religious faith outside of Catholicism. For CHARRON, the political duties toward which neo-Stoicism propels the sage are fully commensurate with the ethics of the New Testament, especially the Golden Rule; his motive is not moral detachment but moral and political engagement.[40]

The range of options illustrated by these three late sixteenth-century neo-Stoics found considerable resonance among their seventeenth-century successors, who did not hesitate to nuance the part of the neo-Stoic message they adopted in their own new ways. Less innovative approaches to the combination of Stoicism and Christianity were available as well. A good illustration of the latter point is GILLES BOILEAU, elder brother of the better known satirist of the same family. Even as the wars of religion paled in France, he could take a position essentially like that of DU VAIR. BOILEAU published a biography and a translation of Epictetus in mid-century, having chosen this author because, he tells us, Epictetus was the best of the pagan philosophers. Both his monotheistic theology and his ethics of detachment are instructive to Christians. Indeed, aside from his regrettable support for the doctrine of suicide, BOILEAU concludes, Epictetus is fully compatible with the gospel

[39] ABEL, Stoizismus und frühe Neuzeit, pp. 114–52; LEVI, French Moralists, pp. 74–95.

[40] ABEL, Stoizismus und frühe Neuzeit, pp. 153–227; LEVI, French Moralists, pp. 95–111; EUGENE F. RICE, The Renaissance Idea of Wisdom (Westport, CT, 1973 [repr. of 1958 ed.]), pp. 178–207.

and a worthy guide to Christian behavior.[41] While BOILEAU shows that a conventional Christian humanist approach to neo-Stoicism remained possible in the seventeenth century, the majority of contributors to our theme in that period show far more of an effort to relate it to the political and religious issues of their time.

One such interest, manifested widely, was the revival and development of natural law theory, for a range of purposes spanning the topics of political thought, biblical exegesis, and moral and inter-confessional polemics. In this context Stoicism was sometimes associated with Aristotelianism, by way of the revival of Thomism in the Catholic world, and sometimes used as a source for natural law theory that could be detached from any kind of confessionalism. The thinkers in the stream of international law theory which culminated in the work of HUGO GROTIUS best illustrate this latter application. They themselves belonged to a number of different Christian sects; but their project, which GROTIUS completes, was to find a rational foundation for international relations in the new Europe of sovereign confessional states which, while recognizing their own national jurisdiction, could provide a basis for their peaceful interaction without appealing to theological principles unacceptable to some Christian communions. GROTIUS' 'On the Law of War and Peace' (1625) stands as the century's finest and most influential monument to this kind of Stoicizing, irenic, and cosmopolitan Christianity.[42] A strongly contrasting application of Stoic natural law theory can be seen in the Jesuit exegete, CORNELIUS À LAPIDE (d. 1637), a scripture scholar who taught at Louvain and Rome. Taking a leaf from CHARRON's book, he uses Stoicism, in combination with a neo-Thomist Aristotelianism, to argue for a strong church in a strong, Catholic, state. The order and structure of the universe, he holds, provide a model for an orderly and hierarchical society in which both political and ecclesiastical obedience are required, and in which man, thanks to the natural aptitude he retains even in the fallen state, can function ethically and constructively. The supernatural grace that completes the picture, for LAPIDE, perfects without annulling man's natural political virtue.[43]

Political applications of other features of Stoicism as well were made by seventeenth-century Christian thinkers, and in ways similarly diverse. Reaching back to the tradition launched by the Roman Stoics themselves, and Christianized by the sixth-century archbishop, Martin of Braga, in his advice to the Suevian king Miro, they produced histories, treatises, and in one case a novel, aimed at guiding statesmen in the service of a prince, or the prince himself. The morality of the public man is the key issue on which they fasten, although their conclusions range from optimism to pessimism on that score. Initiating

[41] GILLES BOILEAU, La Vie d'Épictète et sa philosophie, 2nd ed. (Paris, 1657).

[42] MATIJA BERLJAK, Il diritto naturale e il suo rapporto con la divinità in Ugo Grozio, Analecta Gregoriana, 213, Series Facultatis Iuris Canonici, B 42 (Roma, 1978).

[43] FREDERICK J. MCGINNISS, The Stoic Impulse and Counter-Reformation Polemics: A Study in the Scriptural Commentaries of Cornelius à Lapide, unpublished. I am grateful to Dr. MCGINNISS for a copy of this paper.

this movement in the sixteenth century was ANTONIO DE GUEVARA (d. 1545), court preacher to the Holy Roman Emperor Charles V and chronicler of his reign. GUEVARA was a *dévoté* of Marcus Aurelius as well as Seneca. In his 'Relox de príncipes', dedicated to Charles, his 'Libro aureo de Marco Aurelio', and elsewhere, he draws on Seneca's advice to Nero and on Marcus' advice to himself, in explaining both how Christian princes and Christian counselors should behave. From the Stoics they can learn to steel themselves to adversity and to the vicissitudes of fortune that are inescapable features of political life in changing times. The struggle for mastery over these tribulations, he says, should be understood as the testing of the saints, which God ordains for their salvation.[44] A similar, if less expressly theological, line is taken by the Italian Jesuit BERNARDINO CASTORI, in his 'Institutione civile e christiana' (1622). CASTORI also strikes a more typically contemporary note. Like GUEVARA, he accents mastery over the passions as the chief benefit which the Christian gentleman can derive from Stoic ethics as he strives to be, at the same time, a good Christian and a good courtier, a dutiful and effective counselor to his prince, while yet keeping himself unstained by the corruption and hypocrisy of the court.[45]

Corruption at the court is a *topos* found widely among seventeenth-century political writers, some of whom sought to mitigate it, like CASTORI, through detachment on the part of the statesman making his career there, while others sought to root it out at its source, the prince who himself sets the tone. One such author, equally confident of the utility of Stoic ethics in union with Christianity for this purpose, was FRANÇOIS HÉDELIN, *abbé* of Aubignac, who dedicated a work on this subject to his monarch, Louis XIV of France, shortly after the young king had taken personal control of his government. HÉDELIN's 'Macarise' (1664), a Christian-Stoic mirror of princes, is framed as an allegorical romance set on a utopian island in the New World.[46] Fortunately, 'Macarise' does no depend on the author's literary gifts to make its point. This is just as well, since they are negligible. HÉDELIN's plotting is involuted, his cast of characters as overblown as it is wooden, and his narrative plodding. He compensates for these faults by providing a detailed glossary listing all the characters and their allegorical significance, and a preface of over a hundred pages explaining the story and its philosophical argument. Among the doctrinal highlights HÉDELIN finds in Stoicism as pertinent to the Christian prince are monotheism and the rational nature of man. Ethically, the ideas to which he especially seeks to call Louis' attention are the vices of extravagance, luxury, gluttony, vainglory, and pride, and how they may be countered by Stoic *apatheia*. This prescription may speak as much to the perceived character of Louis himself as to the more structural

[44] BLÜHER, Seneca in Spanien, pp. 218–28.

[45] ANGERS, Recherches, pp. 183–232.

[46] FRANÇOIS HÉDELIN, Macarise, ou la reyne des isles fortunées; Histoire allégorique contenant la philosophie morale des Stoïques sous le voile de plusiers aventures agréables en forme de roman (Paris, 1664).

problems of court life in the absolute state. But HÉDELIN, along with CASTORI and GUEVARA, shows a marked confidence in the power of Christian-Stoic ethics to correct them.

A gloomier note was struck by political moralists on the other side of the Pyrenees, reflecting both a national Spanish sense of proprietorship over Seneca and the fact that, while France's star was ascendant in the seventeenth century, Spain's was declining. To be sure, one did not have to be Spanish in this period to seek political wisdom in Seneca. Yet, the flood of translations, biographies, and analyses of Seneca that had begun in Spain in the later Middle Ages was cresting at this time in the Iberian Peninsula. It manifests the national interest in deriving counsel from a Stoic who could be seen as particularly their own. To seventeenth-century Spaniards, Seneca was revered as a guide to political morality made more difficult than ever before because it had to be lived in a court society presided over by a tyrant whose decisions appeared to be increasingly incapable of stemming the tide of political defeat and economic disaster. The 1642 biography by JUAN FRANCISCO FERNÁNDEZ DE HEREDIA, entitled 'Séneca y Néron', makes this connection inescapable. HEREDIA's thesis, and it was seconded by a number of contemporaries, is that the sage's detachment enables him to do his job as a statesman with honor and efficiency, an argument similar to that of CASTORI, except that it substitutes the problem of tyranny for the more general issue of corruption. If there were supporters of HEREDIA's interpretation, there were also critics, who argued that the balancing act that HEREDIA required of his statesman was not possible. Confronted by the fact that their chosen mentor, Seneca, had been forced by Nero not only to commit suicide but also to defend the emperor's matricide before the senate, they maintained that the statesman might keep his private life pure by *apatheia*, but that, in the public arena, he had to act in accordance with political prudence, however morally distasteful to him this might be. In the hands of HEREDIA's critics, Seneca reemerges as a forerunner of Machiavellism. The debate was joined in such works as the 'Séneca impugnando de Séneca in questiones políticas y morales' (1650) by the court chronicler NÚÑEZ DE CASTRO, which DIEGO RAMÍREZ DE ALBEDA sought to refute with his 'Por Séneca sin contradezirse, en dificultades políticas, resoluciones morales' (1653). In the long run, the position of BALTASAR GRACIÁN won out. Abandoning the effort to whitewash Seneca, he accepts the dichotomy between public and private morality and concludes that Seneca's Stoicism can be reconciled with Christianity only in the private realm. The upshot of GRACIÁN's abandonment of either Stoic or Christian virtue in public life is the stance of heroic pessimism in politics that does so much to inform the literary consciousness of contemporary dramatists,[47] a point to which we will return below.

Before we do so, however, we need to address another, specifically Spanish, phenomenon that helped to set the stage for the Spanish political

[47] For this development see BLÜHER, Seneca in Spanien, pp. 371–447.

writers just discussed. This is the recrudescence of the myth of Seneca's conversion by Paul. Despite the swift support that sixteenth-century Spanish thinkers had given to the findings of VIVES and ERASMUS, the myth was consciously reintroduced in Spain in the following century, in order to address perceived contemporary needs ranging from the stimulation of patriotism by any means, fair or foul, to the defense of a hard-edged Counterreformation Catholicism.[48] Seneca, to be sure, had been a native of Córdoba. The effort to include him in the Christian fold as a means of arguing for the early evangelization of Spain led some Spanish historians knowingly to falsify the historical record. A good example is the Jesuit JERÓNIMO ROMÁN DE LA HIGUERA, who argues, on the basis of this distorted evidence, that Spain had been Christianized in the first century, in his 'Fragmentum chronici' (1619). Other historians followed suit, asserting not only that Seneca had been converted but also that Paul himself had preached in first-century Spain. JUAN BAÑOS DE VELASCO Y ALCEBEDO, author of a biography of Seneca published in 1674, was acutely aware of the fact that this position flew in the face of the facts established by the humanist editors of the previous century. He seeks to exculpate himself for fudging these facts by shifting the blame to ERASMUS, whom he attacks as a crypto-sympathizer of the Muslims and Jews, thus yoking his promotion of the false history which he deliberately relates with the post-Tridentine depreciation of ERASMUS' theological reliability. Even in authors who did not go quite so far, Seneca was treated as the chief secular support for revealed truth, and his ideas were documented by biblical parallels by theologians active in the debates of the Counterreformation, such as the Jesuit JUAN DE MARIANA, the Dominican LUIS DE GRANADA, and the Franciscan DIEGO DE ESTELLA, as well as by lay authors. This movement is consistent as well with the tendency of polemical Spanish Catholics to clothe the martyrs who fell in preaching to the heathens, in the wake of the conquistadors, in the garb of Stoic heroism.[49]

These tendencies provide the context for the work FRANCISCO DE QUEVEDO (1580–1645), acknowledged as the most important single figure in the Spanish neo-Stoic movement in this period.[50] QUEVEDO's chief goal was to Christianize the Stoics, and he argued this case in numerous writings. While he rejects the Seneca-Paul correspondence as a forgery, he does not, on that account, rule out the real possibility that Seneca was acquainted with, and influenced by, the early Christians. A more unusual feature of QUEVEDO's perpetuation of the myth is his argument for the biblical origins of the ideas of other Stoics as well. He traces Epictetus' thought to the Book of Job, which

[48] ibid., pp. 276–81.

[49] HENRY ETTINGHAUSEN, Francisco de Quevedo and the Neostoic Movement (Oxford, 1972), pp. 5–25.

[50] ibid., pp. 25–123; BLÜHER, Seneca in Spanien, pp. 326–65. The accounts of these two scholars are substantially in agreement, although ETTINGHAUSEN accents QUEVEDO's response to economic and political disarray more strongly, while BLÜHER emphasizes his concern with freedom from the fear of death.

he also thinks informed Zeno's teachings. It is not known whether QUEVEDO and others who followed this line were deliberately reviving the patristic commonplace which had ascribed the wisdom of the pagan philosophers to the Bible. In any case, this step on QUEVEDO's part is designed to lend all the support he can find, or invent, to the synthesis of Stoicism and Christianity. To this end he even tries to rehabilitate Epicurus, arguing that he was a Stoic *avant la lettre*. There are two Stoic doctrines that he finds problematic. One is the justification of suicide and the other is the doctrine of *apatheia*, teachings with which many a neo-Stoic of the period wrestled. QUEVEDO does what he can to soften the blow in each case. With regard to suicide, he notes that Seneca was the only member of the Stoic school to act on this principle; he can thus be seen as an exception who proves the rule. With regard to *apatheia*, he makes an important distinction, which critics of this point had indeed blurred. *Apatheia*, he points out, is not the same thing as *anaesthesia*. Stoic ethics is not designed to inculcate insensibility, but to teach the sage how to master his passions. And this latter idea is one he situates squarely within a Christian-Stoic conception of moral heroism. In support of this idea, QUEVEDO does not hesitate to recruit the recent Counterreformation saints, CHARLES BORROMEO and FRANCIS DE SALES, to his cause, labeling them as Stoics. Stoicism is thus wielded as a weapon against non-Catholics and atheists alike. In its positive application, QUEVEDO is most concerned, as was DU VAIR, with drawing from Stoic ethics a personal balm, a consolation in the midst of national crisis and confusion, and an anodyne against his own misfortunes and his fear of death.

Many of the same issues which the above authors specified in a particularly political direction, within a particular national setting, animated other Catholic apologists more generally in this period. The tendency to treat Stoicism, as an embodiment of human wisdom attainable by man through the exercise of his own intelligence and will, collaborating in the task of human redemption with divine grace, occurs frequently in polemicists attacking the keystone Protestant doctrines of *sola fide*, *sola gratia*, and *sola scriptura*. Some of these same thinkers allied Stoicism with Aristotelianism, while others used it as a substitute for an Aristotelianism which the logic of PIERRE RAMUS or the scientific revolution had rendered passé.[51] Catholics could fasten on the same arguments on a strictly intra-confessional basis, applying them in a number of different ways. GABRIELE PALEOTTI, bishop of Bologna and later cardinal (d. 1597) and an ardent defender of the Tridentine reforms, appealed to the moral rigorism of Stoic ethics as an inspiration for purging his diocese of all laxity. He saw no disjunction between the Stoic sage and the upright Christian. On the other hand, the Capuchin ascetics ZACHARY OF LISIEUX and LEANDER OF DIJON, while they shared PALEOTTI's taste for austerity, criticized as incompatible with Christianity the naturalism and autarchy that lie at the base of Stoic ethics.[52] Perhaps the most celebrated intra-confessional dispute

[51] ANGERS, Recherches, pp. 31 – 105; ABEL, Stoizismus und frühe Neuzeit, pp. 301 – 02.
[52] ANGERS, Recherches, pp. 172 – 82, 233 – 49; ABEL, Stoizismus und frühe Neuzeit, pp. 304 – 10.

centering on the autarchy and *apatheia* of the Stoic sage was the one that divided the neo-Augustinians from the neo-Stoics, as it took shape in the emergence of the Oratorian and Jansenist movements within the French Catholic church. Although the polarization of these positions was neither immediate nor total, the latter groups sought to distance themselves from their co-religionists of a more humanistic, or more neo-Thomist, stamp. The complexity of the debate that ensued owed not a little to the fact that the Augustinian legacy with regard to Stoicism was scarcely a monolithic one. But it afforded Catholic apologists who had honed their weapons against the Protestants the opportunity to wield them as well against the neo-Augustinians within their own confession.[53]

Given the widespread support attracted by the neo-Stoic movement in the sixteenth and seventeenth centuries, the wealth of editions, translations, and studies of Stoic authors and themes that it produced, and the compatibility which many of its proponents saw between Stoicism and Christianity, it is not surprising to find a carryover of these concerns into contemporary literature and art. The impact of Stoicism on early modern drama, especially by way of the tragedies of Seneca, has received extensive scholarly attention. While some disagreements still rage concerning the precise extent of Senecan influence on particular national literatures or dramatists, the main lines of the scholarship on this subject reflect a good deal of consensus.[54] While the Stoic tradition could and did appeal to authors interested in developing a secular ethic,[55] and while the playwrights, like other contemporary authors, were able to single out points of Stoic doctrine, such as *apatheia* and suicide, to which they, as Christians, took exception, the majority of the dramatists saw Seneca, and Stoicism, as compatible with their faith. The seventeenth-century literary taste for the Silver Latin authors helped to draw writers at this time toward Seneca, just as some humanists, in an earlier day, had been drawn away from him thanks to their taste for Cicero. The chief themes emphasized by the dramatists who appealed to Stoicism replicate the range of neo-Stoic ideas harnessed to the cause of moral and political theory by other writers of the

[53] ANGERS, Recherches, pp. 283–405; LEVI, French Moralists, pp. 1–4, 17, 29, 54–63, 155–56, 214–24; ROSS, Seneca's Philosophical Influence, pp. 150–51.

[54] The best overall introduction to the literature of this question, with excellent guidance on the influence of Senecan form, style, and ideas and a fine bibliographical orientation for all the major European literatures and some of the minor ones, is the group of essays collected by ECKARD LEFÈVRE, ed., Der Einfluß Senecas auf das europäische Drama (Darmstadt, 1978). The most recent general treatment, which sensibly widens the scope of investigation to include other sources of Stoicism available to the dramatists and which updates the scholarly literature discussed is GORDON BRADEN, Renaissance Tragedy and the Senecan Tradition: Anger's Privilege (New Haven, 1985). More limited in scope but also useful is GILLES D. MONTSERRAT, Light from the Porch: Stoicism and English Renaissance Literature (Paris, 1984).

[55] RAYMOND LEBÈGUE, Christianisme et libertinage chez les imitateurs de Sénèque en France (XVI$^{e}$ s. et première moitié du XVII$^{e}$), in: Les tragédies de Sénèque et le théatre de la Renaissance, ed. JEAN JACQUOT (Paris, 1964), pp. 87–94.

time: the virtue of constancy in the face of personal or public disaster; rational detachment in the face of the rage of tyrants; the tyrant, indeed, as the antitype of the sage and as the embodiment of the viciousness of untrammelled passion, especially the passions of anger and the lust for power; the duty of active involvement in public life however uninspiring the political context; the rationalization of suffering in the light of a belief in an ultimately providential order or, alternatively, heroic resignation in situations that ultimately elude the characters' comprehension or control. These themes and concerns certainly show the dramatists to be on a continuum with the other neo-Stoics of their age.

Although the painters of the sixteenth and seventeenth century, no less than the dramatists, were attuned to events in the intellectual worlds of their times, the visual arts have fared less well than *belles lettres* as a medium in which the perceived relations between Stoicism and Christianity can be investigated in that period. The major exception to this rule is PETER PAUL RUBENS.[56] RUBENS is, indeed, an excellent case in point, for his reading and associations can be documented. It has been shown that he was a member of a particular branch of the neo-Stoic movement in the early years of the seventeenth century, which he spent in Rome. In these years, RUBENS was reading and discussing the tragedies of Seneca, as sources for examples of the passions and their deleterious effects. He then moved to associate himself with those neo-Stoics who, following the criticisms of Augustine, dissociated themselves from the doctrine of *apatheia* as un-Christian and as incompatible with the virtues flowing from well-ordered love. GASPAR SCIOPPIUS, who expressed the reservations of this group on the passions and who published his views in his 'Elementa philosophiae Stoicae moralis' in 1606, was a member of RUBENS' intimate circle at this time. RUBENS' writings from the period reflect SCIOPPIUS' Augustinian modification of Stoicism. More importantly, his changing attitude toward the passions stimulated by his reading, thinking, and discussion affected RUBENS' approach as a painter, encouraging him to abandon the classical restraint of his earlier works and to develop a more expressive style. To be sure, the subject matter of the paintings he produced under SCIOPPIUS' influence remains classical. But his portrayal of such themes as Hero and Leander and the fall of Phaeton shows him replacing detachment with pathos. In this respect, RUBENS' participation in an important subdivision of the current neo-Stoic debates served as the catalyst for the freeing of the emotional range and depth of his art, and helped to make his mature style a dramatic vehicle for the numerous religious and political issues that he addressed in his later career.

[56] The following paragraph is based on FRANCES HUEMER, Rubens and Galileo 1604: Nature, Art, and Poetry, Wallraff-Richartz Jahrbuch, 44 (1984), pp. 175–96, esp. pp. 189–92. I am grateful to the author for making an offprint of her paper available to me and for her personal communications on this subject.

## *VI. The Enlightenment*

While the seventeenth century produced its libertines and its neopagans, who sometimes appealed to Stoicism as a foundation for their views, the dominant current up through the end of that century, irrespective of their selectivity in the use of Stoicism or the objections they may have had to some of its teachings, was for Christian thinkers to embrace Stoicism as compatible with their religious positions. As we move into the eighteenth century, however, a seismic shift in this perceived relationship took place. Turning on its head the tradition of centuries, the Enlightenment *philosophes* argued that Stoicism was fundamentally incompatible with Christianity. There were, to be sure, a few dissenting voices. Lining up the parallels that they saw between Seneca and the Bible, in a manner reminiscent of the previous age, compilers such as MARIA MAGDALENA RIEDLIN and A. F. BARTHOLOMEUS displayed their hostility to this turn in the tide.[57] But such manifestations were rare, and their proponents were decidedly swimming against the contemporary current. The *philosophes* who gained the high ground in the eighteenth century used Stoicism as a weapon aimed against that bastion of injustice and irrationality, the established church. They recruited a large number of champions to this cause and fought with considerable energy and verve. Deists such as ANTHONY COLLINS and THOMAS JEFFERSON found in Stoicism a model for rational theism, free from the fabulous claims and dogmatic trappings of Christianity.[58] A broad spectrum of Enlightenment rationalists, including CONDORCET, DIDEROT, GIBBON, HUME, and VOLTAIRE, sought in Stoicism a foundation for anti-Christian relativism, eclecticism, naturalism, cosmopolitanism, and toleration, and mined it extensively as a source for their theories of public and private morality founded on reason alone.[59] Toward the end of the eighteenth century, some *philosophes*, judging that the battle against *l'infame* was now in their hands, took a cooler and more selective view of Stoicism. For some, Stoic ethics looked too austere to be accomodated to their ideal of happiness, while the Stoic doctrine of fate and providence appeared to restrict human liberty.[60] None the less, the prevailing attitude of the intellectuals who shaped

[57] MARIA MAGDALENA RIEDLIN, Seneca Christianus (München, 1737); A. F. BARTHOLOMEUS, Seneca Christianus, id est flores christiani ex L. Annei Senecae epistolis collecti, et in XXXVIII capita digesta (Augsburg, 1782).

[58] PAUL HAZARD, The European Mind, 1680–1715, trans. J. LEWIS MAY (Cleveland, 1963), p. 263; PETER GAY, The Enlightenment: An Interpretation, vol. I: The Rise of Modern Paganism (New York, 1966), p. 55. GAY's book is the best overall account of the Enlightenment use of Stoicism.

[59] GAY, The Enlightenment, I, pp. 163–71, 296–304, 326, 327.

[60] PAUL HAZARD, European Thought in the Eighteenth Century from Montesquieu to Lessing, trans. J. LEWIS MAY (Cleveland, 1963), pp. 161, 348–50, 396.

the Enlightenment movement was to regard Stoicism, in PETER GAY's words, as "an instrument serving, not the integration, but the exclusion of Christianity."[61]

## *VII. The Nineteenth Century*

Enlightenment rationalism continued to win adherants in the nineteenth century. In that century, indeed, the rational secularist position provided the context, and set the agenda, for a new round of debate on the alleged Christianity of the Roman Stoics and the Stoicism of the New Testament authors, a debate which was to preoccupy a large number of commentators for a century and more.[62] At issue was not just the challenge to the Christian faith posed by the advance of rationalism and scientific discovery as intellectual developments, but also the anticlericalist political programs put forth by post-Enlightenment proponents of reform and revolution. The established churches and committed Christians of the nineteenth century were put on the defensive in many parts of Europe, and the scholars who enlisted in that defense, from across the spectrum of Christian denominations, joined forces in making the relations, or lack of them, between Stoicism and early Christianity the arena in which they sought to champion a beleagured contemporary cause.

An excellent, and influential, example of the first wave of post-Enlightenment rationalism against which these defenders of the faith took up arms is ERNEST RENAN. RENAN stated his case for secularism in a study of Marcus Aurelius, which underwent several editions, that is as much an extended vilification of the Christian church in the second century – and in his own time – as it is an analysis of the thought of the Stoic emperor. For this purpose RENAN has chosen a Stoic, rather than a representative of some other school of ancient philosophy, because, in his view, Stoicism represents "the best attempt at a lay school of virtue which the world had known until

[61] GAY, The Enlightenment, I, p. 170. An odd twentieth-century sequel to this position can be found in ROBERT R. SHERMAN, Democracy, Stoicism, and Education: An Essay in the History of Freedom and Reason (Gainesville, FL, 1973), who also sees Stoicism as providing a philosophical foundation for liberty, democracy, and rationalism against irrationalism, but whose conception of the enemy replaces clericalism with the flight from reason that he perceives in various forms of contemporary thought, from existentialism to the New Left.

[62] For a good, if not entirely complete, bibliographical overview of this stream of literature on Stoicism and early Christianity in the nineteenth century see SALVATORE TALAMO, Le origini del cristianesimo e il pensiero stoico, 3rd ed. (Roma, 1902), pp. v – 10. Briefer but more up-to-date bibliographical guidance can be found in J. N. SEVENSTER, Paul and Seneca, Novum Testamentum Supplement, 4 (Leiden, 1961), pp. 1 – 5; and MICHEL SPANNEUT, Le Stoïcisme des pères de l'église de Clément de Rome à Clément d'Alexandrie (Paris, 1957), pp. 55 – 64.

then."[63] Among the Stoics, he selects Marcus Aurelius because of the eclectic and unsystematic nature of his philosophy. Above all, he praises Marcus for his lack of dogmatism, his avoidance of sterile and pedantic disputes about undemonstrable metaphysical questions, his ability to live with contradictions, and his pursuit of a refined, decorous, and dignified rational ethic, so at odds in all respects with the corresponding features of Christianity.[64] The ethics of Marcus Aurelius thus summarizes, for him, the last of what was best in pagan antiquity before it was vandalized by its implacable enemy, the obscurantist church. And, the death of Marcus in 180 A. D. thus marks, in his estimation, the end of the ancient world.[65]

The reaction to arguments such as RENAN's on the part of learned divines began in the 1820s and drew an increasing number of supporters to its ranks, from various Christian confessions, reaching its high-water mark in the late nineteenth and early twentieth centuries, with only a few stragglers remaining to represent this position by the middle of the present century. The battle plan of the counter-attack on RENAN and his sympathizers accepted, axiomatically, a major feature of the Enlightenment position it sought to refute, the idea that Stoicism and Christianity were fundamentally opposed to each other. But, while the rationalists had undertaken a comparison between the two traditions in order to underscore the superiority of Stoicism, their opponents, by means of a similar comparison, sought to demonstrate exactly the reverse conclusion.

Two Göttingen theologians, G. H. KLIPPEL and J. F. C. MEYER, opened the first wave of religiously motivated anti-Stoicism in 1823, when both published inaugural dissertations contrasting Stoic and Christian ethics in considerable detail, to the marked detriment of Stoicism.[66] Both authors acknowledge that there are some parallels between the two bodies of thought, but quickly move on to their dissimilarities, on which they lavish sustained attention. Both authors, as well, take pains to stress the novelty and uniqueness of biblical ethics and the idea that the New Testament authors breathe a purer air than their pagan contemporaries. Christianity, they urge, offers a teaching and a way of life more profound and inspiring than any philosophy that might be constructed on the basis of reason alone. Both the content of Christian ethics and its source in divine revelation guarantee, for KLIPPEL and MEYER, its superiority over Stoic ethics.

The strategy developed by KLIPPEL and MEYER received a sympathetic hearing from theologians coming from other nineteenth-century churches in various parts of Europe, who repeated the same parallels and differences over

63 ERNEST RENAN, Marc-Aurèle et la fin du monde antique, 4th ed. (Paris, 1852), p. i. The translation is mine.

64 ibid., pp. 262–72.

65 ibid., pp. i–ii.

66 G. H. KLIPPEL, Commentatio exhibens doctrinae stoicorum ethicae atque christianiae expositionem et comparationem (Göttingen, 1823); J. C. F. MEYER, Commentatio in qua doctrina stoicorum ethica cum christiana comparatur (Göttingen, 1823).

and over again. Some of the members of this group prove to be cannier debaters than KLIPPEL and MEYER, omitting the appeal to revelation as a source of authority, since it begs the question for the secularists they seek to convince. Adherants of this position may choose one or another member of the Stoic school with whom to make the comparison, but they rarely add any new points. Their main emphasis lies in the refinement of the distinctions between Stoicism and Christianity. All members of this group, whose works are clustered in the period between 1880 and 1906, are unanimous in the view that the two streams of thought are diametrically opposed, and that any attempt to blend them would denature each of them, and, in particular, would debase the sublime truth of Christianity.[67]

A much more aggressive sub-set within this wing of the anti-secularist writers is one that can be located principally in France and dated to the late nineteenth century. It reflects the sharp polarization in that country between the secularist and Christian causes in terms of republicanism and anti-republicanism, in an age of turbulent revolution and counterrevolution. Two clerical authors, J. DOURIF and A. CHOLLET, the latter also a professor at the Catholic University in Lille, are good illustrations of this tendency. Agreeing that such parallels as exist between Stoicism and Christianity fail to mask either their basic differences or the superiority of Christianity, DOURIF advances into the enemy camp by asserting that Stoic ethics is not merely inferior to Christian ethics but that, in itself, it is a tissue of self-contradictions. By contrast, Christianity is logically more consistent and intellectually more respectable. Here, RENAN's appeal to the unsystematic nature of Stoic philosophy is used as a weapon against the rationalist anti-Christians. Seeking, once more, to attack the secularists on their own chosen terrain, DOURIF also criticizes Stoicism as an elitist position, whose rigorism makes it possible only for the few, while Christianity can be taught to, and practiced by, all men. Thus penetrating the citadel of the *philosophes*, he seeks to capture the flags of *egalité* and *fraternité* for the church.[68] For his part, CHOLLET goes even farther. After summing up the dispute between the secularists and the Christians since

[67] Good examples of this tendency are W. W. CAPES, Stoicism (London, 1880), pp. 167–79, 230–34; THOMAS JORDAN, The Stoic Moralists and the Christians in the First Two Centuries, Donellen Lectures, 1879–80 (Dublin, 1880); SALVATORE TALAMO, Les origines du christianisme et la philosophie stoïcienne, Annales de philosophie chrétienne, n. s. 11 (mars 1885), pp. 481–90; 12 (avril 1885), pp. 1–6; 14 (juin 1885), pp. 271–85; 15 (juillet 1885), pp. 334–47; updated in the author's Le origini del cristianesimo (1902); MICHAEL BAUMGARTEN, Lucius Annaeus Seneca und das Christenthum in der tiefgesunkenen antiken Weltzeit (Rostock, 1895); J. B. LIGHTFOOT, St. Paul and Seneca, in: IDEM, St. Paul's Epistle to the Philippians, 4th rev. ed. (London, 1896), pp. 270–333; and LEONARD ALSTON, Stoic and Christian in the Second Century: A Comparison of the Ethical Teachings of Marcus Aurelius with That of Contemporary and Antecedent Christianity (London, 1906). A late-blooming variant of this position can be found in PIERRE BENOÎT, Sénèque et Saint Paul, Revue biblique, 53 (1946), pp. 7–46.

[68] J. DOURIF, Du stoïcisme et du christianisme considérés dans leurs rapports, leurs différences et l'influence respective qu'ils ont exercés sur les moeurs (Paris, 1863).

the beginning of the century, he pursues the theme of Stoic inconsistencies into the physics of that school, an area of Stoic philosophy that had generally been ignored, in this context, in preference for the ethics. The features of Stoic physics that CHOLLET finds the most obnoxious and indefensible are precisely those points at which Stoic physics is at its most un-Aristotelian. CHOLLET's Aristotelian proclivities may reflect the revival of interest in that philosophy brought about by the neo-Thomist movement launched in the Catholic world by Pope Leo XIII. In any event, having demolished Stoic physics to his satisfaction, CHOLLET moves on to ethics. He agrees with DOURIF in rejecting Stoicism as a form of elitism, adding fatalism to the bill of attainder, contrasting the Stoa with a Christian ethics made possible by divine revelation and grace that is freely available to all. In this respect, CHOLLET does far more than argue the point that Christianity is intellectually more coherent than Stoicism, across a wider range of topics than does DOURIF. He also seeks to use the Enlightenment's own criteria of equality and cosmopolitanism in defense of revelation no less than of reason, in arguing for Christianity as a system in which the two are combined.[69]

At the same time, there was another major subdivision within the ranks of the Christian apologists of the nineteenth century, which also sought to meet its rationalist critics head-on, but by means of a totally different strategy. They revived the idea, quiescent since its resurrection by Catholic nationalist and Counterreformation polemicists in the seventeenth century, that one, or some, or all of the Roman Stoics had been influenced by the New Testament. In so doing, we must emphasize, they were not trying to refute the Renaissance legacy of textual criticism and historical philology; for one thing, the adherants of this line lacked the skills, as classicists, that would have been required to have done that. Rather, they can best be understood as Christian apologists, of whatever sect, trying to respond to a contemporary current within the rationalist movement itself. Some of the secularists of the nineteenth century, following RENAN and the *philosophes* before him had, as we have seen, asserted that there was an unbridgeable gap between Stoicism and Christianity, in arguing for the superiority of the former. But there was a second wave of anticlericalists, which arose in the mid-nineteenth century and which registered a profound irritation over the failure of the revolutions of 1848 to liberalize and declericalize their societies, who took an entirely different tack. Their strategy of argument is epitomized in the work of no less a figure than the revolutionary socialist PIERRE JOSEPH PROUDHON, coiner of the famous phrase, "property is theft." In his effort to depreciate Christianity as much as possible, PROUDHON resurrects the argument that the early Christians had derived their ideas from the Stoics.[70] His followers ranged from moderates who treated Christianity as a general evolution out of the Hellenistic world, to extremists who shrilly denounced the New Testament authors for shamelessly plundering

[69] A. CHOLLET, La morale stoïcienne en face de la morale chrétienne (Paris, 1898).
[70] PIERRE JOSEPH PROUDHON, De la Justice dans la révolution et dans l'église (Paris, 1858).

the Stoa for virtually all their ideas.[71] But all agreed in the tactic of undermining Christianity by arguing for Stoic influence on its earliest authorities.

The Christian controversialists who took to the field against PROUDHON and his followers thus felt constrained to accept the idea that borrowings had occurred. But they sought to turn the tables on their critics by asserting that these borrowings had gone in the opposite direction. The rejoinders from theologians in some parts of Europe were fairly mild, but those arising in the France of PROUDHON were, perhaps predictably, more extreme. Among the less abrasive entrants into this contest were a number of scholars who devoted their attention to Epictetus, urging that, whether he knew it or not, the philosopher had derived his social ethics from the Bible. Faced with the evidence of Epictetus' magnanimity and moral sensitivity, they reasoned, he must have absorbed those values from the New Testament; otherwise, his ethics would have been cold and formal. Underlying this contention is the assumption, used here as a canon of proof, that Christianity by nature possesses a deeper reservoir of human warmth and social consciousness than paganism, and that a pagan who manifests these traits in the Christian era must be an *anima naturaliter christiana* or even a Christian in spite of himself.[72] The revival of an apologetic argument that had been part of the Christian tradition since Tertullian is patent here. Imitators of another early Christian apologist, Minucius Felix, also made their contribution to the debate. Some scholars in this camp offered the similarities they saw between Stoicism and Christianity as motives of credibility or as *prolegomena fidei* to their secularized contemporaries,[73] while others read Epictetus' remarks about the bravery of the Christian martyrs as evidence of the attractiveness of Christianity to pagans, in pagan terms.[74]

But the battle was joined far more forcefully in France, in the work of AMÉDÉE FLEURY, the nineteenth century's leading proponent of the myth of Seneca's conversion by Paul and of the authenticity of the Seneca-Paul correspondence. In a lengthy two-volume study, FLEURY develops two main arguments in defense of this thesis, which he seeks to document with secondary sources that go back to the Spanish seventeenth century, but not as far back as ERASMUS. First, he asserts that Seneca's writings contain borrowings from the New Testament on topics ranging from ethics to metaphysics to theology, up to and including the doctrine of the Trinity. As with all proponents of this position, and its obverse, FLEURY finds no difficulty in making the conceptual

[71] A good overview of the authors in the PROUDHON school is provided by CHOLLET, La morale, pp. 44–46.

[72] KARL VORLÄNDER, Christliche Gedanken eines heidnischen Philosophen, Preussische Jahrbücher, 89 (1897), pp. 193–222; THEODOR ZAHN, Der Stoiker Epiktet und sein Verhältnis zum Christentum (Erlangen, 1894).

[73] EDMUND SPIESS, Logos spermatikos: Parallelstellen zum neuen Testament aus den Schriften der alten Griechen. Ein Beitrag zur christlichen Apologetik und zur vergleichenden Religionserforschung (Leipzig, 1871).

[74] GIOVANNI PEPE, Epitteto e il cristianesimo, Rivista di filosofia neo-scolastica, 8 (1916), pp. 566–85.

leap from parallels to influences.[75] The authenticity of the Seneca-Paul correspondence, all evidence to the contrary he ignores, is the second pillar on which FLEURY rests his case. In its support he cites Jerome, Augustine, and medieval authors who wrote before the forgery was detected.[76] Along with his seventeenth-century Spanish precursors, FLEURY places the needs of polemic over the interests of accuracy, and with far less excuse, in terms of the scholarly tools available for investigating the classical world in the mid-nineteenth century. It is a striking index of the heat, rather than light, generated by the contemporary Christian-secularist confrontation that FLEURY's supporters did not seek to distance themselves from his indefensible position. Nor did his detractors on the secularist side of the debate tax him for his faulty scholarship either.

It was actually from a different quarter altogether that the critique of FLEURY, and of the Proudhonians, arose. But before moving on to that development, it is worth underscoring the point that the Seneca-Paul relationship had already witnessed three reincarnations in modern times, each reflecting a different set of polemical priorities. The first round was the humanist debate, from Barzizza through ERASMUS, in which the issue of the Seneca-Paul correspondence became the test of the expertise of competing philologists and textual critics, each seeking to vindicate his authority in that area in order to win support for his broader program of educational and theological reform within the Catholic church. The second round saw a group of Counterreformation Spanish Catholics consciously reinventing the myth of Seneca's conversion to bolster an aggressively anti-humanist program aimed both at co-religionists and at Protestants, as well as to support a frantic effort to pump up Spanish national pride in an age of political decline. In FLEURY's day, on the other hand, the emphasis had shifted from nationalism, from educational and religious reform, and from inter-confessional or intra-confessional polemics on the part of Christians to a wholesale reaction of Christians against the onslaughts of post-Enlightenment anticlericalism that threatened them not only on an ideological level but also in terms of the political agenda of the reformers and revolutionaries, before whose advances the churches felt in increasing jeopardy, to the point of grasping at any expedient, even so slender a reed as the Seneca-Paul correspondence, for support.

While, as we have noticed, in the contest over the relations between Stoicism and Christianity, nineteenth-century confessional rivalries tended to take a back seat to the defense of the faith against secularism, it is worth

[75] AMÉDÉE FLEURY, Saint Paul et Sénèque: Recherches sur les rapports du philosophe avec l'apôtre et sur l'infiltration du christianisme naissant à travers le paganisme, 2 vols. (Paris, 1853), I, pp. 23–133. This thesis was warmly received and seconded by F. C. VON BAUR, Seneca und Paulus: Das Verhältnis des Stoicismus zum Christentum nach den Schriften Seneca's, Zeitschrift für wissenschaftliche Theologie, 1 (1858), pp. 161–246, 441–70 (= IDEM, Drei Abhandlungen zur Geschichte der alten Philosophie und ihres Verhältnisses zum Christentum, ed. E. ZELLER [Leipzig, 1876; repr. Aalen 1978], pp. 377–473).

[76] FLEURY, Saint Paul et Sénèque, I, pp. 9–23, 269–376; II, 62–66, 69–254.

noting before returning to that larger theme that this century was still capable of producing controversialists who sought to yoke the topic to the needs of ecclesiastical apology against other churches. In the Reformation era, the perceived carryover of Stoicism into early Christianity, and into the Christianity of the present, was praised mainly by Catholics and criticized mainly by neo-Augustinians both Catholic and Protestant. The Protestants involved were those of the continental Reformation, the Anglicans in that period having devised their own set of arguments against their opponents, which rested on their reading of church history and political theory rather than on Stoicism. In the nineteenth century, however, we find an Anglican divine, JAMES HENRY BRYANT, who rings a new change on the traditional apologetics of his church by using the Stoicism-Christianity debate to attack its two traditional enemies, Catholicism and Calvinism.[77] BRYANT agrees with the neo-Augustinians of an earlier day in depicting Stoicism as a philosophy deeply flawed by the doctrines of autarchy and self-will. Its ethics, for him, are a summary of intellectual pride. Yet, the very unattainability of the Stoic *summum bonum*, he argues, worked, as did the Old Testament moral law, to teach man humility before his own inadequacies, and thus to pave the way for the acceptance of the New Testament message of salvation by grace. The monotheism and practicality of Stoic theology and ethics likewise helped to prepare the ground of late antiquity for the Christian harvest. Having made these handsome concessions to the Stoa, BRYANT warms to his real theme. Going back to the critique of Stoic autarchy and rigorism, he thinks that they led not so much to Pelagian self-confidence as to early Christian asceticism, which encouraged new converts to nourish the false hope of monasticism as an ideal form of life. Darkly noting the support which early pontiffs gave to monasticism and to clerical celibacy, which they frequently practiced themselves, BRYANT thus associates a Stoically-inspired monastic culture with papalism, in delineating an early fall of the church from a pure biblical faith and practice in the hands of the Catholics. As for the Calvinists, in a striking anticipation of MAX WEBER's notion of "this-worldly asceticism" as a central feature of the influence of Calvinism on modern life, BRYANT argues that the Calvinists perpetuated the nefarious Catholic support for Stoic asceticism, in a laicized, and hence more widespread, form. What is worse, they yoked it to a revival of Stoic fatalism in their exaggerated doctrine of double predestination. Interesting in its own right for its originality as a line of Anglican apologetics, BRYANT's argument may reflect as well its relatively insular quality of response to the current, and highly politicized, debates about Stoicism and the New Testament coming from countries across the English Channel, where the smell of revolutionary gunpowder was fresh in the nostrils of the continental Christian apologetes.

[77] JAMES HENRY BRYANT, The Mutual Influence of Christianity and the Stoic School (London, 1866).

## *VIII. Modern* Altertumswissenschaft *and Its Early Twentieth-Century Applications*

This brings us back to the theories of Stoic-to-Christian borrowings, or Christian-to-Stoic borrowings, which that wider polemic engendered, and the agencies which reassembled it on a new plateau. It was not within the schools of PROUDHON or FLEURY, nor within those of RENAN or KLIPPEL and MEYER, where the change took place. The inspiration at work was the more scientific, specialized, and multi-dimensional study of the classical past that emerged under the aegis of the new seminar-based *Altertumswissenschaft* at the European universities in the second half of the nineteenth century. This development, and the scholarly techniques on which it was grounded, shifted the criteria of the discussion for the classicists and the New Testament scholars alike. In both of these academic fields the heightening of the standards for the investigation and demonstration of historical, philosophical, and philological influences made itself felt. While practitioners in both of these fields of study drew on a similar scholarly methodology, the immediate result of their labors in the late nineteenth and early twentieth century was to move them to contrasting sets of conclusions on the relations between Stoicism and the New Testament. The analysis of texts in their contexts generally led the classicists to argue that the Stoic and Christian systems were distinct. For their part, the New Testament scholars, especially those of whom RUDOLPH BULTMANN acquired the leadership, found that the New Testament authors had drawn upon Hellenistic thought and rhetoric.

The classicists' attack on the purported influence of the New Testament on the Roman Stoics came first, arriving swiftly on the heels of FLEURY's work. Only four years after FLEURY had tried to resuscitate the Seneca-Paul myth, CHARLES AUBERTIN subjected the same evidence to a careful review. Despite what some church fathers and medieval writers had said, he concluded, there was no text contemporary with the lives of Seneca and Paul that could provide any independent witness to the alleged conversion of Seneca or to the idea that he had been personally acquainted with Paul or his writings. AUBERTIN also analyzed Seneca's writings in detail and argued that all of the philosopher's ideas could be documented from pagan sources.[78] Other classicists later in the nineteenth century found AUBERTIN's work entirely acceptable.[79] But the event that led to the definitive rejection of the theory of Seneca's conversion by Paul was the publication of CLAUDE W. BARLOW's critical edition of the spurious correspondence, his supporting analysis of the text,

[78] CHARLES AUBERTIN, Étude critique sur les rapports supposés entre Sénèque et Saint Paul (Paris, 1857).

[79] GASTON BOISSIER, Le christianisme de Sénèque, Revue des deux mondes, 92 (1 mars 1871), pp. 40–71; ANTONIO CODARA, Seneca filosofo e San Paolo (Roma, 1898).

and his conclusive dating of it to the late fourth century.[80] Even before 1938, when BARLOW's edition was brought out, it had been suggested that the letters should be dated to that century on the basis of their vocabulary,[81] an insight confirmed by BARLOW's detailed study of their syntax and style as well, to which he added an analysis of external evidence.[82] Subsequent scholarship has accepted this position.[83] BARLOW also substantiated AUBERTIN's conclusions concerning the absence of any reference to Christians or to Christian doctrine in Seneca's writings.[84] This point as well has been accepted by other classicists, along with the evidence that the only Roman Stoics who delivered themselves of opinions on the early Christians were Epictetus and Marcus Aurelius, who disparage the non-philosophical motives of the Christian martyrs and who display no interest in anything else they thought or did.[85] By the middle of the twentieth century, then, and notwithstanding the objections of a handful of dissenters who refuse to come to grips with the research of their colleagues,[86] the classicists had achieved a consensus and had laid to rest the idea that Seneca and the other Roman Stoics had been influenced by the Christian faith.

While emerging consensus marked the labors of the classicists of the late nineteenth and early twentieth century who addressed the question of Chris-

[80] C. W. BARLOW, ed., Epistolae Senecae ad Paulum et Pauli ad Senecam 'quae vocantur', Papers and Monographs of the Amer. Acad. in Rome 10 (Rome, 1938). Some subsequent emendations to BARLOW's edition were made by ALFONS KURFESS, Zu dem apokryphen Briefwechsel zwischen dem Philosophen Seneca und dem Apostel Paulus, Aevum, 36 (1952), pp. 42–48. For more recent literature on this question see IDEM, The Apocryphal Correspondence between Seneca and Paul, in: New Testament Apocrypha, ed. EDGAR HENNEKE and WILHELM SCHNEEMELCHER, trans. R. McL. WILSON (Philadelphia, 1965), pp. 133–35 (= IDEM, Der apokryphe Briefwechsel zwischen Seneca und Paulus, in: Neutestamentliche Apokryphen, II, ed. E. HENNECKE und W. SCHNEEMELCHER, Tübingen, ³1963, pp. 84–85); BOCCIOLINI PALAGI, Il carteggio apocrifo, pp. 7–34.

[81] E. LIÉNARD, Sur la correspondance apocryphe de Sénèque et de Saint Paul, Revue Belge de philologie et d'histoire, 11 (1932), pp. 5–23.

[82] BARLOW, pp. 70–87.

[83] ARNALDO MOMIGLIANO, Nota sulla leggenda del cristianesimo di Seneca, Rivista storica italiana, 62 (1950), pp. 325–44 (= IDEM, Primo contributo alla storia degli studi classici, Storia e letteratura 47 [Rome 1955], 13–32); ERNST BICKEL, Seneca und Seneca-Mythus, Das Altertum, 5 (1959), pp. 94–97; KURFESS, Zu dem apokryphen Briefwechsel, pp. 42–48; IDEM, The Apocryphal Correspondence, pp. 133–35 (= IDEM, Der apokryphe Briefwechsel, pp. 84–85); BOCCIOLINI PALAGI, Il carteggio apocrifo.

[84] BARLOW, pp. 3–4.

[85] FRANZ MÖRTH, Epiktet und sein Verhältnis zum Christentum, in: Festschrift der 50. Versammlung deutscher Philologen und Schulmänner (Graz, 1909), pp. 178–94; FOLCO MARTINAZZOLI, Parataxeis: Le testimonianze stoiche sul cristianesimo (Firenze, 1953), pp. 3–15, 17–54; SCARPAT, Il pensiero religioso di Seneca, pp. 120–27, 138, 152–53; BENKO, Pagan Rome and the Early Christians, pp. ix, 40, 41–43, 111, 140; WILKEN, The Christians as the Romans Saw Them, p. 82.

[86] HERRMANN, Sénèque et les premiers chrétiens; ELORDUY, Séneca y el cristianesimo, in: Actas del congreso internacional, pp. 182–206. For discussion of these authors see above, p. 335.

tian-Stoic relations, the same cannot be said for the New Testament scholars active in the same period. Indeed, within this sector of the academy a fierce controversy broke out over the borrowings of the New Testament writers from their Hellenistic surroundings. The authors advocating the idea that such borrowings had occured were not, we should note, secularists and anticlericalists seeking to attack Christianity and the established churches, but scholars thoroughly trained in *Altertumswissenschaft* who were themselves churchmen teaching in theological faculties. Their goal was scarcely to undermine the truth or the moral sublimity of the New Testament message, but merely to understand it better by placing it in its historical context. Their work seemed horrifying to their more conservative colleagues for two reasons. First, it seemed to be a betrayal of Protestantism to the corruptions of *Frühkatholizismus*, by importing the paganization of the early church, on which much Protestant anti-Catholic polemic was based, into the text of the New Testament itself. And second, the proponents of this interpretation looked like a fifth column movement weakening from within the Christian church as a whole, without respect to confession, and rendering it more difficult for it to defend itself against the attacks of the secularists.

The scholar who brought this debate to a head, and whose name is primarily associated with it, is RUDOLPH BULTMANN. In some ways, the closest analogy to BULTMANN, in our story, is ERASMUS. For, like ERASMUS, BULTMANN gave his name to a position and to a methodology that had been developed in the generation prior to his own and which was also expressed by a number of his own contemporaries. The notion that the New Testament writers had absorbed ideas and forms of expression from Hellenistic culture had already been ventilated by EDWIN HATCH, especially in his 'The Influence of Greek Ideas on Christianity' (1889), who drew upon Greek education, rhetoric, and religion and who thought that they had affected both the form and the content of the New Testament. HATCH used literary evidence alone; but in the same period the disciplines of archaeology, epigraphy, and papyrology lent added support to the case he argued. The discovery of the Oxyrhynchus papyri, which started to be published in 1898, made hitherto unknown fragments of the New Testament available, as well as a fund of materials in *koine* Greek, which shed much fresh light upon the patterns of speech and thought in biblical times. The major scholar who summarized these findings and the insight into the New Testament they afforded was ADOLF DIESSMANN, in his 'Licht von Osten' (1908). Following another line of investigation were late nineteenth and early twentieth-century scripture scholars who explored the connections between popular religion and the mystery cults of late antiquity and the New Testament. OTTO PFLEIDERER, in his 'Das Urchristentum' (1887) argued that Paul had drawn on the Eleusinian mysteries in his doctrine of baptism, an idea which WILHELM HEITMÜLLER, in his 'Taufe und Abendmahl bei Paulus' (1903) extended to the eucharist. For his part, WILHELM BOUSSET sought to trace the influence of Gnosticism on the New Testament in his 'Kyrios Christos' (1913), an approach given additional support by the finds of Manichean texts made in Chinese Turkistan in 1902 and 1903 and in Egypt in 1931, which generated further interest in interpreting this body of information and relating it to New Testament scholarship.[87]

In the context of these contemporary scholarly developments, BULTMANN's own project sounds comparatively modest. The specific refinement he made on the general movement in which he played a part was to consider the Stoa as a source for the writings of Paul. Paul, BULTMANN maintained, had drawn on the Stoics both for his rhetoric and for the content of some of his ideas. Under the first heading, the most important influence was the diatribe, as a vehicle for street preaching, a genre of philosophical rhetoric associated primarily with the Cynics and Stoics in antiquity.[88] While BULTMANN places the emphasis on style, he also argues that Paul and other New Testament authors had taken over a number of ethical ideas from the Stoics as well, the parallels with Epictetus being, in his estimation, the most telling.[89] It should be stressed that, for BULTMANN, the attention paid to Stoic moral *topoi* and rhetorical forms was not designed to reduce early Christianity to one among other Hellenistic popular philosophies, but to clarify its place in the contemporary world which it sought to bring to the gospel. BULTMANN is careful to refrain from assimilating the core of the New Testament message to the literary style and ethical terminology of the New Testament authors. In addition, he is careful to point out that Stoicism and Christianity held up as moral ideals two distinctly different types of personalities, the Stoic sage characterized by inwardness, autarchy, and intellectualism and the Christian motivated by the virtue of charity. These important qualifications and nuances, however, were sometimes lost on BULTMANN's readers, whether they applauded his interpretation or found it profoundly offensive.

The general scholarly movement in New Testament studies that swiftly came to be associated with the name of BULTMANN aroused fear and anger in some Protestant writers in the early and even in the mid-twentieth century, who interpreted it as a capitulation to secularism or to Catholicism. In either case, the perceived difficulty with the BULTMANN thesis, and the general line of research in which it stood, was the idea that it conflicted with the clear distinction between biblical and pagan thought, or between the Bible and post-biblical theological reflection on it, on which the *sola scriptura* faith had staked its claim since the Reformation. Although he wrote before BULTMANN, the Anglican apologist JAMES HENRY BRYANT, mentioned above, well illustrates the problem as these Protestant critics of BULTMANN later saw it: The

[87] An excellent survey is provided by STEPHEN NEILL, The Interpretation of the New Testament, 1861–1961 (London, 1964), pp. 151–90. Also useful, although to a lesser extent, is A. M. HUNTER, Interpreting the New Testament (London, 1951), pp. 69–70.

[88] RUDOLPH BULTMANN, Der Stil der Paulinischen Predigt und die kynisch-stoische Diatribe (Göttingen, 1910).

[89] RUDOLPH BULTMANN, Das religiöse Moment in der ethischen Unterweisung des Epiktet und das Neue Testament, Zeitschrift für die Neutestamentliche Wissenschaft und die Kunde des Urchristentums, 13 (1912), pp. 97–110, 177–91.

admission of pagan influences into the New Testament muddies the pure stream of the gospel message, deprives Christianity of its unique claims to truth, reduces revelation to the level of reason and salvation by grace to salvation by human effort, and puts Christianity on the same plane as non-Christian systems of belief and behavior. For BRYANT, the Stoicizing villain of the piece under the heading of *Frühkatholizismus* had been asceticism, later amplified by fatalism. For the early twentieth-century Protestants who reacted against BULTMANN a wider catalogue of Hellenistic religion, philosophy, and literary forms was at issue. Still, the question they raised was the same as BRYANT's: Had these Hellenistic accretions led to the deformation of the gospel, or had they been part and parcel of the New Testament message itself? The understanding of what the stakes were, in this group, can be appreciated by considering the dramatic case of HEINRICH SCHLIER, an early twentieth-century Protestant scripture scholar who concluded that the New Testament writers had, indeed, been Hellenized and who shocked his friends and colleagues by converting to Catholicism as a result.[90] A less disruptive alternative, for Protestants troubled by BULTMANN, was simply to denounce what they saw as subversion within the ranks. Going back to the argument used by KLIPPEL and MEYER a century earlier, they asserted the total independence of the New Testament from Stoicism, and from the rest of Hellenistic culture, on theological rather than philological or historical grounds. Cannier members of this group, however, developed a more sophisticated strategy, borrowing BULTMANN's methods in some respects while using them as a means of rejecting his conclusions.[91]

An excellent example of a Protestant scholar whose conservative theological outlook led him to view BULTMANN's work and all it stood for with the deepest misgivings, and yet to make concessions to BULTMANN's method for the purpose of criticizing its results, is J. N. SEVENSTER.[92] By choosing to focus on the well-worn theme of Seneca and his possible relations with Paul and, to a lesser extent, on Epictetus and the New Testament, SEVENSTER seeks to bolster his view of the radical independence of biblical Christianity from Stoicism with the authority of the classicists who had already argued for the independence of the Stoics from the early Christians. What SEVENSTER tries to do is to treat the conclusions of the classicists as a convertible proposition. If Seneca and company were not influenced by the New Testament, he seeks

[90] Reported in NEILL, The Interpretation of the New Testament, p. 189.

[91] Examples include JOHANNES JUHNKE, Das Persönlichkeitsideal in der Stoa im Lichte der paulinischen Erlösungslehre (Greifswald, 1934); HEINRICH GREEVEN, Das Hauptproblem der Sozialethik in der neueren Stoa und im Urchristentum, Neutestamentliche Forschungen, 3:4 (Gütersloh, 1935); THEODOR SCHREINER, Seneca im Gegensatz zu Paulus: Ein Vergleich ihrer Welt- und Lebensanschauung (Tübingen, 1936); HERBERT BRAUN, Die Indifferenz gegenüber der Welt bei Paulus und bei Epiktet, in: IDEM, Gesammelte Studien zum Neuen Testament und seiner Umwelt, 2nd ed. (Tübingen, 1967).

[92] SEVENSTER, Paul and Seneca; IDEM, Education or Conversion: Epictetus and the Gospels, Novum Testamentum, 8 (1966), pp. 247–62.

to argue, then the reverse is also the case. Leaving aside the logical, not to say the philological, issues that this tactic raises, SEVENSTER moves ahead to his main goal, a comparison of the teachings of Seneca and Paul, and of Epictetus and the authors of the synoptic gospels, in order to argue for their basic differences. Far from repeating the lists of parallels taken out of context with which an earlier school of Christian apology had tried to prove the superiority of Christianity, he draws on a contextual analysis of the *comparanda* in order to show that the similarities between the Stoics and the New Testament authors, on the nature of the deity, the nature of man, ethics, the philosophy of history, and eschatology, are rooted in intellectual perspectives that are fundamentally unbridgeable.

If some scripture scholars opposed BULTMANN, others gave him an enthusiastic welcome. He gained a large following among New Testament experts, especially in the 1920s and 1930s. His supporters in these decades sometimes took his argument much farther than BULTMANN himself had pressed it, while omitting the caveats and limits which he had attached to it. In more recent times, his legacy has continued to draw support, although with more circumspection and sobriety. At first, however, BULTMANN's disciples rushed to seek, and to find, many more substantive borrowings from the Stoa than he had noted. To the ethical parallels he and others had outlined[93] they added Stoic metaphysical principles such as the *logos* and *pneuma*, which they saw expressed in the fourth gospel as well as in the epistles of Paul. Proponents of these views were often willing to ignore the materialistic and monistic understanding of the *logos* and *pneuma* in Stoicism and to treat them as constitutive principles of the New Testament message, swallowed whole, as it were, by the biblical authors.[94]

A contribution to this subdivision of BULTMANN's school that is so unusual and yet so reflective of a contemporary trend in the study of ancient philosophy that it is worth singling out for special mention is the work of R. LIECHTENHAN.[95] LIECHTENHAN argues that it was the middle Stoic Posidonius, rather than any of the Roman Stoics, who served as the main source of Stoic influence on the New Testament. This position is unique, in the history of the perceived relations between the Stoa and the New Testament. At the same time, LIECHTENHAN's thesis has annexed a position rampant among the classicists and *Quellenforscher* of ancient philosophy at the time, who treated Posidonius as the single most influential philosopher of the Hellenistic age and as the virtual grandfather of all subsequent speculation in those branches of inquiry on

[93] R. LIECHTENHAN, Die Überwindung des Leides bei Paulus und der zeitgenössischen Stoa, Zeitschrift für Theologie und Kirche, N. F. 30 (1922), pp. 368–99.

[94] Examples of this tendency include J. RENDEL HARRIS, Stoic Origins of the Fourth Gospel, Bulletin of the John Rylands Library, 6 (1922), pp. 436–51; PAUL GÄCHTER, Zum Pneumabegriff des hl. Paulus, Zeitschrift für katholische Theologie, 53 (1929), pp. 354–408.

[95] R. LIECHTENHAN, Die göttliche Vorherbestimmung bei Paulus und in der posidonianischen Philosophie, Forsch. zur Religion u. Lit. des Alten u. Neuen Testaments, N. F., 18.4 (Göttingen, 1922).

which he had touched. The scholars engaged in this Posidonian enterprise did not hesitate to define and attribute the ideas of Posidonius even in the absence of a critical edition of his fragments. The same overconfidence can be seen in LIECHTENHAN as well.

## *IX. From the Mid-Twentieth Century to the Present*

It was in response to this first wave of Bultmannites that the philologists felt a need to take to the field again. The classicists up to the middle of the twentieth century felt perfectly comfortable with the idea of bringing textual and philological criticism to bear on Christian as well as pagan sources, and found no cause either for triumph or for alarm in the notion of cross-cultural influences. It is true that they found themselves more open to the idea that Hellenistic civilization had influenced the Bible than the reverse. In part, this perspective derived from the recognition of the fact that Christianity was a small sect that had to make its way in the larger culture by making itself comprehensible to the gentiles. In part, it reflected their tendency to see the classical tradition as the essence of western civilization and to appreciate the need to document its post-classical *Nachleben* in the hands of Christian writers.

The classicists of the period can be well illustrated by MAX POHLENZ, its leading authority on Stoicism, whose outlook was shared by many of his colleagues who wrote on the relations between Christianity and Stoicism.[96] POHLENZ agrees with BULTMANN that Paul was a man with a Hellenistic education, and that he was familiar with Stoic and other philosophical ideas and with the rhetorical culture of his time. Paul, POHLENZ also agrees, did not hesitate to appropriate Stoic terminology, both ethical and metaphysical, as well as specific Stoic arguments, such as the proof of God's existence *ex consensu omnium* and the appeal to natural law as a moral guide. At the same time, POHLENZ considers the particular contexts in which Paul refers to these ideas, and the audiences before whom he preached them. The key point, and this takes us back to what BULTMANN had said before his earliest disciples

[96] MAX POHLENZ, Paulus und die Stoa, Zeitschrift für die Neutestamentliche Wissenschaft, 48 (1949), pp. 69–104; IDEM, Die Stoa: Geschichte einer geistigen Bewegung, 2nd. ed. (Göttingen, 1959), I, pp. 400–06; IDEM, Freedom in Greek Life and Thought, trans. CARL LOFMARK (New York, 1966) (= IDEM, Griechische Freiheit. Wesen und Werden eines Lebensideals [Heidelberg 1955]). Other classicists in the same group include PAUL BARTH, Die Stoa, 6th ed. (Stuttgart, 1946); ÉMILE BRÉHIER, Logos stoïcien, Verbe chrétien, Raison cartésienne, in: IDEM, Études de philosophie antique (Paris, 1935), pp. 217–24; IDEM, The Hellenistic and Roman Age, trans. WADE BASKIN (Chicago, 1965), pp. 226–27; KARL HEINRICH RENGSTORF, ed., Das Paulusbild in der neueren deutschen Forschung, Wege der Forschung, 24 (Darmstadt, 1964), pp. 522–64; RALPH STOB, Stoicism and Christianity, Classical Journal, 30 (1935), pp. 217–24.

had exaggerated his thesis, is that Paul draws on Stoic ideas and rhetoric for missionary purposes. As POHLENZ notes, the apostle rarely calls upon them in writings with a more intramural audience. POHLENZ also capitalizes on the work done by contemporary scripture scholars in distinguishing the authentic epistles of Paul, and the way he speaks in them, in contrast with the Acts of the Apostles. The Paul of Acts, POHLENZ observes, is much more likely to advert to Stoic *topoi* and ideas, a trait that reflects the perspective of Luke, the author of Acts, rather than of Paul himself. Further, as POHLENZ points out, even in those cases where Paul draws on Stoic material, he attaches his own theological meanings to the terms he uses. Concepts such as law, moral freedom, and the *logos* thus receive a thoroughly non-Stoic denotation in Paul's hands. While POHLENZ would agree that the appeal made by Paul and other New Testament authors to Stoicism helped to preserve and transmit Stoicism, Paul's goal, he maintains, was to find a Hellenistic language with which to draw a Hellenistic audience to a basically non-Hellenistic set of theological beliefs.

Armed by such heavy reinforcements from the side of classical studies, a more moderate and nuanced group of Bultmannites had emerged by the middle of the twentieth century. The enterprise of placing the New Testament in its Hellenistic context had, by now, tended to lose its shock value, and the members of this group now concerned themselves with distinguishing substantive from formal influences on the New Testament and refining the latter. They felt able to pursue the borrowings and similarities between Stoicism and the Bible in a relaxed manner; by now, the issue of the truth of the Christian message was no longer seen to be at stake. While they agreed in rejecting the idea that the New Testament authors had taken over and used Stoic doctrines without redefining them in their own terms, these scholars had no difficulty with the point that Stoicism spoke to the same human needs as early Christianity and that authors in both traditions drew on a common fund of concepts and terminology. This thesis is defended by a number of scholars who back off from the question of whether Stoicism influenced the New Testament, or *vice versa*, at all, preferring to treat them both as manifestations of a general Hellenistic culture.[97] Others find unsatisfactory this attempt to push the issue one stage further back into the late classical background, and criticize the former thesis as an abdication of scholarly responsibility.[98] More typical, on the part of classicists and scripture scholars who shared the mid-twentieth-

[97] FREDERICK CLIFTON GRANT, St. Paul and Stoicism, The Biblical World, 45 (1915), pp. 268–81; JOHANNES LEIPOLDT, Christentum und Stoizismus, Zeitschrift für Kirchengeschichte, 27 (1906), pp. 129–65; and DOUGLAS S. SHARP, Epictetus and the New Testament (London, 1915) were among the first to develop this position; they are followed by A. JAGU, Saint Paul et le stoïcisme, Revue des sciences religieuses, 32 (1958), pp. 255–50; P. W. VAN DER HORST, Musonius Rufus and the New Testament, Novum Testamentum, 16 (1974), pp. 306–15.

[98] M.-J. LAGRANGE, La philosophie religieuse d'Épictète et le christianisme, Revue biblique, n. s. 9 (1912), pp. 5–21, 192–212; J. CHIRON, Le Stoïcisme a-t-il aidé à la propagation du christianisme?, Revue pratique d'apologétique, 17 (1914), pp. 816–33.

century outlook of POHLENZ and the school of BULTMANN, was to restate the parallels between Stoicism and the New Testament, along with the caveats about pressing them too far, while yet seeing them as having helped to pave the way from paganism to Christianity, although without thereby trying to relativize either the Stoa or the New Testament.[99]

Despite the elaborate apparatus of modern scholarship on which this perspective draws, this last-mentioned index of the convergence between the classicists and the scripture scholars has the effect, *mutatis mutandis*, of making the reader feel that he is back in the world of Erasmian humanism. Humanism of various kinds is, indeed, the conceptual framework within which some Christian writers have addressed this topic in what is increasingly becoming a post-Christian world. A more traditional definition of humanism in this connection appears in the work of LUIS MARTÍNEZ GÓMEZ, who raises, once again, the question of Seneca's religion. It has now been firmly established, he points out, that Seneca was not a Christian or a Christian sympathizer. Yet, there are parallels between his ideas and Christian ethics, which should encourage Christians to read Seneca with respectful attention. MARTÍNEZ GÓMEZ concludes, with ERASMUS, that no one system of thought has a monopoly on wisdom, and that wisdom ought to be prized wherever it is found. The wisdom of the Stoics is authentic; and Seneca, as well, provides eloquent, if extrinsic, support for the Christian faith.[100] Humanism meant something else again behind the Iron Curtain that has so recently been swept aside. Defenders of Christianity there also made use of the theme of Stoic-Christian parallels in a more hostile environment than MARTÍNEZ GÓMEZ' Portugal. The defense, in these quarters, required, for strategic reasons, a reversal of the more general tendency to place the New Testament in its historical context. A good illustration of this argument is found in the work of CHRISTOPH HAUFE, who annexes the theme to the cause of Christian-Marxist dialogue. The first step is to demythologize New Testament ethics by purging it of those features of morality that reflect the social and historical conditioning of Roman and Judaic values that are timebound and not eternal. Once so purified, the moral message of the New Testament will be seen to be reducible to the principles of egalitarianism, brotherhood, and cosmopolitanism. As such, New Testament ethics is fully compatible not only with Stoicism but also with Marxist humanism and can be shown to support the socialist vision of man and the common good. Far from being the opiate of

[99] E. VERNON ARNOLD, Roman Stoicism: Being Lectures on the History of the Stoic Philosophy with Special Reference to Its Development within the Roman Empire (New York, 1958 [repr. of 1911 ed.]), pp. 20, 24; RANDOLPH S. BOURNE, Stoicism, The Open Court, 27 (1913), pp. 364–71; ERNST TROELTSCH, Gesammelte Schriften, ed. HANS BARON (Tübingen, 1925), IV, pp. 156–66; PAUL G. CHAPPUIS, La Destinée de l'homme: De l'influence du stoïcisme sur la pensée chrétienne primitive (Genève, 1926); ELEUTERIO ELORDUY, Estoicismo y cristianesimo, Estudios eclesiasticos, 18 (1944), pp. 375–411.

[100] LUIS MARTÍNEZ GÓMEZ, Séneca cristao?, Revista portuguesa de filosofia, 22 (1966), pp. 132–46.

the people, Christianity, so understood, can be validated within Marxist society.[101]

Special needs, or special pleading, accounts for the emphasis of HAUFE's argument, but the more general tendency in contemporary assessments of Stoicism and the New Testament is to remain firmly convinced of the merits of locating the New Testament in its cultural context. What the relevant cultural context is seen to be, and the conceptual tools of research with which to address the question, have undergone some changes in the most recent round of investigation. A new set of polemic issues, as well, has provided categories within which the scholars have labored. One notable change in the past few decades is that classicists have largely receded from the picture, with New Testament scholars playing a larger role in the action. As well, New Testament research has moved increasingly out of divinity schools and theological faculties, especially in North America, and into faculties of liberal arts. Religious studies, taught as a humanistic discipline and borrowing the techniques of neighboring academic specialties, has emerged as the setting where most of this research is done, and its practitioners are more often interested in using it to vindicate the current fashions in academia, such as "history from the bottom up" and current theories of literary criticism, than to defend a theological position. Another major shift that has affected, negatively, the total portion of the landscape of New Testament scholarship devoted to Stoicism and early Christianity has been the tremendous surge of interest in investigating the Jewish, rather than the pagan, backgrounds of the New Testament. In some quarters this idea has been heralded as a simple, and obvious, extension of the perspective of BULTMANN. But, in others, it has been fueled much more specifically in the decades since World War II by the discovery of the Dead Sea Scrolls and by the felt need, on the part of Christian scholars in the post-Holocaust era, to study the New Testament in the light of the Old Testament, the rabinnical tradition, Hellenistic Judaism, and the Jewish sectarian movements of the time, as a means of countering antisemitism and of building bridges with the Jewish community.[102]

[101] CHRISTOPH HAUFE, Paulinische und antik-humanistische Ethik: Gedanken zur aktuellen Erziehungsarbeit in historischen Fächern, Wissenschaftliche Zeitschrift der Karl-Marx-Universität zu Leipzig, Gesellschafts- und sprachwissenschaftliche Reihe, 30 (1981), pp. 557–61.

[102] For an excellent historiographical overview of the trends in recent New Testament scholarship in general see W. H. DAVIES, Reflections on Thirty Years of Biblical Study, Scottish Journal of Theology, 39 (1986), pp. 43–64; NEILL, The Interpretation of the New Testament, pp. 291–335. Excellent guides to the expansion of interest in the Jewish backgrounds of the New Testament can be found in KARLHEINZ MÜLLER, Das Judentum in der religionsgeschichtlichen Arbeit am Neuen Testament: Eine kritische Rückschau auf die Entwicklung einer Methodik bis zu den Qumran-Funden (Frankfurt am Main, 1983); DANIEL J. HARRINGTON, The Jewishness of Jesus: Facing Some Problems, Catholic Biblical Quarterly, 49 (1987), pp. 1–13; OTTO MICHEL, Zur Methodik der Forschung, in: Studies on the Jewish Background of the New Testament, ed. H. VAN PRAAG (Assen, 1969), pp. 1–11. The latter offers a programmatic statement for the study of all aspects

While the Stoicism-New Testament question exerts a weaker draw than used to be the case, it remains an active, if comparatively small, current in the scholarship of the late twentieth century. The issues that divide the recent participants derive less from theological partisanship than from the debates among historians as to what constitutes the proper subject matter of historical study, and the debates among rival schools of literary theory. Among those New Testament critics emphasizing the carryover of Stoic philosophical ideas, either directly or by way of Hellenistic Judaism, some accent the intellectual appeal of Stoicism as a form of high culture, while others regard it as a form of popular culture. In the first category the Stoics' marital ethics has been cited,[103] while in the second, their traditional patriarchal domestic ethics has been seen as the point of contact.[104] Of particular interest in charting the polarization of New Testament critics, as they identify their efforts with *Ideengeschichte* or the quest for popular *mentalités*, is the debate over the sources of Paul's Areopagus speech as reported in Acts. Precisely the same theological and anthropological doctrines have been read as express quotations from Stoic physics and as an index of generic popular beliefs of the time.[105]

There are also commentators who take the more restricted line of arguing for purely formal borrowings from the Stoa on the part of the New Testament authors. The ethical vocabulary of the Stoics continues to draw attention, although often without much concern for whether the terms are used with different meanings in the New Testament; the language of the authors, not their theology, is the topic of interest.[106] Similarly, there are scholars concerned

of the Jewish heritage as a move parallel with the Bultmannizing of the pagan background of the New Testament. Not all scholars in this camp cast their nets so widely.

103 David L. Balch, I Cor. 7:32–35 and Stoic Debates about Marriage, Anxiety, and Distraction, Journal of Biblical Literature, 102 (1983), pp. 429–39.

104 This tendency is found in particular in scholars seeking to combine the Hellenistic and Judaic heritages in understanding the social ethics of the New Testament. Typical examples are James E. Crouch, The Origin and Intention of the Colossian Haustafel (Göttingen, 1972); Leonhard Goppelt, Jesus und die Haustafel-Tradition, in: Orientierung an Jesus. Zur Theologie der Synoptiker, Festschrift Josef Schmid, ed. Paul Hoffmann et al. (Freiburg, 1973), pp. 93–106; Karlheinz Müller, Die Haustafel des Kolosserbriefes und das antike Frauenthema: Eine kritische Rückschau auf alte Ergebnisse, in: Die Frau im Urchristentum, ed. Gerhard Dautzenberg et al. (Freiburg, 1983), pp. 280–319 [and cf. A. J. Malherbe, Hellenistic Moralists and the New Testament, above in this same volume (ANRW II 26,1), pp. 267–333].

105 R. G. Tanner, S. Paul and Stoic Physics, Studia Evangelica, VII: Papers Presented to the Fifth International Congress on Biblical Studies (Oxford, 1973), ed. Elisabeth R. Livingstone, Texte und Untersuchungen zur Geschichte der altchristlichen Literatur, 126 (Berlin, 1982), pp. 481–90 takes the first tack, while H. R. Minn, Classical Reminiscence in St. Paul, Prudentia, 6 (1974), pp. 93–98 and Robert Renehan, Acts 17:28, Greek, Roman and Byzantine Studies, 20 (1979), pp. 347–55 take the second. Renehan also supplies a bibliographical overview of the literature on this question.

106 See, for example, Richard A. Horsley, The Background of the Confessional Formula in I Kor. 8:6, Zeitschrift für die Neutestamentliche Wissenschaft, 59 (1978), pp. 130–35; Stephen Charles Mott, Greek Ethics and Christian Conversion: The Philonic Background of Titus 2:10–14 and 3:3–7, Novum Testamentum, 20 (1978), pp. 22–48.

exclusively with literary theory and technique. Some, of a more historical bent, have returned to BULTMANN's original interest in the Cynic-Stoic diatribe in the effort to clarify its pagan philosophical applications before exploring its formal influence on Paul.[107] Others have moved beyond the diatribe to consider classical scientific prose[108] and other rhetorical forms or *topoi* to which the Stoics are known to have contributed.[109] They too have confined their attention to formal analysis, and not to the message which the New Testament authors sought to convey thereby. Indeed, this preclusive interest in literary form over doctrinal content has inspired some recent New Testament scholars to move away from the historical context altogether. Instead of considering authorial intention, theological or philosophical ideas, or historical setting, they have preferred to read the New Testament in the light of self-contained modes of literary analysis, treated as valid for texts, *qua* texts, irrespective of the who, what, and why of their composition. Structuralist theory has made its presence felt, in the application of ancient rhetoric to the text of the New Testament as an a-historical method of exegesis.[110] It is present, even more strongly, in the application of Russian formalism to the text. Here, the semiotic function of the morphemes, lexemes, and the like, into which the New Testament text can be subdivided, replaces, as the point of the investigation, both its message and the possible literary or philosophical borrowings of its authors.[111] Given the speed with which literary critics in the post-war period have reread less privileged texts in the light of the latest literary theories, New Testament criticism has been a bit behind the times. But, if structuralism had been absorbed into New Testament hermeneutics by the 1980s, we may expect that *Rezeptionskritik*, narratology, deconstruction, the new historicism, and their sequels will not be far behind.

That this most recent phase of the historiography surrounding the perceived relations between Stoicism and the New Testament should present us with scholars harnessing this question to academic controversies agitating

[107] The most important recent investigation of this type is STANLEY KENT STOWERS, The Diatribe and Paul's Letter to the Romans (Chico, CA, 1981). See also F. F. CHURCH, Rhetorical Structure and Design in Paul's Letter to Philemon, Harvard Theological Review, 71 (1978), pp. 17–33; JACQUES DUPONT, La question du plan des Actes, Novum Testamentum, 21 (1979), pp. 220–31; IDEM, Le discours à l'Aréopage (Ac. 17:22–31): Lieu de rencontre entre christianisme et hellénisme, Biblica, 60 (1979), pp. 530–46. The latter article reflects as well how the same passage in Acts that has served as an arena for the high culture-low culture debate has also been treated from a purely rhetorical point of view.

[108] LOVEDAY ALEXANDER, Luke's Preface in the Context of Greek Preface-Writing, Novum Testamentum, 28 (1986), pp. 48–74.

[109] For example, D. W. PALMER, 'To Die Is Gain' (Philippians 1:21), Novum Testamentum, 17 (1975), pp. 203–18; CHRISTOPHER FORBES, Comparison, Self-Praise, and Irony: Paul's Boasting and the Conventions of Hellenistic Rhetoric, New Testament Studies, 32 (1986), pp. 1–30.

[110] GEORGE A. KENNEDY, New Testament Interpretation through Rhetorical Criticism (Chapel Hill, 1984).

[111] ROLAND MEYNET, Initiation à la rhétorique biblique, 2 vols. (Paris, 1982).

history and literary theory should come as no surprise. For, across its remarkably durable history from late antiquity to the present, this theme has been put to the service of an astonishing host of contemporary debates, academic and otherwise, which have sometimes exerted a more controlling force on its development than the quest for historical truth as the current standards of scholarship make it available. Over the centuries, the relations between Stoicism and early Christianity have been a vehicle for Christian apologists of all kinds, for intra-humanist rivalries, for humanists and anti-humanists, for Enlightenment rationalists and their opponents, for nationalists and internationalists, for ecumenists and the repudiators of antisemitism, as well as for the proponents of academic wrangles and educational reforms of various sorts. The same positions, which have cycled themselves into and out of the story repeatedly, have been advocated at times by partisans of sharply disparate opinions, who would indeed find each other strange bedfellows. To the extent that anything has been established incontestably at the present writing, it is the apocryphal status of the Seneca-Paul correspondence and the rejection of the legend of Seneca's conversion. As for the rest, our investigation has shown that the historical understanding of this whole subject has been anything but cumulative. Rather, the views of the relations between Stoicism and the New Testament have been notably fluid, and the approaches taken to it highly subjective, as each successive group of commentators has reinvented the topic and used it to mirror its own contemporary concerns.

# Neopythagorean Moralists and the New Testament Household Codes

by DAVID L. BALCH, Fort Worth, Texas

*Contents*



Pythagorean ideas have been related occasionally to practices recorded in the NT, the most important case being the sharing of all property in common in the earliest Jerusalem church.[1] There are other significant points

[1] On Acts 2:44 and 4:32 see JOSEPH A. FITZMYER, Jewish Christianity in Acts in Light of the Qumran Scrolls, in: LEANDER E. KECK and J. LOUIS MARTYN, eds., Studies in Luke-Acts (New York, 1966) 263, 241 ff. Cf. JACQUES DUPONT, Études sur les Actes des Apôtres (Lectio Divina 45; Paris, 1967) 503–19, trans. in: IDEM, The Salvation of the Gentiles: Essays on the Acts of the Apostles (New York, 1979) 85–102. The French has many primary references, the English translation few. See p. 386 n. 48 below.

of contact between the Neopythagorean moralists and NT statements about marriage and household ethics, and the following discussion will be limited to these latter parallels. Because systematic comparisons have not been made previously,[2] the Neopythagorean texts will be quoted rather extensively in translation with key Greek phrases. This paper is intended as a contribution to the 'Corpus Hellenisticum Novi Testamenti',[3] and will concentrate on the household-duty-codes (*Haustafeln*, i. e. the instructions to wives and husbands, children and fathers, slaves and masters) found in both groups of moralists. Such a limited investigation should be sufficient to demonstrate that further comparative research would be worthwhile.

## I. *Studies on the Neopythagoreans*

### 1. Porphyry and Iamblichus on Pythagoras

One of the important early studies was that of ROHDE,[4] who concentrated on Iamblichus (c. A.D. 250–325). He concluded that Iamblichus used two, and no more than two, sources: Nichomachus of Gerasa (c. A.D. 50 to 150) who had used Aristoxenus (born c. 375 B.C.),[5] and Apollonius of Tyana (1st cent. A.D.). ROHDE also concluded that the important 'four speeches' of Pythagoras (reported in Iamblichus, VP, 35–57) to different population groups in Croton were later creations by Dicaearchus (fl. c. 326–296 B.C.), expanded by Timaeus (c. 356–260 B.C.).[6] Both Dicaearchus and Aristoxenus, of course, were students of Aristotle.

DELATTE[7] was optimistic about the authenticity of much of the material, e.g. dating the four speeches of Pythagoras in the fifth or sixth century B.C.[8]

RIVAUD[9] devoted a special study to Aristoxenus, relying on ROHDE's analysis, which attributed to that author the fragments in Iamblichus, VP,

2 Phintys has been employed by CESLAS SPICQ, Les Epitres Pastorales (2d ed.; Paris, 1969), Tome 1, 392, n. 1.

3 Cf. W. C. VAN UNNIK, Corpus Hellenisticum Novi Testamenti, JBL 83 (1964) 17–33 (= IDEM, Sparsa collecta. The Collected Essays 2, Suppl. to Novum Testamentum 30 [Leiden, 1980] 194–214).

4 ERWIN ROHDE, Die Quellen des Iamblichus in seiner Biographie des Pythagoras, in: IDEM, Kleine Schriften 2 (Tübingen and Leipzig, 1901) 102–172, originally published in: Rheinisches Museum 26 (1871) 554 ff. and 27 (1872) 23 ff.

5 F. WEHRLI, ed., Aristoxenos, Die Schule des Aristoteles: Texte und Kommentar, Band 2 (Basel, 1945).

6 ROHDE, Kleine Schriften 2, 110, 131–134.

7 ARMAND DELATTE, Essai sur la Politique Pythagoricienne (Bibl. de la Fac. de Phil. de l'Univ. de Liège 29, Liège, 1922). DELATTE translates the fragments he discusses.

8 Ibid., 39.

9 A. RIVAUD, Platon et la Politique Pythagoricienne, in: Mélanges Gustave Glotz 2 (Paris, 1932) 779–792. Similar views were expressed by ULRICH VON WILAMOWITZ-MOELLENDORFF, Platon 2 (Berlin, 1920) 87–89.

200–213, 174–176, 180–183.[10] RIVAUD sees a striking similarity between Aristoxenus' report of Pythagorean doctrines about state religion, the education of children and marriage and the corresponding views in Plato's 'Republic'. The thesis of the article is that Aristotelian criticism of Plato led Aristoxenus to accuse Plato of plagiarizing Pythagorean views; but in reality, Aristoxenus was giving a resume of Plato's 'Republic' under the false name of Pythagoras. And Aristoxenus fooled many later writers; such is the origin of 'Pythagorean politics.'

VON FRITZ[11] made a very careful study of Iamblichus and Porphyry. Aristoxenus, one source they used, had a tendency to represent the Pythagoreans as lovers of freedom and as representatives of liberal government,[12] who were able to remove all faction (στάσις) and bring concord. Aristoxenus is more reliable than Dicaearchus,[13] another of their sources, who represents the popular tradition. VON FRITZ traces a large amount of material back to Timaeus, who has no bias for or against the Pythagoreans such as displayed by Aristoxenus.[14] The most important texts from Timaeus for the present purpose are in Iamblichus, VP, 37, 42, 54, 56, and 71, which refer specifically to Pythagoras' 'four speeches.'

MORRISON[15] accepts VON FRITZ's results discussing the four speeches in greater detail. He quotes an interesting fragment of Timaeus found in Justinus (Pompeius Trogus, Historiae Philippicae 20.4.1):

> "He often held classes for married women apart from their husbands, and for boys apart from their parents. To the former he taught modesty of behavior and obedience to their husbands, to the latter good conduct and the study of literature. And all along he recommended to everyone simplicity of life as the parent of the virtues; and such was the success of his advocacy that the married women laid aside their gold-embroidered clothes and the other ornaments of their position as the tools of self-indulgence, and bringing them all to the temple of Hera dedicated them to the goddess herself, declaring that modesty of life, not fine clothes, was the true ornament of women. This conquest of the women who are usually hard to influence shows the measure of his success with the younger generation."

[10] Ibid., 780, n. 1. E. L. MINAR, Early Pythagorean Politics (Baltimore, 1942) 101, stresses Aristoxenus in Iamblichus, VP, 182–183, which says that everything has an ἀρχή; every house, city or army has a "first principle" or "ruler" without which it is not well managed. Submission to rulers is stressed (Iamblichus, VP, 183 and 100–101).

[11] KURT VON FRITZ, Pythagorean Politics in Southern Italy: An Analysis of the Sources (New York, 1940).

[12] Ibid., 16, 18 citing Iamblichus, VP, 148–251 and 34.

[13] Ibid., 31.

[14] Ibid., 65–66. See parallels II–VIII, 36–44.

[15] J. S. MORRISON, Pythagoras of Samos, The Classical Quarterly 50 (1956) 135–136; on the speeches, esp. pp. 143–146, 152. The following quotation is from Justinus (probably third century A. D.), who excerpted Trogus, an Augustan historian, whose source here is thought to be Timaeus (d. 260 B. C.).

Dicaearchus (Porphyry, VP, 18) tells a similar story. MORRISON suggests that the historical Pythagoras was urging a reform in the cult (along with other points). But the addresses as given in Iamblichus "are almost certainly not authentic;"[16] although they have contacts with fifth century literature, it is "hardly profitable to press speculation further."

J. A. PHILIP[17] also discusses the 'Lives of Pythagoras' by Porphyry and Iamblichus, disputing both ROHDE's technique and his conclusions. Whereas ROHDE had concluded that Iamblichus' sources were Nichomachus and Apollonius, but not Porphyry, PHILIP denied that Nichomachus wrote a 'Life' at all and asserted that Iamblichus did use Porphyry's 'Life': there are many verbal parallels and both have a common basic pattern. The half of Iamblichus' work which is new (chaps. 28–33), PHILIP explains as a treatment of the virtues common in current *laudationes*.[18] He stresses that the 'Lives' of both Porphyry and Iamblichus were anti-Christian, documents of the counter-attack of *Hellenismos* against the new barbarian, revealed religions. PHILIP has made several important arguments, which seem silently to have been rejected.

The book by DE VOGEL[19] thoroughly discusses the four speeches. Generally, she maintains that because they are similar to but still different from and so not derived from Plato, Xenophon, Aristotle, and Isocrates, they were written down by a fifth century Pythagorean in Magna Graecia, who arrived in Athens shortly before 392 where they underwent a certain Gorgian influence in form, and in the fourth century certain other influences found their way into the text.[20] Iamblichus' speeches contain much that goes back to the founder, and Pythagoras is several times found to be prior in thought to Plato.

In an important article, MICHAEL VON ALBRECHT exhibited the organizing principle of Iamblichus' work.[21] He divides it into the Introduction (chap. 1); the first part (chaps. 2–6) which is the only chronologically organized section; the second part (chaps. 7–11) with esoteric teachings on the practical-political virtues, given in Pythagoras' four speeches; the third part (chaps. 12–27) on esoteric teachings, which itself is divided into two sections: the cathartic virtues dealing with the individual soul (chaps. 12–17), and the theoretical virtues dealing with divine order (chaps. 18–26). Chap. 27 is an appendix to the last section, describing the political work of Pythagoreans, who graciously condescend to help other people. This outline of the virtues he traces back to

[16] Ibid., 152. However, he later contradicted himself and treated the material as authentic in: IDEM, The Origins of Plato's Philosopher-Statesman, Classical Quarterly 52 (1958) 198–218.

[17] J. A. PHILIP, The Biographical Tradition – Pythagoras, Transactions and Proceedings of the American Philological Association 90 (1959) 185–194.

[18] Ibid., 192.

[19] CORNELIA JOHANNA DE VOGEL, Pythagoras and Early Pythagoreanism. An Interpretation of Neglected Evidence on the Philosopher Pythagoras (Assen, 1966), on the speeches, for which she gives text and translation (70–147).

[20] Ibid., 143–145.

[21] M. VON ALBRECHT, Das Menschenbild in Iamblichs Darstellung der Pythagoreischen Lebensform, Antike und Abendland 12 (1966) 51–63.

Ammonius and Plotinus, labelling it the Neoplatonic schema of the virtues,[22] which is basically hierarchical. He adds that chaps. 28–33 exemplify the actualization of the most important virtues, and that chaps. 34–36 are called an appendix by Iamblichus himself. It follows that Iamblichus' work is not a biography, but a book for edification (*Erbauungsbuch*); the title should not be translated 'Life of Pythagoras,' but 'Concerning the Pythagorean Form of Life.'[23] The work is an important source for the view of humanity in late antiquity.[24]

## 2. Neopythagorean Extracts in Stobaeus

PRAECHTER dealt[25] with three of the authors excerpted by Stobaeus, and his view is clear in the opening paragraph: "The inauthenticity of all the Neopythagorean fragments with an ethical content preserved by Stobaeus is now beyond doubt. Unanimity also reigns in assigning these same fragments according to their general character to the first century B. C. or A. D. Besides the terminology, the eclectic mixture of Academic, Peripatetic, and some Stoic doctrines with a small number of old Pythagorean ideas, as well as the ethical discussion in the spirit of that age support such a view .... Even a quick glance shows that we are dealing here chiefly with Peripatetic doctrines, which repeatedly occur in the fragments ... ." He gives many parallels between Plato, Aristotle, and the Neopythagoreans, but he is primarily concerned to argue that they should be dated in the first centuries B. C. and A. D.: a detailed comparison shows that the fragments stand very near the epitome of Peripatetic ethics by Arius Didymus in Stobaeus, although the parallels do not show that Didymus was used directly.[26] He argues this also for Phintys.[27]

WILHELM[28] dated four of these Neopythagorean writers between the first century B. C. and the second century A. D. In his opinion they were originally oral lectures, probably delivered in Alexandria.[29] He suggests the possibility that they have been influenced by Hellenistic-Jewish moralists,[30] but they are primarily a combination of Platonic, Aristotelian, and Stoic elements.[31]

[22] Ibid., 55, n. 37.
[23] Ibid., 58, 54.
[24] Ibid., 63.
[25] KARL PRAECHTER, Metopos, Theages und Archytas bei Stobaeus, Philologus 50 (1891) 49–57; on p. 50, n. 2 he cites specific parallels of Arist., Pol. and NE with Bryson, Callicratidas, and Hippodamus.
[26] Ibid., 53, 57.
[27] Ibid., 56.
[28] FRIEDRICH WILHELM, Die Oeconomica der Neupythagoreer Bryson, Kallikratidas, Periktione, Phintys, Rheinisches Museum für Philologie 70 (1915) 161–223, here 163, 205, 223.
[29] Ibid., 222; see 163, 183, 223 with n. 4 and 197, n. 4.
[30] Ibid., 197, 220.
[31] Ibid., 163, 173, 179, 205, 210–212, 220 and a summary on 222–223. Cp. MINAR, Essai (p. 381 n. 7 above), 111.

DELATTE saw no indication that Archytas, De leg. is apocryphal and late.[32] The work of Hippodamus, De rep. has many ties to the political literature of the fourth century B. C., but Hippodamus was not a plagiarist;[33] and the product of Callicratidas, De dom. felic. is similar to Hippodamus, but the language is more classical, so Callicratidas is older.[34] The prefaces of Zaleucus and Charondas have been detached from some of the most ancient codes of public morals.[35]

THEILER[36] protested, insisting that these fragments in Stobaeus are post-Plato and post-Aristotle.[37] The late Peripatetic school is the most important source for this Neopythagorean literature; the influence did not run the other way.[38] Hippodamus is late and has Peripatetic terminology; this is also true of Archytas, which certainly is late.[39] "It is important to note that the ethical-political theories contain fewer technical terms, and that these terms were coined early and became generally known so that forgeries were harder to detect."[40] Callicratidas has an important parallel in Cicero, Cato mai. 77, and a Peripatetic source is not to be doubted.[41] Occelus is also Peripatetic.[42] Zaleucus is directly related to Plato's 'Laws', and Plato's priority is to be assumed.[43] THEILER concludes: "It is to be observed that dominant throughout is the Platonic and especially the Aristotelian viewpoint, and that the combination points to a relatively later period, which meets us in Critolaus. This shows the overcoming of school differences and the use for popular need."[44] This combination points to the second (Critolaus) or the first century B. C.

BURKERT[45] denies any continuity between classical and Roman Pythagoreanism. The Porta Maggiore in Rome was not a cult room for a Pythagorean

[32] DELATTE, Essai (p. 381 n. 7 above), 121.
[33] Ibid., 158.
[34] Ibid., 161.
[35] Ibid., 184, 186.
[36] WILLY THEILER, review of 'Il Verbo di Pitagora', by A. ROSTAGNI, Gnomon 1 (1925) 146–154. Also review of 'Essai sur la Politique Pythagoricienne', by A. DELATTE, Gnomon 2 (1926) 147–156. Also review of 'Ocellus Lucanus', by R. HARDER, Gonmon 2 (1926) 585–597.
[37] THEILER, Gnomon 2 (1926) 151. THEILER's critique of DELATTE is accepted by PAUL MORAUX, A la Recherche de l'Aristotle perdu. La Dialogue « Sur la Justice » (Louvain–Paris, 1957) 86, n. 14, for these authors '*manifestement*' used theories of Plato and Aristotle. See also O. IMMISCH, Philologische Wochenschrift 43 (1923) 25–34.
[38] Ibid., 593 and also 151, 152, 585, 594, 595. This view was stated earlier by EDUARD ZELLER, 3/2 (5th ed.; Leipzig, 1923) 126, 158, who names Callicratidas, Bryson, Perictione, Phintys, Zaleucus, Charondas, Archytas, and Hippodamus.
[39] Ibid., 151.
[40] Ibid.
[41] Ibid., 152.
[42] Ibid., 585.
[43] Ibid., 153.
[44] Ibid.
[45] WALTER BURKERT, Hellenistische Pseudopythagorica, Philologus 105 (1961) 16–43, 226–246.

sect, but a grave.[46] The Pythagorean literature which begins to appear in the third century B. C. cannot be related to "Orphic-Pythagorean orgies," rather they are philosophical in nature, extensively using Platonic and Aristotelian sources.[47] Besides the Pseudopythagorica and "Roman Pythagoreanism,"[48] there is not a single witness – no gravestone, no inscription, no papyrus – that points to the existence of a Pythagorean group with Pythagorean beliefs in the Hellenistic age.[49] So there is a flood of Pythagorean writings, but no

[46] Ibid., 226, 229 and 227 with important bibliography in n. 2, including A. D. NOCK, Sarcophagy and Symbolism, AJA 50 (1946) 140–170 = IDEM, Essays on Religion and the Ancient World. Selected and edited, with an introduction, bibliography of Nock's writings, and indexes by ZEPH STEWART 2 (Oxford 1972) 606–641. On the other hand, HEINRICH DOERRIE, Der nachklassische Pythagoreismus, PW 24,1 (1963) cols. 268–277, esp. 270, suggests there was continuity, maintained through small sect-like groups. Important proponents of DOERRIE's view are JÉRÔME CARCOPINO, La Basilique pythagoricienne de la Porte Majeure (Paris, 1926), and MIKHAIL IVANOVICH ROSTOVTZEFF, Mystic Italy (New York, 1927) 126–143.

[47] Ibid., 229.

[48] On Roman Pythagoreanism see ibid., 236–245 and RAMSAY MACMULLEN, Enemies of the Roman Order: Treason, Unrest and Alienation in the Empire (Cambridge, Mass., 1966), chap. 3: "Magicians". Nigidius Figulus (a friend of Cicero), Alexander Polyhistor (the source of Diog. Laert. 8.24–33), and Apollonius of Tyana are considered Roman Pythagoreans. See BURKERT (cited below p. 388 n. 63), 45, n. 2. But H. THESLEFF, review of 'Nigidio Figulo', by ADRIANA DELLA CASA, Gnomon 37 (1965) 44–48, here p. 47, shows that it is problematic to call the content of Nigidius' activity 'Pythagorean.' See FRANZ CUMONT, Alexandre d'Abonoutichos et le Néo-pythagorisme, Révue de l'Histoire des Religions 2 (1922) 202–210. See also P. MERLAN in: A. H. ARMSTRONG, ed., The Cambridge History of Later Greek and Early Medieval Philosophy (Cambridge, 1967) 90 ff. on Moederatus of Gades and Nicomachus of Gerasa. On the lifestyle of the Pythagorean sect see PIERRE BOYANCÉ, Sur la vie Pythagoricienne, Révue des Études Grecques 52 (1939) 36–50, an examination of Iamblichus, VP, 71–79 and 95–100. Also E. L. MINAR, Pythagorean Communism, Transactions and Proceedings of the American Philological Association 75 (1944), 34–46. However, one should be very cautious in dating information about the founding and organizing of a Pythagorean brotherhood, as is argued by JAMES A. PHILIP, Pythagoras and Early Pythagoreanism (Toronto, 1966) 138–146, who concludes: "There is no evidence for the idea, nor any likelihood that it arose before Nichomachus of Gerasa (active c. A. D. 50–150) and Apollonius." PHILIP's arguments are rejected by H. THESLEFF, The Pythagoreans in the Light and Shadows of Recent Research, in: SVEN S. HARTMANN and C. M. EDSMAN, eds., Mysticism. Based on papers read at the Symposium on Mysticism held at Åbo on the 7th–9th September, 1968 (Scripta Instituti Donneriani Aboensis 5; Stockholm, 1970) 77–90, here p. 80, n. 2. If PHILIP were correct, it would be important in the discussion of the supposed Pythagorean influence on the form of the Essene community; cp. MARTIN HENGEL, Judentum und Hellenismus. Studien zu ihrer Begegnung unter besonderer Berücksichtigung Palästinas bis zur Mitte des 2. Jahrhunderts v. Chr. (WUNT 10; Tübingen, 1988[3]) 445–453 (= IDEM, Judaism and Hellenism. Studies in their Encounter in Palestine during the Early Hellenistic Period. Translated by JOHN BOWDEN [London, 1974] vol. 1, 243 ff.). The same caution might affect comparison of the earliest Christian and the (hypothetical) Neopythagorean communities (see p. 380 n. 1 above on Acts 2:44).

[49] BURKERT, Hellenistische Pseudopythagorica, cit. Since he mentions "Roman Pythagoreanism," BURKERT must include the first centuries B. C. and A. D. in this generalization.

Pythagoreans.[50] This is not absurd, since the literature is all apocryphal; it is a literary fiction. But this literature calls actual Pythagorean groups into existence; in place of the Pseudopythagorica appear Pythagoreans.[51]

THESLEFF[52] then produced his survey of both primary sources and secondary accounts. He divides the writings into two classes, those interested in Pythagoras himself which reflects a belief in revelation and a religious mysticism (Class I) and those which are philosophical propaganda for laypersons (Class II).[53] The former are late and Alexandrian, but the latter belong to the earlier Hellenistic age (third century B. C.) and were produced in southern Italy where Doric was still spoken.[54] Class II includes Bryson, Callicratidas, Perictione, Phintys, and Hippodamus. But Zaleucus and Charondas were connected with Pythagoreanism after 200 B. C.[55] Archytas may be pre-Hellenistic.[56]

WALTER BURKERT then published his authoritative book, with an introductory survey of modern research.[57] He distinguished pre-Platonic, Pythagorean philosophy from the later Platonizing interpretation of Pythagoras, already assumed by Aristotle.[58] With respect to the political thought of the earliest Pythagoreans, he concluded that Platonic interpretation has replaced historical reality. About 200, the Pythagorean apocrypha present garbled Platonic-Aristotelian teachings as originally Pythagorean.[59] These pseudepigraphica were a response to the religious need of Hellenistic times.[60] BURKERT discusses the traditional Pythagorean rules of life (*acusmata*), drawing parallels to rites of the mystery religions, and commenting on their Puritanical narrowness.[61] For BURKERT, Pythagoras himself was a shamanist, who made minimal contributions to science and philosophy.

50 Ibid., 234.

51 Ibid., 235.

52 HOLGER THESLEFF, An Introduction to the Pythagorean Writings of the Hellenistic Period (Acta Academiae Aboensis, Ser. A, Humaniora 24, 3; Abo, 1961). He criticizes WILHELM (above n. 28) 24, 57–59. He later collected and edited all the Neopythagorean texts: HOLGER THESLEFF, The Pythagorean Texts of the Hellenistic Period (Acta Academiae Aboensis, Ser. A, Humaniora 30.1; Abo, 1965). His 'Introduction' was reviewed by W. BURKERT, Gnomon 34 (1962) 763–8 and his 'Texts' by BURKERT, Gnomon 39 (1967) 548–556.

53 Ibid., 27–29, 46, 72.

54 Ibid., 71–73, 94, 96 and esp. 99.

55 Ibid., 111; see also 75, 87, 92.

56 Ibid., 112.

57 WALTER BURKERT, Weisheit und Wissenschaft: Studien zu Pythagoras, Philolaos und Platon (Erlanger Beiträge zur Sprach- und Kunstwissenschaft 10; Nürnberg: Hans Carl, 1962). English trans.: Lore and Science in Ancient Pythagoreanism (Cambridge: Harvard University, 1972).

58 BURKERT, Weisheit und Wissenschaft 71.

59 Ibid., 84.

60 Ibid., 85.

61 Ibid., 150–175.

F. D. HARVEY[62] discussed arithmetical and geometric proportion (τὸ ἴσον) as they were applied to politics by Archytas. His remarks were important because he strongly argues that the interpretation of "proportion" given in Archytas, De leg. (34,3 ff. THESLEFF) makes the work pseudonymous and late, perhaps first century A. D., with Diotogenes, Sthenidas, and Ecphantus.[63] He shows that in early authors, including the authentic Archytas, democrats praised 'equality' in the sense of arithmetical proportion, while aristocrats valued geometric proportion. However in later authors, Boethius and this pseudo-Archytas fragment, arithmetical proportion results in the men of greatest worth having power (aristocracy), and geometric proportion means that all men of whatever worth have power (democracy).

Two essays on the subject appeared in one volume, an article by BURKERT and the second by THESLEFF.[64] BURKERT presents the best case yet given for the traditional, late dating of the material. He argues that much of the pseudonymous material under the name of Archytas must be dated after Critolaus and Carneades. In fact one of the Archytas fragments, De educ.,[65] uses the definition of happiness which is used by Arius Didymus against Critolaus, which means that this fragment is no earlier than Augustus' time. Further, it seems closer to Didymus than to later ethical writings, those of Seneca, Musonius, Dio Chrysostom, Plutarch, or Epictetus.[66] A similar argument is made about Archytas, De vir. bon.; then BURKERT insists that Hippodamus, Callicratidas, and Metopus belong to the same group, works influenced by Peripatetic thought similar in terminology and date to Didymus' epitome.[67] Combinations of Academic and Peripatetic thought are found which are impossible before the first century B. C.[68] Callicratidas uses an idea about the cosmos first introduced by Antiochus.[69] In general, these fragments seem close to Antiochus of Ascalon, Arius Didymus, and Eudorus of Alexandria.[70] BURKERT agrees with THESLEFF that most of them were not written in Alexan-

[62] F. D. HARVEY, Two Kinds of Equality, Classica et Mediaevalia 26 (1965) 101–146. Compare FRANCIS DVORNIK, Hellenistic Political Philosophy, in: IDEM, Early Christian and Byzantine Political Philosophy (Dumbarton Oaks Studies 9; Locust Valley: J. J. Augustin, 1966) vol. 1, 205–277.

[63] Ibid., 124, 131–138, with nn. 89, 112, 116.

[64] WALTER BURKERT, Zur geistesgeschichtlichen Einordnung einiger Pseudopythagorica, in: Pseudoepigrapha I. Pseudopythagorica – Lettres de Platon. Littérature pseudépigraphique juive, ed. K. VON FRITZ (Entretiens sur l'antiquité classique, Tome 18, Vandœuvres–Genève: Fondation Hardt, 1972) 23–55. And HOLGER THESLEFF, On the Problem of the Doric Pseudo-Pythagorica. An Alternative Theory of Date and Purpose, ibid., 57–87. The conference discussion is on pp. 88–102.

[65] BURKERT, 32–33, argues that Archytas here reflects Arius Didymus in Stobaeus 2.7,14; 2.126, 12–24 WACHSMUTH-HENSE.

[66] BURKERT, Zur geistesgeschichtlichen Einordnung 35.

[67] Ibid., 38. He is repeating PRAECHTER's argument (above p. 384 n. 25) apparently without knowing the earlier article.

[68] Ibid., 39.

[69] Ibid., 40.

[70] Ibid.

dria, but in Italy, and that they are addressed to Rome[71] The earliest of these tractates then would date from around 150 B. C.[72] And at least one of the texts, Ecphantus, De regn., is late enough to have been influenced by Judaism,[73] and should be placed c. A. D. 200.

THESLEFF finds several of BURKERT's arguments convincing, but is not prepared to abandon his third century B. C. dating completely.[74] To BURKERT's view he protests that the fragments in Doric form a relatively homogeneous group, so that it will not do to spread them out between 150 B. C. and – in the case of Ecphantus – the third century A. D.[75] If his former suggestion of the third century B. C. seems too early, a Hadrianic date is definitely too late for most of the tracts, so a Hellenistic date and a (formerly) Doric environment still seem preferable to an early Imperial date and a completely non-Doric environment.[76] He adds indications that there was a "Pythagorean Corpus" by the first part of the first century B. C.[77] And he still thinks it possible to date Callicratidas and Metopus before Posidonius.[78] The parallels BURKERT points out between some phraseology in Archytas and Callicratidas with definitions in Didymus might be explained by common sources derived from the environment of Critolaus and Carneades, so they do not prove an Augustan date for the fragments.[79] So he suggests that BURKERT and he compromise on a date in the latter part of the second century B. C.[80] Finally, regarding the purpose of the Doric tracts, he suggests that they are "... reactionary Academic and Peripatetic philosophical propaganda in a Pythagorean disguise. It is propaganda for a select public who is expected to listen – hence there are few protreptic or diatribic traits, and little polemic."[81]

### 3. Zaleucus and Charondas

Two studies are concerned chiefly with Zaleucus and Charondas.[82] Both isolate two strata in the traditions about these lawmakers, one from the time of Aristotle which is reliable, and a secondary tradition after Aristotle which

71 Ibid., 41.
72 Ibid., 47.
73 Ibid., 48 ff.
74 THESLEFF, On the Problem, 60.
75 Ibid., 69.
76 Ibid., 72.
77 Ibid., 73 ff.
78 Ibid., 75.
79 Ibid., 83.
80 Ibid.
81 Ibid., 85 – 86, 95.
82 Sir FRANK EZRA ADCOCK, Early Greek Codemakers, The Cambridge Historical Journal 2/2 (1927) 95 – 109. MAX MUEHL, Die Gesetze des Zaleukos und Charondas, Klio 22 (1929) 105 – 124 and 432 – 463.

was more creative.[83] Both men were historical lawmakers,[84] with Zaleucus belonging to the seventh century B. C. and Charondas being somewhat later, perhaps sixth century. The secondary tradition, seen in Diodorus Sic. XII 11–12 and in Stobaeus, arose between the fourth and the first century B. C.[85] It is only the secondary tradition that makes both lawmakers students of Pythagoras, and so transfers them to the sixth or fifth centuries.[86] The late tradition reflects Stoicism and the preaching of Hellenistic popular philosophy with its ethical, even moralizing character, stressing piety, love of virtue and truth, hospitality, obedience to superiors, care for the poor, patriotism, self-control, moderation, purity of heart and tongue, marital fidelity, etc.[87] They are especially concerned with family life.[88] The prologues in Stobaeus are demonstrated to be inauthentic in that Plato (Leg. IV 722 E) complains that earlier lawgivers have not composed *prooimia*.[89]

## 4. Summary: Date and Indebtedness to Other Traditions

Such a melange of opinions deserves the descriptive adjective 'chaotic.' It is beyond the scope of this survey to attempt a final solution to the problems of the date and purpose of these fragments. However, the detailed parallels between the Neopythagorean literature and the earlier works of Plato and Aristotle, as pointed out by PRAECHTER, WILHELM, MORAUX, and BURKERT, are more impressive than the denial of such a relationship by DELATTE and DE VOGEL. For example, in one of the Stobaean extracts discussed below, Callicratidas (105,7–8 THESLEFF) says,

> "And the husband indeed governs, but the wife is governed and the offspring of both these is an auxiliary."

WILHELM[90] points to Plato, Rep. III 416 AB and Aristotle, Pol. I 1254 b 13 f., convincing parallels. MORAUX does note that there are some modifications of Aristotle,[91] who had insisted on the loving concern of parents for their children, whereas Callicratidas and the Neopythagoreans in general insist that children must aid their parents. Callicratidas also uses Aristotle's three kinds

83 ADCOCK, Early Greek, 95, 100, 102, 104–105; MUEHL, Die Gesetze, 108, 113, 118, 124, 157.

84 ADCOCK, Early Greek, 96, 100; MUEHL, Die Gesetze, 105, 107.

85 ADCOCK, Early Greek, 105–106; MUEHL, Die Gesetze, 124, 463; and 446, n. 1, with criticism of DELATTE.

86 ADCOCK, Early Greek, 104; MUEHL, Die Gesetze, 458.

87 ADCOCK, Early Greek, 102; MUEHL, Die Gesetze, 118, 119 (with n. 4 on Posidonius), 445–446, 463.

88 MUEHL, Die Gesetze, 454–455.

89 ADCOCK, Early Greek, 10–105; MUEHL, Die Gesetze, 118, 445.

90 WILHELM, Die Oeconomica (above p. 384 n. 28), 173. MORAUX, Le Dialogue (p. 385 n. 37), 82–86, also insists on Aristotelian background, esp. from Pol. I.

91 MORAUX, Le Dialogue, 83.

of authority: (1) (105,10 – 14 THESLEFF), (2) (105,14 – 19, although Aristotle's term is οἰκονομικά), and (3) (105,20 – 106,1).[92] Callicratidas adds the Stoic conception that this kind of rule occurs in the cosmos (105,23 ff.). MORAUX notes[93] that it is easy to see why Aristotle's terminology was modified: the form of state government had changed. When Aristotle speaks of "political rule" (ἀρχὴ πολιτική) he refers to democracy, but for Callicratidas this term refers to monarchy. So Callicratidas did not maintain the distinction between ἀρχὴ πολιτική and ἀρχὴ οἰκονομική; he used a new expression, ἀρχὰ ἐπιστατικά (105,11 – 12, 14 etc.), the authority which aims at the benefit of the ruled by the ruler. When Callicratidas (103,5 ff.) compared the three parts of the soul (λογισμός, θυμός, ἐπιθυμία) to three kinds of rule within the house, WILHELM[94] points to Aristotle (Pol. I 1259 b, 3; 1252 a, 32). On the other hand, when DE VOGEL[95] says that "the principle of τιμιώτερον τὸ πρεσβύτερον is rather implied in Plato's metaphysical thought than explicitly expounded, as it is at the beginning of Pythagoras' first speech," she is simply wrong with respect to Plato's political thought (cf. Laws III 690A – D).[96] The principle that the older is to be honored more than the younger is not so non-classical that one has to go to fifth-century Croton to find the source. Generalizations are dangerous here, but such observations lead one to trust PRAECHTER, WILHELM, THEILER, MORAUX, HARVEY, and BURKERT when they suggest that the combination of Plato and Aristotle points to a late date for much of this material. DE VOGEL[97] has proved that the reference to Pythagoras' four speeches is older than Dicaearchus, but one must agree with MORRISON that any attempt to assign all the content of the speeches in Iamblichus to Pythagoras (or to any source older than Plato) is "hardly profitable," especially in view of Greek historians' notorious tendency to create appropriate speeches. Further, VON ALBRECHT has demonstrated that the speeches conform to Neoplatonic concerns.

The late date assigned to these extracts by BURKERT and others places much of the Neopythagorean literature within the general period in which Hellenistic-Jewish and early Christian texts were written. This means that the possibility of influence one direction or the other exists. However, the

92 Ibid.

93 Ibid., 85.

94 WILHELM, Die Oeconomica, 174 – 175. See PRAECHTER, Metopos (p. 384 n. 25 above), 53, for the Platonic origin of the terminology. Another close parallel is in Arist., Pol. I 1254 b 6 – 10. WILHELM also points to Arius Didymus' epitome of Aristotelian ethics (in Stob. II.7,13; 2.117,12 WACHSMUTH) where a reference to p. 149, 5 – 8 might be added. As an example of a late Peripatetic product WILLY THEILER, Die große Ethik und die Ethiken des Aristoteles, Hermes 69 (1934) 377 (= IDEM, Untersuchungen zur antiken Literatur [Berlin – New York, 1970] 288), points to Metopus, De virt. (116 – 121 THESLEFF) which (119,18 – 19) is also a close parallel to this terminology in Callicratidas. In opposition to the Stoics, Plutarch discusses these terms using a Peripatetic source (440 C – 452 D); see MORAUX, La Dialogue, 9 – 93.

95 DE VOGEL, Pythagoras, 103. BURKERT, Weisheit, 9, n. 38, is skeptical about her suggestion (96) that Pythagoras heard part of the content of Iamblichus, VP, 43 in Babylon!

96 See Laws III 690 and Aristotle, Pol. I 1252 b 20 f.; 1259 b, 3 f.

97 DE VOGEL, Pythagoras, 92, n. 2; 134 – 135, 140, 141, n. 2, 142, n. 1, 151, n. 1.

comparison of Neophythagorean moralists and NT ethicists which follows will not argue that NT authors were dependent on the Neopythagorean literature itself. Rather, just as many of the authors cited above have argued that the Neopythagorean texts show the influence of earlier Platonic, Aristotelian, and Stoic thought, the NT exhortations show the same influence. The NT texts quoted below have been influenced by popularized, Greek political ethics, especially indebted to the Peripatetic tradition.

## *II. A Comparison of Neopythagorean and New Testament Household Ethics*

It was observed above that the Neopythagorian ethical fragments include texts with a number of similarities to NT statements about marriage and household ethics.[98] What follows is intended as an initial attempt to collect the similar material in the two traditions,[99] not as a detailed exegetical study. The presentation of the Neopythagorean and the NT ethical material will be

[98] On the earliest Pythagorean ethics (symbola, acusmata) see WILHELM BAUER, Der ältere Pythagoreismus (Berner Studien zur Philosophie und ihrer Geschichte 8; Bern, 1897) 152–180. M. N. DURIČ, Pythagoras und die Pythagoreer als Ethiker, Živa Antika (Skopje) 5 (1955) 3–19 (in Serbian with German summary). W. K. C. GUTHRIE, A History of Greek Philosophy 1 (Cambridge, 1962) 182 ff. BURKERT, Weisheit, 150–175. J. A. PHILIP, Aristotle's Monograph on the Pythagoreans, Transactions and Proceedings of the American Philological Association 94 (1963) 185–198. IDEM, Pythagoras and Early Pythagoreanism (Phoenix Supplementary Volume 7; Toronto, 1966) chap. 9.

[99] I will cite the Neopythagorean texts under the names of Archytas, Callicratidas, Charondas, Damippus, Diotogenes, Eccelus, Hippodamus, Melissa, Occelus, Pempelus, Perictione, Phintys, Theano, and Zaleucus from the edition by THESLEFF, The Pythagorean Texts, by page and line. Both the historical Charonidas and Zaleucus lived before Pythagoras, so were not Pythagoreans, but in the Roman age the works under their names were considered Pythagorean, so they are included here. I have not included Cebes and Sextus. For a discussion of their Neopythagorean elements, see ROBERT JOLY, Le Tableau de Cébés et la Philosophie religieuse (Collection Latomus 61; Bruxelles, 1963) 36 ff., and HENRY CHADWICK, The Sentences of Sextus (Texts and Studies, N. S. 5; Cambridge, 1959), esp. 126 ff. Iamblichus will be cited from L. DEUBNER, ed., Iamblichi De Vita Pythagorica Liber (Teubner, 1937) and Porphyry from A. NAUCK, ed., Porphyrii philosophi Platonici opuscula tria (Teubner, 1860). After citations in the text, I will not repeatedly give the names of THESLEFF, DEUBNER, and NAUCK. I have used and quoted the old translations of most of the Stobean extracts and of Iamblichus by THOMAS TAYLOR, Iamblichus' Life of Pythagoras, or Pythagoric Life. Accompanied by fragments of the ethical writings of certain Pythagoreans in the Doric dialect; and a Collection of Pythagoric Sentences (London, 1818). Also THOMAS TAYLOR, tr., Political Fragments of Archytas, Charondas, Zaleukos and Other Ancient Pythagoreans preserved by Stobaeus and also Ethical Fragments of Hierocles (London, 1822). There is an Eng. tran. of Porphyry, VP in: MOSES HADAS and MORTON SMITH, Heroes and Gods: Spiritual Biographies in Antiquity (London, 1965) 105–128.

organized along the lines of the *Haustafel*, a form which appears in both traditions. This form constitutes the outline for the whole of the work by Bryson, Oecon., whose first sentence reads:

> He says: "The topos 'household management' is complete in four things; the first of them concerns money, the second slaves, the third the wife, and the fourth children."[100]

The NT texts drop the concern for money, and divide the three remaining social groups into pairs: wives – husbands, children – fathers, and slaves – masters (Colossians 3:18 – 4:1 and Ephesians 5:21 – 6:9). There is similar material, although not so precisely organized, in 1 Peter 2:11 – 3:12; 1 Timothy 2:1 – 15; 5:1 – 2; 6:1 – 2; Titus 2:1 – 10; 3:1. Both the outline in Bryson[101] and the six-member form in Colossians-Ephesians[102] stem from the codification of the form "concerning household management" (περὶ οἰκονομίας) by Aristotle, Pol. I 1253 b 6 f. Aristotle there observes that the "city" is composed of "houses," whose parts in turn are master and slave, husband and wife, father and children, along with a concern for obtaining wealth.

## 1. House and City

The Neopythagorean texts continue the concern for the relation of the house to the city, while it was just this relationship which caused the early Christians problems. Callicratidas, De dom. felic., says,

> "A family however and a city (οἶκος καὶ πόλις) are an imitation according to analogy of the government of the world" (105,23 – 24).

Occelus, De univ. nat., says that

> "[man] is a part of a house and a city" (μέρος ὑπάρχων οἴκου τε καὶ πόλεως; 135,20 – 21).

Further, discussing rule in the house, he says

> "Families are parts of cities (μέρη γὰρ τῶν πόλεων οἱ οἶκοι), but the composition of the whole and the universe derives its subsistence from

100 Bryson's Greek text has been lost except for a brief extract in Stobaeus. However it was translated into Arabic in the early tenth century A. D., with Hebrew and Latin translations being made much later from the Arabic. My summary is based on PLESSNER's German translation from Arabic: M. PLESSNER, Der Oikonomikos des Neopythagoreers 'Bryson' und sein Einfluß auf die islamische Wissenschaft. Edition und Übersetzung der erhaltenen Versionen (Orient und Antike 5; Heidelberg, 1928).

101 PLESSNER, Der Oikonomikos, 40, n. 5.

102 See my dissertation: "Let Wives Be Submissive ..." The Origin, Form and Apologetic Function of the Household-Duty-Code (Haustafel) in I Peter (Yale University, 1974), written for Professor ABRAHAM J. MALHERBE. Now see D. L. BALCH, Let Wives be Submissive. The Domestic Code in 1 Peter (SBLMS 26; Chico: Scholars, 1981).

parts. It is reasonable, therefore, that as the parts are, so likewise will be the whole and the all which is composed of them" (136,27–30).[103]

"So the concordant (συναρμογή) condition of families greatly contributes to the well or ill establishment of a polity (πολιτείας; 137,4–5)."

In a chapter (30) discussing justice (περὶ δὲ δικαιοσύνης), Iamblichus, VP, presents Pythagoras himself as having been concerned with the subject:

"For again, a just arrangement of domestic concerns is the principle of all good order in cities. For cities are constituted from houses... . (ἀρχή ἐστιν ἡ περὶ τὸν οἶκον δικαία διάθεσις τῆς ὅλης ἐν ταῖς πόλεσιν εὐταξίας. ἀπὸ γὰρ τῶν οἴκων αἱ πόλεις συνίστανται ...) [Pythagoras] was no less admired for his economy (θαυμασθῆναι κατὰ τὴν οἰκονομίαν) than for his philosophy" (95,20–22 and 24–25 DEUBNER).

In a speech to the leaders of Croton, Iamblichus[104] presents Pythagoras as exhorting them so to manage their domestic affairs (τὴν ἰδίαν οἰκίαν οὕτως οἰκονομεῖν), as to make the government of them the object of their deliberate choice (16,13–14). He then advises them how to treat their offspring and how to associate with a wife (πρὸς τὴν γυναῖκα ... ὁμιλοῦντας; 26,17); they should be examples both to their own families and to the city in which they live (27,3–5). Finally, Theano, in a letter to Callisto, notes that it is fit for older women to teach the younger how to manage the house (περὶ τῆς οἰκονομίας; 197,28)[105] and Hippodamus, De rep., is concerned that sophists be examined to see whether they teach what is useful to the laws, to political dogmas, and to the domestic affairs of life (τὰς ἰδίας οἰκονομίας τῶν βίων; 101,19).

## 2. Gods

This close relationship between the city and the house would cause problems for the early Christians (cp. 1 Tim. 3:4–5, 7), because the same moralists demanded that everyone in the city and house worship the gods of the city or country. The Stobaean extract of Zaleucus, Prooem. reads:

"It is requisite that all those who inhabit a city and country should in the first place be firmly persuaded that there are Gods (θεοὺς εἶναι) in consequence of directing their attention to the heavens and the world, and the orderly distribution of the natures which they contain. For these

[103] THOMAS TAYLOR, tr., Ocellus Lucanus, On the Nature of the Universe (London, 1831).

[104] Iamblichus' source here is thought to be Apollonius; see BURKERT, Weisheit, 88, n. 13; 93, n. 37.

[105] The four Neopythagorean letters by Theano and Melissa were translated by WILLIAM ROBERTS, The History of Letter-Writing from the Earliest Period to the Fifth Century (London, 1843) 71–79.

> are not the productions either of fortune or of men. It is also requisite to reverence and honor these (σέβεσθαι δὲ τούτους καὶ τιμᾶν) as the causes to us of every reasonable good" (226,24–28).[106]

Charondas, Prooem., was just as explicit:

> "It is requisite that those who deliberate about, and perform anything, should begin from the gods." (60,10–11)
>
> "Further still, let a contempt of the gods be considered as the greatest of all iniquities (ἔστω δὲ μέγιστα ἀδικήματα θεῶν καταφρόνησις) and also injuring parents voluntarily, the neglecting rulers and laws, and voluntarily dishonoring justice. But let him be considered as a most just and holy citizen who honors these things and indicates to the citizens and rulers those that despise them" (61,36–62,4).[107]

Specifically for the wife, Perictione, De mul. harm., notes:

> "It is also necessary that she should venerate the gods (θεοὺς δὲ σέβειν) through good hope of obtaining felicity by this veneration, and by obeying the laws and sacred institutions of her country" (144,5–6).

In a social context which assumed such an ethic, it would cause severe problems when some members of a household refused to worship the traditional gods (1 Pt. 1:18; 3:1).[108] It then becomes striking that the NT household ethical codes are preceded by exhortations to give thanks to God (Col. 3:16; Eph. 5:19; 1. Tim. 2:1, 5, 8; cp. 1 Pet. 2:13), i. e. the one God.

### 3. Wives

The Colossians-Ephesians *Haustafeln* open with an exhortation to wives: "Wives be subject to your husbands ..." (αἱ γυναῖκες ὑποτάσσεσθε τοῖς ἀνδράσιν ...; Col. 3:18). The *Haustafeln* are dominated by this interest in authority-subordination, with the subordinate social groups (wives, children, and slaves) being addressed first, and all three being exhorted to 'obey'. Recently it has been argued that both the three 'pairs' (wives-husbands, etc.) and the interest in subordination are 'Jewish-Oriental' characteristics of the code.[109] However,

[106] There is a very similar summary of Zaleucus' preface in Diod. Sic. XII.20.1–2 (cp. Hebrews 11:6). Both have parallels to Romans 1:18 ff., as does Hippodamus, De rep. 101,25 ff.

[107] This text and Charondas (60,20 ff.), as well as Diod. Sic. XII.12.3 and 14.1 might be compared to Matt 18:15–17 and 1 Cor 5:9–11.

[108] W. C. van Unnik, The Critique of Paganism in I Peter 1:18, in: E. E. Ellis and M. Wilcox, eds., Neotestamentica et Semitica. Studies in Honor of Matthew Black (Edinburgh, 1969) 129–142.

[109] James E. Crouch, The Origin and Intention of the Colossian Haustafel (FRLANT 109; Göttingen, 1972) 78, 103. He says (ibid., 66) that among Stoics only Hecaton mentions that a woman was capable of performing "duties." And only Seneca, Ep. 94.1 ff. and

there are much clearer parallels in the Neopythagorean moralists,[110] who are dependent on Platonic-Aristotelian sources. Damippus (Crito), De prud. et beat., observes:

> "The co-adaptation (συναρμογά) however of these natures in different things, produces a great and various difference of co-adapted substances ... In a city also, the co-adaptation of the governors to the governed produces strength and concord. For to govern is the peculiarity of the better nature (κρείσσονος), but to be governed is easier to the subordinate nature (χείρονος). And strength and concord are common to both. There is, however, the same mode of adaption in the universe and in a family (οἴκω) ..." (68,19 – 21 and 68,28 – 69,2).

Iamblichus, VP, similarly says:

> "For neither can a house or a city be well instructed unless each has a true ruler, who governs those that voluntarily submit to him. For it is necessary that in both these the governor should be willing to rule, and the governed to obey" (102,6 – 10).

Archytas, De leg., asserts:

> "I say that every association consists of a governor and the governed; and of a third thing, the laws" (33,6 – 8).

Callicratidas, De dom. felic. explains:

> "The universe must be considered as a system of kindred communion or association. But every system consists of certain dissimilar contraries (ἐναντίων), and is co-arranged with reference to one certain thing, which is the most excellent (τὸ ἄριστον) and also with a view to the general benefit .... Thus too, a family (ὁ οἶκος), being a system of kindred communion, consists of certain dissimilars (ἀνομοίων), which are its proper parts; and is co-arranged with a view to one thing which is best, the father of the family; and is referred to a common advantage, unanimity (καὶ ποτὶ ἕν τι τὸ ἄριστον συντέτακται, τὸν οἰκοδεσπόταν, καὶ ποτὶ τὸ κοινὸν συμφέρον ἐπαμφέρεται, τὰν ὁμοφροσύναν)" (103,20 – 23 and 103,28 – 104,3).

In the same work he discusses the various kinds of rule in a more philosophical way than is found in the NT *Haustafeln*:

> "With respect also to practical and rational domination, one kind is despotic (δεσποτικά), another is of a guardian nature (ἐπιστατικά), and

Ps.-Plutarch, De Lib. Ed. 10 refer to the treatment of slaves as part of the Stoic list of duties (ibid., 70). He is incorrect in saying (ibid., 104) that the "*oikos* concept ... is not to be found in any of the *Haustafeln* nor in their immediate context." He also makes (ibid., 107) an incorrect contrast between the emancipation of women in Greco-Roman culture and their inferiority in Oriental-Jewish culture.

[110] W. A. OLDFATHER, Pythagoras on Individual Differences and the Authoritarian Principle, Classical Journal 33 (1937 – 38) 537 – 9.

another is political (πολιτικά). And the despotic, indeed, is that which governs with a view to the advantage (συμφέροντος) of the governor, and not of the governed. For after this manner a master rules over his slaves, and a tyrant over his subjects. But the guardian domination subsists for the sake of the governed, and not for the sake of those who govern" (105,10–15).

"But the political domination has for its end the common benefit both of the governors and the governed. For according to this domination, in human affairs, both a family and a city are coharmonized; but in things of a divine nature the world is aptly composed. A family however and a city are an imitation according to analogy of the government of the world" (105,20–24).

"Since therefore the husband rules over the wife, he either rules with a despotic or with a guardian, or in the last place, with a political power. But he does not rule over her with a despotic power: for he is diligently attentive to her welfare. Nor is his government of her entirely of a guardian nature; for this is itself a part of the communion [between man and wife]. It remains therefore that he rules over her with a political power, according to which both the governor and the thing governed establish the common adavantage. Hence also, wedlock is established with a view to the communion of life (ἐπὶ βίου κοινωνίᾳ). Those husbands, therefore, that govern their wives despotically, are hated by them; but those that govern them with a guardian authority are despised by them. For they appear to be, as it were, appendages and flatterers of their wives. But those that govern them politically are both admired and beloved (θαυμαίνονται καὶ φιλέονται)" (106,1–10; cp. Aristotle, NE VIII 1160 b 23 ff.).

"For those who marry a woman above their condition have to contend for the mastership (στασιάζοντι διὰ τὰν ἁγεμονίαν); for this wife, surpassing her husband in wealth and lineage, wishes to rule over him. But he considers it to be unworthy of him, and preternatural to submit to his wife" (106,17–19).

"It is necessary therefore that the husband should be the regulator, master, and preceptor (ἐπίτροπον, κύριον, ἐπιστάταν) of his wife. The regulator indeed in paying diligent attention to her affairs; but the master in governing and exercising authority over her (κύριον δὲ τῷ ἄρχεν καὶ κυριεύειν); and the preceptor in teaching her such things as it is fit for her to know" (107,4–7).

"Such virgins are easily fashioned, and are docile; and are also naturally well disposed to be instructed by, and to fear and love their husbands (τὸ φοβηθῆμεν καὶ ἀγαπάξαι τὸν αὐταυτᾶς ἄνδρα; 107,8–11)."

One of Callicratidas' summary statements is:

"But of the kindred and domestic (οἰκηακῶ) part of man there is a triple species. For there is one species which governs, another which is governed,

> and another which gives assistance (τὸ δ' ἐπίκουρον) to a family and relatives. And the husband indeed governs, but the wife is governed, and the offspring of both these is an auxiliary" (105,6 – 9).

One text which is very close to Callicratidas, De dom. felic. 106,1 – 19, is Occelus, De univ. nat.:

> "[Many men] marry those who are of an illustrious family, or are extremely rich .... On this account, they procure for themselves discord instead of concord, and instead of unanimity, dissension (καὶ ἀντὶ ὁμοφροσύνης διχοφροσύνην), contending with each other for the mastery (περὶ ἡγεμονίας διαμαχόμενοι πρὸς ἀλλήλους). For the wife who surpasses her husband in wealth, in birth, and in friends, is desirous of ruling over him, contrary to the law of nature. But the husband justly resisting this desire of superiority in his wife, and not wishing to be the second, but the first in domestic sway, is unable, in the management of his familiy, to take the lead" (136,17 – 25).

> Theano, in a letter, advises Nicostrate that,

> "The province of a wife is not to watch over her husband, but to be obedient to him; and this duty of obedience calls upon her to bear his follies with patience" (198,25 – 199,1).

The folly she spoke of was his adultery. Bryson, Oecon., too, observes that it is the duty of the wife to acquiesce to the husband, to be submissive to him, and to humble herself to do what he commands (III.82 PLESSNER). If the husband seeks honor, gold or beauty in his wife, then she may think that he should be submissive to her, and the house would thereby come to ruin (III.85 – 86). The matter of household management is only in order when the best one in the house rules over all the others, who must be submissive to him (III.87). Iamblichus, VP, presents Pythagoras giving a speech to the women of Croton:

> "With respect also to their association with me, he exhorted them (κελεῦσαι) to consider that their parents granted to the female nature, that they should love their husbands (ἀγαπᾶσθαι) in a greater degree than those who were the sources of their existence. That in consequence of this, they would do well either not to oppose their husbands (μηδὲ ἐναντιοῦσθαι), or to think that they have been vanquished, when they submit to them (ἡττηθῶσι)" (29,26 – 30,5 DEUBNER).

The idea that the wife must submit to her husband, found in 1 Cor 14:34; Col. 3:18; Eph. 5:22, 24; 1 Tim. 2:11; Titus 2:5 and 1 Pet. 3:1, as has been seen, has substantial parallels in the Neopythagorean moralists. Eph 5:24 adds that wives must submit "in everything" (ἐν παντί). The extent to which Neopythagoreans could take this may be seen in Perictione, De mul. harm. (a passage which must have been written in order to infuriate twentieth-century feminists):

> "[She must venerate the gods and her parents.] Moreover she ought to live with her husband legally and kindly, conceiving nothing to be her own property, but preserving and being the guardian of his bed. For in the preserving of this all things are contained. It is likewise requisite that she should bear everything (φέρειν δὲ χρὴ τῶ ἀνδρὸς πάντα) which may happen to her husband, whether he is unfortunate in his affairs, or acts erroneously through ignorance, or disease, or intoxication, or from having connection with other women. For this last error is granted to men, but not to women, since they are punished for this offense. It is necessary therefore that she should preserve the law with equanimity, and not be jealous. She ought likewise to bear patiently his anger, his parsimony, and the complaints which he may make of his destiny, his jealousy, and his accusation of her, and whatever other faults he may inherit from nature. For all these she should cheerfully endure (τούτω θήσεται πάντα ὅκως φίλον), conducting herself towards him with prudence and modesty. For a wife who is dear to her husband (γυνὴ γὰρ ἀνδρὶ φίλη οὖσα), and who is good to him, is a domestic harmony..." (144,8 – 18).

Eph. 5:33 adds that she should "fear" him, an attitude valued also by the Neopythagoreans (see Callicratidas, De dom. felic. 107,11, quoted above). However, contrast 1 Pet. 3:6 (and 3:14 – 15), "let nothing terrify you", a quotation of Prov. 3:25.

1 Pet. 3:3 – 4 and 1 Tim. 2:9 add a topos on feminine adornment, which is important in Phintys, Perictione, and Melissa, and is mentioned by several other Pythagoreans. Both NT texts contrast the braiding of hair, the wearing of expensive clothes and gold with good deeds (1 Timothy), and an internal gentle and quiet spirit (1 Peter), a commonplace contrast in other moralists. Perictione, De mul. harm., suggests that a woman be adorned with self-sufficiency and hate vainglory (142,21), then there follows a long section on leading the body to what is

> "moderate with respect to nutriment, clothes, bathing, anointing, dressing the hair, and to whatever of a sumptuous nature is employed by women in eating and drinking, in garments and trinkets, renders them disposed to be guilty of every crime, and to be unjust to their husband's bed, and to every other person (143,9 – 14). ... Hence a women should neither be decorated with gold, nor with Indian gems, nor with the jewels of any other nation, nor plait her hairs with abundance of art, nor be perfumed with Arabian unguents, nor paint her face so that it may be more white or more red, nor give a dark tinge to her eyebrows and her eyes, nor artificially dye her gray hairs, nor frequently bathe. For the woman who seeks after things of this kind searches for a spectator of female intemperance. For the beauty which is produced by prudence, and not by these particulars, pleases women that are well born" (143,22 – 28).

Phintys, De mul. mod., thinks it fit (πρέπον; 152,12) that both husband and wife should have virtues of both soul and body, and of the latter, one virtue is beauty (κάλλος; 152, 15). But as the title of her work indicates ('Concerning the Temperance of a Woman'), the stress is on temperance, which she divides into five parts: sanctity about the marriage bed, ornamentation of the body, a concern for when a wife may go outside the house, refraining from the celebration of orgies in mystery cults, and moderation in sacrifices to divinity. Concerning ornamentation, she dislikes expense (πολυχρήματον; 153,22); in fact the craftsmen who make such things should be expelled from the city. "Rather she should adorn herself through modesty" (κοσμὲν δὲ μᾶλλον αὐτὰν αἰσχύνᾳ; 153,27–28). Melissa's entire letter concerns this subject (περὶ γυναικὸς εὐκοσμίας; 115,25–26). She too dislikes purple clothes and golden ornaments.[111] Beauty is found not in attire and ornament,

> "but in the general regulations of her home (ἀλλ' ἐς τὰν οἰκονομίαν τῶ οἴκω), and in the happiness she imparts to her husband, by the faithful accomplishment of his wishes; for the will of the husband is the unwritten law by which the wife should govern herself (αἱ γὰρ τῶ ἀνδρὸς θελήσεις νόμος ὀφείλει ἄγραφος εἶναι κοσμίᾳ γυναικί), and to which her life should be conformed.... It is the beauty and wealth of the soul that we are to trust, rather than to the outward advantages of person or fortunate" (116,11–16).

When Melissa speaks of the wife's beautiful soul, this seems close to the "gentle and quiet spirit" with which holy women adorn themselves, admired in 1 Pet. 3:4. Finally, Iamblichus, VP, notes the effect of Pythagoras' speech to the women:

> "But through this praise pertaining to piety, Pythagoras is said to have produced so great a change in female attire, that women no longer dared to clothe themselves with costly garments, but consecrated many myriads of their vestments in the temple of Juno. The effect also of this discourse is said to have been such, that about the region of the Crotonians the fidelity of the husband to the wife was universally celebrated" (31,6–12).[112]

Iamblichus and Perictione have differing opinions on the Pythagorean view of the faithfulness of the husband!

There are other virtues, besides submission and proper dress, which are fit (Phintys 152,12; 1 Tim. 2:10; Tit. 2:1) for a wife. 1 Tim. 2:9 and 15 mention modesty or temperance (σωφροσύνη), the most prominent virtue for the Neopythagoreans. Phintys, De mul. mod., discussing virtues characteristic of men and women, remarks that "fortitude and prudence pertain more to the man than to the woman, ... but temperance peculiarly belongs to the woman" (152,16–18). Perictione, De mul. harm., mentions it at the beginning of her work (142,19). Charondas legislated it for wives (62,34), although he says something similar for husbands (62,30–33). According to Iamblichus, VP,

[111] Diod. Sic. XII.21.1 says Zaleucus legislated that a wife might not wear gold jewelry or a garment with a purple border unless she were a courtesan.

[112] Cp. Diod. Sic. X.3.3; 7.1.

Pythagoras would have agreed with Charondas about husbands' temperance (26,23 – 27,5). Both traditions mention modesty (αἰδώς), goodness (ἀγαθή), purity (ἁγνή), and despise laziness (ἀργία). It is striking that both mention that the wife is a keeper of the home (Phintys 152,10; 1 Tim. 3:12; Tit. 2:5).

## 4. Husbands

> "Husbands love your wives (οἱ ἄνδρες ἀγαπᾶτε τὰς γυναῖκας), and do not be harsh with them" (Col. 3:19).

The idea that a man is to "love" a woman is frequent in the Septuagint. On the other hand, in Colossians-Ephesians wives are not exhorted to love their husbands; and in 1 Tim. 2:15 it seems to be a theological virtue, so that only in Tit. 2:4 are wives so described. In some ways Col. 3:19 is similar to Callicratidas, De dom. felic. 106,1 – 10 (quoted above p. 397); both texts are concerned about the emotional effect produced in the wife by the husband's use of his authority. Colossians is concerned that the husband not embitter the wife, and Callicratidas suggests that if he properly exercises his rule, he will be "beloved." Charondas, Prooem., commands, "let everyone love (στεργέτω) his lawful wife, and beget children from her" (62,30 – 31), the first part of which is an imperative similar to the NT exhortations. Theano reminds Nicostrate, whose husband is philandering, that "he loves you in his mind" (καί σε μὲν φιλεῖν κατὰ γνώμην). If she acts properly, eventually, "he will love (φιλοστοργήσει) you with the greater ardor by being rendered sensible of his injustice towards you" (199,27 – 28). In the context of a whole chapter on love (33), Iamblichus, VP, has Pythagoras mention the love between man and wife (123,13 – 14).

Among the Neopythagoreans, there are several texts which describe the wife as loving the husband. Perictione, De mul. harm., says she will have love (φιλίην ἕξει) for her husband, her children and all her family if she subdues desire and anger (143,1 – 3). Further, if she is beloved of her husband and is good to him, "she loves the whole of her family" (οἶκον τὸν ξύμπαντα φιλέει; 144,18); but if she does not love her husband, children and servants, she becomes the source of every kind of destruction (144,19 – 21). Three texts use the verb ἀγαπάω in this connection: Callicratidas 107,11 and Iamblichus, VP, 30,2, both quoted above. As noted above, Phintys, De mul. mod., thinks a wife's primary virtue is temperance, "for through this she will be able to honor and love her husband" (τὸν ἴδιον ἄνδρα καὶ τιμῆν καὶ ἀγαπῆν; 152,3 – 4).

## 5. Children

> "Children obey your parents in everything (τὰ τέκνα ὑπακούτε τοῖς γονεῦσιν κατὰ πάντα), for this pleases the Lord" (Col. 3:20).

The author of Eph. 6:2 immediately cites the fifth commandment in Exod 20:12 (τίμα τὸν πατέρα σου καί τὴν μητέρα). However, the Peripatetic form typically includes the children-father pair, and the verb τιμάω itself is familiar to Neopythagorean moralists. In fact the fifth commandment demands "honor" for the father and mother, whereas the Colossians text commands children to "obey," a concept more familiar in the Peripatetic-Neopythagorean tradition (see Aristotle, Pol. I cited above p. 390). Perictione, De mul. harm.:

> "Parents ought not to be injured either in word or deed; but it is requisite to be obedient to them (πείθεσθαι δὲ ... γονεῦσιν), whether their rank in life is small or great.... It is necessary to be present with, and never to forsake them, and almost to submit to them even when they are insane (πείθεσθαι δὲ μονονουκὶ καὶ μανίῃ). For such conduct will be wisely and cheerfully adopted by those that are pious. But he who despised his parents (γονέας ὑπερφρονέοι), will, both among the living and the dead, be condemned for this crime by the gods, and will be hated by men, and under the earth will, together with the impious, be eternally punished in the same place by Justice, and the subterranean gods, whose province it is to inspect things of this kind" (145,8–18).

> "Hence it is requisite to reverence parents (σέβειν) both while they are living and when they are dead, and never oppose them (μηδέποτε ἀντιλεσχαίνειν). If also they are ignorant of any thing through deception or disease, their children should console and instruct them (παρηγορεῖν καὶ διδάσκειν), but by no means hate them on this account. For no greater error and injustice can be committed by men than to act impiously toward their parents" (145,23–26; cp. 1 Tim. 5:1).

In his famous speech to young men, Iamblichus, VP, presents Pythagoras as having exhorted the boys to love (ἀγαπᾶν) their parents and never to give them pain (22,13), to honor their parents (τιμῶσι τοὺς πατέρας) no less than the divinities themselves (22,18–19), and to be voluntarily obedient to the mandates of parents (δεῖ προσταττόμενον ἑκουσίως τοῖς γονεῦσιν ὑπακούειν; 23,8–9). Further,

> "[Pythagoras] did not immediately receive into the number of his associates (τῶν ὁμιλητῶν) those who came to him for that purpose, till he had made trial of, and judiciously examined them. Hence in the first place he inquired after what manner they associated with their parents (πῶς τοῖς γονεῦσι ... ὡμιληκότες), and the rest of their relatives" (40,15–20).

Obedience to their parents (γονέων ... ὑπήκοον; 98,16) is mentioned again, but later an exception is noted: "it is more necessary to pay attention to philosophy, than to parents and agriculture ..." (132,2–3), an injunction reminiscent of Musonius' discussion (Or. XVI, 100 ff. Lutz) of whether to be obedient to parents in all circumstances.

Several other texts mention that children are to 'honor parents.' Pempelus, De parent., observes:

> "Neither divinity, nor any man who possesses the least wisdom, will ever advise any one to neglect his parents (γονέων ἀμελέν). Hence we cannot have any statue or temple which will be considered by divinity as more precious than our father and grandfathers when grown feeble with age. For God will recompense him with benefits who honors his parents with gifts (ὁκόταν γὰρ ἀγάλλῃ τις γέρασι καὶ τιμαῖς τὼς γενέτορας, ἀγαθὰ τίθητι θεός)" (141,14–19).

> "Everyone therefore endued with intellect should honor and venerate his parents (τιμάτω καὶ σεβέτω ... γονέων), and should dread their execrations and [unfavorable] prayers, as knowing that many of them frequently take effect .... But he who, being profane is deaf to these assertions, will be considered by all intelligent persons as odious (ἐχθρός) both to the Gods and men" (142,4–6 and 11–13).

Bryson, Oecon., too, says that a child should be trained to honor those older than himself (IV.142). Zaleucus, Prooem., is more general:

> "For after the Gods, demons and heroes, proximate honors are paid by men who are intelligent, and wish to be saved, to parents (γονεῖς ... σύνεγγύς εἶσι ταῖς τιμαῖς παρ' ἀνθρώποις νοῦν ἔχουσι καὶ σωθησομένοις), the laws, and the rulers" (227,23–25).

Charondas, Prooem., concurs:

> "Let more elderly men also preside over such as are younger (ἡγεῖσθαι δὲ καὶ παραγγέλλειν πρεσβυτέρους νεωτέροις), so that the latter may be ashamed of and deterred from vice, through reverence and fear of the former" (61,1–3).

He also insists that contempt of the gods and injuring parents voluntarily are the greatest of iniquities (61,36–62,2, quoted above). For Neopythagorean moralists, children were both to obey and honor their parents. The command in Exod 20:12 would not have sounded strange to them, and the language of Col. 3:20 would have been even more familiar.

It is striking that Eph. 6:1 demands that children obey parents, "for this is right" (τοῦτο γάρ ἐστιν δίκαιον). It is precisely in his chapter (30) on justice (περὶ δὲ δικαιοσύνης) that Iamblichus, VP, brings up domestic concerns (95,20 ff.), and mentions that parents are to be obeyed (98,16).[113] It is in his work "On Justice" (περὶ δικαιοσύνης) that Eccelus (Polus) discusses the meaning of this virtue in the cosmos, a city, house, body, and soul:

> "In a city it is justly called peace, and equitable legislation. And in a house it is the concord between the husband and wife; the benevolence of the servant towards the master; and the anxious care of the master

[113] Von Albrecht (p. 383 n. 21 above), 56, calls Iamblichus' concern in ch. 30 "hierarchical."

for the welfare of the servant ..." (ἐν οἴκῳ δ' ἔστιν ἀνδρὸς μὲν καὶ γυναικὸς ποτ' ἀλλάλως ὁμοφροσύνα, οἰκετᾶν δὲ ποτὶ δεσπότας εὔνοια, δεσποτᾶν δὲ ποτὶ θεράποντας καδεμονία) (78,6–11).

This virtue renders both the whole and the parts concordant and familiar with each other (ὁμόφρονα καὶ ποτάγορα ἀλλάλοις; 78,13–15). In this context Eccelus has mentioned two of the pairs in the NT *Haustafeln*. Most important, Aristotle's original treatise on the subject was entitled 'Concerning Justice.'[114]

Both Rom. 1:30 and 2 Tim. 3:2 list disobedience to parents as a vice; one of the horrors of the end of the age is that children will have parents put to death (Mark 13:12). Neopythagoreans would disagree, however, when Paul says that "children ought not to lay up for their parents, but parents for their children" (2 Cor. 12:14). They would be shocked by certain other texts, by Luke 22:26 which exhorts the greatest to become as the youngest. Matt. 10:35–37 would be especially offensive: "a man's foes will be those of his own household. He who loves father or mother more than me is not worthy of me ...."

## 6. Fathers

"Fathers do not provoke your children, lest they become discouraged" (Col. 3:21). The only equivalent Neopythagorean text which I find is in Iamblichus, VP, where the parents and leaders of Croton are told how to manage their domestic affairs, which includes relating to their wives.

> "They should likewise endeavor to be beloved (πειρᾶσθαι ... ἀγαπᾶσθαι) by their offspring, not through nature, of which they were not the causes, but through deliberate choice (προαίρεσιν), for this is voluntary beneficence (τὴν εὐεργεσίαν ἑκούσιον; 26,20–22).

Charondas, Prooem., attempts balance:

> "It is requisite to accustom children from their youth [to worthy manners] by punishing those that are lovers of falsehood, but being delighted with those that are lovers of truth (κολάζοντας μὲν τοὺς φιλοψευδεῖς, φιλοῦντας δὲ τοὺς φιλαλήθεις), in order that in each that which is most beautiful and the most prolific of virtue, may be implanted" (16,9–11).

In both moral traditions, the wife is also instructed about raising children (see 1 Tim. 5:10, 14; Tit. 2:4). The entire letter of Theano to Euboule concerns the upbringing of children, which is to be strict (αὐστηρά; 196,26). She is not to be a mother who does not love but flatters them (βλέπε οὖν μὴ οὐ φιλούσης ἀλλὰ κολακευούσης; 196,2). Theano informs Nicostrate that she is to be tender to the children (τῇ δὲ φιλοστοργίᾳ περὶ τὰ τέκνα) even if her husband is

[114] MORAUX, Le dialogue 'Sur la Justice'.

philandering (199,20). Col. 3:21 seems more concerned about the gentle treatment of children than is Theano; it is striking that Colossians says nothing about discipline. Eph 6:4 b does add, "but bring them up in the nurture and admonition of the Lord" (ἀλλὰ ἐκτρέφετε αὐτὰ ἐν παιδείᾳ καὶ νουθεσίᾳ κυρίου). Hippodamus, De rep., is more specific; discussing how to bring concord to the city, he says,

> "This will be effected, if the passions in the souls of youth are disciplined (τὰ πάθεα τᾶς ψυχᾶς παιδεύηται τῶν νέων), and in things pleasing and painful are led to moderation ..." (100,8 – 9).

One fragment of Diotogenes, De piet., is concerned about this:

> "It is necessary that the laws should not be enclosed in houses, and by gates, but in the manners of the citizens. What therefore, is the principle of every polity? The education of youth ..." (τίς οὖν ἀρχὰ πολιτείας ἁπάσας; νέων τροφά ...; 76,2 – 4).

In Ephesians then, both the description of children's 'obedience' as 'just,' and the mention of their 'education' seem close to concerns of the Neopythagorean moralists.

## 7. Slaves

> "Slaves obey in everything those who are your earthly masters..." (οἱ δοῦλοι ὑπακούετε κατὰ πάντα τοῖς κατὰ σάρκα κυρίοις ...; Col. 3:22 a).

WILHELM notes that this section is present in every Neopythagorean discussion of household management (οἰκονομικός),[115] and the same is true of the NT texts (Col. 3.22 – 25; Eph. 6:5 – 8; 1 Pet. 2:18 – 25; 1 Tim. 6:1 – 2; Tit. 2:9 – 10). In fact, in Col. and I Pet., it is the longest section of the code, just as in Aristotle, Pol. I. Callicratidas, De dom. felic. (105,10 – 15, quoted above p. 396 – 7), thinks that the rule of the master over the slave should be despotic, for the master's advantage, not that of the slave. Perictione, De mul. harm., does expect the wife to love the servants (144,20 and 25), a strong statement. Theano notes that when young women marry, they receive the authority to govern household slaves (ἡ μὲν ἐξουσία ... τῶν οἰκετῶν ἄρχειν; 197,25 – 27), and her entire letter to Callisto discusses the subject. They are not to be fatigued by too much labor (197,34), nor oppressed with toil (198,3). Cruelty (ὠμόν; 198,9) is not to be used, although many mistresses gratify a cruel temper (θηριούμεναι; 198,18) and are overly severe in inflicting corporal punishment on their servants. She concludes:

> "Too much relaxation produces the dissonance of disobedience (πειθαρχίας), but where severity (ἐπίτασις) is urged too far, nature herself gives way. In all things, moderation is the best policy" (198,25 – 28).

[115] WILHELM, Die Oeconomica der Neopythagoreer, 165.

Any reference to slavery seems painful to twentieth-century readers, but these statements do contain some concern for masters's moderate treatment of slaves. Eccelus' extraordinary statement about the "anxious care of the master for the welfare of the servant" (De iust. 78,10 – 11) has been quoted above (p. 403 – 4). Still, Theano is centrally concerned about the slaves' obedience. Bryson, Oecon. (IV.55 ff.), has a long section concerning slaves; he notes that a slave by nature is one who is intellectually inferior to another, whom he must then obey (IV.57). When he needs correction, a slave should first be warned, then beaten (IV.64), with the same punishment given a child (IV.65). Younger slaves are the best, for they are the most obedient (IV.71).

Zaleucus, Prooem., thinks,

> "It is fit, therefore, that slaves should do what is just through fear ... (τοὺς μὲν οὖν δούλους προσήκει διὰ φόβον πράττειν τι τῶν δικαίων ...; 228,13 – 14).

"Fear" is also prominent in Col. 3:22 and Eph. 6:5 – 7, however, in both cases apparently, this is fear of the Lord (Colossians), or of Christ (Ephesians). I Pet. 2:18 does refer to "being submissive in all fear to your masters." It is striking that Colossians adds a concern for "one doing injustice" (ὁ ἀδικῶν; 3:25), where the idea that there is no impartiality (προσωποληµψία) may refer to the possible injustice of the master (see Eph. 6:9 and 1 Pet. 2:19), as well as that of the slave. The title of Eccelus' work again comes to mind (although contrast Aristotle, NE V 1134 b 9 – 18 on 'justice' in these relationships!). Finally, it is striking that both Eccelus, De iust. (78,10), and Eph. 6:7 speak of the "good will" (εὔνοια) of the slave toward the master.

Over against the Neopythagorean moralists, it is new that the NT authors directly address and exhort slaves (but see previously Philo, De Spec. Leg., II,67 – 68,90; III.137 ff.), although the concern for their obedience, fear, suffering, good will, hard work, as well as for justice in these relationships was preceded by Peripatetics and Neopythagoreans. I have found no direct parallel to the suggestions that slaves "honor" their masters (I Tim. 6:1), or for the idea that slaves may "adorn" (κοσμῶσιν) a teaching (Tit. 2:10). The former is usually an attitude of children to their parents, the latter an ability of wives; both seem to increase the moral capacity of slaves as viewed by Hellenistic moralists.

## 8. Masters

> "Masters, treat your slaves justly and fairly (οἱ κύριοι τὸ δίκαιον καὶ τὴν ἰσότητα τοῖς δούλοις παρέξεσθε), knowing that you also have a Master in heaven" (Col. 4:1).[116]

Here the old King James rendering into English, in which masters are exhorted to give their slaves "justice and equality" was misleading. 'Equality' had

[116] On "fairness" (ἰσότης) cp. Philo, De Decal. 167; De Spec. Leg. II.68,3.

several meanings in the Peripatetic and Neopythagorean tradition.[117] Although the Colossian author was not philosophically sophisticated enough to define his term 'fairness-equality,' it is surprising that he would have used it at all. I have not found the term used by the Neopythagoreans in reference to slaves, and Aristotle excluded them from the discussion of 'fairness' (see e.g. Pol. III 1282 b 18 ff., 1283 a 9; also 1280 a 7 ff., 32). On the other hand, the terms 'justice' and 'fairness' would not have been used by the Colossian author at all without some contact on a popular level with the traditional Greek discussions of political ethics.

Eph. 6:9, "And masters, you do the same to them (καὶ οἱ κύριοι τὰ αὐτὰ ποιεῖτε πρὸς αὐτούς), and forbear threatening," has no parallel of which I am aware in the Neopythagorean moralists, who would have objected to such an idea.

## 9. Concord

"Finally, you should all be of one mind" (ὁμόφρονες; 1 Pet. 3:8)...; is a phrase which summarizes the *Haustafel* in 1 Peter and is a central concern for the Neopythagorean moralists, as seen in several quotations above. Eccelus, De iust. (78,10), used this one word to characterize the proper relationship between husband and wife in the house. Callicratidas, De dom. felic. (104,3), used it to refer to the advantage gained by a household properly arranged under the one father of the house. Occelus, De univ. nat. (136,21), said such concord was at stake when the husband and wife contend for mastery. Bryson, Oecon. (II,94 – 96, 101), agreed. And Iamblichus, VP (20,9 – 17; cp. Porphyry, VP, 22), presents it as a summary of Pythagoras' teaching:

> "The following apophthegm (πυκνόν) was always employed by him in every place, whether in the company of a multitude or a few, which was similar to the persuasive oracle of a God, and was an epitome and summary as it were of his own opinions; that we should avoid and amputate by every possible artifice, by fire and sword, and all-various contrivances, from the belly, luxury, from a city, sedition, and from a house, discord (οἴκου δὲ διχοφροσύνην), and at the same time, from all things immoderation."

[117] HARVEY, Two Kinds of Equality (p. 388 n. 62 above). The most important text in his discussion, Archytas, περὶ μαθημάτων (Stobaeus IV,1.139; IV,88 – 89 WACHSMUTH-HENSE), was not included in THESLEFF's edition of the Pythagorean texts. Cp. Iamblichus, VP, "For it was not fit that all of them should equally participate of the same things, as they were naturally dissimilar" (οὔτε γὰρ τῶν αὐτῶν μετέχειν ἐπ' ἴσης πάντας ἦν ἄξιον, μὴ τῆς ὁμοίας ὄντας φύσεως; 46,5 – 6). See also CROUCH, Colossian Haustafel, 117 ff.

## *III. Conclusions*

The Neopythagorean texts quoted above are similar to certain NT texts. Both groups of moralists were concerned about authority and subordination. In fact the Neopythagorean concern for proper household management is closer to the similar NT concern – in both form and content – than are the other (Stoic or Hellenistic Jewish) parallels usually suggested.

WILHELM noted[118] sixty years ago that a history of the Greeks' discussion of "household management" (περὶ οἰκονομίας) had yet to be written; that research has not yet been completed. The origins of the discussion in Plato, Aristotle, and Xenophon need to be detailed, and then the development of these ideas might be traced in the various philosophical schools, in Judaism, and in Christianity. WILHELM suggested[119] that the Hellenistic Jew Philo was influenced by these ethical ideas in Alexandria. It is time to inquire how the earliest Christians were influenced. Were these ideas passed to Christianity through Hellenistic Judaism? Was the deutero-Pauline school influenced directly by some of the Neopythagorean texts quoted above? Did the influence come rather from oral, popular philosophy?[120] In what ways did the various schools transform the ethic? The attempt to answer such questions would teach us more about the continued importance of classical Greek political ethics in the Roman world.

## *IV. Selected Studies of Neopythagorean and NT Household Codes since 1975*

The above study was completed in the summer of 1975. Important studies of the topic published since that date include the following:

BALCH, DAVID L., Let Wives be Submissive: The Domestic Code in 1 Peter (SBLMS 26; Atlanta: Scholars, 1981).

–, Two Apologetic Encomia: Dionysius on Rome and Josephus on the Jews, JSJ 13 (1982) 102–22.

–, Early Christian Criticism of Patriarchal Authority: I Peter 2.11–3:12, Union Seminary Quarterly Review 39/3 (1984) 161–73.

[118] WILHELM, Die Oeconomica der Neupythagoreer, 163, n. 2.

[119] Ibid., 223, n. 4. This is supported by the observation of ERWIN R. GOODENOUGH, The Jurisprudence of the Jewish Courts in Egypt (New Haven, 1929) 131, "I am forced to conclude that Philo, [De Spec., Leg. III.169–80] must have had a treatise similar to that of Phintys before him...."

[120] See the six fragments in Stobaeus of the work by Dio Chrysostom on household management (οἰκονομικός). I argue that Aristotelian 'economics' influenced early Christian household ethics in the book: 'Let Wives be Submissive' (see above p. 393 n. 102).

–, Hellenization/Acculturation in 1 Peter, in: Perspectives on 1 Peter, ed. CHARLES H. TALBERT (Macon: Mercer, 1986) 79–101.
–, Household Codes, in: Greco-Roman Literature and the New Testament, ed. DAVID E. AUNE (SBLSBS 21; Atlanta: Scholars, 1988) 25–50, a survey and evaluation of recent research.
BERGER, KLAUS, Hellenistische Gattungen im Neuen Testament, ANRW II.25.2, ed. W. HAASE (Berlin–New York: Walter de Gruyter: 1984) 1031–1432, 1831–85, esp. 1078–86.
BIERITZ, KARL-HEINRICH and KÄHLER, CHRISTOPH, s. v. Haus III, TRE 14 (1985) 478–92.
BURKERT, WALTER, Craft Versus Sect: The Problem of Orphics and Pythagoreans, in: Jewish and Christian Self-Definition, vol. 3: Self-Definition in the Greco-Roman World, ed. BEN F. MEYER and E. P. SANDERS (Philadelphia: Fortress, 1982) 1–22, 183–89.

CASSIO, ALBIO CESARE, Nicomachus of Gerasa and the Dialect of Archytas, Fr. 1, Classical Quarterly 38 (1988) 135–39.
CLARK, GILLIAN, Iamblichus: On the Pythagorean Life, Translated with Notes and Introduction (Liverpool: Liverpool University, 1989).

DONELSON, LEWIS R., Pseudoepigraphy and Ethical Argument in the Pastoral Epistles (HUT 22; Tübingen: J. C. B. Mohr [Paul Siebeck], 1986).

ELLIOTT, JOHN H., A Home for the Homeless: A Sociological Exegesis of 1 Peter, Its Situation and Strategy (Philadelphia: Fortress, 1981).
–, 1 Peter, its Situation and Strategy: a Discussion with David Balch, in: Perspectives on 1 Peter, ed. CHARLES H. TALBERT (Macon: Mercer, 1986) 61–78.

FIDELER, DAVID R., ed., The Pythagorean Sourcebook and Library: An Anthology of Ancient Writings which Relate to Pythagoras and Pythagorean Philosophy, trans. K. S. GUTHRIE, T. TAYLOR, and A. FAIRBANKS (Grand Rapids: Phanes, 1987).
FIEDLER, PETER, s.v. Haustafel, RAC 13 (1986) 1063–73.

GIELEN, MARLIS, Tradition und Theologie neutestamentlicher Haustafelethik (Bonner Biblische Beiträge 75; Frankfurt: Anton Hain, 1990).
GORMAN, PETER, The Apollonios of the Neoplatonic Biographies of Pythagoras, Mnemosyne ser. IV, 38 (1985) 30–44.
GRANT, ROBERT M., A Woman of Rome: The Matron in Justin, 2 Apology 2.1–9, Church History 54 (1985) 461–72.

HARTMANN, L., Some Unorthodox Thoughts on the Household-Code Form, in: The Social World of Formative Christianity and Judaism, ed. J. NEUSNER et al. (Philadelphia: Fortress, 1988) 219–32.
HORST, P. V. VAN DER, The Sentences of Pseudo-Phocylides (SVTP 4; Leiden: Brill, 1978).
HUFFMANN, CARL A., The Authenticity of Archytas Fr. 1, Classical Quarterly 35 (1985) 344–48.

KLAUCK, H. J., Neue Literatur zur urchristlichen Hausgemeinde, Biblische Zeitschrift 26 (1982) 288–94.

LAUB, FRANZ, Die Begegnung des frühen Christentums mit der antiken Sklaverei (Stuttgart: Katholisches Bibelwerk, 1982).
LÜHRMANN, DIETER, Wo man nicht mehr Sklave oder Freier ist. Überlegungen zur Struktur frühchristlicher Gemeinden, Wort und Dienst 13 (1975) 53–83.
–, Neutestamentliche Haustafeln und antike Ökonomie, NTS 27 (1980) 83–97.

MACDONALD, MARGARET Y., The Pauline Churches: A Socio-Historical Study of Institutionalization in the Pauline and Deutero-Pauline Churches (SNTSMS 60; Cambridge: Cambridge University, 1988).
MALHERBE, ABRAHAM J., House Churches and their Problems, in: Social Aspects of Early Christianity (2nd ed.; Philadelphia: Fortress, 1983) 60–91.

–, Hellenistic Moralists and the New Testament, above in this same volume (ANRW II 26,1) 267–333.

MARCOVICH, MIROSLAV, Pythagorica, Philologus 108 (1964) 29–44.

MARTIN, CLARICE J., The Haustafeln (Household Codes) in African American Biblical Interpretation: 'Free Slaves' and 'Subordinate Women', in: Stony the Road We Trod: African American Biblical Interpretation, ed. CAIN HOPE FELDER (Minneapolis: Fortress, 1991) 206–31.

MÉNAGE, GILLES, The History of Women Philosophers, Transl. from Latin with an Introduction by BEATRICE H. ZEDLER (New York: University Press of America, 1984) chap. XI.

MORAUX, PAUL, Der Aristotelismus bei den Griechen von Andronikos bis Alexander von Aphrodisias, vol. 2: Der Aristotelismus im I. und II. Jh. n. Chr. (Peripatoi: Philologisch-Historische Studien zum Aristotelismus 6; Berlin: Walter de Gruyter, 1984), esp. 605–83.

MÜLLER, KARLHEINZ, Die Haustafel des Kolosserbriefes und das antike Frauenthema. Eine kritische Rückschau auf alte Ergebnisse, in: Die Frau im Urchristentum, ed. G. DAUTZENBERG et al. (Quaestiones Disputatae 95; Freiburg: Herder, 1983) 263–319.

MUNRO, WINSOME, Authority in Paul and Peter: The Identification of a Pastoral Stratum in the Pauline Corpus and 1 Peter (SNTSMS 45; Cambridge: Cambridge, 1983).

NAVON, ROBERT, ed., The Pythagorean Writings: Hellenistic Texts from the 1st Cent. B.C.–3rd Cent. A.D., trans. K. S. GUTHRIE and T. TAYLOR (Kew Gardens: Selene Books, 1986).

POMEROY, SARAH B., Goddesses, Whores, Wives, and Slaves (New York: Schocken, 1975).

RUTHERFORD, WARD, Pythagoras: Lover of Wisdom (Wellingborough: Aquarian, 1984).

SCHRAGE, WOLFGANG, Zur Ethik der neutestamentlichen Haustafeln, NTS 21 (1975) 1–22.

SCHÜSSLER FIORENZA, ELISABETH, In Memory of Her. A Feminist Theological Reconstruction of Christian Origins (New York: Crossroad, 1983) = EADEM, Zu ihrem Gedächtnis ...: eine feministisch-theologische Rekonstruktion der christlichen Ursprünge (München: Kaiser; Mainz: Grünewald, 1988).

SCHWEIZER, EDUARD, Die Weltlichkeit des Neuen Testamentes: die Haustafeln, in: Beiträge zur Alttestamentlichen Theologie. Festschrift für Walter Zimmerli zum 70. Geburtstag, hrsg. H. DONNER et al. (Göttingen: Vandenhoeck & Ruprecht, 1977) 397–413.

STÄDELE, ALFONS, ed. and trans., Die Briefe des Pythagoras und der Pythagoreer (Beiträge zur klassischen Philologie 115; Meisenheim am Glan: Anton Hain, 1980).

STRECKER, GEORG, Die neutestamentlichen Haustafeln (Kol 3,18–4,1 und Eph 5,22–6,9), in: Neues Testament und Ethik: Für Rudolf Schnackenburg, hrsg. H. MERKLEIN (Freiburg: Herder, 1989) 349–75.

THESLEFF, HOLGER, Okkelos, Archytas, and Plato, Eranos 60 (1962) 8–36.

THOM, J. C., The Golden Verses of Pythagoras: Its Literary Composition and Religio-Historical Significance (SCHNT; Leiden: Brill, forthcoming).

THRAEDE, KLAUS, Ärger mit der Freiheit. Die Bedeutung von Frauen in Theorie und Praxis der alten Kirche, in: Freunde in Christus werden ... Die Beziehung von Mann und Frau als Frage an Theologie und Kirche, ed. G. SCHARFFENORTH and K. THRAEDE (Gelnhausen/Berlin: Burckhardthaus, 1977) 35–182.

–, Zum historischen Hintergrund der 'Haustafeln' des NT, in: Pietas. Festschrift für Bernhard Kötting, hrsg. E. DASSMANN und K. S. FRANK (JAC Ergänzungsband 8; Münster, Aschendorff, 1980) 359–68.

TZITZIS, S., L'éthique comme mesure dans l'idée de justice chez les pythagoriciens, in: Justifications de l'éthique, XIX Congrès de l'Association des sociétés de philosophie de langue française, Bruxelles–Louvain-La-Neuve, 6–9 septembre 1982 (Brussels: Éditions de l'Université de Bruxelles, 1984) 443–48.

Verner, David C., The Household of God: The Social World of the Pastoral Epistles (SBLDS 71, Chico: Scholars, 1981).

Waerden, B. L. van der, Die Pythagoreer: Religiöse Bruderschaft und Schule der Wissenschaft (Bibliothek der Alten Welt; Zürich: Artemis, 1979).

Waithe, Mary Ellen, ed., A History of Women Philosophers, vol. I: 600 BC – 500 AD (Boston: Martin Nijhoff, 1987).

Wicker, Kathleen O'Brien, Porphyry, To Marcella (SBLTT 28, GRR 10; Atlanta: Scholars, 1987).

# Neutestamentliche Texte im Lichte der Weisheitsschrift aus der Geniza von Alt-Kairo

von KLAUS BERGER, Heidelberg

*Inhalt*



## *I. Der Stand der Forschung und der Diskussion*

In den Jahren 1903 und 1904 publizierten A. HARKAVY[1] und S. SCHECHTER[2] Transskriptionen von Stücken aus den Geniza-Funden von 1896. A. HARKAVY hatte seiner Transskription auch eine franz. Übersetzung beigefügt und publizierte im gleichen Jahre 1904 diesen Text auch in Hamizrach (Krakau 1903, S. 103 – 108). Dabei handelt es sich bei den von HARKAVY publizierten Stücken um die Kapitel 1,1 – 4,18, bei den von S. SCHECHTER publizierten um 5,1 – 18,18. Die Zählung (wie auch den Namen des Werkes) habe ich bei meiner Edition der Weisheitsschrift[3] (im folgenden: WKG = Weisheitsschrift

[1] A. HARKAVY: Contribution à la littérature gnomique, in: REJ 24 (1903) 298 – 305.
[2] S. SCHECHTER, Genizah Fragments I: Gnomic, in: JQR 16 (1904) 425 – 442.
[3] K. BERGER, Die Weisheitsschrift aus der Kairoer Geniza. Erstedition, Kommentar und Übersetzung (TANZ 1), Tübingen 1989.

aus der Kairoer Geniza) im Jahre 1989 eingeführt. Die wiederentdeckte Schrift habe ich auf dem Kongreß der SNTS in Dublin 1989 vorgestellt[4]; die Bedeutung der Schrift für die Erforschung des Alten Testaments habe ich sodann in einem Beitrag für die ZAW dargestellt[5]. Die schon auf dem Kongreß in Dublin einsetzende Kontroverse[6] bezieht sich vor allem auf die Datierung der Schrift und hat ihren ersten Höhepunkt gefunden in der Neuherausgabe der Schrift durch H. P. Rüger[7], der zu einer Datierung zwischem dem 5. und 12. Jh. n. Chr. neigt. Dagegen bezog sich meine Datierung auf den Anfang des 2. Jh. n. Chr.; diese wird von Rüger mit Sicherheit ausgeschlossen.

Ein Vergleich der WKG mit neutestamentlichen Texten ist zweifellos in erster Linie nur dann sinnvoll, wenn es sich bei der WKG um ein altes Dokument handelt. Daher ist hier die Datierungsfrage erneut und als erstes aufzugreifen.

## *II. Zur Frage der Datierung der WKG*

Die in der Einleitung zur Edition 1989 vorgetragenen Argumente bezüglich der Datierung habe ich in NTS 36 (1990) 420–424 zu präzisieren gesucht. Das muß hier nicht wiederholt werden, doch ist (in Aufnahme der Gegenargumente H. P. Rügers) eine methodische Klärung zu suchen, denn meine Argumente haben folgende Strukturen:

a) Jerusalem bzw. der Tempel sind zerstört (4,6 und 6,8–11); dadurch ergibt sich ein terminus post quem. – Dieses ist das einzige realgeschichtliche Datum der Schrift[8].

[4] Der Vortrag ist publiziert als: Die Bedeutung der wiederentdeckten Weisheitsschrift aus der Kairoer Geniza für das Neue Testament, in: NTS 36 (1990) 415–430.

[5] Die Bedeutung der wiederentdeckten Weisheitsschrift aus der Kairoer Geniza für das Alte Testament, in: ZAW 103 (1991) 113–121.

[6] Vgl. auch die Rezensionen von W. Gross, in: ThQ 169 (1989) 320–321 und von K. Niederwimmer, in: Amt und Gemeinde 41 (1990) 85–87.

[7] H. P. Rüger, Die Weisheitsschrift aus der Kairoer Geniza. Text, Übersetzung und philologischer Kommentar (WUNT 53), Tübingen 1991. – Ein Computerausdruck der Arbeit Rügers wurde mir freundlicherweise vom Verf. und Herausgeber vor der Publikation zur Verfügung gestellt. – Rüger hat zur Herstellung des Textes eine Reihe vorzüglicher Beobachtungen beigesteuert; seiner Datierung kann ich mich aus methodischen Gründen nicht anschließen.

[8] H. P. Rüger (op. cit. Anm. 7) S. 3 hat – wie auch ich in meinem Kommentar – zutreffend erkannt, daß hier Am 6,6 zugrundeliegt. Weitere Belege für die Verwendung dieser Stelle zu späteren Ereignissen nennt er indes nicht; auch ich habe in der rabbinischen Literatur keine gefunden. Ein deutsches Zitat aus der Reformationszeit (S. 4 Anm. 1) vermag die These nicht zu stützen, dieses Zitat habe man auch auf beliebige spätere Ereignisse anwenden können. Außerdem sagt WKG 6,11 ausdrücklich „Und der Tempel Gottes wurde zerstört", in 6,10 wird vorangestellt „sie waren beschäftigt damit, ihren eigenen Tempel zu bauen". – Im übrigen habe ich meine Beziehung auf das Jahr 70 durch die enge Entsprechung in SyrBar 78,5 abgestützt, wo es heißt „... damit ihr

b) Die Schrift übt Kritik an solchen, die aufgrund mangelnder Solidarität sich die unter a) genannte Not Israels nicht vor Augen führen. Daraus ist zu erschließen, daß es sich nicht um unmittelbar selbst Betroffene, sondern um deren Volksgenossen handelt. Daher wird ein Entstehungsort außerhalb Palästinas angenommen.

c) Als Entstehungsort wird Ägypten angenommen, und zwar aus folgenden Gründen: Der Ausdruck „Notlage Josephs" aus Am 6,6 wird gleich zweifach verwendet (4,6; 6,8), begegnet aber in aller vergleichbaren Literatur, soweit ich sehe, nicht. Es wird daher einen besonderen Grund haben, daß der Ausdruck hier aufgegriffen wird. Nun kann man aber zeigen, daß in nachexilischer und besonders in neutest. Zeit eine besondere Verbindung des ägyptischen Judentums mit Joseph besteht. Das zweite Argument sind die zahlreichen Analogien zu Philo v. Alexandrien, unter denen besonders die Verbindung der Rede von den fünf Toren (= fünf Sinne) des Menschen mit dem Stichwort „Gnade" hervorzuheben ist[9], zu denen sich aber auch neue gesellen: Im Kommentar wird zu WKG 9,3–5 Philo, Prob Lib 57 zitiert (S. 298). Während der stoische Gemeinplatz nur davon spricht, daß der Tugendhafte frei, der andere ein Sklave ist, kam Philo erst aufgrund seiner Exegese von Gen 25,33; 27,29[10] etc. zur These des Versklavtseins an den Freien. So urteilt auch WKG 9,3: „Die Dummen sind Sklaven für die Weisen". Das aber bedeutet: WKG benutzt hier etwas als Topos, das sich zuvor exklusiv bei Philo aufgrund besonderer Exegese (Zusammenführung eines stoischen Gemeinplatzes mit Genesisexegese) findet[11].

Von daher rührt meine These, daß WKG eine besondere Verarbeitung Philos aus dem Blickwinkel jüdischer Weisheit sei.

d) Argumente aufgrund des besonderen Hebräisch[12] der WKG sind angesichts der Unsicherheiten in der nachbiblischen hebräischen Sprachgeschichte

euch auch betrübt über das Unglück, das eure Brüder getroffen hat", und ich habe darin eine Entsprechung gesehen zur WKG 4,6–10, wo es genauso um die Solidarität innerhalb Israels nach der Zerstörung des Tempels geht („... und zu trauern über die Notlage Josephs und nicht zu schaden irgendeinem Bruder, der glaubt an den Gott Israels ... darum zu lieben, die die Torah lieben ...").

[9] Vgl. dazu op. cit. (Anm. 3) S. 321–323 und NTS 36 (1990) S. 421 f. – H. P. Rüger dagegen nennt S. 8 f. rabbinische Stellen über die sieben Pforten der Seele, die Rede von fünf Pforten sei eine Weiterentwicklung davon. Diese finde sich zuerst bei dem im 11. Jh. lebenden Bahya b. Joseph b. Paquda. Nun redet der Genannte tatsächlich von den fünf Pforten. Doch ist, wie ich in meinem Kommentar versucht habe zu zeigen, die Rede von den fünf Sinnen als Pforten bereits Philo geläufig (op. cit. Anm. 3, S. 321). Ich halte es nicht für sinnvoll, eine Parallele aus dem 11. Jh. zu bemühen, wenn Entsprechendes bereits im 1. Jh. n. Chr. vorliegt – überdies bei Philo wie in WKG 11,3 mit dem Stichwort „Gnade" verknüpft. Auch die Rede von der Siebenzahl war Philo geläufig (Kommentar S. 319). Es handelt sich hierbei um – bei Philo besonders spezifizierte – Topoi stoischer Popularphilosophie. Daß Rabbinen im Mittelalter immer wieder darauf zurückgreifen, ist nicht verwunderlich.

[10] Freundlicher Hinweis von E. Rau vom 29. 8. 89.

[11] Zu weiteren Analogien zu Philo vgl. das Stellenregister des in Anm. 3 genannten Kommentars.

[12] Vgl. dazu NTS 36 (1990) 425 und H. P. Rüger, S. 12 f.

kaum hilfreich[13]. – Formale Ähnlichkeiten mit der Piyyut-Literatur sind nicht auszumachen[14], und eine vorrangig liturgische Funktion der WKG ist aufgrund des Inhalts geradezu undenkbar. Mit der Musar-Literatur hat WKG nichts zu tun[15].

e) Alle übrigen Argumente zur Datierung der WKG sind traditionsgeschichtlicher Art. H. P. Rüger vermutet dazu, daß es sich um „jüdischen Neuplatonismus" handele (a. a. O., S. 15), und versucht, dies mit Zitaten aus mittelalterlichen jüdischen Schriften zu belegen. Mein ganzes Kommentarunternehmen dagegen war zu dem Zweck veranstaltet, eine Datierung zu ermöglichen, weil der traditionsgeschichtliche Weg hier in der Tat der einzige mit Wahrscheinlichkeit ist.

Analogien zu Aboth waren auch schon im Kommentar festgestellt worden. Methodisch ist von Belang, ob die Frage lauten muß, wer von wem abhängig sei, und ob dieses sich jeweils zwingend erweisen läßt[16]. Nun ist überhaupt

[13] H. P. Rüger leitet S. 11 f. das Wort für Leib *gäshäm* (1,8; 10,15; 15,1) und das Wort für ʿkurzʾ *qasir* (3,7) aus dem Arabischen ab: Es handele sich um Lehnwörter jüdischer Übersetzer aus dem Arabischen. Andere Wörter bezeichnet er als mittelalterliche Neologismen (S. 12). – Man sollte dazusagen, daß es sich bei diesen Aussagen um Vermutungen handelt; auch die Qumrantexte enthalten zahlreiche im MT nicht belegte Wörter und wurden aus diesem Grunde anfangs spät datiert. Ferner: Klare Lehnworte sind auch später regelmäßig termini technici – hier lag indes kein Grund dafür vor. Für das spätere Hebräisch ist immer auch die Rolle der syrischen und aramäischen Dialekte zu beachten.

[14] Gegen die Vermutung H. P. Rügers, S. 15. – Zur Piyyut-Literatur vgl. J. Maier, Geschichte der jüdischen Religion, Berlin 1972, § 27 ʿLiturgie und Piyyutʾ (S. 250–257). Argumente: Piyyut sind nicht in diesem Umfang überliefert, vor allem sind sie poetisch aufgebaut (mit Reimen oder Doppelung von Stichworten oder Alphabetismus, in Versen oder wie auch immer formal strukturiert). Alles das ist an WKG nicht erkennbar.

[15] Vgl. dazu NTS 36 (1990) S. 426 unter b).

[16] Vgl. dazu H. P. Rüger, S. 6: Rüger stellt Zitate aus WKG mit solchen aus Aboth zusammen und stellt sie unter das Motto: „Wie die folgenden Beispiele zeigen, ist die Weisheitsschrift aus der Kairoer Geniza von mAv abhängig und nicht umgekehrt". Ein bloßes Untereinandersetzen der Zitate erbringt aber diesen Beweis nicht. Rüger folgert daraus: „Das aber bedeutet, daß als terminus a quo für die Abfassung der Weisheitsschrift aus der Kairoer Geniza allein schon auf Grund ihrer Abhängigkeit von mAv frühestens die zweite Hälfte des 3. Jh. n. Chr. in Frage kommt". Eben diese Abhängigkeit aber wurde mit keinem Argument erwiesen. Überdies ist Abhängigkeit nicht die einzige Weise, in der Texte religionsgeschichtlich miteinander in Beziehung stehen können (vgl. dazu: K. Berger, C. Colpe, Religionsgeschichtliches Textbuch zum Neuen Testament, Göttingen 1987, Einleitung). – Auch in Bezug auf den Sepher Jesirah spricht Rüger angesichts von Analogien sogleich davon, daß WKG den Sepher Jesirah benutzt haben müsse („... geht der Verfasser der WKG mit dem Sepher Jesirah zwar ungleich freier um als mit mAv, aber ..." S. 7). Damit ist m. E. das methodische Problem der Verwandtschaft von Texten miteinander auf keine zureichende Diskussionsbasis gestellt. – Ähnlich argumentiert Rüger S. 7 f.: Zum Motiv der zwei Tische in WKG 3,6 finden sich Talmudparallelen von Gelehrten Ende des 3. Jh. Dann heißt es, dem Verf. der WKG müsse der Talmud schon in Endredaktion vorgelegen haben, da „schwerlich anzunehmen ist, daß der Verfasser der WKG noch aus lebendiger mündlicher Tradition hat schöpfen können", und so ergebe sich als frühestes Datum die Wende vom 6. zum 7. Jh. n. Chr. Vorausgesetzt ist bei dieser Argumentation wiederum literarische Abhängigkeit bei Paral-

nicht zu bestreiten, daß es in der jüdischen Literatur späterer Jahrhunderte immer wieder auch Analogien zu Stoffen aus der WKG gibt. Nur hatte mein Kommentar Vergleichsmaterial aus den beiden ersten Jahrhunderten nach Chr. und auch aus der zwischentestamentlichen Literatur zu jedem Vers der WKG beibringen können. Diese Schrift läßt sich daher relativ vollständig auch aufgrund dieses Materials erklären.

Das gilt insbesondere für die enge und interessante Beziehung der WKG zum Sirachbuch[17] und zum Kohelet-Targum[18]. Die Beziehung zu Sir ist so, daß hier wirklich mit ähnlichem Material die gleichen (offensichtlich aktuellen) Themen erörtert werden; das betrifft die Diskussion über die Willensfreiheit des Menschen wie die Position des Schriftgelehrten im Anschluß an Sir 38 f. Bezüglich der letzteren ist WKG Dokument einer sehr viel weniger volkstümlichen Weisheit als Sir. WKG mutet wie eine Fortführung von Gedanken aus Sir für einen engeren Kreis radikal asketischer Schriftgelehrter an.

So entstehen methodische Probleme: Geht es an, daß ein Text je verschieden datierbar wird, je nachdem mit welchen Parallelen man ihn unterfüttert? Geht es ferner an, jede Analogie so zu verwenden, daß das vorliegende Dokument nur nach ihr entstanden sein kann? Oder handelt es sich überhaupt bei WKG um ein Dokument eines zeitlosen 'Pietismus', der keine Datierung erlaubt? – Dazu ist zu sagen: 1. Für mein Urteil war maßgeblich die Konzentration von Wortfeldparallelen, nicht nur von Motiven, im 1. und 2. Jh. n. Chr. (2 Clem, P Herm und auch das Neue Testament). Den Unterschied zwischen bloßen Motiven und Wortfeldparallelen kann man gerade an dem Wort von der Welt als Brücke in WKG 2,18 verdeutlichen[19]. Die Dichte der Häufung entscheidet; sie liegt bei den von Rüger wie von mir selbst genannten rabb. Parallelen nicht vor. „Wer das nicht akzeptieren kann, muß diese Häufung inklusive der Beziehungen zu Philo, zu 1 QS und 4 Q 185 anders erklären"[20]. –

lelität. Aber das Motiv der Unvereinbarkeit der beiden Tische findet sich schon in 1 Kor 10,21. Was wird dann aus der Argumentation?

17 Vgl. dazu op. cit. (Anm. 3) S. 61 f.

18 Über die Beziehung zum Targum zu Kohelet vgl. den in Anm. 5 gen. Aufsatz. – Die Beziehung ist m. E. so, daß das Targum weitaus stärker konventionell rabbinisch verfährt und nur wenige Gemeinsamkeiten mit WKG zeigt.

19 WKG 2,18 „Wie eine Brücke, über die man hingeht, so ist diese Welt für die Menschen". Rüger zitiert (S. 16) dazu aus dem Sepher hovot halevavot S. 31 „Und das Leben und der Tod ... sind eingefaßt von den beiden Enden einer baufälligen Brücke, und alle Geschöpfe des Erdkreises gehen hinüber. Das Leben ist ihr Eingang und der Tod ihr Ausgang". Die Parallele besteht darin, daß Menschen über eine Brücke gehen. Das ist ein Motiv. In dem rabbinischen Zitat geht es um den Zwischenraum zwischen den beiden Enden, Eingang und Ausgang der Brücke. Der Eingang steht für Geborenwerden, der Ausgang für Tod. Dazwischen gibt es einen unsicheren Weg. In WKG 2,18 dagegen geht es nicht um die Lebenszeit, sondern um die Welt, nicht um die beiden Endpunkte, sondern um das Darüber-Hingehen. Thema ist also nicht die Lebenszeit, sondern das Weltverhältnis des Menschen. Zum Wortfeld, das bei Vergleichen wichtig ist, gehört daher in diesem Falle unbedingt das Stichwort 'Welt'; genau das aber ist in den im Kommentar zu 2,18 gegebenen Analogien der Fall und auch in dem apokryphen Jesuswort aus islamischer Überlieferung (vgl. op. cit. [Anm. 3] S. 159 – 161).

20 NTS 36 (1990) 427.

2. Wenn Einzelanalogien nichts bringen, entscheidet die Ausrichtung des Ganzen: Der Dualismus von WKG ist nach wie vor im rabbinischen Denken ohne Parallelen. Dabei ist der Schluß: x ist y ähnlich, also ist x später (oder: früher) als y entstanden, nicht möglich. Zumindest ist es nicht recht, im Zweifelsfall die späteste der vorhandenen Analogien zu bemühen[21]. – 3. Zweifellos gibt es im Laufe der Geschichte des jüdischen Denkens immer wieder Strömungen, die einander strukturell[22] und sachlich ähnlich sind (und dabei auch miteinander in Beziehung stehen können). Dies gilt insbesondere bei allen Berührungen des Judentums mit 'Philosophie' antiken Ursprungs (Stoa und Neuplatonismus). Die frappierende Ähnlichkeit ist aber oft nur auf den ersten Blick gegeben, und dies ist dann die Stunde der philologischen Detektivarbeit. Daher gilt am Ende das schärfere Argument in allen Einzelheiten. So halte ich noch immer die Entsprechung von WKG 3,16 – 4,10 mit 1 QS 3,26 b – 4,6 für ein ungewöhnlich starkes Argument[23].

Wenn also im folgenden der Versuch unternommen wird, neutestamentliche Stellen im Lichte der WKG zu sehen, dann könnten im besten Fall auch diese jetzt folgenden Ausführungen weitere Argumente im Streit um die Datierung sein. Denn hier gilt, da die 'Einleitungsfragen' umstritten sind, in besonderem Maße das „*tantum valent quantum probant*“.

## *III. Zur allgemeinen Ausrichung der WKG*

Kennzeichen dieser Schrift ist eine Form, wie sie etwa Sirach bietet. Namen von Autoritäten werden dabei nicht genannt. Theologisch geht es um einen ausgeprägten eschatologischen und anthropologischen Dualismus, und die Willensfreiheit des Menschen wird betont. Die Konsequenzen des anthropologischen Dualismus sind eine intensiv asketische Grundhaltung unter dem Ideal des Nasiräers (besonders: Verzicht auf Wein, aber auch auf Essen, Reichtum und 'Schlafen') und eine Ablehnung der 'Geschäfte' dieser Welt. WKG bezieht sich demnach sehr konkret auf das Ideal der Freiheit des Schriftgelehrten von weltlicher Arbeit. Die Schrift selbst ist – besonders in der Verknüpfung und Fortschreibung von Schriftzitaten – ein Dokument dieses Lebensstils. Eindrücklich werden aber die so um die Schrift Bemühten

21 So haben alle der von RÜGER, a. a. O., S. 15 f. aus dem Sepher hovot halevavot genannten Analogien bereits Entsprechungen in frühchristlichen Texten, was insbesondere von den Motiven der Fremdlingschaft und der Wegzehrung gilt. Und umgekehrt sind in meinem Kommentar die Analogien zu Philo v. A. noch längst nicht alle ausgeschöpft.

22 Das Motiv der Fremdlingschaft in der Welt findet sich auch bei EICHENDORFF, ohne daß er WKG gelesen hat. Aber entsprechende Affinitäten EICHENDORFFS zum hebr. Sirach im gleichen Kontext wird man nicht finden. Das heißt: Es gilt hier in besonderem Maße das Kontextprinzip gegenüber der Motivforschung.

23 Vgl. NTS 36 (1990) S. 417 und op. cit. (Anm. 3) S. 182 – 225.

gemahnt, die Übrigen ihres Volkes nicht zu verachten (4,7–11). Die asketische und intellektuelle Elite (im Unterschied zu Sir 39 ist der Schriftgelehrte gerade nicht von öffentlichem Nutzen) soll daher nicht den Volksverband sprengen, sondern den anderen durch Zurechtweisen von Nutzen sein. Für diese Solidargemeinschaft wird an die Notlage Josephs erinnert (4,6; 6,8). Theologisch handelt es sich daher meines Erachtens um eine jüngere Schwester zum Sirachbuch mit dem Adressatenziel einer asketischen schriftgelehrten Elite. Eines der Anliegen ist dabei eine dualistische Korrektur von Kohelet, und zwar in dem Sinne, daß die skeptischen Aussagen des Kohelet nur für diesen Äon gelten. – Von diesen Umrissen des theologischen Profils der WKG wird deutlich, daß diese Schrift für alle dualistischen Aussagen des Neuen Testaments besonders interessant ist. Die jeweiligen neutestamentlichen Stellen werden zunächst dabei immer in ihrer Intention dargestellt. Auch das bisher von den Exegeten genannte Parallelmaterial wird angeführt, bevor der Vergleich mit WKG vollzogen wird.

## *IV. Zu 1 Joh 2,15–17*

Der mit 2,7 begonnene Abschnitt wird hier mit einer begründeten Mahnrede beendet. Die dominanten Stichworte sind 'Welt' auf der einen Seite und 'der Vater'/'Gott' auf der anderen, das Wortfeld 'Liebe' (Verb und Substantiv) und dem entgegengestellt die 'Begierde'. Die Begierde wird näherhin bezogen auf Fleisch, Augen und Hochmut. Die Schlußaussage in 2,17 konfrontiert die Vergänglichkeit der Welt und ihrer Begierde mit dem In-Ewigkeit-Bleiben dessen, der Gottes Willen tut. Damit wird in 2,17 ein doppelteiliger Ausgang angegeben. Das bedeutet: Die grundsätzliche Orientierung, die der Mensch mit seiner Fähigkeit zu lieben vollzieht, diese steht vor einem Entweder–Oder, das Vergehen in und mit der Welt oder ewiges Leben bedeutet. Heftet der Mensch sich nicht an Gottes Willen, dann wird seine Fähigkeit zu lieben zur Begierde.

R. Schnackenburg nennt in seinem Kommentar[24] außer Stellen, die ein negatives Urteil über die 'Welt' bedeuten, vor allem TestIss 4,6 „Bekommt nicht lüsterne Augen durch den Trug der Welt, um nicht zu erleben, daß die Gebote des Herrn verkehrt werden", nennt als Unterarten der Begierde mit Philo Decal 153 „Begierde nach Geld oder Ruhm oder Lust" und Einzelbelege über die Verbindung von 'Fleisch' und Begierde bzw. Trieb[25]. Für die 'Vergänglichkeit der Welt' verweisen alle Kommentare auf 1 Kor 7,29–31. – Von den übrigen genannten[26] Stellen sind 4 Esr 7,112 („Die gegenwärtige Welt ist nicht das Ende, ihre Herrlichkeit bleibt nicht beständig") und 4,26 wichtig („Die

[24] R. Schnackenburg, Die Johannesbriefe, Freiburg 4. Aufl. 1970, S. 133 ff.
[25] R. Schnackenburg, a. a. O., S. 129 f.
[26] Vgl. R. Schnackenburg, a. a. O., S. 132.

Welt eilt mit Macht zu Ende"). Zu Recht weist M. DE JONGE[27] auf Jak 4,4 (Freundschaft mit der Welt ist Feindschaft gegen Gott).

Die übrigen Analogien betreffen jeweils nur einen Punkt, sie sind daher im Rahmen einer an Wortfeldern orientierten Analyse zu vernachlässigen.

WKG bietet zu diesem Text folgende Analogien:

a) 1,16 a „Wer Gefallen findet an dieser Welt, wird die zukünftige Welt nicht finden". – „Gefallen finden" ist synonym zu „lieben" aus 1 Joh 2, „die zukünftige Welt finden" aus WKG zu „in Ewigkeit bleiben" in 1 Joh. – Parallel ist, daß die exklusive emotionale und wertnehmende Orientierung jetzt Konsequenzen für das Ergehen des Menschen in der Ewigkeit hat.

b) 3,3 „Haltet eure Seelen fern von dem Begehren danach (sc. irdischem Leben). Denn das ist der Tauschwert (RÜGER: das Gegenteil von) für die kommende Welt"; auch: 15,12 „Wer die Seele von dem Begehren der Welt fernhält, wird sich freuen an den Bächen von Milch und Honig". – Parallel ist die Verbindung von 'Begehren' und Ergehen in der kommenden Welt.

c) 4,12 b – 13 „... die die kommende Welt eintauschen gegen ihre Begierde. Denn die Gott fürchten, lieben nicht diese Welt, und sie lieben nicht mit ihren Augen". – Parallel sind: „Begierde", „die(se) Welt", „die(se) nicht lieben" (1 Joh 2,15 a), die Bedeutung der Augen für die falsche Liebe[28] – also wenigstens im Ansatz ein Stück gemeinsamer dualistischer Anthropologie – und schließlich der gemeinsame Gegensatz dieses weltlichen Verhaltens zu Gott und zugleich zum „Kommenden": In WKG 4,14 heißt es dann auch gleich „Und sie haben Gefallen am Leben der kommenden Welt".

d) Dem Gegensatz von „Welt" und „(in den) Äon" in 1 Joh entspricht in WKG der von „dieser Welt" und der „kommenden Welt". Vgl. dazu auch WKG 1,9.

e) 3,6 „Denn die Lüste der Welt lassen die kommende Welt verloren gehen". Parallel ist die Verbindung von Lüsten (synonym zu Begierde) und „Welt" in Verbindung mit dem Zukunftsaspekt.

Resultat: WKG bietet im Ganzen und besonders in 4,12 – 13 (vgl. zu c]) die nächsten und engsten Analogien zu 1 Joh 2,15 – 17. Gegenüber den sonst bekannten Analogien ist mit WKG besonders die Verbindung von Welt und Begierde mit Eschatologie gemeinsam, also eben ein anthropologischer (hier: emotionaler) Dualismus in Ergänzung durch einen eschatologischen. Der an-

27 M. DE JONGE, De Brieven van Johannes, Nijkerk 1968, S. 94.

28 Vgl. dazu im Kommentar zu 4,13 op. cit. (Anm. 3) S. 229: „Der Sinn von 4,13 b erschließt sich wohl nur aufgrund der besonderen ethischen Anthropologie der WKG selbst, wie sie für diesen besonderen Fall in 16,2 zutage tritt: 'Das Herz der Blöden sind ihre Augen, und das Auge der Weisen sind ihre Herzen'. Für den Sinn von 4,13 b bedeutet das: 'diese Welt lieben' von V.13 a wäre dasselbe wie 'mit den Augen lieben', und das wiederum wäre dasselbe wie 'nicht mit dem Herzen lieben', denn nach 16,2 gilt ja: Die Blöden lieben mit den Augen, denn ihr Herz (ihre Fähigkeit zu lieben) sind ihre Augen. Die Toren lieben daher mit dem falschen Organ, mit den nur oberflächlich haftenden Augen. In 4,13 b wird daher folgerichtig das Lieben der Welt und das Lieben mit den Augen denen abgesprochen, die Gott fürchten".

thropologische Dualismus bezog sich auch auf die Rolle der Augen. Im Blick auf 1 Joh ist (zur Feststellung der besonderen 'Redaktion' der Tradition in 1 Joh) besonders wichtig, daß in WKG nicht von Gott als dem „Vater" die Rede ist; auch das „Sein aus" fehlt in WKG. Gerade diese beiden Elemente haben damit hier als typisch johanneisch zu gelten.

## *V. Zu Joh 6,27*

Die Aufforderung „Erwirkt nicht die vergängliche Nahrung, sondern die Nahrung, die bleibt zum ewigen Leben" wird hier ergänzt durch den Satz „... die euch der Menschensohn geben wird". Im unmittelbaren Kontext ist das „Erwirken" durch „Arbeit" das Glauben, das von den Jüngern gefordert ist (V. 28f.). Zugleich aber ist das Brot, das die Jünger essen werden, der Menschensohn selbst; er ist das Manna vom Himmel. Das heißt: Das Verhältnis von Arbeit und Nahrung (die man durch Arbeit erwirkt) gestaltet sich hier so, daß die Arbeit der Glaube ist, die Nahrung aber zugleich der, an den man glaubt. So ist er 'Bezugspunkt' und 'Lohn' zugleich. Ganz unabhängig davon, wie man sich diese christologische Zuspitzung der Rede von der bleibenden Nahrung denkt, die nicht vergeht, ist die Basis der Argumentation der Gegensatz vom Tätigsein zum Erwerb der irdischen, vergänglichen Nahrung und dem zum Erwerb der unvergänglichen. Denn von der vergänglichen Nahrung war gerade zuvor bei der Brotvermehrung die Rede gewesen; aufgrund derer wollten die Menschen Jesus zum König machen (6,15), was natürlich überhaupt nicht nach Jesu Sinn war (er wird nicht durch Menschen, auch nicht durch sich selbst, zu etwas gemacht, sondern von Gott), und dem Königstitel von 6,15 steht hier in 6,27 das Menschensohnattribut entgegen. – Dem 'bleibenden' Charakter der Speise entspricht dann 6,35b („nicht mehr hungern und dürsten").

Außerchristliche Analogien nennen die Kommentatoren zu diesem Vers nicht; interessant ist aber Ignatius, Röm 7,3 („Ich habe kein Gefallen an vergänglicher Nahrung ... und als Getränk ersehne ich das Blut, das unvergängliche Liebe ist"); der Hinweis, daß die bleibende Speise das „ewige Leben" (Verweis auf Joh 4,14) ist, trifft sicher zu[29].

Analogien aus WKG können hier weiterhelfen:

a) 1,6 „Wenig beschäftige dich mit der zugewiesenen Nahrung, denn es gibt keinen Glanz aus dem zugewiesenen Brot" (Rüger: „keinen Kummer wegen ..."). – Das „zugewiesene Brot" entstammt Prov 30,8. Für die Analogie zu Joh 6 ist der Kontext von WKG 1,6 entscheidend: (1,4) „Diese Welt ist nichtig, und die kommende Welt ist Gewinn" ... (1,9) „Wer sich damit beschäftigt, diese Welt aufzubauen, der wird zerstören seinen Geist und seine Seele".

[29] R. Schnackenburg, Das Johannesevangelium II, Freiburg 1971, S. 48f.

Die zugewiesene und notwendige Nahrung hier steht in Kontrast zu dem, was in Wahrheit Gewinn ist. Das „Wenig beschäftige dich ..." steht daher parallel zu dem „Erwirkt nicht ..." von Joh 6,27. Beides ist bezogen auf die irdische Nahrung im Gegensatz zu dem, was bleibt. Der Tätigkeit für den Broterwerb hier ist in WKG entgegengesetzt das „Meditieren der Torah", in Joh 6 das Glauben an Jesus.

b) 2,9–11 „Das Leben der kommenden Welt hat kein Aufhören. Es ist besser, dieses zu lieben als das Leben, das sich ändert. Warum bezahlt ihr Geld für Nicht-Brot und müht euch umsonst? Denn es gibt keinen Gewinn des Menschen in aller seiner Mühe außer nachzusinnen über der Torah Gottes". Auch hier liegt eine alttestamentliche Stelle zugrunde (Jes 55,2), nur wird im Unterschied dazu wiederum der Kontrast zum Leben der kommenden Welt gebildet. Die Mühen um Irdisches haben in Wahrheit nur den Lohn eines Nicht-Brotes. Allein das Nachsinnen über die Torah Gottes hat einen Lohn, der nicht vergeht. Ähnlich wie in Joh 6,27 geht es um das Tun des Menschen zur Erhaltung des Lebens (der Nahrung). Und wie dort steht dem, was bleibenden Erfolg hat (die Torah meditieren bzw. Glauben), das vergängliche irdische Gut gegenüber.

Resultat: Joh 6,27 setzt offenbar einen Topos voraus, wonach die Mühe um das vergängliche Lebensmittel der Mühe um das bleibende entgegengesetzt wird. Von da her wird auch eine Affinität zu der Tradition über das Nicht-Sorgen erkennbar (Lk 12,33: „... was nicht veraltet"; Mt 6,20.33 a). In Joh 6 wird dieser Topos einseitig auf das Glauben und den Menschensohn hin interpretiert. Auch hier eröffnet der Vergleich mit WKG daher die Möglichkeit, die zuspitzende ‘Redaktion’ von der allgemeineren Tradition zu scheiden.

## *VI. Zu Mt 5,43*

Das exegetische Problem dieses Verses besteht darin, daß er scheinbar tendenziös Lev 19,18 wiedergibt. Denn dort heißt es wohl „Liebe deinen Nächsten"; indes ist „... und hasse deinen Feind" dort nicht gesagt und nicht gemeint. Man ging daher nach Auffindung von 1 QS davon aus, daß in dem dort 1,9–11 a überlieferten Satz „... und alle Söhne des Lichtes zu lieben, jeden nach seinem Los in der Ratsversammlung Gottes, aber alle Söhne der Finsternis zu hassen, jeden nach seiner Verschuldung in Gottes Rache" die einzige Parallele bestanden hat. War daher die Gemeinde von Qumran der „heimliche Adressat"[30] dieses Verses? U. LUZ (a. a. O.) entscheidet sich dafür, daß hier die „eingeschränkte Interpretation des Liebesgebotes im Sinne des jüdischen Partikularismus" attackiert sei. Zwei von STRACK-BILLERBECK I

[30] U. LUZ, Das Evangelium nach Matthäus I, Zürich, Neukirchen 1985, S. 311.

365 f. gebotene Stellen weisen in solche Richtung[31]. – WKG 4,9–11 vermag diese Diskussion zu fördern:

4,9 Darum sie zurechtzuweisen auf dem Weg der Guten, aber daß sich nicht die Spötter und Heiden warnen lassen.

4,10 Darum zu lieben, die die Torah lieben, und die zu ehren, die Gott fürchten.

4,11 Geringzuschätzen die Blöden und Spötter und die sich beschäftigen mit den Geschäften der Welt.

Hier geht es demnach um das Lieben der einen und das Geringschätzen der anderen. Die gebliebt werden sollen, waren in 4,7 „Brüder" genannt. Das Ganze gibt sich als Auslegung von Lev 19,17 f. zu erkennen. Denn dort geht es gerade um das Korrigieren des Bruders (19,17 „Hasse nicht deinen Bruder in deinem Herzen und stelle deinen Nächsten freimütig zur Rede ..."); das „Lieben wie dich selbst" ist geradezu der positive Ausdruck solchen Tuns. WKG wiederholt und ergänzt diese Zuordnung als Zurechtweisen, Warnen, Lieben, und Ehren – im Kontrast zur Verweigerung der Warnung und zur Geringschätzung. Der Kontext zeigt in WKG 1,7, daß es sich wenigstens prinzipiell um die Volksgrenze handelt (1,7 „und nicht zu schaden irgendeinem Bruder, der glaubt an den Gott Israels"), doch diese Grenze wird relativiert, wenn die Leute Spötter oder solche sind, die sich mit den Geschäften der Welt einlassen (beides gilt als Abfall zum Heidentum und ist oftmals synonym damit). Doch immerhin muß der zu liebende, d. h. zu belehrende Bruder nicht „Erkenntnis" haben; vielmehr genügt „Glaube" (4,8). Der Bruder muß daher nicht auf gleicher 'Stufe' stehen wie der Adressat der WKG.

Auch in Jak 2,8 f. liegt eine mit WKG vergleichbare Auslegung auf Zurechtweisung vor: Das Gebot der Nächstenliebe wird direkt kommentiert durch: „Wenn ihr aber auf die Person achtet, dann wirkt ihr Sünde", was eine besondere Auslegung von Lev 19,17 b ist: „Stelle deinen Nächsten freimütig zur Rede, damit du seinetwegen keine Schuld auf dich lädst"[32]. Ähnliches ist für Qumrantexte belegt[33].

[31] H. L. Strack – P. Billerbeck, Kommentar zum Neuen Testament aus Talmud und Midrasch, München 2. Aufl. 1956, I S. 365 nennt Aboth Rabbi Nathan 16 (zu Lev 19,18): „Ja, wenn er (sc. der Gesetzesunkundige, Epikuräer etc.) nach dem Tun deines Volkes handelt, sollst du ihn lieben; wenn aber nicht, so sollst du ihn nicht lieben" und I 366 nennt Sifre Lev 19,18 (352 a) zu Lev 19,18 „Du sollst nicht Rache ausüben noch Zorn nachtragen gegenüber den Söhnen deines Volkes, wohl aber darfst du andern gegenüber Rache ausüben und Zorn nachtragen".

[32] Für M. Dibelius, Der Brief des Jakobus, 11. Aufl. Göttingen 1964, S. 176 f. gilt von V. 8 „Der Anschluß an das Vorhergehende ist beim ersten Lesen nicht klar; er muß aber dem Autor klar sein ..."; dann erwägt er mehrere Möglichkeiten und vermutet richtig, wenn auch – außer im allgemeinen Hinweis auf Ps.-Phok – ohne Beleg: „Jak könnte etwa abhängig sein von einer jüdischen Paränese, in der im Anschluß an Lev 19 die *prosopolempsia* beim Liebesgebot behandelt wurde". Richtig ist auch seine Vermutung: „... das Liebesgebot kommt hier nicht als einziges Hauptgebot im Sinne des bekannten Jesuswortes (Mk 12,31 parr) in Betracht, sondern als eines neben anderen ...".

[33] Vgl. dazu op. cit. (Anm. 3) S. 220 ff.

Resultat: Das Thema Hassen und Lieben ist durch Lev 19,17 f. vorgegeben; hier wie in der zeitgenössischen Auslegung (auch in Did 2,7) wird es mit der brüderlichen Zurechtweisung verbunden. Genau dafür ist auch WKG ein Zeugnis, und zwar im Unterschied zu den oben genannten rabbinischen Stellen, die diesen Aspekt nicht mehr tragen[34]. Das heißt: WKG steht mit seiner Auslegung mitten in einer zeitgenössischen Auslegung von Lev 19,17 f., die das Liebesgebot nicht allgemein[35] versteht, sondern bezogen auf den speziellen Fall der Zurechtweisung. (Von daher gewinnt auch die Prozedur Mt 18,15 – 17; Test Gad 6,3 f. im Rahmen der Auslegung des Liebesgebotes neues Gewicht.) – Durch die Opposition „lieben"/„geringschätzen" bietet WKG ein Seitenstück zur Opposition von „lieben"/„hassen" in Mt 5,43.

## *VII. Glaube und Erkenntnis (2 Petr 1,5) 1 Tim 6,20*

Das Verhältnis von Glaube und Erkenntnis ist eines der ganz wichtigen Themen im Spannungsfeld zwischen frühem Christentum, schriftgelehrtem Judentum und Frühgnostizismus. Denn Glaube ist die 'Basis', zu der aber dann Erkenntnis hinzutreten kann oder muß[36]. Das gilt besonders für Barn 1,5 (durch die Schriftauslegung im Brief erhalten die Angeredeten zusammen mit ihrem Glauben vollkommene Erkenntnis), aber es gilt auch schon im Neuen Testament nach 2 Kor 8,7; 2 Petr 1,5 (in beiden Fällen ist „Glaube" die Basis). Nach 1 Tim 6,20 sind die Menschen „ratlos geworden über den Glauben angesichts der sogenannten Erkenntnis". Für diese Stelle ist nun umstritten, ob es sich dabei um judenchristliche oder um gnostische Gegner handelt[37]. Die Offenheit dieser Frage ist wohl nicht nur ein Zeichen der Ratlosigkeit der Forschung, sondern auch ein Hinweis auf das tatsächliche Milieu der 'Gegner' in den Pastoralbriefen. Im Blick auf WKG ist von Bedeutung, daß diese Gegner zugleich enkratitischen Charakter haben (nach 1 Tim

34 Vgl. dazu auch STRACK – BILLERBECK I zu Mt 5,43. – Auch das bei A. NISSEN, Gott und der Nächste im antiken Judentum (WUNT 15), Tübingen 1974, S. 304 – 329 genannte Material führt zu diesem Schluß. Von der Zurechtweisung Lev 19,17 ist im rabb. Material die Rede in SLev 19,17 (89 a); Arak 16 b Bar par – aber hier fehlt die Reflexion über die Grenzen der Betroffenen. Das gilt auch für die von H. P. RÜGER zu WKG 4,9 genannte Stelle aus Bahya b. Joseph b. Paquda.

35 Auch im ursprünglichen Kontext ist Lev 19,18 wohl in diesem Sinne zu verstehen. Es geht daher nicht um ein allgemeines soziales Programm, sondern um einen sehr konkreten Fall der Berührung mit dem Nächsten, den Fall der Zurechtweisung und Beurteilung. Diese Auslegung des biblischen Liebesgebotes könnte m. E. folgenreich sein.

36 Vgl. Belege in op. cit. (Anm. 3) S. 213 f.

37 Vgl. dazu jetzt ausführlich: M. WOLTER, Die Pastoralbriefe als Paulustradition (FRLANT 146), Göttingen 1988, S. 256 ff. – Zur Deutung der Antithesen im Sinne einer judenchristlichen Position: K. BERGER, Einführung in die Formgeschichte (UTB 1444), Tübingen 1987, S. 117 – 119.

4,3 ff. Verzicht auf Ehe, auf bestimmte Speisen und nach 5,23 wohl auch auf Wein). Dabei wird in den späteren 'gnostischen' Texten stärker der Verzicht auf Sexualität betont, während vom Fleisch- und Weinverzicht verhältnismäßig seltener die Rede ist (ActPetr 2 und ActPaul P.Hamb. 4)[38]. Im Neuen Testament dagegen geht es noch häufiger um den Verzicht auf Nahrung (Röm 14,2.21; Kol 2,16). Im Blick auf WKG läßt sich zu diesem Befund folgendes sagen:

a) Nach WKG 4,7 f. geht es darum, „nicht zu schaden irgendeinem Bruder, der glaubt an den Gott Israels, auch wenn in ihm keine Erkenntnis ist. Denn auch ein wenig Glaube ist Gerechtigkeit".

Hier geht es eindeutig um die Konzeption von zwei 'Graden': Die 'normalen', 'durchschnittlichen' Menschen besitzen nur den Glauben an den Gott Israels, und das ist dann „ein wenig Glaube", aber er reicht aus dafür, als Bruder anerkannt zu werden. Keine Frage besteht, daß dieser Glaube durch 'Erkenntnis' groß und mächtig wird, vollendet wird. Eben diese Theorie findet sich aber fast wörtlich so bei Clemens von Alexandrien[39]. Es dürfte auch deutlich sein, daß wir hier in einen Bereich eintreten, in dem von bloß zufälliger Übereinstimmung nicht mehr die Rede sein kann. Im Judentum ist diese Konzeption in dem wohl jüdischen Text Const Apost VII 33,4 belegt (dem Erkennen Abrahams geht sein Glaube voraus[40]).

Das Verhältnis von Glaube und Erkenntnis ist ein soziokulturelles Problem des frühen Christentums. Ganz gleich, ob Erkenntnis jüdische Schrifterkenntnis (wie sicher in WKG und meines Erachtens auch in 1 Tim 6,20) zum Inhalt hat oder gnostisches Spezialwissen – in jedem Falle ist damit eine Zäsur zwischen Wissenden und Nichtwissenden im Zentralbereich der Religion selbst gegeben. Ausweislich der Geschichte des Frühen Christentums geht es dabei um ein Problem des 2. und 3. Jahrhunderts. Im Rahmen der Geschichte des Judentums ist bisher keine Zeit bekannt, in der diese beiden Vokabeln (Glauben und Erkennen) in dieser Konstellation eine Rolle hätten spielen können – außer eben in derselben Zeit, in der dies auch im Christentum (wie in dem jüdischen Text in Const Apost VII 33,4) aktuell gewesen ist.

b) In WKG ist der Besitz der dem Glauben überlegenen (oder ihn vollendenden) Erkenntnis verbunden mit einer asketischen Position, die im Bereich des gesamten Judentums ihresgleichen sucht. Die Ablehnung von Wein (sowie Rauschgetränk) und Essen (Fleisch; Völlerei) ist eines der zentralen praktischen Anliegen der WKG. Darin besteht aber deutliche Übereinstimmung mit den Gegnern der Pastoralbriefe und den oben zitierten „Schwachen" nach Röm 14. Im Unterschied zum Gnostizismus steht hier nicht sexuelle Enthaltsamkeit im Vordergrund (Fast könnte man sagen: Je stärker sexuell orientiert die Askese ist, um so gnostischer ist sie; indes ist dies im ganzen zu pauschal); in

38 Vgl. dazu M. Wolter, a. a. O., S. 262.

39 Vgl. op. cit. (Anm. 3) S. 214 (Clemens v. A., Strom VII 10).

40 Wegen des Stichwortes 'Glaube' halte ich es für möglich, daß sich diese Konzeption überhaupt auf der Basis von Gen 15 entwickelt hat, zumal ja in WKG 4,8 Gen 15,6 'zitiert' wird!

WKG wird freilich „Schlafen" bisweilen auch genannt (4,12; 16,5), ist aber nicht so zentral wie vor allem das Weinverbot.

Resultat: Die Gegner 1 Tim haben mit WKG gemeinsam, daß sie das Problem von Glaube und Erkennen in Kombination mit asketischer Praxis (Verbot von Fleisch- und Weingenuß, auch sexualasketische Tendenzen) 'einführen'. In dieser Übereinstimmung findet sich das nur hier. Ich möchte daraus schließen, daß die Gegner der Pastoralbriefe (die später, nur ohne den Bezug zum Judentum, zweifellos als Träger der Acta Pauli et Theclae wiederbegegnen) in einem Judentum dieser Art beheimatet sind. Ich nehme dabei an, daß es sich bei den Gegnern der Pastoralbriefe um christlich gewordene Juden handelt, die in ihrer jüdischen Basis sehr viel mit der Welt der WKG gemeinsam haben. Sie empfanden, so möchte ich annehmen, ihr Christentum als eine Verstärkung dieser Art Judentum. Später, in den Acta Pauli et Theclae, ist die Konstellation anders geworden: Die in den Pastoralbriefen Gegner waren, sind hier die Träger geworden, doch die dualistische Weltbetrachtung hat sich gegenüber der jüdischen Bindung verselbständigt; gerade das aber will WKG mit der eindrücklichen Mahnung zur Solidarität angesichts der Zerstörung Jerusalems verhindern (4,6–10).

## *VIII. Zu Röm 16,18; Phil 3,19*

In der Schlußmahnung des Römerbriefes richtet sich Paulus gegen solche, die Zertrennung und Ärgernis bringen „gegen die Lehre, die ihr gelernt habt", und sagt über sie: „Denn solche dienen nicht unserem Herrn Jesus Christus, sondern ihrem Bauch" (16,18). Nach Ansicht der Kommentatoren heißt das: Sie sind „egoistisch auf vergängliche, irdische Genüsse aus"[41], es geht ihnen um ihre „eigenen, sehr irdischen Interessen", sie meinen „sich selbst"[42].

In Phil 3,19 schreibt Paulus über die Feinde des Kreuzes des Christus: „Ihr Ende ist Untergang, ihr Gott ist der Bauch, und ihre Ehre ist in ihrer Schande, die das Irdische denken". Konfrontiert wird damit auf der Seite der Christen die Verwandlung des 'niedrigen' Leibes in Herrlichkeit (3,21). – Besonders interessiert uns daraus der Passus „Ihr Gott ist der Bauch".

Die in den Kommentaren angeführten Parallelen sind: 3 Makk 7,11 (Juden, die sich zum Götzenopfer verleiten ließen, haben die göttlichen Gebote „um des Bauches willen" übertreten)[43] und AssMos 7,4.8 (*sibi placentes, ficti in omnibus suis et omni hora diei amantes convivia, devoratores gulae* ...

[41] So etwa D. ZELLER, Der Brief an die Römer, Regensburg 1985, S. 249.

[42] U. WILCKENS, Der Brief an die Römer (Röm 12–16) (EKK VI/3), Neukirchen 1982, S. 142 (synonym für „die eigene Tasche").

[43] W. SCHENK, Die Philipperbriefe des Paulus, Stuttgart 1984, S. 288 denkt an eine positive Position der Gegner (die analog zu Sir 51,21 ihr Innerstes als Sitz der Weisheit angesehen hätten). Aber auch SCHENK gibt zu, daß Paulus jedenfalls „Bauch" unflätig versteht.

*dicentes: habebimus discubitiones et luxuriam edentes et bibentes et potabimus nos, tamquam principes erimus*).

G. BARTH äußert zur Bedeutung in Phil 3,19, es gehe nicht notwendig um Libertinisten, es könnten auch Leute sein, die schlicht „aus der Sorge um ihr Wohlleben" handelten, um „Unannehmlichkeiten zu vermeiden"[44]. J. GNILKA bringt eine Liste der Deutungsversuche: Es könne sich um Libertinismus handeln, um das Halten der Speisegebote oder um Beachtung der Beschneidung[45].

WKG vermag zu dieser Diskussion Wichtiges beizusteuern:

14,6 „Das Denken der Weisen geht auf ihr Ende, doch das Denken der Dummen ist ihr Bauch"

17,5 „Die Gerechten sind Diener Gottes, und die Frevler dienen ihrem Bauch"

WKG 14,6 ist zunächst den paulinischen Stellen ähnlich, die ein bestimmtes „Denken" beschreiben (Röm 8,6 f. „Denken des Fleisches ..."; die nächsten Analogien zu diesen Sätzen bietet überhaupt WKG 14,5–7). Das Thema „Ende" entspricht Phil 3,19 („Ihr Ende ist Untergang, ihr Gott ist der Bauch"). Während nach WKG die Weisen sich sinnvoll auf ihr Ende vorbereiten (im Sinne der *meditatio mortis continua*), sind die Dummen kurzfristig an ihrem Bauch orientiert. Die Aussage über das „Ende" liegt daher in WKG auf der Seite der Weisen, in Phil 3,19 auf der Seite der Toren (Gegner). Aber impliziert ist auch im Satz Phil 3,19, daß das Denken „an den Bauch" das Verfehlen eines sinnvollen Endes bedeutet. Im Kontext zeigt WKG 14,7, daß Bauch mit „Begierden" zu identifizieren ist („... doch das Denken der Ungerechten sind ihre Begierden").

WKG 17,5 bringt etwas für Röm 16,18 („Denn diese dienen ... ihrem Bauch"). Statt „Diener Gottes" nennt Röm 16,16 „unserem Herrn Jesus Christus dienen". WKG 17,5 ist in der Vertauschung von Gott und Bauch auf der Seite der Gegner wiederum der Logik der Paulusstelle entsprechend. Nach 17,4 trösten (sich?) die Demütigen „mit dem Brot ihres Anteils". Damit stehen sie in Kontrast zu den Toren.

Resultat: Die beiden Stellen aus WKG sind die nächsten überhaupt bekannten Analogien zu den beiden Paulustexten. Angesichts der Ausrichtung der WKG im ganzen fällt damit auch Licht auf die Paulustexte. Denn es ist wohl auszuschließen, daß es sich bei „Bauch" hier um eine direkte Anspielung auf Beschneidung handelt. Vielmehr ist anzunehmen, daß es sich um den gesamten Bereich der Begierden handelt, der sich im Hang zu Essen, Trinken und Beischlaf äußert. Damit steht das „dem Bauch dienen" von Röm 16,18; WKG 17,5 sachlich parallel zu „den Begierden dienen/gehorchen" nach Röm 6,12; Tit 3,3.

[44] G. BARTH, Der Brief an die Philipper, Zürich 1979, S. 67.

[45] J. GNILKA, Der Philipperbrief, Freiburg 1968, S. 205.

## *IX. Zu Lk 16,12*

Der Satz „Und wenn ihr im fremden (Gut) nicht zuverlässig geworden seid, wer wird euch geben, was euch gehört?“ ist in seiner Deutung umstritten. W. GRUNDMANN vertritt die Meinung: „Das irdische Gut ... ist ein Gut, das dem Menschen nicht zu eigen gehört, weil er es lassen muß; es ist fremd und bleibt ihm fremd, aber die ewige Gabe Gottes soll ihm zu eigen gehören“[46]. Nach G. SCHNEIDER dagegen meint Jesus mit dem „wahren Gut“ wohl die Verwalteraufgabe, die Jesus den Jüngern geben wird (vgl. 12,42.48 b), nicht den Himmel als ewigen Lohn. Die fremden Güter hier auf Erden sind nicht fremd, weil man sie lassen muß, sondern weil sie einem anvertraut sind[47]. Auf jeden Fall dürfte aber gelten: „Statt ‘ungerechter Mammon’ heißt es jetzt ‘das fremde (Gut)’; statt ‘das wahre (Gut)’ ‘das Eure’. Christen, die sich mit dem irdischen Besitz so sehr angefreundet haben, daß sie ihn als ‘ur-eigen’, als ein Stück des eigenen Ich empfinden, wird Reserve anempfohlen ... Schwankend zwischen totaler Kritik (‘ungerechter Mammon’) und pragmatischer Zustimmung (‘treue Verwaltung’) heißt jetzt die Losung: innere Distanz zum Unabänderlichen“[48].

Nach WKG 1,11 heißt es: „Nicht ist es wert, sich zu beschäftigen mit dem, was einem nicht gehört, denn was man hat, das gehört einem nicht“ (1,12: „Gott wählt nicht die Freude dieser Welt, sondern die Freude der kommenden Welt“). Auch Thomas Ev 21 wäre zu nennen; in diesem Gleichnis heißt es von den Kindern, daß sie sich auf einem Feld niederließen, „das ihnen nicht gehört“. Nach dem Kontext ist damit die zeitliche Existenz in der Welt gemeint.

In WKG 1,10 ging der Satz voran „Denn diese Welt ist ein Ort der Fremdlinge – wie ein Gast, der vorbeikommt in einer Herberge“. Das Motiv des Fremden/Fremdlings ist daher auch im unmittelbaren Kontext gegeben. Zur Interpretation von Lk 16,12 trägt das folgendes bei:

a) Was auch immer den Jüngern hier anvertraut ist (der Besitz oder dessen Verwaltung), auf jeden Fall ist es etwas, das ‘fremd’ ist und ihnen nicht gehört. Es ist immerhin beachtlich, daß sich dieser sonst eher in dualistischem Milieu belegte Gedanke hier im synoptischen Gleichnisgut findet.

Aber auch die unmittelbar folgende Passage Lk 16,13 (Gott/Mammon) ist so dualistisch wie kaum eine andere sonst und hat eine Analogie in WKG 3,5 f. (Wer die kommende Welt sucht, sollte diese Welt verachten. Denn kein Mensch gewinnt zwei Tische ...). – Man kann daher annehmen, daß hier ein starker dualistischer Zug der synoptischen Überlieferung zutage tritt (schon ab 16,8!).

46 W. GRUNDMANN, Das Evangelium nach Lukas (HNT 3), Berlin o. J. (ca. 1970) S. 322.

47 G. SCHNEIDER, Das Evangelium nach Lukas Kapitel 11–24 (ÖTK 3/2), Gütersloh 1977, S. 335.

48 J. ERNST, Das Evangelium nach Lukas (RNT), Regensburg 1977, S. 467.

b) Was auch immer das „wahre" Gut ist (Lohn, Besitz oder ein neuer 'Verwaltungsposten'), es ist jedenfalls dem kommenden Äon vorbehalten. Damit teilt die synoptische Tradition mit WKG hier einen auf das Thema des Besitzes bezogenen Zwei-Äonen-Dualismus. Hier und jetzt kann es immer nur um Fremdes gehen, das uns nicht gehört. Denn die „Söhne des Lichtes" sind eben nicht „Kinder dieser Welt" (16,8 – WKG redet regelmäßig von „dieser Welt"). Alles Bleibende und wahrhaft Eigene kann den Jüngern erst im kommenden Äon zuteil werden. Es mag sein, daß in der Jesustradition hier die Berufserfahrung armer Wandermissionare zugrundeliegt – das gedankliche Material zur Bewältigung dieser Situation kommt indes aus Traditionen, die denen zumindest nahestehen, in denen WKG beheimatet ist: aus Traditionen dualistischer Weisheit.

## X. *Resultate*

Die hier vorgelegten Beobachtungen haben ihren Sinn vor allem als methodisch exemplarische. Denn das Problem zeitlich nur schwer einzuordnender Schriften findet sich im gesamten Bereich der alt- und neutestamentlichen Apokryphenforschung. Für kaum einen dieser überaus zahlreichen Texte ist das Problem der Datierung auch nur annähernd geklärt. Nur subtile Kleinarbeit kann hier weiterhelfen. Sie besteht im Falle der Beziehungen der WKG zum Neuen Testament und zur frühchristlichen Literatur darin, sehr genau auf Differenzen und besonders auf Verflechtungen in ein bestimmtes Stadium der Diskussion alttestamentlicher Basistexte bei beiden jeweils verglichenen Texten zu achten. Das heißt: Mit bloßer Ähnlichkeit des Motivs oder einer allgemeinen „dualistischen" Ausrichtung ist überhaupt nichts gewonnen, schon gar nichts mit mehr oder weniger entfernten Ähnlichkeiten aus dem riesigen Corpus der jüdischen Literatur. Denn nicht nur Ähnlichkeiten zu EICHENDORFF, auch solche zu THOMAS MANN ließen sich ohne Zweifel in Fülle finden. Was weiterführt, sind Beobachtungen zu Wortfeldern, zur auffälligen Häufung von Analogien zu einer bestimmten Epoche (leider ist H.P. RÜGER auf mein Material nahezu überhaupt nicht eingegangen), noch mehr aber der Nachweis, daß es sich im gegebenen Falle um Analogien zum frühen Christentum handelt, die so intensiv sonst nicht bekannt waren und die einer besonderen Epoche der theologischen Diskussion zugehören, die diesem Material ihren unverwechselbaren Stempel aufgeprägt hat. So ging es in den genannten neutestamentlichen Analogien eben darum: WKG bietet die nächsten überhaupt bekannten Analogien und vermag überdies dualistische jüdische Weisheit des 2. und 3. Jahrh. n. Chr. als den Diskussionsrahmen anzugeben, von dessen Vorläufern und vorgängigen Stadien auch die neutestamentlichen Texte Zeugnis geben. Letzteres gälte auch, wenn es sich wirklich erhärten ließe, daß WKG ein- oder zweihundert Jahre später „verfaßt" worden sein sollte. Es gälte auch, wenn sich Teile oder Schichten als jüngeren Datums erweisen ließen, doch davon sehe ich bis jetzt noch nichts.

# John the Baptist in New Testament Traditions and History

by EDMONDO F. LUPIERI, Turin

*Contents*



## *I. The Historical Question of John the Baptist*

For the historical reconstruction of the figure of John the Baptist we can look to five written sources. Four of them are Christian texts: the Gospel of Mark, the work of Luke (Gospel and Acts), the Gospel of Matthew, and the Fourth Gospel. The fifth text is a relatively short section in the historical production of the greatest Judeo-Hellenistic historian: Flavius Josephus. All these five works were written during the second part of the first century A. D., which means roughly between 30 and 70 years after the death of the Baptist, and have different degrees of significance for the modern historian.[1]

[1] See espec. M. DIBELIUS, Die urchristliche Überlieferung über Johannes den Täufer, Göttingen 1911; E. LOHMEYER, Das Urchristentum I: Johannes der Täufer, Göttingen 1932; ID., Zur evangelischen Überlieferung von Johannes dem Täufer: JBL 51 (1932) 300–319; C. H. KRAELING, John the Baptist, London – New York 1951; C. H. H. SCOBIE, John the Baptist, London 1964; W. WINK, John the Baptist in the Gospel Tradition (SNTS MS 7), Cambridge 1968; J. BECKER, Johannes der Täufer und Jesus von Nazareth (BS 63), Neukirchen – Vluyn 1972; E. LUPIERI, Giovanni Battista nelle tradizioni sinottiche (SB 82), Brescia 1988; ID., Giovanni Battista fra storia e leggenda (BCR 53), Brescia 1988 (also for further references).

Concerning the Gospels and Acts, we must face problems closely related to those surrounding the figure of Jesus: why and how do the evangelists speak of John the Baptist? Certainly, they are not moved by biographical interests in a modern sense. As we will see, more than historians, they are theologians who deal with historical data, following their own specific interpretation of history as history of salvation. This fact in itself is not surprising, nor does it create an unsurmountable obstacle to careful scientific research, but, as the whole New Testament is fully oriented towards Jesus, the resurrected Lord of its writers, we may assume that the statements about John the Baptist also follow the general tendency. We can expect them to have the goal of better explaining the mystery of Christ, the human God, more than that of depicting for posterity a realistic image simply of a man baptizing in the Jordan. Therefore we may suppose that the task of the historian trying to reconstruct the 'historical John' is at least as difficult as the work of scholars engaged in discerning the portrait of the 'historical Jesus'.[2]

On the other hand, the words of Josephus also require the careful intervention of the modern historian.[3] Josephus, having been a chief commander of the Jewish army in the war against Rome, surrendered to the Romans and spent the rest of his life as a Roman historian, writing for the glory of the emperors and, in so doing, seeking to justify his behaviour and that of his people. For him, the history of John is a small fragment in his historical framework, which is dominated by the idea that destruction and death devastated Palestine as a punishment for the sins of the Jews. Their own God had abandoned them, choosing the Romans as an instrument of his wrath.

All this, however, cannot explain in a fully satisfactory way the manner in which Josephus talks of John. He departs from the main stream of his narration to speak about him, with obvious sympathy and fondness, but also with evident embarrassment, as if he were hesitant to write everything he knew.

Nevertheless, if we want to attempt to reach the figure of this ascetic prophet of the Jordan Valley, we must rely on these five works as our sources. They are, in fact, the only ones which can offer reliability, as all the later Christian,[4] Jewish,[5] Samaritan,[6] Mandaean[7] and Muslim[8] tales of John the Baptist are devoid of a historical basis and thus belong within the history of myths and folklore.

[2] Cp. J. Reumann, The Quest for the Historical Baptist, in: Id. (Ed.), Understanding the Sacred Text. Essays in honor of M. S. Enslin on the Hebrew Bible and Christian Beginnings, Valley Forge 1972, 181 – 199.

[3] Cp. the use of Josephus in E. Schürer, The History of the Jewish People in the Age of Jesus Christ. A New English Edition, 3 vols., Edinburgh 1973 – 1986.

[4] See espec. P. M. Paciaudi, De cultu S. Iohannis Baptistae. Antiquitates Christianae. Accedit in veterem eiusdem ordinis liturgiam commentarius, Romae, ad Palearinos 1755; Acta Sanctorum Iunii, die vigesima quarta, Antverpiae 1707 (= Bruxelles 1969), and the Appendix: de Sancti Prodromi sanguine (ed. 1866); J. Bornemann, Die Taufe Christi durch Johannes in der dogmatischen Beurteilung der christlichen Theologen der vier

## *II. The Marcan Tradition*

Almost everything Mark says of John is devoted to the explanation of the figure of Jesus and/or the relationship between the Baptist and the Christ.[9]

ersten Jahrhunderte, Leipzig 1896; A. JACOBY, Ein bisher unbeachteter Bericht über die Taufe Jesu, Straßburg 1902; F. OHRT, Die ältesten Sagen über Christi Taufe und Christi Tod in religionsgeschichtlichem Lichte (DVS Hist.-fil. Medd. 25/1), København 1938; B. BAGATTI, Antiche leggende sull'infanzia di S. Giovanni Battista: ED 30 (1977) 260–269; CH. DU FRESNE DU CANGE, Traité historique du Chef de S. Jean Baptiste, Paris 1665; E. LUPIERI, Felices sunt qui imitantur Iohannem (Hier., Hom. in Io.). La figura di San Giovanni Battista come modello di santità: Aug 24 (1984) 33–71; ID., L'Arconte dell'Utero. Contributo per una storia dell'esegesi della figura di Giovanni Battista, con particolare attenzione alle problematiche emergenti nel secondo secolo: ASE 1 (1984) 165–199; A. ORBE, Introducción a la Teología de los siglos II y III (AnalGreg 248, A/28), Roma 1987, 626–677.

5 Traces of John the Baptist are very scant in Jewish traditions, where he is normally confused with John the Evangelist. Cp. E. BAMMEL, Christian Origins in Jewish Tradition: NTS 13 (1966/67) 317–335; W. HORBURY, The Trial of Jesus in Jewish Tradition, in: E. BAMMEL (Ed.), The Trial of Jesus. Cambridge Studies in honour of C. F. D. Moule (SBT Sec. Ser. 13), London 1970, 103–121; G. SCHLICHTING, Ein jüdisches Leben Jesu. Die verschollene Toledot-Jeschu-Fassung Tam ū-mūʿad (WUNT 24), Tübingen 1982.

6 Also for the Samaritans John is a disciple of Jesus. J. MACDONALD – A. J. B. HIGGINS, The Beginnings of Christianity according to the Samaritans: Introduction, Text, Translation, Notes, and Commentary: NTS 18 (1971/72) 54–80.

7 IGNATIUS A IESU (CARLO LEONELLI), Narratio Originis, Rituum, et Errorum Christianorum Sancti Ioannis. Cui adiungitur discursus per modum Dialogi in quo confutantur XXXIIII errores eiusdem nationis, Romae 1652; L. TONDELLI, S. Giovanni Battista ed Enos nella Letteratura Mandea: Bib 9 (1928) 206–224; K. RUDOLPH, Die Mandäer, 2 vols. (FRLANT 74.75), Göttingen 1960. 1961; R. MACUCH, Anfänge der Mandäer, Versuch eines geschichtlichen Bildes bis zur früh-islamischen Zeit, in: F. ALTHEIM – R. STIEHL, Die Araber in der Alten Welt II, Berlin 1965, 76–190; E. YAMAUCHI, Gnostic Ethics and Mandaean Origins (HThS 24), Cambridge 1970; R. MACUCH, Gnostische Ethik und die Anfänge der Mandäer, in: F. ALTHEIM – R. STIEHL, Christentum am Roten Meer II, Berlin – New York 1973, 254–273; LUPIERI, Storia e leggenda, 193–429.

8 M. ASIN Y PALACIOS, Logia et Agrapha Domini Jesu apud Moslemicos scriptores, asceticos praesertim, usitata, PO 13/3, Paris 1916, 356–420; PO 19/4, ibid. 1926, 541–595; J. C. L. GIBSON, John the Baptist in Muslim Writings: MW 45 (1955) 334–345; A. BAUSANI, San Giovanni Battista e Zaccaria in tre drammi popolari persiani inediti della collezione Carulli: ANL CCCLXI – 1964, Problemi attuali di scienze e di cultura, Quad. 62, Roma 1964, 153–237; O. F. A. MEINARDUS, The Relics of St. John the Baptist and the Prophet Elisha. An Examination of the Claims of Their Recent Invention in Egypt: OstKSt 29 (1980) 117–142.

9 See especially CHR. WOLFF, Zur Bedeutung Johannes des Täufers im Markusevangelium: TLZ 102 (1977) 857–865. As general commentaries I would suggest: G. WOHLENBERG, Das Evangelium des Markus, Leipzig 1910; J. GNILKA, Das Evangelium nach Markus, 2 vols., Zürich – Neukirchen – Vluyn 1978. 1979; R. PESCH, Das Markusevangelium, 2 vols., Freiburg 1980; V. TAYLOR, The Gospel According to St. Mark. The Greek Text with Introduction, Notes and Indexes, London 1963; M.-J. LAGRANGE, Évangile selon

The way in which this goal is reached shows the Christian theological and Christological meditation of the Gospel. According to this way of thinking, the relation between the two figures is a succession, expressed by the chronological following of Jesus after John, and the real significance of John in the Christian history of salvation lies in his identification (even if in a mysterious way) with Elijah preceding the suffering Messiah.

We will start our study from the last passage in the Gospel concerning John, where Mark expresses his concluding overview and key statements about the Baptist.[10] In the highly dramatic scene of the discussion of the authority of Jesus (Mk. 11,27–33), before the 'beginning' of his teaching in the temple (12,1), Jesus answers the question of his opponents with another question, in which he rather unexpectedly recalls the memory of the baptism of John (11,30). Mark lets the reader understand that the activity of Jesus and the baptism of John had the same source: heaven, i. e. God (11,29–33). Not only here, but immediately after this, with the so-called parable of the wicked husbandmen – the first one in the temple –, Mark renders the same idea through a series of images. In so doing, he shows that both John and Jesus were sent by God, but also that they are substantially different: John is one of the servants, while only Jesus is the beloved son. Furthermore he links the death of John to the death of Jesus. In the history of salvation, the death of John prophetically precedes that of Jesus, but only the latter marks the turning point in God's perspective; after his assassination the inheritance will pass on to non-Jews.

To the reader of Mark, Jesus' mentioning of John and the positive judgement he bestows on him are not unexpected. These have been introduced by a series of statements explaining who John really was, why and how he died, and also, especially, why he came before Jesus. From the scene of the baptism, where Jesus was proclaimed "beloved son" (Mk. 1,11), to that of the transfiguration, where again (this time publicly) Jesus is declared to be the "beloved son" (Mk. 9,7), there are many points of contact with the context of Mk. 11–12. Right before the first scene and right after the last, Mark talks about John, and this cannot be chance. Moreover, after having "withered" the fig tree, Jesus announces that "the Father ... in heaven" will "forgive ... trespasses" (11,25). This is another way to say not only that Jesus is the Son, but also that this Father is the same merciful God who had sent John with a "baptism ... for remission of sins" (1,4).

In fact, the opening of the gospel is centered on the merciful activity of God who sends a baptizing prophet, who is similar to Elijah, as some scriptural quotations attest,[11] and whose success is complete. The primary function of

Saint Marc, Paris 1947; B. H. M. G. M. STANDAERT, L'évangile selon Marc. Composition et genre littéraire, Zevenkerken – Brügge 1978.

[10] The possibility of starting the analysis from the end of the Gospel was suggested by W. MARXSEN, Der Evangelist Markus. Studien zur Redaktionsgeschichte des Evangeliums (FRLANT 67, NF 49), Göttingen 1959.

[11] Mal. 3,1 + Ex. 23,20 and Jes. 40,3 in Mk. 1,3; see also 2 Kg. 1,8 and Mk. 1,5.

this prophet is that of announcing the coming of someone "mightier than" he (1,16), someone to whom the Scripture, i. e. God, speaks using the second person singular ("thee": 1,2).

The mysterious figure of "the one one who comes" will act like God, bestowing the Holy Spirit (1,8), but will be a sort of man, not Yahweh himself, since John is somehow comparing himself to him (1,7). We can also detect in this context a relatively clear trinitarian Christian speculation, given the presence of God, who sends and does not come (1,2), of the mysterious figure of a man with God's attributes, and of the Holy Spirit.

As John's baptism "with water" is already redeeming people from their sins, we can only expect that the more powerful baptism "with the Holy Spirit" will bring final freedom. In fact, there is not a hint in the text of any approaching tragedy. Then Jesus "came" (1,9). He is the one who "cometh" (1,7) as is shown by the direct intervention of God, who speaks to Jesus using the same second person singular as the Scripture did (1,11). This scene offers another trinitarian speculation. There is a voice "from heaven", i. e. from God, and then we see, with the eyes of Jesus, the promised Spirit "descending upon him" (1,10) and learn that he, Jesus "from Nazareth of Galilee" (1,9), is the "beloved son" of God (1,11).

Certainly, Mark tells us that Jesus "was baptized by John in the Jordan" (1,9), but the baptism is not the center of his attention. The epiphany of God occurs "out of the water" (1,10) and not a word is used to depict the baptism. Mark does not say whether John and Jesus talk to each other, but seems willingly to avoid any unnecessary contact: "immediately" after the manifestation of God, seen by Jesus alone, "the Spirit drives him into the wilderness" (1,12). There Jesus remains "forty days" and – as the new Moses or, perhaps, the new Israel – resists Satan's temptations (1,13).[12]

After this new success, the scene changes. John was "put in prison" and "after ... Jesus came into Galilee, preaching the Gospel of God" (1,14). This verse is important for us for two reasons. The verb translated by "be put in prison", is the same verb that Mark will use for the arrest of Jesus (e. g.: 3,19; 14,41.44). In this way he is preparing the yet unaware reader for an analogy between the end of John and that of Jesus. Further, the passive form of the verb (*passivum divinum*) most likely shows that everything is happening by the will of God. The second point we can deduce from this verse is the clear expression of the chronology of succession between John and Jesus. Jesus starts his preaching only after the arrest of John. Mark does not yet say anything about it (by whom is John arrested and why or where), but only indicates that the former success of John became that of Jesus, who even

[12] For the possibility of different interpretations, see A. FUCHS, Versuchung Jesu: SNTU, A 9 (1984) 95 – 159. The period of forty days links this scene not only with the history of the people in the desert or with that of Moses on Sinai, but also with the adventure of Elijah (1 Kg. 19,8). The angelic food (cp. 1 Kg. 19,5 – 7, concerning Elijah) is manna (Ps. 78,25); cp. the use of Deut. 8,3 in Mt. 4,4/Lc. 4,4. I believe that the text wants to connect John the Baptist, as an "angel", with the quality of a "servant"; cp. Mk. 12,1 ff.

surpasses John with a series of miracles (1,15–45). Finally, it is Jesus now who administers the forgiveness of sins, and that no longer with an external and physical sign, such as a baptism of water, but by the power of his word alone (2,5). The replacement of John is complete.

In this first scene of the Gospel, then, we see the triumph of Jesus. The idea of suffering, although already present, is rapidly sketched and then abandoned by the evangelist. At the same time, the figure of John disappears from the narrative.

On the other hand, the idea of suffering dominates the second of the two passages mentioned above, the one immediately after the transfiguration (Mk. 9,11–13). The disciples are now full of questions about the future (9,10). Therefore, they ask Jesus about Elijah, who "must come first" (9,11).[13] The answer of Jesus is mysterious, touching the heart of Christian revelation. Elijah already came and was confronted with suffering and death and the same will soon happen to the Son of Man. The suffering of Elijah, then, prefigures prophetically that of the Son of Man. As the suffering Son of Man is mysteriously identified as Jesus, so the suffering Elijah is mysteriously identified as John: the secret Messiah is preceded by an Elijah incognito.[14]

The evangelist can put this scene at this point of his Gospel, because he has already described the assassination of John by Herod and Herodias (Mk. 6,17–29), giving it a double significance. On the one hand, this cruel destiny foreshadows that of Jesus,[15] on the other, it is a sort of sequel and conclusion to the story of Elijah, persecuted by Ahab and Jezebel. Like Ahab (1 Kg. 21,4–7), Herod is a weak man dominated by his wife, but, while Ahab repents for his mischief (1 Kg. 21,27 ff.), Herod can only be "exceedingly sorry" (Mk. 6,26), while ordering the execution of the Baptist. Like Jezebel (1 Kg. 19,1 ff.), Herodias at the beginning "could not" kill John (Mk. 6,19), but, while Jezebel did not indeed kill Elijah and, fulfilling his prophecy (1 Kg. 21,23), was torn into pieces and devoured by dogs (2 Kg. 9,30–37: only her head with part of her extremities were found), Herodias can enjoy the death of John and obtain his head (Mk. 6,28). In this sense Mark can say that everything happened "as it is written of him" (9,13). The death of John is the logical conclusion of the adventure of Elijah, who had been preserved by God (2 Kg. 2,11 f.) for this occasion.

But this is not the only reason why Mark tells us the story of the death of John. Mark, in fact, wants to explain that Jesus is not Elijah, nor "one of the prophets", which most likely means "the first of the prophets", i.e.

[13] See J. A. T. ROBINSON, Elijah, John and Jesus: An Essay in Detection: HTR 50 (1957) 175–191. More recently, M. M. FAIERSTEIN, Why Do the Scribes Say that Elijah Must Come First?: JBL 100 (1981) 75–86; D. C. ALLISON, Elijah Must Come First: JBL 103 (1984) 256 ff.; J. A. FITZMEYER, More About Elijah Coming First: JBL 104 (1985) 295 f.

[14] Cp. J. P. MEIER, John the Baptist in Matthew's Gospel: JBL 99 (1980) espec. 384.

[15] There is analogy with the account of the passion of Jesus; see G. GHIBERTI, "Un uomo giusto e santo" (Mc. 6,20). Tracce di agiografia nel Nuovo Testamento?, in: Testimonium Christi. Scritti in onore di J. Dupont, Brescia 1985, 237–255.

Moses,[16] nor John resurrected (Mk. 6,15; 8,28). That Jesus is neither Elijah nor Moses is shown also in the scene of the transfiguration, where both "were talking with" him (Mk. 9,4). The death of John, on the other hand, has a multiple literary function: if John is Elijah, Jesus cannot be Elijah. But also, if the death of John is the conclusion of his ministry, it makes no sense to think that John will be resurrected.[17]

To complete the portrait of the Marcan John, we still have to analyze what the evangelist says about John's disciples. The principal passage is the so-called discussion on fasting (Mk. 2, 18–22). The beginning of the scene is not particularly clear,[18] but we understand that some nameless adversaries ask Jesus a polemic question about a fast, kept by "the disciples of John and of the Pharisees",[19] but not by the disciples of Jesus. In his answer, the Marcan Jesus identifies himself with the (eschatological) "bridegroom", the source of joy for all the disciples (Mk. 2,19). This explains why they do not fast, but also tells the reader that "the disciples of John and of the Pharisees" do not have or know "the bridegroom". This means that neither John nor any of the Pharisees is the bridegroom.

Such a contraposition of Jesus as bridegroom with John as non-bridegroom is meaningful for us, because it can help in understanding the first words of John in the Gospel. There, to show the kind of relationship he has with the one "mightier than" he, John uses the symbology of "unloosing the latchet of the shoes" (cp. Mk. 1,7) and it is very possible that this image comes from the customs of levirate marriage.[20] If this is the case, then in Mk.

16 See N. TURNER, Style, in: J. H. MOULTON, A Grammar of New Testament Greek IV, Edinburgh 1976, 22; against J. JEREMIAS, Μωυσῆς, ThWNT IV, Stuttgart 1942, 862 n. 119; F. BLASS – A. DEBRUNNER, Grammatik des neutestamentlichen Griechisch. Bearb. von F. REHKOPF, Göttingen [15]1979, 247 and 306,11.

17 Furthermore such a resurrection seems to be rather improbable, as his corpse was divided into two parts, the head in the hands of Herodias and the rest "in a tomb" (Mk. 6,28).

18 The present text could be the result of an editorial intervention, after the completion of the (proto-Marcan) Gospel: PH. ROLLAND, Les prédécesseurs de Marc. Les sources présynoptiques de Mc, II, 18–22 et parallèles: RBib 89 (1982) 370–405.

19 2,18; it is not even clear if they were fasting at that moment, or if they "used to fast": both interpretations are possible and in the second case the Greek would be more classical. Cp. G. BJÖRCK, ἦν διδάσκων. Die periphrastischen Konstruktionen im Griechischen (SHVU 32/2), Uppsala – Leipzig 1940.

20 Ruth 4,7; Deut. 25,9. It is quite certain that in the present text of Mark the sentence of the Baptist is only loosely related to a marital symbology, given the "stooping down" (κύψας), which stresses the servile nature of John towards Jesus. This detail, however, is absent in all the parallel texts, including Act. 13,25 and Joh. 1,27. Even Matthew, who wants to depict the inferiority of John as that of a servant of the Christ, does not seem to know the present text of Mark and changes the image into that of "bearing the shoes" (Mt. 3,11). Therefore I believe that the detail of "stooping down" could be an editorial addition of the last Marcan redaction. See P. PROULX – L. ALONSO SCHÖKEL, Las Sandalias del Mesías Esposo: Bib 24 (1978) 1–37. Concerning levirate marriage, see M. BURROWS, Levirate Marriage in Israel, and ID., The Marriage of Booz and Ruth: JBL 59 (1940) 23–33 and 445–454.

1,7 John says that, in the eschatological marriage between the Messiah/the bridegroom and Israel/the bride, he, John, would not be able to take over his marital-eschatological function with Israel from the Messiah. It is worth noting at this point that we do not know of any pre-Christian speculation on the Messiah as a bridegroom,[21] and also that the words of John fit perfectly with the chronology of the succession between John and Jesus. Not only is Jesus the successor of John, but John would in no way be able to succeed Jesus. If this is the case, then we can be sure that the statement of John has at least undergone a deep Christian reinterpretation.

The second important element in the words of Jesus' discussion about fasting is the allusion to his own death (Mk. 2,20). It is the first time in the Gospel of Mark that Jesus mentions it and this happens in a still mysterious way, since he talks of being "taken away". As we have seen with the first allusion to the arrest of John (cp. Mk. 1,14), the first mention of the absence of the bridegroom does not go into details; it only points to the future sadness of the disciples. Nevertheless it is important that this allusion to a disappearing Messiah is inserted in a context where John has already disappeared. And so this is the first case of John's preceding Jesus in suffering, a very important subject in the Marcan history of salvation.

The third element is an open criticism of those sewing "a piece of new cloth on an old garment" or putting "new wine into old" wineskins (Mk. 2,21 f.). Whatever may be the origin of these *logia*,[22] their meaning in the context is clear: the disciples of John are guilty, since they put the new content of the preaching of their master into the old Jewish mental habit, and so they lose everything, the advantages of the new as well as the positive features of the old. Also this, in fact, needs a radical 'change of mind' in order to survive; the Law needs an interpretation which surpasses that of the Pharisees.[23] Only a (Christian) change in mentality (cp. Mk. 1,15: μετανοεῖτε) allows one to recognize in Jesus the bridegroom announced by John; without it, even the disciples of John, despite his preaching (κηρύσσων βάπτισμα μετανοίας: Mk. 1,4), fall back into Pharisaic Judaism.

All this leads us to discover another possible contrastive parallelism between the two groups of disciples. The disciples of John, after having buried the mutilated corpse of their master, disappear from history. Only after their disappearance, then, did the marvelous adventure of the Christian apostles begin, who went and preached the (Christian) 'changing of mind' (Mk. 6,12: ἐκήρυξαν ἵνα μετανοήσωσιν) and performed all the miracles (Mk. 6,13) that John and his disciples had not been able to do.[24]

[21] J. Jeremias, νύμφη, ThWNT IV, Stuttgart 1942, 1092–1099.

[22] Cp. A. Kee, The Old Coat and the New Wine. A Parable of Repentance: NT 12 (1970) 13–21.

[23] Cp. the discussion on divorce, in Mk. 10,1–12.

[24] The Christian disciples (ibid.) use an anointing with oil instead of the baptism with water.

Notwithstanding the juxtaposition, the problem is more theological than historical or, at least, it has lost (if it ever had) any special meaning for the community of Mark. However, all this has a historical significance, since it shows traces of a tradition which denies the disciples of John any conversion to Christianity or any early adhesion to the group of Jesus. The two religious entities are distinct and the behavior of the disciples of John is interpreted by the Marcan Jesus as a falling back into Pharisaic Judaism.

Until this point, we have seen that the figure of the Baptist in the Gospel of Mark reflects a deep Christian interpretation, which leaves its mark even on the few words put on the lips of John. But the Marcan material is still very precious for any historical reconstruction of the figure of John. In spite of Mark's geographical aberrations[25] or prosopographical errors in the family of Herod,[26] the news of the execution of John by Antipas places the Baptist in the territories of the tetrarch (Galilee and Peraea) during his sovereignty (4 B. C. – 39 A. D.).

At this point we can analyze the chronological relationship with Jesus. Even if it is dominated by the meditation on the succession, the theological explanation appears to have been intended to render intelligible to the faithful the historical fact of the chronological priority of John. Also the belief in Jesus as the resurrected John leads us to believe in this chronological priority. The idea that Jesus is the resurrected John (Mk. 6,16; 8,28) is obviously false for Mark and therefore it would be strange to imagine his inventing it just to deny it. Why should he create an unnecessary problem? But this idea is feasible only if John were no longer alive when Jesus appeared or, at least, when he became known to people. And if this is true, we have there a solid historical basis to explain the development of the theological theory centered on the succession between John and Jesus.

In a similar way we must interpret the double reference of Mark to John at the beginning of the activity of Jesus and at the beginning of his teaching

25 "And again, departing from the region of Tyre and Sidon, he came unto the sea of Galilee, through the region of the Decapolis": Mk. 7,31.

26 It is not clear whose daughter the "damsel" of Mark is; the best reading of 6,22 is: "his daughter Herodias" (cp. E. NESTLE – K. ALAND ET ALII [Eds.], Novum Testamentum Graece, Stuttgart [26]1979, ad Mc. 6,22; M. S. ENSLIN, John and Jesus: ZNW 66 [1975] 12 f.; W. SCHENK, Gefangenschaft und Tod des Täufers. Erwägungen zur Chronologie und ihren Konsequenzen: NTS 29 [1983] 467 f.). In this way the Christian author, who is interested in the ethical aspects of the story and not in the legal ones, suggests that there is a double incestuous relationship for Antipas, whose weakness with women is greatly emphasized in this Gospel. Matthew's rendering (14,6: "the daughter of the same Herodias") seems to be more 'historical' than that of Mark, but it appears to follow the words of Lev. 20, 21, where it is written that no children will be born to a man who marries his brother's wife. Therefore the Marcan text certainly offers the *lectio difficilior*. Also notice that Herodias was not the wife of Philip but his mother-in-law.

in the temple. Why should Mark, or a Christian tradition, have invented such a dependence upon another figure for his Christ? He was then forced to incorporate this dependence in a general history of salvation exalting the last to arrive on the scene. Only the historical Jesus, arriving after John, and not the resurrected Christ would have had interest in presenting himself somehow as an heir of John. So the Marcan tradition of Jesus coming after John is a very old one and almost certainly based on historical events.

We can say the same about two interconnected aspects of the baptism of John: its efficacy in the remission of sins and the fact that Jesus was baptized in it. Why should Mark have sent his "Jesus Christ, the Son of God" (1,1), to undergo a baptism for the remission of sins? Certainly, we can think of a young Jesus, presenting himself as the successor of an authority figure in the baptist-apocalyptic movements of his day[27] and therefore imagining a connection with John, but this does not necessarily imply the lack of historical basis for the baptism. We can also dismiss as 'mythical' the epiphany at the Jordan, but still the baptism of Jesus is in itself a rather normal fact, perhaps unnoticed by John. Mark, in fact, knows no tradition about any direct contact of John with Jesus. The baptism was an important moment for Jesus, not for John, who in Mark does not show any awareness of it.

We can also detect more data about the historical John in the Marcan description of his appearance and habits.[28] First of all, the eating of grasshoppers shows that John observes the levitical norms of purity for food, as grasshoppers are the only insects that a pious Jew can eat (Lev. 11,21 f.). Also honey is a pure food, even if it can very easily become a vehicle for impurity.[29] Mark specifies that the honey eaten by John is "wild" (1,6). This means that John has decided to eat only what is produced by nature, avoiding food prepared by human hands. He seems to be avoiding any possible contamination from humans and we can connect this avoidance of prepared food with John's choice of the "desert". He probably wants to distance himself from contaminating contact, not only with impure pagans or Jews who do not respect the norms for purity, but simply with any person, pagan or Jew. This could mean that he considers them to be so impure because of their sins that no normal purification can be effective with them.[30]

27 ENSLIN, op. cit., 1–18.

28 Cp. especially H. WINDISCH, Die Notiz über Tracht und Speise des Täufers Johannes und ihre Entsprechungen in der Jesusüberlieferung: ZNW 32 (1933) 65–87; PH. VIELHAUER, Tracht und Speise Johannes des Täufers, in: ID., Aufsätze zum Neuen Testament (TB 31), München 1965, 47–54.

29 mMaks. 6,4; cp. bB. B. 80 a. The possible impurity of some sort of "wild honey" is shown by bBek. 7 b.

30 Analogous ideas were probably held by Bannous (Jos. Fl., vita 2,10 f.; see further) and by the Essenes (see E. LUPIERI, La purità impura. Giuseppe Flavio e le purificazioni degli Esseni: Henoch 7 [1985] 15–42). I believe in no direct connection between the Essenes and John; see H. BRAUN, Der Täufer, die Täufertaufe und die christliche Taufe, in: ID., Qumran und das Neue Testament II, Tübingen 1966, 1–29.

Through this consideration, we can understand his baptism "for the remission of sins", which promises what was not offered by any known Jewish purifying act of his day.[31] Only a sacrifice in the Temple was believed to have such an expiatory function; but John not only does not seem to have ever performed any ritual act in the Temple (was it contaminated too?), but also, since he eats "grasshoppers", he probably avoids animal meat with blood. But this is the only meat that can be offered in the Temple and then eaten. In this way, then, Mark does not depict the image of a somehow strange vegetarian[32] out of pure curiosity, but is reporting a very old description of John that enabled a contemporary Jew to understand his *halakah*, his way to observe the Law. The John of Mark seems to have devoted himself to the goal of bringing people back to the purity of the law of Moses, i. e. of God, without any later, human interpretation and accretion.

This can be seen again with the "wild" honey. This means not only that such honey is natural and therefore not contaminated by humans, but also that it is not refined or purified. As we cannot imagine John fumigating wild bees to get his daily honey,[33] we must think of him collecting it occasionally from the beehives that he happened to find around the Jordan, without paying any special attention to the condition of the honey.[34] But bees are impure (Lev. 11,23). And honey collected in an untechnical way would probably contain impurity, such as fragments of larvae, that would render that honey impure. Therefore, Mark or his source wants to show that John did not agree with those Pharisees who "strain at a gnat" (Mt. 23,24), to avoid the contamination brought by the insect fallen in the wine.[35]

Mark says also that "John was clothed with camel's hair" (Mk. 1,6). This is important too, as it shows that John accepted the use of animal products for clothing (and the "girdle of a skin" shows that this is also true of dead animals). His dark cloth, then, woven with the hair of the first of the impure animals of Lev. 11, seems to be almost an intentional contraposition to the white, vegetal vest of the Essenes, woven with pure linen. Such was, in

[31] The famous Jewish expression that a baptized proselyte is a "newborn child" has no ethical meaning, but is legal terminology: mYeb. 11,2; bYeb. 22 a; 78 ab; 97 b; bBek. 47 a; bSanh. 58 b; bQid. 73 a. See LUPIERI, Storia e leggenda, 179 n. 40.

[32] Concerning the real nature of John's diet I disagree with O. BÖCHER (Dämonenfurcht und Dämonenabwehr. Ein Beitrag zur Vorgeschichte der christlichen Taufe [BWANT 90, V,10], Stuttgart 1970; ID., Aß Johannes der Täufer kein Brot (Luk. VII. 33)?: NTS 18 [1971/72] 90 ff.; ID., Christus Exorcista. Dämonismus und Taufe im Neuen Testament [BWANT 96, V,16], Stuttgart 1972). For different interpretations in ancient Christianity, see H. GRÉGOIRE, Les sauterelles de Saint Jean-Baptiste: Byz 5 (1929/30) 109 – 127.

[33] Concerning the techniques of his day, see M. SCHUSTER, Mel, RE XV/1, Stuttgart 1931, 366 – 384.

[34] As Jonathan did in 1 Sam. 14,25 ff.

[35] See H. L. STRACK – P. BILLERBECK, Kommentar zum Neuen Testament aus Talmud und Midrasch (6 vols., München 1922 – 1961) I, 40(5) and 934; cp. 100 f. Any flying insect falling into a vessel with water, drink or humid food defiles it; the water is thrown away, but the wine (which is expensive) is filtered by someone (therefore the irony of Jesus in Mt. 23,24; see LUPIERI, Storia e leggenda, 47 n. 46).

fact, the vest they wore for their daily meals as for any important moment in their community life, with the conviction that they were the real priestly class in Israel.[36] Finally, as John's vest was made with hair, not just with skin, and since it is difficult to think of John having a loom, we must admit that John, as depicted in Mark, did not think it contaminating to wear something prepared by someone else and not by himself.

Thus we realize how old and rooted in a Palestinian background these details regarding the food and clothes of the Baptist are. But from the report of Mark we can obtain still more historical information. John baptized in the Jordan. We can deduce from this that again John does not follow a Pharisaic *halakah*, since the water of that river was thought by the Rabbis to be of a 'mixed nature' (because of the contact with pagan territorries?) and therefore not suitable for ritual purifications.[37] John seems to think that a natural source of running water cannot be contaminating. Baptizing in the water of the Jordan, then, would be analogical to eating "wild" honey. Mark reveals no doubts about the activity of John at the Jordan, and there is no sensible reason for questioning it.

We can also try to locate him in a more defined stretch of the river. John was still highly regarded by the crowds in Jerusalem after his death (ch. 11). From Jerusalem and from the land of Judaea people "went out to him" to be baptized (1,5), which means that John gathered his flock from this area. The arrival of Jesus "from Nazareth of Galilee" (1,9) denotes an exception. Thus the activity of John took place not far from Judaea. But probably it was not in Judaea, since Mark says that "all the land of Judaea ... went out" to be baptized. This is not a secondary detail, because Mark tells us that John was arrested and later executed by Herod (Antipas), who had no such power in Judaea under the Roman administration. As we have seen, Mark has no clear geographical ideas about Palestine and therefore such an internal accord is important and meaningful. Thus we can believe that John was active in Peraea.

Concerning the death of John, Mark does not say where the scene occurred, and shows no definite idea about this. It is in the palace of "king" Herod, where he is celebrating his birthday, perhaps in Tiberias, capital of Galilee (6,21). The whole account has the aspect of a tale,[38] shows prosopographical errors in depicting the two Herodiases (the second one probably never existed) and seems to be derived from the legend of Esther (especially 7,2).[39] Therefore we must be very careful in using it as a source for a historical reconstruction of details in the execution of John.

[36] Jos. Fl., bell. 2,8,3 (123–161); ant. 18,1,5 (22).

[37] mPar. 8,10. It is possible that this rabbinic statement is a reaction against some baptist overestimation of the river: RUDOLPH, op. cit. I, 62 ff.

[38] See DIBELIUS, op. cit., 80–84.

[39] See also the birthday banquet of the Pharaoh (Gen. 40,20) and the relationship between Daniel and "the king" (cp. Dan. 6,15.19 ff.; 14,30.40). Cp. I. DE LA POTTERIE, Mors Iohannis Baptistae (Mc 6,17–29): VD 44 (1966) 142–151.

Concerning the message of John, we have noticed that the definition of the messianic figure as a bridegroom is probably typically Christian. Similarly we can observe that John's prophecy about the one "mightier than he" (1,7) is oriented to the trinitarian epiphany of Mk. 1,10f. The text, in its present form, does not even derive from a very archaic Christian speculation, since it shows no trace of the angelological pneumatology which we normally find in the Christian apocalyptic meditation about the Son of Man.[40] Nevertheless, we need not hesitate to believe in a messianic faith of John.[41] This faith is what allowed the Christians to see in Jesus the expected one of John. He would probably never have become the 'precursor' of anyone else, if in his preaching there were no expectation of some messianic figure. This expectation is seen in Mark from the Christian point of view, but through this we can still reach a very likely belief of John: someone was to come after him.

## III. *John the Baptist in Luke*

The work of Luke (Gospel and Acts)[42] is the source that offers us more material on John the Baptist than any other.[43] Through the organization of this material, Luke presents a very coherent view of John, a view which fits perfectly in his more general interests. In fact, the evangelist is certainly more interested in the problems of the Church in his days than in the personal history of the old Baptist of Palestine. Nevertheless he speaks about him, and he does so with the habitual carefulness that he shows for the details of all of his reconstructions.

One of the most important aspects of Luke's Church is the Christianization of the pagans, to which, in a more or less direct way, a good part of the narration of Acts is dedicated. Now, in this extension of Christianity, John has an important function. The facts are well known: after the conver-

[40] Mk. 8,38; 13,26f. 32; Lk. 9,26; 12,8f.; Mt. 24,30f.; 25,31. Cp. Rev. 1,4f.

[41] F. LANG, Erwägungen zur eschatologischen Verkündigung Johannes des Täufers, in: G. STRECKER (Ed.), Jesus Christus in Historie und Theologie. Neutestamentliche Festschrift für H. Conzelmann zum 60. Geburtstag, Tübingen 1975, 459–473.

[42] See espec. M. BACHMANN, Johannes der Täufer bei Lukas: Nachzügler oder Vorläufer?, in: W. HAUBECK – M. BACHMANN (Eds.), Wort in der Zeit. Neutestamentliche Studien. Festgabe für K. H. Rengstorf zum 75. Geburtstag, Leiden 1980, 123–155, who often and rightly criticizes H. CONZELMANN, Die Mitte der Zeit, Studien zur Theologie des Lukas (BHT 17), Tübingen [6]1977. General commentaries: K. H. RENGSTORF, Das Evangelium nach Lukas, Göttingen 1969; H. SCHÜRMANN, Das Lukasevangelium, I, Freiburg [2]1982; M. J. LAGRANGE. Évangile selon Saint Luc, Paris [7]1948; L. SABOURIN, L'Évangile de Luc, Roma 1985; R. PESCH, Die Apostelgeschichte (EKK 5), 2 vols., Zürich 1986; G. SCHNEIDER, Die Apostelgeschichte, 2 vols., Freiburg 1980–1982; F. F. BRUCE, The Acts of the Apostles, London 1965; E. JACQUIER, Les Actes des Apôtres, Paris 1926.

[43] É. TROCMÉ, Jean-Baptiste dans le quatrième Évangile: RHPhR 60 (1980) 129f.

sion of Cornelius, the Roman soldier who, in Luke's account, was the first pagan to become a Christian, Peter is strongly criticized by the Christian Jews of Jerusalem (Act. 10,1 – 11,18). In his apology, Peter says that in the very crucial moment when "the Holy Spirit fell on them (the pagans) as on us (the disciples) at the beginning (at Pentecost), then" he "remembered the word of the Lord, how he said: John indeed baptized with water, but you shall be baptized with the Holy Spirit" (Act. 11,15 f.). Peter, in his quotation, is referring to the first words of the Resurrected Lord in the Acts (1,5), words which are a central prophecy in the Lucan narration as they led to the experience of the day of Pentecost (Acts, chap. 2). It is worth noting that it is right after the descent of the Spirit at Pentecost that Peter for the first time introduces the practice of Christian baptism. This is, then, the Christian surpassing of the baptism of John, as the careful Lucan wording emphasizes: "Repent, and be baptized every one of you in the name of Jesus Christ, for the remission of sins, and ye shall receive the gift of the Holy Spirit" (Act. 2,38). This verse shows, on one side, the continuity with John's message of repentance and with his baptism for the remission of sins (cp. Lk. 3,3) and, on the other, a whole new Christian meaning: the name of Christ and the gift of the Spirit. John did not know this name nor could his baptism bring the free gift of the Spirit.

In this way we have seen the two aspects of Luke's attitude towards John and his baptism: on the one hand a very high esteem and on the other the certainty that both needed to be surpassed. But the scene we are discussing is important also for more precise reasons. The prophecy of John concerning the coming of the one mightier than he and his baptism with the Spirit (cp. Lk. 3,16), is reinterpreted by the Resurrected Christ and used to explain the Christian experience of Pentecost, the introduction of Christian baptism and also the extension of this baptism to the pagans. If Luke does so, we can be almost sure that he did not have any Church tradition with 'personal' words of Jesus that were explicit on such crucial moments in the life of early Christianity.[44] Further, we can expect that the figure of the Baptist in Luke has been 'prepared' by the evangelist for such an important role, so that the reader is not surprised.

It would be quite strange, in fact, if a non-Christian preacher had this important function in the origins of the Christian Church. So Luke offers us the deepest Christianization of John in the whole New Testament. John gets in contact with the Spirit even before his birth, still in the womb of his mother (Lk. 1,41), and this is why his baptism is effective for the remission of sins. In some way, John and his baptism are already Christian. He was the object of "good tidings" brought by an angel (Lk. 1,19), as only happened otherwise with Jesus (2,10), and he was also the first person to become an evangelizer (3,18). The true disciple of Christ acts like him (Paul in Act. 26,20) and is persecuted by Herod, like him (Peter in Act. 12,3, with a wording that parallels

[44] See G. LOHFINK, Der Ursprung der christlichen Taufe: ThQ 156 (1976) 35 – 54.

Lk. 3,20). He is even a relative of Jesus (Lk. 1,36). Like the Christianity depicted by Luke, John also brings the message to categories of contaminated people, much loved by Luke, such as tax-collectors (Lk. 3,12; cp. 5,30; 7,29.34 f.; 15,1; 18,9–14; 19,1–10) or soldiers (Lk. 3,14; cp. 7,6 ff. and Act. 10,1 f.7; 16,27–34; etc.).

But in spite of this, John is not yet the perfect Christian, which for Luke means the Pauline Christian. Following Luke, in fact, John's idea of Christ is the Judeochristian idea of an apocalyptic judge, coming "with unquenchable fire", to hew and cast into the fire and burn all the wicked (Lk. 3,7–17). No wonder John has such an idea, if even the closest disciples of Jesus had not understood yet the reality of the Christian message, as Luke shows in 9,54 f.! The Jesus of Luke is no more that Jesus; instead of his withering away the fig tree with no fruit (cp. Mk. 11,13 f.20 f.) or burning the tree "which bringeth not forth good fruit" (Lk. 3,9), he teaches the parable of the fruitless fig tree, that the "dresser of the vineyard" will "dig ... and dung" for another year (Lk. 13,6–9).

For this reason the fire of Pentecost (Act. 2,3) is not the fire of the judge expected by John (Lk. 3,9 etc.)[45] and for this reason no fire is mentioned either by Peter, in Acts 11, or by the Lord, in Acts 1. Also for the same reason John has doubts about Jesus and can even be scandalized because of him (Lk. 7,18–23), or because of his gratuitous miracles that show the real meaning of the mission of Jesus. Luke explains the whole matter to the reader – and also gives the answer that John did not – in ch. 14, with a group of verses (12–14) which offer strong verbal analogies with ch. 7 (note especially in both passages the presence of blind, deaf and poor and a macarism with the same structure, which is unique in the whole biblical literature[46]).

Luke, however, would never deny Jewish Christianity to be Christianity. It is the old way of being a Christian, a way which needs to be surpassed by a deeper conversion and the acceptance of the Pauline Christ, with the scandal of his cross but also with the freedom of his gratuitous gift of grace. This conversion of the Christian Jews is another aspect of the history of the early Church that has a very special importance for Luke. The resistance of the Christian Jews was, in fact, the biggest, if not the only, obstacle which stood in the way of the activity of Paul. The case of Apollos, "a certain Jew" from Alexandria (Act. 18,24–28), and that of "certain disciples ..., about twelve", in Ephesus (Act. 19,1–7), show the opinion of Luke regarding this problem. Apollos, who has the Spirit and knows the things about Jesus as well as the way of the Lord, but nevertheless knows "only the baptism of John", needs only to be taught "more perfectly" in "the way of God", with no new baptism. This extraordinary character is the same person who created problems for Paul in Corinth (1 Cor. 1,12; 3,4 ff.), and therefore the description

[45] Cp. Lk. 9,54 f. See also G. BARTH, Zwei vernachlässigte Gesichtspunkte zum Verständnis der Taufe im Neuen Testament: ZTK 70 (1973) 137–161 (espec. 141).

[46] See J. DUPONT, L'ambassade de Jean-Baptiste (Matthieu 11,2–6; Luc 7, 18–23): NRT 83 (1961) 952.

of Luke probably points out his 'abnormal' position within the Church.[47] The conversion of the "about twelve", a personal success of Paul, shows on the contrary a relatively more 'normal' way to become a perfect Christian. They are disciples, which means Christians, even before their Christian baptism, and their being baptized with the baptism of John is the beginning of their faith. In spite of this, they had never heard of the Holy Spirit and Paul baptizes them "in the name of the Lord Jesus" and lays his "hands upon them". At this moment they are normal Christians. The whole story, then, is told by Luke not to depict an improbable mission of a 'Johannine' group outside Palestine,[48] but to show what Christian Jews really are and how they should be integrated into the Christian (Pauline) Church.

The constant risk with these Judeo-Christians is that they can fall back into Judaism, as the discussion on fasting illustrates (Lk. 5,33–39). They can destroy both Judaism and Christianity, losing completely the gift that God has offered through the old and the new economies. Not only this, but the last words of the discussion, only in Luke (5,39), are possibly a sign of the success of a Jewish-Christian mission even in the Pauline communities.

In Luke's view, even these Christians so bound to Judaism should be able to understand the real meaning of the figure of Jesus Christ through the Bible, i. e. Moses and the Prophets, whose importance is particularly emphasized by Luke in passages that are only to be found in his Gospel or that reflect in a strong way his redactional intervention (cp. Lk. 4,16–30 or the whole of ch. 16). The Lucan infancy gospel, too, seems to be thought to explain in biblical terms the relationship between John and Jesus. They are relatives and John is six months older than Jesus. This not only explains in a 'historical' way the reason for the fact that John actually did come before Jesus, but also teaches the reader how to interpret the fact that Jesus, being the younger, was greater than John (cp. Lk. 7,28). It has always been the choice of God, from Abel to Joseph, from Jacob to David; God always chooses the younger.

Thus Jesus has no need for a real precursor. Luke, in fact, drops almost completely the Marcan identification of John with the suffering Elijah; also the Lucan parable of the wicked husbandmen (20,9–16) ignores the death of any of the servants, just as the death of John is not mentioned in the Gospel. Only the death of Jesus is the sacrifice accepted by God and his uniqueness cannot be confused with any other. So we can understand why John no longer has any special garment that would help in identifying him with Elijah (cp. 2 Kg. 1,8). The same is also true for the Marcan detail about his food, which characterizes him as a specific kind of non-Christian Jew and disappears from the Lukan narration. John is abstinent (Lk. 1,15; 7,33) like a *nazir*, and this is something that a good Christian Jew can do (Act. 21,24), and therefore be

[47] See the excellent article of M. WOLTER, Apollos und die ephesinischen Johannesjünger (Act 18,24–19,7): ZNW 78 (1987) 49–73. Cf. also P. F. BEATRICE, Apollos of Alexandria and the Origins of the Jewish-Christian Baptist Encratism: ANRW II 26,2, ed. by W. HAASE, Berlin–New York 1993 (in press).

[48] There are modern scholars who believe in a baptist diaspora: H. LICHTENBERGER, Täufergemeinden und frühchristliche Täuferpolemik im letzten Drittel des 1. Jahrhunderts: ZTK 84 (1987) 36–57.

helped by Paul himself (!), but also something the worst of the Jews, as enemies of Christianity, can do (Act. 23,12), in order to kill Paul.

All this shows that Luke was absolutely not interested in conserving a historical portrait of John for future generations. Therefore, from all the details that he adds to the Marcan material, only a few important elements can be considered for a historical study. Concerning the person of the Baptist, we learn that he was of priestly stock, with parents bearing old traditional priestly names (also Elizabeth was the name of the wife of Aaron: Ex. 6,23). I see no reason to doubt this tradition.[49] We also hear of his praying in two different parts of the Gospel. The first (5,33) occurrence is in a Lucan insertion in the Marcan discussion about fasting and I believe it is a way in which Luke prepares his reader for the second, where one of the disciples of Jesus says: "Lord, teach us to pray, as John also taught his disciples" (11,1). In spite of the fact that there is an extended Lucan meditation in the Gospel about the importance of prayer, the uniqueness of such a sentence right before the prayer of the Lord can be explained only if we think that this was part of an old tradition, found and adapted by Luke, but by no means invented by him.

Luke seems to know also of the existence of disciples of John. They are not at all a problem for him or for his Church;[50] the only problem are the Christian Jews, who are, in Luke's opinion, all disciples of John. But this is again a theological interpretation, not a historical documentation of the fate of a highly hypothetical 'Johannine Church'.

Finally, there is a very important modification in what Mark had said about the preaching of John. The "Coming One"[51] of the Baptist is no longer the one who brings the final freedom of a new baptism in/with the Holy Spirit, but is the final judge, bringing the "Holy Spirit and fire" (3,16). We have seen how important this aspect is in the Lucan speculation about Jewish Christianity. Nevertheless I do not think that Luke would have applied such an idea to the preaching of John with no 'historical' foundation. We will see that we can find more reasons to believe that John was indeed an apocalyptic preacher, and therefore we can believe Luke in this aspect of his theological reconstruction of the history and the figure of John the Baptist. The belief in itself is quite possible and even normal in the Jewish Palestine of the first century A. D. and makes the Baptist of Luke less a Christian and more a Jew than the Baptist of Mark. Thus, even if we are sure that this image of John suits the general framework of the evangelist, we can accept it as probably reflecting an old and reliable tradition.[52]

[49] Such a minimal amount of reliability is recognized by almost every scholar; see for instance O. Böcher, Lukas und Iohannes der Täufer: SNTU 4 (1979) 29.

[50] Cp. Wink, op. cit., 84.

[51] Cp. Lk. 7,19.20: this is the first time we find an expression that could be a Christological title. Cp. Lohmeyer, Überlieferung, 312.

[52] The same can be said about his waiting for the fire; cp. Lang, op. cit.

## *IV. Matthew's Redaction*

The Gospel of Matthew[53] offers no independent material on John the Baptist. Everything we read of him, in fact, corresponds to some parallel material in Mark or in Luke and, concerning the quantity, we have less than in Luke and more than in Mark. I suggest that Matthew knows both the Marcan and the Lucan traditions and utilizes only the material that fits with his theological reconstruction of Christ's history.[54]

John is a part of the history of Jesus Christ. With his infancy gospel, where there is no space for the Baptist, Matthew shows what he thinks of Christ. Jesus has nothing to do with the Temple or with any priestly family; his father is "a just man" (1,19) in a very traditional Jewish way, who lives in Bethlehem because this is his town, not because he goes there in compliance with an order from the Roman emperor (cp. Lk. 2,1–4). The child Jesus and his family can only expect conflict with the religious and political authorities who are ready to use the Scripture to identify the Messiah and kill him (Mt. 2,3–6). This happens while the oriental pagans ("the wise men from the east": 2,1) recognize the divinity and kingship of the baby. Further, the first cruel persecution forces the young Messiah to withdraw from Judaea, where he had been sent by God according to the Scripture, and to take refuge, first in pagan Egypt and then, after failing to come back to Judaea because of the new "king", in semi-pagan Galilee (as Matthew will emphasize in 4,15 f.).[55]

Then, "in those days came John" (Mt. 3,1); which means that "those days" are already the days of Jesus the Christ, "conceived of the Holy Spirit" (1,20), as Joseph knows.

In Matthew's conception, John is active "in the wilderness of Judaea" (3,1), a fact which transforms the coming of Jesus to be baptized by him into a new attempt of the Messiah to enter Judaea. But the arrest of John causes his new withdrawal into the safer, though semi-pagan, Galilee (4,11). The persecution of John then becomes the persecution of Jesus: also his execution becomes the reason for another withdrawal of Jesus in the narration, despite the fact that it had been described (as Mark had done) in a flashback (Mt.

53 See espec. W. Trilling, Die Täufertradition bei Matthäus: BZ, NF 3 (1959) 271–289; É. Cothenet, Le baptême selon S. Matthieu: SNTU 9 (1984) 79–94; P. Nepper-Christensen, Die Taufe im Matthäusevangelium im Lichte der Traditionen über Johannes den Täufer: NTS 31 (1985) 189–207. Commentaries: E. Klostermann, Das Matthäusevangelium, Tübingen ³1938; W. Grundmann, Das Evangelium nach Matthäus, Berlin 1968; J. Gnilka, Das Matthäusevangelium, I, Freiburg 1986; F. W. Beare, The Gospel According to Matthew, Oxford 1981; M.-J. Lagrange, Évangile selon Saint Matthieu, Paris ⁸1948.

54 The analysis of the synoptic material on John the Baptist brought me to reconsider the thesis of P. Parker, A Second Look at the Gospel Before Mark: JBL 100 (1981) 389–413. See also footnote 64 below (p. 449) and my two books quoted above (p. 430 n. 1).

55 It is the first moment of the so-called "praeparatio Syriaca"; cp. Mt. 4,24.

14,3; cp. Mt. 14,12 f. with 14,1 and 3 and with the Marcan parallels).[56] The enemies of John are enemies of Jesus.

Thus we see John not as the son of pious parents of priestly stock, but as the rough (Marcan) prophet who strongly criticizes "Pharisees and Sadducees" (Mt. 3,7), the enemies of Jesus. With this insertion of John into the history of Jesus, John's autonomous importance is greatly reduced. He is, more clearly than in Mark, the suffering Elijah preceding Jesus (cp. Mt. 11,14 f.; 17,13), but he has lost every independent meaning. His baptism is now a simple penitential practice (Mt. 3,11), with no efficacy for the remission of sins, which in Matthew's view is reserved for the blood of Christ and therefore for the sacramental life of the Church: Mt. 26,28.[57]

Concerning the Baptist himself, he does not know the meaning of his own baptism and would like to be baptized by Jesus; the Christ must explain to him the significance of the act: Mt. 3,14 f.[58] Despite this, and despite the hearing of the "voice from heaven", which in Matthew publicly proclaims the sonship of Jesus,[59] John does not know whether Jesus is the Messiah whom he had announced (Mt. 11,3), and Jesus again must explain it to him. In a similar way, John's disciples do not know why they fast (Mt. 9,14), and, after the death of their master, they can think of nothing else than to "go and tell Jesus" (and then disappear: Mt. 14,12). After the baptism of Jesus, the only further significant event in John's life is his imprisonment and death. This is why we are told that the question of John comes from the dungeon of Herod (Mt. 11,2), thus avoiding any possible doubt about an activity of John contemporary to that of Jesus.[60]

Also the message of John is deprived of any autonomous content. As his baptism lost its specific function as an instrument of salvation independent of Christianity, the words of John, too, have no personal dimension. His first sentence (Mt. 3,2) reproduces the initial words of Jesus in the Marcan tradition (cp. Mk. 1,14 = Mt. 4,17), with a fundamental difference: only Jesus can preach "the gospel of the kingdom".[61] Everything else he says has a parallel

[56] This is usually thought to be a clear sign of the dependence of Matthew on Mark; see R. Bultmann, Die Geschichte der synoptischen Tradition (FRLANT 29), Göttingen 1931, 377. Against, see L. Cope, The Death of John the Baptist in the Gospel of Matthew: or, the Case of the Confusing Conjunction: CBQ 38 (1976) 515–519 (not convincing).

[57] Mt. 3,6 shows that Matthew's source – i.e. Mark – knew that the baptism of John was thought to cancel sins; what other meaning would a public confession have had?

[58] Note the use of the verb "forbid".

[59] The Jesus of Matthew certainly has no need to learn this: Mt. 3,17.

[60] The word Matthew uses for the prison (δεσμωτήριον) recurs only three more times in the NT, always in Acts (5,21.23; 16,26); therefore it is a word Luke would never have dropped, had he found it in his source. Against, see S. Sabugal, La embajada mesiánica del Bautista (Mt 11,2–6 = Lc 7,18–23). Análisis histórico-tradicional: Aug 13 (1973) 233 n. 79 and Id., La embajada mesiánica del Bautista. IV: La fuente (Q) de Mt y Lc: Aug 17 (1977) 400.

[61] Mt. 4,23. It presents no difficulty to Matthew that John preaches the proximity of the kingdom (3,2), as this is in his Gospel a reality shared also by the Jews: Mt. 21,43; cp. 8,12. See espec. Meier, op. cit., 403 f.

in the words of Jesus: the same insult to the same enemies ("generation of vipers": Mt. 3,7 = 23,33) and even the same images about the burning of the chaff (3,12; cp. 13,30.42.50) and the cutting and burning of fruitless trees (3,10; cp. 21,18–22.[62]). This certainly means that in the Judeo-Christian community of Matthew, the Christ who judges with fire is still an important element of the faith. Thus the message of John retains its relevancy, while being deprived of its personal aspects. John had no part in the gospel and, since Jesus refused him Christian baptism, he was not a Christian,[63] at least not in the Lucan sense.

Although the baptism of John had no efficacy in the remission of sins, Christian baptism is something entirely different, as Matthew shows with the last words of the Resurrected Lord: "Go ye therefore, and teach all nations, baptizing them in the name of the Father, and of the Son, and of the Holy Spirit" (28,19). With these words Matthew not only marks the final surpassing of the baptism of John, but takes a long step further respecting Luke: there is no need of John's prophecy for the introduction of Christian baptism into the Church and for its extension to the pagans. Everything has been done according to the word of the Lord – even the adoption of the trinitarian baptismal formula.

If this discussion shows the importance of Matthew in the early Christian meditation on theological, Christological and ecclesiological matters, it also shows the impossibility for the modern historian to base a reconstruction of the historical figure of John the Baptist on any of Matthew's material. Matthew's image of John is a reinterpretation of, and often a reaction to, traditional material that we can find at a more archaic level in the Gospels of Mark and Luke.[64]

## V. *Flavius Josephus: A Historian*

In the historical reconstruction that Josephus offers us of the history of first century Palestine, John the Baptist is a secondary character, but not entirely meaningless.[65] Josephus speaks about him while describing the begin-

[62] All these passages are only to be found in Matthew, without parallel in the words of Jesus in the other synoptics. Concerning the fig tree, see Mt. 21,19 f., where the poor tree is immediately "withered away".

[63] See TRILLING, op. cit., 287.

[64] In my opinion, Matthew knows the Gospel of Luke and probably also the Acts, and reacts to their account of the history of salvation, which is too 'Pauline' to be acceptable for him. It is not necessary for the reader of the present article to accept this, since the whole is still conceivable if we consider that Matthew knew the same traditional material ('Q') known to Luke, but used it without Luke's fidelity.

[65] Bibliography: L. H. FELDMANN, Josephus and Modern Scholarship (1937–1980), Berlin – New York 1984, 673–679. See espec. É. NODET, Jésus et Jean Baptiste selon Josèphe: RBib 92 (1985) 321–348 and 495–524; LUPIERI, Storia e leggenda, 119–131.

ning of the political demise of Herod Antipas. In so doing, he certainly satisfies the curiosity of his Roman (or Romanized) reader who was eager to know anecdotes and details about the life and customs of an oriental province of the Empire. In this way he is also very different from the evangelists, whose interests are not related to any 'archaeological' curiosity of their readers. Further, John the Baptist in himself has no specific historical function in Josephus' narration; John has no political weight nor any direct impact on social, economic, political or simply 'historical' events. He did not even start any rebellion, as he was killed before he or his followers could create any trouble.

Nevertheless, his injust execution is important for Josephus. He uses the sad story of a pious man killed by a suspicious sovereign with at least two goals in mind: to show how little the last independent monarchs of Palestine cared for virtue and justice and to demonstrate that there had always been Jews ready to interpret a military disgrace as a punishing intervention of God.

This last aspect is perhaps the most important for Josephus, as it is the first logical step towards his own moralistic and theological interpretation of the war and the consequent fall of Jerusalem. In his opinion, in fact, everything that happened in Palestine during the war against the Romans, and because of it, was God's punishment for the faults of the Jews. Thus it is deeply meaningful for him to have characters in his narration whose positive ethical identity was able to serve as a contrastive background to the lawless behaviour of the Jewish authority responsible for their unjust death.[66] In this way the story of John the Baptist becomes one of the supporting pieces for the demonstration that it was God who had chosen the Romans as an instrument of his wrath against the Jews, and who had chosen Vespasian and his son to accomplish this design. And everyone knows how essential for Josephus was the idea that the emperors had a part in the manifestation of the providence of God; he had even built his apologetic explanation of his own behaviour on this concept.

We can briefly summarize the events reported by Josephus in the context of John's execution (Ant. XVIII, 5,2,116–119). Herod Antipas had been married for many years (Ant. XVIII, 5,1,109) to the daughter of Aretas, who was the king of the neighboring Nabataeans. Then Antipas fell in love with Herodias. She was his niece, and as the daughter of a half-brother of his, at that moment also his sister-in-law, as she was married to another Herod, who also was a half-brother of Antipas. From this marriage a daughter was born, Salome, then wife of a third half-brother of Antipas, Philip, the Tetrarch of large territories in the north of Palestine. The love of Antipas for Herodias had excellent dynastic motivations for both of them. As the daughter of

[66] Josephus organizes his reconstruction of Jewish history to show the growing illegality and defilement in the behaviour of the political leaders. In his opinion, the nadir was reached by the insurgents during their occupation of the temple; they even dared to shed innocent blood and thereby to pollute the sacred area. Cp. Bellum IV, 5,4,334–344 and, for example, VI, 2,3,122 f.

Aristobulus (the son whom Herod the Great had had strangled in 7 B. C.), Herodias was the granddaughter of Mariamme (the wife that Herod had executed in 29 B. C.), and therefore an important heiress of the royal Hasmonaean family, while Antipas, as the son of the Idumaean Herod and of the Samaritan Maltace, had no noble Jewish blood in his veins. Therefore he was probably interested in a marriage that would connect him to the best and most powerful families in Palestine. On the other side the husband of Herodias lived as a private citizen and Josephus emphasizes the ambition of Herodias during her whole life (Ant. XVIII, 7,1–2,240–256). Whatever the reasons could have been for their 'love', Herod decided to marry Herodias and to divorce his wife, the daughter of Aretas. Unfortunately for him, the king of the Nabataeans was outraged, raised an army and destroyed the army which Antipas had sent against his.[67] After the remonstrances of Antipas, the Roman emperor Tiberius ordered Vitellius, the Roman official responsible for the Syrian province, to send him Aretas in chains, or, if that were not possible, his head alone. At this point, almost as a sign that this would not be the end of the story, Josephus says that "some of the Jews" thought the defeat of Antipas to be the just vengeance of God for the execution of "John, the one called the baptist" (Ant. XVIII, 5,1,116). Here Josephus inserts a brief portrait of John, saying that he had been killed by Herod. John was a "good man" who used to invite those Jews who were already virtuous, just and pious, to be baptized all together.[68] In John's opinion, in fact, only in this way was the immersion acceptable (to God), because they were not to use such immersions (as) to obtain a remission of sins, but only for the purity of the body, since the soul had already been purified before, by the practice of justice. Unfortunately, this idyllic picture is damaged by the arrival of "the others" – which most likely means the Jews who were not virtuous, just and pious – and this happened because everyone was "exceedingly pleased" in listening to the Baptist's speech. The new situation frightens Antipas, who sees that all those people are ready to do whatever John tells them, and therefore decides to act first, before any "new thing" (a Flavian euphemism for "insurrection") can occur. John is arrested, brought to the fortress of Machaerus and killed. But the Jews thought – concludes Josephus – that the distruction of his army was the just punishment of God for Herod's mischief.

The picture of John, then, is very positive. There is no objective reason to kill him. In Josephus' idea, also, those "others" come to John ready to do whatever he suggests, which in my opinion means that they are ready to change their lives and become virtuous, just and pious, in order to participate in the baptism together with the others. Finally, this baptism is nothing special.

[67] One of the reasons for the victory of Aretas was the defection of the soldiers "from the Tetrarchy of Philip", who abandoned their position in the army of Antipas and joined that of Aretas.

[68] The structure of the Greek is quite heavy and in this passage the accumulation of dependent clauses has led about some mistranslations; Josephus wants to say that John did not address all sorts of Jews, but only the most pious and virtuous of them.

It is not a new and revolutionary practice to obtain the remission of sins, but just the normal (then repeatable)[69] Jewish immersion for the purity of the body, inserted into a highly ethical meditation which is John's peculiarity. The reaction of Antipas has no justification and only shows how far his policy can deviate from justice.

This portrait of John is far from satisfactory. First of all, it is not at all obvious why Josephus finds it necessary to deny any efficacy to John's baptizing for the remission of sins. In no other part of his historical works does he ever mention this idea again.[70] It is quite clear that he does not believe in such a possibility and that he thinks his reader agrees with him.[71] Why then is there such a denial, if he had not heard that there were people who believed the contrary?

Secondly, John's message is practically empty of content. If he addresses the Jews who already are virtuous, just and pious, his invitation consists only in telling people to keep their virtue and then to come together for a baptism which adds no new elements to the Jewish contemporary practice of ritual purity. The new aspect of John's baptism is its ethical demand. If true, this is a difference that should not be overlooked. Unfortunately, we must notice that Josephus always put the whole Jewish cultural world in an ethical perspective, so that the different sects become philosophical schools, and therefore are understandable for his Hellenistic reader (cp. Ant. XIII, 5,9,172 f.; XVIII, 1,3,12 f.; Bell. II, 8,14,162–165). We can be quite sure that "virtue/justice/piety" here mean the faithful observance of the Law of Moses (cp. Contra Ap. 2,16,170; 22,192 etc).

This can help us in understanding the reason for the sympathetic feelings Josephus shows towards John. Indeed I do not believe that being a victim of Herod would be sufficient to win the sympathy of our historian. But it is a fact that Josephus always depicts the observant Jews in a positive light, perhaps because from his youth he himself had been deeply involved in the study of the details of the Torah.[72] In particular, he is fond of those Jews who were able to observe the Jewish Law and traditions without being involved in any political revolutionary movement. In Josephus' view, the observants who thought that the institutions had to change to permit their observance were people who introduced dangerous 'novelties'. This is not the case with John.

In the literary production of Josephus there is at least one other character for whom Josephus shows as deep sympathy – while saying practically

[69] This is not explicitly expressed in the text, but can be deduced from the fact that this baptism is thought to be a purification for the body; as the body is periodically defiled, the immersion must be repeated.

[70] As Nodet (op. cit., 324) rightly stresses, Josephus avoids describing – and even mentioning – Jewish purification rites with water, especially in the 'Antiquities'.

[71] His position can be explained as a Hellenistic reaction as well as a Pharisaic one.

[72] He was still a teenager when Jewish religious authorities went to his home to get his opinion about the right interpretation of some passages of the Law: Vita 2,9.

nothing about his ideas: Bannous.[73] In the story of his life, Josephus tells us that he decided, at the age of sixteen, to have himself instructed into the doctrines and way of life of the three most important sects of Judaism (those of the Sadducees, Pharisees and Essenes), in order to decide which one was the best for him. He felt dissatisfied with all of them (Vita 2,10–11), but then he heard of a certain man, called Bannous, who lived in the desert, dressed with material taken from trees and nourishing himself only with things naturally grown, without any form of cultivation. Bannous also habitually took numerous baths in cold water, day and night, for the sake of purity. Josephus went there (he does not say exactly where), became a disciple of Bannous and stayed with him "for three years"; then he came back to the civilized world and joined the sect of the Pharisees (Vita 2,11–12).

Josephus counted the years in the Jewish way, calculating in the sum the first and last year, and thus his residence with Bannous could be reduced to one and a half or two years. Nevertheless this is a long period, in a formative part of one's life. Therefore we are surprised to see that Josephus says absolutely nothing of the contents of Bannous' teaching. And we would obviously like to know more about this figure, as he seems to be externally very similar to the John we have met in the synoptics (although more radical in avoiding human contact, even through the clothing, and in being strictly vegetarian). There must have been a serious reason for such a silence on the part of Josephus. There was something in the teaching of Bannous and in that of John that he knew, but did not want to tell his readers.

Apocalyptic and eschatological beliefs are the parts of Jewish doctrine that Josephus constantly avoids in his narration. The most famous case is that of the Essenes. The discoveries of the Dead Sea scrolls enable us to affirm that the Essenes had developed very abundant apocalyptic and eschatological speculations, but Josephus reports almost nothing of these.[74] In his description of the Jewish movements in first century Palestine, we find only "bandits", who are politically involved apocalypticists who believe in a future king-messiah, and "charlatans" or "magicians", who are politically involved apocalypticists who expect the intervention of God in the near future, thought to be the end of the world.[75] In Josephus' view, these figures are responsible for the downfall of Judaism, and his personal enemies as well as the real enemies of the Romans belong to them. On the other hand, when Josephus wants to depict any character or group or movement in a positive light, they have no apocalyptic aspects for him.

[73] This analogy has been often considered; see, for example, WINDISCH, op. cit., 72f.; J. THOMAS, Le mouvement baptiste en Palestine et Syrie (150 av. J.-C. – 300 ap. J.-C.), Gembloux 1935, 33f.; SCOBIE, op. cit., 110f.; LICHTENBERGER, op. cit., 64.

[74] About Josephus' silence on this matter, see P. GRELOT, L'Eschatologie des Esséniens et le Livre d'Hénoch: RQ 1 (1958/59) 113–131. The texts relating to the Essenes are collected in A. ADAM, Antike Berichte über die Essener (KlT 182), Berlin 1961 (CH. BURCHARD, Berlin [2]1972).

[75] See espec. Ant. XVIII, 4,1,85ff.; XX, 5,1,97ff.; 8,6,167–172. Cp. G. JOSSA, Gesù e i movimenti di liberazione della Palestina, Brescia 1980, 21–94.

At this point we can try to sum up and reconstruct what Josephus probably knew of John, but did not want to say. John and Bannous were very likely apocalyptic preachers, who were not involved in any political activity against the existing Jewish authorities. In this way we can explain both the silence of Josephus about the content of their preaching and the fondness and sympathy he shows for them. Josephus knows that some thought that the baptism of John was efficacious for the remission of sins and decides to deny it. He is probably convinced that what he says is true, but he does not believe that baptism can have such power. Also Bannous must have thought so, at least from what we read in Josephus, and this could be a key for understanding the reasons for Josephus' words. It is well possible that Josephus sees John through the experience he had with his old teacher in the desert. Further, since Josephus has a positive and 'Jewish' vision of John, with no relationship of any sort with Jesus or Christianity, we can, in a very hypothetical way, try to identify the source of this tradition within Judaism. There are no strong objections to the possibility that Josephus had heard of John during his apprenticeship as a young baptist.[76] It seems logical that a group of baptists was able to revere the memory of a teacher who was very similar to them and active about twenty or thirty years before. In this case we can also hypothesize that they did not believe the baptism of John to be efficacious for the remission of sins, as they did not believe it for their own baptism.[77] In this way, whatever the idea of John was, they had rendered him more similar to themselves – which is what the Christians were doing on their own side.

However, if Josephus denies the remission of sins as a quality of the baptism of John, he must have thought that his readers would have heard something about it; why else would he have introduced a subject that he could have ignored? He sees no necessity to discuss an idea which could be detrimental to his image of John, since it could show a 'magical' aspect in his preaching. This means, then, that he is aware of traditions (Jewish or Christian) stating the opposite of what he wants to be known about John.

Concerning more specific details about John, we learn very little from Josephus. He does not mention the Jordan nor any places where John was active; we can imagine that John needed some open space where people could gather to listen to his talks, but Josephus never mentions the desert. Perhaps, since he had often described cases of "charlatans", or "magicians", or "bandits" gathering their crowds in the desert (espec. Ant. XX, 8,6,167 f.), he does not want to use the same setting in the case of a "good man" such as John: the desert could have too clear a political connotation, at least in the 'Antiquities'.

[76] For this 'baptist tradition', see B. Reicke, Die jüdischen Baptisten und Johannes der Täufer: SNTU, A 1 (1976) 76–88.

[77] Josephus underlines the fact that Bannous repeats his immersions. Also in this way he builds the analogy between the Essenes, Bannous and John, but John loses his uniqueness. Nevertheless, concerning what Josephus says about Bannous, we have no ground for serious doubts.

On the other hand, Josephus confirms the connection of John with the territories of Antipas. The precious specification that the arrested Baptist was brought into the fortress of Machaerus, in southern Peraea, reinforces the hypothesis of John being active in that region, "on the other bank of the Jordan". Finally, we can be more precise also regarding the date of the execution of John. It certainly happened before the death of Tiberius (37 A. D.) and some time before the battle between the armies of Aretas and Antipas. We have no date for this, but it seems to me possible that it took place before the death of Philip (about 34/35 A. D.), since there are soldiers from his Tetrarchy acting as untrustworthy allies of Antipas; it is only logical to believe that Philip had sent them to help his half-brother who was now also the step-father of his wife.

## VI. *John the Theologian*

"He breathed on them, and saith unto them: Receive ye the Holy Spirit; whose soever sins ye remit, they are remitted unto them, and whose soever sins ye retain, they are retained" (Joh. 20, 22 f.). These words of the Resurrected Lord initiate (cp. Gen. 2,7) the spiritual creation of the Church through the power of the fullness of the divinity in Christ. For the fourth evangelist, they are also the way in which the Church finally surpasses the baptism of John and realizes John's prophecy about the Coming One and His baptism.[78]

Concerning this prophecy, we have seen in Luke that it had been transformed into a word of the Lord and also that it was conserved in the Church through the memory of Peter; now, in the fourth Gospel, the prophecy of John is not presented in its human aspect, as a word of John for the others, but as a word of God to John, in a way that emphasizes his subordination (Joh. 1,33). Concerning the baptism, then, while the Church has the power to remit and to retain, the baptism of John never had such a capacity. As in the Gospel of Matthew, the power of remitting sins is not in the water of the Baptist, but in the blood of the sacrifice of Christ. It is John himself who says this: "Behold the Lamb of God, who takes away the sin of the world" (Joh. 1,29).

Moreover, John is never called "the Baptist" and he is never explicitly said to have baptized Jesus nor is this baptism ever described. In a way

[78] See espec. G. GAETA, Battesimo come testimonianza. Le pericopi sul Battista nell'evangelo di Giovanni: CrSt 1 (1980) 279 – 314; LUPIERI, Storia e leggenda, 132 – 163. Commentaries: H. J. HOLTZMANN (bearb. W. BAUER), Evangelium, Briefe und Offenbarung des Johannes, Tübingen ³1908; R. BULTMANN, Das Evangelium des Johannes, ¹⁰1968; R. SCHNACKENBURG, Das Johannesevangelium, 4 vols., Freiburg 1965 – 1984; E. HAENCHEN (hrsg. U. BUSSE), Das Johannesevangelium. Ein Kommentar, Tübingen 1980; R. E. BROWN, The Gospel according to John, 2 vols., Garden City 1966 – 1970; K. GRAYSTON, The Johannine Epistles, Grand Rapids 1984.

similar to Luke (3,15 f.), John denies being the Christ. But he also denies being the Prophet, expected by the Samaritans,[79] and even Elijah whose role was so important in Mark and Matthew (cp. Joh. 1,20 f.). He is the witness. He knows that and he says so, applying to himself his Christian interpretation. So he declares himself to be the "voice in the wilderness" (Joh. 1,23). He is also fully conscious that he has come to baptize "with water" (not even "unto repentance", as it was in Mt. 3,11) so that Jesus Christ "should be made manifest to Israel" (Joh. 1,31), and knows very well that he came before Jesus only in human appearance: in theological reality Jesus Christ is the first (1,30), as he is the preexistent Logos.

Therefore the Prologue of the Gospel has an important structural function in the whole narration; it shows that Jesus, who came after John, was before him in a way that does not even allow a comparison between the two figures (Joh. 1,1–18). The fourth evangelist acchieves with the Prologue what Matthew and Luke acchieved through their infancy-gospels.[80]

But the preexistent Christ Logos needs no witness for himself. In fact, as the Jesus of the fourth Gospel explicitly states, he has no need for the testimony of John, since he has that of the Father, expressed through the miracles that John was unable to accomplish (Joh. 5,31–36; cp. 10,41). Nevertheless John was a witness, but for the Jews who, after a short period of enthusiasm, did not believe in the light nor in its lamp (ibid.).

But some did believe. Like the Samaritan woman (cp. Joh. 4,41 f. with 10,41 f.), John had a function introductory to the presence of the Christ. This appears clearly in the conversion of two of his own disciples, in a scene which is the correction of the Lucan scene of the scandal of the Baptist (Joh. 1,35–39; cp. Lk. 7,18–23). Here not only is John not doubtful about the nature of Jesus, but he even explains it to his two disciples, who remain with the Messiah without returning to John any more.

Also the discussion "about purifying" (Joh. 3,25–30) is a reinterpretation of the discussion regarding fasting (cp. Mk. 2,18–22 and parallels).

[79] The fourth Gospel shows special interest in the Samaritans and their religious hope; cp. O. CULLMANN, La Samarie et les Origines de la Mission Chrétienne. Qui sont les ἄλλοι de Jean, IV, 38? (AEPHE.R 1953–54), Paris 1953, 3–12. Any historical relationship of John the Baptist with Samaria is difficult to prove and E. STAUFFER, Antike Jesustradition und Jesuspolemik im mittelalterlichen Orient: ZNW 46 (1955) 1–30, is far from convincing on this detail.

[80] The unity of the Prologue with the rest of the gospel is stressed in recent studies. Of special interest are: W. ELTESTER, Der Logos und sein Prophet. Fragen zur heutigen Erklärung des johanneischen Prologs, in: Apophoreta. Festschrift für E. Haenchen zu seinem 70. Geburtstag am 10. Dezember 1964 (BZNW 30), Berlin 1964, 109–134; M. D. HOOKER, John the Baptist and the Johannine Prologue: NTS 16 (1969/70) 354–358; P. BORGEN, Logos was the True Light. Contributions to the Interpretation of the Prologue of John: NT 14 (1972) 115–130; P. VON DER OSTEN-SACKEN, Der erste Christ. Johannes der Täufer als Schlüssel zum Prolog des Vierten Evangeliums: ThViat 13 (1975/76) 155–173; GAETA, op. cit.

Again the disciples of John are involved, this time with some unnamed Jew, and they go to a Rabbi to receive an explanation, but this time John is in the foreground. He has the knowledge to explain everything, and to do so he uses a nuptial symbology, where Jesus is the bridegroom, in a way similar to that used by Jesus in the discussion on fasting.[81]

The scene also has another possible meaning: it shows that the baptism of John is a 'purification' (Joh. 3,25). But the evangelist has already told us, with the miracle at the wedding of Cana, that the water of Jewish purification needs to be changed into the wine of Christ (Joh. 2,1 – 11). He also has already reported the conversation with Nicodemus (Joh. 3,1 – 15), which shows the uselessness of water alone and the necessity of the Spirit for anyone who wants to "be born again". The baptism of John, then, is something that has no future.

Notwithstanding this reductive presentation of his baptism, John himself does not appear to be the direct object of any polemic of the fourth evangelist.[82] His decrease in stature is most of all theological, proportional to the exaltation of Jesus. It is against the disciples of John that we find polemic statements, and I believe that the Gospel could stem from a community which is in contact with groups of such disciples of John who were not Christians.[83] Such antagonistic neighbors could explain the carefulness of the evangelist in emphasizing the humanity of John, towards the full divinity of Jesus Christ, and also the existence of 1 Joh. 5,6: "This is he that came by water and blood [and Spirit], even Jesus Christ; not by water only, but by water and blood". This is probably the same argument, against some groups of baptists who only used water for their rites and, in the view of the Christian writer, had no blood or spirit to sanctify their activity. But all this shows a situation which is very distant from that of the historical John.

In his reconstruction of history, the fourth evangelist consciously corrects what he found in the synoptics. In this way, he not only denies any theological succession of Jesus after John, but also any historical one. The two characters are active at the same time. Jesus starts his ministry when John is still on the scene and "all men come to" Jesus (Joh. 3,26). In showing Jesus' taking over from the success of John, the evangelist feels obliged to say that he "baptized more ... than John" (Joh. 4,1). But any baptism administered by Jesus should be the baptism "with the Holy

[81] This literary connection with the synoptics has been noticed: C. H. DODD, Historical Tradition in the Fourth Gospel, Cambridge 1963, 284; B. LINDARS, Two Parables in John: NTS 16 (1969/70), 324 – 329; cf. R. KYSAR, The Fourth Gospel. A Report on Recent Research, ANRW II 25,3, ed. W. HAASE, Berlin – New York 1985, 2407 ff.

[82] So, rightly, WINK, op. cit., 97.102 – 105, who emphasizes the role of the Pharisees as 'enemies' in the gospel of John.

[83] Anti-baptist aspects in the Gospel have often been recognized, after W. BALDENSPERGER, Der Prolog des vierten Evangeliums. Sein polemisch-apologetischer Zweck, Freiburg 1898.

Spirit" (1,33), which is impossible, given the absence of the Spirit (cp. Joh. 7,39). The solution for this contradiction is relatively easy: "Jesus himself baptized not, but his disciples" (Joh. 4,2). In so doing, the evangelist presents the success of Jesus, under whose responsibility the baptist activity of the first Church began, and also can clearly state that this baptism is not yet the baptism, but a purification. Somehow there is in such a picture also the desire of a complete Christianization of Jesus: he had already done everything the Church did later. The fourth Gospel goes far beyond the synoptics and has Jesus himself introducing baptism into the life of the Church; but this is an ecclesiological reconstruction of history, not history.

It is very difficult to decide whether there is a historical tradition behind the scene of the passage of some (two) disciples from John to Jesus.[84] The fact that the scene probably is a conscious modification of Lk. 7 does not impede such a possibility. However, this account can be located a step farther from both Matthew (who suggests a passage of disciples at the moment of the death of the Baptist: Mt. 14,12), and Luke (who describes the conversion of Christian disciples who knew only the baptism of John: Act. 18,24–19,7). Thus I do not think it offers a very old and reliable tradition.

The fourth Gospel also gives us a series of interesting geographical indications. Not only does it explicitly say that John was active "beyond Jordan" (Joh. 1,28; 3,26; 10,40), i. e. in Peraea, but it also reports the name of the place (1,28), and that of another locality, possibly in Samaria (3,23). It is not difficult to understand the reasons for the presence of the Baptist in Samaria: since Jesus[85] 'gathers fruit' there, (ch. 4) it seems normal that even there he receives the testimony of John. In the fourth Gospel, where Jesus is preexistent, John even seems to have insight into that fact (1,15.30): no wonder, then, if he goes into Samaria to be Jesus' witness.

Concerning the names of the localities,[86] we can only say that the fourth evangelist here reproduces local traditions; why else should he have chosen these names, of almost unknown localities? The historical problem

[84] Many scholars believe in it: DODD, op. cit., espec. 301; cp. R. GYLLENBERG, Die Anfänge der johanneischen Tradition, in: Neutestamentliche Studien für R. Bultmann zu seinem 70. Geburtstag am 20. August 1954 (BZNW 21), Berlin $^{2}$1957, 144–147; H. THYEN, βάπτισμα μετανοίας εἰς ἄφεσιν ἁμαρτιῶν, in E. DINKLER (Ed.), Zeit und Geschichte. Dankesgabe an R. Bultmann zum 80. Geburtstag, Tübingen 1964, 103 and n. 36; BECKER, op. cit., 12–15.66–70; J. A. T. ROBINSON, The Priority of John, London 1985, 180 ff.

[85] Perhaps in a deeper interpretation of Lk. 9,52–56 and 10,29–37: the Samaritans not only do not deserve to be burnt by the fire from heaven, but are able to understand the Christian message.

[86] If they have not been chosen because of their symbolic meanings. Cp. C. C. MCCOWN, The Scene of John's Ministry and its Relation to the Purpose and Outcome of his Mission: JBL 59 (1940) 119 and N. KRIEGER, Fiktive Orte der Johannes-Taufe: ZNW 45 (1954) 121 ff. But see also K. KUNDSIN, Topologische Überlieferungsstoffe im Johannes-Evangelium (FRLANT 39), Göttingen 1925, 17.

consists in deciding what amount of credibility we can assign to these traditions. We can believe that at the end of the first century in the towns remembered by the fourth evangelist there were baptist and/or Christian communities that were able to glorify their origins by saying that John and/or Jesus had been there. In a similar way, the Christians of Pella were sure that their community had been founded by the community of Jerusalem around A.D. 66, when the last had supposedly abandoned the Holy City before the coming of the Roman army.[87] These are all legends that cannot bring us to any period earlier than that of their first appearance; which means, in our case, the time of the redaction of the fourth Gospel.

## *VII. The Historical John the Baptist*

We have seen the five different interpretations of the figure of John the Baptist, as we find them in the five literary sources of the first century that tell us something of John. For each of them a critical intervention was necessary to obtain a more realistic and 'historical' image of the Baptist. To reach this goal we tried first of all to understand the real significance of the character in each work, to explain it in the original context, and finally to verify as far as possible its meaning in history.

There is still one aspect of the traditions about John that we have not yet discussed, as it is impossible to judge it without a general overview of all the sources together: John's direct criticism of the marriage of Antipas with Herodias. "It is not lawful for thee to have thy brother's wife", proclaims John in Mark (6,18), with an attitude which is well known also to the major synoptics.[88] In fact, any sexual relation with the wife of one's brother is strongly forbidden by the Torah (Lev. 18,16; 20,21), and was equated by some Rabbis with sexual intercourse with a menstruating woman.[89] For an observant Jew, then, the sexual behaviour of Antipas was not simply a new extravagance in a Hellenistic court, but the source of constant ritual impurity for a sovereign who was already unable to enjoy any Jewish racial purity, as he was the son of an Idumean man and a Samaritan woman.[90] A similar case had already occurred with Archelaus,

[87] Excellent criticism of the traditional views about the 'flight to Pella' in G. STRECKER, Das Judenchristentum in den Pseudoklementinen (TU 70), Berlin $^{2}$1981, 229 ff. and 183 ff.

[88] Cp. Mt. 14,4 and Lk. 3,19; the evangelist John is absolutely not interested in this aspect of the Baptist, for him unimportant, and therefore he ignores it.

[89] See Sif. Lev. 20,21. Cp. STRACK – BILLERBECK, op. cit., I, 680.

[90] Racial impurity had already caused trouble for some of the Hasmonaean kings, as in the case of Iannaeus (whose mother had been held prisoner in war, and therefore could not offer any guarantee of not having been violated by a foreigner: Fl. Jos. Ant. XIII, 13,5,372 f.; cp. Bell. I, 4,3,88 f.), of Herod the Great (who was not able to become a High Priest and whose sovereignty had been accepted by the pious as a punishment of

half-brother of Antipas, who had decided to marry his sister-in-law Glaphyra, widow with children of another half-brother of his.[91] Josephus expresses his personal negative moral judgement on both occasions, first narrating the unexpected and impressive death of Glaphyra, to whom her dead first husband appeared in a terrifying dream (Bell. II, 7,4,114–116), and then emphasizing that Antipas "dared speak of marriage to his own sister-in-law" (Ant. XVIII, 5,1,110).

Certainly we know from Josephus that Antipas was relatively free regarding the rules of ritual purity in his public and private behavior: he had Tiberias built on a partially cemeterial area (Ant. XVIII, 2, 3, 38); he had images of animals in his palace (Vita 12,65); he had the names of emperors written on his coins.[92] The reason was that his territories had a mixed population, only partially Jewish.[93] It is also likely for this reason that he did not have problems with his subjects because of his marriage with Herodias. As the story of the unhappy Glaphyra shows, to an observant Jew it was of no importance if the woman was legally divorced or even widowed; having had children from the deceased husband,[94] she was forever a sister-in-law to any of the brothers of her husband, and therefore legally forbidden to them. The whole question then is a legalistic one, does not concern divorce (if it did, we could think of a Christian origin for it, due to the criticism of divorce in early Christianity; cp. 1 Cor. 7,10 f.; Mk. 10,2–12), and does not have any immediate ethical aspects. This would be coherent with the image of John as an observant Jew, an image that is emerging in our analysis,[95] and would furnish a perfect reason for the popular belief that God wanted to punish Antipas through his former father-in-law. However, Josephus says nothing about it, and this is rather strange, as it would fit with the character of John in his narration as well as with his own interpretation of the events.[96] Therefore, we can imagine that Josephus knew nothing of it, or that, despite his knowing it, decided not to tell it to his reader, in order to have a victim

God: Fl. Jos. Ant. XIV, 9,4,176), and of his grandson Agrippas I (who was racially much purer than Antipas, being in the same situation as his sister Herodias; for his problems see Ant. XIX, 7,4,332 f. and mSot. VII, 8).

[91] And also widow of a second husband (so Fl. Jos. Ant. XVII, 13,1,341 and 4,349–353; Bell. II, 7,4,114–116), or perhaps legally divorced from him: Schürer, op. cit., I, 354 f. nn. 7 f.

[92] But no images: Schürer, op. cit., I, 342 f.

[93] And in an even less Jewish territory, his brother Philip was able to mint coins with images: Schürer, ibid.

[94] See n. 26.

[95] The synoptics do present the opposition of John to Antipas as an ethical one, but this could be the Christian interpretation, similar to the moralisation of John that we have seen in Josephus.

[96] John would not be the only character who is killed by a Jewish ruler because of legal/ethical problems: see the case of the rabbis and their disciples killed because of the golden eagle of Herod the Great: Fl. Jos. Bell. I, 33,4,655 f.

who was completely 'innocent' of any protest that, even minimally, could have a political aspect.

The problem, in fact, was exclusively legal and religious, but, as the person involved was the sovereign, the political consequences were also clear: Antipas was impure and therefore he could not participate in any Jewish official religious act and was unqualified and even dangerous as a ruler of Jews. At that time, all were perfectly aware of this, and if John ever expressed his critical statement against Antipas, he should have known that his days were numbered. As the best way to stop someone's voice has always been that of cutting the person's throat, the intervention of Antipas was logical and efficacious: Josephus knows no case of observant Jews rebelling against Antipas.

To sum up the results of our enquiry, we can say that John the Baptist was a Jewish religious reformer, with apocalyptic-eschatological aspects to his preaching. He spread his message of reformation, envisioning a return to the strict observance of the Torah, with the avoidance of all human interpretations. Also the cult in Jerusalem was possibly contaminated and thus no longer efficacious; therefore he administered a baptism in the Jordan for the remission of sins. This baptism was probably the last occasion God would offer to his people before the coming of some messianic figure whose real dimension is difficult for us to understand. John was perhaps an offshoot of a Judaean priestly family, but certainly decided to avoid the contamination of cities and villages, preaching and dwelling along the Jordan, on the Peraean side. This could signify that he wanted to be free from the control of the Jewish religious leadership of Jerusalem, but at the same time did not want to be too far from the heart of Judaism. It appears, in fact, that his preaching especially reached Judaea and Jerusalem.

Despite great local success, he started no real new religious movement and, if our analysis is correct, he had no need to begin any new sect, as his goal was that of a reform of existing Judaism, in the expectation of a possibly near end. In this way, his future destiny in the history of religions was decided not by him but by Jesus, who adopted him as his forerunner. We must recognize that this 'adoption' was made possible by something in his preaching and/or in the history of the two. Thus we are willing to recognize the baptism of Jesus by John as a historical fact, and also the reality of John's expectation of a messianic figure. But any other detail of this aspect in his message is completely lost for us. If our interpretation is correct, then, his *halakah* was potentially anti-Pharisaic, as it emphasized the observance of the law of God, but not of the tradition of men. In this case John the Baptist really was the forerunner of Jesus of Nazareth.

# L'Apostolo Pietro nel Nuovo Testamento. La discussione e i testi

di GIUSEPPE GHIBERTI, Torino – Milano

*Sommario*



Nelle note al nostro testo di regola il riferimento alle voci della bibliografia (infra pp. 526 – 538) è fatto con la citazione del solo nome dell'Autore, seguito dal numero della pagina. Quando un autore ha più titoli, la specificazione è indicata con l'anno di pubblicazione (se necessario, anche con una parola tipica del titolo). – Né in bibliografia né nelle note vengono riportati i commentari. Dichiaro il mio debito verso tutti quelli comunemente circolanti, ma ho fatto rimando solo alle monografie e ai saggi specifici.

## *I. La problematica*

### 1. Il tema biblico

Il dato neotestamentario su Pietro non è limitato a un brano, una sezione o comunque un testo omogeneo, che possa essere affrontato con quel procedimento esegetico che è organizzato secondo una tecnica dall'articolazione complessa ma abbastanza chiara. Esso costituisce invece un tema biblico, che trova nutrimento in una quantità di passi eterogenei. Il progetto di applicare a ognuno tutto il procedimento metodologico si rivela utopistico sia per la problematicità dei passi sia perché il discorso su Pietro non si esaurisce nella somma dei singoli interventi su di lui, ma si inquadra in un insegnamento presente in modo variato per tutto l'arco neotestamentario.

Si tratta infatti di un tema denso e problematico: parte da un'esperienza storicamente collocata nella vita terrena di Gesù e prolungata dopo la morte di questi, e si qualifica per una teologia presente nelle cose e intesa dagli autori che hanno raccontato o comunque riferito.

Di Pietro si parla in punti diversi. Nessun altro personaggio, tra quanti hanno accompagnato Gesù e hanno svolto mansioni di responsabilità nella chiesa primitiva, ha interessato tanto i testimoni che hanno lasciato i propri ricordi nel corpus neotestamentario. Se ne trova cenno negli scritti più antichi, risalenti a Paolo: è il caso di Gal e 1 Cor, composti attorno al 55, in cui sono riportati i nomi di Pietro e di Cefa; viene poi il blocco dei Sinottici e dell'opera lucana che, insieme, costituiscono la fonte più ricca d'informazione sull'apostolo; segue il corpus pietrino, che costituisce un problema a sé, perché contiene certamente notizie su Pietro, ma di difficile lettura; del corpus giovanneo ci interessa quasi esclusivamente il vangelo, che si pone sulla scia dei primi vangeli, aggiungendo però quella specie di *theologoumenon* che è il rapporto fra Pietro e il Diletto.

Può essere curiosa la verifica degli autori neotestamentari che non parlano del nostro personaggio. Pietro è assente nelle deuteropaoline, nel Corpus Catholicum (ad eccezione delle due lettere che si presentano sotto il suo nome) e nell'Apocalisse (quest'ultima voce, però, con riserva)[1]. Se poi portiamo l'inchiesta all'interno delle tradizioni evangeliche, costatiamo che Pietro è assente nella fonte Q ed è invece conosciuto dalla triplice tradizione e dalle tradizioni semplici dei singoli evangelisti. Ogni 'redazione' manifesta poi proprie sfumature nell'interesse verso il primo dei discepoli.

## 2. Elenco dei passi

Gli interventi possono essere distinti nel ciclo della „*vita Jesu*" e in quello del periodo apostolico. Predomina il genere narrativo: presente in modo esclusivo nel primo, è ancora dominante nel secondo, con gli Atti degli Apostoli, la lettera ai Galati e cenni della 1 Cor.

1. Pietro è sempre presente nelle prime chiamate: Mc 1,16 – 20 (par. Mt 4,18 – 22); Giov 1,40 – 42. Si aggiunge lo strano passo di Lc 5,1 – 11, collegato alla chiamata in occasione della pesca.

2. Nel corso del ministero pubblico di Gesù, fin dalla „giornata di Cafarnao", Pietro è presente offrendo la casa al maestro, che gli risana la suocera (Mc 1,29 – 31 par. Mt 8,14 – 15 e Lc 4,38 – 39). Gesù entra così in rapporto con la famiglia di Pietro.

3. Nell'elenco dei Dodici, costituenti una classe qualificata fra i discepoli, Pietro tiene sempre il primo posto: Mc 3,16 par. Mt 10,2 e Lc 6,14. Altra testimonianza lucana in Atti 1,13.

4. Funzione di speciale rilievo ha la scena della confessione di Pietro, in risposta alla domanda di Gesù circa il sentire della gente, ma poi in particolare le convinzioni dei Dodici, su di lui. Una fondamentale struttura del racconto comune ai sinottici si stempera in caratteristiche redazionali anche molto pronunciate: Mc 8,27 – 30 par. Mt 16,13 – 23 e Lc 9,18 – 21. Giovanni ha una impostazione sua propria alla fine del „discorso sul pane di vita" (6,68).

5. In posizione equilibratrice nei confronti della prima predizione sinottica della passione è inserito il racconto della trasfigurazione, nella quale Pietro è

[1] A seconda dell'interpretazione che si dà dei testimoni di Apoc 11.

fra i testimoni privilegiati e prende l'iniziativa di chiedere a Gesù di rimanere in quel luogo: Mc 9,2–10 par. Mt 17,1–9 e Lc 9,28–36.

6. Prima della passione di Gesù solo più una volta si incontra un ricordo trasmesso unitamente da tutti i sinottici, in un passo della sequela, quando Pietro dichiara: „Ecco, noi abbiamo lasciato tutto e ti abbiamo seguito“: Mc 10,28 par. Mt 19,27 e Lc 18,28.

7. Si moltiplicano però le singole testimonianze di interventi che hanno Pietro come protagonista, a volte con altri e più spesso da solo. Marco ricorda che Pietro rincorre Gesù il quale, dopo la notte a Cafarnao, s'è allontanato per pregare (1,36); più tardi Pietro, con Giacomo e Giovanni, è fra i pochissimi ammessi da Gesù nella casa del capo della sinagoga a cui era morta la figlia (5,37); nel ciclo gerosolimitano Pietro esprime meraviglia per il fico seccato dopo la maledizione di Gesù (11,21) e interroga il maestro sul tempo e i segni che caratterizzeranno l'avverarsi delle distruzioni predette sul tempio e la città (13,3).

8. Matteo è l'unico evangelista che riporta il cammino sulle acque di Pietro (14,28–29) e l'episodio della riscossione del didracma del tempio e della moneta rinvenuta da Pietro e pagata per Gesù e per sé (17,24–27); inoltre inserisce in un logion di fonte Q sul perdono fraterno la domanda di Pietro se si debba perdonare fino a sette volte (18,21), mentre già prima chiedeva il senso di una *parabolè* (15,15). Particolare importanza ha la scena matteana della confessione di Cesarea, perché solo presso quest'evangelista è riferita la risposta di Gesù con la promessa a Pietro (16,17–19).

9. Luca riporta un paio di interventi di Pietro: per chiedere ancora la spiegazione di una parabola (12,41: non è la stessa di Mt 15,15) e per esternare stupore di fronte a Gesù che, schiacciato dalla ressa, vuol sapere chi lo abbia toccato (8,45). E' Luca poi il solo che ricorda l'incarico dato da Gesù a Pietro e Giovanni di andare a preparare la Pasqua (22,8). La testimonianza più notevole di Luca si trova nel racconto della cena, quando Gesù affida a Pietro l'incarico di „confermare“ i fratelli (22,31–32: contestuale alla predizione del rinnegamento).

10. Giovanni è già stato ricordato per i paralleli abnormi che offre alle scene della vocazione e della confessione. Pietro viene poi appena ricordato nella moltiplicazione dei pani (6,8). Giovanni si stacca nel racconto della cena quando, alla lavanda dei piedi, riporta il dialogo tra Gesù e Pietro (13,6.8.9) e poi la domanda di Pietro sul traditore (13,24).

11. Nella passione, a cominciare dalla cena (oltre ai particolari di Luca e Giovanni già ricordati), Pietro è interessato nell'agonia al Getsemani e nell'arresto e poi nel rinnegamento. Al Getsemani, durante la preghiera di Gesù, Pietro fa parte del ristretto gruppo dei testimoni della sua lotta (Mc 14,33.37 par. Mt 26,37.40), mentre al momento dell'arresto egli, secondo Giovanni, taglia l'orecchio al servo del sommo sacerdote (Giov 18,10.11). Particolarmente complesso è il racconto del rinnegamento, che viene predetto da Gesù

(Mc 14,29 – 31 par. Mt 26,33 – 35 e Lc 22,33 – 34) e poi si verifica durante l'udienza di Gesù presso l'autorità religiosa del suo popolo, con una successione diversamente riferita (Mc 14,54.66 – 72 par. Mt 26,58.69 – 75; Lc 22,54 – 62 e Giov 18,13 – 17). La scena, che vede un insuccesso personale del solo Pietro, si conclude con un'amara presa di coscienza del protagonista e – a giudicare dalle battute finali di Giov 21 – resta nelle comunità cristiane come ricordo doloroso e determinante della vicenda umana di Pietro.

12. Nei racconti della risurrezione è notorio che Pietro appare come il primo testimone della risurrezione: dalla lista di 1 Cor 15,5 a Mc 16,7 e a Lc 24,35. Invece Lc 24,12 è, a modo suo, parallelo a Giov 20,2 – 10, dove l'andata di Pietro al sepolcro è elaborata nel racconto della coppia dei discepoli più importanti nel quarto vangelo: Pietro e il discepolo amato da Gesù. Un cammino a parte è percorso dal cap. 21 di Giov, tutto quanto impostato sulla complementarità di questa coppia di discepoli: nel racconto della pesca miracolosa Pietro, che non ha riconosciuto per primo Gesù, è invece il primo ad andargli incontro; nelle esperienze successive e finali del vangelo egli è unico interlocutore nella triplice proclamazione d'amore, nel dialogo riguardante il suo futuro e la sua morte e nell'interrogazione sul discepolo amato dalla quale gli viene l'invito finale „Tu seguimi“ (21,2 – 11.15 – 22).

13. Gli Atti degli Apostoli presentano Pietro come protagonista nei primi 12 capitoli, mentre in seguito ne ricuperano un ricordo solo più al cap. 15. Egli prende l'iniziativa per l'elezione del successore di Giuda (1,15), per il discorso di Pentecoste e l'ammissione dei primi discepoli (2,14.37.38), per il miracolo della guarigione del paralitico, mentre con Giovanni sta salendo al tempio, e per il discorso successivo (3,1.3.4.6.11.12), per la risposta da dare ai capi che proibiscono agli apostoli di parlare (4,8.13.19), per la punizione di Anania e Saffira (5,3.8.9), per i miracoli nella prima comunità e un nuovo discorso, sulla linea del capitolo precedente (5,15.29). Inviato a Samaria, resiste a Simon Mago (8,14.20), si reca a Lidda e poi a Joppe, dove risuscita Tabita (9,32.34.38 – 40) e di lì parte, dopo la visione dei cibi mondi e immondi (10,5.9.13.14), per Cesarea Marittima, dove parla in casa di Cornelio (10,17. 18.19.21.23.25.26.32.34 ss.). In questo luogo si verifica un'effusione dello Spirito sui pagani, che vengono poi battezzati (10,44 – 48). A Gerusalemme Pietro torna su questo fatto, dandone un resoconto (11,2.4.7.13); viene incarcerato da Erode (Agrippa I) e, liberato prodigiosamente da un angelo, si reca „alla casa di Maria madre di Giovanni detto anche Marco“ e poi lascia la città per destinazione ignota, mentre i soldati che l'hanno lasciato fuggire vengono processati (12,1 – 19). All'assemblea di Gerusalemme Pietro prende la parola in favore della tesi di Paolo e torna a far cenno all'accadimento di Cesarea Marittima (15,7 – 11). Giacomo si collega a questo intervento, chiamando però il suo autore col nome ebraico, „Simone“ (15,14).

14. Paolo conosce evidentemente bene Pietro-Cefa dal ricordo dei suoi incontri con lui, attestati nella lettera ai Galati: in 1,18 riporta la sua consultazione di Cefa e la permanenza presso di lui per quindici giorni, tre anni dopo i fatti

di Damasco; in 2,7 – 9 descrive i rapporti tra Paolo stesso, evangelizzatore dei non circoncisi, e Pietro, apostolo dei circoncisi e uno dei „ritenuti colonne", in mezzo a Giacomo e Giovanni; in 2,11 – 14 racconta l'„incidente di Antiochia", divergenza di cui Paolo dà la propria interpretazione senza informare sulla sua conclusione.

15. La prima lettera ai Corinzi nomina due volte Pietro (solo col nome di Cefa) in una successione di personaggi: Paolo, Apollo, Cefa, Cristo in 1,12 e 3,22. Più tardi (9,5) viene l'informazione che „gli altri apostoli e i fratelli del Signore e Cefa" portano con sé una donna credente (o una „sorella" come moglie). In 15,5 infine Paolo riprende un antico elenco di testimoni delle apparizioni del risorto e il primo posto è riservato a Cefa.

16. Gli ultimi due richiami provengono dalle introduzioni alle due lettere „petrine": 1 Pt 1,1 denuncia il nome dell'autore come „Pietro, apostolo di Gesù Cristo" e 2 Pt 1,1 „Simeone (variante: Simone) Pietro, servo e apostolo di Gesù Cristo".

## 3. La riflessione sul dato biblico: ricerca, controversia, dialogo

Il destino di Pietro, figura viva e pur stranamente misteriosa, passa dalla storia della composizione neotestamentaria alla storia successiva della chiesa, conservando la posizione di eccezionalità rivestita nella prima stagione. In certi periodi di questo interesse si accentua soprattutto l'aspetto controversistico. Tutto considerato, Pietro non è stato un compagno riposante nel cammino della cristianità. Ma la sua presenza e il suo mistero sono stati stimolo alla composizione di uno dei capitoli più interessanti dell'esegesi. Difficilmente si potrà fare una panoramica adeguata di quanto controversistica e teologia hanno detto di lui, talora mantenendo il contatto autentico con la testimonianza neotestamentaria, talora invece indulgendo al partito preso.

In modo particolare il lavoro esplicitamente esegetico ha visto l'applicazione di tutti i metodi di ricerca: rincorsa dei sensi nel Medioevo, confronto dei testi nei tentativi concordistici, analisi filologica, analisi letteraria, ricorso alla storia delle religioni, tentativi di sintesi teologica i più disparati, analisi storica, ultimamente anche tentativi di lettura strutturale e psicoanalitica oltre, ben inteso, alle letture sociologiche e all'assunzione della narratologia. La lettura controversistica, che ha preso da alcuni secoli un posto di rilievo, non è propriamente un metodo esegetico, bensì un clima, che caratterizza e condiziona la ricerca. Ma anche la stimola. A essa dobbiamo tanti momenti poco simpatici in questo lavoro, e anche il raggiungimento di qualche buon risultato.

In questi ultimi anni alla controversistica si è affiancato, fino quasi a sostituirla (almeno nei casi migliori), il dialogo ecumenico. E' stato un miglioramento qualitativo incalcolabile, anche se lo statuto del dialogo è distinto con chiarezza da quello della controversia assai più nella teoria che non nelle persone che se lo propongono.

Di questa lunga storia vorrei evidenziare solo alcuni momenti tipici verificatisi negli ultimi 40 anni. Nel 1952 vede la luce un'opera fortunata e ricca di pregi, che non è solo esegetica (almeno nel senso più corrente del termine), ma che nel momento più propriamente esegetico conquista i migliori titoli di merito: il 'Petrus' di Oscar Cullmann. Si prefigge, tra l'altro, la verifica di un *consensus* degli esegeti sulla questione ecclesiologica in generale e pietrina in particolare, come qualche esegeta (per es. F. M. Braun) aveva pensato di poter segnalare negli anni precedenti. Da allora la preoccupazione di verificare l'esistenza di un eventuale *consensus* e i limiti della sua reale estensione è stata sempre presente. L'aspetto „ecumenico" di tutta la vicenda è rappresentato proprio dallo spirito che ha pervaso questa verifica di *consensus*. Essa ha generato una capacità di ascolto reciproco notevole, soprattutto se si pensa alla portata ecclesiologica di una questione divenuta così scottante nell'ultimo mezzo millennio.

L'intervento di Cullmann diede la stura a molte prese di posizione. Poteva essere auspicabile il servizio di rassegne che facessero il punto di tanto in tanto sull'andamento della discussione e i risultati del confronto. Quella di Giuseppe Maffei prende in considerazione, di Cullmann, non solo il *Petrus* ma anche la *Tradition*. Gli interlocutori di Cullmann sono solo di parte cattolica e – nonostante il grande impegno – si notano ancora lacune. Le voci evangeliche riportate nella bibliografia sono molto poche. Per questo campo, a mia conoscenza esiste solo la rassegna di Franz Obrist, cattolico, limitata all'interpretazione della *Primatsstelle* Mt 16,18 f. da parte della teologia protestante dei 30 anni precedenti la sua pubblicazione (cioè dal 1930 al 1960). Con le sue due parti (la questione dell'autenticità e il senso della parola rivolta a Pietro), si presenta come un contributo assai prezioso e mostra anche i suoi limiti nei confronti della discussione dei 30 anni successivi.

Intanto continuava intensa la ricerca, espressa in articoli sparsi e anche in opere in collaborazione, come il 'Zum Thema Petrusamt und Papsttum' (1970), in cui Felix Christ rivede e ripropone le tesi del suo maestro O. Cullmann, mentre Wolfgang Trilling concentra in dieci pagine preziose considerazioni sulla questione se „la dottrina cattolica del primato corrisponda alla Scrittura", proponendone una verifica a proposito di Mt 16,17–19.

Mi si permetta anche di ricordare la Settimana Biblica tenuta a Roma dall'Associazione Biblica Italiana nel 1966 e il conseguente grosso volume 'San Pietro', comparso nel 1967. Esternamente l'opera si presenta come una notevole raccolta di contributi, soprattutto esegetici, sul tema „Pietro", anche se accusa l'usura del tempo e l'inconveniente di una certa disorganicità, che le toglie un po' l'efficacia incisiva.

Allo scadere del ventennio dell'opera di Cullmann ha origine un lavoro che si tradurrà in un libro di non grande mole ma prezioso, guidato dagli esegeti americani Raymond E. Brown, Karl P. Donfried, John Reumann. Mentre l'opera di Cullmann era scritta in prospettiva di dialogo, il 'Peter' americano è già il frutto di un dialogo, realizzato all'insegna della buona volontà e sorretto da un cammino preparatorio assai impegnato.

Nuovamente in Italia vide la luce un libro non appariscente: 'Il servizio di Pietro. Appunti per una riflessione interconfessionale' (1978). Pure questa volta devo sospendere il giudizio, per il mio parziale coinvolgimento. È evidente a ogni modo l'intenzione del dialogo, soprattutto in alcuni articoli (come il primo e l'ultimo), nell'inserimento della Dichiarazione anglicana-cattolico romana rilasciata a Venezia nel 1976 e nell'invito rivolto a un sistematico e a un neotestamentarista valdesi per due interventi. Metà dell'opera è dedicata alla testimonianza neotestamentaria e – se manca di una forte sintesi – rappresenta però un tentativo non trascurabile. Gli stessi autori valdesi presenti in quest'opera (B. CORSANI e P. RICCA) pubblicano, nello stesso anno e sugli stessi argomenti, un libretto assai denso che descrive la posizione valdese attuale.

Ancora frutto di dialogo, condotto alla tedesca, è il 'Papsttum als ökumenische Frage ...'. Lo spettro degli interessi supera il puro campo esegetico, ma le relazioni di E. GRÄSSER e J. BLANK sono accompagnate da una discussione a cui parteciparono SCHWEIZER, NISSIOTIS, BRUNNER, JÜNGEL, PESCH, KÜNG, GEISSER, STIRNIMANN, MOLTMANN, OTT, SCHLINK.

In chiusura del decennio ricordo due voci cattoliche, guidate dall'intenzione di portare un contributo al dialogo tra credenti. FRANZ MUSSNER presenta 'Pietro e Paolo, poli dell'unità' col sottotitolo 'aiuto per le chiese'. Il taglio ecumenico è esplicito, al servizio soprattutto del confronto tra la chiesa cattolica e le chiese riformate, che identificano in Paolo la più alta espressione dell'essere cristiano.

RUDOLF PESCH ha pubblicato nel 1980 un'opera notevole: 'Simon Petrus. Geschichte und geschichtliche Bedeutung des ersten Jüngers Jesu Christi', che sfrutta una serie di lavori preparatori di PESCH stesso, come il commentario al vangelo di Marco, la preparazione a quello degli Atti e una quantità di articoli. A differenza di CULLMANN, PESCH pone la distinzione non fra il discepolo, l'apostolo e il martire e poi fra il problema esegetico e il problema teologico-dogmatico, bensì tra la „storia" di Simon Pietro e l'evoluzione della figura di Pietro e del significato di questi per la chiesa universale. Al primato dei vescovi romani è dedicata l'ultima parte dell'opera, ridotta però a pochissime pagine. E' indicativo invece anche solo il titolo della prima parte (anch'essa assai breve): „Il Simone della storia e il Pietro della fede".

All'ultimo decennio è dedicata con prevalente attenzione la bibliografia con cui si apre questo contributo. In questi anni si è notata una diminuzione nel campo degli interessi dichiaratamente ecumenici e una crescita nelle analisi esegetiche puntuali e tecniche.

Le opere in collaborazione fiorite negli anni '70 non erano per lo più occasione di analisi approfondite, ma offrivano sintesi attente in funzione di un'interpretazione globale. In continuità con questa linea si trova ancora, nel 1982, l'opera guidata da K. LEHMANN su „L'ufficio di Pietro", con attenzione alle fasi tipiche dell'evoluzione storica della comprensione elaborata su di lui. Se si fa eccezione per un *Sammelband* di C. P. THIEDE, 'Das Petrusbild in der neueren Forschung' (1987), difficilmente si incontreranno ora casi del genere. E neppure quest'opera è un esempio di dialogo, perché raccoglie contributi nati in forma autonoma, fra il 1961 e il 1986, e nessuno di essi affronta temi che interessano il dibattito delle chiese, tranne G. MAIER che propone un'analisi ermeneutica dell'attuale dibattito sulla parola rivolta a Pietro in Mt 16,17–19.

È probabile che momenti di confronto non ne siano mancati, ma con echi meno vivaci, a giudicare dall'incidenza delle pubblicazioni. Chiudo questa parte di rassegna ricordando il IX colloquio cattolico-ortodosso di Bari (27–29 maggio 1990), dedicato a 'Il primato del Vescovo di Roma: una problematica ecumenica'. Di più immediato interesse fu l'intervento di J. KARAVIDOPOULOS su 'Il ruolo di Pietro e la sua importanza nella chiesa del Nuovo Testamento. Problematica esegetica contemporanea'[2], problematica illustrata nella prospettiva della tradizione esegetica ortodossa, partendo dai padri greci e ispirandosi poi agli studi di S. AGOURIDIS, N. KOULOMZINE, V. STOYANNOS.

La ricerca analitica s'è arricchita di alcune monografie notevoli e di numerosi articoli. Tra le prime, nel 1988 quella di G. CLAUDEL sulla 'Confessione di Pietro', nel 1989 di L. TOSCO su 'Pietro e Paolo ministri del giudizio di Dio' (per Pietro il riferimento va ad At 5,1–11), nel 1990 di C. C. CARAGOUNIS su 'Pietro e la roccia'. In collegamento con il complesso della „confessione matteana", che torna periodicamente alla ribalta, deve essere ricordato un solido lavoro, precedente di qualche anno (1975), dedicato al 'Fondamento, immagine e metafora, nei manoscritti di Qumran', a opera di H. MUSZYNSKI.

Fra le monografie di rilievo sono da ricordare alcune sui discepoli nei vangeli, a cominciare da quella, un po' più datata, di K. STOCK ('Il rapporto tra Gesù e i dodici in Marco': 1975); seguono C. COULOT con 'Gesù e il discepolo', del 1987 (studio sull'autorità messianica di Gesù) e B. L. MELBOURNE ('Lenti a comprendere': 1988), dedicato ai discepoli in prospettiva sinottica.

Un posto a parte merita lo studio di T. S. SMITH sulle 'Controversie petrine nella cristianità primitiva' (1985). Partendo dalle classiche interpretazioni del secolo scorso (F. C. BAUR, A. SCHWEGLER, G. VOLKMAR), egli verifica brevemente il fenomeno nel sec. III, per dedicare l'attenzione soprattutto al sec. II. Di questo fenomeno egli ricerca le radici negli scritti (tutti canonici) del sec. I, offrendo poi una sintesi finale sui punti maggiori di controversia sviluppatisi nella cristianità antica.

Tra gli studi dedicati non direttamente alla figura di Pietro è da ricordare 'Il cammino di Gesù sul mare' di J. P. HEIL (1981), non solo per il coinvolgimento di Pietro in quella scena ma anche per il collegamento che viene evidenziato – nel racconto matteano – con la rivelazione di Cesarea di Filippo. Per gli Atti, nella parte iniziale che vede Pietro quale protagonista singolare, G. BETORI offre suggerimenti utili circa la struttura profonda che guida il racconto ('Perseguitati a causa del nome', 1981). Al rapporto fra Pietro e il discepolo amato come specchio di problematiche ecclesiali è dedicata una monografia di K. QUAST (1989).

[2] Le rôle de Pierre et son importance dans l'Eglise du Nouveau Testament: problématique exégétique contemporaine (in corso di stampa. Ringrazio gli organizzatori del symposium per avermi concesso il dattiloscritto del testo).

Le pubblicazioni più brevi vedono interventi prevalentemente dedicati al testo matteano, soprattutto alle parole di 16,17–19 o solo a una parte di esse (specialmente il v. 18: la pietra, le porte dell'Ade). Indubbiamente si è ridestato l'interesse per la problematica di questo passo, quasi a sconfessare il „consenso" che pochi decenni fa pareva essersi formato almeno su un minimo nucleo. Continuano le ricerche sul rapporto fra Pietro e Paolo, su alcuni punti dei racconti degli Atti, sul Pietro del vangelo di Marco e di quello giovanneo, anche se Giov 21 non stimola una ricerca paragonabile a quella di Mt 16; la stessa cosa deve dirsi per Lc 22.

## 4. I problemi

La discussione su Pietro degli ultimi 40 anni si è costantemente misurata con l'opera di O. CULLMANN. Partendo da una sua rilettura, cercherò di identificare alcuni punti emergenti nella discussione e di verificarne la trattazione nelle pubblicazioni più recenti (gli ultimi 20 anni).

### A. L'inizio con CULLMANN

OSCAR CULLMANN segue il cammino di Pietro nelle tre caratteristiche secondo le quali ci è stato tramandato.

Il discepolo ha sempre, secondo tutta la tradizione evangelica, una posizione di rilievo in mezzo agli altri membri del gruppo: è loro portavoce e Gesù gli affida il compito di confermare i fratelli (p. 27 s. [ital.] = p. 28 f. [ted.]). Non vi si oppone la figura parallela del Diletto presso Giovanni. Nei vangeli però Pietro non è capo, bensì solo portavoce e rappresentante (p. 33 = p. 33) degli altri discepoli.

L'apostolo, dopo la partenza di Gesù, da rappresentante diventa capo, incaricato della direzione della comunità dei credenti. E questo si verifica in Gerusalemme e nel campo missionario della Samaria (perché ogni attività missionaria è considerata „dipendente dalla comunità gerosolimitana"). Paolo stesso in Gal 1,18 ss. mostra di aver conosciuto questa situazione: „se dunque egli voleva conoscere proprio Pietro, dev'essere stato perché egli sapeva, come tutti i convertiti, che era lui il capo della comunità-madre di Gerusalemme, anche se naturalmente questa direzione non aveva ancora il carattere dell'episcopato 'monarchico' posteriore: troppo grande era infatti l'autorità dei suoi colleghi del gruppo apostolico, e già pure quella di Giacomo" (p. 46 = p. 43).

Però a poco a poco Pietro comprende che „il suo vero compito di apostolo, anzi il suo carisma era quello dell'attività missionaria, piuttosto che quello della direzione ecclesiastica" (p. 48 = p. 44). A questa scelta Pietro è favorito e sospinto (si tratta di una simpatia sua, ma anche di una costrizione provocata dalle circostanze divenute contrarie) dal suo atteggiamento personale, libero e aperto assai più che quello di Giacomo. Egli fu perciò costretto a lasciare Gerusalemme e a preferire ambienti nei quali la maniera di pensare di Paolo era condivisa. Pietro stesso fu assai più vicino a Paolo di quanto non si riconosca solitamente (p. 57 = p. 51).

Tutto ciò porta come conseguenza che la funzione di guida viene assunta, alla partenza di Pietro, da Giacomo. Gal 2,1 ss., parlando del 'concilio apostolico', ne dà la conferma anche per quello che fu uno dei momenti più solenni nella prima generazione cristiana (p. 62 = p. 55). Anche nella missione giudeo-cristiana egli dipende da Gerusalemme: Gal 2,12 mostra Pietro intimidito di fronte a „quelli di Giacomo". Molto più libero da Gerusalemme è invece Paolo, cui è affidata la missione pagano-cristiana (p. 58 = p. 52). Il conflitto di Gal 2,11 ss. mostra comunque che ad Antiochia non esiste „primato di Pietro rispetto a Paolo" (p. 59 = p. 52).

Il problema del mandato apostolico è risolto in riferimento a una designazione ufficiale rivolta a Pietro da Gesù già durante la sua vita terrena e poi anche a un mandato conferitogli dal Risorto. „Pietro è stato il primo a vedere il Signore risorto, il che, almeno nei primi tempi, deve aver contribuito fortemente a determinare la sua posizione autorevole in seno alla comunità delle origini" (p. 81 = p. 70). Bisogna però anche aggiungere che „in Gv 21 al compito di pascere le pecore si collega pure la predizione del martirio di Pietro. Ciò significa che il mandato conferito all'apostolo Pietro è cronologicamente limitato al periodo della fondazione della Chiesa" (p. 83 = p. 72).

La concezione teologica dell'apostolo è identificata nella sua vicinanza alle posizioni di Paolo, nel suo universalismo, nella comprensione „della morte di Cristo quale morte vicaria e espiatrice" (p. 85 = p. 73). Le informazioni sono desunte dagli Atti e dalla 1 Pt.

Il martire ha dato la sua testimonianza a Roma. Non vi si trovava quando Paolo scrisse ai Romani. Vi si recò come capo della missione giudeo-cristiana. La migliore conferma a questa tesi, ritenuta solo probabile, è offerta da 1 Pt 5,13. Il fatto del martirio invece è da accettare sulla base di Gv 21,18; 1 Pt 5,1. Per la località qualche indizio è offerto da Ap 11,3 (se Pietro e Paolo sono i testimoni e la „gran città" è Roma) e da 1 Clem 5 (le maggiori e giuste „colonne" ... i „gloriosi apostoli": Pietro e Paolo; hanno testimoniato; „fra noi", nel cap. 6, può servire anche per Pietro e Paolo caduti a causa dell'invidia e gelosia che dilaniava la chiesa di Roma; il tempo fu probabilmente l'epoca della persecuzione neroniana: cf. p. 146 = p. 123); infine da Ignazio, Rom 4,3. CULLMANN conclude che, anche se l'epoca neotestamentaria non offre attestazioni esplicite (che compaiono solo dopo il 150), sia per la fine violenta di Pietro, sia per il suo soggiorno romano, sia per la sua morte nella capitale dell'impero, questi tre elementi sono da giudicare come fatti „relativamente accertati" nel quadro della chiesa antica.

Ci stacchiamo a questo punto dal resto della documentazione raccolta e analizzata, perché (soprattutto la parte archeologica) esce dal nostro campo di ricerca. Ci ricongiungiamo invece a CULLMANN, quando egli procede alla lunga analisi di Mt 16,17–19. Essa è condotta in due tempi: affrontando in primo luogo il problema esegetico e poi quello teologico. Il primo problema riguarda l'accostamento puro e semplice del testo, il secondo la recezione nella teoria e nella vita della Chiesa in riferimento all'istituto del papato. Si tratta di una distinzione abbastanza chiara, anche se statutariamente non proprio adeguata.

La storia dell'esegesi del brano evidenzia un sorgere di interesse non molto antico, abbastanza sfuocato all'inizio e in seguito polemicamente influenzato. L'applicazione del metodo storico-critico registra una diffusa opinione sull'inautenticità del brano. L'opinione si capovolge attorno al 1940, quando studi qualificati ricuperano il contenuto del concetto di *ekklesìa* al tempo e nell'ambiente stesso di Gesù (p. 232 = p. 192). Subito però riparte la discussione, e proprio su questo tema, per opera di R. BULTMANN e W. G. KÜMMEL. Nel 1950 i grandi nomi dell'esegesi neotestamentaria protestante si dividevano in misura pressoché uguale nel sostenere parte l'autenticità e parte l'inautenticità del passo. L'esegesi cattolica era invece schierata per l'autenticità, ma eludeva il fondamentale problema del principio di successione, appellando alla controprova della storia successiva dell'istituto „Chiesa" (p. 236 = p. 195).

CULLMANN stesso si pronuncia a favore dell'autenticità, perché è troppo evidente il carattere semitico del nostro testo: il gioco di parole „Pietro – pietra" si spiega bene solo in aramaico; così si dica per le espressioni „Bar Jona", „carne e sangue", „legare e sciogliere" (p. 262 s. = p. 216 f.). La pericope matteana è però di natura composita: consta della scena della confessione comune pure a Marco e Luca (Marco ne dà la versione più originale, che trova la sua punta nell'incomprensione dei discepoli, anche di Pietro che ha „confessato", quando Gesù presenta la sua missione come quella del Messia sofferente) e poi dei vv. 17 – 19. Questi provengono forse dal ricordo di un'altra confessione di Pietro, che fu origine del suo nuovo nome, „roccia". I vv. 17 – 18 e forse 19a proverrebbero da „antica tradizione orale" (p. 250 = p. 206) che Matteo giustappone alla prima per correggere la denuncia di Pietro quale strumento di Satana con il riconoscimento che egli è strumento della rivelazione di Dio (da confrontare con Mt 11,27).

Nota ipotesi di CULLMANN è l'identificazione del contesto originario in cui sarebbe avvenuta la scena trasmessa dalla seconda tradizione nello svolgimento dell'ultima cena (e non in un'apparizione del Risorto), in analogia con quanto riporta il terzo vangelo (Lc 22,31; ma si veda anche Gv 6,66 ss. e Gv 21,15 ss.). Il contenuto essenziale di quella tradizione si può descrivere così: „All'ultima Cena (o subito dopo) Pietro dice a Gesù: Tu sei il Figlio di Dio, e fa voto di seguirlo fino alla morte. Gesù gli risponde che Dio gli ha concesso questa rivelazione, e gli predice il suo rinnegamento, aggiungendo però al tempo stesso che egli avrà da svolgere un compito particolare in seno alla comunità dei discepoli, la quale cadrà nella sua stessa tentazione" (p. 260 = p. 214).

La possibilità che questa tradizione risalga al Gesù terreno non è impugnata – rileva CULLMANN – sul piano della critica letteraria, bensì su quello della probabilità storica: non è verosimile che Gesù abbia parlato di „chiesa", perché ciò richiederebbe coscienza messianica. È dunque all'interpretazione generale dell'iter storico di Gesù che si deve tornare per orientare la discussione in modo soddisfacente. CULLMANN ritiene che Gesù abbia posto il fondamento di una comunità messianica già nel corso della sua esistenza terrena (anticipazione del regno di Dio, che comincia a realizzarsi anche nei Dodici) e che abbia pensato che anche dopo la sua morte questo eone (di preparazione del regno) sarebbe durato (anche se per breve tempo) e che questa comunità si sarebbe edificata prima del giungere della fine.

Il destinatario delle parole di Gesù, la „roccia", non è soltanto la fede di Pietro (interpretazione diffusa tra i Riformatori), ma non sarebbe neppure la personalità giuridica dell'autorità di Pietro continuante nei successori, bensì quella persona irripetibile che pone il fondamento in quel tempo iniziale. Anche in Ef 2,20; Rom 15,20; 1 Cor 3,10; Gal 2,9; Ap 21,14 è confermato questo concetto di fondamento iniziale. Agli apostoli i vescovi succedono cronologicamente, ma con funzione essenzialmente differente (p. 307 = p. 250).

Se la funzione di apostolo si arresta con l'esistenza terrena di Pietro, quella di capo si prolunga nella storia della chiesa. Ma la chiesa universale non si identifica più, come nei primi tempi, con una sola comunità (p. 318 = p. 259). Se una chiesa volesse pretendere una posizione predominante, potrebbe trattarsi solo di Gerusalemme (p. 322 = p. 262), ma neppure essa può essere portatrice duratura di una successione nella direzione generale della chiesa.

Quanto è poi accaduto, che cioè „dall'inizio del II sec. Roma ha effettivamente avuto una spiccata funzione direttiva in seno alla cristianità del tempo" (p. 326 = p. 265), non garantisce di per sé il primato di quella sede episcopale, perché Mt 16,17 ss. non permette di porre il problema del primato di successori che si ricolleghino a una successione episcopale a catena e perché non può essere ricondotta all'epoca apostolica la linea tracciata dal primato esercitato posteriormente dalla comunità di Roma.

La chiesa deve essere visibile nella storia, ma „chiesa visibile v'è stata e v'è in altri centri al di fuori della chiesa romana" (p. 331 = p. 269).

Con il carisma apostolico ci si ricollega oggi attraverso gli scritti del Nuovo Testamento. „Nell'unico testo neotestamentario che parla espressamente del rapporto degli apostoli con la chiesa che a loro seguirà ... (Gv 17,20), il prolungarsi dell'opera degli apostoli non è legato al principio di successione, bensì appunto alla parola degli apostoli: 'coloro che credono mediante la loro parola'" (p. 310 = p. 253).

CULLMANN stesso rimanda (p. 313, n. 15 = p. 255, A. 1) a un saggio immediatamente successivo a 'Petrus': 'La tradition, problème exégétique, historique et théologique', 1953. In essa egli vuole rispondere all'obiezione cattolica secondo la quale la Scrittura è incapace di collocarsi in presenza del Cristo come fa invece il magistero infallibile dei successori degli apostoli, attraverso il quale opera, elaborando la tradizione, lo Spirito santo.

Secondo CULLMANN il Nuovo Testamento attesta che lo stesso *Kyrios* è presente nella tradizione apostolica e, in conseguenza, negli scritti in cui è rimasta fissata. Essi dunque collocano il lettore direttamente di fronte a Cristo. La tradizione ecclesiastica è subordinata alla tradizione apostolica e al Nuovo Testamento. Presenza del *Kyrios* nella Scrittura è presenza dello Spirito santo nel lettore che crede.

B. Il dibattito su CULLMANN e la problematica emergente

È comprensibile l'impressione favorevole suscitata dall'intervento dell'esegeta di Basilea: stile autenticamente benevolo, discorso veramente „in cammino". Era una gradita sorpresa la riscoperta, proprio in sede evangelica, della figura di Pietro, elevato sul piedestallo dei suoi valori personali, dono di Cristo. Certi recuperi erano addirittura commoventi, come l'affermazione della vicinanza teologica di Pietro a Paolo, lasciata cadere in seguito, quasi sempre, come indimostrabile. L'opera di CULLMANN è stata sentita universalmente come un autentico contributo al dialogo: non tanto perché interroghi le pubblicazioni cattoliche sistematicamente (in particolare non si trovano riferimenti alle opere di teologia fondamentale né tanto meno alla manualistica), quanto piuttosto per il suo procedimento di esegeta sereno, metodologicamente completo, rispettoso dell'opinione e dell'intenzione diversa dalla sua (è evidente l'informazione sull'esegesi cattolica).

È comprensibile pure che all'opera siano state mosse molte osservazioni: sul metodo in generale e sui singoli punti.

Per il metodo non si puntò tanto sulle precomprensioni (anche confessionali) dello studioso: è chiaro che nessuno ne è privo né avrebbe senso pretendere di esserlo. La verifica – anche se non evidenziata, ma presente comunque nella sostanza degli interventi successivi – si portò piuttosto, lentamente, sul taglio e la sensibilità del suo modo di affrontare i testi. In questo campo accadde che la differenziazione dei pareri avvenisse secondo una linea non più verticale (cattolici da una parte, protestanti dall'altra), bensì orizzontale (in ambedue i campi si affacciano sensibilità un po' rinnovate). CULLMANN ha la tendenza a postulare, alle spalle di ogni particolare evangelico, una tradizione. C'è ancora un po' di concordismo, a causa di un certo qual rifiuto a far spazio agli interventi redazionali. Basti ricordare l'esempio delle diverse formulazioni della confessione di Pietro, con la punta di evidenziazione in Matteo (che abbina al titolo „Cristo" quello di „Figlio del Dio vivo"): la novità di Matteo è spiegata col ricorso a una tradizione diversa, senza nemmeno affrontare la possibilità di un intervento redazionale.

I punti singoli furono identificati, come è comprensibile, là dove possono sorgere interpretazioni che portano conseguenze nello statuto della prima chiesa. L'attribuzione prima a Pietro e poi a Giacomo del compito direttivo in tutta la chiesa o almeno nella chiesa e missione giudeo-cristiana è il primo passo nella dimostrazione di non necessità di una successione nel piano divino. Ha senso pensare che un eventuale „primato" passi da Pietro a Giacomo? O primato non c'è, oppure chi esce da Gerusalemme lo conserva. Ancora: che cosa significa „missionario" in opposizione a „capo"? Abbiamo analizzato troppo poco il rapporto tra la comunità e il capo. La comunità fonte ... di potere (anche se non in prima istanza, ma certo come trasmettitrice insindacabile) è concetto neotestamentario o elaborazione di epoche successive?

La discussione più sistematica si porta sull'esaurimento del compito di Pietro al momento della sua morte. CULLMANN lo afferma a più riprese, soprattutto in riferimento a Giovanni 21, ma sempre senza misurarsi a fondo con la questione: di qui l'obiezione che si tratti d'un postulato gratuito. Il problema della trasmissibilità delle prerogative di Pietro ha suscitato molte prese di posizione in campo cattolico, concretizzate sul principio della successione. È certamente la parte più notevole nella rassegna di G. MAFFEI.

L'esegeta è senz'altro interessato a tutti questi problemi, ma non può evitare una riflessione su un momento previo: su quale base vengono condotte queste discussioni? Esistono statuti sufficientemente sperimentati, che indichino vie attendibili per raggiungere risultati buoni per tutti? È impressionante quanto siano numerose le sfumature secondo le quali si può interpretare un dato biblico, anche quando si sia concordato sul fatto di fondo. Tanto più crescente il disorientamento, quando non c'è neppure il consenso sul dato primigenio.

È evidente il fatto dell'importanza di Pietro nei vangeli. Ma che cosa significa realmente, tenendo conto – ad esempio – della presenza parallela del „discepolo amato" nel quarto vangelo? E come interpretare il senso dell'apparizione di Gesù risorto a Pietro per primo?

In Mt 16,17–19 i problemi non si contano, perché si comincia a non essere d'accordo su che cosa sia essenziale in questo passo per il nostro problema. Dalla discussione dei decenni e dei secoli passati si è ereditata la preoccupazione circa il destinatario e il contenuto della promessa formulata dal Gesù di Matteo, ma in tempi un po' più recenti è stato lanciato il problema (oggi non ancora totalmente risolto) della coscienza che Gesù aveva di sé e del futuro dei suoi discepoli. A esso si affianca, simmetricamente, quello della consapevolezza – all'interno della prima chiesa – di interpretare l'intenzione di Gesù nel momento in cui eventuali nuove tradizioni potessero formarsi a esplicitazione dei ricordi e a spiegazione dell'attuale vita di chiesa.

Sulla seconda fase della vita di Pietro narrata dal Nuovo Testamento si comincia a ricercare il senso della presenza di Giacomo a Gerusalemme con Pietro e dopo Pietro: non è chiaro, all'inizio, per quale motivo si debba privilegiare un'ipotesi a un'altra. Tanto meno è chiaro se una particolare responsabilità e autorità sia legata a una persona in quanto tale o al luogo dove i capi risiedono e reggono.

Ancora su questa linea è da porsi il cosiddetto „incidente" di Antiochia. Noi ne possediamo solo la versione di Paolo (e già non è senza senso la domanda perché il racconto degli Atti non lo riferisca) e dobbiamo domandarci come sia da ricostruire storiograficamente e da interpretare ecclesiologicamente.

Sulla morte di Pietro, così come è accennata in Gv 21, si danno molteplici letture: tutte sensate, ma così divergenti fra di loro da non poter essere, evidentemente, compossibili allo stesso tempo.

Si apre pertanto il problema della successione: il discorso neotestamentario su Pietro vale solo per Pietro o si prevede che debba applicarsi a eventuali continuatori del suo servizio (del quale saranno da specificare limiti e condizioni) o addirittura questo discorso è fatto perché ci sono già continuatori in attività e nella prima chiesa c'è la convinzione che questi continuatori appartengano necessariamente allo statuto della chiesa?

E' un problema che coinvolge una quantità di risvolti teologici: rapporto tra servizio di Pietro e presenza della „parola" della nuova rivelazione; natura della chiesa „visibile" e conseguente discutibile necessità di un „capo". Nella consapevolezza dei condizionamenti che ogni lettura subisce da parte delle sue precomprensioni, occorre conservare la libertà interiore che permetta di non trascurare, ma anche di non alterare, eventuali cenni alle convinzioni e alla situazione antica.

Piuttosto fuori del raggio delle nostre testimonianze è la questione se si possa parlare di successioni in collegamento a una sede specifica e cioè – trattandosi di Pietro – se si possa parlare di una successione nel „primato" in collegamento a una „sede primaziale". Gli esegeti che vi fanno cenno escono dal campo delle testimonianze neotestamentarie. Al massimo nel Nuovo Testamento si può verificare l'esistenza o meno di principi orientativi sul significato da riconoscere a una certa evoluzione storica.

## C. Le voci recenti

Vorrei limitare la parte più descrittiva della rassegna alla seconda metà del quarantennio che ci divide dall'opera di O. CULLMANN. E' il periodo di maggior fioritura per gli studi petrini e ripresenta comunque molti dei dati acquisiti in precedenza.

### a) Questioni metodologiche

Particolarmente attento a una esatta impostazione del problema è W. TRILLING[3], che viene spesso citato in seguito. Egli suggerisce anzitutto di tener separati significato e valutazione dogmatica dell'idea e dottrina del primato, sviluppo – durante la storia della chiesa – della realtà del primato, testimonianza globale del Nuovo Testamento su un ufficio di Pietro. All'interno della ricerca esegetica poi occorre distinguere fra attenzione alle singole tradizioni e affermazioni neotestamentarie e testimonianza globale. Ogni testimonianza deve essere analizzata tenendo conto del tempo e luogo in cui è sorta: nei vangeli c'è uno strato che risale al Gesù storico, mentre gli altri provengono dalla comunità siro-palestinese e infine dall'integrazione della „grande chiesa". Nel periodo di formazione del Nuovo Testamento le comunità cristiane vivono il momento della fondazione e della missionarizzazione, a cui segue quello della stabilizzazione. Ognuno di questi momenti lascia la sua traccia nel formarsi delle tradizioni. Analogamente accade per i differenti luoghi di formazione, che possono essere Gerusalemme o i suoi dintorni (per es. la Samaria), la chiesa siro-fenicia (con Antiochia), la costa dell'Asia Minore (con Efeso), l'ambiente greco-macedone, Roma e il Sud Italia.

[3] In: G. DENZLER ..., p. 51–55.

Assieme agli aspetti sfavorevoli alla figura di Pietro devono essere analizzati quelli che anche solo apparentemente ne contrastano la posizione „primaziale“. In genere è necessario inquadrare l'inchiesta in una prospettiva ampia: quella dell'„interesse del vangelo“ ('Die Sache des Evangeliums'). Solo in questa prospettiva ha senso domandarci se esista o meno una funzione direttiva, per tutta la chiesa, legata a una persona.

R. PESCH aggiunge alcune considerazioni previe, di ordine negativo: „I nessi teologici pertinenti (come il problema dell'ufficio neotestamentario) non si possono cogliere e decidere in senso biblicistico-fondamentalistico rifacendosi a un testo, né in chiave storico-fondamentalistica richiamandosi al documento più antico (o a Gesù stesso), e nemmeno al tentativo superficiale di un'armonizzazione di tutti i testi (e le persone) possibili“[3a].

J. BLANK, nei due interventi del 1973 e 1979, insiste sulla distinzione tra il Pietro storico e quello simbolico (che chiama anche mitico, ma non mi pare con perfetta equivalenza). „Importanti fatti storici, che si fanno risalire a 'Pietro', suppongono necessariamente la presenza di tali elementi 'tipici' e 'simbolici', e il loro influsso nella formazione dei miti“. Il nome di Pietro è simbolico; ora „i simboli sono polivalenti e consentono parecchie possibilità interpretative“ e comunque non solo „una spiegazione esclusivamente giuridica“. R. PESCH parlerà poi, in riferimento alla distinzione di BLANK, del Simone della storia e del Pietro della fede.

Ai presupposti della ricerca è dedicato un capitolo intero nel libro del gruppo cattolico-luterano in America[4]. I problemi di introduzione generale ai libri del Nuovo Testamento sono risolti secondo l'orientamento oggi più comune; i cenni a Pietro vengono riconosciuti da tutti, perché presenti nei libri facenti parte del canone neotestamentario di Lutero, anche se resta aperto il problema di una maggiore o minore normatività dei singoli libri.

A proposito delle fonti è da segnalare la preferenza data a Paolo, per le sue informazioni immediate, unita a una certa sfiducia nella componente storica dei dati evangelici e di Atti (J. BLANK è solo uno fra i sostenitori di questa opinione)[5]. Stupisce però che – nel momento in cui si distingue, per i vangeli, fra il Pietro 'storico' e quello 'tipico' – non ci si domandi in quale misura il quadro di Paolo sia tutto storico e niente tipico.

Da un sistematico, L. SARTORI, provengono interessanti richiami anche all'esegeta. Anzitutto va superata l'esegesi che tratta il Nuovo Testamento come testo „giuridico“: esso offre solo „appelli“, che devono sempre essere tenuti presenti, ma che non precostituiscono uno schema completo (c'è posto per la creatività futura!); l'armonizzazione degli elementi nel costruire la chiesa sarà un compito costante. L'attività dell'esegeta non si esaurisce alla parola di Dio come 'storia': il momento disegnato nella fase biblica è considerato come profezia, non come elemento chiuso. Si deve prestare attenzione alla tipologia completa di prototipi della chiesa, quindi non solo a Pietro, ma

3a R. PESCH (1971): qui 46.

4 R. E. BROWN ... Leggo dalla versione francese.

5 Cfr. p. es. J. BLANK (1973) 63.

anche a Paolo, Giovanni ... (richiamo che risuona soventissimo in questo torno di tempi – 1978/79 – e riceve anche parziale realizzazione: cf. CORSANI, GRÄSSER, BLANK, MUSSNER, VON ALLMEN, GRELOT ...)[6].

Un altro sistematico, L. SCHEFFCZYK, fa precedere alla sua trattazione un capitolo dedicato allo „sfondo della problematica odierna", segnalando recenti mutamenti in alcuni strati dell'opinione pubblica cattolica nei confronti del papato[7].

E. GRÄSSER avverte della relativa importanza (non notevole) della gesuanità o meno delle parole neotestamentarie su Pietro, ma sottolinea anche la pluralità di visioni su Pietro nella letteratura neotestamentaria (anche se i sinottici non presentano grandi divergenze)[8].

Il confronto interconfessionale sui testi affrontati con metodologia convenzionale sembra provocare reazioni di stanchezza sfiduciata, come emerge da alcune osservazioni raccolte al termine del meeting sul „papato come questione ecumenica"[9]. Vi si notava, da parte di molti, che lo studio del NT non permette più, oggi, di pensare che sia possibile dedurre dai suoi testi insegnamenti o legittimazioni circa il papato. H. OTT si domanda allora quale sarà il procedimento da adottare. E. SCHLINK richiama la necessità di non applicare a Pietro le categorie abituali con la sensibilità che ci danno le vicende recenti della nostra storia: „capo" non significa detentore di potere arbitrario come un comandante militare ... prussiano; „portavoce" non è solo colui che ripropone il pensiero di un governo o di un partito, perché il caso di Pietro è quello di uno che agisce in spontaneità, unito agli altri discepoli in comunione „pneumatica".

Intanto segnaliamo l'affermazione preziosa di Y. CONGAR: Cristo fonda l'inizio della chiesa; lo Spirito Santo continua a fondare la chiesa in tutta la sua storia.

Che il metodo seguito nell'analisi dei testi sia genericamente quello storico-critico, applicato nelle scelte suggerite di volta in volta da prospettive e sensibilità varianti, è fatto ovvio. Le preferenze vanno di solito allo studio delle fonti, a un'analisi filologica talora esasperata e a una verifica storica delle situazioni di partenza degli agiografi e delle loro comunità. Le metodologie più recenti non sembrano incidere notevolmente, se si fa eccezione per il parziale impiego che G. CLAUDEL fa, accanto ai procedimenti dell'esegesi tradizionale, di quelli ereditati dalla semiotica greimasiana.

Ma non raramente si coglie un sentimento diffuso, che sembra aver pudore a lasciarsi formulare: i ponderosi problemi emergenti dalle testimonianze neotestamentarie su Pietro difficilmente trovano una risposta esauriente a partire dalla sola Scrittura. Si sente pertanto il bisogno di interrogare lo sviluppo successivo della storia della chiesa. „Nell'epoca neotestamentaria –

[6] L. SARTORI, in: Il servizio di Pietro, 15–19.
[7] L. SCHEFFCZYK, 5–16.
[8] E. GRÄSSER, 33–34.
[9] Papsttum ...: le affermazioni di OTT e SCHLINK si trovano a p. 11, quella di CONGAR a p. 318.

afferma R. LÜLSDORFF – quasi tutto ciò che si è evoluto in modo durevole fino ad oggi e continua ad evolvere è presente solo nella dimensione del seme"[10], al quale non si può rimproverare di non essere ancora albero, così come a questi non si rimprovera di essere stato, una volta, solo seme.

Sarà problematico elaborare un'esatta inchiesta sull'evoluzione storica successiva e un soddisfacente criterio d'interpretazione dei suoi risultati: se in passato alla *Wirkungsgeschichte* di un testo si badava troppo poco, non si dovrà cadere nell'eccesso opposto di una sopravvalutazione di essa. Particolare attenzione a questo fatto (anche se sottoposto a una riflessione forse criteriologicamente inadeguata) presta U. LUZ sia nel commentario al primo vangelo sia nell'articolo recentemente pubblicato su 'New Testament Studies'.

b) Pietro accanto a Gesù nei vangeli

Ci soffermiamo sulle presenze di Pietro nel quadro della „*vita Jesu*" e accanto al Risorto, escludendo solo la confessione di Cesarea e la promessa matteana (cf. il prossimo paragrafo).

All'inizio del nostro ventennio troviamo già una più che giustificata, forte sottolineatura della relatività di ogni interpretazione, da parte di F. CHRIST. Egli si allinea personalmente spesso sull'intepretazione del suo maestro O. CULLMANN, ma conferma intanto quanto sia difficile trovare la lettura esclusiva delle motivazioni che reggono i singoli racconti[11].

R. PESCH accenna appena, nel suo articolo, a quelle che saranno le posizioni presentate organicamente nel suo ragguardevole libro (anche se alcune evolveranno). In questo secondo lavoro egli ricostruisce la situazione della famiglia di Pietro e del suo incontro con Gesù (Pietro era interessato al raduno escatologico di Israele, in attesa della venuta del regno, e non fu quindi colto impreparato dalla chiamata di Gesù), l'evoluzione dell'uso del soprannome (nel 1971 pensava che non fosse venuto da Gesù; nel 1980 muta parere), che diventa più tardi nome proprio. La protofania del Risorto ha luogo in Galilea. Nel vangelo di Giovanni – così il primo intervento – il personaggio del discepolo amato è superiore a Pietro[12].

Non determinanti le novità di J. BLANK nel 1973, mentre più attenta è la lettura dei singoli evangelisti nel 1979. In Marco comincia la problematica della legittimazione dopo la morte di Pietro. In Matteo sono notevoli soprattutto le tradizioni esclusive a questo evangelista (cf. oltre, gli esegeti americani). Negli Atti Pietro non prende posizione come superiore degli apostoli. Gv 21,15 ss. non riporta una parola gesuanica autentica. La grande importanza di Pietro nel quadro della „*vita Jesu*" si spiega anche dall'estrema scarsità di ricordi a riguardo degli altri apostoli (per molti si è conservato solo il nome). Ma ciò spiega anche che di Pietro ci sia pervenuta più la simbolizzazione che il ricordo storico. Ecco allora la personalità complessa del *simul justus et peccator*, che

[10] R. LÜLSDORFF, 274.

[11] F. CHRIST, in: G. DENZLER, Petrusamt ..., 36–49.

[12] R. PESCH (1980) 9–58; (1971) 41 e 46.

riveste prevalentemente la funzione di trasmettitore della tradizione evangelica. Si può dire così che la tradizione di Gesù e quella di Pietro vanno insieme (e dunque non si può forse dire – con MUSSNER – che Paolo „ha vinto teologicamente"). C'è un „ufficio di Pietro" nel NT: ma poco fisso, aperto.

Gli incontri degli esegeti luterano-cattolici d'America hanno dato luogo a un testo finale gradevolissimo e di mirabile misura. Per Marco „Pietro è il personaggio più marcante nel gruppo dei discepoli principali, anche se non vengono attenuati i contrasti fra gli aspetti positivi e quelli negativi della sua personalità. Resta da vedere se l'evangelista si serve di questa contrapposizione per rivendicare la presenza dei primi o quella dei secondi, oppure non ha preoccupazione alcuna. La confessione di Pietro ha alto valore tradizionale (Cf. Gv 6,67 ss.), anche se non dice necessariamente storicità del fatto; il rimprovero di Gesù viene probabilmente dalla tradizione. Mc 16,7 è inserzione redazionale nella tradizione del sepolcro vuoto, ma è pure l'eco – probabilmente – della tradizione d'una prima apparizione a Pietro[13].

Matteo ha tre racconti tipici su Pietro: il suo cammino sulle acque (14,28 – 31), il riconoscimento del Figlio di Dio (16,16b – 19), l'imposta del tempio (17,24 – 27). Ci si domanda se facciano parte di una collezione di racconti di Pietro o se siano solo unità sparse di tradizione orale. Per Matteo comunque la posizione preminente di Pietro esisteva nella vita di Gesù: ciò significa, nella sua riflessione ecclesiologica, che nella vita della chiesa Pietro interviene per ogni problema e che è Gesù stesso a fornirgli la risposta. Nelle apparizioni del Risorto Matteo non trasmette ricordi speciali di Pietro, anche perché – probabilmente – è già stato anticipato nel periodo prepasquale materiale proveniente da tradizioni pasquali.

Luca ha procedimenti analoghi: 5,1 – 10, per es., è probabilmente tradizione pasquale. Anche 22,31 ss. è riadattamento di tradizione presa altrove: secondo essa a Pietro è affidata una funzione attiva, che si prolunga. 24,34 può essere un frammento kerygmatico, che non esclude un avvenimento della Galilea. Si rileva che Luca ha abbandonato la severità verso Pietro mostrata da Marco e Matteo.

Giovanni si caratterizza per la mescolanza delle tradizioni su Pietro (in prevalenza esclusive di questo evangelista) a quelle sul discepolo amato. A volte Pietro appare solo, senza la presenza del Diletto, ma sono i casi in cui anche il primo discepolo è descritto a tinte pallide. Quando invece è presente il discepolo che ha un posto di privilegio nel cuore del maestro (ed è ritenuto un personaggio reale della comunità giovannea), anche Pietro acquista contorni ben marcati. Nel cap. 21 (vv. 15 – 17) vengono attribuiti a Pietro incarico e autorità d'amore, sulla scia del cap. 10.

Ancora attenzione ai differenti atteggiamenti dei singoli evangelisti nei riguardi di Pietro troviamo presso T. V. SMITH[14]. L'interesse di Matteo, che secondo alcuni avrebbe evidenziato Pietro per contrastare la posizione di

[13] R. E. BROWN ..., 75 – 91.
[14] T. V. SMITH, cap. V (143 – 196).

Giacomo fratello del Signore e secondo altri in funzione antipaolina, in realtà è difficile da spiegare; resta solo probabile che egli voglia porre Pietro in miglior luce di quanto abbia fatto Marco. Più favorevole ancora è il Luca del terzo vangelo e di Atti, sia per ciò che omette di meno onorevole per l'apostolo sia per quanto aggiunge di positivo nel vangelo (5,1–11; 22,31–32; 24,12); ancora più positivo il racconto della prima parte di Atti. Ma l'importanza, in questi, di Paolo mostra che la comunità lucana non guardava a Pietro come all'autorità apostolica per eccellenza; intento di Luca è piuttosto presentare una cristianità „essenzialmente libera da controversie".

Giov 1–20 e Giov 21 rispecchiano polemiche fra gruppi che venerano Pietro e altri che sono legati al discepolo amato, loro fondatore e autorità massima, testimone oculare dei fatti della vita di Gesù.

Chi evidenzia decisamente gli aspetti negativi di Pietro (sovente in contrasto con Gesù) è Marco. I motivi possono essere o semplicemente la verità storica (Pietro confessò Gesù ma anche mostrò aspetti negativi, che comunque alla composizione del vangelo erano ormai pienamente riscattati dalla sua morte cruenta quale testimone di Cristo) oppure un motivo pastorale di descrizione del cammino incerto di ogni discepolo o addirittura uno strascico della polemica marciana contro la chiesa di Gerusalemme e i suoi maggiori esponenti: SMITH non prende posizione precisa a causa delle informazioni troppo scarse sulla situazione di partenza della redazione marciana. È già comunque abbastanza determinato nella lettura di Marco in chiave antipetrina.

Sarà interessante confrontare lo studio di B. L. MELBOURNE, dedicato a tutti i discepoli (non evidenzia lo specifico di Pietro), per la resistenza che egli oppone a una eccessiva sottolineatura di differenza tra i singoli evangelisti.

Su punti specifici è parzialmente regresso l'interesse per il rinnegamento di Pietro, differentemente dal cammino sulle acque e dalle esperienze della risurrezione. Alcuni studi impegnati degli anni '60 sul rinnegamento (cfr. G. KLEIN e E. LINNEMANN) hanno avuto debole eco, recentemente, in N. J. MCELENEY (1990). Anche sulla parola lucana del *confirma fratres* (Lc 22,31–32) la monografia di B. PRETE (1969) non ha avuto grande seguito.

J. P. HEIL interroga il significato e le funzioni evangeliche del prodigioso cammino sulle acque di Gesù e (in Mt 14,28–31) di Pietro. In quest'ultima scena è visto un rapporto stretto, anche se dialettico, con la confessione di Cesarea e la promessa fatta a Pietro. Già negli scritti di Qumran (come aveva verificato H. MUSZYNSKI) le immagini della nave e della casa si trovavano unite per indicare la contemporanea debolezza e forza di una persona. Anche il lago in tempesta e le porte dell'Ade hanno in comune la funzione di indicare i poteri aggressivi, contrari a Dio. Sul lago è dunque anticipato un motivo della rivelazione di Gesù a Pietro del suo progetto di protezione e guida della comunità dei suoi seguaci. Per G. CLAUDEL il cammino sulle acque nel racconto matteano è versione redazionale di un „motivo circolante nelle comunità cristiane della seconda terza parte del primo secolo ...: Pietro ha raggiunto Gesù passando attraverso le acque". Ciò non toglie a questo frammento un „colore pasquale difficilmente contestabile"[15].

[15] G. CLAUDEL, 109–110.

Larga inchiesta sulle tradizioni pasquali è conseguentemente offerta dallo stesso CLAUDEL. Il rinvio a Pietro nel messaggio angelico alle donne (Mc 16,7) potrebbe essere il residuo dell'andata di Pietro al sepolcro, soppiantata dal prevalere dell'attenzione concessa all'esperienza delle donne. La pesca miracolosa in Lc 5 e Giov 21 attesta l'originale inquadratura nella vita terrestre di Gesù di una scena epifanica (racconto di vocazione del tipo „maestro-servo-confidente plenipotenziario") che poi trasmigra dopo la risurrezione[16].

Su Pietro nelle tradizioni pasquali ho avuto un piccolo intervento anch'io accennando alle conseguenze che questo fatto sembra avere per la posizione di Pietro nella chiesa: primo testimone, fondamento della fede, amore di pastore, universalità di guida. Riprendevo con maggiori sfumature le conclusioni d'un intervento del 1967 circa il „primato" di Pietro. Mi sembrava di dover insistere anche sulla presenza nella chiesa di un servizio, a cui si ricorre ancora anche dopo la scomparsa della persona storica[17].

·Di Pietro – recita la dichiarazione comune del „dialogo ufficiale luterano-cattolico romano negli U.S.A." sul primato papale (4 marzo 1974) – i vangeli parlano in modo tale che lo mettono in rapporto con la fondazione della chiesa, con il sostegno dei fratelli e con il nutrimento delle pecore di Cristo[18]. L'attenzione privilegiata ai tre passi di Mt 16, Lc 22 e Giov 21 è comune a molti autori, come J. J. VON ALLMEN, D. PAPANDREOU.

Per E. GRÄSSER durante la vita di Gesù Pietro è solo rappresentante degli altri discepoli (posizione molto diffusa, a partire da CULLMANN) e non è rinvenibile „primato" né in Lc 22,31 s. né in Gv 21[19].

A questo punto le posizioni sono definite, partendo da un dato materialmente incontestabile per giungere a una interpretazione che diventa presto divaricante. „Non sarà mai possibile raccontare il vangelo di Gesù – afferma L. VISCHER – senza raccontare nello stesso tempo gli eventi riguardanti Pietro", in cui „si rispecchia quel che significa essere discepolo". Ma „questa affermazione corrisponde alla realtà storica?". Sì, se si riconosce pure che egli „è stato interpretato".

### c) La scena matteana di Cesarea (Mt 16,17 – 19)

E' il passo più impegnativo, sia per la sua stessa complessità sia per l'importanza che ha assunto nel dibattito interconfessionale. La rassegna presenta difficoltà per l'applicazione del criterio vagamente cronologico seguito fin qui. Distingueremo i problemi della formazione del testo (*Traditions- und Redaktionsgeschichte*) da quelli della sua interpretazione. Per evitare i rimandi allo stesso autore, si cercherà di esaurire il pensiero di ognuno in quella sede dove pare che il suo contributo sia prevalente.

16 ID., 47 – 163.
17 G. GHIBERTI, in: Servizio, 161 – 178.
18 H. STIRNIMANN – L. VISCHER, Papato e servizio pietrino, Alba 1976, 107 – 166.
19 E. GRÄSSER, 36 – 38.

W. Trilling enuncia posizioni che saranno spesso ripetute, anche se in critica letteraria le varianti dei singoli esegeti sono frequenti[20]. I vv. 17–19 proverrebbero da un'unica tradizione, inserita secondariamente nella pericope di Cesarea. La formazione della tradizione sarebbe palestinese, probabilmente aramaica, di epoca postpasquale e sarebbe avvenuta perché in quell'ambiente Pietro svolgeva la sua attività, che poteva essere descritta con quella parola. Il riferimento al Gesù storico è ricuperabile nel nome *Kepha-Petros*. Il detto parallelo, ma plurale, di Mt 18,18 dimostrerebbe che la comunità matteana applica a sé i poteri di Pietro e per di più non alla chiesa generale (come nel cap. 16), bensì a quella particolare.

R. Pesch nel 1971 dichiara la sua dipendenza da G. Bornkamm: il *Sitz im Leben* di Mt 16,18 s. sarebbe il conflitto tra Paolo e Pietro in Antiochia e la necessità di giustificare l'infiltrazione dell'influsso giudeo-cristiano nel cristianesimo ellenistico. Nel libro su Pietro questa lettura è sviluppata nella successione, ipotetica, degli avvenimenti occorsi a Pietro: lo scontro con Paolo segna probabilmente l'isolamento di quest'ultimo, mentre s'impone la linea petrina di compromesso. Da Antiochia Pietro torna a Gerusalemme, dove ottiene le „clausole di Giacomo" in favore dei pagano-cristiani. In questo momento si formerebbe il racconto matteano, sfruttando un'originaria scena di apparizione del Risorto e dando a quelle parole una pretesa panecclesiale[21].

Nel 1972 davo anch'io, in appendice a un libretto, lo *status quaestionis* della discussione fino alla soglia degli anni '70, per il rapporto che lega Mt 16,19 a Mt 18,18 e Gv 20,23[22].

J. Blank rincorre la storia della tradizione del complesso brano: all'origine della confessione di Cesarea c'è una proclamazione di messianicità puramente giudaica di Gesù, trionfalistica, limitata all'orizzonte di questo mondo. Gesù risponde indignato („Satana!")[23]. Marco interpreta „cristianamente" la confessione, ma la completa nella propria prospettiva con la predizione di Gesù sulla sua morte. Poi interviene Matteo, modificando la confessione e facendola seguire dal macarismo (Pietro è favorito di una rivelazione dal Padre: diventa teste della rivelazione), dall'imposizione del nome e dalla promessa di essere fondamento della chiesa (una funzione non trasmissibile, che non contempla successore), detentore delle chiavi e del potere di legare e sciogliere (funzioni trasmissibili, ma l'ultima – secondo 18,18 – è trasmessa alla comunità intera). Il conio definitivo della promessa è tardivo. Quanto all'origine del potere di legare e sciogliere, stranamente Blank ritiene che l'ambiente originale della sua formazione sia stato quello di 18,18, ma che poi Matteo in 16,19 abbia voluto legittimare questa prassi come petrino-apostolica.

Gli esegeti cattolico-luterani d'America affermano la priorità di Marco, anche se il contesto primitivo della tradizione è nuovamente individuato in fatti posteriori alla risurrezione. La confessione è pronunciata da Pietro,

[20] W. Trilling, in: G. Denzler ..., 36–38.
[21] R. Pesch (1971) 44; (1980) 101–104.
[22] G. Ghiberti (1972) 143–167.
[23] Di J. Blank congiungo i due articoli.

secondo Matteo, per un dono personale concesso a lui, non come espressione della fede comune. La parola sulla „chiesa" probabilmente sorge essa pure in contesto posteriore alla risurrezione. Ma – osservano gli esegeti americani – non per il fatto che si attendesse una fine prossima è da escludersi la possibilità di una comunità strutturata (si confronti quanto accadeva a Qumran). Vengono poi presi in considerazioni i 'paralleli' giovannei: Giov 6 presenta Pietro in funzione meno importante e Gesù con una reazione più riservata; Giov 21 pone meno l'accento sull'autorità (cf. 1 Pt 5,1–4), anche se con partecipazione più eccezionale alla funzione di Gesù che in ogni altro vangelo[24].

A. Vögtle ha avuto prese di posizione che – se in epoca immediatamente preconciliare furono occasione di qualche tempesta, fuori del loro ambiente di origine, a causa della metodologia di ricerca sul „Gesù storico" – esercitarono notevole influsso sulla critica tedesca (specialmente cattolica). Mt 16,17 è giudicato di formazione matteana (totalmente redazionale), mentre i due versetti successivi avrebbero avuto il loro ambiente di incubazione in un racconto di protofania petrina che presentava Pietro come primo testimone delle apparizioni del risorto[25].

P. Hoffmann aveva iniziato i suoi interventi affermando che la tradizione delle parole che promettono potere a Pietro hanno avuto origine in ambiente carismatico-profetico di missionari protocristiani: essa presuppone la funzione storica di Pietro nella cerchia dei discepoli e nella chiesa come testimone della risurrezione, ma è di formazione non antica, bensì della seconda o terza generazione. Nell'ultimo intervento, partendo dalle caratteristiche di Matteo, Hoffmann pensa di poter stabilire che Mt 16,19 è derivazione redazionale da 18,18, confermando così la tendenza a interpretare tutto quanto è detto di Pietro in funzione dei discepoli o della comunità radunata nel nome di Gesù, „per evitare che lo scriba cristiano diventi 'rabbi' e campi la pretesa di autorità patriarcale"[26].

Il notevole contributo di F. Mussner all'approfondimento esegetico di problematiche ecumeniche si è dimostrato anche nel nostro campo, prima nella monografia dedicata a „Pietro e Paolo" e poi con interventi minori. Mt 16,17–19, visto storicamente, è una scena di apparizione postpasquale a Pietro („primo testimone"!), ma la tradizione conosceva pure una „confessione di Cristo" da parte di Pietro, anche se ce ne sfugge ora il preciso svolgimento[27]. Il „*Sitz im Leben*" dell'evidenziazione di Pietro in Matteo è insicuro, ma certo non ubbidisce solo a interesse storico, essendo evidente un interesse attuale alla persona e funzione di Pietro, finalizzato alla chiesa di Gesù Cristo nella sua totalità, forse perché l'evangelista vuole puntellare l'unità della chiesa che vede in pericolo.

Per J. M. van Cangh e M. van Esbroeck Mt 16,17–19 era già legato – allo stadio della comunità palestinese – all'episodio precedente della confes-

[24] R. E. Brown ..., 105–126; 162–177.
[25] A. Vögtle (1973) 383.
[26] P. Hoffmann (1978) 21.
[27] F. Mussner (1976) 72–74.

sione messianica (vestigia in Giov 1,41 – 42) e a quello seguente della trasfigurazione (Mt 17,1: „e dopo sei giorni"). Matteo riceve questo logion dalla comunità palestinese, che lo metteva in relazione con la confessione messianica legata al quadro del Kippur (Gesù affida a Pietro la funzione di sommo sacerdote nella liturgia dell'espiazione, la cui realtà è chiamata a sostituire il sacrificio di Caifa nel tempio di Gerusalemme) e con la trasfigurazione, festa di intronizzazione messianica legata al quadro di Succôt. Non sarebbe impossibile pensare queste parole risalenti a Gesù.

G. W. E. NICKELSBURG studia le somiglianze tra Mt 16,13 – 19 e la parte di Levi nella tradizione di Enoc e Levi (1 Enoc 12 – 16 e Test Levi 2 – 7). Egli giunge ad affermare che Mt 16,13 – 19 provengono da un'unica tradizione, premarciana. Essa ha carattere analogo a quelle sezioni di letteratura intertestamentaria. È possibile che Pietro sia visto come sostituzione del sommo sacerdote. Non possiamo soffermarci ulteriormente nell'esposizione di queste tesi che, nel quadro un po' uniforme visto in precedenza, portano un parziale rinnovamento di prospettiva.

P. GRELOT si riallaccia a una tesi che può veramente essere chiamata il nuovo *consensus* degli ultimi lustri, quella dell'origine postpasquale del dialogo che Matteo ha trasferito a Cesarea di Filippo (il rimando d'obbligo è fatto alla recensione di Giov 20,21 – 23), vedendo nel suo comportamento un parallelo con quello di Lc 5,4 – 11, che sembra anticipare nel quadro della vita terrena di Gesù un episodio di quelle apparizioni di Galilea che egli ometterà nel capitolo finale (ma che è attestato, ancora, in tradizione giovannea: Giov 21,1 – 14). Di Mt 16,16 – 19 lo studioso francese rivendica inoltre l'origine aramaica palestinese (offrendone un tentativo di retroversione) di una tradizione arcaica, che si trasmetteva ancora in forma orale e il cui „stile cadenzato ritrova maggiormente la vena letteraria delle parole pronunciate durante il ministero pubblico di Gesù"[28].

L'opera voluminosa di GÉRARD CLAUDEL può essere assunta come sintesi interlocutoria (e discutibile) del complesso lavoro di critica letteraria dedicato al nostro testo. Un'interessante rassegna della storia della ricerca a partire dall'inizio del nostro secolo, quando si presentano i primi dubbi sull'autenticità di Mt 16,17 – 19 (con i „nomi sacri" di HOLTZMANN, WELLHAUSEN, LOISY ...), gli permette di evidenziare nell'esegesi attuale alcune direttive prevalenti: Mt 16,17 – 19 è ritenuto prevalentemente inserzione matteana piuttosto che omissione marciana, anche se è ancora sostenuta la tesi opposta e anche se non sono conclusive le spiegazioni proposte per l'intervento operato da Matteo; la recensione marciana parte da un apoftegma biografico che riferiva la proclamazione di fede di Pietro nella messianicità di Gesù, il quale però lo rimprovera per la falsa interpretazione della messianicità; il *Sondergut* di Matteo (vv. 17 – 19) è per lo più ritenuto non originalmente unitario, la sua composizione potrebbe essere ascritta o (al Gesù storico?, o) a una comunità aramaica o alla comunità antiochena e riferire il ricordo di un intervento

[28] P. GRELOT (1985) 104.

pasquale o più precisamente della protofania a Pietro. Dalle tracce appunto di questa protofania parte l'inchiesta di CLAUDEL, che interroga Mc 16,7; Mt 14,28–31; Lc 5,1–11 e Giov 21,1–14 + 19; 1 Cor 15,5, per concludere che all'eventuale ipotesi che interpreta Mt 16,17–19 come frammento di protofania anticipato nella vita terrena di Gesù non si offrono paralleli in tutto il Nuovo Testamento. Nel piano generale dei sinottici la confessione di Pietro occupa in ognuno una funzione diversa e in Matteo perde addirittura di interesse di fronte al prevalere della promessa di Gesù. Quanto al rapporto tra di loro, i sinottici mostrano sì una precedenza di Marco, ma probabilmente Matteo ne ha già conosciuto la fonte, riportata nella formula di confessione più lunga pronunciata da Pietro, e il „*Sitz im Leben*" di quella fonte sarebbe da cercare nel passaggio, operatosi all'interno della comunità, dalla „cristologia del profeta" a una „cristologia del Figlio" ancora avvolta nella sua primitiva coloritura escatologica. Il rimprovero successivo di Gesù a Pietro (Mc 8,33) potrebbe essere la conclusione di una tradizione di genere biografico in cui „Gesù informava i discepoli della sua volontà di salire a Gerusalemme" e – incontrando la loro resistenza espressa nelle parole di Pietro, loro rappresentante – reagiva con un vigoroso rimprovero a Pietro: anche per questa tradizione Matteo sembra attingere alla fonte stessa di Marco.

Lo studio del *Sondergut* di Mt (16,17–19) mostra anzitutto che si tratta di un brano composito, nel quale il v. 18 è la finale del racconto primitivo della confessione di Pietro, mentre i vv. 17–19 costituiscono un allargamento di redazione a forte colorazione pasquale di quella finale originaria. Il racconto primitivo, di tono apocalittico, si sviluppava sullo sfondo dell'attesa d'un prossimo ritorno del Figlio del Dio vivo; nella rilettura matteana viene garantito il legame tra il Gesù terreno e il risorto attraverso la delegazione dei poteri contenuta nella promessa fatta a Pietro. Se questa interpretazione porta a giudicare il v. 18 inautentico nei confronti della prospettiva originale, non ne deriva che la rilettura fattane dalla comunità matteana sia stata arbitraria e deviante, visto che in Lc 22,31–32a, ritenuto sostanzialmente autentico, è attestato un processo di crescita verificatosi nella stessa consapevolezza di Gesù. Matteo inoltre rilegge il „detto d'elezione" del v. 18 con la parola d'investitura del v. 19a (dono delle chiavi), l'allarga con il macarismo redazionale del v. 17 e vi aggiunge il logion tradizionale del v. 19bc (cfr. 18,18). Egli ottiene così una scena grandiosa che offre analogie con 28,16–20 e che ha analoga funzione: costituisce infatti la conclusione della prima parte del vangelo.

Marco, che leggeva la fonte nel senso primitivo, di fronte alla morte di Pietro non può più riportare il „detto d'elezione", non essendo più Pietro il garante del raduno escatologico.

b) Parlando dell'origine del testo, si entra già sovente in merito ai suoi contenuti. E' accaduto soprattutto nell'esposizione della ricerca di G. CLAUDEL. Presso quest'ultimo abbiamo pure trovato una rassegna articolata delle interpretazioni date al messaggio della pericope matteana. L'aspetto più considerato in queste rassegne è quello riguardante la funzione di Pietro: nel gruppo apostolico, nella comunità postpasquale, nella chiesa dei secoli. Anche se la tipologia dall'uno all'altro autore varia leggermente, è confermata la sostanza, alla quale orientano i grandi repertori.

Tra i punti singoli recentemente l'attenzione è stata richiamata dal rapporto fra *Petros* e *petra*. Nel 1979 P. LAMPE aveva condotto uno studio filologico assai erudito sul gioco di parole collegato al nome di Pietro. Dalla verifica dell'uso aramaico egli conclude: „1. Prima di Pasqua il soprannome significa ʻpietraʼ; 2. Il significato ʻrocciaʼ ... è più recente che il nome; prima di Pasqua dietro il nome non si nascondeva alcun senso spirituale o ecclesiologico. Non è chiaro se il nome facesse riferimento al carattere o all'aspetto della persona"[29]. Il gioco di parole in aramaico poté avvenire solo se al posto di *Petros – petra* c'era *kepha – kepha* e raggiunse il suo effetto perché si passava dal senso di pietra a quello di roccia.

Tra i molti richiami a questo studio ne accenno due, recenti. R. LÜLSDORFF accetta il suggerimento fondamentale del passaggio da „pietra" a „roccia" ed estende l'attenzione ai termini ebraici *„sur"* e *„sela"*: attraverso l'applicazione del primo titolo (di per sé proprio di Dio) a Pietro questo viene costituito dalla grazia di Dio roccia per la giovane chiesa.

C. C. CARAGOUNIS dedica la sua monografia alla verifica filologica della tesi, che sembrerebbe oggi comune fra cattolici ed evangelici, secondo la quale è da identificarsi con Pietro la „roccia" su cui deve essere costruita la chiesa di Cristo (cfr. Mt 16,18). La letteratura greca e i LXX mostrano che il maschile *Petros* e il femminile *petra* sono interscambiabili, eppure il detto matteano mantiene le forme diverse; il semitico pregiacente non portava probabilmente due volte lo stesso termine, bensì per es. in aramaico sono possibili *kyph'* e *tnr'*; il gioco di parole poteva essere efficace sia nella dualità terminologica greca sia nell'ancora più grande differenza di suono possibile nel semitico. Le considerazioni esegetiche, tratte soprattutto dalla funzionalità della persona di Pietro nel vangelo di Matteo e dalla struttura stessa della scena, mostrano che Pietro „non ha nulla a che fare per sé con *petra*"[30].

Il gioco di parole si basa sulla somiglianza del suono e sulla dissomiglianza tra *Petros*, „pietra" come nome di uomo, e *petra*, „roccia" in riferimento al contenuto messianico della rivelazione di Pietro. Se ci fu un precedente aramaico, il greco lo ha addirittura migliorato introducendo l'assonanza. L'interesse non è dunque primariamente alla persona, ché anzi l'inizio solenne „tu sei Pietro" dovrebbe essere interpretato come una forma di giuramento o impegno solenne: come è vero che tu sei Pietro, così io edificherò la mia chiesa su questa roccia, cioè su quanto hai detto ora[31]. È prevedibile che questo intervento provocherà l'effetto del sasso nello stagno, se non per una particolare forza di argomentazione almeno per la sua proposta insolita.

Con particolare attenzione al macarismo in seconda persona di Mt 16,17 („Beato te, Simone ...") si svolge lo studio di C. KÄHLER, che interpreta l'aggiunta matteana dei vv. 17 – 19 come inserimento tardivo, avvenuto in una

[29] P. LAMPE, 239.
[30] C. C. CARAGOUNIS, 108.
[31] ID., 113.

comunità giudeo-ellenistica, e composto in origine come racconto di epifania. Dal Cristo glorificato Pietro è costituito legittimo testimone della rivelazione. In questo modo l'autore del vangelo si pone sotto l'autorità di Pietro. All'inizio probabilmente questo racconto non esisteva da solo, bensì in un grappolo di racconti incentrati su Pietro e contenenti altre rivelazioni. Per la nostra scena, in particolare, è presente „lo schema dell'investitura del trasmettitore di rivelazione“[32].

Funzione unica di Pietro è intesa da Matteo, contemporaneamente e non in contrasto con quelle dei Dodici: R. SCHNACKENBURG in recenti pagine di sintesi descrive il brano come formazione contenente parole di potere del Risorto (cfr. Giov 20,23), formulate in un tempo in cui esiste la chiesa. Perché „Pietro è portatore e trasmettitore della tradizione di Gesù per la sua comunità“[33], Matteo vuole dare importanza alla sua funzione tramite la parola stessa di Gesù.

Per la lettura del messaggio globale del passo in riferimento a Pietro è quasi sempre determinante l'appartenenza confessionale dell'interprete.

Per M. LACONI a Pietro è riconosciuto un primato di fede tra i fratelli: Pietro è morto quando le chiese matteane continuavano ancora a confrontarsi con la sua dignità di capo e maestro. B. CORSANI insiste sulla limitazione del servizio affidato a Pietro: nel tempo (non si contemplano successori), nello spazio (ambiente palestinese-siriano), nell'interpretazione (competente per la dottrina, o forse per l'ammissione nella comunità di convertiti dal paganesimo)[34]. E. GRÄSSER è sostanzialmente sulla stessa linea: il primato romano non è fondato su Mt 16,18 s., perché Matteo non voleva porre lo schema di una figura giuridica determinante per la chiesa di tutti i tempi. È vero piuttosto – con frase incisiva e un po' amara – che „il papa s'è fatto venire in mente Pietro per giustificarsi teologicamente“[35].

G. MAIER rappresenta, in campo evangelico, una posizione vicina alla tradizione cattolica: la promessa di Mt 16,18 è rivolta a Pietro, la „chiesa“ non è una comunità locale ma il popolo messianico intero, il potere delle chiavi di legare e sciogliere può indicare anche autorità di governo, anche se in clima di fraternità.

L'intervento di U. LUZ parte da un triplice consenso oggi esistente e si domanda se ogni „nuova attualizzazione“ di un testo sia permessa (nel nostro caso anche quella cattolica: perché nella sua rassegna l'interpretazione „papale“ di Mt 16,17–19 risulta la più recente). Tra le conseguenze maturate dalla sua analisi letteraria è importante la visione di Matteo quale causa dell'evidenziazione di Pietro e di una comunità di lingua greca dietro il v. 18 (sorto in tempo postapostolico). La posizione unica di Pietro è però difficilmente concepibile come potere concentrato in un'unica persona e il suo rapporto personalmente esclusivo con Gesù non porta alla successione. Ma

32 C. KÄHLER, spec. 55 ss.
33 R. SCHNACKENBURG (1985) 124.
34 M. LACONI, in: Servizio ..., 109–125.
35 E. GRÄSSER, 42–43.

siccome occorre „in una nuova situazione comprendere in modo nuovo il testo“, facendo ricorso al „potenziale di libertà“ di una tradizione, LUZ enuncia come criterio di giudizio e di comprensione della verità di vita di un testo quello della 'efficacia' della sua interpretazione, unito al criterio della corrispondenza alle linee essenziali della storia di Gesù. Se un'interpretazione rispetta questo criterio del passato e se ricerca l'amore e lo rende sperimentabile, può essere accettata. Per il papato ne è pensabile l'accettazione, in prospettiva matteana, se esso si fa rappresentazione della chiesa intera ma non suo dominatore.

J. KARAVIDOPOULOS ha recentemente sintetizzato un punto di vista diffuso fra i teologi ortodossi. Ammessa l'autenticità di Mt 16,17–19, non è chiaro il senso della „pietra“ posta a fondamento (Pietro, la fede?), ma è certo che l'idea di un primato eterno è da ritenersi esagerazione esegetica. Parallela a questa segnaliamo la posizione, altrettanto recente e tipica della tradizione cattolica, di A. FEUILLET. Egli legge Mt 16,17–19 alla luce di Is. 28,14–20, che ritiene suo modello intenzionale: in ambedue i casi c'è una pietra fondamentale di un edificio nel quale si entra per la fede. La recensione matteana ha la probabilità di essere più originale che quella di Marco.

d) Pietro e Giacomo, Pietro e Paolo

L'importanza di Pietro nel Nuovo Testamento riceve luce e viene ridimensionata dal suo rapporto con gli altri personaggi di rilievo della prima generazione cristiana.

R. PESCH nel primo articolo parla della presenza a Gerusalemme di un collegio d'autorità a cui dà il nome paolino delle „tre colonne“. La direzione è esercitata da Pietro. Ciò dura fino al „concilio“ di Gerusalemme e trova la sua giustificazione nella „leggenda eziologica“ di Mc 1,16–18. Dopo quella data a Gerusalemme avviene la sostituzione da parte di Giacomo. Ad Antiochia, come già sentivamo nell'ipotesi proposta per l'origine di Mt 16,17 ss., Paolo soggiace alla decisione di Pietro. Discutibile è la natura della fazione di Cefa a Corinto, anche se non presuppone un passaggio di Pietro in quella città: depone invece per l'estensione dell'area che riconosce l'autorità del primo apostolo. Nel suo libro recente PESCH sviluppa questi tratti: Pietro è un carismatico missionario, pur continuando a essere apostolo dirigente; Giacomo esercita a Gerusalemme autorità locale e limitata, mentre l'apostolo la mantiene su tutta la chiesa; nell'incontro di Atti 15 la posizione di Pietro si diversifica sia da quella di Giacomo sia da quella di Paolo; in occasione dello scontro antiocheno viene formulata la „posizione protoecclesiale di Pietro quale decisivo tradente della rivelazione, fondamento roccioso della costruzione della chiesa del Signore Gesù realizzata nella missione tra giudei e pagani, depositario del potere delle chiavi (che è potere di dichiarare l'accettazione o la esclusione per la chiesa con efficacia per la *basileia*)“[36].

[36] R. PESCH (1980) 104.

J. BLANK riconosce a Pietro un ruolo autoritativo nella comunità di Gerusalemme, probabilmente in forza dell'apparizione fattagli dal Risorto. Il fatto che Paolo vada a Gerusalemme e si fermi presso Cefa (cf. Gal 1,18 s.) depone per il possesso da parte di Pietro di una *auctoritas*, che però non è *potestas*. Nell'articolo più recente BLANK chiama Pietro *primus inter pares* con Giacomo e Giovanni (relazione che varrà anche per Paolo). Comunque non si può dire che dopo la partenza da Gerusalemme Pietro soggiaccia alla giurisdizione di Giacomo (contro CULLMANN), ché anzi l'incidente antiocheno sorge probabilmente dal riconoscimento diffuso dell'autorità particolarmente importante di Pietro. Il „partito di Pietro" a Corinto sarebbe quello dei giudeocristiani[37].

Per gli esegeti nordamericani Paolo va a Gerusalemme (Gal 1,18) perché sa che Pietro è la prima fonte della tradizione su Gesù, senza esprimere necessariamente dipendenza da lui o da una sua istruzione. Il fatto poi che Paolo ritenga bene dare informazioni sui suoi rapporti con Pietro probabilmente è dovuto allo sfruttamento del nome di Cefa da parte degli avversari di Paolo. I Galati conoscono Cefa come un'autorità a Gerusalemme e allora Paolo narra di essere stato a Gerusalemme la prima volta dai testimoni della rivelazione, la seconda per vincere intrighi (e gli arride il successo al punto che egli riceve conferma del suo modo d'agire). L'incidente di Antiochia è, da parte di Paolo, un riconoscimento di Pietro, ma anche un segno dell'autocoscienza di Paolo (la sua importanza cresce progressivamente).

Gli autori del libro dichiarano aperto il problema dei rapporti fra Pietro e Giacomo. La riprova si ha nell'analisi del dato offerto dagli Atti, per il quale sono note interpretazioni disparate (Giacomo diventa capo della comunità di Gerusalemme? oppure di un territorio più vasto? oppure della chiesa universale?). Certo Pietro e i dodici si incaricano della missione oltre Gerusalemme, mentre nella chiesa locale resta Giacomo (che è fratello del Signore, ma non uno dei dodici). Non è chiaro se ci fosse un capo della chiesa universale.

Nel narrare il concilio di Gerusalemme l'intenzione lucana vuole sottolineare l'unanimità delle decisioni raggiunte. La sua redazione sfrutta comunque due ricordi: la dichiarazione di non necessità della circoncisione e quella dell'obligo, per gli ex-gentili delle comunità miste, di osservare certe leggi di purezza. Si può addirittura far l'ipotesi della confluenza in Atti 15 del ricordo di due incontri: uno, avvenuto alla presenza di Paolo, va fino all'intervento di Pietro; un altro, avvenuto dopo l'incidente di Antiochia, sarebbe ricordato nella parte finale. Comunque è difficile parlare di primato di Pietro a Gerusalemme.

Dopo Atti 15 Pietro scompare e nella storia dello sviluppo dei temi del cammino della salvezza gli succede Paolo. Ma sembra anche che Roma succeda a Gerusalemme. Comunque Luca non sembra preoccuparsi della struttura gerarchica della chiesa primitiva[38].

F. MUSSNER dall'analisi dei testi petrini del NT deduce la conclusione che dopo la morte di Pietro è avvenuta un'enorme crescita nella sua valutazione:

[37] J. BLANK (1973) 68–71; (1979) 67.
[38] R. E. BROWN ..., 33–74.

in ambiente sia giudaico-cristiano sia etnico-cristiano e in opere tra loro indipendenti. In pratica è l'intero mondo (geografico) cristiano del I sec. a registrare questo fenomeno, nonostante la presenza delle tradizioni che ricordano gli aspetti negativi della sua figura. Si aggiunga la somma unica dei titoli (roccia, pastore ...) e il fatto che gli scritti pseudoepigrafici (come le lettere di Pietro) facciano dell'apostolo addirittura un rappresentante della teologia paolina.

Motivi di questo fatto sembrano essere la consapevolezza di risalire, nella persona di Pietro, al Gesù prepasquale: il nome rinnovato (probabilmente dal Gesù terreno), la sua funzione di portaparola degli apostoli, la situazione del primo testimone del Risorto da cui gli deriva il compito di guida e una particolare *exousia* nella chiesa, la confessione di Cristo pronunciata da Pietro. Per questi motivi probabilmente si è visto in Pietro anche il garante (testimone oculare) della tradizione genuina su Gesù: si confronti Atti 10 e la tradizione ecclesiastica del rapporto di Pietro col vangelo di Marco.

Si è tentato di vedere nel NT la traccia di una concorrenza mossa da Pietro a Paolo oppure da Paolo a Pietro (e fonte di tendenze polemiche in seno a quegli scritti, ma è un'interpretazione infondata: in alcuni di essi Pietro è addirittura presentato come 'paolino'). A quanto pare, Pietro ha dato poco per volta respiro sempre più universale alla sua missione (effetto dell'incidente di Antiochia è stato di indurre Pietro a dedicarsi maggiormente alla missione tra i pagani e a tenersi lontano da Gerusalemme), mentre Luca consacra nella seconda parte degli Atti il valore ecclesiale della teologia di Paolo. Lo fa, dandone una propria colorazione personale, esente però dalle falsificazioni del protocattolicesimo. Egli infatti considera Pietro e Paolo come un „tiro a due" ecumenico[39].

E. GRÄSSER concentra il pensiero di Paolo su Pietro in una frase: il Pietro noto a Paolo aveva una quantità di qualifiche, tranne che per un primato in senso giuridico[40].

Recentemente J. D. G. DUNN ha presentato una rilettura dell'„incidente di Antiochia (Gal 2,11 – 18)": esso sarebbe nato per un verso dalla pressione esercitata particolarmente in quel tempo dalle autorità giudaiche affinché si praticasse una fedeltà più scrupolosa alle leggi di purezza legale e per altro verso nella critica di Paolo. Pietro in un primo tempo osservava solo alcune regole alimentari giudaiche e dopo il richiamo degli emissari di Giacomo si uniformò con maggiore rigore a quella legge; non si adeguò invece alle osservazioni di Paolo. L'insuccesso fu determinante per il futuro di Paolo, che prese coscienza della necessità di agire con autonomia e si staccò dall'ambiente antiocheno[41].

39 F. MUSSNER (1976).

40 E. GRÄSSER, 46.

41 Il primo fascicolo del 'Journal for the Study of the New Testament' (JSNT) del 1983 è in gran parte dedicato a questo tema: J. D. G. DUNN, The Incident of Antioch (Gal 2: 11 – 18) (pp. 3 – 57); J. L. HOULDEN, A Response to J. D. Dunn (pp. 58 – 67); R. D. COHN – SHERBOK, Some Reflections on James Dunn's 'The Incident of Antioch (Gal 2:11 – 18)' (pp. 68 – 74). Gli interventi di HOULDEN e COHN – SHERBOK si mostrano moderatamente scettici verso i suggerimenti di DUNN e ritornano a letture più tradizionali.

L'incidente di Antiocha – o scontro, come altri preferiscono – tiene continuamente desta l'attenzione. L'ampio articolo di P. C. Böttger affronta la tematica che stava a cuore a Paolo (il problema della „*Gesetzesgerechtigkeit*", come „via" e come „essere": chi si affida alla legge si sottrae all'efficacia della grazia) senza entrare nel rapporto che intercorreva tra lui e Pietro.

J. Becker parte dall'incontro fra le due personalità all'epoca della permanenza di Paolo a Gerusalemme per due settimane in clima di accettazione reciproca. In Gerusalemme sembra che la comunità cristiana sia più rigida, nell'osservanza della legge, di quanto non ritenga giusto Pietro, che forse per questo lascia il posto a Giacomo. Ad Antiochia la concessione fatta da Pietro alle esigenze di Lev 17 s. provoca l'allontanamento di Paolo. Ma anche per Pietro le notizie successive si riferiscono solo più a territori di missione etnicocristiana. Anche in ambiente di evangelizzazione paolina (cfr. 1 Cor 15,5) egli è riconosciuto come il primo testimone della risurrezione né sembra che i gruppi che si rifanno a lui vivano secondo Lev 17, perché Paolo non muove loro accuse: forse Pietro, dopo i rimproveri di Paolo, aveva rivisto le sue posizioni[42]?

Anche G. Lüdemann offre una ricostruzione dei contatti fra i due „apostoli", ma ipotizza uno spostamento degli avvenimenti: non – come di solito si ritiene dalla lettura di Galati – prima il raduno di Gerusalemme e poi l'incidente di Antiochia, ma viceversa. Proprio questo sarebbe stato causa del ricorso a Gerusalemme. Un recente intervento di B. H. McLean contesta però a Lüdemann che la condizione quasi giuridica di „apostolo" non sia stata né discussa né approvata a Gerusalemme, perché Gal 2,8 ha lo scopo di attribuire l'*apostolè* ugualmente a Paolo come a Pietro[43].

Giacomo è visto da molti come personaggio tra le quinte nella crisi di Antiochia. Alcuni cenni sono offerti da R. Fabris[44].

Collegate alle vicende antiochene sono le ipotesi dell'origine sira dell'inserto matteano della promessa fatta a Pietro (16,17–19), perché l'interesse a formulare una simile parola del Risorto in favore di Pietro si spiega nell'ambiente che ha visto lo scontro fra le due mentalità e si schiera sulla linea di Pietro. Se ne vedano i rimandi presso G. Claudel.

J. J. von Allmen e F. Mussner danno un senso più globale al rapporto tra Pietro e Paolo. Se Pietro è il primo – dice von Allmen – egli non deve però assolutamente essere l'unico, ed è il motivo per cui la chiesa di Roma deve oggi garantire accanto alla petrinità anche la paolinità. Mussner sottolinea che in Atti 9,32–11,18 Pietro è paladino del „paolinismo" così come a Gerusalemme (Atti 15) è sostenitore del principio paolino della *sola fide* e *sola gratia*[45].

[42] J. Becker, 104–107.

[43] G. Lüdemann, Paulus, der Heidenapostel, I, Studien zur Chronologie, Göttingen 1980, 70.

[44] R. Fabris, Figura e ruolo di Giacomo nell'antipaolinismo: reazioni a Paolo tra il I e il II secolo, RSB 2 (1989) 77–92.

[45] J. J. von Allmen e F. Mussner, ambedue 1978.

Concludiamo con due visioni generali, offerte da J. P. MEIER (con R. E. BROWN) e M. HENGEL, e un'informazione sugli echi che il confronto tra Pietro e Paolo suscitava ancora nel II secolo. I due esegeti americani descrivono la situazione della chiesa di Antiochia – prima negli anni 40 e poi dopo il 70 – tesa fra le posizioni degli ellenisti e Paolo da una parte e di Pietro e gli uomini di Giacomo dall'altra. L'evangelista Matteo cerca di „tenere insieme questo cristianesimo misto, stabilendo una chiara identità di chiesa". Essendo egli più conservatore di Paolo e più liberale di Giacomo, si orienta su Pietro per una funzione di ponte. Anche a Roma il cristianesimo iniziale rappresenta un atteggiamento simile a quello di Giacomo e di Pietro verso il giudaismo. Paolo, quando scrive per essere accolto a Roma, ha maturato già una posizione più moderata. Dopo la morte di Pietro, negli ultimi due decenni del sec. I, sia ad Antiochia sia a Roma Pietro è ancora ricordato come l'uomo della mediazione[46].

HENGEL rileva nel Pietro della prima parte di Atti liberalità e generosità verso gli ellenisti e anche buona apertura a Paolo, che pure proveniva da ambiti tradizionali diversi. Nella comunità di Gerusalemme sotto l'influsso di Giacomo si impone un'ubbidienza più stretta alla legge, che sarà suggerita a Giacomo anche dalle difficoltà del momento e dall'ostilità della classe sacerdotale. La lista delle tre colonne in Gal. 2,9 mostra Giacomo al primo posto, conseguenza della perdita di prestigio di Pietro, probabilmente a causa della sua scarsa rigidezza. Pietro trasferisce allora la sua attività anche alla missione dei pagani, che lo riconoscono come primo testimone della risurrezione. Sarebbe possibile pensare che le difficoltà occorse a Paolo dopo 1 Cor e rispecchiate in 2 Cor fossero procurate dal gruppo che si richiamava a Pietro. Paolo difficilmente poteva parlare con chiarezza di queste cose. Intanto Antiochia e la Siria passano sotto l'influsso di Pietro, mentre Giacomo, nell'isolato giudeo-cristianesimo della madrepatria, viene sempre più dimenticato[47].

Nel secondo secolo si assisterà – come dimostra T. V. SMITH – a correnti che esaltano la superiorità di Pietro su Paolo (p. es. i Kerygmata Petrou) e ad altre che esaltano Paolo (p. es. Marcione).

### e) La successione

È certamente uno dei punti cruciali della discussione, soprattutto se si parla di successione nel primato. Il discorso si fa assai guardingo specialmente per chi non ammette la presenza di questo principio nel NT ma non vuole precludere ogni via alla presenza di una funzione direttrice nella chiesa.

F. CHRIST non vede un discorso di successione nei documenti neotestamentari, ma ammette che uffici debbano essercene anche nella chiesa di oggi. Il problema sta nell'individuare quanto mutino le funzioni speciali di Pietro quando siano esercitate da un altro e chi sia colui che segue a Pietro. Risponde

[46] R. E. BROWN – J. P. MEIER, Antiochia e Roma. Chiese-madri della cattolicità antica, Assisi 1987 (le sintesi nelle pp. 252 – 257).

[47] M. HENGEL, Petrus und die Heidenmission, in: C. P. THIEDE (1987), 163 – 169.

che l'ufficio comune di Pietro tocca a tutti i cristiani mentre il suo ufficio speciale è possibile anche oggi, se inteso come dono di grazia e servizio che non pregiudichi l'uguaglianza di tutti i credenti. Per un unico successore di Pietro l'esegesi non sembra disporre di documentazione: la limitazione a una persona è solo una delle molte possibilità, e neppure la preferita, secondo i principi del NT. Il fatto che un uomo abbia guidato, almeno per un certo tempo, la chiesa primitiva, riveste per il nostro tempo al massimo significato esemplare[48].

R. PESCH nel primo articolo interpreta Mt 16,18 s. come attribuzione a Pietro di un'autorità dottrinale che continua dopo la morte, anche se non vi si parla di successione; per le questioni disciplinari invece Mt 18,18 mostrebbe che la comunità rivendicava il potere di Pietro a sé. Comunque non risponderebbe alle caratteristiche della chiesa primitiva, in attesa di parusia prossima, una sua preoccupazione di successione di poteri. Un po' diversa la posizione del libro recente. L'autore studia l'evoluzione dell'immagine e del senso di Pietro nella storia della formazione del NT: Matteo contempla un servizio di Pietro irrepetibile (come tradente della rivelazione), ma anche uno durevole (come promotore della permanenza della chiesa nella dottrina di Gesù e della sua andata a tutti i popoli); Giovanni è testimone dell'autorità „ecumenica" di Pietro e in qualche modo anche della „successione". Al problema della successione si torna poi nel discorso sul primato (di cui non si interessa prevalentemente la prima successione)[49].

Il primo BLANK si orienta al più tardo degli scritti neotestamentari: la 2 Pt, verso la metà del secondo sec., mostra un simbolismo petrino tendente al protocattolicesimo. In genere la sua posizione, chiaramente ribadita nel secondo intervento, esclude l'idea di successione dai passi petrini più tipici: in Mt 16,18 non se ne parla, perché il fondamento si pone una sola volta; per gli Atti il vero successore di Pietro nell'annuncio del vangelo è il missionario dei pagani, Paolo; lo stesso Gv 21 non parla di successione, pur conoscendo un certo ufficio (perché non si sa né se vi sia né chi sia il successore: tanto più che proprio quel testo presenta la concorrenza del Diletto). BLANK è convinto che l'evoluzione protoecclesiastica degli uffici è più un processo sociologico che teologico sulla linea della fede, reso possibile dal fatto che la „simbolica" ha significato plurimo e aperto. Il primato romano è una evoluzione speciale di natura storico-sociologica nel senso di una monopolizzazione dell'ufficio di Pietro, non l'unica possibile[50].

O. KNOCH vede nelle comunità presenti negli scritti neo-testamentari più operante il processo della successione. Ma „mentre Luca (Atti 20; cf. 1 Pt 5) comprende questa trasmissione di poteri piuttosto in senso morale-pastorale e ideale, essa viene interpretata dalle Pastorali e dalla 1 Clem, analogamente alla trasmissione degli uffici locali dei presbiteri-episcopi e diaconi, ormai in senso sacramentale-giuridico-disciplinare"[51].

48 F. CHRIST, in: G. DENZLER ..., 46.
49 R. PESCH (1971) 45 s. 65; (1980) 138–149.
50 J. BLANK (1973) 76–77; (1979) 82 s. 95. 99. 102.
51 O. KNOCH, 102.

L. SCHEFFCZYK si misura invece, con un procedimento assai articolato, sulle posizioni di CULLMANN, rilevando che non è possibile rifiutare il principio della successione per il tempo futuro della chiesa e „ammettere poi questa successione nella trasmissione dell'incarico messianico da Cristo a Pietro". L'ufficio della roccia costituisce una realtà cosmico-universale, che non può essere limitata a un periodo di breve durata. È vero però, se il Nuovo Testamento prova la fondazione dell'ufficio di Pietro ed elenca i suoi elementi strutturali essenziali (compito continuo di fondare e consolidare la chiesa, guidarla autoritativamente, rafforzare la fede dei fratelli), non vi è ancora alcuna configurazione pienamente formata dell'ufficio[52].

Il dialogo cattolico – luterano d'America ha lasciato molto in ombra questo problema.

F. MUSSNER raggiunge il problema per una sua via personale. Al termine dell'epoca neotestamentaria „istituzionalmente" ha vinto Pietro, „teologicamente" ha vinto Paolo. Si è costituita così una „unità di tensione" di istituzione e vangelo, per cui Pietro e Paolo formano i due „poli dell'unità". Per Pietro nella tarda chiesa primitiva c'è la consapevolezza che il suo servizio non è estinto con la sua morte. Questa constatazione non dovrebbe essere giudicata negativamente, come manifestazione di protocattolicesimo, ma al contrario dovrebbe essere riconosciuta e accettata pure in essa l'opera dello Spirito divino inspirante. Certo non è facile comporre la tensione che esiste tra il servizio di Pietro nella visione neotestamentaria e l'ufficio papale nella sua realizzazione storica concreta: comunque il servizio di Pietro secondo il NT non può essere ridotto solo a primato d'onore o ufficio di presidenza. È un incarico duraturo, per tutte le epoche. La tematica è ripresa nell'intervento successivo: attorno all'anno 100 il capitolo finale aggiunto al quarto vangelo attesta il singolare insorgere dell'interesse alla figura e all'ufficio di Pietro dopo la sua morte già notato nella storia della redazione sinottica. La diffusione geografica di questo interesse (Roma o Italia, Palestina o Siria, Acaia o Grecia, Asia Minore) e il crescere nel tempo (dal vangelo di Marco a tutti gli altri, fino a Giovanni) fanno pensare che „'Pietro' non è morto con Pietro"[53].

P. HOFFMANN, che nel passo matteano ha un campo di verifica limitato, giudica che dal potere di cui Matteo parla non deriva un „ufficio di Pietro" come ne parla la tradizione dogmatica posteriore, e contemporaneamente pensa di correggere l'interpretazione che limita il senso delle dichiarazioni su Pietro alla funzione storica di Simone. Dall'interpretazione matteana di Pietro emerge come essenziale il compito di Pietro di servire la tradizione di Gesù nel cammino della chiesa verso il mondo dei popoli. Quando si sviluppa la struttura della chiesa, occorre il continuo e attento riferimento all'indietro,

[52] L. SCHEFFCZYK, 35 – 48. Più tardi è da rilevare una riflessione metodologica: „La pregnanza di significato dell'elemento immutabile nell'ufficio di Pietro va derivata dalla struttura essenziale della chiesa e dall'ordine salvifico posto una volta per sempre e nel quale Pietro e i suoi successori esercitano il loro ruolo che non può essere mutato" (72).

[53] F. MUSSNER (1976) 49. 133 – 137; (1978) 139 – 144.

all'inizio di Gesù, alla verità del suo agire concreto di bontà, alla quale è legato il servizio di Pietro[54].

B. Corsani si mantiene molto vicino alle posizioni di Cullmann ed esprime il voto che nella chiesa si mantengano o istituiscano ministeri che si richiamino pure ad altri esponenti del cristianesimo primitivo (specialmente Paolo, Giovanni, e anche Stefano, Apollo). Per Pietro, se successione c'è, Mt 18,18 mostra come la trasmissione di poteri termini a tutta la cristianità[55].

Sensibilmente diversa è la posizione di J. J. von Allmen, per cui „una successione si impone perché la parusia non è coincisa con la risurrezione di Cristo". Proprio Cristo ha voluto la struttura apostolica, nella chiesa, con una funzione di „primo". Ma l'apostolo incaricato è morto prima di aver compiuto la missione, che dunque è trasmessa a un successore. La chiesa deve riprodurre la struttura fondamentale avuta all'inizio: „la missione è più grande che il missionario", che deve trasmettere l'incarico a un successore. Lo suggeriscono anche i tre contesti nei quali sono contenute le parole rivolte da Cristo a Pietro: della risurrezione (Giov 21), della cena (Lc 22) e della confessione di fede messianica (Mt 16). Sono realtà che valgono per la chiesa dei secoli. Ma intanto si noterà che Pietro non era solo e che gli apostoli non avevano il loro ufficio attraverso di lui: così deve essere per il successore e gli altri con lui, fino al rispetto della piena ecclesialità delle chiese locali[56].

In prospettiva storica non prevalentemente neotestamentaria si pone L. Vischer, che non vede continuità di funzione tra Pietro e la prassi della funzione particolare, del vescovo di Roma. „Non valuteremmo nel modo debito l'eminente importanza di Pietro se sopravvalutassimo le funzioni di guida nella sua vita. Tali funzioni non sono costitutive, bensì manifestazioni occasionali della sua missione carismatica". Varie cause hanno contribuito alla posizione particolare raggiunta dal vescovo di Roma. Solo lentamente „la posizione particolare del vescovo di Roma è stata motivata con il richiamo a Pietro, e ancora più tardi – la prima volta alla fine del II secolo – alla promessa che Gesù gli rivolge nel vangelo di Matteo"[57].

La dichiarazione del dialogo ufficiale luterano – cattolico negli U.S.A. (4 marzo 1974) parla di una „funzione petrina" come „forma particolare di ministero esercitato da una persona, titolare di un ufficio, o da una chiesa locale in vista della chiesa nel suo complesso" e la vede realizzata, nell'esperienza storica della chiesa, da „vari detentori di ufficio", ma in modo eminente dal vescovo di Roma. Le immagini di Pietro nel NT si sviluppano secondo una traiettoria in crescita. „Tale sviluppo di immagini non fonda il papato nel suo senso tecnico posteriore, però si può vedere la possibilità di un orientamento in quella direzione, qualora intervengano fattori favorevoli nella chiesa successiva". Il problema oggi è „fino a che punto l'uso susseguente delle

[54] P. Hoffmann (1978) 25.

[55] B. Corsani, in: Servizio, 183 – 186.

[56] J. J. von Allmen (1982) 99 – 100. (1978) 135 – 136. 143.

[57] L. Vischer, Pietro e il vescovo di Roma. I loro rispettivi servizi nella chiesa, in: H. Stirnimann – L. Vischer, Papato e servizio petrino, Alba 1976, 41 – 59 (qui 51 – 52).

immagini di Pietro in rapporto al papato sia in accordo con l'orientamento del Nuovo Testamento"[58].

Presso gli studiosi ortodossi il problema non è tanto quello della successione quanto quello del primato. D. PAPANDREOU si rifà alla dichiarazione U.S.A. ora citata, vede il concetto di primato evolversi nel tempo nella teologia romana e caldeggia l'adozione di una „teologia di chiese sorelle"[59]. A. KALLIS riassume semplicemente: „Per l'Oriente il vescovo di Roma è stato interpretato come successore di Pietro in quanto possedeva la fede di Pietro". D'altra parte la „chiesa è costituita da tutti coloro che sono in accordo con la fede di Pietro, sia laici sia anche vescovi, che sono ex officio successori di Pietro"[60].

E. GRÄSSER vede un certo modello per l'attuale primato solo in 2 Pt, ma neppure in quel documento è presente una vera successione personale. È vero che ci sono situazioni teologicamente rilevanti nel NT, ma si tratta sempre di elementi che non fanno il papa, né direttamente né „nella loro conseguenza". Non è questione, infatti, della possibile esistenza degli uffici ecclesiastici (ce ne sono stati sempre, addirittura all'epoca neotestamentaria), bensì della loro esatta fondazione[61].

È interessante seguire impressioni e reazioni suscitate tra i presenti dalle relazioni tenute nel convegno su „papato come problema ecumenico". W. DE VRIES ritiene che BLANK non possa essere giudicato, nella sua esposizione, rappresentante d'un *consensus* cattolico (e questi risponde, rivendicando almeno una convergenza). GRÄSSER e BLANK ritornano sulle loro posizioni: il primo per confermare che non ha senso interpretare il papato come termine d'una evoluzione partita dal NT, mentre si deve partire dalla situazione attuale – raggiunta per motivi diversi – e guardare indietro al NT per verificare l'efficacia che i suoi testi hanno avuto; il secondo per insistere sul fatto che l'Evangelo deve essere sopra Pietro e che il NT mostra soprattutto una comprensione funzionale-dialogica dell'ufficio. W. PANNENBERG tenta un bilancio sul dialogo recente nei confronti di quello luterano – cattolico degli esegeti americani e gli pare che si sia compiuto un passo in avanti: gli americani parlano di punti di partenza, nel NT, di una evoluzione che più tardi avrebbe portato al primato; il colloquio tedesco preferirebbe invece parlare di sguardo all'indietro (partendo dall'istituzione che si è evoluta per altre ragioni), per verificare quanto era possibile come legittimo collegamento e riferimento alla figura di Pietro nel NT. È più corretto non derivare il papato dal NT, ma riprendere – a partire dalla realtà di una figura evolutasi posteriormente di un ufficio dell'unità – il modello di Pietro. Di qui si vedrebbe la funzione critica del NT sull'ufficio[62].

[58] Op. cit. (nota prec.), 120.
[59] D. PAPANDREOU, 148.155.
[60] A. KALLIS, 42.
[61] E. GRÄSSER, 48–55.
[62] Papsttum, 307–325.

## *II. Lettura dei testi: il cammino di Pietro*[63]

### 1. Il nome[64]

Pietro è uno dei personaggi più ricorrenti nel NT. Più frequente del suo nome è solo quello di Paolo: 158 volte, contro 156. Ma Pietro viene chiamato anche Συμεών (su 7 volte, in due è applicato a Pietro) e Σίμων (delle 75 ricorrenze di questo nome, due terzi si riferiscono a Pietro) e Κηφᾶς (9 volte), per un totale complessivo di circa 215 ritorni di uno dei suoi nomi. La triplice forma del nome ha una spiegazione coerente in una lettura concordistica della redazione conclusiva del NT: il nome originario del personaggio è semitico, *Simone* o *Simeone* שִׁמְעוֹן, *šimʿon*; reso in greco con Συμεών, indeclinabile, e più frequentemente con Σίμων, omofono a un nome di persona presente anche in ambito ellenistico documentato solo in epoca tarda, nei libri deuterocanonici e neotestamentari; il mutamento del nome è opera di Gesù, ma il nuovo nome talvolta è sostitutivo, talvolta aggiuntivo („Simon Pietro"). Il NT conserva la doppia forma del nome imposto da Gesù: l'aramaico *Cefa* (כֵּיפָא, *Kēphaʾ*, roccia, grecizzato in Κηφᾶς) e il greco *Pietro*, che trasporta al maschile, più raro, la versione di *kēphaʾ* (che farebbe pensare propriamente a πέτρα), probabilmente per l'applicazione a un personaggio maschile. La non immediata intuibilità del nuovo nome è segnalata dalla spiegazione presente in Giov 1,42 e dal doppio nome, che conserva quello iniziale.

Ulteriore completamento al nome è il riferimento al padre: Mt 16,17 chiama Simone βαριωνᾶ e Giov 1,42 „figlio di Giovanni". È possibile, anche se non immediatamente evidente, la presenza dello stesso nome sotto le due forme Giona e Giovanni. L'uso dei tre nomi ha creato qualche difficoltà: non perché non possa esistere una ragione fondata del loro riferirsi a un'identica persona, quanto perché non è facile spiegarne l'uso diversificato. È Paolo, in modo particolare, a usare esclusivamente Cefa; nei vangeli sono molto equilibrati gli usi di „Simone" e „Pietro", con eccedenza di quest'ultimo: tendenza accentuata poi in Atti, a preannunciare l'uso che s'imporrà incontrastato in epoca successiva. Quello di Paolo è il momento più arcaico, quando il nome imposto da Gesù non è ancora tradotto bensì solo ricalcato.

È questo, certamente, il problema nel quale si nota maggiormente il limite dell'esegesi e la necessità di passare a un'ermeneutica globale, i cui criteri non si esauriscono nel quadro di questo intervento.

[63] Opere con tendenza al genere della 'vita': H. Birks, S. Green, J. Lowe, J. McInnis, A. Penna. Per la bibliografia cfr. C. Ghidelli.

[64] C. Caragounis presenta la più recente, ampia trattazione. Ma gli studi sono numerosi sia sul versante classico sia sul semitico. Cfr. F. Bechtel, H. Clavier, J. K. Elliott, J. A. Fitzmyer, G. Gander, A. J. J. Klijn, K. Lake, F. C. D. Moule, M. Noth, F. Preisigke, D. W. Riddle, M. Tardieu.

## 2. Gli inizi della sequela

### A. L'incontro[65]

La chiara impostazione marciano – matteana dell'incontro sulla spiaggia del „mare di Galilea" è solo parzialmente conservata in Luca con l'incarico al termine della pesca miracolosa, mentre è nettamente alterata in Giovanni, che conosce una chiamata di Gesù tra i discepoli del Battista (Mc 1,16 – 20; Mt 4,18 – 22; Lc 5,1 – 11; Giov 1,40 – 42).

La scena è centrata su una parola di vocazione o incarico: „pescatori di uomini". Poiché poco prima, contestualmente, si diceva che Simone e Andrea erano pescatori, l'intervento di Gesù suona come intenzionale trasformazione, evidenziata dall'eccezionale autoritarietà dell'espressione: „venite dietro a me e vi farò diventare pescatori di uomini" (Mc 1,17: la formulazione più efficace). Al plurare ἁλεεῖς ἀνθρώπων di Mc – Mt fa riscontro il singolare partecipiale ἀνθρώπους ἔσῃ ζωγρῶν di Lc 5,10, restringendosi a Pietro la predizione del „catturatore di uomini". In Giovanni 21,1 – 14.15 – 17.18 – 23 la tradizione si è conservata a prezzo di mutazioni determinanti: la scena sul lago è – come in Luca – miracolo di pesca prodigiosa, lo stupore e spavento segnalati in Luca diventano in Giovanni la tipica reazione di fronte al Risorto, prima non conosciuto, poi raggiunto dall'intuizione del Diletto e infine riconosciuto da tutti – sia pure senza che osino parlargli – come „il Signore". La conclusione di Giov 21,14 non riporta una parola di vocazione, ma si tratta solo di un momento interlocutorio, perché l'unità redazionale del capitolo si esaurisce solo nella scena della triplice proclamazione d'amore di Pietro col triplice incarico di „pascere" (vv. 15 – 19) e nell'ultima chiamata, „tu seguimi" (v. 22), coronamento dell'insegnamento su Pietro e su ogni discepolato.

Il perno in questa evoluzione è costituito dal racconto di Luca. A somiglianza di Mc – Mt c'è in Lc la presenza di Gesù presso il lago (chiamato però Genesaret), la presenza di pescatori, che lavano le reti, i loro nomi: Pietro, Giacomo e Giovanni figli di Zebedeo. Non è ricordato Andrea, ma ci sono due barche, e anche in quella di Pietro ci sono più persone (cfr. il plurale dei vv. 4.6.7), sì da far pensare al fratello di Pietro. Anche la promessa-incarico rivolta al solo Pietro richiama sostanzialmente quella di Mc – Mt, come conferma la conclusione della sequela intrapresa da tutti i protagonisti. In una formulazione nuova e in un quadro narrativo mutato sono dunque presenti i principali motivi della scena della chiamata di Mc – Mt. Anche se la pesca miracolosa ha altra provenienza, la redazione lucana vi ha inserito gli elementi fondamentali della chiamata, approfittando forse di un'originale conclusione in quel senso.

Da Luca a Giovanni è compiuto un altro passo con forse ancor maggiore mutamento. I protagonisti sono in parte tradizionali e in parte giovannei, inizialmente la preoccupazione principale riguarda il riconoscimento e il luogo

[65] In generale si veda S. Abogunrin, G. Klein; per Lc 5 R. Pesch (1969), G. Ghiberti (1970), J. Delorme; per Giov 1 L. Schenke.

di incontro con il Risorto, anche al di là della singola esperienza. Lo stacco della parola di incarico (tra il v. 14 e il v. 15) le dà la possibilità di non conservare coerenza alla scena di partenza: si passa dall'immagine della pesca a quella della pastorizia, con adeguamento di coerenza interna alla rivelazione giovannea. Ciononostante è ancora possibile intravvedere lo schema originario.

Questo schema deve essere fatto risalire a un ricordo episodico, ora difficilmente definibile, della „*vita Jesu*". Forse Luca e Giovanni ricuperano, sulla scarsità dei dati dei primi due sinottici, la tematica dello stupore di fronte alle pretese dell'autorità sovrana di Gesù. Notiamo solo che, procedendo, il racconto acquista sempre più comprensibilità dal contesto: dai primi sinottici – dove manca del tutto – a Giovanni, dove è invece palese.

Nel quarto vangelo non manca la scena della chiamata iniziale, fuori però della cornice del lago di Galilea: il „testimone" Giovanni (cfr. 1,6), che rendeva testimonianza alla verità (5,33), aveva avviato sulla scia di Gesù due suoi discepoli e uno di questi, Andrea, aveva trasmesso, per primo, la testimonianza al fratello Simone, conducendolo da Gesù. Dell'accoglienza di Gesù l'evangelista nota lo sguardo e riporta la parola sovrana che, partendo dalla realtà che le sta innanzi, la trasforma col mutamento del nome: da Simone figlio di Giovanni a Cefa che significa Pietro (Giov 1,40–44). Da questo momento l'evangelista chiama il fratello di Andrea sempre Simon Pietro o, più raramente, solo Pietro: nel cap. 21, in occasione della triplice domanda provocatoria sull'amore, Gesù tornerà a usare la prima appellazione, Simone di Giovanni (21,15.16.17).

In una scena a densa caratterizzazione redazionale domande spontanee sorgono in riferimento all'esistenza di componenti tradizionali e alla loro eventuale collocazione nel quadro originale della „*vita Jesu*". Il confronto con i sinottici è orientativo, pur complicando la situazione.

Il riferimento all'ambiente del Battista per la provenienza dei primi discepoli di Gesù ha tutte le probabilità di rispondere a un ricordo episodico circa lo svolgimento dei fatti. Resta il problema del motivo esatto per cui simpatizzanti del Battista passarono alla sequela di Gesù, dell'appartenenza o meno di Pietro al primo gruppo e del rapporto fra il racconto circostanziato di Giovanni e quello circostanziato dei sinottici, inquadrato nello svolgimento della professione della pesca in Galilea.

Nella prospettiva di Giovanni il passaggio di alcuni discepoli del Battista alla sequela di Gesù è dovuto più a una testimonianza esterna che a una chiamata del nuovo maestro ed è questa la differenza più rilevante (nei motivi di fondo, non nell'accidentalità episodica) fra il racconto giovanneo e quello sinottico. Una ricostruzione concordistica protrebbe proporre in un primo tempo l'incontro di Gesù con i discepoli del Battista e poi un secondo incontro, definitivo, sulle sponde del lago di Genezaret. Il primo incontro si localizzerebbe probabilmente al termine del corso del Giordano; fra i suoi protagonisti sarebbe da contare anche Pietro. È invece difficile pensare al mutamento del nome in questa circostanza, data la notoria tendenza di Giovanni a porre all'inizio del suo libro, con funzione di anticipo tematico, scene e particolari che in realtà si sono verificati in momenti successivi.

L'entrata di Pietro alla sequela di Gesù lo pone nella condizione di discepolo. È questa una qualifica, nella presentazione evangelica del pubblico che circonda Gesù, di valore positivo ed esemplare. Ma mentre per il quarto evangelista la distinzione fra due gruppi nel corpo dei discepoli è abbastanza secondaria, i sinottici dedicano al gruppo dei Dodici uno specifico momento istituzionale.

In questo gruppo, più chiaramente che in altre circostanze, Pietro tiene costantemente il primo posto: Mt 10,2; Mc 3,16; Lc 6,14; Atti 1,13. Dell'ordine di precedenza nelle liste dei Dodici non si dà la ragione: Lc, l. c., dice solo „Simone, che chiamò pure Pietro", e Mt, l. c., „Simone detto Pietro", mentre più esplicito è Mc, l. c.: „E a Simone il nome di Pietro". Solo nel contesto evangelico globale questa segnalazione acquista senso.

Le redazioni dei singoli evangelisti collocano e interpretano la chiamata dei Dodici ognuna con sfumature proprie. Se è difficile immaginare una scena specifica alla quale sia riallacciabile il momento di partenza e lo statuto di questa istituzione, perché ci mancano i particolari episodici, sembra però innegabile che la realtà del gruppo si sia, forse progressivamente, costituita per scelte operate da Gesù stesso e che sia stata avvertita nella sua importanza di eccezione già prima della passione. La posizione di Pietro nell'enunciato attuale è certamente frutto di retrospezione tardiva. Come e quando si sia iniziato ad avvertire una sua autorità emergente è difficile a dirsi: i vangeli danno – sia pure in misura diversa – importanza al cambiamento del nome e alla sua posizione quale testimone della risurrezione. Anche la confessione di fede in Gesù ha importanza, ma vedremo come il dosaggio del chiaroscuro differenzi molto i racconti paralleli.

Al di là dei singoli episodi è pure indicativa la costante emergente nella loro globalità, come testimonianza tematica.

## B. Gli episodi minori durante il ministero pubblico[66]

### a) A Cafarnao

Il centro commerciale posto sulla sponda settentrionale del lago di Genezaret è luogo di residenza di Pietro, che vi abita con la famiglia. La sua casa ospita Gesù, forse abitualmente quando egli si trova in Cafarnao, che sembra essere divenuto temporaneamente punto di riferimento negli spostamenti galilei di Gesù. Marco e Luca (Mc 1,29–38; Lc 4,38–43) presentano, all'inizio della vita pubblica di Gesù, una sequenza di scene che vedono, dopo la liberazione

[66] Può essere utile una verifica generale delle tendenze redazionali delle presentazioni evangeliche. Cfr. per i sinottici R. Feldmeir; per Matteo R. Aguirre, P. Dschulnigg, J. Gnilka, P. Hoffmann (1978), J. D. Kingsbury, G. Kuenzel, W. Schenk (1983 e 1985), R. Schnackenburg (1985), G. N. Stanton, A. Stock; per Marco E. Best, D. Brady, J. Ernst, K. Stock, W. S. Vorster; per Luca F. Bovon, W. Dietrich, D. Gewalt; per Giovanni A. J. Droge, J. F. Snyder.

dell'ossesso nella funzione sinagogale del sabato, la presenza di Gesù nella casa di Pietro, a cui guarisce la suocera, altre guarigioni in prossimità della sua casa, l'allontanamento, il mattino successivo, dalla stessa casa di Pietro, che insegue allora Gesù. Matteo tralascia l'ultima scena e pone quanto precede nel quadro dei miracoli di Gesù (8,14–17).

Gli elementi redazionali sono numerosi, al punto da non permettere più l'identificazione del quadro originario. Ma la notizia sulla famiglia di Pietro è di tradizione premarciana e sembra proprio riportare un'informazione dalla situazione stessa della *vita Petri*. Anche la ricerca di Gesù per difendere gli interessi di Cafarnao e i propri adempie le condizioni del „principio di coerenza" per identificare un particolare gesuanico. Non è invece chiaro il momento in cui si sono svolti questi episodi che, se hanno – almeno il primo – la freschezza di un racconto autentico, possono solo essere genericamente attribuiti alla prima fase del ministero pubblico di Gesù.

b) Pietro Giacomo e Giovanni

In alcune circostanze Gesù ha operato una scelta all'interno del gruppo dei Dodici. Per lo più in posizione di privilegio emergono, con Pietro, gli zebedeidi. Anche se si assiste a variazioni, Pietro non manca mai e il suo posto è il primo nella serie. Di solito questa scelta crea un gruppo di testimoni qualificati. Non ci sono commenti che avvertano se la scelta fu accettata pacificamente dagli altri: la spiegazione più coerente sembra quella della manifestazione dell'autorità sovrana di un maestro le cui decisioni non vengono contestate.

Mc 5,37 par. Lc 8,51 concordano nel segnalare la scelta dei tre (solo l'ordine del secondo e del terzo muta: in Luca Giovanni viene prima di Giacomo) quali accompagnatori di Gesù nella casa di Giairo. Il nome e la specifica attività di questo „capo" sono sottaciuti da Matteo (9,18–26), che non conosce neppure l'eccezione dei tre discepoli: in tutto il brano Mc e Lc sembrano seguire una tradizione variata nei confronti di quella matteana, più scarna. E' infatti probabile, per un verso, che il ricordo di origine sia unico, e per altro verso che l'ampliamento del racconto non risalga al solo Marco ma gli sia precedente. Tra le altre cose, a quel momento di differenziazione è da attribuire l'attenzione ai discepoli; al contrario, potrebbe essere di sola redazione lucana l'indicazione (Lc 8,45) che sia stato il solo Pietro a far notare, poco prima, a Gesù che le folle lo „circondano e lo schiacciano".

La selezione dei tre si presenta nell'ordine più strano. Marco la riporta quattro volte, Luca due e Matteo una sola: questi ultimi hanno sempre un parallelo in Marco, che è però solo nell'attribuire ai suoi interlocutori privilegiati la domanda che dà inizio al discorso escatologico (13,3); ma ora il numero si è accresciuto con Andrea e ha ricostituito le due coppie dei primi discepoli chiamati da Gesù. La preghiera del Getsemani secondo Mc 14,33 ha per testimoni Pietro, Giacomo e Giovanni; secondo Mt 26,37 Pietro e i due figli di Zebedeo. Luca tace.

Tutti e tre i sinottici vedono invece questi discepoli sul monte della trasfigurazione[67] (Mt 17,1; Mc 9,2; Lc 9,28): per i primi due l'ordine è identico, per il terzo, nuovamente, Giovanni precede Giacomo. Il racconto della trasfigurazione contiene ancora, in triplice tradizione, un intervento del solo Pietro. Durante il colloquio dei tre personaggi gloriosi (Mc e Mt) o al termine di esso, quasi per arrestarne la fine (Lc), egli pronuncia una frase, praticamente identica nei tre evangelisti, in due tempi: la costatazione della bellezza, per i discepoli, di essere in quel luogo e la proposta (per Mt „se vuoi"; per Mc e Lc è già volontà operativa) di costruire le tre tende o capanne. Mc e Lc commentano che si trattava di uno che non sapeva quel che diceva.

Nel racconto non si pronunciano giudizi su Pietro, ma il suo comportamento dà l'impressione di una reazione inadeguata, specialmente in Luca. Pietro è certamente il discepolo che attira su di sé maggior interesse, ma ha difficoltà ad accogliere pienamente il senso dell'esperienza che sta vivendo. Dopo che sarà risuonata la voce dalla nube, di lui non si parlerà più. La rivelazione della trasfigurazione impiegherà tempo per essere recepita nel suo vero significato.

La triplice tradizione (appena variata dalla redazione lucana) conferma la provenienza premarciana del ricordo che – nonostante la difficoltà per interpretare l'avvenimento – sembra radicarsi nella „*vita Jesu*".

c) Il premio della sequela e altre domande

A un tale che era desideroso di „ereditare la vita eterna" e che aveva già da sempre osservato i comandamenti Gesù propose di dare ai poveri i suoi beni e di mettersi al suo seguito, ma aveva ricevuto un rifiuto. Alle espressioni di tristezza di Gesù Pietro non bada, perché ha la consapevolezza di aver „lasciato tutto" (Mc 10,28 e Mt 19,27 coincidono; Lc 18,28 muta „tutto" in „le proprietà"). La sua esclamazione vuol frenare lo sfogo di Gesù e soprattutto vuol sapere che avverrà di loro, che hanno accolto totalmente l'invito alla sequela. C'è un po' di supponenza, che però Gesù non rimprovera.

Il tema di Pietro-portavoce è adottato dalla triplice tradizione, ed è difficile giudicare se si tratti di una indicazione convenzionale o se si colleghi – cosa del tutto possibile – a un ricordo autentico. Altre due volte Pietro interviene per chiedere a Gesù una chiarificazione del suo insegnamento: Mt 15,15 e Lc 12,41. Il primo caso si riferisce alla „parabola" di ciò che inquina o non inquina l'uomo; il secondo alla „parabola" del ritorno del padrone in ora ignota. Ambedue le volte il parallelo (prima lucano poi matteano) omette il particolare, che rappresenta più una conferma del tema „Pietro-portavoce" che un ricordo episodico.

Di indole non molto diversa è l'esclamazione evocata in Pietro della constatazione che il fico maledetto da Gesù era seccato realmente (Mc 11,21): ad essa Gesù risponde con l'esortazione: „Abbiate fede in Dio". Il parallelo

[67] Cfr. G. H. Boobyer, C. E. Carlston, A. Feuillet, W. L. Liefeld, C. Masson (1964), H. P. Müller, H. Riesenfeld, M. Sabbe, R. H. Stein (1976), W. H. Williams.

matteano (Mt 21,20) riferisce invece lo stupore di tutti i discepoli. Se ciò rende dubbio il ricordo marciano, evidenzia però l'interesse della sua redazione per Pietro: interesse coniugato con la scarsa comprensione per Gesù da parte del discepolo.

d) Il fratello Andrea

Fratello di Simon Pietro è Andrea. La notizia completa quella incontrata all'inizio circa la suocera di Pietro e dà un quadro relativamente ampio sulla famiglia e sull'ambiente di provenienza di Pietro. Raccogliendo notizie sparse, da Giovanni (1,44) si ricava che „la città di Andrea e Pietro", come di Filippo, era Betsaida; i Sinottici – come vedevamo – conoscono la casa di Pietro a Cafarnao, dove sembra vivere e lavorare anche il fratello Andrea; a Cafarnao Pietro ha famiglia e si sa che la suocera vive con lui. I vangeli non raccontano nulla della moglie né di eventuali figli: alla prima sembra riferirsi 1 Cor 9,5, da cui forse si può dedurre che almeno per un certo periodo la moglie di Pietro lo abbia accompagnato nella sua attività apostolica.

L'elemento più costante resta però il legame con Andrea, così come è (ancor più frequentemente) segnalata l'altra coppia, Giacomo e Giovanni, di cui si conosce il padre, Zebedeo, la madre (Mt 20,20) e la professione. Mentre nella seconda coppia l'ordine non è costante, perché alla normale precedenza di Giacomo Luca sostituisce quella di Giovanni, nella prima non si verificano eccezioni: è Andrea il fratello di Simone, quasi che la cosa costituisca per lui un titolo di riconoscimento o di prestigio. Non si evidenzia mai che Pietro è fratello di Andrea.

Le circostanze in cui occorrono le segnalazioni di parentela sono soprattutto i momenti di chiamata: Mc 1,16 e Mt 4,18 (presso il lago); Mt 10,2 e Lc 6,14 (nella lista dei Dodici); Giov 1,40 s. (nelle vicinanze del Battista); si aggiunge Giov 6,8, nel racconto della moltiplicazione dei pani. Nonostante lo stereotipo dell'enunciato, la presenza plurima della notizia attesta il ricordo diffuso e pacifico della parentela intercorrente fra i due discepoli.

e) Scene matteane sul lago

Scene matteane sul lago sono quelle in cui viene completato prima il racconto di Gesù che cammina sull'acqua con la scena di Pietro che gli va incontro e si sente sprofondare (Mt 14,28–32) e poi il racconto della seconda predizione della passione di Gesù con la riscossione del didracma (Mt 17,24–27). Le due scene sono misteriose sia per la loro origine sia per la loro prospettiva intenzionale.

La prima[68] si presenta come interruzione di una sequenza di miracoli (moltiplicazione dei pani e cammino di Gesù sulle acque) comune non solo a Marco e Matteo (mentre Luca manca del secondo) ma anche a Giovanni (da 6,1 fino alle notizie dei vv. 22–25). Il racconto allargato di Matteo è organico e naturale anche nell'aggiunta riguardante Pietro, e vede nell'incidente occorso

[68] Cfr. G. Braumann, A. M. Denis, J. P. Heil, D. F. Hill, R. Kratz.

al discepolo la conseguenza dell'ἐφοβήθη del v. 30, che è una disattesa del precedente μὴ φοβεῖσθε di Gesù (v. 27). Forse il timore è preceduto dal dubbio, che sembra affiorare nella battuta iniziale: „Signore, se sei tu, comanda ...". Il timore e il dubbio sono però parzialmente rettificati dall'invocazione „Signore, salvami!" (v. 30). Gesù risponde con l'atto salvatore dello stendere la mano e chiama Pietro uomo „di poca fede". Ma il dubbio che Gesù gli rimprovera non è irricuperabile, ché anzi tutti nella barca rendono omaggio al mistero di colui che Pietro aveva chiamato „Signore" e ora tutti riconoscono „Figlio di Dio".

È stato visto in questo racconto un anticipo della forma matteana della confessione di Cesarea (16,13–20): qui e là una scena che interessa tutti i discepoli ha un completamento in un tête-à-tête fra Gesù e Pietro. La costante narrativa e i molti particolari redazionali non pregiudicano la questione di una preesistenza del racconto: la sua probabilità è anzi molto alta. Assai più problematica invece è la sua collocazione in una „*vita Jesu*" e, conseguentemente, in una *vita Petri*. Sotto la guida di Matteo, comunque, la chiesa impara, attraverso un'esperienza di Pietro, quanta fatica sia richiesta per un cammino della fede e come ogni giorno esso sia segnato da pericoli e da prestazioni carenti, senza che per questo si debba perdere la speranza d'un recupero da parte del Signore.

Il dialogo sul didracma, centro della seconda scena, è legato solo all'ambiente del lago e molto meno a quanto precede e segue. Ciò rende avvertiti sulla difficoltà di individuarne l'origine. La sua posizione attuale fa intravvedere, oltre a un insegnamento ecclesiologico (i „figli" dei re anticipano i protagonisti del discorso della chiesa, nel capitolo successivo), anche un concetto cristologico, se si applica quanto si dice dei „figli" in genere al „figlio" per eccellenza, Gesù, quel „maestro" di cui si voleva conoscere l'atteggiamento a riguardo della tassa del tempio. In questo si collega alla precedente predizione sul futuro del „figlio dell'uomo". Il motivo per cui l'unico discepolo interessato sia Pietro non è chiaro. La redazione fa pensare che Gesù si trovi nella sua casa, a Cafarnao, e che Pietro sia ritenuto il naturale interprete dell'intenzione del Maestro. La finale della dichiarazione di Gesù fa pensare a un prossimo miracolo e dimostra il potere di Gesù di conoscere il futuro e di comandare agli eventi, così come poco prima aveva prevenuto Pietro, parlandogli di quel problema del tributo che il discepolo voleva sottoporgli.

Non siamo giunti a conclusioni certe per la *vita Petri*, anche se sembra accettabile l'ascendenza preevangelica della tradizione. A livello di *vita ecclesiae* coglievamo la conferma dell'importanza di Pietro.

## 3. La confessione di Pietro[69]

Anche senza considerare la scena analoga di Giov 6,66–71, quella narrata dai sinottici si presenta eccezionalmente complessa[70]. Le dissomiglianze fra i

[69] Per la storia della discussione su Pietro, la sua funzione, nel passato e nella discussione odierna, cfr. J. E. BIGANE, J. A. BURGESS, R. EPPEL, B. GHERARDINI, F. GILLMAN, R. H.

tre racconti, che pure nell'essenziale hanno una convergenza di sostanza, influiscono in modo rilevante sull'impressione globale provocata da ognuno. Li vediamo brevemente, seguendo l'ordine tradizionale dei vangeli, che non riproduce l'ordine genetico, ma che è difficile migliorare, perché proprio sull'ordine genetico i pareri sono plurimi e fortemente discordanti. E intanto teniamo presente il ventaglio articolato di interpretazioni offerto dalla rassegna del capitolo precedente.

Matteo[71], a cominciare dal cap. 15, presenta Gesù in rapido movimento. Partendo dal lago di Genesaret (cfr. 14,34: subito dopo il cammino sulle acque), dopo le discussioni sulle tradizioni farisaiche (15,1–20), si dirige verso le parti di Tiro e Sidone (15,21), ma poi si allontana per giungere (nuovamente) al mare di Galilea e salire sul monte (15,29), dove sembra verificarsi la seconda moltiplicazione dei pani. Sale poi sulla barca e va alla regione di Magadan (15,39). Dopo una disputa passa all'altra riva (16,5) e subito si trova nella regione di Cesarea di Filippo (16,13). Fino al termine del capitolo lo sfondo geografico non cambia più, mentre si registra il dialogo con i discepoli e con Pietro, concluso dall'ordine del silenzio messianico, la predizione della passione e il rimprovero a Pietro, con la conclusione dei detti della sequela.

Marco[72] incomincia allo stesso modo e contiene abbastanza le variazioni: da Genesaret (6,53), al territorio di Tiro (7,24), ne esce e – attraverso Sidone – viene al „mare della Galilea, in mezzo al territorio della Decapoli" (7,31), dove sembra realizzarsi la seconda moltiplicazione dei pani. Monta in barca per tornare dalle parti di Dalmanuta (8,10), ma poi, sempre in barca, va all'altra riva (8,13). La venuta a Betsaida porta l'intermezzo della guarigione del cieco, nota solo a Marco (8,22–26); dopo si avvia verso i villaggi di Cesarea di Filippo (8,27), dove avviene l'assai più breve confessione, con imposizione del silenzio, seguita dall'annuncio della passione e dai detti della sequela.

Gundry, G. Händler, W. Kasper, J. Ludwig, G. Maffei, F. Obrist, A. Oepke, B. Rigaux, A. Rimoldi, T. V. Smith, C. P. Thiede (1987), R. Zinnhobler.

70 Cfr. B. Willaert, W. J. Bennett.

71 La letteratura è sconfinata. Cfr. B. W. Bacon, P. Barbagli, R. Baumann, G. Bornkamm (1970), R. Bultmann (1941, ma già 1919), W. Burch, J. M. Cangh – M. van Esbroeck, C. Caragounis, K. Caroll, J. Chapman, M. A. Chevallier, G. Claudel, H. Clavier, Y. Congar, O. Cullmann (1959), A. Dell, J. D. M. Derrett (1988), E. Dinkler (1964), D. C. Duling, J. Dupont (1964), D. Eichhorn, J. A. Emerton, R. Eppel, M. van Esbroeck, A. Feuillet (1970 e 1991), G. Forkman, K. Fröhlich, R. K. Fuller, S. Gero, F. Gillmann, J. Gnilka (1987), M. Goguel (1938), P. Grelot (1985 e 1987), R. H. Gundry, A. von Harnack, R. H. Hiers, P. Hoffmann (1978), R. Hommel, J. Jeremias, C. Kähler, J. Kahmann, H. Klein (1987 e 1989), G. Körting, P. Lampe, A. Legault, H. Lehmann, R. Lülsdorff, U. Luz, J. Markus, J. Murphy O'Connor, H. Muszynski, Ortensio da Spinetoli (1967 e 1970), S. E. Porter, H. Rheinfelder, B. Rigaux (1974), J. Ringger, B. P. Robinson, G. Rossé, J. Schmitt (1978), O. J. F. Seitz (1950), V. Subilia, M. J. Suggs, G. J. Tottenham, F. Vattioni, P. Vielhauer (1940), A. Vögtle (1973), J. Warren, M. Wilcox (1975–76), W. A. Wordsworth, H. Zimmermann, E. Zolli.

72 Cfr. J. Ernst (1978), E. Haenchen (1963), M. Horstmann, R. Lafontaine ..., I. de La Potterie, F. J. Matera, B. A. E. Osborne.

Luca[73] ha una sequenza di episodi di cui si riesce difficilmente a individuare l'ubicazione, fatta eccezione per l'inquadratura generale in Galilea. Dopo il miracolo di risurrezione compiuto a Naim (7,11. Vi arrivava da Cafarnao: 7,1) si assiste all'intermezzo causato dalla delegazione del Battista, al pranzo presso il fariseo con l'incontro della peccatrice, a nuove peregrinazioni (8,1) e all'insegnamento in parabole, seguito dalla venuta della madre e dei fratelli. Gesù è ancora sul lago (8,22), poi nella regione dei geraseni (8,26), da cui torna (8,40). I dodici vengono mandati per i villaggi a predicare e sanare (9,6), poi tornano e vanno con Gesù a Betsaida (9,10). Dopo la moltiplicazione dei pani, „mentre stava pregando in disparte" (9,18), pone ai discepoli la domanda già udita in Matteo e Marco (sola variante nel soggetto: Luca ha „le folle" o „la gente", invece che „gli uomini") e Pietro lo confessa „il Cristo di Dio" (9,20). Gesù predice la sua fine, pronuncia i detti della sequela e, otto giorni dopo, sale con i tre discepoli sul monte a pregare (9,28) e lì avvienne la trasfigurazione; sceso dal monte, il giorno dopo (9,37), dopo la liberazione dell'epilettico indemoniato, predice per la seconda volta la sua fine.

La inquadratura lucana (in collegamento con la moltiplicazione dei pani e nelle vicinanze di Betsaida, dunque del lago) richiama la situazione analoga di Giov 6[74], quando alla moltiplicazione dei pani (seguita dal cammino sulle acque: 6,1–15.16–21) segue il discorso del pane di vita, concluso dallo „scandalo" dei discepoli e dalla confessione di Pietro: „E noi abbiamo creduto e conosciuto che tu sei il santo di Dio" (6,69). La domanda di Gesù è diversa, anche se la sua radice si collega al senso profondo di quella riportata nei sinottici, come provocazione alla professione di fede (e in Giovanni „andare via" e „andare/venire verso" dice il rifiuto della fede e l'abbandono fiducioso nella fede). Anche la risposta di Pietro è più articolata (segno della redazione giovannea), ma data a nome pure degli altri e culminante in un titolo cristologico in linea con le dichiarazioni sinottiche. La risposta di Gesù non è rivolta al solo Pietro, ma tocca un tema presente pure nei sinottici, quello della scelta dei dodici e dunque del discepolato. Poi Gesù si avvia definitivamente a Gerusalemme (dal cap. 7), potendo contare solo più sui discepoli.

Si rileva dunque nella quadruplice tradizione evangelica la presenza di un punto nodale, durante la narrazione dei fatti di Galilea, culminato in una presa di posizione dei discepoli, espressa nelle parole di Pietro. La descrizione data poco fa mostra quanto le narrazioni evangeliche, pur nell'organizzazione che è propria ad ognuna, facciano perno su questo episodio per orientare il cammino ulteriore. Si può discutere dove esso funga da conclusione e dove da nuovo inizio: in realtà i due aspetti sono uniti, magari con accentuazioni differenziate. Esso costituisce la luce nella „crisi di Galilea" (checché si pensi della sua consistenza specifica) e l'anticipo necessario e necessitante delle predizioni della fine di Gesù.

[73] Solitamente la problematica lucana è subordinata, nella letteratura, a quella marciano-matteana.

[74] Cfr. R. F. Collins, K. P. M. Kuzenzama, J. Painter, G. Segalla.

In questo episodio Pietro riveste una funzione misteriosa, di cui egli stesso sembra essere poco consapevole, tanto da non sentirsene stimolato a superare i limiti abituali del suo comportamento. La testimonianza comune dei quattro racconti, pur non trasmettendo una versione sufficientemente individuata delle sue parole, lascia però capire che si trattò di una espressione di fede nella missione di Gesù, quale dimensione non esauribile in spiegazioni umane bensì rimandante a un mistero di unione diretta di Gesù con Dio e di incarico efficace di salvezza proveniente da Dio stesso, con una efficacia di influsso estesa a tutto il cammino della storia umana.

Nella misura in cui si accetti Giov 6 come tradizione parallela, si può avere un indizio o meno sull'indipendenza originaria della confessione di Pietro dalla prima predizione della passione e – più ancora – dall'incomprensione del discepolo, rimproverato dal Signore. Ma è questione difficile da risolvere, data la forte tendenza redazionale di ogni racconto. A parte Giovanni, che seleziona le tradizioni sinottiche (episodi, motivi, temi) da adottare, Luca stesso, che non ricorda altrove il rimprovero a Pietro, sembra aver omesso intenzionalmente il particolare. Sembrerebbe quindi giustificata la preferenza data alla redazione matteano-marciana quale eco dell'unità narrativa originaria.

Ma subito s'arresta il parallelo, perché la sequenza abbastanza lineare di Marco è alterata in Matteo: egli registra ancora il rimprovero di Gesù, e questo lo avvicinerebbe alla prospettiva di Marco, però inserisce la promessa a Pietro, e questo fa l'effetto di un'innegabile evidenziazione in positivo, in analogia con la prospettiva di Luca.

Mt 16,17–19 è, a livello redazionale, una buona unità narrativa e tematica, stilisticamente un po' ridondante. L'estrema concettuosità e l'alternarsi di simboli tanto variati motiva la fondata domanda circa la natura della tradizione o delle tradizioni che stanno a monte. Una prima dimensione della tematica è verticale: il macarismo trova il suo fondamento nella rivelazione concessa dal Padre che è nei cieli e l'efficacia dell'intervento, autoritativo e universale in terra, è garantita dalla sua corrispondenza in cielo. All'interno di questa inclusione l'immagine è ancora rafforzata dal contrasto fra le porte dell'Ade (in basso) e il regno dei cieli (in alto). Una dimensione orizzontale è presente per la costituzione di Pietro in *petra*, con funzione di fondamento, e per la stessa complessità dell'immagine-realtà „chiesa", di natura indubbiamente terrestre, ma insidiata dalle forze degli inferi e proiettata verso quella realtà locale-escatologica che è la piena realizzazione del „regno".

La successione dei protagonisti è molteplice. Nel quadro di un intervento assolutamente sovrano di Gesù, rivelatore e costitutivo a un tempo, il modello attanziale è abbastanza evidente: il Padre vuole che Gesù dia a Pietro i poteri per servire la chiesa nel portare agli uomini la sua (di Gesù) salvezza escatologica, nonostante le insidie delle forze degli inferi e con l'aiuto dell'assistenza e ratifica celeste per le sue decisioni. In questo quadro si evidenziano rapporti incrocati e anche apparenti contrasti: nel v. 17 beneficiario dell'intervento del Padre è Pietro, nel v. 18 oggetto delle cure di Gesù è la chiesa e Pietro è nominato solo in sua funzione, nel v. 19 è Pietro il detentore del

„potere“ delle chiavi e del legare-sciogliere concesso da Gesù; le „chiavi“ del v. 19a sono correlate a una porta, e quindi a un edificio, che è da una parte la chiesa di Gesù e dall'altra il regno dei cieli, che si identificano tra di loro imperfettamente, anche se si relazionano necessariamente a vicenda; alla rivelazione del „Padre nei cieli“ del v. 17 sembra in qualche modo corrispondere il legare-sciogliere (anche nei cieli) del v. 19bc, e ciò assicura l'attività di Pietro all'interno di una economia di rivelazione (che ha come oggetto e perno Gesù), nella quale „carne e sangue“ non raggiungono mai potere di efficacia. Lo stilema della specularità fra i momenti estremi e gli intermedi fornisce così un certo aiuto a livello interpretativo. Resta però al centro l'unico fattore negativo esplicitamente espresso, le „porte dell'Ade“. Pertanto la figura completa del brano manifesta la struttura A (v. 17), B (v. 18a), C (v. 18b), B' (v. 19a), A' (v. 19bc).

Rinuncio a tentare un'ipotesi sul processo di formazione del brano. Ne abbiamo già accostato più tentativi, dai quali risultava la presenza di tracce semiteggianti, variamente presenti e variamente interpretate, in un testo dove però neppure la fattura ellenizzante è totalmente assente. Certo il radicamento nell'AT si manifesta in ogni particolare e àncora il brano a un ambito tradizionale praticamente coincidente con quello della prima comunità cristiana.

L'attenta unitarietà strutturale depone per un lavoro di redazione efficace e rende assai difficili le cesure. È accettabile l'ipotesi che la parte più antica fosse costituita dal v. 18b, ma non è facile negare formulazione sostanzialmente gesuanica neppure al v. 19bc (né ha importanza specifica risolvere ora la questione del rapporto fra Mt 16,19; Mt 18,18 e Giov 20,23).

Per il destino di Pietro nessun altro testo del NT contiene tanta densità di indicazioni. Il macarismo di Gesù costata una situazione, che sarebbe di per sé transitoria ma che il contesto mostrerà quanto duratura: la rivelazione del Padre. Interviene allora Gesù imponendo un nome, che non solo dice la sovranità di Gesù ma anche la funzione di Pietro in occasione della decisione di Gesù di edificare la sua chiesa. La figura del fondamento si muta in quella del clavigero e ambedue dicono potere di resistenza di fronte alle forze avverse (il fondamento non si lascia smuovere e la chiave non permette l'ingresso). Legare e sciogliere continua parzialmente la funzione della chiave (che chiude e apre: cfr. Is 22,22), ma intanto si apre su un potere discrezionale non più rapportato all'esterno, bensì ai membri di quell'*ekklesia* e di quella *basileia* verso le quali Pietro ha responsabilità specifiche[75].

Fin quando dura questa situazione preannunciata a Pietro? Abbiamo già visto come sia difficile dare una risposta in un campo ricco di condizionamenti

[75] La tematica del „primato“ di Pietro è, con quella della „successione“, notorio oggetto di dibattito interconfessionale. Per la sua fondazione esegetica cfr. J. J. von Allmen (1982), P. Benoît, O. Cullmann … (1965), E. Dinkler (1961), F. Dreyfus, M. van Esbroeck, J. Galot, F. Gils, P. Grelot (1982), P. Hoffmann (1974), A. Kallis, F. Kattenbusch, N. Koulomzine, M.-J. Le Guillou, W. Marxsen, F. Mussner (1978), R. Pesch (1982), S. Porubcan, B. Prete (1969), J. Schmid.

e povero di indicazioni univoche. La domanda tornerà in testi inquadrati esplicitamente in tradizioni pasquali. Anche il nostro dovrebbe poter fornire suggerimenti per quella lettura che sente, nella formulazione attuale, echi delle parole del Risorto. La lettura è probabile e permette di assommare l'intenzione di Gesù alla consapevolezza delle prime comunità, come la matteana, la lucana e la giovannea. Una certa apertura al futuro della chiesa si coglie nella combinazione solenne di tutte le componenti della promessa matteana: si può discutere se la edificazione della chiesa richieda per un solo momento il fondamento di Pietro – pietra (è evidente che dò a „pietra" un significato personale: il Pietro favorito dalla rivelazione di Dio e non la fede di Pietro), ma gli assalti delle porte dell'Ade non si possono pensare momentanei. Però le indicazioni del modo sono ancora tutte da scoprire.

## 4. La passione e la risurrezione

### A. La lavanda dei piedi

La lavanda dei piedi[76] è propria di Giovanni (13,1 – 11) ed evidenzia due protagonisti dell'infedeltà a Gesù: il primo è Giuda (vv. 2 – 4.11) e il secondo Pietro (vv. 6 – 10). Il riferimento di Pietro va al passato solo per il nome (cfr. 1,42) e poi guarda al futuro, in particolare all'intesa con il discepolo amato, per ottenere informazioni precise sul traditore (13,24). Il rapporto tra Gesù e Pietro è riassunto nel „sapere" di Gesù (vv. 1 e 7) e nel „non sapere" di Pietro (v. 7). Ma per Pietro non è colpa: il senso di ciò che sta accadendo si chiarirà dopo, alla luce della croce e della risurrezione (cfr. 2,22; 12,16). Il non sapere di Pietro si conferma in tre interventi (era stato così anche per Nicodemo, al cap. 3), che fanno procedere il discorso di Gesù.

È necessario che Gesù lavi i discepoli, perché questi possano essere con Gesù, godere della sua salvezza; ma basta lavare i piedi, senza che sia necessario giungere alle mani e al capo. La prima parte presenta l'abbassamento di Gesù come realizzazione concreta del suo amore (cfr. v. 1) e anticipo della passione. Pietro deve accettare questa dimensione del Messia. La seconda parte riconosce ai discepoli una globale mondezza, derivante da un bagno o lavacro totale. Il v. 10a („chi ha fatto il bagno non ha bisogno di lavarsi") potrebbe essere interpretato come sentenza popolare e la purezza dei discepoli deriverebbe dall'essere con Gesù: egli li ha amati ed essi lo hanno accettato. L'aggiunta „tranne che i piedi" fa pensare al lavacro come riferimento sacramentale (il battesimo? ma i discepoli lo avevano ricevuto?) o come riferimento anticipato alla passione di Gesù (cfr. 17,19). Lavare solo i piedi è necessario per Gesù, come dimostrazione del suo atteggiamento di servizio, e per il discepolo, che dopo aver fatto il bagno raccoglie ancora tanta polvere sui piedi.

[76] Cfr. G. F. Snyder.

Si dà anche il caso del discepolo che non accetta Gesù ed egli „sa“ (è compreso nel suo „sapere“ circa l'ora del passaggio al Padre: il v. 11 costituisce inclusione col v. 1) che il traditore si vuol vendere al partito del male.

Pietro è dichiarato mondo, eppure alla sequenza sul traditore (fino al v. 30) farà subito seguito la predizione del suo rinnegamento, nonostante egli proclami di voler dare la vita per Gesù (vv. 37–38).

La scena della lavanda dei piedi, per quanto fortemente interpretata dall'ultimo evangelista, è però un ricordo tradizionale. Lo stesso riferimento a Pietro, che non è né in collegamento con il discepolo amato da Gesù né – propriamente – con gli altri (o loro portavoce) costituisce un interessante ricordo e fattore di confronto con gli altri episodi della tradizione petrina.

## B. La predizione di Lc 22

La predizione di Lc 22,31–34[77] si inquadra nei racconti del rinnegamento di Pietro. La trattiamo a parte per il *Sondergut* che contiene: tutta la scena è in versione lucana, però i vv. 31–32 non hanno veri riscontri, mentre i vv. 33–34 hanno la stessa tematica di Mt–Mc. D'altra parte, pure il nome dell'interlocutore di Gesù muta: „Simone Simone“ (v. 31) e „Pietro“ (v. 34). Si può capire come possano venire suggerimenti nel senso di una formazione sia a metà lucana e a metà marciana sia di tradizione lucana (con analogie a quella di Giov 13) simile ma indipendente da quella di Mt–Mc.

La redazione lucana ha raccontato una disputa sorta in occasione della predizione circa il tradimento di Giuda. Ai discepoli che vogliono il riconoscimento della grandezza Gesù inculca l'ideale del servizio (22,24–27) e profetizza la loro partecipazione al suo regno (vv. 28–30). Ma prima vi sarà la richiesta di Satana „per vagliarvi come il grano“ (v. 31). Non detto, ma chiaramente sottinteso, è il cedimento dei discepoli e tra di loro, ancora più chiaro, di Pietro (v. 32). Questo, che coglie immediatamente la gravità della predizione, protesta di essere „pronto ad andare in prigione e alla morte“ (v. 33), ma Gesù insiste, precisando anche le circostanze del rinnegamento (v. 34). Poi riprendono gli ultimi insegnamenti ai discepoli. Per questo inserimento in un contesto di missione duratura dei discepoli, in una prospettiva che termina al banchetto escatologico nel regno, è spontaneo pensare che i vv. 31–32 descrivano una situazione che supera i confini del momento a cui immediatamente si riferiscono.

Satana, l'ostacolo, vuol far cadere i discepoli in una modalità (il vaglio del grano) che è simbolo del giudizio escatologico: dunque la sua attività comincia ora e si proietta su tutto il tempo che precede il giudizio, la fine, dunque al tempo della chiesa. Gesù si comporta come avvocato, intercessore e sostegno. La sua preghiera ha per oggetto la durata della fede di Pietro. Perché è preghiera efficace, è scontato il suo successo. Essa dà forza alla

[77] Cfr. B. PRETE (1969).

debolezza di Pietro (che intanto si è dimostrata nei fatti), in modo che egli stesso possa dare forza ai fratelli, cioè agli altri discepoli credenti.

Il passo, forse sopravvalutato da CULLMANN, ha certo con Mt 16,17–19 una fondamentale analogia: il procedimento parte dal Padre, al quale Gesù rivolge la preghiera e dal quale viene l'esaudimento, prosegue in Gesù, intercessore, si scontra con gli sforzi di Satana e termina a Pietro; da questo però deve proseguire verso i fratelli. La descrizione della funzione di Pietro è più sobria, ma fa leva sulla sua fede che non cade (nonostante la sua debolezza) e si presenta con una responsabilità in qualche modo di mediazione o intermediaria.

### C. Il rinnegamento di Pietro

Il rinnegamento di Pietro[78] ha una predizione e una realizzazione. Matteo e Marco inquadrano la predizione durante il tragitto verso il monte degli ulivi, dopo la cena (Mt 26,30–35; Mc 14,26–31), Luca e Giovanni invece ancora durante la cena (Lc 22,33–34, Giov 36–38). Un intermezzo, ancora comune a tutti i vangeli, mostra Pietro che segue Gesù mentre viene condotto dal sommo sacerdote, dopo l'arresto (Mt 26,58 par. Mc 14,54; Lc 22,54; Giov 18,15. Tutti i sinottici notano che Pietro segue „da lontano"). Matteo dice che egli voleva „vedere la fine". La trepida „sequela" termina al cortile del sommo sacerdote. Il rinnegamento incomincia subito, all'arrivo di Pietro, nel racconto di Luca (22,56–62: suo esclusivo è il particolare della presa di coscienza di Pietro provocata non dal canto del gallo ma dallo sguardo di Gesù, v. 61), dove viene subito concluso (anche se nel frattempo trascorre un'ora); incomincia – secondo Giovanni – nel momento in cui Pietro viene introdotto nel cortile (18,17), ma viene proseguito dopo l'interrogatorio di Caifa (vv. 25–27); incomincia e si conclude solo dopo quell'interrogatorio, secondo Matteo (26,69–75) e Marco (14,66–72).

È il momento più negativo e doloroso dell'esperienza di Pietro. Da una parte è ricordata, sommessamente ma senza attenuazioni, come cosa gravissima, e per altra parte non è mai avvertita come un'interruzione del rapporto tra il discepolo e il maestro. Per Luca, anzi, Gesù lo ristabilisce, dolorosamente ma chiaramente, con il suo girarsi verso Pietro, guardandolo, e per Giovanni con la triplice domanda durante l'incontro (ultimo?) di Galilea (21,15–17). Per Mt e Mc strumento del richiamo è il canto del gallo, e cioè il ricordo della parola di Gesù.

Non si avverte che gli altri discepoli abbiano fatto pesare a Pietro la sua particolare infedeltà. In qualche modo c'è corrispondenza fra il Pietro portavoce dei discepoli nella solenne confessione e in altre circostanze e il Pietro che porta al grado più acuto l'abbandono operato da tutti. Vero è che la

[78] Cfr. K. DEWEY, M. GOGUEL (1934), G. KLEIN (1961), E. LINNEMANN, C. MASSON (1957), N. J. MCELENEY, H. MERKEL, O. J. F. SEITZ (1959), R. H. STEIN (1973), M. WILCOX (1970–71).

predizione di Gesù era venuta in un momento in cui Pietro si era staccato dagli altri: „anche se tutti si scandalizzeranno, non io però“ (Mt e Mc), o almeno aveva proclamato una disposizione ad andare alla morte (Lc) o a dare la vita (Giov) quasi che fosse un suo atteggiamento esclusivo. Ma l'atteggiamento nelle descrizioni evangeliche è del tutto concorde con la componente di personalità, impulsiva e dimentica degli altri, abitualmente nota di lui.

La sostanza dell'episodio è così chiara e concordemente attestata, che le divergenze fra i primi due e gli altri evangelisti sono poco significative, salvo che per le problematiche letterarie, qui di non primaria importanza (e resta difficile definire i rapporti fra le tradizioni seguite da ognuno degli autori).

Il fatto ha inizio per l'intervento di una donna al servizio in quel luogo e si impernia su un'interrogazione sull'appartenenza di Pietro a Gesù (Giovanni insiste due volte sull'appartenenza al gruppo dei discepoli). Le negazioni di Pietro sono un tendenziale distacco da Gesù e dai discepoli, quindi dalla salvezza e dall'ambiente a cui Dio l'aveva destinato. Era indubbio il pericolo, ma lo fu anche l'infedeltà. Il „non conoscere Gesù“ secondo i sinottici e il „non essere discepolo“ secondo Giovanni furono però anche la negazione più totale di sé, di quella che era divenuta la sua vita.

I segni stabiliti da Gesù otterranno pianto e conversione.

Il genere letterario di una scena evangelica messa a fuoco totalmente su un attore comprimario, mentre Gesù sta nello sfondo, può essere individuato all'incirca in uno spezzone biografico, dove però l'aspetto agiografico è presente solo in chiaroscuro. Nonostante i dubbi sollevati contro la storicità del ricordo, non sembra plausibile l'ipotesi di una pretesa tendenza antipietrina così forte da potersi imporre – e in formulazioni differenziate – nei racconti della passione di tutti i vangeli per recare disonore a un personaggio ricordato altrimenti in toni o elogiativi o almeno non negativi.

### D. Pietro nelle esperienze della risurrezione[79]

Fra gli evangelisti uno, Matteo, non ne trasmette ricordo alcuno, Marco raccoglie solo l'incarico affidato dal „giovane“ alle donne di „andare a dire ai suoi discepoli e a Pietro che vi precede in Galilea“ (16,7), Luca segue Pietro che corre al sepolcro e vi trova i panni funebri di Gesù (24,12), mentre poi i discepoli che tornano da Emmaus si sentono annunciare che il Signore „è apparso a Simone“ (24,34), Giovanni al cap. 20 segue Pietro e il discepolo amato al sepolcro (20,2–10) e al cap. 21 alla pesca miracolosa e ai dialoghi successivi: Giov 21 è il capitolo di più densa presenza petrina in tutto il

[79] È comprensibile che predomini l'attenzione alla narrazione di Giov 20–21: S. Agouridis (1967 e 1968), B. W. Bacon, G. L. Bartholomew, M. E. Boismard, G. Ghiberti (1967 e 1972), J. Larsen, P. S. Minear, D. Mollat, F. Neirynck, R. Pesch (1969), E. Ruckstuhl. Per Marco cfr. J. D. Crossan; per Lc 24 A. R. C. Leany, F. Neirynck (1972. 1977. 1978). Più generali R. H. Fuller e A. Vögtle (1959).

NT: alla pesca segue la triplice proclamazione di amore con l'affidamento dell'incarico di pascere e poi la parola sul futuro di Pietro e l'ultima ingiunzione di Gesù „tu seguimi". E' possibile che sia l'ultima parola su Pietro scritta nel NT ed è la ripetizione di una chiamata che trasmette alla chiesa dei secoli il senso più autentico del personaggio.

Assieme al ricordo del rinnegamento, nella storia dei contatti di Pietro con Gesù quello della risurrezione è il più frequente. E con il rinnegamento sono probabilmente collegati parecchi dei ricordi pasquali: il richiamo esplicito in Mc 16,7 sembra voler sottolineare, tra l'altro, che Pietro, anche se ha rinnegato, fa ancora parte dei discepoli; in Lc 24,12.34 non sembra da escludere il riferimento a 22,32, come realizzazione del „ravvedimento" predetto da Gesù; Giov 21,15–19 è chiaramente in relazione al triplice rinnegamento.

Ma certo l'interesse per i ricordi pasquali di Pietro si spinge oltre. La più importante delle esperienze pasquali è l'apparizione di Gesù risorto ai discepoli (Giov 20,19; 21,1) o agli Undici (Mt 28,16; Lc 24,33; Mc 16,14) o ai Dodici (1 Cor 15,5; Giov 20,24). In essa ha luogo la trasmissione degli incarichi per la vita della chiesa. Ma in Giov 21 l'apparizione ai discepoli si conclude con un dialogo tra Gesù e Pietro a cui viene affidato un tipico incarico. In 1 Cor 15,5 e in Lc 24,34 l'apparizione a Pietro è ricordata immediatamente prima di quella ai Dodici (o Undici). La stessa andata al sepolcro e addirittura il cenno di Mc 16,7 mettono l'esperienza di Pietro in relazione con il grande incontro comunitario. Pietro è sicuramente uno del gruppo dei testimoni qualificati. In più, appare lui stesso detentore di una qualifica che attende di essere chiarita.

Le cause di questo interesse si possono trovare in una doppia linea: quella dell'evento stesso e quella dell'interesse particolare per la persona di Pietro, e quest'ultima o a causa della persona (con tutto ciò che ha costituito la sua reale esperienza) e del suo ufficio (che può avere il suo fondamento in una di quelle esperienze), oppure a causa dell'ufficio che si riassume nel nome di questa persona (senza che necessariamente ci sia stata quella esperienza fondante, riferita nei nostri racconti).

Questo problema d'interpretazione non riguarda solo le apparizioni a Pietro ma anche quelle agli altri personaggi importanti della comunità cristiana delle origini. Da questa problematica estrapoliamo quella di Pietro, che è però la più tipica: come si configura l'esperienza pasquale di Pietro e quali conseguenze ha avuto quest'esperienza per la sua persona e per la comunità dei credenti?

Di Pietro, a Pasqua, viene ricordata una duplice esperienza: come testimone del sepolcro vuoto e come destinatario di una apparizione.

### a) L'andata al sepolcro

L'andata al sepolcro presenta non pochi punti interrogativi. Redazionalmente Luca (24,12) la sfrutta a conferma e sostegno della testimonianza delle donne, mentre in Giovanni (20,3–10) serve a illustrare i rapporti fra i due massimi personaggi che il quarto Vangelo pone accanto a Gesù, oltre che a raggiungere, pure qui, una finalità apologetica. La funzione del particolare si esaurisce tutta in questi scopi o è, prima ancora, ricordo d'un fatto accaduto?

Accettiamo che i racconti di Luca e Giovanni abbiano una unica origine. Se questa è debitrice solo alla redazione di uno dei due, bisogna concludere che la funzione di Pietro godeva d'una stima così alta da causare la formazione d'una scena esemplare e simbolica. Ma, nonostante una certa tendenza della critica attuale, penso che quella lettura sia troppo poco dimostrata. Dunque è più probabile che si tratti del ricordo d'un fatto accaduto. La sua importanza però è assai inferiore a quella dell'incontro fra Gesù e Pietro nell'apparizione.

Si vorrebbe anche qui sapere se 1 Cor 15,5; Lc 24,34 e Giov 21,1 – (17)23 coincidono. La cosa è facile ad ammettersi per i primi due passi, meno per questi col terzo. Ma non mi sembra improbabile. La specificità di Giov 21 è da vedersi più nel messaggio teologico che non nell'intenzione storiografica dei particolari. Il nucleo storiografico è da vedersi nel ricordo di una apparizione che non vuole differire da quella di 1 Cor 15 e di Lc 24. Questi passi non escludono un'eventuale collocazione in Galilea: neppure per Luca, che solo in fase redazionale si inserisce nel quadro gerosolimitano. E non è del tutto sicuro che la prima fase della tradizione soggiacente a Giov 21 fosse intenzionalmente ed esclusivamente collegata al quadro di Galilea.

### b) Le apparizioni

A questo punto perciò limitiamo la nostra attenzione alla descrizione minima: Gesù „apparve" (*ophthe*) a Cefa-Simone-Pietro.

In qualche modo la partecipazione sensoriale fu lo strumento della nuova presa di contatto con Gesù da parte di Pietro e degli altri testimoni. Ma la ricchezza dell'esperienza supera i confini della percezione sensoriale. Vale per l'esperienza ciò che vale per il mistero della risurrezione che sta alla sua origine: ha un riscontro nella storia, ma la massima parte della sua pienezza sfugge alle categorie comuni. Come la montagna di ghiaccio galleggiante nell'oceano: solo la punta è visibile, la gran massa è nascosta sotto la superficie.

Le conseguenze delle esperienze pasquali di Pietro per la sua persona e la sua funzione nella comunità partecipano a una dinamica comune a tutte le esperienze pasquali. Chi viene a contatto con il mistero di Gesù risorto viene con ciò introdotto nell'economia della testimonianza: accade alla Maddalena (Giov 20,2.17), alle donne al sepolcro, ai discepoli di Emmaus (per intuizione spontanea). Gli incarichi diventano poi solenni e ufficiali per i testimoni qualificati della grande apparizione finale, sia nel quadro galilaico sia in quello gerosolimitano (rispettivamente Mt e Giov 21; Lc e Giov 20). Lo stesso contesto di 1 Cor 15 fa pensare a una funzione di conferma che i testimoni delle apparizioni rivestono in favore dell'assunto fondamentale (agli effetti del contesto), cioè che Cristo è risorto.

Non è pensabile che sfuggano a questa dinamica i nomi riportati negli enunciati cherigmatici e nelle liste senza commento. È il caso di Simone in

Lc 24,34 o di Cefa e Giacomo in 1 Cor 15,5–7. Nella testimonianza penso che converga ogni funzione di chiesa.

Resta un racconto particolarmente ricco ed esplicito: quello di Giov 21. In questo capitolo la maggior attenzione è dedicata a Pietro, ma il senso globale si avverte solo se non si dimentica il contrappunto rappresentato dal discepolo che Gesù amava, il quale è momento d'arrivo della pericope conclusiva. Nonostante la discussione al riguardo, non ritengo solida l'ipotesi di una rivalità tra Pietro e il Diletto[80].

Nel miracolo della pesca l'atteggiamento di Pietro si pone in continuità con quello tenuto nella corsa al sepolcro (Giov 20,3–10): il primo a giungere alla fede è il Diletto, ma è Pietro che tira la rete a Gesù, e la rete non si rompe. La pesca è simbolo di salvezza. Se la rete non si rompe, cioè non lascia ricadere nella perdizione dell'abisso coloro che ha salvati, è strumento sicuro di salvezza.

Fondamentali sono i vv. 15–17. A Pietro è richiesta una triplice dichiarazione d'amore per Gesù e gli è conferito tre volte il compito di pascere le sue pecore. I tre concetti dell' „amare", del „pascere" e delle „pecore" sono espressi in greco ognuno con due termini diversi. Ma sembra che questa differenza non sia particolarmente indicativa, anche se „non ci sono perfetti sinonimi in San Giovanni" (J. Radermakers).

L'incarico pastorale rimanda a Giov 10, dove il pastore è Gesù stesso e le pecore sono „la comunità come oggetto dell'amorosa cura di Gesù" (J. Jeremias, in: GLNT [1965], s. v. *arnion*). Certo, Pietro non sarà mai „pastore" come e nel grado di Gesù. Non darà mai, lui stesso, la vita eterna, e non sarà mai indirizzato a lui il rapporto di familiarità intima che lega le pecore a Gesù. Egli ha però il compito di „pascere", e cioè di esercitare un ufficio di guida e assistenza e in certo senso anche di nutrimento. Gesù dà la vita per le sue pecore; Pietro muore come martire di Gesù. Iniziato da un atto di amore verso Gesù, il compito pastorale termina con il supremo atto di amore per lui. In questo rapporto di amore con Gesù Pietro imita il maestro e la sua attività riceve efficacia.

Al di sopra di tutte le altre indicazioni, Giov 21 riporta una esplicita investitura da parte di Cristo e un tono di universalità dell'incarico. Sorge pertanto il problema di una relazione speciale di Pietro agli altri pastori.

## 5. Gli Atti degli Apostoli[81]

La seconda parte dell'opera lucana offre ricordi antichi anche riguardo a Pietro; tuttavia non possiede più lo stimolo e la freschezza dei racconti delle

[80] Per una sintesi recente della discussione sul discepolo che Gesù amava, cfr. I. de La Potterie, Il discepolo che Gesù amava, in: L. Padovese (a cura), Atti del I simposio di Efeso su S. Giovanni Apostolo, Roma 1991, 33–55. Già prima, S. Agouridis, K. Quast.

[81] Cfr. A. Bottino, J. H. Elliott, J. A. Jauregui, C. M. Martini, J. N. Sanders, W. Soltau, J. Zumstein.

esperienze fondanti contenute nei vangeli. Esegeticamente difficoltà e interesse dei singoli brani continuano a richiedere fatica interpretativa, ma è venuta meno l'efficacia fondante del contatto con Gesù, manifestata in ogni particolare del dialogo e delle decisioni assunte.

Nell'elenco proposto all'inizio di queste pagine si assisteva a un succedersi di episodi in cui l'iniziativa o la responsabilità o la decisione risiedevano sempre in Pietro. È proprio questa la categoria elementare più comune per riassumere la sua opera, mentre la pluralità dei fratelli, che si orientano a una organizzazione ruotante attorno all'autorità degli apostoli, prende parte alle decisioni e assume spontaneamente una funzione di collaborazione e corresponsabilità, che giunge ad esprimersi nella decisione, nel giudizio e talora anche nel dissenso.

All'interno di questo dato basilare è possibile raggruppare l'attività di Pietro secondo alcune categorie che per i nostri interessi hanno importanza assai disuguale: al primo posto sta la predicazione, evidenziata nella sede dei discorsi cherigmatici o missionari; sulla linea dell'espansione missionaria intervengono poi i miracoli in appoggio all'annuncio e le iniziative qualificanti per le scelte future. Impiantata la comunità dei credenti in Cristo, vengono operati interventi che si riferiscono alla sua disciplina interna, ma contemporaneamente altri per tener testa alle autorità ebraiche, di cui Pietro non contesta mai l'autorità bensì la relativizza nei confronti di quella di Dio. Fra le sue esperienze di vita si preannuncia intanto quella del martirio.

Porteremo l'attenzione soprattutto sui discorsi di Pietro, per l'importanza che essi hanno quali testimoni della fede del protocristianesimo e della funzione di Pietro in ordine alla propagazione di quella fede. Considereremo poi brevemente le altre voci.

Non è possibile entrare nella questione dei lucanismi degli Atti, per verificare quanto sia condizionato il quadro finale dal peso della visione lucana delle cose. È fuori discussione l'esistenza di una prospettiva così diffusa e organica da riuscire ad assumere in unità tradizione e contributi di provenienza quasi eterogenea. Senza scendere ai particolari occorre però anche riconoscere che questo procedimento non deve essere giudicato – salva la dimostrazione contraria, di volta in volta – lesivo di una sostanziale fedeltà ai fatti.

### A. I discorsi di Pietro[82]

Si conoscono interventi lunghi e brevi, ma i discorsi più notevoli sono quelli pronunciati di fronte a un pubblico non ancora cristiano (li hanno chiamati „discorsi missionari“ o „cherigmatici“): 2,14–40 (spiegazione dell'avvenimento della pentecoste); 3,12–26 (commento alla guarigione del paralitico, presso la „porta speciosa“); 4,8–12 e 5,29–32 (davanti ai membri del Sinedrio); 10,34–43 (in casa del centurione Cornelio, a Cesarea marittima).

[82] J. Dupont (1973), S. Harezga, D. Lotz, J. N. Reagan, S. Sabugal.

Per la forte analogia di contenuto a questa lista deve essere aggiunto pure il discorso tenuto da S. Paolo in Atti 13,16–41 nella sinagoga di Antiochia di Pisidia. Ma determinante è l'apporto di Pietro, al punto che in esso è stata vista la forma più tipica della predicazione petrina.

I discorsi missionari offrono una continua predicazione pasquale, che è presentazione di un mistero globale, capace di includere tutto quanto procede dalla vita di Gesù. In essi si può quasi sempre riscontrare una parte condizionata all'occasione concreta alla quale essi vengono attribuiti e una parte di annuncio stabile, più sviluppato.

Stile occasionale rivelano le parole di indirizzo agli ascoltatori, con l'impostazione del discorso: così 2,14–16, risposta all'accusa di ubriachezza agli Apostoli, che a Pentecoste avevano „cominciato a parlare in altre lingue" (2,4); 3,12 (+ v. 16) dopo la guarigione dello storpio; 4,8–9 nella stessa circostanza, ma davanti ai „capi del popolo e anziani"; 5,9 per lo stesso pubblico, che pretende di coartare l'ubbidienza che gli Apostoli devono al comando di Dio („andate e ponetevi nel tempio a predicare tutte queste parole di vita", v. 20); 10,34–35 davanti a Cornelio e ai suoi familiari.

Ancora un certo legame con l'occasione specifica conservano tratti già propriamente teologici: 2,16–21 (+ v. 33) teologia della Pentecoste; 3,16 teologia del „nome" di Gesù (cfr. v. 6: „in nome di Gesù di Nazaret sorgi e cammina", e ancora v. 30); lo stesso in 4,10.11–12; 5,32 relazione tra il dono dello Spirito e l'ubbidienza a Dio; 10,34 s. Dio non fa preferenze di popolo nel concedere la salvezza.

I destinatari condizionano il tono della presentazione, che è leggermente severa e polemica in capp. 2.3.4.5, in contrapposizione fra quanto Dio fece per onorare Cristo e il modo come lo trattò il suo popolo, mentre il cap. 10 dà un'esposizione più irenica e anche assai più ordinata degli avvenimenti riguardanti la vita terrena di Cristo e la sua condizione di risorto.

La parte costante dell'annuncio è proposta e illustrazione della via della salvezza, che è unica: accettazione di Cristo attraverso la fede e il battesimo, in un procedimento complesso che richiede fede e conversione. Per preparare alla fede viene presentato e interpretato il mistero di Cristo attraverso alcune fasi: la vita pubblica di Gesù fino alla passione (il battesimo di Giovanni, attività di Galilea e di Gerusalemme, specialmente attività miracolosa a beneficio di tutti i bisognosi), l'ostilità dei Giudei e la passione di Gesù, la resurrezione di Gesù e le conseguenze per la sua nuova condizione di vita, appoggiate alla testimonianza apostolica (che abbiamo già vista), la salvezza che proviene agli uomini che accettano gli obblighi conseguenti alla resurrezione di Gesù. Variamente applicato, interviene il tema costante del compimento delle Scritture che, mentre reca conferma divina a quanto accadde a Gesù, rivela anche un provvidenziale piano divino, che guidava questi misteriosi e dolorosi avvenimenti a scopi diversi da quelli che si erano prefissi gli operatori umani.

La vita pubblica di Gesù precedente la passione a volte non è oggetto di attenzione, sia per la brevità di alcuni discorsi sia per il contesto polemico, che porta l'attenzione al fatto problematico della fine ingloriosa di Gesù. Passione, morte e risurrezione sono invece sempre presenti.

Sono note alcune modalità concrete del procedimento ordito contro Gesù: la sua morte fu estorta a Pilato contro il parere di questi (3,13; cf. 13,28), preferendo alla vita di Gesù la grazia concessa per „un assassino", Barabba (3,14). Soprattutto è chiaramente confermata la modalità della morte in croce: 2,23; 4,10; 5,30; 10,39 (cf. 13,29); il particolare anzi è già oggetto di riflessione teologica con l'applicazione che gli si fa di Deut 21,22 s. (cfr. 10,39).

Questo rimando introduce all'interpretazione teologica della morte di Gesù. La presentazione di questo fatto normalmente è veloce, perché il punto di arrivo è sempre la resurrezione. Si accenna alla morte per lo più in questa luce: perseguita da gente iniqua (2,23), essa è però da spiegarsi anzitutto „secondo il determinato consiglio e la prescienza di Dio" (2,23). „Il patire del suo Messia" era stato da Dio preannunciato „per bocca di tutti i profeti" (3,18), cosicché quella pietra che era stata „rigettata dagli edificatori" era invece costituita „pietra angolare" (4,11). E' il tema del capovolgimento, che presenta a volte l'espressione più direttamente polemica: „... Voi lo avete inchiodato sulla croce per mano di empi e l'avete ucciso; ma Dio lo ha risuscitato sciogliendolo dalle angosce della morte" (2,23–24).

Del fatto pasquale sono proposti gli elementi fondamentali: da una parte la presenza degli apostoli, con funzione testimoniale (con essi Gesù ha avuto dimestichezza dopo la risurrezione: 10,41), e dall'altra il rinnovamento avvenuto in Gesù. Sottratto al sepolcro e alla corruzione (2,27.29,31. cfr. 13,29–30.34–37), entra in una condizione nuova, per sé e in rapporto agli uomini. Ne sono dimostrazione l'accumularsi dei titoli cristologici di eccellenza („Santo e giusto", „Signore", „Principe e Salvatore") e il vocabolario di esaltazione (2,33; cfr. 5,31). Il nuovo stato dà a Cristo il pieno esercizio della funzione di „Messia" e „Salvatore" e poi di „Giudice".

Vista globalmente, questa teologia è stata giudicata incompleta, soprattutto perché non sviluppa una riflessione sugli effetti salvifici della morte e perché il processo della risurrezione sembra contemplare Gesù in posizione totalmente subordinata all'intervento del Padre. In realtà essa è espressione di un pensiero non totalmente organico, i cui limiti devono essere interpretati assai meno come frutto di un pensiero portatore di preferenze limitative quanto piuttosto come testimonianza di una arcaicità ancora alla ricerca di una soddisfacente sistematicità. In particolare non ha fondamento la lettura in chiave adozianista o subordinazianista.

Tutti i discorsi hanno una conclusione parenetica. Dal Risorto provengono doni, quali lo Spirito Santo (2,28) e la remissione dei peccati (2,38; 3,19; 5,31; 10,43; cf. 13,38), la salvezza (4,11 s.), per giungere ai tempi del „ristoro", nella „restaurazione di tutte le cose" (3,20.21). Ma questi doni sono condizionati al ravvedimento e conversione (2,38, con il battesimo; 3,19.26; 5,31) e alla fede in Cristo (10,43; cf. 13,39).

Sono condizioni collegate tra di loro, presenti già nella predicazione evangelica, in bocca a Giovanni Battista, a Gesù e ai suoi inviati. In particolare questi temi sono collegati ai fatti pasquali: la penitenza in Lc 24,47; la remissione dei peccati in Lc 24,47 e Giov 20,23; il dono dello Spirito in Lc 24,49 e

Giov 20,22; il battesimo in Mt 28,20 e Mc 16,16. La fede sarà il tema giovanneo per eccellenza dei racconti pasquali (cfr. 20,31).

Di Pietro non viene evidenziata un'autorità monarchica, ché di autorità non si disserta neppure. Unica autorità è Dio misericordioso, da cui proviene il progetto di salvezza realizzato in Cristo, e il nome di Gesù, in cui è ogni potere di intervento benefico. Pietro continua a essere il personaggio conosciuto nei vangeli: quando parla e quando agisce, lo fa in unione con gli altri apostoli (gli Atti li nominano una sola volta tutti assieme; poi le narrazioni sono concentrate su pochi di essi), nella naturalezza di una comunione di cui egli è espressione consapevole, e nell'autorità che gli proviene da un evento del quale egli è stato costituito testimone.

### B. Gli altri interventi

La continuità con Gesù è elemento costante dell'esposizione di Atti ed è criterio valido anche per la presentazione di Pietro. Nei suoi discorsi si poteva pensare al contrario, perché vi mancavano alcune tipiche categorie della predicazione di Gesù: il tema del „regno", già tanto regredito in Atti (il termine si trova solo 8 volte, contro le 46 del terzo vangelo), è del tutto assente in quei discorsi. Ma si comprende facilmente la loro novità, in corrispondenza alla novità operata in Gesù dalla risurrezione.

#### a) I miracoli

Nei miracoli[83] la continuità con l'intervento di Gesù è particolarmente evidenziata. Pietro e Giovanni, mentre un giorno salgono al tempio verso le tre per la preghiera del pomeriggio (Atti 3,1), risanano nel nome di Gesù Cristo Nazareno un uomo storpio fin dalla nascita. Giovanni rimane sullo sfondo, mentre l'azione è tutta di Pietro (vv. 4–8). Ancora Pietro è prodigiosamente illuminato sull'inganno perpetrato da Anania e Saffira e pronuncia una sentenza che è seguita dalla morte dei due: il prodigioso si discosta dalla casistica del miracolo che salva, ma realizza ugualmente un'aspetto del disegno benevolo di Dio verso la sua comunità, superando quell'attentato satanico contro Dio, che stava investendo tutta la comunità. A differenza del primo miracolo, che rimaneva sullo sfondo del racconto ancora per due capitoli, questo è subito concluso nel sommario che lo collega con i „molti miracoli e prodigi" operati dagli apostoli (5,12) e con le guarigioni che sono operate anche solo dall'ombra di Pietro (5,15). Difficilmente si trova un altro particolare come questo breve cenno di sommario, che descriva meglio, con riferimento al solo Pietro, la continuità tra il cammino di Gesù e quello dell'apostolo.

[83] Per i miracoli cfr. J. Fenton, A. Georges, J. A. Hardon, S. H. Kanda, H. C. Kee, G. W. H. Lampe. Numerosi gli studi sull'episodio di Anania e Saffira: E. Becker, M.-E. Boismard, J. D. M. Derrett (1977), R. Dickinson, G. Geiger, P. H. Menoud, B. Prete (1988), L. Tosco, A. Weiser.

A Lidda, dove si è recato mentre stava „andando a far visita a tutti" (9,32), Pietro porta la guarigione a Enea, proclamando però: „Gesù Cristo ti guarisce" (v. 34). La scena si conclude alla maniera lucana: „lo videro tutti gli abitanti di Lidda e del Saron e si convertirono al Signore" (v. 35). Se l'entusiasmo di Luca si caratterizza di enfasi, è però evidente l'interesse del suo racconto, che finalizza il prodigioso alla conversione.

Nella vicina Joppe Pietro è chiamato presso una defunta e si comporta con lei come Eliseo in 2 Re 4,8–37, pronuncia su di lei una parola di comando che ricorda un simile intervento di Gesù, sulla figlia di Giairo (riportato solo da Mc 5,41). Con questa scena c'è in comune non solo il „Tabita, alzati" ma, prima, l'aver voluto star solo e poi l'aver preso la donna per mano. Anche se ambedue i racconti di risurrezione si ispirano al prodigio di Eliseo, in Atti sembra intenzionale l'adozione dello stesso modello per esprimere la continuità tra l'opera di Gesù e l'esperienza nella chiesa.

b) La persecuzione

La persecuzione[84] di Pietro non sembra rivestire caratteristiche eccezionali nei confronti di quella sofferta da tutti gli altri testimoni del Nome. E' stato visto in tutti i racconti di persecuzione degli Atti il ripetersi dell'„esperienza della passione di Cristo, proto-persecuzione e proto-processo della storia della salvezza della comunità cristiana". La comunità sotto processo esce dalla persecuzione „vittoriosa, cresciuta, maturata, più se stessa, cioè più al servizio dell'annuncio del vangelo agli uomini". Come per tutti i perseguitati vale anche per Pietro che egli non è presentato come eroe bensì come discepolo e testimone. Ciò vale anche nell'ultimo episodio di persecuzione, al cap. 12, concluso con la liberazione prodigiosa a opera dell'angelo (vv. 3–11). La conclusione dell'episodio, che parrebbe assumere il valore d'un commiato dell'apostolo (che ricomparirà solo al cap. 15), nell'economia della redazione lucana non è il sipario che cala su una scena che non ha più interesse bensì l'apertura a un impegno di maggiore fecondità, anche se il lettore deve rinunciare a conoscerne le circostanze.

c) La decisione di Cesarea Marittima

Il punto più importante per la traiettoria del racconto lucano, nel commiato di Pietro, è l'intervento operato a Cesarea Marittima, nella casa di Cornelio. Il triplice ritorno dell'episodio, nel racconto del cap. 10 (i 48 versetti sono tutti dedicati alla preparazione, alla predicazione e alle sue conseguenze), nella discussione del cap. 11 (vv. 1–18) e nel cenno del cap. 15 (vv. 7–9), è indice dell'importanza che gli viene riconosciuta. Se il nucleo portante è costituito dal lungo discorso „missionario", l'ultimo di Pietro (10,34–43), ciò che fa ricordare l'episodio è, notoriamente, il risultato non solo dell'accetta-

[84] Cfr. G. Betori, da cui provengono le citazioni.

zione di fede, da parte degli ascoltatori, della proposta apostolica ma soprattutto quello dell'ammissione diretta al battesimo di pagani non passati attraverso la circoncisione, perché anche su di loro si era effuso il dono dello Spirito Santo. Pietro si domandava: „Se dunque Dio ha dato a loro lo stesso dono che a noi per aver creduto nel Signore Gesù Cristo, chi ero io per porre impedimento a Dio?" (11,17).

Su questa eredità di conquista si muove l'opera missionaria di Paolo, che Luca àncora a un momento costitutivo vissuto nell'esperienza di Pietro.

## 6. Nella letteratura epistolare

### A. Paolo

Paolo parla di Pietro in due lettere della maturità, ma le brevi annotazioni che esse contengono sono ben lontane dall'esaurire quel che Paolo conosceva di Pietro o anche solo ciò che era stato oggetto della sua esperienza personale[85]. La datazione delle lettere, per quanto sia contenuta entro margini di sicurezza straordinariamente alti, non permette di stabilire con sicurezza la priorità fra Gal e 1 Cor. Anche se questo particolare non sarebbe senza significato per la prospettiva del „Pietro paolino", è significativo che in ambedue gli scritti il richiamo a Pietro sia carico di una problematicità che è stata certo causa di sofferenze. Se questo è facilmente intuibile per Paolo, la cosa è solo parzialmente intuibile per Pietro, che non ha tramandato confidenze analoghe.

#### a) La lettera ai Galati

La lettera ai Galati[86] descrive momenti che abbiamo visto ampiamente commentati nella rassegna iniziale. Secondo la ricostruzione che Paolo fa dei primi tempi della sua vita cristiana, egli conobbe Cefa a Gerusalemme tre anni dopo la permanenza a Damasco e in Arabia. Pur non potendosi identificare l'anno esatto di questo incontro, lo si deve collocare prima della persecuzione che ha fatto allontanare Pietro da Gerusalemme. Da parte di Paolo c'è interesse per Pietro, da parte di questo sembra che ci sia buona ospitalità per Paolo. Ma se Pietro è importante e il confronto senza dubbio interessante, la visita non è da interpretare come un apprendistato o un ricorso a verifica.

Quattordici anni dopo Paolo è a Gerusalemme per una questione meno pacifica e s'incontra con Pietro-Cefa e con Giacomo e Giovanni (Gal 2,7–9). Il breve racconto non dà un'idea sufficiente dell'importanza dell'evento, che sembra proprio coincidere con quanto è narrato in Atti 15. In questa circostanza, oltre a Giovanni che non è evidenziato (ma corrisponde a notizie di

[85] Sui rapporti fra i due apostoli cfr. E. HIRSCH, R. KERESZTY, M. KARRER, F. MUSSNER (1976).

[86] Cfr. P. C. BOETTGER, P. S. CAMERON, J. D. G. DUNN, A. FEUILLET (1970), H. FÜRST, J. M. GONZALES RUIZ, O. HOFIUS, G. D. KILPATRICK, A. MÉHAT, H. NEITZEL, A. SUHL.

Atti sul suo lavoro in copia con Pietro), interlocutori di Paolo sono Pietro e Giacomo. Se non si peccasse d'eccessiva semplificazione, si potrebbero riassumere i rapporti di Paolo così: di Giacomo ha più soggezione, ma Pietro lo interessa di più. Di quest'ultimo Paolo conosce una *apostolé* tra i circoncisi, avente origine da Dio, così come da Dio ha origine il proprio impegno di annunciare il vangelo tra i pagani. Non ci è dato sapere se quella divisione fosse funzionale o se Paolo le attribuisse un valore di vocazione duratura, ma la più grande verosimiglianza fa pensare che la distinzione non poté comunque essere osservata nei centri dove sembra essersi svolta l'attività successiva di Pietro.

Paolo parla ancora d'un incontro con Pietro ad Antiochia (Gal 2,11–14). Vi fu allora certamente divergenza di comportamento, probabilmente anche di idee. L'atteggiamento di Paolo verso Pietro fu franco, forse anche rude. La sua posizione di principio era chiarissima, ma non sappiamo con quali considerazioni le rispondesse Pietro. Non sappiamo neppure quale esito ebbe la discussione. È certo che per Paolo Antiochia non è recensita tra i ricordi cari, mentre presto sorge la tradizione di un periodo di „episcopato petrino" in quella città. È possibile quindi che la linea di Pietro abbia almeno momentaneamente prevalso. Così come è possibile che le due posizioni si siano smussate, visto che Paolo, almeno secondo il ricordo degli Atti (ma forse anche nello spirito dei principi di 1 Cor 8–15), si lascierà convincere ad assumere atteggiamenti cari alla pietà ebraica, mentre Pietro, allontanandosi da ambienti tanto difficili, non dovette più sentire la necessità di mediazioni tanto tribolate.

b) La prima lettera ai Corinzi

La prima lettera ai Corinzi[87] ricorda Pietro al primo posto nella lista dei testimoni della risurrezione (15,5) e lo nomina fra coloro che sono assistiti nel ministero da una donna, probabilmente la moglie (9,5). Del primo caso s'é già detto; della seconda notizia, per noi un po' curiosa, si deve riconoscere che doveva trattarsi di prassi diffusa e così poco problematica che chi non l'adottava costituiva eccezione.

Problematica era invece la presenza tra i cristiani di Corinto di partiti, di cui uno aveva preso come bandiera lo stesso Cefa. Nella successione Cefa è senza dubbio importante più di Paolo e di Apollo e solo inferiore a Cristo. Sarebbe però necessario conoscere l'origine di quelle titolature. Il riferimento a Cristo fa pensare che il titolo non presupponesse un periodo di permanenza dell'interessato fra i cristiani di Corinto. Allora tanto più è stimolante questo segno dell'interesse per un personaggio di cui si è solo sentito parlare. Ma ciò significa che da lontano Pietro ha esercitato una concorrenza di disturbo verso quel Paolo che non si era lasciato intimidire, prima, dalla sua vicinanza? La cosa è totalmente ipotetica, ma intanto segnala, proprio nel disagio, quanto

[87] Cfr. C. K. BARRETT, R. JEWETT, H. KATZENMAYER, F. MUSSNER (1976), P. VIELHAUER.

continuasse a essere viva, all'orizzonte di Paolo, la presenza del primo testimone del risorto.

### B. Le lettere di Pietro

Le lettere di Pietro[88] sono scritti di natura controversa circa l'autenticità dell'autore a cui li attribuisce la tradizione. Si trovano così nella paradossale situazione di poter essere, in teoria, la fonte più immediata del pensiero e della sensibilità pastorale di Pietro e, in pratica, la fonte più lontana dalla sua esperienza storica, attendibile solo come documentazione di un interesse alla persona di Pietro vivo in ambienti che ricorrono al suo nome per valorizzare le proprie dottrine. La discussione sul valore pseudoepigrafico della dichiarazione iniziale del nome dell'autore ha visto aumentare il numero dei sostenitori dell'inautenticità non solo della seconda ma anche della prima lettera di Pietro.

Dell'insegnamento di Pietro abbiamo raccolto le tracce nei discorsi „missionari" degli Atti. Era probabilmente la fase più arcaica e più comune a tutta la chiesa quella che si specchiava in quei concentrati lucani. Ed era anche la caratteristica che poteva maggiormente interessare a chi volesse cogliere il momento di passaggio della comunione di vita con il Gesù terreno alla fede nel Risorto.

Dalle lettere si può cogliere il segnale di un processo di avvicinamento di Pietro a Paolo nella vita delle chiese che si rispecchiano in questi scritti.

## *III. Conclusione*

Nella datazione più comune degli scritti neotestamentari solo Gal e 1 Cor sarebbero stati scritti durante la vita di Pietro il pescatore di Cafarnao, discepolo di Gesù di Nazaret. L'interesse per la sua persona è andato ben oltre il periodo della sua vita, per la stretta relazione che l'ha unito al suo maestro e per la posizione assunta all'interno della cristianità delle origini. Negli scritti neotestamentari questo interesse si spinge fino allo sfruttamento della sua vicenda per fini agiografici, come risulta per esempio da tutta l'opera lucana.

La storia successiva ha visto però legata a questa vicenda anche la giustificazione di un istituto particolarmente importante per la cristianità: il papato nelle sue varie interpretazioni. L'interpretazione romana acquistò consapevolezza e affinò la propria teorizzazione col passare del tempo e soprattutto in prossimità di oggetti di contenzioso che richiedevano decisioni e giustificazioni in loro favore. La correttezza di una verifica presso le fonti

[88] Cfr. J. H. ELLIOTT, M.-L. LAMAU.

neotestamentarie può portare ad una maggiore o minore accettazione del principio di successione[89]. Molto più complesso e meno immediato sarà invece il confronto per la legittimità delle forme concrete di quella successione.

## *IV. Bibliografia*

ABOGUNRIN S. O., The Three Variant Accounts of Peter's Call: A Critical and Theological Examination of the Texts, in: NTS 31 (1985) 587–602;

AGOURIDIS S., The Purpose of John 21, in: B. L. DANIELS – M. J. SUGGS (eds.), Studies in the History and Text of the NT in honour of K. W. Clark, Salt Lake City 1967, 127–132;

AGOURIDIS S., Peter and John in the Fourth Gospel, in: F. L. CROSS (ed.), Studia Evangelica IV, Berlin 1968, 3–7;

AGUIRRE R., Pedro en el Evangelio de Mateo, in: EstBib 47 (1989) 343–361;

ALLMEN J.-J. VON, Ein reformierter Beitrag zur Frage des Papsttums, in: J. RATZINGER (Hrsg.), Dienst an der Einheit. Zum Wesen und Auftrag des Petrusamts, Düsseldorf 1978, 133–145;

ALLMEN J.-J. VON, Il primato della chiesa di Pietro e Paolo. Osservazioni di un protestante, Brescia 1982;

ARANDA PEREZ G., El Apostol Pedro en la literatura gnostica, in: EstBib 47 (1989) 65–92;

BACON B. W., The Petrine Supplements to Matthew, in: Exp, Eighth Series 13 (1917) 1–23;

BACON B. W., The Motivation of John 21,15–25, in: JBL 50 (1931) 71–80;

BARBAGLI P., La promessa fatta a Pietro in Matteo 16,16–18, in: ECarm 19 (1968) 323–353;

BARRETT C. K., Cephas and Corinth, in: O. BETZ – M. HENGEL – P. SCHMIDT (Hrsg.), Abraham unser Vater. Juden und Christen im Gespräch über die Bibel (Festschrift für O. Michel zum 60. Geburtstag). Leiden – Köln 1963, 1–12;

BARTHOLOMEW G. L., Feed My Lambs: John 21:15–19 as Oral Gospel, in: Semeia 39 (1987) 69–96;

BATIFFOL P., Cathedra Petri. Etudes d'histoire ancienne de l'Eglise, Paris 1938;

BAUMANN R., Was Christus dem Petrus verheißt. Eine Entdeckung im Urtext von Matthäus 16, Stein am Rhein 1988;

BAUMEISTER TH., Die Anfänge der Theologie des Martyriums, Münster 1980;

BECHTEL F., Die historischen Personennamen des Griechischen bis zur Kaiserzeit, Halle 1917; ND Hildesheim 1964;

BECKER E., Ananias und Sapphira, in: RQ 23 (1909) 183–184;

BECKER J., Paulus, der Apostel der Völker, Tübingen 1989;

BENNETT W. J., "The Son of Man Must ..." in: NT 17 (1975) 113–129;

BENOIT P., La primauté de Pierre selon le Nouveau Testament, in: Exégèse et Théologie, II, Paris 1961, 250–284;

BEST E., Peter in the Gospel according to Mark, in: CBQ 40 (1978) 547–558;

BETORI G., Perseguitati a causa del nome. Strutture dei racconti di persecuzione in Atti 1,12–8,4, Roma 1981;

[89] Al confronto con questo problema giungono quasi tutti gli studi su Pietro. In particolare cfr. J. J. VON ALLMEN (1978), P. BATIFFOL, A. BRANDENBURG ..., A. VON CAMPENHAUSEN, A. FEUILLET, F. J. FOAKES – JACKSON, E. GRÄSSER, A. JAVIERRE, G. MAFFEI, P. H. MENOUD (1949), D. PAPANDREOU, B. P. ROBINSON, E. SCHLINK, J. M. R. TILLARD, A. VÖGTLE (1978).

BETZ O., Felsenmann und Felsengemeinde, in: ZNW 48 (1957) 49–77;
BIGANE J. E., Faith. Christ or Peter: Matthew 16,18 in Sixteenth-Century Roman Catholic Exegesis, Washington 1981;
BIRKS H., Studies in the Life and Character of Saint Peter, London 1887;
BLANK J., Tipologia petrina neotestamentaria e ministero di Pietro, in: Conc 9 (1973) 61–78;
BLANK J., Petrus und Petrus-Amt im Neuen Testament, in: Papsttum als ökumenische Frage. Herausgegeben von der Arbeitsgemeinschaft ökumenischer Universitätsinstitute, München–Mainz 1979, 59–105;
BÖTTGER P. C., Paulus und Petrus in Antiochien. Zum Verständnis von Galater 2.11–21, in: NTS 37 (1991) 77–100;
BOISMARD M.-E., Le chapitre XXI de saint Jean: essai de critique littéraire, in: RB 54 (1947) 473–501;
BOISMARD M.-E., Le "Concile" de Jérusalem (Act 15,1–33). Essai de critique littéraire, in: ETL 64 (1988) 433–440;
BOOBYER G. H., St. Mark and the Transfiguration Story, Edinburgh 1942;
BORNKAMM G., Jesus von Nazareth, Stuttgart 1965;
BORNKAMM G., Paulus, Stuttgart 1970;
BORNKAMM G., Die Binde- und Lösegewalt in der Kirche des Matthäus, in: G. BORNKAMM–K. RAHNER (Hrsg.), Die Zeit Jesu. Festschrift für H. Schlier, Freiburg i. Br. 1970, 93–107;
BOTTINO A., La figura di Pietro quale esponente della fede cristiana negli Atti degli Apostoli, in: StudMiss 37 (1988) 1–25;
BOVON F., Luc le théologien. Vingt-cinq ans de recherches (1950–1975), Neuchâtel 1978;
BRADY D., The Alarm to Peter in Mark's Gospel, in: JSNT 4 (1979) 42–57;
BRANDENBURG A.–URBAN H. J. (Hrsg.), Petrus und Papst, Münster i. W. 1977;
BRAUMANN G., Der sinkende Petrus (Mt 14,28–31), in: TZ 22 (1968) 403–414;
BROWN R. E.–DONFRIED K. P.–REUMANN J. et al., Saint Pierre dans le Nouveau Testament, Paris 1974;
BUDESHEIM T., Jesus and the Disciples in Conflict with Judaism, in: ZNW 62 (1971) 190–209;
BULTMANN R., Die Frage nach dem messianischen Bewußtsein Jesu und das Petrusbekenntnis, in: ZNW 19 (1919–20) 165–175;
BULTMANN R., Die Frage nach der Echtheit von Mt 16,17–19, in: ThBl 20 (1941) 266–279;
BURCH V., The Stone and the "Keys" (Mt 16:17 ff.), in: JBL 52 (1933) 147–152;
BURGESS J. A., A History of the Exegesis of Matthew 16,17–19 from 1781 to 1965, Ann Arbor 1975;
BURGO NÚÑEZ M. DE, Simón Pedro, Ideología e Historicidad en las tradiciones neotestamentarias, in: Communio 22 (1989) 355–380;

CAMERON P. S., An Exercise in Translation: Galatians 2,11–14, in: BibTrans 40 (1989) 135–145;
CAMPENHAUSEN H. FRHR. VON, Kirchliches Amt und geistliche Vollmacht in den ersten drei Jahrhunderten, Tübingen 1953;
CANGH J.-M.–ESBROECK M. VAN, La primauté de Pierre (Mt 16,16–19) et son contexte judaïque, in: RTL 11 (1980) 310–324;
CARAGOUNIS C., Peter and the Rock, Berlin 1990;
CARLSTON C. E., Transfiguration and Resurrection, in: JBL 80 (1961) 233–240;
CAROLL K., Thou art Peter, in: NT 6 (1963) 275;
CHAPMAN J., St Paul and the Revelation to St Peter, Matt. 16.17, in: RevBén 29 (1912) 133–147;
CHEVALLIER M.-A., « Tu es Pierre, tu es le nouvel Abram » (MT 16/18), in: ETR 57 (1982) 375–387;
CLARK A. C., Apostleship: Evidence from the New Testament and Early Christian Literature, in: VoxEv 19 (1989) 49–82;

CLAUDEL G., La confession de Pierre. Trajectoire d'une péricope évangélique, Etudes bibliques N. S., 10, Paris 1988;

CLAVIER H., Πέτρος καὶ πέτρα, in: Neutestamentliche Studien für R. Bultmann zu seinem 70. Geburtstag am 20. August 1954, Berlin 1954, 94–109;

COLLINS R. F., The Twelve. Another Perspective: John 6,67–71, in: MelTheol 40 (1989) 95–109;

CONGAR Y., Cephas – Cephale – Caput, in: RevMoyenAgeLat 8 (1952) 5–42;

CORSANI B. – RICCA P., Pietro e il papato nel dibattito ecumenico odierno, Torino 1978;

COULOT C., Jésus et le disciple. Etude sur l'autorité messianique de Jésus, Paris 1987;

CROSSAN J. D., Empty Tomb and Absent Lord (Mark 16:1–8), in: W. H. KELBER (ed.), The Passion in Mark. Studies on Mark 14–16, Philadelphia 1976, 135–152;

CULLMANN O., L'apôtre Pierre instrument du diable et instrument de Dieu? La place de Mt 16,16–19 dans la tradition primitive, in: A. J. B. HIGGINS (ed.), New Testament Essays. Studies in Memory of T. W. Manson, Manchester 1959, 94–105;

CULLMANN O., Petrus. Jünger – Apostel – Märtyrer, 2. unveränderte Auflage, Zürich – Stuttgart 1960 (ed. ital.: San Pietro: Discepolo – Apostolo – Martire, in: CULLMAN O. – JOURNET CH. – AFANASSIEFF N. et al., Il primato di Pietro nel pensiero cristiano contemporaneo, Bologna 1965, 1–349).

CULLMANN O. – JOURNET CH. – AFANASSIEFF N. et al., Il primato di Pietro nel pensiero cristiano contemporaneo, Bologna 1965;

CULLMANN O., La tradition, problème exégétique, historique et théologique, in: ID., Etudes de Théologie biblique, Neuchâtel 1968, 157–195;

DA SPINETOLI v. ORTENSIO DA SPINETOLI;

DASSMANN E., Der Stachel im Fleisch. Paulus in der frühchristlichen Literatur bis Irenäus, Münster 1979;

DELL A., Mt 16:17–19, in: ZNW 15 (1914) 1–49;

DELORME J., Luc V.1–11. Analyse structurale et historique de la rédaction, in: NTS 18 (1971–72) 331–350;

DENIS A. M., La marche sur les eaux. Contribution à l'histoire de la péricope dans la tradition évangélique, in: I. DE LA POTTERIE (éd.), De Jésus aux Evangiles. Traditions et rédaction dans les Evangiles synoptiques, Gembloux 1967, 233–247;

DENZLER G. – CHRIST F. – TRILLING W. – STOCKMEIER P. – WRIES W. DE – LIPPERT P., Petrus und Petrusamt, Stuttgart 1970;

DERRETT J. D. M., Ananias, Sapphira and the Right of Property, in: ID., Studies in the New Testament, I, Leiden 1977, 193–201;

DERRETT J. D. M., Thou Art de Stone, and upon this Stone ..., in: DownR 106 (1988) 276–285;

DERRETT J. D. M., Peter and the Tabernacles (Mark 9,5–7), in: DownR 108 (1990) 37–48;

DEWEY K., Peter's Curse and Cursed Peter (Mark 14:53–54. 66–72), in: W. H. KELBER (ed.), The Passion in Mark. Studies on Mark 14–16, Philadelphia 1976, 96–114;

DICKINSON R., The Theology of the Jerusalem Conference – Acts 15:1–35, in: RestQuart 32 (1990) 65–83;

DIETRICH W., Das Petrusbild in den lukanischen Schriften, Stuttgart 1972;

DINKLER E., Die Petrus-Rom-Frage, in: ThR 25 (1959) 189 ss. 289 ss; 27 (1961) 33 ss; 31 (1965/6) 232 ss;

DINKLER E., Petrusbekenntnis und Satanswort, in: E. DINKLER (Hrsg.), Zeit und Geschichte. Dankesgabe an R. Bultmann, Tübingen 1964, 127–153;

DREWS A., Die Petruslegende. Ein Beitrag zur Mythologie des Christentums, Frankfurt a. M. 1924;

DREYFUS F., La primauté de Pierre à la lumière de la théologie biblique du Reste d'Israël, in: Istina 11 (1955) 338–346;

Droge A. J., The Status of Peter in the Fourth Gospel: A Note in John 18,10–11, in: JBL 109 (1990) 307–311;
Dschulnigg P., Gestalt und Funktion des Petrus im Matthäusevangelium, in: StNT Umwelt 14 (1989) 161–183;
Duling D. C., Binding and Loosing: Matthew 16:19, Matthew 18:18; John 20:23, in: Forum 3 (1987) 3–31;
Dunn J. D. G., The Incident of Antioch (Gal 2:11–18), in: JSNT 18 (June 1983) 3–57;
Dupont J., La révélation du Fils de Dieu en faveur de Pierre (Mt 16,17) et de Paul (Gal 1,16), in: RSR 52 (1964) 411–420;
Dupont J., Pierre et Paul dans les Actes, in: Id., Études sur les Actes des Apôtres, Paris 1967, 173–184;
Dupont J., Les discours de Pierre dans les Actes et le chapitre 24 de l'évangile de Luc, in: F. Neirynck (éd.), L'Évangile de Luc., Problèmes littéraires et théologiques. Mémorial L. Cerfaux, Gembloux 1973, 329–374;
Dupont J., L'Apôtre comme intermédiaire du salut dans les Actes des Apôtres, in: Nouvelles études sur les Actes des Apôtres, Paris 1984, 112–132 (= Id., L'apostolo come intermediario della salvezza, in: Nuovi studi sugli Atti degli Apostoli, Cinisello Balsamo 1985, 103–122);

Eichhorn D., Gott als Fels, Burg und Zuflucht, Bern–Frankfurt a. M. 1972;
Elliott J. H., Peter, Silvanus and Mark in 1 Peter and Acts: Sociological-Exegetical Perspectives on a Petrine Group in Rome, in: W. Haubeck–M. Bachmann (Hrsg.), Wort in der Zeit. Neutestamentliche Studien. Festgabe für K. H. Rengstorf, Leiden 1980, 250–267;
Elliott J. K., Κηφᾶς. Σίμων Πέτρος. Ὁ Πέτρος. An Examination of New Testament Usage, in: NT 14 (1972) 241–256;
Elton G. E., Simon Peter. A Study of Discipleship, London 1965;
Emerton J. A., Binding and Loosing – Forgiving and Retaining, in: JTS NS 13 (1962) 325–331;
Eppel R., L'interprétation de Mt 16,18b, in: Aux sources de la tradition chrétienne. Mélanges offertes à M. Goguel, Neuchâtel 1950, 71–73;
Ernst J., Petrusbekenntnis – Leidensankündigung – Satanswort (Mk 8,27–33). Tradition und Redaktion, in: Cath 32 (1978) 46–73;
Ernst J., Die Petrustradition im Markusevangelium. Ein altes Problem neu angegangen, in: J. Zmijewski–E. Nellessen (Hrsg.), Begegnung mit dem Wort. Festschrift für H. Zimmermann, Bonn 1980, 35–65;
Esbroeck M. van, La primauté de Pierre (Mt 16,16–19) et son contexte judaïque, in: RTL 11 (1980) 310–324;

Farmer W. R.–Kereszty R., Peter and Paul in the Church of Rome. The Ecumenical Potential of a Forgotten Perspective, New York–Mahwah, NJ, 1990;

Feldmeier R., Die Darstellung des Petrus in den synoptischen Evangelien, in: P. Stuhlmacher (Hrsg.), Das Evangelium und die Evangelien. Vorträge vom Tübinger Symposium 1982, Tübingen 1983, 267–271;
Fenton J., The Order of Miracles Performed by Peter and Paul in Acts, in: ExpTi 77 (1965–66) 381–83;
Feuillet A., Les perspectives propres à chaque évangéliste dans les récits de la transfiguration, in: Bib 38 (1958) 281–301;
Feuillet A., L'Apôtre Pierre garant de la tradition évangélique, in: Bulletin du Comité des Etudes de la Compagnie de Saint Sulpice, sept. 1969, 235–247;
Feuillet A., « Chercher à persuader Dieu » (Gal 1,10a). Le début de l'Epître aux Galates et de la scène matthéenne de Césarée de Philippe, in: NT 12 (1970) 350–60;
Feuillet A., La primauté et l'humilité de Pierre. Leur attestation en Mt 16,17–29, dans l'Evangile de Marc et dans la Première Epître de Pierre, in: NovVet (1991) 3–24;

FITZMYER J. A., Aramaic Kepha' and Peter's Name in the New Testament, in: E. BEST – R. McL WILSON (eds.), Text and Interpretation. Studies in the New Testament presented to M. Black, Cambridge 1979, 121 – 132;
FOAKES-JACKSON F. J., Peter: Prince of Apostles. A Study in the History and Tradition of Christianity, London 1927;
FORKMAN G., The Limits of the Religious Community. Expulsion from the Religious Community within the Qumran Sect, within Rabbinic Judaism and within Primitive Christianity, Lund 1972;
FRÖHLICH K., Formen der Auslegung von Mt 16,13 – 18 im lateinischen Mittelalter, Tübingen 1963;
FÜRST H., Paulus und die „Säulen" der Jerusalemer Urgemeinde, in: Studiorum Paulinorum Congressus, II, Roma 1963, 3 – 10;
FULLER R. H., The "Thou art Peter" pericope and the Easter Appearances, in: McCormickQ 20 (1967) 309 – 315;

GALOT J., Le pouvoir donné à Pierre, in: EspVie 98 (1988) 33 – 40;
GANDER G., Le sens des mots: Πέτρος – πέτρα/Kiphâ – Kiphâ/כיפא־כיפא dans Matthieu XVI.18a, in: RTP 29 (1941) 5 – 29;
GAROFALO S., Pietro nell'evangelo, Roma 1964;
GASQUE W. W., A History of Criticism of the Acts of the Apostles, Tübingen 1975;
GEIGER G., Sünde, Tod und Geist. Apg. 5,1 – 11 als Beispiel lukanischer Erzählkunst, Diss., Wien 1979;
GEORGE A., Les récits de miracles. Caractéristiques lucaniennes, in: ID., Etudes sur l'œuvre de Luc, Paris 1978, 67 – 84;
GERO S., The Gates or the Bars of Hades? A Note on Matthew 16,18, in: NTS 27 (1981) 411 – 414;
GEWALT D., Das „Petrusbild" der lukanischen Schriften als Problem einer ganzheitlichen Exegese, in: LingBib 34 (1975) 1 – 22;
GHERARDINI B., Pietro, la roccia, in: Divinitas 23 (1979) 335 – 345;
GHIBERTI G., Missione e primato di Pietro secondo Giovanni 21, in: „San Pietro", Atti della XIX Settimana Biblica, Brescia 1967, 167 – 214;
GHIBERTI G., La vocazione di Pietro in Lc. 5,1 – 11. Confronto con una recente posizione, in: Costituzione conciliare „Dei Verbum". Atti della XX Settimana Biblica, Brescia 1970, 204 – 230;
GHIBERTI G., I racconti pasquali nel cap. 20 di Giovanni, Brescia 1972;
GHIBERTI G., La testimonianza biblica su Pietro e il suo servizio. Momenti del recente dialogo ecumenico, in: SARTORI L. (a cura), Papato e istanze ecumeniche, Bologna 1984, 11 – 49;
GHIDELLI C., Bibliografia biblica petrina, in: ScCatt 96 (1968) 62 – 110;
GILLMANN F., Zur scholastischen Auslegung von Mt 16,18 in: AkathKR 104 (1924);
GILS F., Pierre et la foi au Christ ressuscité, in: ETL 38 (1962) 5 – 43;
GNILKA J., Das Kirchenbild im Matthäusevangelium, in: A cause de l'Evangile. Etudes sur les Synoptiques et les Actes offertes au P. Jacques Dupont, Paris 1985, 127 – 143;
GNILKA J., « Tu es Petrus ». Die Petrus-Verheißung in Mt 16,17 – 19, in: MüTZ 38 (1987) 1 – 17;
GOETZ K. G., Petrus als Gründer und Oberhaupt der Kirche und Schauer von Gesichten nach den altchristlichen Berichten und Legenden. Eine exegetisch-geschichtliche Untersuchung, Leipzig 1927;
GOGUEL M., Did Peter deny His Lord? A Conjecture, in: HTR 25 (1932) 1 – 27;
GOGUEL M., L'Apôtre Pierre a-t-il joué un rôle personnel dans les crises de Grèce et Galatie?, in: RHPR 14 (1934) 461 – 500;
GOGUEL M., Tu es Petrus (Mt 16,17 – 19), in: BFLThPP 4 (1938) 1 – 13;
GONZÁLEZ RUIZ J. M., Pedro en Antioquía, jefe de toda la Iglesia según Gal. 2,1 – 14, in: Studiorum Paulinorum Congressus, II, Roma 1963, 11 – 16;

GRÄSSER E., Neutestamentliche Grundlagen des Papsttums? Ein Diskussionsbeitrag, in: Papsttum als ökumenische Frage, herausgegeben von der Arbeitsgemeinschaft ökumenischer Universitätsinstitute, München – Mainz 1979, 33 – 59;

GREEN S., The Apostle Peter. His Life and Letters, London 1880;

GRELOT P., Pierre et Paul fondateurs de la «primauté» romaine, in: Istina 27 (1982) 228 – 268;

GRELOT P., L'origine de Matthieu 16,16 – 19, in: À cause de L'Evangile. Etudes sur les Synoptiques et les Actes offertes au P. Jacques Dupont, Paris 1985, 91 – 105;

GRELOT P., «Sur cette pierre je bâtirai mon Eglise» (Mt 16,18b), in: NRT 109/5 (1987) 641 – 659;

GUNDRY R. H., The Narrative Framework of Matthew 16,17 – 19. A Critique of Professor Cullmanns Hypothesis, in: NT 7 (1964 – 5) 1 – 9;

HAENCHEN E., Petrusproblem, in: NTS 7 (1960 – 1) 187 – 197;

HAENCHEN E., Die Komposition in Mk 8,27 – 9,1 und Parallelen, in: NT 6 (1963) 81 – 109;

HAENDLER G., Zur Frage nach dem Petrusamt in der alten Kirche, in: StTh 30 (1976) 89 – 122;

HAHN F., Die Petrusverheißung Mt 16,18 f. Eine exegetische Skizze, in: K. KERTELGE (Hrsg.), Das kirchliche Amt im Neuen Testament (WdF 439), Darmstadt 1977, 543 – 563;

HAHN F., Die Petrusverheißung Mt 16,18 f. Eine exegetische Skizze in: ID., Exegetische Beiträge zum ökumenischen Gespräch. Gesammelte Aufsätze I, Göttingen 1986, 186 – 200;

HARDON J. A., The Miracle Narratives in the Acts of the Apostles, in: CBQ 16 (1954) 303 – 318;

HAREZGA S., Struktura literarcka drugiej mowej Piotra (Dz 3,12 – 26) [Die literarische Struktur der zweiten Petrusrede (Ag 3,12 – 26)], in: RoczTeolKan 31 (1984) 105 – 114;

HARNACK A. VON, Der Spruch über Petrus als den Felsen der Kirche (Matt 16,17 f.), in: SPAW phil.-hist. Kl., Berlin 1918, 637 – 654;

HEIL J. P., Jesus walking on the Sea. Meaning and Gospel Functions of Matt 14:22 – 23, Mark 6:45 – 52 and John 6:15b – 21, Roma 1981;

HIERKS R. H., "Binding" and "Loosing": The Matthean Authorisation, in: JBL 104 (1985) 233 – 250;

HILL D. F., The Walking on the Water. A geographic or linguistic answer?, in: ExpTi 99 (1988) 267 – 269;

HIRSCH E., Petrus und Paulus, in: ZNW 31 (1930) 63 – 76;

HIRSCHBERG H., Simon Bariona and the Ebionites, in: JBL 61 (1942) 171 – 191;

HOFFMANN P., Mk 8,31. Zur Herkunft und markinischen Rezeption einer alten Überlieferung, in: P. HOFFMANN (ed.), Orientierung an Jesus. Zur Theologie der Synoptiker. Für J. Schmid, Freiburg 1973, 170 – 204;

HOFFMANN P., Der Petrus-Primat im Matthäusevangelium, in: J. GNILKA (Hrsg.), Neues Testament und Kirche. Für R. Schnackenburg, Freiburg 1974, 94 – 114;

HOFFMANN P., Die Bedeutung des Petrus für die Kirche des Matthäus. Redaktionsgeschichtliche Beobachtungen zu Mt 16,17 – 19, in: J. RATZINGER (Hrsg.), Dienst an der Einheit. Zum Wesen und Auftrag des Petrusamtes, Düsseldorf 1978, 9 – 26;

HOFIUS O., Gal 1:18: historēsai Kēphan, in: ZNW 75 (1984) 73 – 85;

HOMMEL H., Die Tore des Hades, in: ZNW 80 (1989) 124 – 125;

HORSTMANN M., Studien zur markinischen Christologie: Mk 8,27 – 9,13 als Zugang zum Christusbild des Zweiten Evangeliums, Münster [1]1969; [2]1973;

JAUREGUI J. A., Función de los "Doce" en la Iglesia de Jerusalén. Estudio histórico-exegético sobre el estade de la discusión, in: EstEcl 63 (1988) 257 – 284;

JAVIERRE A. M., El tema literaio de la sucesión en el Judaísmo Helenismo y Cristianismo primitivo. Prolegomenos para el estudio de la Sucesión apostolica, Zürich 1963;

Jeremias J., Golgotha und der heilige Felsen. Eine Untersuchung zur Symbolsprache des Neuen Testaments, in: Angelos 2 (1926) 74–128;

Jewett R., The Redaction of 1 Corinthians and the Trajectory of the Pauline School, in: JAAR 44, Supp B (1978) 389–444;

Kähler C., Zur Form- und Traditionsgeschichte von Mt 16,17–19, in: NTS 23 (1976–77) 36–58;

Kahmann J., Die Verheißung an Petrus: Mt 16,18–19 im Zusammenhang des Mathäusevangeliums, in: M. Didier (éd.), L'évangile selon Matthieu. Rédaction et théologie, Gembloux 1972, 261–280;

Kallis A., Papsttum und Orthodoxie. Der Papst und die Kircheneinheit aus orthodoxer Sicht, in: OkRu 30 (1981) 33–46;

Kanda S. H., The Form and Function of the Petrine and Pauline Miracle Stories in the Acts of the Apostles, Diss. Claremont Graduate School 1974;

Karrer M., Petrus im paulinischen Gemeindekreis, in: ZNW 80 (1989) 210–231;

Kasper W., Dienst an der Einheit und Freiheit der Kirche. Zur gegenwärtigen Diskussion um das Petrusamt in der Kirche, in: J. Ratzinger (Hrsg.), Dienst an der Einheit. Zum Wesen und Auftrag des Petrusamtes, Düsseldorf 1978, 81–104;

Kattenbusch F., Die Vorzugsstellung des Petrus und der Charakter der Urgemeinde zu Jerusalem, in: O. Scheel (Hrsg.), Festgabe für K. Müller zum 70. Geburtstag dargebracht von Fachgenossen und Freunden, Tübingen 1922, 322–351;

Katzenmayer H., War Petrus in Korinth?, in: IntKZ 33 (1943) 1–4;

Kee H. C., Miracle in the Early Christian World. A Study in Socio-Historical Method, New Haven, Conn. 1983;

Kereszty R., Peter and Paul and the founding of the Church of Rome: Forgotten Perspectives, in: Communio 15 (1988) 215–233;

Kilpatrick G. D., Peter, Jerusalem and Galatians, in: NT 25 (1983) 319–326;

Kingsbury J. D., The Figure of Peter in Matthew's Gospel as a Theological Problem, in: JBL 98 (1979) 67–83;

Klein G., Die Verleugnung des Petrus. Eine traditionsgeschichtliche Untersuchung, in: ZThK 58 (1961) 287–328;

Klein G., Die Berufung des Petrus, in: ZNW 58 (1967) 1–44;

Klein H., Das Bekenntnis des Petrus und die Anfänge des Christusglaubens im Urchristentum, in: EvTh 47 (1987) 176–192;

Klein H., Zur Traditionsgeschichte von Mt 16,16b.17. Zugleich ein Beitrag zur Frühgeschichte der christlichen Taufe, in: K. Kertelge – T. Holtz – C.-P. März, Christus bezeugen. Festschrift für W. Trilling, Leipzig 1989, 124–135;

Klijn A. J. J., Die Wörter „Stein" und „Felsen" in der syrischen Übersetzung des Neuen Testaments, in: ZNW 50 (1959) 99–105;

Knoch O., Die „Testamente" des Petrus und Paulus. Die Sicherung der apostolischen Überlieferung in der spätneutestamentlichen Zeit, Stuttgart 1973;

Körting G., Binden oder lösen. Zur Verstockungs- und Befreiungstheologie in Mt 16,19; 18,18.21–35 und Joh 15,1–17; 20,23, in: StNTUmwelt 14 (1989) 39–91;

Koulomzine N., La place de Pierre dans l'Eglise primitive, in: A. Afanassieff – N. Koulozmine – J. Meyendorff – A. Schmemann, La primauté de Pierre dans l'Eglise orthodoxe, Neuchâtel 1960, 65–90;

Kratz R., Der Seewandel des Petrus (Mt 14,28–31), in: BiLe 15 (1974) 86–101;

Kümmel W. G., Kirchenbegriff und Geschichtsbewußtsein in der Urgemeinde und bei Jesus, Zürich – Uppsala [1]1943; Göttingen [2]1968;

Kümmel W. G., Das Urchristentum, in: ThRNF 48 (1983) 101–128;

Künzel G., Studien zum Gemeindeverständnis des Matthäus-Evangeliums, Stuttgart 1978;

Kuzenzama K. P. M., La structure bipartite de Jn 6,26–71. Nouvelle approche, FacThCath (RecAfrTh 9) Kinshasa 1987;

LAFONTAINE R. – MOURLON-BEENAERT P., Essai sur la structure de Marc 8,27 – 9,13, in: RSR 57 (1969) 543 – 561;

LAKE K., Simon, Cephas, Peter, in: HTR 14 (1921) 95 – 97;

LAMAU M.-L., Des chrétiens dans le monde. Communautés pétriniennes au Ier siècle, Paris 1988;

LAMPE G. W. H., Miracles in the Acts of the Apostles, in: C. F. D. MOULE (ed.), Miracles. Cambridge Studies in their Philosophy and History, London ²1966, 163 – 178;

LAMPE P., Das Spiel mit dem Petrusnamen, in: NTS 25 (1979) 227 – 245;

LA POTTERIE I. DE, La confessione messianica di Pietro in Marco 8,27 – 33, in: San Pietro, Atti della XIX Settimana Biblica, Brescia 1967, 59 – 77;

LARSEN J., Did Peter Enter the Boat (John 21,11)?, in: Notes on Translation 2 (1988) 34 – 41;

LEANY A. R. C., Jesus and Peter. The Call and Post-Resurrection Appearance (Lk 5,1 – 11 and 24,34), in: ET 65 (1954) 381 s;

LEGAULT A., L'authenticité de Mt 16,17 – 19 et le silence de Marc et de Luc, in: C. MATURA et al., L'Eglise dans la Bible: Communications présentées à la 17e réunion annuelle de l'ACEB au Canada, Bruges – Paris 1962, 35 – 52;

LE GUILLOU M.-J., La primauté de Pierre, in: Ist 10 (1964) 93 – 102;

LEHMANN H., „Du bist Petrus ...“. Zum Problem von Mt 16,13 – 18, in: ET 13 (1953) 44 – 67;

LEHMANN K. (Hrsg.), Das Petrusamt. Geschichtliche Stationen seines Verständnisses und gegenwärtige Positionen, München – Zürich 1982;

LIEFELD W. L., Theological Motifs in the Transfiguration Narrative, in: R. N. LONGENECKER – M. C. TENNEY (ed.), New Dimensions in New Testament Study, Grand Rapids 1974, 162 – 179;

LINNEMANN E., Die Verleugnung des Petrus, in: ZThK 63 (1966) 1 – 32;

LOTZ D., Peter's Wider Understanding of God's Will. Acts 10:34 – 48, in: IntRevMiss 77 (1988) 201 – 207;

LOWE J., Saint Peter, London 1956;

LUDWIG J., Die Primatworte Mt 16,18.19 in der altkirchlichen Exegese, Münster i. W. 1952;

LÜDEMANN G., Paulus, der Heidenapostel, I, Studien zur Chronologie, Göttingen 1980;

LÜLSDORF R., Vom Stein zum Felsen. Anmerkungen zur biblischen Begründung des Petrusamtes nach Mt 16,18, in: Cath 44 (1990) 274 – 283;

LUZ U., Das Primatwort Mt 16,17 – 19 aus wirkungsgeschichtlicher Sicht, in: NTS 37 (1991) 415 – 433;

MAFFEI G., Il dialogo ecumenico sulla successione attorno all'opera di Oscar Cullmann (1952 – 1972), Roma s. d.;

MARCUS J., The Gates of Hades and the Keys of the Kingdom (Matt 16:18 – 19), in: CBQ 50 (1988) 443 – 455;

MARTINI C. M., Pierre et Paul dans l'Eglise ancienne. Considérations sur la tradition textuelle des Actes des Apôtres, in: ID., La parola di Dio alle origini della Chiesa, Roma 1980, 239 – 258;

MARXSEN W., Der Fels der Kirche, in: ID., „Frühkatholizismus“ im Neuen Testament, Neukirchen 1958, 39 – 54;

MASSON C., Le reniement de Pierre. Quelques aspects de la formation d'une tradition, in: RHPR 37 (1957) 24 – 35;

MASSON C., La transfiguration de Jésus (Marc 9:2 – 13), in: RTP 97 (1964) 1 – 14;

MATERA F. J., The Incomprehension of the Disciples and Peter's Confession (Mark 6,14 – 8,30), in: Bib 70 (1989) 153 – 172;

MCELENEY N. J., Peter's Denials – How Many? To Whom? in: CBQ 52 (1990) 467 – 472;

MCINNIS J., Simon Peter: Fisherman and Philosopher, London 1928;

MEES M., Petrustraditionen im Zeugnis kanonischen und außerkanonischen Schrifttums, in: Ang 13 (1973) 185–203;

MEES M., L'ufficio e il ministero di Pietro secondo antiche testimonianze, in: MiscFranc 64 (1974) 409–432;

MÉHAT A., « Quand Képhas vint à Antioche ... » Que s'est-il passé entre Pierre et Paul?, in: Lum Vie 192 (1989) 29–43;

MELBOURNE B. L., Slow to Understand. The Disciples in Synoptic Perspective, Lanham – N.Y. – London 1988;

MENOUD P. H., L'Eglise et les ministères selon le Nouveau Testament, Neuchâtel 1949;

MENOUD P. H., La mort d'Ananias et de Saphira (Actes 5,1–11), in: Aux sources de la tradition chrétienne. Mélanges offerts à M. Goguel, Neuchâtel 1950, 146–154;

MERKEL H., Peter's Curse, in: E. BAMMEL (ed.), The Trial of Jesus. Cambridge Studies in honour of C. D. F. Moule, London 1970, 66–71;

MINEAR P. S., The Original Function of John 21, in: JBL 102 (1983) 85–98;

MOLLAT D., La foi pascale selon le chapitre 20 de l'Evangile de Saint Jean (Essai de théologie biblique), in: E. Dhanis (éd.), Resurrexit. Actes du Symposium international sur la résurrection de Jésus (Rome 1970), Città del Vaticano 1974, 316–335;

MOULE C. F. D., Some Reflexions on the "Stone" Testimonia in Relation to the Name Peter, in: NTS 2 (1955–56) 56–58;

MÜLLER H. P., Die Verklärung Jesu. Eine motivgeschichtliche Studie, in: ZNW 51 (1960) 56–64;

MÜLLER U. B., Die christologische Absicht des Markusevangeliums und die Verklärungsgeschichte, in: ZNW 64 (1973) 159–193;

MURPHY-O'CONNOR J., The Structure of Matthew XIV–XVIII, in: RB 82 (1975) 360–384;

MUSSNER F., Petrus und Paulus – Pole der Einheit. Eine Hilfe für die Kirchen, Freiburg i. Br. 1976;

MUSSNER F., Petrusgestalt und Petrusdienst in der Sicht der späten Urkirche. Redaktionsgeschichtliche Überlegungen, in: J. RATZINGER (Hrsg.), Dienst an der Einheit. Zum Wesen und Auftrag des Petrusamts, Düsseldorf 1978, 27–45;

MUSSNER F., Zur stilistischen und semantischen Struktur der Formel von 1 Kor 15,3–5, in: R. SCHNACKENBURG – J. ERNST – J. WANKE (Hrsg.), Die Kirche des Anfangs. Für H. Schürmann, Freiburg 1978, 405–415;

MUSZYNSKI H., Fundament: Bild und Metapher in den Handschriften aus Qumran. Studie zur Vorgeschichte des ntl. Begriffs ΘΕΜΕΛΙΟΣ, Roma 1975;

NEIRYNCK F., The Uncorrected Historic Present in Lk 24,12, in: ETL 48 (1972) 548–553;

NEYRINCK F., Παρακύψας βλέπει, Lc 24,12 et Jn 20,5, in: ETL 53 (1977) 113–152;

NEIRYNCK F., 'Απῆλθεν πρὸς ἑαυτόν, Lc 24,12 et Jn 20,10, in: ETL 54 (1978) 104–118;

NEIRYNCK F., Note sur Jn 21,14, in: ETL 64 (1988) 429–432;

NEITZEL H., Zur Interpretation von Galater 2,11–21, in: TQ 163 (1983) 15–39; 131–149;

NICKELSBURG G. W. E., Enoch, Levi and Peter: Recipients of Revelation in Upper Galilee, in: JBL 100 (1981) 575–600;

NOTH M., Die israelitischen Personennamen im Rahmen der gemeinsemitischen Namengebung, Stuttgart 1928;

OBRIST F., Echtheitsfragen und Deutung der Primatsstelle Mt. 16,18 f. in der deutschen protestantischen Theologie der letzten dreißig Jahre, Münster 1961;

O'COLLINS G., Peter as Easter Witness, in: HeythJ 22 (1981) 1–18;

O'CONNOR D. W., Peter in Rome. The Literary, Liturgical, and Archaeological Evidence, New York 1969;

O'CONNOR D. W., Peter in Rome. A Review and Position, Leiden 1975;

OEPKE A., Der Herrnspruch über die Kirche Mt 16,17–19 in der neuesten Forschung, in: StTh 2 (1949) 110–165;

ORTENSIO DA SPINETOLI, I problemi letterari di Mt 16,13–20, in: San Pietro, Atti della XIX Settimana Biblica, Brescia 1967, 79–92;

ORTENSIO DA SPINETOLI, Il vangelo del primato, Brescia 1969;

OSBORNE B. A. E., Peter: Stumbling-Block and Satan, in: NT 15 (1973) 187–190;

PAINTER J., Tradition and Interpretation in John 6, in: NTS 35 (1989) 421–450;

PAPANDREOU D., Bleibendes und Veränderliches im Petrusamt. Überlegungen aus orthodoxer Sicht, in: J. RATZINGER (Hrsg.), Dienst an der Einheit. Zum Wesen und Auftrag des Petrusamtes, Düsseldorf 1978, 146–164;

Papsttum als ökumenische Frage. Herausgegeben von der Arbeitsgemeinschaft ökumenischer Universitätsinstitute, München – Mainz 1979;

PENNA A., San Pietro, Brescia 1954;

PESCH R., Der reiche Fischfang. Lk 5,1–11/Joh. 21,1–14. Wundergeschichte – Berufungserzählung – Erscheinungsbericht, Düsseldorf 1969;

PESCH R., La posizione e il significato di Pietro nella chiesa del nuovo testamento, in: Conc 7/4 (1971) 36–49;

PESCH R., Simon – Petrus. Geschichte und geschichtliche Bedeutung des ersten Jüngers Jesu Christi, Stuttgart 1980;

PESCH R., Neutestamentliche Grundlagen des Petrusamtes, in: K. LEHMANN (Hrsg.), Das Petrusamt. Geschichtliche Stationen seines Verständnisses und gegenwärtige Positionen, München – Zürich 1982, 11–41;

PORTER S. E., Vague Verbs, Periphrastics, and Matt 16,19, in: FilolNT 1 (1988) 155–173;

PORÚBČAN S., La coscienza del primato di Pietro. Rassegna di riviste, in: RassTeol 9 (1968) 188–192;

POUSSET E., «Il en choisit douze». Des mots pour des faits, in: RSR 75 (1978) 321–336;

POUSSET E., Jésus-Christ et Simon-Pierre. Les personnes et les fonctions: histoire d'un trait d'union, in: Christus 35 (1988) 428–439;

PREISIGKE F., Namenbuch, Heidelberg 1922/Amsterdam 1967;

PRETE B., Il primato e la missione di Pietro. Studio esegetico-critico del testo di Lc. 22,31–32, Brescia 1969;

PRETE B., Anania e Saffira (At 5,1–11). Componenti letterarie e dottrinali, in: RivBiblt 36 (1988) 463–486;

La primauté de Pierre dans l'église orthodoxe par N. AFANASSIEFF – N. KOULOZMINE – J. MEYENDORFF – A. SCHMEMANN, Neuchâtel 1960;

QUAST K., Peter and the Beloved Disciple. Figures for a Community in Crisis, Sheffield, UK, 1989;

REAGAN J. N., The Preaching of Peter. The beginning of Christian Apologetic, Chicago 1923;

RHEINFELDER H., Philologische Erwägungen zu Matth 16,18, in: BZ 24 (1938) 139–163;

RIDDLE D. W., The Cephas-Peter Problem and a Possible Solution, in: JBL 59 (1940) 169–180;

RIESENFELD H., Jésus transfiguré. L'arrière-plan du récit évangélique de la transfiguration de Notre-Seigneur, København 1947;

RIGAUX B., San Pietro e l'esegesi contemporanea, in: Conc 3/7 (1967) 161–193;

RIGAUX B., «Lier et délier». Les ministères de réconciliation dans l'Eglise des Temps apostoliques, in: MaisDieu, n. 117 (1974/1) 86–135;

RIMOLDI A., L'apostolo S. Pietro fondamento della Chiesa, principe degli apostoli ed ostiario celeste nella Chiesa primitiva dalle origini al concilio di Calcedonia, Roma 1958;

RINGGER J., Das Felsenwort. Zur Sinndeutung von Mt 16,18 vor allem im Lichte der Symbolgeschichte, in: M. ROESLE – O. CULLMANN (Hrsg.), Begegnung der Christen, Stuttgart – Frankfurt a. M. 1960, 271 – 347;

ROBINSON B. P., Peter and His Successors: Tradition and Redaction in Matthew 16.17 – 19, in: JSNT 21 (1984) 85 – 104;

ROSSÉ G., L'ecclesiologia di Matteo. Interpretazione di Mt 18,20, Roma 1987;

RUCKSTUHL E., Zur Aussage und Botschaft von Johannes 21, in: R. SCHNACKENBURG – J. ERNST – J. WANKE (Hrsg.), Die Kirche des Anfangs. Für H. Schürmann, Freiburg i. Br. 1978, 339 – 362;

SABBE M., La rédaction du récit de la transfiguration, in: E. MASSAUX et al., La venue du Messie. Messianisme et eschatologie, Bruges – Paris 1962, 65 – 100;

SABUGAL S., Los kérygmas de Pedro ante el Sanedrín judaico (Act 4,8 – 12; 5,29 – 32). Análisis historico-tradicional, in: EstAgust 25 (1990) 3 – 14;

San Pietro, Atti della XIX Settimana Biblica, Brescia 1967;

SANDERS J. N., Peter and Paul in the Acts, in: NTS 2 (1955 – 6) 133 – 143;

SCHEFFCZYK L., Il ministero di Pietro, Torino 1975;

SCHENK W., Das „Matthäusevangelium" als Petrusevangelium, in: BZ 27 (1983) 58 – 80;

SCHENKE L., Die literarische Entstehungsgeschichte von Joh 1,19 – 51, in: BibNotiz 46 (1989) 24 – 57;

SCHLINK E., Grundfragen eines Gesprächs über das Amt der universalen kirchlichen Einheit, in: Paptsttum als ökumenische Frage. Herausgegeben von der Arbeitsgemeinschaft ökumenischer Universitätsinstitute, München – Mainz 1979, 13 – 32;

SCHLOSSER J., Le Règne de Dieu dans les dits de Jésus, 2 voll., Paris 1980;

SCHMAHL G., Die Zwölf im Markusevangelium, Trier 1974;

SCHMID J., Petrus „der Fels" und die Petrusgestalt der Urgemeinde, in: M. ROESLE – O. CULLMANN (Hrsg.), Begegnung der Christen, Stuttgart – Frankfurt a. M. 1960, 347 – 359;

SCHMIDT A., Das historische Datum des Apostelkonzils, in: ZNW 81 (1990) 122 – 131;

SCHMITT J., Saint Pierre et les Origines chrétiennes après O. Cullmann, in: RvSR 28 (1954) 58 – 71;

SCHMITT J., L'investiture de Pierre selon Mt 16,17 – 19 et l'exégèse contemporaine, in: RDC 28 (1978) 5 – 14;

SCHNACKENBURG R., Gottes Herrschaft und Reich. Eine biblisch-theologische Studie, Freiburg i. Br. 1959; [4]1965;

SCHNACKENBURG R., Petrus im Matthäusevangelium, in: A cause de l'Evangile. Etudes sur les Synoptiques et les Actes offertes au P. Jacques Dupont, Paris 1985, 107 – 125;

SCHNACKENBURG R., Charisma und Amt in der Urkirche und heute, in: MüTZ 37 (1986) 233 – 248;

SCHULZE-KADELBACH G., Die Stellung des Petrus in der Urchristenheit, in: TLZ 81 (1956) 1 – 14;

SCHWARTZ J., Ben Stada and Peter in Lydda, in: JstJ 21 (1990) 1 – 18;

SCHWEIZER E., Matthäus und seine Gemeinde, Stuttgart 1974;

SEGALLA G., La complessa struttura letteraria di Giovanni 6, in: Teol 15 (1990) 68 – 89;

SEITZ O. J. F., Upon this Rock: A Critical Re-examination of Matthew 16:17 – 19, in: JBL 69 (1950) 329 – 340;

SEITZ O. J. F., Peter's "Profanity". Mark XIV,71 in the light of Matthew XVI,22, in: SE 1 (1959) 516 – 519;

SELL J., Simon Peter's "Confession" and the Acts of Peter and the Twelve Apostles, in: NT 21 (1979) 344 – 356;

Il servizio di Pietro. Appunti per una riflessione interconfessionale a cura di L. SARTORI et al., Torino 1978;

SMITH T. V., Petrine Controversies in Early Christianity. Attitudes towards Peter in Christian Writings of the First Two Centuries, Tübingen 1985;

SNYDER G. F., John 13/16 and the Anti-Petrinism of the Johannine Tradition, in: BR 16 (1971) 5–15;

SOLTAU W., Petrusanekdoten und Petruslegenden in der Apostelgeschichte, in: BEZOLD C. (Hrsg.), Orientalische Studien, Th. Nöldeke zum 70. Geburtstag gewidmet, II, Gießen 1906, 805–815;

SPINETOLI v. ORTENSIO DA SPINETOLI;

STANTON G. N., The Origin and Purpose of Matthew's Gospel: Matthean Scholarship from 1945 to 1980, in: W. HAASE (Hrsg.), Aufstieg und Niedergang der römischen Welt (= ANRW) II 25.3, Berlin – New York 1985, 1889–1951;

STEIN R. H., A Short Note on Mark XIV.28 and XVI.7, in: NTS 20 (1973–74) 445–452;

STEIN R. H., Is the Transfiguration (Mark 9:2–8) a Misplaced Resurrection-Account?, in: JBL 95 (1976) 79–96;

STOCK A., Is Matthew's Presentation of Peter Ironic?, in: BTS 17 (1987) 64–69;

STOCK K., Boten aus dem Mit-Ihm-Sein. Das Verhältnis zwischen Jesus und den Zwölf nach Markus, Roma 1975;

SUBILIA V., Tu sei Pietro. L'enigma del fondamento evangelico del papato, Torino 1978;

SUGGS M. J., Matthew 16,13–20, in: Interpr 39 (1985) 291–295;

SUHL A., Ein Konfliktlösungsmodell der Urkirche und seine Geschichte, in: BiKi 45 (1990) 80–86;

TARDIEU M., Un rébus sur le nom de Pierre, in: AnalBoll 99 (1981) 351–354;

THIEDE C. P., Simon Peter. From Galilee to Rome, Exeter 1986;

THIEDE C. P. (Hrsg.), Das Petrusbild in der neueren Forschung, Wuppertal 1987;

TIEDE D. L., The Charismatic Figure as Miracle Worker, Missoula 1972;

TILLARD J.-M.-R., L'évêque de Rome, Paris 1982;

TOSCO L., Pietro e Paolo ministri del giudizio di Dio. Studio del genere letterario e della funzione di At 5,1–11 e 13,4–12, Bologna 1989;

TOTTENHAM G. J., "The Gates of Hell" (Matt 16:18), in: ET 29 (1917–18) 378–379;

VATTIONI F., Porte o portieri dell'inferno in Mt 16,18? in: RBiblt 8 (1960) 251–255;

VIELHAUER P., Oikodomé. Das Bild vom Bau in der christlichen Literatur vom Neuen Testament bis Clemens Alexandrinus, Karlsruhe 1940;

VIELHAUER P., Paulus und die Kephaspartei in Korinth, in: NTS 21 (1974–75) 341–352;

VÖGTLE A., Der Petrus der Verheißung und der Erfüllung. Zum Petrusbuch von O. Cullmann, in: MTZ 5 (1954) 1–47;

VÖGTLE A., Messiasgeheimnis und Petrusverheißung. Zur Komposition von Mt 16,13–23, in: BZ 1 (1957) 252–272; 2 (1958) 85–103;

VÖGTLE A., Ekklesiologische Auftragsworte des Auferstandenen, in: J. COPPENS – A. DESCAMPS – E. MASSAUX (eds.), Sacra Pagina. Miscellanea Biblica Congressus Internationalis Catholici de Re Biblica, 2 voll., Gembloux 1959, 280–294;

VÖGTLE A., Zum Problem der Herkunft von Mt 16,17–19, in: P. HOFFMANN (Hrsg.), Orientierung an Jesus. Zur Theologie der Synoptiker, Freiburg 1973, 372–393;

VÖGTLE A., Exegetische Reflexionen zur Apostolizität des Amtes und zur Amtssukzession, in: R. SCHNACKENBURG – J. ERNST – J. WANKE (Hrsg.), Die Kirche des Anfangs. Für H. Schürmann, Freiburg i. Br. 1978, 529–581;

VORSTER W. S., Characterization of Peter in the Gospel of Mark, in: Neotest 21 (1987) 57–76;

WARREN J., Was Simon Peter the Church's Rock?, in: EQ 19 (1947) 196–210;

WEISER A., Das Gottesurteil über Hananias und Saphira, in: TGL 69 (1979) 148–158;

WILCOX M., The Denial-Sequence in Mark XIV. 26–31, 66–72, in: NTS 17 (1970–71) 426–436;

WILCOX M., Peter and the Rock: A fresh look at Mt 16,17–19, in: NTS 22 (1975–76) 73–88;

Willaert B., La connexion littéraire entre la première prédiction de la Passion et la Confession de Pierre dans les synoptiques, in: ETL 32 (1956) 24–45;
Williams W. H., The Transfiguration: a new Approach?, in: SE 6 (1964) 635–650;
Wordsworth W. A., The Rock and the Stones, in: EQ 20 (1948) 9–15;

Zimmermann H., Die innere Struktur der Kirche und das Petrusamt nach Mt 18, in: Cath 30 (1976) 168–183;
Zinnhobler R., Petrusamt – Ökumene. Zum gegenwärtigen Stand der Diskussion, in: ThPrQ 134 (1986) 13–21;
Zolli E., La confessione e il dramma di Pietro, Roma 1964;
Zumstein J., L'apôtre comme martyr dans les Actes de Luc. Essai de lecture globale, in: RTP 112 (1980) 371–390.

# The Martyrdom of Peter in Early Christian Literature

by RICHARD J. BAUCKHAM, Manchester

*Contents*



## *I. Introduction*

In modern New Testament and patristic scholarship it has generally been maintained that the traditional view that Peter was martyred in Rome in the reign of Nero is historically very probable. Probably most influential in upholding this position in recent times has been the work of O. CULLMANN.[1]

[1] CULLMANN (1955) 70–152..

But there have always been a minority of scholars who have argued that the evidence does not support the traditional view.[2] Such arguments have been rarer since CULLMANN wrote, but MICHAELS has recently revived the view that Peter may have died a natural death late in the first century, though unlike many earlier opponents of the traditional view he does not deny that Peter went to Rome and probably died there.[3] Because of its strong connexions with the controversial theological issue of the Petrine primacy, the debate about the martyrdom of Peter has usually focussed more on the question whether Peter spent the latter part of his life in Rome and therefore on the place of his martyrdom, more than on the fact, date or other aspects of his martyrdom. But these latter questions have also been at issue.

A whole new dimension to the discussion was opened by the archaeological excavations of the traditional tomb of Peter under the church of St. Peter.[4] However, the present study will not deal with the archaeological evidence, but will concentrate on reassessing the literary evidence. Despite the considerable discussion of this topic, some of the relevant literary evidence has never been previously examined, while some very important evidence has been noticed only rather cursorily. CULLMANN's study, for example, laid much more weight than they can bear on two texts in the Apostolic Fathers (1 Clement 5:4 and Ignatius, Romans 4:3) and drew some dubious conclusions from these texts, while neglecting much stronger evidence for CULLMANN's own position. The present study will deal with all the relevant literary evidence up to the end of the second century.[5] The texts will be discussed mainly with a view to assessing their value as historical evidence for the martyrdom of Peter, but in the course of discussion light will also be thrown on the way in which Peter and his death were viewed at various stages and places of early Christianity.

## *II. 1 Peter*

Two phrases in 1 Peter are relevant to our question. One is in 5:1: μάρτυς τῶν τοῦ Χριστοῦ παθημάτων. There are three main exegetical possibilities:

[2] For a survey of the debate up to 1953, see CULLMANN (1955) 71–77; and cf. also HEUSSI (1955); ALAND (1957); RIMOLDI (1958) 46–52..

[3] MICHAELS (1988) lv–lxvii, following RAMSAY (1893) 279–288..

[4] For discussion of the archaeology, see LOWE (1956) 33–45; MARCO (1964) (bibliography); O'CONNOR (1969) (bibliography); FINK (1978). The earliest literary evidence for Peter's grave in Rome is that of Gaius (beginning of third century), ap. Eusebius, Hist. Eccl. 2.25.7, on which see CARCOPINO (1963) 255–262..

[5] However, I omit all discussion of Revelation 11:1–13, which has occasionally been understood to portray the martyrdom of Peter and Paul in Rome: e.g. TURNER (1931) 219–220. This was argued in detail by MUNCK (1950), but his case does not seem to have been accepted by any other interpreter of Rev. 11. A discussion which opposes MUNCK's and similar identifications of the two witnesses is FEUILLET (1962) 254–264.

(1) The phrase may designate Peter an eyewitness of the sufferings of Christ who can therefore testify to their truth.[6] This is unlikely, both because the Gospel traditions are unanimous in denying that Peter was in fact an eyewitness of the crucifixion, but also because Peter is here speaking of what he has in common with his 'fellow-elders' in the churches of Asia Minor, not what distinguishes him from them. As MICHAELS observes, μάρτυς here, governed by the same article as συνπρεσβύτερος, is virtually equivalent to σύμμαρτυς.[7]

(2) The phrase most plausibly refers to Peter as one who, like his 'fellow-elders,' testifies to the sufferings of Christ by preaching the Gospel. However, this meaning probably carries the further overtone that being, in this sense, a faithful witness to Christ incurs a participation in his sufferings (cf. 4:13).[8] This is likely, both because of the general emphasis of the letter on Christian suffering, but also more specifically because of the following phrase: ὁ καὶ τῆς μελλούσης ἀποκαλύπτεσθαι δόξης κοινωνός. Although this interpretation illustrates the way the word μάρτυς could easily move towards the strictly martyrological usage of later Christian literature, in which the word implies testimony to Christ by suffering as far as death, it does not make 1 Peter 5:13 actually a case of this usage.

(3) The third interpretation, which is possible only on the assumption that 1 Peter is pseudepigraphal, advocates the strictly martyrological usage. BEARE, who oddly combines interpretations (1) and (3), states: "Since Peter was already honoured in the churches as one of the most glorious in the noble army of martyrs, the word can hardly fail to carry at least an undertone of this sense here."[9] However, there are serious objections to this view. Like the first interpretation, it neglects the fact that the phrase must refer to something Peter shares with his 'fellow-elders' in Asia Minor: this could be suffering as a result of witness to Christ, but it could not be death. Secondly, there is no parallel in martyrological usage to the actual phrase μάρτυς τῶν τοῦ Χριστοῦ παθημάτων.[10] Thirdly, pseudepigraphal writers generally aimed at verisimilitude. They did not attribute to a supposed author statements about himself which the readers could not reasonably imagine that author saying about himself. This means that in a Petrine pseudepigraphon Peter would not be likely to show foresight of the kind of death he was to die merely in passing, without some indication of a plausible means of his knowing this (such as supernatural revelation). (Compare the somewhat comparable instances in 2 Peter 1:12–15 [discussed below] and the Letter of Peter to James [2:2–7],[11] which forms a preface to the Clementine Homilies.) Thus we cannot appeal to 1 Peter as evidence that Peter died a martyr's death.

6 So, e.g., SELWYN (1946) 228; BEARE (1970) 198; GRUDEM (1988) 186.

7 MICHAELS (1988) 280; cf. DAVIDS (1990) 177.

8 KELLY (1969) 198–199; DAVIDS (1990) 177.

9 BEARE (1970) 198.

10 MICHAELS (1988) 281.

11 Cf. BAUCKHAM (1988A) 484–485.

However, evidence relevant to the question of where Peter died may be found in a phrase in 5:13: ἡ ἐν Βαβυλῶνι συνεκλεκτή. We can reject at once the possibility that the phrase refers to an individual, whether Peter's wife or another woman, because it is highly improbable that any such person could have been expected to be recognizable to all the readers of 1 Peter under this cryptic designation. All recent scholars accept that the phrase refers to the church from which 1 Peter was written (whose members shared election with 1 Peter's readers; cf. 1:1). There has been no recent support for the view that the place name is meant literally, referring either to the famous Babylon of Mesopotamia, which by the first century A.D. had declined to insignificance (Diod. Sic. 2.9.9; Strabo, Geog. 16.1.5),[12] or to the obscure military settlement of the same name near Cairo in Egypt (Strabo, Geog. 17.1.30). No tradition of the early church takes Peter to either place. Since we know practically nothing of Peter's missionary travels, we cannot rule out the possibility that he visited either of these Babylons, but that Silvanus and Mark were also there at the same time is extremely improbable. If 1 Peter is pseudepigraphal, the same considerations make it even more improbable that its author would have placed Peter, Silvanus and Mark in either the Babylon of Mesopotamia or the Babylon of Egypt.

As all recent interpreters agree, the reference must be to the Babylon of the Old Testament, used metaphorically of the situation of the church from which 1 Peter was written. The appropriateness of Babylon, as the Old Testament place of exile for the people of God, to the theme of exile in this world, which is prominent in 1 Peter (1:1, 17; 2:11), is clear. But the point can hardly be simply that wherever the church is, that is Babylon, the place of the church's exile. In that case the churches to which 1 Peter is addressed would be just as much ἐν Βαβυλῶνι as the church from which it is written.[13] But in 5:13 the phrase must be meant to distinguish the latter from the former. It follows that 1 Peter's use of the term Babylon must be an instance of the Jewish and Christian use of this term to refer to Rome.[14]

It has been argued that because other evidence of the use of Babylon as a nickname for Rome in Jewish and Christian literature comes from the period after 70 A.D. (Rev. 14–19; Sib. Or. 5:143, 159; cf. 4 Ezra and 2 Baruch, in which Babylon in the fictional historical context is intended to parallel Rome in the real contemporary context), therefore 1 Peter must be dated after 70 A.D.[15] This argument would carry conviction only if it could be shown that it was the parallel between the Roman destruction of Jerusalem in 70 A.D.

[12] Cf. GRUDEM (1988) 33; but note also the evidence of Sib. Or. 5:434–446, for the significance Mesopotamian Babylon could still have for a Jewish writer of the late first century A.D.

[13] KELLY (1969) 219–220.

[14] According to Eusebius (Hist. Eccl. 2.15.2) Papias said that 1 Peter was written in Rome. Eusebius is less clear whether Papias himself explicitly interpreted Babylon in 1 Peter 5:13 as Rome, but if he thought 1 Peter was written in Rome, then very probably he did understand 5:13 in this way.

[15] HUNZINGER (1965).

and the Babylonian destruction of Jerusalem in 586 B. C. that gave rise to the allegorical use of the name Babylon for Rome. But this is unlikely. The parallel may well have been important for Palestinian Jewish use of the name Babylon for Rome (cf. 4 Ezra and 2 Baruch), but Jews living in the western diaspora will not have needed to wait for the fall of Jerusalem before discerning a parallel between the pagan political power under which they were living in exile and the Babylonian empire of the Old Testament. Indeed, there is evidence that diaspora Judaism did perceive this parallel from an early date. The oracle predicting the fall of Rome in the third Sibylline Oracle 3:350–364 (first century B. C.) probably echoes the very same Old Testament prophecies of the fall of Babylon (with 3:357–360, cf. Isa. 47:1; Jer. 51:7; Isa. 14:12; 47:5, 7) as are later taken up in the oracle against Babylon in the fifth Sibylline Oracle of the late first century A. D. (162–178), where Rome is explicitly called Babylon (159). The parallel between Babylon and Rome seems to have been part of the tradition of the Jewish Sibyllines already before 70 A. D. Finally, it is unlikely that the fall of Jerusalem played any part in the reasons for the use of the name Babylon for Rome in the book of Revelation (which likewise reapplies to Rome the Old Testament prophecies of the fall of Babylon), where the more general consideration that Rome was the great oppressive pagan power of the day probably accounts for the usage. This consideration could easily have been operative before 70 A. D.[16] Thus there is no good reason why the phrase ἐν Βαβυλῶνι in 1 Peter 5:13 should not have been readily understandable as a reference to the capital city of the empire already in the 60s. It is no obstacle to dating 1 Peter during Peter's lifetime while upholding the traditional view that Peter died in the reign of Nero.[17]

I have argued elsewhere[18] that general considerations as to the difference between authentic and pseudepigraphal letters make it likely that 1 Peter is authentic (not necessarily in the sense of being composed by Peter himself, but in the sense of being sent out in his lifetime with his authorization). In that case 1 Peter 5:13 is good evidence that Peter was in Rome at some time. Scholars who accept the authenticity of 1 Peter usually date it towards the end of Peter's life. Naturally this cannot prove that Peter died in Rome, but it gives at least plausibility to the later tradition that he did. If 1 Peter is pseudepigraphal, it shows that its author believed Peter to have lived in Rome at some time. If 1 Peter is dated soon after Peter's death, it would still be valuable evidence for Peter's Roman stay; if 1 Peter is dated later, its evidence on this point will be worth a little less.

[16] THIEDE (1987) 222–224, also adduces evidence that 'Babylonian' was used metaphorically by pagan Rome authors. His article revives the view that the 'other place' of Acts 12:17 is to be interpreted, by reference to Ezekiel 12:3, as Babylon = Rome.

[17] The view that 1 Peter must be dated after 70, but that Peter himself lived long enough to be its author, is taken by RAMSAY (1893) 279–288; MICHAELS (1988) lv–lxvii.

[18] BAUCKHAM (1988A).

### *III. John 13:36–38 and 21:18–19*

These two passages are closely connected. Jesus' command to Peter in 21:19 ('Follow me!') echoes the promise of 13:36 that although Peter cannot follow Jesus 'now' he will do so 'afterward,' i. e. after Jesus' glorification. In the context of 21:18–19 it is clear that the following of Jesus to which Peter is called in 21:19 will culminate in his martyrdom. This means that the author of 21:36 certainly understood 13:36 to be a prediction of Peter's martyrdom. Most commentators see 13:36 in this way. BULTMANN was able to deny an allusion to Peter's martyrdom in 13:36 only by supposing that the author of chapter 21, who was not the author of the Gospel, misunderstood 13:36.[19] If, on the other hand, chapter 21 is from the same hand as the rest of the Gospel, 13:36 must allude to Peter's martyrdom. But there is a good case for such an allusion in 13:36 even if we do not allow 21:19 to control its interpretation.

The passage 13:36–38, like other passages in the Gospel, skilfully uses the misunderstandings of the disciples (for Peter in this role, cf. 13:6–10) to enable Jesus to make points which the disciples do not understand but the reader, who knows of Jesus' death and resurrection and their significance, can. The passage is thus fraught with Johannine irony.[20] Peter's question in verse 36 shows he has not understood that Jesus is going to death and through death to glorification. But it provides the opportunity for Jesus to expand and to qualify the saying of 13:33: Peter cannot follow him now, but he will follow later (for the temporal contrast, cf. 13:7). Of course, Peter does not understand this following to involve death, because he has not understood that it is to death that Jesus is going. But the reader is expected to understand it in this sense. The first readers could hardly have avoided doing so, if, as 21:18–19 indicates, Peter's martyrdom was known to the Johannine community. We need not suppose that, for John, following Jesus must always lead to martyrdom (though the placing of 12:26 in connexion with 12:23–25 should be noted). But in 13:36 it is a question of following where Jesus is going (ὅπου ὑπάγω), i. e. to death. Moreover, the dramatic irony of the situation, in which the readers know that Jesus is referring to a following to death but Peter does not see this, continues into verse 37, where the full irony of Peter's offer to lay down his life 'now' is evident only to the reader who recognizes that Jesus has just predicted that Peter will lay down his life 'afterward.'

In verse 37, Peter evidently suspects that the reason Jesus will not let him follow 'now' is that it would be too dangerous for him. So he professes his willingness to sacrifice his own life in Jesus' defence. Thus he fails to see that Jesus must die. He also fails to see the real reason why he cannot follow, which is that he is not able to do so. In his self-confident eagerness to be

[19] BULTMANN (1971) 596–597, 714.
[20] Cf. DUKE (1985) 96–97.

Jesus' disciple he offers heroic self-sacrifice as something he can do for Jesus. But as Jesus' prediction in verse 38 makes clear, all this self-confidence will end only in failure. The truth, which the reader sees, is that Jesus must die for Peter before Peter can be enabled to follow Jesus to death. This is subtly emphasized by the language in which Peter's willingness to die is phrased, both in verse 37 and as turned by Jesus into a ironic question in verse 38. Peter's professed willingness to die, which appears in other forms in Matthew 26:35; Mark 14:31; Luke 22:33, must have belonged to the evangelist's tradition, but he has deliberately rephrased it in terms he uses elsewhere in the Gospel. "To lay down one's life for" (ψυχὴν τιθέναι ὑπέρ) is used in 10:11, 15 of what Jesus, the good shepherd, does for the sheep. Thus Peter in 13:37 is offering to do for Jesus what Jesus must do for him. The phrase is also used more generally in 15:13, where the disciples' self-sacrifice for others is probably envisaged, but only as a consequence of Jesus' self-sacrifice for them.

The connexion between 13:37–38 and 10:11, 15 may already hint at the conclusion in 21:15–19: Peter, as the under-shepherd of the good shepherd, will indeed give his life for the sheep. But before this is possible Peter's delusion that he can die for Jesus must be brought to an end through his failure, so that through Jesus' death for him he may be enabled truly to follow Jesus, no longer as an autonomous human possibility but as a divine gift.

The connexion between 13:36–38 and 21:18–19 is so close that Bacon attributed both passages to a redactor of the Gospel who interpolated 13:36–38 as well as adding the appendix[21]. The common view is, of course, that chapter 21 is an appendix subsequently added either by the evangelist or by a member of his school to a Gospel which was originally intended to end at 20:31. However, Minear has made an excellent case for the view that the Gospel was never intended to end at 20:31 and that chapter 21 was always an integral part of the Gospel.[22] Part of his argument is that chapter 21 is required to complete the story of the two disciples, Peter and the Beloved Disciple, who have appeared in diverging and converging roles from chapter 13 onwards.[23] The Gospel's interest in Peter "reaches a natural climax in chapter 21; without chapter 21, that interest would have been aborted without reason or explanation."[24]

To Peter's threefold denial of Jesus (13:38; 18:15–27) corresponds Peter's threefold pledge of love for Jesus (21:15–17; note the charcoal fire which connects 21:9 with 18:18). In his dialogue with the risen Christ Peter is not merely restored but given the commission to care for Jesus' sheep which he could not be given before. As the chief qualification of the good shepherd in chapter 10 was his self-sacrifice for the sheep, so Peter's care for Jesus' sheep will require the self-sacrifice which will now be possible for Peter. Thus the threefold commission (21:15–17) is followed by a second prediction of Peter's

[21] Bacon (1931) 72–73.
[22] Minear (1983).
[23] Minear (1983) 91–95.
[24] Minear (1983) 92.

martyrdom (21:18–19a), which Peter now understands. After his own failure and Jesus' death, Peter understands both that his following of Jesus must lead to his own death and also why his following is only now possible for him. At last genuine discipleship is possible for Peter. Thus the promise of 13:36, that Peter would follow Jesus 'afterward,' can now be taken up in the form of a command that Peter can now understand and obey: a summons to the discipleship that will culminate in his martyrdom (21:19: "Follow me!").[25]

The precise meaning of the saying in 21:18 has been much discussed. Many have followed BULTMANN's suggestion that behind it lies a proverb which contrasted the freedom of the young with the helplessness of the old: "In youth a man is free to go where he wills; in old age a man must let himself be taken where he does not will."[26] The reference to stretching out the hands would belong to this picture as further indicating the helplessness of the old man who stretches out his hands to feel for a support or for someone to lead him.[27] Only the change from the third person to a second person address to Peter was needed to turn the proverb into a cryptic reference to Peter's destiny: in his old age he will be led unwillingly on his last journey to martyrdom.[28]

In the absence of any other reference to such a proverb, this is an unnecessarily speculative suggestion,[29] which does not explain why such a proverb should have been taken to be a prediction of Peter's martyrdom. It is easier to suppose that the saying was composed, in the riddling style of many of the sayings of Jesus, as a cryptic prediction of Peter's martyrdom. Certainly, as applied to Peter, the saying could have no point except as a prediction of his martyrdom. A saying which merely predicted Peter's helplessness in old age is hardly conceivable within the Gospel tradition.[30] Nor can the final phrase refer to a natural death, as MICHAELS apparently thinks possible.[31] It refers to being led to death under constraint. The point is not that Peter will be an unwilling martyr,[32] but rather to contrast the freedom of action be enjoyed in his youth with the constraint under which he will be led to his death. It is significant that the period in which he went where he chose is already past. His martyrdom will be the culmination of his discipleship of Jesus, in which he must go where Jesus leads.

Like the saying about the Beloved Disciple (21:22–23), this prediction of Peter's death was no doubt already known to the evangelist from his Gospel tradition. Since its riddling character is characteristic of sayings of Jesus, it

[25] Cf. DUKE (1985) 98.
[26] BULTMANN (1971) 713, followed by, for example, LINDARS (1972) 636; BARRETT (1978) 585; OSBORNE (1981) 311–312; HAENCHEN (1984) 232.
[27] BULTMANN (1971) 713 n. 7.
[28] BULTMANN (1971) 714.
[29] BEASLEY-MURRAY (1987) 408.
[30] Contra BERNARD (1928) 708.
[31] MICHAELS (1988) lviii.
[32] Cf. MICHAELS (1988) lviii.

may well be an authentic saying of Jesus.[33] In its original form, it may have consisted of two strictly parallel parts, without the phrase ἐκτενεῖς τὰς χεῖρας σου. The latter will then have been added in order to turn a cryptic reference to martyrdom into a cryptic reference to, more specifically, death by crucifixion. There is good evidence to suggest that to "stretch out the hands" would be readily recognized as alluding to crucifixion. In Barnabas 12:2–4 (which may be more or less contemporary with John's Gospel) Moses stretching out his hands (ἐξέτεινεν τὰς χεῖρας: this phrase is not used in Exod 17:11–12 LXX) at the time of the battle with Amalek, and Isaiah 65:2 ("I stretched out my hands [ἐξεπέτασα τὰς χεῖράς μου] the whole day ..."), are understood as prophetic of the crucifixion of Jesus (for these interpretations cf. also Justin, 1 Apol. 35; Dial. 90.5; 91.3; Irenaeus, Adv. Haer. 5.17.4; Dem. 46, 79; Cyprian, Test. 2.20). The Odes of Solomon state very explicitly that the stretching out of the hands is the sign of crucifixion (27:1–3; 35:7; 41:1–2),[34] while the reference in these passages of the Odes to the stretching out of the hands as "his [Christ's] sign" probably explains the otherwise enigmatic reference in Didache 16:6 to the first of the three "signs" at the parousia as "the sign of spreading out in the heavens" (σημεῖον ἐκπετάσεως ἐν οὐρανῷ). This is the cross appearing in heaven (as in Apocalypse of Peter 1:6; Epistle of the Apostles 16:4; Apocalypse of Elijah 3:2; Pseudo-Hippolytus, De Consumm. 36.3). The specific phrase ἐκτείνω τὰς χεῖρας or ἐκπετάννυμι τὰς χεῖρας as an allusion to crucifixion seems to have become fixed in Christian usage, but there is evidence in pagan authors also that the posture referred to was associated with crucifixion (Epictetus 3.26.22: ἐκτείνας σεαυτὸν ὡς οἱ ἐσταυρωμένοι; Seneca, De consol. ad Marc. 20.3: *brachia patibulo explicuerunt*; cf. also Josephus, Ant. 19.94).

The objection that ἐκτενεῖς τὰς χεῖρας σου in John 21:18 cannot allude to crucifixion because it precedes Peter's being girded by another and led away to death[35] can be met in two ways. It may be "that by a type of husteron proteron the Johannine writer placed the stretching out of the hands first in order to call attention to it, precisely because it was the key to the whole interpretation."[36] Alternatively, the allusion is to the practice of binding of the outstretched arms of the criminal to the crossbeam, which he had then to carry to the place of execution.[37] ζώννυμι which means to fasten a belt, would certainly not have been the natural word to use either for binding an arrested person or for fastening someone to a cross,[38] but its use here (ἄλλος ζώσει σε) is sufficiently explained by its use in the first half of the saying, to which it

[33] Osborne (1981) 311; cf. the comment of Lindars (1972) 636, that the introductory phrase, "Truly, truly, I say to you," indicates the use of an already existing tradition which often turns out to be an authentic saying of Jesus.

[34] On these passages, see McNeil (1979), who relates them also to Acts of Peter 38.

[35] Bultmann (1971) 713 n. 7.

[36] Brown (1971) 1108.

[37] Haenchen (1984) 232; Beasley-Murray (1987) 408–409, following W. Bauer.

[38] Bultmann (1971) 713 n. 7.

is contrasted, and by the deliberately cryptic nature of the saying (and cf. Acts 21:11–12). Tertullian (Scorp. 15) understood the reference to be to the binding of Peter to the cross.

John 21:19a can leave no doubt that the author interpreted the saying in verse 18 as predicting Peter's crucifixion. Probably the phrase δοξάσει τὸν θεόν suggests a martyr's death, though more because of Johannine usage with reference to the death of Christ (12:8; 13;31–32; 17:1, 4) than because of the alleged parallels from other early Christian literature which are usually cited[39] (1 Pet 4:16; Mart. Pol. 14:3; 19:2). The latter are not strict parallels, since they do not state that it is by his death itself that a Christian martyr glorifies God. It is more important to take the Johannine echoes of the phrase δοξάσει τὸν θεόν together with the Johannine precedent for the preceding words: τοῦτο δὲ εἶπεν σημαίνων ποίῳ θανάτῳ. The latter is clearly modelled on 12:33 (τοῦτο δὲ ἔλεγεν σημαινων ποίῳ θανάτῳ ἤμελλεν ἀποθνήσκειν), to which 18:32 (εἶπεν σημαινων ποίῳ θανάτῳ ἤμελλεν ἀποθνήσκειν) also refers back. In all three cases σημαίνων indicates a foretelling in the veiled terms of an oracle.[40] In 12:33 it means that Jesus' cryptic saying about being lifted up from the earth (12:32; cf. 3:14; 8:28) is to be understood as a veiled reference to death by crucifixion, as 18:33 confirms, by pointing out the fulfilment of this saying at the point in the passion narrative where it becomes clear that Jesus will die by the Roman method of execution, viz. crucifixion. The parallel between 12:32–33 and 21:18–19a shows that by referring to the kind of death Peter will die 21:19a cannot just mean that he will die as a martyr,[41] but that he will be put to death by a particular method of execution to which the saying in verse 18 cryptically alludes. Just as 12:33 means that the lifting up from the earth (12:32) is a veiled reference to crucifixion, so 21:19a means that the stretching out of the hands (21:18) is a veiled reference to crucifixion.

MICHAELS objects that "in 21:18 the characteristic Johannine word for crucifixion, ὑψοῦν ('lift up,' or 'exalt,' 12:32, 34; cf. 3:14; 8:28) is conspicuous by its absence. The accent in 21:18 is clearly on the differences between Peter's death and that of Jesus, not on the similarities."[42] But, of course, the author of 21:18–19 could not have used the symbol of lifting up to refer to Peter's crucifixion, since this particular way of alluding to Jesus' crucifixion indicates not just the literal form of execution but also the theological significance of Jesus' death as uniquely salvific (12:32: "I, when I am lifted up from the earth, will draw all people to myself"; cf. 3:14–15). In this respect, it is true that he wishes to distinguish Jesus' death from Peter's, which has significance only as the culmination of discipleship, that is, only as a participation by grace in Jesus' destiny. Therefore he uses in Peter's case a different form of veiled allusion to crucifixion, which either does not give this particular form of death a symbolic theological meaning or, if it does, gives it a different theological

[39] Following BULTMANN (1971) 714 n. 4.
[40] BULTMANN (1971) 432 n. 5; and cf. references in BAUER (1979) 747.
[41] Contra WESTCOTT (1889) 304; BULTMANN (1971) 714.
[42] MICHAELS (1988) lviii.

meaning from that conveyed by the symbol of lifting up. The latter would be the case if the stretching out of the hands is intended to suggest the attitude of prayer (cf. LXX 1 Esd. 8:73; 4 Macc. 4:11; Josephus, C. Ap. 1.209), in which case the comment in 21:19a that it is by this kind of death that Peter will give glory to God would be particularly apposite.

In fact, 21:19a skilfully suggests both a parallel and a contrast between Jesus' death and Peter's. Peter is now the under-shepherd who, as a result of his faithfulness in caring for Jesus' flock, will give his life for the sheep as Jesus did. But this does not mean, as his offer in 13:37 had ignorantly proposed, that his death can achieve what Jesus' death did. The new Peter, who has become a disciple through failure and restoration, will now see his death as a sharing in Jesus' destiny which has been made possible by Jesus' own glorification.

Those who see the portrayal of Peter and the Beloved Disciple in the Fourth Gospel as a denigration of Peter in favour of the Beloved Disciple have sometimes argued that this denigration continues, to some extent, as far as 21:18–19, which is supposed to downgrade the significance of Peter's martyrdom.[43] But our exegesis has shown that this is clearly incorrect. It is only by comparison with Jesus' death that Peter's martyrdom is downgraded, but it is not denigrated: on the contrary, it is given considerable significance as the culmination of Peter's discipleship. It is most unlikely that the presumably natural death of the Beloved Disciple (21:22–23) is perceived as in any way better than Peter's martyrdom.[44] Rather the general effect of 21:20–23 is to suggest that, whereas it might easily be thought that Peter's martyrdom is the more perfect from of discipleship, in reality there should be no comparisons made between the two. The form of each disciple's death is Jesus' will for him.[45] The two ways of following Jesus, Peter's as a shepherd of Jesus' flock, the Beloved Disciple's as a witness to the truth of Jesus, are both valid.

It is also incorrect to see the positive appreciation of Peter in chapter 21 as reversing the denigration of Peter in the rest of the Gospel.[46] Quast has recently shown that the point of the portrayal of the two disciples in chapters 13–20 is not to eulogize the Beloved Disciple at Peter's expense.[47] But this would be even clearer if, as we have suggested, chapter 21 should be seen as an integral part of the Gospel, rather than as an appendix added later. The story of Peter's misunderstanding and failure in chapters 13–20 would then have been always intended to lead to his role in chapter 21, as the under-shepherd of Jesus' flock who follows Jesus in giving his life for the sheep. That the Beloved Disciple understands and follows faithfully from the beginning makes his path of discipleship different, but not, as chapter 21 insists,

[43] E. g. S. Agourides, quoted Quast (1989) 148.

[44] Against Lindars (1972) 622.

[45] Quast (1989) 155.

[46] E. g. Haenchen (1984) 234: "It really became necessary that he should be appreciated at least once"!

[47] Quast (1989).

in the end superior. The Gospel uses the figures of Peter and the Beloved Disciple to illustrate different aspects of discipleship, not to play one off against the other. The common recent view that they represent different communities – the Beloved Disciple representing the Johannine community and Peter the "apostolic churches"[48] – should also be questioned. The Gospel gives us no reason for supposing that the Johannine community, in which the Beloved Disciple lived and taught, did not always share the respect for Peter which was evidently universal in the churches of the first century. There is no reason to think that John 21 must have been breaking new ground when it recognized the equally valid and complementary roles of the two: Peter as shepherd, the Beloved Disciple as witness.

It remains to evaluate the Fourth Gospel's contribution as historical evidence for the martyrdom of Peter. Since we have suggested that the saying predicting Peter's death (21:18) could be an authentic saying of Jesus, already current in the Gospel tradition before Peter's death, it might be thought that the Gospel offers no unambiguous evidence of the fact of Peter's death and could even have been written before Peter's death.[49] However, in the first place, it is very likely that the form of the saying which makes allusion to crucifixion (i. e. including the words ἐκτενεῖς τὰς χεῖρας σου) is in this respect a post eventum prophecy. The saying as we have it in John 21:18 and as interpreted 21:19 has been adapted in the light of the fact that Peter actually died by crucifixion. Moreover, secondly, it seems clear that John 21:22 – 23 presupposes the death of the Beloved Disciple: this passage addresses a problem that had arisen in the Johannine community as a result of the Beloved Disciple's death. It would be very difficult to read the whole passage 21:18 – 23 as presupposing that the Beloved Disciple has died but not that Peter had also died. If Peter had died, it is inconceivable that something of the circumstances of his death would not be very well known throughout the Christian churches. The allusion to Peter's death by crucifixion cannot be a theological fiction: it must presuppose a well-known historical event.

Of the time and place of Peter's martyrdom the Fourth Gospel can tell us nothing. In view of Peter's age (cf. Mark 1:30), we know in any case that his martyrdom is unlikely to have been later than c. 80 C. E. The commonly accepted dating of the Fourth Gospel towards the end of the first century provides us with no earlier terminus ad quem for Peter's death. Only those who hold that there are good grounds for dating not simply the Fourth Gospel but precisely chapter 21 of the Fourth Gospel earlier than this can use it as evidence for the date of Peter's death. On the other hand, if Peter's death can be dated more precisely from other sources, it provides the firmest terminus a quo for dating the Fourth Gospel.[50]

[48] Quast (1989) endorses this approach; for earlier examples of it, see his discussion: Quast (1989) 8 – 13.

[49] Cf. Michaels (1988) lviii – lix.

[50] Cf. discussion of the relevance of John 20:18 – 23 to the date of the Gospel in Robinson (1976) 279 – 282; (1985) 71; Jonge (1979).

## *IV. 2 Peter 1:12–15*

This section of 2 Peter states the occasion of the letter, namely Peter's intention of leaving a testament. It is the section of 2 Peter which most clearly identifies the letter with the Jewish pseudepigraphal testament genre,[51] in which a great religious personage, usually of the biblical past, sets out his teaching as he wishes it to be remembered after his death. Two such testaments which especially provide parallels in ideas and phrases to this section of 2 Peter are Baruch's testament in the form of a letter (2 Baruch 78–86; see especially 78:5; 84:1, 7–9; 86:1–2) and Josephus' account of Moses' last words (Ant. 4.309–319; see especially 315–316, 318).

The feature of the testament genre which concerns us here is the convention that the testator foresees his approaching death. Obviously this was necessary for the testament to be possible. The testament convention was able to exploit the in any case common hagiographical motif that the righteous hero has some kind of intimation of his death when it is close. In testaments it is not always clear how the testator knows he is going to die (cf. Jubilees 36:1; Testament of Naphtali 1:3–4; Life of Adam and Eve 45:2; 49:1; Acts of John 107), but often it is said to have been revealed to him by God (Deut. 31:2, 14, 16; Testament of Levi 1:2; 4 Ezra 14:13–15; 2 Baruch 43:2; 76:2; Pseudo-Philo, Lib. Ant. Bib. 19:6; 21:1; 2 Enoch 36:1–2; 55:1–2; Letter of Clement to James 2), sometimes in a dream (Jubilees 35:6; Testament of Abraham 7; Mart. Polyc. 5:2) or in a vision (Acts of Paul 10).

Clearly 2 Peter 2:14 uses this motif.[52] Peter knows that his death is coming 'soon' (ταχινή, which certainly here means 'soon,' not 'sudden,' as some have suggested[53]). What has not usually been noticed is that he seems to specify two ways of knowing it: "I know that I must soon be divested of my body, as our Lord Jesus Christ also informed me (καθὼς καὶ ὁ κύριος ἡμῶν Ἰησοῦς Χριστὸς ἐδήλωσέν μοι)." The clause beginning καθὼς καὶ cannot, as is usually supposed, explain how Peter knows his death is imminent ("I know that I am going to die soon because Jesus Christ has revealed it to me"), but must be understood as introducing an additional fact which is compared with what precedes.[54] The general sense must be: "I know that I am going to die soon – and this corresponds to what Jesus Christ has revealed to me." Probably the first statement (εἰδώς ...) is the usual testament motif: Peter knows his death is now fast approaching. The supernatural intimation by which he knows this can be taken for granted and need not be specified. But why should it be

[51] See Bauckham (1983) 131–132, 194; (1988B) 3734–3735; and for 2 Peter as a testament, see also Smith (1985) 67–70; Harvey (1990).

[52] This means that 2 Peter 1:13–14 cannot show, as Dockx (1974) 239, supposes, that Peter's death followed a lengthy judicial process.

[53] Bauckham (1983) 199.

[54] Vögtle (1972) 301; Bauckham (1983) 199.

added that his death had also been revealed to him by Christ? The only plausible reason is that there was a prophecy of Jesus about Peter's death which would be well-known to 2 Peter's readers. The existence of such a prophecy would be sufficient reason for a reference to it, but, since such a prophecy could hardly have informed Peter at all precisely when his death was coming, it could not replace the usual testament motif but had to be added to it.[55]

The prophecy of Peter's death which 2 Peter's readers knew in the Jesus-tradition was most probably a version of the saying in John 21:18. This saying fits the requirements of 2 Peter 1:14. We have already argued that it was current before the writing of John 21 as a prediction of Peter's martyrdom.[56] Its rather vague indication of time (γηράσῃς) is sufficient when placed alongside the testament motif which would give Peter a more immediate warning of approaching death. The only other extant prophecy of Peter's death supposed to have been made by Jesus long before Peter's martyrdom occurs in Apocalypse of Peter 14:4 (see below), which is probably dependent on 2 Peter.[57] Other dominical prophecies of Peter's death in later literature (the *Quo Vadis?* story in the Acts of Peter [see below];[58] Letter of Clement to James 2, where Peter introduces a kind of testament by stating that Christ has revealed to him his approaching death) are given shortly before Peter's death and so are examples of the testament motif. Apart from the fact that they are not attested early enough to be a source for 2 Peter and well-known to its readers, they do not supply a prophecy distinguished, as in 2 Peter 1:14, from the testament motif.

If 2 Peter 1:14 alludes to the saying in John 21:18, then it refers indirectly, not merely to Peter's death, but to his martyrdom. In the Jewish testament literature testators were not usually martyrs and the death they foresaw was not usually violent. Thus the conventions of the testament genre do not require an allusion to the kind of death Peter was to die, and the absence of any explicit indication that his death would be violent should not lead us to suppose that the author thought Peter died a natural death.[59] But by alluding to the dominical prophecy of Peter's death he does indirectly hint at the martyr death his readers knew had been predicted for Peter and fulfilled by him.

I have argued elsewhere[60] that the best indication of the date of 2 Peter is 3:4, which reflects a crisis of eschatological hope immediately following the death of the first Christian generation. This would suggest a date for 2 Peter around the same time as John 21:21–23 indicates for the date of the Fourth Gospel, i. e. the late first century. I have also argued that 2 Peter is a letter

[55] Bauckham (1983) 199–200.

[56] Bauckham (1983) 200–201.

[57] Smith (1985) 49–54; Bauckham (1988) 4721–4723.

[58] Against a relationship between this story and 2 Peter 1:14, see Mariani (1969).

[59] Contra Michaels (1988) lix.

[60] Bauckham (1983) 157–158 (also on other indications of date which point in the same direction), 292–293; (1988B) 3741–3742.

from the church of Rome, given the retrospective authority of the most eminent of those who had exercised a leadership role in the church: the apostle Peter.[61] By writing a work in the form of Peter's testament, the Roman church claimed to be faithfully preserving the apostolic message which Peter had preached and had bequeathed to the church at his death. This makes 2 Peter early evidence of the Roman church's own tradition about Peter's martyrdom. That Peter is represented in 2 Peter as writing, from Rome, in the knowledge that his death was coming soon, strongly suggests, even if it cannot quite demonstrate, that Peter was known to have died in Rome.

## *V. 1 Clement 5:4*

The reference to Peter's martyrdom which has been most discussed is 1 Clement 5:4. While it has occasionally been denied that it refers to his martyrdom at all, many scholars have gleaned from it, not only the fact of his martyrdom, but also information about the time, place and circumstances of his martyrdom. To assess the extent of the information it really conveys will require detailed discussion.

Chapters 5 – 6 of 1 Clement read:[62]

> 5[1] 'Αλλ' ἵνα τῶν ἀρχαίων ὑποδειγμάτων παυσώμεθα, ἔλθωμεν ἐπὶ τοὺς ἔγγιστα γενομένους ἀθλητάς· λάβωμεν τῆς γενεᾶς ἡμῶν τὰ γενναῖα ὑποδείγματα, [2]διὰ ζῆλον καὶ φθόνον οἱ μέγιστοι καὶ δικαιότατοι στύλοι ἐδιώχθησαν καὶ ἕως θανάτου ἤθλησαν. [3]λάβωμεν πρὸ ὀφθαλμῶν ἡμῶν τοὺς ἀγαθοὺς ἀποστόλους· [4]Πέτρον, ὅς διὰ ζῆλον ἄδικον οὐχ ἕνα οὐδὲ δύο, ἀλλὰ πλείονας ὑπήνεγκεν πόνους καὶ οὕτω μαρτυρήσας ἐπορεύθη εἰς τὸν ὀφειλόμενον τόπον τῆς δόξης. [5]διὰ ζῆλον καὶ ἔριν Παῦλος ὑπομονῆς βραβεῖον ὑπέδειξεν, [6]ἑπτάκις δεσμὰ φορέσας, φυγαδευθείς, λιθασθείς, κήρυξ γενόμενος ἔν τε τῇ ἀνατολῇ καὶ ἐν τῇ δύσει, τὸ γενναῖον τῆς πίστεως αὐτοῦ κλέος ἔλαβεν, [7]δικαιοσύνην διδάξας ὅλον τὸν κόσμον, καὶ ἐπὶ τὸ τέρμα τῆς δύσεως ἐλθὼν καὶ μαρτυρήσας ἐπὶ τῶν ἡγουμένων, οὕτως ἀπηλλάγη τοῦ κόσμου καὶ εἰς τὸν ἅγιον τόπον ἀνελήμφθη, ὑπομονῆς γενόμενος μέγιστος ὑπόγραμμός.
>
> 6[1] Τούτοις τοῖς ἀνδράσιν ὁσίως πολιτευσαμένοις συνηθροίσθη πολὺ πλῆθος ἐκλεκτῶν, οἵτινες πολλαῖς αἰκίαις καὶ βασάνοις διὰ ζῆλος παθόντες ὑπόδειγμα κάλλιστον ἐγένοντο ἐν ἡμῖν. [2]διὰ ζῆλος διωχθεῖσαι γυναῖκες Δαναΐδες καὶ Δίρκαι, αἰκίσματα δεινὰ καὶ ἀνόσια παθοῦσαι, ἐπὶ τὸν τῆς πίστεως βέβαιον δρόμον κατήντησαν καὶ ἔλαβον γέρας γενναῖον αἱ ἀσθενεῖς τῷ σώματι. [3]ζῆλος ἀπηλλοτρίωσεν γαμετὰς ἡμῶν 'Αδάμ· Τοῦτο νῦν ὀστοῦν ἐκ τῶν ὀστέων μου καὶ σὰρξ ἐκ τῆς σαρκός μου. [4]ζῆλος καὶ ἔρις πόλεις μεγάλας κατέστρεψεν καὶ ἔθνη μεγάλα ἐξερίζωσεν.

[61] Bauckham (1983) 159 – 161; (1988B) 3738 – 3739; cf. Mussner (1976) 59 – 60.
[62] Translation from Lightfoot (1989) 31 (slightly altered).

"5[1] But to pass from the examples of ancient times, let us come to those champions who lived nearest to our time. Let us set before us the noble examples which belong to our own generation. [2]Because of jealousy and envy the greatest and most righteous pillars were persecuted, and fought to the death. [3]Let us set before our eyes the good apostles. [4]There was Peter, who, because of unrighteous jealousy, endured not one or two but many trials, and thus having given his testimony went to his appointed place of glory. [5]Because of jealousy and strife Paul by his example pointed out the way to the prize for patient endurance. [6]After he had been seven times in chains, had been driven into exile, had been stoned, and had preached in the East and in the West, he won the genuine glory for his faith, [7]having taught righteousness to the whole world and having reached the farthest limits of the West. Finally, when he had given his testimony before the rulers, he thus departed from the world and was taken up into the holy place, having become an outstanding example of patient endurance.

6[1] To these men who lived holy lives there was joined a vast multitude of the elect who, having suffered many torments and tortures because of jealousy, set an illustrious example among us. [2]Because of jealousy women were persecuted as Danaids and Dircae, suffering in this way terrible and unholy tortures, but they safely reached the goal in the race of faith, and received a noble reward, their physical weakness notwithstanding. [3]Jealousy has estranged wives from their husbands and annulled the saying of our father Adam, 'This is now bone of my bones and flesh of my flesh.' [4]Jealousy and strife have overthrown great cities and uprooted great nations."

The reference to Peter's martyrdom in 1 Clement 5:4 belongs in the context of the catalogue of examples which comprises chapters 4–6 of 1 Clement. The examples show how jealousy (ζῆλος) among brothers and sisters leads to evil consequences, especially to death. The catalogue is divided into two parts (indicated by the transitional statement in 5:1): seven examples from the Old Testament in chapter 4, and seven examples from 'our own generation' (5:1: i. e. within living memory) in chapters 5 and 6.[63] The fourteen examples are clearly marked by the rhetorical device of introducing each either with the word ζῆλος as the subject of the sentence (4:7, 9, 10, 12; 6:3, 4) or with the phrase διὰ ζῆλον (4:8, 11, 13; 5:2, 4, 5; 6:1, 2). In a few cases ζῆλος is linked with φθόνος (4:7; 5:2; cf. 4:13) or ἔρις (5:5; 6:4) or qualified as ζῆλον ἄδικον (5:4).

The purpose of the catalogue is clear from the introduction to it in chapter 3. It belongs to the 'rhetoric of stasis'[64] with which Clement[65] responds

[63] CULLMANN (1953) 90–92, following R. KNOPF.

[64] BOWE (1988) 26–31.

[65] The letter is really from the Roman church and we do not know what role Clement played in it. I call the author Clement for convenience.

to the situation of communal discord in the church of Corinth to which he writes. After the idealistic picture of the church's former glory in 1:2–2:8, chapter 3 portrays, in rhetorically heightened fashion, the state of conflict into which the church has fallen and the dangers to which this may lead. Jealousy (ζῆλος) is the cause of the trouble, and so heads the list of evils in 3:2, where the rhetorical arrangement of the terms[66] conveys an escalation of evil: ζῆλος καὶ φθόνος, ἔρις καὶ στάσις, διωγμὸς καὶ ἀκαταστασία, πόλεμος καὶ αἰχμαλωσία ("jealousy and envy, strife and sedition, persecution and anarchy, war and captivity"). The first five of these terms are echoed in the catalogue of fourteen examples. We have already noted that ζῆλος introduces each example, coupled in some cases with φθόνος or ἔρις. στάσις is echoed in 4:12 (στασιάσαι); διωγμὸς in 4:9 (διωχθῆναι); 4:13 (ἐδιώχθη); 5:2 (ἐδιώχθησαν); 6:2 (διωχθεῖσαι). The last three terms in the list are not verbally echoed in the catalogue of examples, though their content may be implied in a few cases.

But Clement wishes to go further: the final result of ζῆλος is death. This is stated at the end of 3:4, in words which form the immediate introduction to the catalogue of examples. With an allusion to Wisdom 2:24, it is said that through "unrighteous and ungodly jealousy" (ζῆλον ἄδικον καὶ ἀσεβῆ) "death entered the world." The phrase ζῆλον ἄδικον is taken up in the example of Peter (5:4). To show that ζῆλος leads especially to death is the main purpose of the catalogue. Not every example is of jealousy leading actually to death, but most are. Among the seven Old Testament examples, only two (Cain and Abel, Dathan and Abiram) involve actual death, but in three others jealousy leads to the threat and danger of death (Jacob and Esau, Moses and Pharaoh, David and Saul), while in the case of Joseph and his brothers (4:9) Clement says that he was "persecuted to death" (μέχρι θανάτου διωχθῆναι), which makes the event sound as much like actual death as possible. Only in one of the seven Old Testament cases (Miriam and Aaron) is there no question of death. Similarly, among the seven modern examples, there is only one case in which death is clearly not involved (the estrangement of husband and wives: 6:3). The lesson of the catalogue – that jealousy leads to death – is then taken up again explicitly and applied paraenetically to the Corinthian Christians in 9:1 (cf. 39:7).

It should be noted that the sense in which jealousy leads to death or something approaching it varies in the various examples. Most often it is victims of jealousy that suffer, and this is also true of the examples of the Christian martyrs in 5:2–6:2. But in two cases (Aaron and Miriam, Dathan and Abiram) it is those guilty of jealousy who suffer divine punishment. The sense in which Clement intends the lesson to apply to his readers is probably therefore rather vague. It is not very likely that he really means to warn specifically that the troublemakers at Corinth will bring about the death of

[66] See Bowe (1988) 27: "The first two pairs of nouns both contain two syllable words, the final two pairs contain three and six or three and five syllables respectively. The final syllables are matched in sounds ... There is an escalation both in the syllabic value as well as in the severity of the terms used."

those they envy, presumably by betraying them to martyrdom. Such hints as there are elsewhere in the letter suggest rather that those guilty of envy are heading for divine punishment (cf. 9:1; 51:4; 56:3). Most likely, the whole catalogue belongs to a heightened rhetorical situation[67] and warns merely that jealousy and discord will have dire consequences.

In one respect, however, the lesson of the catalogue is actually more precise in its application to the situation of discord in the Corinthian church than we have noticed so far. It is not simply that jealousy leads to death, but that jealousy among brothers and sisters leads to death. This is perfectly clear, and indeed emphasized, in chapter 4. The first example (Cain and Abel), for which alone Clement provides a lengthy formal quotation from Scripture (4:1 – 6), is the perfect example which makes his point most adequately. Since it refers to the first murder (which was also the first human death) it demonstrates the point made at the end of chapter 3 that "death entered the world" through jealousy: the other Old Testament examples then follow it in chronological order. But the first example is also one of jealousy between actual brothers (children of the same parents) leading to actual fratricide, and is the only one that is precisely that. The relevance to the readers is clear enough in 7:1, where they are addressed as "brothers" (ἀδελφοί) in being invited to observe that jealousy and envy brought about fratricide (ἀδελφοκτονίαν). Of the following examples three (Jacob and Esau, Joseph and his brothers, Aaron and Miriam and Moses) concern actual siblings, and this helps to explain the choice of the third of these, which, while it does not involve even the threat of death, does concern jealousy among brothers and sisters. In the other three cases, it is jealousy between fellow-Israelites that is concerned, and the point is emphasized in the case of Moses, where, although the threat of death comes from Pharaoh, Clement points out that the jealousy was that of a fellow-Israelite (4:9), and also in the case of David, who is said to have suffered from the jealousy not only of the Philistines but even of Saul (4:13).

It seems that Clement had no difficulty compiling his list of seven Old Testament examples. Not all illustrate the lesson equally fully, but they make an impressive cumulative case. He may have taken over the list from a Jewish source (cf. 4:8: "our father Jacob"). But rhetorical precedent[68] and ambition evidently led him to attempt another set of seven contemporary examples to parallel the set of seven ancient examples. This evidently proved much more difficult. He can supply only two individuals: Peter and Paul. The first of the seven contemporary examples (5:2) is stated so generally that we might well take it to be a summarizing statement of the examples that follow, were it not for the rhetorical structure of the whole passage and the fact that an introduction specifically to the two examples of Peter and Paul follows in verse 3. The great multitude of martyrs (6:1) would really include the women

[67] Bowe (1988) 32.
[68] Sanders (1943) 8.

martyrs (6:2) if it were not for the need to count two examples. The two final examples (6:3–4) are no more than general observations of human life, which do not at all fit the pattern established by the seven Old Testament examples or the rubric announced for the modern examples in 5:1 (they are not 'noble examples'). They show how hard-pressed Clement was to find specific examples from the early church.

There is a further anomalous feature of the set of contemporary examples, which previous discussion has not taken into account. The first five examples are examples of jealousy leading to death, but they are also united by an explicit theme which does not appear elsewhere in the examples in the catalogue but which is announced in the introduction to the contemporary examples (5:1). This is the theme of 'contending to death': the sufferings and death of righteous people portrayed under the athletic metaphor of a struggle by which the prize (in heaven after death) is gained.[69] This theme, with its references to trials and endurance and post-mortem glory, accounts for much of the detail in the accounts of the second, third, fourth and fifth of these contemporary examples, while the related martyrological theme of 'bearing witness' is also prominent in the accounts of Peter and Paul. This means that most of what is said about these examples is entirely redundant to the theme: jealousy among brothers and sisters leads to death. This contrasts sharply with the seven Old Testament examples, where everything that is said is directly pertinent to that theme. It should also be noticed that in every one of the seven Old Testament examples the opponents of those who suffer as a result of jealousy are specified, but in none of the first five contemporary examples is this so. If, as CULLMANN claimed (in an argument we shall take up more fully below), Clement's main point in giving these examples is to show that the Christian martyrs suffered as a result of the jealousy of fellow-Christians[70] one wonders why he omits to say so, while saying a great deal that is irrelevant to this point. It is certainly the point which chapter 4 would lead us to expect him to be making, but in fact the first five contemporary examples and even the way in which they are introduced (5:1) seem to have a different point: the martyrs as illustrious examples of endurance in the struggle of faith (cf. 5:1, 7; 6:1). This can readily be appreciated by observing that, whereas if one removed the references to ζῆλος from the seven Old Testament examples they would no longer make any sense, if one removed the phrase διὰ ζῆλον from the first five contemporary examples they would make perfectly good sense as examples of "fighting to the death" (5:2) and winning the prize. Thus the whole thrust of the catalogue seems to change as Clement moves from the ancient to the contemporary examples, but it is also important to notice that this change of direction is not maintained to the end of the catalogue. The last two contemporary examples revert simply to illustrating the lesson: jealousy has evil consequences.

[69] For the hellenistic background of the imagery and terms, see SANDERS (1943) 8–40.
[70] CULLMANN (1953) 101–104.

Whereas the general lesson of the whole catalogue – that jealousy leads to death – is not taken up paraenetically until 9:1, the lesson which dominates the first five contemporary examples – the need for endurance in the struggle of faith – is taken up immediately in 7:1, where it helps the transition to a further set of examples, this time of the need for repentance (7:5 – 8:5). Nevertheless the paraenetic use Clement makes of the point which actually emerges strongly from the examples of the Christian martyrs is minimal. Had he really designed the list to shift its emphasis from one lesson to another, one would expect much more to be made explicitly of the second lesson. Even more significantly, one would expect the second lesson to continue to the end of the catalogue, which instead reverts, rather bathetically, to the first lesson. It seems probable that the second lesson was already inherent in the traditional material which Clement used to compose his first five contemporary examples and that in 7:1 he merely takes advantage of a theme which he had failed to subordinate to the main point of his catalogue. In 5:1 – 6:2 Clement is elaborating traditional martyrological material, which he has adapted to its place in the catalogue by means of the phrases διὰ ζῆλον, διὰ ζῆλον καὶ φθόνον, and διὰ ζῆλον καὶ ἔριν.

This means that we can look at the martyrological material in its own terms. It has often been remarked how much longer the account of Paul is than that of Peter, and we can no longer offer the explanation that Paul's career offered much more opportunity than Peter's for illustrating the evil effects of jealousy.[71] A great deal of what is said of Paul (most of vv 6b – 7) is in fact irrelevant to this point. But not only is the account of Paul considerably longer than that of Peter, it also considerably longer than any of the other four martyrological examples. Moreover, by comparison with the account of Paul, these other martyrological examples are singularly lacking in concrete historical information. Beyond the fact that they suffered and died as martyrs, virtually all that is said of them is rhetorical and theological and could have been said of any Christian martyr. Of Peter we learn concretely only that he suffered many trials before his death, and of the great multitude (6:1) only that they were martyred in Rome (ἐν ἡμῖν), which is presumably also true of the women (6:2). In the case of Paul, on the other hand, we are told details of his sufferings during his lifetime and of his worldwide evangelistic ministry.

It seems very likely that Clement has not composed his account of Paul from his own reading of Pauline literature, but has substantially reproduced or at least adapted a traditional eulogy of Paul. It is worth comparing the prophecy of Paul's martyrdom in Epistle of the Apostles 31:

> "And he will become strong among the nations and will preach and teach, and many will be delighted when they hear and will be saved. Then will he be hated and delivered into the hand of his enemy, and he will testify before mortal kings, and upon him will come the completion of the testimony to me."[72]

[71] CULLMANN (1953) 98 – 99; GAROFALO (1967) 144.
[72] Translation from DUENSING (1963) 213.

The idiom of this account contrasts with the hellenistic language of 1 Clement 5:5–7, but there is one element which is stated in virtually the same words in both: he bears witness before rulers (cf. Matt 10:18; Mark 13:9; Luke 21:12–13; Acts 9:15). In both this statement refers to the circumstances of Paul's death. It points to some common tradition.

It may be that Clement took his account of Paul from tradition and himself composed the other four martyrological examples, on the basis of what little he knew of these other martyrs, describing them in a way broadly parallel to the account of Paul but varying the descriptions with other appropriate language from the standard stock of martyrological imagery and terminology. The account of Peter, in particular, parallels that of Paul without any of the detail of the latter. In the case of Peter, whom everyone knew to have spent his adult life in active Christian ministry, it was obviously appropriate, as in Paul's, to refer to sufferings already before his death and to use the language of witnessing with reference to his death. The accounts of the anonymous Roman martyrs, men and women, are confined to the sufferings leading immediately to death, but continue the theme of endurance and post-mortem reward.

We may now ask what 5:4 can actually tell us about Peter's martyrdom. Since it has not always been admitted that the reference is to martyrdom (i. e. to violent death)[73] this must first be established. We have noticed that not all the examples in the catalogue are cases of death, but we have also noticed that the first five contemporary examples comprise a set distinguished from the other examples by their martyrological theme. It is very unlikely that Peter would have been included in this group unless he were a martyr. Moreover, the parallel between 5:4b (οὕτω μαρτυρήσας ἐπορεύθη εἰς τὸν ὀφειλόμενον τόπον τῆς δόξης) and 5:7b (μαρτυρήσας ἐπὶ τῶν ἡγουμένων, οὕτως ἀπηλλάγη τοῦ κόσμου καὶ εἰς τὸν ἅγιον τόπον ἀνελήμφθη) makes it clear that if Paul was martyred, so was Peter. The use of μαρτυρέω in both cases comes very close to, if it does not actually reach the technical martyrological usage in which the word itself refers to death (as in Hegesippus, ap. Eusebius, Hist. Eccl. 2.23.18: οὕτως ἐμαρτύρησεν).[74] Finally, the statement that Peter went to the place of glory which he deserved must refer to the special privilege of a place of honour in heaven immediately after death, which early Christian thought generally reserved for the martyrs.

The possibility must be considered that 1 Clement 5:4 is exclusively dependent on Acts for its information about Peter.[75] In the narrative of Acts, Peter undergoes three trials (chapters 4; 5; 12), one of which is explicitly attributed to the ζῆλος of the chief priests (5:17; ζῆλος is otherwise used in Acts only in 13:45). These three trials could perhaps be the basis for saying

[73] HEUSSI (1955) 11–30; MICHAELS (1988) lx; cf. CULLMANN (1953) 93.

[74] Probably οὕτω in 5:4 should be taken with ἐπορεύθη, just as in 5:7 οὕτως belongs to ἀπηλλάγε. It does not mean that the πόνους just mentioned were the way Peter bore witness. Cf. CULLMANN (1953) 95 n. 96.

[75] Cf. SMITH (1960); GRANT and GRAHAM (1965) 25.

that Peter suffered not one or two but many trials (1 Clem. 5:4). Clement could have interpreted Acts 12:17 (ἐπορεύθη εἰς ἕτερον τόπον) as a cryptic allusion to Peter's martyrdom[76] and so paraphrased it as ἐπορεύθη εἰς τὸν ὀφειλόμενον τόπον τῆς δόξης (1 Clem. 5:4). It could even be suggested that this misunderstanding of Acts 12:17 by Clement was the origin of the whole tradition about Peter's martyrdom, which readers of 1 Clement 5:4 supposed must have taken place in Rome. However, against this last point, it can be objected that John 21:18 – 19 refers to Peter's martyrdom, certainly independently of Acts and 1 Clement, and that later witnesses to Peter's martyrdom in Rome (Ascension of Isaiah, Apocalypse of Peter: see below) are very unlikely to have known either Acts or 1 Clement. Against the dependence of 1 Clement 5:4 on Acts, it may be said that there is no other convincing evidence of Clement's knowledge of Acts.[77] Furthermore, if he was using Acts here, it is relevant to ask why he did not also take other examples of martyrs (Stephen, James the son of Zebedee) from Acts. The difficulty he seems to have had in compiling this list of examples suggests that he would have used other well-known specific examples if they had been available to him. We conclude that Clement probably knew that Peter was martyred, not from any written source but simply as a matter of common knowledge in the church at Rome when he wrote.

Although the order of Clement's seven Old Testament examples is chronological, probably the order of his first five contemporary examples is not. He begins with his vague reference to the apostles and leaders (5:2), then gives two specific examples of apostles, Peter and Paul, then instances the great multitude of Roman martyrs and the women who suffered with them. The order is evidently of seniority or rank, and Peter may come before Paul only because he was an apostle before Paul. We cannot conclude that Peter was martyred before Paul or that both were martyred before the great multitude. The latter are almost universally admitted to be the victims of the Neronian persecution which followed the great fire of Rome.[78] At no other time in the first century do we know of a large number of Roman martyrs who suffered at the same time. Strikingly, Tacitus' account of the Neronian persecution of Christians refers to a *multitudo ingens* (Ann. 15.44), exactly paralleling Clement's πολὺ πλῆθος (6:1).[79] The only alternative would be to take the men and women of 6:1 – 2 to be not the victims of a single persecution, but all the martyrs in the history of the church of Rome. This is a possible interpretation.

[76] In modern times it has been understood in this way by ROBINSON (1945) and SCHMALTZ (1952).

[77] Cf. OXFORD (1905) 48 – 50.

[78] There is a large literature on the Neronian persecution: see the ample bibliography in GARZETTI (1974) 614 – 617, 745 – 746; KERESZTES (1979) 248. A causal connexion with the fire of Rome is made only by Tacitus (and sources dependent on him) and the apocryphal correspondence between Paul and Seneca (letter 11/12), which may be independent of Tacitus (see BEAUJEU (1960) 75 – 76).

[79] For the numerical significance, see BEAUJEU (1960) 80.

Supposing 6:1 – 2 to refer to the Neronian persecution, can we conclude, as many have, that Clement implies that Peter and Paul died in the same persecution? This is not implied by συνηθροίσθη (6:1), which may mean no more than that the great multitude were also martyrs, along with the men just mentioned. Alternatively, it may mean that the great multitude joined the martyrs just mentioned in heaven: this would supply a reference to the heavenly reward of the great multitude of martyrs, which is otherwise missing but which is expected by comparison with the examples of Peter, Paul and the women. In any case, "these men" (τούτοις τοῖς ἀνδράσιν: 6:1) probably include the "pillars" of 5:2, as well as Peter and Paul. The former were certainly not martyred at Rome. Moreover, 5:2, which shows that Clement is not giving a list exclusively of Roman martyrs, indicates that we cannot even conclude from 1 Clement 5 that Peter and Paul were certainly martyred at Rome. If we had no other evidence of the places of their deaths, we could suppose that these were the only two well-known apostolic martyrs who came to Clement's mind. Indeed the fact that Clement appears to know so little about Peter might suggest that Peter was probably not martyred at Rome. In fact, there is other good evidence for Paul's martyrdom at Rome and, as we shall see, for Peter's martyrdom at Rome. In the light of this evidence, it appears that after his vague reference to other apostolic martyrs (5:2), Clement does indeed select Roman martyrs for his examples. But from Clement's words alone we could tell nothing of the time or the place of Peter's death, except that it took place before Clement wrote.

We have still to consider the connexion of the martyrdoms with jealousy. CULLMANN has argued that this tells us something very specific about the circumstances of Peter's death, viz. that the strict Jewish Christians in Rome, who objected to the liberal attitude to Gentile conversions which Peter shared with Paul (not requiring circumcision or other Jewish observances), informed against Peter to the authorities and so brought about his death.[80] He applies the same explanation to the martyrdom of Paul and to the men and women who died in the Neronian persecution (6:1 – 2), and thus relates the jealousy which led to all these deaths to the particular circumstances of factional dispute which he thinks can be shown, from Romans and Philippians, to have existed in the church at Rome. In this way he claims to show that Clement's second, third, fourth and fifth contemporary examples all occurred in Rome, though he does not deal with the problem that Clement uses the same phrase (διὰ ζῆλον) with reference to the first example, which is too general to be located specifically at Rome.[81]

The strength of CULLMANN's case rests on the observation that the seven Old Testament examples are all of jealousy between brothers and sisters and that the whole catalogue seems designed to make specifically this point.

[80] CULLMANN (1953) 99 – 108; followed by BROWN and MEIER (1983) 124 – 125; THIEDE (1986) 186 – 189; cf. also TESTA (1967) 469 – 499. I have not been able to see GIET (1955), who responds in detail to CULLMANN's treatment of 1 Clement 5:4.

[81] CULLMANN (1953) 93, supposes that Peter and Paul are included in the "pillars" of 5:2.

Therefore the martyrdoms of 5:2–6:2 must have been due to the jealousy of fellow-Christians. However, CULLMANN failed to notice how much the second part of the catalogue (the contemporary examples) diverges from the precise aims of the first part. It is significant that, as we have noticed, the contemporary examples do not specify those whose jealousy brought about the martyr's deaths, as the Old Testament examples consistently do. Moreover, as we have also observed, it is unlikely that Clement intends the relevance of 5:2–6:2 to his readers to be a warning that the jealousy of some of their number is likely to lead to the martyrdom of others. The martyrological material of 5:2–6:2 has a specific theme of its own, and the connexion to the overall lesson of the catalogue – that jealousy leads to death – could be rather loose.

Just as there are cases among the Old Testament examples in which jealousy does not lead to death and one case in which it does not even lead to the threat of death, so there could be cases among the contemporary examples in which it is not jealousy specifically between brothers that leads to death. Indeed, the seventh of the contemporary examples, which could easily have been specified as civil strife between fellow-countrymen but is not so specified (6:4), rather suggests that the theme of brotherhood has dropped out of Clement's concern by the time he reaches the end of the catalogue. Of course, he must have thought that in some sense all the martyrdoms he mentions were due to jealousy, envy and strife.[82] But it was easy to think this. The jealousy of non-Christian Jews is mentioned often enough in early Christian literature with reference to the sufferings of Jesus himself and his followers (Mark 15:10; Acts 12:15; 13:45; 17:5) for this to be one possibility.[83] It must have been a fairly common phenomenon for Christians who were arrested to inform against others, as Tacitus says happened in the Neronian persecution (Ann. 15:44; cf. Matt. 24:10; Pliny, Ep. 10.96). Clement could have thought that some of these were motivated by envy without necessarily thinking of specific party divisions in the Roman church. He could have ascribed jealousy to pagan informers against their Christian neighbours. Knowing of these possibilities, he need not have thought about the specific circumstances of any of the martyrdoms he mentions. Had he done so, we would have expected him to speak more specifically than he does.

So it seems we can infer from 1 Clement nothing but the fact of Peter's martyrdom.[84] If indeed it took place at Rome under Nero, as we shall argue, Clement must have known this and taken it for granted. That he mentions

[82] For the meaning of the three terms used in combination in 1 Clement, see SANDERS (1943) 5 n. 1; CULLMANN (1953) 99–100.

[83] SMALLWOOD (1976) 217–219; KERESZTES (1984) 409–411, argue that 1 Clement 5:4–6:2 refers to the jealousy of non-Christian Jews.

[84] CULLMANN (1953) calls 1 Clement "the decisive literary witness" for both defenders and opponents of the tradition that Peter went to Rome. It is true that it has usually been treated as such. But the case for Peter's martyrdom in Rome certainly does not fall with the conclusion that 1 Clement cannot prove it.

no other specific circumstances of Peter's life or death, relevant to the theme of faithful endurance of suffering, remains striking and puzzling. If 1 Clement was written before 70, as has occasionally been argued in recent years, it is almost incomprehensible. It is rather easier to understand if 1 Clement was written relatively late in the first century, as still seems probable.[85]

## *VI. Ignatius of Antioch*

A passage which seems not to have been recognized as evidence of Ignatius' knowledge of the martyrdom of Peter is Smyrnaeans 3:

> Ἐγὼ γὰρ καὶ μετὰ τὴν ἀνάστασιν ἐν σαρκὶ αὐτὸν οἶδα καὶ πιστεύω ὄντα. [2]καὶ ὅτε πρὸς τοὺς περὶ Πέτρον ἦλθεν, ἔφη αὐτοῖς· Λάβετε, ψηλαφήσατέ με καὶ ἴδετε, ὅτι οὐκ εἰμὶ δαιμόνιον ἀσώματον. καὶ εὐθὺς αὐτοῦ ἥψαντο καὶ ἐπίστευσαν, κραθέντες τῇ σαρκὶ αὐτοῦ καὶ τῷ πνεύματι. διὰ τοῦτο καὶ θανάτου κατεφρόνησαν, ηὑρέθησαν δὲ ὑπὲρ θάνατον. [3]μετὰ δὲ τὴν ἀνάστασιν συνέφαγεν αὐτοῖς καὶ συνέπιεν ὡς σαρκικός, καίπερ πνευματικῶς ἡνωμένος τῷ πατρί.
>
> "For I know and believe that he was in the flesh even after the resurrection. [2]And when he came to those about Peter, he said to them: 'Take, handle me, and see that I am not a bodiless demon.' And immediately they touched him and believed, being intermingled with his flesh and spirit. Therefore they despised even death and were found to be above death. [3]And after the resurrection he ate and drank with them as a being of flesh, although spiritually united with the Father."[86]

The final sentence of verse 2 must refer to the martyrdom of "those about Peter." The expression θανάτου καταφρονεῖν (or περιφρονεῖν) was a standard one. It was commonly used of the heroism of soldiers in battle, but in Jewish and Christian literature it was also used of the attitude of the martyr (4 Macc. 7:19; 13:1; Josephus, C. Ap. 2.146 [for the meaning, cf. 2.232–235]; Justin, 2 Apol. 10:8; 11:8; Tatian, Oratio 11:1; 19:1; Mart. Pol. 2:3 [cf. 11:2]; Diogn. 1:1; 10:7; Apocryphon of James 5:31). In the context Ignatius' usage must be martyrological. He must have been able to assume, as common knowledge, that at least some of the twelve had died as martyrs. It would be odd if Peter, the one apostle who has been named, were not among these. The context demands that at least Peter was a well known example of a martyr.

Since the Gospel traditions frequently treat Peter as the leader of and spokesman for the twelve, the use of the phrase τοὺς περὶ Πέτρον is quite

[85] Fuellenbach (1980) 1–3, summarizes the arguments for the later date and responds to the arguments of A. E. Wilhelm-Hooijbergh and J. A. T. Robinson for a pre-70 date.
[86] Translation from Schoedel (1985) 225.

natural (the same phrase is used in the shorter ending of Mark for the apostles after the resurrection). But there is some possibility that Ignatius was drawing on a tradition particularly associated with the name of Peter. Despite the similarity of 3:2a, 3 to Luke 24:39–43; Acts 10:41, it seems that Ignatius is not here dependent on Luke-Acts. This is shown by the words. "I am not a bodiless demon," which Ignatius must have drawn from his source, since he echoes them at the end of chapter 2 in anticipation of quoting them,[87] and which are attested elsewhere. Jerome (De vir. ill. 16; In Isaiam 18 praef.) thought they came from the Gospel according to the Hebrews, but seems to have been mistaken, since Eusebius (Hist. Eccl. 3.36.11), who knew that Gospel, denied that it contained these words. Probably more reliable is Origen's statement (De princ. praef. 8) that Jesus' saying, "I am not a bodiless demon," occurred in a work he calls the Teaching of Peter (Doctrina Petri). This may be the same as the Kerygma Petrou,[88] which is otherwise known from quotations in Clement of Alexandria. However, it does not necessarily follow that Ignatius knew the Kerygma Petrou: both may be dependent on common tradition. The probability that Ignatius' Gospel quotations and allusions normally reflect the oral tradition[89] would suggest that.

SCHOEDEL[90] suggests that the sentence about the apostles despising death is not simply Ignatius' own reflection, prompted by his preoccupation with martyrdom, but occurred in his source in connexion with the resurrection tradition he is quoting. It would there have an apologetic function: the apostles' courage and refusal to deny Christ in the face of death was testimony to the reality of his resurrection. This would also suit Ignatius' own apologetic against docetism. But since Ignatius goes on in chapter 4 to use his own approaching martyrdom as an argument against docetism, he was quite capable of himself introducing a similar reference to the apostles' martyrdom in 3:2. We cannot be sure that his reference to the martyrdom of the apostles existed already in Ignatius' source. But it does presuppose common knowledge that several of the apostles, including Peter, had died as martyrs. The fact that Ignatius evidently assumes that several of the twelve besides Peter were martyrs may indicate that his knowledge of Peter's martyrdom does not simply derive from 1 Clement, which he may have known (see below).

The passage which has been discussed by others[91] as possibly indicating Ignatius' knowledge of Peter's martyrdom is Romans 4:3:

> οὐχ ὡς Πέτρος καὶ Παῦλος διατάσσομαι ὑμῖν. ἐκεῖνοι ἀπόστολοι, ἐγὼ κατάκριτος· ἐκεῖνοι ἐλεύθεροι, ἐγὼ δὲ μέχρι νῦν δοῦλος. ἀλλ' ἐὰν πάθω, ἀπελεύθερος γενήσομαι Ἰησοῦ Χριστοῦ καὶ ἀναστήσομαι ἐν αὐτῷ ἐλεύθερος. νῦν μανθάνω δεδεμένος μηδὲν ἐπιθυμεῖν.

[87] SCHOEDEL (1985) 225.
[88] So DOBSCHÜTZ (1893) 82–84, 134; but this identification is rejected by SCHNEEMELCHER (1965) 97.
[89] Cf. BAUCKHAM (1985A) 386–398.
[90] SCHOEDEL (1985) 227–228.
[91] E.g. CULLMANN (1953) 110–111.

> "I do not command you as Peter and Paul: they (were) apostles, I (am) a condemned man; they (were) free, I (am) still a slave; but if I suffer, I shall become a freedman of Jesus Christ, and I shall arise free in him; and now I am learning, as one bound, to desire nothing.[92]"

This passage uses themes which occur in other passages where Ignatius refers to himself as differentiated from the apostles. His inferiority to the apostles is mentioned in Trallians 3:3; probably in Ephesians 3:1; and by implication in Ephesians 11:2 – 12:2, where Ignatius sees himself as inferior to the Ephesians because of their association with the apostles. Ignatius points to his status as a condemned prisoner as suggesting inferiority to the apostles in Trallians 3:3 (as well as, again by implication, in Eph. 12:1). He hopes through martyrdom to become the equal of the apostels in Ephesians 3:1; 12:2 (cf. Trall. 3:3 – 5:2).

Romans 4:3 has often been read as indicating that Ignatius knew Peter and Paul to have been at Rome. The first sentence could be understood as: "I do not command you as I could if I were Peter or Paul." This would not imply that Peter and Paul actually gave commands to the Roman church in particular, only that they had the authority to command any church. It is this authority to command a church not his own that Ignatius lacks. His choice of Peter and Paul as examples of apostles[93] could be explained simply by their prominence in Ignatius' mind: he knew Paul's letters, while both Peter and Paul belonged to the apostolic origins of his own church at Antioch. However, other texts in which he compares himself with apostles make it likely that he here refers to Peter and Paul because he associated them with the church of Rome to which he is writing.[94] His only other reference to Paul by name is in Ephesians 12:2, where he makes his general reference (11:2) to the Ephesians' association with the apostles more specific by instancing Paul, who had been at Ephesus and, like Ignatius, had passed through Ephesus on his way to martyrdom in Rome. By contrast, in Trallians 3:3, where Ignatius says, very much as in Romans 4:3, that he, a condemned man, cannot give orders to the Trallians "as an apostle" (ὢν κατάκριτος ὡς ἀπόστολος ὑμῖν διατάσσωμαι), he does not name an apostle, presumably because he did not know one who gave orders specifically to the Trallian church. The close verbal parallel between Trallians 3:3 and Romans 4:3 indicates that in the latter Ignatius names Peter and Paul because he associated them with Rome, just as in Ephesians 12:2 he associated Paul with Ephesus.

Thus Romans 4:3 probably means that Peter and Paul gave commands to the church at Rome. In Paul's case this could refer to his letter to the Romans, but Peter was not known to have written to the Roman church, and so it is likely that Ignatius thought both exercised a preaching ministry at Rome. That the text implies the m a r t y r d o m of Peter and Paul at Rome is much more dubious. It cannot mean that Peter and Paul attained freedom

[92] Translation from SCHOEDEL (1985) 175.

[93] CULLMANN's objection: CULLMANN (1953) 110.

[94] LOWE (1956) 30 – 31.

through martyrdom, as Ignatius will. His point is rather that they were already free, as they were already apostles, while they lived and commanded the church of Rome, whereas Ignatius will only attain that status through martyrdom.[95] Ignatius may have had at the back of his mind that he will attain equality with Peter and Paul by following them to martyrdom at Rome (cf. Eph. 12:2), but he does not say this, and so this text cannot be claimed as evidence for Peter's martyrdom. CULLMANN argues that the commands which Ignatius implied were given by Peter and Paul to the Roman Christians concerned their martyrdom.[96] This would be the case if they were strictly parallel to the instructions which Ignatius gives the Roman Christians (Rom. 4:1–2) and which he says in 4:3 cannot carry the authority of commands from the apostles. But this is probably pressing the parallel further than the text really requires.

Romans 4:3 can probably therefore count as evidence that Peter spent some time in Rome. Ignatius might have known this from 1 Clement, but it is not at all certain that Romans 3:1 refers to 1 Clement.[97] It is really quite unnecessary to suppose that Ignatius needed a literary source for the information that Peter was in Rome. If Peter in fact ended his life in Rome, this fact about the most prominent of the twelve and about the church in the capital of the empire would have been generally known to Christians in Ignatius' time and certainly to the bishop of Antioch.

## *VII. Ascension of Isaiah 4:2–3*

The following passage in the early Christian apocalypse known as the Ascension of Isaiah is one of the two earliest references to Peter's martyrdom under Nero:

> [...]τος αὐτοῦ ἐ[ν εἴδει] ἀνθρώπου βασιλέως ἀνόμου μητραλῴου* ὅστις αὐτὸς** ὁ βασιλεὺς οὗτος ³τὴν φυτ[ε]ίαν ἣν οἱ δώδεκα ἀπόστολοι τοῦ ἀγαπητοῦ διώξε[ι] καὶ [τ]ῶν δώδεκα [εἷς] ταῖς χερσὶν αὐτοῦ [π]αραδοθήσεται.[98]
>
> [* MS μητρολωου ** MS αυτου]
>
> "... in the form of a man, a lawless king, a matricide, who himself, this king, ³will persecute the plant which the twelve apostles of the Beloved have planted, and one of the twelve will be delivered into his hands."

Although the extant Greek text is fragmentary (the full text of chapters 3–4 is extant only in Ethiopic translation), we are fortunate that it covers the

[95] SCHOEDEL (1985) 176–177.
[96] CULLMANN (1953) 111.
[97] SCHOEDEL (1985) 172–173, following K. BEYSCHLAG.
[98] Text from CHARLES (1900) 95.

section that concerns us here. The context is a prophecy of the coming of Beliar (the devil) as the Antichrist of the last days (4:2–14). The idea of the eschatological adversary is combined with the tradition of the return of Nero. So when Beliar descends to earth, it will be in the form of Nero: he will be, as it were, incarnated as the returning Nero (4:2: "Beliar ... will descend from his firmament in the form of a man, a lawless king, a matricide ..."). In order to identify the "king" in question (who, because of the conventions of prophetic style, cannot be named) the author describes him in three ways. He is "a lawless king" (βασιλέως ἀνόμου), but this should probably be regarded as a traditional description of the eschatological adversary (cf. 2 Thess. 2:3, 8–9; Ps. Sol. 17:11) which does not specifically identify the king as Nero. The other two descriptions are specific to Nero. Of the long series of political murders for which Nero was notorious, the most shocking was the murder of his mother Agrippina: to evoke the image of Nero as bloodthirsty, unnatural tyrant it was sufficient to call him the matricide (μητραλῴου) (e. g. Philostratus, Vit. Apoll. 4:32). The Jewish Sibylline Oracles, which like the Ascension of Isaiah predict Nero's return as the eschatological adversary and allude to Nero cryptically, without naming him, also refer to his murder of his mother as the feature which would make a reference to Nero unequivocal (Sib. Or. 4:121; 5:363; 8:71). But the third description of Nero in the Ascension of Isaiah is specifically Christian: he will persecute the church ("the plant which the twelve apostles of the Beloved have planted")[99] and put to death one of the twelve. If there were not the reference to the king as a matricide, we might think of Herod's persecution of the church and his execution of James (Acts 12:1–2). As it is, the reference must be to Nero's persecution and the martyrdom of Peter.[100] The twelve apostles are those called by Jesus during his ministry (3:13) and sent out by him after his resurrection (3:17): they certainly cannot include Paul, whom the Ascension of Isaiah in any case entirely ignores. The only other apostle about whom there was ever any tradition that he was martyred in Nero's reign is Peter.[101]

The author's failure to name Peter is simply part of the cryptic prophetic style, in a prophecy attributed to Isaiah. (Compare Jesus' prophecies, in the

[99] For the expression cf. Isa. 60:21; 61:3; Jubilees 16:16–17, 26; 36:6; 1 Enoch 93:5, 10; Ps. Sol. 14:4; 1QS 8:5; 1QH 8:10; and especially Dionysius of Corinth, ap. Eusebius, Hist. Eccl. 2.25.8 (Peter and Paul together planted [φυτεύσαντες] the church at Corinth). Cf. also BAUCKHAM (1987) 90–91.

[100] This was first argued in detail by CLEMEN (1896) and (1897) (the latter in response to ZELLER), but his dating of the passage during the reign of Nero (for which see also ROBINSON [1976] 240 n. 98), which would make it the earliest reference to Peter's martyrdom, is based on a misunderstanding of 4:2–4, which predicts the coming of Beliar not as the historical Nero but as the returning Nero of the future. Against CLEMEN, see HARNACK (1897) 714–716, who thinks the passage too vague to refer to Peter.

[101] ZELLER (1896) thought the reference to be to the exile of John to Patmos, but (a) the tradition of the exile of the apostle John to Patmos in Nero's reign is later in date than the unquestioned references to Peter's martyrdom under Nero, while (b) Ascension of Isaiah 4:2 very probably refers to martyrdom, not merely exile (see below).

Gospels, of the one who will betray him, not named as Judas but called 'one of you' or 'one of the twelve': Matt. 26:21; Mark 14:20; John 6:70; 13:21. Compare also Epistle of the Apostles 15, where the risen Christ, speaking to the apostles, predicts Peter's imprisonment [Acts 12] without naming him: "then will one of you be thrown into prison ...") Readers must have been expected to have no difficulty at all in identifying the apostle in question, so well-known was Peter's martyrdom under Nero. There can be no real doubt that the words ταῖς χερσὶν αὐτοῦ παραδοθήσεται imply martyrdom. The phrase is a Semitism, which frequently (e.g. Deut. 1:27; Jer. 26 [LXX 33]:24; 1 Macc. 4:30) but not always (cf. Jer. 32 [LXX 39]:4; Judith 6:10; Acts 28:17; Didache 16:4) implies the destruction of those who are delivered into the hands, i.e. into the power of someone. But in the context of persecution of Christians, a parallel to the use of the phrase with reference to the passion and death of Jesus (Matt. 17:22 par. Mark 9:31 par. Luke 9:44; Matt. 26:45 par Mark 14:41; Luke 24:7) is likely. (For a parallel between Ascension of Isaiah 4:3 and the passion of Jesus, cf. the reference to the persecution [διωγμός] of Jesus in 3:13; and 11:19, which uses the simple "delivered to," rather than "delivered into the hands of," with reference to Jesus, as in Matt. 20:18–19 par. Mark 10:33 par. Luke 18:32.) It also worth noticing that the prediction of Paul's martyrdom in Epistle of the Apostles 31 begins: "he will be hated and delivered into the hand of his enemy" (presumably Nero, as in Ascension of Isaiah 4:3). In any case, in a verse whose point is simply to identify Nero as the emperor distinguished for his persecution of Christians, a reference merely to Peter's arrest, without the implication that he was also executed, would scarcely have been worth making. The passive παραδοθήσεται is probably intended not to indicate that Peter was betrayed into Nero's hands by someone or some people, but to indicate the divine sovereignty over history which allows Peter's martyrdom. This is the significance of the passive of this verb in similar prophetic contexts (Matt. 17:22 par. Mark 9:31 par. Luke 9:44; Luke 24:7; Didache 16:4; in Matt. 26:45 par. Mark 14:41 there is probably a double reference to betrayal by Judas and delivering up by God).

That Peter was martyred in Rome is not expressly stated, but the reference to Nero's persecution of the church, which was probably confined to Rome, and the direct association of Peter's martyrdom with Nero himself, probably implies that Peter died in Rome.[102] On the other hand, the passage cannot be pressed to mean necessarily that Peter died in the Neronian persecution itself. It could mean no more than that Peter's martyrdom was a further instance of Nero's anti-Christian activity. It may well be that this passage of the Ascension of Isaiah preserves an apocalyptic perception of Nero's persecution of the church which dates from the time of Nero and has here been taken up into a later rewriting of traditional apocalyptic material. Nero was the first emperor to persecute the church, and, though the persecution was confined to Rome, it must have seemed of major significance for the whole church,

[102] CULLMANN (1953) 112; PETERSON (1954) 181–182.

especially since Peter, widely regarded as the leader of the twelve, died in it. It could well have been seen as the Antichrist's final onslaught on the people of God. The civil wars which threatened the very survival of the empire at the time of and following Nero's death (contemporaneously with the Jewish war) could have seemed the final internecine strife in which, according to some apocalyptic expectations, the enemies of God's people were to slaughter each other immediately before the end (e.g. Zech. 14:13; 1 Enoch 56:7; 100:1 – 4). A Christian apocalyptic tradition which had identified Nero as the Antichrist would be able to maintain this identification after his death by taking up the later expectation of Nero's return, as Ascension of Isaiah 4 does.

The Ascension of Isaiah can hardly be later than the middle of the second century.[103] Either the whole work or the part of it which includes our passage has quite often been dated in the late first century, though the early second century seems equally possible.[104] (It is also worth noticing that the same distinctive apocalyptic tradition which appears in Ascension of Isaiah 4:2 – 14 has also been used in Revelation 13.[105] We cannot tell whether a reference to the martyrdom of Peter appeared in the form of the tradition that was known to the author of Revelation, but the use of common tradition must indicate relative closeness in date between the two works.) Thus a source which is probably not much later than 1 Clement supplies much more securely the information that so many have sought in 1 Clement: that Peter was martyred in Rome in the reign of Nero.

GUARDUCCI[106] argues that Ascension of Isaiah 4:12 and 4:14, which give the length of Beliar's reign respectively as 3 years, 7 months and 27 days, and as 1332 days,[107] can be used to calculate the exact date of Peter's martyrdom. She takes the period to be from Peter's martyrdom to Nero's death. Calculating back from Nero's death on 9 June 68, this gives 13 October 64 as the date of Peter's death – a plausible date during the Neronian persecution which followed the fire of Rome (19 – 28 July 64).[108] She considers this calculation confirmed by the fact that 13 October was

[103] A definite terminus ad quem is provided by the dependence on it of Acts of Peter 24 (late second century): see ACERBI (1984) 16 – 20. A somewhat earlier terminus ad quem would be provided by Epistle of the Apostles 13, if it is dependent on the Ascension of Isaiah.

[104] For the date of the Ascension of Isaiah or this section of it, see CHARLES (1900) xliv (late first century); TISSERANT (1909) 60 (late first century); SIMONETTI (1983) 204 (mid-second century); KNIBB (1985) 147 (late first century); HALL (1990) (early second century).

[105] REICKE (1972) 187 – 189.

[106] GUARDUCCI (1968) 101 – 111.

[107] The extant Ethiopic text of 4:14 gives 332 days, but the figure must originally have been 1332. Since 3 years, 7 months and 27 days can easily be calculated as equivalent to 1332 days, there is no need to correct the text of 4:14 to read 1335 days (as in Dan. 12:12), as CHARLES (1900) 33 does.

[108] But some scholars date the Neronian persecution in 65 or even later; cf. ROBINSON (1976) 143 – 146.

Nero's *dies imperii* (anniversary of his accession). Peter's martyrdom would have been part of the celebrations.[109]

However, the whole argument rests on the mistaken assumption that the reign of Beliar predicted in Ascension of Isaiah 4:4 – 14 is that of the historical Nero. In fact, it is an expected second reign of Nero, who was widely expected to return after his supposed death. The reference back to events of the historical reign of Nero in 4:2 – 3 is made in order to identify Beliar with Nero, but from verse 4 onwards the reference is to Beliar's coming (still future for the author and his readers) as the returning Nero. The period of his reign is one which, deriving from Daniel (7:25; 12:7, 11 – 12), had become standard in apocalyptic expectation (cf. Rev. 11:2 – 3; 12:6, 14; 13:5), but the Ascension of Isaiah has modified it in a particular way. The figure of 1332 days (which, calculating in years of 365 days and months of 30 days, is also 3 years, 7 months and 27 days) is a variation of the Danielic figure of 1335 days (Dan. 12:12), just as Revelation's figure of 1260 days (Rev. 11:3; 12:6) is a variation of the Danielic figure of 1290 days (Dan. 12:11). In the former case, the reason for the variation is that 1332 is twice 666, the numerical value of the name Nero Caesar written in Hebrew characters (cf. Rev. 13:18), a calculation which must have been part of the tradition common to the Ascension of Isaiah and Revelation.[110] Thus the precise figure of 1332 days is sufficiently explained without supposing that the author modified the Danielic period in order to give the exact interval between Peter's martyrdom and the death of Nero. Of course, it is quite possible that Christian apocalyptists at the time of Nero noticed that the period from the Nero's persecution of the church to his death was roughly that of the apocalyptic period of affliction for the people of God predicted in Daniel and that it was in this way that that period became the expected length of the reign of Antichrist in the Christian apocalyptic tradition used by the Ascension of Isaiah and Revelation, both of which take up the expectation of a return of Nero. But this possibility is not a basis for supposing that the exact period of 1332 days derived from the history of Nero's reign.

## *VIII. Apocalypse of Peter 14:4 – 6*

This section of the Apocalypse of Peter is extant both in the Ethiopic version and partly in Greek in the Rainer fragment. I give first the Greek text, incorporating M. R. JAMES's emendations of the text,[111] and an English translation of this; then BUCHHOLZ's translation of the Ethiopic text as found

[109] See GUARDUCCI (1968) 109 for parallels.
[110] See BOSSE (1909) 322 – 323; REICKE (1972) 188 – 189, followed by ROBINSON (1976) 240 n. 98.
[111] From JAMES (1931) 271.

in the two Ethiopic manuscripts,[112] followed by his translation of a text corrected on the basis of comparison with the Greek.[113]

> 4καὶ πορεύου εἰς πόλιν ἄρχουσαν δύσεως,* καὶ πίε τὸ ποτήριον ὃ ἐπηγγειλάμην σοι ἐν χειροῖν τοῦ υἱοῦ τοῦ ἐν Ἅιδου, ἵνα ἀρχὴν λάβῃ αὐτοῦ ἡ ἀφάνεια καὶ 5σὺ δεκτὸς τῆς ἐπαγγελίας ...
>
> [* MS σπυσεως]
>
> Translation of the Greek:
>
> "4And go to a city which rules over the west, and drink the cup which I have promised you at the hands of the son of him who is in Hades, so that his destruction may receive a beginning. 5And you ... of the promise ..."
>
> Translation of the Ethiopic:
>
> "4Leave, therefore, and go therefore, to the city which is in the west, to the vineyard [or: wine] about which I have told you, that his work of destruction might be made holy from the sickness of my Son who is without sin. 5But you are chosen by the promise which I have made you. And send out my story into the whole world in peace. 6For the Fountain of my Word has rejoiced at the promise of life, and the world has been snatched away unexpectedly."
>
> Translation of the Ethiopic (corrected):
>
> "4Go out, therefore, and go to the city which is in the west and drink the wine about which I have told you, from the hand of my son who is without sin, that his work of destruction may begin. 5But you are chosen by the promise which I have promised you. And send out, therefore, into all the world my story in peace. 6For the Fountain of my Word has rejoiced at the promise of life, and suddenly the world has been snatched away."

The Ethiopic is evidently very corrupt. BUCHHOLZ has succeeded in showing how most of the corruptions could have arisen out of an original Greek text more or less as found in the Rainer fragment for the verses there extant,[114] though in one case the Ethiopic already allowed JAMES to correct an error in the Greek (σπυσεως for δύσεως)[115] and probably also δεκτός in verse 5 should be corrected to ἐκλεκτός on the basis of the Ethiopic.[116] But even BUCHHOLZ's corrected Ethiopic text retains the errors which must have already been present

[112] From BUCHHOLZ (1988) 345.

[113] From BUCHHOLZ (1988) 230, 232.

[114] BUCHHOLZ (1988) 342–357.

[115] JAMES (1931) 273. He rightly argues that this correction is preferable to treating ὀπυσεως as a *hapax legomenon*, connected with ὀπύειν and meaning 'fornication,' even though the idea of Rome as the "city which rules over fornication" could be given some sense by reference to Revelation 17.

[116] Cf. JAMES (1931) 274; BUCHHOLZ (1988) 356.

in the Greek text the Ethiopic translator had before him or which were made in the translation into Ethiopic. Unfortunately, we have to rely on the Ethiopic for most of verse 5 and for verse 6. Verse 6 is clearly very corrupt, but it is of little importance for our present purpose and we shall make no attempt here to make sense of it.

The Apocalypse of Peter is very probably a work of Palestinian Jewish Christianity written during the Bar Kokhba war (132 – 135 A. D.).[117] This section forms a transition between the visionary prophecy of the torments of hell which precedes it and the vision of paradise which follows it. The speaker is the risen Christ who here addresses Peter individually, as the preceding verse 3b, concluding the prophecy of hell, makes clear ("Behold, I have shown to you, Peter, and have expained everything"). The section corresponds in function to the commissioning of Peter and the prediction of his martyrdom in John 21:15 – 19, though the Fourth Gospel was certainly unknown to this author. It is of interest for its evidence not only of the martyrdom of Peter as such but also of the way the figure of Peter was regarded in second-century Palestinian Jewish Christianity.

The "city which rules over the west" is certainly Rome (for Rome as the west, from an eastern Mediterranean point of view, see Ps. Sol. 17:12; Ignatius, Rom. 2:2; cf. 1 Clem. 5:6 – 7). The expression might actually reflect the time of writing during the Bar Kokhba war, when Rome's rule in the east (Palestine) was contested, but more probably it reflects a Palestinian sense of place, according to which the Roman empire lay to the west and the Parthian empire to the east. In any case this is a quite unequivocal indication – the earliest we have – that Peter died in Rome. CULLMANN's claim that 'prior to the second half of the second century no document asserts explicitly the stay and martyrdom of Peter in Rome'[118] was mistaken because he entirely ignored the Apocalypse of Peter.

The expression "drink the cup" is found as a martyrological expression in Matthew 20:22 – 23 par. Mark 10:38 – 39, where it occurs in Jesus' prediction that the sons of Zebedee would share his own fate (cf. Ascension of Isaiah 5:13; Mart. Pol. 14:2; and perhaps Epistle of the Apostles 15:8).[119] The image also occurs in the Gospel traditions about Jesus' own death (Matt. 26:39 par. Mark 14:36 par. Luke 22:42; John 18:11), where it may retain its Old Testament sense of drinking the cup of God's wrath and suffering divine judgment. Probably, in the martyrological usage, however, this overtone of divine judgement has fallen away and the meaning is rather that the martyr is given in God's purpose a share in Jesus' fate (cf. Matt. 20:22 – 23; Mark 10:38 – 39; Mart. Pol. 14:2). The author of the Apocalypse of Peter, who knew and uses Matthew's Gospel,[120] may have taken the expression from Matthew 20:22 – 23.

[117] BAUCKHAM (1985); BUCHHOLZ (1988) 408 – 412; BAUCKHAM (1988) 4738.

[118] CULLMANN (1953) 113.

[119] See HILLS (1990) 114. In n. 69, he suggests that "15.8 is possibly an allusion to the martyrdom of Peter."

[120] BAUCKHAM (1985) 271 – 278; SMITH (1985) 46 – 48; BAUCKHAM (1988) 4723 – 4724.

The words "the cup which I have promised you" imply a previous prediction of Peter's martyrdom – presumably during Jesus' ministry – to which the risen Christ now refers back. But we cannot really tell whether the author actually knew such a prediction in the Gospel traditions he knew (perhaps a version of the saying in John 21:18) or whether he simply assumed that there must have been a dominical prediction in Peter's case, as there was in the case of the sons of Zebedee.

"The son of him who is in Hades" must be Nero, especially when we compare Ascension of Isaiah 4:3. However, the expression is a little odd. One assumes it means that Nero is the son of the devil: this would be a quite appropriate description of an Antichrist figure (cf. John 10:44) and there is some later Christian evidence for the idea that Antichrist will be the son of the devil.[121] But in Jewish and Christian literature of this period the devil is not usually located in Hades, the place of the dead: only from the fourth century onwards does the concept of Satan as the ruler of the dead become at all common in Christian literature.[122] Therefore one is tempted to speculate that the phrase in the Greek of the Apocalypse of Peter is a misunderstanding of a Semitic original, in which Nero was called "the son of perdition" (a description of Antichrist in 2 Thess. 2:3; cf. John 17:12). The Semitic idiom means "the man doomed to destruction," but could have been misunderstood as "the son of Abaddon," with Abaddon taken to be the name of the angel of the place of destruction (as in Rev 9:1; cf. the personification of Abaddon in Job 28:22; Pseudo-Philo, Lib. Ant. Bib. 3:10). Otherwise, we have to regard our passage as a rare early instance (along with Testament of Dan 5:11; perhaps Ascension of Isaiah 1:3)[123] of the location of Satan in Hades. In any case, we probably have here, as in Ascension of Isaiah 4:2–3, a relic of an earlier Christian perception of Nero as the Antichrist, connected with his persecution of the church and especially with the martyrdom of Peter.

Also rather puzzling are the following words: "so that his destruction may receive a beginning." The Ethiopic translator evidently took "his destruction" (αὐτοῦ ἡ ἀφάνεια: literally 'his disappearance') in an active sense: "his work of destruction." But ἀφάνεια can scarcely bear this meaning. It must refer to God's destruction (in judgment) of the one who has put Peter to death. The antecedent of αὐτοῦ could be either τοῦ υἱοῦ (i. e. Nero) or τοῦ ἐν Ἅιδου (i. e. the devil): Peter's death brings about the beginning either of Nero's destruction or of the devil's. Probably the former is meant. The Jewish martyrological idea that the death of the martyr brings down divine judgment on his persecutor and thus brings about his destruction is probably in mind.[124]

The choice of the word ἀφάνεια, though it can mean simply destruction, may be more significant: it may allude to the widespread belief that Nero had

[121] Bousset (1896) 140.

[122] MacCulloch (1930) 227–234, 345–346. For exceptions, cf. Bauckham (1990) 382–383.

[123] Bauckham (1990) 382–383.

[124] This does not mean, as Maccarrone (1967) 400–401, argues, that Peter is given a role in destroying Antichrist comparable to Christ's at his parousia.

not really died at all, but fled secretly to the east, where he was awaiting in hiding the moment when he would return to conquer the Roman Empire.[125] This expectation was taken up into Jewish apocalyptic in the Jewish Sibylline Oracles, where the returning Nero was identified with the eschatological adversary, and was also echoed in early Christian apocalyptic in the Ascension of Isaiah (as we have seen) and in the book of Revelation. Allusions, in this connexion, to Nero's disappearance (at his supposed death) or invisibility during his flight to the east or sojourn in the east, can be found in Sibylline Oracles 4:120 (ἄφαντος ἄπυστος); 5:33 (ἄιστος); 5:152 (where the text should probably be corrected to read οὐ φανεντός); John of Antioch, fragment 104 (ἐν ἀφανεῖ); Commodian, Carmen de duobus populis 831 (*invisum*); Lactantius, De mort. pers. 2.7 (*comparuit*). It seems to have been a stock theme of the legend of Nero's return, and so it is quite probable that ἀφάνεια in Apocalypse of Peter 14:4 alludes to it. In that case, the statement that Nero's disappearance will receive a b e g i n n i n g (ἀρχήν), may mean that Nero's supposed death, as judgment for his putting Peter to death, was only the beginning of his disappearance, because his final disappearance (destruction) will happen only when he returns as the final Antichrist and is judged by Christ at his parousia.[126]

A later passage which spells out the ideas to which Apocalypse of Peter 14:4 briefly alludes is Lactantius, De mortibus persecutorum 2.5 – 8:[127]

> "It was when Nero was already emperor that Peter arrived in Rome; after performing various miracles – which he did through the excellence of God Himself, since the power had been granted to him by God – he converted many to righteousness and established a faithful and steadfast temple to God. This was reported to Nero; and when he noticed that not only at Rome but everywhere great numbers of people were daily abandoning the worship of idols and condemning the practice of the past by coming over to the new religion, Nero, abominable and criminal tyrant that he was, leapt into action to overturn the heavenly temple and to abolish righteousness, and, first persecutor of the servants of God, he nailed Peter to the cross and slew Paul. For this he did not go unpunished; God took note of the way in which His people were troubled. Cast down from the pinnacle of power and hurtled from the heights, the tyrant, powerless, suddenly disappeared; not even a place of burial was to be seen on the earth for so evil a beast. Hence some crazed men believe that he has been borne away and kept alive (for the Sibyl declares that 'the

125 On the legend of Nero's return, see CHARLES (1900) lvii – lxxiii; (1920) 76 – 87; COLLINS (1974) 80 – 87; YARBO COLLINS (1976) 176 – 183.

126 The connexion the Apocalypse of Peter makes between the martyrdom of Peter and the death (disappearance) of Nero might imply that the two events occurred in swift chronological succession; cf. the Pseudo-Marcellan Acts of Peter, quoted by CHASE (1900) 771. However, the theological connexion could probably have been made even if some time intervened between the events.

127 Translation from CREED (1984) 7.

matricide, though an exile, will come back from the ends of the earth'),[128] so that, since he was the first persecutor, he may also be the last and herald the arrival of Antichrist ..."

The first sentence of this passage corresponds to the narrative in the mid-to-late second-century Acts of Peter, but the later part about Nero's punishment, disappearance and expected return does not correspond to anything in the extant text of the Acts of Peter. Though Lactantius was writing in the early fourth century, he frequently made use of early sources, especially of an apocalyptic character. It is notable that the passage seems to be really about Peter: the mention of Paul's martyrdom under Nero is an afterthought, quite possibly Lactantius' own addition to his source. It is credible that Lactantius is echoing an old tradition about Peter's death in Rome and the subsequent fate of Nero. Certainly he makes the same connexion between the two as is made in Apocalypse of Peter 14:2.

The idea of the return of Nero as the eschatological adversary is certainly not part of the eschatological expectation of Apocalypse of Peter 2–3, where the Antichrist of 2:10 is probably Bar Kokhba.[129] But the Apocalypse of Peter is largely an edited compilation of diverse sources: it is credible that 14:3–6 is dependent on a source which did envisage the return of Nero. PETERSON argued for a literary connexion between this passage and Ascension of Isaiah 4:2–3,[130] but this is not convincing. In both passages Nero is connected with the devil ("he who is in Hades"/"Belial"), but in different ways. The expressions for martyrdom ("will be delivered into his hands"/"drink the cup ... at the hands of ...") are two quite distinct expressions, and the coincidence that both use "hands" is purely accidental. The distinctive idea in the Apocalypse of Peter, that Peter's death will bring about the beginning of Nero's destruction, is not found in the Ascension of Isaiah. Probably the two traditions derive from similar Christian apocalyptic circles, in which the Neronian persecution and the martyrdom of Peter were understood in eschatological terms, but there need be no direct connexion between them.

Verse 5 indicates that Peter's martyrdom will come at the end of a ministry of preaching the Gospel throughout the world and probably suggests that he has been chosen by Christ as the apostle to the Gentiles. If we compare the passage with the eulogy of Paul's ministry and martyrdom in 1 Clement 5:5–7 ("... After he ... had preached in the East and in the West, he won the genuine glory for his faith, having taught righteousness to the whole world and having reached the farthest limits of the West ..."),[131] Apocalypse of Peter 14:4–5 looks rather like a Petrine alternative to Clement's view of Paul. However, we should be cautious about concluding that it is a deliberately polemical rejection of Pauline Christianity by Jewish Christians who transferred the

[128] Sib. Or. 5:363.
[129] BAUCKHAM (1985) 283–287; BUCHHOLZ (1988) 276–278, 408–412.
[130] PETERSON (1954) 183.
[131] Translation from LIGHTFOOT (1989) 31.

image of the apostle to the Gentiles from Paul to Peter. Some Palestinian Jewish Christians rejected Paul and his mission and in their literature polemicized against him,[132] but others approved of the Pauline mission from a distance.[133] The Apocalypse of Peter, like the Ascension of Isaiah, ignores Paul and evidently knows nothing of the Pauline literature: this should probably be interpreted as the attitude of a group which was remote from contact with Pauline Christianity, but need not imply explicit hostility to Paul.

In any case, the idea of Peter as apostle to the Gentiles certainly has roots of its own, independent of polemical rivalry with Pauline Christianity's image of Paul. At least from the late first century, Jewish Christianity developed the idea of the twelve apostles as commissioned to preach the Gospel to the Gentile world as well as to Israel (Matt. 28:19 – 20; cf. Luke 24:47; Acts 1:8), and this idea became common in the early second century in literature which ignores Paul (Ascension of Isaiah 3:17 – 18; Mark 16:15 – 18; Kerygma Petrou, ap. Clement of Alexandria, Strom. 6.5.43; 6.6.48; Acts of John 112) as well as in works take account of Paul's Gentile mission (Epistle of the Apostles 30; cf. 31 – 33). This tradition must have some basis in actual Jewish Christian mission to Gentiles, independent of the Pauline mission. Since Peter was widely regarded as having a position of special eminence among the twelve and since he was known to have gone to Rome, the capital of the empire, the idea of Peter as preeminently the apostle to the Gentiles arises naturally out of the idea of the twelve as apostles to the Gentiles. Again there is almost certainly some basis in fact.[134] The traditions in Acts represent Peter as actually the pioneer of the Gentile mission (10:1 – 11:18). According to the agreement of Galatians 2:7 – 9, Peter's mission outside Palestine – in Antioch and Rome – would have been primarily to diaspora Jews. But just as Paul also preached the Gospel to Jews, so Peter can hardly have regarded himself as forbidden to preach to Gentiles. In Antioch he seems to have associated himself with the Antiochene church's enthusiastic outreach to and inclusion of Gentiles (Gal. 2:12).[135] 1 Peter shows him associated in Rome with men who had been connected both with the Jerusalem church and with Paul's Gentile mission (1 Pet. 5:12 – 13). As a letter sent from the church of Rome to churches (Pauline and non-Pauline) of Asia Minor, but sent in the name of Peter, as the most eminent among the Roman church leadership,[136] 1 Peter shows that Peter during his last years (or perhaps only months) in Rome was not associated merely with a narrow Jewish Christian group, but with the Roman church as such, a church which probably at that stage combined close links

[132] Notably the Ebionite group from which the so-called Kerygmata Petrou source of the Pseudo-Clementine literature probably derives: SMITH (1985) 59 – 61.

[133] PRITZ (1988) 64 – 65, cf. 44, 68 – 69.

[134] Cf. especially HENGEL (1979) 92 – 98.

[135] Cf. BROWN and MEIER (1983) 41; THIEDE (1986) 166.

[136] This statement applies whether the letter was sent in Peter's lifetime or shortly after his death.

with Jerusalem with strong commitment to the Gentile mission.[137] It is even possible that Peter in his later years increasingly directed his own evangelistic ministry to Gentiles.[138]

Thus the Apocalypse of Peter's portrayal of Peter as the apostle to the Gentiles, who spread the Gospel throughout the world before ending his ministry at Rome, is an idealization and exaggeration with some basis in fact, just as 1 Clement's portrayal of Paul in the same way is also an exaggeration, if rather more securely based in Paul's own conception of his role. A similar portrayal of Peter, relating his mission to the Gentiles to his ministry in the west in particular and to his martyrdom in Rome, is found later in chapter 1 of the Letter of Clement to James,[139] which is prefixed to the Pseudo-Clementine Homilies ("the excellent and approved disciple, who, as being fittest of all, was commanded to enlighten the darker part of the world, namely the West, and was enabled to accomplish it ... he himself, by reason of his immense love towards men, having come as far as Rome ...").[140]

## *IX. Polycarp, Phil. 9:1 – 2*

The following passage from Polycarp, Philippians 9:1 – 2a, which according to HARRISON should be dated about 135 A. D.,[141] is included for the sake of completeness:[142]

> Παρακαλῶ οὖν πάντας, πειθαρχεῖν τῷ λόγῳ τῆς δικαιοσύνης καὶ ἀσκεῖν πᾶσαν ὑπομονήν, ἣν καὶ εἴδατε κατ' ὀφθαλμοὺς οὐ μόνον ἐν τοῖς μακαρίοις Ἰγνατίῳ καὶ Ζωσίμῳ καὶ Ῥούφῳ, ἀλλὰ καὶ ἐν ἄλλοις τοῖς ἐξ ὑμῶν καὶ ἐν αὐτῷ Παύλῳ καὶ τοῖς λοιποῖς ἀποστόλοις· 2πεπεισμένους ὅτι οὗτοι πάντες οὐκ εἰς κενὸν ἔδραμον, ἀλλ' ἐν πίστει καὶ δικαιοσύνῃ, καὶ ὅτι εἰς τὸν ὀφειλόμενον αὐτοῖς τόπον εἰσὶ παρὰ τῷ κυρίῳ, ᾧ καὶ συνέπαθον.
>
> "I urge you all, therefore, to obey the teaching about righteousness and to exercise unlimited endurance, like that which you saw with your own eyes not only in the blessed Ignatius and Zosimus and Rufus but also in others from your congregation and in Paul himself and the rest of the apostles; 2be assured that all these did not run in vain but in faith and righteousness, and that they are now in the place due to them with the Lord, with whom they also suffered together."

137 For this view of the 'Petrine circle' in Rome, see ELLIOTT (1980); BROWN and MEIER (1983) 110 – 122, 134 – 135.

138 HENGEL (1979) 97 – 98; BROWN and MEIER (1983) 131, 165.

139 WILHELM-HOOIJBERGH (1980) is eccentric in supporting the authenticity of this letter.

140 For Peter as apostle to the Gentiles, cf. also Clem. Hom. 3:59.

141 HARRISON (1936) 315.

142 Translation from LIGHTFOOT (1989) 127.

The phrase τὸν ὀφειλόμενον ... τόπον is quoted from 1 Clement 5:4, where it refers to Peter. Of course, it could be a standard martyrological phrase which both Clement and Polycarp happen to use, but since Polycarp seems to have known 1 Clement well[143] it is natural to assume an allusion at this point. It shows that Polycarp read 1 Clement 5:4 as meaning that Peter died a martyr.

In this passage Polycarp is reminding the Philippians of the martyrs they had seen with their own eyes: not only Ignatius and his companions, who had passed through Philippi on their way to Rome, but also Paul "and the rest of the apostles." In the latter cases, he must mean that previous members of the Philippian church, now dead, saw them when they visited Philippi (cf. 3:2). Perhaps he supposes that Paul passed through Philippi on his way to martyrdom in Rome, which would be a natural enough assumption. But which other apostles he supposes had visited Philippi it is impossible to guess.[144] In spite of the fact that he goes on to transfer to all these martyrs the language which 1 Clement 5:4 uses of Peter, he cannot have intended to include Peter, for if so he would surely have named him.

## X. *Acts of Peter*

A full study of the treatment of the martyrdom of Peter in the Acts of Peter is not possible here. But some attention must be given to this work. Although now generally dated c. 180–190,[145] the Acts of Peter could in fact just as easily be dated c. 150. Moreover, it is quite likely that pre-existing traditions are incorporated in the work. Legends about Peter were certainly current in the second century independently of the Acts of Peter (cf. Hippolytus, Ref. 6.20.2–3; Clement of Alexandria, Strom. 7.11.63). Two aspects of the story of Peter's martyrdom in the Acts of Peter look as though they may be pre-existing tradition. One is the notion that Peter was crucified upside-down (Act. Verc. 37 = Mart. Pet. 8). Probably later references to this, of which the first is Origen's (ap. Eusebius, Hist. Eccl. 3.1.2), are dependent on the Acts of Peter.[146] In Origen's case,[147] this seems likely from the fact that he agrees with the Acts of Peter that Peter himself asked to be crucified in this way. But there is nothing at all intrinsically unlikely in the idea that Peter was crucified upside-down. This was one of the methods of crucifixion

143 Harrison (1936) 286.

144 The close connexion with Paul suggests that Polycarp perhaps thought other apostles travelled with Paul to martyrdom in Rome, as Zosimus and Rufus did with Ignatius.

145 Following Schneemelcher (1965A) 275.

146 Fourth-century references are in the Manichean Psalm-book (Allberry [1938] 142, line 18) and Ephrem, Carmina Nisibina 59.2–5.

147 Junod (1981) 237–239.

practised at the time (Seneca, De consol. ad Marc. 20.3).[148] Tradition may have preserved an accurate memory at this point, but it is impossible to be sure.[149]

The other feature which may reflect a pre-existing tradition is the well-known *Quo vadis?* story (Act. Verc. 35 = Mart. Pet. 6). It may well be based on John 13:36–37. But the connection which EDMUNDSON,[150] followed by ROBINSON,[151] made with Hebrews 6:6 is surely mistaken. The point of the story is not that Peter, if he apostatized, would be crucifying Jesus again, but that Jesus is going to be crucified again in Peter's crucifixion. Peter now has the opportunity to follow Jesus to death, as he could not when Jesus was crucified the first time.[152] But there can be no real question of defending the historicity of the story, as EDMUNDSON[153] and ROBINSON do.[154]

It is notable that in the Acts of Peter, Peter's arrest and death have no connexion with a persecution of Christians in general. It is purely a matter of the anger towards Peter himself of the prefect Agrippa and others whose wives have been persuaded by Peter to separate from their husbands.[155] Moreover, POUPON[156] (developing the earlier argument of L. VOUAUX) has argued that chapters 1–3 and 41 of the Vercelli Acts do not belong to the original Acts of Peter, but were added by a third-century editor who reworked the Acts of Peter in order to associate Peter with Paul and to harmonize the narrative with the canonical Acts and the Roman tradition of the martyrdom of Peter at the time of the Neronian persecution. If this hypothesis is correct, the original Acts of Peter did not refer to Nero at all.[157] If we took seriously the chronological indication that Peter came to Rome twelve years after the resurrection (Act. Verc. 5),[158] we should have to conclude that the author dated Peter's martyrdom before the reign of Nero. Of course, the author may

148 YADIN (1973) thinks the crucifixion victim discovered in Jerusalem in 1968 was crucified upside-down.

149 That the idea of crucifixion upside-down arose as a misinterpretation of the word ἄνωθεν in the words of Christ in the *Quo Vadis?* story (MAYOR [1907] cxli, n. 5, following T. ZAHN) is improbable. (In Acts of Peter 35, Christ's words are: πάλιν σταυροῦμαι, but in the secondary use of the words in the Acts of Paul [Hamburg papyrus, p. 7] they are: ἄνωθεν μέλλω σταυροῦσθαι.)

150 EDMUNDSON (1913) 153.

151 ROBINSON (1976) 213–214.

152 Cf. MACCARRONE (1967) 408–409; MEES (1975) 205.

153 EDMUNDSON (1913) 151–153.

154 ROBINSON (1976) 149, 214.

155 This conforms to a standard pattern in the apocryphal Acts: TISSOT (1981) 115–116.

156 POUPON (1988).

157 This seems to be confirmed by the fact that Origen (ap. Eusebius, Hist. Eccl. 3.1.2), in a passage dependent on the Acts of Peter, while referring to the preaching and deaths of Peter and Paul in parallel, places both martyrdoms in Rome but dates only Paul's under Nero.

158 This is dependent on the old tradition that the apostles remained in Jerusalem twelve years before going out into the world: Kerygma Petrou, ap. Clement of Alexandria, Strom. 6.5.43; Apollonius, ap. Eusebius, Hist. Eccl. 5.18.14.

well have had no real idea of first-century chronology (and we should remember that Nero is never named in the New Testament), but his failure to connect Peter's martyrdom with the Neronian persecution is nevertheless noteworthy.

It is possible that the tradition of Peter's martyrdom was not widely associated with the reign of Nero in the second century. We recall that the only texts earlier than the Acts of Peter which make this association are the Ascension of Isaiah and the Apocalypse of Peter. The latter would not necessarily be read as referring to Nero. Although the former is the source of a quotation in Acts of Peter 24 (cf. Ascension of Isaiah 11:13–14), the author of the Acts of Peter may have known this quotation only as part of the catena of prophetic proof-texts for the virgin birth, which be reproduces in chapter 24. The dating of Peter's martyrdom in the reign of Nero which we find later in Tertullian and others may result not from a continuous tradition, but rather from the close association of the martyrdoms of Peter and Paul which we first find in Dionysius of Corinth (see below).

## XI. *Apocryphon of James 5:9–20*

The Apocryphon of James (CG I,2), whose main content is a revelatory dialogue between the risen Christ and the disciples James and Peter, contains the following passage (4:23–5:35):[159]

> "But I [James] answered and said to him, 'Lord, [24]we can obey you [25]if you wish, for we have forsaken [26]our fathers [27]and our mothers and our villages [28]and followed you. Grant us, therefore, [29]not to be tempted [30]by the devil, the evil one.'
>
> [31]The Lord answered [32]and said, 'What is your [plural, i. e. James' and Peter's] merit [33]if you do the will of the Father [34]and it is not given to you from him [35]as a gift while [36]you are tempted by [37]Satan? But if [38]you are oppressed by [39]Satan and [40]persecuted and you do his [i. e. the Father's] [1]will, I [say] that he will [2]love you, and make you equal [3]with me, and reckon [4][you] to have become [5]beloved through his providence [6]by your own choice. So [7]will you not cease [8]loving the flesh and being [9]afraid of sufferings? Or do [10]you not know that you have yet [11]to be abused (ὑβρίζειν) and to be [12]accused (κατηγορεῖν) unjustly, [13]and have yet to be shut [14]up in prison, and [15]condemned [16]unlawfully (ἄνομος), and [17]crucified (without) [18]reason, and buried [19](shamefully), as [was] I myself, [20]by the evil one? [21]Do you dare to spare the flesh, [22]you for whom the Spirit is an [23]encircling wall? If you consider [24] how long the world existed [25](before) you, and how long [26]it will exist after you, you will find [27]that your life is one single day [28]and your sufferings one [29]single

[159] Translation from WILLIAMS (1985) 35, 37.

hour. For the good [30]will not enter into the world. [31]Scorn death, therefore, [32]and take thought for life! [33]Remember my cross [34]and my death, and you will [35]live!"

This is the beginning of a section on persecution and martyrdom, which continues to 6:20. Clearly the disciples are exhorted to expect martyrdom, following the example of Jesus' passion and death. Since the passage is addressed specifically to James and Peter, it is likely that knowledge of the actual martyrdom of these two disciples is presupposed. However, the description of the suffering that awaits them in 5:9–20 seems to be based, not on traditions of the martyrdoms of these disciples, but on a credal summary of the passion and death of Jesus, as the words "as I [was] myself" (5:19) indicate.[160] In a general sense, this summary resembles the predictions of the passion in the Synoptic Gospels (Mark 8:31; 9:30–31; 10:32–34 pars.), but it does not correspond to them in any detail. JANSSENS[161] has argued that it displays indebtedness to the Lukan account of the passion, but the only significant evidence for this is that Luke alone uses the words ὑβρίζειν (Luke 18:32) and κατηγορεῖν (Luke 23:14) with reference to the passion of Jesus, as does our text (as Greek loan-words in Coptic) in 5:11–12. This is hardly sufficient to prove dependence on Luke, while "shut up in prison" and "buried (shamefully)" suggest a tradition relatively independent of the canonical Gospels. The text probably reflects an already existing credal summary of the history of Jesus: such summaries were common in the early church in the first and second centuries and had their own tradition-history, sometimes indebted to but relatively independent of the Gospel traditions.

If the author knew traditions about the martyrdoms of James and Peter, he is not likely to have thought that they corresponded literally to the sequence given in 5:9–20. Peter was known to have been crucified, but there is no known tradition of the crucifixion of James. Most scholars take the James of this text to be the Lord's brother, whose general reputation in Jewish and Gnostic Christianity makes him obviously suitable to be the recipient of an esoteric revelation from the risen Christ,[162] but a few have thought (because 1:24–25 represents James as one of the twelve) that James the son of Zebedee is intended.[163] It is just possible that, in circles where the tradition of the martyrdom of James the son of Zebedee recorded in Acts 12:2 was not known, the prediction of Mark 10:39 (cf. Matt. 20:23) was taken to mean that James would die the same kind of death as Jesus, viz. crucifixion. (It may be worth noticing that this prediction in Mark follows closely not only one of the passion predictions [10:33–34] but also the dialogue between Peter and Jesus [10:28–29] to which Apocryphon of James 4:23–28 is parallel.) But if, as

160 KOESTER (1990) 194.
161 JANSSENS (1975).
162 For the association of James and Peter as recipients of revelation, cf. BERGER (1981) 320.
163 DEHANDSCHUTTER (1988) 4537–4538, following W. C. VAN UNNIK.

seems likely, the James of the Apocryphon of James is the Lord's brother, it is even less likely that the author thought James died by crucifixion, since the tradition that he was stoned to death was widely known.[164] Since the Apocryphon of James give priority to James over Peter,[165] it is unlikely that 5:9–20 was written to apply primarily to Peter, who was crucified, and only secondarily to James, who was not. Therefore we have to suppose that in this passage the model provided by the passion and death of Jesus took precedence over whatever the author may have known about the actual forms of execution suffered by James and Peter. It follows that, whereas the author probably did know that Peter had died as a martyr, we cannot claim this text as evidence for the tradition specifically of Peter's crucifixion.

Although the Apocryphon of James certainly has some Gnostic features,[166] our passage makes very clear that it is not docetic.[167] It strongly emphasizes the necessity for Christian martyrdom[168] as the corollary of the reality of Jesus' suffering and death (cf. also 6:1–20). In this context it refers to traditions of the martyrdoms of the apostles. It takes to an extreme the common martyrological theme that the martyr follows the way of Jesus through death to life. Disciples of Christ are to seek death (6:7–8, 17–18) in order to become "equal with" (5:2–3) or even "better than" (6:19) Christ (and cf. 12:16). This coheres with the Apocryphon of James's stress on saving oneself (7:10–16; 11:4, 15–16; but cf. 9:1) and contrasts with the Fourth Gospel's careful distinction between the unique soteriological significance of the death of Jesus and Peter's death as a disciple of Jesus.[169]

The character, date and place of origin of the Apocryphon of James are still debated.[170] The reference to books written by the twelve disciples (1:8–15) surely presupposes the existence of written Gospels attributed to some of the members of the twelve, while the way in which the subject-matter of these books is described (1:11–13: "what the Savior had said to each of them, whether in secret or openly") indicates that some of these Gospels claimed to transmit secret revelations of Christ to the apostle in question, as the Gospel of Thomas, the Book of Thomas (CG II,7), the First and the Second Apocalypse

[164] Hegesippus, ap. Eusebius, Hist. Eccl. 2.23.16–18; Clement of Alexandria, ap. Eusebius, Hist. Eccl. 2.1.5; Second Apocalypse of James 61:13–62:12.

[165] Smith (1985) 111; Williams (1985) 20.

[166] Williams (1985) 21–22.

[167] Smith (1985) 110.

[168] For the expression 'scorn death' (5:31), see the discussion of Ignatius, Smyrn. 3:2 (where it is also used of the apostles) above.

[169] Whether or not the Apocryphon of James is dependent on the Fourth Gospel, it is unlikely that its author had to depend on the Fourth Gospel for his knowledge of Peter's martyrdom. Perkins (1982) 408, 410, who thinks the Apocryphon of James is dependent on the Fourth Gospel, considers 2:25–26 an allusion to John 13:36–38 (which contains a veiled prediction of Pater's martyrdom), but Cameron (1984) 57–64, who denies that the Apocryphon of James is dependent on any of the canonical Gospels, makes no reference to John 13:36–38 in his discussion of 2:25–26.

[170] See the survey of scholarship in Dehandschutter (1988) 4352–4356.

of James (CG V,3; V,4) and the Gnostic Apocalypse of Peter (CG VII,3) do. This makes it difficult to date the work in its present form much before the middle of the second century. It may be later.[171] This is not inconsistent with the strong probability that it incorporates traditions of the sayings of Jesus independent of any known Gospel,[172] although the claim that it is dependent on some or all of the canonical Gospels[173] may also be at least partly right. But KOESTER's argument that an older "dialogue gospel" (to which our passage 4:23–5:35 would belong) has been incorporated in a later framework[174] is entirely speculative.[175] Thus, as evidence for the tradition of the martyrdom of Peter, the Apocryphon of James is no more than an additional piece of evidence that the fact of Peter's martyrdom was widely taken for granted in the second half of the second century.

## *XII. Dionysius of Corinth*

Dionysius, bishop of Corinth, in his letter to the church of Rome (c. 170), writes (ap. Eusebius, Hist. Eccl. 2.25.8):

> ταῦτα καὶ ὑμεῖς διὰ τῆς τοσαύτης νουθεσίας τὴν ἀπὸ Πέτρου καὶ Παύλου φυτείαν γενηθεῖσαν Ῥωμαίων τε καὶ εἰς τὴν ἡμετέραν Κόρινθον φυτεύσαντες ἡμᾶς ὁμοίως ἐδίδαξεν, ὁμοίως δὲ καὶ εἰς τὴν Ἰταλίαν ὁμόσε διδάξαντες ἐμαρτύρησαν κατὰ τὸν αὐτὸν καιρόν.
>
> "In these ways you also, by such an admonition, have united the planting that came from Peter and Paul, of both the Romans and the Corinthians. For indeed both planted also in our Corinth, and likewise taught us; and likewise they taught together also in Italy, and were martyred on the same occasion."[176]

This passage, which claims that the churches of Rome and Corinth were both founded by the two apostles Peter and Paul (using the metaphor of planting, which Ascension of Isaiah 4:3 used of the founding of the whole church by the twelve apostles), reflects the later second-century concern for defending the orthodoxy of the major churches on the grounds of their apostolic foundation.[177] The idea that Peter and Paul were martyred at the same time

171 PERKINS (1982) 44, argues for the early third century.

172 ROULEAU (1981); HEDRICK (1983); CAMERON (1984); KOESTER (1990) 189–200.

173 PERKINS (1980) 148–150; PERKINS (1982) 408–410; DEHANDSCHUTTER (1988) 4547–4549.

174 KOESTER (1990) 200.

175 Against it, see DEHANDSCHUTTER (1988) 4540–4544.

176 Translation from LAWLOR and OULTON (1927) 60.

177 That Peter was active in Corinth is probably based on 1 Cor. 1:12; 9:5, rather than on any independent tradition.

(κατὰ τὸν αὐτὸν καιρόν) may result simply from the close association now assumed between the activities of the two, but it may be an interpretation of 1 Clement 5:4–7. Earlier in the same letter (ap. Eusebius, Hist. Eccl. 4.23.11) Dionysius reveals that 1 Clement was regularly read in worship in the church at Corinth.

## *XIII. Irenaeus, Adv. Haer. 3.1.1*

Irenaeus' reference to the death of Peter (Adv. Haer. 3.1.1; Greek ap. Eusebius, Hist. Eccl. 5.8.2–3) occurs in the context of his defence of the apostolicity of the four Gospels:

> ὁ μὲν δὴ Ματθαῖος ἐν τοῖς Ἑβραίοις τῇ ἰδίᾳ αὐτῶν διαλέκτῳ καὶ γραφὴν ἐξήνεγκεν εὐαγγελίου, τοῦ Πέτρου καὶ τοῦ Παύλου ἐν Ῥώμῃ εὐαγγελιζομένων καὶ θεμελιούντων τὴν ἐκκλησίαν· μετὰ δὲ τὴν τούτων ἔξοδον Μάρκος, ὁ μαθητὴς καὶ ἑρμηνευτὴς Πέτρου, καὶ αὐτὸς τὰ ὑπὸ Πέτρου κηρυσσόμενα ἐγγράφως ἡμῖν παραδέδωκεν.
>
> "Now Matthew also published among the Hebrews a written Gospel in their own language, while Peter and Paul were preaching in Rome and founding the church. After their departure [= death], Mark, the disciple and interpreter of Peter, also handed down to us in writing the things which had been preached by Peter."

These statements are clearly dependent on what Papias had said about Matthew and Mark (ap. Eusebius, Hist. Eccl. 3.39.15–16). The key fact which Irenaeus seems to know, which he has not derived from Papias, is that Mark wrote after the deaths of Peter and Paul. Since he assumes that Matthew's Gospel was written before Mark's, he is also therefore able to deduce that Matthew wrote while Peter and Paul were alive. He can say that it was while Peter and Paul were preaching the Gospel in Rome because he also supposes that these two apostles founded the church in Rome and so must have carried on a preaching ministry in Rome for some considerable time before their deaths. He takes it for granted that it was this preaching of Peter in Rome which Mark heard and that the two apostles died in Rome. (He does not specify that they died as martyrs, but all the other evidence we have considered makes it extremely probable that Irenaeus would have known that Peter, as well as Paul, died a martyr's death.)

The claim that Peter and Paul founded the Roman church belongs, along with Dionysius' claim that they both founded the churches of Rome and Corinth, to the late-second century concern for apostolic succession in the churches. (That this claim was now being made by the Roman church itself is confirmed by the Roman writer Gaius at the beginning of the third century: ap. Eusebius, Hist. Eccl. 2.25.7.) It has no historical value. Irenaeus also seems to share with Dionysius the idea that Peter and Paul died at the same time.

This is why he says that Mark wrote his Gospel after the deaths of both apostles, when the only point actually relevant to the origin of Mark's Gospel is that it was written after Peter's death. The so-called 'anti-Marcionite' Prologue to Mark makes the same statement with reference only to Peter's death. It may be dependent on Irenaeus, or it may be an independent witness to a tradition of interpreting Papias which Irenaeus also followed.[178]

But why did Irenaeus – or the tradition he followed – think Mark's Gospel was written after Peter's death? It is possible that he made a reasonable (and perhaps correct)[179] deduction from Papias' statement that Mark wrote down Peter's teaching as he 'remembered' it, though we should note that Clement of Alexandria (ap. Eusebius, Hist. Eccl. 6.14.6–7; cf. 2.15.1–2)[180] did not make this deduction, but evidently understood Papias to mean that Mark wrote the Gospel during Peter's lifetime. The latter view would, of course, have the stronger apologetic force. It is possible that Irenaeus – or the tradition he followed – concluded that Peter died before the writing of Mark's Gospel by means of an interpretation of 2 Peter 1:15: "I will do my best to see that after my death (μετὰ τὴν ἐμὴν ἔξοδον) you will be able to recall these things at all times." Several modern scholars have taken these words to refer to Mark's Gospel, which Peter, anticipating his death in the near future, promises to ensure will be written by Mark after his death.[181] The interpretation is implausible,[182] but it could well have been current in the late second century.[183]

Of course, this suggestion is not necessary to explain why Irenaeus uses the term ἔξοδος itself. The unqualified use of ἔξοδος to mean death was sufficiently current in biblical and early Christian usage (Wisd. 3:2; Testament of Naphtali 1:1 v.l.; Luke 9:31; Justin, Dial. 105.5; letter of the churches of Lyons and Vienne, ap. Eusebius, Hist. Eccl. 5.1.36, 55; 5.2.3; Apocalypse of Paul 14) for Irenaeus' use here to be natural. That it is used of the martyrs of Vienne and Lyons in the letter of those churches is perhaps not irrelevant to its use of Peter and Paul by Irenaeus of Lyons. THIEDE has revived the suggestion that in Adv. Haer. 3.1.1 it means, not "death," but simply "departure." He takes the reference to be to a departure of Peter from Rome c. 44 A. D. (following the early visit of Peter to Rome to which he thinks Acts 12:17 refers) and argues that Mark's Gospel was actually written in Rome c. 44–46 A. D.[184] But he neglects the fact that in that case Irenaeus would have to

[178] Cf. HENGEL (1985) 3.

[179] So HENGEL (1985) 2.

[180] Cf. also, if authentic, the Letter to Theodorus 1.15–19, where Clement also explicitly refers to Peter's martyrdom in Rome.

[181] BIGG (1901) 265; MAYOR (1907) cxlii–cxliv, 102, 194; GREEN (1968) 80. THIEDE (1986) 182, thinks the reference is to Mark's Gospel, which had already been written long before Peter's death, but which Peter now promises to have sent to his readers.

[182] BAUCKHAM (1983) 202.

[183] So BIGG (1901) 265; cf. MAYOR (1907) 102.

[184] THIEDE (1986) 157–158. This interpretation of Adv. Haer. 3.1.1 hardly seems compatible with his view (THIEDE [1986] 215 n. 2) that this passage alludes to 2 Peter 1:15.

mean that both Peter and Paul left Rome. Since not even later traditions provide the possibility of a time, which Irenaeus could have had in mind, when both Peter and Paul had been in Rome but had left, we must conclude that he meant to refer to their deaths.

### *XIV. Muratorian Canon*

The Muratorian Canon, which, in spite of challenges to the usual dating, should probably be dated around the end of the second century, has an interesting reference to the death of Peter, in the context of its description of the Acts of the Apostles (lines 25 – 31):

> *acta autem omnium apostolorum sub uno libro scribta sunt lucas obtime theofile comprindit quia sub praesentia eius sincula gerebantur sicuti et semote passionem petri euidenter declarat sed et profectionem pauli ab urbe ad spaniam proficiscentis.*

> "But the acts of all the apostles are written in one book. For the 'most excellent Theophilus' Luke summarizes the several things that in his own presence have come to pass, as also by the omission of the passion of Peter he makes quite clear, and equally by (the omission) of the journey of Paul, who from the city (of Rome) proceeded to Spain".[185]

The point is to demonstrate that Acts is a reliable account by an eyewitness. The reason why Luke does not narrate either the death of Peter or Paul's departure for Spain must be that he did not witness these himself. Therefore Luke was an eyewitness of the events he does narrate.

The author must have considered that the two events to which he refers occurred soon after the end of the narrative of Acts. (For those who knew that the unnamed emperor of Acts 25 – 28 was Nero, this would date Peter's martyrdom in the reign of Nero.) His point depends on the observation that Acts ends, rather surprisingly, before these two events which could have been narrated more or less immediately, had the narrative continued. This is why he does not refer to the martyrdom of Paul, which he must therefore have dated some considerable time after the martyrdom of Peter. Assuming that the author did not necessarily mean to imply that Peter's death occurred before Paul's departure for Spain, his chronology agrees with the Acts of Peter, in the form in which we now have them in the Vercelli Acts, where Paul leaves for Spain (chs. 1 – 3) before Peter's arrival in Rome and his martyrdom, and Paul's martyrdom is predicted as due to occur later in Nero's reign (ch. 1). (The Acts of Paul, on the other hand, do not know of Paul's journey to Spain.) If chapters 1 – 3 of the Vercelli Acts are a later addition to

[185] Translation from SCHNEEMELCHER (1963) 44.

the second-century Acts of Peter (see above), then either the author of the Muratorian Canon is dependent on this secondary redacted form of the Acts of Peter or else his understanding of the chronology of events in Rome after the end of the canonical Acts was shared by the (third-century?) redactor of the original of the Vercelli Acts.

The latter is more probable, because it is in any case unlikely that the author of the Muratorian Canon depended on the Acts of Peter.[186] His argument depends on the assumption that Peter's martyrdom and Paul's departure for Spain were well-known as historical facts, which anyone might therefore have expected Luke to have recorded.[187] It is therefore unlikely that he would have referred to events which could be regarded as historical only on the authority of the Acts of Peter, especially after he has insisted that "the acts of all the apostles are written in one book," viz. the Lucan Acts. Thus, if it is the case that the Muratorian Canon originated in Rome around the end of the second century, it provides most interesting evidence for a different view from that of Dionysius and Irenaeus that Peter and Paul were martyred at the same time.

## *XV. Tertullian*

Tertullian knows that Peter was crucified in Rome (De Praescriptione 36: *Petrus passioni dominicae adaequatur,*)[188] and interprets John 21:18 in this sense (Scorpiace 15). He is also the first since the Ascension of Isaiah to connect the martyrdom of Peter with Nero's persecution of the church in Rome, which he apparently knew from the Roman historians and with which he also connects Paul's martyrdom (Scorpiace 15; Apol. 5; cf. also Adv. Marc. 4.5). Thus he is the first writer explicitly to link the martyrdoms of both apostles with the Neronian persecution in Rome. Whether he was dependent on a Roman church tradition to this effect or whether he simply made a reasonable deduction must be quite uncertain.

## *XVI. Conclusion*

We have seen that to some extent previous discussion of this topic has placed too much weight and drawn unwarranted conclusions from some of

[186] Contra JAMES (1897) x–xii, who interprets the sentence in the Muratorian canon to mean that Luke did refer to Peter's martyrdom and Paul's departure for Spain, and suggests that the author actually attributed the Acts of Peter to Luke (identifying Lucas and Leucius?).

[187] That Paul went to Spain could be presumed from Rom. 15:24, 28, on the assumption that Paul's expectation could not be an unfulfilled prophecy. Cf. also 1 Clement 5:7.

[188] On this passage, see MACCARRONE (1967) 410–412.

the evidence, while neglecting other important evidence. This is true, for example, of CULLMANN, who rests much of his case for the Roman martyrdom of Peter on the very insecure evidence of 1 Clement 5:4 and Ignatius, Romans 4:3,[189] while playing down the much more specific witness of the Ascension of Isaiah[190] and taking no account at all of the Apocalypse of Peter. It may be that prejudice against and scholarly neglect of the apocryphal literature has helped to distort judgments of the evidence.

Our reassessment of all the literary evidence shows that the following points can be regarded as securely established, with high historical probability, from works written before the middle of the second century:

(1) Peter died a martyr (John 21:18 – 19; 1 Clement 5:4; Ignatius, Smyrn. 3:2; Ascension of Isaiah 4:3; Apocalypse of Peter 14:4; cf. 2 Peter 1:14): this fact must have been simply common Christian knowledge from soon after the event.

(2) He was crucified (John 21:18 – 19)

(3) in Rome (Apocalypse of Peter 14:4; cf. Ascension of Isaiah 4:3; 2 Pet. 1:12 – 15; and for Peter in Rome, cf. 1 Pet. 5:13; Ignatius, Rom. 4:3; Papias, ap. Eusebius, Hist. Eccl. 2.15.2)

(4) during the reign of Nero (Ascension of Isaiah 4:2 – 3; Apocalypse of Peter 14:4).

(5) His martyrdom by Nero was interpreted in apocalyptic categories in some Christian circles, probably from an early date (Ascension of Isaiah 4:2 – 3; Apocalypse of Peter 14:4).

It is quite dubious whether anything else can be known about Peter's martyrdom from reliable literary sources. There is no firm tradition connecting Peter's martyrdom with the Neronian persecution or about the date within Nero's reign when it occurred. Ascension of Isaiah 4:2 – 3 does link the martyrdom with Nero's persecution of the church generally, but need not mean that Peter was martyred during that persecution. Apocalypse of Peter 14:4, by treating Nero's death as a consequence of Peter's martyrdom, might suggest that the latter occurred at the end of Nero's reign, but need not do so. Later there seem to be quite various notions of the chronology:

(1) complete chronological ignorance (probably the original Acts of Peter):

(2) Peter and Paul died at the same time (Dionysius of Corinth, Irenaeus);

(3) They died in connexion with the Neronian persecution (Tertullian);

(4) Peter died around the time of Paul's departure from Rome on his journey to Spain, some time before Paul's death (Muratorian Canon; later redaction of the Acts of Peter);[191]

[189] CULLMANN (1953) 89 – 111.

[190] CULLMANN (1953) 112.

[191] Cf. also the later view that Paul died a year later than Peter: Prudentius, Peristephanon 12; Augustine, Serm. 296 – 297, cited by EDMUNDSON (1913) 150.

(5) Peter and Paul died in the last year of Nero's reign, when the persecution is also dated (Eusebius, Jerome).[192]

Any further discussion of the possibility that Peter died in the Neronian persecution would have to take account of the evidence for and significance of the location of his grave on the Vatican hill.

## *Bibliography*


| | |
|---|---|
| ACERBI (1984) | ACERBI, A., Serra Lignea. Studi sulla Fortuna della Ascensione di Isaia, Rome 1984. |
| ALAND (1957) | ALAND, K., Petrus in Rom, Historische Zeits. 183 (1957), 497–516. |
| ALBERRY (1939) | ALLBERRY, C. R. C., A Manichaean Psalm-Book Part II, Stuttgart 1938. |
| BACON (1931) | BACON, B. W., The Motivation of John 21:15–25, Journ. Biblical Lit. 50 (1931), 71–80. |
| BARRETT (1978) | BARRETT, C. K., The Gospel according to St. John. An introduction with commentary and notes on the Greek text, 2nd edition, London 1978. |
| BAUCKHAM (1983) | BAUCKHAM, R. J., Jude, 2 Peter, Word Biblical Commentary 50, Waco, Texas 1983. |
| – (1985) | BAUCKHAM, R. J., The Two Fig Tree Parables in the Apocalypse of Peter, Journ. Biblical Lit. 104 (1985), 269–287. |
| – (1985A) | BAUCKHAM, R. J., The Study of Gospel Traditions outside the Canonical Gospels: Problems and Prospects, in: D. WENHAM ed., Gospel Perspectives, vol. 5: The Jesus Tradition Outside the Gospels, Sheffield 1985. |
| – (1987) | BAUCKHAM, R. J., The Parable of the Vine: Rediscovering a Lost Parable of Jesus, New Testament Studies 33 (1987), 84–101. |
| – (1988) | BAUCKHAM, R. J., The Apocalypse of Peter: An Account of Research, ANRW II.25.6, ed. W. HAASE (Berlin – New York 1988), 4712–4750. |
| – (1988A) | BAUCKHAM, R. J., Pseudo-Apostolic Letters, Journ. Biblical Lit. 107 (1988), 469–494. |
| – (1988B) | BAUCKHAM, R. J., 2 Peter: An Account of Research, ANRW I.25.5, ed. W. HAASE (Berlin – New York 1988), 3713–3752. |
| – (1990) | BAUCKHAM, R. J., Early Jewish Visions of Hell, Journ. Theological Studies 41 (1990), 355–385. |
| BAUER (1979) | BAUER, W., ARNDT, W. F., GINGRICH, F. W., DANKER, F. W., A Greek – English Lexicon of the New Testament and Other Early Christian Literature, 2nd edition, Chicago – London 1979. |
| BEARE (1976) | BEARE, F. W., The First Epistle of Peter, 3rd edition, Oxford 1976. |
| BEASLEY-MURRAY (1987) | BEASLEY-MURRAY, G. R., John, Word Biblical Commentary 36, Waco, Texas 1987. |


[192] CHASE (1900) 770–771; DOCKX (1974) 239–240, who accepts 67 as the most probable date for the deaths of Peter and Paul.

| | |
|---|---|
| BEAUJEU (1960) | BEAUJEU, J., L'incendie de Rome en 64 et les Chrétiens, Latomus 19 (1960), 65–80, 291–311. |
| BERGER (1981) | BERGER, K., Unfehlbare Offenbarung: Petrus in der gnostischen und apokalyptischen Offenbarungsliteratur, in: Kontinuität und Einheit: Für Franz Mussner. Hrsg. von P.-G. MÜLLER und W. STENGER, Freiburg – Basel – Wien 1981. |
| BERNARD (1928) | BERNARD, J.H., The Gospel according to St John, ed. A.H. MCNEILE, International Critical Commentary, vol. 2, Edinburgh 1928. |
| BIGG (1901) | BIGG, C., A Critical and Exegetical Commentary on the Epistles of St. Peter and St. Jude. The International Critical Commentary on the Holy Scriptures of the Old and New Testament, Edinburgh 1901. |
| BOSSE (1909) | BOSSE, A., Zur Erklärung der Apokalypse der Asc. Jesaiae, Zeits. für die neutestamentliche Wissenschaft 10 (1909), 320–323. |
| BOUSSET (1896) | BOUSSET, W., The Antichrist Legend: A Chapter in Christian and Jewish Folklore, trans. A.H. KEANE, London 1896. |
| BOWE (1988) | BOWE, B.E., A Church in Crisis: Ecclesiology and Paraenesis in Clement of Rome, Harvard Dissertations in Religion 23, Minneapolis 1988. |
| BROWN (1971) | BROWN, R.E., The Gospel according to John (xiii – xxi), Anchor Bible, London 1971. |
| BROWN AND MEIER (1983) | BROWN, R.E. and MEIER, J.P., Antioch and Rome: New Testament Cradles of Catholic Christianity, London 1983. |
| BROWN, DONFRIED and REUMANN (1973) | BROWN, R.E., DONFRIED, K.P. and REUMANN, J. eds., Peter in the New Testament, Minneapolis – New York 1973. |
| BUCHHOLZ (1988) | BUCHHOLZ, D.D., Your Eyes Will Be Opened: A Study of the Greek (Ethiopic) Apocalypse of Peter, Society of Biblical Literature Dissertations Series 97, Atlanta, Georgia 1988. |
| BULTMANN (1971) | BULTMANN, R., The Gospel of John, Oxford 1971. |
| CAMERON (1984) | CAMERON, R., Sayings Traditions in the Apocryphon of James, Harvard Theological Studies 34, Philadelphia 1984. |
| CARCOPINO (1963) | CARCOPINO, J., Les Fouilles de Saint-Pierre et la Tradition, 2nd edition, Paris 1963. |
| CHARLES (1900) | CHARLES, R.H., The Ascension of Isaiah, London 1900. |
| – (1920) | CHARLES, R.H., A Critical and Exegetical Commentary on the Revelation of St. John, International Critical Commentary, vol. 2, Edinburgh 1920. |
| CHASE (1900) | CHASE, F.H., Peter (Simon), in J. HASTINGS ed., A Dictionary of the Bible, vol. 3, Edinburgh 1900. |
| CLEMEN (1896) | CLEMEN, C., Die Himmelfahrt des Jesaja, ein ältestes Zeugnis für das römische Martyrium des Petrus, Zeits. für wissenschaftliche Theologie 39 (1896), 388–415. |
| – (1897) | CLEMEN, C., Nochmals der Märtyrertod des Petrus in der Ascensio Jesaiae, Zeits. für wissenschaftliche Theologie 40 (1897), 455–465. |
| COLLINS (1974) | COLLINS, J. J., The Sibylline Oracles of Egyptian Judaism, Society of Biblical Literature Dissertations Series 13, Missoula, Montana 1974. |
| CREED (1984) | CREED, J.L., Lactantius: De Mortibus Persecutorum, Oxford 1984. |
| CULLMANN (1953) | CULLMANN, O., Peter: Disciple – Apostle – Martyr, trans. F.V. FILSON, London 1953. |

DAVIDS (1990) DAVIDS, P.H., The First Epistle of Peter, New International Commentary on the NT, Grand Rapids, Michigan 1990.

DEHANDSCHUTTER (1988) DEHANDSCHUTTER, B., L'Epistula Jacobi apocrypha de Nag Hammadi (CG I,2) comme apocrypha néotestamentaire, ANRW II.25.6, ed. W. HAASE (Berlin – New York 1988), 4529 – 4550.

DOBSCHÜTZ (1893) DOBSCHÜTZ, E. VON, Das Kerygma Petri kritisch untersucht, Texte und Untersuchungen 11/1, Leipzig 1893.

DOCKX (1974) DOCKX, S., Essai de chronologie pétrienne, Rech. Sci. Rel. 62 (1974), 221 – 241.

DUENSING (1963) DUENSING, H., Epistula Apostolorum, in: E. HENNECKE, W. SCHNEEMELCHER and R. McL. WILSON eds., New Testament Apocrypha, vol. 1, London 1963.

DUKE (1985) DUKE, P.D., Irony in the Fourth Gospel, Atlanta Georgia 1985.

EDMUNDSON (1913) EDMUNDSON, G., The Church in Rome in the First Century, London 1913.

ELLIOTT (1980) ELLIOTT, J.H., Peter, Silvanus and Mark in 1 Peter and Acts: Sociological-Exegetical Perspectives on a Petrine Group in Rome, in: Wort in der Zeit. Neutestamentliche Studien, Festgabe für K.H. Rengstorf zum 75. Geburtstag, hrsg. von W. HAUBECK und M. BACHMANN. Leiden 1980.

FEUILLET (1962) FEUILLET, A., Études johanniques, Paris 1962.

FINK (1978) FINK, J., Das Petrusgrab – Glaube und Grabung, Vigiliae Christianae 32 (1978), 255 – 275.

FUELLENBACH (1980) FUELLENBACH, J., Ecclesiastical Office and the Primacy of Rome: An Evaluation of Recent Theological Discussion of First Clement, Catholic University of America, Studies in Christian Antiquity 20, Washington, D.C. 1980.

GAROFALO (1967) GAROFALO, S., La tradizione petriana nel primo secolo, Studi Romani 15 (1967), 135 – 148.

GARZETTI (1974) GARZETTI, A., From Tiberius to the Antonines: A History of the Roman Empire AD 14 – 192, trans. J.R. FOSTER, London 1974.

GIET (1955) GIET, S., Le témoignage de Clément de Rome sur la venue à Rome de St. Pierre, Revue de Science Religieuse 29 (1955), 123 – 136, 333 – 345.

GRANT and GRAHAM (1965) GRANT, R.M., and GRAHAM, H.H., The Apostolic Fathers, vol. 2: First and Second Clement, New York 1965.

GREEN (1968) GREEN, M., The Second Epistle General of Peter and the General Epistle of Jude, Tyndale NT Commentaries, Leicester 1968.

GRUDEM (1988) GRUDEM, W., The First Epistle of Peter, Tyndale NT Commentaries, Leicester – Grand Rapids, Michigan 1988.

GUARDUCCI (1968) GUARDUCCI, M., La Data del Martirio di San Pietro, La Parola del Passato 23 (1968), 81 – 117.

HAENCHEN (1984) HAENCHEN, E., John 2: A Commentary on the Gospel of John Chapters 7 – 21, trans. R.W. FUNK, Hermeneia, Philadelphia 1984.

HALL (1990) HALL, R.G., The Ascension of Isaiah: Contemporary Situation, Date, and Place in Early Christianity, Journ. Biblical Lit. 109 (1990), 289 – 306.

HARNACK (1897) HARNACK, A., Die Chronologie der altchristlichen Literatur bis Eusebius, vol. 1, Leipzig 1897.

HARRISON (1936) HARRISON, P.N., Polycarp's Two Epistles to the Philippians, Cambridge 1936.

HARVEY (1990) HARVEY, A. E., The Testament of Simeon Peter, in: P. R. DAVIES and R. T. WHITE eds., A Tribute to Geza Vermes: Essays on Jewish and Christian Literature and History, Journ. for the Study of the NT Supplement Series 100, Sheffield 1990.

HEDRICK (1983) HEDRICK, C. W., Kingdom Sayings and Parables of Jesus in the Apocryphon of James: Tradition and Redaction, New Testament Studies 29 (1983), 1–24.

HENGEL (1979) HENGEL, M., Acts and the History of Early Christianity, trans. J. BOWDEN, London 1979, reprinted in: M. HENGEL, Earliest Christianity, London 1986.

– (1985) HENGEL, M., Studies in the Gospel of Mark, trans. J. BOWDEN, London 1985.

HEUSSI (1955) HEUSSI, K., Die Römische Petrustradition in kritischer Sicht, Tübingen 1955.

HILLS (1990) HILLS, J., Tradition and Composition in the Epistula Apostolorum, Harvard Dissertations in Religion 24, Minneapolis, Minnesota 1990.

HUNZINGER (1965) HUNZINGER, C. H., Babylon als Deckname für Rom und die Datierung des 1. Petrusbriefes, in: Gottes Wort und Gottes Land, H.-W. Hertzberg zum 70. Geburtstag am 16. Januar 1965 dargebracht von Kollegen, Freunden und Schülern, hrsg. von H. GRAF REVENTLOW, Göttingen 1965.

JAMES (1897) JAMES, M. R., Apocrypha Anecdota: Second Series, Texts and Studies 5, Cambridge 1897.

– (1931) JAMES, M. R., The Rainer Fragment of the Apocalypse of Peter, Journ. Theological Studies 32 (1931), 270–278.

JANSSENS (1975) JANSSENS, Y., Traits de la Passion dans l'Epistula Iacobi Apocrypha, Muséon 88 (1975), 97–101.

JONGE (1979) JONGE, M. DE, The Beloved Disciple and the Date of the Gospel of John, in: Text and Interpretation. Studies in the New Testament presented to M. Black, ed. by E. BEST and R. McL. WILSON, Cambridge 1979.

JUNOD (1981) JUNOD, E., Origène, Eusèbe et la tradition sur la répartition des champs de mission des apôtres (Eusèbe, HE III,1,1–3), in: F. BOVON et al., Les Actes Apocryphes des Apôtres: Christianisme et Monde Païen, Geneva 1981.

KELLY (1969) KELLY, J. N. D., A Commentary on the Epistles of Peter and of Jude, Black's NT Commentaries, London 1969.

KERESZTES (1979) KERESZTES, P., The Imperial Roman Government and the Christian Church: I. From Nero to the Severi, ANRW II.23.1, ed. W. HAASE (Berlin – New York 1979), 247–315.

– (1984) KERESZTES, P., Nero, the Christians and the Jews in Tacitus and Clement of Rome, Latomus 43 (1984), 404–413.

KNIBB (1985) KNIBB, M. A., Martyrdom and Ascension of Isaiah, in: J. H. CHARLESWORTH ed., The Old Testament Pseudepigraphy, vol. 2, London 1985.

KOESTER (1990) KOESTER, H., Ancient Christian Gospels: Their History and Development, Philadelphia – London 1990.

LAWLOR and OULTON (1927) LAWLOR, H. J. and OULTON, J. E. L., Eusebius Bishop of Caesarea: The Ecclesiastical History and the Martyrs of Palestine, vol. 1, London 1927.

LIETZMANN (1936) LIETZMANN, H., Petrus römischer Märtyrer, Sitzungsberichte der Preußischen Akademie der Wissenschaften: Philosophisch-historische Klasse 1936, 392 – 410.

LIGHTFOOT (1989) LIGHTFOOT, J. B. and HARMER, J. R., The Apostolic Fathers, 2nd edition, revised M. W. HOLMES, Leicester 1989.

LINDARS (1972) LINDARS, B., The Gospel of John. New Century Bible, London 1972.

LOWE (1956) LOWE, J., Saint Peter, Oxford 1956.

MACCARRONE (1967) MACCARRONE, M., San Pietro in rapporto a Cristo nelle più antiche testimonianze (fine sec. I – metà sec. III), Studi Romani 15 (1967), 397 – 420.

MACCULLOCH (1930) MACCULLOCH, J. A., The Harrowing of Hell, Edinburgh 1930.

MCNEIL (1979) MCNEIL, B., A Liturgical Source in Acts of Peter 38, Vigiliae Christianae 33 (1979), 342 – 346.

MARCO (1964) MARCO, A. A. DE, The Tomb of Saint Peter: A representative and annotated bibliography of the excavations, Supplements to Novum Testamentum 8, Leiden 1964.

MARIANI (1969) MARIANI, B., La predizione del martirio di S. Pietro nel „Quo Vadis?“ e nella 2 Pe. 1.14, Euntes Docentes 22 (1969), 565 – 586.

MAYOR (1907) MAYOR, J. B., The Epistle of St. Jude and the Second Epistle of St. Peter, London 1907.

MEES (1975) MEES, M., Das Petrusbild nach außerkanonischen Zeugnissen, Zeits. für Religions- und Geistesgeschichte 27 (1975), 193 – 205.

MICHAELS (1988) MICHAELS, J. M., 1 Peter, Word Biblical Commentary 49, Waco, Texas 1988.

MINEAR (1983) MINEAR, P., The Original Functions of John 21, Journ. Biblical Lit. 102 (1983), 85 – 98.

MUNCK (1950) MUNCK, J., Petrus und Paulus in der Offenbarung Johannis, Copenhagen 1950.

MUSSNER (1976) MUSSNER, F., Petrus und Paulus – Pole der Einheit: Eine Hilfe für die Kirche, Quaest. Disput. 76, Freiburg – Basel – Wien 1976.

O'CONNOR (1969) O'CONNOR, D. W., Peter in Rome: The literary, liturgical and archaeological evidence, New York – London 1969.

OKURE (1988) OKURE, T., The Johannine Approach to Mission, Wissenschaftliche Untersuchungen zum NT 2/31, Tübingen 1988.

OSBORNE (1981) OSBORNE, G. R., John 21: Test Case for History and Redaction in the Resurrection Narratives, in: R. T. FRANCE and D. WENHAM, ed., Gospel Pespectives II: Studies in History and Tradition in the Four Gospels, Sheffield 1981.

Oxford (1905) A Committee of the Oxford Society of Historical Theology, The New Testament in the Apostolic Fathers, Oxford 1905.

PERKINS (1980) PERKINS, P., The Gnostic Dialogue: The Early Church and the Crisis of Gnosticism, New York – Ramsey – Toronto 1980.

PERKINS (1982) PERKINS, P., Johannine Traditions in Ap. Jas. (NHC I,2), Journ. Biblical Lit. 101 (1982), 403 – 414.

PESCE (1983) PESCE, M., Presupposti per l'utilizzazione dell'Ascensione di Isaia: Formazione e tradizione del testo; genere letterario; cosmologia angelica, in: M. PESCE ed., Isaia, il Diletto e la Chiesa: Visione ed esegesi profetica cristiano-primitiva nell'Ascensione di Isaia, Brescia 1983.

| | |
|---|---|
| Peterson (1954) | Peterson, E., Das Martyrium des hl. Petrus nach der Petrus-Apokalypse, in: Miscellanea Giulio Belvedere, Vatican City 1954, reprinted in: E. Peterson, Frühkirche, Judentum und Gnosis, Rome – Freiburg – Vienna 1959. |
| Poupon (1988) | Poupon, G., Les « Actes de Pierre » et leur remainement, ANRW II.25.6, ed. W. Haase (Berlin – New York 1988), 4363 – 4383. |
| Pritz (1988) | Pritz, R. A., Nazarene Jewish Christianity: From the End of the New Testament Period Until Its Disappearance in the Fourth Century, Studia Postbiblica 37, Jerusalem – Leiden 1988. |
| Quast (1989) | Quast, K., Peter and the Beloved Disciple: Figures for a Community in Crisis, Journ. for the Study of the NT Supplement Series 32, Sheffield 1989. |
| Ramsay (1893) | Ramsay, W. M., The Church in the Roman Empire, 7th edition, London 1893. |
| Reicke (1972) | Reicke, B., Die jüdische Apokalyptik und die johanneische Tiervision, Rech. Sci. Rel. 60 (1972), 173 – 192. |
| Rimoldi (1958) | Rimoldi, A., L'Apostolo San Pietro fondamento della Chiesa, principe degli apostoli ed ostiario celeste nella Chiesa primitiva dalla origine al Concilio di Calcedonia, Analecta Gregoriana 96, Rome 1958. |
| Robinson (1945) | Robinson, D. R., Where and When did Peter die?, Journ. Biblical Lit. 64 (1945), 255 – 267. |
| Robinson (1976) | Robinson, J. A. T., Redating the New Testament, London 1976. |
| – (1985) | Robinson, J. A. T., The Priority of John, ed. J. F. Coakley, London 1985. |
| Rouleau (1981) | Rouleau, D., Les paraboles du Royaume des cieux dans l'Épitre apocryphe de Jacques, in: B. Barc ed., Colloque International sur les Textes de Nag Hammadi (Québec, 22 – 25 août 1978), Québec – Louvain 1981. |
| Sanders (1943) | Sanders, L., Hellénisme de saint Clément de Rome et le Paulinisme, Studia Hellenistica 2, Louvain 1943. |
| Schmaltz (1952) | Schmaltz, W. M., Did Peter die in Jerusalem?, Journ. Biblical Lit. 71 (1952), 211 – 216. |
| Schneemelcher (1963) | Schneemelcher, W., General Introduction, in: E. Hennecke, W. Schneemelcher and R. McL. Wilson eds., New Testament Apocrypha, vol. 1, London 1963. |
| – (1965) | Schneemelcher, W., The Kerygma Petrou, in: E. Hennecke, W. Schneemelcher and R. McL. Wilson eds., New Testament Apocrypha, vol. 2, London 1965. |
| – (1965A) | Schneemelcher, W., The Acts of Peter, in: E. Hennecke, W. Schneemelcher and R. McL. Wilson eds., New Testament Apocrypha, vol. 2, London 1965. |
| Schoedel (1985) | Schoedel, W. R., Ignatius of Antioch: A Commentary on the Letters of Ignatius of Antioch, Hermeneia, Philadelphia 1985. |
| Selwyn (1946) | Selwyn, E. G., The First Epistle of St. Peter, London 1946. |
| Simonetti (1983) | Simonetti, M., Note sulla cristologia dell'Ascensione di Isaia, in: M. Pesce ed., Isaia, il Diletto e la Chiesa: Visione ed esegesi profetica cristiano-primitiva nell'Ascensione di Isaia, Brescia 1983. |
| Smallwood (1976) | Smallwood, E. M., The Jews under Roman Rule: From Pompey to Diocletian, Leiden 1976. |
| Smith (1960) | Smith, M., The report about Peter in 1 Clement 5,4, New Testament Studies 7 (1960), 86 – 88. |

SMITH (1985) SMITH, T. V., Petrine Controversies in Early Christianity: Attitudes towards Peter in Christian Writings of the First Two Centuries, Wissenschaftliche Untersuchungen zum NT 15, Tübingen 1985.

TESTA (1967) TESTA, E., S. Pietro nel pensiero dei giudeo-cristiani, in Associazione Biblica Italiana, San Pietro: Atti della XIX Settimana Biblica, Brescia 1967.

THIEDE (1986) THIEDE, C. P., Simon Peter: From Galilee to Rome, Exeter 1986.

– (1987) THIEDE, C. P., Babylon, der andere Ort: Anmerkungen zu 1 Petr 5,13 und Apg 12,17, in THIEDE, C. P. ed., Das Petrusbild in der neueren Forschung, Wuppertal 1987, reprinted from Biblica 67 (1986), 532–538.

TISSERANT (1909) TISSERANT, E., Ascension d'Isaie, Paris 1909.

TISSOT (1981) TISSOT, Y., Encratisme et Actes apocryphes, in: F. BOVON et al., Les Actes Apocryphes des Apôtres: Christianisme et Monde Païen, Geneva 1981.

TURNER (1931) TURNER, C. H., Catholic and Apostolic: Collected Papers, ed. H. N. BATE, London – Oxford – Milwaukee 1931.

VÖGTLE (1972) VÖGTLE, A., Die Schriftwerdung der apostolischen Paradosis nach 2. Petr 1,12–15, in: Neues Testament und Geschichte: Historisches Geschehen und Deutung im Neuen Testament, Oscar Cullmann zum 70. Geburtstag. Hrsg. von H. BALTENSWEILER u. B. REICKE, Zürich – Tübingen 1972.

WESTCOTT (1889) WESTCOTT, B. F., The Gospel according to St John, London 1889.

WILHELM-HOOIJBERGH (1980) WILHELM-HOOIJBERGH, A. E., The Martyrdom of Peter was Before the Fire of Rome, in: E. A. LIVINGSTONE, ed., Studia Biblica 1978: III: Papers on Paul and Other New Testament Authors, Journ. for the Study of the NT Supplement Series 3, Sheffield 1980.

WILLIAMS (1985) WILLIAMS, F. E., The Apocryphon of James, in: H. W. ATTRIDGE, ed., Nag Hammadi Codex I (The Jung Codex): Introductions, Texts, Translations, Indices, Nag Hammadi Studies 22, Leiden 1985.

YADIN (1973) YADIN, Y., Epigraphy and Crucifixion, Israel Exploration Journ. 23 (1973), 18–22.

YARBRO COLLINS (1976) YARBRO COLLINS, A., The Combat Myth in the Book of Revelation, Harvard Dissertations in Religion 9, Missoula, Montana 1976.

ZELLER (1896) ZELLER, E., Der Märtyrertod des Petrus in der Ascensio Jesaiae, Zeits. für wissenschaftliche Theologie 39 (1896), 558–568.

# Maria im Neuen Testament

von Josef Zmijewski, Fulda

*Inhalt*

# Einführung

Von Maria, der Mutter Jesu, ist im NT relativ häufig die Rede[1]. Insgesamt 19mal, davon allein 13mal im lk Doppelwerk (LkEv–Apg), erscheint ihr Name (Mt 1,16.18.20; 2,11; 13,55; Mk 6,3; Lk 1,27.30.34.38.39.41.46.56;

Abkürzungen:

In den Anmerkungen (Fußnoten) werden Artikel aus Wörterbüchern und Lexika jeweils nur mit Band- und Seitenzahl zitiert, alle anderen Werke mit Stichwort und Seitenzahl. In der Regel wird als Stichwort das erste Substantiv des Haupt-Titels verwendet. Von dieser Regel abweichende Kurztitel sind in der Bibliographie hinter den entsprechenden Werken in Klammern aufgeführt.

Die Abkürzungen der biblischen Bücher folgen – soweit sich nicht bei wörtlichen Zitaten Ausnahmen ergeben – dem 'Ökumenischen Verzeichnis der biblischen Eigennamen nach den Loccumer Richtlinien' (Stuttgart 1971). Das gleiche gilt in der Regel für die Schreibung der biblischen (alttestamentlichen) Namen.

Die Abkürzungen für Zeitschriften, Serien und Sammelwerke richten sich nach dem 'Internationalen Abkürzungsverzeichnis für Theologie und Grenzgebiete' von S. SCHWERTNER (Berlin–New York 1974). Darüber hinaus werden folgende Abkürzungen verwendet:

| | |
|---|---|
| EWNT | Exegetisches Wörterbuch zum Neuen Testament, 3 Bände |
| FzB | Forschung zur Bibel |
| MimNT | R. E. BROWN u. a. (Hrsg.), Maria im Neuen Testament, Stuttgart 1981 |
| ÖTK | Ökumenischer Taschenbuch-Kommentar zum Neuen Testament |
| SNTU | Studien zum Neuen Testament und seiner Umwelt |

Sonstige Abkürzungen (in Auswahl):

| | | | |
|---|---|---|---|
| a. a. O. | am angegebenen Ort | Hrsg. | Herausgeber |
| Anm. | Anmerkung(en) | Lit. | Literatur |
| Art. | Artikel | LXX | Septuaginta |
| DERS. | Derselbe | par. | Parallele(n) |
| Ev | Evangelium | u. a. | unter anderem, und andere(s) |

Die griechische Abkürzung κτλ. bedeutet: καὶ τὰ λοιπά = und das übrige; und so weiter.

[1] Vgl. zum Vorkommen u. a. G. SCHNEIDER, EWNT II 951–954 (mit Lit.angaben). Zur bibl. Mariologie insgesamt sei bes. verwiesen auf: O. KNOCH, Maria; J. ZMIJEWSKI, Mutter.

2,5.16.19.34; Apg 1,14). Hinzu kommen jene Stellen, an denen Maria ohne Namensnennung erwähnt wird. Die allermeisten dieser Stellen umschreiben sie als „die Mutter Jesu" (Joh 2,1.3), „die Mutter des (meines) Herrn" (Lk 1,43), „seine Mutter" (Mt 2,13f. 20f.; 12,46; Mk 3,31; Lk 2,33.48.51; 8,19; Joh 2,5.12; 19,25; vgl. auch Mk 3,32 par. Mt 12,47 bzw. Lk 8,20; Joh 19,27: „deine Mutter") oder einfach „die Mutter" (Joh 19,26; vgl. auch Joh 6,42). Darüber hinaus begegnen in Gal 4,4 eine auf Marias Mutterschaft anspielende Wendung („geworden aus einer Frau") sowie in Lk 11,27 eine auf sie als Mutter gemünzte Seligpreisung („Selig der Leib, der dich getragen, und die Brüste, an denen du gesogen hast!")[2]. Nicht auf Maria dürfte die Vision der apokalyptischen Frau in Apk 12 zu beziehen sein[3].

Trotz der relativen Häufigkeit ihrer (direkten oder indirekten) Erwähnung im NT, die sich allerdings auf einige wenige Schriften beschränkt, erfahren wir über Maria unter historisch-biographischem Gesichtspunkt nicht allzu viel. Es lassen sich diesbezüglich aus den ntl. Texten eigentlich nur vier Einzelheiten entnehmen, die, da sie mehrfach und in voneinander unabhängigen Texten bezeugt sind, historisch als gesichert gelten können: 1. Maria war die Mutter Jesu von Nazareth (Mk 6,3 par. u.ö.); 2. sie war die Verlobte Josefs aus dem Stamm Davids (Lk 1,27; 2,5; vgl. Mt 1,18) bzw. seine Frau (Mt 1,24; vgl. auch Lk 4,22 mit Mk 6,3); 3. sie wohnte – zumindest eine Zeitlang – zusammen mit ihrer Familie in Nazareth (Mt 2,22f.; Mk 6,1.3; Lk 2,39; vgl. auch Lk 1,26; 2,4; Joh 1,45; 2,1)[4]; 4. sie lebte offenbar noch nach Jesu Tod und Auferstehung und gehörte der ersten Christengemeinde an (Joh 19,25f.; Apg 1,14).

Nicht eindeutig dagegen ist z.B. auszumachen, ob auch Maria – wie Josef – aus dem Geschlecht Davids stammte; die Bemerkung über ihre Verwandtschaft mit Elisabeth in Lk 1,36 schließt dies zwar nicht völlig aus[5], dürfte aber doch – falls ihr überhaupt ein historischer Wert zukommt[6] – wohl eher auf eine Abstammung Marias aus levitischem Geschlecht schließen

[2] Es handelt sich bei dieser „realistischen Hervorhebung der mütterlichen Organe" (J. Ernst, Lk 377) also um die Stilform des pars pro toto. Nach H. Räisänen, Mutter 139, liegt hier eine typisch jüdische metaphorische Redewendung vor. Vgl. dazu die Belege aus dem Rabbinentum bei P. Billerbeck, Kommentar II 187f.

[3] Vgl. dazu J. Michl, BThW II 971: „Die in der christlichen Tradition öfters als Aussage über Maria verstandene Vision der apokalyptischen Frau (Apk 12,1–6.13–17) muß ausscheiden, weil diese Figur offenbar das Volk Gottes, das wahre Israel, versinnbildet, wie man seit frühchristlicher Zeit richtig gesehen hat (Hippolytus, Methodius, Victorinus)." Vgl. auch G. Stählin, RGG IV 748.

[4] Zu beachten ist in diesem Punkt die Diskrepanz zwischen Mt und Lk: Während nach Lk die Familie Jesu von Anfang an in Nazareth zu Hause ist (vgl. 1,26; 2,4), setzt Mt als ursprünglichen Wohnort offensichtlich Bethlehem voraus, nach 2,22f. zieht die Familie erst später nach Nazareth. Vgl. dazu H. Kuhli, EWNT II 1116.

[5] Vgl. J. Michl, LThK VII 25.

[6] Wie unsere Analyse von Lk 1–2 ergeben wird, spricht einiges dafür, daß erst Lk selbst im Zuge seiner Parallelisierung Jesu mit Johannes dem Täufer auf der Grundlage einer vorgegebenen Täufertradition die Szene der Begegnung von Maria und Elisabeth in 1,39–56 geschaffen und dementsprechend – als Vorbereitung dazu – in 1,36 aus der

lassen[7]. Maria wurde also wahrscheinlich erst durch ihre Ehe mit Josef zur Davididin[8]. Unklar bleibt auch, ob Maria zur Zeit des öffentlichen Wirkens Jesu bereits eine Witwe war. Vor allem Mk 6,3, wo Jesus von den Mitbewohnern seiner Vaterstadt Nazareth nur als „der Sohn der Maria" (und nicht auch als der des Josef!) bezeichnet wird, scheint (neben anderen Stellen: Mk 3,31 f. par. Mt 12,46 f. bzw. Lk 8,19 f.; ferner Joh 2,1; 19,26 f.) darauf hinzudeuten[9]. Allerdings läßt sich die auffallende Formulierung in Mk 6,3 durchaus auch anders erklären[10]. Zudem gibt es daneben Stellen, an denen Josef als Vater Jesu erwähnt bzw. als bekannt (und damit noch lebend?) vorgestellt wird (vgl. Mt 13,55; Lk 4,22; Joh 6,42). Unklar bleibt schließlich, ob Maria neben Jesus, ihrem „Erstgeborenen" (πρωτότοκος: Lk 2,7; vgl. Mt 1,25), noch weitere Kinder hatte. Mit den „Brüdern Jesu" (Mk 3,31; 6,3 u. a.) können nach biblischem Griechisch (vgl. Gen 13,8; 14,14 LXX) jedenfalls auch Vettern bzw. andere nahe Verwandte gemeint sein[11]. Außerdem ist der Gebrauch des Ausdrucks πρωτότοκος in Lk 2,7 offensichtlich rein theologisch motiviert[12].

Keinerlei Auskunft erhalten wir aus dem NT u. a. darüber, wann und wo Maria geboren wurde, wer ihre Eltern waren und woher diese stammten[13], wie Maria ihre Jugend verbrachte, wie ihr weiteres Leben verlief, wann, wo und unter welchen Umständen sie starb.

Daß wir über das Leben Marias aus dem NT so wenig Sicheres erfahren, mag man angesichts der Tatsache, daß es sich bei ihr immerhin um die Mutter des Messias Jesus handelt, bedauern, oder, wie es in der Historiographie bzw. Hagiographie bis heute immer wieder geschehen ist, sogar auch zum Anlaß nehmen, „die Lücken auszufüllen, sei es durch psychologische Erwägungen, mit deren Hilfe wir uns ausdenken, wie es einst zugegangen sein wird, sei es durch Ergänzungen nach zeitgeschichtlichen Nachrichten, archäologischen Funden und schließlich Vergleichen mit den Lebensverhältnissen der einfachen Menschen im heutigen Palästina, woraus wir das ergänzen, was damals in Palästina unter ähnlichen Umständen geschehen sein wird"[14].

Mutter Jesu und der Mutter des Johannes Verwandte gemacht hat! Vgl. dazu auch M. Dömer, Heil 19.

7 Vgl. G. Stählin, RGG IV 747; F. Rehkopf, BHH II 1150; auch H. Schürmann, Lk I 42 (Lk 1,36 „läßt für Maria an – zumindest teilweise – levitische Abstammung denken"); ferner J. Michl, LThK II 25.

8 G. Stählin, RGG IV 748.

9 Vgl. R. Pesch, Mk I 319: „Jesus wird Sohn der Maria genannt, weil sein Vater nicht mehr lebte." Ferner J. Gnilka, Mk I 231, u. a.

10 Vgl. dazu die Ausführungen in: MimNT 60 ff., wo insgesamt vier Erklärungsmöglichkeiten erörtert werden. Siehe auch unsere Erläuterungen zu dieser Stelle im weiteren Verlauf dieses Beitrags.

11 Vgl. K. H. Schelkle, HThG II 112.

12 Vgl. H. Schürmann, Lk I 104: „In dem Attribut πρωτότοκος bekundet sich schlicht die Bedeutsamkeit ...: Als erstgeborener Davidide ist das Kind als möglicher messianischer Prätendent charakterisiert ..."

13 Daß Marias Vorfahren väterlicherseits Nichtjuden, mütterlicherseits Leviten waren, wie es etwa G. Stählin, RGG IV 748 (im Anschluß an R. Seeberg, Herkunft), für möglich hält, ist reine Spekulation.

14 K. H. Schelkle, Mutter 10.

Auf der anderen Seite ist der Befund keineswegs überraschend, wenn man bedenkt, worum es im gesamten NT, insbesondere in den Evangelien geht: nämlich nicht um die Darstellung des historischen Lebens und Wirkens Jesu, sondern um die Verkündigung des gegenwärtigen und als Kyrios in seiner Kirche lebenden Christus[15]! Die ntl. Schriften sind dann aber eben nicht als historische oder biographische Zeugnisse anzusehen, sondern vielmehr zu verstehen als „Dokumente des Glaubens"[16] der nachösterlichen Kirche, die an die lebendige Gegenwart Jesu Christi als ihres Herrn glaubt (und dementsprechend von der Warte dieses Glaubens her auch auf sein irdisches Leben und Wirken zurückschaut).

Für die Darstellung Marias im NT bedeutet dies ein Zweifaches: 1. Wie die ntl. Schriften, im besonderen die Evangelien keine Lebensbeschreibung Jesu bieten wollen, so auch keine Lebensbeschreibung (Vita) Marias[17]. 2. Maria wird im NT eigentlich nie isoliert für sich (bzw. um ihrer selbst willen) in den Blick genommen – und kann es auch gar nicht –, sondern ist immer nur Thema im Rahmen der umfassenden Christusverkündigung. Wenn dem aber so ist, dann gelten für die ntl. Mariologie zwangsläufig die gleichen Gesetzmäßigkeiten, wie sie für die Christusverkündigung des NT generell zu konstatieren sind!

Aus dem Gesagten ergeben sich für die exegetische Beschäftigung mit den ntl. Aussagen über Maria bedeutsame Konsequenzen: So wird man zunächst damit zu rechnen haben, daß Aussagen über Maria möglicherweise eher (bzw. primär) der Verkündigung dienende Aussagen über Jesus Christus sein wollen, wie ebenso, daß Maria, vor allem dort, wo sie selbst als Person stärker in den Blickpunkt rückt, weniger in ihrer historischen Individualität gesehen und beschrieben wird als vielmehr als eine schon 'gedeutete' Persönlichkeit erscheint, d. h. als eine Persönlichkeit, die von ihrer für den christlichen Glauben relevanten Bedeutung her, vorab der christologisch-heilsgeschichtlichen[18], sodann aber auch der soteriologisch-ekklesiologischen und paränetischen, verstanden und entsprechend dargestellt ist. Zum anderen wird man davon auszugehen haben, daß 1. so, wie sich die Christusverkündigung überhaupt als eine aktualisierende und deshalb auch notwendigerweise in je verschiedener Form und inhaltlichen Akzentuierung erfolgende Interpretation urchristlicher Glaubensüberlieferung versteht, auch die Aussagen über Maria jeweils in Form und Inhalt unterschiedlich ausfallen und daß 2. so, wie innerhalb der ntl. Christusverkündigung insgesamt eine fortschreitende christologische Entwicklung (etwa eine solche von einer mehr 'impliziten' zu einer 'expliziten' Christologie) zu konstatieren ist, es entsprechend auch eine Entwicklung in der ntl. Mariologie gibt, in deren Verlauf sich nicht nur die Aussagen und Vorstellungen

15 Vgl. dazu H. ZIMMERMANN, Jesus Christus 21.23 u. ö.

16 MimNT 36.

17 K. H. SCHELKLE, Mutter 9.

18 Besonders ausgeprägt ist die Darstellung der christologisch-heilsgeschichtlichen Bedeutung Marias in den 'Vorgeschichten' des Mt und des Lk.

über die Mutter Jesu immer mehr entfalten, sondern auch die „Tendenz" zunimmt, „die Würde Marias zu erhöhen"[19].

In methodischer Hinsicht ergibt sich daraus für die folgende Darstellung die Notwendigkeit, zum einen die einzelnen Schriften je für sich – und zwar angefangen von den ältesten bis hin zu den jüngsten – zu erörtern, weil nur so die Gesamtentwicklung in der ntl. Mariologie erkennbar wird, und zum anderen bei jeder Schrift, insbesondere bei den Evangelien, mit Hilfe der (dafür zweifellos am besten geeigneten) historisch-kritischen Methode[20] zu versuchen, soweit wie möglich die jeweilige Traditionsgeschichte der in ihnen enthaltenen mariologisch relevanten Texte zu erhellen[21], weil nur so die Mariologie des NT als das, was sie sein will, adäquat in den Blick kommt: nämlich als eine (mehrschichtige) 'Überlieferung des Glaubens' und nicht als eine bloß konservierende Wiedergabe von *bruta facta*. Dementsprechend soll bei der Behandlung der einschlägigen Texte jeweils vor der mariologischen Auswertung[22] eine (neben der Struktur u. a.) auch die Traditionsgeschichte berücksichtigende Textanalyse erfolgen.

## Analyse und Auswertung des neutestamentlichen Textbefundes

### *I. Die Mutter Jesu in den paulinischen Briefen*

#### 1. Vorbemerkungen

Die allesamt in den fünfziger Jahren des 1. Jh. n. Chr. entstandenen (authentischen) Paulusbriefe[23] lassen keinerlei Interesse an der Mutter Jesu erkennen. Ihr Name wird nicht einmal genannt.

Dies kommt nicht von ungefähr, sondern hängt mit der besonderen Intention dieser Briefe zusammen. Paulus entwickelt in ihnen „die theologischen Grundgedanken seiner Predigt"[24], in deren Mitte einzig und allein Jesus Christus steht, und zwar als „der auferstandene und erhöhte Herr, der doch

[19] K. H. Schelkle, HThG II 112.

[20] Vgl. zu dieser Methode u. a. H. Zimmermann, Methodenlehre.

[21] Bei den Evangelien ist in diesem Zusammenhang z. B. auf die *tria tempora traditionis* zu achten. Vgl. dazu Allgemeines bei H. Zimmermann, Jesus Christus 22 f.; in bezug auf die mariologischen Aussagen: MimNT 21 ff.

[22] Bei der Auswertung geht es näherhin nicht nur um die Mariologie im engeren (systematischen) Sinn. Vielmehr werden grundsätzlich alle Aussagen und Vorstellungen über Maria, ihre Person, ihre Funktion und ihre Bedeutung in den Blick genommen und das dabei sichtbar werdende Bild beleuchtet, das der Verfasser in dem betreffenden Text von Maria zeichnet.

[23] Zu ihnen gehören: 1 Thess, Gal, 1 Kor, 2 Kor, Phil, Phlm, Röm. Vgl. H. Zimmermann, Methodenlehre 235 Anm. 62.

[24] MimNT 20.

zugleich der Gekreuzigte ist“[25] (vgl. 1 Kor 1,24 f.; 15,3 ff.; 2 Kor 13,3 f.; Phil 2,6–11 u. a.). Von daher wird verständlich, daß bei Paulus überhaupt nur wenige Stellen begegnen, die sich auf die Geburt oder besser: die menschliche Abstammung Jesu beziehen. Zu ihnen zählen Röm 1,3 f.; Phil 2,6 f. und Gal 4,4 f.[26]. Aber selbst an diesen wenigen Stellen, an denen man noch am ehesten Aussagen über die Mutter Jesu erwartet, spielt Maria keine Rolle. An den beiden erstgenannten, ganz und gar christologisch ausgerichteten Stellen Röm 1,3 f.[27] und Phil 2,6 f.[28] wird sie nicht einmal indirekt erwähnt! Etwas anders sieht die Sache in Gal 4,4 f. aus, weshalb diese Stelle im folgenden ein wenig genauer besprochen werden soll.

## 2. Gal 4,4 f.

### Analyse des Textes:

Die Verse gehören zum Abschnitt 3,26–4,7, in dem Paulus darlegt, daß Jesus Christus uns von der Knechtschaft des Gesetzes befreit und aus

[25] H. Zimmermann, Jesus Christus 59. Vgl. auch J. Zmijewski, Schriftauslegung 60.

[26] Hinzurechnen kann man noch eine Stelle wie Gal 1,19, wo vom „Herrenbruder“ Jakobus die Rede ist. Vgl. dazu die Lit.angaben bei K. Niederwimmer, EWNT II 411 f.

[27] Röm 1,3 f. enthält einen zweigliedrigen christologischen Bekenntnissatz, den Paulus aus der urchristlichen Tradition übernommen und im Sinne seiner Theologie (näherhin durch die im 2. Glied hinzugefügte Wendung ἐν δυνάμει [= „in Macht“]) interpretiert hat (vgl. dazu u. a. H. Zimmermann, Methodenlehre 193–203 [mit Lit.angaben S. 195 Anm. 228); J. Zmijewski, Paulus 146–149). Im 1. Glied dieses Satzes wird mit der Wendung ὁ γενόμενος ἐκ σπέρματος Δαυίδ auf die menschlich-natürliche Abstammung Jesu Christi aus dem Geschlecht Davids hingewiesen. Jedoch kommt es im Rahmen des vorliegenden Parallelismus nicht eigentlich auf die Aussage des 1. Gliedes an, sondern auf die des 2. Gliedes, also auf das Bekenntnis, daß Jesus, der davidische Messias, „eingesetzt (ist) als Sohn Gottes (in Macht) dem Geist der Heiligkeit nach aufgrund der Auferstehung von den Toten“. Zudem wird in diesem Zusammenhang darüber, wie die davidische Abstammung Jesu zustande kommt, ebensowenig reflektiert wie über die Frage, inwiefern Jesus als Sohn Gottes zugleich „dem Fleische nach“ ein Nachkomme Davids sein kann. Aus dieser Stelle, etwa aus der Wendung γίνεσθαι ἐκ ein Argument für die jungfräuliche Empfängnis abzuleiten, wäre insofern dann aber zwar sprachlich möglich – γίνεσθαι ἐκ kann neben dem Ursprung auch die Geburt eines Menschen bezeichnen (vgl. O. Michel, Röm 39) –, jedoch eine unerlaubte, weil der Aussageabsicht nicht entsprechende Überinterpretation. Vgl. MimNT 44.

[28] Es handelt sich bei diesen Versen um den Anfang eines von Paulus aus der urkirchlichen Tradition übernommenen und im Sinne seiner *theologia crucis* (vgl. den Zusatz „zum Tode aber des Kreuzes“ in V. 8c) interpretierten Christushymnus (Phil 2,6–11). Dieser beschreibt in zwei Strophen (V. 6 ff. bzw. 9 ff.) den Erlöserweg Christi (vgl. dazu u. a. J. Zmijewski, Verhältnis 254 ff. [mit weiteren Lit.angaben S. 254 Anm. 130]). Im Rahmen der 1. Strophe, die von der Erniedrigung Christi spricht, wird nun zwar auf die Menschwerdung angespielt, insofern hervorgehoben ist, daß der, „welcher wie Gott war ..., sich selbst entäußerte, die Gestalt eines Knechtes annahm, den Menschen gleich ward und im Äußeren als ein Mensch erfunden wurde ...“; aber nichts wird hier gesagt über die Art und Weise dieser Menschwerdung. In dem Gedanken der ‘Selbstentäußerung’ des Präexistenten einen Hinweis auf die jungfräuliche Empfängnis finden zu wollen, ist völlig unangebracht. Vgl. MimNT 41.

unmündigen Sklaven zu Söhnen und Erben Gottes gemacht hat. In diesem Zusammenhang wollen die Verse 4,4f. darauf aufmerksam machen, wann bzw. durch welches Ereignis die frühere Unmündigkeit aufgehoben und der neue Zustand der Gottessohnschaft herbeigeführt worden ist. Dies ist näherhin geschehen „in der Fülle der Zeiten" (V. 4a) durch die „auf dem Akte der Entsendung" beruhende und „in der Menschwerdung" bestehende „Erscheinung Christi Jesu in diesem Äon"[29]!

Paulus greift hier offensichtlich auf eine vorgegebene Glaubensformel (Sendungsformel)[30] zurück, wie sie ähnlich auch Röm 8,3f. begegnet (vgl. ferner Joh 3,16f.; 1 Joh 4,9)[31]. Zu fragen ist dann aber, wie die vorgegebene Formel genauer lautete und welche Wendungen redaktionell sind, d.h. auf Paulus selbst zurückgehen.

Mit ziemlicher Sicherheit dürfte es sich bei den in der Mitte stehenden Wendungen γενόμενον ὑπὸ νόμον, ἵνα τοὺς ὑπὸ νόμον ἐξαγοράσῃ („geworden unter Gesetz, damit er die unter Gesetz [Stehenden] loskaufe") um einen paulinischen Einschub handeln. Dafür sprechen nicht nur sprachlich-syntaktische und strukturelle Beobachtungen[32], sondern vor allem der deutlich auf den Apostel hinweisende Inhalt: Die Wendungen „drücken einen zentralen Gedanken seiner eigenen Theologie aus"[33]. Schwieriger zu entscheiden ist die Frage, ob die uns in unserem Zusammenhang besonders interessierende Wendung γενόμενον ἐκ γυναικός („geworden aus einer Frau") in V. 4b aus der Tradition stammt oder einen weiteren paulinischen Einschub darstellt[34]. Für die Herkunft aus der Tradition könnten indes folgende Erwägungen sprechen: 1. Auch sonst begegnet in vorpaulinischen Traditionsstücken die γενόμενος-Wendung zur Umschreibung der Menschwerdung bzw. menschlichen Abstammung Jesu (vgl. Röm 1,3; Phil 2,7); 2. die bereits als paulinisch erkannte merkwürdige Formulierung „geworden unter Gesetz" erklärt sich am besten als eine Angliederung an die bereits vorgegebene erste γενόμενος-Wendung, die durch diese Formulierung im Sinne des Apostels erläutert werden soll.

Von daher läßt sich der Wortlaut der ursprünglichen Formel etwa so bestimmen: „In der Fülle der Zeiten sandte Gott seinen Sohn, geworden aus einer Frau, damit wir die Sohnschaft erhielten."

Aus dem Gesagten ergibt sich, daß es dem Apostel an dieser Stelle eindeutig um eine christologisch-soteriologische Aussage geht, bei der er – in Anlehnung an die Tradition, die er aber „aktualisiert ... im Sinn der

[29] H. SCHLIER, Gal 196.

[30] H. RÄISÄNEN, Mutter 17: „eine alte soteriologische Formel". Vgl. auch F. MUSSNER, Gal 271: „Gal 4,4f. klingt fast wie ein Credosatz."

[31] Vgl. dazu u.a. E. SCHWEIZER, ThWNT VIII 376, sowie die weiteren bei F. MUSSNER, Gal 271 Anm. 127, angeführten Beiträge.

[32] Siehe z.B. das im jetzigen Text harte Aufeinandertreffen zweier unverbundener ἵνα-Sätze. Zum Grundschema derartiger Sendungsformeln gehört zudem sonst nur ein finaler ἵνα-Satz. Vgl. zur Grundstruktur u.a. F. MUSSNER, Gal 272.

[33] H. RÄISÄNEN, Mutter 17, der (ebd. Anm. 3) als Belege dafür 1 Kor 9,20f. und bes. Gal 3,13 anführt. Vgl. auch W. EGGER, Gal 30.

[34] W. KRAMER, Christos 110; H. RÄISÄNEN, Mutter 17, u.a. lassen die Frage offen.

Gesetzesproblematik"[35] – auf zwei Momente hinweist, die das (für unseren neuen Heilszustand notwendige) 'Gewordensein' des von Gott gesandten Sohnes ausmachen: 1. Der Sohn Gottes „läßt sich in das irdische Fleisch herab (vgl. Röm 8,3; Joh 1,14); er nimmt die Knechtsgestalt des Menschengeschlechtes an (Phil 2,7), indem er der Sohn einer ... Frau wird"[36]. 2. Zugleich beugt er sich unter das Gesetz, sofern er nämlich „als Jude Mensch wird"[37]. Diese seine „doppelte Solidarität" (mit dem Menschenlos im allgemeinen und dem Schicksal der unter dem Gesetz stehenden Menschen im besonderen) „wirkt Befreiung vom Gesetz und Annahme an Kindes Statt"[38].

Zur mariologischen Bedeutung des Textes:

Insofern es bei dem „Geworden aus einer Frau" im Rahmen der paulinischen Argumentation lediglich um den Hinweis auf „die wahre und wahrhafte Menschheit des Sohnes"[39] und deren Heilsbedeutung für uns geht, nicht aber um das Wie seiner Menschwerdung[40], darf man aus dieser Stelle keine explizit mariologischen Aussagen des Apostels herauslesen. Jedenfalls „läßt sich aus dem Wort kein überzeugendes Argument dafür anführen, daß Paulus mit ihm die jungfräuliche Empfängnis gemeint"[41] hat[42], wenngleich natürlich die vorliegende christologische Aussage „keineswegs unvereinbar" ist „mit der Christologie anderer und späterer neutestamentlicher Autoren, die die jungfräuliche Empfängnis verkünden"[43].

Das heißt nun nicht, daß diese christologisch und soteriologisch ausgerichtete Stelle des Gal mariologisch überhaupt nichts hergibt. Indirekt und implizit enthält sie durchaus mögliche Ansatzpunkte auch für eine mariologische Auswertung. Auf folgende Ansatzpunkte sei hingewiesen:

1. Wenn sich, wie es hier ja gesagt wird, der (von seinem Vater gesandte) Sohn Gottes dadurch als wahrer Mensch erweist, daß er „aus einer Frau (geboren) wird", dann bedeutet dies zugleich: die Frau, aus der er (geboren)

[35] W. EGGER, Gal 30.

[36] U. BORSE, Gal 143. Die Wendung „geboren von einer Frau" ist ein bereits im Judentum bekannter Ausdruck, „um das Menschsein einer Person zu betonen" (MimNT 47 [mit Belegen]). Vgl. auch H. RÄISÄNEN, Mutter 18.

[37] U. BORSE, Gal 143; vgl. auch F. MUSSNER, Gal 270. Eine etwas andere Deutung bringt H. SCHLIER, Gal 196; er hält den 1. Satz für eine Aussage über die menschliche Natur Jesu und den 2. Satz für eine solche über seine Geschichte.

[38] W. EGGER, Gal 30.

[39] F. MUSSNER, Gal 269.

[40] Vgl. H. RÄISÄNEN, Mutter 20: „Den Apostel interessiert hier einfach nicht, *wie* Jesus geboren wurde. Es genügt ihm zu verkünden, *daß* der Sohn Gottes Mensch wurde und daß den Menschen dadurch Gotteskindschaft geschenkt wurde (Gal 4,6 f.)."

[41] MimNT 47.

[42] Tatsächlich wurde Gal 4,4 seit der Väterzeit immer wieder auf die jungfräuliche Empfängnis bzw. Geburt Jesu hin verstanden. Vgl. dazu E. DE ROOVER, La maternité 17–37; ferner die Deutung von TH. ZAHN, Gal 202.

[43] MimNT 48.

wird, also Maria, ist wirkliche menschliche Mutter des menschgewordenen Sohnes Gottes[44]!

2. Als die Mutter des von Gott zu unserem Heil gesandten und menschgewordenen Gottessohnes partizipiert sie indirekt an dessen heilsgeschichtlicher Bedeutung und gehört durchaus in „die Wirklichkeit der Erlösung“[45] hinein, wie sie hier beschrieben wird, und zwar in doppelter Hinsicht: a) Sie erscheint hier sozusagen „als der Ort, in dem sich der entscheidende Überschritt des ewigen Sohnes Gottes in die menschliche Natur und Geschichte vollzog“[46]. b) Sie nimmt teil an der Erniedrigung Jesu Christi, des Gottessohnes, oder – vielleicht noch genauer – sie ist – als Frau – selbst Teil seiner Erniedrigung! Obwohl hier der Ausdruck γυνή (= „Frau, Weib“) sicher nicht direkt betont ist[47], so verbindet sich mit ihm doch durchaus der Nebensinn: „dem Manne untergeordnet“ (vgl. 1 Kor 11,7 ff.)[48]. Wenn nun Christus Sohn einer dem Mann untergeordneten Frau wird, dann unterstreicht dies also nur noch seine Erniedrigung!

## *II. Maria im Markusevangelium*

### 1. Vorbemerkungen

Das MkEv ist nicht nur das älteste kanonische Evangelium, sondern es bildet auch nach der heute fast allgemein anerkannten Zweiquellentheorie[49] eine der beiden Hauptquellen, die die späteren Synoptiker, Mt und Lk, unabhängig voneinander für ihre Darstellung benutzt haben. Während für die Logienquelle Q, die andere Hauptquelle für Mt und Lk, keine Erwähnung Marias anzunehmen ist[50], tritt sie bei Mk in einer Szene als Mutter Jesu auf (3,31–35); in einer weiteren wird sogar ihr Name genannt (6,1–6a). Hinzu kommen die allerdings umstrittenen – und wegen der mit ihnen verbundenen

[44] Vgl. dazu MimNT 47: „Wollte man fragen, wie Paulus schreiben konnte, daß Jesus ‚von einer Frau geboren‘ wurde oder sogar daß er ‚ins Dasein kam durch eine Frau‘, ohne damit nicht implizit auf Maria hinzuweisen, dann kann die Antwort nur lauten, daß er tatsächlich indirekt auf sie Bezug nimmt. Aber es handelt sich hier lediglich um Maria als Mutter, um ihre mütterliche Rolle, in der sie Jesus getragen und zur Welt gebracht hat. Hier finden wir nicht den leisesten Hinweis, daß ... sie noch Jungfrau war.“

[45] A. Smitmans, BL 1094.

[46] K. H. Schelkle, Mutter 34; vgl. Ders., HThG II 112. Doch s. zur Kritik an Schelkle vor allem H. Räisänen, Mutter 24 Anm. 4, der diese Deutung ein „Beispiel für eine gewaltsame mariologische Umdeutung von Gal 4,4“ nennt!

[47] So zu Recht H. Räisänen, Mutter 17.

[48] Vgl. U. Borse, Gal 143.

[49] Siehe Näheres dazu u. a. bei A. Wikenhauser – J. Schmid, Einleitung 279–289; W. G. Kümmel, Einleitung 37–41; G. Ziener, Frage 176 ff.

[50] Vgl. G. Schneider, EWNT II 953.

unklärbaren Fragen von uns legitimerweise auszuklammernden – Stellen Mk 15,40.47 und 16,1[51].

## 2. Die mariologisch relevanten Texte des Markusevangeliums

### a) Mk 3,31–35 (in Verbindung mit 3,21)

Analyse des Textes:

Die Verse 3,31–35 bilden im jetzigen Mk-Zusammenhang den Abschluß eines größeren Erzählkomplexes (3,20–35). Man kann in ihm drei Abschnitte unterscheiden[52]: Der 1. Abschnitt (3,20 f.) schildert zunächst die Situation: Jesus geht in ein Haus, und das Volk sammelt sich um ihn (V. 20); sodann wird von der Reaktion der Angehörigen Jesu berichtet: „Und als die Seinen es hörten, zogen sie aus, um ihn zu packen. Sie sagten nämlich: 'Er ist von Sinnen'!" (V. 21). Der 2. Abschnitt (3,22–30) schildert eine Auseinandersetzung Jesu mit von Jerusalem herabgekommenen Schriftgelehrten. Diese machen Jesus ähnliche, allerdings noch stärkere Vorwürfe wie zuvor die Verwandten (V. 22: „Er hat Beelzebul!" und: „Durch den Fürsten der Dämonen treibt er die Dämonen aus!" Vgl. auch V. 30: „Einen unreinen Geist hat er!"), und Jesus antwortet darauf mit einer als Gleichnis- bzw. Bildrede charakterisierten (vgl. V. 23a) längeren Erwiderung (V. 23b–29), die am Ende durch einen „Kommentar des Evangelisten"[53] erläutert wird (V. 30). Der 3. Abschnitt (3,31–35) handelt von der Ankunft der Verwandten Jesu, die zum Anlaß für eine Belehrung Jesu über seine wahre Familie wird.

Die drei Abschnitte stehen im jetzigen Zusammenhang deutlich in Beziehung zueinander. Nicht nur ist für alle drei Szenen das Haus als Ort des Geschehens vorausgesetzt (V. 20[54]; vgl. V. 23.31), sondern sie werden auch thematisch zusammengehalten: Es geht um verschiedene an Jesus gerichtete Vorwürfe und deren Zurückweisung[55] durch Jesus[56].

[51] In bezug auf diese Stellen ist z. B. zu fragen, ob 1. Maria die Mutter Jesu, mit der dort als Mutter des Jakobus und/bzw. des Joses erwähnten Maria identifiziert werden muß und ob 2. die dort erwähnten Jakobus und Joses mit den gleichnamigen „Brüdern" Jesu von Mk 6,3 identisch sind. Die Ansichten der Exegeten gehen in diesen Fragen auseinander. Anhand von Mk 15,40 (.47; 16,1) kann man auch „nicht feststellen, welcher Natur die Beziehung zwischen Jesus und denen ist, die in Mk 6,3 seine Brüder und Schwestern genannt werden"; jedenfalls „läßt sich nicht behaupten, daß diese Brüder (und Schwestern) zweifelsfrei ... als leibliche Brüder und Schwestern Jesu und somit als Kinder Marias identifiziert werden" (MimNT 66 f.).

[52] Vgl. zum Aufbau der Komposition im einzelnen u. a. E. SCHWEIZER, Mk 41; H. RÄISÄNEN, Mutter 26; MimNT 55.

[53] H. RÄISÄNEN, Mutter 26. Vgl. R. BULTMANN, Geschichte 11.

[54] V. 20 ist also (zusammen mit V. 21) Einleitung für den gesamten Erzählkomplex. Vgl. MimNT 55; auch J. GNILKA, Mk I 144: „Vers 20 hat überleitenden Charakter."

[55] Der im 1. Abschnitt begegnende Vorwurf der Verwandten Jesu wird des näheren im 3. Abschnitt zurückgewiesen, die im 2. Abschnitt erwähnten Vorwürfe der Schriftgelehrten finden sofort im selben Abschnitt ihre Zurückweisung.

[56] J. ERNST, Mk 116, sieht den thematischen Zusammenhang „in den Stichworten 'von Sinnen – besessen' und 'die Seinigen' – 'Mutter und Brüder'" gegeben.

Dennoch ist davon auszugehen, daß erst Mk selbst die jetzige Szenenfolge geschaffen hat: Der 2. Abschnitt, das Streitgespräch mit den Schriftgelehrten (V. 22 – 30), nimmt sich wie ein Einschub aus. Die darin begegnenden Gegner spielen weder vorher noch nachher eine Rolle. Außerdem ergeben sich erzählerische Spannungen zwischen dem 2. Abschnitt und dem Kontext[57]. Demgegenüber gehören der 1. und der 3. Abschnitt erzählerisch eng zusammen. Die Verse 31 – 35 greifen deutlich den Erzählfaden von V. 21 auf und führen ihn weiter[58]. Wir begegnen hier einer besonderen Erzähltechnik des Evangelisten Mk, der es auch sonst „um der gesteigerten Dramatik willen"[59] liebt, in zusammenhängende Erzählungen unabhängige Episoden einzuschalten (vgl. 5,21 – 43; 6,7 – 30; 11,11 – 21; 14,1 – 11; 14,53 – 15,15)[60].

Es ist allerdings zu fragen, ob die Verse 20 f. und 31 – 35 auch schon auf der Traditionsstufe vor Mk eine Erzähleinheit gebildet haben. Dies dürfte nicht anzunehmen sein. Vielmehr hat man wohl davon auszugehen, daß nur die Verse 31 – 35 die (von Mk bis auf die redaktionell hinzugefügte „szenische Zwischenbemerkung"[61] in V. 34a[62] im wesentlichen unverändert übernommene) Vorlage bildeten[63].

Der Sinn der (deutlich paränetisch ausgerichteten) ursprünglichen Perikope läßt sich etwa so umschreiben: Anläßlich eines – aus welchen Gründen auch immer erfolgenden – Besuchs seiner Verwandten macht Jesus klar, wer

57 So wird z. B. in bezug auf die Schriftgelehrten vorausgesetzt, daß sie – trotz der in V. 20 erwähnten Volksmenge – von (dem sich im Haus befindenden) Jesus „herbeigerufen" werden können (V. 23a); die Verwandten müssen dagegen – gerade wegen der Volksmenge – draußen bleiben und Jesus zu sich herausrufen lassen (V. 31 f.).

58 Vgl. J. Gnilka, Mk I 144.

59 J. Gnilka, Mk I 144.

60 Auf die „Verschachtelungstechnik" des Mk verweisen u. a. auch: R. Pesch, Mk I 221; J. Gnilka, Mk I 144; J. Ernst, Mk 116; H. Räisänen, Mutter 28; vgl. ferner MimNT 56.

61 R. Pesch, Mk I 222.

62 Für redaktionelle Bildung des V. 34a spricht vor allem das markinische Vokabular. Vgl. J. Gnilka, Mk I 147 Anm. 16; auch H. Räisänen, Mutter 33. Das heißt allerdings nicht, daß die in V. 34a und ebenso vorher schon in V. 32 erwähnte Volksmenge erst von Mk in die Szene miteinbezogen worden ist. Ihre Erwähnung war zumindest in V. 32 (entgegen der Auffassung von J. Gnilka, Mk I 147) vorgegeben!

63 Dafür, daß die Verse 31 – 35 ursprünglich eine Geschichte für sich bildeten und die Verse 20 f. offenbar noch nicht dazugehörten, lassen sich u. a. folgende Gründe anführen: l. V. 31 ist durchaus „ein selbständiger Anfang, der keinerlei Vorbereitung braucht" (M. Dibelius, Formgeschichte 44). 2. Die Verse 31 – 35 bilden insgesamt „ein formal in keiner Weise ergänzungsbedürftiges Apophthegma" (H. Schürmann, Lk I 471; vgl. E. Lohmeyer, Mk 80; ferner R. Pesch, Mk I 221: „... eine in sich geschlossene, gerundete Überlieferung, die von sich aus weder auf 3,21 zurückweist noch eine Fortsetzung verlangt"). 3. Zwischen V. 20 f. und V. 31 – 35 ergeben sich Spannungen. So ist z. B. in V. 31 das Subjekt anders benannt als in V. 21: Statt „die Seinen" heißt es nun „seine Mutter und seine Brüder". Für sich genommen, schildern die Verse 31 – 35 eher einen 'harmlosen' Verwandtenbesuch (vgl. R. Schnackenburg, Mk I 95; ferner R. Pesch, Mk I 222; H. Räisänen, Mutter 34). Der Vorwurf von V. 21 spielt in V. 31 – 35 ebensowenig eine Rolle wie die Absicht der Verwandten, Jesus zu „ergreifen".

seine wahre Verwandtschaft – seine „eschatologische Familie“[64] – bildet: nicht die, die es von Natur aus sind, sondern die, die jetzt „um ihn herum sitzen“ (V. 32a), d. h. seine Hörer, seine Jünger (vgl. 4,10: „die um ihn zusammen mit den Zwölf“)! „Jesus ist die Mitte ... einer neuen Familie; der Zugang zu ihm ist gleichsam vermittelt, nicht ‘natürlich’“[65]! Zur Veranschaulichung dieses Gedankens bedient sich die Erzählung vor allem der (räumlichen) Unterscheidung von „draußen“[66] und „drinnen“[67]: Seine Mutter und seine Brüder im leiblichen Sinne bleiben „draußen“; „drinnen“ – um ihn herum – befinden sich die, welche in Wahrheit für ihn „Mutter und Brüder“ sind (V. 34; vgl. V. 31[68]). Damit verbunden ist ein weiterer Kontrast: Die wahren Verwandten Jesu haben ihn gefunden, sie sind „um ihn herum“; die leiblichen Verwandten dagegen „suchen“ ihn (V. 32)! Das „Suchen“ braucht dabei nicht unbedingt „einen negativen Aspekt“ zu haben[69]; es könnte einfach auch angedeutet sein, daß die leiblichen Verwandten Jesu noch nicht zu seiner wahren Familie gehören, daß sie sich aber durchaus dann – allerdings auch nur dann – dazurechnen dürfen, wenn sie das für die Zugehörigkeit zur *„familia Dei“*[70] entscheidende Kriterium erfüllen: nämlich Gottes Willen tun (V. 35), wie Jesus selbst ihn tut und wie er nur „bei ihm ... zu lernen“[71] ist[72]!

64 MimNT 54.

65 R. Pesch, Mk I 222.

66 Das Wort ἔξω (= „draußen“) begegnet zweimal: V. 31 und V. 32.

67 Die räumliche Vorstellung intendiert also einen „symbolischen Sinn“ (R. Pesch, Mk I 222). Vgl. auch E. Lohmeyer, Mk 81; J. Ernst, Mk 121; H. Räisänen, Mutter 33.

68 Daß in V. 31 (und dementsprechend in V. 32) nicht auch der Vater Jesu erwähnt wird, mag den geschichtlichen Tatbestand widerspiegeln, daß Josef damals nicht mehr am Leben war; es erklärt sich aber vor allem als Angleichung an das Jesuswort V. 33 ff.: Soll dort Jesu wahre, geistliche Familie gekennzeichnet werden, so kommen als Mitglieder dieser Familie natürlich nur Mutter, Brüder und Schwestern in Frage (vgl. R. Pesch, Mk I 224), nicht aber der Vater, denn für die ‘eschatologische Familie’ Jesu gibt es nur einen Vater: Gott selbst (vgl. V. 35). Vgl. auch MimNT 242 Anm. 96.

69 So aber etwa J. Gnilka, Mk I 152: „Damit ist eine eigennützige Inanspruchnahme angemeldet (vgl. 1,37).“

70 H. Räisänen, Mutter 24.

71 W. Grundmann, Mk 87.

72 Der Text schließt also für sich genommen die leiblichen Verwandten Jesu „nicht aus einer eventuellen Teilnahme an seiner eschatologischen Familie aus“ (MimNT 54); und in der Tat haben ja später die Mutter und die „Brüder“ Jesu zur christlichen Gemeinde gehört, ja in ihr eine wichtige Rolle gespielt (vgl. Apg 1,14; 1 Kor 9,5; 15,7; Gal 2,9 u. a.). Indes geht es hier nicht eigentlich um irgendwelche konkreten Aussagen über die Verwandten Jesu oder speziell um seine Mutter – der Name Marias wird nicht einmal genannt –; sie sind im Grunde „nur Nebenpersonen in der Erzählung“ (H. Räisänen, Mutter 34); die Hauptpersonen neben Jesus sind eindeutig die in Kontrast zu ihnen stehenden Hörer „um ihn herum“, die also, welche die eigentliche *familia Dei* bilden. Dabei ist klar (und wird auch durch die Hinzufügung von „und Schwester“ bestätigt), daß vor allem V. 35 „ein Anruf ... an die spätere Gemeinde“, die sich „als die ‘rings um Jesus’ gesammelte Schar“ weiß, sein will, „sich durch Erfüllung des göttlichen Willens in die geistige Gemeinschaft mit Jesus zu stellen“ R. Schnackenburg, Mk I 96).

Mk hat die vorgegebene Perikope nicht nur durch den der Verdeutlichung dienenden Einschub V. 34a ergänzt[73], sondern sie auch durch das Mittel der Komposition interpretiert. So hat er der Erzählung eine redaktionelle Einleitung gegeben (V. 20 f.)[74] und zwischen diese und dem Korpus der Erzählung, wie schon erwähnt, seiner besonderen Kompositionstechnik gemäß eine weitere Erzählung, nämlich das Streitgespräch Jesu mit den Schriftgelehrten (V. 22 – 30), eingeschoben.

Durch die redaktionelle Einleitung wird aus dem mehr oder weniger 'harmlosen' Verwandtenbesuch in der Vorlage nunmehr der Versuch der Mutter und der Brüder Jesu, „der Seinen" (V. 21)[75], Jesus, den sie für „von Sinnen" halten[76], zu „ergreifen", d. h. mit (sanfter) Gewalt nach Hause zu holen[77]. Nicht zufällig führt Mk dabei die Verwandten Jesu mit dem Sammelbegriff „die Seinen" ein. Im Zusammenhang mit V. 31 – 35 erscheinen „die Seinen" (οἱ παρ' αὐτοῦ = wörtl.: „die mit ihm [Verbundenen]") nämlich nun als eine „Kontrastgruppe"[78] zu dem dort erwähnten engeren Zuhörerkreis Jesu (V. 34: οἱ περὶ αὐτόν = wörtl.: „die um ihn [Seienden]"). Als solche aber treten sie zugleich neben die andere „Kontrastgruppe", die der Schriftgelehrten, von der im Zwischenstück (V. 22 – 30) die Rede ist! Beide Gruppen haben nach Mk „eine negative Auffassung von Jesus"[79]. Dabei steht das negative Urteil der

[73] Durch diese Ergänzung verdeutlicht Mk den Sinn der ursprünglichen Erzählung auf doppelte Weise: zum einen dadurch, daß er die Menge „um Jesus herum" (vgl. V. 32) genauer als einen inneren (und geschlossenen) 'Kreis' kennzeichnet, dessen Mittelpunkt Jesus ist (vgl. R. Pesch, Mk I 222 f.); zum anderen dadurch, daß er mit der Bemerkung über das „Um-sich-Schauen" Jesu auf den Erwählungsaspekt hinweist: Jesu „Blick" ist wie so oft (vgl. z. B. Mk 10,21.23) erwählendes Anschauen!

[74] Für redaktionelle Bildung der Verse 20 f. sprechen folgende Beobachtungen: 1. Sprache und Stil sind durchweg markinisch (vgl. dazu u. a. H. Räisänen, Mutter 26 Anm. 1). 2. Es begegnen in ihnen für Mk typische Motive; z. B. das „Haus" als Aufenthaltsort Jesu (vgl. 1,29.32 f.; 2,1.15); der Andrang der Volksmenge (vgl. 2,2; 3,9; 4,1; 6,31a), das Motiv des Nicht-essen-Könnens (6,31b). 3. Wenn in V. 21 das Vorgehen der Verwandten gegen Jesus mit einem angehängten, wörtlich mitgeteilten Vorwurf begründet wird, erklärt sich dies am besten als eine redaktionelle, zum Zweck der Parallelisierung erfolgende Angleichung an das vom Evangelisten unmittelbar angeschlossene Streitgespräch (s. V. 22). 4. Darüber hinaus dienen die Verse 20 f. deutlich als „pragmatische Vorbereitung der Geschichte 3,31 ff. durch den Evangelisten" (M. Dibelius, Formgeschichte 44).

[75] Der Ausdruck οἱ παρ' αὐτοῦ, der hier mit „die Seinen" zu übersetzen ist, kann „an sich ... nähere oder fernere Verwandte oder auch die Gefolgschaft, also die Jünger bedeuten" (H. Riesenfeld, ThWNT V 727; vgl. auch W. Bauer, Wörterbuch 1210); hier sind jedoch eindeutig die in V. 31 erwähnten engeren Familienangehörigen Jesu, seine Mutter und seine „Brüder", gemeint.

[76] Das Verb ἐξιστάναι kann an sich Verschiedenes meinen (vgl. W. Bauer, Wörterbuch 546 f.; A. Oepke, ThWNT II 456 f.; J. Lambrecht, EWNT II 17 ff.), ist hier aber „unverkennbar negativ gefärbt" (H. Räisänen, Mutter 29).

[77] Das Verb κρατεῖν bezeichnet hier wie öfter bei Mk „eine gewaltsame Maßnahme" (H. Räisänen, Mutter 29).

[78] W. Grundmann, Mk 81.

[79] MimNT 57.

Verwandten (V. 21) deutlich in Parallele zu den Urteilen der Schriftgelehrten über Jesus (V. 22; vgl. V. 30). Näherhin bereitet es diese vor, hebt sich aber – trotz seiner Härte, die keineswegs abgeschwächt werden darf[80] – doch von ihnen ab[81]. Die Steigerung ist ja unverkennbar: Die Schriftgelehrten belassen es nicht wie noch die Verwandten bei dem an sich recht vagen und allgemein gehaltenen Vorwurf „Er ist von Sinnen", sondern sie bezeichnen Jesus offen als vom bösen Geist besessen (V. 22a.30) und sein messianisches Werk als Teufelswerk (V. 22b)! Dementsprechend stark ist die Reaktion Jesu: Er wirft seinen Gegnern Gotteslästerung vor, ja die Sünde gegen den Hl. Geist (vgl. V. 29). Von einer entsprechenden Reaktion Jesu gegenüber den Verwandten hören wir demgegenüber in V. 31 – 35 nichts! Das Urteil der Verwandten zeugt offenbar nach Mk auch wohl nur von blindem Unverständnis bzw. von „Verkennung der Person Jesu"[82] – insbesondere wohl seiner „prophetisch-pneumatische(n) Maßlosigkeit"[83] –, was zwar noch nicht eine direkte Sünde gegen den Hl. Geist bedeutet, doch immerhin „der Lästerung ... gefährlich nahe"[84] kommt. Demgegenüber ist das Urteil der Schriftgelehrten „theologischer und bösartiger"[85]; es bedeutet offene Feindschaft gegen den von Gott gesandten und mit seinem Geist ausgerüsteten Messias und Gottessohn (vgl. Mk 1,9 ff.) und signalisiert, daß die Schriftgelehrten der Sünde der Verstokkung[86], des totalen Unglaubens[87], bereits verfallen sind.

Zusammenfassend läßt sich sagen: In allen drei Stücken der von ihm gebildeten Komposition (3,20 – 35) geht es Mk jeweils wesentlich um ein christologisches und zugleich um ein paränetisches Anliegen: Wenn Mk in der Einleitung (V. 20 f.) auf den Jesus seitens „der Seinen" gemachten Vorwurf, er sei „von Sinnen", und ihren Versuch, ihn zurückzuholen, hinweist, will er damit in christologischer Hinsicht sagen: „Jesus steht außerhalb menschlich begreiflicher Kategorien"[88]; deshalb gilt es nun aber in paränetischer Hinsicht, vor einem Verhalten zu warnen, wie es die Verwandten Jesu an den Tag gelegt haben, die in „bloß 'natürlichem' Denken und bürgerlicher Sorge"[89] verhaftet waren und damit den totalen Anspruch Gottes auf Jesus verkannten. Durch die eingeschobene Erzählung über die Auseinandersetzung Jesu mit den Schriftgelehrten (V. 22 – 30) will Mk darüber hinaus christologisch verdeutlichen: Jesus steht deshalb außerhalb der menschlich begreiflichen Kategorien, weil er der vom Hl. Geist erfüllte Messias und Gottessohn ist – und nicht, wie die Schriftgelehrten behaupten, ein vom bösen Geist besessener Scharlatan!

[80] Das betont zu Recht J. GNILKA, Mk I 148, im Blick auf die verschiedenen „abschwächenden" Textkorrekturen.

[81] Vgl. J. GNILKA, Mk I 148 f.

[82] R. SCHNACKENBURG, Mk I 89.

[83] K. H. SCHELKLE, HThG II 112.

[84] H. RÄISÄNEN, Mutter 32.

[85] E. SCHWEIZER, Mk 41.

[86] H. RÄISÄNEN, Mutter 32.

[87] W. SCHMITHALS, Mk I 225.

[88] R. SCHNACKENBURG, Mk I 90.

[89] R. SCHNACKENBURG, a. a. O.

An Jesus „scheiden sich die Geister"[90] im wahrsten Sinne des Wortes. Wer sich daher, so lautet die paränetische Konsequenz daraus, wie damals die Schriftgelehrten „dem Anspruch des hl. Geistes nicht stellt (V. 29) und den Willen Gottes, den das *pneuma* offenbart, nicht tut"[91], der bleibt vom Heil ausgeschlossen! Im 3. Abschnitt (V. 31–35) weist Mk schließlich auf den christologisch wie paränetisch gleichermaßen entscheidenden Tatbestand hin, daß Jesus der Mittelpunkt eines neuen 'Kreises', einer neuen, eschatologischen Familie, ist, zu der die – aber auch nur die – gehören und gehören können, die erkennen, daß sie mit Jesus in den totalen Anspruch Gottes hineingenommen werden, und bereit sind, wie Jesus den Willen Gottes zu erfüllen (V. 35). Wer dagegen Gottes Willen nicht erfüllt, „gehört nicht zu Jesu Familie, zum Volk Gottes. Er bleibt 'draußen'"[92] – selbst wenn 'natürliche' Bande ihn mit Jesus verbinden!

Zur mariologischen Bedeutung der Komposition Mk 3,20–35:

Im Rahmen der christologischen und paränetischen Intention, die Mk mit seiner Komposition 3,20–35 verfolgt, kommt den Verwandten Jesu, also auch seiner leiblichen Mutter, eigentlich nur eine typische, aber keine eigenständige Bedeutung zu. Mk ist an ihnen nur insoweit interessiert, als sie ein typisches Beispiel für solche Menschen darstellen, die aus rein menschlich-natürlichen Erwägungen heraus Gottes Anspruch auf Jesus und auf die Menschen verkennen und deshalb „verständnislose Außenstehende"[93] sind – oder zu werden drohen.

Insofern gibt die vorliegende Komposition dann aber für eine explizite Mariologie sicher nicht allzu viel her. Doch ist es immerhin „bedeutsam, daß Markus die Mutter nicht gesondert nennt. Er sagt nicht, ob ihr Verhalten von dem der anderen abweicht"[94], im Gegenteil: Die Mutter erscheint in einer Gruppe mit den „Brüdern" Jesu; sie gehört wie diese zu „den Seinen" (V. 21), die „draußen" bleiben (V. 32). Mk tut also „nichts, um Maria in einem günstigeren Licht als die Brüder Jesu erscheinen zu lassen"[95]!

Dies zeigt, daß der älteste Evangelist Maria noch recht unbefangen darstellt. Doch trotz der scheinbar dunklen Einfärbung des Marienbildes, die in dieser Komposition dadurch entsteht, daß auch die Mutter in die (von Mk gegenüber seiner Tradition noch tendenziös zugespitzten)[96] Spannung zwischen Jesus und „den Seinen" einbezogen wird und als eine „verständnislose Außenstehende"[97] erscheint, ist Maria keineswegs negativ gezeichnet. Für sie gilt einfach nur – so darf man Mk interpretieren –, was eigentlich für alle

[90] R. Pesch, Mk I 209.
[91] R. Pesch, Mk I 220.
[92] R. Pesch, a. a. O.
[93] H. Räisänen, Mutter 35.
[94] H. Räisänen, Mutter 34.
[95] H. Räisänen, a. a. O.
[96] Vgl. H. Räisänen, Mutter 35.
[97] A. a. O.

Jünger, selbst für die Zwölf, die Jesus auf seinem Weg begleiten (10,32ff. u. ö.), bis Ostern gilt: nämlich das Jüngerunverständnis (vgl. 4,13; 6,52; 8,32; 9,9f. 32 u. ö.)[98]. Mk mag hier zweifellos etwas historisch Zutreffendes wiedergeben, denn: „Schwerlich wird ja anzunehmen sein, daß Maria von Anfang an das gottheitliche Wesen Christi reflektiert kannte"[99]. Auch Marias Glaube „hat eine Geschichte"[100] gehabt!

Insofern erscheint Maria hier vor allem als Vorbild aller Suchenden (vgl. V. 32), die ihren Weg noch nicht gefunden haben, aber zugleich auch als Vorbild aller sich schon auf dem Weg des Glaubens Befindenden, haben doch auch sie nach wie vor mit der Gefahr der Fehlbeurteilung und Verkennung Jesu Christi zu rechnen.

b) Mk 6,1 – 6a

Analyse des Textes:

Die Perikope 6,1 – 6a bildet den Abschluß eines größeren Erzählkomplexes im MkEv (3,13 – 6,61)[101], in dem es wesentlich um Jesu Lehre und Wunderwirken im Volk geht, aber auch die unterschiedlichen Reaktionen auf sein Wirken zur Sprache kommen. Unter letzterem Gesichtspunkt korrespondiert der Schlußabschnitt 6,1 – 6a mit dem ziemlich am Anfang des Erzählkomplexes (unmittelbar hinter der Berufungsgeschichte 3,13 – 19) eingeordneten (und von uns bereits behandelten) Abschnitt 3,20 – 35; beide Abschnitte bilden gleichsam einen wirkungsvollen Rahmen, der das übrige umschließt. Tritt Jesus in 3,20 – 35 das Unverständnis seiner Angehörigen und der aggressive Unglaube der Jerusalemer Schriftgelehrten entgegen, so begegnet ihm in 6,1 – 6a die Ablehnung seitens der Mitbürger seiner Heimatstadt Nazareth.

Das Erzählstück „weist eine einfache Gliederung auf"[102]: Auf die aus einer Rahmenbemerkung (V. 1) und der engeren Situationsangabe (V. 2a) bestehende Exposition (V. 1.2a) folgt sofort – ohne daß über den Inhalt der Rede Jesu in der Synagoge Näheres mitgeteilt wird – im 1. Hauptteil (V. 2b.3) die Schilderung der Reaktion der Zuhörer in fünf Fragesätzen (V. 2b – 3b) mit abschließender Deutung (V. 3c). Der 2. Hauptteil (V. 4 – 6a) schildert die Gegenreaktion Jesu; sie besteht aus einem sprichwortartigen Logion (V. 4), einer bestimmten Verhaltensweise Jesu (V. 5) und seiner Verwunderung (V. 6a)[103].

98 Zu dem bei Mk mit dem 'Messiasgeheimnis' eng verbundenen Aspekt des 'Jüngerunverständnisses' vgl. u. a. die Ausführungen bei W. Wrede, Messiasgeheimnis 81 – 114; H. Räisänen, Messiasgeheimnis, bes. 119.160; R. Pesch, Mk I 275f.; auch J. Zmijewski, Sohn-Gottes-Prädikation 20.

99 K. H. Schelkle, HThG II 112.

100 A. Smitmans, Maria 36.

101 Zur Begründung der Zusammengehörigkeit dieses Erzählkomplexes s. J. Gnilka, Mk I 35.135f.

102 J. Ernst, Mk 167.

103 Nach R. Pesch, Mk I 316, hat V. 6a die Funktion einer „(thematisch zusammenfassenden, den geschilderten Vorgang zugleich beurteilenden) Schlußbemerkung".

Es gibt eine Reihe von Spannungen[104], die darauf hindeuten, daß Mk hier ein Traditionsstück übernommen und es dann in starkem Maße bearbeitet hat[105]. Näherhin läßt sich in etwa folgende Scheidung zwischen Tradition und Redaktion durchführen: In der Exposition (V. 1.2a) ist die überleitende Bemerkung in V.1a ebenso als redaktionell anzusehen wie die Erwähnung der Jünger in V. 1c[106]. Zur vorgegebenen Erzählung dürfte demnach nur die (Orts-)Angabe in V. 1b („und er kommt in seine Vaterstadt") sowie die Angabe der näheren Situation in V. 2a (Jesus tritt in der Synagoge auf)[107] gehört haben, weil beide Angaben für das im folgenden Berichtete notwendig sind[108]. Im 1. Hauptteil (V. 2b.3) stellt sich der Befund so dar: Die Beschreibung der Reaktion der Leute auf Jesu Lehre in V. 2b mit ἐξεπλήσσοντο (= „sie gerieten außer sich") hat eine deutliche Parallele in 1,22 (vgl. auch 10,26; 11,18). Sie geht also wohl auf Mk selbst zurück, zumal sie sich mit der (als vorgegeben anzusehenden) Formulierung in V. 3c (καὶ ἐσκανδαλίζοντο ἐν αὐτῷ = „und sie nahmen Anstoß an ihm") stößt[109]. Von den fünf Fragen, in denen der „Anstoß" (V. 3c) der Zuhörer Jesu näher artikuliert wird (V. 2c – 3b), sind die beiden ersten (V. 2c.d) als vorgegeben anzusehen[110], ebenso die beiden letzten (V. 3a.b) mit ihrer z. T. namentlichen Aufzählung von Jesus-Verwandten[111]. Demgegenüber erweist sich die 3. Frage (V. 2c) schon durch ihre verkürzte Form als redaktioneller Zusatz; sie paßt zudem auch nicht in die Situation hinein[112]. Im 2. Haupt-

[104] Vgl. dazu u. a. die Ausführungen bei E. GRÄSSER, Jesus 6 – 10; E. SCHWEIZER, Mk 64 f.; J. GNILKA, Mk I 227 ff.; W. SCHMITHALS, Mk I 299; auch MimNT 59.

[105] Siehe dazu die in ihren Ergebnissen allerdings unterschiedlich ausfallenden Analysen bei J. GNILKA, Mk I 228 f.; J. ERNST, Mk 168. Vgl. auch E. SCHWEIZER, Mk 64, der mündliche Tradition für möglich hält; ferner E. GRÄSSER, Jesus 27.

[106] Die Jünger spielen nämlich in der weiteren Geschichte keine Rolle; andererseits gewinnt aber ihre Erwähnung im Kontext des MkEv (s. bes. die nachfolgende Missionserzählung 6,6b – 13) durchaus Bedeutung. Vgl. E. GRÄSSER, Jesus 16 f.; R. PESCH, Mk I 315; J. GNILKA, Mk I 228; J. ERNST, Mk 168.

[107] Vgl. J. GNILKA, Mk I 228; auch R. PESCH, Mk I 317.

[108] Allerdings erweist sich die jetzige Formulierung in V. 2a als gut markinisch; s. den (u. a. auch 9,26 und 12,37 begegnenden) Hinweis auf die πολλοί, das Motiv der Lehrtätigkeit Jesu, die „das durchgängige 'Gerüst' der Wirksamkeit Jesu im Mk-Ev" (R. PESCH, Mk I 119) bildet (vgl. bes. 2,13 f.; 4,1 f.; 6,2.7.34; 8,31; 9,31; 10,1.32 ff.), sowie die Wendung „er begann zu lehren" (vgl. 4,1; 6,34; 8,31). In der vormarkinischen Perikope könnte also eine andere Formulierung gestanden haben. Vgl. J. GNILKA, Mk I 228.

[109] Die Formulierung in V. 3c dürfte schon deshalb vorgegeben sein, weil sonst nirgends bei Mk davon die Rede ist, daß die Leute an Jesus Anstoß nehmen.

[110] Bei beiden Fragen spricht dafür schon die Singularität der jeweils darin enthaltenen Aussage. Bei der 2. Frage („Was ist das für eine Weisheit, die diesem gegeben ist?") kommt noch hinzu, daß sie gut zum Anlaß der Geschichte (Jesus lehrt in der Synagoge!) paßt. Vgl. E. GRÄSSER, Jesus 21: „Nach der 'Weisheit' Jesu zu fragen, haben die Zuhörer unmittelbar Veranlassung: eine Probe seiner διδαχή haben sie ja gerade vernommen."

[111] Hier schlägt sich deutlich „eine historische Erinnerung" nieder (R. SCHNACKENBURG, Joh II 76).

[112] Die Frage stellt sich: Welche Veranlassung sollten denn die Zuhörer Jesu haben, nach „derartigen (τοιαῦται ist ein emphatisches Demonstrativum!) Machttaten" zu fragen, ist doch von einem vorangehenden Wunderwirken Jesu in Nazareth in V. 1 f. nicht die Rede.

teil (V. 4–6a) dürfte das Jesuslogion in V. 4 aus der Vorlage stammen. Nachdem sich im vorangehenden Teil der Erzählung die Reaktion der Zuhörer Jesu in wörtlicher Rede artikuliert hat, erwartet man, daß sich erst recht die Gegenreaktion Jesu in einer wörtlichen Rede kundtut. Da es sich um einen allgemein gehaltenen, sprichwortartigen Satz, der in ähnlicher Form auch anderswo begegnet[113], handelt und er zudem hinter der massiven Aussage von V. 3c reichlich blaß wirkt, ist zu vermuten, daß das Logion ursprünglich selbständig existiert hat und erst vom vormarkinischen Erzähler – weniger wahrscheinlich: von Mk selbst[114] – ad hoc in die Geschichte eingefügt worden ist. Allerdings war im vormarkinischen Logion wohl nur von der πατρίς („Vaterstadt“) die Rede – nur dies paßt in den vorgegebenen Rahmen hinein (vgl. V. 1b) –; der 2. Teil des Logions, d. h. die zusätzliche Erwähnung der συγγενεῖς („Verwandten“) und der οἰκία („Haus, Familie“), dürfte Redaktion des Mk sein[115], denn einerseits treten die Verwandten bzw. die Familie Jesu in der Perikope ansonsten „nicht ... als aktiv Handelnde“ auf[116], andererseits wird ihre Erwähnung im Rahmen der markinischen Komposition aber durchaus verständlich[117]. V. 5a ist sicher traditionell: Daß Jesus irgendwo keine Wunder wirken kann, ist „eine ungewöhnliche Folge“[118], paßt aber als weitere Gegenreaktion Jesu auf seine Verwerfung durch die Leute von Nazareth. Demgegenüber ist der sich mit V. 5a stoßende V. 5b, durch den der „Mißerfolg Jesu ... abgeschwächt“[119] wird, zweifellos markinisch[120]: Mk „will vor der Aussendung der Jünger, die Sieche gesund machen, mit einem – wenn auch eingeschränkten – Bild des heilenden Messias aufwarten“[121]; dementsprechend hat er auch schon in V. 1 f. gegen seine Vorlage „die staunenerregende Macht Jesu“[122] betont. V. 6a stößt sich mit V. 4; er dürfte als die „redaktionelle Abschlußbildung des Markus“ zu bestimmen sein[123].

Aus der Analyse ergibt sich, daß Mk hier aller Wahrscheinlichkeit nach auf ein vorgegebenes Traditionsstück zurückgreift, das vom Mißerfolg Jesu in seiner Vaterstadt handelte und dabei des näheren drei Dinge zur Sprache brachte: Jesu Auftritt (Predigt) in der Synagoge der Stadt, den Anstoß der

Andererseits sind dem Leser des MkEv solche Machttaten bereits aus den ersten Kap. bekannt!

113 Zu den (griechisch-hellenistischen) Parallelen s. u. a. W. GRUNDMANN, Mk 121; R. PESCH, Mk I 320; J. GNILKA, Mk I 232; vgl. auch R. BULTMANN, Geschichte 30 Anm. 2.

114 So aber u. a. J. GNILKA, Mk I 228 f.

115 Vgl. E. GRÄSSER, Jesus 25; E. SCHWEIZER, Mk 64 f.; J. GNILKA, Mk I 229, u. a.

116 E. GRÄSSER, Jesus 25.

117 Vgl. das zu 3,20 f.31–35 Gesagte.

118 J. ERNST, Mk 170.

119 E. GRÄSSER, Jesus 25.

120 Vgl. E. GRÄSSER, a. a. O.; J. GNILKA, Mk I 229. Nach R. PESCH, Mk I 321, beweist schon die gräzisierende Konstruktion, daß es sich bei V. 5b um eine „einschränkende Interpolation“ des Evangelisten handelt.

121 R. PESCH, Mk I 321.

122 E. SCHWEIZER, Mk 65.

123 E. GRÄSSER, Jesus 27; vgl. auch E. SCHWEIZER, Mk 65, u. a.; anders z. B. R. PESCH, Mk I 321 f.; J. GNILKA, Mk I 229.

Nazarethaner daran sowie Jesu entsprechende Gegenreaktion. Mk hat das Traditionsstück nicht nur mit dem Kontext seines Ev verbunden (vgl. V. 1), sondern es nach drei Richtungen hin ausgebaut: Er hat 1. „aus der Verkennung des Propheten die Verwerfung dessen gemacht, der mehr ist als ein Prophet“[124]: nämlich der Messias – d. h. für Mk: der „Sohn Gottes“ (vgl. 1,1.9 ff.)[125]! Deshalb betont er über die Vorlage hinaus neben der Lehre auch „die staunenerregende Macht Jesu“[126], wie sie sich im Wirken von Wundertaten (δυνάμεις) zeigt (V. 2c; vgl. V. 5b), und bezeichnet die Ablehnung Jesu, das „Anstoßnehmen“ an ihm (vgl. V. 3c), geradezu als „Unglaube“ (V. 6a)[127]. Mk hat 2. die Jünger in das Geschehen miteinbezogen (V. 1c). Daß sie Jesus begleiten, ist für den Evangelisten vor allem im Blick auf die nachfolgende Aussendung (6,6b – 13) von Belang[128]. Er hat 3. das Jesuslogion V. 4 durch die zusätzliche Nennung der „Verwandten“ (Sippe) und des „Hauses“ (Familie) erweitert.

Aus dem bisher Gesagten geht schon hervor, daß Mk (wie auch bereits seine Tradition) in dieser Perikope offensichtlich primär eine christologische Intention verfolgt. Dies gilt dann aber auch für jene beiden Stellen im Text, an denen ein Bezug auf Maria erkennbar wird: nämlich die Doppelfrage nach der Herkunft Jesu V. 3a.b und das Jesuslogion V. 4. Ehe deshalb die beiden Stellen auf ihre eventuell vorhandene mariologische Bedeutung hin untersucht werden können, gilt es zunächst, deren christologische Aussageabsicht im Rahmen der Gesamtperikope in den Blick zu nehmen.

Zu V. 3a.b:

Schon in der vormarkinischen Perikope wollen die beiden Fragen von V. 3a.b den Anstoß, den die Nazarethaner an Jesus nehmen (V. 3c), durch den Hinweis auf seine („normale“ [bzw. niedrige?][129]) Herkunft artikulieren. Sie halten Jesu Anspruch, als Prophet (V. 4) bzw. als Weisheitslehrer (vgl. V. 2d) aufzutreten und zu ihnen „im Namen Gottes zu ... reden“, einfach „für eine freche Anmaßung“[130], wissen sie doch genau, wer er ist: nämlich einer aus ihrer Mitte, also ein Mensch wie sie, ein allseits bekannter Mitbürger. Sie kennen z. B. seinen Beruf: er ist ein τέκτων (= „[Bau-]Handwerker, Zimmermann“)[131] und hat als solcher (offenbar zusammen mit seinem Vater [vgl. Mt

[124] E. Schweizer, Mk 65.

[125] Vgl. dazu J. Zmijewski, Sohn-Gottes-Prädikation.

[126] E. Schweizer, Mk 65.

[127] Vgl. R. Pesch, Mk I 319: Das σκανδαλίζεσθαι („Anstoßnehmen“) „bezeichnet die Glaubensverweigerung (V 6), das Zufallkommen an Jesus (ἐν αὐτῷ), an dem Anspruch, den er durch Wort und Tat erhebt“.

[128] Das hier berichtete Geschehen dient der „Schulung der Jüngerschaft“ (J. Gnilka, Mk I 229). Die Jünger „können schon jetzt im Hinblick auf ihre Aussendung Erfahrungen sammeln, daß sie nicht enttäuscht sind, wenn sie abgelehnt werden“ (a. a. O. 228).

[129] So J. Schmid, Mk 116.

[130] E. Haenchen, Weg 215.

[131] Vgl. dazu u. a. W. Bauer, Wörterbuch 1601; R. Knierim, BHH III 2241; H. Balz, EWNT III 820 f.

13,55]) in ihrer Mitte gearbeitet[132]. Sie kennen ferner seine (noch mitten unter ihnen lebende) Familie: „Er ist der Sohn der Maria und der Bruder der vier namentlich aufgeführten Bürger des Dorfes und der Schwestern, die – als Frauen – nicht einzeln genannt werden (vielleicht waren sie verheiratet)"[133]. Also kann er nichts Besseres sein als sie selbst!

Dienen somit in der vorgegebenen Perikope die Fragen von V. 3a.b dazu, den Anspruch Jesu als Prophet (und Weisheitslehrer) seitens der Nazarethaner zurückzuweisen, haben sie bei Mk selbst – entsprechend seiner Konzeption – die Funktion, den (noch größeren) Anspruch Jesu, der – sich durch Lehren und Machttaten gleichermaßen ausweisende – Messias und Gottessohn zu sein, in den Augen seiner Mitbürger ad absurdum zu führen. Mk unterstellt diesen hier offensichtlich eine Argumentation, die von einer bestimmten (auch Joh 7,26 f. belegten) Messiasvorstellung ausgeht: daß nämlich der Messias bis zu seinem Auftreten unbekannt bleiben werde[134]. Da Jesus aber durchaus „bekannt" ist – so läßt Mk die Nazarethaner argumentieren –, kann er unmöglich der Messias sein[135]! Demgegenüber will nun Mk selbst hervorheben, daß sich Jesus allein durch sein machtvolles Wirken (V. 2) als der Messias ausweist und daß er es, so paradox dies auch scheinen mag, gerade als der bekannte Mann aus Nazareth, als der Mensch unter Menschen tut! Man kann diese hier von Mk hervorgehobene (und mit seiner Vorstellung vom 'Messiasgeheimnis' eng zusammenhängende) 'christologische Paradoxie' mit einem sich vom Text her nahegelegten Wortspiel geradezu so umschreiben: „der 'Gottesmann' von v. 2 ist ... zugleich der 'Zimmermann' von v. 3"[136], und: der „Sohn Gottes" (vgl. 1,11) ist zugleich der „Sohn Marias" (V. 3)! Gerade in der wahren Menschheit Jesu begegnet also Gott selbst den Menschen[137]. Diese 'Paradoxie' löst sich nur dem Glaubenden auf (vgl. V. 6a)!

Zu V. 4:

Wenn Mk im Jesuslogion V. 4 über die Vorlage hinaus neben der Vaterstadt noch die Verwandten und die Familie anführt, dann „belastet er diese und erinnert an 3,20 f.31 – 35"[138]. Von daher ließe sich die markinische Aussa-

[132] Nur hier wird Jesus mit seinem Beruf als τέκτων vorgestellt. Schon in der von Mk abhängigen Parallele Mk 13,55 wird er demgegenüber als „der Sohn des Zimmermanns (= Josefs)" ausgegeben. Einige Handschriften gleichen denn auch – offensichtlich weil es später „als anstößig empfunden wurde, Jesus selbst als Handwerker zu bezeichnen" (H. Balz, EWNT III 820) – den Mk-Text an Mt 13,55 an.

[133] E. Haenchen, Weg 214.

[134] Diese Vorstellung ist auch bei Justin (Dial. 8,4) bezeugt: „Wenn der Messias auch geboren ist und sich irgendwo befindet, so ist er doch unbekannt; ja er selbst weiß nicht um sich noch hat er irgendwelche Gewalt, bis Elija kommt und ihn salbt und allen offenbar macht."

[135] Vgl. R. Pesch, Mk I 319; auch R. Schnackenburg, Joh II 203 (zu Joh 7,27); J. Ernst, Mk 169.

[136] E. Grässer, Jesus 23.

[137] Vgl. dazu die Ausführungen bei E. Grässer, a. a. O. 27 – 35; J. Gnilka, Mk I 302; W. Schmithals, Mk I 302.

[138] J. Gnilka, Mk I 229.

geabsicht dann so wiedergeben: Für Mk sind Jesu Angehörige jetzt nicht mehr nur (wie dies noch in der Vorlage der Fall war) der „Anlaß für seine Ablehnung“ seitens der nazarethanischen Mitbürger (s. das zu V. 3a.b Gesagte), sondern – und dies wäre gegenüber 3,20f.31–35 eine deutliche Verschärfung[139] – sie werden nunmehr selber „explizit in den Unglauben miteinbezogen“ (vgl. V. 6a)[140], glauben sie doch offensichtlich „ebensowenig an Jesu Vollmacht wie die anderen Leute in Nazareth“[141]. Aber kann man aus dieser Stelle tatsächlich eindeutig den Schluß ziehen: „Für Markus steht fest, daß Jesu Familie – und seine soeben namentlich erwähnte Mutter bildet darin keine Ausnahme – zumindest zur Zeit der Mission Jesu eher seinen Gegnern zuzurechnen sei“[142]? Selbst wenn Mk hier auf historische Reminiszenzen zurückgreifen sollte (was die 'Parallele' Joh 7,1–10 durchaus nahelegt)[143], kann man einen solchen Schluß vom Text selbst her nicht unbedingt ziehen[144]. Angesichts der Tatsache, daß V. 4, dem Charakter eines „Regelwortes“[145] entsprechend, allgemein und unbestimmt gehalten ist und es von daher ohnehin schwerfällt, die in V. 3 erwähnten Personen(gruppen) aus der (näheren bzw. ferneren) Verwandtschaft Jesu auf die συγγενεῖς bzw. die οἰκία zu verteilen[146], liegt es aus sprachlichen Gründen nahe, „die drei Ausdrücke nicht auf drei verschiedene Gruppen zu beziehen“, sondern einfach gemäß semitischem Stil (vgl. Gen 12,1) als „eine dreifache Umschreibung des Begriffs der nächsten Umgebung“ zu nehmen[147]. Es ist dann lediglich die allgemeinere Aussage gemacht: „Gerade die Menschen, aus deren Mitte ein Prophet hervorgeht, pflegen ihn am wenigsten zu schätzen und zu verstehen“[148] – bzw. in der Deutung des Mk: Jesus ist als Messias und Gottessohn notwendigerweise der von allen – und mögen sie ihm menschlich noch so nahestehen – „Mißverstandene und allein Gelassene in dieser Welt“[149]! Für diese allgemeinere Deutung spricht nicht zuletzt der Bezug zu 3,20f.31–35. Wie Mk dort die Mutter und die „Brüder“ Jesu (3,31f.) durch die generalisierende Bezeichnung „die Seinen“ (3,21) bewußt als Gruppe (neben den Schriftgelehrten) hervorhebt, die zur Gruppe der Jesushörer (3,32) einen

[139] Es wurde von uns ja festgestellt, daß in Kap. 3 die Angehörigen Jesu immerhin noch von den ungläubigen Schriftgelehrten abgehoben sind!

[140] J. GNILKA, Mk I 232.

[141] E. HAENCHEN, Weg 216.

[142] So R. MAHONEY, Mutter 97.

[143] Nach Joh 7,1–10 gehören die „Brüder“ Jesu (allerdings nicht die Mutter!) während seines öffentlichen Wirkens zu den Ungläubigen (vgl. V. 6). Vgl. dazu R. SCHNACKENBURG, Joh II 195f.

[144] Vgl. H. RÄISÄNEN, Mutter 36 Anm. 1, der sogar meint, daß sich aus diesem Wort überhaupt „keine Folgerungen für das Verhältnis der nächsten Verwandten zu Jesus aus der Sicht des Markus ziehen“ lassen.

[145] R. PESCH, Mk I 320.

[146] So ist zu fragen: Zählen vielleicht die „Brüder“ und „Schwestern“ Jesu zu den συγγενεῖς und nur die Mutter zur οἰκία (vgl. J. BLINZLER, Brüder 63)? Oder gehören sie ebenfalls zur οἰκία? Aber wer sollte dann mit den συγγενεῖς gemeint sein?

[147] J. BLINZLER, Brüder 63.

[148] A. a. O.

[149] J. GNILKA, Mk I 232f.

Kontrast bildet, so hebt er auch hier, in 6,1–6a, auf zwei sich gegenüberstehende Gruppen ab: auf der einen Seite sind die Jesus begleitenden, für den Glauben bereits offenen Jünger (V. 1c), auf der anderen Seite die ihn im Unglauben ablehnenden Kreise derer, die ihm von seiner menschlichen Herkunft her besonders nahestehen (V. 4).

Zur mariologischen Bedeutung von Mk 6,3a.b und 4:

Aus dem zuletzt Gesagten geht hervor, daß V. 4 in mariologischer Hinsicht nichts substantiell Neues gegenüber 3,20 f.31–35 erbringt. Selbst wenn man aufgrund von V. 3 Maria einer der in V. 4 genannten Gruppen sollte zuzurechnen haben, so kommt ihr hier auf keinen Fall eine eigenständige, sondern allenfalls wieder wie in Kap. 3 eine typische Bedeutung zu. Über Marias Persönlichkeit sagt diese Stelle nichts aus[150].

Erfolgversprechender scheint da schon V. 3a.b zu sein, denn immerhin begegnet dort zum einen die auffallende (weil sonst nirgendwo im NT vorkommende[151] und zudem auch angesichts der Tatsache, daß damals ein Sohn normalerweise nach dem Vater benannt wurde, ungewöhnliche[152]) Bezeichnung „der Sohn der Maria"; zum anderen ist von „Brüdern" und „Schwestern" Jesu die Rede.

a) Fragen wir zunächst nach der Bedeutung der Bezeichnung „der Sohn der Maria"! Man hat in der Forschungsgeschichte viel darüber spekuliert, warum eine solche Bezeichnung gerade an dieser Stelle des MkEv begegnet[153]. Geschieht es einfach deshalb, weil Josef – und dies erscheint zweifellos als die einfachste und natürlichste Erklärung – de facto zu dem hier vorausgesetzten Zeitpunkt bereits nicht mehr am Leben, Maria also Witwe war[154], oder verbindet sich damit – jedenfalls bei Mk selbst – (daneben auch) ein hintergründiger Sinn? In der Tat hat man einen solchen in der Bezeichnung oft entdecken wollen. So hat man (um nur zwei Positionen zu erwähnen) in der Bezeichnung eine Anspielung auf die Verunglimpfung Jesu seitens jüdischer Polemik gesehen[155]. In diesem Fall wäre hier den Nazarethanern die Behauptung in den Mund gelegt, daß der Vater Jesu unbekannt und er damit von illegitimer (unehelicher) Herkunft sei[156]. Jedoch kann sich diese Deutung schwerlich auf biblische Parallelen berufen, obwohl dies immer wieder versucht

[150] Doch vgl. R. Mahoney, Mutter 97, der in dem V. 4 (angeblich) enthaltenen Hinweis auf „ihren (zunächst) unabhängigen und kritischen Stand gegenüber der starken Persönlichkeit Jesu ... ein Zeichen persönlicher Charakterstärke" Marias sehen will.

[151] Vgl. demgegenüber die anderen Formulierungen an den Parallelstellen Mt 13,55; Lk 4,22; Joh 6,42.

[152] Vgl. J. Gnilka, Mk I 231.

[153] Siehe dazu den Überblick in: MimNT 60 ff.; ferner bei J. Blinzler, Brüder 71 f., R. Pesch, Mk I 319.

[154] Vgl. dazu u. a. J. Blinzler, Brüder 72. Stellen wie 3 Kön 17,17 oder Lk 7,12 „weisen in dieselbe Richtung" (ebd.).

[155] Zur jüdischen Polemik vgl. u. a. E. Stauffer, Jeschu ben Mirjam, bes. 122 f.126 f.

[156] Vgl. E. Stauffer, a. a. O. 121.

worden ist[157]. Zudem wäre bei Mk die „Anspielung ... zu spitzfindig und kaum verständlich für einen nichtjüdischen Leserkreis, dem Markus doch sonst die grundlegenden jüdischen Bräuche zu erklären pflegt (7,3)"[158]. Ferner ist zu fragen: Warum erwähnt V. 3b „noch zusätzlich die Brüder und Schwestern? Sollte man diese etwa auch für unehelich halten"[159]? Vor allem ist indes gegen diese Deutung einzuwenden, daß sie der markinischen Aussageabsicht nicht gerecht wird. Nach Mk kommt Jesus für die Nazarethaner als Messias deshalb nicht in Frage, weil er bekannt ist, aber nicht, weil er etwa ein uneheliches Kind der Maria ist[160]! Des weiteren hat man in der Bezeichnung „der Sohn der Maria" nun aber auch eine Anspielung auf die jungfräuliche Empfängnis bzw. Jungfrauengeburt sehen wollen[161]. Doch abgesehen davon, daß vor Mt und Lk im NT sonst kein Hinweis auf diese Vorstellung zu finden ist, läßt sich gegen diese Deutung einwenden, daß es – sollte hier wirklich (zumindest implizit) an die jungfräuliche Empfängnis bzw. Jungfrauengeburt gedacht sein – höchst unpassend erscheinen muß, eine solche Bezugnahme ausgerechnet Leuten in den Mund zu legen, die Jesus ablehnen[162]. Auch die Mt-Parallele spricht gegen diese Deutung: Mt ändert die Bezeichnung in 13,55 bewußt um. Hätte er, dem doch immerhin der Gedanke der jungfräulichen Empfängnis und Geburt nicht fremd ist (vgl. Mt 1,18–25), darin eine Anspielung auf diesen Gedanken gesehen, hätte er die Bezeichnung wohl kaum geändert!

Nun ist an der zuletzt genannten Position allerdings eines wohl richtig: die Hervorhebung der Mutter Jesu dürfte (ebenso wie die Nennung der „Brüder") die besondere Wertschätzung widerspiegeln, die ihr in der Urkirche zukommt[163]. Aber dies allein reicht zumindest in bezug auf die markinische Verkündigungsebene zur Erklärung nicht aus. Will man die Bedeutung des Ausdrucks bei Mk erkennen, muß man die christologische Aussageabsicht, die er in der Perikope 6,1–6a verfolgt, mitberücksichtigen. Wie die Analyse gezeigt hat, steht V. 3a.b bei Mk in einem christologischen Kontrast zu V. 2. Dadurch soll die 'Paradoxie' unterstrichen werden, daß der Messias Jesus „'wahrer Gott' und 'wahrer Mensch' zugleich"[164] ist. Der Ausdruck „der Sohn der Maria" soll in diesem Zusammenhang die wahre Menschlichkeit des Messias unterstreichen. Ihm kommt insofern eine ähnliche Bedeutung zu wie dem Ausdruck „geworden aus einer Frau" in Gal 4,4.

[157] Vgl. dazu J. Blinzler, Brüder 72.

[158] MimNT 61.

[159] MimNT 61.

[160] Das betont zu Recht R. Pesch, Mk I 319.

[161] So z. B. M. Miguens, Virgin Birth 6–27; J. A. Fitzmyer, Virginal Conception 556 ff. Vgl. auch J. Gnilka, Mk I 232, der vermutet, „daß im Bericht vordergründig die Landsleute Jesus beschimpfen, hintergründig aber eine Glaubensaussage angedeutet ist, die auf die Jungfrauengeburt Bezug nimmt".

[162] Vgl. MimNT 61: „Man müßte ... erklären, wie sie zu dieser Kenntnis gekommen sind oder warum Markus eine solche christliche Auffassung durch den Mund jener zu verkünden sucht, die Jesus als Ungläubige bezeichnet."

[163] Vgl. G. Theissen – Ph. Vielhauer, Ergänzungsheft (zu R. Bultmann, Geschichte) 26.

[164] E. Grässer, Jesus 28.

Mariologisch bedeutet dies m. E. ein Zweifaches: 1. Maria garantiert – gerade als Mutter Jesu – nach Mk die menschliche Seite des Messias. 2. Insofern der Messias Jesus wegen seiner menschlichen Seite mißachtet wird (wie dies auf der Erzählebene seitens der Nazarethaner geschieht), partizipiert Maria als seine Mutter indirekt an der ihrem Messiassohn entgegengebrachten Mißachtung. Mit ihm wird auch sie abgelehnt!

b) Die Erwähnung der „Brüder" und „Schwestern" Jesu[165] gibt in mariologischer Hinsicht nicht viel her. Mk will hier nichts über die genauen Familienverhältnisse Jesu und Marias sagen[166]; vielmehr hat die Erwähnung der „Brüder" und „Schwestern" Jesu im Rahmen dieser Perikope einen christologischen Sinn: sie dient ebenso wie die Erwähnung Marias (und des Berufes Jesu) dazu, die menschliche Seite des Messias Jesus zu unterstreichen[167].

Insofern läßt sich dann aber aus dieser Stelle auch nichts gegen die Vorstellung einer jungfräulichen Empfängnis und Geburt Jesu oder gar einer dauernden Jungfräulichkeit Marias entnehmen[168], zumal es sich bei den hier erwähnten „Brüdern" und „Schwestern" Jesu nicht unbedingt um Geschwister handelt, sondern man sogar eher (schon aufgrund des Bezugs zu V. 4 mit seinen allgemeinen Angaben verschiedener Verwandtschaftsgrade) an weitläufigere Verwandte denken muß[169].

### 3. Ergebnisse

Wie die beiden Texte aus Kap. 3 und 6 des MkEv gezeigt haben, kommt der Mutter Jesu in der Verkündigung des ältesten Evangelisten keine eigenständige Bedeutung zu. Maria gibt bei ihm eigentlich nur „die Folie sowohl für die Christologie als auch für die Paränese" ab[170]. Ihre (anfängliche) Verständnislosigkeit, wie sie in 3,20 f.31 – 35 dargestellt wird, hat typische Bedeutung.

165 Zum Problem der „Brüder Jesu" vgl. u. a. J. Blinzler, LThK II 714 – 717; Ders., Brüder; J. Schmid, Mk 85 ff.; R. Pesch, Mk I 322 – 325.453 – 462; J. Ernst, Mk 123 ff.; L. Oberlinner, Überlieferung; J. Beutler, EWNT I 69; Ders., NBL I 337.

166 Vgl. J. Ernst, Mk 169 f.: „Die Erzählung will keine Information über verwandtschaftliche Beziehungen ersten oder zweiten Grades geben."

167 Nach J. Ernst, Mk 169, geht es auch bei der Erwähnung der „Brüder" und „Schwestern" Jesu „lediglich um die Kennzeichnung des kleinbürgerlichen Milieus, das Außenseiter nicht hochkommen läßt".

168 Beide Vorstellungen gelten in der katholischen Kirche als dogmatische Glaubenssätze.

169 Vgl. dazu vor allem J. Blinzler, Brüder, der die Argumente, die für die Ansicht sprechen, es handele sich hier um Jesu jüngere Geschwister, kritisch beleuchtet (49 – 63) und dabei zum Ergebnis kommt: „Es sind Indizien, die ernste Beachtung verdienen, aber daß ihnen beweisende Kraft innewohnt, läßt sich wohl nicht behaupten" (63). Nach Blinzler ist es auch aus sprachlichen Gründen möglich, bei den „Brüdern" Jesu an weitläufigere Verwandte zu denken (39 – 48); jedoch ist für ihn nicht das sprachliche Argument dafür das entscheidende, sondern die Tatsache, daß es sich bei der Bezeichnung „Bruder Jesu" um ein in der Urkirche bereits „eingebürgertes Prädikat, ja einen Ehrentitel handelte" (46).

170 H. Räisänen, Mutter 50.

Sie ist „ein packendes Beispiel für die allgemeine Verständnislosigkeit, die für die Zeit des historischen Jesus charakteristisch war"[171] und der sich nach Mk auch die Jünger bis Ostern ausgesetzt sahen.

Dies verleiht dem markinischen Marienbild – falls man von einem solchen überhaupt sprechen darf – ohne Zweifel eine gewisse dunkle Einfärbung. Dadurch aber „will Markus Maria nicht in üblen Ruf bringen; er polemisiert nicht gegen sie oder gegen die Herrenbrüder"[172], die inzwischen immerhin in der christlichen Gemeinde eine Ehrenstellung einnehmen. Eher könnte man sagen: Mk zeichnet Maria durch das Motiv des Unverständnisses, aber ebenso dadurch, daß er sie in 6,1–6a in die Polemik der Nazarethaner gegen Jesus als Objekt indirekt miteinbezieht, in ihrer ganzen Menschlichkeit – und gerade damit als die wahre Mutter des Messias Jesus, dessen eigene Menschlichkeit nach Mk nicht bloß eine „zufällig gewählte Hülle" ist, sondern das für den Messias und „Gottessohn konstitutive Moment"[173].

## *III. Maria im Matthäusevangelium*

### 1. Vorbemerkungen

Gegenüber Mk, der den Rahmen seiner Darstellung auf das öffentliche Leben Jesu, sein Leiden, Sterben und Auferstehen begrenzt und dementsprechend seinen Evangeliumsbericht mit der Taufe durch Johannes beginnen läßt (vgl. Mk 1,2–11), verlängert Mt (ebenso wie Lk) den Rahmen nach rückwärts und bringt in Kap. 1–2 eine 'Vorgeschichte' Jesu[174]. Sie umfaßt – nach der Überschrift in 1,1[175] – eine Genealogie (1,2–17) sowie fünf sich auf Geburt

[171] A. a. O.

[172] A. a. O. 50 f.

[173] E. GRÄSSER, Jesus 37 Anm. 188.

[174] Die Kap. 1–2 des MtEv haben im Laufe der Zeit recht unterschiedliche Bezeichnungen erhalten. Vgl. dazu den Überblick bei E. NELLESSEN, Kind 23 ff. Aus sachlichen Gründen empfiehlt sich die Bezeichnung 'Vorgeschichte' (vgl. u. a. M. DIBELIUS, Formgeschichte 125; W. TRILLING, Mt I 17; E. LOHMEYER, Mt 1; G. STRECKER, Weg 14; A. SAND, Mt 38), lenkt doch Mt zu Beginn in Form einer Genealogie auf die Geschichte des alten Gottesvolkes zurück (1,2–17); diese aber gehört für ihn bereits zur Vorgeschichte des Christusgeschehens, das er in seinem Ev, dem „Buch der Geschichte (βίβλος γενέσεως) Jesu Christi, des Sohnes Davids, des Sohnes Abrahams" (1,1), darstellt.

[175] Fast allgemein wird 1,1 nur als Überschrift zur nachfolgenden Genealogie (V. 2–17) verstanden und demzufolge die Wendung βίβλος γενέσεως mit „Stammbaum" o. ä. wiedergegeben. In der Tat besteht zwischen V. 1 und der Genealogie eine enge Verbindung (vgl. bes. V. 16 f.). Dennoch ist V. 1 nicht nur Überschrift über die Genealogie, sondern darüber hinaus über das gesamte Werk! Dafür sprechen folgende Argumente: 1. Auch das MkEv, die Vorlage für Mt, bringt in 1,1 eine Überschrift, die das gesamte Werk einführen soll. 2. Mt kennt eigentlich „in seinem Evangelium keine Teilüberschriften" (W. GRUNDMANN, Mt 61). 3. Der LXX-Ausdruck βίβλος γενέσεως (hebr.: *sepher toledot*)

und Kindheit Jesu beziehende Erzählstücke, die aller Wahrscheinlichkeit nach – wenigstens zum Teil – bereits vor Mt zu einem Erzählkranz zusammengeflochten worden sein dürften (1,18–25; 2,1–12.13–15.16–18.19–23). Sowohl in der Genealogie wie in den nachfolgenden Erzählstücken von Kap. 1–2 – allesamt Stücke, die zum mt Sondergut gehören – spielt Maria als Mutter Jesu erwartungsgemäß eine größere Rolle als in den weiteren Evangeliumsabschnitten, die von seinem öffentlichen Leben und Wirken berichten. Dort begegnet Maria nur noch zweimal: in 12,46–50 und 13,53–58; es handelt sich näherhin um die matthäischen Parallelen zu den beiden uns schon bekannten Mk-Perikopen 3,31–35 und 6,1–6a. Im folgenden soll es dementsprechend zunächst um „Maria in der matthäischen 'Vorgeschichte'" gehen, sodann um „Maria in der matthäischen Darstellung des öffentlichen Lebens Jesu"; eine Zusammenfassung der Ergebnisse soll die Untersuchung abrunden.

## 2. Maria in der matthäischen 'Vorgeschichte' (Kap. 1–2)

### a) Maria in der Genealogie Mt 1,2–17

Analyse des Textes:

Die Genealogie, die Mt an den Beginn seiner 'Vorgeschichte' stellt, gibt sich als „ein künstliches literarisches Gebilde"[176] zu erkennen. Sie „besteht aus einer langen Reihe eintöniger kurzer Hauptsätze"[177]. Den Schlüssel zu ihrer Gliederung gibt V. 17 an die Hand. Danach besteht die Genealogie aus drei Abschnitten („Abteilungen"[178]), die jeweils 14 Generationen umfassen. Im 1. Abschnitt (V. 2–6a) sind näherhin die Generationen von Abraham bis David, im 2. Abschnitt (V. 6b–11) die von David bis zur Babylonischen Gefangenschaft, im 3. Abschnitt (V. 12–16) schließlich die von der Babylonischen Gefangenschaft bis zu Jesus Christus aufgeführt.

Allerdings geht die in V. 17 angegebene Gliederung faktisch nicht ganz auf[179]. Zudem ergeben sich verschiedene Unregelmäßigkeiten und sekundäre

kann hier nicht gut mit „Buch der Geschlechterfolge" bzw. „Stammbaum" (so Gen 5,1; 10,1; 11,10) wiedergegeben werden, denn in diesem Fall „müßten wir lesen βίβλος γενέσεως τοῦ Ἀβραάμ, und der Blick ginge schon in 1,1 vom Stammvater auf die künftigen Geschlechter. Statt dessen geht er von Jesus als dem Endpunkt aus in die Vergangenheit zurück" (P. Gaechter, Mt 34). Der Ausdruck ist vielmehr (wie in Gen 2,4a; 6,9) nur in dem allgemeineren Sinn von „Buch der Geschichte" zu verstehen und bezieht sich dann auf das ganze Ev!

176 J. Gnilka, Mt I 4.

177 U. Luz, Mt I 91.

178 J. Gnilka, Mt I 4.

179 Vgl. U. Luz, Mt I 91: „Folgt man V 17 wörtlich, so ist David doppelt zu zählen, und die zweite Vierzehnerreihe geht von ihm bis Joschija. Zählt man Joschija wieder doppelt, so erhält man eine weitere Vierzehnerreihe bis zu Jesus. V 17 hebt aber das Exil als Einschnitt heraus, das in der Genealogie auch deutlich markiert ist. Beginnt man also die dritte Reihe erst mit V 12, so hat man für sie nur dreizehn Generationen."

Zusätze[180]: An einer Stelle werden gleich zwei Brüder namentlich aufgeführt (V. 3: Perez und Serach); zweimal werden Personen zusammen mit ihren Brüdern genannt (V. 2: Juda, V. 11: Jechonija); an vier Stellen erscheinen zusätzlich die Namen der Mütter (V. 3a: Tamar, V. 5a: Rahab, V. 5b: Rut, V. 6a: die [Frau] des Urija, gemeint ist Batseba); zwei Personen werden mit einem Titel belegt und dadurch besonders herausgehoben (V. 6a: König David, V. 16: Jesus, der Christus [= Messias] genannt wird); zweimal findet die Babylonische Gefangenschaft ausdrückliche Erwähnung (V. 11 f.). Die auffallendste Unregelmäßigkeit aber ergibt sich am Ende (V. 16): Dort heißt es nicht, analog zu den vorangehenden Gliedern: „Josef zeugte Jesus", sondern in deutlicher Durchbrechung des stereotypen Schemas: „... Josef, den Mann Marias, aus der Jesus, der Christus genannt wird, gezeugt wurde"[181].

Die Besonderheiten bzw. Unregelmäßigkeiten lassen die Frage nach den Traditionsverhältnissen stellen. Es dürfte recht unwahrscheinlich sein, daß Mt die Genealogie selber – unter Umständen gestützt auf verschiedene Traditionen bzw. Quellen[182] – verfaßt hat[183]. Begründeter erscheint die Annahme, daß ihm bereits eine zusammenhängende Genealogie vorlag[184]. Diese aus der Urkirche stammende Vorlage dürfte dabei im Sinne eines Geschlechtsregisters (bzw. Stammbaums) verstanden worden sein und als solches dazu gedient haben, den Messias Jesus (gegenüber dem Judentum?) nicht nur als wahren Juden (er stammt von Abraham ab!), sondern darüber hinaus auch – über Josef[185] – als einen Nachkommen Davids (und damit als wahren Messias) zu erweisen[186]. Die Genealogie wird deshalb ursprünglich wohl auch mit dem (dem Schema entsprechenden) Satz geendet haben: „Josef ʿzeugteʾ Jesus"[187].

180 Vgl. dazu u. a. J. GNILKA, Mt I 4; U. LUZ, Mt I 91.

181 Das Verb γεννᾶν wird hier plötzlich passivisch verwendet!

182 Nach R. SCHNACKENBURG, Mt I 17, z. B. richtet sich der Verfasser für V. 2–3a nach der Patriarchengeschichte in Genesis, für V. 3b–6 nach Rut 4,18–22, für V. 7–12 nach 1 Chr 3,10–19 und für den Rest nach unbekannten Quellen.

183 So aber z. B. J. SCHMID, Mt 35.39; W. TRILLING, Mt I 20; A. VÖGTLE, Genealogie 102; H. FRANKEMÖLLE, Jahwebund, bes. 314; vgl. auch H. RÄISÄNEN, Mutter 55; A. SAND, Mt 43.

184 Dafür spricht vor allem die Tatsache, daß die Namen nicht immer mit der LXX übereinstimmen. Vgl. U. LUZ, Mt 91 f. Eine Vorlage vermuten auch R. BULTMANN, Geschichte 382; G. STRECKER, Weg 89.

185 Nach jüdischem Recht ist Josef als „der gesetzliche Vater der Träger der Geschlechterfolge, Josefs Ahnen sind also auch die Vorfahren Jesu" (A. SAND, Mt 45).

186 Vgl. dazu auch U. LUZ, Mt I 93: „Der Stammbaum gehört zum Typ der sog. ʿlinearenʾ Stammbäume (ohne Verzweigungen!), die in der Antike sehr oft Legitimationsfunktion hatten. Seine ursprüngliche Funktion in der Gemeinde vor Mt mag eine solche gewesen sein: Jesus stammt vom Stammvater Abraham über die Königsdynastie Israels ab. Er ist nicht nur wahrer Jude, sondern gar Davidide."

187 Vgl. E. KLOSTERMANN, Mt 7, u. a. Damit ist keineswegs unbedingt auf eine leibliche Vaterschaft Josefs abgehoben gewesen. Das Verb γεννᾶν kann nämlich auch ein „Zeugen" im rechtlichen (bzw. adoptianischen) Sinn meinen. So wird das Verb vor allem bei der Königsadoption gebraucht (vgl. Ps 2,7 LXX). Jesu Stellung zu Josef scheint in der Vorlage also wohl in einer gewissen Analogie zur Stellung jener gesehen zu sein, „welche von einem König adoptiert und zum Rechtsnachfolger bestimmt wurden. Wie deren Verhältnis

Auf Mt selbst geht mit ziemlicher Sicherheit der Schlußsatz V. 17 zurück[188] und damit zugleich die Periodisierung in drei Zeitabschnitte zu je 14 Generationen[189]; ferner dürften von ihm auch fast alle oben angeführten Unregelmäßigkeiten herrühren[190]. Die Änderungen lassen sich näherhin von seiner besonderen Aussageabsicht her erklären. Im Unterschied zu seiner Tradition versteht Mt die Genealogie nicht mehr nur als legitimierendes Geschlechtsregister (bzw. Stammbaum) Jesu, sondern er gestaltet sie bewußt um zu einem Abriß der atl. Heilsgeschichte[191], geht es ihm doch in seinem Ev darum, die „Geschichte Jesu Christi" (1,1) der Geschichte des alten Gottesvolkes zuzuordnen, sie als deren Erfüllung zu kennzeichnen und Jesus damit als den von Gott im Alten Bund verheißenen Messias[192] zu erweisen[193]. Von daher erklärt sich z. B. das Zahlenschema der 3 × 14 Generationen. Die Zahl 14 ist die verdoppelte Zahl 7, die schon im AT „den Charakter der Totalität, und zwar den der von Gott gewollten und geordneten Totalität" trägt[194]. Die Zahl 3 unterstreicht dies noch zusätzlich. Was dreimal geschieht, erscheint „als vollständig, abgeschlossen, endgültig" und „macht den Willen Gottes völlig und unwidersprechlich kund"[195]. Die 3 × 14 Generationen deuten hier also auf die Fülle der Zeit hin, die mit dem Eintreten Jesu, des Christus (V. 16), in die Geschichte des auserwählten Gottesvolkes erreicht ist. „Was Mt sagen will, ist dies, daß für die rückschauende Betrachtung sich dieses Zahlenschema als Fügung und nicht als Zufall erweise und als Zeugnis göttlicher Vorsehung bewahrheite, daß Gott, ‚als die Zeit erfüllt war' (Gal 4,4), seinen Sohn gesandt hat"[196]. Hinter der Geschichte steht also Gottes Plan. „Gott führt die Geschichte zu dem von ihm beabsichtigten Ziel. Dabei sind ... die beiden ... Aspekte zu beachten: der

ausgedrückt wurde durch die Formel: N. N. ‚zeugte' den N. N., durfte auch gesagt werden: ‚Joseph zeugte Jesus'" (P. Gaechter, Mt 39 f.). – Eine andere Auffassung vertritt U. Luz, Mt 95. Danach hat Mt den gesamten V. 16 (bis auf den Zusatz „der genannt wird Christus") „vermutlich schon aus der Tradition übernommen. Das Passivum ἐγεννήθη und die „Erwähnung Marias zeigen, daß die Jungfrauengeburt bereits vorausgesetzt ist".

188 Dafür spricht schon die durchweg matthäische Ausdrucksweise. Vgl. U. Luz, Mt 91 Anm. 24.

189 Anders R. Bultmann, Geschichte 382, der „die zweimal sieben Glieder in den drei Geschlechterreihen" für vorgegeben hält; dgl. G. Strecker, Weg 38: „Die Jesusgenealogie ... hat Matthäus wahrscheinlich in dreigliedriger Form vorgefunden, einschließlich der Deutung betreffs der dreimal 14 Glieder (V. 17)."

190 Eine Ausnahme bildet wohl lediglich die Nennung von Serach neben Perez in V. 3, bei der die Vorlage von 2 Chr 2,4 beeinflußt wurde.

191 Vgl. H. Räisänen, Mutter 54.

192 Wenn der Evangelist gleich zweimal von Jesus als dem Χριστός (= Messias) spricht (V. 16.17; vgl. auch V. 1), dann will er hervorheben, „daß *Jesus, gerade er und kein anderer, ‚der Messias'* ..., der eine verheißene Erbe ist und sein muß" (A. Vögtle, Genealogie 69).

193 Vgl. dazu H. Zimmermann, Jesus Christus 156.

194 K. H. Rengstorf, ThWNT II 624. Vgl. auch H. Balz, EWNT II 118; J. Schmid, Mt 38.

195 G. Delling, ThWNT VIII 221.

196 W. Michaelis, Mt I 48. Vgl. J. Schmid, Mt 38; A. Vögtle, Genealogie 69; W. Trilling, Mt I 21; J. Gnilka, Mt I 11; U. Luz, Mt I 95; A. Sand, Mt 45.

christologische, nach dem dieser von Maria geborene Jesus der erwartete Messias ist; der ekklesiologische, nach dem die Geschichte des Gottesvolkes als Verheißungsgeschichte zu begreifen ist"[197].

Für unsere Thematik erscheinen vor allem zwei der genannten Unregelmäßigkeiten von besonderem Interesse: a) die zusätzliche Anführung der Frauennamen und b) die Durchbrechung des Schemas in V. 16 mit der Erwähnung Marias.

Die zusätzlichen Frauennamen:

Ist es schon überraschend genug, daß in einer solchen Genealogie überhaupt Frauen aufgeführt werden, so überrascht es auf den ersten Blick noch mehr, daß nicht auf die berühmten Frauen der Patriarchen abgehoben ist, wie Sara, Rebekka, Rahel oder Lea, die in der rabbinischen Literatur als Stammütter Israels gerühmt werden[198], sondern daß Tamar (V. 3a), Rahab (V. 5a), Rut (V. 5b) und die Frau des Urija (V. 6a) Erwähnung finden. Die Frage, warum gerade diese Frauen hier aufgeführt sind, wird in der Forschung unterschiedlich beantwortet[199]. Doch wird man wohl sagen können, daß ihre Namen primär aus folgenden zwei sich ergänzenden Gründen gewählt zu sein scheinen. 1. An all diesen Frauen haften Makel: der „Makel der Herkunft" (z. B. Rut, Rahab) „oder (und) des moralischen Verhaltens" (Tamar, Rahab, Batseba) „und damit verschiedenartige Makel an der Zeugung ihrer Söhne"[200]! Gerade dies aber unterstreicht dann eigentlich „nur den Grundgedanken der ganzen Genealogie, die providentielle Hinordnung der Geschlechterfolge auf die Geburt des Messias Jesus ...: Auch das Abseitige, das menschlich Eigenmächtige und Sündhafte, auch das von Menschen nicht Bedachte und Verachtete vermochte Gottes gnädiges, auch Umwege nicht scheuendes Walten an der Erreichung seines Zieles, der Erneuerung und Weiterführung des Geschlechts seiner Heilsverheißung bis zur Geburt des Messias Jesus nicht zu hindern"[201]. Damit aber erscheinen auch diese Frauen – trotz der an ihnen haftenden Makel – auf ihre Weise als „Vermittler des messianischen Heilsplans Gottes"[202]. Ihre „Erwählung"[203] hat insofern primär christologisch-heilsgeschichtliche Bedeutung[204]! 2. Alle vier Frauen sind wohl auch als Nichtjüdinnen verstanden[205].

197 J. GNILKA, Mt I 11.

198 Vgl. P. BILLERBECK, Kommentar I 29 f.

199 Vgl. zu den verschiedenen Hypothesen u. a. A. VÖGTLE, Genealogie 92–95; H. RÄISÄNEN, Mutter 57–60; MimNT 72–76; U. LUZ, Mt I 93 f.

200 A. VÖGTLE, Genealogie 94 f.

201 A. VÖGTLE, Genealogie 95. Vgl. E. LOHMEYER, Mt 5 f.8.

202 MimNT 75. Vgl. auch W. TRILLING, Mt I 22: „Trotz ihres fremden Blutes oder ihrer Unwürdigkeit hat sich doch der Plan Gottes erfüllt!"

203 Auf den Gedanken der „Erwählung" heben u. a. auch ab: F. HAHN, Hoheitstitel 243 mit Anm. 1; E. LOHMEYER, Mt 5; H. RÄISÄNEN, Mutter 59 f.

204 Vgl. J. GNILKA, Mt I 9.

205 E. SCHWEIZER, Mt 9, u. a. Vgl. dazu auch die Erklärung bei U. LUZ, Mt I 94: „Tamar gilt als Aramäerin, Rut ist Moabitin, Rahab Einwohnerin des kanaanäischen Jericho. Über

Damit kommt ein weiterer Aspekt in den Blick: der soteriologische! Diese nichtjüdischen Frauen in der Genealogie Jesu deuten bereits darauf hin, daß der Messias Israels zugleich der ist, der auch den Heiden das Heil bringt: durch ihn, den Sohn Abrahams (vgl. 1,1), erhalten sie ihrerseits im Neuen Bund Anteil an der wahren Abrahamskindschaft[206].

Daß die Erwähnung der vier Frauen über die christologisch-heilsgeschichtliche und soteriologische Bedeutung hinaus auch in mariologischer Hinsicht bedeutsam erscheint, liegt auf der Hand. Nur zu deutlich weisen sie auf die fünfte in der Genealogie genannte Frau, auf Maria, hin[207], ja stehen zu ihr, der Messiasmutter, „in Korrespondenz"[208]! Aber in welchem Sinn? Da diese Frage nur im Zusammenhang mit derAussage über Maria in V. 16 angegangen werden kann, wollen wir ihre Beantwortung zurückstellen und uns erst noch mit der Durchbrechung des Schemas in V. 16 befassen.

Die Durchbrechung des Schemas in V. 16:

Ohne Zweifel hängt auch die Durchbrechung des Schemas in V. 16 primär mit der christologisch-heilsgeschichtlichen Intention zusammen, die Mt in der Genealogie insgesamt verfolgt. Er will damit deutlich machen: Bei aller Kontinuität zwischen der Geschichte des alten Gottesvolkes und der Geschichte Jesu Christi, dem „Zielpunkt der Generationenfolge"[209], in dem sich alle Verheißungen erfüllen, gibt es doch etwas überraschend Neues, das aber genauso wie alles Vorangehende auf Gottes Wirken zurückgeht[210]: Der Messias Jesus wird nicht wie seine Ahnen von einem menschlichen Vater gezeugt und durch Blutsverwandtschaft in die Abrahams- und Davidserbfolge eingegliedert, Gott läßt ihn vielmehr „gezeugt sein" (ἐγεννήθη ist „theologisches" Passiv, d.h. „umschreibt das Handeln Gottes"[211]!) „aus Maria"; er läßt ihn dabei aber gleichwohl in die Abrahams- und Davidserbfolge eingegliedert sein, nämlich dadurch, daß ein Davidide, Josef, der „Mann Marias" wird und damit Jesu Vater im rechtlichen Sinn! Auf welche Weise Jesu „Gezeugtwerden aus Maria" geschieht (nämlich durch gottgewollte und geistgewirkte jungfräuliche Empfängnis) und wie der Davidide Josef zum „Mann Marias" und damit zum juristischen Vater Jesu wird, erläutert Mt erst in der folgenden Perikope (1,18 – 25). Immerhin bereitet er aber schon durch die besonderen Formulierungen in V. 16 diese Erläuterung vor.

Batseba wissen wir nichts, aber eben deshalb wird sie nicht mit Namen genannt, sondern als Frau des Urija eingeführt, der bekanntlich Hethiter war (2 Sam 11,3)."

206 Daß die Genealogie „einen universalistischen Unterton" hat, hebt auch U. Luz, Mt I 94, hervor. Vgl. ferner J. Gnilka, Mt I 9: „Heidnische Frauen im Stammbaum Jesu weisen voraus auf die Zuwendung zu den Völkern."

207 MimNT 72.

208 J. Gnilka, Mt I 4.

209 J. Gnilka, Mt I 11.

210 Vgl. A. Vögtle, Genealogie 71: „Derselbe vorsehende Gott" ist hier am Werk!

211 J. Gnilka, Mt I 11.

Zur mariologischen Bedeutung der Genealogie:

Wenn auch, wie die Analyse gezeigt hat, die Anführung der Frauennamen und die Durchbrechung des Schemas in V. 16 ebenso wie die Genealogie insgesamt primär eine christologisch-heilsgeschichtliche Intention verfolgt, so ist doch nicht zu verkennen, daß die Genealogie auch in mariologischer Hinsicht einiges hergibt. Allerdings wird man die mariologische Bedeutung weniger in dem Gedanken der jungfräulichen Empfängnis sehen – er wird hier ja noch nicht explizit behandelt, sondern in V. 16 lediglich angedeutet – als vielmehr in der Beschreibung von Marias Stellung innerhalb der gottgewirkten Heilsgeschichte! Die Genealogie macht diesbezüglich zwei Aussagen:

1. Maria ist die (jungfräuliche) Mutter des Christus, d. h. „des auf die Weissagungen der Propheten hin erwarteten Messias“[212]. Damit wird sie zugleich zur 'Stammutter' in dem durch den Messias herbeigeführten universalen Heilsbund Gottes, auf die bereits die in der Genealogie aufgeführten Stammütter aus dem Heidentum geheimnisvoll hindeuten!

2. Ihre heilsgeschichtliche Stellung, die ihr als Mutter des Messias und 'Stammutter' im universalen Heilsbund Gottes zukommt, beruht auf göttlicher Erwählung! Maria erscheint hier „als Werkzeug einer besonderen göttlichen Vorsehung ..., als jene Auserwählte, die den messianischen Heilsplan zu Ende führt“[213]. Auch darauf weisen bereits die vier atl. Frauen vorweg hin. Sie bilden keineswegs einen Kontrast zu Maria, wie oft behauptet wird[214]; allerdings können sie mit ihr auch nicht ohne weiteres in allem parallelisiert werden – Maria ist ja z. B. keine Nichtjüdin! –; immerhin gibt es aber ein analoges Moment zwischen ihnen und Maria: die gottgewollte Außergewöhnlichkeit der Zeugung[215]! Insofern „diese Frauen erwählte Gefäße“ sind, „deren Gott sich bediente, um seinen Willen auf ungewöhnliche Weise zum Ziel zu führen“[216], deuten sie bereits auf das besondere Vorhaben Gottes mit Maria, der Mutter des Messias Jesus, hin[217]; sie erscheinen gleichsam als „Signale für das Wunder der jungfräulichen Empfängnis Jesu“[218], über das Mt im folgenden Abschnitt 1,18–25 ausführlich handeln wird.

212 J. Michl, BThW II 977.

213 MimNT 76.

214 Der Kontrast wird dabei etwa so formuliert: Die Ahnfrauen sind notorische Sünderinnen, Maria dagegen ist reine Jungfrau; vgl. z. B. K. Bornhäuser, Geburts- und Kindheitsgeschichte 72 f.; J. Schniewind, Mt 11. Doch 1. gilt nicht für alle genannten Ahnfrauen, daß sie tatsächlich Sünderinnen waren (vgl. nur die positive Zeichnung Ruts im AT!), 2. geht es Mt, wie bereits gesagt, in dieser Perikope noch nicht um eine ausdrückliche Thematisierung der Jungfrauschaft Marias. Vgl. zur berechtigten Kritik an der genannten Position u. a. auch H. Räisänen, Mutter 58 f.; MimNT 74 f.; U. Luz, Mt I 94.

215 Vgl. dazu F. Schnider – W. Stenger, Frauen 196.

216 J. Gnilka, Mt I 9.

217 R. Mahoney, Mutter 98.

218 R. Schnackenburg, Mt I 18.

b) Maria in der Erzählung Mt 1,18–25

Analyse des Textes:

Die in Mt 1,18–25 vorliegende „christliche Glaubenserzählung"[219], die man in ihrem jetzigen Zusammenhang als eine Art „erweiterte Fußnote" bzw. Erklärung zu Mt 1,16b bezeichnen kann[220], ist nach einem bestimmten Schema aufgebaut, das sich ähnlich auch in den weiteren Perikopen der matthäischen 'Vorgeschichte' (außer 2,1–12) und ebenso auch in der Mt-Fassung der Einzugsgeschichte (21,1–7) findet[221]. Es umfaßt näherhin die folgenden drei Strukturteile: 1. Situationsangabe (V. 18 f.), Auftrag und Verheißung (V. 20 f.), 2. Einleitungsformel und Reflexionszitat (V. 22 f.), 3. Ausführungsschema mit Ausführungsformel (V. 24 f.).

Was die Frage nach einer eventuell vorgegebenen Tradition angeht, so neigt man heute in der Forschung weitgehend dazu, die gesamte Perikope als eine redaktionelle Bildung des Mt anzusehen und dem Redaktor dabei lediglich die Verwendung einzelner traditioneller Motive zuzugestehen[222]. Indes enthält der Text einige Spannungen bzw. „unausgeglichene Stellen, die auf die Bearbeitung einer Vorlage schließen lassen"[223] dürften[224].

Eine genauere Analyse von Tradition und Redaktion ergibt, daß auf Mt selbst neben der sprachlich-stilistischen Überarbeitung der Vorlage[225] vor allem ihr Ausbau mit Hilfe des bereits erwähnten dreigliedrigen Strukturschemas zurückgeht[226]. Näherhin hat Mt in die Vorlage, in der wohl nur von der Anweisung des Engels im Rahmen einer Angelophanie (vgl. V. 20.21a) und deren entsprechenden Ausführung durch Josef (vgl. V. 24a.c.25b) die Rede gewesen sein dürfte, folgende Elemente eingebaut: das Reflexionszitat samt

[219] R. SCHNACKENBURG, Mt I 19.

[220] So z. B. K. STENDAHL, Quis et unde? 102; R. SCHNACKENBURG, Mt I 19; U. LUZ, Mt I 102; vgl. auch A. VÖGTLE, Genealogie 68: „exkursartiger Anhang zu 1,16b"; ähnlich H. RÄISÄNEN, Mutter 61.

[221] Vgl. dazu R. PESCH, Ausführungsformel II, bes. 80; ferner E. NELLESSEN, Kind 33 ff.79; I. BROER, Bedeutung 251; U. LUZ, Mt I 100.

[222] Vgl. u. a. M. DIBELIUS, Formgeschichte 125; R. PESCH, Ausführungsformel II 88, der zu den traditionellen Motiven bes. Elemente der Mose-Haggada sowie das Theologumenon von der Geistzeugung Jesu zählt; ferner H. RÄISÄNEN, Mutter 60; I. BROER, Bedeutung 255; H. FRANKEMÖLLE, Jahwebund 310; vgl. auch MimNT 78 f.

[223] J. GNILKA, Mt I 16. Von einer Vorlage gehen u. a. auch aus: R. BULTMANN, Geschichte 316; G. STRECKER, Weg 52.

[224] Folgende Spannungen bzw. Unausgeglichenheiten fallen bes. auf: 1. Die Bemerkung über Marias Empfängnis „aus dem Hl. Geist" in V. 18c „nimmt ... die Belehrung, die Josef erst durch den Engel erhält, vorweg und löst die erzählerische Spannung zu früh auf" (J. GNILKA, Mt I 16). 2. Die Bemerkung, daß Josef „gerecht" war (V. 19b), will nicht recht zu der Mitteilung passen, daß er Maria dennoch – offenbar doch wohl aus „vorübergehende(m) Argwohn" (J. GNILKA, a. a. O. 18) – entlassen will. 3. Das Messiaskind erhält in der Erzählung zwei unterschiedliche Namen: Jesus (V. 21.25b) und Immanuel (V. 23).

[225] Vgl. dazu u. a. R. PESCH, Ausführungsformel II 81–87; U. LUZ, Mt I 100; J. GNILKA, Mt I 15 f.; auch H. RÄISÄNEN, Mutter 60.

[226] Vgl. E. NELLESSEN, Kind 33.

Einleitungsformel (V. 22f.)[227], die Ausführungsformel (V. 24b: „... tat, wie ihm der Engel des Herrn befohlen hatte")[228] sowie die Bemerkung „Und er erkannte sie nicht, bis sie einen Sohn gebar" (V. 25a), die mit dem Prophetenwort Jes 7,14 (Betonung der Jungfrauschaft Marias!) zusammenhängt und das gleiche Anliegen verfolgt wie die Ausführungsformel, nämlich darauf hinzuweisen, daß sich auch die prophetische Weissagung wortwörtlich erfüllt hat[229]. Daneben dürften noch die folgenden Einzelelemente auf die Redaktionsarbeit des Mt zurückgehen: 1. der die Verbindung zur voranstehenden Genealogie (bes. zu V. 16) herstellende V. 18a; 2. die deutlich auf die Leser des Mt abzielende 'Vorwegnahme' der Belehrung des Josef, daß Maria ἐκ πνεύματος ἁγίου empfangen habe, in V. 18c[230]; 3. die Charakterisierung des Josef als „Gerechter" (δίκαιος) in V. 19b[231]; 4. die ungewöhnliche Anrede Josefs mit „Sohn Davids"[232] in V. 20b, die offensichtlich mit dem von Mt in 1,2–16 verfolgten Anliegen zusammenhängt, Jesus über Josef in die Davidserbfolge einzugliedern. Alle anderen Einzelheiten dürften im wesentlichen auf die Vorlage zurückgehen. Dies gilt nicht zuletzt auch für die Deutung des Jesusnamens mit Hilfe von Ps 129,8 (LXX) in V. 21b[233].

[227] Zu den matthäischen Reflexions- bzw. Erfüllungszitaten vgl. u. a. W. ROTHFUCHS, Erfüllungszitate; G. STRECKER, Weg 49–85; E. NELLESSEN, Kind 35–49; U. LUZ, Mt I 134 bis 140.

[228] Diese Formel begegnet im AT öfter (nach R. PESCH, Ausführungsformel I 225, etwa 30 mal). Sie scheint aber nicht so konstitutiv zu sein wie das Grundschema von Anweisung und Ausführung, so daß man sie hier auf Mt selbst zurückführen kann. Vgl. H. RÄISÄNEN, Mutter 64.

[229] Vgl. R. PESCH, Ausführungsformel II 86.

[230] Mt kann bei seinen Lesern offenbar schon die „Glaubensüberzeugung" voraussetzen, „daß nicht Josef, sondern der Heilige Geist der wahre Erzeuger Jesu ist" (R. SCHNACKENBURG, Mt I 19). Vgl. U. LUZ, Mt I 102.

[231] Die „Gerechtigkeit" (δικαιοσύνη) im Sinne der rechten Haltung des Menschen vor Gott und seines richtigen Verhaltens zu den Mitmenschen ist ein besonderes Anliegen des Mt, vor allem in der Bergpredigt (5–7). Vgl. dazu J. ZMIJEWSKI, Verhältnis 240–244.

[232] Es ist der einzige Fall, bei dem jemand im NT den sonst nur Jesus zukommenden Titel empfängt (J. GNILKA, Mt I 19). Auch bei Mt wird er sonst immer nur auf Jesus angewendet (vgl. 1,1; 9,27; 12,23; 15,22 u. ö.). Zur matthäischen Verwendung des Titels vgl. u. a. G. STRECKER, Weg 118 ff.; F. HAHN, Hoheitstitel 268–279, bes. 274 f.; DERS.; EWNT III 935.

[233] Zwar steht das Motiv der „Befreiung von den Sünden ... bei Matthäus in einem durchgreifenden redaktionellen Zusammenhang, der von der Streichung der Sündenvergebung bei der Johannestaufe (3,5–6) bis zum Zusatz zum Kelchwort (26,23) reicht" (R. PESCH, Ausführungsformel II 85), andererseits finden sich schon bei der Ankündigung von Geburten wichtiger Gestalten der Geschichte Israels gelegentlich ähnliche Aussagen über deren künftigen (Retter-)Auftrag für das Volk (s. z. B. Ri 13,5; JosAnt II 205; weitere Belege s. bei R. BLOCH, Gestalt 111 f.; vgl. ferner U. LUZ, Mt I 101), ebenso Namendeutungen (vgl. z. B. Gen 16,11 f.). „Vermutlich wußte man in einem griechischsprachigen Milieu" – und aus ihm dürfte die Vorlage stammen –, „daß der Name Jesus irgend etwas mit Gottes Hilfe zu tun hatte" (U. LUZ, Mt I 101), und konnte von daher leicht Ps 129,8 (LXX) zur (allerdings nicht ganz treffenden) Deutung des Namens Jesus verwenden.

Für das dem Evangelisten – und zwar bereits in schriftlicher Form[234] – überkommene Traditionsstück läßt sich demnach in etwa folgender Inhalt annehmen: Als Maria mit Josef verlobt war und beide noch nicht in ehelicher Gemeinschaft zusammenlebten, zeigte es sich, daß Maria ein Kind erwartete (V. 18b). Josef[235], der sie nicht bloßstellen wollte, beschloß, sie heimlich (nämlich durch Ausstellung eines Scheidebriefes nach Dtn 24,1, also ohne einen förmlichen Ehebruchprozeß gem. Dtn 22,23 f.[236]) zu entlassen (V. 19a.c). Da erschien ihm ein Engel des Herrn im Traum und sagte: „Josef, fürchte dich nicht![237] Führe Maria als deine Frau heim! Denn das in ihr Gezeugte ist aus heiligem Geist. Sie wird einen Sohn gebären, und du sollst seinen Namen Jesus heißen, denn er wird sein Volk von seinen Sünden erretten (V. 20.21)." Josef aber erhob sich vom Schlaf und führte seine Frau heim (V. 24a.c). Und sie gebar einen Sohn, und er nannte seinen Namen Jesus (V. 25b.c).

Der christologische Schwerpunkt der vorgegebenen Erzählung, die man ihrer Form nach als eine Geburtsankündigungsgeschichte (s. die vergleichbare Parallele Lk 1,26 – 38)[238] bzw., da es wesentlich auch um die Namengebung und -deutung geht, als eine Namengebungsgeschichte[239] bezeichnen kann und für deren Gestaltung offenbar verschiedene traditionelle Einzelmotive bzw. -vorstellungen verwendet worden sind[240], liegt zum einen auf der durch den Engel Gottes (und damit Gott selbst) dem Josef gegebenen Verheißung, „sein Sohn werde der Messias sein"[241], zum anderen auf der Bestimmung seines gottgewollten Messiasauftrags: daß er sein Volk von den Sünden erretten werde. „Damit", so soll ausgesagt werden, „unterscheidet sich dieser Messias von manchen Erwartungen im Volk (vgl. PsSal 17,23 ff), aber auch von Mose,

234 Anders z. B. G. STRECKER, Weg 52; U. LUZ, Mt I 101, die an mündliche Tradition denken; vgl. auch J. GNILKA, Mt I 16, nach dessen Ansicht Mt „auf jeden Fall" die Vorstellungen von der Zeugung Jesu aus dem Geist und von der Jungfrauengeburt aus der mündlichen Tradition schöpfte.

235 Der Zusatz „ihr Mann" in V. 19a könnte matthäisch sein und des näheren die Verbindung zu V. 16 herstellen wollen. Vgl. R. PESCH, Ausführungsformel II 83.

236 Vgl. dazu P. BILLERBECK, Kommentar I 51 f.

237 Im Unterschied zur jetzigen Mt-Fassung bezieht sich das „Fürchte dich nicht!" ursprünglich wohl auf die Engelserscheinung als solche und noch nicht auf deren Grund!

238 Bei Lk ergeht die Ankündigung allerdings an die Mutter. Doch könnte die Geschichte von der Ankündigung der Geburt Jesu in der Urkirche in verschiedener Version erzählt worden sein. So z. B. J. GNILKA, Mt I 16.

239 So U. LUZ, Mt I 101.

240 Dazu gehören: das im AT (Gen 16,7 – 12; Ri 13,3 ff. u. ö.) vorgeprägte und auch bei Lk (vgl. Lk 1,13.30 f.) anzutreffende Schema einer „Geburtsanzeige" (U. LUZ, Mt I 100), wesentliche Elemente der Mosehaggada (R. PESCH, Ausführungsformel II 88 Anm. 133), die auch in den anderen mit 1,18 – 25 wohl schon vor Mt einen Erzählkranz bildenden (E. NELLESSEN, Kind 79 f.) Traditionsstücken von Kap. 2 (2,13 ff. 16 ff. 19 – 23) eine Rolle spielt, sowie die sich auch anderswo im NT, wenn auch in unterschiedlicher Ausprägung, findende Idee von der Zeugung Jesu, des Messias, durch Gott bzw. durch den Geist (vgl. Lk 1,35; aber auch Röm 1,3 f., Mk 1,9 ff. u. a.). Zu dem zuletzt genannten Motiv vgl. u. a. die Ausführungen in MimNT 80 f.

241 R. BULTMANN, Geschichte 317.

dem die Aufgabe zukam, 'das Volk der Hebräer aus ägyptischer Knechtschaft zu befreien'"[242]. Der Gedanke der Davidssohnschaft spielt in der vorgegebenen Erzählung keine Rolle[243]; die Idee der geistgewirkten Zeugung Jesu ist in ihr nur von untergeordneter Bedeutung; sie bildet eigentlich nur eine „relativ unbetonte Voraussetzung der Geschichte"[244].

Anders ist es bei Mt selbst: Wie früher schon bemerkt, geht es ihm mit der Anfügung dieser Perikope an die Genealogie (1,2–17) wesentlich darum, zwei in ihr noch offengebliebene (bzw. noch nicht hinreichend beantwortete) Fragen anzugehen: nämlich 1. wie Jesu „Gezeugtwerden aus Maria" (1,16b) geschieht und 2. wie Josef zum „Mann Marias" (1,16a) wird und damit Jesus, ihr Kind, durch ihn seine Eingliederung in die Davidserbfolge findet. Auf die 1. Frage antwortet Mt mit dem gegenüber der Vorlage bezeichnenderweise betonten (vgl. die bewußte Vorwegnahme des Motivs in der Einleitung V. 18b) Hinweis auf die Geistzeugung (V. 20c), deren Bedeutsamkeit er zusätzlich noch hervorhebt durch das ihm wahrscheinlich durch die (mündliche?) Tradition vorgegebene[245], von ihm in V. 22 f. explizit mit Hilfe des Prophetenwortes Jes 7,14[246] nachgewiesene und durch die Bemerkung über Josefs Verhalten gegenüber Maria „bis zur Geburt" des Kindes in V. 25a.b unterstrichene[247] Motiv der Jungfrauengeburt[248]. Die 2. Frage beantwortet Mt mit dem Hinweis auf den im Engelauftrag an Josef, den „Sohn Davids" (wie er ihn betont nennt), aber ebenso vorweg schon in der prophetischen Weissagung von Jes 7,14 erkennbar werdenden Willen Gottes, nach dem der Davidide Josef Maria als seine Frau zu sich nehmen, ihrem Sohn seinen Namen geben und dadurch dessen „davidische Abkunft ... vor dem Gesetz sichern"[249] soll. Wieder, wie schon in der Genealogie, ist der Blick gelenkt auf Gottes Heilsplan und -willen. Er bildet nach Mt das eigentliche 'Kontinuum', das die atl. Geschichte, die

[242] J. GNILKA, Mt I 19. Die ursprüngliche Geschichte trägt insofern apologetisch-polemische Züge!

[243] Anders J. GNILKA, Mt I 16.

[244] U. LUZ, Mt I 101. Ähnliches gilt übrigens auch von der Person des Josef. Daß er den Auftrag des Engels ausführt, erscheint dem Erzähler selbstverständlich, trägt also keinen besonderen Akzent.

[245] So u. a. J. GNILKA, Mt I 16.

[246] Auch in der lukanischen Verkündigungsperikope (1,26–38), bei der es ebenfalls um das Motiv der Jungfrauengeburt geht (vgl. dort V. 27 im Zusammenhang mit V. 31), scheint auf Jes 7,14 angespielt zu sein. Vgl. H. SCHÜRMANN, Lk I 46; R. LAURENTIN, Struktur 83.

[247] Die Bemerkung ist ja recht auffallend, denn der Engel hatte dem Josef „nichts über die ehelichen Beziehungen zu Maria gesagt" (A. SAND, Mt 61).

[248] Auf das Problem der Jungfrauengeburt im NT und in der Tradition, die (religionsgeschichtlichen) Parallelen bzw. Ursprünge dieser Vorstellung und die (durch die historisch-kritische Exegese allein nicht zu beantwortende) Frage nach der Historizität der jungfräulichen Empfängnis bzw. Geburt kann im Rahmen unserer Untersuchung nicht näher eingegangen werden. Es sei verwiesen auf die entsprechenden Artikel in den Bibellexika, die diversen Exkurse in verschiedenen Kommentaren zu Mt und Lk sowie auf das ausführliche Lit.verzeichnis zu dieser Thematik bei J. GNILKA, Mt I 32 f.

[249] J. GNILKA, Mt I 22.

Geschichte der Verheißung, mit der sie zur Erfüllung bringenden Geschichte Jesu Christi (1,1) verbindet[250].

Mt verfolgt also auch in dieser Perikope primär ein heilsgeschichtliches Anliegen – das gesamte hier dargestellte Geschehen (vgl. V. 22a: τοῦτο ὅλον γέγονεν) entspricht, so will er hervorheben, Gottes Heilsplan, wie er bereits in der prophetischen Weissagung Jes 7,14 vorwegverkündet worden ist[251] –, damit zugleich auch ein christologisches: Jesus soll erneut als der Messias erwiesen werden. Was dies für Mt im einzelnen bedeutet, macht die Reihe der christologischen Aussagen und Titel in der Perikope deutlich[252]: Als der Jesus, der sein Volk von den Sünden erretten wird (V. 21b), ist der Messias zugleich der aus dem Hl. Geist gezeugte (V. 20c) Davidssohn (V. 20b), darüber hinaus der Gottessohn (vgl. die Korrespondenz zwischen ὑπὸ κυρίου V. 22 und υἱόν V. 23[253]; ferner 2,15) sowie – und darin kulminieren die sich steigernden Aussagen über den Messias Jesus[254] – der Immanuel, der „Gott-mit-uns" (V. 23), ein Titel, mit dem Mt, wie der Schlußvers seines Ev 28,20 beweist[255], wesentlich die bleibende und helfende Gegenwärtigkeit des erhöhten Kyrios unter den Seinen[256], also die bleibende Bedeutung des Messias für die Kirche[257] umschreibt.

Daneben verfolgt Mt hier auch noch eine gewisse paränetische Intention[258]. Sie verbindet sich mit der Gestalt des Josef. Er wird als der „Gerechte" (δίκαιος) bezeichnet (V. 19), der sich ganz im Gehorsam „nach dem Willen

[250] Vgl. dazu A. VÖGTLE, Genealogie 71: „Derselbe vorsehende Gott – der die mit Abraham begründete Heilsverheißung so wunderbar auf den Messias Jesus als deren Erfüllung hinordnete und diesen zu dem von ihm festgesetzten Zeitpunkt aus Maria, der Frau Josephs, geboren werden ließ (1,16) – ließ Jesus gemäß der Weissagung wunderbar empfangen werden und hat gemäß der gleichen Prophetie (Is 7,14) seine Eingliederung in die Abrahams- und Davidserbfolge eigens und ausdrücklich verfügt: nämlich durch die von Joseph befolgte Weisung, daß dieser als 'Sohn Davids' seine Frau Maria in aller Form zu sich nehme, dadurch deren Kind als seinen Sohn anerkenne und diesem den von Gott bestimmten Namen 'Jesus' gebe."

[251] Vgl. dazu H. RÄISÄNEN, Mutter 65. Auf die Bedeutung des ὅλον verweist auch U. LUZ, Mt I 105: „Das auffällige ὅλον deutet an, daß Matthäus das Zitat nicht nur um des Namens Immanuel willen bringt, sondern daß ihm die ganze Geschichte der Geburtsankündigung wichtig ist."

[252] Vgl. dazu R. PESCH, Ausführungsformel II 89; I. BROER, Bedeutung 257.

[253] Auf diese Korrespondenz weisen u. a. auch hin: R. PESCH, a. a. O., nach dessen Ansicht der Gottessohn sogar „die christologische Mitte" der Perikope ausmacht; ferner (fragend) J. GNILKA, Mt I 20.

[254] Auf die Steigerung machen zu Recht R. PESCH, a. a. O., und I. BROER, Bedeutung 256 f., aufmerksam.

[255] Die Verheißung in 28,20 „Ich *bin mit euch* alle Tage bis zum Ende der Welt" korrespondiert mit 1,23. Beide Stellen markieren zusammen eine Inclusio des gesamten Ev.

[256] Zu beachten ist in diesem Zusammenhang die Pluralform des Futur καλέσουσιν (in der LXX steht der Singular: καλέσεις) in V. 23: „Sie werden ihn Immanuel nennen" – gemeint sind „die in der Kirche versammelten Christusbekenner" (J. GNILKA, Mt I 21).

[257] Vgl. dazu U. LUZ, Mt I 106. Zum Immanuelbegriff (bes. bei Mt) vgl. u. a. H. FRANKEMÖLLE, Jahwebund 7–83; N. WALTER, EWNT I 1080 f.

[258] Vgl. U. LUZ, Mt I 106, der von einem „ethischen Nebenskopus" spricht.

Gottes ausrichtet"[259]. Durch seine „Gerechtigkeit", die er hier in seiner gesamten Verhaltensweise zeigt[260], reiht er sich „ein in die Reihe der Gerechten, die von Abel (23,35) und den alttestamentlichen Frommen (13,17) über Jesus (27,19.24) bis zu den im Endgericht bestehenden Tätern der Gebote Jesu (13,43; 25,46) reicht"[261], und wird damit zum Vorbild für die christliche Gemeinde.

Zur mariologischen Bedeutung der Erzählung:

Wie Josef, so ist auch Maria eigentlich nur ein Nebenskopus in dieser primär heilsgeschichtlich-christologisch ausgerichteten Erzählung[262]. Die Jungfrauengeburt, die im übrigen in dieser Erzählung weder eigens begründet noch zum Gegenstand besonderer theologischer Reflexion gemacht wird, sondern bereits „als selbständige Tatsache vorausgesetzt"[263] ist, erwähnt Mt wesentlich aus zwei Gründen: 1. weil sich in ihr – wie im gesamten hier dargestellten Geschehen (vgl. V. 22) – „eine alttestamentliche Weissagung erfüllt"[264], nämlich Jes 7,14 (vgl. V. 22b.23), 2. weil sie im Zusammenhang mit dem Motiv der Geistzeugung „dazu dient, Jesus als den Gottessohn zu qualifizieren"[265].

Gleichwohl wird natürlich auch etwas über Maria selbst gesagt. Folgende Punkte sind hervorzuheben:

1. Maria erscheint hier noch deutlicher als in der Genealogie (1,16) als das besondere Werkzeug des heilshandelnden Gottes. Sie „spielt ... eine unübersehbare Rolle in dem Plan Gottes, sein Volk zu erretten, und sie war schon seit der Zeit des Jesaja als die Jungfrau ausersehen, die den Immanuel gebären sollte. Sie ist ein Instrument des göttlichen Handelns, ohne daß von ihrem persönlichen Verhalten je die Rede wäre"[266].

2. Maria ist die jungfräuliche Mutter Jesu Christi, des Davids- und Gottessohnes. Wieweit reicht aber ihre Jungfräulichkeit? Aus dem in der

259 J. Gnilka, Mt I 18.

260 Josefs „Gerechtigkeit" besteht zunächst darin, daß er nach einem Weg sucht, die des Ehebruchs verdächtige Maria nicht der Schande preiszugeben, dabei aber doch zugleich die Vorschriften des Gesetzes zu beachten, also in seiner Erfüllung des im Gesetz enthaltenen Willens Gottes einerseits und seiner Freundlichkeit bzw. Milde gegenüber Maria andererseits. Für Mt erscheint er damit bereits als jemand, der das Gesetz im Sinne des Liebesgebotes auslegt (U. Luz, Mt I 104). Seine „Gerechtigkeit" zeigt sich sodann aber vor allem darin, daß er die an ihn ergehende besondere Weisung Gottes (die ja ein vom Gesetz nicht gedecktes Verhalten verlangt!) erfüllt, und zwar „schlicht und selbstverständlich" (W. Trilling, Mt I 31).

261 U. Luz, Mt I 104.

262 Vgl. H. Räisänen, Mutter 66: „Maria existiert für Matthäus nur am Rande."

263 I. Broer, Bedeutung 260.

264 U. Luz, Mt I 106.

265 I. Broer, Bedeutung 260. Vgl. dazu MimNT 77: „Indem der Davidssproß Josef dem Kind seinen Namen gibt, ist dieser Messias der Sohn Davids, aber durch die (jungfräuliche) Empfängnis aus dem Heiligen Geist ist der Messias der Immanuel, der ‚Gott mit uns'. Das Kind, das in Marias Schoß empfangen ist, ist der Sohn Gottes (2,15)."

266 MimNT 78.

Forschung umstrittenen V. 25a[267] ergibt sich zunächst nur, daß Maria Jungfrau blieb, „bis sie einen Sohn gebar"! Auch das Gotteswort Jes 7,14 spricht lediglich die jungfräuliche Empfängnis und Geburt aus. Und nur darum geht es Mt hier auch allein. Über die Jungfräulichkeit Marias nach der Geburt Jesu sagt die Perikope (wie überhaupt das NT) ausdrücklich nichts[268]. Die *virginitas post partum* ist allerdings auch nicht durch V. 25a und das Jesajawort ausgeschlossen; jedenfalls wird ja auch nicht ausdrücklich gesagt, daß die Ehe zwischen Josef und Maria nach Jesu Geburt vollzogen wurde! Auch über „weitere mögliche Aspekte der Jungfräulichkeit wird nicht reflektiert: ob sie für die Mutter Jesu passend oder wünschenswert oder überhaupt ziemlich sei, das ist hier irrelevant"[269].

3. Maria ist die Mutter des Immanuel. Ihrer geistgewirkten Mutterschaft (V. 18.20) verdankt die Kirche jenen Herrn, der bei ihr ist und bleibt „alle Tage bis zum Ende der Welt" (28,20).

### c) Maria im Erzählkranz Mt 2,1–23

Analyse des Textes:

Im 2. Kap. des MtEv sind vier Erzählstücke zusammengeschlossen: V. 1–12: Huldigung der Magier; V. 13–15: Flucht der Hl. Familie nach Ägypten; V. 16–18: Kindermord in Bethlehem; V. 19–23: Rückkehr der Hl. Familie aus Ägypten und ihre Niederlassung in Nazareth. Die vier Stücke gehören aufs engste zusammen und dürften Mt bereits (zusammen mit 1,18–25) als ein Erzählkranz aus der Tradition vorgegeben gewesen sein.

Die genauere Traditionsgeschichte der Einzelstücke bzw. der gesamten Komposition wird allerdings in der Forschung unterschiedlich beurteilt[270]. Am wahrscheinlichsten ist die Annahme, daß zwei ursprünglich selbständige „Überlieferungen erzählenden Charakters ... bereits vor Matthäus zu einem Ganzen zusammengefügt" worden sind[271]. Die eine Überlieferung, die sich in den Abschnitten (1,18–25;) 2,13–15.16–18.19–23 findet, „ist nach dem Vorbild der haggadisch erweiterten Mosegeschichte und der Exodustypologie gestaltet"[272]; die andere, nämlich die Magiererzählung (2,1–12), „erscheint ebenfalls von biblischen Motiven bestimmt, ohne daß man die Reichweite ihres Einflusses im einzelnen genau angeben könnte"[273]. Bei der schon vor Mt erfolgten Zusammenfügung der beiden Überlieferungen hat die Magierperikope, die ursprünglich wohl nur vom Zug und der Huldigung der Magier

[267] R. PESCH, Ausführungsformel II 86, nennt V. 25a zutreffend eine „alte 'crux interpretum'".
[268] Vgl. J. MICHL, BThW II 978; ferner K. H. SCHELKLE, Mutter 54.
[269] R. MAHONEY, Mutter 101.
[270] Vgl. dazu die verschiedenen Analysen in den einschlägigen Kommentaren und Monographien.
[271] E. NELLESSEN, Kind 79.
[272] E. NELLESSEN, Kind 79; Einzelheiten s. ebd. 63–68.
[273] A. a. O. 79. Für die ursprüngliche Selbständigkeit der Magiererzählung spricht sich u. a. auch H. RÄISÄNEN, Mutter 67, aus.

handelte[274], in der Mitte durch die Begegnungsszene der Magier mit König Herodes eine „Anreicherung" erfahren[275] (V. 2 [bzw. 3 – 9 mit Ausnahme der Verse 4 – 6, die wegen des Reflexionzitats auf Mt selbst zurückgehen dürften]); dadurch sollte die Verbindung zwischen der Magiererzählung und den folgenden Stücken hergestellt werden[276].

Der Endredaktor Mt hat den Erzählkranz, der ihm wohl schon schriftlich vorlag[277], weitgehend sprachlich-stilistisch überarbeitet. Außerdem hat er die auf der Mosehaggada aufbauenden Stücke mit Hilfe des schon aus 1,18 – 25 bekannten Strukturschemas gestaltet und erweitert[278]; vor allem hat er jedem dieser Stücke – ebenso wie der Magiererzählung – „ein Erfüllungszitat beigegeben und dadurch einen einheitlicheren Eindruck des Ganzen erreicht"[279].

Zu den verbindenden Elementen, die die einzelnen Stücke zusammenhalten, gehört die Wendung „das Kind und (bzw. mit) seine(r) Mutter (Maria)"[280]. Sie fehlt lediglich im Erzählstück 2,16 – 18. Ansonsten begegnet sie gleich fünfmal: In 2,11 wird von den Magiern gesagt: „Und sie kamen in das Haus, sahen das Kind mit Maria, seiner Mutter, und fielen nieder und huldigten ihm." In 2,13 erhält Josef vom Engel des Herrn im Traum den Auftrag: „Steh auf, nimm das Kind und seine Mutter und flieh nach Ägypten!" In 2,14 wird die genaue Ausführung dieses Auftrages geschildert: „Er aber stand auf, nahm das Kind und seine Mutter bei Nacht und zog fort nach Ägypten." In 2,20 erhält Josef vom Engel die neue Anweisung: „Steh auf, nimm das Kind und seine Mutter und zieh in das Land Israel!" Auch in diesem Fall wird sogleich in 2,21 die genaue Ausführung dargestellt: „Er aber stand auf, nahm das Kind und seine Mutter und zog ein in das Land Israel." Kann man davon ausgehen, daß die Wendung „das Kind und seine Mutter" in 2,13 f. 20 f. vorgegeben war, so darf vermutet werden, daß die davon abweichende Formulierung „das Kind mit

274 Vgl. E. Nellessen, Kind 73 f., nach dessen Ansicht die ursprüngliche Erzählung inhaltlich des näheren etwa so zu bestimmen ist: „Magier kommen aus dem Ostland, um den neugeborenen König der Juden zu verehren, dessen Stern sie im Osten gesehen haben. Der Stern zieht vor ihnen her, bis er über dem Hause stehen bleibt, wo das Kind ist. Bei diesem Anblick sind sie unsagbar froh. Sie treten in das Haus ein, finden das Kind (mit Maria, seiner Mutter), fallen nieder und beten es an. Und sie tun ihre Schätze auf und bringen ihm Gaben dar, Gold, Weihrauch und Myrrhe. Darauf ziehen sie in ihr Land zurück."

275 J. Gnilka, Mt I 47. Vgl. E. Nellessen, Kind 77.79.

276 Das alle Stücke Verbindende ist nun „das verbreitete Motiv von der Verfolgung und Errettung des Königskindes" (J. Gnilka, Mt I 47).

277 Für mündliche Tradition plädieren hier demgegenüber u. a. G. Strecker, Weg 84; U. Luz, Mt I 114.126.

278 Eine Erweiterung scheint in V. 22 f. vorzuliegen. Wahrscheinlich hat Mt diese Verse „nach dem Vorbild von 4,12 ff. selbst formuliert" (U. Luz, Mt I 126).

279 E. Nellessen, Kind 79.

280 Weitere Verbindungselemente sind u. a.: Herodes, der in allen Einzelstücken begegnet, Josef, der allerdings in der Magierperikope nicht erwähnt wird, sowie das Traummotiv, das lediglich im Erzählstück V. 16 – 18 fehlt. Hinzuweisen ist außerdem auf das das Ganze zusammenhaltende besondere geographische Schema: Bethlehem – Jerusalem – Bethlehem – Ägypten – Bethlehem – Ägypten – Nazareth.

Maria, seiner Mutter" in 2,11 von Mt (statt eines ursprünglichen „das Kind"?)[281] eingefügt worden ist, um dadurch nicht nur eine Verbindung zu den nachfolgenden Erzählstücken, sondern auch eine solche zu 1,18–25 herzustellen[282].

Zur mariologischen Bedeutung der Wendung „das Kind und/mit seine(r) Mutter":

Wenngleich auch in der matthäischen Version der Erzählstücke von Kap. 2 Maria „nur als eine passive Nebenfigur"[283] erscheint, ist es keineswegs unbedeutend, wenn fünfmal jeweils in einem Atemzug von dem Kind und seiner Mutter gesprochen wird. Mt „legt also Wert auf diese Aussage"; sie ist für ihn sozusagen ein „Leitmotiv"[284].

Das läßt nach der mariologischen Bedeutung dieses „beherrschenden Bildes"[285] fragen. Dazu läßt sich des näheren sagen:

1. Maria erscheint ganz als die Mutter des Messiaskindes (und nicht sosehr [wie z.B. noch in 1,16 und 1,18–25] als die Frau des Josef!). Obwohl seine Mutter, tritt sie, wie schon ihre durchgehende Erwähnung nach der des Kindes anzeigt, hinter Jesus zurück[286]. Das macht deutlich, daß Maria – gerade als Mutter – „ihre Würde von dem Kind empfängt"[287], auf welches es allein ankommt!

2. Die Formulierung „das Kind und seine Mutter" bindet nicht nur Jesus und Maria eng zusammen, sondern stellt zugleich eine deutliche Distanz der beiden zu Josef her[288] und unterstreicht damit noch einmal das besondere Geheimnis der Mutterschaft, das in ihrer (vom Geist gewirkten) jungfräulichen Empfängnis und Geburt Jesu besteht[289].

281 Dafür, daß ursprünglich nur vom Kind allein die Rede gewesen sein mag, spricht der Kontext (V. 11b: „... sie fielen nieder und huldigten ihm"). Jedenfalls ging es in der vorgegebenen Erzählung nur um das Kind, nicht um seine Mutter; auch Josef spielt ja keine Rolle! Vgl. dazu auch H. RÄISÄNEN, Mutter 67: „Die Geschichte verkündet allein die Herrlichkeit Christi."

282 Vgl. A. SAND, Mt 51: „Die Formulierung 'Das Kind mit Maria, seiner Mutter', ... ist bewußter Anschluß an 1,25." Vgl. auch J. SCHMID, Mt 48; ferner H. RÄISÄNEN, Mutter 68.

283 H. RÄISÄNEN, Mutter 68.

284 E. NELLESSEN, Kind 95.

285 E. NELLESSEN, Kind 94.

286 Dies ist übrigens nicht nur ein wichtiger Unterschied zur Mosetradition von Ex 4,20 (an die sich das Motiv anlehnt) – dort begegnet eine andere Formulierung („Mose nahm seine Frau und seine Söhne ...") –, sondern auch, wie K. H. SCHELKLE, Mutter 17, zu Recht hervorhebt, zur späteren christlichen Kunst, in der recht oft ein anderes Bild begegnet, nämlich das von der Madonna mit Kind: „Die Mutter in idealer und vielleicht überirdischer Schönheit ist dann die Mitte des Bildes, das Kind das zweite, der Gegenstand ihrer Liebe. Das Kind ist auf die Mutter bezogen, nicht mehr die Mutter auf das Kind. Das ist nicht mehr völlig biblisches Marienbild!"

287 W. TRILLING, Mt I 39.

288 Vgl. H. RÄISÄNEN, Mutter 68: „Matthäus trennt gleichsam Maria von Joseph, um sie desto fester mit dem Kind zu verbinden."

289 Vgl. H. RÄISÄNEN, a. a. O.: „Matthäus ... hält die jungfräuliche Gebärerin beständig den Lesern vor Augen."

3. Als die Mutter des Messiaskindes nimmt Maria teil am Schicksal des Kindes: an der ihm seitens der Heiden (durch deren Repräsentanten: die Magier) zuteil werdenden freudigen Ehrung (vgl. 2,10 f.)[290], aber ebenso an seiner Verfolgung (vgl. 2,13 f.)! Mit letzterem deutet sich bereits die Vorstellung von der *mater dolorosa* an. Als die Schmerzensmutter erscheint sie aber zugleich auch als das Vorbild des glaubenden Menschen überhaupt, dessen also, der in der Nachfolge Christi steht, denn Nachfolge Christi heißt immer auch wesentlich Leidensnachfolge (vgl. Mt 16,24 u. a.)!

### 3. Maria in der matthäischen Darstellung des öffentlichen Lebens Jesu

#### a) Mt 12,46 – 50

Analyse des Textes:

Mt hat die Perikope 12,46 – 50, die von der wahren Familie Jesu handelt, aus seiner Mk-Quelle (Mk 3,20 f.31 – 35) übernommen. Die Perikope steht bei ihm näherhin am Ende eines längeren Abschnitts (11,7 – 12,45), in dem es wesentlich um Jesu Verwerfung geht[291].

Gegenüber Mk ergeben sich vor allem die folgenden Änderungen: 1. Mt läßt die markinische Einleitung der Perikope, also Mk 3,20 f., völlig weg. 2. Er löst zugleich das Streitgespräch über Beelzebul (Mk 3,22 – 30) aus dem Zusammenhang und ordnet es in den vorangehenden Kontext ein (vgl. 12,22 – 32)[292]. 3. Im Unterschied zu Mk, bei dem die Verwandten Jesu, „die Seinen", ihn „suchen" (Mk 3,32), um ihn, den sie für „von Sinnen" halten, zurückzuholen (vgl. 3,21), wollen nach Mt die Verwandten Jesus (nur) „sprechen" (12,46 f.). 4. Die Bemerkung „Er blickte die im Kreis um ihn Sitzenden an" (Mk 3,34a), ändert Mt in die Worte um: „Er streckte seine Hand über seine Jünger aus" (V. 49a). 5. Statt vom Tun des Willens Gottes (so Mk 3,35) ist bei Mt vom Tun des Willens „meines Vaters im Himmel" die Rede (V. 50).

290 K. H. Schelkle, Mutter 92 f., sieht in der Bemerkung von Mt 2,10, daß sich die Magier „mit großer Freude gar sehr freuten", als sie „das Kind mit Maria, seiner Mutter" fanden, den Anfang eines Bemühens, welches „der Mutter um ihres Kindes willen die Verehrung und Freude bezeugt, die ihr seitdem überreich dargebracht werden" (92 f.). Er führt aus: „Der Evangelist kann sich ... kaum genugtun, die gläubige Freude zu schildern. Hören wir zuviel aus seinem Wort heraus, wenn wir glauben, er bezeugt, was ihn selber bewegt und was die Kirche erfüllt: die Freude, den Herrn und seine Mutter zu finden, und die Verehrung, die die Kirche beiden darbringt? Schon ist Maria mit ihrem Kind auf den königlichen Thron erhoben (93)."

291 Vgl. dazu H. Räisänen, Mutter 68: „Die Botschaft Jesu wird zurückgewiesen durch ‚dieses Geschlecht' (11,7 ff.), durch die Städte Korasin, Bethsaida und Kapernaum (11,20 ff.) und vor allem durch die Pharisäer (12,1 – 45)."

292 Dabei trennt er das Streitgespräch von unserer Perikope durch drei andere Stücke: 12,33 – 37.38 – 42.43 – 45.

Die redaktionellen Änderungen lassen sich im wesentlichen auf zwei Motive zurückführen: 1. Die Auslassung von Mk 3,20 f. und die Herauslösung der Beelzebulkontroverse aus dem unmittelbaren Zusammenhang dienen ebenso wie die Änderung des Wortlauts in V. 46 f.[293] ohne Zweifel der Abmilderung[294]. Der Kontrast zwischen denen, die um Jesus sind, und seinen leiblichen Verwandten, zu denen auch seine Mutter gehört, ist dadurch nicht mehr so scharf, nicht mehr so „grundsätzlich"[295] wie bei Mk, die Abweisung der Verwandten durch Jesus dementsprechend auch nicht mehr so prinzipiell[296]! 2. Die Änderungen im Wortlaut der Verse 49a.50 dienen der Verdeutlichung dessen, worauf es Mt in dieser Perikope besonders ankommt: Die um Jesus Sitzenden (so Mk) werden in V. 49a präziser als seine Jünger bezeichnet. Sie sind es, die nach Mt die eschatologische Familie Jesu bilden. Zu dieser gehört nach V. 50 dann aber jeder, der (wie die Jesus begleitenden Jünger) den Willen des himmlischen Vaters tut (vgl. Mt 7,21)! Indem Mt „Gott hier Vater nennt, wird die Vorstellung eines familiären Kreises verstärkt"[297].

Aus dem zuletzt Gesagten geht deutlich hervor, daß bei Mt noch mehr als bei Mk „das Schwergewicht auf der eschatologischen Jüngerfamilie" liegt[298] und nicht sosehr auf der natürlichen Familie. Man hat den Eindruck, daß letztere bei Mt im Grunde „mehr als Katalysator denn als eigentlicher Kontrast"[299] zu der neuen und wahren Familie Jesu erscheinen soll[300]. Wie sehr es Mt in der Tat auf die Jünger als die wahre Familie Jesu ankommt, unterstreicht er in sehr eindrucksvoller Weise dadurch, daß er in V. 49a die „feierlich wirkende Geste des Ausstreckens der Hand"[301] Jesu über seine Jünger einführt. Es ist dies „die Gebärde der Besitzergreifung, Ausdruck der Zugehörigkeit und auch des Segens"[302]!

Zur mariologischen Bedeutung der Perikope:

Insofern das Hauptanliegen der Perikope bei Mt „nicht die Abweisung der Verwandten" – und deshalb auch keine Stellungnahme zur Person Marias –, „sondern die betonte Sonderstellung der Jünger" ist[303], gibt sie in mariologi-

[293] Das „sie wollten ihn sprechen" (V. 46) bzw. „sie wollen dich sprechen" (V. 47) klingt „neutral" (H. Räisänen, Mutter 68; vgl. R. Schnackenburg, Mt I 115), hat also „keinen abwertenden Akzent" (A. Sand, Mt 270).

[294] So u. a. H. Räisänen, Mutter 68; J. Gnilka, Mt I 470.

[295] Vgl. J. Schmid, Mt 217.

[296] Vgl. H. Räisänen, Mutter 68.

[297] J. Gnilka, Mt I 471.

[298] MimNT 86 f.

[299] MimNT 87.

[300] Vgl. auch R. Mahoney, Mutter 102 Anm. 38: „Weil bei Matthäus kein solcher Kontrast wie in Mk 3,20–35 entsteht, wird Jesu leibliche Familie nicht durch die Jünger ersetzt, sondern sie dient als Auslöser für Jesu Wort über die wahre, eschatologische Familie."

[301] J. Schmid, Mt 217.

[302] W. Trilling, Mt I 283.

[303] H. Räisänen, Mutter 69.

scher Hinsicht nicht allzu viel her[304]. Immerhin mag aber die Tatsache, daß die Abweisung Jesu gegenüber seinen leiblichen Verwandten bei Mt abgemildert wird und überhaupt „Jesu Mutter und seine Brüder in einem etwas günstigeren Licht“[305] als bei Mk erscheinen[306], mit dem positiven Bild zusammenhängen, das Mt bereits in Kap. 1–2 von Maria gezeichnet hat[307] und das der Wertschätzung entspricht, die in der Kirche seiner Zeit der Mutter des Herrn offensichtlich bereits entgegengebracht wird.

b) Mt 13,54–58

Auch die in 13,54–58 vorliegende Perikope von Jesu Ablehnung in seiner Heimatstadt hat Mt aus seiner Mk-Quelle (Mk 6,1–6a) übernommen. Allerdings ordnet er sie anders ein als Mk. Steht bei diesem die Perikope zwischen dem Wunderzyklus 5,1–43 und der Jüngeraussendung 6,6b–13, so ist sie bei Mt zwischen die Gleichnisrede 13,1–53 und den Bericht über Gefangennahme und Tod des Täufers 14,1–12 gesetzt. Die andere Einordnung geschieht nicht zufällig: Indem Mt die Szene unmittelbar der Gleichnisrede, der bereits dritten großen Redekomposition seines Ev nach der Bergpredigt (Kap. 5–7) und der Aussendungsrede (9,35–11,1), folgen läßt, setzt er „eine weitaus intensivere Verkündigung des Himmelreichs als ... Markus“[308] voraus und erreicht dadurch, daß auch „die Ablehnung jetzt viel schwerer wiegt“[309], zumal bereits im Rahmen der Gleichnisrede „die durch die Verkündigung der Gottesherrschaft eintretende Scheidung, die bei den Ungläubigen bemerkbare Verhärtung des Herzens“ zur Sprache gekommen ist (vgl. 13,14 f.)[310]. Mit der Einordnung der Szene vor die Täuferperikope wiederum will Mt verdeutlichen: „Das Geschick des Täufers spiegelt Jesu Schicksal“[311]. Beide werden abgelehnt und erleiden schließlich „in ‘typischer’ Weise ... den Prophetentod“[312].

Mt hat die Perikope nicht nur anders eingeordnet, sondern auch am vorgegebenen Mk-Text selbst einige Änderungen vorgenommen. Weniger wich-

304 Nach J. Gnilka, Mt I 471, ist hier ein theologisches Interesse an Maria, der Mutter Jesu, sogar überhaupt „nicht erkennbar“.

305 R. Mahoney, Mutter 102.

306 Nach R. Schnackenburg, Mt I 116, läßt die steigernde Aufführung „und Mutter“ am Ende von V. 50 sogar „auf eine Hochschätzung der Mutter schließen“.

307 In MimNT wird in diesem Zusammenhang zu Recht auf die „Logik des Matthäusevangeliums“ hingewiesen: Danach „hat Jesu Mutter ihren Sohn jungfräulich empfangen; sie wußte aus der Botschaft des Engels, daß er sein Volk von seinen Sünden erlösen werde; sie hatte erlebt, wie Gott ihn vor dem bösen König beschützt und sein Schicksal geographisch weiter bestimmt hatte, bis er nach Nazaret kam. Sie hätte also kaum seiner Mission soviel Unverständnis entgegenbringen können, daß sie (wie bei Mk) meinte, er sei von Sinnen“ (a. a. O. 87).

308 MimNT 87.

309 A. a. O.

310 R. Schnackenburg, Mt I 131, nach dessen Ansicht Mt das in 13,14 f. Gesagte in der vorliegenden Perikope nunmehr näher „illustrieren“ will.

311 A. Sand, Mt 303.

312 A. a. O.

tig für unsere Thematik erscheinen dabei die folgenden Änderungen: a) Die Jesus begleitenden Jünger (vgl. Mk 6,1b) bleiben bei Mt unerwähnt, was mit dem geänderten Kontext zusammenhängt[313]. b) Mt betont, daß Jesus „in ihrer Synagoge" lehrte (V. 54a). Die Formulierung „verrät Distanz"[314] und „deutet ... auf die im 'Regelwort' enthaltene Anklage gegen die Juden hin"[315]. c) Statt „Er begann ... in der Synagoge zu lehren" (so Mk 6,2a) schreibt Mt, offenbar um „eine größere Direktheit der Botschaft Jesu an das Volk von Nazaret"[316] zum Ausdruck zu bringen: „Er lehrte in ihrer Synagoge" (V. 54b). d) Die markinische Bemerkung „Er konnte dort keine Wundertat wirken" (Mk 6,5a) „schwächt Mt ab: 'Er tat dort nicht viele Wunder', hebt aber den Grund stärker hervor: 'wegen ihres Unglaubens'"[317] (V. 58).

Wichtiger als die bisher genannten Änderungen erscheinen in mariologischer Hinsicht zwei weitere Änderungen:

1. Mt gibt die Reaktion der Nazarethaner zwar ebenso wie Mt in fünf Fragen wieder (V. 54c.55a.b.56a.b), doch hat er diese zum Teil neu geordnet und gestaltet. Dabei fallen besonders zwei Unterschiede zu Mk 6,3 auf: zum einen wird Jesus nicht selber als τέκτων („Zimmermann") bezeichnet, sondern als „Sohn des τέκτων (= Josefs)" ausgegeben; zum anderen wird der Zusatz „der Sohn der Maria" durch eine sich auf die Mutter Jesu beziehende Formulierung ersetzt: „Heißt nicht seine Mutter Mariam[318]?" Was die erste Abänderung gegenüber Mk betrifft, so könnte sie darauf zurückzuführen sein, daß Mt die Bezeichnung „der Zimmermann" als Bezeichnung Jesu „für erniedrigend"[319] und mit seiner (gegenüber Mk) 'höheren' Christologie – die sich in dieser Perikope auch sonst zeigt (vgl. bes. den Schlußsatz V. 58)[320] – für unvereinbar hielt. Möglicherweise will Mt aber auch einfach „seinen Lesern, die von der Herkunft Jesu vom Heiligen Geist wissen (1,18–25), damit das Unverständnis der Nazaretaner noch stärker vor Augen rücken"[321] und damit erklären, daß Jesu Mitbürger das Geheimnis seiner Herkunft eben nicht kennen. Jedenfalls entspricht die Tatsache, daß Mt Jesus hier als den „Sohn des Zimmermanns", also von seinem (gesetzlichen) Vater her kennzeichnet, ebenso wie Jesu zusätzliche 'Identifizierung' durch die namentlich genannte Mutter – die zweite

[313] Bei Mk dient die Erwähnung der Jünger in unserer Perikope der Vorbereitung auf die sich unmittelbar anschließende Aussendung der Zwölf (6,6b–13). Bei Mt ist diese Aussendung bereits in 10,5 ff. erfolgt, weshalb sich in der vorliegenden Perikope die Erwähnung der Jünger erübrigt.

[314] J. Gnilka, Mt I 513, der in diesem Zusammenhang auf das ähnliche, aber noch bedrohlicher klingende Wort 10,17 hinweist.

[315] A. Sand, Mt 300.

[316] MimNT 254 Anm. 215.

[317] R. Schnackenburg, Mt I 132. Vgl. J. Gnilka, Mt I 513, nach dessen Ansicht Mt den Satz „Er konnte dort keine Wundertat wirken" wohl deshalb (ebenso wie das Motiv des „Sich-Wunderns" Jesu) wegließ, weil er „vielleicht mißverständlich" war.

[318] Zur hebräischen Namensform Mariam vgl. u. a. G. Schneider, EWNT II 952.

[319] MimNT 88.

[320] Vgl. MimNT 88.

[321] R. Schnackenburg, Mt I 131.

Änderung gegenüber Mk – ganz dem bereits in Kap. 1 dargebotenen Bild: „Dort war es für die Beweisführung des Evangelisten wichtig, daß Jesus ein wahrer Sohn Josefs ist (denn dieser hatte ihn anerkannt), weil damit die davidische Abstammung nachgewiesen war. Die Erwähnung Marias unmittelbar nach Josef in ... 13,55 will den Leser erinnern, daß sie Jesu Mutter durch den Heiligen Geist geworden ist, wie es ... 1,18 – 25 beschrieben hat"[322].

2. In der Antwort Jesu (V. 57) läßt Mt die Worte καὶ ἐν τοῖς συγγενεῦσιν αὐτοῦ („und bei seinen Verwandten") aus Mk 6,4 aus. Offensichtlich geschieht dies (ebenso wie die Auslassung von Mk 3,20 f.) aus Rücksichtnahme gegenüber Jesu Verwandten, insbesondere seiner Mutter[323] – eine Rücksichtnahme, die sich wieder gut von Kap. 1 her erklären läßt, wo von Marias Geistempfängnis die Rede war (1,18.20). Es wäre für den Leser „unbegreiflich, daß eine Mutter, die Jesus durch den Heiligen Geist empfangen hat, ihn nicht ehren sollte"[324]!

Zur mariologischen Bedeutung der Perikope:

Wie die Perikope Mt 12,46 – 50, so erbringt auch die in 13,54 – 58 vorliegende in mariologischer Hinsicht gegenüber dem in Kap. 1 – 2 Dargestellten nichts Neues. Auf die jungfräuliche Empfängnis wird hier nicht ausdrücklich hingewiesen[325]; allenfalls ist zu sagen, daß sie in V. 55 stillschweigend vorausgesetzt wird. Lediglich die Mutterschaft Marias wird hervorgehoben; dies geschieht allerdings primär aus christologischen Gründen.

Ansonsten ist festzustellen, daß die gewisse dunkle Einfärbung des Bildes von Maria, wie sie sich noch bei Mk findet, „mindestens zu einer neutralen Sicht entschärft"[326] oder sogar ins Positive gewendet ist, was nach dem „positiven Eindruck ..., der zu Beginn des Evangeliums vermittelt wurde"[327], nur konsequent erscheint.

### 4. Ergebnisse

Auch bei Mt findet sich keine Mariologie im direkten und expliziten Sinn. Der Evangelist zeigt sich an Marias Person jedenfalls wenig interessiert[328]. Eigentlich kann man bei ihm nicht einmal von einem ausgeprägten Marienbild sprechen, „denn er gibt gar keine Schilderung der Maria. Der Leser erfährt nichts von den persönlichen Gefühlen, Gedanken oder Eigenschaften der Maria, nicht einmal etwas von ihrer Reaktion auf die Ereignisse"[329].

[322] MimNT 89.

[323] Vgl. R. Mahoney, Mutter 102, der (ebd. Anm. 39) allerdings auch mit der Möglichkeit rechnet, daß „die Änderung stilistisch motiviert" ist.

[324] MimNT 88.

[325] Das betont auch H. Räisänen, Mutter 74.

[326] MimNT 89.

[327] A. a. O.

[328] Vgl. G. Schneider, EWNT II 954, u. a.

[329] H. Räisänen, Mutter 75.

Allerdings wird Maria indirekt und implizit zu einem Thema im Rahmen der christologisch-heilsgeschichtlichen Vorstellungen, wie sie Mt vor allem in seiner 'Vorgeschichte' (Kap. 1 – 2) entwickelt, wobei sich in den entsprechenden Aussagen, vor allem in denen über die Geistempfängnis und Jungfrauschaft Marias, die der Mutter des Herrn in der Kirche zur Zeit des Evangelisten offenbar bereits zukommende besondere Wertschätzung deutlich widerspiegelt.

Im christologisch-heilsgeschichtlichen Rahmen betrachtet, interessiert den Evangelisten an Maria näherhin vor allem ihr einzigartiger Auftrag bzw. – wenn man so will – ihr „Amt"[330]. Als die vom Propheten geweissagte Jungfrau (1,23), die durch das Wirken des Hl. Geistes (1,18.20) zur Mutter des Messias Jesus wird (1,16), ist sie für Mt „eine notwendige Figur im Plan Gottes"[331]. Dabei erscheint sie aber – im Unterschied zu Josef, der einen aktiven Gehorsam zeigt (vgl. 1,24 f.; 2,14.21 ff.) – eigentlich völlig „passiv", als eine Frau, die ganz „Gegenstand des Werkes Gottes" ist und persönlich „in keiner Weise in den Lauf der Ereignisse eingreift"[332], die allerdings gleichwohl, als die „Mutter des Kindes" (2,11.13 f.20 f.; vgl. auch 13,55) mit ihm aufs engste verbunden, teilnimmt an der Jesus treffenden Verfolgung – die Vorstellung von der *mater dolorosa* bahnt sich an –, aber ebenso auch an der ihm zukommenden Verehrung (vgl. 2,10 f.)[333].

## *IV. Maria im lukanischen Doppelwerk*

### 1. Vorbemerkungen

Wie Mt, so stellt auch Lk an den Beginn seines Ev (nach einem Prooemium: 1,1 – 4) eine 'Vorgeschichte' Jesu (1,5 – 2,52)[334]. In fast allen Einzelperikopen dieser 'Vorgeschichte' (Ausnahmen: 1,5 – 25 und 1,57 – 80) spielt Maria, Jesu Mutter, eine nicht unwesentliche Rolle.

Bei der Darstellung des öffentlichen Lebens Jesu (ab Kap. 3) tritt sie ähnlich wie bei Mt wieder mehr in den Hintergrund; immerhin ist aber von

[330] H. Räisänen, Mutter 75.

[331] H. Räisänen, a. a. O.

[332] Ebd.

[333] Letzteres gilt um so mehr, so darf man vielleicht im Blick auf die Gesamtchristologie des Evangelisten hinzufügen, als Maria nach Mt dadurch, daß der von ihr geborene Messias Jesus der Sohn Gottes ist (vgl. 2,15; 11,27), zugleich auch durchaus schon als „Gottesmutter" (θεοτόκος, wie sie dann die spätere Theologie nennt) erscheint (vgl. J. Michl, BThW II 977), wenn auch der Evangelist selbst sie nie ausdrücklich so nennt oder direkt als solche darstellt!

[334] Die zuweilen anzutreffende Bezeichnung 'Kindheits-' oder 'Geburtsgeschichte(n)' in bezug auf Lk 1 – 2 erscheint schon deshalb nicht angebracht, weil in Kap. 1 über die Zeit vor der Geburt Jesu und in 2,41 – 52 über den Zwölfjährigen berichtet wird. Vgl. MimNT 255 Anm. 222.

ihr nicht nur in der von Mk übernommenen Perikope über die wahren Verwandten Jesu 8,19 ff. die Rede, sondern auch noch in einer weiteren, wohl aus der lukanischen Sonderquelle stammenden Szene: 11,27 f. (Seligpreisung der Mutter Jesu durch eine unbekannte Frau). Indirekte und zudem wenig ergiebige (und deshalb auch von uns auszuklammernde) Bezüge zu Maria lassen sich darüber hinaus in der Genealogie Jesu (vgl. 3,23: „Man hielt ihn [= Jesus] für den Sohn Josefs")[335] sowie in der teilweise auf Mk 6,1–6a zurückgehenden Nazarethperikope 4,16–30[336] (vgl. näherhin 4,22)[337] finden.

Schließlich begegnet Maria auch noch an einer Stelle der Apg, des zweiten Buches des lukanischen Doppelwerkes, nämlich in 1,14, innerhalb der Darstellung der Situation und Zusammensetzung der Jerusalemer Jüngergemeinde in der Zeit zwischen Himmelfahrt und Pfingsten.

Es gilt somit, drei Textgruppen bei Lk in den Blick zu nehmen und dementsprechend zunächst über „Maria in der lukanischen 'Vorgeschichte'" zu handeln, sodann „Maria in der lukanischen Darstellung des öffentlichen Lebens Jesu" zu betrachten und schließlich anhand von Apg 1,14 auf „Maria in der Kirche des Anfangs" zu sprechen zu kommen. Eine Zusammenfassung der Ergebnisse soll dann wieder die Untersuchung abrunden.

## 2. Maria in der lukanischen 'Vorgeschichte' (Kap. 1–2)

### a) Zur Einführung

Wie ein Vergleich von Mt 1–2 mit Lk 1–2 zeigen kann, gibt es zwischen den beiden 'Vorgeschichten' nur wenige Übereinstimmungen[338]. Ansonsten unterscheiden sie sich beträchtlich voneinander, nicht nur im Hinblick auf die Zahl der in ihnen enthaltenen Einzelstücke, sondern etwa auch in ihrem Stimmungsgehalt und nicht zuletzt in inhaltlicher Hinsicht: Keine einzige der bei Mt geschilderten Szenen findet sich bei Lk wieder und umgekehrt[339]!

In der lukanischen 'Vorgeschichte' sind zwei für unsere Thematik nicht unbedeutende Besonderheiten gegenüber der matthäischen festzustellen:

[335] Vgl. dazu J. Ernst, Portrait 160: Hier wird „Maria ... zwar nicht genannt, es leuchtet aber ein, daß hier Wichtiges über ihre persönlichen Verhältnisse gesagt wird".

[336] Anders urteilt z. B. H. Schürmann, Lk I 241: „Lk 4,16–30 hat Luk in seiner Nicht/Mk-Vorlage in der vorliegenden Ganzheit bereits vorgefunden. Wahrscheinlich entnahm er die Einheit ... der Redequelle."

[337] 4,22 greift auf Mk 6,3 zurück; doch werden im Unterschied zur Mk-Vorlage weder die Mutter noch die „Brüder" und „Schwestern" Jesu erwähnt; dem entspricht es dann, daß in V. 24, der Parallele zu Mk 6,4, weder die Verwandten noch die Familie unter den Gruppen aufgezählt werden, die den Propheten ablehnen. Vgl. dazu R. Mahoney, Mutter 108 Anm. 64.

[338] Siehe dazu die bei E. Nellessen, Kind 20 f., zusammengestellte Liste; vgl. ferner J. Schmid, Lk 90 f.; J. Riedl, Vorgeschichte 13.

[339] Vgl. dazu E. Nellessen, Kind 17 f.

1. In der lukanischen 'Vorgeschichte' spielt nicht Josef, sondern Maria die „aktive, führende Rolle"[340].

2. Lukas parallelisiert und verknüpft in Kap. 1 – 2 „in kunstvoller Verflechtung"[341] Szenen, bei denen es um Johannes den Täufer geht, mit entsprechenden Jesusszenen. Die Parallelisierung läßt sich bereits am Aufbau der gesamten 'Vorgeschichte' gut erkennen[342]. Näherhin setzt sich Lk 1,5 – 2,52 aus zwei Diptychen zusammen: einem Verkündigungsdiptychon (1,5 – 56), in dem zuerst von der Ankündigung der Geburt Johannes des Täufers an seinen Vater Zacharias die Rede ist (1,5 – 25), dann von der Ankündigung der Geburt Jesu an dessen Mutter Maria (1,26 – 38)[343], sowie einem Geburtendiptychon, wobei es auch darin wieder zuerst um Geburt, Namengebung und Heranwachsen des Johannes geht (1,57 – 80), ehe dann Entsprechendes von Jesus berichtet wird (2,1 – 52)[344]. Die Verknüpfung geschieht – durch 1,36 vorbereitet[345] – in der Perikope 1,39 – 56, also der Szene der Begegnung der beiden Mütter: Elisabeths, der Mutter des Johannes, und Marias, der Mutter Jesu.

Durch die Parallelisierung und Verknüpfung will Lk ganz offensichtlich Johannes in eine enge Beziehung zu Jesus bringen (weshalb er denn ja auch die beiden Mütter in 1,36 als Verwandte kennzeichnet!) und hervorheben, „daß die Stellung des Johannes in ... Zusammenhang mit dem χριστὸς κύριος zu sehen ist"[346]. Jedoch handelt es sich nach Lk keineswegs um eine Beziehung zwischen Gleichberechtigten. Vielmehr stellt er allenthalben Jesus „als den Überlegenen dar, der Johannes an Bedeutung überflügeln wird"[347]. Die Parallelisierung ist also im Sinne eines überbietenden Parallelismus zu verstehen[348]. Die Überbietung gilt dabei nicht nur in bezug auf das Verhältnis Jesus/Täufer – letzterer erscheint als der „Vorläufer Jesu"[349], als der προφήτης ὑψίστου (1,76), der „ganz im Dienst des υἱὸς ὑψίστου (1,32)" steht[350] –,

340 R. Mahoney, Mutter 103. Vgl. R. Laurentin, Struktur 168. Dies hat vielfach zu der These geführt, Lk 1 – 2 sei vom Standpunkt Marias aus geschrieben, d. h. eine Marienerzählung, Mt 1 – 2 dagegen vom Standpunkt Josefs aus, also eine Josefserzählung.

341 M. Dibelius, Jungfrauensohn 1.

342 Vgl. zur kunstvollen Struktur von Lk 1 – 2 u. a. R. Laurentin, Struktur 27 – 39, wo auch wichtige frühere Untersuchungen dazu besprochen werden; ferner J. Riedl, Vorgeschichte 46 – 53; MimNT 93.

343 Der Parallelismus zwischen den beiden Verkündigungsszenen 1,5 – 25 und 1,26 – 38 ist besonders stark ausgeprägt. Vgl. dazu die Einzelheiten bei M. Dömer, Heil 22; ferner J. Schmid, Lk 85.

344 Die Erzählungen 2,22 – 40 und 2,41 – 52, zu denen es keine parallelen Johannesszenen gibt, lassen sich am besten als zwei das 'Wachstumsmotiv' von 2,40.52 illustrierende Ergänzungen bestimmen.

345 In 1,36 wird schon auf das Verwandtschaftsverhältnis zwischen Maria und Elisabeth hingewiesen und damit ebenso eine Brücke zur folgenden Perikope geschlagen wie durch die Erwähnung des 6. Monats (vgl. 1,56: Maria blieb drei Monate bei Elisabeth!).

346 M. Dömer, Heil 22.

347 MimNT 93.

348 So auch u. a. M. Dömer, Heil 23; G. Schneider, Lk I 78; MimNT 93.

349 H. Schürmann, Lk I 95.

350 M. Dömer, Heil 24; dort auch weitere Einzelheiten.

sondern sie betrifft auch das Verhältnis zwischen Maria, der Mutter Jesu, und den Eltern des Johannes, wie viele Einzelheiten belegen[351]. Die Überbietung kommt vor allem in der Begegnungsszene zum Tragen, da das Kind Johannes schon im Mutterleib die Mutter Jesu und mit ihr diesen selbst durch Aufspringen freudig begrüßt und seine Mutter Elisabeth Jesu Mutter explizit als „die Mutter meines Herrn" bezeichnet (1,43).

Erweisen sich somit die äußere Struktur und die innere Gestaltung der 'Vorgeschichte' als das Werk des Evangelisten selbst, so bleibt doch zu fragen, ob bzw. wieweit er sich dabei auf vorgegebene Tradition(en) hat stützen können[352] – eine Frage, die bis heute in der Forschung in vielfacher Weise und mit recht unterschiedlichen Ergebnissen erörtert wird[353]. Eine diesbezügliche Analyse der Texte läßt aber wohl am ehesten darauf schließen, daß Lk in Kap. 1 – 2 offensichtlich zwei verschiedene Traditionen verarbeitet hat, nämlich in Kap. 1 Johannestradition und in Kap. 2 Jesustradition[354]. Im Unterschied zur Jesustradition, bei der es sich ursprünglich um drei in sich abgeschlossene und unzusammenhängende Einzelperikopen (vgl. 2,1 – 21.22 – 40.41 – 52) handelte[355], die erst der Redaktor Lk chronologisch und geographisch miteinander verbunden hat[356], scheint die in Kap. 1 verarbeitete Johannestradition von vornherein ein zusammenhängender Erzählkranz gewesen zu sein, dessen Entstehung wohl in Täuferkreisen zu suchen sein dürfte[357]. Zu diesem (ursprüng-

351 So zeigt sich z. B. die überbietende Parallelität zwischen ihnen darin, daß Johannes zwar vom Mutterleib an mit Hl. Geist erfüllt ist (1,15), daß aber nicht seine Mutter, sondern nur die Mutter Jesu vom Hl. Geist *empfängt* (vgl. 1,35). Ferner: „So, wie Zacharias vom Engel ein Zeichen erhält, nämlich seine eigene Stummheit (1,20a), so wird auch Maria ein Zeichen gegeben, und zwar die wunderbar gewirkte Schwangerschaft der als unfruchtbar geltenden Elisabeth (1,36). Während jedoch Zacharias ungläubig bleibt (1,20b), glaubt Maria den Worten des Engels (1,38; vgl. 1,45)" (M. DÖMER, Heil 24).

352 Die Frage muß schon deshalb gestellt werden, weil Lk in Kap. 1 – 2 sicher nicht anders als in den übrigen Teilen seines Werkes verfahren ist. Dort aber greift er eindeutig auf Quellen bzw. (Einzel-)Tradition(en) zurück. So wird es dann aber auch in Kap. 1 – 2 der Fall sein. Vgl. dazu H. RÄISÄNEN, Mutter 78.

353 Vgl. dazu die bei H. RÄISÄNEN, Mutter 78 Anm. 4, angeführten Autoren; ferner H. SCHÜRMANN, Lk I 140 – 145; G. SCHNEIDER, Lk I 76 f.; J. ERNST, Lk 131.

354 Für das Vorliegen zweier verschiedener Traditionen spricht die Tatsache, daß vom Täufer lediglich in Kap. 1 die Rede ist und Kap. 2 keinerlei Bezug nimmt auf das in Kap. 1 Berichtete. Vgl. dazu H. SCHÜRMANN, Lk I 95, der betont, daß sich Kap. 2 „auch nicht auf 1,26 – 38. 39 – 56" zurückbezieht.

355 Daß die Perikopen in Kap. 2 „untereinander keinen ursprünglichen Zusammenhang ... bilden", betont auch H. SCHÜRMANN, Lk I 143; vgl. ferner M. DIBELIUS, Jungfrauensohn 9 f.; M. DÖMER, Heil 21.

356 Für eine engere Verbindung sorgen die Einleitungen, Zwischenbemerkungen, summarischen Ausleitungen und Überleitungssätze, die sprachlich-stilistisch und inhaltlich deutlich die Handschrift des Lk tragen (vgl. 2,1 ff. 18. 23. 39 f. 47. 52). Vgl. dazu M. DÖMER, Heil 21 f.

357 Vgl. etwa D. VÖLTER, Erzählungen 11 f.; E. NORDEN, Geburt 108; R. BULTMANN, Geschichte 320; M. DIBELIUS, Jungfrauensohn 8.78; W. GRUNDMANN, Lk 47; M. DÖMER, Heil 19; J. ERNST, Lk 131. Eine andere Ansicht vertritt z. B. H. SCHÜRMANN, Lk I 95 f. 143; danach entstand die Tradition wohl „vor 70 in judenchristlichen Kreisen Palästinas" (143).

lich möglicherweise noch umfangreicheren)[358] Erzählkranz sind auf jeden Fall die Ankündigung der Geburt des Johannes an Zacharias (vgl. 1,5 – 25) sowie die Darstellung seiner Geburt und Namengebung (vgl. 1,57 – 64) zu zählen. Doch lassen sich auch noch andere Stücke dazurechnen. „So dürfte die Ankündigung der Geburt des Johannes durch den Engel Gabriel vor Zacharias in der ursprünglichen Tradition ihr Gegenstück in einer ebensolchen Ankündigung des Engels vor Elisabeth gehabt haben, die dabei auch als Sprecherin des 'Magnifikat' erschien"[359]. Auch das 'Benediktus' des Zacharias dürfte bereits der Johannestradition angehört haben. Es ist allerdings (ähnlich wohl wie das 'Magnifikat') in seinem „Grundbestand offensichtlich älter" und erst durch „kleinere Einschübe bzw. Zusätze ... für die Johannes-Tradition dienstbar gemacht worden"[360].

Alles in allem lassen sich in der vorgegebenen Johannestradition offenkundig zwei Teile unterscheiden, die aus je zwei zusammengehörenden und sich ergänzenden Szenen bestanden und jeweils mit einem Hymnus endeten: 1. Teil: Verkündigung an Zacharias – Verkündigung an Elisabeth – Hymnus der Mutter ('Magnifikat'); 2. Teil: Geburt des Johannes und Namengebung durch die Mutter – Namengebung durch den Vater – Hymnus des Vaters ('Benediktus')[361]. Die beiden Teile verhielten sich dabei wie Verheißung und Erfüllung.

Lk hat in seinem schon erwähnten Bemühen, Johannes und Jesus in das Verhältnis einer überbietenden Parallelität zu setzen und zugleich die beiden Erzählstränge miteinander zu verknüpfen, aus Elementen der aus der Johannestradition vorgegebenen Szene der Verkündigung an Elisabeth sowie aus eigenen Zusätzen die Szene der Verkündigung an Maria 1,26 – 38 geschaffen[362], sodann aus weiteren Elementen der Verkündigung an Elisabeth und ebenfalls aus eigenen Zusätzen die Szene der Begegnung der beiden Mütter 1,39 – 56 gebildet, wobei er dann auch den Hymnus der Elisabeth, das 'Magnifikat', Maria in den Mund legte[363].

### b) Maria in der Verkündigungsperikope Lk 1,26 – 38

Analyse des Textes:

Lk erwähnt Maria zum ersten Mal in der Perikope 1,26 – 38, die er, wie in der Einführung dargelegt, aus Elementen der aus der Johannestradition

[358] Vermutlich gehörten zu diesem Erzählkranz auch Geschichten über das öffentliche Leben und Wirken sowie über das Ende des Täufers.

[359] M. DÖMER, Heil 19. Vgl. auch die Ausführungen der bei H. SCHÜRMANN, Lk I 72 Anm. 207, genannten Autoren.

[360] M. DÖMER, Heil 21, mit entsprechenden Einzelheiten.

[361] Vgl. M. DÖMER, a. a. O.

[362] Redaktionelle Zusätze sind in etwa die Verse 26b.27.28a.29b.32b – 37.

[363] Als redaktionelle Zusätze sind hier wohl die Verse 39a.41b.42b – 46a anzusehen. Für lukanische Umarbeitung sprechen vor allem die zahlreichen Unstimmigkeiten im Text. Vgl. dazu M. DÖMER, Heil 19 f.

vorgegebenen Szene der Verkündigung der Geburt Johannes des Täufers an Elisabeth sowie aus eigenen Zutaten selber gebildet[364] haben dürfte[365].

Die lukanische Verkündigungsszene, die im jetzigen Zusammenhang eine überbietende Parallele zur Verkündigung an Zacharias (1,5–25) darstellt[366], folgt in ihrem Aufbau im wesentlichen dem bei derartigen Angelophanien üblichen Verkündigungsschema[367]. Näherhin lassen sich folgende Teile unterscheiden: 1. Einleitung, die vor allem der Vorstellung der Person der Maria dient (V. 26f.); 2. Auftritt und Gruß des Engels (V. 28); 3. Reaktion (Furcht) der Angesprochenen; 4. Dialog des Engels mit Maria, bestehend aus: a) der Aufforderung, sich nicht zu fürchten mit entsprechender Begründung (V. 30), b) der Verheißung der Empfängnis und Geburt des Kindes, der Benennung seines Namens sowie seines künftigen Auftrags (V. 31ff.), c) dem Einwand Marias (V. 34), d) der Zurückweisung des Einwandes durch den Engel in Form einer näheren Erläuterung (V. 35) und der Angabe eines bestätigenden Zeichens (V. 36f.); 5. endgültige Zustimmung Marias (V. 38a); 6. Abgang des Engels (V. 38b).

Für unsere Thematik sind insbesondere die Einleitung (1), der Engelsgruß (2), der im Zentrum der Erzählung stehende Dialog zwischen dem Engel und Maria (3) sowie der Schlußvers (4) von Bedeutung.

1. In der Einleitung (V. 26f.) wird Maria von Lk nicht nur mit ihrem Namen und ihrem Wohnsitz (Nazareth) vorgestellt, sondern sie erfährt darüber hinaus noch eine doppelte Charakterisierung:

a) Maria ist Jungfrau (παρθένος)[368]! Diese Charakterisierung erscheint dem Evangelisten offenbar so wichtig, daß er sie gleich zweimal bringt (V. 27a.b). Sie ist ja auch notwendig, um nachher die wunderbare Empfängnis und Geburt Jesu klar und unmißverständlich aussagen zu können (vgl. bes. V. 35)[369]. Das heißt dann aber: Lk spricht von der Jungfrauschaft Marias offensichtlich primär um Jesu Christi willen, d. h. für ihn ist diese Jungfrauschaft zunächst „ein Zentralstück seiner Christologie“[370]! Sie unterstreicht das

364 Doch vgl. H. SCHÜRMANN, Lk I 58, nach dessen Ansicht Lk die Erzählung 1,26–38 „im großen und ganzen schon so vorgefunden“ hat, und zwar wahrscheinlich „als Bestandteil des ganzen siebenfältigen Erzählungskranzes Lk 1–2“. Vgl. auch G. SCHNEIDER, Lk I 77.

365 Alle Aussagen über Maria in dieser Perikope gehen demnach auf den Evangelisten zurück! Schon dies läßt die Bedeutung erahnen, die Maria in der lukanischen Konzeption zukommt.

366 Zur 'Überbietung' s. das bereits in der Einführung zu Kap. 1–2 Gesagte.

367 Vgl. dazu MimNT 96f., wo nicht nur auf atl. Belege, sondern auch auf die parallel gestaltete Verkündigung an Zacharias aufmerksam gemacht wird.

368 Nach G. SCHNEIDER, Lk I 49 ist mit παρθένος „schon das tragende Stichwort der Erzählung (in Anlehnung an Jes 7,14)“ genannt.

369 Damit ist schon gesagt, daß der Begriff παρθένος hier nicht in einem neutralen Sinn (= „junge Frau“), sondern in dem speziellen Sinn von „unberührt“ (vgl. V. 34) bzw. „jungfräulich lebend“ verwendet ist, also in jenem Sinn, in dem vor Lk offenbar auch schon die Urkirche Jes 7,14 (LXX) deutete.

370 J. ERNST, Portrait 162. Vgl. auch H. RÄISÄNEN, Mutter 85, der sich in diesem Zusammenhang dagegen ausspricht, der Hervorhebung der Jungfräulichkeit Marias darüber hinaus einen ethischen Aspekt abzugewinnen (Jungfräulichkeit als christliches Ideal!).

Außergewöhnliche der Menschwerdung des Messias Jesus, indem sie auf seiten seiner Mutter eine „Erwählung durch Gott sichtbar" macht, „die alle Möglichkeiten jüdischen Denkens und Vorstellens durchbricht"[371]. In mariologischer Hinsicht deutet sich hier bereits etwas an, das dann im weiteren Verlauf der Perikope immer deutlicher zutage treten wird: Im Vordergrund des mariologischen Interesses steht für Lk hier „der Christusdienst der Jungfrau Maria bzw. in einem noch umfassenderen Sinne die Rolle Marias in der Geschichte des Heilshandelns Gottes"[372].

b) Maria ist die Verlobte des Josef aus dem Hause Davids! Auch diese Verlobung muß schon hier in der Einleitung erwähnt werden, damit nachher in V. 32 „die Davidsohnschaft ... von dem verheißenen Kinde Mariens ausgesagt werden kann"[373]. Auch diese Angabe erfolgt also wesentlich aus christologischen Gründen!

2. Der Gruß des Engels (V. 28) ist nicht eigentlich deshalb auffällig, weil hier in einer für jüdisches Milieu ungewöhnlichen Weise eine Frau angeredet wird[374] – immerhin finden sich solche Anreden an Frauen auch schon im AT (vgl. z. B. Gen 16,8; Ri 13,3)[375] –, sondern vielmehr wegen der Grußworte selbst. Der Gruß besteht näherhin aus drei Teilen: der Grußformel χαῖρε, der Anrede κεχαριτωμένη und der „interpretierenden Deutung"[376] ὁ κύριος μετὰ σοῦ.

a) Die Formel χαῖρε ist hier nicht die griechische Übersetzung des hebräischen '*schalom*' – dafür gebraucht Lk das Wort εἰρήνη (vgl. 10,5; 24,36) –; es dürfte sich in diesem Fall aber auch nicht einfach um den allgemein gebräuchlichen griechischen Alltagsgruß handeln[377]. Vielmehr hat die Formel hier offenbar einen tieferen Sinn. Man muß das Verb χαίρειν wörtlich nehmen, d. h. mit „sich freuen" übersetzen[378]. Dann aber handelt es sich bei χαῖρε (= „Freue dich"!) um nichts Geringeres als den messianischen Freudengruß[379], wie er schon im AT begegnet, so z. B. Zeph 3,14 (LXX) und Sach 9,9 (LXX), wo Jerusalem, der „Tochter Zion", mit der Aufforderung „Freue dich!" die

371 W. GRUNDMANN, Lk 55.

372 J. ERNST, Portrait 162.

373 H. SCHÜRMANN, Lk I 42.

374 Vgl. Joh 4,27. Siehe dazu die Belege bei P. BILLERBECK, Kommentar II 99.

375 Darauf verweist zu Recht H. RÄISÄNEN, Mutter 86.

376 J. ERNST, Portrait 163.

377 So aber u. a. H. SCHÜRMANN, Lk I 43; auch A. STROBEL, Gruß 94: „Es erweist sich sprachlich als reine Grußformel nach dem gängigen, zweifellos aber auch abgegriffenen griechischen Schema."

378 Zum Verb vgl. u. a. W. BAUER, Wörterbuch 1727 ff.; H. CONZELMANN, ThWNT IX, bes. 357 f.; K. BERGER, EWNT III 1079–1083.

379 Vgl. S. LYONNET, Χαῖρε; ferner die weiteren bei H. SCHÜRMANN, Lk I 43 Anm. 22, bzw. bei H. RÄISÄNEN, Mutter 86 Anm. 2, angegebenen Autoren. Auch A. STROBEL, der die Formel hier als normalen griechischen Gruß versteht und ihr deshalb „keinen tieferen Bedeutungsinhalt" (Gruß 94) zubilligen möchte, gibt immerhin zu, daß das χαῖρε auch schon als normale Grußformel einen außergewöhnlichen Klang erhält, wenn es mit einer Freudenbotschaft verbunden ist (a. a. O. 97 ff.). Vgl. zur Kritik an STROBELS widersprüchlicher Argumentation G. VOSS, Christologie 62 f.

frohe Botschaft zuteil wird, „daß Jahwe jetzt zum Heil für Israel die große Wende heraufführen werde"[380]. Darf man die Formel χαῖρε hier tatsächlich in diesem 'tieferen' Sinn verstehen – und dafür sprechen, allen immer wieder dagegen erhobenen Einwänden zum Trotz[381], verschiedene Gründe[382] –, dann kommt ihr hier nicht nur Signalfunktion in bezug auf die folgende Christusbotschaft zu, sondern sie hat zugleich auch in mariologischer Hinsicht Bedeutung, ist damit doch bereits ein Hinweis auf die besondere Erwählung Marias gegeben. Von einer solchen läßt sich näherhin in einem doppelten Sinne sprechen: 1. Maria ist sozusagen die erste Christin, insofern ihr als erster die Frohbotschaft vom Gottesheil in Jesus Christus verkündet wird! Sie erhält dadurch zugleich einen „Vorgeschmack"[383] von jener eschatologischen Freude, wie sie in der nachösterlichen Zeit das Leben der Jesusjünger prägen wird[384]. 2. Wie die Anklänge an Zeph 3,14–17[385] und Sach 9,9 f. anzudeuten scheinen, könnte Lk Maria darüber hinaus typologisierend als die Repräsentantin bzw. die Verkörperung der „Tochter des endzeitlichen Zion"[386] verstehen. Er könnte dann sagen wollen: Das von den Propheten vorausgesagte „Wohnen Jahwes in der Tochter Zion ist verwirklicht im Geheimnis der jungfräulichen Empfängnis" Marias, die als die eschatologische „Tochter Zion", die „Verkörperung Israels, ... im Namen Israels die messianische Verheißung angenommen hat"[387]. Die Analogien sind allerdings „nur sehr vage"[388], aber auf jeden Fall ist „eine gewisse thematische Übereinstimmung, die möglicherweise hilfreich für eine typologische Deutung der Jungfrau Maria sein könnte, ... nicht zu verkennen"[389].

[380] G. Voss, Christologie 62. Vgl. auch Stellen wie Joel 2,21; Sach 2,14; Jes 12,5 f. u. a.

[381] Die Kritiker einer solchen Deutung weisen vor allem auf vier Argumente hin: 1. die Anspielung sei für griechische Leser zu unbestimmt (vgl. H. Schürmann, Lk I 43; H. Räisänen, Mutter 89; MimNT 109); 2. im Kontext (V. 29) sei (nur) von einem (normalen) „Gruß" (ἀσπασμός!) die Rede (A. Strobel, Gruß 90; H. Schürmann, Lk I 43; H. Räisänen, Mutter 90); 3. werde χαίρειν, wenn es in der LXX im Sinne von „Sich-Freuen" gebraucht sei (z. B. Joel 2,21.23 u. ö.) für gewöhnlich durch ein weiteres Verb verdeutlicht (H. Räisänen, Mutter 89; MimNT 109); 4. erwarte man bei diesem Verständnis eher den ingressiven Aorist (A. Strobel, Gruß 89 f.).

[382] Folgende Gründe sind besonders zu erwähnen: 1. Es ergibt sich dadurch eine deutliche Parallele zu 1,14; 2. gerade im Doppelwerk des Lk wird immer wieder auf die gegenwärtige, durch die Anwesenheit bzw. das Wirken Jesu Christi hervorgerufene eschatologische Heilsfreude hingewiesen (vgl. Lk 10,10; 13,17; 19,6.37; Apg 2,46; 5,41 u. a.); 3. ein solcher besonderer Sinn von χαῖρε paßt gut zum Kontext, vor allem zu der folgenden, mit χαῖρε ein bewußtes Wortspiel bildenden Anrede κεχαριτωμένη; 4. die Perikope ist auch sonst von „teilweise subtilen alttestamentlichen Anspielungen und Andeutungen" durchsetzt (J. Ernst, Portrait 162).

[383] H. Räisänen, Mutter 91.

[384] Darauf verweist auch H. Räisänen, Mutter 91.

[385] Dort begegnet neben dem Aufruf χαῖρε („Freue dich!") auch die Zusage „Der Herr ist in deiner Mitte ... in dir", ebenso die dem μὴ φοβοῦ („Fürchte dich nicht!") in V. 30 entsprechende Wendung „Fasse Mut, laß deine Hände nicht sinken!"

[386] So u. a. R. Laurentin, Struktur 174. Vgl. auch J. Ernst, Portrait 162.

[387] R. Laurentin, Struktur 78. Vgl. J. Ernst, Lk 68.

[388] J. Ernst, Portrait 162.

[389] A. a. O.

b) Auch die „schlichte und doch so große Anrede κεχαριτωμένη“[390], d. h. „Begnadete“[391] (Vetus Latina: *gratificata*; Vulgata: *gratia plena*; M. Luther: „Holdselige“), deutet primär auf die besondere Erwählung Marias hin[392]. Wie es der Engel in V. 30b erklärend sagt, ist nämlich „die Gnadenwahl Gottes ... auf sie gefallen“[393]. Die „Gnade“ (χάρις), die Maria bereits vor Gott gefunden hat (εὗρες [V. 30] ist Aorist!) und sie daher als eine „Begnadete“ erscheinen läßt, besteht darin, daß sie „zur Mutter des Messias bestimmt ist“[394] (vgl. V. 31 ff.), also in ihrer besonderen heilsgeschichtlichen Funktion! Zugleich erscheint sie auch wieder als eine erste Christin. Zwar ist ihre Erwählung einmalig, aber gerade mit ihr beginnt jene neue Ordnung der χάρις, in die sich die christliche Gemeinde selbst gestellt sieht[395]. Ein über das funktionale Verständnis hinausreichendes ontisches Verständnis von κεχαριτωμένη, wie es sich in der späteren kirchlichen Tradition entwickelt hat und etwa auch in dem *gratia plena* der Vulgata widerspiegelt, d. h. eine Deutung dieses Ausdrucks auf eine persönliche Gnadenfülle Marias im Sinne des *numquam satis* („man kann über Maria niemals genug aussagen“), läßt sich wohl kaum als von Lk selbst intendiert behaupten[396]. Der Text bleibt allerdings für ein tieferes Verständnis durchaus offen[397].

c) Die Wendung ὁ κύριος μετὰ σοῦ ist hier kein Wunsch (so Rut 2,4), sondern eine indikativische Aussage[398] (vgl. Gen 26,24; Ri 6,12; Jes 41,9 f.; Jer 30,11 LXX). Man kann sie zunächst auf dem Hintergrund der atl. Bundestheologie deuten[399]; in diesem Sinne soll sie dann „das durch χαῖρε angekündigte Heilsgeschehen in einen Zusammenhang mit dem Bund, den Gott mit Israel geschlossen hat (vgl. 2 Sam 23,5)“, stellen[400], ist doch der Ausdruck „Gott mit dir“ ein wesentlicher, wenn nicht sogar der wesentlichste Begriff der Jahwe-Bund-Theologie[401]. Sodann hat die Wendung hier aber auch mariologische Bedeutung. Sie ist in dieser Hinsicht zum einen als eine (sich auf den folgenden Auftrag beziehende) Zusage zu verstehen: Gott, der Maria den heilsgeschichtlichen Auftrag gibt, Mutter des Messias zu werden, ermöglicht

390 H. SCHÜRMANN, Lk I 44.

391 Es handelt sich um das Partizip Perfekt Passiv von χαριθοῦν, einem von χάρις („Wohlwollen, Gnade“) abgeleiteten Verb, das ursprünglich bedeutet „jemandem sein Wohlwollen schenken, höchste Gnade gewähren, Segen spenden“ (vgl. Eph 1,6). Vgl. dazu H. CONZELMANN, ThWNT IX 383; MimNT 106; H. BALZ, EWNT III 1105 f.

392 W. GRUNDMANN, Lk 56. Nach H. SCHÜRMANN, Lk I 45, meint das Verb allerdings „mehr als eine bloße ‚Auserwählung‘“.

393 W. GRUNDMANN, Lk 56.

394 J. MICHL, BThW II 981.

395 Vgl. H. RÄISÄNEN, Mutter 93: „Die Erwähnung der Maria *nimmt gleichsam die der christlichen Gemeinde zuteilgewordene Gnade vorweg.*“

396 Lk hätte dann wohl eher die Wendung πλήρης χάριτος (vgl. Apg 6,8) gebraucht.

397 Vgl. dazu H. SCHÜRMANN, Lk I 45: In welche Tiefen das Wort „hinabreicht, ist aus dem Wort und dem Kontext mit nur philologischen Mitteln nicht sichtbar zu machen“.

398 Zu ergänzen ist ein ἐστιν.

399 Vgl. G. VOSS, Christologie 63.

400 A. a. O.

401 A. a. O. Vgl. W. VISCHER, Immanuel-Botschaft 22.

selber „dessen Erfüllung ..., indem Er 'mit ihr' sein wird"[402], sie mit seiner „beistehenden Gegenwart"[403] beschenken wird. Daneben läßt sich die Aussage vor allem aber auch als Bestätigung der bereits erfolgten Begnadigung Marias durch Gott deuten[404]: Gott ist Maria jetzt schon nahe, er ist bei ihr anwesend – durch seine Gnade[405]! Dies darf allerdings nicht falsch verstanden werden. Was der Engel hier sagt, ist jedenfalls „nicht buchstäblich aufzufassen in dem Sinn, als sei die Empfängnis bereits erfolgt, das heißt, als sei der Herr (Jesus) bereits in ihr"[406]. Lk will zunächst nur zum Ausdruck bringen, daß Maria aufgrund ihrer einzigartigen Erwählung und Begnadigung eine „Gott dem Herrn auf besondere Weise Nahestehende genannt werden" kann[407]. Darüber hinaus mag Lk – wie schon bei χαῖρε – an eine Stelle wie Zeph 3,14–17 denken, wo Gott der „Tochter Zion" seine (bleibende) Anwesenheit in ihrer Mitte zusagt. Er würde dann, wie oben bereits ausgeführt, in einer typologisierenden Deutung zum Audruck bringen, daß in Maria, die den Messias und Sohn Gottes in ihrem Schoß empfängt (V. 31 f.)[408], diese Zusage in Erfüllung geht.

3. Im Mittelpunkt des Dialogs, den der Engel Gabriel mit Maria führt, steht die (durch den Gruß in V. 28 bereits als eschatologische Freudenbotschaft charakterisierte) feierliche Ankündigung der Geburt Jesu als Messias (V. 31 ff.35). Das aber bedeutet: der christologische Aspekt steht hier eindeutig im Vordergrund! Näherhin sind unter diesem Aspekt folgende Momente besonders hervorzuheben:

a) Jesu Menschwerdung geschieht auf außergewöhnliche Weise, insofern 1. die „Zeugung des Messiaskindes ... ein Werk des Geistes"[409] sein wird (V. 35a) und 2. seine Mutter Maria als Jungfrau (vgl. V. 27), die „keinen Mann erkennt" (V. 34), empfangen soll[410]. Wie bei Mt (vgl. dort 1,18–25) wird also auch hier das (aus der Tradition stammende) Motiv der Geistzeugung mit dem (ebenfalls vorgegebenen) Motiv der Jungfrauengeburt verbunden[411]. Jedoch beschreibt Lk die Geistzeugung genauer als Mt[412], wobei sicher nicht zufällig

[402] H. Räisänen, Mutter 94.

[403] W. Grundmann, Lk 56.

[404] Vgl. H. Schürmann, Lk I 45; J. Ernst, Lk 68; Ders., Portrait 163.

[405] Vgl. H. Schürmann, Lk I 45: „Gruß und Anrede sind getragen von diesem An-Wesen Gottes bei der Gegrüßten und Angeredeten; sie bekommen von hier aus ihren tiefen Sinn."

[406] MimNT 106. Dieses bei vielen Kirchenvätern anzutreffende Mißverständnis, wonach die Empfängnis mit dem Engelswort erfolgt, verbietet sich schon wegen der Futurformen in den Versen 31 und 35. Vgl. H. Schürmann, Lk I 45 Anm. 38.

[407] J. Ernst, Portrait 163.

[408] Das im hebräischen Text von Zeph 4,17 begegnende '*b^eqirbbēk*' (= „in deiner Mitte") heißt wörtlich: „in deinem Schoß", entspricht also durchaus dem ἐν γαστρί in Lk 1,31. Vgl. dazu R. Laurentin, Struktur 78.

[409] H. Räisänen, Mutter 99.

[410] Vgl. H. Schürmann, Lk I 52.

[411] Zu Tradition und Redaktion in Lk 1,34 f. vgl. u. a. G. Schneider, Einheit, bes. 259.

[412] Dieser begnügt sich in 1,20 (vgl. auch 1,18) mit dem Hinweis darauf, daß das in Maria Gezeugte ἐκ πνεύματος ist.

Begriffe und Vorstellungen aus der urkirchlichen Christologie (vgl. bes. Röm 1,3 f.) begegnen, die als solche dann auch im lukanischen Bericht über die (von Lk wesentlich als Geistempfang des Messias verstandene und ihn damit als „Sohn Gottes" bezeugende) Taufe Jesu in 3,22 (vgl. 4,1 ff.) wiederkehren[413]. Allerdings wird in der Taufperikope nicht wie in 1,35a vom ἐπισκιάζειν („Überschatten")[414] gesprochen; dafür aber findet sich dieser Ausdruck (im Anschluß an Mk 9,7) in einer anderen christologisch relevanten Perikope wieder, nämlich bei der Verklärung (9,34), bei der die Gottesstimme die Proklamation Jesu als „Sohn Gottes" (als welcher er ja gerade in 1,35b bereits angekündigt wird) aus der Taufe wiederholt[415]. Dabei ist das Verb ἐπισκιάζειν in 1,35a nicht als „Gegenbild zur menschlichen Zeugung"[416] aufzufassen; es ist allerdings auch „weder ein Euphemismus zur Bezeichnung des Geschlechtsverkehrs, noch ein feststehender Ausdruck für das Herablassen des göttlichen Geistes auf den Menschen"[417]. Eher läßt sich an die atl. 'Schekina'-Vorstellung (vgl. Ex 40,35; auch 25,20 u. a.) denken[418]. Auf jeden Fall soll dieser bildhafte Ausdruck, der aber durchaus ein reales (wenn auch kein sexuelles!) Geschehen umschreibt[419], in theologischer Hinsicht die geheimnisvolle Wirksamkeit der Kraft des Gottesgeistes unterstreichen, der „schon am Anfang der Schöpfung über den Wassern schwebte (Gen 1,2) und für die Zukunft als aus der Höhe herabkommend erwartet wird (Jes 32,15)"[420], und damit auf jene schöpferische Allmacht Gottes hinweisen, bei dem – wie auch das in V. 36 angegebene „Zeichen" deutlich macht – „nichts unmöglich" ist (V. 37), und in christologischer Hinsicht hervorheben, daß tatsächlich „das Kind Marias seinem Ursprung und Wesen nach der 'Sohn Gottes' ist"[421].

b) Wie bei Mt (vgl. dort 1,1.17.20) wird Jesus auch hier bei Lk als der Messias aus David gekennzeichnet, dessen Aufgabe wesentlich darin bestehen soll, die Davidsherrschaft zu erneuern (V. 32.33)[422], und zwar in einer die atl.

[413] Im vorpaulinischen Bekenntnissatz Röm 1,3 f. finden sich bereits die Begriffe „Sohn Gottes", „Kraft" und „Geist der Heiligkeit" (= Hl. Geist). In der Taufperikope bei Lk ist in 3,22 vom „Herabsteigen des Hl. Geistes" auf Jesus die Rede und ebenso von seiner (durch die Himmelsstimme erfolgenden) Bezeichnung als „Sohn (Gottes)". Vgl. dazu u. a. H. Räisänen, Mutter 101; MimNT 99 f.

[414] Vgl. zu diesem Verb u. a. S. Schulz, ThWNT VII 401 ff.; G. Schneider, EWNT II 85 ff.

[415] Vgl. dazu MimNT 100; ferner G. Schneider, EWNT II 87, der die beiden Parallelaussagen der Ankündigung in 1,35a nicht nur von der Taufszene inspiriert sieht, sondern auch „vom Verständnis des heiligen Geistes als der 'über jemand ... kommenden' göttlichen δύναμις (Apg 1,8); vgl. Ps 139,8, wo Gott als δύναμις τῆς σωτηρίας μου angeredet ist, der das Haupt des Beters in der Gefahr beschützend überschattet".

[416] M. Dibelius, Jungfrauensohn 19.

[417] M. Dibelius, Jungfrauensohn 19 f.

[418] Siehe dazu unsere weiteren Ausführungen unter *mariologischem* Aspekt.

[419] Vgl. MimNT 102: „Das 'Überschatten' in 1,35 enthält keine sexuellen Implikationen ... Gott ist kein sexueller Partner bei der Zeugung Jesu, sondern eine schöpferische Kraft."

[420] H. Schürmann, Lk I 52.

[421] G. Schneider, EWNT II 87.

[422] Vgl. J. Schmid, Lk 41: „Jesus wird als Messias ganz als der Erneuerer der Davidsherrschaft ... gezeichnet."

Erwartungen (vgl. Am 9,11 ff.; Mich 4,7 f.; Ez 17,22; vor allem aber 2 Sam 7,12 f.) weit übertreffenden Weise, wie schon die Titel „Sohn des Höchsten" (V. 32a) bzw. „Sohn Gottes" (V. 35b) sowie die Prädikate „groß" (V. 32a) und „heilig" (V. 35b) anzeigen, durch die „dem Messias-Jesus eine einzigartige ... Gottesnähe zugesprochen"[423] wird[424].

Soweit zum primären Aspekt des Dialogs: dem christologischen. In mariologischer Hinsicht fällt der Blick natürlich zunächst auf V. 34, wo Maria selbst auf ihre Jungfräulichkeit mit den Worten hinweist: „Wie wird dies geschehen, da ich einen Mann nicht erkenne?"[425] Diese 'Marienfrage' hat bis heute in der Forschungsgeschichte viel Rätselraten bzgl. des Standes und der Absicht Marias ausgelöst und zu mancherlei Hypothesen über ihren Sinn Anlaß gegeben. Darauf kann in unserem Zusammenhang nicht näher eingegangen werden[426]. Es mag genügen, auf folgende für eine adäquate Deutung und Bewertung der Frage wichtige Punkte hinzuweisen:

1. Die Schwierigkeiten, die sich – zugegebenermaßen – auf den ersten Blick mit dieser Frage verbinden[427], dürfen nicht dadurch beseitigt werden, daß man V. 34c, V. 34.35 bzw. gar V. 34–37 als spätere Interpolation ausklammert[428] oder umgekehrt die Erwähnung Josefs in V. 27 als nicht ursprünglich erklärt[429].

2. Die Frage darf nicht historisierend oder „psychologisierend als Ausdruck der durch die Engelsbotschaft hervorgerufenen seelischen Stimmung der Jungfrau verstanden werden, etwa als Zweifel oder – für den Fall, daß sie bisher noch nicht erkannt hätte, daß sie als Jungfrau Mutter des Messias werden sollte – als Hinweis auf ein abgelegtes Keuschheitsgelübde oder ihren

[423] J. Ernst, Lk 70.

[424] Im Unterschied zu Mt (vgl. Mt 1,23) wendet Lk auf Jesus, den Davidssohn, den er zugleich ausdrücklich (also nicht nur, wie dies in Mt 1,18–25 der Fall ist, indirekt) als „Sohn Gottes" bezeichnet, nicht den Titel „Immanuel" an. Das bedeutet aber keineswegs, daß hinter der Vorstellung von der Jungfrauengeburt, wie Lk sie hier bietet, nicht Jes 7,14 steht. Im Gegenteil: Die Anklänge an diese Prophetenverheißung sind auch bei Lk deutlich zu erkennen (vgl. bes. V. 27a.31). Vgl. dazu H. Schürmann, Lk I 42.58 f.; MimNT 103 f.

[425] Das Verb γινώσκειν (= „erkennen") ist hier Umschreibung für den geschlechtlichen Verkehr. Vgl. R. Bultmann, ThWNT I 696; W. Bauer, Wörterbuch 320; auch R. Mahoney, Mutter 104 Anm. 48.

[426] Vgl. dazu aber u. a. J. Gewiess, Marienfrage, im Anhang zu R. Laurentin, Struktur 184–217; H. Schürmann, Lk I 49–52; H. Räisänen, Mutter 94–99; MimNT 97 ff.; J. Ernst, Lk 71 f.

[427] H. Räisänen, Mutter 94 f., beschreibt die Schwierigkeiten so: „Die Verse 27 und 34 scheinen schwer miteinander vereinbar zu sein. Warum sollte eine verlobte Jungfrau in Erstaunen geraten, wenn ihr die Geburt eines Sohnes verheißen wird? Warum beruft sie sich auf ihre Unberührtheit, die angesichts der künftigen Ehe nur vorläufig sein wird?"

[428] So z. B. die MimNT 257 Anm. 254, und bei J. Gewiess, Marienfrage 203 Anm. 55, aufgeführten Autoren.

[429] So z. B. M. Dibelius, Jungfrauensohn 13.

noch vorehelichen Stand"[430]! Vielmehr ist die Frage zunächst einfach als ein Stilelement des Evangelisten zu verstehen; d. h. die Frage ist „mit Rücksicht auf die Leser gestellt"[431]; sie soll V. 35 vorbereiten, „dient somit als Wegweiser zum vollen Verständnis der Engelsbotschaft"[432]! Den Lesern soll noch vor der Ankündigung der Geistempfängnis (als der Antwort auf die Frage nach dem „Wie") unmißverständlich klargemacht werden „daß die Empfängnis vom Hl. Geist die jungfräuliche Geburt bedingt und daß Maria tatsächlich den Messias als Jungfrau geboren hat"[433]. Zugleich scheint Lk mit der Maria in den Mund gelegten Frage die in der Engelsbotschaft ausgesprochene Gottessohnschaft Jesu (vgl. V. 32a.35b), vor Mißverständnissen bewahrend, als eine tatsächliche und einmalige Gottessohnschaft kennzeichnen zu wollen: Ohne daß Maria einen Mann erkennt, also einzig durch das schöpferische Handeln Gottes empfängt und gebiert sie Jesus. Deshalb aber ist er der wahre Sohn Gottes!

Wenn dem aber so ist, d. h. wenn die Frage in V. 34 die Jungfräulichkeit Marias primär im Hinblick auf die Botschaft von der Geistempfängnis und damit – christologisch ausgedrückt – von der wahren Gottessohnschaft Jesu unterstreichen soll, dann darf man aus ihr in mariologischer Hinsicht nicht allzu viel herauslesen! Zwar deutet sich hier (wie schon zuvor in der Einleitung und im feierlichen Gruß des Engels) ein gewisses Interesse an der Person Marias an – sonst hätte Lk auch wohl kaum Maria eine solche Frage in den Mund gelegt, sondern seine Aussageabsicht auf andere Weise verdeutlicht –; aber alle jene schon angesprochenen historisierenden bzw. psychologisierenden Spekulationen, die diese Frage immer wieder ausgelöst hat – ob z. B. Maria angesichts der Tatsache, daß sie ja vorhatte, Josef zu heiraten, einen Entschluß zu lebenslanger Jungfräulichkeit fassen wollte bzw. einen solchen Entschluß bei den damaligen Verhältnissen überhaupt hätte fassen können[434] oder ob sie bei der Aussage, daß sie „einen Mann nicht erkenne" (γινώσκω Präsens!) „nur an die Gegenwart und nicht an die Zeit nach ihrer künftigen Heimführung"

430 G. Voss, Christologie 72. Von einem Keuschheitsgelübde ging z. B. die katholische Exegese, inspiriert durch manche Kirchenväter des 4. Jh. (Gregor von Nyssa, Ambrosius, Augustinus), lange Zeit aus. Mit dem „noch vorehelichen Stand" Marias argumentieren u. a. J. Schmid, Lk 42; P. Gaechter, Maria 98; auch H. Schürmann, Lk I 50: „Gewiß will Luk im Lichte von V 35 und in Verbindung mit der Aussage von V 27 Maria sagen lassen: da ich noch nicht heimgeführt bin und keinen ehelichen Verkehr habe, als Verlobte in der nächsten Zeit – nämlich bis zu dem unmittelbar nahe gedachten Termin der verheißenen Empfängnis – auch nicht haben werde."

431 J. Gewiess, Marienfrage 216.

432 A. a. O. Vgl. auch H. Schürmann, Lk I 50; G. Voss, Christologie 72; J. Ernst, Lk 72, u. a.

433 J. Gewiess, Marienfrage 217.

434 Vgl. J. Schmid, Lk 42: „Ein solcher Entschluß wäre für ein im Bereich jüdischen Denkens erzogenes Mädchen unnormal und unerhört, für eine von ihren Eltern mit einem Mann – nicht ohne ihre eigene Einwilligung – Verlobte aber eine vollendete Paradoxie."

dachte[435] –, erscheinen auf jeden Fall als eine unangebrachte „Überbelastung“[436] der ‘Marienfrage’[437].

Erfolgversprechender in mariologischer Hinsicht schein da schon V. 35a zu sein, wo die Herabkunft des Hl. Geistes auf Maria mit dem Bild vom Überschatten veranschaulicht wird. Maria könnte damit wieder eine typologische Deutung erfahren. Mit diesem an „das Herabkommen der Herrlichkeit Gottes auf das Zelt Gottes in der Wüste (Ex 40,34 f.; Num 9,18.22) und auf die Bundeslade (Ex 25,20; 1 Chr 28,28)“[438] erinnernden Bild wäre Maria des näheren gekennzeichnet als das neue Bundeszelt bzw. die Bundeslade des Neuen Bundes, die sich Gott zu seiner Wohnstätte erkoren hat[439]. Will man nicht soweit gehen, kann man aber auf jeden Fall sagen: Maria erscheint hier als die „Braut des Hl. Geistes“! Dies markiert einerseits ihre heilsgeschichtliche Einmaligkeit, unterstreicht andererseits aber auch wieder ihre vorbildhafte Bedeutung für die Christen: „Maria ist der erste Mensch, der das Werk des Geistes, ein charakteristisches Phänomen des neuen heilsgeschichtlichen Zeitalters, in seinem Leben erlebt, und zwar sehr konkret. Der Geist, der später den Wandel der Christen lenken wird, greift in ihr Leben ein“[440].

4. Der Schlußvers der Perikope ist in mariologischer Hinsicht deshalb bedeutsam, weil er die Antwort Marias auf die Ankündigung des Engels enthält: „Siehe, ich bin die Magd des Herrn; es geschehe mir nach deinem Wort!“ (V. 38a). Diese Antwort bringt ohne Zweifel „einen zentralen Zug des lukanischen Marienbildes zum Ausdruck“[441]. Maria erscheint hier als die δούλη κυρίου („Magd des Herrn“). Mit δούλη (vgl. auch 1,48) ist ein Begriff verwendet, der – wie das entsprechende maskulinische δοῦλος („Knecht, Sklave“; hebräisch: ‘*ebed*’) im biblischen Sprachgebrauch dazu dient, das absolute „Abhängigkeits- und Dienstverhältnis zu beschreiben, in dem der Mensch zu Gott steht“[442]. Maria wird damit als eine Glaubende gekennzeichnet, die sich in ihrer Existenz in völliger Abhängigkeit von Gott, dem Kyrios,

435 J. Schmid, Lk 43.

436 H. Schürmann, Lk I 49.

437 Natürlich ist damit die Annahme einer andauernden Jungfräulichkeit Marias (im Sinne der von der katholischen Dogmatik gelehrten *virginitas ante partum, in partu, post partum*) nicht ausgeschlossen. Aber vom Standpunkt der Exegese aus muß man sagen: „Die Frage nach dem Jungfräulichkeitswillen Mariens ist ... keine exegetische, sondern eine historische und dogmatische Frage, für die der vorliegende Text in seiner literarischen Art nichts hergibt“ (H. Schürmann, Lk I 51)!

438 J. Ernst, Portrait 162. Vgl. dazu bes. auch R. Laurentin, Struktur 168–181; ferner H. Sahlin, Messias 186–189.

439 Doch vgl. die Kritik an dieser Deutung bei H. Räisänen, Mutter 103 f., nach dessen Ansicht „nichts im Text“ auf eine solche Deutung hinweist. Allenfalls wolle Lk in *christologischer* Hinsicht „andeuten ..., die Herrlichkeit Gottes, die Jesus nach seiner Erhöhung gebührt und die bei der Verklärung im voraus sichtbar wird, gehöre ihm von Anfang an“ (104).

440 H. Räisänen, Mutter 104.

441 H. Räisänen, Mutter 105.

442 K. H. Rengstorf, ThWNT II 270. Vgl. auch A. Weiser, EWNT I 846 f.; ferner J. Zmijewski, Paulus 39 f.52 ff.

weiß, „als sein Eigentum, ganz ihm hörig und gehörig", und zugleich „in Hinsicht auf ihren Dienst als sein Werkzeug, ganz dem Willen dessen unterworfen, der sie erwählt hat"[443], und die deshalb dem „totalen Anspruch des κύριος" eine „totale Hingabe"[444], d.h. einen bedingungslosen Gehorsam als Antwort entgegenbringt.

Damit ist keineswegs ein negatives Bild von Maria gezeichnet. Denn das *Fiat*, in dem ihre totale Hingabe an Gott zum Ausdruck kommt, hat nichts mit Passivität zu tun, sondern erscheint im Gegenteil „voller dynamischer Aktivität"[445]; es ist Bejahung der „Herausforderung zur totalen Mitwirkung mit dem Heilsplan Gottes"[446], der das Christusgeschehen an die dieses Geschehen „freisetzende menschliche Entscheidung"[447] bindet. Erst die „Bereitschaft Mariens hat Gott Raum gegeben", damit er „nun sein Wunder wirkt"[448].

Insofern umschreibt nun aber gerade die δούλη-Aussage mit dem *Fiat* in den Augen des Evangelisten auch die „wahre Auszeichnung für Maria"[449]. Ja, auf atl. Hintergrund betrachtet, stellt „Magd des Herrn" geradezu einen Ehrentitel dar, begegnet doch im AT die Bezeichnung δοῦλος als Würdename großer Persönlichkeiten, die einen besonderen Auftrag Gottes auszuführen haben, wie Abraham (Ps 104,42 LXX), Mose (Jos 14,7; Ps 104,26 LXX), Josua (Jos 24,29), David (2 Kön 7,5 LXX), die Propheten (Jer 7,25; 25,4; Am 3,7 u.ö.)[450]. Maria tritt hier aber nicht nur in die Reihe dieser Persönlichkeiten ein, sondern sie überbietet diese durch ihre einmalige Bestimmung, die jungfräuliche Mutter des Messias und die „Gottesbraut"[451] zu sein. Zugleich wird auch wieder ihr Vorbildcharakter für die Christen sichtbar: Insofern sich auch die späteren Jünger Jesu als Knechte und Mägde des Herren verstehen und verstehen müssen (vgl. Apg 2,18; 4,29; 1Kor 7,22)[452], hat Marias hörender und glaubender Gehorsam „eine grundsätzliche, die christliche Existenz aller Jünger prägende Bedeutung"[453]. Maria ist „exemplarische Jüngerin"[454], die als erste „dem Kriterium der eschatologischen Familie, die Jesus zusammenrufen will, ... entspricht"[455]: Gottes Wort zu hören, es im Gehorsam aufzunehmen und zu erfüllen[456].

443 J. Zmijewski, Paulus 53f.
444 K.H. Rengstorf, ThWNT II 273.
445 J. Ernst, Lk 74. Vgl. R. Mahoney, Mutter 105.
446 J. Ernst, Portrait 164.
447 A.a.O.
448 H. Räisänen, Lk I 58.
449 R. Mahoney, Mutter 105.
450 Vgl. dazu J. Zmijewski, Paulus 39. Zum atl. Hintergrund des Begriffs s. auch die a.a.O. Anm. 25 aufgeführten Autoren.
451 W. Grundmann, Lk 59.
452 Vgl. dazu H. Räisänen, Mutter 106.
453 J. Ernst, Portrait 164.
454 J. Ernst, a.a.O.
455 MimNT 105.
456 Auch in den weiteren noch zu behandelnden Marien-Perikopen des Lk wird gerade dieser Aspekte immer wieder besonders hervorgehoben.

Zur mariologischen Bedeutung der Verkündigungsperikope:

Die primär christologisch ausgerichtete Perikope Lk 1,26–38, der es wesentlich um den Nachweis geht, daß Jesus seit seiner Empfängnis im Schoß seiner Mutter, also „vom ersten Moment seines Lebens an“[457], der Sohn Gottes ist[458], hat durchaus eine „mariologische Substruktur“[459]. Lk entwirft darin ein zum Teil recht subtiles und hintergründiges Bild von Maria. So kennzeichnet er sie als die von Gott begnadete Frau (V. 28b) und Magd des Herrn (V. 38a), als die jungfräuliche Mutter des Messias, d. h. des Davidssohnes (V. 27.31 ff.) und Gottessohnes (V. 35b), als die „Braut“ des Hl. Geistes (V. 35a), möglicherweise auch als die Verkörperung der eschatologischen „Tochter Zion“ (V. 28b) und die neue Bundeslade (V. 35a), sowie schließlich als die erste Christin und das Vorbild wahrer Jüngerschaft (vgl. bes. V. 28b.38a).

Schon an dieser Aufzählung, aber ebenso an der Tatsache, „daß spezifisch mariologische Probleme wie etwa die Frage nach dem genauen Zeitpunkt der Empfängnis“ oder „nach der *virginitas ante partum, in partu, post partum* ... keine Rolle spielen“[460], läßt sich erkennen: Lk ist hier offenbar weniger an der Person Marias als solcher interessiert – ein solches Interesse zeigt sich noch am ehesten in der Einleitung (V. 26 f.), möglicherweise auch im Engelsgruß (V. 28) und in der Marienfrage (V. 34)[461] –, sondern vielmehr an ihrer einzigartigen Beziehung zu Gott, zu Jesus Christus, zum Hl. Geist, zu Israel und zur Kirche des Neuen Bundes. Anders gesagt: Es geht Lk hier nicht eigentlich um ontische Fragen Maria betreffend, sondern zum einen um ihre besondere heilsgeschichtlich-christologische Funktion, d. h. wesentlich: ihre durch Gott erfolgende (und eine überbietende Erfüllung atl. Vorbilder darstellende) gnadenhafte Erwählung zur Mitwirkung beim Christusgeschehen, und zum anderen um ihre ekklesiologisch-paränetische Bedeutung, die sie als das „Urbild des Glaubens“, als die „Vorausdarstellung der glaubenden Jüngergemeinschaft und Kirche“, als „die in ihrer Glaubensentscheidung das Heil ermöglichende erste Christin“[462] besitzt. Es erscheint „sicher gut, diesen funktionalen Aspekt der Mariologie deutlich herauszustellen und zu sehen, daß trotz des englischen Grußes ... eine kultische Verehrung von Lukas nicht intendiert ist“[463]!

[457] MimNT 100.

[458] Diese lukanische „Empfängnis-Christologie“ (MimNT 258 Anm. 264) ist dabei nur eine konsequent weitergeführte Reflexion dessen, was die Urkirche „über Jesus nach der Auferstehung und was sie über Jesus während seines öffentlichen Wirkens von der Taufe an ausgesagt“ hatte (MimNT 100; vgl. J. Ernst, Portrait 161), insofern sie jetzt den Anfang des Christusbekenntnisses nicht erst bei der Taufe oder gar der Auferstehung Jesu ansetzt, sondern bereits dort, wo die irdische Geschichte Jesu beginnt. Wieweit Lk dabei an eine Gottessohnschaft Jesu im ontologischen Sinne denkt, ist in der Forschung umstritten. Zumindest will er über Jesus sagen, daß „die Ursprünge seines Wesens in Gott zu verankern“ sind (H. Schürmann, Lk I 53).

[459] J. Ernst, Portrait 161.

[460] J. Ernst, Portrait 163.

[461] Gerade in bezug auf 1,28 und 1,34 ist jedoch, wie bereits in der Analyse hervorgehoben wurde, vor Überinterpretationen und Spekulationen zu warnen!

[462] J. Ernst, Portrait 164.

[463] A. a. O.

c) Maria in der Begegnungsperikope Lk 1,39 – 56

Analyse des Textes:

Im Mittelpunkt dieser Kompositionseinheit, die Lk unter Verwendung eines Teils der aus der Johannestradition vorgegebenen Szene der Verkündigung an Elisabeth zum Zweck der Verknüpfung der beiden Erzählstränge über Johannes den Täufer bzw. Jesus selber geschaffen[464] und mit der vorangehenden Verkündigungsperikope (1,26 – 38) aufs engste verbunden hat[465], stehen, eingerahmt von einer einleitenden Situationsschilderung (V. 39 – 41a) und einer kurzen Abschlußbemerkung (1,56) zwei Lobpreisungen, die beide während der Begrüßung der beiden Frauen und Mütter stattfinden: der Lobpreis Elisabeths auf Maria (V. 41b – 45) und Marias Lobpreis auf Gott, das 'Magnifikat' (V. 46 – 55).

Die am Anfang stehende Situationsschilderung berichtet von drei Vorgängen: dem Gang Marias zu Elisabeth (V. 39), der Begrüßung Elisabeths durch Maria (V. 40) und dem Aufhüpfen des ungeborenen Kindes im Schoß der Elisabeth auf den Gruß Marias hin (V. 41a). Letzteres weist deutlich darauf hin, daß auch diese Begegnungsperikope offenbar primär christologisch ausgerichtet ist: Schon im Mutterschoß legt Johannes Zeugnis für den von Maria bereits empfangenen Messias Jesus ab und erkennt damit dessen gottbestimmte Überlegenheit über sich an[466]. Die Überlegenheit des Messias über seinen Vorläufer läßt Lk sich nun aber auch widerspiegeln in der Überlegenheit der Messiasmutter Maria über Elisabeth, die Mutter des Vorläufers Johannes. Im Lobpreis auf Maria, den Elisabeth „vom Hl. Geist erfüllt" (V. 41b) – was in 1,15 ihrem Kind verheißen wurde, geht jetzt in Erfüllung[467] – „mit lauter Stimme" (in der sich „prophetische Rede" offenbart[468]) erklingen läßt (V. 42a), erkennt sie selbst diese Überlegenheit Marias und ihres Kindes an.

Der Lobpreis der Elisabeth auf Maria (V. 42b – 45):

Elisabeths Lobpreis besteht aus vier Elementen:

1. Er beginnt in V. 42b mit einer ersten Preisung: „Du bist die Gesegnetste (εὐλογημένη)[469] unter den Frauen und gesegnet (εὐλογημένος) ist die Frucht deines Leibes!" Es fällt auf, daß Elisabeth beide: die Mutter und ihr Kind mit dem gleichen Wort („gesegnet") preist. Daß dabei zuerst die Mutter gepriesen wird, hängt mit der Begrüßungssituation zusammen; außerdem soll wohl

[464] Vgl. dazu die Einführung zu Lk 1 – 2.

[465] Der äußere Anlaß zum Besuch Marias ist ja das ihr in 1,36 vom Engel angegebene Zeichen: die wunderbare Schwangerschaft ihrer „Verwandten" Elisabeth!

[466] Eine Polemik gegen eine Überbewertung des Täufers kann dabei aus dieser Stelle nicht unbedingt herausgehört werden. Vgl. u. a. H. SCHÜRMANN, Lk I 64; J. ERNST, Lk 83.

[467] W. GRUNDMANN, Lk 62.

[468] J. ERNST, Lk 83.

[469] Das Partizip εὐλογημένη (= „Gesegnete") steht hier, semitischem Stil entsprechend, statt des Superlativs. Vgl. E. KLOSTERMANN, Lk 17; W. GRUNDMANN, Lk 62; H. SCHÜRMANN, Lk I 67 Anm. 181; H. RÄISÄNEN, Mutter 108; G. SCHNEIDER, Lk I 56; J. ERNST, Lk 83.

auch „die Erfüllung der Verheißung VV 31 ff.35 an Maria geschildert und der marianische Lobpreis von V 28 fortgesetzt werden“[470]. Natürlich kommt Maria diese höchste Preisung nur „um ihres Sohnes willen“[471] zu[472]: Sie ist deshalb als die von allen Frauen am meisten von Gott Gesegnete[473] zu preisen, weil sie Mutter des εὐλογημένος, d. h. des Messias (vgl. Lk 19,38)[474], ist! Denn wenn schon jede Frau in Israel „ein Walten der Gnade Gottes darin“ sehen kann, „daß sie gesegneten Leibes sein“ darf[475], und „ihre größte Ehre durch ihre Kinder empfängt“[476], dann gilt dies um so mehr von der Messiasmutter: Ihre Würde ist „schlechthin unvergleichlich (vgl. 11,27)“[477]! Insofern übertrifft sie dann aber auch alle atl. Vorbilder wie z. B. Jaël (vgl. Ri 5,24 LXX, wo es ähnlich von dieser heißt: „Es möge gepriesen sein [εὐλογηθείη] unter den Frauen Jaël, unter den Frauen in den Zelten möge sie gepriesen sein!“) und vor allem Judit, die Retterin Israels (vgl. Jdt 13,18, wo Usija über sie sagt: „Gepriesen bist du [εὐλογητή], Tochter, von Gott, dem Höchsten, mehr als alle Frauen auf der Erde, und gepriesen [εὐλογημένος] ist Gott, der Herr ...!“)[478].

2. Es folgt in V. 43 ein „Ausdruck der Verwunderung“[479] in Form einer Frage: „Woher kommt mir dies, daß die Mutter meines Herrn zu mir kommt?“ Elisabeth preist sich hier geradezu selbst selig ob der Ehre des Besuchs der Mutter ihres Herrn[480]. Sogar für sie, die Mutter des „großen“ Johannes (vgl. 1,15), ist dies eine unverdiente Auszeichnung! Neben 2,11 liegt hier eine weitere Stelle in Lk 1–2 vor, an der der Kyrios-Titel Jesus zugeeignet ist, während er in diesen Kap. ansonsten, dem LXX-Sprachgebrauch gemäß, stets Gott vorbehalten bleibt[481]. Für Lk ist also offensichtlich „schon der ‚irdische‘ Jesus von Anfang an κύριος“[482], wenn ihm auch die entsprechende Verehrung natürlich erst als dem Auferstandenen und Erhöhten (nämlich seitens der christlichen Gemeinde) zukommt (vgl. z. B. Lk 24,52).

Dies bedeutet nun aber ein Zweifaches: 1. Maria wird hier bewußt mit dem höchsten Titel ausgezeichnet, den man sich überhaupt denken kann: Sie ist die Mutter des Kyrios, d. h. nicht nur die Mutter des Messias (und damit nach Lk wahrscheinlich auch – insofern der Messias ja der heilige „Sohn Gottes“ ist [vgl. 1,35] – die „Mutter Gottes“), sondern zugleich auch – dies

470 H. Schürmann, Lk I 68.
471 G. Schneider, Lk I 56.
472 Der 2. Teil der Preisung ist also als *Begründung* des 1. Teils anzusehen. Vgl. R. Schnackenburg, Magnifikat 213.
473 Das εὐλογημένη ist *Passivum divinum*, drückt also Gottes Handeln an Maria aus! Vgl. H. Patsch, EWNT II 199.
474 Vgl. H. W. Beyer, ThWNT II 759.
475 H. W. Beyer, a. a. O.
476 J. Schmid, Lk 52.
477 A. a. O.
478 Es handelt sich bei Judit also nur um ein „formales Vorbild“ (H. Räisänen, Mutter 108).
479 J. Ernst, Lk 83.
480 H. Schürmann, Lk I 68.
481 Vgl. zur Verwendung des Kyrios-Titels bei Lk u. a. G. Schneider, Gott und Christus.
482 G. Schneider, a. a. O.173.

legt sich dem christlichen Leser beim Kyrios-Titel selbstverständlich sofort nahe[483] – die Mutter dessen, der der Herr seiner Kirche ist! 2. Indem sich Elisabeth durch die Verehrung der Mutter des Kyrios zu diesem als 'ihrem' eigenen Herrn bekennt, unterstellt sie sich ihm und wird auf diese Weise ihrerseits zu einem Vorbild für die nachösterliche Gemeinde!

Wenn somit auch die „eigentliche Bedeutung des Satzes ... im Bekenntnis zum Messias-Jesus, der hier Kyrios genannt wird, und in der frommen Verehrung seiner Mutter" liegt[484], so schließt dies nicht aus, daß Lk auch in diesem Satz zugleich eine tiefere, typologische Aussage über Maria machen will. Jedenfalls erscheint es durchaus möglich, daß hier von ihm „hintergründig auf 2 Sam 6,2 – 11 angespielt wird", um noch einmal, wie ähnlich schon in 1,35, „Maria als die ntl Bundeslade darzustellen"[485].

3. In V. 44 läßt Lk Elisabeth die Begründung dafür geben, warum sie so sprechen kann, wie sie es hier tut: „Denn siehe, als der Klang deines Grußes an meine Ohren drang, hüpfte das Kind in meinem Schoß in jubelnder Freude auf!" Der Satz nimmt deutlich die Formulierung von V. 41 auf. Um so auffallender muß in ihm dann aber der in V. 41 noch nicht zu findende Zusatz erscheinen, daß das Kind „in jubelnder Freude" (ἐν ἀγαλλιάσει)[486] aufhüpft. Mit diesem Zusatz wird das „Aufhüpfen" (σκιρτᾶν)[487] nicht nur verstärkt[488], sondern zugleich gedeutet: Es ist nicht bloß eine 'natürliche' Regung, vielmehr handelt es sich hier, in deutlicher Erfüllung von Mal 3,20[489] um den Ausdruck der „eschatologische(n) Freude über die Erscheinung des Christus"[490]! Damit wird dann aber die gesamte Szene zu einer Bestätigung der frohen Botschaft, die durch den Engel an Maria erging (vgl. 1,28.30 – 33.35 ff.): Jetzt ist tatsächlich der „Anbruch der Messiaszeit, die durch das eschatologische Frohlocken gekennzeichnet"[491] wird, welches der Hl. Geist verursacht[492]! Deutlich wird hier wieder der Blick auf die nachösterliche Gemeinde gelenkt, bei der Freude

[483] Vgl. H. Räisänen, Mutter 109.

[484] J. Ernst, Lk 83.

[485] J. Ernst, Lk 83. Auf dieses atl. 'Vorbild' macht insbesondere R. Laurentin, Struktur 91 – 94, aufmerksam. Doch vgl. zur Kritik u. a. R. Schnackenburg, Magnifikat 216 ff.; H. Räisänen, Mutter 108 f. Anm. 6; auch MimNT 110 f.

[486] Zum Terminus ἀγαλλίασις vgl. u. a. R. Bultmann, ThWNT I 18 ff.; A. Weiser, EWNT I 17 ff.

[487] Zu diesem Verb vgl. u. a. G. Fitzer, ThWNT VII 403 ff.; G. Schneider, EWNT III 606.

[488] Schon das Verb σκιρτᾶν als solches ist nämlich „Ausdruck der Freude ...: Ps 113,4.6; Jer 50,11; Mal 3,20; Lk 6,23; vgl. bes. PsSal 28,3: 'Mein Herz ist fröhlich und hüpft wie ein Kind, das im Leibe seiner Mutter hüpft.' – Das Verbum hat also hier einen anderen Sinn als Gen 25,22 ('sich stoßen')" (H. Schürmann, Lk I 66 Anm. 171).

[489] Darauf verweisen u. a. G. Fitzer, ThWNT VII 405; H. Schürmann, Lk I 66 f.

[490] G. Fitzer, a. a. O.

[491] J. Ernst, Lk 83.

[492] Vgl. H. Räisänen, Mutter 107, der in diesem Zusammenhang auf Lk 10,21 verweist, wo Lk „erzählt, daß auch Jesus einmal im Heiligen Geist frohlockte ... Ebenso verursacht hier der Geist im ungeborenen Johannes eine entzückte Bewegung. Die Zeit des Geistes bricht an".

und Jubel Ausdruck ihres Selbstbewußtseins sind, „die durch Gottes Heilstat konstituierte Gemeinde der Endzeit“[493] zu bilden.

4. Eine zweite Seligpreisung schließt Elisabeths Worte in V. 45 ab: „Und selig (μακαρία), die geglaubt hat, daß in Erfüllung gehen wird, was ihr vom Herrn gesagt worden ist!“ Im Unterschied zur Anfangspreisung in V. 42b zielt diese Preisung nur noch auf Maria selbst ab. Außerdem wird jetzt zur Begründung nicht mehr auf ihre leibliche Mutterschaft hingewiesen, sondern auf ihr eigenes ʽVerdienstʼ: weil sie geglaubt hat! Die leibliche Mutterschaft ist also „nicht der einzige Grund für Marias Seligpreisung“[494], sondern hinzu kommt als ebenso wichtiges – weil diese Mutterschaft erst eigentlich bedingendes – Moment, daß sie, indem sie Gottes Ruf gläubig folgte (vgl. 1,38), zur „Mutter des Glaubens“[495] und damit zugleich auch – insofern ihre glaubende Haltung „echte christliche Jüngerschaft bewiesen hat“[496] – zum Vorbild für alle Christen geworden ist[497]. Dann aber ist es „nur folgerichtig“, daß ihr, der ersten Christin, der „Repräsentantin des neuen Gottesvolkes“[498], „auch die erste Seligpreisung des Evangeliums gilt“[499], eine Seligpreisung, wie sie später in ähnlicher Form allen, die wie Maria vor Gott ʽarmʼ sind, indem sie sich glaubend seinem Wort unterstellen, von Jesus zugesprochen wird (vgl. 6,20–23; auch 11,28). Daß Lk Maria in der Tat wesentlich als die Repräsentantin der ʽArmenʼ, d. h. der eschatologischen Heilsgemeinde, versteht, macht das ʽMagnifikatʼ deutlich.

Das ʽMagnifikatʼ Marias (V. 46–55):

Im ʽMagnifikatʼ – ursprünglich (in der Johannestradition) der Lobgesang der Elisabeth, der erst von Lk Maria in den Mund gelegt worden ist[500] – gibt Maria auf die Preisung Elisabeths eine Antwort in Form eines an Gott, den Herrn, gerichteten Preisliedes[501], das zugleich „die hymnische Antwort der Jungfrau ... auf das Geheimnis ihrer Begnadung“ ist[502]. Das Lied, das viele formale und inhaltliche Bezüge zu atl.-jüdischen Liedern (Psalmen, Hymnen)

[493] R. Bultmann, ThWNT I 20.

[494] MimNT 113.

[495] H. Schürmann, Lk I 69. Wie Schürmann ausführt, ist hier „die Mutterschaft Mariens schon sehr vertieft verstanden“; nach Lk war sie eben „nicht nur eine leibliche (V 43), sondern zuvorkommend eine geistliche ...: Mariens Mutterschaft hatte tiefe Voraussetzungen in ihrem personalen Leben, war eingebettet in verfügbare Hingabe und in Glauben“ (a. a. O.).

[496] J. Ernst, Portrait 165.

[497] Marias Vorbildhaftigkeit wird in V. 45 noch dadurch unterstrichen, daß der Satz – anders als die Anfangspreisung in V. 42b – in der Allgemeingültigkeit ausdrückenden 3. Person formuliert ist. Vgl. H. Räisänen, Mutter 110.

[498] J. Ernst, Lk 83.

[499] MimNT 113.

[500] Vgl. dazu die Darlegungen in der Einführung zu Lk 1–2.

[501] Maria „lenkt“ also „den Lobpreis ab auf Gott. Ihm allein gebührt die Ehre“ (J. Schmid, Lk 54).

[502] J. Ernst, Lk 84.

aufweist[503], gliedert sich (nach der Einführung V. 46a) in zwei Teile[504]: Im 1. Teil (V. 46b – 50) schaut Maria auf das, was Gott an ihr persönlich gewirkt hat, im 2. Teil (V. 51 – 55) ordnet sie dieses Wirken in den größeren Kontext der Heilsgeschichte Gottes mit Israel ein und deutet es damit zugleich tiefer aus. Es ist hier nicht der Ort, eine detaillierte Darstellung der Theologie und der Spiritualität des 'Magnifikat' zu bieten[505]. Wir haben uns auf die für unsere Thematik wichtigsten Motive zu beschränken. Diese sind: das Freudenmotiv (1), das Niedrigkeitsmotiv (2) und das Erhöhungs- oder Begnadigungsmotiv (3).

1. Gleich zu Beginn ihres Lobpreises, der dazu dient, Gott „groß zu machen" (V. 46b: μεγαλύνει), drückt Maria ihre jubelnde Freude (V. 47a: ἠγαλλίασεν τὸ πνεῦμά μου) über ihn, ihren (persönlichen) Heiland (τῷ σωτῆρί μου) aus[506]. Wenn hier auch die atl. Bezüge unverkennbar durchschimmern (vgl. bes. 1 Sam 2,1, den Anfang des Preisliedes der Hanna[507]; ferner Ps 34,9 LXX; sowie Hab 3,18 u. a. Stellen, an denen Gott ebenfalls als der persönliche σωτήρ [„Retter, Heiland"] gepriesen wird)[508], so ist doch vor allem der Bezug zu V. 44 (und 1,14) hervorzuheben (s. dort das Substantiv ἀγαλλίασις). Marias 'Magnifikat' klingt damit gleichsam wie ein „Refrain"[509] auf die Preisung Johannes des Täufers und Elisabeths, bewegt Maria doch das gleiche „eschatologische Frohlocken"[510] wie diese. Wenn Maria im folgenden auch als Grund für ihre Freude zunächst die Großtat nennt, die Gott an ihr persönlich gewirkt hat (vgl. V. 49a), so macht sie sich – dies wird schon durch das Freudenmotiv angezeigt – dabei zugleich zur „Sprecherin der Jünger Christi" insgesamt[511], die ihr Leben von der gleichen eschatologischen Heilsfreude geprägt sehen und diese immer wieder auch – als betende Gemeinde (vgl. Apg 1,14) – im Lobpreis Gottes zum Ausdruck bringen (vgl. Lk 24,53; Apg 2,46; 4,24 – 30 u. a.).

2. Wie sehr Lk Maria als die Repräsentantin des neuen Gottesvolkes, d. h. aber: der Gemeinde der endzeitlichen *anawim* („Armen")[512] versteht,

503 Vgl. dazu die detaillierten Angaben in der Übersetzung des Textes bei J. SCHMID, Lk 50 f.; ferner R. LAURENTIN, Struktur 95 – 99, u. a.

504 Vgl. H. SCHÜRMANN, Lk I 70 f. (dort auch Hinweise auf andere Gliederungsvorschläge); J. ERNST, Lk 86; G. SCHNEIDER, Lk I 57.

505 Dazu sei vor allem verwiesen auf R. SCHNACKENBURG, Magnifikat. Weitere Lit.angaben zu diesem Lied s. bei H. SCHÜRMANN, Lk I 70 Anm. f.; G. SCHNEIDER, Lk I 54 f.

506 Maria nennt Gott hier deshalb betont „meinen (μου) Heiland", weil es in diesem Zusammenhang wesentlich um Gottes „persönliche Heilstat" (H. SCHÜRMANN, Lk I 73) an ihr geht.

507 Zu diesem Lied der Mutter des Samuel ergeben sich auch im weiteren Verlauf des 'Magnifikat' (bes. in V. 48 und im 2. Teil) deutliche Anklänge.

508 Vgl. zu den atl.-jüdischen Bezügen u. a. auch W. GRUNDMANN, Lk 64; H. SCHÜRMANN, Lk I 73 Anm. 214. 217; R. SCHNACKENBURG, Magnifikat 203 f.; J. ERNST, Lk 85.

509 J. ERNST, Portrait 165.

510 W. GRUNDMANN, Lk 64.

511 MimNT 116. Vgl. H. RÄISÄNEN, Mutter 114: „Maria ist ... hier gleichsam Interpret der Erlebnisse der Gemeinde."

512 Zu den *anawim* vgl. u. a. die in MimNT 264 Anm. 321 angegebenen Abhandlungen.

läßt sich an der von ihm in V. 48 Maria in den Mund gelegten Begründung für ihren von Freude geprägten Lobpreis ablesen: „Denn er hat hingesehen auf die Niedrigkeit (ταπείνωσις) seiner Magd!" Wird mit dem Ausdruck „seine Magd" die „demütige Selbstbezeichnung der Jungfrau Maria"[513] aus V. 38 wiederaufgegriffen[514], so gibt das Stichwort „Niedrigkeit" (ταπείνωσις)[515] an, was hier des näheren unter 'Demut' zu verstehen ist: Gemeint ist nicht Demut im ethisch-moralischen Sinne, sondern im theologischen! Jedenfalls umschreibt der (hier im Zusammenhang mit dem Ausdruck „seine [= Gottes] Magd" stehende und ihn erläuternde) Begriff ταπείνωσις „nicht die Schmach der Unfruchtbarkeit wie 1 Kg 1,11 (Gebet Hannas; vgl. Lk 1,25)"[516] und auch nicht – zumindest nicht primär[517] – die niedrige soziale Stellung Marias[518], sondern jenes 'Kleinsein' bzw. 'Armsein' vor Gott, welches das Heil nicht von sich, sondern ganz von Ihm her erwartet! Es ist dies die Haltung, die schon für die jüdischen *anawim* kennzeichnend ist[519], dann aber ebenso für die Jünger Jesu (vgl. Lk 6,20; Apg 2,43–47; 4,32–37 u. a.).

3. Maria ist nach Lk die erste, welche die den (vor Gott) 'Armen' und 'Niedrigen' für die Endzeit verheißene Umkehr der Verhältnisse[520] (wie sie im 2. Teil des 'Magnifikat', bes. in V. 51 ff., in eindrucksvollen Antithesen[521] und wiederum in enger Anlehnung an atl. Vorstellungen [vgl. z. B. Ps 117,15; 146,6; 106,9 LXX] als Gottes Heilshandeln generell gemäß beschrieben ist[522]) und damit die endgültige (eschatologische) Einlösung der von Abraham an „den Vätern zugesicherten Erlösungstaten"[523] Gottes an seinem „Knecht Israel" (V. 54 f.; vgl. 2 Sam 22,51; Ps 17,51 LXX; Mi 7,20; Jes 41,8) im Kommen des

513 J. Ernst, Lk 85.

514 R. Schnackenburg, Magnifikat 204, bemerkt zutreffend, daß sich hier bei Maria „der Jubel über die erfahrene Erwählung und Beglückung mit tiefer Demut" verbindet. Vgl. ähnlich J. Schmid, Lk 54; H. Schürmann, Lk I 75.

515 Vgl. dazu u. a. W. Grundmann, ThWNT VIII 1–27; H. Giesen, EWNT III 801–804.

516 H. Giesen, a. a. O. 803. Vgl. auch H. Räisänen, Mutter 114.

517 Dies betont H. Schürmann, Lk I 74.

518 Nach J. Ernst, Lk 85. wird der „soziale Aspekt ... in der durch und durch theologisch geprägten Aussage praktisch bedeutungslos".

519 Vgl. dazu J. Ernst, Lk 85: „Maria gehört zu den Kleinen und Geringen, denen schon im AT das Heil verheißen wurde (Jdt 9,11; Ps 9,19; Jes 57,15)."

520 Vgl. W. Grundmann, Lk 65.

521 Als Gegensätze zu den *anawim* erscheinen dabei „nicht einfach die Reichen, sondern die Stolzen und Selbstgenügsamen, die auf ihre eigene Kraft vertrauen und Gottes Hilfe nicht bedürfen" (MimNT 117).

522 Die Aoristformen sind dabei nach H. Schürmann, Lk I 75, „nicht von vergangenen Taten Gottes oder als gnomische Aoriste" zu verstehen, „auch nicht als Wiedergabe hebr. Perfekte, die aussagen, was Gott allgemein tut"; vielmehr wird hier „das Zukünftige als Vergangenheit beschrieben ..., weil es in einer anfänglichen Erfüllung schon seine Vorverwirklichung gefunden hat". Doch vgl. dazu u. a. die Stellungnahme von R. Schnackenburg, Magnifikat 218 f.

523 H. Schürmann, Lk I 77.

Messias[524] an sich selbst durch eine sie erhöhende Großtat Gottes (V. 48.49a; vgl. V. 52) erfährt und davon gleichsam als die erste Evangelistin[525] kündet[526]!

Worin diese sie erhöhende Großtat Gottes besteht, wird nicht gesagt, braucht aber auch nicht mehr gesagt zu werden, denn es ist aufgrund des Zusammenhangs klar: Gemeint ist Marias Bestimmung, als Messiasmutter „der Welt den Erlöser schenken"[527] zu dürfen! Dieses sie erhöhende – zugleich aber auch wegen seiner Einmaligkeit und heilsgeschichtlichen Bedeutung von allen anderen abhebende – Handeln Gottes, das allerdings ohne ihr glaubendes Mittun (vgl. 1,38.45) nicht zu denken ist, begründet nun auch ihren Ruhm, einen Ruhm, der nach V. 48b „von jetzt an"[528] durch alle Geschlechter hindurch bestehen bleiben soll[529]! In letzterer Bemerkung dürfte sich die große Wertschätzung widerspiegeln, der sich Maria bereits in der Kirche des Lk erfreut. Maria ist eben nicht nur „der Ruhm Israels"[530], sondern – als die Messiasmutter, die als solche zugleich die „Mutter des neuen Gottesvolkes"[531] genannt werden kann – auch der Ruhm der Kirche!

Zur mariologischen Bedeutung der Begegnungsperikope:

Neben der Verkündigungsperikope (1,26 – 38) ist die Begegnungsperikope ohne Zweifel der Abschnitt mit der größten mariologischen Bedeutung im gesamten LkEv. Wie schon in 1,26 – 38 wird Maria auch hier unter verschiedenen Aspekten dargestellt: Sie erscheint „zunächst und an erster Stelle" als „die Mutter des Herrn"[532] (vgl. V. 43), d. h. die Mutter dessen, der der Messias und der Kyrios seiner Kirche ist, sodann auch als Gottes „niedrige Magd" (vgl. V. 48), die von ihm durch eine einmalige Großtat aus ihrer Niedrigkeit erhöht wurde (vgl. V. 49a.52b), sowie – in typologischer Deutung – offenbar auch als die Bundeslade des Neuen Bundes (vgl. V. 43). Darüber hinaus wird Maria gekennzeichnet als die „Vertreterin der Armen"[533], und zwar nicht nur der *anawim* Israels, sondern auch der (sich als die eschatologische Gemeinde der

[524] Vgl. H. SCHÜRMANN, Lk I 77: Es „wird hier im Zusammenhang an das Kommen des Messias zu denken sein, wodurch Gottes Bundestreue ihre Krönung findet".

[525] Die Umkehrung der Verhältnisse wird ja später auch ein wesentlicher Aspekt der Evangeliumsverkündigung Jesu selbst sein (vgl. Lk 6,20 – 26; 16,19 – 31 u. ö.).

[526] Vgl. MimNT 116.

[527] R. SCHNACKENBURG, Magnifikat 209.

[528] Die hier begegnende Wendung ἀπὸ τοῦ νῦν ist bei Lk Terminus für die eschatologische Heilszeit; es wird damit die „einschneidende Zeitenwende gekennzeichnet" (G. STÄHLIN, ThWNT IV 1106); vgl. 5,10; 12,52; 22,18.69.

[529] Vgl. H. SCHÜRMANN, Lk I 74: „Daß alle kommenden Geschlechter (vgl. V 50) Maria nun seligpreisen werden, gründet in ihrer Würde als Messiasmutter und steht in einer Linie mit der doxologischen Mariologie der Begrüßungsanreden 1,28.30b und 1,42 f. Der Makarismus der Elisabeth wird von nun an weiterklingen in all die Zeiten, die die Engelverheißung 1,33 abgesteckt hatte."

[530] R. SCHNACKENBURG, Magnifikat 216.

[531] A. a. O.

[532] J. ERNST, Portrait 167.

[533] H. RÄISÄNEN, Mutter 116.

'Armen' verstehenden) Christengemeinde; ja man kann durchaus sagen: in ihrem Lied „melden sich all die Niedrigen und Kranken, die kleinen Leute, die Waisen und Witwen, aber auch Menschen wie Zacharias, Elisabeth, die Hirten an der Krippe, Simeon und Hanna zu Wort, die von der gleichen Gottesfurcht wie sie selbst beseelt waren"[534]. Doch nicht nur wegen ihrer 'Armut' erscheint Maria als die „Repräsentantin des erlösten Gottesvolkes"[535], sondern insbesondere wegen ihres (mit dieser 'Armut' aufs engste zusammenhängenden) Glaubens – Maria ist die, die durch ihren Glauben am eschatologischen Heilshandeln Gottes in Jesus Christus mitwirkt (vgl. V. 45) und dabei zugleich zum Vorbild aller Christen wird –, desgleichen aber auch insofern, als sie als erste die vom Hl. Geist gewirkte eschatologische Heilsfreude, die später ein konstitutives Element der christlichen Jüngergemeinde sein wird, an sich persönlich erfährt (vgl. V. 47) und – gleichsam als erste Evangelistin – in ihrem Lobpreis kundtut.

Daß es Lk in dieser Perikope durchaus auch um die Person Marias (und nicht nur um ihre christologisch-heilsgeschichtliche Funktion und paränetische Bedeutung) geht, macht der Hinweis auf ihre Seligpreisung deutlich, die „von nun an" durch alle Geschlechter nie mehr verstummen soll (V. 48b). Der Lobpreis Elisabeths auf sie (V. 42b – 45) ist dafür so etwas wie ein Modell. Er zeigt des näheren auf, warum Maria so hoch zu verehren ist, nämlich aus zwei Gründen, die wesentlich zusammengehören: weil sie die (leibliche) Mutter des Herrn ist (V. 42 f.) und weil sie dem Wort Gottes geglaubt hat und so zum Vorbild aller Christen geworden ist (V. 45)! Gerade der am Ende des Preises der Elisabeth stehende Hinweis auf Marias Glaubensgehorsam „führt in das Zentrum der Marienverehrung"[536], wie Lk sie versteht und seinen Lesern offenbar auch ans Herz legen will.

### d) Maria in der Hirtenperikope Lk 2,1 – 21

Analyse des Textes:

Bei der Erzählung von der Verkündigung der Geburt Jesu als Messias an die Hirten handelte es sich (wie auch bei den beiden folgenden Erzählungen 2,22 – 40 und 2,41 – 52) ursprünglich um eine selbständige, in sich abgeschlossene Perikope, die weder nach vorwärts noch nach rückwärts eines Anschlusses bedurfte[537]. Erst Lk hat durch die aus Gründen der Parallelisierung mit der

534 J. ERNST, Portrait 166. Vgl. auch R. MAHONEY, Mutter 106.

535 J. ERNST, Portrait 167.

536 J. ERNST, Portrait 165.

537 Für die ursprüngliche Selbständigkeit und Abgeschlossenheit der Perikope sprechen u. a. folgende Beobachtungen: 1. In V. 4 f. werden Josef und Maria so eingeführt, als ob von ihnen bisher noch nicht die Rede gewesen wäre (M. DIBELIUS, Jungfrauengeburt 9). 2. Auf die jungfräuliche Empfängnis Marias, von der 1,26 – 38 die Rede war, wird hier mit keiner Silbe eingegangen. Statt dessen ergibt sich im Gegenteil deutlich eine inhaltliche Spannung zu der Verkündigungsperikope: Wurde dort Jesus als der „Sohn Gottes" angekündigt (vgl. 1,32.35), so wird er hier als der Christos Kyrios (V. 11) bezeichnet.

Johanneserzählung (vgl. 1,57 – 80) angehängte Notiz über die Beschneidung und Namengebung Jesu (V. 21) eine „Verbindung zur Jungfrauschaft der Maria aus der Ankündigung"[538] (vgl. 1,31) hergestellt.

In die vorgegebene Hirtenperikope selbst hat der Redaktor nur sehr behutsam eingegriffen. Im eigentlichen Erzählkorpus (V. 8 – 14) hat er kaum nennenswerte Änderungen vorgenommen; allerdings dürfte er die vorgegebene Aussage in V. 11 „denn geboren wurde Christus, der Herr" durch die Wörter „euch heute der Retter" erweitert haben, um die Aussage auf diese Weise „auf die Gegenwart des Evangeliums hin" (vgl. V. 10) zu verdeutlichen[539]. Die ursprüngliche Einleitung der Erzählung (in etwa die jetzigen Verse 4 – 7) hat Lk durch den ‚Synchronismus' in V. 1 f., der die Geburt Jesu in den größeren Rahmen der Welt- bzw. Zeitgeschichte einordnen soll (vgl. 3,1; ferner Apg 5,37)[540], und den den Vorgang der ἀπογραφή[541] erläuternden V. 3 ergänzt. Auch hat er in den Schluß der Erzählung (zu dem wohl zumindest V. 16 gehörte, wahrscheinlich aber auch die Verse 17 f. zu rechnen sind) redaktionell eingegriffen (vgl. V. 15) und ihn durch den Hinweis auf Maria (V. 19) sowie durch eine für ihn typische Rückkehrnotiz (V. 20; vgl. 1,23,56; 2,51) erweitert.

Die wahrscheinlich aus judenchristlichen Kreisen stammende Vorlage[542], die wesentlich christologisch ausgerichtet und ihrer Form nach am besten als „erzählende Christushomologese"[543] zu bestimmen ist – im Mittelpunkt steht nicht das (nur kurz in der Einleitung erwähnte) Faktum der Geburt als solches, sondern die Verkündigung der Geburt des Christos Kyrios, des Messias aus David (vgl. V. 4.11), an die Hirten, die hier als „die erwählten Vertreter des ganzen Volkes"[544] Israel erscheinen[545] –, spricht von Maria zunächst in der Einleitung: In V. 4 f. wird sie vorgestellt als die Frau[546] des Josef, die mit ihm

3. Von den Hirten, denen die Botschaft von der Geburt Jesu zuteil wird, ist in Kap. 1 – 2 weder vorher noch nachher die Rede.

538 W. Grundmann, Lk 75 f.

539 H. Zimmermann, Jesus Christus 153. Das „heute" (σήμερον) gebraucht Lk auch sonst (4,21; 19,9; 23,43 u. a.), um damit die „aktuelle Gegenwärtigkeit" (H. Schürmann, Lk I 233) des Christusgeschehens als Heilsgeschehen zu verdeutlichen. Auch der σωτήρ-Begriff spielt in seiner Christologie eine entscheidende Rolle, wie neben 1,47 auch noch Apg 5,31 und 13,23 anzeigen. Vgl. dazu u. a. W. Foerster, ThWNT VII 1015 f.; G. Voss, Christologie 45 – 60; K. H. Schelkle, EWNT III 783.

540 Vgl. dazu J. Schmid, Lk 64; W. Grundmann, Lk 76 – 79; H. Schürmann, Lk I 99; H. Zimmermann, Jesus Christus 151, u. a.

541 Zum Terminus ἀπογραφή („Aufzeichnung, Steuereinschätzung, Zensus") vgl. u. a. E. Plümacher, EWNT I 301 ff. (mit Lit.angaben).

542 Vgl. bezüglich dieser Herkunft die Argumente bei H. Schürmann, Lk I 118 f.

543 H. Schürmann, Lk I 20; Ders., Aufbau 110.

544 W. Grundmann, Lk 82.

545 Zur Begründung, warum es ausgerechnet Hirten sind, die die Botschaft von der Geburt des Messias aus David erfahren, s. bes. die Darlegungen bei H. Schürmann, Lk I 108 f.; J. Ernst, Lk 107 f.

546 Die Lesart γυναικὶ αὐτοῦ („mit seiner Frau") in V. 5 dürfte trotz geringerer Bezeugung (aur b c sy$^{s}$) die schwierigere Lesart gegenüber dem τῇ ἐμνηστευμένῃ αὐτῷ („mit der mit ihm Verlobten") sein, bei dem es sich offensichtlich um eine sekundäre Angleichung an

von Nazareth nach Bethlehem reist, weil er „aus dem Haus und Geschlecht Davids" ist. Zugleich wird ihre Schwangerschaft erwähnt (V. 5b); diese wird dabei „nicht näher begründet"[547] – etwa unter Hinweis auf 1,26–38 –, sondern als gegeben vorausgesetzt. Die Einleitung entwirft also im Grunde das „Bild von einem normalen Ehepaar"[548]. Die Angaben in V. 4 f. werden dabei eigentlich nur deshalb gemacht, weil sie für das Verständnis des eigentlichen Erzählkorpus notwendig sind. Ein besonderes Interesse an Maria ist nicht zu bemerken. Jedenfalls wird hier „Josef, der in Kapitel 1 lediglich kurz erwähnt wurde, fast die gleiche Aufmerksamkeit gewidmet wie Maria"[549].

Auch die 2. Erwähnung Marias in der Einleitung (V. 7a: „Sie gebar ihren Sohn, wickelte ihn in Windeln ein und legte ihn in eine Krippe") dient lediglich der Vorbereitung auf das folgende Verkündigungsgeschehen – Windeln und Krippe werden den Hirten als „Zeichen" gegeben (V. 12.16)[550] –, hat aber keine besondere mariologische Bedeutung. Immerhin erscheint Maria hier aber, wenn man so will, als eine normale menschliche Mutter, die ihr Kind genauso pflegt (Windeln!), wie jede andere Mutter es tut!

Im eigentlichen Korpus der Erzählung spielt Maria keine Rolle. Sie wird lediglich am Schluß noch einmal (neben Josef und dem Kind) erwähnt, nämlich bei der Auffindung des Kindes durch die Hirten (V. 16). Wenn in diesem Zusammenhang davon die Rede ist, daß die Hirten „Maria und Joseph und das Kind, in der Krippe liegend" fanden, darf man aus der Reihenfolge wohl kaum schließen, daß damit die Stellung und Bedeutung Marias besonders hervorgehoben werden soll[551].

Lk hat die genannten Bemerkungen über Maria aus der Einleitung und dem Schlußteil der vorgegebenen Perikope nahezu unverändert übernommen. Auch er führt die Geschichte so ein, als ob „es sich um eine normale Familiengeschichte handelt"[552]. Die jungfräuliche Empfängnis klingt auch in seiner Fassung nicht an. Auch auf dem wahrscheinlich erst von ihm eingeführten und

1,27 handelt, und verdient daher den Vorzug, zumal sie noch durch das mehrheitlich bezeugte (und eine sekundäre Mischung der beiden genannten Lesarten darstellende) μεμνηστευμένῃ αὐτῷ γυναικί („mit der mit ihm verlobten Frau") zusätzlich gestützt wird.

547 W. Grundmann, Lk 80.

548 J. Ernst, Portrait 167.

549 MimNT 118.

550 Wenn W. Grundmann, Lk 83, meint: „Das Zeichen, das den Hirten gegeben wird, ist im Grunde kein Zeichen, sondern ein alltäglicher Vorgang: ein gewickeltes Kind in einer Futterkrippe", so ist dem nicht ganz zuzustimmen. Man wird eher sagen müssen: Das Gewöhnliche bzw. Alltägliche an diesem Zeichen ist allein das In-Windeln-Gewickeltsein des Kindes – Jesus erhält damit die gleiche Pflege wie jedes andere Kind auch –; ungewöhnlich – und damit von eigentlicher zeichenhafter Bedeutung – ist aber das Liegen in der Krippe. Damit ist ohne Zweifel ein Kontrast beabsichtigt: Der Christos Kyrios wird bei seiner Geburt an der Krippe erkannt (vgl. V. 16) – wie später am Kreuz! Vgl. dazu auch die Deutung von H. Schürmann, Lk I 104 f.

551 So aber z. B. R. Laurentin, Struktur 170. Vgl. dagegen den kritischen Einwand von H. Räisänen, Mutter 118: „Warum wird dann Joseph vor dem Kind genannt, das doch die zentrale Person in dieser Szene ist? Die Reihenfolge ist offenbar zufällig."

552 J. Ernst, Portrait 167.

speziell auf Maria abhebenden Zusatz in V. 7a αὐτῆς τὸν πρωτότοκον (= „ihren Erstgeborenen")[553] liegt kein besonderer mariologischer Akzent; der Zusatz soll vielmehr (im Blick auf das in der folgenden Perikope Geschilderte; vgl. V. 23) auf die „Bedeutsamkeit" Jesu[554] aufmerksam machen. Etwas anders sieht die Sache in mariologischer Hinsicht für den Fall aus, daß der Begründungssatz V. 7c („weil sie keinen Platz in der Herberge hatten") ebenfalls auf die lukanische Redaktionsarbeit zurückgehen sollte. Lk könnte dann beabsichtigt haben, über die vorgegebene Erzählung hinaus Maria (allerdings auch Josef!) bewußt mit in das Geschehen der Ablehnung Jesu durch sein Volk miteinzubeziehen und damit bereits die Weissagung Simeons über die *mater dolorosa* in der folgenden Perikope (vgl. 2,35b) vorzubereiten. Aber ob der Begründungssatz tatsächlich erst von Lk hinzugefügt worden ist oder bereits – und zwar dann als ein unbetonter Nebenzug – in der Vorlage stand, läßt sich nicht sicher entscheiden.

Eindeutig von Lk stammt die Bemerkung über Maria in V. 19. Sie muß im Zusammenhang mit der in V. 18 voraufgehenden (möglicherweise schon vorgegebenen?) Bemerkung über das „Staunen aller" bei der Erzählung der Hirten gesehen werden. Wie die Bemerkung in V. 18, so ist auch die in V. 19 – zumindest primär – christologisch ausgerichtet[555]: Es soll (wie mit dem Motiv des „Staunens aller" in V. 18) das zuvor in V. 17 über das Christusgeschehen durch die Hirten Mitgeteilte und damit dieses Geschehen selbst „in seiner Bedeutsamkeit herausgehoben werden"[556]. Aber es ist eben charakteristisch für die lukanische Darstellung, „daß dieser Christushinweis 'marianisch' formuliert ist"[557].

Dies läßt dann aber auch nach der mariologischen Aussageabsicht der Bemerkung fragen. Man kann sie vielleicht so umschreiben: Wenn Lk von Maria sagt: „Maria bewahrte alle ῥήματα ('Worte' bzw. 'Geschehnisse')[558] und erwog sie in ihrem Herzen" (vgl. auch 2,51), dann will er zunächst darauf hinweisen, daß auch Maria von dem alle gleicherweise betreffenden Staunen angesichts des besonderen Geschehens nicht ausgenommen ist, obwohl sie doch eigentlich nach 1,26–38 'Bescheid wissen' müßte (vgl. ähnlich 2,33). Später werden ja sogar auch noch die Jünger „staunen" bei der Ostererscheinung Jesu (24,41), obwohl sie Augen- und Ohrenzeugen waren und zudem die

[553] Der Zusatz dürfte allerdings nicht nur wegen seiner Ausrichtung auf Maria von Lk stammen, sondern hinzu kommt noch, daß die Kennzeichnung Jesu als „Erstgeborener" – und damit als in besonderer Weise Gott Geweihter (vgl. Ex 13,12; 34,19) – für die bei Lk folgende Erzählung (2,22–40) notwendig ist (vgl. 2,23). Insofern erübrigen sich dann aber alle Spekulationen darüber, ob Jesus eventuell noch jüngere Geschwister hatte. Das πρωτότοκος ist eben keine historische Angabe, sondern „muß theologisch verstanden werden" (J. Ernst, Lk 105)!

[554] H. Schürmann, Lk I 104.

[555] Vgl. H. Schürmann, Lk I 117.

[556] A. a. O.

[557] Ebd.

[558] Das griechische ῥῆμα kann (als Übersetzung des hebräischen *dābār*) sowohl „Wort" als auch „Ding, Sache" bedeuten. Hier liegt aufgrund des Kontextes die 2. Bedeutung näher. Vgl. u. a. W. Radl, EWNT III 507.

Osterbotschaft durch die Frauen vernommen hatten (vgl. 24,1–11). Auf der anderen Seite will Lk Maria durch diese Bemerkung aber auch zugleich von den anderen abheben. Sie bleibt nach seiner Vorstellung eben nicht sozusagen im Vorhof des Glaubens stehen, jenen gleich, die das Wort zwar hören, dann aber bald zu 'wichtigeren' Dingen übergehen (vgl. 8,12 ff.), sondern sie „bewahrt" alle ῥήματα und „erwägt" sie in ihrem Inneren (vgl. 8,15)! Damit kennzeichnet Lk Maria erneut (wie schon in 1,38 und 1,45) als die Glaubende, die – auch wenn sie nicht alles sofort versteht – bereit ist, sich das in Wort und Tat durch Gott Geschehene (und weiter Geschehende) glaubend zu eigen zu machen, und dadurch den „idealen Jünger"[559] verkörpert, gehört es doch zu diesem wesentlich, daß er das Wort Gottes hört, bewahrt und befolgt (vgl. Lk 8,19 ff.; 11,27 f.)[560].

Zur mariologischen Bedeutung der Hirtenperikope:

Die Hirtenperikope vermittelt ein recht menschliches Bild von Maria, aber „ohne jeden Anflug von Romantik"[561]. Maria erscheint als ganz normale menschliche Mutter, die ihr Kind so pflegt, wie es jede andere Mutter auch tut.

Gleichwohl leuchtet die besondere Bedeutung Marias auch in dieser Perikope auf. Diese Bedeutung ist vor allem paränetischer Art: Maria ist als das Vorbild echter Jüngerschaft gekennzeichnet; sie glaubt den göttlichen ῥήματα und macht sie sich zu eigen, auch wenn ihr die „Prüfung der Jüngerschaft ... nicht erspart bleiben"[562] wird (vgl. 2,35b). Dies aber ist genau der Weg, der „sie später in die gläubige, nachösterliche Gemeinde führen wird"[563]!

Daß Maria hier neben der paränetischen Bedeutung auch eine solche in überlieferungsgeschichtlicher Hinsicht zugesprochen erhält, d. h. daß sie als der Garant der lukanischen Tradition (wie sie sich gerade in Kap. 1–2 widerspiegelt) dargestellt werden soll[564], ist möglich, geht aber nicht zwingend aus dem Text hervor. Aber mag Maria für Lk tatsächlich eine Garantin für seine Tradition sein – letztlich ist sie für ihn doch „mehr als nur die wichtige Augenzeugin"[565]!

### e) Maria in der Perikope von der Darstellung Jesu Lk 2,22–40

Analyse des Textes:

Auch diese Perikope erscheint als eine in sich geschlossene Erzählung, die keine der übrigen Szenen in Kap. 1–2 zwingend voraussetzt[566] und erst von

559 R. Mahoney, Mutter 107. Vgl. MimNT 123 f.

560 Vgl. dazu u. a. die Deutungen bei H. Räisänen, Mutter 122 ff.; MimNT 123 f.; J. Ernst, Portrait 168 f.

561 J. Ernst, Portrait 169.

562 MimNT 124.

563 MimNT 124.

564 So u. a. R. Laurentin, Struktur 111; J. Ernst, Portrait 169; ferner (vorsichtiger) J. Schmid, Lk 83.

565 J. Ernst, Portrait 169.

566 Dafür sprechen vor allem gewisse sich zum Kontext ergebende Spannungen und Besonderheiten: 1. Nur in dieser Perikope begegnen Simeon und Hanna. 2. Wenn hier von den

Lk redaktionell mit dem jetzigen Kontext verbunden worden ist (vgl. V. 22, wo durch das sich auf Jesus beziehende αὐτόν eine Brücke zu V. 21 geschlagen wird).

In ihrer jetzigen Fassung läßt sich die Perikope in fünf Abschnitte gliedern: 1. V. 22–24: erste (allgemeiner gehaltene) Exposition; 2. V. 25–27a: zweite (speziellere) Exposition; 3. V. 27b–35: Erzählkorpus; 4. V. 36–38: erste Ausleitung; 5. V. 39.40: zweite Ausleitung mit typisch lukanischem Summarium als Abschluß (V. 40; vgl. 1,80; 2,52). Die einzelnen Abschnitte sind dabei einander chiastisch zugeordnet: Es entsprechen sich die Abschnitte 1 und 5 – die Reise der Hl. Familie nach Jerusalem und zurück nach Nazareth bildet also den Rahmen für das in der Perikope dargestellte Geschehen –, desgleichen die Abschnitte 2 und 4 (Einführung und Charakterisierung des Simeon bzw. der Hanna). Im Mittelpunkt steht eindeutig die Begegnung Simeons mit dem Kind. Schon dies weist auf die wesentlich christologische Ausrichtung der Perikope hin!

Der Text stellt keine ursprüngliche Einheit dar. Es ergeben sich Spannungen und Erzählbrüche[567], was auf eine Bearbeitung vorevangelischer Überlieferung durch Lk schließen läßt. Eine genauere Analyse von Tradition und Redaktion führt zu folgenden Ergebnissen: 1. Vor allem die 1. Exposition (V. 22 ff.) und die 2. Ausleitung (V. 39 f.) erweisen sich aus sprachlich-stilistischen und inhaltlichen Gründen als lukanisch[568]. Alles übrige geht im wesentlichen auf vorgegebene Tradition zurück. 2. Eine Reihe von Beobachtungen macht es wahrscheinlich, daß man von zwei verschiedenen, ursprünglich selbständigen Traditionen (die Lk wohl bereits schriftlich vorlagen) auszugehen

„Eltern" Jesu die Rede ist (V. 27) bzw. von dessen „Vater und Mutter" (V. 33), so paßt dies ebensowenig wie das Reinigungsmotiv (V. 22) zu 1,26–38, was darauf schließen läßt, „daß dem alten Erzähler eine Geburt aus der Jungfrau unbekannt war" (W. GRUNDMANN, Lk 88). 3. Nach Stellen wie 1,32 f.35; 2,17 f. wirkt die Verwunderung Marias (und Josefs) in V. 33 befremdlich (vgl. R. BULTMANN, Geschichte 327). 4. Der Hinweis in V. 39, daß die Hl. Familie „in ihre Stadt Nazareth" zurückkehrte, paßt nicht recht zu 2,3 f., wo Bethlehem als die Stadt Josefs erscheint.

567 Auf folgende Einzelheiten ist besonders hinzuweisen: 1. Der in der 1. Exposition erwähnte Anlaß der Reise (Reinigung bzw. Darstellung) spielt im Erzählkorpus keinerlei Rolle. 2. Im Erzählkorpus ist zweimal von einem εὐλογεῖν die Rede; gemeint ist damit in V. 28 Simeons Lobpreis Gottes, das *Nunc dimittis* (V. 28–32), in V. 34 dagegen sein Segensspruch über die Eltern, speziell das an Maria gerichtete prophetische Wort (V. 34b.35). 3. Die beiden Simeon-Worte sind unterschiedlich ausgerichtet: Das *Nunc dimittis* stellt eine universale (auch die Heiden miteinbeziehende) Bedeutung Jesu als Messias heraus, das Wort an Maria spricht nur von Jesu Bedeutung für Israel. 4. Die Weissagung über Marias Mutterschmerzen V. 35a wirkt wie ein Einschub in das ansonsten auf *Jesus* gemünzte Prophetenwort (V. 34b.35b). 5. In V. 36 f. wird „ohne Übergang ... eine neue Person eingeführt, Hanna" (W. GRUNDMANN, Lk 92), und zwar mit einer Charakterisierung, die sogar noch ausführlicher ist als die Simeons, der Hauptperson (vgl. V. 25). 6. Anders als bei Simeon folgt bei Hanna hinter „Sie pries Gott" (V. 38a) keine nähere Wiedergabe des Lobpreises (vgl. dazu M. DIBELIUS, Formgeschichte 123).

568 Bei V. 22 ff. spricht für Lk bes. die (einem palästinensischen Judenchristentum wohl kaum zuzuschreibende) merkwürdige 'Kombination' verschiedener jüdischer Gebräuche. Vgl. dazu G. ERDMANN, Vorgeschichten 14; ferner H. SCHÜRMANN, Lk I 122.

hat. Die 1., eine Simeon-Tradition, umfaßte in etwa die Verse 25–27a (Einleitung), 27b–32 (Korpus) sowie V. 33 (Abschluß)[569]. Da bei diesem Traditionsstück das Schwergewicht eindeutig auf dem Bekenntnis Simeons zu Jesu Heilsbedeutung für Israel und die Völker liegt (vgl. V. 29–32), läßt es sich seiner Form nach am besten wieder als eine (aus judenchristlichen Kreisen Palästinas stammende) „erzählende Christushomologese"[570] bestimmen. Zur 2. Tradition, einer Hanna-Tradition, gehörten mit Sicherheit die Verse 36–38, wahrscheinlich aber auch die Verse 34c.35, bei denen es sich näherhin um die im jetzigen Text vermißte Prophetie der Hanna gehandelt zu haben scheint[571]. Auch dieses – im übrigen nicht mehr vollständig rekonstruierbare – Traditionsstück kann man als eine „erzählende Christushomologese" (aus judenchristlichen Kreisen Palästinas) bestimmen, wird Jesus doch durch das prophetische Wort der Hanna als eine „Entscheidungsgestalt für alle in Israel"[572] proklamiert und zudem in V. 38 seine Heilsbedeutung für die auf die Erlösung Jerusalems Wartenden hervorgehoben. Allerdings hat Lk – wohl aus strukturellen Gründen – das prophetische Wort der Hanna aus dem ursprünglichen Zusammenhang herausgenommen und es in der neuen Erzählung dem Simeon in den Mund gelegt[573]. Gleichzeitig hat er den jetzigen V. 35a, der ursprünglich wohl erst hinter V. 34c.35b stand und in diesem (ursprünglichen) Zusammenhang „durch das in Anlehnung an Ez 14,17 gebrauchte Bild des durchdringenden Schwertes eine sich an Jesus Christus entzündende Scheidung und Unterscheidung innerhalb des Volkes Israel ankündigte"[574], umgestellt und daraus (durch die Einfügung der Worte καὶ σοῦ δὲ αὐτῆς τὴν ψυχὴν) eine parentheseartige Prophetie über Maria, die Mutter Jesu, gemacht[575]. Daß das Wort bereits vor Lk auf Maria bezogen wurde, ist jedenfalls höchst unwahrscheinlich[576];

569 Zum Abschlußcharakter von V. 33 vgl. E. KRAFFT, Vorgeschichten 218. Dafür, daß V. 33 bereits zur vorgegebenen Simeon-Tradition gehörte, spricht 1. die semitischem Stil entsprechende Wendung „sein Vater und seine Mutter" (vgl. dazu J. JEREMIAS, Sprache 96 f.), 2. das Motiv des Staunens, das für den Leser der lukanischen 'Vorgeschichte', der 1,26–36. 39–56 kennt, höchst überraschend sein muß (vgl. H. RÄISÄNEN, Mutter 128).

570 Vgl. H. SCHÜRMANN, Lk I 20 f.; DERS., Aufbau 108.

571 Für diese Hypothese spricht nicht nur der prophetische Charakter des (deswegen im Mund der „Prophetin" Hanna [V. 36a] gut denkbaren) Wortes V. 34b.35, sondern auch der (in V. 38 ebenfalls zutage tretende) spezielle Bezug auf Israel.

572 H. SCHÜRMANN, Lk I 128.

573 Offenbar wollte Lk dadurch das Schwergewicht noch mehr auf die Christusverkündigung im Erzählkorpus legen. Zudem ersetzt in seiner Fassung das über Hanna in V. 38 Gesagte den sonst üblichen Chorschluß; deshalb wird jetzt von ihrem verkündigenden Wort an alle auf die Erlösung Jerusalems Wartenden nur summarisch gesprochen.

574 M. DÖMER, Heil 79. Für das Schwertbild ist außer auf Ez 14,17 noch auf Sib III,316 als Parallele hinzuweisen. Vgl. dazu W. MICHAELIS, ThWNT VI 996; H. BALZ, EWNT III 512; H. SCHÜRMANN, Lk I 129; J. ERNST, Lk 119, u. a.

575 V. 35a ist also kein lukanischer Zusatz (so aber u. a. M. DIBELIUS, Formgeschichte 123 Anm. 2; W. GRUNDMANN, Lk 88), sondern stellt lediglich eine auf Maria gemünzte Umgestaltung eines vorgegebenen Wortes über Jesus durch den Evangelisten dar. Vgl. M. DÖMER, Heil 79.

576 Vgl. MimNT 125 f.: „Wenn V. 35a tatsächlich vorlukanisch wäre, wüßten wir etwas genauer, wie früh man im Christentum ein theologisches Interesse an Maria ansetzen kann."

dagegen „reimt" es „sich ... gut mit dem Interesse an Maria, das er (Lk) sonst verrät"[577].

In mariologischer Hinsicht ist festzustellen: Maria und Josef spielen – als „Eltern" Jesu (V. 27) – in der vorgegebenen (Simeon-)Tradition eine völlig nebensächliche Rolle. Sie erscheinen in V. 33 lediglich als solche, die über Simeons Worte „staunen" und damit keineswegs ungewöhnlich reagieren[578]! Dies aber läßt darauf schließen, „daß die ursprüngliche Erzählung die jungfräuliche Empfängnis nicht vorausgesetzt hat"[579]. Lk übernimmt das Motiv des 'Staunens' – obwohl es bei ihm nach 1,26–38.38–56 als Reaktion Marias (und Josefs) an sich nicht gut paßt! – offenbar nur aus literarischen Gründen, hilft doch „diese Notiz dem Leser, auf die Bedeutung des in VV. 29–32 Enthüllten aufmerksam zu werden und hellhörig zum Glauben durchzufinden"[580]. Eine besondere mariologische Bedeutung ist damit aber auch bei ihm nicht verbunden.

Anders sieht es aus mit der von Lk redaktionell gebildeten 1. Exposition V. 22 ff. sowie dem von ihm auf Maria umgeformten Satz V. 35a.

Zu V. 22 ff.:

Maria erscheint hier zusammen mit Josef als eine 'Fromme', die das Gesetz erfüllt (s. den dreimaligen Hinweis auf den νόμος in V. 22.23.24; vgl. auch V. 27.39). Für sie „geschieht alles nach dem Gesetz und damit nach dem Willen Gottes. Maria ist nichts anderes als nur das gehorsame Werkzeug"[581] in der Hand des Herrn. Deshalb unterwirft sie sich auch nach Lk ganz selbstverständlich der Reinigung[582]. Durch ihre Gesetzestreue wird Maria auch wieder zum Vorbild für die christlichen Gemeinde! In diesem Zusammenhang verdient Beachtung, daß Lk auch die Urchristen bis zum Ende der Apg stets dem Gesetz getreu handeln läßt (vgl. Apg 21,20; 28,17).

Wenn Lk in V. 24 erwähnt, daß Maria und Josef gemäß der Vorschrift des Gesetzes „ein Paar Turteltauben oder zwei junge Tauben" opfern, so stellt er sie zudem als Arme hin[583] (was gut zur Kennzeichnung Marias in 1,39–56 paßt!). Auch durch diese Kennzeichnung will Lk Maria als die Repräsentantin der (sich ja als die Gemeinde der 'Armen' verstehenden) Christengemeinde[584] erscheinen lassen.

577 H. Räisänen, Mutter 131.

578 Das Motiv des Staunens gehört zur Topik von Wundergeschichten und vergleichbaren Vorgängen. Vgl. dazu G. Theissen, Wundergeschichten 78 ff.; F. Annen, EWNT II 333.

579 H. Räisänen, Mutter 128.

580 H. Schürmann, Lk I 127. Nach J. Ernst, Lk 118, „verschafft sich der Erzähler mit Hilfe dieser Notiz eine Möglichkeit, sich nun den Eltern, in der Hauptsache der Mutter, zuzuwenden".

581 J. Ernst, Portrait 170.

582 Zu diesem von Lk hier mit einer 'Darstellung' Jesu verbundenen Vorgang der Reinigung s. Näheres bei J. Schmid, Lk 74 f.; H. Schürmann, Lk I 121 f.; J. Ernst, Lk 114 f.

583 In der Tat erlaubt Lev 12,8 den Armen, die kein Geld für ein (normalerweise als Opfer darzubringendes) Lamm haben, statt dessen ein Paar Turteltauben oder zwei junge Tauben zu opfern.

584 Vgl. dazu die Ausführungen zu 1,39–56.

Weiterreichende mariologische Spekulationen finden im Text keine Stütze. So erlaubt die in V. 23 begegnende „bildhaft-semitische Wendung 'ein Männliches, das den Mutterschoß öffnet' ... keine Rückschlüsse auf die Umstände und den physiologischen Vorgang der Geburt“[585]; insofern ist daraus auch kein Argument für oder gegen die *virginitas in partu et post partum* zu gewinnen[586]! Unangebracht ist es auch, aus der „Nichterwähnung der für Nichtleviten (Num 18,15–16) gesetzlich vorgeschriebenen Auslösungssumme (fünf Schekel)“ in V. 24 „Überlegungen über eine mögliche levitische Abstammung Jesu (Maria, die Verwandte der Elisabet, der Tochter des Aaron 1,5)“ abzuleiten[587], wie es manche Kirchenväter (z. B. Hippolyt und Ephrem) getan haben.

Dies zu betonen, gilt um so mehr, als die Verse primär eine christologische Ausrichtung erkennen lassen! Weder auf die Reinigung Marias (bzw., wie der Plural αὐτῶν in V. 22 andeuten könnte: Marias, Josefs und des Kindes)[588] noch auf die Auslösung des Erstgeborenen kommt es dabei an; vielmehr liegt „der eigentliche Nachdruck“[589] auf der christologisch bedeutsamen 'Darstellung' Jesu. Bei dieser 'Darstellung', für die es im Gesetz keine Vorschrift gibt[590], hat Lk offensichtlich die Erzählung von Samuel, dem gottgeweihten Diener im Haus des Herrn (1 Sam 1,11.21–28), im Blick[591]. Wie dieser, so ist nach Lk auch Jesus ein ganz von Gott in Dienst Genommener. Seine 'Darstellung' versteht sich als „Zueignung an seinen himmlischen Vater“[592], als die „Darbringung eines Gott Geweihten“[593].

Zu V. 35a:

Das Bildwort vom Schwert, das Marias Seele durchdringen wird, hat in der Auslegungsgeschichte mannigfache Deutungen erfahren[594]. Ehe nach der mariologischen Bedeutung dieses Wortes gefragt werden kann, muß es zunächst im Kontext der christologischen Aussagen von V. 34b.35b gesehen und gedeutet werden. Der Kontext spricht näherhin davon, daß Jesus „zum Fall und zur Auferstehung vieler in Israel und zu einem Zeichen des Widerspruchs“ von Gott gesetzt ist (V. 34b), „damit offenbar werden aus vielen Herzen die Gedanken“ (V. 35b). In diesem Kontext gesehen, will V. 35a zunächst nichts anderes als

[585] J. ERNST, Portrait 170.
[586] A. a. O.
[587] J. ERNST, a. a. O. 170 f. Vgl. auch MimNT 125.
[588] Nach H. RÄISÄNEN, Mutter 127, liegt bei dem gut bezeugten (und daher als ursprüngliche Lesart anzusehenden) Plural αὐτῶν „ein Irrtum des Evangelisten“ vor, der sich daraus erklärt, daß nach griechischer Auffassung „durch eine Geburt sowohl die Mutter als auch das Kind und alle bei der Niederkunft anwesenden Personen der Reinigung bedürftig“ sind.
[589] G. SCHNEIDER, Lk I 71.
[590] Vgl. H. SCHÜRMANN, Lk I 122; G. SCHNEIDER, Lk I 71; A. SAND, EWNT III 97.
[591] H. SCHÜRMANN, Lk I 122; J. ERNST, Lk 115; W. SCHMITHALS, Lk 44; R. E. BROWN, Birth 450 f., u. a.
[592] W. GRUNDMANN, Lk 89. Vgl. F. HAUCK, 42; W. SCHMITHALS, Lk 44.
[593] Vgl. H. SCHÜRMANN, Lk I 122.
[594] Vgl. dazu u. a. R. E. BROWN, Birth 462 f.; auch MimNT 126 f.

den „Antagonismus“[595], in den Jesus als Messias hineingestellt ist, durch den Leidensgedanken unterstreichen: „Indem direkt teilnehmender Mutterschmerz prophezeit wird, wird indirekt dem Kind Leiden vorhergesagt“[596]! Dies entspricht ganz der lukanischen Messias-Vorstellung, in der das 'Leiden des Christus' eine zentrale Rolle spielt[597].

Natürlich darf es nicht als unbedeutend angesehen werden, daß Lk direkt die Mutter anreden läßt. Dies zeugt zweifellos davon, daß er hier auch ein mariologisches Interesse verfolgt! Maria ist, will Lk sagen, als Mutter des Messias in das „antagonistische Geschehen“, das sich an diesem entzündet, unmittelbar einbezogen, ist an seinem Geschick beteiligt[598]. Deshalb werden auch ihr Schmerzen vorausgesagt. Zum Los der Messiasmutter gehört eben „neben der Seligkeit auch der Schmerz“[599] als ein konstitutives Element ihres Lebens. Man sieht: Die Vorstellung von der *mater dolorosa* ist in dieser Szene bereits deutlich ausgeprägt. Allerdings bezieht sich das Bild vom Schwert konkret wohl kaum auf das (von Lk im Gegensatz zu Joh 19,25 nicht bezeugte!) Stehen der Mutter unter dem Kreuz[600], sondern vielmehr auf die Ablehnung des Sohnes durch Israel[601] oder – was noch am wahrscheinlichsten (weil auch zum Gesamtbild Marias bei Lk am besten passend) ist – auf „den schwierigen Lernprozeß ..., in den Maria auf dem Weg in die tiefere Nachfolge im Gehorsam gegen das Wort Gottes hineingestellt worden ist“[602], dadurch ganz Vorbild für alle Jesusjünger werdend, die ebenfalls um Christi willen mit Widerspruch und Leiden zu rechnen haben (vgl. Lk 21,15; Apg 28,22 u. a.)[603]. Nicht ausgeschlossen, sondern vom auf Ez 14,17 zurückweisenden Kontext naheliegend, ist die Vermutung, daß Lk Maria auch hier (wie ähnlich schon in 1,26–38 und 1,39–56) als die 'Tochter Zion' sieht, die durch die von ihrem Messiaskind herbeigeführte schmerzliche „Scheidung der Geister in Israel geheimnisvollerweise berührt und mit Leiden erfüllt“ wird[604], bzw. sie als „die Repräsentantin des alten Gottesvolkes, das in Schmerzen, im Widerspruch und im Fall doch zur Kirche aufgerichtet wird“[605], deutet[606].

[595] H. Schürmann, Lk I 129.
[596] H. Schürmann, a. a. O.
[597] Vgl. dazu u. a. M. Dömer, Heil 70–93.
[598] J. Ernst, Portrait 171.
[599] H. Räisänen, Mutter 133.
[600] Gegen J. McHugh, Mother 110 f., u. a.
[601] Vgl. dazu H. Schürmann, Lk I 130: „Alle Ablehnung, die der Messias durch Israel erfährt – auch die nachösterliche – wird das Herz der Messiasmutter durchbohren.“
[602] J. Ernst, Portrait 171; vgl. MimNT 127.
[603] Vgl. H. Räisänen, Mutter 133.
[604] So R. Laurentin, Struktur 104.
[605] So – allerdings als Frage formuliert – J. Ernst, Portrait 172.
[606] Vgl. auch MimNT 127, wo V. 35 in dem Sinne gedeutet wird, „daß auch Maria als Teil Israels nach ihrer Reaktion dem Kind gegenüber, das zum Fall und zur Auferstehung vieler in Israel gesetzt ist, zu beurteilen ist“.

Zur mariologischen Bedeutung der Darstellungsperikope:

Zwar geht es auch in dieser Perikope wesentlich um Christusverkündigung (vgl. bes. V. 29–32.34b.35b), gleichwohl erhält dabei auch das „Marienbild des Lukas ... weitere Farbtöne“[607]. Es zeigt sich – insbesondere in V. 35a – „ein unübersehbares Interesse an der Person Marias“[608]. Allerdings richtet sich das Interesse näherhin auch hier nicht auf mariologische Fragen im engeren Sinne[609], sondern vor allem wieder auf Marias Beziehung zu Gott, zu Jesus, zur Kirche, vermutlich auch zu Israel und darüber hinaus zur gesamten Menschheit:

1. In ihrer Beziehung zu Gott wird Maria gekennzeichnet als eine Fromme und Gesetzestreue (vgl. V. 22 ff.), deren Leben ganz vom Gehorsam gegenüber dem – sich gerade in den Forderungen des Gesetzes konkretisierenden – Willen Gottes bestimmt wird, sowie – damit zusammenhängend – als eine 'Arme' (vgl. V. 24), womit nach dem Verständnis des Lk wesentlich gemeint ist, daß sie eine Haltung hat, die alle Erwartung auf den Herrn richtet.

2. In ihrer Beziehung zu Jesus wird sie als die Schmerzensmutter gesehen (V. 35a), die „an dem Geschick des Sohnes beteiligt“ ist[610], und zwar offensichtlich in so „umfassender“ Weise[611], daß sie „in ihrer ganzen menschlichen Existenz eine Verwundete“ wird[612].

3. Durch ihre Frömmigkeit, Gesetzestreue und Armut erweist sich Maria ebenso als eine Repräsentantin der Kirche wie durch ihre (ihr hier vorausgesagte) Teilhabe am Leiden des Messias, werden doch alle, die Jesus nachfolgen, wie sie notwendigerweise „der Leiden des Meisters teilhaftig“[613]. Sollte Lk beim Bildwort vom Schwert an den „schwierigen Lernprozeß“[614] denken, den Maria auf ihrem Glaubensweg durchzumachen hatte, so wäre sie auch damit als eine Repräsentantin der Christen gekennzeichnet. Das ihr hier verheißene Schwert wäre dann nämlich zugleich „das Schwert, das der Glaube in das Dasein eines jeden Christen stößt“[615].

4. Darüber hinaus scheint Lk Maria auch wieder in einer „symbolischen Beziehung auf das Volk Israel“[616] zu sehen, zumindest in einer Weise, daß Maria nach seiner Ansicht – wie Israel – „aufgrund ihrer zukünftigen Reaktion zu Jesus wird beurteilt werden müssen“[617].

607 J. Ernst, Portrait 170.
608 R. Mahoney, Mutter 107.
609 Vgl. das zu V. 22 ff. Gesagte.
610 J. Ernst, Portrait 170.
611 H. Schürmann, Lk I 130.
612 J. Ernst, Portrait 172.
613 H. Räisänen, Mutter 133, der in diesem Zusammenhang den paränetischen Zweck von V. 35a folgendermaßen beschreibt: „Die Christen werden um des Namens Jesu willen gehaßt. Im Kampf und bei der Verfolgung bedarf man der Beharrlichkeit (21,19). Zu ihr will die Gestalt der Maria für ihr Teil die Christen rufen.“
614 J. Ernst, Portrait 171.
615 A. Smitmans, Maria 42.
616 J. Ernst, Portrait 172.
617 R. Mahoney, Mutter 107.

5. Als die *mater dolorosa* ist Maria für Lk möglicherweise auch in allgemein-menschlicher Hinsicht von Bedeutung, nämlich als „eine Symbolgestalt für mütterlichen Schmerz, aber auch ein Zeichen der Hilfe und des Trostes"[618].

Auf jeden Fall aber erscheint Maria in dieser Perikope als „Glaubensgestalt"[619], die ihren Glauben – vorbildlich für alle – in vielfältiger Form unter Beweis stellt, „in besonderer Weise ... in ihrer Bewährung als Mutter der Schmerzen"[620].

### f) Maria in der Perikope vom zwölfjährigen Jesus im Tempel Lk 2,41 – 52

Analyse des Textes:

Wie die beiden vorangehenden Perikopen in Lk 2 erweist sich auch diese als eine erst von Lk redaktionell mit dem Kontext verbundene[621], ursprünglich aber selbständige „Einzelgeschichte, die die vorangegangenen nicht voraussetzt, wie besonders V. 48 und 50 zeigen, wo die Eltern noch keine Ahnung von der Bedeutung des Kindes verraten"[622].

In ihrer jetzigen Gestalt zeigt die Erzählung einen ähnlichen Aufbau wie die von der Darstellung Jesu im Tempel (2,22 – 40): 1. V. 41: erste (allgemeinere und kürzere) Exposition; 2. V. 42 – 45: zweite (speziellere und längere) Exposition; 3. V. 46 – 49: Erzählkorpus; 4. V. 50: erste (kürzere) Ausleitung; 5. V. 51.52: zweite (längere) Ausleitung mit Abschlußsummarium (V. 52). Schon der Aufbau zeigt, daß auch diese Erzählung wesentlich christologisch ausgerichtet ist: Im Mittelpunkt steht das in V. 46 – 49 dargestellte Geschehen um Jesus im Tempel!

Auch diese Erzählung hat Lk wohl bereits in schriftlicher Form aus der Tradition übernommen. Doch gestaltet sich in diesem Fall eine genauere Scheidung zwischen Tradition und Redaktion noch schwieriger als in den beiden voranstehenden Perikopen, da sich hier „eine stärker griechische Art der Ausdrucksweise" ergibt[623] und die Erzählung insgesamt „lukanischer" wirkt[624].

a) Am deutlichsten ist die lukanische Redaktionsarbeit am Schluß der Perikope erkennbar. Nicht nur geht die (in einer Reihe mit 1,80 und 2,40 stehende) „summarische Abschlußbemerkung" V. 52 auf Lk zurück[625], sondern auch der gesamte V. 51: Bei V. 51a handelt es sich um eine typisch lukanische

[618] J. ERNST, Portrait 172.
[619] K. H. SCHELKLE, Mutter 78.
[620] A. a. O.
[621] Vgl. das auf V. 40 zurückweisende αὐτοῦ in V. 41, ferner die Altersangabe in V. 42a.
[622] R. BULTMANN, Geschichte 327. Weitere Gründe für die ursprüngliche Selbständigkeit s. in MimNT 128 und 267 Anm. 363.
[623] W. GRUNDMANN, Lk 93: Vgl. auch A. SCHLATTER, Lk 205.
[624] Vgl. dazu auch B. VAN IERSEL, Finding 166 f.
[625] Vgl. M. DÖMER, Heil 22 f.

Rückkehrnotiz (vgl. 1,23.56; 2,20.39)[626]; die eingeschobene Bemerkung über Maria V. 51b greift 2,19 auf und ist dem besonderen Interesse des Evangelisten an Maria zuzuschreiben[627]. Den ursprünglichen Schluß bildete also wohl nur die Bemerkung in V. 50, daß „sie das Wort, das er ihnen sagte, nicht verstanden“[628]. Nicht auszuschließen ist dabei, daß V. 50 von Lk sprachlich überarbeitet wurde, um nämlich so „ein fast wörtliches Gegenstück zu der redaktionellen Erwähnung des völligen Unverständnisses der Jünger nach der dritten Leidensankündigung“ in 18,34 (vgl. auch 9,45) zu schaffen[629].

b) Auch in die Einleitung scheint Lk stärker eingegriffen zu haben. Von ihm dürfte mit Sicherheit V. 41 stammen. Als allgemeine Erläuterung der Festsitte und einführende Charakterisierung der Eltern Jesu kommt dem Vers die gleiche Funktion zu wie in der voranstehenden Perikope den (ebenfalls lukanischen) Versen 22 ff. Auf das Konto des Evangelisten dürfte auch die Angabe über das Alter Jesu (12 Jahre) in V. 42a gehen. Lk ordnet damit die Erzählung in den zeitlichen Ablauf der gesamten ‘Vorgeschichte’ ein, und zwar bewußt an einer „entscheidenden Schwelle“[630] im Leben Jesu: beim Übergang vom Kindes- ins Jugendalter[631]. Außerdem paßt es gerade zur Konzeption des Evangelisten, daß er Jesus schon mit zwölf Jahren – also sobald wie nur möglich – selbständig in den Tempel kommen läßt, will er ihn damit doch als ebenso fromm und gesetzestreu wie seine Eltern charakterisieren, zugleich aber auch bereits auf die besondere Beziehung Jesu zum Tempel während seines öffentlichen Lebens – Jesus erscheint näherhin als der einzig legitime Lehrer des Tempels (vgl. 19,47; 21,37 f.)[632] – aufmerksam machen. Die Tendenz, die Eltern Jesu (und ihn selbst) als besonders fromm hinzustellen, läßt sich auch in V. 43a erkennen – sie bleiben bis zum Ende der Festtage in Jerusalem[633] –, weshalb auch dieser Versteil auf Lk zurückgehen dürfte.

[626] Da V. 51a Jesu „Hörigkeit“, das Thema in V. 49, „noch einmal verständlich“ macht, möchte H. SCHÜRMANN, Lk I 137, die Notiz in V. 51a der ursprünglichen Erzählung zurechnen (a. a. O. Anm. 284).

[627] Die Mehrzahl der Ausleger halten denn auch V. 51b für lukanische Redaktion. Anders z. B. H. RÄISÄNEN, Mutter 119, der die Bemerkung in V. 51 gegenüber 1,19 für älter hält. Seiner Ansicht nach hat der ältere Satz (2,51) „als Modell für 2,19 gedient“ und „ist offenbar Gen 37,11 nachgebildet“.

[628] Doch vgl. u. a. H. RÄISÄNEN, Mutter 135, nach dessen Ansicht V. 50 „von Lukas selbst zu stammen“ scheint. Indes sprechen vor allem zwei Gründe für vorgegebene Tradition: 1. Zwischen V. 50 und (dem mit Sicherheit redaktionellen) V. 51b ergibt sich eine Spannung. 2. V. 50 ist andererseits deutlich auf den zweifellos vorgegebenen V. 48 bezogen, der einen Vorwurf enthält, in dem sich bereits Marias Nicht-Verstehen „äußert“ (J. ERNST, Portrait 173).

[629] So H. RÄISÄNEN, Mutter 135 f., der allerdings aus dem Vergleich mit 18,34 folgert, daß 2,50 ebenfalls von Lk selbst stammt.

[630] W. GRUNDMANN, Lk 95.

[631] Jesus wird dementsprechend nicht mehr wie noch in 2,40 als παιδίον (= Kind), sondern als παῖς – was „den Knaben von 7–14 Jahren bezeichnen“ kann (A. OEPKE, ThWNT V 637) – gekennzeichnet. Vgl. J. ERNST, Lk 123.

[632] Vgl. dazu H. CONZELMANN, Mitte 69 f.

[633] Vorschrift war nur, daß man nicht vor dem 2. Festtag aufbrechen durfte. Vgl. P. BILLERBECK, Kommentar II 147 f.

Gleiches gilt auch für die Bemerkung über die Heimkehr der Eltern (V. 43b) und die dramatische Schilderung ihres drei Tage langen Suchens (V. 44 f.; vgl. V. 46a)[634]. Die ursprüngliche Einleitung der Erzählung enthielt demnach wohl nur zwei Angaben: daß „sie" (die Eltern mit Jesus!) der Festtagssitte gemäß hinaufzogen (V. 42b) und daß dann der Knabe Jesus in Jerusalem blieb, ohne daß es seine Eltern merkten (V. 43c.d).

c) Im eigentlichen Erzählkorpus hat Lk kaum redaktionell eingegriffen. Allerdings scheint V. 47 auf sein Konto zu gehen: Dieser Vers stößt sich mit dem Kontext, „denn er bringt ein anderes Subjekt als VV. 43 – 46.48 und damit eine Inkongruenz für V. 48. Auch war V. 46 nur vom 'Hören' und 'Fragen' Jesu die Rede, während sich V. 47 Jesus als Gefragten und verständig Antwortenden vorstellt"[635] und damit deutlich eine Brücke zu dem (Jesu σοφία besonders betonenden) Abschlußsummarium V. 52 (vgl. V. 40) schlägt[636]. Darüber hinaus hat Lk wohl auch die Wendung ὀδυνώμενοι („mit Schmerzen") in V. 48b hinzugefügt[637]. Im Korpus der vorgegebenen Erzählung dürfte somit nur das in V. 46 (ohne den Hinweis auf die „drei Tage"), V. 48 (ohne das Schmerzensmotiv) und V. 49 Berichtete gestanden haben.

Ihrer Form nach läßt sich die vorgegebene Erzählung wieder als eine „erzählende Christushomologese"[638] bestimmen, die – trotz der starken griechischen Einfärbung der Sprache – keineswegs aus Kreisen des hellenistischen Judenchristentums zu stammen braucht[639], sondern durchaus wie die beiden vorangehenden Erzählungen im Bereich des palästinensischen Judenchristentums entstanden sein kann[640].

Christologisch geht es in der vorgegebenen Erzählung weniger um Jesu Beziehung zum Tempel oder um das 'Wunderkind-Motiv' (vgl. V. 46); es geht vielmehr um das in V. 49 angesprochene Geheimnis von Jesu besonderem Verhältnis zu Gott[641], d. h. um seine Gottessohnschaft, die näherhin „wesentlich im Sinne des Sohnesgehorsams ausgelegt wird"[642]. Das Besondere gegenüber den beiden voranstehenden Erzählungen ist dabei, daß diesmal die christo-

634 Für lukanische Bildung spricht hier näherhin neben den zahlreichen Lukanismen (vgl. dazu B. VAN IERSEL, Finding 171 ff.) insbesondere das der Vorbereitung der Marienfrage von V. 48b (in die Lk das an 2,35a anklingende Schmerzensmotiv redaktionell eingebracht haben dürfte) dienende Drei-Tages-Schema.

635 H. SCHÜRMANN, Lk I 135.

636 Vgl. H. SCHÜRMANN, a. a. O.

637 Das Verb ὀδυνᾶσθαι begegnet im NT nur innerhalb des lukanischen Doppelwerkes (vgl. noch 16,24 f.; Apg 20,38). Zu diesem „starken Ausdruck" vgl. auch H. RÄISÄNEN, Mutter 135.

638 H. SCHÜRMANN, Lk I 139.

639 So aber R. BULTMANN, Geschichte 330.

640 Siehe zur Begründung H. SCHÜRMANN, Lk I 139 f.; ferner B. VAN IERSEL, Finding 163 Anm. 4, der sogar an eine hebräische Vorlage denkt.

641 H. RÄISÄNEN, Mutter 134.

642 G. SCHNEIDER, Lk I 75. Vgl. auch H. SCHÜRMANN, Lk I 136, der zu Recht darauf hinweist, daß das „In-dem-des-Vaters-Sein" sich nicht nur auf den Tempel bezieht, sondern sachlich heißt: „in ganzer Hingabe und Ausschließlichkeit für das Wort Gottes da sein".

logische Bedeutung Jesu von ihm selbst unmißverständlich, aber doch von seinen Eltern nicht 'verstehbar' (vgl. V. 50)[643] zur Sprache gebracht wird!

Lk hat den christologischen Aspekt der vorgegebenen Perikope im Sinne seiner eigenen Vorstellungen interpretiert. So hat er 1. aus dem mit den Jerusalemer Lehrautoritäten lediglich diskutierenden zwölfjährigen Knaben, der durch seine Fragen und sein Zuhören noch durchaus „die größere Sachkompetenz der Partner"[644], also der Rabbinen, anerkennt (vgl. V. 46), in V. 47 den überlegenen Lehrer gemacht[645] und damit nicht nur V. 52 vorbereitet, sondern auch den „Eindruck, den Jesus beim ersten öffentlichen Auftreten in der Synagoge von Nazareth auf seine Zuhörer machte (4,22), ... bereits 'vorausdargestellt'"[646]. Lk hat 2. den sich selbst in V. 49 als den Sohn Gottes verkündenden Jesus zugleich auch als wirklichen Menschen gezeichnet, der nicht nur vorbildlich dem Gesetz Gottes gehorcht (vgl. V. 42: schon mit zwölf Jahren, also bereits ein Jahr vor der gesetzlichen Verpflichtung[647], macht er seine erste Wallfahrt nach Jerusalem!)[648], sondern auch seinen Eltern, Maria und Josef, „untertan" ist (V. 51a)[649]. Jesu 'Hörigkeit' dem himmlischen Vater gegenüber (V. 49) schließt nach Lk den Gehorsam gegen die irdischen Eltern nicht aus[650]!

Im Rahmen seiner christologischen Darlegungen hat Lk nun auch Akzente gesetzt, die in mariologischer Hinsicht bedeutsam erscheinen:

1. Maria und Josef – die „Eltern" Jesu, wie der Evangelist sie in V. 41 in unbekümmerter Anlehnung an die Vorlage (vgl. V. 43d) nennt – „werden wie schon vorher als fromme und gesetzestreue Israeliten dargestellt"[651]. Es ist für sie eine selbstverständliche „Gewohnheit", jährlich zum Paschafest nach Jerusalem hinaufzuziehen (V. 41). Dabei wird der sie beseelende „fromme Eifer ... auch darin sichtbar, daß sie die ganze Festwoche in Jerusalem zubringen"[652]; sie tun damit „mehr, als von der Vorschrift verlangt wird"[653] (V. 43a).

[643] Es scheint sich somit in dieser Erzählung noch eine ähnliche Vorstellung widerzuspiegeln, wie sie auch in Mk 3,31–35 sichtbar wird, nämlich die von der „Distanz zwischen Jesus und seiner Mutter" (H. Räisänen, Mutter 134).

[644] J. Ernst, Lk 124.

[645] Vgl. J. Schmid, Lk 81.

[646] J. Ernst, Lk 124.

[647] Siehe die Bestimmung Nidda 5,6: „... Wenn ein Knabe 12 Jahre und 1 Tag alt ist, werden seine Gelübde nachgeprüft; wenn er 13 Jahre und 1 Tag alt ist, haben seine Gelübde Gültigkeit" (zitiert nach P. Billerbeck, Kommentar II 147).

[648] Nach P. Billerbeck, Kommentar II 144 f., war es allerdings keineswegs ungewöhnlich, daß Knaben schon im Jahr vor Vollendung des 13. Lebensjahres zur 'Gewöhnung' an den Wallfahrten teilnahmen!

[649] Vgl. dazu J. Ernst, Lk 126 f.: „Indem sich Jesus der natürlichen Ordnung fügt (vgl. Kol 3,20; Eph 6,1), akzeptiert er das Mensch-Sein bis zur letzten Konsequenz."

[650] Nach H. Schürmann, Lk I 137, macht gerade Jesu „sonstige Untertänigkeit ... jenes nur aus dem Sohnesgehorsam zu erklärende Verhalten Jesu", wie es sich in dieser Szene zeigt, „verständlich".

[651] J. Ernst, Portrait 172.

[652] W. Grundmann, Lk 95.

[653] J. Ernst, Lk 123.

2. Lk behält zwar den schon in der Vorlage enthaltenen Vorwurf Marias an Jesus in V. 48 ebenso bei wie die Bemerkung über das 'Unverständnis' in V. 50 – auch bei ihm bewahrt Jesus also „den entscheidenden Abstand zu den irdischen Eltern"[654], wird dessen Leben doch ganz „vom göttlichen δεῖ beherrscht"[655] (V. 49; vgl. 4,43, 13,33; 22,37; 24,26.44; Apg 3,21)[656], ein Aspekt, den Lk hier sogar zusätzlich noch durch das Leidensmotiv unterstreicht[657] –; er betont dabei aber über die Vorlage hinaus, daß das 'Unverständnis' bei Maria „kein Hindernis für den Glauben"[658] ist, bewahrt doch Maria alle ῥήματα in ihrem Herzen (V. 51b; vgl. 2,19)! Marias 'Unverständnis' darf nach Lk also nicht falsch verstanden werden. Es handelt sich dabei durchaus um „ein fragendes, für Gott offenes, nicht ein 'verständnisloses' Nicht-Verstehen"[659], das zu tadeln wäre[660]!

Zur mariologischen Bedeutung der Perikope vom zwölfjährigen Jesus im Tempel:

Zweifellos erhält das lukanische Marienbild durch diese Perikope, näherhin durch die beiden sachlich eng zusammengehörenden Motive des 'Unverständnisses' und des Schmerzes „eine dunkle Einfärbung"[661]. Marias Schmerz ist dabei nur vordergründig der 'natürliche' Schmerz, wie ihn jede Mutter empfindet, die um ihr Kind, das sie verloren hat, bangt; in Wahrheit handelt es sich um eine erste Einlösung jener ihr als Messiasmutter zuteil gewordenen Leidensvoraussage von 2,35a. Als Mutter des Messias hat sie eben „an ihrem Sohn zu tragen"[662], leidet sie näherhin daran, daß Jesu Berufung zum Messias, wie es V. 39 zum Ausdruck bringt, auch die Lockerung der Familienbande fordert – und sie leidet deshalb daran, weil sie dies (jetzt noch) nicht versteht (V. 50)!

Darf man die lukanische Aussageabsicht dahingehend interpretieren, daß der Evangelist hier auf Marias nun beginnende „lange Geschichte des Fragens

[654] J. Ernst, Portrait 173. Vgl. H. Räisänen, Mutter 134; MimNT 129.

[655] H. Räisänen, Mutter 136.

[656] Zum δεῖ bei Lk vgl. u. a. W. Grundmann, ThWNT II 23 ff.; W. Popkes, EWNT I 670; auch H. Schürmann, Lk I 136.

[657] Das Leidensmotiv wird hier, vorbereitet durch die dramatisierende Ausgestaltung des dreitägigen Suchens (V. 44 f.), in das Wort Marias V. 48b explizit eingebracht und dann durch die distanzierende, weil seinen „Sohnesgehorsam gegenüber Gott als Vater abhebend" kennzeichnende (H. Schürmann, Lk I 135) Antwort Jesu bestätigt (V. 49). Die Mutter muß damit „schmerzlich zur Kenntnis nehmen, daß der Sohn in anderen Bereichen zu Hause ist" (J. Ernst, Portrait 173).

[658] H. Räisänen, Mutter 137.

[659] H. Schürmann, Lk I 137.

[660] Schon in der Vorlage ist übrigens die Tendenz zu spüren, Maria möglichst Tadel zu ersparen. Vgl. dazu MimNT 268 Anm. 374: „Man beachte, wie Maria von 'deinem Vater (Josef)' spricht, während Jesus mit dem Wort von 'meinem Vater (Gott)' antwortet. Dies und die Tatsache, daß Jesus Maria im Plural antwortet und sich somit an beide Eltern wendet, mindert die Möglichkeit, daß er Maria tadelt."

[661] J. Ernst, Portrait 174.

[662] W. Grundmann, Lk 98.

und Zweifelns, der Unsicherheit und der dunklen Nacht, aber auch des Vorwärtsschreitens und des glaubensstarken Durchhaltens“[663] (vgl. V. 51b) aufmerksam machen will, dann erscheint Maria hier als „Symbol der werdenden Kirche“[664], gilt doch für die Mutter, was später genauso für die Jünger Jesu Geltung haben wird[665]: „Erst Kreuz und Auferstehung beseitigen die letzten Hindernisse und schaffen die Voraussetzungen für die Erkenntnis des Sohnes Gottes“[666]. Darüber hinaus erscheint Maria damit zugleich als „Vorbild aller Glaubenden, die noch nicht am Ziel sind“[667], die aber offen bleiben für Gott und seinen Willen zu verstehen suchen[668].

### 3. Maria in der lukanischen Darstellung des öffentlichen Lebens Jesu

#### a) Lk 8,19–21

Analyse des Textes:

Es handelt sich um die von Lk aus Mk 3 übernommene Perikope von den wahren Verwandten Jesu.

Die Erfassung der lukanischen Aussageabsicht hat von zwei Beobachtungen auszugehen:

1. Lk hat die Perikope in einen gegenüber Mk anderen Kontext hineingestellt[669]: Neben Mk 3,20 f. fehlt hier auch das Streitgespräch Mk 3,22–30; es findet sich erst später (11,14–21). Statt dessen hat Lk die Perikope unmittelbar an die Deutung des Gleichnisses vom Sämann (8,11–15) und die Worte vom richtigen Zuhören (8,16 ff.), Stücke, die bei Mk erst später folgen (vgl. Mk 4,13–20.21–25), angeschlossen. Es liegt ohne Zweifel „bewußte Gestaltung“[670] vor. So weist der Schlußsatz unserer Perikope (V. 21) schon durch seine von Mk abweichende Formulierung („ ... welche das Wort Gottes hören und tun“)[671] deutlich auf den Schlußsatz der Gleichnisdeutung zurück (8,15: „ ... welche das Wort ... hören, es festhalten und Frucht bringen in Ausdauer“). Er liest sich ferner wie eine Erläuterung der Aufforderung zum rechten Hören aus V. 18, insofern er darauf hinweist, daß man nur dann richtig hört, wenn man Gottes Wort hört und tut, denn nur das „Tun des Willens Gottes, der sich im Wort Jesu eröffnet, begründet ‚Verwandtschaft‘, Gemeinschaft mit Jesus (vgl. auch Joh 15,14)“[672].

[663] J. Ernst, Portrait 174.
[664] J. Ernst, a. a. O.
[665] Vgl. H. Räisänen, Mutter 136.
[666] J. Ernst, Portrait 173.
[667] J. Ernst, a. a. O.
[668] Den paränetischen Bezug von V. 51b hebt auch G. Schneider, Lk I 76, hervor: Diese Bemerkung „soll den Leser einladen, es ebenso zu machen“ wie Maria.
[669] Vgl. dazu Näheres bei J. Ernst, Portrait 176; ferner MimNT 126.
[670] J. Ernst, Portrait 176.
[671] Bei Mk ist in 3,35 nicht vom Hören und Tun des Wortes die Rede, sondern nur vom Tun des Willens Gottes!
[672] H. Schürmann, Lk I 471. Vgl. W. Grundmann, Lk 179.

2. Lk hat Änderungen vorgenommen, die darauf hinweisen, daß er offensichtlich darum bemüht ist, „alles der leiblichen Familie Jesu Ungünstige" auszulassen[673], zumindest aber abzumildern und so von ihr ein Bild zu geben, das insgesamt „positiver als das des Markus" ist[674]. So hat Lk nicht nur, wie schon erwähnt, die anstößigen Verse Mk 3,20 f. ausgelassen, sondern auch (in der Perikope selbst) die „schroffe Frage"[675] aus Mk 3,33, dürfte er doch „darin einen polemischen Ton entdeckt und sie deshalb als unverträglich empfunden haben"[676]. Als Abschwächung, die dem gleichen Bemühen dient, ist zu werten, daß bei Lk die leiblichen Verwandten Jesu nur deswegen „draußen" bleiben müssen (vgl. V. 20b), weil „sie nicht durch die Menge hindurch mit ihm zusammenkommen können" (V. 19b). Anders als bei Mk, bei dem noch eine strenge Trennung zwischen Jesus und dem im Haus um ihn versammelten Zuhörerkreis einerseits sowie den draußen stehenden Verwandten andererseits involviert ist (vgl. Mk 3,31b.32a.34), geht es bei Lk offenbar „nicht um prinzipielles Außenstehen" der Verwandten, „sondern um praktische Schwierigkeiten"[677]. Das „draußen" in V. 20b ist insofern auch weniger symbolisch gemeint[678], sondern „will wohl an erster Stelle die körperliche Distanz angeben"[679]; die Angehörigen Jesu erscheinen aber nicht unbedingt als solche, die „als außerhalb des ‚Jüngerkreises' stehend vorgestellt sind"[680]. Die Tendenz zur Abschwächung wird auch bei der Motivierung des Kommens der Verwandten sichtbar: Sie „suchen" Jesus nicht mehr wie noch bei Mk (vgl. Mk 3,32b), um ihn mit sanfter Gewalt heimzuholen (vgl. Mk 3,21), sondern sie wollen ihn lediglich „sehen" (V. 20b)[681]!

Das alles deutet darauf hin, daß Lk die Mutter Jesu und seine „Brüder" keineswegs aus dem Kreis seiner wahren (geistigen) Verwandtschaft ausschließen will. Aufgrund des Kontextes in Kap. 8 und darüber hinaus der insgesamt

[673] H. Schürmann, Lk I 470.

[674] H. Räisänen, Mutter 137. Räisänen wendet sich (a. a. O. Anm. 1) zu Recht gegen H. Conzelmann, Mitte 41 f., der die Ansicht vertritt, in Lk 8 komme „die polemische Verwandtenideologie" des Lk zum Vorschein; schon allein die Stellung der Szene zeige, „daß die Verwandten von einer grundlegenden Funktion im Leben Jesu und damit in der Kirche ausgeschlossen werden" (a. a. O. 42). Nach Räisänen ist Conzelmanns Ansicht indes „reine Konstruktion"! Vgl. zur Kritik an Conzelmann u. a. auch MimNT 270 Anm. 389. Siehe ferner unten Anm. 681!

[675] H. Schürmann, Lk I 470.

[676] H. Räisänen, Mutter 138.

[677] H. Räisänen, Mutter 137.

[678] So aber z. B. H. Schürmann, Lk I 470 f.

[679] J. Ernst, Lk 272.

[680] G. Schneider, Lk I 189.

[681] Wenn H. Conzelmann, Mitte 42, behauptet, das „Sehen" meine hier: „sie wollen Wunder sehen, wie aus der bald folgenden Herodesepisode deutlich wird", und wollen Jesus „in Nazareth auftreten lassen", so ist dies eine höchst fragwürdige Erklärung, wird sie doch der insgesamt positiven Zeichnung der leiblichen Verwandten Jesu in der Lk-Fassung der Perikope nicht gerecht. Vgl. zur Kritik neben H. Räisänen, Mutter 138 Anm. 1 und MimNT 270 Anm. 389 u. a. auch H. Schürmann, Lk I 470 Anm. 198; W. Grundmann, Lk 178 f.; G. Schneider, Lk I 189; J. Ernst, Lk 272.

positiven Kennzeichnung, die Maria bereits in der lukanischen 'Vorgeschichte' als Glaubende erfährt (vgl. bes. 1,38.45; 2,19.51b), kann man sogar vermuten, daß nach Lk „die Mutter und die Brüder Beispiele für das Schicksal der Saat sind, die auf guten Boden fiel“[682].

Zur mariologischen Bedeutung der Perikope:

Die Analyse zeigt, daß das Bild, das Lk hier von Maria zeichnet, völlig mit dem von ihr schon in der 'Vorgeschichte' (Kap. 1 – 2) entworfenen Bild „harmoniert“[683]. Wurde dort allerdings Maria zunächst mehr als die Vertreterin der „idealen Hörer“[684] gesehen, so wird jetzt „umgekehrt konstatiert: Diejenigen, die das Wort Gottes recht hören – und dementsprechend handeln – sind wahre Verwandte Jesu“[685] – wie Maria, die nicht nur im leiblichen Sinn, sondern durch ihr Hören und Aufnehmen des Wortes auch im geistigen Sinn Jesu Mutter ist.

b) Lk 11,27.28

Analyse des Textes:

Lk hat diese Perikope wahrscheinlich aus seiner Sonderquelle (also nicht aus Q)[686] – und zwar im wesentlichen wohl unverändert[687] – übernommen. Er ordnet sie an der Stelle ein, an der bei Mk die (von Lk vorgezogene) Perikope von den wahren Verwandten steht, nämlich unmittelbar hinter dem Beelzebul-Streitgespräch, mit dem sie deutlich einen sachlichen Kontrast bildet[688].

Die „kleine Episode“[689] enthält nach einer Situationsangabe (V. 27a) einen Dialog, der näherhin zwischen einer namentlich nicht genannten Frau aus der Menge und Jesus stattfindet. Zuerst formuliert die Frau in einem „begeisterten Gefühlsausbruch“[690] einen „Heilsruf“[691] (V. 27b), auf den Jesus seinerseits mit einem in verallgemeinernder Form gehaltenen Makarismus antwortet (V. 28).

682 MimNT 137. Vgl. J. Ernst, Portrait 176.
683 J. Ernst, Portrait 176.
684 H. Räisänen, Mutter 138.
685 A. a. O.
686 Für Q könnte allerdings der ebenfalls auf Q zurückgehende Kontext in Kap. 11 sprechen. Vgl. dazu MimNT 136 f. Jedoch ist es für Lk keineswegs ungewöhnlich, Q-Stoff und Material aus seiner Sonderüberlieferung zusammenzukomponieren (vgl. z. B. Kap. 16 f.).
687 Nach M. Dibelius, Formgeschichte 162, war dem Evangelisten nur die Situation überliefert, die „prägnante Stilisierung“ aber ist von ihm selbst geschaffen.
688 Nach G. Schneider, Lk II 268, ist allerdings „schwer zu sagen, wie Lukas die VV. 27 f. logisch mit dem Kontext verbunden sah. Am ehesten wird man vermuten, daß der den Ruf der Frau korrigierende Makarismus über die Hörer des Wortes Gottes sagen will, welches Verhalten den Jünger davor bewahrt, wieder unter dämonische Mächte versklavt zu werden (11,24 – 26; vgl. 8,12)“.
689 H. Räisänen, Mutter 139.
690 H. Räisänen, a. a. O.
691 F. Mussner, Anfänge 291.

Für die Deutung – schon des Sinns der Vorlage – kommt es entscheidend darauf an, wie man die folgenden zwei Fragen beantworten möchte: 1. An wen richtet sich die Seligpreisung der Frau in V. 27b? 2. In welchem Verhältnis steht dazu die sie erwidernde Seligpreisung Jesu in V. 28?

Zur 1. Frage:

Vordergründig betrachtet handelt es sich natürlich um einen „spontanen Lobpreis der Mutter Jesu“[692]. Beachtet man aber, daß es sich bei der metonymen Redeweise vom Leib und den Brüsten um eine typisch jüdische Umschreibung handelt[693], die als solche eigentlich nicht auf die Mutter, sondern auf ihr Kind abzielt, und ferner, daß der Semit bei Fluch und Segen die direkte Anrede überhaupt gerne vermeidet[694], so wird man eher sagen können: „Wenn hier – in realistischer Hervorhebung der mütterlichen Organe ... – die Mutter gepriesen wird, ist das auf Jesus selbst zu beziehen“[695]! Der Makarismus hat also – jedenfalls in der Vorlage – eine christologische Ausrichtung[696]; er ist als eine Art „verhaltene Christusakklamation“[697] zu verstehen. Über den ursprünglichen Anlaß läßt sich nichts Sicheres ausmachen, da wir den Kontext des Wortes in der lukanischen Quelle nicht kennen[698].

Zur 2. Frage:

In welchem Verhältnis die Antwort Jesu in V. 28 zur vorausgehenden Seligpreisung der Frau steht, hängt davon ab, welcher Sinn dem einleitenden μενοῦν (V. 28b) zukommt. Die Partikel μενοῦν (oder μενοῦνγε) hat im Griechischen entweder steigernde Bedeutung (= „ja, aber noch mehr“; so Phil 3,8) oder ist korrigierend gemeint (= „nein, vielmehr“; so Röm 9,20; 10,18)[699]. Geht man davon aus, daß sich die Seligpreisung der Frau in V. 27 tatsächlich auf Jesus selbst bezieht, kann man das μενοῦν eigentlich nur in einem korrigierenden Sinn verstehen. Die 'Korrektur' besteht dann etwa darin, daß Jesus

692 J. SCHMID, Lk 206.

693 Siehe dazu die Belege bei R. BULTMANN, Geschichte 29 f.; P. BILLERBECK, Kommentar II 187 f.

694 Vgl. J. ERNST, Lk 377.

695 J. ERNST, a. a. O.

696 Vgl. G. SCHNEIDER, Lk II 269; ferner H. ZIMMERMANN, Selig 116.119.

697 J. ERNST, Lk 377.

698 Wenn J. ERNST, Lk 377, meint, die unbekannte Frau mache „deutlich, daß Jesus trotz der Ablehnung durch die offiziellen Führer im einfachen Volke Zustimmung gefunden hat“, so geht er zu vorschnell vom jetzigen Kontext bei Lk aus, in dem das Beelzebul-Streitgespräch unserer Perikope voransteht. Aber kann man diesen Kontext auch für die Quelle des Lk postulieren? Möglicherweise lag in der Quelle eher ein Kontext vor, in dem von Jesu Wundertaten die Rede war. In diesem Fall würde sich das „Kompliment“ der Frau auf Jesu „herrliche Leistung“ (A. SCHLATTER, Lk 301) beziehen und Jesus würde dann in seiner Antwort darauf abheben, daß man nicht auf diese Leistung, sondern auf das Wort Gottes schauen soll. Vgl. ähnlich H. RÄISÄNEN, Mutter 139.

699 Vgl. dazu u. a. W. BAUER, Wörterbuch 995; F. MUSSNER, Anfänge 292 f.; H. BALZ, EWNT II 1001.

„von der Preisung seiner Person ... den Blick auf das Wort Gottes lenkt“[700] und damit zugleich auf das, wodurch seine Zuhörer selig werden können[701].

Darf man davon ausgehen, daß in der Vorlage die Episode noch ausschließlich in dem oben dargelegten christologischen Sinn verstanden worden ist, so hat man für die Ebene der lukanischen Verkündigung damit zu rechnen, daß der Dialog neben oder sogar anstelle der christologischen Ausrichtung eine mariologische erhalten hat. D. h.: Bei Lk wird sich der Makarismus der Frau durchaus (auch) auf die Mutterschaft Marias beziehen[702]; die Metonymie steht in diesem Fall als Umschreibung für die Mutterschaft selbst. Die Antwort Jesu ist dann weniger als eine Korrektur anzusehen – jedenfalls nicht eine Korrektur im Sinne einer strikten Zurückweisung[703], die keinerlei Seligpreisung auf Maria, sondern nur eine auf die Hörer des Wortes abzielende gelten läßt[704], und auch nicht eine Korrektur in dem Sinne, daß Maria überhaupt nicht mehr wegen ihrer Mutterschaft, sondern ausschließlich als Hörerin des Wortes seligzupreisen sei[705], sondern allenfalls eine Korrektur im Sinne einer Warnung „vor der Gefahr einer unstatthaften Verabsolutierung“[706] einer lediglich an ihrer Mutterschaft orientierten Marienverehrung[707] –; vielmehr muß man die Antwort wohl eher als steigernde Bekräftigung verstehen: Ist Maria schon durch ihre leibliche Mutterschaft seligzupreisen, so gilt ihr um so mehr jene Seligpreisung, die allen zuteil wird, die – wie sie (und Jesus selbst!)[708] – Gottes Wort hören und befolgen[709]!

So gesehen, erscheint die Perikope wie eine Illustration der Begegnungsszene aus der ‘Vorgeschichte’ (1,39–56)[710]. Auch dort wird Maria von Elisabeth seliggepriesen wegen ihrer leiblichen Mutterschaft (vgl. 1,42), aber mehr noch, ja „in erster Linie“[711] deshalb, „weil sie geglaubt hat, was ihr vom Herrn gesagt worden war“ (V. 45)[712].

700 J. Ernst, Lk 377. Nach H. Zimmermann, Selig 119, besteht die „Korrektur ... darin, daß nicht vom Menschen her, sondern von Gott her gedacht wird“.

701 Vgl. ähnlich K. H. Rengstorf, Lk 133 f.; H. Räisänen, Mutter 139.

702 Auf Maria deuten denn auch die meisten Ausleger die Seligpreisung bei Lk.

703 So zu Recht G. Schneider, Lk II 269.

704 Vgl. MimNT 137 f.: „Die zweite Seligpreisung ... bildet keinen Gegensatz zur ersten im Sinne eines Kontrastes zwischen denen, die ‘selig’ sind, und denen, die es nicht sind.“

705 So aber u. a. J. Schmid, Lk 206, nach dessen Ansicht die Korrektur besagt, „unter welcher Bedingung auch sie (Maria) erst seliggepriesen zu werden verdient“.

706 J. Ernst, Portrait 175. Nach G. Schneider, Lk II 269, geht es eher um eine „Korrektur der Blickrichtung“.

707 Vgl. H. Räisänen, Mutter 141; MimNT 138; J. Ernst, Lk 377.

708 Nach H. Zimmermann, Selig 119, gilt der Makarismus denn auch sowohl Jesus selbst wie seiner Mutter und allen, die ihm nachfolgen, gleicherweise.

709 Auch für K. H. Schelkle, Mutter 76, gehören die beiden Seligpreisungen (steigernd) zusammen: „Ist ... Lk 11,27 der erste Vers des Marienlobs, so ist Lk 11,28 der zweite Vers.“

710 Auf diesen Bezug machen u. a. aufmerksam H. Räisänen, Mutter 141; MimNT 138; J. Ernst, Portrait 175.

711 MimNT 224.

712 F. Mussner, Anfänge 291, sieht im Heilsruf der Frau nicht nur eine „Wiederholung“ des Makarismus der Elisabeth, sondern auch „bereits eine Erfüllung der prophetischen Ansage des Magnificat“.

Zur mariologischen Bedeutung der Perikope:

Auch diese Perikope führt in mariologischer Hinsicht die Linie der 'Vorgeschichte' (Kap. 1–2) konsequent fort. Maria erscheint als die Mutter Jesu und zugleich – so wird es jedenfalls in V. 28 angedeutet – als die Frau, die „vorbildlich in ihrem Glauben"[713] ist. Kann sie auch durchaus wegen ihrer Mutterschaft seliggepriesen werden, so beruht ihre Preiswürdigkeit doch insbesondere „auf der Tatsache, daß sie das Wort gehört, geglaubt, ihm gehorcht, es bewahrt und erwogen hat und das auch weiterhin tut (Apg 1,14)"[714]. Gerade darin liegt nämlich auch ihre paränetische Bedeutung für die Christen: daß sie „als erste das Wort Gottes gehört und befolgt", also das verwirklicht hat, was Jesus in V. 28 von allen Jüngern fordert, und daß sie so „die Anführerin der Glaubenden"[715] geworden ist.

## 4. Maria in der Kirche des Anfangs: Apg 1,14

Analyse des Verses im Rahmen seines Kontextes:

Zum letzten Mal (und zugleich das einzige Mal in der Apg!) begegnet Maria bei Lk im Rahmen seines summarischen Berichts über die Konstituierung der Jerusalemer Urgemeinde in der Zeit zwischen Himmelfahrt und Pfingsten (Apg 1,12–14). Die Erwähnung der Mutter Jesu an dieser Stelle der Apg ist an sich überraschend[716] und geschieht „unvermittelt ..., da in der Passionsgeschichte ... nicht von ihr die Rede war"[717]; dies zeigt aber nur, wie wichtig es dem Acta-Verfasser Lk offenbar ist, Maria in diese ekklesiologisch bedeutsame Szene einzuführen.

Der gesamte Bericht 1,12–14 umfaßt drei Teile: der notizartigen Bemerkung über die Rückkehr der Himmelfahrtszeugen nach Jerusalem (V. 12.13a) schließt sich eine Apostelliste an (V. 13b), an diese „ein Summarium über das Gebetsleben der Urgemeinde und ihre Zusammensetzung"[718] (V. 14).

Zwischen den beiden Einzelberichten über die Himmelfahrt Jesu (1,9–11) und die Matthiaswahl (1,15–26) stehend, kommt dem summarischen Bericht 1,12–14 literarisch die Funktion eines retardierenden Moments zu. Er dürfte daher als ganzer von Lk selbst gebildet worden sein[719]. Auch die Formulierung läßt weitgehend die Hand des Acta-Verfassers erkennen[720]. Dies schließt nicht

[713] H. Räisänen, Mutter 141.

[714] MimNT 138. Vgl. J. Ernst, Portrait 175.

[715] J. Ernst, Portrait 175.

[716] J. Ernst, Portrait 176.

[717] R. Pesch, Apg I 81.

[718] G. Schneider, Apg I 198.

[719] Jedenfalls „ist kennzeichnend für die Erzähltechnik des Lukas, daß er in regelmäßigen Abständen zwischen den Berichten von einzelnen Ereignissen Zustandsschilderungen einblendet, die ein Fazit aus dem Vorhergegangenen ziehen und die folgenden Aktionen vorbereiten" (J. Roloff, Apg 27).

[720] Vgl. zum Sprachlichen u. a. G. Lüdemann, Christentum 32 f.

aus, daß Lk dabei gleichwohl auf Tradition(selemente) zurückgreift; jedoch lassen sich diese im einzelnen nicht mit voller Sicherheit bestimmen[721].

Auch bei dem uns besonders interessierenden Summarium V. 14 kann mit Tradition gerechnet werden. Zwar enthält der Vers „typisch luk Ausdrücke und Motive: die Betonung der Einmütigkeit (z.B. 2,46; 4,24; 5,12; 8,6), des Verharrens (2,42.46; 6,4), des Gebetes ..., die Hervorhebung der Frauen (Lk 8,2f.; 23,27) und der Mutter Jesu (Lk 1–2; 11,27)"[722], doch ist nicht auszuschließen, daß Lk als Grundlage zumindest „eine Überlieferung über die Zugehörigkeit von Gliedern der Familie Jesu zur Jerusalemer Urgemeinde zur Verfügung" hatte[723].

Wieweit eine derartige Tradition (bzw. Lk selbst, falls er hier ohne Traditionsgrundlage formuliert hat) die historischen Tatsachen exakt wiedergibt, läßt sich nicht genau sagen, denn die Geschichtlichkeit einer solchen Nachricht „vermögen wir nicht zu kontrollieren"[724]. Fest steht allerdings, daß „der Herrenbruder Jakobus zur späteren christlichen Gemeinde gehörte"[725] (vgl. Apg 12,17; 15,13; 21,18; 1 Kor 15,7; Gal 1,19); auch ist „nicht unwahrscheinlich, daß – sollte sie noch gelebt haben – Maria sich spätestens zur selben Zeit der Gemeinde angeschlossen hätte"[726]. Aber ob dies tatsächlich schon in der Zeit vor Pfingsten der Fall war, wie Lk es hier darstellt, ist nicht sicher. Es erscheint also immerhin „möglich", daß Lk hier Maria und die „Brüder" Jesu „zu früh zu Gliedern der Gemeinde macht"[727].

Indes ist die historische Fragestellung in diesem Zusammenhang auch nicht entscheidend, geht es doch schon Lk selbst hier nicht um Darlegung historischer Fakten als solche, sondern darum, „eine theologisch bzw. ekklesiologisch motivierte Szene" zu schaffen, „die Einblick gibt in seine Kirchenvorstellung"[728]! Lk will vor allem dies deutlich machen: Zur „Keimzelle der Urgemeinde" gehören – und zwar mit Notwendigkeit – neben den Aposteln, den „offiziellen Zeugen des Lebens Jesu"[729], aber deutlich von diesen abgehoben[730], auch Frauen, ferner Maria, die Mutter Jesu, und seine „Brüder".

721 Vgl. dazu die genaueren, aber im Ergebnis unterschiedlichen Traditionsanalysen bei A. Weiser, Apg I 54; R. Pesch, Apg I 78 ff.; G. Lüdemann, Christentum 32 f.35; auch R. Roloff, Apg 27.

722 A. Weiser, Apg I 54.

723 J. Roloff, Apg 27. Vgl. R. Pesch, Apg I 80, der demgegenüber die Nennung der Frauen für lukanisch-redaktionell erklärt. Anders sieht die Sache u. a. G. Schneider, Apg I 199 Anm. 13; nach seiner Ansicht sind alle Personen aus dem LkEv bekannt, so daß es einer besonderen Überlieferung überhaupt nicht bedurfte. Nach E. Haenchen, Apg 161, spiegelt sich in der Erwähnung der Zugehörigkeit der Familie Jesu zur Urgemeinde des Acta-Verfassers „erbauliches Interesse" wider.

724 H. Räisänen, Mutter 141.

725 R. Mahoney, Mutter 109.

726 A. a. O. Vgl. E. Haenchen, Apg 161.

727 H. Räisänen, Mutter 141.

728 J. Ernst, Portrait 177.

729 J. Ernst, a. a. O.

730 Vgl. die Formulierung „zusammen mit ...".

Geht man davon aus, daß mit den (zahlenmäßig unbestimmt bleibenden) Frauen „keineswegs (wie Codex D durch die Hinzufügung von 'und Kindern' interpretierte) die Angehörigen der Apostel“[731] gemeint sind[732], sondern vielmehr jene Anhängerinnen Jesu, die ihm schon von Galiläa aus gefolgt waren und mit ihrem Vermögen gedient haben (vgl. Lk 8,2 f.) und später dann auch nach lukanischer Darstellung nicht nur bei Jesu Kreuzigung (Lk 23,49) und Grablegung (Lk 23,55) zugegen waren, sondern auch am Ostermorgen das Grab leer vorfanden und die Auferstehungsbotschaft den Aposteln brachten (Lk 24,10), dann wird klar, warum Lk diese Gruppe hier eigens erwähnt (und erwähnen muß): Diese Frauen sind auf ihre Weisen 'Zeugen' des Christusgeschehens[733], angefangen von Jesu Wirken in Galiläa bis hin zu Tod und Auferstehung; sie gehören insofern „zu jener Personengruppe, die die Kontinuität zwischen dem vorösterlichen Jesuskreis und der nachösterlichen Gemeinde sicherstellt“[734].

Genau dasselbe gilt nun aber auch für Maria und die „Brüder“ Jesu! Die Mutter Jesu spielt ja schon am Anfang des LkEv (Kap. 1 – 2) eine wichtige Rolle; sie erscheint dort, wie wir sahen, nicht zuletzt als die, welche „alle ῥήματα ('Worte' bzw. 'Geschehnisse') bewahrte und in ihrem Herzen erwog“ (Lk 2,19.51; vgl. 1,29; 2,33). Damit ist sie für Lk nicht nur eine erste Christin, sondern auch eine echte Zeugin des Christusgeschehens von Anfang an[735]! Wenn sie nun zu Beginn der Apg erneut erwähnt wird, dann also nicht nur deshalb, weil sie „tatsächlich der Urgemeinde angehört hat“[736] und zur Zeit des Lk in der Kirche bereits große Verehrung genoß[737]; vielmehr entspricht ihre Erwähnung vor allem der lukanischen Vorstellung von der heilsgeschichtlichen Kontinuität zwischen den beiden 'Phasen' des Christusgeschehens, die im Evangelium bzw. in der Apg dargestellt werden[738]. Auch die Nennung der „Brüder“ Jesu soll die enge Bindung der Kirche an die Jesuszeit betonen und damit den Kontinuitätsgedanken unterstreichen. Wenn Lk dabei die „Brüder“ Jesu (wie übrigens auch sonst) nicht mit Namen aufführt, kann dies „seinen Grund und Sinn in der ... Tendenz haben, verwandtschaftliche Beziehungen überhaupt für die Christuszugehörigkeit als nicht bedeutsam zu erachten, aber zu betonen: die entscheidende Verbindung mit Christus besteht im Glauben an ihn und im Vollzug seiner Weisungen (vgl. dazu Lk 1,45; 8,21; 11,28)“[739].

731 J. ROLOFF, Apg 28.

732 Anders z. B. G. STÄHLIN, Apg 21. Auch G. LÜDEMANN, Christentum 33, denkt hier an die Frauen der Apostel und entdeckt damit ein „chiastisch aufgebautes Schema“: Männer (= Apostel) und ihre Frauen – Frau (= Maria) und Männer (= die „Brüder“ Jesu).

733 Vgl. H. CONZELMANN, Apg 28.

734 J. ERNST, Lk 261.

735 Vgl. J. ROLOFF, Apg 28: Maria „entspricht dem in Apg 1,22 aufgestellten Kriterium der Zeugen für das Erdenwirken Jesu“.

736 J. ROLOFF, Apg 28.

737 Darauf weist H. RÄISÄNEN, Mutter 141, hin.

738 Der Kontinuitätsgedanke wird u. a. auch bei J. ERNST, 177; MimNT 140, herausgestellt.

739 A. WEISER, Apg I 60.

In der Tat ist es Ausdruck des Glaubens an Christus und entspricht es seiner Weisung (vgl. Apg 1,4), daß sich die hier genannten Personengruppen zu einer „einträchtigen Gemeinschaft“[740] konstituieren, die sich im „einmütigen Verharren“ (vgl. auch 2,42.46; 6,4), besonders im gemeinsamen Gebet (vgl. auch 1,24 f.; 2,42; 4,24 ff.; 12,5.12; 13,3 u. ö.) auf das Kommen des Hl. Geistes vorbereitet.

Zur mariologischen Bedeutung des Summariums:

Das Summarium weist mit seiner namentlichen Erwähnung Marias zweifellos darauf hin, daß Jesu Mutter in der Kirche „zur Zeit des Lukas besondere Achtung genossen hat“ und ihr deshalb auch wie selbstverständlich „von Anfang an eine herausragende Stelle im neutestamentlichen Gottesvolk“[741] zugebilligt wird.

Darüber hinaus zeigt das Summarium aber auch, wie eng bei Lk Mariologie und Ekklesiologie verknüpft sind:

a) Maria gehört nach Lk von Anfang an zur Kirche! Schon in der Urgemeinde – für den Acta-Verfasser ein Idealbild christlicher Gemeinschaft[742] – erscheint sie als „Garant und Symbol der Einheit und Echtheit ...; ihre Gegenwart an Bord der gerade vom Stapel laufenden Kirche ist ein stabilisierender Faktor der Kontinuität in der Gesamtwirksamkeit des Heiligen Geistes“[743] – und so bleibt es auch weiterhin, steht doch die Kirche stets in Kontinuität zur Kirche des Anfangs, weil sie wie diese nach wie vor unter der Herrschaft des erhöhten Kyrios und seines Geistes steht und bis zu seiner Parusie weiter stehen wird (vgl. Apg 1,8.11 u. a.).

b) Insofern muß dann aber die Kirche neben ihrer bleibenden ‘apostolischen’ Fundierung (vgl. Apg 2,42; 20,17 – 35 u. a.), die im vorliegenden Zusammenhang durch die Vorrangstellung der (vor allen anderen Gruppen namentlich genannten) Apostel zum Ausdruck gebracht wird (1,13), immer auch eine ‘marianische’ Ausrichtung behalten müssen, was zumindest bedeutet, daß sie in Maria das mütterliche Vorbild für das sieht, was sie selbst als Kirche Jesu Christi sein soll, nämlich Gemeinschaft derer, die – wie Maria und alle ‘wahren’ Verwandten Jesu – betend und glaubend auf Gottes Wort hören und es vollbringen (vgl. Lk 8,21; 11,28)!

## 5. Ergebnisse

a) Auch in der lukanischen Christusverkündigung geht es wesentlich um die heilsgeschichtlich-christologische Funktion Marias[744] – insbesondere um

[740] G. Schneider, Apg I 207.
[741] J. Ernst, Portrait 177.
[742] Vgl. in diesem Zusammenhang die idealisierende Darstellung des Lebens der Urgemeinde auch in den großen Summarien Apg 2,42 – 47; 4,32 – 35 und 5,12 – 16.
[743] R. Mahoney, Mutter 109 f.
[744] Doch vgl. H. Räisänen, Mutter 153, der über Lk so urteilt: „Die ‘Mariologie’ wird nur an wenigen Stellen direkt mit der Christologie verbunden. Lukas spricht kaum von dem

ihren göttlichen Auftrag, die (jungfräuliche) Mutter des Messias und Gottessohnes Jesus zu sein (vgl. Lk 1,28b.30b.31 ff.35.42) –, daneben allerdings gleichermaßen um ihre ekklesiologisch-paränetische Bedeutung, die ihr zukommt als Garant der Einheit und Kontinuität der Kirche (vgl. Apg 1,14) sowie als „Vorbild und Typus der Gläubigen"[745] – was sie dadurch geworden ist, daß sie nicht nur als erste (darin die Verkörperung der eschatologischen 'Tochter Zion' [vgl. 1,28] und die Repräsentantin der 'Armen' [vgl. 1,38.46–55] werdend) die Frohbotschaft von der Erlösung hörte (vgl. 1,28.30b.31 ff.35 ff.) und verkündete (vgl. 1,46–55) und die Gnade des Hl. Geistes, das Kennzeichen der neuen, eschatologischen Heilszeit, persönlich in vollkommener Weise an sich erfuhr (1,28.30), sondern auch als erste „ein vorbildlicher Hörer des Wortes"[746] wurde (vgl. 1,38.45; 2,19.51a; 8,19 ff.; 11,28), dem sie sich glaubend unterstellte, auch wenn sie den darin enthaltenen Willen Gottes nicht sofort verstand (vgl. 2,33.48.50; auch 1,29.34) und erst – wie jeder Jünger – einen „schwierigen Lernprozeß"[747] durchmachen mußte (vgl. 2,35).

b) Bei all dem tritt die Person Marias ungleich stärker in den Blickpunkt, als dies etwa bei Mt der Fall ist. Zwar zeigt sich auch Lk nicht an spezifisch mariologischen Fragen und Problemen (z. B. der Frage nach dem genauen Zeitpunkt der Empfängnis, nach der *virginitas ante partum, in partu et post partum* oder nach der persönlichen Gnadenfülle Marias) interessiert, aber er zeichnet gleichwohl ein recht eindrucksvolles, farbiges Marienbild. Dabei betont er auf der einen Seite Marias Größe und Verehrungswürdigkeit (vgl. bes. 1,48b), wobei er allerdings nicht nur vor Übertreibungen zu warnen scheint (vgl. 11,27 f.)[748], sondern auch vor Vereinseitigungen, indem er klarmacht, daß Maria sowohl wegen ihrer Mutterschaft als auch wegen ihres vorbildlichen Glaubens preiswürdig erscheint (vgl. 1,42–45; 11,27 f.)[749]. Auf der anderen Seite fehlen in diesem Marienbild auch nicht die dunklen Farben: Insbesondere in den beiden Perikopen von der Darstellung Jesu im Tempel (2,22–40) und von der Auffindung des Zwölfjährigen (2,41–52) erscheint Maria als die *mater dolorosa*[750], die nicht nur mit ihrem Messiassohn Jesus leidet (2,35), sondern auch an ihm leidet (2,48). Schließlich ist das lukanische Marienbild auch „mit vielen menschlichen Zügen, die für die Frömmigkeitsgeschichte von allergrößter Bedeutung waren, ausgestattet"[751]. So erscheint Maria z. B. als eine ganz und gar menschliche Mutter, die wie jede normale Mutter ihr Kind pflegt (2,7) und um es bangt (2,44–48), es aber auch zu

heilsgeschichtlichen Auftrag an Maria." Ein angesichts von Perikopen wie Lk 1,26–38 und 1,39–56 unhaltbares Urteil!

[745] H. Räisänen, Mutter 154, der das Marienbild des Lk sogar „mit einem Wort als *paradigmatisch* bezeichnet".

[746] H. Räisänen, Mutter 154.

[747] J. Ernst, Portrait 171.

[748] Vgl. dazu die Ausführungen bei J. Ernst, Portrait 175.177 f.

[749] Vgl. W. Grundmann, Lk 97; MimNT 138; J. Ernst, Portrait 175, u. a.

[750] Vgl. W. Grundmann, Lk 96.

[751] J. Ernst, Portrait 178.

einem frommen und gesetzestreuen Menschen erziehen will (2,41 f.; vgl. 2,22 ff.).

c) Das besondere Interesse des Lk an Maria hängt wohl nicht nur damit zusammen, daß die Mutter Jesu zu seiner Zeit in der Kirche bereits eine herausragende Stellung einnimmt, sondern offensichtlich ebenso mit seinem auch sonst zutage tretenden „Anliegen, Frauen, wie überhaupt den gesellschaftlich Benachteiligten, eine positive Rolle zukommen zu lassen“[752] (vgl. nur die Erwähnung der Frauen in Apg 1,14!)[753]. So kann man geradezu sagen: Im lukanischen „Marienbild spiegelt sich auch die Schätzung der christlichen Frauen im allgemeinen durch den Evangelisten wider“[754].

## *V. Die Mutter Jesu im Johannesevangelium*

### 1. Vorbemerkungen

Im JohEv wird die Mutter Jesu nirgends mit Namen genannt[755], was um so auffallender ist, als sich der Evangelist ansonsten „nicht scheut, andere Frauen beim Namen zu nennen, und er sich immerhin fünfzehnmal auf andere Marias (Maria, die Schwester der Marta, Maria von Magdala, Maria, die Frau des Klopas) bezieht“[756]. Überhaupt gibt es bei Joh nur zwei Perikopen, in denen „die Mutter (Jesu)“, wie Maria beidemal bezeichnet wird, direkt begegnet, nämlich am Anfang der Berichterstattung in der Erzählung von der Hochzeit zu Kana (2,1 – 11) und am Ende in der Szene mit Johannes unter dem Kreuz (19,25 – 27), also immerhin an zwei exponierten Stellen des JohEv! Außerdem gibt es noch einige Stellen, die „möglicherweise oder auch nicht eine Beziehung zu marianischen Fragen aufweisen“[757] (1,13; 2,12; 4,44; 6,42; 7,1 – 10.41 ff.; 8,41), die aber wegen ihrer mangelnden Eindeutigkeit und Unergiebigkeit im folgenden von uns ausgeklammert werden können[758].

752 R. Mahoney, Mutter 110.

753 Vgl. dazu J. Ernst, Portrait 177: „... an dieser Stelle ist das Interesse an den Frauen in der Kirche erkennbar. Die Apostelgeschichte liefert hierfür noch eine ganze Reihe von Beispielen (Apg 12,12 f.; 17,4. 12. 34; 18,2. 8. 26).“

754 H. Räisänen, Mutter 155.

755 Vgl. R. Mahoney, Mutter 110; J. Becker, Joh I 108.

756 MimNT 271 f. Anm. 413.

757 MimNT 143.

758 Dies gilt auch in bezug auf 4,44 und 6,42, die Parallelen zu Mk 6,4 bzw 6,3, denn in 4,44 kommt Maria überhaupt nicht vor, aus 6,42 wiederum lassen sich keine mariologischen Schlüsse von Belang ziehen. Zur mariologischen Bedeutung von 6,42 sei verwiesen auf MimNT 156 ff.

## 2. Die mariologisch relevanten Texte des Johannesevangeliums

### a) Die Mutter Jesu bei der Hochzeit zu Kana Joh 2,1 – 11

Analyse des Textes:

Es handelt sich bei 2,1 – 11 um den ersten von insgesamt sieben Wunderberichten im JohEv, der wie auch die anderen Berichte aller Wahrscheinlichkeit nach aus einer Sonderquelle (offenbar einer σημεῖα-Quelle)[759] stammt. Die Perikope enthält jedenfalls „im eigentlichen Bericht (also außer V. 11) kaum johanneische Stilkriterien"[760]; außerdem ist das Wunder hier nicht wie beim Evangelisten selbst dem Wort untergeordnet[761].

Über den Anteil der johanneischen Redaktion an der vorgegebenen Erzählung gehen die Ansichten ziemlich auseinander[762]. Am ehesten sind folgende Einzelheiten als redaktionell anzusehen: 1. die Zeitangabe („Am 3. Tag") in V. 1, die sich an die entsprechenden Angaben in 1,29.35.43 anschließt[763]; 2. der mit dem Hinweis Jesu auf seine „Stunde" (ὥρα) ein besonderes johanneisches Motiv enthaltende[764] Dialog Jesu mit seiner Mutter in V. 3b.4, der sich zudem auch noch mit dem Kontext (V. 5) stößt[765]; 3. die Erklärung in V. 6, wozu die sechs Wasserkrüge dort standen[766]; 4. die erläuternde Parenthese in V. 9b (καὶ οὐκ ᾔδει – τὸ ὕδωρ)[767]; 5. der gesamte der Deutung dienende V. 11[768]. Möglicherweise ist auch die Erwähnung der Jünger in V. 2 redaktionell. Ur-

759 Vgl. dazu u. a. A. FAURE, Zitate 107 – 112; R. BULTMANN, Joh 78; R. SCHNACKENBURG, Joh I 51; J. BECKER, Joh I 112 – 120 (mit Lit.angaben); J. GNILKA, Joh 22.

760 R. SCHNACKENBURG, Joh I 51. Vgl. J. BECKER, Joh I 106; zum Stil auch E. SCHWEIZER, Ego eimi 100.

761 Vgl. dazu R. BULTMANN, Joh 78 f.; J. GNILKA, Joh 22. Bei beiden finden sich auch noch weitere Argumente, die für die Übernahme einer Quelle sprechen. Vgl. außerdem J. BECKER, Joh I 106.

762 Siehe u. a. die Ausführungen bei R. BULTMANN, Joh 79; J. BECKER, Joh I 107. Vgl. ferner J. GNILKA, Joh 22; H. RÄISÄNEN, Mutter 156 f.; MimNT 146 ff.

763 Darauf macht u. a. R. SCHNACKENBURG, Joh I 330, aufmerksam.

764 Zur johanneischen ὥρα-Vorstellung vgl. u. a. G. DELLING, ThWNT IX 679; R. SCHNACKENBURG, BThW II 1284 ff.; H. GIESEN, EWNT III 1213.

765 Nach Jesu 'Ablehnung' in V. 4 mit dem Hinweis auf das Noch-nicht-Gekommensein seiner „Stunde" erscheint es nicht ganz folgerichtig, wenn die Mutter in V. 5 dann doch zu den Dienern sagt: „Was immer er euch sagt, das tut!"

766 Joh „pflegt solche Erklärungen zu geben, manchmal – wie hier – ohne großes Geschick" (J. BECKER, Joh I 107). Für die Annahme, daß die Erklärung in V. 6 vom Evangelisten selber stammt, mag zudem auch sprechen, daß sich in 3,25 deutlich eine Auseinandersetzung um den καθαρισμός zwischen Juden und Christen widerspiegelt. Vgl. R. SCHNACKENBURG, Joh I 336 f.

767 Dafür spricht neben sprachlichen Beobachtungen und weiteren formalen Parallelen (s. dazu J. BECKER, Joh I 107) auch die Tatsache, daß die Bemerkung mit der bei anderen Wunderberichten im JohEv (z. B. in Kap. 9) anzutreffenden Tendenz übereinstimmt, das Geschehen durch Zeugen bestätigen zu lassen.

768 Nach R. BULTMANN, Joh 79, geht nur der Schluß von V. 11 auf den Evangelisten selbst zurück. J. BECKER, Joh I 107, rechnet V. 11 insgesamt der Quelle zu, weil der Vers präzise deren Theologie wiedergebe!

sprünglich könnten statt der Jünger Jesu „seine 'Brüder'“ genannt gewesen sein (vgl. V. 12)[769], doch ist dies nicht sicher auszumachen.

Die vorgegebene Geschichte war demnach wohl „eine ziemlich einfache Erzählung von einem Wunder, das Jesus auf die indirekte Bitte seiner Mutter hin tut“[770]. Näherhin wird man das darin geschilderte Geschehen der Verwandlung von Wasser in Wein der literarischen Form nach der Kategorie der Geschenkwunder zuordnen können[771].

Die Mutter Jesu begegnete in der Vorlage wohl nur in der Einleitung (V. 1b: „Auch die Mutter Jesu war dort“) und bei der Schilderung der Vorbereitung des Wunders (vgl. in V. 5 ihre Anweisung an die Diener!) An beiden Stellen ist damit ursprünglich noch kein besonderes marianisches oder gar mariologisches Interesse verbunden. Die Anwesenheit der Mutter Jesu wird in der Einleitung (vgl. V. 1) überhaupt nur wegen des folgenden Geschehens (V. 5) erwähnt. Insofern braucht man aus der Erwähnung ihrer Anwesenheit auch nicht zu schließen, daß die Einladung möglicherweise „aus Familiengründen erfolgt“ sei[772]. Bei der Anweisung an die Diener (V. 5) könnte man allenfalls daran denken, daß damit Marias besonderes Einfühlungsvermögen als Mutter[773] bzw. ihr Gespür für die peinliche Situation der Brautleute hervorgehoben werden soll. Doch wird man sich vor psychologisierenden Deutungen zu hüten haben! Im übrigen scheint die Tatsache, daß die Mutter Jesu in der vorgegebenen Geschichte überhaupt erwähnt wird, einfach nur darauf hinzudeuten, daß Maria „in den – galiläischen? – Kreisen, aus denen die Erzählung stammt, große Achtung genossen“ hat[774].

Auch in der redaktionellen Fassung des Evangelisten stellt die Perikope – trotz der erwähnten Zusätze – eine äußerst knapp (und auch durchaus noch stilgemäß) erzählte Geschichte dar[775], die näherhin folgenden Aufbau erkennen läßt: V. 1–5: Einleitung, bestehend aus der (die handelnden Personen, Zeit, Ort und Umstände benennenden) Exposition (V. 1–2) sowie der Schilderung der Vorbereitung auf das Wunder (V. 3–5), die „stilgemäß“ so angelegt ist, „daß sie Spannung weckt“[776]; V. 6–8: Korpus der Erzählung mit der (wiederum stilgemäß)[777] nur indirekt erfolgenden Schilderung des Wunders; schließlich V. 9–11: Ausleitung mit der Konstatierung des Wunders (V. 9a.b), der Demonstration (V. 9c.10) und der Deutung durch den Evangelisten (V. 11).

Daß der Evangelist mit dieser Perikope wesentlich ein christologisches Anliegen verfolgt, macht der Deutevers am Schluß klar: Nach Joh handelt es sich bei diesem Wunder Jesu um das erste „Zeichen“ (σημεῖον), das Jesu

769 So u. a. R. BULTMANN, Joh 79; J. GNILKA, Joh 22.
770 MimNT 147.
771 Vgl. zu dieser Form der Wundergeschichten G. THEISSEN, Wundergeschichten 111–114.
772 R. SCHNACKENBURG, Joh I 331.
773 Vgl. R. MAHONEY, Mutter 111.
774 H. RÄISÄNEN, Mutter 173. Vgl. R. BULTMANN, Joh 80 f. Anm. 7.
775 Vgl. R. SCHNACKENBURG, Joh I 51.
776 R. BULTMANN, Joh 79.
777 R. BULTMANN, Joh 79; vgl. auch G. THEISSEN, Wundergeschichten 113.

„Herrlichkeit" (δόξα) offenbart und zum Glauben der Jünger führt[778]! Bei Joh wird also das ursprüngliche Geschenkwunder ... zu einer Epiphanie der Göttlichkeit des Wundertäters"[779], das „die Glaubenswilligen (die Jünger) zu einem tieferen Verständnis der Person Jesu"[780] anleiten soll. Das Kanawunder ist damit ein erstes „repräsentatives Beispiel für die gesamte Wirksamkeit Jesu"[781].

Daß „das beherrschende Motiv ... christologischer Art ist"[782], muß beachtet werden, wenn es darum geht, die Rolle der Mutter Jesu in der johanneischen Erzählung zu klären[783]. Es ist dann nämlich von vornherein damit zu rechnen, daß ihre Rolle „auf jeden Fall dem christologischen Thema untergeordnet" ist: „der ersten Epiphanie, die zum Glauben an Jesus führt"[784].

Näherhin ist auf der Ebene der johanneischen Christusverkündigung unter mariologischem Gesichtspunkt ein Zweifaches von besonderem Interesse: 1. der (erst vom Evangelisten in die Erzählung eingefügte) Dialog Jesu mit seiner Mutter (V. 3b.4) sowie 2. die (zwar aus der Vorlage übernommene, im jetzigen Zusammenhang aber als Umschreibung der Reaktion Marias auf das Wort Jesu in V. 4 gedachte) Bemerkung über die Anweisung der Mutter an die Diener (V. 5).

Zu 1.:

Der Dialog beginnt mit dem Hinweis der Mutter Jesu an ihn: „Sie haben keinen Wein mehr!" (V. 3b). Da dieser Hinweis – wie überhaupt der gesamte Dialog – im Rahmen der johanneischen Erzählung lediglich der Vorbereitung auf das „Zeichen" dient – er ist in dieser Hinsicht des näheren als eine versteckte Bitte um Hilfe zu verstehen, wie Joh sie liebt (vgl. z. B. noch 11,20–27)[785] –, muß man auch hier wieder mit psychologisierenden Deutun-

[778] Zum johanneischen σημεῖον-Begriff vgl. u. a. R. SCHNACKENBURG, Joh I 344–356; K. H. RENGSTORF, ThWNT VII 241–257; X. LÉON-DUFOUR, ΣΗΜΕΙΟΝ; O. BETZ, EWNT III 572f.

[779] J. BECKER, Joh I 110.

[780] R. SCHNACKENBURG, Joh I 338.

[781] H. RÄISÄNEN, Mutter 157.

[782] MimNT 149.

[783] Auch für eine mariologische Auswertung dieser Perikope gilt das Prinzip, das R. SCHNACKENBURG, Joh I 341, in bezug auf eine tiefere (symbolische) Deutung generell so formuliert: „Das Wichtigste ist ... die Herrlichkeitsoffenbarung Jesu (V. 11), und jede Deutung, die sich von dieser *christologischen* Sicht entfernt, führt vom Zentrum ab. Die Offenbarung im Joh-Ev ist Selbstoffenbarung Jesu; alles andere fließt daraus hervor."

[784] R. MAHONEY, Mutter 110.

[785] Auf die 'Parallele' 11,20–27 weist u. a. R. SCHNACKENBURG, Joh I 332, hin: „Vergleicht man die Begegnung Marthas mit Jesus vor dem Lazaruswunder (11,20–27), so hören wir auch hier (V. 22) eine unbestimmte, von Hoffnung und Vertrauen zu Jesus getragene, das Wunder nicht ausschließende, ja im Sinne des Evangelisten andeutende Bitte Marthas, an die Jesus anknüpft, um dann die Frau von irdischer Erwartung auf den tieferen Sinn seines Tuns hinzulenken (V. 25f)."

gen – etwa der, Maria wolle, wie es jede Mutter tun würde, ihren Sohn auf die menschliche Verlegenheit aufmerksam machen o. ä. – vorsichtig sein[786].

Das bedeutet keineswegs, daß Maria als Bittstellerin ohne weiteres „szenisch ersetzbar" wäre[787]! Vielmehr dürfte es schon angesichts der Tatsache, daß die Mutter Jesu im JohEv auch am Ende seines Wirkens, nämlich in der Szene unter dem Kreuz in 19,25 ff., begegnet, nicht ohne Belang sein, wenn sie ebenfalls schon hier, am Anfang des Wirkens Jesu, bei seinem ersten „Zeichen", eine Rolle spielt[788]. Wie unter dem Kreuz, so erscheint sie auch hier als eine Glaubende – im Unterschied zu den Jüngern, die erst noch zum Glauben gelangen sollen (V. 11)! –, wenn auch ihr 'Glaube' in dieser Szene zunächst nicht mehr zu sein scheint als „eine unbestimmte, von Hoffnung und Vertrauen zu Jesus getragene"[789] Haltung, noch „ohne letzte Einsicht in die göttlichen Geheimnisse"[790] und deshalb auch durchaus noch dem Mißverständnis ausgesetzt[791].

Die Antwort Jesu (V. 4), die dieses Mißverständnis aufdeckt, korrigiert und Maria zu einem tieferen Glauben führt (vgl. V. 5), besteht aus zwei Teilen: der (rhetorisch gemeinten) Frage „Was (ist zwischen) mir und dir, Frau?" (V. 4a) und dem Ausruf „Meine Stunde ist noch nicht gekommen!" (V. 4b).

Die Frage Jesu (V. 4a) stellt ohne Zweifel eine „Kritik" an der Bitte der Mutter dar[792]. Allerdings ist die biblische Wendung τί ἐμοὶ καὶ σοί[793] in diesem Fall nicht (wie z. B. Mk 1,24) im Sinne einer schroffen Zurückweisung bzw. Ablehnung der Bitte zu verstehen[794] – nach V. 5 hört jedenfalls Maria selbst aus Jesu Antwort „nicht eine völlige Ablehnung" heraus[795] –; wohl aber weist sie auf „eine gewisse Distanzierung"[796] Jesu zu seiner Mutter hin. Das gleiche gilt für die angeführte, keinesfalls respektlos gemeinte (vgl. 19,26 f.), allerdings recht ungewöhnliche Anrede der Mutter mit γύναι („Frau, Weib")[797]. Mit dieser höflich-neutralen, das intimere Wort 'Mutter' ersetzenden Anredeweise, mit der sich im übrigen eine tiefere (symbolisch-typologische) Bedeutung verbinden könnte – etwa in dem Sinne, daß die Anrede „Frau" hier eine

786 Darauf verweisen zu Recht R. Bultmann, Joh 80 Anm. 7; H. Räisänen, Mutter 160.

787 So aber J. Becker, Joh I 108.

788 Vgl. J. Gnilka, Joh 23.

789 R. Schnackenburg, Joh I 332.

790 R. Schnackenburg, Joh I 336.

791 Auf das für Joh typische Motiv des Mißverständnisses (vgl. dazu bes. H. Leroy, Rätsel) wird in diesem Zusammenhang auch in MimNT 150 hingewiesen. Das Mißverständnis Marias besteht hier darin, daß sie dem Wundertäter Jesus mit irdisch-menschlicher Erwartung begegnet.

792 Vgl. H. Räisänen, Mutter 161.

793 Vgl. zur Wendung in dieser oder einer ähnlichen Form in der LXX: Ri 11,12; 2 Kön 16,10; 19,23; 3 Kön 17,18 u. a.; im NT: Mk 1,24; 5,7; Lk 4,34 u. a.

794 Anders R. Bultmann, Joh 81; J. Becker, Joh I 109.

795 R. Schnackenburg, Joh I 333.

796 A. a. O.

797 Zur Bedeutung dieser Anrede in V. 4 vgl. u. a. R. Bultmann, Joh 81; R. Schnackenburg, Joh I 333; H. Räisänen, Mutter 162; MimNT 150 f.

„symbolhafte Anspielung auf die Rolle Evas in Kapitel 3 der Genesis“[798] (vgl. Gen 3,15) darstellt[799] –, wird insofern Distanz geschaffen, als Maria dadurch „den anderen Frauen des Evangeliums an die Seite gestellt“[800] und betont ist, daß sie allein aufgrund ihrer leiblichen Mutterschaft, die durchaus hervorgehoben zu werden verdient (vgl. V. 1b.3a.5a; auch V. 12), noch „keine Sonderstellung einnimmt“[801]. Diese wird ihr erst zukommen, wenn sie den Weg zum Kreuz gefunden hat und, glaubend unter dem Kreuz stehend, zur 'Mutter' in einem höheren Sinn werden wird: nämlich zur 'Mutter der Glaubenden' (19,26 f.)[802]!

Warum sich Jesus hier von seiner Mutter distanziert, läßt sein Ausruf (V. 4b) erkennen. Er macht deutlich, daß es sich um eine zwangsläufige „christologische Distanz“[803] handelt: Jesu „Stunde“ (ὥρα) ist noch nicht da! Gemeint ist mit der „Stunde“ hier zweifellos konkret „die gegenwärtige Herrlichkeitsoffenbarung Jesu im Kana-Zeichen“[804] (vgl. V. 11). Diese, so soll gesagt sein, „hängt allein vom Vaterwillen ab“[805], wie denn überhaupt das gesamte messianische Heilswirken „unter dem Anruf des Vaters steht“[806], nicht zuletzt jene „Stunde“ des – zugleich Jesu Verherrlichung bedeutenden – Todes (vgl. 12,23; 13,1.31; auch 7,30; 8,20 u. a.), auf deren Ziel (nämlich eben Jesu Herrlichkeitsoffenbarung) das Kana-Zeichen denn auch bereits geheimnisvoll hindeutet (vgl. V. 11).

Nun wird die Distanzierung Jesu von seiner Mutter voll verständlich: Ob (und wann) seine „Stunde“ da ist, so daß er ein „Zeichen“ wirken kann, das bestimmt allein sein himmlischer Vater – und nicht seine irdische Mutter[807]! Jesus handelt im weiteren Verlauf der Geschichte denn auch nicht, weil seine Mutter dies gefordert hat, sondern offensichtlich nur deshalb, weil sein himmlischer Vater es so will!

Insofern die Distanzierung zu seiner Mutter hier als die notwendige Konsequenz des ganz vom Willen des himmlischen Vaters abhängigen Messiaswirkens Jesu erscheint, stellt unsere Szene nicht nur eine gewisse Parallele zu dem Dialog Jesu mit seinen „Brüdern“ in Joh 7,1 – 10 dar[808], sondern kommt

[798] MimNT 150.

[799] Auf die Maria-Eva-Symbolik weisen u. a. die MimNT 273 Anm. 431 aufgeführten Autoren hin. Doch vgl. zur Kritik u. a. H. RÄISÄNEN, Mutter 169.

[800] H. RÄISÄNEN, Mutter 162.

[801] A. a. O.

[802] Man erkennt deutlich, daß unsere Perikope mariologisch der Vorbereitung auf die entscheidende Szene unter dem Kreuz dient!

[803] R. MAHONEY, Mutter 111.

[804] R. SCHNACKENBURG, Joh I 333.

[805] H. GIESEN, EWNT III 1213. Vgl. R. SCHNACKENBURG, BThW II 1285.

[806] R. SCHNACKENBURG, BThW II 1285 f.

[807] Vgl. R. SCHNACKENBURG, Joh I 334: „Für sein messianisches Berufswirken muß selbst seine Mutter zurücktreten.“ Vgl. ferner K. H. SCHELKLE, Mutter 72 f.

[808] Die Parallelität zu 7,1 – 10 hebt vor allem H. RÄISÄNEN, Mutter 165, ausdrücklich hervor. Allerdings ist der entscheidende Unterschied zu beachten: Maria zeigt sich in unserer Szene (anders als die „Brüder“ in Kap. 7!) bereits als eine (zumindest anfanghaft) Glaubende!

auch „der synoptischen Tradition sehr nahe, wo Jesus den Ansprüchen seiner leiblichen Familie den Willen Gottes entgegensetzt“ (Mk 3,31–35 und Parallelen)[809].

Zu 2.:

Die Reaktion Marias in V. 5 bedeutet selbstverständlich keine Ignorierung der Abweisung Jesu[810], die ihren Unglauben anzeigt[811], sondern läßt im Gegenteil erkennen, daß Maria durch das Wort Jesu den Übergang vom bloßen Vertrauen zu einem wirklichen Glauben vollzieht. Gerade indem sie aus der Gemeinschaft mit ihrem Kind hinausgewiesen wird, „tritt sie in ein neues Einvernehmen mit ihm in der Gemeinschaft des Glaubens“[812]! Als Zeichen dieses Glaubens ist es jetzt zu werten, wenn sie die Diener an Jesus selbst verweist und sie auffordert: „Was immer (ὅ τι ἄν ist verallgemeinernd!) er euch sagt, das tut!“ Diese ihre „Aufforderung an die Diener greift dem Handeln Jesu nicht vor; denn der bedingte und verallgemeinernde Relativsatz läßt offen, ob und was Jesus den Dienern sagen wird“[813]. Mit ihrer Anweisung an die Diener erweist sich Maria aber nicht nur selbst als eine Glaubende, sondern es zeichnen sich hier zugleich auch schon ihre Konturen als ‘Mutter der Glaubenden’, ja als Herrin der Kirche ab[814], die als solche nicht nur die Diener damals, sondern auch alle Christen aufruft, „auf Jesu Wort zu hören“[815]. Damit kommt die ekklesiologisch-paränetische Bedeutung Marias in den Blick.

Zur mariologischen Bedeutung der Perikope:

Trotz der wesentlich christologischen Ausrichtung der Perikope – es handelt sich in ihr, wie wir sahen, um die „erste Epiphanie, die zum Glauben an Jesus führt“[816] – sind die mariologischen Implikationen nicht zu übersehen[817]. Allerdings dürfen sie natürlich auch nicht überbetont werden. Jedenfalls geht es trotz der positiven Kennzeichnung Marias nicht eigentlich um ihre Person als solche – der Evangelist verweist z. B. „mit keinem Wort auf die persönlichen Gedanken der Mutter“[818] –, erst recht geht es nicht um konkrete historische

809 MimNT 153, wo außer auf Mk 3,31–35 noch auf Lk 2,41–52 hingewiesen wird; auch dort fordert die Mutter ja „Rücksichtnahme auf die Familie“ und muß sich wie hier von Jesus eines Besseren belehren lassen! Vgl. auch R. Schnackenburg, Joh I 334.

810 So aber z. B. J. Becker, Joh I 109.

811 Gegen M. Rissi, Hochzeit 88, für den Maria hier geradezu die „Repräsentantin des Unglaubens“ ist!

812 K. H. Schelkle, Mutter 73.

813 R. Schnackenburg, Joh I 336.

814 Vgl. K. H. Schelkle, HThG II 113: „... in der Erzählung ist sie wie die Herrin im Hause (2,5), doch wohl wie sie Herrin bereits in der Kirche ist.“

815 J. Gnilka, Joh 23.

816 R. Mahoney, Mutter 110.

817 Daß diese Implikationen „höchstens spekulativ und unsicher sind“, wie R. Mahoney, a. a. O. 114, unter Hinweis auf die Anonymität der Mutter Jesu meint, ist eine dem Text nicht gerecht werdende Übertreibung!

818 H. Räisänen, Mutter 171.

Einzelheiten in bezug auf ihre Person[819], sondern es geht wesentlich um ihre ekklesiologisch-paränetische Bedeutung (vgl. V. 5)! Dies wird dadurch besonders unterstrichen, daß der Evangelist Maria – trotz ihrer Einzigartigkeit, die ihr als „Mutter Jesu" (V. 1.3.5) unbestritten zukommt – offenbar auch in einem typisierenden Sinn deutet, wie er es überhaupt liebt, Personen zu Typen werden zu lassen, die bestimmte Menschengruppen repräsentieren[820]. Näherhin wird Maria hier typisierend gekennzeichnet als die (noch vor den Jüngern Jesu, vgl. V. 11) sich auf dem Weg des Glaubens Befindende, also als die Repräsentantin aller Glaubenden, ja – da sie die erste ist, die sich dem Wort Jesu beugt – als deren Mutter (und damit gleichsam – wie auch die Anrede γύναι in V. 4 andeuten könnte – als die neue Eva?).

Darüber hinaus scheint Maria hier auch als die Herrin der Kirche gezeichnet zu sein[821], die als solche nicht nur die anderen dazu aufruft, genau wie sie auf Jesu Wort zu hören, sondern auch durch ihre von Vertrauen geprägte Fürbitte (V. 3) das „Zeichen" zwar nicht direkt 'bewirkt' – dieses bleibt allein von dem die ὥρα festsetzenden Willen Gottes abhängig (vgl. V. 4) –, wohl aber in „unaufdringlicher Weise" unterstützt[822] (vgl. V. 5).

Von daher ist es nicht ganz unberechtigt, wenn die spätere Mariologie Maria gerade aufgrund dieser Perikope, in der sie „wie eine Orante"[823] voll Demut und Vertrauen erscheint[824], als die Mittlerin (*mediatrix*) zwischen Christus und der Kirche gedeutet hat[825]. Allerdings dürfte für Joh selbst dieser Gedanke hier wohl kaum eine wesentliche Rolle gespielt haben.

### b) Die Mutter Jesu in der Szene unter dem Kreuz Joh 19,25–27

Analyse des Textes:

Der Bericht des JohEv über Kreuzweg, Kreuzigung und Grablegung (19,16b–42), also das „eigentliche Passionsgeschehen"[826], besteht aus insgesamt sieben Einzelszenen: 1. V. 16b–18: Kreuzweg und Kreuzigung; 2. V. 19–22: Auseinandersetzung um die Kreuzesinschrift; 3. V. 23 f.: Verteilung der Kleider Jesu; 4. V. 25 ff.: Jesu Mutter mit den Frauen und dem „Lieblingsjünger" unter dem Kreuz; 5. V. 28 ff.: Tod Jesu; 6. V. 31–37: Durchbohrung

[819] So zu Recht R. MAHONEY, Mutter 114.
[820] Vgl. dazu H. RÄISÄNEN, Mutter 172 f.
[821] Vgl. K. H. SCHELKLE, HThG II 113.
[822] So R. SCHNACKENBURG, Joh I 336, für den damit „ein feiner Zug" sichtbar wird, „der zum biblischen Marienbild paßt: Glaube ohne letzte Einsicht in die göttlichen Geheimnisse (vgl. Lk 1,38.45), dienende Hilfsbereitschaft (vgl. Lk 1,39.56), treues Halten auch zu dem ihr fernergerückten Sohn".
[823] K. H. SCHELKLE, Mutter 35.
[824] Vgl. A. WIKENHAUSER, Joh 74.
[825] Vgl. dazu u. a. K. H. SCHELKLE, a. a. O. Doch s. die Kritik etwa bei H. RÄISÄNEN, Mutter 173; R. MAHONEY, Mutter 113 f.
[826] R. SCHNACKENBURG, Joh III 310.

der Seite Jesu; 7. V. 38–42: Bestattung Jesu[827]. Nach dieser Aufgliederung steht die Szene mit „Jesu letzter Anweisung, wonach seine Mutter den Jünger, den Jesus liebte, als Sohn annimmt und der Jünger Jesu Mutter als seine eigene nimmt“[828], genau in der Mitte der Komposition, und zwar unmittelbar vor der Sterbeszene! Schon dies zeigt die Bedeutung an, die das in 19,25 ff. dargestellte Geschehen für den Evangelisten Joh besitzt[829].

Welch große Bedeutung der Szene 19,25 ff. zukommt, geht auch daraus hervor, daß Joh sie als solche selber gebildet hat. Allerdings dürfte ihm zumindest die Aufzählung der Frauen in V. 25 aus seiner Quelle vorgegeben gewesen sein, wo sie näherhin (wie bei den Synoptikern; vgl. Mk 15,40 und Parallelen[830]) vermutlich erst nach dem Bericht über Jesu Tod ihren Platz hatte[831]; die Verse 26 f. dürfte er selbständig (möglicherweise auf der Grundlage einer traditionellen Notiz[832]) hinzugefügt haben[833]. Für den redaktionellen Zusammenhang von V. 26 f. mit V. 25 sprechen u. a. folgende Gründe[834]: 1. Der Übergang von V. 25 zu V. 26 f. „ist merkwürdig abrupt“[835] und, „inhaltlich gesehen, recht hart und unmotiviert“[836]. 2. Im Unterschied zu V. 26 f. weist V. 25 „kaum joh Spracheigentümlichkeiten“ auf[837]. 3. Die Kompositionstechnik in V. 26 f. (V. 27b sprengt in typischer Weise die augenblickliche Situation!) spricht für die Hand des Evangelisten[838].

[827] Vgl. zu diesem Siebener-Schema u. a. R. E. BROWN, Joh II 910 ff. Ähnlich J. GNILKA, Joh 143.146. Eine Einteilung in sechs Szenen bevorzugen u. a. R. BULTMANN, Joh 517–527; R. SCHNACKENBURG, Joh III 311; beide fassen dabei die Verse 16b–18 und 19–22 zu einer Szene zusammen.

[828] R. MAHONEY, Mutter 112.

[829] Nicht von ungefähr gibt es denn auch zu dieser Szene recht unterschiedliche Interpretationsversuche. Vgl. dazu u. a. R. SCHNACKENBURG, Joh III 319, bes. Anm. 325–328; ferner J. BECKER, Joh II 591 f.

[830] Dort begegnen aber bis auf Maria von Magdala andere Namen!

[831] Vgl. R. BULTMANN, Joh 515; A. DAUER, Passionsgeschichte 193; DERS., Wort I 225; R. SCHNACKENBURG, Joh III 321; J. BECKER, Joh II 590.

[832] Diese sprach dann aber wohl noch nicht davon, daß die Mutter Jesu und der „Lieblingsjünger“ unter dem Kreuz standen, sondern dürfte eher eine frühere Situation angesprochen haben. Vgl. H. RÄISÄNEN, Mutter 180. Nach A. DAUER, Wort I 235, „ist wohl nicht daran zu zweifeln, daß Jesus für seine Mutter gesorgt hat, als er merkte, wie kritisch seine Lage wurde. Es ist auch nicht unwahrscheinlich, daß er einen Jünger, dem er besonders zugetan war, mit dieser Sorge betraute. Der Evangelist aber ändert Ort und Zeit dieser Verfügung und bringt sie in die Kreuzigungsszene mit hinein.“ Die Darstellung des Joh braucht also nicht völlig ‘unhistorisch’ zu sein! Anders urteilt R. BULTMANN, Joh 521, nach dessen Meinung die Szene „angesichts der synoptischen Überlieferung auf Historizität keinen Anspruch machen kann“. Zur Frage der ‘Historizität’ s. auch R. SCHNACKENBURG, Joh III 328; MimNT 166.

[833] R. BULTMANN, Joh 521; R. SCHNACKENBURG, Joh III 323, u. a. – J. BECKER, Joh II 590, hält V. 26 f. für „eine selbständige Tradition“.

[834] Vgl. dazu auch A. DAUER, Wort I 230–233.

[835] H. RÄISÄNEN, Mutter 174.

[836] A. DAUER, Wort I 230.

[837] A. DAUER, a. a. O.

[838] A. DAUER, a. a. O. 232 f.

Die Beantwortung der Frage, worin für Joh der theologische Sinn dieser Szene und damit zugleich ihre mariologische Bedeutung liegt, hat an zwei Momenten anzusetzen: daß vorweg in V. 25 außer der Mutter noch drei andere Frauen ewähnt sind[839] und daß in V. 26 f. neben ihr mit „dem Jünger, den Jesus liebte", eine weitere anonym bleibende Gestalt steht. Es ist also zu fragen: 1. Warum erwähnt Joh vorweg die Frauen, und in welchem (sachlichen) Verhältnis stehen sie zur „Mutter Jesu" und zum „Lieblingsjünger"? 2. Welche Bedeutung (und Deutung) kommt dem „Lieblingsjünger" zu, und was ergibt sich daraus in bezug auf das Verständnis der „Mutter Jesu", die ihm in dieser Szene ja zugewiesen wird[840]?

Zu 1.:

Der Evangelist erwähnt die Frauen (mit Maria insgesamt vier) vorweg als „nahe bei (παρά!) dem Kreuz" stehend[841] nicht nur, um überhaupt das Wort Jesu an seine Mutter und den „Lieblingsjünger" anschließen zu können[842], sondern wohl auch, um sie den vorher erwähnten (vier) Soldaten (vgl. V. 23 f.) gegenüberzustellen[843], wobei die Gegenüberstellung (wie die gesamte Szene) zweifellos einen tieferen Sinn hat: die Soldaten erscheinen als „die ausführenden Organe" des „Unglaubens, die Repräsentanten der ungläubigen Juden wie der ungläubigen Welt"[844]; die Frauen werden demgegenüber schon dadurch, „daß sie da sind", als „Glaubende" gekennzeichnet[845]! Die drei anderen Frauen bilden insofern nicht nur die notwendige 'Begleitung' der Mutter Jesu, sondern zusammen mit ihr und dem „Lieblingsjünger" geradezu eine „kleine Gemeinde gläubiger Jünger", die Jesus bei seinem Tod zurückläßt als Keimzelle der Kirche[846], eine Gemeinde, die bereits ähnlich strukturiert

[839] Es ist in der Forschung umstritten, um wieviele Frauen es sich in V. 25 handelt. Vgl. zu dieser Frage u. a. J. Blinzler, Brüder 111 ff.; R. Schnackenburg, Joh III 321 f. Am besten wird man (mit den meisten Exegeten) die Aufzählung paarweise durchführen: die ersten beiden Frauen (Jesu Mutter und ihre Schwester) stehen ohne Namensnennung, die beiden anderen werden mit ihrem Namen eingeführt.

[840] Gerade die Beantwortung der letzteren Frage ist mariologisch besonders wichtig; denn vom Verständnis des „Lieblingsjüngers", auf dem hier wahrscheinlich der Hauptakzent liegt (vgl. A. Dauer, Wort I 236 f.; auch J. Becker, Joh II 591), hängt das Verständnis der Mutter Jesu an dieser Stelle entscheidend ab. Wenn z. B. der „Lieblingsjünger" „symbolische Valenz" haben sollte, dann muß „Marias Deutung ähnliche Konsequenzen zeitigen" (J. Becker, Joh II 591).

[841] Man beachte den Unterschied zu Mk 15,40, wo die Frauen nur „von weitem" (ἀπὸ μακρόθεν) zusehen! Möglicherweise stand in der johanneischen Quelle ebenfalls noch ein ἀπὸ μακρόθεν. Vgl. R. Bultmann, Joh 520.

[842] R. Schnackenburg, Joh III 321; vgl. R. Bultmann, Joh 520; J. Becker, Joh II 590.

[843] Vgl. A. Dauer, Wort I 235; R. Schnackenburg, Joh III 323; J. Gnilka, Joh 145.

[844] A. Dauer, Wort I 235.

[845] A. a. O.

[846] MimNT 168. Vgl. dazu auch H. Preisker, Joh 2,4 und 19,26, 212: „Also nicht Zuschauer aus der Ferne sind die Frauen und der Jünger Johannes, sondern sie alle zusammen stehen beim Kreuz und verkörpern die Gemeinde, die sich unterm Kreuz zusammenfindet. Erst nachdem Jesus unterm Kreuz noch die Gemeinde gebildet hat, kann er bald

erscheint wie die lukanische Urgemeinde nach Apg 1,14[847]. Gleichwohl hebt sich Maria deutlich aus den übrigen Frauen heraus, nicht nur, weil sie an erster Stelle genannt wird, sondern weil sie darüber hinaus anonym bleibt[848]. Dies könnte wieder (wie in 2,1 – 11) auf ihre besondere symbolisch-typologische Bedeutung hinweisen.

Zu 2.:

Ob ihr tatsächlich eine solche Bedeutung zukommt und worin diese näherhin besteht, hängt davon ab, wie man den ebenfalls anonym bleibenden „Lieblingsjünger", ohne Zweifel eine ebenso wichtige Person, wenn nicht gar die Hauptperson für den Evangelisten[849], deuten soll.

Die Ansichten der Forscher, was es mit dem nur im JohEv vorkommenden „Lieblingsjünger", der vom Evangelisten nicht nur als „Jünger, den Jesus liebte" (19,26; 20,2; 21,7.20), sondern auch als „einer von seinen Jüngern" (13,23), als „Jünger, der an seiner Brust ruhte" (21,20; vgl. 13,13) oder als „anderer Jünger" (18,15 f.; 20,3 f.; vgl. 1,35 – 40) bezeichnet wird, auf sich hat, ob es sich bei ihm nur um eine symbolische Figur, eine „Idealgestalt"[850], handelt oder (auch) um eine historische Persönlichkeit, und wenn ja, ob sich dahinter vielleicht der Apostel Johannes verbirgt oder eher ein anderer Herrenjünger, gehen weit auseinander[851].

Mit einiger Berechtigung darf man wohl folgendermaßen urteilen: Es handelt sich bei dem „Lieblingsjünger" zweifellos um eine historische Persönlichkeit, näherhin höchstwahrscheinlich um den Apostel Johannes, da wohl

nachher sagen, daß alles vollendet ist" (19,28). Daß Joh der (die Verherrlichung Jesu einschließenden) „Stunde" (vgl. ihre Erwähnung auch in V. 27a) des Todes des Herrn durchaus kirchenbildenden Charakter zuschreibt, geht auch aus 19,30 hervor: καὶ παρέδωκεν τὸ πνεῦμα. Der Ausdruck gehört zu den vielen doppelsinnigen Wörtern im JohEv. Er meint nicht nur vordergründig „und er gab den Geist auf" (d. h. „er starb"), sondern hat darüber hinaus eine hintergründige Bedeutung: „und er übergab das Pneuma" – nämlich an die unter dem Kreuz stehenden Getreuen, die damit zur Kirche werden! Vgl. auch A. Loisy, Quatrième évangile 882 f.

847 In Apg 1,14 werden neben den Aposteln auch die Frauen, Maria und die „Brüder" Jesu erwähnt.

848 Dies gilt zwar auch für ihre an 2. Stelle erwähnte Schwester, die aber wohl nur ihretwegen anonym bleibt – falls ihr Name überhaupt bekannt gewesen sein sollte!

849 Letzteres nimmt u. a. A. Dauer, Wort I 236 f., an. Vgl. auch H. Räisänen, Mutter 178; J. Becker, Joh II 590.

850 R. Bultmann, Joh 369.

851 Vgl. zum „Lieblingsjünger" die bei J. Becker, Joh II 434 f., angegebene Literatur. Merkwürdig zwiespältig ist das Urteil von R. Schnackenburg: Im 1. Bd. seines Joh-Kommentars (60 – 88) identifiziert er den Lieblingsjünger noch mit dem Apostel Johannes. Im Exkurs „Der Jünger, den Jesus liebte" im 3. Bd. seines Kommentars (449 – 464) sieht er in ihm nunmehr einen Herrenjünger, „der noch in die irdische Lebenszeit Jesu zurückreicht, aber nicht zur Gruppe der Zwölf gehörte und so auch nicht das ganze Wirken Jesu miterlebte, wohl aber ein Zeuge der letzten Geschehnisse war, vielleicht ein Jerusalemer Jünger Jesu". Vgl. auch seine Ausführungen zu diesem Thema in: EKK Vorarbeiten Heft 2.

kaum „ein relativ unbekannter Mann im Urchristentum“[852] eine so große Autorität als Traditionsträger – und als solcher ist er im 4. Ev gekennzeichnet[853] – gehabt haben dürfte. Zugleich aber kommt dieser Persönlichkeit – und dies erklärt seine Anonymität – auch eine symbolisch-typisierende Bedeutung zu! Er erscheint nicht nur als „Prototyp des Glaubenden“[854] (vgl. 20,2–10), sondern auch als „derjenige, der ‚im Schoße Jesu‘ liegt und dem sich Jesus in besonderer Weise erschließt (13,23–26)“[855] und der gerade so als der wesentliche „Garant der johanneischen Tradition“ gelten kann[856]. Auch in der Szene unter dem Kreuz steht er vor uns als „Ideal oder Modell eines Jüngers Jesu“[857] und darüber hinaus als „der Zeuge schlechthin“[858] (vgl. auch 19,35; 21,24).

Was ergibt sich nun daraus für das Verständnis der Mutter Jesu in dieser Szene? Dazu wird man zunächst sagen können: Wenn sie hier vom sterbenden Jesus an den „Lieblingsjünger“ verwiesen wird, so erhält auch sie damit die Bedeutung eines Symbols: Näherhin steht sie da als Symbol „für die Verwiesenheit aller, die vom Erhöhten das Heil erwarten und sein Wort annehmen wollen, an den geliebten Jünger als den Tradenten und Interpreten der Jesusbotschaft“[859]. In ihr werden alle Heilsuchenden „diesem Zeugen und damit seinem Evangelium anvertraut“[860].

Man darf nun aber nicht übersehen, daß, wie die Mutter an den „Lieblingsjünger“, so dieser umgekehrt an sie verwiesen wird! Dies läßt sich auf verschiedene Weise deuten (und ist auch in der Forschungsgeschichte verschieden gedeutet worden). Die wichtigsten Deutungsmöglichkeiten seien im folgenden genannt und kritisch beleuchtet:

1. Jesu Mutter wird die geistige Mutter des „Lieblingsjüngers“ und damit die Mutter der von ihm repräsentierten Jünger Jesu insgesamt[861]. In dieser testamentarischen Verfügung des sterbenden Jesus wird ein neues „Familien-

[852] R. Schnackenburg, Joh III 460.

[853] Das hebt auch R. Schnackenburg, Joh III 456, ausdrücklich hervor.

[854] R. Schnackenburg, Joh III 457.

[855] A. a. O.

[856] H. Räisänen, Mutter 179. Vgl. J. Gnilka, Joh 145.

[857] MimNT 167.

[858] A. a. O. Vgl. H. Schürmann, Weisung 25: „Der ‚Jünger, den Jesus liebte‘, steht unter dem Kreuz als Traditionszeuge (Autor) des Johannesevangeliums.“ Ähnlich R. Schnakkenburg, Joh III 457.

[859] R. Schnackenburg, Joh III 457.

[860] H. Schürmann, Weisung 25. Vgl. auch A. Dauer, Passionsgeschichte 326 ff.; ferner J. Gnilka, Joh 145: Maria „bleibt ... auch als Person die dem Heil in besonderer Weise Geöffnete“.

[861] Wohl am ausgeprägtesten begegnet diese Deutung bei P. Gaechter, Maria. Seiner Ansicht nach bestand die messianische Tat von 19,25 ff. darin, „daß Jesus ein neues, übernatürliches Band schuf, welches Maria als Mutter und die Erlösten umfassen und verbinden sollte. In Johannes gab der Herr allen in messianisch-übernatürlichem Sinn Maria zur Mutter, in ihm machte er alle in diesem hohen Sinn zu Kindern Marias“ (a. a. O. 218). Doch vgl. die Kritik daran u. a. bei A. Dauer, Wort I 87; R. Schnackenburg, Joh III 327.

band geknüpft, das der Bedeutung von Jüngerschaft gleichkommt"[862], wobei Jesu leibliche Mutter (übrigens ähnlich wie Lk 8,19ff.!) die Anforderungen „erfüllt ..., die an die eschatologische Familie gestellt werden"[863], und gerade so zur geistigen Mutter aller Glaubenden, d. h. aber: der ganzen Kirche wird[864].

2. Die Mutter Jesu stellt von jetzt an die bleibende Verbindung der Christusbotschaft, dessen Tradent und erster Interpret der „Lieblingsjünger" ist, mit dem Logos, dem „fleischgewordenen Wort" (vgl. Joh 1,14), dar. Anders gesagt: Sie garantiert wesentlich die inkarnatorische Struktur des Evangeliums! Insofern bleibt jede Verkündigung an sie verwiesen, an sie gebunden[865].

3. Zu überlegen ist, ob Jesu Mutter hier darüber hinaus nicht auch „in besonderer Weise den für das messianische Heil empfänglichen Teil Israels repräsentieren soll"[866], spielt doch der Gedanke an Israel und seine Messiaserwartungen im JohEv durchaus eine gewisse Rolle (vgl. 1,31.41.45.49; 12,13)[867]. Es wäre dann mit dem Verweisen des „Lieblingsjüngers" an die Mutter Jesu speziell die Intention verbunden, „die christliche Gemeinde an den Mutterschoß zu erinnern, aus dem Jesus und sie selbst hervorgegangen sind"[868]! Ist, wie gesagt, diese Deutung immerhin noch vom Kontext des JohEv her zu vertreten, so gilt dies wohl kaum von jener ähnlich symbolischen Deutung, nach der die unter dem Kreuz stehende Mutter Jesu das Judenchristentum und der „Lieblingsjünger" demgegenüber das Heidenchristentum repräsentieren sollen[869].

4. Eher könnte da noch die typologisch-symbolische Auslegung in Frage kommen, welche Maria als neue Eva sieht und damit als Bild für die Kirche selbst[870]. Dafür könnten wie schon in 2,4 die Anrede mit γύναι („Frau") und der Hinweis auf die ὥρα („Stunde"; vgl. V. 27) sprechen[871]. Falls „mit der Mutter Jesu, die Jesus als 'Frau' anspricht, ein Eva-Symbol gemeint ist, dann

862 MimNT 169.

863 A. a. O.

864 Auf den ekklesiologischen Bezug hebt bes. K.H. SCHELKLE, HThG II 113, ab: „Maria nimmt Johannes als Sohn an und mit ihm, dem Apostel, die Aufgaben der Kirche und diese selber."

865 Wenn R. MAHONEY, Mutter 112, hervorhebt, Jesu Mutter sei hier „ein antidoketischer Hinweis" darauf, „daß der Jesus, der im Begriff ist, am Kreuz zu sterben, ein Jesus des Fleisches ist", dann mag dies (aufgrund von 19,34 u. a. „antidoketischen" Stellen im JohEv) richtig sein. Gleichwohl geht es an dieser Stelle nicht sosehr um Jesu Person, sondern, wie die Einführung des „Lieblingsjüngers" beweist, eher um den mit Jesus allerdings identischen (vgl. 1,1–18) λόγος, das Evangelium! Dementsprechend könnte man MAHONEYS Gedanken so variieren: Jesu Mutter ist hier wesentlich ein Hinweis darauf, daß der λόγος ein „λόγος des Fleisches" ist!

866 So R. SCHNACKENBURG, Joh III 324.

867 Vgl. R. SCHNACKENBURG, Joh III 324.

868 A. a. O.

869 R. BULTMANN, Joh 369f. Vgl. zur Kritik daran u. a. H. RÄISÄNEN, Mutter 175; R. SCHNACKENBURG, Joh III 327f.; MimNT 169.

870 Diese Deutung vertreten u. a. die bei R. SCHNACKENBURG, Joh III 326 Anm. 48, genannten Autoren.

871 Vgl. MimNT 279 Anm. 489.

wäre die Szene unter dem Kreuz das Moment, in dem Maria eine Mutter mit Nachkommenschaft, den christlichen Jüngern, geworden ist"[872]. Es bleibt indes unklar, ob bzw. wieweit eine solche Maria-Eva-Typologie und damit Marias Deutung auf die Kirche tatsächlich „auch in den Gedanken des vierten Evangelisten liegt"[873].

5. Daß die Mutter Jesu hier als Symbol der Einheit der Kirche gesehen ist[874], dürfte ein Aspekt sein, den man hier – zumindest als „Nebensinn"[875] – durchaus angedeutet finden kann, zumal dem 4. Evangelisten auch sonst sehr viel an der Einheit der Kirche liegt (vgl. 10,16; 11,52; 17,11.21 f.)[876].

Zur mariologischen Bedeutung der Perikope:

Wenn Joh in 19,25 ff. von Jesu letztem Willen spricht, nach dem seine (mit anderen Frauen unter dem Kreuz stehende) Mutter und sein „Lieblingsjünger" (der Apostel Johannes) „aneinander gewiesen und miteinander verbunden werden"[877], dann zeigt dies, daß der Evangelist durchaus an der Person Marias interessiert ist[878], erscheint sie hier doch immerhin als „Objekt jesuanischer letzter Vefügung"[879], wenn auch nicht „nur" als „Objekt ohne jede weitere Charakteristik"[880]: Schon die Tatsache, daß sie neben einigen wenigen Frauen und einem einzigen Jünger unter dem Kreuz ausharrt, ist ja doch charakteristisch genug!

Es wäre nun allerdings falsch, wollte man in einer rein historisierenden Betrachtungsweise in dieser Szene „nichts anderes als die Kindessorge Jesu für seine Mutter" sehen[881]. Ihre Erwähnung neben dem (ebenfalls anonym bleibenden) „Lieblingsjünger" und darüber hinaus das „auch in der übrigen Passionsgeschichte unverkennbare theologische Interesse des Evangelisten"[882] sprechen dafür, daß sich hier – ganz im Sinne des Evangelisten – mit der Person der Mutter Jesu auch tiefere Deutungen, nicht zuletzt solche typologisch-symbolischer Art verbinden lassen[883]. Jedenfalls ist hier „die leibliche Mutterschaft nicht die primäre Rolle" Marias[884]!

Ein Blick auf die unterschiedlichen Deutungsversuche in der Forschungsgeschichte zeigt freilich, daß es „sehr schwierig ist, mit Sicherheit zu sagen,

[872] MimNT 171.

[873] R. Schnackenburg, Joh III 326. Vgl. zur Kritik u. a. auch H. Räisänen, Mutter 176; A. Dauer, Wort II 83 f.

[874] So u. a. C. K. Barrett, John 459; vgl. auch H. Schürmann, Weisung 25. Dagegen H. Räisänen, Mutter 185.

[875] A. Dauer, Wort II 88.

[876] Vgl. dazu A. Dauer, a. a. O.

[877] R. Schnackenburg, Joh III 323.

[878] Vgl. R. Mahoney, Mutter 114 Anm. 85.

[879] J. Becker, Joh II 591.

[880] So aber J. Becker, a. a. O.

[881] Das betont zu Recht R. Schnackenburg, Joh III 325.

[882] R. Schnackenburg, a. a. O.

[883] Das muß z. B. gegen J. Becker, Joh II 591 f., eingewendet werden, der derartige Deutungen rundweg ablehnt.

[884] MimNT 168.

wo die Grenzen der johanneischen Symbolsprache liegen“[885]. Vertretbar im Sinne der johanneischen Theologie sind die Deutungen der Mutter Jesu als Glaubende, die zusammen mit den unter dem Kreuz stehenden Frauen und dem „Lieblingsjünger“ (dem Repräsentanten der Apostel bzw. Jünger) die Keimzelle der Christengemeinde bildet; als Symbol für alle Heilsuchenden, die sich – wie sie – an den Traditionszeugen verwiesen sehen[886]; aber auch als geistige Mutter aller Gläubigen bzw. der Kirche; als Garantin (oder gar ‘Beschützerin’) der Evangelientradition[887], die nach Jesu Tod weiterhin die inkarnatorische Struktur der Verkündigung sichert; ferner auch wohl als Repräsentantin des für das messianische Heil empfänglichen Teils Israels[888]; schließlich – möglicherweise – auch als ‘neue Eva’ und Bild der Kirche, jedenfalls zumindest als ihr Einheitssymbol.

Nicht vertretbar erscheinen z.B. die Deutung Marias auf das Judenchristentum[889] sowie bestimmte extreme ‘mariologische’ Auslegungen, die Maria zu einseitig in den Vordergrund rücken und dabei oft zu vorschnell diese Joh-Stelle im Lichte der späteren Mariologie ausdeuten (etwa in dem Sinne, daß sie Maria hier als die „*Co-Redemptrix*“ oder zumindest als die Mittlerin und Fürsprecherin der Kirche bzw. gar aller Menschen dargestellt sehen wollen)[890] – obwohl natürlich gerade die Szene unter dem Kreuz zweifellos „der fortgeschrittenen Mariologie mächtige Impulse gegeben“ hat[891]. Solche extremen ‘mariologischen’ Positionen sind indes schon deshalb unangebracht, weil sie der christologischen Hauptintention der Perikope[892] wie überhaupt der Passionsgeschichte des Joh nicht gerecht werden.

### 3. Ergebnisse

Ein Vergleich der johanneischen Mutter-Jesu-Stellen (2,1–11; 19,25 ff.) mit den mariologisch relevanten Texten bei den Synoptikern zeigt, daß auch beim 4. Evangelisten die Mariologie ein integrierender Bestandteil der Christusverkündigung ist und deshalb stets der christologischen (und ekklesiologischen) Aussageabsicht untergeordnet bleibt.

Insofern Joh keine ‘Vorgeschichte’ kennt wie Mt bzw. Lk, ist es nicht verwunderlich, daß bei ihm „nicht auf die Stellung der Mutter als der jungfräu-

885 MimNT 172.

886 Vgl. H. Schürmann, Weisung 25, u. a.

887 H. Räisänen, Mutter 179 f.

888 R. Schnackenburg, Joh III 324.

889 Gegen R. Bultmann, Joh 369 f.521.

890 Vgl. z. B. K. H. Schelkle, Mutter 37.

891 R. Mahoney, Mutter 113.

892 Die Szene unter dem Kreuz mit der „offiziellen Verfügung“ Jesu (A. Dauer, Wort II 81) ist näherhin „Ausdruck des messianischen Selbstbewußtseins des joh Christus“ (a. a. O. 83) und zeigt zudem, daß Jesus auch noch in der Stunde seines Todes „in majestätischer Weise Herr der Situation“ bleibt (R. Mahoney, Mutter 113).

lichen Gebärerin“ abgehoben wird[893]. Das heißt aber nicht, daß der 4. Evangelist an der Person Marias nicht interessiert ist. Immerhin läßt er sie in der Szene unter dem Kreuz zum Objekt von Jesu Fürsorge werden (19,26 f.); auch charakterisiert er ihr Verhalten als Vertrauen (2,3), Glauben (2,5) und Treue (19,25 ff.)[894]. Aber es geht ihm in diesem Zusammenhang noch weniger als den Synoptikern um die Vermittlung der „Kenntnis historischer Einzelheiten ihrer Person“[895] als vielmehr um ihre tiefere Deutung und Bedeutung, wobei er die Mutter Jesu offenbar noch stärker, als dies etwa bei Lk der Fall ist, als eine symbolisch-typologisch auszudeutende Gestalt versteht, was dann gerade der späteren „fortgeschrittenen Mariologie mächtige Impulse gegeben“ hat: „Maria als neue Eva, Mutter aller Gläubigen bzw. der Kirche, Mediatrix aller Gnaden, Co-Redemptrix“[896].

Näherhin ist Maria (wie der „Lieblingsjünger“) bei Joh in einem doppelten Sinn eine „Idealgestalt“[897]: Zum einen erscheint sie als die Mutter der Glaubenden (in 2,1 – 11 sogar als die Herrin der Kirche!), der als solcher eine einmalige und bleibende Bedeutung für die Kirche zukommt. Zum anderen ist sie selbst als eine Glaubende gekennzeichnet. Dabei betont Joh vor allem Marias Glaubensweg. Dieser führt sie von anfänglichem Vertrauen (2,3) zu einem echten Aufbruch des Glaubens (2,5), eines Glaubens, der sie offenbar sogleich zum Anschluß an Jesus im geistigen Sinne führt (vgl. 2,12) und sich am Ende in seiner ganzen Reife zeigt, da sie getreu unter dem Kreuz ihres Sohnes ausharrt. Hier wird sie vollends zu jener Frau, die das Wort Gottes hört und bewahrt[898].

## Rückblick und Auswertung der Ergebnisse der Textuntersuchungen

1. Die Untersuchung der Texte des NT, die direkte oder indirekte Bezüge auf Maria aufweisen und deshalb in marianischer bzw. mariologischer Hinsicht relevant erscheinen, zeigt, daß die Mutter Jesu in allen Schichten der Überlieferung eigentlich nie für sich isoliert bzw. nur um ihrer selbst willen in den Blick genommen wird, sondern stets nur im umfassenderen Kontext der Christusverkündigung ihren Platz hat.

Daß sich dabei unterschiedliche Akzente, ja verschiedene Marienbilder ergeben[899], hängt zum einen damit zusammen, daß die jeweiligen Traditionen

[893] H. Räisänen, Mutter 185.
[894] Vgl. H. Räisänen, Mutter 185.
[895] R. Mahoney, Mutter 114.
[896] R. Mahoney, a. a. O. 113.
[897] R. Bultmann, Joh 369.
[898] K. H. Schelkle, Mutter 84.
[899] Vgl. R. Mahoney, Mutter 114: „Im Neuen Testament gibt es nicht nur ein Bild von Maria, sondern mindestens deren vier: jeder Evangelist läßt die Mutter Jesu so auftreten, wie er sie für die Gestaltung seiner christologischen Botschaft braucht.“

„ihrem Charakter nach recht verschieden" sind[900], erklärt sich aber vor allem aus den jeweils unterschiedlichen Aussageabsichten, die die ntl. Verfasser selbst mit ihrer Christusverkündigung verfolgen.

So kennt bzw. benutzt Paulus keine Tradition, die sich in irgendeiner Weise an der Mutter Jesu interessiert zeigt oder gar spezielle 'mariologische' Themen behandelt. Auch die vorgegebene Formel „geworden aus einer Frau" in Gal 4,4 macht, wie wir feststellten, keine Aussage über die Art der Menschwerdung Christi, weshalb man aus ihr auch „ein Bekenntnis zur Lehre von der jungfräulichen Empfängnis nicht heraushören" kann[901]. Auch dem Apostel selbst geht es bei seiner Interpretation der vorgegebenen Tradition nicht um eine mariologische Aussage, sondern um ein christologisch-soteriologisches Anliegen.

Mk kennt ebenfalls keine sich speziell mit Maria befassende Tradition. In 3,31–35 übernimmt er allerdings ein Traditionsstück, in dem die Mutter Jesu zusammen mit seinen „Brüdern" in einer gewissen Distanzierung zu Jesus steht. Der älteste Evangelist hebt recht unbefangen diese Distanzierung sogar noch deutlicher als die Tradition hervor (vgl. 3,20 f.). Dabei geht es ihm ebensowenig wie seiner Vorlage um die Person Marias selbst. Jesu Mutter hat (wie seine „Brüder") bei Mk nur eine typische bzw. paradigmatische Bedeutung[902], aber keine eigenständige. Ähnlich ist es in 6,1–6. Hier greift Mk auf ein vom Mißerfolg Jesu in Nazareth berichtendes Traditionsstück zurück, in dem die Ablehnung Jesu als „Prophet" (und Weisheitslehrer) seitens der Nazarethaner mit dem Hinweis auf seine 'normale' (bzw. 'niedrige') Herkunft begründet wird, vor allem mit der Bemerkung, daß er „der Sohn der (allseits bekannten) Maria" ist. Der Evangelist übernimmt diese Bemerkung, ohne damit offenbar seinerseits einen tieferen 'mariologischen' Sinn (etwa eine Anspielung auf die jungfräuliche Empfängnis) zu verbinden. Außerdem führt er in das Jesuslogion V. 4 – über seine Tradition hinaus – das Motiv des Unverständnisses der „Sippe" und der „Familie" ein, also auch der Mutter, die damit wieder (wie in 3,20 f.31–35) neben den „Brüdern" als Typus für die allgemeine Verständnislosigkeit dem irdischen Jesus gegenüber erscheint. Alles in allem hat also bei Mk, wie schon in seiner Tradition, das Bild von Maria – wenn man von einem solchen überhaupt sprechen darf – eine dunkle Einfärbung. Der älteste Evangelist will damit aber nicht gegen die Mutter Jesu polemisieren[903], weist er doch in seinem Ev zugleich immer wieder darauf hin, daß auch „die Jünger Jesus während der Zeit seines öffentlichen Wirkens mißverstanden haben, und diese Voreingenommenheit mag sich auch im Bild, das er von Maria entwirft, niedergeschlagen haben"[904].

Mt und Lk nehmen als einzige Traditionsstücke auf, welche die 'Vorgeschichte' Jesu betreffen und in denen die Mutter Jesu naturgemäß eine größere

[900] H. Räisänen, Mutter 195.
[901] H. Räisänen, Mutter 20.
[902] H. Räisänen, a. a. O. 197.
[903] Vgl. H. Räisänen, a. a. O. 51.
[904] MimNT 221.

Rolle spielt, bzw. sie greifen auch auf bestimmte mariologische Einzelmotive zurück, die bereits in der Tradition verankert sind, wie z. B. das Motiv der Jungfrauengeburt. Lk könnte darüber hinaus in Apg 1,14 eine traditionelle Notiz über die Zugehörigkeit der Mutter Jesu und seiner „Brüder" zur christlichen Urgemeinde verarbeitet haben. Gleichwohl unterscheiden sich die Darstellungen Marias bei Mt und Lk teilweise beträchtlich voneinander: In der 'Vorgeschichte' des Mt nimmt Maria zwar durchaus eine „Schlüsselstellung"[905] ein, aber der Evangelist interessiert sich dabei eigentlich fast nur für das heilsgeschichtlich-christologische „'Amt' der Maria, nicht aber für ihre Person"[906]. Zudem wird sie „in der erzählerischen Ausführung ... ständig ihrem davidischen Mann Josef eindeutig untergeordnet"[907]. Sie erscheint eigentlich immer als die Passive, an der (durch Gott bzw. durch Josef) gehandelt wird (vgl. bes. 1,18 – 25; auch 2,1 – 23). Bei Lk dagegen spielt Maria durchaus eine aktive Rolle (vgl. z. B. 1,38 f.; 2,7.48). Im übrigen fndet sich bei Lk, dem „Mariologen" des NT[908], ein sehr facettenreiches Marienbild. Nicht nur hat der 3. Evangelist sein insgesamt positives Marienbild „mit vielen menschlichen Zügen, die für die Frömmigkeitsgeschichte von allergrößter Bedeutung waren, ausgestattet"[909], sondern es fehlen auch die dunklen Züge keineswegs (vgl. bes. das Motiv der *mater dolorosa* in 2,35.48).

Wieder anders sieht das Bild von Maria im Rahmen der Christusverkündigung des Joh aus. Der 4. Evangelist übernimmt in 2,1 – 11 ein Traditionsstück, bei dem es um ein Wunder geht, das Jesus auf die indirekte Vermittlung seiner Mutter hin (V. 5) wirkt. Joh, der dieses Wunder als ein erstes „Zeichen" darstellt, durch das Jesus seine δόξα offenbart und die Jünger zum Glauben geführt werden (vgl. 2,11), hat vor allem durch den redaktionell eingebauten Dialog in V. 3 f. die „christologische Distanz"[910] zwischen Jesus und seiner Mutter hervorgehoben, diese dabei aber zugleich als diejenige gekennzeichnet, die sich schon auf dem Weg des Glaubens befindet (vgl. V. 3.5). In 19,25 ff. hat der Evangelist, möglicherweise auf der Grundlage einer traditionellen Notiz, eine Szene geschaffen, in der er den sterbenden Jesus seine Mutter und den „Lieblingsjünger" für die Zeit nach seinem Tod aneinander verwiesen sein läßt und damit ihre besondere Bedeutung für die Kirche herausstellt. Wenn die Mutter Jesu (wie der „Lieblingsjünger") bei Joh anonym bleibt, dann erklärt sich dies ebenfalls daraus, daß Maria (wie der Jünger) in den Augen des Evangelisten nicht nur eine historische Persönlichkeit ist, sondern zugleich eine symbolische Bedeutung für die Kirche hat.

905 R. Mahoney, Mutter 114.
906 H. Räisänen, Mutter 197.
907 So R. Mahoney, Mutter 114, der sicher nicht zu Unrecht hinzufügt: „Hätte es ein dem Magnifikat ähnliches Lied im Matthäusevangelium gegeben, wäre die Ehre, das Lied auszusprechen, vermutlich Josef zugefallen."
908 H. Räisänen, Mutter 197.
909 J. Ernst, Portrait 178.
910 R. Mahoney, Mutter 111.

2. Aufs Ganze gesehen, läßt sich im NT eine gewisse 'Entwicklung' in den Aussagen bzw. Anschauungen über Maria erkennen. So nimmt das Interesse an ihrer Person immer mehr zu, ebenso die Tendenz, ihre Würde zu erhöhen.

Ist ein direktes Interesse an der Person der Mutter Jesu bei Paulus und wohl auch bei Mk überhaupt noch nicht und bei Mt allenfalls in geringem Umfang vorhanden[911], so begegnet demgegenüber bei Lk ein solches Interesse in ausgeprägterer Form. Allerdings geht es auch ihm dabei weniger um Marias Person als solche (doch vgl. z.B. 1,26f.48b; 2,22ff.) als vielmehr um ihre einmalige heilsgeschichtlich-christologische Funktion sowie ihre ekklesiologisch-paränetische Bedeutung. Auch bei ihm erscheint Maria wesentlich als eine 'relative' (d.h. in ihrer Relation [Beziehung] zu Gott, Jesus Christus, dem Hl. Geist, Israel, der Kirche usw. gesehene) und zugleich auch als eine schon (auf ihre theologische und paränetische Bedeutsamkeit hin) 'gedeutete' Persönlichkeit! Auch Joh „scheint ... die Person der Mutter hoch zu schätzen"[912]. Daß es ihm dabei aber noch weniger als den Synoptikern um die Vermittlung der Kenntnis historischer Details über Maria geht, sondern vielmehr um ihre tiefere Deutung und Bedeutung, ergibt sich nicht zuletzt aus seiner gegenüber den Synoptikern, namentlich gegenüber Lk noch verstärkten Tendenz, die Mutter Jesu symbolisch-typologisch zu überhöhen[913].

3. Insofern die neutestamentlichen Aussagen und Vorstellungen über Maria ganz in den Rahmen der Christusverkündigung eingebettet sind, kann man eigentlich weitgehend nur von einer impliziten Mariologie im NT sprechen. Dies und die Tatsache, daß dabei mariologische Fragen und Probleme im engeren Sinne (z.B. die Frage nach der *virginitas in partu et post partum*) unmittelbar keine Rolle spielen, gebietet es, vorsichtig zu sein, wenn man aus dem NT 'Lehren' über Maria im dogmatischen Sinn ableiten will. Es gibt nur wenige 'Lehren' über Maria, die im NT unmittelbar und eindeutig bezeugt werden[914]; zu ihnen gehören die Vorstellungen, daß Maria die Mutter des Christus, des Sohnes Gottes, ist und daß sie als Jungfrau den Christus durch das Wirken des Hl. Geistes empfangen und geboren hat (vgl. dazu die beiden 'Vorgeschichten' bei Mt und Lk). Nur mittelbar läßt sich aus dem NT die 'Lehre' entnehmen, daß Maria Mutter Gottes ist (vgl. dazu Lk 1,35, wo Marias Kind als der „Sohn des Höchsten" bezeichnet wird), daß sie eine persönliche Gnadenfülle besitzt (vgl. dazu das von der Vulgata mit *gratia plena* wiedergegebene κεχαριτωμένη in Lk 1,28) oder daß sie nach ihrem Lebensende mit Leib und Seele auferstanden ist und im Himmel erhöht wurde (vgl. als mögliche

911 G. Schneider, EWNT II 954, meint sogar, daß „auch im Mt kein eigentl. Interesse an der Person Marias festzustellen" ist.

912 H. Räisänen, Mutter 185.

913 Angesichts dieses „'symbolisch überhöhten' Verständnisses der Mutter Jesu" (G. Schneider, EWNT II 955), das dazu dient, ihre einmalige und bleibende Bedeutung für die Gläubigen bzw. die Kirche zu unterstreichen, kann man nicht gut behaupten, wie es R. Mahoney, Mutter 115, tut, die Rolle der Mutter Jesu falle bei Joh „eindeutig" hinter die von Lk gehaltene „Höhe" zurück.

914 Vgl. dazu bes. die Ausführungen bei J. Michl, BThW II 976–985.

Grundlagen dafür neben Lk 1,28.52 auch Stellen wie 1 Kor 15,23 oder Röm 6,23 in Verbindung mit Lk 1,28.30). Darüber hinaus gibt es allerdings noch für zahlreiche weitere Aussagen über Maria seitens der späteren, fortgeschrittenen Mariologie zumindest Ansatzpunkte im NT. So haben alle 'Auszeichnungen' Marias, die in der späteren Theologie herausgestellt worden sind, einen Ansatzpunkt in der vom NT bezeugten Tatsache, daß Maria die Mutter des Messias und Gottessohnes Jesus ist. Das gilt z. B. in bezug auf folgende Motive: „ihre heilsgeschichtliche Stellvertretung der Menschheit, ihr Mitleiden mit Jesus neben dem Kreuze, ihre geistige Mutterschaft, ihre mächtige Fürbitte bei Gott, ihre Vermittlung der Gnaden ..., ihr Königtum und anderes“[915]. Aber auch alle die Zugehörigkeit Marias zu uns Menschen und Christen besonders betonenden Stellungnahmen haben im NT durchaus ihre Ansatzpunkte, wird sie ja schon hier als eine Glaubende, als erste Christin, als Repräsentantin der Armen usw. gedeutet.

4. Eine Beschäftigung mit den neutestamentlichen Aussagen über die Mutter Jesu bzw. den im NT enthaltenen Marienbildern erscheint heutzutage vor allem in dreifacher Hinsicht fruchtbar:

a) Indem sie die Augen dafür öffnet, daß die Mariologie nie von der Christologie zu trennen ist, kann sie dazu beitragen, gerade „in letzter Zeit gelegentlich auftretende Auswüchse einer unkontrollierten Mariologie in christologische Bahnen zurückzulenken“[916].

b) Sie trägt zu einem besseren ökumenischen Verständnis bei, lehrt sie doch, daß nach dem NT beide Sichtweisen Marias ihre Berechtigung haben und untrennbar zusammengehören (und deshalb auch nicht gegeneinander ausgespielt werden dürfen): die (mehr in der katholischen Tradition vertretene) Sichtweise, bei der – oft zu einseitig – auf Marias Einzigartigkeit, Würde und persönliche Gnadenfülle abgehoben ist, und die (mehr im protestantischen Bereich anzutreffende) Sichtweise, wonach Maria – ebenfalls oft zu einseitig – lediglich als „eine unter vielen“ bzw. „höchstens“ als *prima inter pares*[917] gedeutet wird[918].

c) Sie kann schließlich „heute einige Impulse für die Neubewertung der Frau liefern. Es dürfte befreiend wirken, wenn ... Maria als Mensch und Mutter gesehen werden kann, die im Leben auch ihre Schwierigkeiten hatte“[919]; und es dürfte für jede Frau, die nach einer ihr adäquaten Rolle in Kirche und

[915] J. MICHL, BThW II 985.

[916] R. MAHONEY, Mutter 115, der in diesem Zusammenhang (a. a. O. Anm. 90) positiv anmerkt, daß auch etwa die mariologischen Impulse des gegenwärtigen Papstes Johannes Paul II. „letztlich christologisch ausgerichtet“ sind. Ein beredtes Zeugnis ist seine Enzyklika über Maria „Redemptoris mater“ vom 25. März 1987.

[917] So z. B. H. RÄISÄNEN, Mutter 141.

[918] Daß beide Seiten zusammengehören, macht auch die schon erwähnte neueste Marienenzyklika des Papstes deutlich, die nicht nur auf die besondere Begnadung Marias abhebt, sondern ebenso auch auf ihre Vorbildhaftigkeit, die ihr im Leben der pilgernden Kirche zukommt.

[919] R. MAHONEY, Mutter 116.

Gesellschaft sucht – aber auch für jeden Mann! – hilfreich sein zu sehen, was nach dem NT Maria als Mensch und als Frau groß gemacht hat: die Tatsache nämlich, daß sie „wie selbstverständlich" fähig und bereit war, „das Wort Gottes zu hören, in sich aufzunehmen und bei der Einführung des alles umstürzenden Heils aktiv mitzuwirken"[920].

## *Bibliographie*

ANNEN, F., Art. θαυμάζω, in: EWNT II (1981), 332–334.

BALZ, R., Art. ἑπτά, in: EWNT II (1981), 118 f.
BALZ, R., Art. μενοῦν, in: EWNT II (1981), 1001.
BALZ, R., Art. ῥομφαία, in: EWNT III (1983), 512 f.
BALZ, R., Art. τέκτων, in: EWNT III (1983), 820 f.
BALZ, R., Art. χαριτόω, in: EWNT III (1983), 1105 f.
BARRETT, C. K., The Gospel according to St. John, London $^{2}$1978 (= John).
BAUER, W., Griechisch-deutsches Wörterbuch zu den Schriften des Neuen Testaments und der übrigen urchristlichen Literatur, Berlin – New York $^{5}$1958 (Nachdruck 1971).
BECKER, J., Das Evangelium des Johannes I.II (ÖTK 4/1.2), Gütersloh – Würzburg I 1979; II 1981 (= Joh I.II).
BERGER, K., Art. χαίρω, in: EWNT III (1983), 1079–1083.
BETZ, O., Art. σημεῖον, in: EWNT III (1983), 569–575.
BEUTLER, J., Art. ἀδελφός, in: EWNT I (1980), 67–72.
BEUTLER, J., Art. Brüder Jesu, in: NBL I (1990), 337.
BEYER, H. W., Art. εὐλογέω κτλ., in: ThWNT II (1935), 751–763.
BILLERBECK, P. (– STRACK, H. L.), Kommentar zum Neuen Testament aus Talmud und Midrasch I.II, München $^{5}$1978.
BLINZLER, J., Art. Brüder Jesu, in: LThK$^{2}$ II (1958), 714–717.
BLINZLER, J., Die Brüder und Schwestern Jesu (SBS 21), Stuttgart 1967.
BLOCH, R., Die Gestalt des Moses in der rabbinischen Tradition, in: F. STIER u. a. (Hrsg.), Moses in Schrift und Tradition, Düsseldorf 1963, 95–171.
BORNHÄUSER, K., Die Geburts- und Kindheitsgeschichte Jesu. Versuch einer zeitgenössischen Auslegung von Matthäus 1 und 2 und Lukas 1–3 (BFChTh II/23), Gütersloh 1930.
BORSE, U., Der Brief an die Galater (RNT), Regensburg 1984 (= Gal).
BROER, I., Die Bedeutung der „Jungfrauengeburt" im Matthäusevangelium, in: BiLe 12 (1971) 248–260.
BROWN, R. E., The Gospel according to John II (AB 29a), Garden City – New York 1970 (= John II).
BROWN, R. E., The Birth of the Messiah. A Commentary on the infancy narratives in Matthew and Luke, Garden City – New York 1977.
BROWN, R. E. u. a. (Hrsg.), Maria im Neuen Testament. Eine ökumenische Untersuchung, Stuttgart 1981 (= MimNT).
BULTMANN, R., Die Geschichte der synoptischen Tradition (FRLANT 29), Göttingen $^{9}$1979; dazu Ergänzungsheft (bearbeitet von G. THEISSEN und PH. VIELHAUER), Göttingen $^{5}$1979.
BULTMANN, R., Art. ἀγαλλιάομαι, in: ThWNT I (1933), 18–20.
BULTMANN, R., Art. γινώσκω κτλ., in: ThWNT I (1933), 688–719.
BULTMANN, R., Das Evangelium nach Johannes (KEK II), Göttingen $^{18}$1964 (= Joh).

920 A. a. O.

CONZELMANN, H., Die Mitte der Zeit. Studien zur Theologie des Lukas (BHTh 17), Tübingen $^{5}$1964.

CONZELMANN, H., Die Apostelgeschichte (HNT 7), Tübingen $^{2}$1972 (= Apg).

CONZELMANN, H., Art. χαίρω κτλ., in: ThWNT IX (1973), 350 – 362.

CONZELMANN, H., Art. χάρις κτλ., in: ThWNT IX (1973), 381 – 390.

DAUER, A., Das Wort des Gekreuzigten an seine Mutter und den „Jünger, den er liebte" I, in: BZ 11 (1967) 222 – 239; II, in: BZ 12 (1968) 80 – 93.

DAUER, A., Die Passionsgeschichte im Johannesevangelium. Eine traditionsgeschichtliche und theologische Untersuchung zu Joh 18,1 – 19,30 (StANT 30), München 1972.

DELLING, G., Art. τρεῖς κτλ., in: ThWNT VIII (1969), 215 – 225.

DELLING, G., Art. ὥρα, in: ThWNT IX (1973), 675 – 681.

DIBELIUS, M., Die Formgeschichte des Evangeliums (mit einem Nachtrag von G. IBER; hrsg. von G. BORNKAMM), Tübingen $^{6}$1971.

DIBELIUS, M., Jungfrauensohn und Krippenkind. Untersuchungen zur Geburtsgeschichte Jesu im Lukas-Evangelium, in: DERS., Botschaft und Geschichte. Gesammelte Aufsätze I (in Verbindung mit H. KRAFT hrsg. von G. BORNKAMM), Tübingen 1953, 1 – 78.

DÖMER, M., Das Heil Gottes. Studien zur Theologie des lukanischen Doppelwerkes (BBB 51), Köln – Bonn 1978.

EGGER, W., Galaterbrief (Neue EB 9), Würzburg 1979 (= Gal).

ERDMANN, G., Die Vorgeschichten des Lukas- und Matthäus-Evangeliums und Vergils vierte Ekloge (FRLANT 48), Göttingen 1932.

ERNST, J., Das Evangelium nach Lukas (RNT), Regensburg 1977 (= Lk).

ERNST, J., Das Evangelium nach Markus (RNT), Regensburg 1981 (= Mk).

ERNST, J., Lukas: Ein theologisches Portrait, Düsseldorf 1985 (= Portrait).

FAURE, A., Die alttestamentlichen Zitate im 4. Evangelium und die Quellenscheidungshypothese, in: ZNW 21 (1922) 99 – 121.

FITZER, G., Art. σκιρτάω, in: ThWNT VII (1964), 403 – 405.

FITZMYER, J. E., The Virginal Conception of Jesus in the New Testament, in: TS 34 (1973) 541 – 575 (= Virginal Conception).

FOERSTER, W., Art. σωτήρ, in: ThWNT VII (1964), 1015 – 1018.

FRANKEMÖLLE, H., Jahwebund und Kirche Christi. Studien zur Form- und Traditionsgeschichte des „Evangeliums" nach Matthäus (NTA NF 10), Münster $^{2}$1984.

GAECHTER, P., Maria im Erdenleben. Neutestamentliche Marienstudien, Innsbruck – Wien – München 1954.

GAECHTER, P., Das Matthäus-Evangelium, Innsbruck – Wien – München 1963 (= Mt).

GEWIESS, J., Die Marienfrage Lk 1,34, in: R. LAURENTIN, Struktur und Theologie der lukanischen Kindheitsgeschichte, Stuttgart 1967, 184 – 217.

GIESEN, H., Art. ταπεινόω κτλ., in: EWNT III (1983) 801 – 804.

GIESEN, H., Art. ὥρα, in: EWNT III (1983), 1211 – 1214.

GNILKA, J., Das Evangelium nach Markus I (EKK II/1), Zürich – Einsiedeln – Köln – Neukirchen 1978 (= Mk I).

GNILKA, J., Johannesevangelium (Neue EB 4), Würzburg 1983 (= Joh).

GNILKA, J., Das Matthäusevangelium I (HThK I/1), Freiburg – Basel – Wien 1986 (= Mt I).

GRÄSSER, E., Jesus in Nazareth (Mc 6,1 – 6a). Bemerkungen zur Redaktion und Theologie des Markus, in: DERS. u. a., Jesus in Nazareth (BZNW 40), Berlin 1972, 1 – 37.

GRUNDMANN, W., Art. δεῖ κτλ., in: ThWNT II (1935), 21 – 25.

GRUNDMANN, W., Art. ταπεινός κτλ., in: ThWNT VIII (1969), 1 – 27.

GRUNDMANN, W., Das Evangelium nach Markus (ThHK 2), Berlin $^{3}$1965 (= Mk).

GRUNDMANN, W., Das Evangelium nach Lukas (ThHK 3), Berlin $^{3}$1964 (= Lk).

HAENCHEN, E., Die Apostelgeschichte (KEK III), Göttingen $^{16}$1977 (= Apg).

HAENCHEN, E., Der Weg Jesu. Eine Erklärung des Markus-Evangeliums und der kanonischen Parallelen, Berlin $^{2}$1968.

HAHN, F., Christologische Hoheitstitel. Ihre Geschichte im frühen Christentum (FRLANT 83), Göttingen 1963.
HAHN, F., Art. υἱός κτλ., in: EWNT III (1983), 912–937.

IERSEL, B. VAN, The Finding of Jesus in the Temple. Some Observations on the Original Form of Luke 2,41–51a, in: NovT 4 (1960) 161–173.

JEREMIAS, J., Die Sprache des Lukasevangeliums. Redaktion und Tradition im Nicht-Markusstoff des dritten Evangeliums (KEK Sonderband), Göttingen 1980.

KLOSTERMANN, E., Das Matthäusevangelium (HNT 4), Tübingen [4]1971 (= Mt).
KLOSTERMANN, E., Das Lukasevangelium (HNT 5), Tübingen [2]1929 (= Lk).
KNIERIM, R., Art. Zimmermann, in: BHH III (1966), 2241.
KNOCH, O., Maria in der Heiligen Schrift, in: W. BEINERT u. a. (Hrsg.), Handbuch der Marienkunde, Regensburg 1984, 15–92.
KRAFFT, E., Die Vorgeschichten des Lukas. Eine Frage nach ihrer sachgemäßen Interpretation, in: E. DINKLER (Hrsg.), Zeit und Geschichte (Dankesgabe an R. Bultmann), Tübingen 1964, 217–223.
KRAMER, W., Christos, Kyrios, Gottessohn. Untersuchungen zu Gebrauch und Bedeutung der christologischen Bezeichnungen bei Paulus und den vorpaulinischen Gemeinden (AThANT 44), Zürich–Stuttgart 1963.
KÜMMEL, W. G., Einleitung in das Neue Testament, Heidelberg [20]1980.
KUHLI, H., Art. Ναζαρέτ, in: EWNT II (1981), 1113–1117.

LAMBRECHT, J., Art. ἐξίστημι, in: EWNT II (1981), 17–19.
LAURENTIN, R., Struktur und Theologie der lukanischen Kindheitsgeschichte, Stuttgart 1967.
LÉON-DUFOUR, X., Autour du ΣΗΜΕΙΟΝ johannique, in: R. SCHNACKENBURG u. a. (Hrsg.), Die Kirche des Anfangs (H. Schürmann zur Vollendung des 65. Lebensjahres am 18. 1. 1978 von Freunden, Kollegen und Schülern gewidmet), Freiburg–Basel–Wien 1978, 379–403.
LEROY, H., Rätsel und Mißverständnis. Ein Beitrag zur Formgeschichte des Johannesevangeliums (BBB 30), Bonn 1968.
LOHMEYER, E., Das Evangelium nach Markus (KEK I/2), Göttingen [16]1963 (= Mk).
LOHMEYER, E., Das Evangelium des Matthäus (hrsg. von W. SCHMAUCH) (KEK Sonderband), Göttingen [2]1958 (= Mt).
LOISY, A., Le quatrième évangile, Paris [2]1921 (= Quatrième évangile).
LÜDEMANN, G., Das frühe Christentum nach den Traditionen der Apostelgeschichte, Göttingen 1987.
LUTZ, U., Das Evangelium nach Matthäus I (EKK I/1), Zürich–Einsiedeln–Köln–Neukirchen 1985 (= Mt I).
LYONNET, S., Χαῖρε κεχαριτωμένη, in: Bib. 20 (1939) 131–141 (= Χαῖρε).

MAHONEY, R., Die Mutter Jesu im Neuen Testament: in: J. BLANK u. a., Die Frau im Urchristentum (QD 95), Freiburg–Basel–Wien 1983, 92–116.
MCHUGH, J., The Mother of Jesus in the New Testament, Garden City–New York 1975.
MICHAELIS, W., Das Evangelium nach Matthäus I (Proph.), Zürich 1948 (= Mt I).
MICHEL, O., Der Brief an die Römer (KEK IV), Göttingen [14]1978 (= Röm).
MICHL, J., Art. Maria, in: LThK[2] VII (1962), 25–27.
MICHL, J., Art. Maria, in: BThW[3] II (1967), 970–988.
MIGUENS, M., The Virgin Birth. An Evaluation of Scriptural Evidence, Westminster 1975 (= Virgin Birth).
MUSSNER, F., Der Galaterbrief (HThK IX), Freiburg–Basel–Wien [3]1977 (= Gal).
MUSSNER, F., Lk 1,48 f.; 11,27 f. und die Anfänge der Marienverehrung in der Urkirche, in: Cath 21 (1967) 287–294 (= Anfänge).

NELLESSEN, E., Das Kind und seine Mutter. Struktur und Verkündigung des 2. Kapitels im Matthäusevangelium (SBS 39), Stuttgart 1969.

NIEDERWIMMER, K., Art. Ἰάκωβος, in: EWNT II (1981), 411 – 415.
NORDEN, E., Die Geburt des Kindes. Geschichte einer religiösen Idee, Leipzig – Berlin 1924 (Nachdruck Darmstadt 1971).

OBERLINNER, L., Historische Überlieferung und christologische Aussage. Zur Frage der „Brüder Jesu" in der Synopse (FzB 19), Stuttgart 1975.
OEPKE, A., Art. ἔκστασις κτλ., in: ThWNT II (1935), 447 – 457.
OEPKE, A., Art. παῖς κτλ., in: ThWNT V (1954), 636 – 653.

PATSCH, H., Art. εὐλογέω, in: EWNT II (1981), 198 – 201.
PESCH, R., Eine alttestamentliche Ausführungsformel im Matthäus-Evangelium I, in: BZ 10 (1966) 220 – 245; II, in: BZ 11 (1967) 79 – 95.
PESCH, R., Das Markusevangelium I (HThK II/1), Freiburg – Basel – Wien ³1980 (= Mk I).
PESCH, R., Die Apostelgeschichte I (EKK V/1), Zürich – Einsiedeln – Köln – Neukirchen 1986 (= Apg I).
PLÜMACHER, E., Art. ἀπογραφή κτλ., in: EWNT I (1980), 301 – 303.
POPKES, W., Art. δεῖ, in: EWNT I (1980), 668 – 671.
PREISKER, H., Joh 2,4 und 19,26, in: ZNW 42 (1949) 209 – 214.

RADL, W., Art. ῥῆμα, in: EWNT III (1983), 505 – 507.
RÄISÄNEN, H., Die Mutter Jesu im Neuen Testament (STAT, Serie B/158), Helsinki 1969.
RÄISÄNEN, H., Das „Messiasgeheimnis" im Markusevangelium. Ein redaktionskritischer Versuch (Schriften der Finnischen Exeget. Gesellschaft 28), Helsinki 1976.
REHKOPF, F., Art. Maria, in: BHH II (1964) 1150 f.
RENGSTORF, K. H., Art. δοῦλος κτλ., in: ThWNT II (1935), 264 – 283.
RENGSTORF, K. H., Art. ἑπτά κτλ., in: ThWNT II (1935), 623 – 631.
RENGSTORF, K. H., Art. σημεῖον κτλ., in: ThWNT VII (1964), 199 – 268.
RIEDL, J., Die Vorgeschichte Jesu. Die Heilsbotschaft von Mt 1 – 2 und Lk 1 – 2 (Bibl. Forum 3), Stuttgart 1968.
RIESENFELD, H., Art. παρά, in: ThWNT V (1954), 724 – 733.
RISSI, M., Die Hochzeit in Kana (Joh 2,1 – 11), in: F. CHRIST (Hrsg.), Oikonomia. Heilsgeschichte als Thema der Theologie (O. Cullmann zum 65. Geburtstag gewidmet), Hamburg 1967, 76 – 92.
ROLOFF, J., Die Apostelgeschichte (NTD 5), Göttingen ¹⁷1981 (= Apg).
ROOVER, E. DE, La maternité virginale de Marie dans l'interprétation de Gal 4,4, in: Studiorum paulinorum congressus internationalis catholicus II (AnBib 17 – 18 II), Rom 1963, 17 – 37 (= La maternité).
ROTHFUCHS, W., Die Erfüllungszitate des Matthäus-Evangeliums. Eine Biblisch--theologische Untersuchung (BWANT 88), Stuttgart – Berlin – Köln – Mainz 1969.

SAHLIN, H., Der Messias und das Gottesvolk. Studien zur protolukanischen Theologie (ASNU XII), Uppsala 1945.
SAND, A., Art. παρίστημι κτλ., in: EWNT III (1983), 96 – 98.
SAND, A., Das Evangelium nach Matthäus (RNT), Regensburg 1986 (= Mt).
SCHELKLE, K. H., Die Mutter des Erlösers. Ihre biblische Gestalt (WB), Düsseldorf 1958.
SCHELKLE, K. H., Art. Maria I. Biblisch, in: HThG II (1963), 111 – 116.
SCHELKLE, K. H., Art. σωτήρ, in: EWNT III (1983), 781 – 784.
SCHLATTER, A., Das Evangelium nach Lukas, Stuttgart ²1960 (= Lk).
SCHLIER, H., Der Brief an die Galater (KEK VII), Göttingen ¹⁴1971 (= Gal).
SCHMID, J., Das Evangelium nach Lukas (RNT 3), Regensburg ⁴1960 (= Lk).
SCHMID, J., Das Evangelium nach Matthäus (RNT 1), Regensburg ⁴1959 (= Mt).
SCHMID, J., Das Evangelium nach Markus (RNT 2), Regensburg ⁴1958 (= Mk).
SCHMITHALS, W., Das Evangelium nach Markus (ÖTK 2/1), Gütersloh – Würzburg 1979 (= Mk I).
SCHMITHALS, W., Das Evangelium nach Lukas (ZBK 3.1), Zürich 1980 (= Lk).

SCHNACKENBURG, R., Das Evangelium nach Markus I (Geistl. Schriftlesung 2/1), Düsseldorf 1966 (= Mk I).
SCHNACKENBURG, R., Art. Stunde, in: BThW³ II (1967), 1281 – 1286.
SCHNACKENBURG, R., Der Jünger, den Jesus liebte (EKK V. 2), Zürich – Einsiedeln – Köln – Neukirchen 1970, 97 – 117.
SCHNACKENBURG, R., Das Magnifikat, seine Spiritualität und Theologie, in: DERS., Schriften zum Neuen Testament, München 1971, 201 – 219.
SCHNACKENBURG, R., Das Johannesevangelium I.II.III (HThK IV/1.2.3), Freiburg – Basel – Wien I ⁴1979; II ²1977; III ³1979 (= Joh I.II.III).
SCHNACKENBURG, R., Matthäusevangelium I (Neue EB 1/1), Würzburg 1985 (= Mt I).
SCHNEIDER, G., Lk 1,34.35 als redaktionelle Einheit, in: BZ 15 (1971) 255 – 259.
SCHNEIDER, G., Das Evangelium nach Lukas I.II (ÖTK 3/1.2), Gütersloh – Würzburg 1977 (= Lk I.II).
SCHNEIDER, G., Die Apostelgeschichte I (HThK V/1), Freiburg – Basel – Wien 1980 (= Apg I).
SCHNEIDER, G., Gott und Christus als ΚΥΡΙΟΣ nach der Apostelgeschichte, in: J. ZMIJEWSKI u. a. (Hrsg.), Begegnung mit dem Wort (Festschrift für H. Zimmermann) (BBB 53), Bonn 1980, 161 – 174 (= Gott und Christus).
SCHNEIDER, G., Art. ἐπισκιάζω, in: EWNT II (1981), 85 – 87.
SCHNEIDER, G., Art. Μαρία, in: EWNT II (1981), 951 – 957.
SCHNIDER, F. – STENGER, W., Die Frauen im Stammbaum Jesu nach Matthäus. Strukturale Beobachtungen zu Mt 1,1 – 17, in: BZ 23 (1979) 187 – 196.
SCHNIEWIND, J., Das Evangelium nach Matthäus (NTD 2), Göttingen ¹²1968 (= Mt).
SCHÜRMANN, H., Aufbau, Eigenart und Geschichtswert der Vorgeschichte von Lukas 1 – 2, in: BiKi 21 (1966) 106 – 111.
SCHÜRMANN, H., Das Lukasevangelium I (HThK III/1), Freiburg – Basel – Wien ²1969 (= Lk I).
SCHÜRMANN, H., Jesu letzte Weisung. Jo 19,26 – 27a, in: DERS., Ursprung und Gestalt. Erörterungen und Besinnungen zum Neuen Testament (KBANT), Düsseldorf 1970, 13 – 28.
SCHULZ, S., Art. ἐπισκιάζω, in: ThWNT VII (1964), 401 – 403.
SCHWEIZER, E., Ego eimi. Die religionsgeschichtliche Herkunft und theologische Bedeutung der johanneischen Bildreden, zugleich ein Beitrag zur Quellenfrage des vierten Evangeliums (FRLANT 56), Göttingen ²1965.
SCHWEIZER, E., Art. υἱός, in: ThWNT VIII (1969), 364 – 395.
SCHWEIZER, E., Das Evangelium nach Matthäus (NTD 2), Göttingen ¹⁴1976 (= Mt).
SCHWEIZER, E., Das Evangelium nach Markus (NTD 1), Göttingen ¹⁵1978 (= Mk).
SEEBERG, R., Die Herkunft der Mutter Jesu, in: Theologische Festschrift für G. N. Bonwetsch, Leipzig 1918, 13 – 24.
SMITMANS, A., Art. Maria, in: BL² (1968), 1094 – 1099.
SMITMANS, A., Maria im Neuen Testament, Stuttgart 1970.
STÄHLIN, G., Art. νῦν, in: ThWNT IV (1942), 1099 – 1117.
STÄHLIN, G., Die Apostelgeschichte (NTD 5), Göttingen ¹⁶1980 (= Apg).
STÄHLIN, G., Art. Maria im NT, in: RGG³ IV (1960), 747 – 749.
STAUFFER, E., Jeschu ben Mirjam (Mk 6,3), in: Neotestamentica et Semitica (Studies in honour of M. Black ed. by E. E. ELLIS and M. WILCOX), Edinburgh 1969, 119 – 128 (= Jeschu ben Mirjam).
STENDAHL, K., Quis et unde? An Analysis of Mt 1 – 2, in: W. ELTESTER (Hrsg.), Judentum – Urchristentum – Kirche (Festschrift für J. Jeremias) (BZNW 26), Berlin ²1964, 94 – 105.
STRECKER, G., Der Weg der Gerechtigkeit. Untersuchung zur Theologie des Matthäus (FRLANT 82), Göttingen ³1971.
STROBEL, A., Der Gruß an Maria (Lk 1,28). Eine philologische Betrachtung zu seinem Sinngehalt, in: ZNW 53 (1962) 86 – 110.

THEISSEN, G., Urchristliche Wundergeschichten. Ein Beitrag zur formgeschichtlichen Erforschung der synoptischen Evangelien (StNT 8), Gütersloh 1974.

TRILLING, W., Das Evangelium nach Matthäus I (Geistl. Schriftlesung 1/1), Düsseldorf 1962 (= Mt I).

VISCHER, W., Die Immanuel-Botschaft im Rahmen des königlichen Zionsfestes, Zollikon – Zürich 1955.

VÖGTLE, A., Die Genealogie Mt 1,2 – 16 und die matthäische Kindheitsgeschichte, in: DERS., Das Evangelium und die Evangelien. Beiträge zur Evangelienforschung (KBANT), Düsseldorf 1971, 57 – 102.

VÖLTER, D., Die evangelischen Erzählungen von der Geburt und Kindheit Jesu kritisch untersucht, Straßburg 1911.

VOSS, G., Die Christologie der lukanischen Schriften in Grundzügen (SN Studia 2), Paris – Brügge 1965.

WALTER, N., Art. 'Εμμανουήλ, in: EWNT I (1980) 1080 f.

WEISER, A., Art. ἀγαλλιάω, in: EWNT I (1980) 17 – 19.

WEISER, A., Art. δουλεύω κτλ., in: EWNT I (1980) 844 – 852.

WEISER, A., Die Apostelgeschichte I (ÖTK 5/1), Gütersloh – Würzburg 1981 (= Apg I).

WIKENHAUSER, A., Das Evangelium nach Johannes (RNT 4), Regensburg $^{3}$1961 (= Joh).

WIKENHAUSER, A. – SCHMID, J., Einleitung in das Neue Testament, Freiburg – Basel – Wien $^{6}$1972.

WREDE, W., Das Messiasgeheimnis in den Evangelien. Zugleich ein Beitrag zum Verständnis des Markusevangeliums, Göttingen $^{4}$1969.

ZAHN, TH., Der Brief des Paulus an die Galater (besorgt von F. HAUCK) (KNT 9), Leipzig $^{3}$1922 (= Gal).

ZIENER, G., Die synoptische Frage, in: J. SCHREINER u. a. (Hrsg.), Gestalt und Anspruch des Neuen Testaments, Würzburg 1969.

ZIMMERMANN, H., Neutestamentliche Methodenlehre. Darstellung der historisch-kritischen Methode (neubearbeitet von K. KLIESCH), Stuttgart $^{7}$1982.

ZIMMERMANN, H., Jesus Christus – Geschichte und Verkündigung, Stuttgart $^{2}$1975 (= Jesus Christus).

ZIMMERMANN, H., „Selig, die das Wort Gottes hören und es bewahren". Eine exegetische Studie zu Lk 11,27 f., in: Cath 29 (1975) 114 – 119 (= Selig).

ZMIJEWSKI, J., Schriftauslegung – Ein Problem zwischen den Konfessionen? Geschichtliche, hermeneutische und theologische Erwägungen zur ökumenischen Zusammenarbeit in der Bibelwissenschaft, in: DERS., Das Neue Testament – Quelle christlicher Theologie und Glaubenspraxis. Aufsätze zum Neuen Testament und seiner Auslegung, Stuttgart 1986, 19 – 66.

ZMIJEWSKI, J., Überlegungen zum Verhältnis von Theologie und christlicher Glaubenspraxis anhand des Neuen Testaments, in: DERS., Das Neue Testament – Quelle christlicher Theologie und Glaubenspraxis. Aufsätze zum Neuen Testament und seiner Auslegung, Stuttgart 1986, 223 – 264 (= Verhältnis).

ZMIJEWSKI, J., Paulus – Knecht und Apostel Christi. Amt und Amtsträger in paulinischer Sicht, Stuttgart 1986.

ZMIJEWSKI, J., Die Sohn-Gottes-Prädikation im Markusevangelium. Zur Frage einer eigenständigen markinischen Titelchristologie, in: SNTU 12 (1987) 5 – 34.

ZMIJEWSKI, J., Die Mutter des Messias: Maria in der Christusverkündigung des Neuen Testaments. Eine exegetische Studie, Kevelaer 1989.

# Judas der 'Verräter'?
# Eine exegetische und wirkungsgeschichtliche Studie

von HANS-JOSEF KLAUCK, Würzburg

*Inhalt*



*Einleitung*

In der Exposition seines erfolgreichen Romans 'Die künstliche Mutter' von 1982 läßt der Schweizer Schriftsteller HERMANN BURGER seinen Helden, der soeben durch Fakultätsintrigen seine Privatdozentur verloren hat, in einem Selbstgespräch sagen:

„... ein Infarkt kam nicht in Frage, nein, ich gönnte diesen Judassen der Abteilung für Geistes- und Militärwissenschaften alles, nur nicht einen Herzinfarkt als Alibi einer natürlichen Todesursache ihres für dreißig Silberlinge verratenen Nachwuchs-Germanisten“[1].

Die dreißig Silberlinge und der schändliche Verrat, sie werden, verbunden mit dem Namen des Judas in der seltenen Pluralform, vom Autor effektvoll eingesetzt. Dieser eher beiläufige Befund dürfte für die breite literarische Wirkungsgeschichte der Judasgestalt aussagekräftiger sein als die zahlreichen romanhaften Nachschöpfungen, die sich die Judasthematik als Stoff wählen[2]. Sie genügen nur in den seltensten Fällen literarischen Ansprüchen und bewegen sich oft im Umfeld von Trivialität und Peinlichkeit. Besser noch, als es alle Judas- und Jesusromane vermögen, zeigt der Gebrauch seines Namens bei BURGER, wie tief Judas und seine Tat in unsere Sprech- und Denkgewohnheiten eingegangen sind und welche Assoziationen bevorzugt daran haften. Bevorzugt – nicht ausschließlich, denn es hat im Verlauf der Theologiegeschichte immer wieder Versuche gegeben, das negative Judasbild zu korrigieren, ja ins Gegenteil zu verkehren. Mit einer knappen Typisierung der wichtigsten Deutemodelle setzen deshalb unsere Überlegungen ein.

## *I. Wirkungsgeschichtliche Modelle*

### 1. Das traditionelle Bild

Dominierend dürfte ohne Zweifel immer jene Deutung gewesen sein, welche die neutestamentlichen Erzählungen vom schmählichen Verrat und vom

Abkürzungen:

Die Abkürzungen richten sich nach S. SCHWERTNER, Abkürzungsverzeichnis der Theologischen Realenzyklopädie (TRE), Berlin 1976. Zusätzlich wurden eingeführt:

| | |
|---|---|
| EWNT | Exegetisches Wörterbuch zum Neuen Testament, I – III, Stuttgart 1980 – 1983. |
| SNTU | Studien zum Neuen Testament und seiner Umwelt, Reihe A, Linz. |

[1] H. BURGER, Die Künstliche Mutter. Roman (Fischer Taschenbuch 5962), Frankfurt 1986, 16.

[2] Vgl. die Überblicke von A. LUTHER, Jesus und Judas in der Dichtung. Ein Beitrag zur vergleichenden Literaturgeschichte, Hanau 1910; A. BÜCHNER, Judas Ischarioth in der deutschen Dichtung. Ein Versuch, Freiburg 1920; J. KORNETTER, Das Judasproblem in der neuesten Literatur, in: Das Neue Reich 8 (Innsbruck 1926) 553 f.; G. BLÖCKER, Der notwendige Mensch. Die literarischen Deutungen der Judasfigur, in: Neue Deutsche Hefte 1 (1954/55) 64 – 69; A. AGES, Pagnol's New Look at Judas, in: RUO 35 (1965) 314 – 322; J. IMBACH, „Judas hat tausend Gesichter“. Zum Judasbild in der Gegenwartsliteratur, in: H. WAGNER (Hrsg.), Judas Iskariot. Menschliches oder heilsgeschichtliches Drama?, Frankfurt 1985, 91 – 142.

gräßlichen Ende des Judas für historisch bare Münze nimmt, sie mit diversen legendären Details anreichert und so eine Inkarnation des Bösen in Menschengestalt vor unseren Augen erstehen läßt. Die ausufernde Legendenbildung, das Eingehen des Judas in Magie und Volksbrauch, seine Darstellung in der bildenden Kunst, all diese Rezeptionsbereiche, zu denen materialreiche Untersuchungen vorliegen[3], werden von dieser düsteren Perspektive beherrscht. Einen kaum mehr zu überbietenden Höhepunkt hat diese Traditionslinie gefunden in der vierbändigen Predigtsammlung 'JUDAS Der Ertz-Schelm' aus der Feder des wortgewaltigen Augustinereremiten ABRAHAM A SANCTA CLARA in Wien[4]. In seinem kultur- und frömmigkeitsgeschichtlich so ungemein reizvollen Werk finden sich auch Momente eines besonders bedenklichen Zugs dieser Form der Judasdeutung: Fast unwillkürlich neigt man dazu, die negativen Charakterzüge des Judas und seine Verbrechen global auf das jüdische Volk zu übertragen. Über Judas als Waffe im Arsenal des neuzeitlichen Antisemitismus wäre ein eigenes Buch zu schreiben.

## 2. Entwurf einer Gegenwelt

Frappierend oder besser schockierend wirkt im Vergleich dazu der zeitlich gesehen frühe Umgang mit Judas in bestimmten gnostischen Kreisen. Schon Irenäus berichtet von einer Gruppe, die von Judas sagt, „er habe allein die

[3] Zur Legende: W. CREIZENACH, Judas Ischarioth in Legende und Sage des Mittelalters, in: BGDS 2 (1876) 177 – 207; auch als separater Druck: Diss. phil. Leipzig, Halle 1875; E. K. RAND, Mediaeval Lives of Judas Iscariot, in: Anniversary Papers by Colleagues and Pupils of George Lyman Kittredge, Boston 1913, 305 – 316; P. F. BAUM, The Mediaeval Legend of Judas Iscariot, in: PMLA 31 (1916) 481 – 632; DERS., Judas' Sunday Rest, in: MLR 18 (1923) 168 – 182; P. LEHMANN, Judas Ischarioth in der lateinischen Legendenüberlieferung des Mittelalters, in: StMed NS 2 (1929) 289 – 346. – Zum Brauchtum: A. WREDE, HWDA IV (1931/1932) 800 – 808; H. MARTIN, The Judas Iscariot Curse, in: AJP 37 (1916) 434 – 451; A. TAYLOR, Judas Iscariot in Charms and Incantations, in: Washington University Studies 8 (1920) 3 – 17; DERS., „O Du Armer Judas“, in: JEGP 19 (1920) 318 – 339; DERS., The Gallows of Judas Iscariot, in: Washington University Studies 9 (1922) 135 – 156; DERS., The Burning of Judas, in: Washington University Studies 11 (1923) 159 – 186; W. D. HAND, A Dictionary of Words and Idioms Associated with Judas Iscariot. A Compilation Based Mainly on Material Found in the Germanic Languages (UCP. Modern Philology 24/3), Berkeley 1942, 289 – 356. – Zur Kunst: W. PORTE, Judas Ischarioth in der bildenden Kunst, Diss. Jena, Berlin 1833; O. GOETZ, „Hie hencktt Judas“, in: Form und Inhalt. Kunstgeschichtliche Studien, O. Schmitt zum 60. Geburtstag am 13. Dezember 1950 dargebracht von seinen Freunden. Hrsg v. H. WENTZEL, Stuttgart 1950, 105 – 137; H. JURSCH, Judas Ischarioth in der Kunst, in: WZ(J).GS 5 (1952) 101 – 105; DIES., Das Bild des Judas Ischarioth im Wandel der Zeiten, in: Akten des VII. Internationalen Kongresses für Christliche Archäologie, Trier 1965 (SAC 27), Rom 1969, 565 – 573.

[4] ABRAHAM A SANCTA CLARA (HANS-ULRICH MEGERLE, 1644 – 1709), JUDAS Der Ertz-Schelm, Für ehrliche Leuth, Oder: Eigentlicher Entwurff, und Lebens-Beschreibung desz Isc(h)ariotischen Böszwicht, Teil 1 – 4, Salzburg 1686, 1689, 1692, 1695. – Neuausgabe (sehr unbefriedigend!) als: Sämmtliche Werke, Bd. 1 – 7, Passau 1835/36.

Wahrheit gekannt und das Geheimnis des Verrats vollendet; er habe alles Irdische und Himmlische getrennt"[5]. Judas übernimmt eine eminent positive Rolle im Drama der Erlösung, sei es, daß er gegen den massiven Widerstand der Weltmächte das Passionsgeschehen in Gang bringt[6], sei es, daß er Jesus als Betrüger durchschaut und deshalb seine Vernichtung betreibt[7]. Judas wird insgesamt gesehen zum Urtyp des Gnostikers, der über das heilsnotwendige Wissen verfügt. In der Wahl ihrer Heroen legen manche gnostischen Gruppen, wie bereits HANS JONAS in seiner wegweisenden Studie herausgestellt hat[8], unleugbar einen Hang zum Subversiven an den Tag. Sie entwerfen bewußt eine Gegenwelt zu dem, was in der Großkirche als orthodox gilt.

## 3. Jüdischer Selbstbehauptungswille

Wenig bekannt ist, daß Judas in den 'Toledot Jeschu', einem polemisch verzerrten Leben Jesu aus jüdischer Sicht[9], zu einem Helden und Retter des jüdischen Volkes heranwächst. Die Gelehrten rufen Rabbi Jehuda zu Hilfe gegen Jeschu, der sich des verborgenen Gottesnamens bemächtigt hat und große Wunder tut. Verkleidet schleicht sich Judas in die Schar der Jesusjünger ein, bewirkt die Verhaftung Jesu, schafft den Leichnam beiseite und weist ihn, als die Auferstehungsverkündigung Fuß faßt, triumphierend vor. Für christliche Ohren klingt das einigermaßen unerträglich. Aber wir dürfen nicht vergessen, daß es zu einem großen Teil christlicher Druck war, der solche Reaktionen provozierte. Im verzweifelten Ringen um die eigene Identität greift eine unterdrückte Minderheit zu ungewöhnlichen Mitteln. Voll Stolz schreibt sie den

[5] Iren., Adv Haer I 31,1 (I 242 HARVEY): *Et haec Judam proditorem diligenter cognovisse dicunt, et solum prae caeteris cognoscentem veritatem, perficisse proditionis mysterium: per quem et terrena et coelestia omnia dissoluta dicunt.* Aufgenommen u. a. bei Theodoret, Haer Fab Comp 1,15 (368B PG 83).

[6] Vgl. Ps.-Tert., Adv Haer 2,6 (1404,22–28 CChr.SL 2 KROYMANN): *quia potestates huius mundi nolebant pati Christum, ne humano genere per mortem ipsius salus pararetur, saluti consulens generis humani tradidit Christum, ut salus, quae impediebatur per virtutes, quae obsistebant, ne pateretur Christus, impediri omnino non posset et ideo per passionem Christi non posset salus humani generis retardari.* Ebenso Filastr., Div Her Lib 34,1 f.

[7] Vgl. Ps.-Tert., Adv Haer 2,5 f. (1404,15–21 ebd.): *Hi qui hoc adserunt, etiam Iudam proditorem defendunt, admirabilem illum et magnum esse memorantes propter utilitates, quas humano generi contulisse iactatur. Quidam enim ipsorum gratiarum actionem Iudae propter hanc causam reddendam putat. Animadvertens enim, inquiunt, Iudas, quod Christus vellet veritatem subvertere, tradidit illum, ne subverti veritas posset.* Vgl. auch Epiph., Pan Haer 38,3,3.

[8] H. JONAS, Gnosis und spätantiker Geist I: Die mythologische Gnosis (FRLANT 51), 3. Aufl., Göttingen 1964, 214–251.

[9] Vgl. G. SCHLICHTING, Ein jüdisches Leben Jesu. Die verschollene Toledot-Jeschu-Fassung Tam ū-mū'ad. Einleitung, Text, Übersetzung, Kommentar, Motivsynopse, Bibliographie (WUNT 24), Tübingen 1982; dazu u. a. S. KRAUSS, Neuere Ansichten über „Toldoth Jeschu", in: MGWJ 76 (1932) 586–603; 77 (1933) 44–61; B. HELLER, Über das Alter der jüdischen Judas-Sage und des Toldot Jeschu, in: MGWJ 77 (1933) 198–210.

Namen dessen auf ihre Fahnen, mit dem sie der Judenhaß immer wieder identifiziert, und bekennt sich zu seiner Tat[10].

## 4. Versuche des Verstehens

Dem geschärften historischen Bewußtsein der Neuzeit blieb es vorbehalten, das Tun des Judas zunehmend auf seine Plausibilität und psychologische Motivation hin zu hinterfragen. Vorauf ging dabei die Dichtung mit ihrem Recht zur freien Nachgestaltung und Nachempfindung. In KLOPSTOCKS 'Messias' versucht Judas, die Aufrichtung der messianischen Herrschaft durch Jesus, der sich dagegen sträubt, herbeizuzwingen. Ein Traumgesicht gaukelt ihm die Möglichkeit vor, als Instrument zur Erreichung dieses Ziels den gezielten Verrat einzusetzen[11]. Die historische Kritik hinkt hinterher. Sie bedient sich zunächst gleichfalls über weite Strecken hin der Methode psychologischen Sich-Einfühlens und Nacherzählens. Den konsequenten Endpunkt dieser Entwicklungslinie bildet die Stilisierung des Judas zum unschuldigen Werkzeug. Er hat – so noch ein neuester Versuch aus dem Jahr 1985[12] – nur widerstrebend ausgeführt, was ihm von Jesus ausdrücklich aufgetragen wurde. Weil keiner sonst dazu bereit war, mußte er die schmutzige Arbeit tun, damit das Leidensschicksal Jesu seinen Lauf nehmen konnte. An den in dieser Härte ungeahnten Folgen ist er zerbrochen.

## 5. Extreme Skepsis

Gegen Ende des 19. Jahrhunderts erreichte die radikale Kritik des Geschichtswerts der neutestamentlichen Überlieferungen einen bislang nicht überbotenen Höhepunkt. Sogar der Jesus der Evangelien wurde als bloße Historisie-

[10] Vgl. B. HELLER, Über Judas Ischariotes in der jüdischen Legende, in: MGWJ 76 (1932) 33–42, hier 36: „Sie rechtfertigten den vom Verfolger, vom Gegner Verdammten ... Aus dieser Umwertung erklärt sich der Judas in Tholdoth. Er wird zum sieghaften Nebenbuhler Jesu."

[11] F. G. KLOPSTOCK, Der Messias, 3. Gesang, Z. 627–637:

> „Sieh', der Messias verzieht mit seiner großen Erlösung
> Und mit dem herrlichen Reich, das er aufzurichten verheißen.
> Nichts ist den Großen verhaßter, als Nazareths König zu dienen.
> Täglich sinnen sie Tod' ihm aus. Verstelle dich, Judas,
> Thu', als wolltest du ihn in die Hand der wartenden Priester
> Überliefern, nicht, Rache zu üben, weil er dich hasset,
> Sondern, ihn nur dadurch zu bewegen, daß er sich endlich
> Ihrer langen Verfolgung müd' und furchtbarer zeige,
> Und, mit Schande, Bestürzung und Schmach sie zu Boden zu schlagen,
> Sein so lang erwartetes Reich auf Einmal errichte.
> O, dann wärst du ein Jünger von einem gefürchteten Meister."

[12] H. STEIN-SCHNEIDER, Recherche.

rung eines zeitlosen Christusmythos angesehen. Innerhalb von wenigen Jahren entstand eine Reihe von Arbeiten, die ernsthaft die Ungeschichtlichkeit der Judasgestalt postulieren[13]. Der verräterische Judas des Evangeliums ist nichts anderes als eine Verkörperung des treulosen jüdischen Volkes. In ihm hat die Ablehnung Jesu durch das Judentum sich einen sinnenfälligen Ausdruck geschaffen. In dieser Sicht ist der Gleichklang der Namen kein Zufall, die antisemitische Aktualisierung seiner evangeliaren Charakterzeichnung kein beklagenswerter Irrtum, beides reicht vielmehr bis zu den ersten Anfängen hinab und war im Ansatz schon genau so intendiert.

## 6. Psychodynamik und narrative Analyse

Mit der Überwindung des Historismus in den Geisteswissenschaften ist es auch um solche überzogenen Versuche ruhiger geworden. Zum Postulat der Ungeschichtlichkeit neigen aber auch, ohne im Grunde essentiell darauf angewiesen zu sein, zwei weitere Deuteansätze, die abschließend noch genannt seien. Es handelt sich zum einen um die psychodynamische Interpretation der Judasproblematik[14]. Sie erklärt die Judasgestalt als Projektion der Ambivalenz des Unbewußten, als symbolische Konfiguration verdrängten Aggressionspotentials. Es geht zum anderen um die Anwendung der strukturellen Erzählforschung und der Erzähltextanalyse auf unsere Frage[15]. Ganz vereinfacht ausgedrückt: Eine gute Erzählung braucht einen Helden, sie braucht um der inneren Dramaturgie willen auch einen Schurken. Je einfacher die Erzähltechniken, um so krasser die Gegensätze, um so strahlender der Held und um so verruchter

[13] G. MARQUARDT, Verrat; L. G. LÉVY, Judas; J. M. ROBERTSON, Die Evangelienmythen, Jena 1910, 108–112; S. LUBLINSKI, Das werdende Dogma vom Leben Jesu, Jena 1910, 145 f.; W. B. SMITH, Ecce Deus. Die urchristliche Lehre des reingöttlichen Jesus, Jena 1911, 295–309; DERS., Judas; G. SCHLÄGER, Ungeschichtlichkeit; M. PLATH, Gemeinde; A. DREWS, Das Markus-Evangelium als Zeugnis gegen die Geschichtlichkeit Jesu, Jena 1921, 245–249; J. M. ROBERTSON, Jesus and Judas 1–56. Vgl. die scharfsichtige Bemerkung von S. KIERKEGAARD, Der Augenblick. Aufsätze und Schriften des letzten Streits (Gesammelte Werke 34), Düsseldorf 1959, 47: „... nur daß es beinahe lächerlich ist mit Judas, so daß man versucht ist, aus inneren Gründen die geschichtliche Wahrheit zu bezweifeln, daß ein Jude, und das war Judas ja doch, daß ein Jude sich so wenig aufs Geld verstünde, daß er für 30 Silberlinge einen, wenn man so will, so ungeheuren Geldwert wie Jesus Christus veräußerte" (Hervorheb. hier vorgenommen).

[14] Vgl. T. REIK, Das Evangelium des Judas Iskariot / Die psychoanalytische Deutung des Judasproblems, in: DERS., Der eigene und der fremde Gott. Zur Psychoanalyse der religiösen Entwicklung (1923) (Literatur der Psychoanalyse. Hrsg. von A. MITSCHERLICH), Frankfurt/M 1972, 75–97/98–129; S. TARACHOW, Judas, der geliebte Henker, in: Y. SPIEGEL (Hrsg.), Psychoanalytische Interpretationen biblischer Texte, München 1972, 243–256 = Judas, the Beloved Executioner, in: Psychoanalytical Quarterly 29 (1960) 528–554 (gekürzt); R. M. LOEWENSTEIN, Psychoanalyse des Antisemitismus (edition suhrkamp 241), Frankfurt 1968, 39 f.; D. ROQUEFORT, Judas: une figure de la perversion, in: ETR 58 (1983) 501–513; G. WEHR, Judas Iskariot, unser schattenhaftes Ich. Analytische Psychologie im Dienste der Bibelauslegung, in: DtPfrBl 74 (1974) 146–147.

[15] Vgl. als Beispiel L. MARIN, Semiotik.

der Bösewicht. Sollte Judas sein düsteres Charakterbild etwa einer erzählerischen Notwendigkeit verdanken?

Die Exegese wird angesichts dieser Fülle von divergierenden, im Ergebnis teils unvereinbaren Zugängen nicht einfach für ein Modell optieren können. Sie muß in steter Auseinandersetzung mit den Texten ihren eigenen Weg suchen, kann von da aus aber auch kritische Anfragen an Positionen richten, die sich in der Wirkungsgeschichte der Texte etabliert haben. In einer Hinsicht macht sie sich trotz ihrer höchst komplexen Methodik zum Anwalt des 'naiven' Lesers der Evangelien. Mit ihm zusammen wird sie immer wieder fragen, was sich denn von all dem Erzählten einigermaßen als historisch zuverlässig sichern läßt, selbst auf die Gefahr hin, damit auf Dauer zu ermüden. Die Verankerung in der Geschichte mit ihren konkreten Vollzügen stellt ein Spezifikum der jüdisch-christlichen Offenbarung dar. Deshalb verbietet sich der oft so verführerisch scheinende Absprung in eine reine Hermeneutik des Existentiellen, des Mythischen, des Unbewußten oder der Narrativität.

## *II. Der exegetische Befund*

### 1. Die Zwölferlisten (Mk 3,19 parr Mt 10,4; Lk 6,16)

In der Perikope von der Einsetzung der Zwölf kommt bei allen drei Synoptikern der Name des Judas Iskariot vor. In allen drei Fällen steht er bezeichnenderweise an letzter, zwölfter Stelle, was sicher schon eine Wertung impliziert, und er ist jedesmal mit einem erläuternden Zusatz versehen. Wir gehen davon aus, daß sich die Konstituierung des Zwölferkreises auf den irdischen Jesus zurückführen läßt[16] und daß Judas von Anfang an hinzuge-

[16] Vgl. zur Begründung W. Trilling, Zur Entstehung des Zwölferkreises. Eine geschichtskritische Überlegung, in: Die Kirche des Anfangs. Für H. Schürmann. Hrsg. v. R. Schnackenburg – J. Ernst – J. Wanke (= EThSt 38), Leipzig 1978, 201–222, bes. 208: „Die Überlieferung vom Verrat des Judas als 'einem der Zwölf'" gibt „den sichersten Einstieg und das eigentliche signifikante Indiz für die Vermutung einer vorösterlichen Existenz des Kreises" ab. Ferner J. Roloff, Apostolat – Verkündigung – Kirche. Ursprung, Inhalt und Funktion des kirchlichen Apostelamtes nach Paulus, Lukas und den Pastoralbriefen, Gütersloh 1965, 158–161; H. J. Klauck, Die Auswahl der Zwölf (Mk 3,13–19), in: Dienender Glaube 60 (1984) 351–354; T. Holtz, EWNT I (1980) 874–880 (mit Lit.); G. Schmahl, Die Zwölf im Markusevangelium. Eine redaktionsgeschichtliche Untersuchung (TThSt 30), Trier 1974; M. Trautmann, Zeichenhafte Handlungen Jesu. Ein Beitrag zur Frage nach dem geschichtlichen Jesus (FzB 37), Würzburg 1980, 167–233. Gegen G. Klein, Die zwölf Apostel. Ursprung und Gehalt einer Idee (FRLANT 77), Göttingen 1961, 36 Anm. 140; W. Schmithals, Das kirchliche Apostelamt. Eine historische Untersuchung (FRLANT 79), Göttingen 1961, 58 f.; W. Simonis, Jesus von Nazareth. Seine Botschaft vom Reich Gottes und der Glaube der Urgemeinde, Düsseldorf 1985, 58–65.

hörte[17]. Der vielumrätselte Beiname 'Iskariot' dürfte sich am einfachsten als geographische Herkunftsbezeichnung erklären: 'Mann aus Kerijot'. Alle anderen Ableitungen, etwa von lat. *sicarius* ('Dolchmann', 'Bandit') oder von aram. *schegar* (der 'Lügner', der 'Falsche') sind mit noch größeren Problemen verbunden[18]. Bei der geographischen Deutung wäre 'Iskariot' zunächst eine neutrale Bezeichnung, die Judas anfangs nur von anderen Trägern des gleichen verbreiteten Namens unterscheiden soll, mehr nicht. Wir würden auch etwas über die Person des Judas erfahren: Er wäre, wenn die Etymologie stimmt, als Judäer der einzige Nicht-Galiläer unter den Zwölfen. Mit aller Vorsicht kann man weiterfragen, ob das ihn bereits zu einer gewissen Sonderrolle in dem engeren Kreis um Jesus prädestinierte.

Von besonderem Gewicht ist der erläuternde Zusatz, der in Mk 3,19 lautet: ὃς καὶ παρέδωκεν αὐτόν, „der ihn auch überlieferte". In der Passionsgeschichte wird das partizipiale ὁ παραδιδούς, 'der Ausliefernde', zum festen Attribut des Judas[19]. Zu den breitgestreuten Bedeutungen von παραδιδόναι gehören 'übergeben', 'aushändigen', 'überliefern', 'dahingeben'. Die Konnotation 'verraten', von der christlichen Tradition mit der Vokabel, bezogen auf Judas, sofort assoziiert, zählt eigentlich nur sehr am Rande zum Wortfeld hinzu[20]. Einen festen Haftpunkt hat παραδιδόναι in der Prozeß- und Gerichtssprache, was auch synoptische Texte außerhalb der Passionsüberlieferung erkennen lassen[21]. In den Dahingabeformeln der Briefliteratur ist davon die Rede, daß Jesus sich für uns dahingegeben hat (Gal 2,20), daß Gott ihn dahingegeben hat (Röm 8,32) oder daß er dahingegeben wurde (Röm 4,25), nämlich von Gott, der als logisches Subjekt des theologischen Passivs fungiert. Wir können daraus folgende Schlüsse ziehen: (1) Die Texte sehen das Tun des Judas als ein 'Ausliefern' oder 'Übergeben'. Der Ausdruck 'Verrat' ist eher geeignet, diesen Sachverhalt zu verstellen. (2) Ein theologisches Paradox ergibt sich daraus, daß die gleiche Tätigkeit des Übergebens einmal von Gott, der seinen Sohn dahingibt, oder von Jesus, der sich selbst dahingibt, ausgesagt wird, zum andern aber von Judas und, weniger ausgeprägt, von anderen Menschen[22]. Das dürfte so, wie es uns jetzt bei Markus entgegentritt, Ergebnis

[17] Gegen E. HAENCHEN, Der Weg Jesu. Eine Erklärung des Markus-Evangeliums und der kanonischen Parallelen (GLB), 2. Aufl., Berlin 1968, 137 f.

[18] Vgl. die Diskussion bei R. B. HALAS, Judas 7–38; J. A. MORIN, Les deux.

[19] Vgl. Mk 14,42.44 par Mt 26,46.48. Außerdem noch Mk 14,10–11 parr Mt 26,15–16; Lk 22,4.6; Mk 14,18.21 parr Mt 26,21(.23).24; Lk 22,21–22. Im Sondergut und in redaktionellen Erweiterungen Mt 26,25; 27,3–4; Lk 22,48.

[20] Vgl. W. POPKES, Christus traditus. Eine Untersuchung zum Begriff der Dahingabe im Neuen Testament (AThANT 49), Zürich 1967, 90–93: Die Bedeutung 'verraten' wird auch im Klassischen erst vom Kontext her nahegelegt. Führend sind dabei die Momente 'ausliefern' und 'treulos handeln', nicht aber 'ein Geheimnis verraten'. Vgl. DERS., EWNT III (1984) 42–48, bes. 45: „Die ältesten π(αραδιδόναι)-Stellen sind demnach historisch wie überlieferungsgeschichtlich mit der Nacht des Letzten Mahls verbunden. Auslieferung durch Judas wäre dann Urdatum des π(αραδιδόναι)."

[21] Mk 13,9; Mt 5,25; 18,34; Apg 8,3; 28,16 f.

[22] Vgl. Mk 10,33d par Mt 20,19a; Mk 15,1.10.15 par Mt 27,2.18.26; Lk 23,25.

einer bewußten Reflexion sein. In sie sind verschiedene Strömungen der sich einer einlinigen Herleitung widersetzenden παραδιδόναι-Thematik eingegangen. Der Theologe im Evangelisten erkennt, daß sich und wie sich im gottfeindlichen Handeln von Menschen doch Gottes Pläne zur Rettung der Menschheit durchsetzen[23].

## 2. Die synoptische Passionsgeschichte

### a) Der 'Verrat' (Mk 14,10–11 parr Mt 26,14–16; Lk 22,3–6)

Markus leitet in 14,1–11 seine Passionsgeschichte mit Hilfe einer kunstvollen Komposition ein, die er durch Verschachtelung von zwei Überlieferungseinheiten geschaffen hat. Die eine ist die apophthegmatische Erzählung von der Salbung in Bethanien, die andere eine Notiz über die Kontaktaufnahme des Judas mit den Gegnern Jesu. Durch das redaktionelle Arrangement entsteht ein starker Kontrast zwischen der Salbungsgeschichte Mk 14,3–9 und dem rahmenden Bericht Mk 14,1–2.10–11. Die Salbungserzählung zeigt Jesus im Kreis von Freunden, die Rahmenverse lassen uns einen Blick in die verschwörerische Runde seiner Feinde tun. Judas „ging weg zu den Hohenpriestern", heißt es in V. 10. Im Kontext symbolisiert das sein Sich-Distanzieren von der Jüngerschar um Jesus. Als negatives Pendant zu der Frau, die Jesus für das Begräbnis salbt, schlägt er sich auf die andere Seite und leiht dem Vorhaben, Jesus zu töten, seine Hand.

Bei Markus folgt das Versprechen einer Belohnung erst in V. 11 auf die Bereitschaftserklärung des Judas in V. 10, ist also nicht deren Voraussetzung, sondern eine Reaktion darauf. Aus dem Text entsteht somit nicht der Eindruck, als sei Geldgier das treibende Motiv gewesen. Markus stellt die Episode primär auf die beginnende Erfüllung der Passionssummarien ab. Am Schluß von V. 10 und V. 11 klingt jeweils leitmotivisch das παραδιδόναι auf. Der Verzicht auf Psychologisierung läßt die Beweggründe des Judas im Dunkel, leuchtet dafür aber „den theologischen Hintergrund seiner Handlung" um so heller aus und gibt zu verstehen, „daß die wirklichen Aktivitäten bei einem anderen, nämlich bei Gott liegen"[24].

Erst Matthäus benennt in 26,15 unzweideutig die Habgier als Grund für die Auslieferung Jesu. Er führt im gleichen Vers auch die dreißig Silberlinge ein, die er aus einer prophetischen Zeichenhandlung im Sacharjabuch (vgl. Sach 11,12) gewonnen hat. Im Verlauf der Wirkungsgeschichte der Texte haben sie unsterblichen Ruhm erlangt[25], historisch sind sie nicht. Die Lukasparallele,

[23] Vgl. K. BARTH, KD II/2 558: „Judas tut mit dem, was er will und vollbringt, was Gott getan haben will."

[24] J. GNILKA, Das Evangelium nach Markus II (EKK II/2), Zürich–Neukirchen 1979, 229.

[25] Vgl. zu ihrer Nachgeschichte M. F. DE MÉLY, Les deniers de Judas dans la tradition du Moyen âge, in: RNum 4, ser. 3 (1899) 500–509; G. F. HILL, The Thirty Pieces of Silver, in: Archaelogia 59 (1905) 235–254.

die von den dreißig Silberlingen erwartungsgemäß nichts weiß, hat ihren auffälligsten Zug in 22,3: „Der Satan ging in Judas ein ..." Der Satan macht den Menschen Judas zu seinem Werkzeug, allerdings nicht zu seinem willenlosen Werkzeug, wie es im Fall von dämonischer Besessenheit zuträfe. Judas bleibt für sein Handeln verantwortlich und wird von Lukas dabei behaftet (vgl. ähnlich Apg 5,3). Jede Entlastungsfunktion entfällt[26].

„Seit hundertfünfzig Jahren stellt man historische Erwägungen darüber an, warum Judas seinen Meister verraten habe. Daß die Hauptfrage für die Geschichte aber die ist, was er denn verraten habe, ahnten wenige", so ALBERT SCHWEITZER in seinem genialen Abriß der Leben-Jesu-Forschung.[27] Die historischen Fragen, die bei den besprochenen Texten einsetzen, gehen in der Tat in zwei Richtungen: Was hat Judas 'verraten', und warum hat er es getan? Wenn man überhaupt an der Geschichtlichkeit der Judasgestalt festhalten will, kann man solchen Fragen nicht ausweichen, nur muß man sie richtig formulieren, damit nicht im Ansatz schon falsche Ergebnisse präjudiziert werden. Falsch gestellt ist trotz SCHWEITZER insbesondere die Frage: Was hat Judas eigentlich 'verraten'? Man sucht dann sogleich nach bestimmten Inhalten und verfällt z. B. auf das Messiasgeheimnis, das Judas preisgegeben habe (so SCHWEITZER). Die Texte sprechen viel präziser von einem 'Ausliefern' und bieten dafür auch eine Motivation, die so unplausibel, wie oft behauptet, gar nicht ist. Die Behörden wollen jedes Aufsehen vermeiden und Jesu zu einer Zeit und an einem Ort habhaft werden, wo die ganze Aktion unauffällig vor sich geht. Hinweise aus dem innersten Kreis um Jesus konnten sich für diesen Zweck als sehr hilfreich erweisen.

Eine minimalistische Sicht der geschichtlichen Vorgaben hat neuerdings WERNER VOGLER eingebracht. Der sogenannte Judasverrat war nur ein Treuebruch, den aber nach Judas auch alle übrigen Jesusjünger bis hin zu Petrus begangen haben, wenn sie in der Passion Jesus nach und nach verlassen. Judas hatte nur das Pech, daß er der erste in der Reihe war. Das hat ihm in der späteren Tradition seinen schlechten Ruf eingetragen[28].

Hier wird man doch Fragezeichen anbringen. Der Tat des Judas haftet etwas Exzeptionelles an, das man mit dem Versagen der anderen Jünger nicht einfach verrechnen kann. Schon terminologisch besteht ein Unterschied zwischen dem 'Verleugnen' des Petrus und dem 'Übergeben' des Judas. Wenn die spätere Überlieferung Judas durch Selbstmord enden sieht und Petrus umkehren läßt, sollte dahinter doch mehr stecken als die zeitliche Zufälligkeit, daß der eine der erste und der andere der letzte 'Verräter' Jesu war. Der Erzählung von seinem Freitod dürfte, so viel sei vorausgreifend gesagt, zumin-

[26] Es ist deshalb sehr die Frage, ob sich bei Lukas eine Tendenz zur Aufhellung des Judasbildes zeigt (so K. LÜTHI, Problem 106 f.; A. SALAS, Judas 195: „... *la teología lucana ... está dominada por un deseo de atemperar la malicia del traidor*"), vgl. dagegen M. LIMBECK, Judasbild 77.

[27] A. SCHWEITZER, Geschichte der Leben-Jesu-Forschung (2. Aufl., Tübingen 1913) (Siebenstern Taschenbuch 77–80), 2. Aufl., Hamburg 1972, 448.

[28] W. VOGLER, Judas 35 f.

dest doch dies zu entnehmen sein, daß Judas nicht wieder in den Kreis der Jesusjünger zurückkehrte. Er hat einen grundsätzlichen Bruch mit seiner Vergangenheit vollzogen. Wir wollen als historischen Kern der legendarischen Judasüberlieferung im Neuen Testament dies festhalten: Judas hat sich von Jesus abgewandt, äußerlich wie innerlich, und bei den Ereignissen um die Verhaftung Jesu in irgendeiner Weise eine unrühmliche Rolle gespielt. Was er getan hat, unterscheidet sich qualitativ von dem Davonlaufen und Versagen der übrigen Jesusjünger in der Passion.

Noch tiefer ins Dunkel geraten wir, wenn wir nach den Motiven fragen, die ihn zu seiner Tat bewegten. Am wenigsten spekulativ erscheint immer noch jene Erklärung, die seine innere Wandlung auf eine tiefe Enttäuschung vorgefaßter messianischer Erwartungen zurückführt.

### b) Die 'Verrats'ansage (Mk 14,17–21 parr Mt 26,20–25; Lk 22,21–23)

Zur 'Verrats'ansage nur soviel: Die jetzige apophthegmatische Erzähleinheit Mk 14,17–21 verdankt ihr Entstehen der Zusammenfügung von zwei selbständigen Traditionsstücken, nämlich (1) einer Voraussage der Treulosigkeit eines Jüngers in V. 18–20 and (2) einem Warn- und Wehespruch in V. 21. Beide Überlieferungsstücke sind wohl nachösterlicher Herkunft, beide thematisieren schon im Ansatz theologische Probleme, die man mit der Judasgestalt hatte. Die erste Einheit resultiert aus einer Anwendung von Ps 41,10: „Ja, auch mein Freund, auf den ich vertraute, der mein Brot aß, hat sich wider mich erhoben", auf die Judastat. Der Weheruf V. 21 greift auf apokalyptische Vorbilder[29] und auf das Vokabular der Passionssummarien zurück. Die Dialektik des Ineinanders von göttlichem Heilsplan und menschlichem Verschulden erscheint in äußerst kondensierter Form. Es muß so sein, der Menschensohn muß leiden, weil nur so der in der Schrift niedergelegte Wille Gottes in Erfüllung geht. Dennoch soll die ganze Wucht des Gerichtshandelns Gottes den Menschen treffen, der seine Hand dazu herleiht. Keinesfalls darf man in dieses Logion ein Wissen um das schmähliche Ende des Judas eintragen, das erst in späteren Sonderüberlieferungen geschildert wird. Nicht um sein irdisches Geschick dreht es sich, sondern um sein endzeitliches Schicksal beim letzten Gericht. Wie es ihm dort ergehen wird, bleibt bei aller Schärfe der Drohung doch dem Urteil Gottes vorbehalten. Niemand darf ihm vorgreifen. Auch die Gemeinde, die diesen Satz formulierte, kann es und darf es nicht tun. Sie kann nicht mit letzter Sichterheit definieren wollen, was mit Judas geschieht.

### c) Der 'Judaskuß' (Mk 14,43–46 parr Mt 26,47–50; Lk 22,47–48)

Bei der Festnahme Jesu in Mk 14,43–46 beherrscht der Judaskuß die Szene. „Und herankommend stürzt er sofort auf ihn zu, spricht: 'Rabbi', und

[29] Vgl. äthHen 38,2; 95,7; 4 Esr 4,12; syrBar 10,6.

küßte ihn ab", so müßte man V. 45 übersetzen. Das war erzählerisch geschickt schon vorbereitet in der Rückblende von V. 44: „Es hatte der ihn Ausliefernde ein Zeichen mit ihnen verabredet, indem er sprach: 'Den ich küssen werde, der ist es ...'." Auf historischer Ebene ist die Funktion des gleichermaßen berühmten wie berüchtigten Judaskussses gar nicht so leicht auszumachen. Beispiele für einen trügerischen Kuß hält aber das Alte Testament bereit. Der klassische Fall findet sich in 2 Sam 20,9 f.: Joab umarmt Amasja, um ihn zu küssen, und stößt ihm gleichzeitig mit der linken Hand sein Kurzschwert in den Leib.

Nichts hat die Entwicklung der Judasüberlieferung so sehr geprägt wie die schriftgelehrte Reflexion. Davon dürfte auch der Judaskuß betroffen sein. In Mk 14,43–46 gehört nur die knappe Geschichtsnotiz in V. 43bc.46 zum ältesten Bestand, während V. 44 f. sekundär als Deuteelement hinzugewachsen ist. Der Judaskuß wäre somit legendarische Erweiterung einer älteren Notiz, die nur besagt, daß Judas zusammen mit der Truppe kam, die Jesus ohne viel Aufhebens verhaftete. Historisch konvergiert dieses Ergebnis mit dem, was zu Mk 14,10 f. festgestellt wurde. Judas hat im Zusammenhang mit der Verhaftung Jesu eine nicht ganz exakt bestimmbare, auf jeden Fall aber unglückliche Rolle gespielt, die sich von dem Davonlaufen und Versagen der übrigen Jünger qualitativ unterscheidet. Zu dem fatalen Kuß aber ist es nicht gekommen.

### 3. Das Johannesevangelium

In älteren historisierenden Darstellungen und in romanhaften Entwürfen stößt man immer wieder auf die Meinung, zwischen dem Zebedäussohn Johannes und Judas habe es von Beginn an schwere persönliche Spannungen gegeben. In seinem Evangelium habe Johannes seinen alten Aversionen freien Lauf gelassen. So sei das erschreckende Judasbild entstanden, das uns im vierten Evangelium vor Augen tritt[30]. Diese Erklärung ist unzureichend, aber sie markiert sehr präzise das Problem. Man kann es dem unbefangenen Leser nicht verübeln, wenn er aus den johanneischen Texten einen förmlichen Haß auf Judas herauszuspüren meint.

#### a) Judas als Exponent des Unglaubens (Joh 6,60–71)

Das Ganze beginnt in 6,60–71, wo die Front des Unglaubens schrittweise in den Zwölferkreis hinein verlegt wird und Judas, dessen Name erst V. 71 nennt, uns als sein Repräsentant entgegentritt. Der Auslieferer gehört von

[30] Vgl. R. GUARDINI, Der Herr. Betrachtungen über die Person und das Leben Jesu Christi, 13. Aufl., Würzburg 1964, 416: „rein menschlich gesehen müßte er (Johannes) den Judas tödlich gehaßt haben"; W. JENS, Der Fall Judas, 2. Aufl., Stuttgart – Berlin 1975, 29: „Wo immer sich eine Gelegenheit bietet – Johannes nutzt sie, um den Einen unter den Zwölfen als Kainskind zu zeichnen ... Und das wollte Johannes: Die Art und Weise, wie er sein Seelengemälde entwickelt, hat, so schien es uns, den Charakter einer Exekution."

Anfang an zu den Nicht-Glaubenden (V. 64). Von ihm heißt es in V. 70: „Und einer von euch ist ein Teufel." Das erinnert im Makrotext an 8,44, wo Jesus den Juden vorhält: „Ihr habt den Teufel zum Vater." Die ungläubigen Juden haben ihren Exponenten in dem 'Verräter' Judas, miteinander werden sie wortwörtlich „verteufelt". Damit geht Johannes einen wesentlichen Schritt über Lukas hinaus, der die Zäsur erst in 22,3 zu Beginn der Passion setzt. Bei Johannes bleibt kein Raum mehr für eine Entwicklung, die Fronten sind gleich zu Beginn unverrückbar festgelegt[31].

b) Judas als Betrüger (Joh 12,1–8)

In die Erzählung von der Salbung in Bethanien[32] hat die johanneische Tradition Judas als Akteur eingeführt. Anders als bei den Synoptikern protestiert in Joh 12,4f. Judas gegen die Verschwendung, die mit dem Salböl getrieben wird. Für begriffsstutzige Leser fügt der Evangelist in V. 6 eine kommentierende Zwischenbemerkung ein, die an Deutlichkeit nichts zu wünschen übrig läßt: „Das sagte er aber nicht, weil ihm an den Armen etwas lag, sondern weil er ein Dieb war und, da er die Kasse[33] führte, die Einkünfte beiseite schaffte."

Ob es für die Jüngerkasse (vgl. Joh 13,29) echte historische Haftpunkte gibt, bleibt äußerst fraglich. Die Betrauung des Judas mit dieser Kasse dürfte eine Extrapolation aus dem synoptischen Überlieferungsstück sein, das von einem Geldangebot der Behörden an Judas berichtet. Dieser Bestechungsversuch fehlt bei Johannes, er ist durch die andere Version von Judas als betrügerischem Kassenwart ersetzt. Wieder ist das Bestreben des Verfassers mit Händen zu greifen, den Judas'verrat' von seiner Koppelung an die Passionsgeschichte zu lösen und nach vorne hin zu verlängern. Immer schon hat sich Judas als Lügner, Betrüger und habgieriger Mensch erwiesen. Er stahl nach Kräften aus der gemeinsamen Kasse, die ihm anvertraut war, und besitzt in der konkreten Situation die Frechheit, heuchlerisch Fürsorge für die Armen vorzuschützen.

c) Judas beim letzten Mahl (Joh 13,1–30)

In der Perikope vom letzten Mahl in Joh 13 wird Judas verschiedentlich erwähnt (13,2.10f.18). Wir greifen nur den Schluß heraus, die Kennzeichnung des Auslieferers und seine Reaktion in V. 21–30, wo eine Traditionsvariante

31 Das hat wirkungsgeschichtlich besonders Gewicht, da manche 'Charakterbilder' des Judas fast ausschließlich auf einer psychologisierenden Kombination von Daten bei Johannes beruhen, so z. B. E. J. MEIER, Judas Ischarioth, ein biblisches Charakterbild, Dresden 1872; M. BÜTTNER, Judas Ischarioth. Ein psychologisches Problem, Minden o. J. (1902).

32 Vgl. dazu neben den Kommentaren C. P. MÄRZ, Zur Traditionsgeschichte von Mk 14,3–9 und Parallelen, in: SNTU 6–7 (1981/82) 89–112, hier bes. 106–111.

33 γλωσσόκομον im Sinne von 'Kasse' viermal in 2 Chron 24,8.11 LXX (zur Sammlung von Beiträgen zum Tempelbau); auch bei Plut., Galba 16,1; Jos., Ant 6,11.

zu Mk 14,17–21 verarbeitet ist. Mit Mk 14,20 läuft V. 26 parallel: „Jener ist es, dem ich den Bissen eintunke und ihm geben werde." Das Erzählreferat schließt in V. 27a mit den bedeutungsschweren Worten: „Und nach dem Bissen, da ging der Satan in jenen ein." Liegt hier die sogenannte ‚Judaskommunion' vor? Hat Judas, wie WILLIAM WREDE meinte, ein „satanisches Sakrament" empfangen[34]?

Zunächst einmal ist die Relation zwischen Empfang des Bissens und Eingehen des Satans durch μετά und τότε eindeutig als zeitlich und nicht als kausal ausgewiesen. Die Fußwaschung und die Darreichung des Bissens sind Zeichen der Liebe Jesu. Dadurch, daß Judas diese Gesten akzeptiert, ohne von seinen unheilvollen Plänen zu lassen, ist der Gipfel der Perfidie erreicht. Er hätte sich von dieser Liebe überwältigen lassen müssen. Er hat es nicht getan, er entscheidet sich anders, und durch diese Entscheidung ist er endgültig zur Beute und zum Werkzeug des Satans geworden. Eine solche Verstocktheit kann man nur noch teuflisch nennen[35].

Die Schlußnotiz: „Jener ging sofort hinaus. Es war aber Nacht" (V. 30), hat hohen Symbolwert. Sie verkoppelt die Gestalt des Judas mit dem Dualismus von Licht und Finsternis, der die erste Hälfte des Johannesevangeliums durchzieht. Judas verläßt den Jüngerkreis. Er geht hinaus aus dem Lichtkreis um Jesus und begibt sich in den Herrschaftsbereich der Finsternis. Judas tritt noch einmal in der Verhaftungsszene Joh 18,1–11 in Erscheinung[36]. Heben wir nur heraus, daß die Szene mit dem Judaskuß bei Johannes bewußt gestrichen ist. Einen Vertreter der satanischen Gegenmacht in so vertrauten Umgang mit Jesus treten zu lassen, mußte einfach als unangemessen erscheinen.

Tendenzen, die sich bei den Synoptikern schon abzeichnen, sind im Johannesevangelium an einen logischen Endpunkt gelangt. Zugleich werden sie eingespannt in den Gesamtrahmen der dualistischen Theologie des Evangelisten. Heraus kommt ein Judasbild von verheerenden Dimensionen. Der Betrachter kann sich nur mit Grausen abwenden. Die Schwarz-Weiß-Technik des Evangelisten verfügt nicht über Grautöne und Zwischentöne, sondern nur über extreme Gegensätze. Seine Weltsicht neigt da, wo sie sich mit dem Phänomen des Unglaubens auseinandersetzt, anthropologisch gesehen zur Unbarmherzigkeit. In erster Linie trifft diese ‚Gnadenlosigkeit' Judas und die Juden.

[34] W. WREDE, Judas 136: „Der Bissen scheint eine magische Wirkung auf den Jünger zu üben. Es ist eine Art satanisches Sakrament, das Judas genießt." Aufgenommen von F. K. FEIGEL, Der Einfluß des Weissagungsbeweises und anderer Motive auf die Leidensgeschichte. Ein Beitrag zur Evangelienkritik, Tübingen 1910, 95; R. BULTMANN, Das Evangelium des Johannes (KEK 2), 18. Aufl., Göttingen 1968, 368 Anm. 5.

[35] Vgl. zu dieser Interpretation R. E. BROWN, The Gospel According to John (AnchB 29/29A), Garden City 1966/70, 578.

[36] Auf Judas bezieht sich auch der redaktionelle Zusatz in Joh 17,12b („Sohn des Verderbens"), nicht aber Joh 19,11c, vgl. A. DAUER, Die Passionsgeschichte im Johannesevangelium. Eine traditionsgeschichtliche und theologische Untersuchung zu Joh 18,1–19,30 (StANT 30), München 1972, 118. Möglicherweise stand Judas auch für 1 Joh 2,19 Modell, vgl. K. GRAYSTON, The Johannine Epistles (NCeB), London 1984, 80 f.

## 4. Die Sonderüberlieferungen vom Judastod

Vom Ende des Judas berichten zwei bzw., wenn wir das Papiasfragment hinzunehmen, drei Sonderüberlieferungen, die sich nicht miteinander harmonisieren lassen.

### a) Der Selbstmord (Mt 27,3–10)

Bei Matthäus endet Judas in 27,3–10 durch Selbstmord, er hängt sich auf. Die Erzählung ist fast restlos aus dem Alten Testament herausgesponnen[37]. Das Erhängen evoziert die Gestalt Ahitofels, der als Ratgeber des Königs David seinen Herrn verrät, sich dem Aufstand Abschaloms anschließt und, als er die gemeinsame Sache verloren geben muß, „sein Haus bestellt und sich erhängt" (2 Sam 17,23). In V. 9 f. zitiert Matthäus Sach 11,12 f., gibt die Stelle in der Einleitung aber als Jeremia-Zitat aus. Mit einer geradezu atemberaubenden midraschartigen Technik setzt er Momente der Sacharjaverse und verschiedener Passagen bei Jeremia (Jer 18,2 f.; 19,1–11; 32,6–10) in Narration um. Ein Element, das sich gegen eine nahtlose Rückführung auf alttestamentliche Vorgaben sperrt, ist die ätiologische Erklärung des Namens 'Blutacker' in V. 6–8.

### b) Der Unglücksfall (Apg 1,15–20)

Darin besteht zugleich die wichtigste Gemeinsamkeit mit der Version des Judastodes bei Lukas in Apg 1,15–20[38]. Die Unterschiede aber überwiegen bei weitem. Es handelt sich bei Lukas um einen Unglücksfall. Judas stürzt sich zu Tode (V. 18: πρηνὴς γενόμενος). Auch hier liegt ein Schriftbezug vor. Weish

[37] Vgl. E. LOHMEYER – W. SCHMAUCH, Das Evangelium des Matthäus (KEK Sonderband), 4. Aufl., Göttingen 1967, 375: „Es gibt wenig evangelische Erzählungen, welche so bis in jede Einzelheit von alttestamentlichem Wort und Geist durchdrungen sind wie diese. Für den Gang der Geschichte wie für jedes ihrer einzelnen Motive läßt sich im AT ein Vorbild aufzeigen." Eine Reihe von Studien zu unserem Text ist vor allem an dem Erfüllungszitat interessiert: K. STENDAHL, The School of St. Matthew and its Use of the Old Testament (ASNU 29), 2. Aufl., Lund 1968, 120–127.196–198; G. STRECKER, Der Weg der Gerechtigkeit. Untersuchung zur Theologie des Matthäus (FRLANT 82), 3. Aufl., Göttingen 1971, 76–82; W. ROTHFUCHS, Die Reflexionszitate des Matthäus-Evangeliums. Eine biblisch-theologische Untersuchung (BWANT 88), Stuttgart 1969, 84–88; R. S. MCCONNELL, Law and Prophecy in Matthew's Gospel. The Authority and Use of the Old Testament in the Gospel of St. Matthew (Theologische Dissertationen 2), Basel 1969, 129–133. Vgl. zuletzt R. SCHNACKENBURG, Matthäusevangelium 16,21–28,20 (Neue Echter-Bibel. NT I/2), Würzburg 1987, 272 f.

[38] Vgl. dazu an Lit. neben den Kommentaren und den Spezialbeiträgen (in der Bibliographie) noch E. NELLESSEN, Zeugnis für Jesus und das Wort. Exegetische Untersuchungen zum lukanischen Zeugnisbegriff (BBB 43), Köln 1976, 128–178; A. WEISER, Die Nachwahl des Matthias (Apg 1,15–26). Zur Rezeption und Deutung urchristlicher Geschichte durch Lukas, in: G. DAUTZENBERG u. a. (Hrsg.), Zur Geschichte des Urchristentums (QD 87), Freiburg 1979, 97–110.

4,19 sagt von den gottlosen Spöttern: Gott wird sie „kopfüber (πρηνεῖς) stürzen und von ihrem Standort wegfegen". Daneben verwendet V. 20 für die Schriftreflexion Ps 69,26 und Ps 109,8. Während bei Matthäus die Hohenpriester besagten Acker erwerben, kauft ihn nach Apg 1,18 Judas selbst, und den Namen 'Blutacker' bekommt das Grundstück nicht, weil es mit Blutgeld erworben wurde, sondern weil Judas darauf durch Zerbersten und Zerstreuen der Eingeweide sein blutiges Ende fand. Harmonisierungsversuche, die das Erhängen und den Todessturz auf verschiedene Weise kombinieren wollen[39], muten in ihrer Hilflosigkeit eher rührend an. Bei Papias – dies nur am Rande – stirbt Judas nach längerer Zeit an den Folgen einer grausigen Krankheit, an Körperschwellung mit Eiterbildung und Wurmfraß[40]. Neben das Alte Testament, das auf alle drei Fassungen entscheidend einwirkte, tritt als weitere treibende Kraft das Vorbild, das andere Berichte über das bittere

[39] Z. B. J. E. Belser, Die Geschichte des Leidens und Sterbens, der Auferstehung und Himmelfahrt des Herrn, Freiburg 1903, 318: „Judas erhängte sich am Morgen des Kreuzigungstages Jesu südlich von Jerusalem, im Hinnomtale, mittels eines Strickes an einem Feigenbaume; als er geendet, zerriß der Strick (oder der Ast, an welchem der Strick befestigt war); der entseelte Leichnam fiel herunter auf den Bauch; dieser barst mitten entzwei, und die Eingeweide wurden ausgegossen."

[40] Text bei J. Reuss, Matthäus-Kommentare aus der griechischen Kirche aus Katenenhandschriften gesammelt und herausgegeben (TU 61), Berlin 1957, 47 f. (zwei Versionen); F. X. Funk – K. Bihlmeyer – W. Schneemelcher, Die Apostolischen Väter (SQS II/1), 2. Aufl., Tübingen 1956, 136 f.; E. Preuschen, Antilegomena. Die Reste der außerkanonischen Evangelien und urchristlichen Überlieferungen, 2. Aufl., Gießen 1905, 97 f. Bequem zugänglich bei K. Aland, Synopsis Quattuor Evangeliorum, 9. Aufl., Stuttgart 1976, 470. Den Text mit Übersetzung bieten J. Kürzinger, Papias von Hierapolis und die Evangelien des Neuen Testaments (Eichstätter Materialien 4), Regensburg 1983, 104 f., und U. H. J. Körtner, Papias von Hierapolis. Ein Beitrag zur Geschichte des frühen Christentums (FRLANT 133), Göttingen 1983, 59 – 61:

> „Von Apollinaris: Judas starb nicht, als er sich erhängte, sondern lebte noch weiter, da er abgenommen wurde, ehe er erstickte. Auch dies berichtet die Apostelgeschichte, daß 'er kopfüber stürzte und mitten aufplatzte, so daß seine Eingeweide heraustraten'. Deutlicher erzählt das Papias, der Schüler des Johannes, der im vierten Buch der Auslegung von Herrenworten sagt:
>
> '1 Als ein erschreckendes Beispiel der Gottlosigkeit ging durch diese Welt Judas.
>
> 2 Er war an seinem Leib so angeschwollen, daß er da, wo ein Wagen noch bequem durchzufahren vermochte, nicht mehr hindurchgehen konnte, ja nicht einmal mit dem Umfang seines Kopfes. 3 Seine Augenlider schwollen, so sagt man, so sehr an, daß er überhaupt kein Licht mehr sah und man seine Augen selbst mit dem Spiegel des Arztes nicht zu sehen vermochte. 4 So tief lagen sie von der Außenfläche zurück.
>
> 5 Sein Schamglied war abstoßender und größer als alles, was schamlos ist: 6 von seinem ganzen Körper floß Eiter herab neben Würmern, die schon bei den natürlichsten Bedürfnissen quälten.
>
> 7 Als er dann nach vielen Qualen und Plagen, so sagt man, auf dem ihm gehörenden Grundstück gestorben war, blieb dieses bis zur Stunde wegen des Gestanks öde und unbewohnt. 8 Ja bis auf den heutigen Tag vermag niemand an dem Platz vorüberzugehen, ohne sich die Nase mit den Händen zuzuhalten. 9 So sehr verbreitete sich der Ausfluß von seinem Körper auch über die Erde.'"

Ende der Gottlosen boten. Den Bearbeitern der Judastradition dürfte vor allem das Beispiel des Antiochos IV. Epiphanes in 2 Makk 9,1–10 vorgeschwebt haben[41].

c) Historische Fragen

Das Gesagte erweckt nun ernsthafte Zweifel am historischen Kern der Tradition vom Tod des Judas. Man könnte sich evtl. auf die Flurnamenätiologie als letzte Bastion zurückziehen und daran festhalten, wenigstens der Ausdruck 'Blutacker' lasse noch ein Wissen um ein tatsächliches gewaltsames Ende des Judas erahnen. Aber selbst das bleibt zweifelhaft. Der 'Blutacker', ein sagenumwobenes Landstück im Hinnomtal, wird seinen Namen schon im jüdischen Volksmund besessen haben, lange ehe Christen auf den Gedanken kamen, mit dem Ort Geschichten über Judas zu verknüpfen.

M. E. wissen wir über das weitere Schicksal des Judas, insbesondere über seinen Tod, historisch gesehen nichts. Dieses Urteil setzt allerdings voraus, daß auch die Gemeinde, die solche Geschichten erzählt, von Judas in Wirklichkeit nichts mehr weiß. Er ist völlig aus ihrem Gesichtsfeld verschwunden. Das erklärt sich am ehesten so: Sein Bruch mit der Jesusbewegung war endgültig, Judas ist nach Ostern nicht mehr zurückgekehrt. Das unterscheidet ihn von den anderen Jüngern, die auf ihre Art gleichfalls versagt hatten, sich aber

41 „9 [1]Zu jener Zeit aber war Antiochos gerade aus den Gebieten in Persis in aufgelöster Ordnung abgezogen ... [4]In seinem Sinn gereizt, glaubte er auch die Unbill derer, die ihn zur Flucht getrieben hatten, an den Juden rächen zu sollen. Deshalb wies er seinen Wagenlenker an, ohne jede Unterbrechung der Fahrt die Reise zu vollenden, während doch für ihn die Stunde des himmlischen Gerichts gekommen war. In seiner Überheblichkeit nämlich sprach er so: 'Aus Jerusalem werde ich, sobald ich dort bin, ein Massengrab der Juden machen.' [5]Aber der alles überschauende Herr, Israels Gott, schlug ihn mit einem unheilbaren und unsichtbaren Schlag. Kaum hatte jener seinen Satz beendet, da ergriffen ihn heilloser Schmerz in den Eingeweiden und bittere Marter in den Organen. [6]Das war vollkommen gerecht, weil er die Eingeweide anderer mit vielen und fremdartigen Martern gepeinigt hatte. [7]Er aber ließ keineswegs ab von seinem Hochmut, sondern war noch immer von Überheblichkeit erfüllt, schnaubte in seinem Herzen Feuer gegen die Juden und befahl, die Fahrt noch zu verschärfen. Da geschah es, daß er von dem rasend dahinrollenden Wagen stürzte und in schwerem Sturz alle seine Glieder zermartert wurden. [8]Er, der soeben noch gemeint hatte, er könne den Wogen des Meeres gebieten kraft seiner übermenschlichen Prahlerei, der da glaubte, er könne die Höhe des Gebirges mit der Waage abwägen, er stürzte zu Boden, wurde auf einer Bahre mitgeführt und zeigte so allen sichtbar Gottes Macht, [9]indem sogar aus den Augen des Gottlosen Würmer aufwimmelten und das Fleisch des Lebenden in Schmerz und Pein zerfiel, der von ihm ausgehende Geruch aber das ganze Heer mit Fäulnisgestank belästigte. [10]Und den, der kurz zuvor vermeint hatte, er könne nach den himmlischen Sternen greifen, vermochte niemand mehr zu transportieren wegen der unerträglichen Geruchsbelästigung" (Übers. C. HABICHT, JSHRZ I/3).

Vgl. ferner Herod., Hist IV 205; Paus., Graec Descr IX 7.3 f.; Lukian, Alex 59; Plut., Sulla 37,3 f.; Flav. Jos., Ant 17,169–170; ders., Ap 2,143; ders., Bell 7,451–453; Lakt., Mort Persec 33,1–11; Euseb., Hist Eccl VIII 16,3–5; ders., Vit Const I 57.

gefallen ließen, daß der Auferstandene die zerbrochene Gemeinschaft wiederherstellte. Judas war damit für die Gemeinde 'gestorben'. Sein dauernder Abfall ist gleichbedeutend mit seinem geistigen Tod. Er lebt nur noch als Chiffre, als negative Symbolfigur im kollektiven Gedächtnis fort. So kann sich die erzählerische Phantasie ungehindert von äußeren Fakten frei entfalten.

## *III. Der hermeneutische Konflikt*

Historisches Ereignis, innerneutestamentliche Rezeption und Wirkungsgeschichte, diese drei Größen geraten, wenn wir sie miteinander konfrontieren, in einen hermeneutischen Konflikt. Was wir historisch gesehen über Judas wissen, ist sehr wenig, auch wenn kein Grund zur völligen Resignation besteht. Jesus hat Judas in seine Nachfolge berufen und in die Zahl der Zwölf aufgenommen. Während der letzten Tage in Jerusalem spielte Judas eine undurchsichtige Rolle. Das mündet in seine konsequente Trennung von der Jesusbewegung, ohne daß damit notwendig auch eine Abwendung vom Gott Israels und vom Glauben seines Volkes verbunden wäre. Judas ging seiner Wege und kehrte nach Ostern nicht mehr zurück.

Dieses Ergebnis wirkt sicher ungemein ernüchternd, aber es ist Aufgabe der Exegese, in solche Ernüchterung zu führen. Wenn das skizzenhafte historische Bild einer Auffüllung bedarf, dann gerade nicht an den Stellen, an denen die Tradition einsetzt, sondern an dem Punkt, den sie normalerweise ausspart. Es müßte viel stärker ins Bewußtsein treten, daß Judas ein Jünger des Herrn war, nicht weniger berufen und nicht weniger begeistert als die anderen Jünger und die übrigen Zwölf. Eine erzählerische Auffüllung verlangte jene gemeinsame Zeit mit Jesus, über die wir aus den Texten generell nur sehr unzureichend informiert sind[42].

Die Überlieferung hat schon innerhalb des Neuen Testaments andere Wege beschritten. Die ältesten Erklärungsversuche können wir an dem Begriff παραδιδόναι, verstanden als ausliefern, überliefern, und an dem prophetischen Warn- und Weheruf in Mk 14,21 festmachen. Beides fügt sich zu einer Gesamtdeutung zusammen, die streng theologisch ausgerichtet bleibt und nicht zuletzt aus diesem Grund am ehesten noch akzeptable Züge aufweist. Zur Debatte steht das nicht auflösbar dialektische Ineinander von göttlichem Willen und menschlichem Tun. Was Gott bewirken will, das Ausliefern seines Sohnes, der durch seinen Tod am Kreuz die Welt erlöst, setzt ein Mensch in freier Entscheidung in die Tat um. Wir stehen vor kaum zu bewältigenden denkerischen

[42] Unter den großen Theologen hat als einziger Origenes diese Lücke erspäht. Es gelingt ihm so, gegen den herrschenden Trend einen Freiraum offenzuhalten für eine positivere Sicht des Judas, die zugleich der historischen Wahrheit ein wesentliches Stück näher kommt; vgl. S. LAEUCHLI, Origen's Interpretation of Judas Iscariot, in: ChH 22 (1953) 259–268.

Problemen. Aber gerade so ist das Geheimnis, das Judas schützend umgibt, theologisch ausformuliert und vor der Schwarz-Weiß-Malerei kirchlicher Orthodoxie ebenso bewahrt wie vor dem Zugriff eines platten Rationalismus.

Aber dieser anspruchsvolle Ansatz wurde nicht durchgehalten. Man hat ihn verwässert mit Hilfe von Psychologie und Mythologie. Das Charakterbild des Judas verdüstert sich mehr und mehr, bis schließlich ein teuflischer Unhold in Menschengestalt vor uns steht. Als narrative Glanzlichter werden schließlich noch Erzählungen über sein gräßliches Ende draufgesetzt.

Von dieser Endstufe der neutestamentlichen Traditionsbildung läßt sich die herkömmliche Judassicht, die Judas als Ausgeburt des Bösen betrachtet, den Rahmen vorgeben. Daß im Verlauf der Theologie- und Geistesgeschichte gegen dieses übermächtig scheinende negative Bild immer wieder mehr oder minder entschiedener Widerspruch eingelegt wurde, ist an sich kein schlechtes Zeichen. Nur weisen die Gegenentwürfe ihrerseits große Einseitigkeiten auf. Sie verstehen es in der Regel aber recht geschickt, bei Nullstellen und Lücken der evangeliaren Berichte den Hebel anzusetzen. Ohne über die entsprechende Methodik zu verfügen, stößt man mehr intuitiv zum Postulat durch, unseren neutestamentlichen Zeugnissen müsse eine ganz anders aussehende Judastradition und eine ganz anders geartete Realität vorausliegen. Die historisch-kritische Analyse der Texte kann nicht nur aufzeigen, wo die richtig angesetzte Frage auf den Irrweg gerät, sie vermag auch der Protesthaltung, aus der solche radikalen Gegenpositionen hervorgehen, einen ganzen Teil ihrer subjektiven Überzeugungskraft zu entziehen.

Die Aufarbeitung des hermeneutischen Konflikts erfordert einen im besten Sinne 'kritischen' Umgang mit den Texten. Kritik bedeutet nicht Destruktion, sondern Einsatz von Unterscheidungsgabe und Fingerspitzengefühl. Um die Fähigkeit zum Unterscheiden geht es. Zentrales muß vom Peripheren geschieden werden, Historisches vom Legendarischen, Früheres vom Späteren, Akzeptables vom Problematischen. Exegese und Verkündigung haben die Aufgabe, Hörer und Leser des Evangeliums in eine solche differenzierende Betrachtung der Judastexte einzuüben. Dabei ist manchmal die Frage mehr als die Antwort. Viel wäre schon gewonnen, wenn es gelänge, auf breiter Front ein entsprechendes Problembewußtsein zu schaffen.

Der protestantische Theologe Carl Daub gibt im 19. Jh. in seinem großen Judaswerk emphatisch zu verstehen: Unter allen Menschen ist Judas „der einzige, über welchen das Urtheil der Verdammniß ... ausgesprochen werden kann, und sogar muß“[43]. Dazu muß am Schluß unserer Studie ein entschiedenes Nein gesagt werden. Gott sei Dank wissen wir es auch von Judas nicht, und das ist gut so. Dieses Urteil steht uns nicht zu, das hat Gott sich vorbehalten. Und keine menschliche Instanz kann verbindlich festlegen, wo das Erbarmen und der universale Heilswillen Gottes, die im erlösenden Sterben Jesu Christi

[43] C. Daub, Judas Ischariot oder das Böse in Verhältniß zum Guten, Bd. I–II/1.2, Heidelberg 1816–1818, hier I 20.

geschichtlich greifbare Gestalt gewonnen haben, an ihre endgültige Grenze stoßen. Auch wenn es diese Grenze gibt, ihr Verlauf wird nicht von uns definiert, und das ist ein einziges Glück.

## *Bibliographie*

Die Bibliographie beschränkt sich – mit wenigen Ausnahmen – auf exegetische Spezialbeiträge zur Judasfrage. In der Bibliographie enthaltene Arbeiten werden in den Anmerkungen nur mit Verfassernamen und Kurztitel zitiert. Die übrige Sekundärliteratur ist in der jeweiligen Anmerkung vollständig nachgewiesen. Mit einem * versehene Titel konnten nicht am Original überprüft werden.

Y. ARBEITMAN, The Suffix of Iscariot, in: JBL 99 (1980) 122–124.

F. BARTH, Der Tod des Judas Ischarioth, in: ThZS 11 (1894) 108–124.
K. BARTH, Die Bestimmung des Verworfenen, in: DERS., KD II/2 498–563.
J. B. BAUER, Judas' Schicksal und Selbstmord, in: BiLi 20 (1952/53) 210–213.
G. BAUMBACH, Judas – Jünger und Verräter Jesu, in: ZdZ 17 (1963) 91–98.
F. W. BELCHER, A Comment on Mark 14,45, in: ET 64 (1952/53) 240.
P. BENOÎT, Der Tod des Judas, in: DERS., Exegese und Theologie. Gesammelte Aufsätze (KBANT), Düsseldorf 1965, 167–181 = La mort de Judas, in: Synoptische Studien, A. Wikenhauser zum 70. Geburtstag am 22. Februar 1953 dargebracht von Freunden, Kollegen und Schülern, München 1954, 1–19.
S. BERNHARD, War Judas der Verräter bei der Einsetzung der heiligen Eucharistie gegenwärtig?, in: ZKTh 35 (1911) 30–65.
DERS., Nochmals über die Frage von der Gegenwart des Verräters bei der Einsetzung der hl. Eucharistie, in: ZKTh 36 (1912) 411–416.
A. M. BESNARD, Judas bouc émissaire des apôtres? Un compagnon dangereusement semblable, in: BTS 158 (1974) 8 f.
O. BETZ, The Dichotomized Servant and the End of Judas Iscariot. (Light on the dark passages: Mt 25,51 and parallel; Acts 1,18), in: RdQ 5 (1964) 43–58.
J. S. BILLINGS, Judas Iscariot in the Fourth Gospel, in: ET 51 (1939/40) 156 f.
J. BLINZLER, Art. Judas Iskarioth, in: $LThK^2$ (1960) V 1152–1154.
M. BOBICHON, Celui qui le livra. Judas selon le Nouveau Testament, in: BTS 158 (1974) 4 f.
R. J. BRONIKOWSKI, Judas Iscariot: The Apostle Who Couldn't Love, in: Cross and Crown 27 (1975) 269–279.

S. P. CAREY, Jesus and Judas, London 1931.
B. CELADA, El nombre de „Iscariote", in: CuBi 24 (1967) 41.
F. H. CHASE, The Name Iscariot in Codex Bezae, in: ET 9 (1897/98) 189.
DERS., The Name Judas Iscariot in the Fourth Gospel, in: ET 9 (1897/98) 285 f.
DERS., On πρηνὴς γενόμενος in Acts 1,18, in: JThS 13 (1912) 278–285.
DERS., Note on πρηνὴς γενόμενος in Acts 1,18, in: JThS 13 (1912) 415.
T. K. CHEYNE, Art. Judas Iscariot, in: EB(C) II (1954) 2623–2628.
* W. A. COX, Judas Iscarioth, in: Interpreter 3 (1907) 414–422; 4 (1908) 218–219.
O. CULLMANN, Der zwölfte Apostel, in: DERS., Vorträge und Aufsätze 1925–1962. Hrsg. von K. FRÖHLICH, Tübingen–Zürich 1966, 214–222 = Le douzième apôtre, in: RHPhR 42 (1962) 133–140.

J. DECROIX, Le geste d'un décu. L'attente d'un Sauveur d'Israël, in: BTS 158 (1974) 6.
J. D. M. DERRETT, Miscellanea: a Pauline pun and Judas' punishment, in: ZNW 72 (1981) 131–133.

L. DESAUTELS, La mort de Judas (Mt 27,3–10; Ac 1,15–26), in: ScEs 38 (1986) 221–239.
M. DIBELIUS, Judas und der Judaskuss, in: DERS., Botschaft und Geschichte. Gesammelte Aufsätze I: Zur Evangelienforschung, Tübingen 1953, 272–277.
J. DÖLLER, Biblische Miszellen: XI. Der Judaskuß, in: Korrespondenz-Blatt für den katholischen Klerus Österreichs 38 (1918) 127–129.
K. DORN, Judas Iskariot, einer der Zwölf. Der Judas der Evangelien unter der Perspektive der Rede von den zwölf Zeugen der Auferstehung in 1 Kor 15,3b–5, in: H. WAGNER (Hrsg.), Judas Iskariot. Menschliches oder heilsgeschichtliches Drama?, Frankfurt 1985, 39–89.
J. DUPONT, La destinée de Judas prophétisée par David (Act 1,16–20), in: CBQ 23 (1961) 41–51, auch in: DERS., Études sur les Actes des Apôtres (LeDiv 45), Paris 1967, 309–320.

A. EHRMANN, Judas Iscariot and Abba Saqqara, in: JBL 97 (1978) 572 f.
W. ELTESTER, „Freund, wozu du gekommen bist“ (Mt. xxvi 50), in: Neotestamentica et Patristica. Eine Freundesgabe, Herrn Professor Dr. Oscar Cullmann zu seinem 60. Geburtstag überreicht (= NT.S 6), Leiden 1962, 70–91.
M. S. ENSLIN, How the Story Grew: Judas in Fact and Fiction, in: Festschrift to Honor F. Wilbur Gingrich, edited by E. H. BARTH and R. E. COCROFT, Leiden 1972, 123–141.

E. FASCHER, Art. Judas Iskarioth, in: RGG³ III (1959) 965 f.
F. C. FENSHAM, Judas' Hand in the Bowl and Qumran, in: RdQ 5 (1965) 259–261.
* L. C. FILLIÓN, Judas assistait-il à l'institution de la sainte Eucharistie?, in: DERS., Essais d'Exégèse, Lyon–Paris 1884, 311–326.
R. FOLLET, „Constituerunt ei triginta argenteos“ (ad Mt 26,15), in: VD 29 (1951) 98–100.

B. GÄRTNER, Judas Iskarioth, in: SEÅ 21 (1956) 50–81.
DERS., Die rätselhaften Termini Nazoräer und Iskariot (HSoed 4), Uppsala 1957.
DERS., Iscariot. Engl. von V. I. GRUHN (FB.B 29), Philadelphia 1971.
G. A. GALITIS, Τὰ ἑρμηνευτικὰ προβλήματα τῶν ἐν τῇ Κ. Διαθήκῃ παραλλήλων διηγήσεων τοῦ τέλους τοῦ Ἰούδα, in: Theol(A) 36 (1965) 270–281.436–447.
C. LO GIUDICE, Num Iudas cenae eucharisticae interfuerit, in: VD 22 (1942) 65–73.
T. E. GLASSON, Davidic Links with the Betrayal of Jesus, in: ET 85 (1973/74) 118 f.
H. L. GOLDSCHMIDT, Das Judasbild im Neuen Tetament aus jüdischer Sicht, in: H. L. GOLDSCHMIDT – M. LIMBECK, Heilvoller Verrat? Judas im Neuen Testament, Stuttgart 1976, 9–36.
A. B. GORDON, The Fate of Judas According to Acts 1:18, in: EvQ 43 (1971) 97–100.
* C. S. GRIFFIN, Judas Iscariot, the Author of the Fourth Gospel, Boston 1892.
F. W. GROSHEIDE, Judas Ischkarioth. Eene lezing, Kampen 1909.
J. GUTTMANN, Art. Judas, in: EJ IX (1923) 526–528.

R. B. HALAS, Judas Iscariot. A Scriptural and Theological Study of his Person, His Deeds and His Eternal Lot (SST 96), Washington 1946.
J. R. HARRIS, Did Judas Really Commit Suicide?, in: AJT 4 (1900) 490–513.
DERS., St. Luke's Version of the Death of Judas, in: AJT 18 (1914) 127–131.
DERS., The Suggested Primacy of Judas Iscariot, in: Exp. VIII/14 (1917) 1–16.
D. HAUGG, Judas Iskarioth in den neutestamentlichen Berichten, Freiburg 1930.
A. VAN DER HEEREN, Utrum Judas adfuerit institutioni SS. Eucharistiae, in: CBrug 18 (1913) 159–170.
K. HEIN, Judas Iscariot: Key to the Last-Supper Narratives?, in: NTS 17 (1970/71) 227–232.
J. HERBER, La mort de Judas, in: RHR 129 (1945) 47–56.
L. HEYRAUD, Judas et la nouvelle Alliance dans la cène selon Saint Jean, in: BVC 44 (1962) 39–48.

J. Hofbauer, Judas, der Verräter, in: ThPQ 110 (1962) 36–42.
L. J. van Holk, Judas Iskarioth. Een overdenking over den verrader en het verraad, Leiden 1941.
U. Holzmeister, Num Iudas Christum pretio vulgari servorum vendiderit, in: VD 23 (1943) 65–70.

H. Ingholt, The Surname of Judas Iscariot, in: Studia orientalia Joanni Pedersen dicata, Kopenhagen 1953, 152–162.
M. de Jonge, Judas Iskarioth, de verrader, in: HeB 18 (1959) 149–156.178–181; 19 (1960) 38–45.69–80.

P. Ketter, Judaskommunion?, in: PastB 39 (1928) 161–175.
H. J. Klauck, Judas – ein Jünger des Herrn (QD 111), Freiburg 1987.
A. D. Knox, The Death of Judas, in: JThS 25 (1924) 289 f.
J. Kroon, Was Judas een Verrader?, in: Studiën 54/98 (1922) 313–316.

K. Lake, The Death of Judas, in: The Beginnings of Christianity V, London 1933, 22–30.
P. E. Lapide, Verräter oder verraten? Judas in evangelischer und jüdischer Sicht, in: LM 16 (1977) 75–79.
H. Leclerq, Art. Judas Iscariote, in: DACL VIII/1 (1928) 255–279.
L. G. Lévy, Que Judas Iscariote n'a jamais existé, in: Grande Revue 55 (1909) 533–539.
M. Limbeck, Das Judasbild im Neuen Testament aus christlicher Sicht, in: H. L. Goldschmidt – M. Limbeck, Heilvoller Verrat? Judas im Neuen Testament, Stuttgart 1976, 37–101.
Ders., Art. Ἰσκαριώθ, Ἰσκαριώτης, in: EWNT II (1981) 491–493.
E. Locard, La mort de Judas Iscariote. Étude critique d'Exégèse et de Médecine légale sur un cas de Pendaison célèbre, in: Bulletin de la Société d'anthropologie de Lyon 24 (1905) 104–130; auch in: Archives d'Anthropologie criminelle, de Criminologie et de Psychologie normale et pathologique 19/126 (1904) 421–454.
K. Lüthi, Judas Iskarioth in der Geschichte der Auslegung von der Reformation bis zur Gegenwart, Zürich 1955.
Ders., Das Problem des Judas Iskariot – neu untersucht, in: EvTh 16 (1956) 98–114.

F. Manns, Un midrash chrétien: Le récit de la mort de Judas, in: RevSR 54 (1980) 197–203.
L. Marin, Semiotik des Verräters, in: Ders., Semiotik der Passionsgeschichte. Die Zeichensprache der Ortsangaben und Personennamen (Sémiotique de la Passion. Topiques et figures, Paris 1971, dt. von S. Virgils) (BEvTh 70), München 1976, 82–168.177–187.
* G. Marquardt, Der Verrat des Judas Ischariot – eine Sage (Kleine Studien 30), München 1900.
M. Meinertz, Zur Frage nach der Anwesenheit des Verräters Judas bei der Einsetzung der Eucharistie, in: BZ 10 (1912) 372–390.
J. A. Morin, Les deux derniers des Douze: Simon le Zélote et Judas Iskariôth, in: RB 80 (1973) 332–358.
J. I. Munro, The Death of Judas (Matth. xxvii.3–8; Acts i.18–19), in: ET 24 (1912/13) 235 f.

E. Nestle, The Name Judas Iscariot in the Fourth Gospel, in: ET 9 (1897/98) 240; vgl. ebd. 140.
Ders., The Fate of the Traitor, in: ET 23 (1911/12) 331 f.
Ders., Zum Judaskuß, in: ZNW 15 (1914) 92 f.
Ders., Zum Schicksal des Verräters, in: ZNW 18 (1917/18) 179 f.

L. Panier, La mort de Judas. Éléments d'analyse sémiotique du récit de la pentecôte, in: LV(L) 30 (1981) 111–122.
J. M. Pfättisch, Der Besitzer des Blutackers, in: BZ 7 (1909) 303–311.

S. M. PFEIFER, Hat der Apostel Judas die heilige Kommunion empfangen?, in: ThPQ 75 (1922) 310–312.
M. PLATH, Warum hat die urchristliche Gemeinde auf die Überlieferung der Judaserzählung Wert gelegt?, in: ZNW 17 (1916) 178–188.
A. PLUMMER, Art. Judas Iscariot, in: DB(H) II (1963) 796–799.
H. PREISKER, Der Verrat des Judas und das Abendmahl, in: ZNW 41 (1942) 151–155.
F. REHKOPF, Mt 26,60: Ἑταῖρε, ἐφ' ὃ πάρει, in: ZNW 52 (1961) 109–115.
A. T. ROBERTSON, The Primacy of Judas Iscariot, in: Exp. VIII/13 (1917) 278–286.
J. M. ROBERTSON, Jesus and Judas. A Textual and Historical Investigation, London 1927.
G. ROVIROSA, El primer traidor cristiano. Judas el apóstol, Madrid 1965.
H. SAHLIN, Der Tod des Judas Iskariot nach Ag 1,15 ff., in: ASTI 12 (1983) 148–152.
A. SALAS, Judas de Iscariote. Aproximación crítica al discípulo traidor desde la teologia evangélica, in: CDios 196 (1983) 189–209.
G. SCHLÄGER, Die Ungeschichtlichkeit des Verräters Judas, in: ZNW 15 (1914) 50–59.
K. SCHMIDT, Art. Judas Ischarioth, in: $RE^3$ IX (1901) 586–589.
G. SCHOLLMEYER, Jesus und Judas. Ein historisch-kritischer Versuch, Lüneburg 1836.
F. SCHULTHESS, Zur Sprache der Evangelien. D. Judas „Iskariot", in: ZNW 21 (1922) 250–258.
A. SCHULZ, Neutestamentliches zur Inspirationslehre. 2. Der Ursprung des Namens Hakeldama, in: BZ 7 (1909) 153 f.
W. SCHWARZ, Die Doppelbedeutung des Judastodes, in: BiLi 57 (1984) 227–233.
E. SCHWEIZER, Zu Apg 1,16–22, in: DERS., Neotestamentica. Deutsche und englische Aufsätze 1951–1963, Zürich 1963, 416 f. = ThZ 14 (1958) 46.
D. SENIOR, The Fate of the Betrayer. A Redactional Study of Matthew XXVII,3–10, in: EThL 48 (1972) 372–426; auch in: DERS., The Passion Narrative According to Matthew. A Redactional Study (BEThL 39), Löwen 1975, 343–397.
J. SICKENBERGER, Judas als Stifter des Blutackers, Apg 1,18 f., in: BZ 18 (1929) 69–71.
C. SIGWALT, Eine andere Erläuterung von dem „Besitzer des Blutackers", in: BZ 10 (1912) 399.
R. SILVA, Cómo murió Judas, el traidor?, in: CuBi 24 (1967) 35–40.
W. B. SMITH, Judas Iscariot, in: HibJ 9 (1911) 529–544.
W. SPIEGELBERG, Der Sinn von ἐφ' ὃ πάρει in Mt 26,50, in: ZNW 28 (1929) 341–343.
A. SPITERI, Die Frage der Judaskommunion neu untersucht (ThSLG 23), Wien 1918.
F. STEINMETZER, Judas, der Verräter, in: Zeitenwächter 22/4 (1928) 17–24.28–31.
H. STEIN-SCHNEIDER, A la recherche du Judas historique. Une enquête exégétique à la lumière des textes de l'Ancien Testament et des Logia, in: ETR 60 (1985) 403–425.
D. TABACHOVITZ, Der Tod des Judas Iskariot, in: Eranos 67 (1969) 43–47.
J. G. TASKER, Art. Judas Iscariot, in: DCG I (1923) 907–913.
C. C. TORREY, The Name "Iscariot", in: HThR 36 (1943) 51–62.
L. P. TRUDINGER, Davidic Links with the Betrayal of Jesus: Some Further Observations, in: ET 86 (1975) 278–279.
O. UNDRITZ, Hat Judas das Heilige Abendmahl empfangen?, in: Allgemeine lutherische Kirchenzeitung 56 (1926) 180–184.
W. C. VAN UNNIK, The Death of Judas in Saint Matthew's Gospel, in: Gospel Studies in Honor of Sherman Elbridge Johnson (AThR. Supplementary Series 3), Milwaukee 1974, 44–57.
W. VOGLER, Judas Iskarioth. Untersuchungen zu Tradition und Redaktion von Texten des Neuen Testaments und außerkanonischer Schriften (ThA 42), Berlin 1983.
F. R. WHITTAKER, The Fate of the Traitor, in: ET 23 (1911/12) 478.
M. WILCOX, The Judas-Tradition in Acts i.15–26, in: NTS 19 (1972/73) 438–452.
W. WREDE, Judas Ischarioth in der urchristlichen Überlieferung, in: DERS., Vorträge und Studien, Tübingen 1907, 127–146.

* A. Wright, Was Judas Iskarioth the first of the twelve?, in: Interpreter 13 (1916) 18–25.
Ders., Was Judas Iscarioth "the First of the Twelve"?, in: JThS 18 (1917) 32–34.
Ders., The Primacy of Judas Iscariot, in: Exp. VIII/14 (1917) 397–400.
H. E. Wunderlich, Judas Ischarioth. Ein biblisches Charakterbild, in: KZ 37 (1913) 257–266.

F. Zehrer, Zum Judasproblem, in: ThPQ 121 (1973) 259–264.

(Abgeschlossen im April 1987)

Korrekturzusatz November 1991:

C. S. Bartnik, Judas l'Iscariote, histoire et théologie, in: CoTh 58 (1988) Fasc. spec. 21, 57–69.

J. D. M. Derrett, The footwashing in John xiii and the alienation of Judas Iscariot, in: RIDA 24 (1977) 3–19.
Ders., The Iscariot, Mᵉsira and the Redemption, in: Journal for the Study of the New Testament 8 (1980) 2–23.
B. Dieckmann, Judas als Sündenbock. Eine verhängnisvolle Geschichte von Angst und Vergeltung, München 1991.

K. Lüthi – H. L. Goldschmidt, Art. Judas, in: TRE XVII (1988) 296–307.

R. Medisch, Der historische Judas – und was aus ihm gemacht wurde, in: TGA 31 (1988) 50–54.

R. Niemann (Hrsg.), Judas, wer bist du?, Gütersloh 1991.

G. Schwarz, Jesus und Judas. Aramaistische Untersuchungen zur Jesus-Judas-Überlieferung der Evangelien und der Apostelgeschichte (BWANT 123), Stuttgart 1988.
J. Suggit, Comrade Judas: Matthew 26:50, in: Journal of Theology for Southern Africa 63 (1988) 56–58.

F. Vattioni, Haceldema, id est ager sanguinis (At 1,19; cfr. Mt 27,8), in: Ders. (Hrsg.), Sangue e antropologia nella letteratura cristiana (Centro Studi Sanguis Christi 3), Bd. II, Rom 1983, 697–766.

# Ponce Pilate: documents profanes, Nouveau Testament et traditions ecclésiales

par JEAN-PIERRE LÉMONON, Lyon

## *Table des matières*



Abréviations:

Les abréviations utilisées sont celles couramment employées, nous signalons ci-dessous quelques abréviations particulières.

| | |
|---|---|
| Ant | Flavius Josèphe, Antiquités Judaïques. |
| BJ | Flavius Josèphe, Guerre des Juifs. |
| H. DESSAU, ILS | H. DESSAU, Inscriptiones latinae selectae, Berlin, 1892–1916. |
| H. E. | Eusèbe de Césarée, Histoire ecclésiastique. |
| LÉMONON, Pilate | J. P. LÉMONON, Pilate et le gouvernement de la Judée. Textes et monuments, Paris, 1981. |
| Legatio | Philon d'Alexandrie, Legatio ad Caium. |

## *Introduction*

En 6 après J.-C., Auguste transforme en province romaine le royaume d'Archélaüs, fils d'Hérode le Grand[1]. La nouvelle entité administrative reçoit le nom de province de Judée, mais comprend en plus de la Judée traditionnelle, la Samarie et l'Idumée. Pendant soixante ans, jusqu'aux premiers revers romains en Judée, quatorze gouverneurs[2] se succèdent à la tête de la province. Cette lignée de gouverneurs ne fut interrompue que par le bref règne d'Agrippa I, de 41 à 44.

Grâce à la tradition chrétienne, l'humanité a gardé mémoire du cinquième gouverneur, Ponce Pilate, en fonction lors de la crucifixion de Jésus de Nazareth. Le souvenir de cet homme est resté longtemps très vivant dans certaines régions[3]. La tradition chrétienne[4], en harmonie avec les confessions de foi, fait appel à Pilate pour situer Jésus de Nazareth dans l'histoire des hommes et affirmer son humanité en réaction contre le docétisme[5]. Luc lui avait ouvert la voie en présentant le début de la prédication de Jean-Baptiste en ces termes: « L'an quinze du gouvernement de Tibère César, Ponce Pilate étant gouverneur de Judée ... »[6]. Ce synchronisme ne sera jamais oublié, mais certains courants chrétiens le trouveront trop sobre. Aussi, la figure de Pilate sera parfois façonnée en termes

[1] BJ, II, 117; Ant. XVII, 355; XVIII, 1–3. La présentation des 'Antiquités' est approximative, car la province romaine de Judée n'était pas tributaire de celle de Syrie. Sur les relations entre ces deux provinces cf. notre ouvrage 'Pilate et le Gouvernement de la Judée', Paris, 1981, p. 60–71 auquel nous empruntons largement, tout en tenant compte des nombreuses études publiées depuis 1981. Nous n'avons pas pu prendre connaissance de O. GURGO, Pilato, Milan, 1987.

[2] S. J. DE LAET, Le successeur de Ponce Pilate, L'Antiquité Classique, VIII, 1939, p. 413–419, a cru pouvoir réduire à treize le nombre des gouverneurs en supposant que Marcellus et Marullus, considérés ordinairement comme 6ème et 7ème gouverneurs, étaient une même personne. Cette proposition a été critiquée avec raison cf. L. H. FELDMAN, Josephus, Jewish Antiquities. Books XVIII–XX, Londres, 1965, p. 134, n. f.; E. M. SMALLWOOD, The Jews under Roman Rule. From Pompey to Diocletian, Stud. in Jud. in Late Ant. 20, Leyde, 1976, p. 174, n. 101. Dans son catalogue des chevaliers julio-claudiens, S. DEMOUGIN, L'ordre équestre sous les Julio-Claudiens, Coll. de l'Ecole franç. de Rome 108, Paris–Rome, 1988, p. 830–831, les présente comme deux personnages distincts.

[3] Au XVIIIème siècle, CLAUDE SICARD, missionnaire en Egypte, a trouvé ce nom dans la population et entendu lire le martyre de Pilate. Sur la popularité de Pilate en milieu copte cf. M. A. VAN DEN OUDENRIJN, Gamaliel. Äthiopische Texte zur Pilatusliteratur, Spicil. Friburg. Texte z. Gesch. d. kirchl. Lebens 4, Fribourg, Suisse, 1959, p. LIV.

[4] Telle est déjà par exemple la démarche d'Ignace d'Antioche, Lettres, Tralliens 9,1.

[5] R. STAATS, Pontius Pilatus im Bekenntnis der frühen Kirche, Zeitschrift für Theologie und Kirche, LXXXIV, 1987, p. 493–513, refuse ces interprétations de la mention de Pilate; selon cet auteur, *epi* dans le symbole de Nicée-Constantinople, tout comme en 1 Tm 6,13, aurait le sens de « en présence de » cf. encore 1 Clément de Rome, 5,3–7; Ignace, Tralliens 9,1–2; Smyrniotes 1,1–2. Pilate serait le représentant du pouvoir païen devant qui Jésus rend témoignage. Jésus devient alors le modèle des chrétiens qui sont traduits devant les détenteurs du pouvoir. L'introduction du nom du gouverneur viserait à encourager les martyrs lors de leur interrogatoire.

[6] Lc 3,1a.

surprenants. Sa triple proclamation de l'innocence de Jésus[7] contribuera à en faire un chrétien[8], voire un saint[9]. Très tôt la tradition chrétienne met Pilate au service de sa cause; le gouverneur atteste la vérité des prophéties concernant le ministère de Jésus[10]; il aurait eu le souci de faire connaître à Tibère la Passion, la Résurrection et l'Ascension de Jésus[11]. Mais ce portrait flatteur, indispensable en temps de persécutions, élimine la responsabilité de Pilate. Aussi, dès Eusèbe, le gouverneur apparaît sous un jour plus sombre, car aucune faute ne peut être laissée sans châtiment[12]. La christianisation de l'Empire provoque le blâme du gouverneur[13]. Ces oscillations entre un Pilate chrétien et un Pilate impie s'harmonisent dans un apocryphe, Paradosis: l'empereur condamne Pilate, le fait décapiter, mais par ce châtiment Pilate accède à la sainteté[14]. L'histoire des figures de Pilate dans l'Eglise ancienne intéresse l'historien des mentalités chrétiennes, car Pilate est présenté en fonction des sensibilités théologiques du moment. Mais ces portraits, fascinants pour le patrologue, n'aident pas l'historien à comprendre la personnalité du gouverneur de Judée. Les fluctuations évoquées constituent une invitation pressante à interroger les documents afin de cerner ce que fut le gouvernement de Pilate en Judée et de tracer le visage de cet homme si lié à l'histoire de Jésus de Nazareth.

Les sources que nous utilisons pour esquisser l'histoire de ce gouverneur se regroupent en plusieurs catégories. Cet homme appartient peut-être à une *gens* honorablement connue; cette parenté et le surnom 'Pilate' permettent de décrire un possible milieu d'origine du gouverneur. D'autres sources ont trait aux gouverneurs équestres et à l'histoire des institutions impériales. Elles sont abondantes, bien étudiées et d'une interprétation relativement sûre. Pilate est alors à considérer sous l'angle de sa fonction: il est le cinquième gouverneur

[7] Lc 23,3 s.

[8] Tertullien, Apologétique, XXI, 24.

[9] Le Synaxaire éthiopien le présente comme un saint cf. P. O. I, Paris, 1907, fasc. V, p. 674–675. L'Eglise grecque n'exalte pas la figure de Pilate, mais elle vénère la sainteté de sa femme, Procla, le 27 octobre.

[10] Justin, I Apologie XXXV; XLVIII.

[11] Cf. Tertullien, Apologétique, V, 2; XXI, 17–24.

[12] Eusèbe, H. E., II, VII.

[13] Orose, Historiarum liber VII, 5 (CSEL, V, Vienne, 1882, p. 445–446), cf. P. L. MAIER, The Fate of Pontius, Hermes, XCIX, 1971, p. 362–371, aux p. 369–370; P. CAVARD, Vienne la Sainte, Vienne, 1939, p. 37–38. Les légendes sur Pilate sont nombreuses en Occident, cf. P. CAVARD, op. cit., p. 39 ss., ou encore Jacques de Voragine, La légende dorée, tr. TH. DE WYZEWA, p. 291, qui connaît le passage de Pilate en Italie du Nord et en Helvétie. Sur une mort tragique de Pilate à Vienne cf. J. BERLIOZ, Crochet de fer et puits à tempêtes. La légende de Ponce Pilate à Vienne (Isère) et au Mont Pilat au XIII$^{ème}$ siècle, Le Monde alpin et rhodanien, XVIII, 1990, p. 85–104 (avec une bonne bibliographie sur la légende de Pilate au Moyen Age). Le cadavre de Pilate suscite des phénomènes naturels catastrophiques.

[14] Evangelia Apocrypha, ed. C. TISCHENDORF, Leipzig, 1876, p. 449–455. Pilate, au moment où il va être décapité, prie pour que le Seigneur l'accueille ainsi que sa femme Procla. Nous n'avons pu connaître la thèse de N. WILLERT sur 'L'image de Pilate dans le judaïsme et le christianisme anciens' que par son article: Apologetiske og indignatoriske tendenser i Lukasskrifterne, Dansk Teologisk Tidsskrift, L, 1987, p. 221–236.

de rang équestre de la province de Judée. Nous disposons aussi de documents qui touchent directement à l'action de Pilate: inscription, monnaies, textes littéraires. Ces matériaux sont moins étudiés; leur interprétation est parfois difficile. Enfin, les textes qualifiés d'Actes de Pilate manifestent une fois de plus l'intérêt de certains courants de l'Eglise ancienne pour cet homme.

## *I. Les origines de Ponce Pilate*

Les sources littéraires nomment le cinquième gouverneur soit Ponce Pilate[15], soit sous la forme abrégée Pilate[16]. L'inscription découverte en 1961 à Césarée de Palestine l'appelle Ponce Pilate. Pilate constitue le *cognomen* (surnom) du gouverneur. Ponce, le *nomen* (nom), rappelle la *gens* à laquelle il appartenait[17]. Son prénom (*pronomen*) nous échappe à tout jamais[18]. *Nomen* et *cognomen* offrent la possibilité d'émettre des hypothèses sur les origines de Pilate.

Ponce est le nom d'une *gens* assez connue d'origine samnite[19]. Les Samnites occupaient un vaste territoire montagneux du centre de l'Italie méridionale correspondant à la chaîne apennine. Quand ils surgissent sur la scène de l'histoire, ils se font remarquer par leur humeur belliqueuse[20]. Les historiens les présentent comme un groupe humain de grande valeur, redouté sur le plan militaire. Aussi les Samnites ne se laissèrent-ils pas facilement soumettre par les Romains dont ils furent les véritables rivaux[21], et qu'ils dominèrent d'ailleurs à la fin du IV$^{ème}$ siècle avant J.-C. La *gens* des Pontii s'illustra à plusieurs reprises dans l'histoire samnite. En 321 avant J.-C., Gavius Pontius se distingue contre les Romains à la bataille des Fourches caudines[22]. En 82 avant J.-C., contre Sylla Pontius Telesinus

[15] Philon ne donne jamais la forme complète; Flavius Josèphe le fait une seule fois Ant. XVIII, 35; Tacite, Ann. XV, 44. Le corpus néo-testamentaire nomme à quatre reprises le gouverneur, Ponce Pilate Mt 27,2; Lc 3,1; Ac 4,27; 1 Tm 6,13.

[16] Cf. par exemple BJ II, 169, 171, 172 ... Ant. XVIII, 55, 56, 59, 62 ...; Legatio 299, 304; Pilate est la forme ordinaire dans le N. T.; cf. Mt 27,13, 17, 22, 24 ... Mc 15,1, 2, 4 ...

[17] On trouve des notices sur les *Pontii* en RE, XXII 1, 1953, col. 30–46. Cette encyclopédie donne une notice sur Pilate à la suite de son surnom, cf. E. FASCHER, s. v. Pilatus, RE, XX 2, 1950, col. 1322–1323; cf. également E. VON DOBSCHÜTZ, s. v. Pilatus, dans: Realencyclopädie für protestantische Theologie und Kirche, XV, 1904, p. 397–401.

[18] Marcus, le prénom proposé par E. WEBER, Zur Inschrift des Pontius Pilatus, Bonner Jahrbücher, CLXXI, 1971, p. 194–200, à la p. 198, est sans fondement sérieux.

[19] Cf. E. T. SALMON, Samnium and the Samnites, Cambridge, 1967, p. 54, 84, 397. La *gens* représente un groupe humain qui se réclame d'un même ancêtre. L'appartenance à la *gens* peut être dûe à la naissance ou à l'adoption. La *gens* est à peu près l'équivalent d'un clan. Les *gentes* se regroupent en tribus.

[20] Cf. J. HEURGON, Rome et la Méditerranée occidentale jusqu'aux Guerres puniques, Coll. Nouvelle Clio 7, Paris, 1969, p. 73, 169, 293–294.

[21] Cf. E. T. SALMON, op. cit., p. 1; J. HEURGON, op. cit., p. 327–334.

[22] RE, XXII, coll. 31–33; cf. E. T. SALMON, op. cit., p. 46. C. Pontius Herennius, son père, est présenté par Cicéron comme l'interlocuteur d'Archytas et de Platon, cf. Cicéron, De

est prêt à mourir pour redonner l'indépendance aux Samnites, il prétend d'ailleurs se rattacher au héros de la seconde guerre samnite[23]. Une fois soumis, les Samnites intégrés dans l'armée romaine furent fort appréciés.

Vers la fin de la République, d'autres Pontii sont connus, mais il est plus difficile de les rattacher avec sûreté aux Samnites; il en est de même pour les Pontii qui se manifestent parmi les fidèles de la dynastie julio-claudienne, en particulier C. Petronius Pontius Nigrinus. A moins de disposer d'indications précises, il n'est pas possible de lier automatiquement un Ponce aux Samnites; le nom s'étend au-delà de ce groupe humain[24]. Si l'on pouvait attribuer une ascendance samnite à Pilate, ce fait lui confèrerait un certain prestige; mais un tel lignage est de l'ordre de l'hypothèse[25].

Le *cognomen* n'est pas sans importance. Linguistiquement, *Pilatus* dérive de *pilum*, javelot[26], l'arme par excellence du légionnaire romain. Pareil surnom évoque l'habileté à manier le javelot. Ce surnom « l'homme au javelot » a pu être attribué au gouverneur de Judée en raison de ses exploits, car un gouvernement comme celui de la province de Judée était la plupart du temps accordé à un militaire qui s'était distingué[27].

Le *nomen* a pu donner une notoriété au cinquième gouverneur de Judée; le surnom le qualifie plus pour des tâches militaires que pour des fonctions administratives.

## *II. Pilate, gouverneur équestre. Inscription et monnaies*

### 1. L'arrivée de Pilate en Judée – son appartenance à l'ordre équestre – ses états de service antérieurs

En 26, pour succéder à Valerius Gratus, Tibère envoya Pilate en Judée[28]. Sur ordre de Vitellius, gouverneur de Syrie, fin 36 ou début 37, Pilate quitta

la vieillesse, 41. Il fut consulté, mais non suivi lors de la victoire des Fourches caudines (Tite-Live, Hist. rom., IX, 3).

23 RE, XXII, col. 36–38; Velleius Paterculus, Hist. Rom., II, 27.

24 Cf. E. T. Salmon, op. cit., p. 397.

25 B. Goudote, Ponce Pilate, Procurator Provinciae Judaeae. Status quaestionis jusqu'aux débuts de la magistrature, Apollinaris, LIX, 1986, p. 335–368, rattache Pilate aux Samnites sans preuve suffisante (cf. p. 340–343), et ensuite en tire des conclusions incertaines sur la renommée de Pilate.

26 Cf. A. Forcellini, Lexicon totius latinitatis, t. VI, Padoue, [4]1940, p. 491. A la suite de M. J. Ollivier, Ponce Pilate et les Pontii, RB, V, 1886, p. 247–254, 594–600, à la p. 252. B. Goudote, op. cit., p. 340, refuse de faire dériver ce nom de *pileus*, bonnet porté par les seuls citoyens romains. L'esclave en était revêtu lors de son affranchissement. En ce cas, le surnom aurait indiqué l'origine sociale du gouverneur et non point ses qualités guerrières, mais cette étymologie est peu raisonnable.

27 Lémonon, Pilate, p. 126.

28 Ant. XVIII, 35.

son gouvernement pour Rome où il arriva peu après la mort de Tibère, survenue le 17 mars 37[29]. Il avait dirigé la province pendant 10 ans.

Comme les autres gouverneurs de Judée de cette époque, Pilate appartenait à l'ordre équestre[30]. En effet, lors de sa création, la Judée prit place parmi les provinces dirigées par un gouverneur de rang équestre. Depuis 27 av. J.-C., l'Empire est divisé en deux parties: « les provinces de César » et « les provinces du peuple »[31]. Ces dernières étaient confiées à l'administration du Sénat; les provinces impériales, quant à elles, se subdivisaient en deux groupes: les provinces proprétoriennes et les provinces administrées par un préfet, membre de l'ordre équestre. Tout comme son lointain prédécesseur Coponius[32], Pilate appartenait à cet ordre. La connaissance de ces hommes qui jouèrent un rôle important sous la dynastie julio-claudienne n'est pas sans intérêt pour situer le gouverneur de Judée.

Dès que Rome s'organise militairement, les cavaliers constituent l'élite de l'armée romaine et bénéficient d'un prestige indiscutable. Ils se recrutent sur une base censitaire et se subdivisent entre *equites equo publico* et *equites* légionnaires[33]. Ces derniers ont bien une 'fortune équestre', mais ne sont pas assimilés au groupe assez fermé des *equites equo publico*. Au cours du 2ème siècle av. J.-C., les chevaliers ne sont plus nécessairement des militaires, ils se tournent vers les affaires, c'est alors que se constitue l'ordre équestre proprement dit. C. Gracchus donne à cet ordre un statut et les moyens de ses ambitions; il lui permet de rivaliser avec le Sénat en enlevant à celui-ci le monopole des jurys et en excluant les sénateurs, des centuries équestres. Vers la fin de la République, l'ordre connait un peu moins d'éclat, mais un esprit de corps était né; un groupe social avait commencé son ascension.

Quand Auguste réorganise l'ordre équestre, il suit les principes de la République. Outre des qualités physiques qui se manifestaient lors des défilés,

[29] Ant. XVIII, 89. Dans le récit des Antiquités le départ de Pilate pour Rome n'est pas sans rapport avec les montées de Vitellius à Jérusalem. Des solutions différentes ont été proposées quant aux montées de Vitellius, mais l'accord se réalise sur deux points: Pilate partit pour Rome fin 36 ou début 37; Vitellius ne s'est pas déplacé pour ordonner à Pilate de partir pour Rome cf. E. M. SMALLWOOD, The Dismissal of Pontius Pilate, JJS, V, 1954, p. 12–21; LÉMONON, Pilate, p. 241–245; D. R. SCHWARTZ, Le limogeage de Ponce Pilate: chronologie et sources (en hébreu), Tarbiz, 51, 1982, p. 383–398.

[30] Au début de l'Empire, quelques hommes n'appartenant pas à l'ordre équestre ont dirigé de telles provinces, mais ce fut toujours une exception. Félix, gouverneur de Judée, n'appartenait pas à cet ordre, mais avant de prendre son gouvernement, il y avait été intégré, cf. G. BOULVERT, Esclaves et affranchis impériaux sous le Haut-Empire romain. Rôle politique et administratif, Bibl. di Labeo 4, Naples, 1970, p. 198. Même opinion en P. R. C. WEAVER, Familia Caesaris. A Social Study of the Emperor's Freedmen and Slaves, Cambridge, 1972, p. 279, 282.

[31] Strabon, Géographie, XVII, 3,25.

[32] BJ II, 117; Ant. XVIII, 2.

[33] Cf. C. NICOLET, L'ordre équestre à l'époque républicaine (312–43 av. J. C.), t. 1: Définitions juridiques et structures sociales, Bibl. des Écoles franç. d'Athènes et de Rome 207, Paris, 1966.

des conditions censitaires[34] et d'ingénuité étaient imposées. Auguste fut particulièrement attentif aux qualités morales[35]. Les Julio-claudiens s'appuient sur cet ordre pour contrebalancer l'influence des sénateurs, souvent réticents à leur égard. « L'apparition de fonctionnaires équestres à qui furent confiées des missions diverses constitue l'une des innovations du principat »[36]. Désormais, les membres de l'ordre équestre constituaient les cadres de l'Empire. C. NICOLET résume bien la nécessité et la grandeur de ce groupe: « ... l'ordre équestre doit être essentiellement un groupe qui offre des garanties, un vaste réservoir qui permet à la respublica de recruter, en nombre suffisant, des candidats valables pour certaines fonctions capitales »[37]. Comme il le fit en bien d'autres domaines, Tibère poursuivit la politique de son père. L'entrée dans l'ordre n'était pas automatique; de plus, le Prince pouvait dispenser de l'une ou de l'autre condition[38]; l'empereur avait ainsi la haute main sur l'ordre.

Les chevaliers pouvaient prétendre à plusieurs types de carrières:

– Même à la fin de la République, l'ordre n'avait pas totalement perdu son caractère militaire; Auguste privilégia cette voie. Les jeunes officiers se recrutent en son sein, mais d'anciens centurions y entrent également quand le prince le décide. Les membres de l'ordre détiennent le tribunat chez les auxiliaires, les commandements inférieurs dans les légions et des places de choix dans la garde impériale.

– Prenant le contre-pied des réformes de Sylla, les Julio-claudiens revinrent aux principes de la réforme de C. Gracchus: les chevaliers furent les maîtres des tribunaux. Un texte de Tacite le montre bien[39]. Ils pouvaient ainsi peser sur la vie quotidienne et leur prestige en était accru.

– Les sociétés de publicains ne perdirent pas leur importance et nombre de chevaliers y jouèrent un rôle considérable, car la ferme des impôts était une « vocation traditionnelle » de ce groupe[40].

– Enfin, des chevaliers détenaient quelques grands services de l'administration impériale; ils bénéficiaient alors d'un pouvoir considérable.

Le passage d'une carrière à l'autre était rare; le chevalier demeurait dans la voie qui avait été la sienne à l'origine[41]. Etant donné son titre et la situation

[34] 400 000 sesterces étaient exigés, au moins à partir d'Auguste, cf. Horace, Epîtres I, 1,57–58.

[35] Macrobe, Saturnales II, 4,25; Suétone, Vies des douze César, Auguste, 39.

[36] S. DEMOUGIN, L'ordre équestre sous les Julio-claudiens (cf. n. 2), p. 713. Cet ouvrage constitue une véritable mine pour la connaissance de l'ordre équestre. Sur les préfets cf. p. 712–739.

[37] C. NICOLET, Rendre à César. Economie et société dans la Rome antique, Paris, 1988, p. 241. En cet ouvrage, C. NICOLET fait une présentation brève mais suggestive de l'ordre équestre, p. 235–253.

[38] C. NICOLET, op. cit., p. 236–238.

[39] Ann. XII, 60; cf. le commentaire que nous avons donné de ce texte en LÉMONON, Pilate, p. 55–57.

[40] C. NICOLET, op. cit., p. 245.

[41] Cf. H. G. PFLAUM, Les procurateurs équestres sous le Haut-Empire romain, Paris, 1950, p. 28. Il s'appuie sur les travaux de A. N. SHERWIN-WHITE.

de la province nous supposons que, lorsqu'il arrive en Judée, Pilate a accompli une carrière militaire; au terme de celle-ci, il reçoit l'honneur d'administrer une province où il exerce des « compétences civiles et militaires »[42]. Nous ne connaissons aucun cursus de gouverneur de Judée[43], on peut conjecturer que celui de Pilate fut analogue à celui de L. Vibrius Punicus[44], « *praefectus equitum*, primipile, tribun militiaire et enfin préfet de Corse »[45].

### 2. Préfet ou procurateur? – Le titre de Pilate – L'inscription de Césarée

Le titre officiel de Pilate était préfet de Judée. En effet une inscription trouvée à Césarée en 1961 a levé tout doute sur ce titre[46]; jusqu'à cette date pour établir la titulature du gouverneur de Judée, le chercheur ne disposait que de documents littéraires relativement imprécis. Le dossier se présente ainsi:

1) Josèphe, Philon et Tacite qualifient Pilate d'*epitropos*[47] ou de *procurator*[48], équivalent latin d'*epitropos*.

2) Le même Josèphe, dans les 'Antiquités'[49], et les auteurs du corpus néotestamentaire[50] ont recours à *hêgemôn* qui, comme son équivalent latin *praeses*, revêt un sens large: « celui qui est à la tête de ... ». A la différence d'*epitropos* et de son synonyme latin ce terme n'a jamais revêtu un caractère officiel.

En s'en tenant au seul témoignage littéraire, on pouvait donc penser que le titre *procurator/epitropos* avait été celui de Pilate. Mais, avant même la découverte de Césarée, à partir d'un donné épigraphique abondant et précis concernant l'ensemble de l'Empire[51], A. H. M. Jones avait montré que les

[42] S. Demougin, op. cit., p. 723.

[43] Le cas de Tiberius Alexander (cf. H. G. Pflaum, Les carrières procuratoriennes équestres sous le Haut-Empire romain, Inst. franç. d'Archéol. de Beyrouth, Bibl. archéol. et hist. 57, Paris, 1960–61, p. 46–49, et, plus récement, A. Barzanò, Tiberio Giulio Alessandro, Prefetto d'Egitto [66/70], dans: ANRW II, 10,1, hrsg. v. H. Temporini, Berlin–New York, 1988, p. 518–580) est trop particulier pour permettre une comparaison.

[44] CIL, XII, 2455.

[45] H. G. Pflaum, Carrières, p. 27.

[46] Pour l'histoire de la découverte et une présentation détaillée de l'inscription cf. A. Frova, L'Iscrizione di Ponzio Pilato a Cesarea. Nota di Antonio Frova presentata dal m. e. Aristide Calderini, Istituto Lombardo. Accademia di scienze e lettere. Rendiconti. Classe di lettere e scienze morali e storiche, XCV, 1961, p. 419–434.

[47] BJ, II, 169; Legatio, 299. Selon Philon, sa charge est une *epitropê*, Legatio 302.

[48] Tacite, Ann., XV, 44.

[49] Ant. XVIII, 55.

[50] Mt 27,2, 11 (2 fois), 14, 15, 21, 27; 28,14; Lc 3,1; 20,20.

[51] A. H. M. Jones, Procurators and Prefects in the Early Principate, dans: Id., Studies in Roman Government and Law, Oxford, 1960, p. 117–125, aux p. 118, 119. O. Hirschfeld, Die kaiserlichen Verwaltungsbeamten bis auf Diocletian, Berlin, $^{2}$1905, p. 384 s., avait déjà attiré l'attention sur l'à-peu-près des données littéraires et suggéré que sous Tibère, préfet pouvait être le titre du gouverneur de Judée.

gouverneurs équestres placés à la tête de provinces semblables à celle de Judée portaient le titre de *praefectus*, au moins jusqu'à Claude[52]. L'inscription de Pilate a confirmé la démonstration de A. H. M. JONES.

L'inscription comporte quatre lignes, la pierre qui la porte est un bloc de calcaire local dont la hauteur est de 82 cm, la largeur de 68 cm et l'épaisseur de 21 cm[53]. A une époque tardive elle a été réutilisée comme marche d'escalier lors d'un remaniement du théâtre, ce qui explique la mutilation de l'inscription dont le début a disparu; hormis un apex, la dernière ligne est illisible.

L'inscription se présente ainsi:

/
---] S TIBERIEVM
---] NTIVS PILATVS
---] ECTVS IVDA..E
/
------------------

La lecture de la troisième ligne ne laisse subsister aucun doute; le titre de Pilate est *praefectus Iudaeae*. B. LIFSHITZ, surpris par la mention de *praefectus*, a fait précéder ce terme de *procurator Augusti*[54]. Il s'appuie sur deux inscriptions concernant la Sardaigne et sur lesquelles on lit pour la même personne « Procurateur d'Auguste, préfet de la province de Sardaigne »[55]. B. LIFSHITZ commente ainsi sa reconstitution: « Notre suggestion fait disparaître la difficulté du *praefectus*. Il ne s'agit pas d'un titre, mais d'une apposition au titre habituel du gouverneur de Judée »[56]. Seul J. IMBERT a suivi cette lecture surprenante[57]. Cette suggestion harmonise témoignages littéraires et document épigraphique, mais elle rompt l'harmonie de l'inscription et ne tient pas compte des dimensions de la pierre. En fait, les points de vue littéraire et épigraphique ne s'opposent pas, ils relèvent de catégories différentes; les textes littéraires en effet, n'ont pas la précision d'un document officiel. La véritable difficulté de lecture de l'inscription provient de la première ligne; de plus le déchiffrage de cette ligne conditionne la restitution de la quatrième. Les propositions de lecture de la première ligne sont multiples.

– A. FROVA, le découvreur, a proposé les restitutions suivantes[58]:

*[Caesarien]s(ibus) Tiberiéum*
*[Pon]tius Pilatus*
*[praef]ectus Iuda[ea]e*
*[d]é[dit]*

[52] Cf. LÉMONON, Pilate, p. 52–54.
[53] Cf. LÉMONON, Pilate, p. 23–25.
[54] B. LIFSHITZ, Inscriptions latines de Césarée, Latomus, XXII, 1963, p. 783; cf. ID., Césarée de Palestine, son histoire et ses institutions, ANRW II 8, hrsg. v. H. TEMPORINI u. W. HAASE, Berlin – New York, 1977, p. 501.
[55] H. DESSAU, ILS, 1358, 1359.
[56] B. LIFSHITZ, op. cit., p. 783.
[57] J. IMBERT, Le procès de Jésus, Paris, 1980, p. 64–65.
[58] A. FROVA justifie sa proposition op. cit., p. 425.

La lecture [*Caesarien*]*s*(*ibus*) est fragile, car dans une inscription qui ne comporte pas d'abréviation, le lapicide aurait laissé tomber quatre lettres. D'autre part, elle suppose que Pilate cherchait à plaire à ses administrés, les Césaréens, au sens où le comprend Flavius Josèphe, c'est-à-dire les Grecs de Césarée[59]. En agissant ainsi, Pilate aurait exclu les Juifs de Césarée et provoqué dès lors une opposition de leur part.

Consciente des difficultés de cette lecture, mais demeurant dans un même registre, C. Gatti avec hésitation substitue à [*Caesarien*]*s*(*ibus*) [*Iudaei*]*s*[60]. Après avoir été désavoué par Tibère lors de l'affaire des boucliers dorés[61], Pilate aurait voulu manifester son attachement à l'empereur et satisfaire les Juifs. Pour ce faire il aurait donné aux Juifs un petit bâtiment profane, probablement un portique adjacent au théâtre[62]. Ce geste tentait de faire oublier que jusqu'alors le gouverneur avait agi impunément à l'égard des Juifs grâce à la protection de Séjan. Mais après la mort de celui-ci en 31, le climat politique avait changé. Lors du procès de Jésus, les chefs Juifs auraient utilisé cette fragilité politique de Pilate[63]. Cette lecture ne suppose pas d'abréviation, mais elle se heurte à la difficulté évoquée précédemment. Il eut été fort maladroit de la part de Pilate de jouer une partie de la population de Césarée contre l'autre. Pour éviter cet obstacle, C. Gatti suppose qu'un autre portique était réservé aux Grecs et que ces derniers étaient conscients que le geste du gouverneur était dicté par les circonstances[64].

– Selon A. Degrassi, l'inscription peut être complétée dans la mesure où l'on tient compte du désir de Tibère de développer le culte rendu à Auguste, aussi propose-t-il la restitution suivante[65]:

[*Dis Augusti*]*s Tiberiéum*

*Dis Augustis* se réfèrerait à Auguste et à Livie, la mère de Tibère; mais l'expression *Di Augusti* pour désigner Auguste et Livie n'a qu'un parallèle plus tardif[66]. Une telle expression n'est pas courante en Occident; de plus, est-il possible que le *Tiberiéum* honore d'autres personnes que Tibère?

[59] Cf. BJ II, 289, 290, 457; Ant. XIX, 356; XX, 176; cf. C. Gatti, A proposito di una rilettura dell'epigrafe di Ponzio Pilato, Aevum, 55, 1981, p. 13–21, à la p. 16.

[60] C. Gatti, op. cit., p. 20.

[61] Legatio, 299–305.

[62] C. Gatti, op. cit., p. 20. Cette dédicace aux Juifs aurait entrainé la destruction de l'édifice au début de la guerre juive, ainsi s'expliquerait le silence de Flavius Josèphe qui ne dit mot du *Tiberiéum* lorsqu'il décrit les bâtiments de Césarée.

[63] Jn 19,12. Sur la chute de Séjan cf. L. Storoni Mazzolani, Tiberio o la spirale del potere, Milan, 1981, p. 242–250 (= Id., Tibère ou la spirale du pouvoir, tr. fr. Paris, 1986, p. 285–294).

[64] C. Gatti, op. cit., p. 20.

[65] A. Degrassi, Sull'iscrizione di Ponzio Pilato, Atti della Accademia Nazionale dei Lincei. Serie ottava. Classe di scienze morali, storiche e filologiche, XIX, 1964, p. 59–65 (réédité dans Id., Scritti vari di antichità, III, Venise–Trieste, 1967, p. 269–275).

[66] En 43 après J. C., cf. Année épigraphique, 1951, n° 85.

– B. Lifshitz[67] et E. Weber[68] ont complété le début de l'inscription en retenant une date. Le premier suggère de lire: [*Tiberio Caesare Aug.v? con*] *s*(*ule*) *Tiberiéum*, le second [*Kal*](*endis*) *Iulii*]*s* *Tiberiéum*. Comme pour la reconstitution de la troisième ligne, B. Lifshitz ne tient pas compte du nombre de lettres possible sur la partie burinée; quant à E. Weber, il introduit des abréviations et suppose que la date correspond au 1er juillet, jour où Tibère reçut pour la première fois la puissance tribunicienne. Pilate aurait profité de l'anniversaire de cet événement pour dédier le *Tiberiéum*. Mais cet anniversaire de Tibère n'a jamais été célébré[69].

– L. Prandi, ayant pris acte de l'échec des restitutions qui cherchaient à compléter le début de l'inscription par un nom de personne ou par une date, a fait une suggestion inédite[70]. A la première ligne, il faudrait lire [*clupei*]*s* et à la dernière *ornávit*[71]. Après la réponse sèche de l'Empereur à la suite de la dédicace des boucliers dorés dans le palais royal à Jérusalem, Pilate aurait fait achever ou construire le *Tiberiéum*[72], vraisemblablement un portique, et l'aurait orné avec les fameux boucliers. Par ce geste Pilate cherchait à retrouver la bienveillance impériale après les changements politiques provoqués par la disparition de Séjan. L. Prandi ne peut défendre sa proposition qu'en supposant que, lors de l'achèvement du *Tiberiéum*, un transfert aurait eu lieu[73], alors que dans un premier temps, les boucliers avaient été entreposés au *Sebasteion*, comme l'affirme Philon[74]. Cette proposition, comme celle de C. Gatti, s'appuie sur une reconstitution historique dont nous ne pouvons pas évaluer la vraisemblance. Pilate a été tancé lors de l'épisode des boucliers dorés, il est difficile d'imaginer qu'il contrevienne une fois encore à la volonté impériale en ornant le *Tiberiéum* avec des boucliers qui devaient prendre place dans le *Sebasteion*.

– A. Betz, enfin, n'a pas hésité à compléter le début de l'inscription par un souhait de chance et de bénédiction[75] qu'on trouve dans certaines inscriptions[76] sous une forme abrégée: *Q*(*uod*) *b*(*onum*), *f*(*austum*) *f*(*elixque*)

[67] B. Lifshitz, op. cit.

[68] E. Weber, Zur Inschrift des Pontius Pilatus, Bonner Jahrbücher, CLXXI, 1971, p. 194–200.

[69] W. F. Snyder, Public Anniversaries in the Roman Empire, Yale Classical Studies, VII, 1940, p. 223–317, aux p. 235–236. Selon E. Weber, la pierre portant l'inscription serait la pierre de fondation d'un bâtiment qui n'a jamais été édifié. En fait, il n'y avait pas de telle pratique dans le monde romain.

[70] L. Prandi, Una nuova ipotesi sull'iscrizione di Ponzio Pilato, Civiltà classica e cristiana, II, 1981, p. 25–35.

[71] L. Prandi, op. cit., p. 34. L. Prandi justifie la restitution *ornávit* en s'appuyant sur quelques inscriptions.

[72] L. Prandi, op. cit., p. 31.

[73] Cf. L. Prandi, op. cit., p. 31–32.

[74] Philon, Legatio, 305.

[75] A. Betz, Zur Pontius Pilatus-Inschrift von Caesarea Maritima, dans: Pro arte antiqua. Festschrift für H. Kenner, hrsg. von W. Alzinger, Ch. Schwanzar, G. C. Neeb, Vienne, I, 1982, p. 33–36.

[76] H. Dessau, ILS 112; 4434; 5036 cf. A. Betz, op. cit., p. 35.

*s(it). Tiberiéum*. Les inscriptions invoquées pour une telle restitution ne sont pas véritablement des parallèles. De plus, A. BETZ suppose le caractère sacral de l'édifice, ce qui est fort contestable. Il reconnaît d'ailleurs que sa proposition ne s'appuie pas sur des données certaines[77].

Dans l'état actuel des recherches, en l'absence de parallèles déterminants, les propositions successives invitent à la prudence. Les dimensions modestes de la pierre font penser que le bâtiment était de petite taille et qu'il ne s'agissait pas d'un édifice à caractère sacré[78]. Tibère, d'ailleurs, n'a pas favorisé son culte, il l'a tout au plus toléré et y a toujours associé Rome[79]. Le *Tiberiéum* échappe à notre connaissance; ce pourrait être une colonnade, un portique, voire un bâtiment administratif. Le *Tiberiéum* ne figure pas parmi les bâtiments de Césarée décrits par Flavius Josèphe. Ce silence s'explique peut-être par le fait que la construction ne comportait aucun caractère remarquable. Mais plus vraisemblablement l'historien juif ne décrit pas tous les édifices de Césarée, il s'intéresse aux monuments, reflet de la munificence d'Hérode[80].

Bien que nous ne puissions pas reconstituer l'inscription, ni définir avec sûreté le *Tiberiéum*, ce document épigraphique n'est pas sans intérêt. Il atteste la présence de Pilate en Judée, son titre et sa dévotion à l'empereur[81].

### 3. Pilate et le droit de condamner à mort

Quand Auguste inclut la Judée dans l'Empire romain, il en fait une province particulière et ne la rattache point à la province de Syrie comme cela eut été possible. En prenant une telle décision, le Prince manifestait son respect du fait juif.

Le gouverneur de Judée avait pour voisin un personnage de premier plan, le légat de Syrie. Les relations entre les deux gouverneurs n'étaient pas sans ambiguïté, car, en cas de difficulté, le préfet de Judée avait besoin de l'aide de son puissant voisin, chargé de maintenir la *Pax Romana* dans la région. Le gouverneur de Syrie, membre de l'ordre sénatorial, commandait les légions cantonnées sur son territoire, ce qui lui conférait une influence qui dépassait le cadre de sa seule province; aussi n'est-il point étonnant que les habitants de la province de Judée se tournent vers lui quand ils subissent des exactions

[77] *„Diese Formulierung, die ich zwar nicht belegen kann ...“* op. cit., p. 35.

[78] Cf. A. FROVA, C. GATTI, L. PRANDI. H. VOLKMANN, Die Pilatusinschrift von Caesarea Maritima, Gymnasium, LXXV, 1968, p. 124–135, aux p. 133–134, a fort bien remarqué que le *Tiberiéum* n'avait pas de parallèle dans le monde antique, mais sans argument déterminant il en fait un temple.

[79] Cf. LÉMONON, Pilate, p. 30.

[80] Cf. BJ, I, 408–415. Le silence de Josèphe sur le *Tiberiéum* a intrigué les commentateurs cf. par ex. H. VOLKMANN, op. cit., p. 134–135; E. WEBER, op. cit., p. 197; C. GATTI, op. cit., p. 21.

[81] H. VOLKMANN, op. cit., p. 132, souligne avec raison la vénération de Pilate à l'égard de Tibère, mais il nous paraît être trop précis quand il y voit la cause des conflits entre Pilate et la population juive.

de la part de leur propre gouverneur[82]. Néanmoins le préfet de Judée, nommé par l'empereur, n'a de compte à rendre qu'à ce dernier[83].

Même si nous n'acceptons pas la reconstitution de l'inscription proposée par J. IMBERT, ce dernier a raison de remarquer: « En tant que *procurator*, Ponce Pilate lève (...) les deniers publics et il est représentant personnel de l'empereur; en tant que *praefectus*, il reçoit une véritable délégation de puissance publique. Cette dualité est parfaitement conforme à tout ce que nous savons des gouverneurs de provinces romaines à la fin de la République et sous le règne des premiers empereurs »[84]. En effet, sous Auguste et Tibère, *praefectus* et *procurator* recouvrent deux réalités distinctes. Le *praefectus*, seul[85], a un pouvoir proprement administratif, il dirige la province et y exerce une juridiction civile et criminelle. Mais le plus souvent dans les provinces impériales peu étendues, la même personne assume deux charges distinctes: *praefectus*, elle assure le gouvernement de la province; *procurator*, elle défend les intérêts de l'empereur et s'occupe de la levée des impôts. La situation en Judée est caractéristique à cet égard; Pilate y accomplit deux fonctions; *praefectus* et *procurator*, il est investi de pouvoirs administratif, militaire et financier.

Le rôle joué par Pilate, lors du procès de Jésus de Nazareth, invite à préciser l'autorité du préfet en matière de peine capitale[86]. Un texte johannique a été fort discuté. Au début d'une section admirablement construite par l'évangéliste, Pilate et les Juifs échangent les répliques suivantes:

> « Pilate vint donc les trouver à l'extérieur et dit: 'Quelle accusation portez-vous contre cet homme?' Ils répondirent: 'Si cet individu n'avait pas fait le mal, te l'aurions-nous livré?' Pilate leur dit alors: 'Prenez-le et jugez-le vous-mêmes suivant votre loi.' Les Juifs lui dirent: 'Il ne nous est pas permis de mettre quelqu'un à mort!' »[87]

Ce texte pourrait montrer le pouvoir absolu de Pilate en matière de peine capitale. Mais trois objections ont été faites à pareille interprétation. Le

[82] Ant., XV, 405; XVIII, 88–89, 90–95; XX, 12.

[83] Même Vitellius, personnage pourtant considérable, sollicité par les Samaritains à la suite de violences opérées par Pilate, se contente d'envoyer celui-ci s'expliquer devant l'empereur Ant. XVIII, 89. Il est surprenant que S. DEMOUGIN, op. cit., p. 724, 732, fasse de la Judée un satellite de la province de Syrie; cf. supra, n. 1.

[84] J. IMBERT, Le procès de Jésus, p. 65. Sur la lecture de l'inscription par J. IMBERT cf. supra, p. 749 et n. 57.

[85] "*The legal evidence shows clearly that procurators never had a recognised right to exercise criminal jurisdiction*", F. MILLAR, The Development of Jurisdiction by Imperial Procurators. Further Evidence, Historia, XIV, 1965, p. 362–367, à la p. 364. Il pourrait même ajouter qu'au moins au début de l'Empire, ils n'ont aucune juridiction civile.

[86] Nombre de chercheurs refusent de se prononcer et restent dans l'indécision quant à la maîtrise de la peine capitale, cf. par ex. E. SCHÜRER, The History of the Jewish People in the Age of Jesus Christ (175 BC – AD 135), rev. and ed. by G. VERMES, F. MILLAR, M. BLACK, II, Edimbourg, 1979, p. 222–223.

[87] Jn 18,29–31.

dialogue est une construction johannique. Le v. 32 du même chapître semble indiquer que les Juifs pouvaient exécuter quelqu'un, mais la crucifixion était réservée aux Romains; enfin, le même évangile en Jn 8,1 – 11, prouverait que le droit de mettre à mort était toujours aux mains des Juifs, ce que confirmerait le récit de la lapidation d'Etienne en Ac 7,54 – 60.

Le dossier est complexe car nous devons examiner la situation générale de l'Empire sans négliger le cas particulier de la Judée où existe une instance judiciaire centrale, le Sanhédrin. En Judée comme en toute autre région, les Romains laissaient les institutions indigènes fonctionner dans la mesure où elles ne gênaient pas l'ordre impérial.

Au nom de l'Empereur, le préfet de Judée exerce l'*imperium* dans sa province. L'*imperium* attribue au gouverneur une autonomie assez large pour le gouvernement de la province et lui donne le droit de prononcer et d'exécuter une sentence capitale. Un texte de Tacite ne laisse subsister aucun doute à ce sujet:

> « Déjà le divin Auguste avait donné aux membres de l'ordre équestre qui gouvernaient l'Egypte la compétence légale et avait conféré à leurs décrets autant de valeur que s'ils avaient été rendus par des magistrats romains; puis on leur accorda dans d'autres provinces le droit de traiter un grand nombre d'affaires qui relevaient jadis des préteurs »[88].

Au début de l'Empire, un mouvement commencé vers la fin de la République se poursuit: les membres de l'ordre équestre occupent une place de plus en plus importante, ils reçoivent même des privilèges jadis réservés aux sénateurs[89]. Désormais, le préfet d'Egypte dispose de la compétence légale, l'*imperium*[90], puis ce droit fut accordé à d'autres gouverneurs. Plusieurs documents le manifestent: un chevalier dirigeant une province est désormais assimilé à un proconsul, légat impérial[91], or, ce dernier bénéficie toujours de l'*imperium*.

[88] Tacite, Annales, XII, 60, tr. P. Wuilleumier, Paris, 1976. Ce texte a été commenté par F. Millar, Some Evidence on the Meaning of Tacitus Annals XII, 60, Historia, XIII, 1964, p. 180 – 187; cf. aussi Lémonon, Pilate, p. 55 – 57; S. Demougin, op. cit. (cf. n. 2), p. 723.

[89] Cf. supra, p. 746.

[90] Ulpien confirme notre lecture puisque, selon lui, le préfet d'Egypte reçut un *imperium ad similitudinem proconsulis* D. I, 17,1.

[91] Deux exemples justifieront notre affirmation; entre 6 ap. J.-C. et 67, la Sardaigne a été dirigée par un gouverneur de rang équestre; avant et après, par un proconsul (Dion Cassius, Hist. rom. LV, 28; Pausanias, Description de la Grèce, VII, 17,3; cf. P. Meloni, La provincia romana di Sardegna, I. I secoli I – III, dans: ANRW II 11,1, hrsg. v. H. Temporini, Berlin – New York, 1988, p. 446 – 467). Les gouverneurs équestres de Mauritanie et de Sardaigne reçoivent des titres qui les assimilent à des légats (Année épigraphique, 1926, 66; H. Dessau, ILS, 105; cf. P. Meloni, op. cit., p. 466; B.E. Thomasson, Zur Verwaltungsgeschichte der römischen Povinzen Nordafrikas [Proconsularis, Numidia, Mauretaniae], dans: ANRW II 10,2, hrsg. v. H. Temporini, Berlin – New York, 1982, p. 33).

Lorsqu'il prend la direction de la province, Coponius, premier gouverneur équestre de Judée, reçoit l'*imperium*[92]. Pour réprimer les troubles, certains gouverneurs de Judée n'hésitent pas à user, et même à abuser du droit de mettre à mort[93]. Cette prérogative des gouverneurs pouvait mécontenter les foules juives, elle ne pouvait pas les surprendre; en effet, les gouverneurs romains étaient les héritiers du pouvoir hérodien, or Hérode le Grand et ses fils s'étaient déjà octroyé le droit de condamner à mort[94], pouvoir traditionnel du Sanhédrin[95].

Notre étude serait incomplète si nous n'examinions pas les textes de la littérature rabbinique touchant à notre sujet. Or les témoignages des Sages d'Israël s'accordent. Au moins quarante ans avant la destruction du Temple[96], la Sanhédrin n'eut plus la capacité de traiter des peines capitales. Certes, plusieurs études ont essayé d'éliminer ce chiffre 40 au profit de 4[97], mais un tel rectificatif ne repose sur aucune donnée manuscrite. Ce chiffre 40, comme souvent dans la tradition d'Israël[98] comporte un sens global; les textes présen-

[92] BJ II, 117; Ant. XVIII, 1–2.

[93] Outre Pilate sur le comportement duquel nous reviendrons cf. Cuspius Fadus (Ant. XX, 5), Tiberius Alexander (Ant. XX, 102) et évidemment Albinus et Florus (BJ, II, 305).

[94] Ant. XIV, 165–167, 173, 175; XV, 273–276; XVI, 1–5, XVIII, 116–119.

[95] J. Juster, Les Juifs dans l'Empire romain, Paris, II 1914, p. 127–128.

[96] Meḵhilta d'R. Šimeon Ben Yoḥai sur Ex XXI, 14; la citation qui nous intéresse, introduite par *mikan'am^e^ru*, relève du genre mishnaïque; une telle introduction suppose l'ancienneté du texte. J. Sanhédrin I, 1/18a,42; VII, 2/24b,48. Ces textes du Talmud de Jérusalem comportent: « Plus de 40 ans avant la destruction du Temple ». Ils sont introduits par la formule *t^e^nei*, indicatif d'une tradition tannaïtique dont le *terminus ad quem* est la fin de la rédaction de la Mishnah. Dans le Talmud de Babylone, on trouve trois textes qui mentionnent l'exil du Sanhédrin: Avodah Zarah 8b; Sanhédrin 41a (en ce texte la mention sur l'exil du Sanhédrin est introduite par *tanja* – il a été enseigné, indicatif d'une donnée traditionnelle qui nous renvoie au moins à l'époque de la Mishnah); Shabbat 15a. Il faut ajouter à ces documents un texte dont l'interprétation est plus délicate Meg Taanit 16, ed. E. Lichtenstein, Hebrew Union College Annual, VIII–IX, 1931–1932, p. 320. Nous proposons en annexe une traduction de ces textes que nous avons commentés dans Lémonon, Pilate, p. 82–90. Maïmonide relève d'ailleurs cette affirmation de la tradition rabbinique: "*Forty years prior to the destruction of the Second Temple, the right of Israel to try capital cases ceased, for, though the sanctuary still existed, the Sanhedrin was exiled and no longer held sessions in the place assigned to it in the sanctuary*". The Code of Maimonides. Book fourteen, The Book of Judges, tr. from the Hebrew by A. M. Hershman, New Haven, 1949, p. 41.

[97] Cf. par ex. S. B. Hoenig, Sof ha-Sanhedrin ha-Gedolah bi-Yeme Bayit Sheni, Horeb, III, 1936, p. 169–175; H. Mantel, Studies in the History of the Sanhedrin, Harvard Semitic Series 17, Cambridge, Massachusetts, 1965, p. 284–286, 290–294.

[98] Sur l'aspect global du chiffre 40 et de ses multiples cf. Gn 7,12; Ex 24,18; Jg 3,11–30; 5,31; 8,28; 13,1; I S 4,18; II S 5,4; I R 6,1; 11,42; Ez 4,6; 29,11 ... cf. E. Mahler, Handbuch der jüdischen Chronologie, Leipzig, 1916, pp. 98–103. La littérature rabbinique prolonge cette orientation vétérotestamentaire quand elle divise la vie de Moïse et celle de maîtres célèbres comme Hillel, Yoḥanan ben Zakkaï ou Aqiva en périodes de 40 ans, cf. Bereschit rabba, C, 10 (éd. J. Theodor – Ch. Albeck III, Jérusalem, 1965, p. 1295); Sifrei devarim sur Deut., 34,7 (éd. L. Finkelstein [1939], New York, 1969, p. 429).

tent la situation judiciaire telle qu'elle a été sous les gouverneurs. Si le chiffre 40 était pris au sens strict, il renverrait à un changement de pratique qui se serait produit sous Pilate, ce qui paraît peut vraisemblable.

Jn 8,1–11 et Ac 7,54–60 ne peuvent pas être invoqués en faveur d'un droit des Juifs à condamner à mort, car, en Jean, il s'agit du rappel d'un principe juif; en Actes, d'une lapidation en dehors de toute instance judiciaire. L'inscription de la barrière du Temple à laquelle Joseph fait allusion[99] et dont un exemplaire a été retrouvé en 1871 n'infirme pas nos conclusions:

> « Que nul étranger ne pénètre à l'intérieur du *tryphactos* (balustrade) et de l'enceinte (péribole) qui sont autour du *hieron* (esplanade du Temple): celui donc qui serait pris (y pénétrant, *eisporeuomenos* – sous-entendu) serait cause (litt. coupable, responsable envers lui-même) que la mort s'ensuivrait (pour lui) »[100].

Respectant le caractère sacré du Temple, le pouvoir romain n'interviendra pas si les Juifs, dans un mouvement de colère, lapident l'étranger qui franchit la barrière. De même, quand il évoque le sort réservé aux prêtres, voire au grand prêtre, qui pénètreraient à contre-temps dans l'*Adyton*[101], Philon ne se réfère pas à une pratique réelle, mais au point de vue juif traditionnel: ils seraient passibles de mort.

L'ensemble du dossier permet de conclure: Pilate, seul, avait en Judée, le droit de condamner à mort et de faire exécuter la sentence; l'autorité appartenait bien à Rome[102].

En disposant de la peine capitale, Pilate se montrait peu respectueux des droits du Sanhédrin. Par contre, vis-à-vis du souverain pontificat, l'attitude de Pilate tranche par rapport à celle de son prédécesseur immédiat qui l'utilisa à sa guise[103]. Caïphe, en effet, resta en exercice pendant tout le temps du gouvernement de Pilate. Installé dans sa charge par Valerius Gratus[104], Caïphe n'en est destitué que onze ans plus tard par Vitellius, légat de Syrie[105]. Mais cette longévité exceptionnelle est peut-être plus dûe à l'habileté et à la soumission du grand-prêtre qu'à la déférence du gouverneur à l'égard de l'institution sacerdotale.

[99] BJ VI, 126 (dans un discours prêté à Titus); Ant. XV, 417.

[100] CH. CLERMONT-GANNEAU, Une stèle du Temple de Jérusalem, Revue archéologique, N. S., XXIII, 1872, p. 214–234, à la p. 220.

[101] Legatio, 306–307.

[102] Certains chercheurs ont abouti à des conclusions opposées aux nôtres, cf. par exemple J. JUSTER, op. cit., p. 127–149; H. LIETZMANN, Kleine Schriften, II. Studien zum Neuen Testament, hrsg. von K. ALAND, Berlin, 1958, p. 251–263; 269–276; P. WINTER, On the Trial of Jesus, Studia Judaica 1, Berlin, 1961. Ces chercheurs ne nous paraissent pas avoir pris en compte la totalité du dossier et accordent trop d'importance aux objections traditionnelles qui, en fait, s'intègrent parfaitement dans le cadre que nous proposons (cf. la bibliographie du sujet en LÉMONON, Pilate, p. 79–80, n. 105).

[103] Ant., XVIII, 34–35.

[104] Ant., XVIII, 35.

[105] Ant., XVIII, 95.

### 4. Le monnayage de Pilate

Battre monnaie donnait de l'importance aux gouverneurs de Judée; plusieurs usèrent de ce droit; leurs monnaies ont été retrouvées en abondance. Les pièces sont en bronze et comportent le nom de l'empereur régnant, une date et des symboles qui ne représentent jamais des figures humaines; elles ont circulé essentiellement dans la province de Judée, en parallèle avec les monnaies romaines en or ou en argent portant l'effigie de l'empereur.

Pilate frappa de la monnaie au moins à trois reprises: en 29, en 30 et en 31. Ces monnaies comportent au verso la date et une inscription: *Tiberiou Kaisaros*[106]. Sur les monnaies qu'il émit, Pilate fit inscrire tantôt le *simpulum* (petite coupe pour les libations), tantôt le *lituus* (baton augural). Il fut le seul gouverneur à recourir à de tels symboles[107], ignorés de ses prédécesseurs tout comme de ses successeurs. *Lituus* et *simpulum* se trouvent sur les monnaies romaines[108]. Le *lituus*, exceptionnel sur les monnaies émises en Orient, n'est pas un simple élément décoratif; avec l'avènement de l'Empire, il confère à la fonction impériale un caractère sacré[109]. L'introduction de ces symboles ne permet pas d'accuser Pilate de provocations quoi qu'en aient prétendu certains chercheurs[110]. Le gouverneur n'a jamais produit des monnaies avec des représentations humaines, ce qui eut été insupportable pour les Juifs. Mais il utilise des symboles répandus dans l'Empire et liés au culte impérial. En la circonstance, Pilate est peu respectueux de la sensibilité juive, il flatte l'empereur et introduit dans sa province des pratiques romaines.

Les monnaies, tout comme l'inscription de Césarée, trahissent la ferveur impériale du cinquième gouverneur de Judée. L'homme est bien dans la ligne des membres de l'ordre équestre, fidèles de la dynastie julio-claudienne.

## *III. Pilate dans les textes littéraires du I^er^ et du début du II^ème^ siècle*

### 1. Incidents du gouvernement de Pilate et textes littéraires

La littérature ancienne rapporte six incidents auxquels Pilate fut mêlé. Cinq d'entre eux sont narrés assez longuement et peuvent être organisés selon le schéma chronologique suivant:

[106] La série émise en 29 comporte également au recto une inscription *Ioulia Kaisaros*.
[107] Cf. Y. MESHORER, Jewish Coins of the Second Temple Period, Tel-Aviv, 1967, p. 103–105; A. KINDLER, Coins of the Land of Israel, Jérusalem, 1974, p. 94.
[108] Cf. Coins of the Roman Empire in the British Museum, I, Augustus to Vitellius, Londres, 1923 cf. Index IV et V, p. 409–429
[109] Cf. F. RICHARD, Portus Augusti, Cahiers d'histoire, XXII, 1977, p. 295–311, voir p. 300. D. MANNSPERGER, ROM. ET AUG. Die Selbstdarstellung des Kaisertums in der römischen Reichsprägung, dans: ANRW II 1, hrsg. v. H. TEMPORINI, Berlin – New York, 1974, p. 919–996, aux p. 940–949, a rappelé la signification religieuse des monnaies.
[110] E. STAUFFER, Zur Münzprägung und Judenpolitik des Pontius Pilatus, La Nouvelle Clio, I et II, 1949–1950, p. 495–514; Y. MESHORER, op. cit., p. 105–106. A. KINDLER, op.

a) L'introduction des effigies de César à Jérusalem;
b) La construction d'un aqueduc permettant d'amener l'eau à Jérusalem;
c) L'exécution de Jésus de Nazareth;
d) L'installation des boucliers dorés au palais d'Hérode;
e) Le massacre de Samaritains en route pour le sommet du Garizim.

L'évangile de Luc fait écho à un autre incident: le massacre de Galiléens dont le sang fut mélangé à celui de leurs victimes[111], mais le laconisme dont Luc fait preuve masque les mobiles du gouverneur; nous laissons donc ce texte de côté.

Les deux premiers incidents sont rapportés par Flavius Josèphe dans des récits relativement proches de la 'Guerre' et des 'Antiquités'[112], le cinquième est connu aussi grâce à l'historien juif[113]. Le quatrième se lit dans une œuvre de Philon, la 'Legatio ad Caium'[114]. Quant à l'exécution de Jésus de Nazareth, outre les textes évangéliques[115], sont à notre disposition une brève mention des 'Annales' de Tacite[116] et le 'Testimonium flavianum', texte de Josèphe fort discuté[117].

Jusqu'aux premières années du XIX$^{\text{ème}}$ siècle, la plupart des commentateurs rapportaient à un même événement le récit des effigies de César et celui des boucliers dorés[118]. Ils s'appuyaient sur Eusèbe qui écrit dans la 'Démonstration évangélique':

> « Et le même (Josèphe) dit que Pilate, le même que celui du temps de notre Sauveur, introduisit, de nuit, dans le Temple, les effigies de l'empereur, chose interdite, et qu'il provoqua ainsi chez les Juifs le plus grand désarroi, qui amena le soulèvement et la révolte. Philon témoigne des mêmes faits quand il assure que Pilate dédia, une nuit, les enseignes impériales dans le Temple, ce qui fut le commencement des désordres et des malheurs qui se succédèrent depuis pour les Juifs »[119].

Ce rapprochement d'Eusèbe est étonnant car, dans son 'Histoire ecclésiastique'[120], après avoir mentionné les profanations de Pilate contre le Temple

cit., p. 94 et E. M. SMALLWOOD, Some Notes on the Jews under Tiberius, Latomus, XV, 1956, p. 328, soulignent l'aspect cultuel païen des symboles utilisés par Pilate.

111 Lc 13,1–2. Sur la succession des événements et le statut particulier du texte de Luc cf. LÉMONON, Pilate p. 131–134.

112 BJ II, 169–174; Ant. XVIII, 55–59.

113 Ant. XVIII, 85–89.

114 Legatio, 299–305.

115 Mt 27 et parallèles.

116 Ann. XV, 44.

117 Ant. XVIII, 64.

118 D. R. SCHWARTZ, Josephus and Philo on Pontius Pilate, dans: The Jerusalem Cathedra, ed. L. I. LEVINE, Jérusalem–Detroit, III, 1983, p. 26–45, a répertorié avec soin les différentes positions, cf. p. 40–41.

119 Démonstration évangélique, VIII, 2, 122, tr. de A. PELLETIER, dans: Philon d'Alexandrie, Legatio ad Caium, Paris, 1972, p. 375.

120 H. E., II, 6,4.

d'après Philon, il cite textuellement le récit des effigies rapporté par Josèphe dans la 'Guerre'[121]. Quand, dans la 'Démonstration évangélique', Eusèbe rapproche Josèphe et Philon, il situe au Temple l'introduction des effigies. Cette mention du Temple ne surprend pas car, pour des chrétiens, il était difficile d'imaginer la sainteté unique de Jérusalem. Ils réduisaient alors l'espace sacré juif au seul Temple. Seul le viol du Temple apparaît scandaleux à un point tel qu'Origène confond les actions de Pilate et le projet de Caïus[122]. Dans l''Histoire ecclésiastique', Eusèbe a laissé à un secrétaire le soin de recopier le texte de Josèphe; quant à lui, il cite de mémoire et confond enseignes et boucliers dorés. En cette circonstance, l'historien chrétien est tout à fait imprécis; on ne peut pas s'appuyer sur lui pour identifier les événements rapportés par Josèphe et par Philon.

A partir du XIX$^{ème}$ siècle, la critique est unanime[123], elle réfère le récit des effigies et celui des boucliers dorés à deux événements distincts, ce qu'a fort bien montré A. PELLETIER[124]. D.R. SCHWARTZ a rompu cet accord en prétendant réduire les huit différences qu'il relève entre les récits de Josèphe et de Philon[125]. Malgré les explications proposées les différences demeurent. Dans le cadre de cet article, nous nous contentons de réfuter deux identifications. L'épisode des effigies et celui des boucliers dorés sont situés à des moments différents du gouvernement de Pilate. D.R. SCHWARTZ refuse de placer l'épisode des effigies au début du gouvernement de Pilate en Judée. Or, ce lien est clairement indiqué dans la 'Guerre'[126]. D'autre part, les 'Antiquités Judaïques' n'ont pas la même formule, mais laissent clairement entendre qu'il s'agit de la première entrée de Pilate dans Jérusalem: « ses prédécesseurs avaient fait leur entrée dans la capitale ... » Pilate n'est encore jamais monté à Jérusalem; arrivé en Judée, le gouverneur ne pouvait pas rester longtemps sans aller à Jérusalem, centre de la vie juive. De même, les négociateurs juifs sont irréductiblement différents dans les récits de Josèphe et de Philon. Dans l'indicent narré par Philon, les négociateurs sont: « les quatre fils du roi à qui ne manquait ni le rang, ni la dignité de souverain et tous leurs autres

121 H.E., II, 5,7.

122 « Nous avons trouvé parmi les ouvrages d'histoire se rapportant à Tibère des textes qui nous apprennent que sous Ponce Pilate le peuple juif s'est trouvé en péril, Pilate voulant de force dédier une statue de l'empereur dans le Temple, les Juifs, eux, y faisant opposition au-dessus même de leurs moyens; une chose semblable, selon d'autres textes, se serait produite également du temps de l'empereur Caïus », Origène, Sur Matthieu 22,15–22, tr. A. PELLETIER, op. cit., p. 374.

123 Cf. la liste dressée par D.R. SCHWARTZ, op. cit., p. 37–39.

124 A. PELLETIER, op. cit., p. 371–377.

125 D.R. SCHWARTZ, op. cit., p. 26–27.

126 BJ, II, 169. Contre ce lien D.R. SCHWARTZ invoque la soi-disant banalité de la formule utilisée par Josèphe et cite à l'appui un certain nombre de textes BJ II, 117, 220, 247; VII, 163; Ant. XVIII, 33, 89; XIX, 363; XX, 137, 182, 197, 252. Or, en fait, le texte qui introduit en BJ le récit des effigies a une construction très typée: un participe aoriste passif est suivi d'un indicatif présent. La mention de l'envoi est accompagnée d'un geste précis. Ces traits ne se retrouvent pas ensemble dans les textes mis en avant par D.R. SCHWARTZ.

descendants ainsi que les notables de leur cours »[127]. Philon les cite avec soin. L'affaire remonte à Tibère parce que les Hérode sont proches des empereurs. Josèphe, quant à lui, ferait un raccourci; les foules mentionnées seraient, selon D. R. SCHWARTZ, incapables de négocier en grec; les négociateurs seraient les personnes nommées dans le récit de Philon. Une telle affirmation suppose qu'aucun judéen ne soit capable de s'exprimer en grec, ce qui est loin d'être prouvé. Mais surtout, la présence des fils d'Hérode à Jérusalem implique un temps festif que rien ne laisse supposer dans le récit des effigies. Les porte-parole naturels des Juifs auprès de Pilate n'étaient pas les Hérode, mais des membres du Sanhédrin. D. R. SCHWARTZ, en fait, n'apporte aucun élément nouveau au dossier. Nous conservons donc la position qui a fait l'unanimité aux XIX$^{\text{ème}}$ et XX$^{\text{ème}}$ siècles: les narrations de Josèphe et de Philon renvoient à des incidents distincts.

## 2. Pilate dans l'œuvre de Flavius Josèphe

Pour tracer l'histoire des premiers gouverneurs, Josèphe ne dispose pas d'un travail analogue à celui de Nicolas de Damas, historien d'Hérode le Grand. Aussi, dans la 'Guerre', l'historien Juif passe en quelques pages du temps de Coponius à l'époque de Pilate[128]. A défaut d'indications sur les gouverneurs, Flavius Josèphe présente les courants de pensée qui se partagent le monde juif et décrit les fondations réalisées par Antipas et Philippe. Le récit des 'Antiquités' est un peu moins parcimonieux à l'égard des prédécesseurs de Pilate, en particulier de Valerius Gratus, célèbre par sa désinvolture vis-à-vis du sacerdoce[129]. Pilate, par contre, bénéficie de notices assez détaillées. Le temps de gouvernement de Pilate en Judée n'est pas très éloigné de l'époque de Flavius Josèphe et l'historien dispose sans doute de renseignements un peu plus précis. Mais de plus, l'homme a marqué la mémoire populaire par quelques incidents.

Une confrontation entre la 'Guerre des Juifs' et les 'Antiquités' permet de résumer ainsi l'épisode des effigies de César[130]. Pilate, subrepticement, introduit dans Jérusalem les effigies de César, ce qui est contraire aux convictions religieuses juives. Les Juifs se rendent alors à Césarée pour supplier le gouverneur d'enlever les effigies de Jérusalem. Le refus du gouverneur conduit les Juifs à demeurer là pendant cinq jours. Le sixième jour, Pilate, avec la complicité des soldats, imagine un stratagème: installé sur le tribunal dans le stade, il fait entourer les Juifs par les soldats et les menace de mort s'ils ne se retirent pas. Les Juifs affirment qu'ils préfèrent la mort plutôt que d'accepter que leurs lois soient bafouées. Cet attachement sacré surprend tellement Pilate qu'il revient sur son refus.

[127] Legatio, 300.
[128] BJ II, 118 – 168.
[129] Ant. XVIII, 31 – 35.
[130] BJ II, 169 – 174; Ant. XVIII, 55 – 59.

Sous l'Empire, la personnalisation du pouvoir se manifeste jusque dans les corps auxiliaires; aux emblèmes traditionnels sont adjoints des médaillons représentant l'empereur régnant. Quand Pilate introduit enseignes et effigies à Jérusalem, la conscience religieuse juive est en émoi, car cette initiative du gouverneur est perçue comme contraire aux lois juives. Certes, en particulier dans la 'Guerre'[131], Josèphe élargit le champ d'application de la loi quand il décrit la réaction des foules juives découvrant les effigies de César. Comme il l'a fait en d'autres circonstances[132], Josèphe insiste sur l'attachement des Juifs à leur loi; ainsi la réaction juive n'a plus la moindre trace d'hostilité envers Rome et l'Empereur. En effet le second commandement s'adresse au seul Israël et interdit les représentations liées au culte. D'ailleurs, l'attitude d'Israël vis-à-vis de ce commandement n'a pas été constante, puisque la tradition juive a eu souci de faire apparaître que ce commandement n'empêche pas toute activité artistique. Selon les 'Antiquités', en cette affaire, au moins aux yeux du gouverneur, l'honneur de César était en cause[133]. Ces effigies ne sont pas totalement innocentes car, à leur manière, elles concourent au culte impérial. L'empereur est un homme à qui on rend un culte. En outre, « le culte des *signa* était une partie ancienne et fondamentale de la religion des armées, et au moins une fête, la *natalis signorum*, était entièrement consacrée à les honorer »[134].

Dès le temps d'Auguste, vie religieuse et vie militaire furent intimement liées, car l'une et l'autre étaient au service de l'Empire. Mais outre le caractère cultuel des effigies et des enseignes, les Juifs sont choqués par le fait que Pilate inaugure une pratique nouvelle et empiète ainsi sur les droits qui leur avaient été reconnus.

Sachant que son initiative entrainera des troubles, Pilate se montre rusé et dissimilateur, tout autant que prudent. Il introduit les images contestées de nuit, à la dérobée, et se replie sur Césarée aussitôt. Il imagine un stratagème et ne défie les foules juives que dans la mesure où il a mis la force de son côté. Même si ses initiatives doivent lui causer des ennuis, le gouverneur ne renonce pas à des pratiques courantes dans l'Empire. Le retournement de Pilate étonne. Si l'on en croit Josèphe, la détermination des Juifs l'a surpris, mais l'homme a pu aussi réaliser que l'affaire pouvait fort mal se terminer; Pilate n'allait-il pas contre les pratiques impériales tout en paraissant honorer l'empereur?

En cet événement, le gouverneur ne manifeste aucune attention à la sensibilité juive, mais rien ne permet de penser que l'homme a voulu blesser

[131] BJ II, 170.

[132] BJ I, 648–655; Ant. XVII, 158–159; Contre Apion II, 73–77.

[133] Ant. XVIII, 57.

[134] A. S. Hoey, dans: R. O. Fink, A. S. Hoey and W. F. Snyder, The Feriale Duranum, Yale Classical Studies, VII, 1940, p. 1–122, à la p. 115. Josèphe lui-même rapporte un exemple de sacrifices faits par les Romains en l'honneur des enseignes après la prise de Jérusalem, cf. BJ, VI, 361; on peut sans doute trouver aussi un écho à une telle pratique en 1 $Q_p$ Hab VI, 3.

l'âme juive. Pilate ne se comporte pas tel un gouverneur, prêt à massacrer afin d'être obéi; pendant cinq jours et cinq nuits, il supporte d'être assiégé, menace, mais change d'opinion et ne provoque pas un bain de sang.

Les troubles liés à la construction d'un aqueduc sont également rapportés par deux versions[135]. Le récit de la 'Guerre' insiste davantage sur la responsabilité de Pilate dans l'enchaînement des événements; celui des 'Antiquités' met en évidence l'agitation de la foule, la ruse de Pilate et la violence des soldats. Les deux récits se rencontrent sur l'essentiel: en réalisant, aux frais du Trésor du Temple, un aqueduc pour amener l'eau à Jérusalem, Pilate provoque la colère des Juifs. Se précipitant auprès de Pilate lors d'une venue de celui-ci à Jérusalem, les Juifs lui manifestent leur mécontentement. Ayant donné aux soldats l'ordre de ne frapper la foule qu'avec des bâtons, le gouverneur les fait se mélanger à celle-ci. Au signal donné par le gouverneur les soldats frappent la foule avec beaucoup plus de violence qu'ils n'en ont reçu l'ordre. De nombreux Juifs succombent sous les coups ou sont piétinés dans l'affolement qui s'en suit. Toute protestation alors cesse.

Le Trésor du Temple permet de subvenir aux frais de culte, mais il sert aussi à d'autres fins: entretien du Temple et de la Cité, aide aux miséreux, versement du tribut ... Tout Juif mâle approvisionnait le trésor en y versant annuellement la taxe qui s'élevait à un demi-shekel. Des dons volontaires complétaient les revenus. Le vêtement du Grand Prêtre était le bien le plus précieux du Trésor[136], or, depuis la création de la province, les gouverneurs s'en étaient octroyé la garde[137]; ils exerçaient ainsi un certain pouvoir sur le Trésor et réduisaient la liberté juive.

En utilisant l'argent du Trésor pour améliorer le service de l'eau à Jérusalem, Pilate continue une pratique bien établie. La colère des foules juives n'est provoquée ni par la construction de l'aqueduc, ni par son mode de financement, mais par l'attitude de Pilate. Comme ses prédécesseurs l'avaient fait pour la garde du vêtement, en gouverneur romain, sûr de son bon droit, Pilate a conduit toute l'affaire et décidé à la place des autorités juives compétentes; il a placé celles-ci devant le fait accompli. Les grand prêtres acceptèrent une décision que le peuple n'admit jamais; une fois encore, le gouverneur intervenait au cœur même de la vie juive. En outre, si l'on se fie au récit de la 'Guerre', pour réaliser l'aqueduc, le gouverneur épuisa le trésor[138], il prit donc de l'argent destiné aux sacrifices.

Pilate n'a pas réalisé une action illégitime, mais il a disposé d'une richesse, expression de l'attachement des Juifs au Temple. Comme pour l'affaire des effigies, prudence et dissimulation caractérisent le gouverneur. Il se présente à la foule après s'être assuré que la force resterait de son côté; il compte sur

135 BJ II, 175–177; Ant. XVIII, 60–62.

136 Cf. J. Jeremias, Jerusalem zur Zeit Jesu. Kulturgeschichtliche Untersuchung zur neutestamentlichen Zeitgeschichte, Göttingen, ³1962, p. 189 (= Id., Jérusalem au temps de Jésus, tr. fr. Paris, 1967, p. 234).

137 Ant. XVIII, 93 cf. M. Grant, The Jews in the Roman World, Londres, 1973, p. 92.

138 BJ II, 175.

l'effet de surprise. Pilate a été maladroit dans la conduite d'un projet qui, en soi, ne pouvait que satisfaire les habitants de Jérusalem. Rien n'était plus précieux qu'une alimentation correcte en eau, indispensable pour l'activité sacrificielle du Temple. Le gouverneur n'hésite pas à recourir à la force lorsque ses initiatives maladroites provoquent des troubles. Cependant, il prend des précautions, sans doute insuffisantes, mais bien réelles, pour que l'affrontement ne tourne pas au massacre. L'animosité des soldats à l'égard de la foule n'est point pour surprendre; ces troupes auxiliaires sont composées de soldats païens, recrutés dans la province ou dans les contrées voisines, et souvent en conflit avec les Juifs.

Dans les 'Antiquités', Flavius Josèphe rapporte un ultime incident qui mit aux prises, non plus Pilate et les Juifs, mais Pilate et les Samaritains[139]. Cet incident marqua la fin de la carrière de Pilate en Judée. Josèphe n'a pas d'intérêt particulier pour les Samaritains[140]; il rapporte cet épisode parce qu'il met en scène Pilate et Vitellius, homme dont il trace un portrait flatteur.

> « Le peuple des Samaritains ne fut pas non plus exempt de trouble; en effet, un homme se met à les rassembler, qui considérait le mensonge comme sans importance et usait de toutes sortes de manœuvres pour plaire au peuple; il leur enjoint de se réunir avec lui sur le Mont Garizim, ce lieu qui est considéré par eux comme la plus sainte des montagnes; il soutenait qu'il leur montrerait, quand ils seraient là, les vases sacrés de Moïse, enfouis en cet endroit, car celui-ci en avait constitué là-même un dépôt. Ceux qui tenaient cette parole pour plausible s'étaient armés et installés dans un certain village appelé Tirathana, y accueillaient ceux qu'on réunissait avec eux, afin de faire en grand nombre, l'ascension de la montagne. Mais Pilate les prévient en faisant occuper d'avance leur chemin d'accès (au Garizim) par un détachement de cavaliers et de fantassins; ces derniers entourèrent les hommes entassés dans le village et un combat s'étant engagé, tuèrent les uns, mirent en fuite les autres et en emmenèrent beaucoup prisonniers, parmi lesquels Pilate fit tuer les principaux chefs et les plus influents de ceux qui avaient fui. Quand le trouble se fut apaisé, les membres du Conseil des Samaritains se rendirent auprès de Vitellius, consulaire qui détenait le gouvernement de la Syrie, et ils se mirent à accuser Pilate du massacre de ceux qui avaient péri, car, disaient-ils, ils étaient venus à Tirathana, non pas pour abandonner le parti des Romains, mais pour échapper aux sévices de Pilate. Alors Vitellius, ayant envoyé Marcellus, un de ses amis, pour qu'il s'occupe des Juifs, donna l'ordre à Pilate de s'en aller à Rome afin de renseigner l'Empereur sur ce dont l'accusaient les Samaritains. »

139 Ant. XVIII, 85–89.

140 Cette absence d'intérêt a conduit certains scribes à remplacer, à tort, au paragraphe 89 *Samareitai* par *Ioudaioi*.

La légende des vases sacrés enfouis est bien connue en milieux juif et samaritain[141]. La découverte des instruments sacrés jadis cachés par quelque personnage important: Moïse[142], Jérémie[143] ou Josias[144], permet de renouer avec le culte authentique cher à la tradition d'Israël, tout comme à la tradition samaritaine. Cette découverte ouvrira les temps eschatologiques, une époque où Israël retrouvera pour toujours son éclat; les païens lui seront alors soumis. L'action de cet imposteur en Samarie ne peut donc pas laisser indifférent le gouverneur romain. La réussite d'un tel rassemblement risque de provoquer une fièvre messianique, fâcheuse pour la *Pax Romana*. Le gouverneur se devait d'intervenir, d'autant que, contrairement aux allégations des Samaritains, ces derniers ne s'étaient pas réfugiés à Tirathana pour échapper aux brutalités du gouverneur, mais bien plutôt pour accomplir un geste qui comportait des conséquences désastreuses pour Rome. Sans se déplacer le gouverneur envoie des troupes. Au moment où ils dispersent la foule, les soldats font preuve d'une grande brutalité; après avoir mâté la révolte, conformément aux devoirs de sa charge, Pilate prend des dispositions énergiques; il fait mettre à mort les plus influents des participants.

Pilate est intervenu avec vigueur car ces Samaritains, cédant à la parole charmeuse d'un faux prophète, abandonnent de fait le parti des Romains. D'ailleurs dans leur appel à Vitellius, ces provinciaux sont obligés de se prémunir contre une telle accusation. Le gouverneur de Syrie envoie Pilate s'expliquer auprès de l'empereur; pareille décision n'est pas désavœu du préfet, mais Vitellius se montre respectueux des Samaritains comme il le sera des Juifs en d'autres circonstances[145]. L'affaire était peu claire: accusés par Pilate, les Samaritains devenaient accusateurs auprès du légat; en de telles circonstances le recours à l'empereur était sagesse.

Pilate se montre vigilant, habile à placer ses troupes et capable d'utiliser à son profit l'effet de surprise. Du point de vue du gouverneur le rassemblement n'était point anodin, d'où la sévérité des sanctions.

Les récits de Flavius Josèphe permettent de tracer un portrait de Pilate qui n'est pas aussi sombre qu'on le prétend souvent. A aucun moment, le gouverneur n'accomplit des actes qui constitueraient une provocation systématique à l'égard des Juifs ou des autres groupes ethniques dont il a la charge. L'homme se comporte comme un gouverneur, sûr de son bon droit, soucieux d'affirmer la souveraineté romaine. La province de Judée est à administrer comme toute province de l'Empire. Pilate n'a aucune attention aux particularités juives; son rôle de représentant de Rome l'emporte sur toute autre considé-

[141] M. F. Collins, The Hidden Vessels in Samaritan Traditions, Journal for the Study of Judaism, III, 1972, p. 97 – 116 a rassemblé sur ce thème une documentation abondante. A. Zeron, Einige Bemerkungen zu M. F. Collins "The Hidden Vessels in Samaritan Traditions", Journal for the Study of Judaism, IV, 1973, p. 165 – 168, a fait quelques réserves sur l'utilisation des éditions faite par M. F. Collins.

[142] Dans la tradition samaritaine.

[143] II M 2,1 – 8.

[144] Dans la tradition rabbinique Horayoth 12a; Kerithoth 5b; Yoma 52b ...

[145] Cf. par ex. Ant. XVIII, 90 – 95; 120 – 122.

ration à un point tel qu'il peut provoquer la colère de l'empereur à son égard, comme le dévoile Philon, autre témoin des pratiques de Pilate en Judée. Mais cet homme qui s'oppose vivement aux habitants de la Province se soumet docilement aux puissants, comme le manifeste son obéissance aux ordres de Vitellius quand celui-ci lui prescrit de gagner Rome à la suite des plaintes samaritaines[146].

### 3. Pilate dans la 'Legatio ad Caium' de Philon

Le texte de Philon sur Pilate se trouve dans la 'Legatio ad Caium' (paragraphes 299–305), ouvrage destiné à Claude qui accède au pouvoir. L'Alexandrin y raconte l'ambassade qu'il accomplit auprès de Caius dit Caligula, au cours de l'été 40. Par ce récit Philon remémore au nouvel empereur la fidélité des Juifs qui sortent d'un véritable cauchemar provoqué par les extravagances de Caius. L'ambassade avait été entreprise à la suite des manifestations anti-juives des Grecs d'Alexandrie. Au cours de l'été 38, lors du passage du roi Agrippa à Alexandrie, les harcèlements furent d'une virulence intolérable[147]. Une telle ambassade n'était pas dépourvue de difficultés et de risques car le gouverneur Flaccus n'était pas étranger à la violence des Grecs. Mais la situation devint encore plus dramatique puisque, attendant d'être reçus par Caius, les délégués Juifs apprirent que celui-ci avait décidé d'ériger

> « au plus profond de l'*adyton* une statue de lui aux dimensions plus qu'humaines, sous le vocable de Zeus »[148].

Le roi Agrippa, ami de Caius[149], se trouve alors à Rome; en ces circonstances fort pénibles, il n'hésite pas à se compromettre en écrivant à l'empereur[150]; il l'invite à respecter le Temple comme ses ancêtres l'ont fait:

[146] Ant. XVIII, 89.

[147] Philon, In Flaccum, 36–39.

[148] Legatio 188. Pour la 'Legatio ad Caium', nous utilisons la traduction de A. Pelletier, Philon d'Alexandrie, Legatio ad Caium, Paris, 1972. Sur la situation historique et sa présentation dans l'œuvre de Philon voir R. Barraclough, Philo's Politics. Roman Rule and Hellenistic Judaism, dans: ANRW II 21,1, hrsg. v. W. Haase, Berlin–New York, 1984, p. 456–468 et C. Kraus Reggiani, I rapporti tra l'impero romano e il mondo ebraico al tempo di Caligola secondo la 'Legatio ad Gaium' di Filone Alessandrino, ibid., p. 554–586, passim.

[149] Ant. XVIII, 168 s., 237.

[150] Les historiographes antiques ne citent pas les documents à la manière des modernes; discours et lettres insérés dans leurs œuvres portent leur empreinte rédactionnelle; il n'en demeure pas moins vrai que les arguments de la lettre ne sont point étrangers à la pensée d'Agrippa. La 'Legatio' est publiée en 41 du vivant d'Agrippa; il est difficile d'imaginer que Philon ait pu alors prêter à Agrippa une démarche qui n'aurait pas été la sienne. Agrippa connait fort bien l'alabarque Alexandre, frère de Philon (Ant. XVIII, 159, 259). A Rome, en 40, le roi Agrippa et les délégués Juifs d'Alexandrie défendent une même cause: obtenir le respect des coutumes juives et du judaïsme dans son ensemble.

« Ayant donc, maître, de tels exemples d'une politique plus bienveillante, tous si caractéristiques et bien dans la manière des personnages dont tu es la semence, le germe et le si grand rejeton, conserve ce que chacun d'eux a conservé. Des empereurs se font les intercesseurs de nos lois auprès d'un empereur, des aïeux et des ancêtres auprès de leur descendant, à plusieurs auprès d'un seul »[151].

Avec adresse Agrippa rappelle à Caius le respect de ses ancêtres à l'égard du Temple de Jérusalem[152]. Dans cette galerie des ancêtres, Auguste et Tibère occupent une place de choix. Auguste y est présenté comme le « meilleur des empereurs qu'il y eut jamais »[153]. L'éloge de Tibère est moins vibrant, car Caius a eu des démêlés avec cet empereur et la politique de Tibère à l'égard des Juifs n'est pas au-dessus de tout soupçon[154]. Même si Sejan fut le responsable direct d'une politique anti-juive, Tibère a laissé faire[155].

Evoquant l'attitude de Tibère à l'égard du Temple, Philon rappelle un épisode auquel Pilate a été mêlé: le préfet a érigé des boucliers dorés dans le palais d'Hérode; cet acte parut insupportable aux Juifs, aussi Tibère désavoua-t-il violemment son représentant. Que Caius en tire les conséquences; s'il érige sa propre statue dans l'*adyton*, il renie la mémoire de ses ancêtres et provoque une émeute[156]. Philon décrit en ces termes le geste de Pilate:

« Ce personnage (Pilate) ... dédie, dans le palais d'Hérode, situé dans la Ville Sainte, des boucliers dorés qui ne portaient ni figure ni rien d'autre d'interdit, mais seulement une inscription indispensable mentionnant ces deux choses: l'auteur de la dédicace et à l'intention de qui elle avait été faite »[157].

*Anatithémi* revêt en ce passage le sens de dédier, consacrer comme l'a fort bien remarqué A. PELLETIER. De plus, l'*aspis* n'est pas un bouclier quelconque, inoffensif[158], mais le bouclier qui honore quelqu'un et sur lequel ordinairement un portrait est peint[159]. P. S. DAVIES a souligné avec raison l'importance des

151 Legatio, 321–322.

152 Agrippa présente le comportement des ancêtres de Caïus: Marcus Agrippa (Legatio 294–297); Tibère (298–309); Auguste (309–318); Julia Augusta (319–320).

153 Legatio, 309.

154 Suétone, Vies, Tibère, 36; Ant. XVIII, 83–84; Tacite, Ann. II, 85,4.

155 Legatio, 159–161; In Flaccum, 1.

156 L'émotion des foules et la folie d'un tel projet sont bien présentées en Ant. XVIII, 261–272.

157 Legatio, 299.

158 Il est étonnant de constater que nombre d'études estiment que le geste de Pilate était inoffensif, cf. par ex. P.L. MAIER, The Episode of the Golden Roman Shields at Jerusalem, Harvard Theological Review, LXII, 1969, p. 109–121, à la p. 118 (cf. aussi infra, n. 163).

159 Ce sens ignoré par LIDDELL – SCOTT – JONES est pourtant parfaitement attesté selon L. et J. ROBERT: « On connaît l'*aspis* honorifique, peint et doré, par exemple à Iasos, à Stratonicée, à Pergame », Bulletin épigraphique, Revue des Etudes Grecques, LXIV, 1951, p. 205. Les attestations de ce sens, d'*aspis* sont relativement tardives, mais dès 5 avant

termes *anagkaias* et *emênue*[160]. Le premier est à comprendre dans son sens ordinaire de nécessaire, indispensable; quant à *mênuein*, outre un sens sans relief ('mentionner'), il peut avoir une portée religieuse ou judiciaire, révéler (un secret, un mystère ou une information déterminante)[161]. Un tel sens est parfaitement en situation en ce contexte. L'inscription atteste de manière solennelle que la dédicace a eu lieu et lui confère une actualité; elle est donc au nombre des réalités interdites aux yeux des Juifs. Son contenu n'est pas en cause, mais son existence même[162]. L'inscription manifeste également la responsabilité personnelle de Pilate.

Les boucliers, en raison de leur nature, bien soulignée par l'existence de l'inscription, n'ont rien d'inoffensif[163], bien que la dédicace soit faite en faveur de l'empereur et non à l'empereur[164]. Faut-il pour autant suivre Agrippa et soupçonner Pilate de brimade à l'égard du judaïsme?[165] Le gouverneur, comme il l'a fait en d'autres circonstances, se comporte selon les coutumes romaines.

Agrippa fait ensuite un portrait peu flatteur de Pilate:

> «... il avait un caractère inflexible et en plus de son impertinence, acariâtre ... (Pilate) trembla que, si effectivement ils députaient une ambassade, ils n'allassent fournir les preuves de sa culpabilité pour tout le reste de son administration en donnant le détail de ses concussions, de ses violences, de ses rapines, de ses brutalités, de ses tortures, de la série de ses exécutions sans jugement, de sa cruauté épouvantable et sans fin. Avec un profond ressentiment et vindicatif comme il l'était, il se trouva bien embarassé ...»[166].

Pour comprendre les raisons d'un tel portrait de Pilate et rendre à ce dernier sa juste physionomie, il ne faut pas perdre de vue le but de la 'Legatio': faire

J.-C., *aspideion*, son diminutif, est employé en ce sens, cf. O. GUÉRAUD, Décret d'une association en l'honneur de son président, Bulletin de la société royale d'archéologie, Alexandrie, XXX, 1938, p. 21–40. O. GUÉRAUD, dans son commentaire, renvoie encore à d'autres attestations; cf. pour les années 50 une inscription publiée par T. B. MITFORD, New Inscriptions from Roman Cyprus, Opuscula Archaeologica, VI, 1950, p. 66 n° 36. On trouve une présentation de ces textes dans LÉMONON, Pilate, p. 214–216.

160 P. S. DAVIES, The Meaning of Philo's Text about the Gilded Shields, Journal of Theological Studies, 37, 1986, p. 109–114.

161 Cf. Philon, Legatio, 98; De Vita Mosis I, 217; II, 56; Quod Deterius Potiori, 176 ...

162 G. FUKS, Again on the Episode of the Gilded Roman Shields at Jerusalem, Harvard Theological Review, 75, 1982, p. 503–507, a suggéré que la mention de Tibère était formulée ainsi: *Tiberius Caesar divi Augusti filius divi Iuli nepos Augustus*, p. 507. Les Juifs auraient été heurtés par le qualificatif 'divin' appliqué à Auguste. Si tel avait été le cas, Philon n'aurait pas un texte aussi neutre.

163 Nous ne pouvons pas admettre le point de vue de E. M. SMALLWOOD, Legatio ad Caium, ed. with an Introduction, Translation and Commentary, Leyde, 1961, [2]1970, p. 304. Elle suppose que les Juifs réagissaient uniquement afin de montrer leur détermination et prévenir ainsi toute profanation ultérieure.

164 Dans l'interprétation que nous avions donnée jadis de ce texte, nous avions commis sur ce point une erreur, cf. LÉMONON, Pilate, p. 213–214.

165 Legatio, 299.

166 Legatio, 301–303.

respecter le judaïsme. Certes, dans les années qui ont précédé la publication de la 'Legatio', les Juifs ont connu des difficultés. Selon Philon, ce ne fut jamais le fait de la politique impériale, mais l'œuvre de personnages plus ou moins importants dont deux, Séjan et Pilate, ont eu, sous Tibère, des gestes particulièrement répréhensibles et en contradiction avec la pratique impériale. Philon a grossi démesurément l'action de Séjan vis-à-vis des Juifs[167]; il procède de la même manière pour Pilate. On oppose deux politiques, celle de Pilate et celle de Tibère. Agrippa lui-même avait intérêt à souligner les heurts qui se sont produits en Judée sous un gouverneur romain, car, si l'empereur le lui permet, il est prêt à inclure la province dans son royaume.

Philon porte des accusations globales contre Pilate, il ne cite aucun fait précis. La Judée n'aurait jamais supporté dix ans un préfet qui aurait eu pareil comportement. Les gouverneurs dont les malversations conduisirent à la révolte juive sont à peine accusés de pareils méfaits[168]. D'autre part, le comportement de Pilate, tel que le présente Agrippa, lors de l'incident des boucliers, n'est pas en accord avec le portrait global du gouverneur. Pilate ne viole pas délibérement des lois juives; l'affaire des boucliers dorés est sans commune mesure avec l'érection de la statue de l'empereur dans l'*adyton*. L'incident montre simplement la méfiance des Juifs à l'égard du gouverneur et leur volonté de faire respecter la sainteté de Jérusalem et de la terre d'Israël dans son ensemble. Par le *Tiberiéum* nous connaissons le souci de Pilate d'exprimer son attachement à l'empereur. Sans doute pour justifier son refus de tout changement, le gouverneur a invoqué l'honneur de l'empereur, ce qui correspond parfaitement à la conception qu'il a de la présence romaine en terre d'Israël. Pilate ne revient pas sur le geste posé, car il craint tout ce qui touche au sacré et redoute d'enlever des objets dédiés[169]. Il ne veut rien faire qui puisse être agréable à ses administrés. Pilate est victime de sa conception de la prééminence de Rome; le gouverneur préfère encourir un blâme de Tibère plutôt que de reconnaître son erreur, comme le demandent les autorités juives.

## 4. Pilate dans les récits évangéliques

A la différence des incidents étudiés précédemment, rapportés en chaque cas par une seule source, Josèphe ou Philon, l'exécution de Jésus de Nazareth sur ordre de Ponce Pilate fait l'objet d'une triple attestation: Tacite[170], Josèphe[171] et les récits évangéliques de la Passion[172].

[167] Legatio, 159–161. La même accusation se trouve dans l''In Flaccum', œuvre dirigée contre Flaccus, le préfet d'Egypte.

[168] BJ II, 272, 277 s.

[169] *Kathelein ta hapax anatethenta*, « faire enlever ces objets, maintenant qu'ils avaient été dédiés » (303). Cette expression « évoque la crainte religieuse du sacrilège de désécration » A. PELLETIER, Legatio, p. 278, n. 1.

[170] Ann. XV, 44.

[171] Ant. XVIII, 64.

[172] Mt 27 et paral.

Les notices de Tacite et de Flavius Josèphe sont laconiques. Ces deux auteurs ne font aucun commentaire sur le comportement de Pilate et ses mobiles. Tacite, ayant fait mention des chrétiens, explique leur nom en le faisant dériver de Christ « que sous le principat de Tibère, le procurateur Ponce Pilate avait livré au supplice »[173]. Flavius Josèphe, dans un texte qui fait l'objet de nombreuses discussions[174], signale la responsabilité des chefs juifs dans la crucifixion de Jésus de Nazareth, tout en reconnaissant que la décision en incomba à Pilate.

Avant d'aborder l'interrogatoire de Jésus de Nazareth par Pilate, nous relevons quelques scènes évangéliques moins développées où cependant Pilate joue un rôle.

– Deux séquences, l'une johannique[175], l'autre matthéenne[176], sont une construction apologétique. Jean met en scène Pilate. L'homme n'est pas disciple de Jésus et pourtant il prophétise en sa faveur[177]. Par la croix Jésus devient le roi messianique et le monde entier doit connaître cette vérité. La scène matthéenne, quant à elle, veut expliquer la naissance d'une rumeur qui parcourt certains milieux juifs: les disciples ont enlevé le corps de Jésus[178]. Pour réaliser cet objectif, Matthieu construit un récit qui présente les gardes soudoyés, à l'origine de cette rumeur.

– La descente du corps de Jésus de la croix[179] est un récit littérairement complexe, en particulier dans l'évangile de Jean. Elle est attribuée tantôt à des

173 Tr. P. Wuilleumier, Tacite, Annales, Livres XIII – XVI, Paris, 1978, p. 171. Le lieu d'insertion de ce texte dans l'œuvre de Tacite est discuté. Ch. Saumagne, Tacite et Saint Paul, Revue historique, CCXXXII, 1964, p. 67 – 110, propose une reconstitution du texte des 'Histoires' qui serait le lieu originel de la mention que nous lisons aujourd'hui en Annales XV. J. Rougé, L'incendie de Rome en 64 et l'incendie de Nicomèdie en 303, dans: Mélanges d'histoire ancienne, offerts à W. Seston, Publ. de la Sorbonne. Sér. Et. 9, Paris, 1974, p. 433 – 441, s'est rallié à ce point de vue. (Autre bibliographie chez W. Suerbaum, Zweiundvierzig Jahre Tacitus-Forschung: Systematische Gesamtbibliographie zu Tacitus' Annalen 1939 – 1980, dans: ANRW II 33,2, hrsg. v. W. Haase, Berlin – New York, 1990, p. 1394 – 1399).

174 On trouve la bibliographie du débat en Lémonon, Pilate, p. 174 – 175, n. 9; cf. L. H. Feldman, Josephus and Modern Scholarship (1937 – 1980), Berlin – New York 1984, p. 679 – 703; à ajouter: E. Nodet, Jésus et Jean-Baptiste selon Josèphe, RB, XCII, 1985, p. 321 – 348; p. 497 – 524, qui réhabilite le texte reçu du *testimonium*; Z. Baras, The Testimonium Flavianum and the Martyrdom of James, dans: Josephus, Judaism and Christianity, ed. L. H. Feldman – G. Hata, Leyde, 1987, p. 338 – 348, ne s'intéresse pas d'abord à la reconstitution du texte original, mais montre comment l'historiographie chrétienne a relu ce texte en fonction de ses propres préoccupations. J. P. Meier, Jesus in Josephus: A Modest Proposal, CBQ, LII, 1990, p. 76 – 103 a repris à nouveaux frais l'étude de ce texte célèbre. Il conserve le texte que nous connaissons après en avoir retiré les trois mentions litigieuses (*eige andra auton legein chrê – ho Christos houtos ên* – et « la phrase relative aux apparitions et aux prophéties »).

175 Jn 19,19 – 22.

176 Mt 27,62 – 66; 28,11 – 15.

177 Cf. encore Jn 11,50 – 52; 12,32.

178 Justin, Dialogue avec Tryphon, CVIII, 2, s'en fera l'écho.

179 Mt 27,57 – 61; Mc 15,42 – 47; Lc 23,50 – 56; Jn 19,31 – 42.

Juifs soucieux de ne pas laisser les corps en croix afin de se conformer à la loi, tantôt à des amis de Jésus donnant une sépulture convenable au maître. Les traditions se sont développées sans doute en deux directions intrinsèquement liées. Au départ, les Juifs étaient soucieux de respecter la loi; puis, sans gommer cette réalité, une autre donnée a été développée: les disciples ont eu le souci d'offrir au maître une sépulture convenable. De toute façon que la demande émane des Juifs ou des amis de Jésus, le gouverneur ne s'y oppose point.

– Au tableau commun Luc ajoute une relation particulière. Au cours du jugement, Jésus, en raison de son identité galiléenne[180], est envoyé de Pilate à Hérode, puis revient devant Pilate[181]. La scène s'achève alors par ce verset: « Ce jour-là, Hérode et Pilate devinrent amis, eux qui auparavant étaient ennemis ». Cette brève mention fait écho aux tensions fréquentes entre gouverneurs romains de Judée ou de Syrie et dynastes locaux[182].

Les récits évangéliques de l'interrogatoire se regroupent deux par deux: Mt – Mc, d'un côté; Lc – Jn, de l'autre[183]. Deux sources, au moins, sont à l'origine de ces rédactions. L'une d'entre elles se reconnaît en Mc 15,2, 6 – 9, 11, 13 – 14, 15b et c[184]; l'autre se trouve sous-jacente à Luc et à Jean, elle comportait déjà une triple affirmation de l'innocence de Jésus[185]. Luc est influencé également par le texte actuel de Marc. La source qui sert à Luc et à Jean résulte d'un développement qui charge les Juifs en mettant en valeur l'innocence de Jésus, proclamée par le gouverneur. Chaque évangéliste utilise les sources à sa manière.

Les autorités juives, et en particulier les grands prêtres, traduisent Jésus de Nazareth devant le gouverneur. Elles ont déjà fait leur choix, Jésus doit être exécuté; il faut donc obliger Pilate à le livrer à la crucifixion. Le gouverneur

[180] Le gouverneur n'était pas obligé de soumettre l'affaire Jésus à Hérode; l'homme avait été arrêté à Jérusalem et il y avait commis les délits dont on l'accusait. Des auteurs continuent d'affirmer à tort que Jésus relevait de la juridiction d'Hérode Antipas, cf. par ex. L. STORONI MAZZOLANI, Tiberio o la spirale del potere (cf. n. 63) p. 266 (= ID., Tibère ou la spirale du pouvoir, p. 309).

[181] Lc 23,6 – 12; M. DIBELIUS, Herodes und Pilatus, Zeitschrift für die Neutestamentliche Wissenschaft, XVI, 1915, p. 113 – 126 (= ID., Botschaft und Geschichte. Gesammelte Aufsätze, I, hrsg. v. G. BORNKAMM, Tübingen, 1953, p. 278 – 292), avait discerné en ce récit une volonté d'historiciser le Ps 2,1 – 2 cité par le même Luc en Ac 4,25 – 26. Mais en Ac 4, Pilate et Hérode se liguent contre Jésus; en Luc 23,6 – 11, le mouvement est inverse. M. L. SOARDS, Tradition, Composition and Theology in Luke's Account of Jesus Before Herod Antipas, Biblica, LXVI, 1985, p. 344 – 364. Selon cet auteur, Luc aurait puisé à des traditions remontant aux premiers chrétiens. Une tradition indépendante (v. 9a, 12b; peut-être 7b et 11c) et des données provenant de Marc (v. 9b, 11a, 11b) sont combinées dans une rédaction lucanienne. Tout en soulignant l'innocence de Jésus, le récit prend soin de montrer que Jésus, en toute circonstance, fait surgir le bien, transforme les relations entre les hommes.

[182] Cf. Legatio 300 – 301; Ant. XVIII, 101 – 105; Ant. XIX, 326 – 327; 340 – 342.

[183] Mt 27,11 – 26; Mc 15,2 – 15; Lc 23,2 – 5, 13 – 25; Jn 18,28 – 19,16.

[184] Cf. LÉMONON, Pilate, p. 183.

[185] Cf. LÉMONON, Pilate, p. 186.

centre son interrogatoire sur la royauté de Jésus; seule cette prétention, mise habilement en avant par les grands prêtres, peut retenir son attention et provoquer une éventuelle condamnation. Le gouverneur reconnaît l'innocence de Jésus, il invite les chefs Juifs à préciser leurs accusations. Après avoir tenté de libérer Jésus, le gouverneur cède à la pression populaire et livre Jésus aux soldats. Telle est l'orientation de la source reconnaissable sous les récits de Marc et de Matthieu. La source commune à Luc et à Jean est relativement proche de cette présentation, avec cependant quelques particularités: l'affrontement entre Pilate et les Juifs est mieux marqué; une triple proclamation d'innocence remplace le privilège pascal[186]. Les accusations des autorités juives contre Jésus sont plus acérées. Cette source laisse planer un doute sur l'identité de ceux à qui Pilate remet Jésus[187]. D'ailleurs la tradition chrétienne sera de plus en plus ferme sur la responsabilité des autorités juives dans le supplice de Jésus[188] et, en contre-partie, atténuera la responsabilité de Pilate[189].

En ces sources Pilate est présenté comme un gouverneur qui ne veut pas être manœuvré par ses administrés. Ni peur, ni scrupule ne guident sa démarche. Pilate cède parce que le motif d'accusation est habile. Il ne peut pas laisser un opposant à César se dresser, d'autant plus qu'à plusieurs reprises, la Judée a connu des fièvres messianiques. Jésus, revendiquant, selon ses adversaires, la qualité de roi des Juifs, commet un crime de lèse-majesté, car, en se dressant contre l'ordre romain[190], il compromet la *Pax Romana*. Pilate a présidé le procès de Jésus et suivi la procédure de la *cognitio extra ordinem* alors en usage pour la justice capitale dans les provinces comparables à celle de Judée[191]. Le juge établit punissabilité, culpabilité et « fixation de la peine »[192].

L'existence du privilège pascal[193] a été fort discutée; on ne lui connaît point de parallèle et il contribue à manifester la responsabilité des Juifs dans l'exécution de Jésus de Nazareth. Le lien mis par les évangélistes entre libération de Jésus et libération de Barabbas est discutable. Par contre, il est difficile de refuser toute vraisemblance historique au 'privilège' évoqué. Libérer des prisonniers lors de fêtes juives était l'occasion de rappeler tout à la fois l'existence et la mansuétude du pouvoir romain. Si l'on accorde crédit à une telle pratique, Pilate s'en montre respectueux.

186 La mention de Barabbas est un ajout fort mal en situation en Lc 23,18. Un copiste a créé le v. 17 afin de faciliter l'insertion de Barabbas.

187 Cf. Lc 23,24–25; Jn 19,16.

188 Cf. Ac 2,23, 36; 3,13; 13,28 ... Evangile de Pierre, éd. tr. M. G. Mara, Paris, 1973, p. 72.

189 Mt 27,24 dégage la responsabilité de Pilate en introduisant le geste du lavement des mains en référence à Dt 21,6–8. Sur le sens de ce geste typiquement juif, sans portée pour un romain cf. L. Moraldi, Pilato. Duplice aspetto della sua persona e significato di un rito, Istituto Lombardo, Accademia di scienze e lettere. Rendiconti. Classe di lettere e scienze morali e storiche, CXIV, 1980, p. 89–94, aux p. 93–94.

190 Cf. J. Blinzler, Der Prozeß Jesu, Bibelwiss. Reihe 4, Regensburg, [4]1969, p. 311 (= Id., Le procès de Jésus [[3]1960], tr. fr. Tours, 1962, p. 341).

191 Sur la *cognitio extra ordinem*, cf. J. Gaudemet, Institutions de l'Antiquité, Paris, 1967, p. 780–781.

192 F. Bovon, Les derniers jours de Jésus, Paris–Neuchâtel, 1974, p. 69; cf. Mc 15,15.

193 Mt 27,15; Mc 15,6.

### *IV. Les Actes de Pilate*

Le dossier des Actes de Pilate est complexe, car sous le même nom se présentent des écrits de nature différente[194]. Les uns sont des rapports qui supposent une activité littéraire de Pilate; les autres sont censés décrire les événements qui se sont produits sous le gouvernement de Pilate et le rôle que celui-ci y tint. Il semble possible de distinguer au moins quatre types de documents:

* Justin se réfère à des Actes de Pilate que l'on pourrait trouver dans les archives impériales[195]. Il ne connaît pas ces Actes, il en suppose l'existence. Selon une pratique apologétique courante[196] il invite ses adversaires à vérifier la véracité de ses propos en les confrontant à ces Actes. Si ce document avait une existence, dans l'esprit de Justin, ce serait un rapport officiel du gouverneur. Un païen confirmerait ainsi le discours chrétien.

* Selon Tertullien, Pilate « qui était lui-même déjà chrétien dans le cœur » fit un rapport à Tibère sur tous les faits relatifs au Christ[197]. Tibère

> « ... soumit au Sénat les faits qu'on lui avait annoncés de Syrie-Palestine, faits qui avaient révélé là-bas la vérité de la divinité du Christ et il manifesta son avis favorable. Le Sénat, n'ayant pas lui-même vérifié ces faits, vota contre. César persista dans son sentiment et menaça de mort les accusateurs des chrétiens »[198].

[194] La complexité même du dossier trahit l'intérêt que l'antiquité chrétienne portrait à Pilate, cf. L. MORALDI, op. cit., p. 91.

[195] Justin, I Apologie, XXXV, 9; XLVIII, 3; et peut-être I Ap, XXXVIII, 7. Cette apologie est une requête adressée à l'Empereur cf. P. KERESZTES, The Literary Genre of Justin's First Apology, Vig Chr, XIX, 1965, p. 99 – 110.

[196] Cf. O. BARDENHEWER, Geschichte der altkirchlichen Literatur, Fribourg, I, 1902, p. 409 – 410; L. VAGANAY, L'Evangile de Pierre, Paris, 1930, p. 159; P. PRIGENT, Justin et l'Ancien Testament, Paris, 1964, p. 282. G. W. H. LAMPE, The Trial of Jesus in the Acta Pilati, dans: Jesus and the Politics of His Day, ed. E. BAMMEL – C. F. D. MOULE, Cambridge – Londres, 1984, p. 173 – 182, tout en reconnaissant que Justin n'a vraisemblablement ni vu, ni eu d'information directe sur un tel document, en suppose l'existence. Il justifie cette conviction en s'appuyant, comme l'avait fait en son temps S. REINACH (cf. note 199), sur l'opinion des Anciens qui y auraient largement cru, à la p. 173. Cette affirmation est une généralisation qu'il faudrait prouver. En fait, seuls Justin et Tertullien y font référence dans un contexte apologétique.

[197] Apologétique, XXI, 24.

[198] Tertullien, Apologétique, V, 2, tr. de J. P. WALTZING, dans: Tertullien, Apologétique, éd. tr. J. P. WALTZING avec la collaboration de A. SEVERYNS, Paris, 1929, p. 13. Pour une mise au point récente sur cette soi-disant proposition de Tibère cf. L. STORONI MAZZOLANI, Tiberio o la spirale del potere (cf. n. 63), p. 268 – 274 (= ID., Tibère ou la spirale du pouvoir, p. 313 – 320). On s'étonne cependant que cet auteur estime probable une note de Pilate à Tibère sur l'exécution de Jésus de Nazareth.

Si Tertullien a connu une source qui se présentait comme un rapport de Pilate à Tibère, ce texte ne peut être qu'un apocryphe rédigé en milieu chrétien[199] puisque Pilate y prend figure de croyant. Ce texte pourrait avoir un lien avec la lettre de Pilate à l'empereur Claude[200], dont la sobriété est un bon indice d'ancienneté. L'adresse à Claude surprend. R. A. LIPSIUS a donné de cet anachronisme une explication plausible[201]. Cette lettre a été jointe aux Actes de Pierre et de Paul, or le rapport y est lié à un débat entre Pierre et Simon le mage, situé par la légende sous Claude. L'auteur de la lettre apocryphe a reporté sur celle-ci le temps de la dispute en oubliant la référence à la vie du Christ. Ce rapprochement Pilate – Claude n'est pas unique, Irénée de Lyon qualifie lui-même Ponce Pilate de « préfet de Claude César »[202].

* Les textes décrits précédemment sont pensés ou utilisés dans un cadre apologétique. Eusèbe, quant à lui, se réfère à un ensemble de textes dirigés contre le Christ, qu'il nomme une fois « Actes de Pilate et de notre Sauveur »[203]. Ces textes, rédigés à l'initiative de Maximin Daia, créaient une ambiance propice à la persécution des chrétiens:

> « Dans les écoles, les enfants avaient chaque jour à la bouche Jésus, Pilate et les Actes fabriqués par outrage »[204].

En 312, Constantin obligea Maximin Daia à mettre fin à la persécution. Rufin fait également écho à ces Actes anti-chrétiens en rapportant le discours apologétique attribué à Lucien d'Antioche[205].

199 S. REINACH, A propos de la curiosité de Tibère, dans ID., Cultes, Mythes et Religions, III, Paris, 1908, p. 16 – 23 et E. VOLTERRA, Di una decisione del Senato Romano ricordata da Tertulliano, dans: Scritti in onore di Contardo Ferrini pubblicati in occasione della sua beatificazione I, Pubbl. dell'Univ. cattol. del Sacro Cuore 17, Milan, 1947, p. 471 – 488, ont supposé qu'à chaque exécution, le gouverneur faisait un rapport à l'empereur. Une telle affirmation, sans appui documentaire, méconnaît les conditions d'exercice du pouvoir dans les provinces. Selon S. REINACH, les chrétiens auraient créé des faux parce qu'ils étaient gênés de ne point trouver ces rapports. Cette absence mettait en cause l'historicité de la Passion. E. VOLTERRA a une interprétation opposée. En bon juriste, Tertullien se réfèrerait à un document officiel païen. Ce point de vue est inacceptable car, s'il a existé, le document utilisé par Tertullien n'est pas neutre; il est favorable aux chrétiens.

200 Evangelia Apocrypha, éd. TISCHENDORF, Leipzig, 1876, p. 413 – 416. F. SCHEIDWEILER met en relation le rapport cité par Tertullien et cette lettre, dans W. SCHNEEMELCHER, Neutestamentliche Apokryphen, Tübingen, I, [5]1987, p. 395.

201 R. A. LIPSIUS, Die apokryphen Apostelgeschichten und Apostellegenden, II 1, Braunschweig, 1887, p. 365.

202 Irénée de Lyon, Démonstration de la prédication apostolique, tr. L. M. FROIDEVAUX, Paris, 1959, p. 141.

203 H. E., IX, V, 1.

204 H. E., IX, VII, 1.

205 Rufin, Hist. Eccl., IX, 6,3. G. BARDY, Recherches sur saint Lucien d'Antioche et son école, Paris, 1936, p. 134 – 149, à la p. 143.

* Ces Actes de Pilate anti-chrétiens ne devaient pas avoir le dernier mot. Epiphane[206] et l'homéliste anonyme sur la date de Pâques en l'an 387[207] font appel à des Actes de Pilate d'origine chrétienne à propos de la date de Pâques. Epiphane réfute ceux qui

> « prétendent avoir trouvé la date juste, savoir dans les Actes de Pilate, où il est rapporté que le Seigneur a souffert le VIII des Calendes d'Avril »[208].

La même indication est donnée par l'homéliste, mais à la différence d'Epiphane, il approuve cette date qui se lit d'ailleurs dans les Actes de Pilate que nous connaissons aujourd'hui[209]. Epiphane et l'homéliste renvoient sans doute à une forme des Actes de Pilate qui vit le jour au cours de la seconde décennie du quatrième siècle en réponse aux Actes fabriqués sous Maximin Daia. Ces Actes ne peuvent être qu'une esquisse des Actes lus aujourd'hui, car ces derniers trahissent une polémique dirigée contre les Juifs et non contre les païens.

Les Actes de Pilate sont connus aujourd'hui sous deux versions. La version B sous sa forme latine, augmentée d'un apocryphe dénommé 'Descente du Christ aux enfers', a été célèbre à partir du treizième siècle sous le titre d''Evangile de Nicodème'. Cette version popularisée par 'l'Evangile de Nicodème' est le remaniement maladroit d'une version A plus ancienne[210] dont Epiphane et l'homéliste connurent une première ébauche.

Les Actes de Pilate parvenus jusqu'à nous sont un récit sur la Passion, la Résurrection et l'Ascension du Seigneur. Textes évangéliques et traits imaginaires se combinent. Les ch. I – XI constituent une composition assez libre inspirée des textes évangéliques avec des traits fantaisistes; ils touchent au procès et à la mort de Jésus. Les ch. XII – XVI, hautement extravagants, traitent des

[206] Epiphane, Panarion, L, 1.

[207] Une homélie anatolienne sur la date de Pâques en l'an 387, Homélies pascales, III, éd. tr. F. Floëri et P. Nautin, Sources chrétiennes 48, Paris, 1957, p. 126 – 127.

[208] Traduction de P. Nautin, La Controverse sur l'auteur de l'Elenchos, RHE, XLVII, 1952, p. 5 – 43, aux p. 19 – 26; le texte cité est traduit p. 24.

[209] Acta Pilati, Evangelia Apocrypha, éd. C. Tischendorf, p. 212.

[210] Evangelia Apocrypha, op. cit., p. 210 – 322. Certains critiques ont reproché à Tischendorf d'avoir fabriqué des textes alors qu'il aurait du les éditer tels que les manuscrits les donnaient, cf. F. C. Conybeare, Acta Pilati, dans: Studia Biblica et Ecclesiastica. Essays in Biblical Archaeology and Criticism and Kindred Subjects, IV, Oxford, 1896, p. 69. Même si l'on peut en relever les imperfections, à défaut d'édition critique moderne, c'est encore à l'édition de Tischendorf que recourent tous ceux qui s'intéressent aux actes de Pilate. Les versions en latin, copte, syriaque, arménien et vieux slavon ont utilisé la recension A. P. Vannatelli a proposé une synopse des deux recensions dans son ouvrage 'Actorum Pilati textus synoptici', Rome, 1938. Sur le cycle de Pilate cf. F. Scheidweiler, Nikodemusevangelium. Pilatusakten und Höllenfahrt Christi, dans: W. Schneemelcher, op. cit., p. 395 – 424; des indications bibliographiques sont données p. 399. Dans le cadre de l'Association pour la littérature apocryphe chrétienne, le Cycle de Pilate a été confié à une équipe coordonnée par le professeur J.-D. Dubois, de l'Institut Protestant de théologie de Paris. Des travaux préparatoires ont déjà été publiés. Une édition des Actes, correspondant aux exigences critiques contemporaines, est prévue.

démêlés de Joseph d'Arimathie avec les Juifs, du témoignage de trois hommes sur l'Ascension et de l'enquête des Juifs sur les événements. Ces Actes constituent une charge contre les Juifs; les chefs juifs sont troublés par les événements qui se sont produits, mais ils choisissent de taire la vérité au peuple. En ces Actes, au prix de quelques contradictions[211], Pilate est un véritable apologiste de la foi chrétienne.

## *V. Conclusion*

Pilate a souvent été noirci. On a volontiers affirmé sa dureté, voire sa cruauté[212]. Les incidents rapportés par les auteurs profanes, ainsi que son monnayage, ont été interprétés comme des expressions de sa volonté de bafouer les Juifs. Le Pilate soi-disant hésitant, craintif, des Evangiles a été opposé au Pilate inflexible de l'histoire[213].

L'analyse des textes et l'insertion des événements narrés dans leur contexte historique obligent à brosser de Pilate un portrait plus nuancé. L'homme a un double visage; il a grand souci de l'honneur de l'empereur et se soumet aux puissants, mais il ne cherche pas à être spécialement agréable aux habitants de la province. Le gouverneur, conscient de sa fonction, est le maître en Judée et il le fait sentir.

Sûr de son bon droit Pilate n'est pas attentif à la sensibilité juive mais souhaite se comporter en Judée comme Rome le fait dans les autres provinces. Bien que le gouverneur ne comprenne pas le particularisme juif, aucun de ses gestes n'est en opposition radicale avec la loi juive. Pilate n'a, en aucune façon, touché au Temple ou obligé les Juifs à accomplir des actions contraires à leur loi, et il n'a pas frappé des pièces de monnaie comportant des figures humaines.

Pilate est vigilant et prudent; il est rusé quand c'est nécessaire, mais il n'est point cruel. Ce gouverneur n'a pas été en terre de Judée l'exécutant d'une politique anti-juive qui aurait été pensée par Séjan[214]. Tout au plus a-t-il bénéficié jusqu'en 31, d'un climat politique méfiant à l'égard des Juifs. Assiégé, Pilate sait même patienter; recourant à la force, il invite ses soldats à la retenue; par contre, les sanctions sont sévères quand la présence romaine est

211 Cf. G. W. H. LAMPE, op. cit. (cf. n. 196), p. 178–179.

212 Cf. par ex. P. WINTER, Pilate in History and in Christian Tradition, dans: ID., Marginal Notes on the Trial of Jesus, II, Zeitschrift für die Neutestamentliche Wissenschaft, L, 1959, p. 234–250, à la p. 238.

213 Cf. par ex. E. STAUFFER, Jesus. Gestalt und Geschichte, Berne, 1957, p. 99–101; P. WINTER, op. cit., p. 234–250.

214 Cf. D. HENNIG, L. Aelius Seianus. Untersuchungen zur Regierung des Tiberius, Vestigia 21, Munich, 1975, p. 174–179, a réagi avec force contre les auteurs fort nombreux qui supposent que Pilate a été en Judée l'exécutant de Séjan, cf. par ex. M. GRANT, The Jews in the Roman World, Londres, 1973, p. 94 et 99. E. M. SMALLWOOD, The Jews under Roman Rule, p. 165–167 (cf. n. 163), rapproche aussi volontiers les politiques de Séjan et de Pilate, relevant l'arrêt brutal du monnayage du gouverneur.

menacée. Ce gouverneur n'a pas fait preuve d'une grande habileté politique; à plusieurs reprises, ses maladresses l'ont placé dans une situation difficile.

Le Pilate des sources évangéliques n'est pas sensiblement différent de celui des textes profanes; il est soucieux de manifester sa maîtrise des événements, mais les chefs juifs ont su trouver contre Jésus un motif d'accusation fort habile. Les Evangiles, tout comme Josèphe, laissent entrevoir une relative coopération entre Pilate et les grands prêtres.

Le gouverneur ne mérite ni les condamnations modernes, ni le portrait flatteur proposé par Tertullien, les ʿActes de Pilateʾ et des traditions chrétiennes chères à certaines églises et à quelques époques. Il est un homme dont le nom a été lié à un événement qui le dépasse, l'exécution de Jésus de Nazareth. Il est donc difficile de parler de cet homme en toute justice.

## *VI. Annexe:*
## *Textes de la tradition rabbinique touchant à la peine capitale*

Megillat Taanit 16

« Le 17 du mois, les Romains quittèrent Jérusalem,
le 22 du mois on recommença à tuer ceux qui poussent à l'apostasie ».

Mekhilta d'R. Šiméon ben Yoḥai, Mishpatim s/Ex. XXI, 14

« D'où savons-nous que le Sanhédrin sera à côté de l'autel, de ce qu'il est dit dans l'Ecriture: tu l'arracheras même de mon autel pour qu'il meure, et d'où savons-nous qu'on n'a pas le droit de mettre à mort quand on n'est pas auprès du Temple, de ce qu'il est dit dans l'Ecriture: tu l'arracheras même de mon autel pour qu'il meure. Voici: s'il y a un autel, tu as le droit de mettre à mort et s'il n'y a pas d'autel, tu n'as pas le droit de mettre à mort. C'est pourquoi on a dit: 40 ans avant la destruction du second Temple, la peine de mort a cessé d'exister en Israël parce que le Sanhédrin a été exilé et que leur lieu n'était plus auprès du sanctuaire. »

J. Sanhédrin, I, 1/18a,42

« On a enseigné: plus de 40 ans avant que le Temple ne soit détruit, les jugements concernant la vie (c'est-à-dire en matière capitale) furent enlevés et au temps de Šiméon ben Setaḥ, les jugements concernant les affaires financières furent enlevées. Rabbi Šiméon ben Yoḥai dit: Béni soit le Seigneur, car je ne suis pas capable de porter des jugements. »

J. Sanhédrin, VII, 2/24b,48

« On a enseigné: plus de 40 ans avant que le Temple ne soit détruit, les jugements concernant la vie furent enlevés d'Israël. (Au temps de rabbi

Šiméon ben Yoḥai les jugements concernant les affaires financières furent enlevées d'Israël. Rabbi Šiméon ben Yoḥai dit: Béni soit le Seigneur, car je ne suis pas capable de porter des jugements. »

Avodah Zarah, 8b

« Pendant 26 ans les Romains se sont tenus à leurs engagements à l'égard d'Israël, ensuite ils (les Israélites) leur ont été soumis. Quelle est l'allusion scripturaire à cette première attitude? Et quelle autre pour la dernière? A la première peut être appliquée: ʿPartons et marchons; et moi je marcherai près de toiʾ (Gen. 33,12). Et à la dernière peuvent s'appliquer les mots: ʿQue mon Seigneur passe maintenant devant son serviteurʾ (Gen. 33,14). D'où apprenons-nous que Rome tint ses engagements à l'égard d'Israël pendant vingt-six ans? De ce que Rav Kahana dit: Quand Rabbi Ishmaël ben Yosé fut malade ils lui firent cette demande: Rabbi, dis-nous deux ou trois choses que tu nous a dites au nom de ton père. Alors il leur dit: cent quatre vingts ans avant que le Temple soit détruit, le royaume pervers étendit son pouvoir sur Israël; quatre vingts ans avant que le Temple soit détruit nos sages ont édicté que les règles d'impureté frappaient les régions en dehors d'Israël et les récipients de verre. Quarante ans avant que le Temple soit détruit, le Sanhédrin s'exila et tint ses séances à Ḥanut. Ceci a-t-il quelque conséquence juridique? – Rabbi Isaac ben Avdimi dit: ʿcela indique qu'ils ne prononcèrent plus de jugement en matière d'amendesʾ. »

La discussion qui suit conteste cette dernière affirmation en citant un fait concernant Rabbi Judah ben Bava qui ordonna cinq anciens qui, dès lors, étaient aptes à traiter des affaires d'amendes. C'est alors qu'intervient Rav Naḥman ben Isaac: « ʿNe dis pas les amendes, mais dis qu'ils ne rendirent plus de jugement en matière de peine de mort. Pourquoi? Parce que lorsque le Sanhédrin vit que les meurtriers étaient si nombreux qu'ils ne pouvaient plus les juger, ils dirent: il vaut mieux que nous nous exilions d'un endroit à un autre endroit, car autrement comment pourrions-nous ne pas les déclarer coupables, car il est écrit: ʿTu te conformeras à la parole qu'ils t'auront fait connaître à partir de ce lieu choisi par Yahvéʾ? (Deut., 17,10), ceci enseigne que c'est le lieu qui est le facteur déterminant ».

Ensuite, le texte revient à la mention des cent quatre-vingts ans de domination romaine sur Israël avant la destruction du Temple, pour rappeler qu'en fait il s'agit de deux cent six ans, mais qu'on doit bien parler de cent quatre-vingts ans, puisque pendant vingt-six ans les Romains ne soumirent pas Israël.

Sanhédrin 41a

« Qui est ce ben Zakkaï (qui est mentionné sans titre dans la baraïta citée plus haut et invoquée par Rav Joseph)? S'il est appelé Rabbi Yoḥanan ben Zakkaï, était-il pour autant membre du Sanhédrin, alors qu'il est enseigné par ailleurs: ʿl'ensemble de la vie de Rabbi Yoḥanan ben Zakkaï fut de cent vingt ans: quarante ans il fut dans les affaires; quarante ans il étudia, et quarante ans il enseigna'; et qu'il a été également enseigné: 'quarante ans avant la destruction du Temple, le Sanhédrin s'éxila et s'établit à Ḥanut'. Et à ce sujet, Rabbi Isaac ben Avdimi dit: ceci nous apprend qu'ils ne jugèrent pas les affaires d'amendes. Affaires d'amendes. Penses-tu qu'il en soit ainsi? Dis plutôt: ils ne jugèrent pas les affaires criminelles; et nous avons appris de la Mishna: quand le Temple fut détruit, Rabban Yoḥanan ben Zakkaï décréta (etc)! Mais, en réalité, le fait qu'il est appelé 'ben Zakkaï' tout court peut s'expliquer également, car si l'on suppose qu'il se soit agi de Rabban Yoḥanan ben Zakkaï, Rabbi l'aurait-il appelé simplement 'ben Zakkaï'? ! Cependant n'a-t-il pas été enseigné: il arriva que Rabban Yoḥanan ben Zakkaï examina (des témoignages) à propos de queues de figures »?

Le texte de Shabbat 15a qui intéresse la peine capitale est dans un contexte analogue à celui d'Avodah Zarah.

# James of Jerusalem in the First Two Centuries[1]

by Roy Bowen Ward, Oxford, Ohio

*Contents*



## *Introduction*

The problem of James of Jerusalem and his role in early Christian traditions is not unlike that of Jesus of Nazareth and the various christological

[1] This article is an expansion and revision of my article 'James of Jerusalem,' Restoration Quarterly 16 (1973), 174–190.

views of Jesus to be found in the several early Christian traditions. Although the 'historical Jesus' is somewhat elusive, we can discern the growth and development of the understanding of Jesus in various traditions, including those which may be designated 'gnostic.' Even those christologies which came to be judged as 'heretical' had their roots in earlier tradition (not necessarily 'heretical') and perhaps even in the words and activity of Jesus himself.[2] The attempt to trace the history of the Jesus-tradition from the 'historical Jesus' to the various understandings by ca. 200 C. E. can reveal basic patterns and the functions of traditional material in the life of people and communities.[3] The attempt to trace the history of the James-tradition may serve something of the same purpose.

However, with the James-tradition we are presented with a different starting point. Without question we can begin with an eye-witness, a contemporary of James, writing while James was still alive, namely, the Apostle Paul.

## I. *The 'Historical James'*

### 1. The Letters of Paul

The Apostle Paul knew James of Jerusalem and claims to have met him in Jerusalem on at least two occasions.

Paul's first vistit to Jerusalem three years after his call to be an apostle, ca. 36 C. E.,[4] is recounted in Gal. 1:18 f. Paul writes that he consulted Cephas and saw none of the other apostles except James the Lord's brother (Gal. 1.19). As F. F. BRUCE has commented, "The most natural way to understand Paul's construction ἕτερον ... εἶδον εἰ μὴ ... is: 'The only other apostle I saw [apart from Cephas] was James the Lord's brother.'"[5] Efforts to translate Paul's statement so that James is not called an apostle have been unsuccesful.[6]

[2] See H. KOESTER, Ein Jesus und vier ursprüngliche Evangeliengattungen, in: H. KOESTER and J. M. ROBINSON, Entwicklungslinien durch die Welt des frühen Christentums, Tübingen 1971, p. 154 f. (= IDEM, One Jesus and Four Primitive Gospels, in: Trajectories through Early Christianity, Philadelphia, 1971, p. 166 and passim).

[3] Ibid., p. 148 (= pp.159 f.).

[4] G. LUEDEMANN, Paulus, der Heidenapostel, vol. 1: Studien zur Chronologie, FRLANT 123, Göttingen, 1980, p. 272 (= IDEM, Paul: Apostle to the Gentiles: Studies in Chronology, Philadelphia, 2nd edn., 1984, p. 262). On this date and the whole complex of Paul's chronology also see K. HAACKER, Zum Werdegang des Apostels Paulus. Biographische Daten und ihre theologische Relevanz, ANRW II 26.2, ed. by W. HAASE, Berlin – New York, 1993 (forthcoming), and A. SUHL, Die Chronologie des Paulus im Streit der Meinungen, ibid.

[5] F. F. BRUCE, The Epistle to the Galatians. A commentary on the Greek text, NIGTC, Grand Rapids, 1982, p. 100.

[6] L. P. TRUDINGER, ΕΤΕΡΟΝ ΔΕ ΤΩΝ ΑΠΟΣΤΟΛΩΝ ΟΥΚ ΕΙΔΟΝ, ΕΙ ΜΗ ΙΑΚΩΒΟΝ: A Note on Galatians i. 19, Novum Testamentum 17 (1975), 200 – 202. TRUDINGER argues

The reticence to acknowledge that Paul called James an apostle is based partly on the later developed understanding of "The Twelve Apostles," by which James of Jerusalem was not included,[7] and partly on the current difficulty in understanding the origin and idea of the apostlate in our earliest sources.[8] Even Paul used the term apostle in different ways: in II Cor. 8.23 it refers to envoys representing *ekklesiai*,[9] but as he uses it of himself it refers to an envoy representing Christ and God, not a particular *ekklesia* (Gal. 1:1). It may well be, as J. H. SCHUETZ has suggested, "that the term apostle was somewhat insecure during the Pauline decades."[10] But in Gal. 1:19 when Paul applies the term apostle to Cephas and James, he does so after writing in Gal. 1:17, "nor did I go up to Jerusalem to those who were apostles before me," an indication that Paul is using the term as he used it for himself. James like Cephas was an apostle before Paul was, and both Cephas and James were obviously prominent in the Jerusalem *ekklesia* at an early date.

Paul designates James as ὁ ἀδελφὸς τοῦ κυρίου. The only other place where Paul refers to "brothers of the Lord" is in I Cor. 9.5 where he writes, "Do we not have the right to be accompanied by a wife, as the other apostles and the brothers of the Lord and Cephas?" His appeal to "the brothers of the Lord" appears as though this were a well-known group held in esteem, similar to that of "the apostles" and Cephas. Such a group must have been known well enough by the Corinthian church for Paul to use them as an authoritative example in his argument. The most natural way to understand ὁ ἀδελφὸς τοῦ κυρίου is as the brother of Jesus,[11] which distinguishes him from other men named James in early Christian sources (e. g., James the son of Zebadee or James the son of Alphaeus). The fact that Paul chooses to describe this James as not only one among the apostles but also as the brother of the Lord suggests that his fraternal relationship with Jesus added to his significance in the earliest stages of the Christian movement.

Adding further to his importance was the fact that James was one to whom the risen Christ appeared, according to Paul in I Cor. 15:7. The list of appearances includes Cephas, the Twelve, 500 brethren, James, all the apostles and finally Paul. Whether the order of appearances was intended to be

that the text should read, "Other than the apostles I saw none except James, the Lord's brother." But see the response, G. HOWARD, Was James an Apostle? A Reflection on a New Proposal for Gal. i. 19, Novum Testamentum 19 (1977), 63–64.

7 BRUCE, op. cit., p. 101.

8 H. D. BETZ, Galatians. A commentary on Paul's Letter to the Churches in Galatia, Hermeneia, Philadelphia, 1979, pp. 74 f.

9 H. D. BETZ, 2 Corinthians 8 and 9. Two administrative letters of the Apostle Paul, Hermeneia, Philadelphia, 1985, p. 81. See also Phil. 2:25, where Epaphroditus is an apostle (envoy?) of the Philippian *ekklesia*.

10 J. H. SCHUETZ, Paul and the Anatomy of Apostolic Authority, SNTS Monograph 26, Cambridge, 1975, p. 141.

11 In Mark 6:3 (par. Matt. 13:55, 56) James appears first in a list of four brothers of Jesus. But see J. BLINZLER, Die Brüder und Schwestern Jesu, Stuttgarter Bibelstudien 21, Stuttgart, 1967.

chronological or not is problematic, although the last appearance to Paul is surely meant to be temporal.[12] Thus the appearance to James must have been sometime before Paul's; which is consistent with Paul's linking James to "those who were apostles before me" (Gal. 1:17 – 19). The place of the appearance is not specified. Nor is there anything here to suggest that the appearance to James represented a "conversion."[13] Although many scholars suggest that James had not been an adherent of Jesus' cause prior to the resurrection appearance,[14] there is no such suggestion in Paul's references to James. Indeed, the way in which Paul describes his own resurrection appearance in I Cor. 15:8 f. suggests that he alone had been a persecutor of the *ekklesia*, although this difference was overcome by the grace of God.[15] In light of the importance which Paul places on the resurrection appearance to himself (I Cor. 15:18 f.; Gal. 1:15) he must have regarded the appearance to James to secure his importance, perhaps as much as his fraternal relation to Jesus.

In Gal. 2:1 – 10 Paul recounts a second visit to Jerusalem after fourteen years, ca. 50 C. E. On this occasion Paul conferred with "James and Cephas and John who were reputed to be pillars" (Gal. 2:9). The prominence of James in the Jerusalem *ekklesia* is perhaps indicated by the fact that his name stands first in the series.[16] This is all the more plausible when one notes that in Galatians Paul focuses more on his relationship with Cephas (Gal. 1:18; 2:7, 8), leading up to the confrontation with Cephas in Antioch (Gal. 2:11 – 14).[17]

[12] H. CONZELMANN, Der erste Brief an die Korinther, Kritisch-exegetischer Kommentar über das Neue Testament 5, Göttingen, 2nd edn., 1981, p. 314 (= IDEM, 1 Corinthians, Hermeneia, Philadelphia, 1975, p. 258). See also P. J. KEARNEY, He Appeared to 500 Brothers (I Cor. XV 6), Novum Testamentum 22 (1980), 264 – 284, who argues that Paul added James to an older formula.

[13] CONZELMANN, Korintherbrief, p. 314, n. 91 (= IDEM, 1 Corinthians, p. 258, n. 91), following H. GRASS, Ostergeschehen und Osterberichte, Göttingen, 2nd edn., 1962, p. 101.

[14] A. MEYER and W. BAUER, Jesu Verwandtschaft, in: Neutestamentliche Apokryphen, ed. by E. HENNECKE and W. SCHNEEMELCHER, vol. 1: Evangelien, Tübingen, 4th edn., 1968, pp. 312 f. (= IDEM, The Relatives of Jesus, in: The New Testament Apocrypha, ed. by E. HENNECKE and W. SCHNEEMELCHER, Philadelphia, 1963, vol. 1, pp. 418 f.); H. v. CAMPENHAUSEN, The Authority of Jesus' Relatives in the Early Church, in: IDEM and H. CHADWICK, Jerusalem and Rome. The Problem of Authority in the Early Church, Facet Books, Historical Series 4, Philadelphia, 1966, pp. 7 f.; H. CONZELMANN, Geschichte des Urchristentums, Grundrisse zum Neuen Testament 5, Göttingen, 5th edn., 1983, p. 137 (= IDEM, History of Primitive Christianity, Nashville, 1973, p. 156).

[15] Although Paul's resurrection appearance does mark a conversion from persecutor to preacher, one would not assume such a conversion for Cephas or the others who received such an appearance. The assumption that a conversion of James occured at this appearance depends on texts from the gospel tradition, on which see below.

[16] In the Western text Peter is named first, but this is clearly a secondary reading. See BETZ, Galatians, p. 99, n. 401.

[17] CONZELMANN, Geschichte, pp. 41 f. (= IDEM, History, p. 55), asserts, "He names James first, not, however, because he was the one presiding, but because, as the representative of the strict Jewish/Christian tendency, he was the most important partner in the

GERD LUEDEMANN, following GUENTHER KLEIN, considers that a change of power had taken place in Jerusalem between the tradition of 2:7, 8 and the list given in 2:9, a change which LUEDEMANN thinks occured before Paul's second visit.[18] The tradition in 2:7, 8 speaks only of Paul and Peter (not Barnabas nor James and John), and LUEDEMANN "cautiously" concludes that the historical root lay in Paul's first visit to Jerusalem.[19] Following this reconstruction we would conclude that the authority of James in Jerusalem had eclipsed that of Cephas some time between the two visits.

The metaphorical use of στῦλοι presupposes the idea of a heavenly building,[20] and thus James, Cephas and John are regarded as the basic pillars, the organizers and administrators, of this new "temple," the *ekklesia*,[21] although στῦλοι should not be taken as a bureaucratic title.[22] That Paul says that they were "reputed" to be pillars is ironic, reflecting Paul's defense in Galatians (see Gal. 2:2, 6, 9). Apparently the judaizing opponents in Galatia held James, Cephas and John in high reputation. Paul does not dispute this reputation, except as it was used in Galatia against his own authority as an apostle.[23]

On this second visit Paul indicates that the pillars recognized that Paul was entrusted with the gospel to the Gentiles and they expressed no objection to his mission (Gal. 2:6, 7), although their mission was to the Jews (Gal. 2:9). As JOHANNES MUNCK has shown, there was no fundamental opposition between Paul and James: the "opposition" was rather in the imagination of the Galatian judaizers.[24]

On another occasion, according to Gal. 2:11 ff., Paul and Cephas were in Antioch when someone came "from James" (Gal. 2:12). It is probable, as LUEDEMANN has argued, that this incident took place before Paul's second visit to Jerusalem and was the occasion for the conference in Jerusalem.[25]

negotiations when the Gentile Christians' freedom from the law was the issue." But there is no evidence in the Pauline letters that James was "the representative of the strict Jewish/Christian tendency." (On Gal. 2:12, see below.)

18 LUEDEMANN, Paulus, p. 92, n. 74 (= IDEM, Paul, pp. 69 and 120, n. 78).

19 Ibid., p. 93 (= p. 70).

20 U. Wilckens, στῦλος, Theologisches Wörterbuch zum Neuen Testament, ed. by G. KITTEL, Stuttgart, vol. 7, 1964, p. 734 (= IDEM, Theological Dictionary of the New Testament, ed. by G.KITTEL, Grand Rapids, vol. 7, 1971, p. 734).

21 C. K. Barrett, Paul and the 'Pillar' Apostles, in: Studia Paulina, In honorem Johannis de Zwaan septuagenarii, Haarlem, 1953, pp. 1–19.

22 SCHUETZ, op. cit., p. 141.

23 J. MUNCK, Paulus und die Heilsgeschichte, Acta Jutlandica 26,1 = Theologische Serie 6, Kopenhagen, 1954, p. 91 (=IDEM, Paul and the Salvation of Mankind, Richmond, 1959, p. 99).

24 Ibid., p. 19–126 (= pp. 87–134); W. SCHMITHALS, Paulus und Jakobus, FRLANT 85, Göttingen, 1963, pp. 32 et passim (= IDEM, Paul and James, Studies in Biblical Theology 46, London, 1965, p. 42 et passim).

25 LUEDEMANN, Paulus, pp. 101–105 (= IDEM, Paul, pp. 75–77); on the abandoning of chronological order of events in ancient rhetoric, see pp. 77–79 (= pp. 57–59).

῞Οτε ("when"), which introduces the Antioch incident in 2:11 (parallel to 1:15), does not suggest chronological sequence, as does ἔπειτα in 1:18, 21 and 2:1.[26] The reference to someone from James, whose arrival caused Cephas to withdraw from table-fellowship with Gentile Christians in Antioch, does not necessarily contradict the picture of amicable relations between Paul and James, although commentators are not in agreement over the interpretation of this incident. Paul describes Cephas as fearing οἱ ἐκ περιτομῆς (Gal. 2:12), that is, the Jews;[27] there is no criticism of James in this passage,[28] but rather of Cephas (and Barnabas). GREGORY DIX suggests what the messengers "from James" brought to Cephas was not an ultimatum from a suddenly overwhelming Jewish-Christian faction of extremists, but an urgent warning that the increasing rumors of Jewish-Christian fraternizing with uncircumcized Gentiles in Antioch are now putting all the Jewish-Christian *ekklesia* in Judea in considerable jeopardy from non-Christian Jews. In such circumstances Cephas might well feel bound to do all he could to reduce the provocation.[29] In any case, if the Antioch incident took place before Paul's second visit to Jerusalem, as suggested above, the outcome of the relationship between Paul and James when Paul wrote Galatians was amicable. As Paul wrote, "those of repute added nothing to me" (Gal. 2:6).

In summary, what we learn from Paul is that James was a leader of the Jerusalem *ekklesia* prior to Paul's first visit in ca. 36 C.E., and, perhaps, the leader by the time of his second visit in ca. 50 C.E. Paul calls him the Lord's brother and an apostle. Paul has no quarrel with James, who, in turn added nothing to Paul's gospel which he was preaching to the Gentiles. The only distinction which Paul makes is that Paul and Barnabas were to go to the Gentiles while James, Cephas and John were to go to the Jews.

## 2. The Death of James: Josephus

The death of James, the brother of Jesus, is recorded by the Jewish historian, Flavius Josephus, in his 'Antiquities', XX. 197–203, written 93/94 C.E. Although there has been considerable doubt about the authenticity of the passage concerning Jesus in Ant. XVIII.63–64, the passage concerning

[26] MUNCK, op. cit., pp. 92 f. (= pp. 100 f.); LUEDEMANN, Paulus, p. 104 (= IDEM, Paul, p. 77). But see BETZ, Galatians, p. 105, n. 436, who suggests that James had changed from the agreement reached at the conference at Jerusalem (see also pp. 82, 107–109).

[27] G. DIX, Jew and Greek, London, 1953, pp. 42 f.; B. REICKE, Der geschichtliche Hintergrund des Apostelkonzils und der Antiochia Episode, Gal. 2, 1–4, in: Studia Paulina, In honorem Johannis de Zwaan septuagenarii, p. 177; MUNCK, op. cit., p. 99 (= p. 107); SCHMITHALS, op. cit., pp. 53–55 (= pp. 66–68). But see also LUEDEMANN, Paulus, pp. 101, n. 97 (= IDEM, Paul, pp. 123 f., n. 102).

[28] MUNCK, op. cit., p. 100 (= p. 107); SCHMITHALS, op. cit., pp. 55 f. (= p. 68).

[29] DIX, op. cit., pp. 43 f.; see also T. W. MANSON, Studies in the Gospels and the Epistles, Manchester, 1962, pp. 180 f.

the death of James is generally regarded as authentic.[30] Josephus states that James was executed after the Procurator Festus had died and before the new procurator Albinus had arrived in Jerusalem, that is, in the year 62 C. E. At that time Josephus was present in the city of Jerusalem. He had become a Pharisee about six years before and was presumably serving as a priest.[31] He was, therefore, in a good position to know what transpired.

The center of Josephus' attention in his account was not James but the action of the Sadducean high priest, Ananus, whom he described as bold and ruthless.[32] It was this character of Ananus which, according to Josephus, led him to convene the Sanhedrin during the absence of a procurator in order to judge several offenders and to deliver them to be stoned. But those whom Josephus calls the most reasonable men of the city and strict in the observance of the law, that is, Pharisees,[33] were angered and complained to the king, Herod Agrippa II, and some intercepted the new procurator, Albinus, to complain "that it was illegal for Ananus to convene a meeting of the Sanhedrin without his consent." As a result Albinus reprimanded Ananus and Agrippa deposed Ananus from his office.

Of those brought before the Sanhedrin only one is named by Josephus, ὁ ἀδελφὸς Ἰησοῦ τοῦ λεγομένου Χριστοῦ, Ἰάκωβος ὄνομα αὐτῷ. It is impossible to say who the "certain others" were.[34] That Josephus mentions the name of James suggests that James was a prominent figure in Jerusalem at that time, in keeping with the prominence which Paul had assigned to James. Josephus identifies this James as the brother of Jesus whose alternative name was Christ,[35] which suggests that the fraternal relationship to Jesus Christ, noted

[30] P. WINTER, Josephus on Jesus and James, in: E. SCHUERER, G. VERMES and F. MILLER, The History of the Jewish People in the Age of Jesus Christ, Edinburgh, rev. edn., 1973, vol. 1, pp. 428 – 441 (and cf. L. H. FELDMAN, Josephus and Modern Scholarship [1937 – 1980], Berlin – New York, 1984, p. 704 – 707: '*Josephus on James*').

[31] Josephus, The Life, 12 – 13. See also M. HENGEL, Jakobus der Herrenbruder – der erste 'Papst'?, in: Glaube und Eschatologie. Festschrift für W. G. Kümmel zum 80. Geburtstag, ed. by E. GRAESSER and O. MERK, Tübingen, 1985, p. 73, n. 3.

[32] HENGEL, Jakobus, p. 73; MUNCK, op. cit., p. 107 (= p. 115).

[33] A. I. BAUMGARTEN, The Name of the Pharisees, Journal of Biblical Literature 102 (1983), 413 f. and n. 9.

[34] HENGEL, loc. cit., calls them "*einige ungenannte Judenchristen*", but he adduces no evidence for this judgment. MUNCK, op. cit., p. 107, n. 71 (= p. 114, n. 6), thinks they were some of James' "less known fellow believers" and that it was a persecution of Christians, but he allows for the posibility that they were "other Jews" whom Ananus wanted to clear out of the way. M. GOGUEL, The Birth of Christianity, New York, 1954, p. 127, thinks that they were not Christians; "otherwise the church at Jerusalem which was not rich in martyrs would have preserved their memory."

[35] WINTER, op. cit., pp. 430 f., argues that λεγόμενος does not imply doubt, as suggested in many translations: "so-called" or "alleged." Rather it introduces an alternative name which might stand by itself. But WINTER also thinks that χριστός in this passage denotes "*messiah*" and therefore reflects Jewish usage. If we consider the non-usage of χριστός elsewhere in Josephus, it may be more likely that Christian use of Christ as a proper name, already evident in Paul's letters, was what Josephus heard in Jerusalem: Jesus or Christ or Jesus Christ – and James was his brother.

earlier by Paul as "the brother of the Lord," was known also by outsiders in the city of Jerusalem.

The charge against James and the others was "having transgressed the law" (παρανομῆσαι), but Josephus does not specify in what way they had transgressed the law. For the Sadducean-dominated Sanhedrin, it was serious enough to warrant stoning. Since Josephus notes that the Sadducees were cruel (ὠμοί) in their judgments, he may imply that their imposition of the death penalty would not have been supported by the Pharisees. HENGEL notes the relative tolerance which the Pharisees bring against the Jewish Christians here, as compared to the situation after 70 C. E.[36]

Some have read more into this text than it will bear. GOGUEL, for example, thinks that Ananus acted against James from personal motives because they were rivals in influence. He thinks that the charge that James had violated the law was only a pretext because James was a "rigorous legalist."[37] But this view of James is scarcely supported by Paul, as we have seen. Moreover, Josephus gives no hint that the charge of transgressing the law was itself suspect. MUNCK is correct in charging GOGUEL with interpreting the Josephus account "through Hegesippus."[38] As we have moved from Paul to Josephus, we find no evidence that James was a "rigorous legalist" nor a "representative of the strict Jewish-Christian tendency"[39] nor even a "Christian Pharisee."[40] What can be said is that James was a Jewish-Christian (as was Paul) who was prominent in Jerusalem from at least 36 to 62 C. E. and who was known as the brother of Jesus. From Paul we can add that he received a resurrection appearance and was known as an apostle.

## *II. James during the Ministry of Jesus*

The Apostle Paul in his letters showed no interest in the ministry of Jesus before his crucifixion, except to quote the eucharistic tradition of the Last Supper in I Cor. 11:23–25. Paul even claimed that we no longer know Christ "according to the flesh" (II Cor. 5:16). This silence about the pre-cross period extends also to others, including Cephas, James, the brothers of the Lord, et al. From Paul's letters we would not know whether or not Cephas had been a companion of Jesus, much less whether he had once denied knowing Jesus. Since Paul calls James the brother of the Lord, he does indirectly establish a

[36] HENGEL, Jakobus, p. 74.
[37] GOGUEL, loc. cit.
[38] MUNCK, op. cit., p. 106 (= p. 114).
[39] CONZELMANN, Geschichte, p. 42 (= IDEM, History, p. 55).
[40] K. L. CARROLL, The Place of James in the Early Church, Bulletin of the John Rylands Library 44 (1961/62), 60. Perhaps Paul could be called a "Christian Pharisee," but not in the pejorative sense that CARROLL uses the term "Pharisee."

pre-cross contact between Jesus and James (that is, from a common home), but he provides no clues as to whether James was a supporter of Jesus before the crucifixion or not.

Many of the early gospels, however, do present traditions about the ministry of Jesus and in these traditions references occur to James and the brothers of Jesus. However, the relationship between James and Jesus varies in these gospels, ranging from the statement in the Gospel of John 7:5, "his brothers did not believe in him" to the account in the Gospel of the Hebrews, fr. 7, that James was present with Jesus at the Last Supper. Such variety should not surprise us if we remember that the various gospels "contained traditions that reflected the piety, theology, and practice of individual churches or circles of churches".[41] To this we may add that the variety in the gospels pertains not merely to Jesus, christologically speaking, but also to the persons who exercised authority in the earliest churches and whose authority was claimed by various *ekklesiai* or circles of *ekklesiai* in the history of Christianity. In principle, the situation for James is not different from that of Cephas, the Beloved Disciple, Judas Thomas, Mary Magdalene et al.

## 1. Gospels of Matthew and Mark

In both the Gospel of Mark and the Gospel of Matthew James is identified as a brother of Jesus in a list: James and Joses and Judas and Simon and sisters (Mark 6:3) or James and Joseph and Simon and Judas and sisters (Matt. 13:55). The brothers of Jesus are also mentioned in Mark 3:31–35; par. Matt. 12:46–50 (par: Luke 8:19–21).[42] That these were brothers of Jesus is consistent with Paul and may be taken as a historical datum.[43] That James is listed first in both lists suggests that he was the elder of the brothers.

But the image of the brothers (and mother) projected in the Gospel of Mark includes a new element, namely, criticism against the natural family of Jesus. In Mark 3:31–35 Jesus' mother and brothers come seeking Jesus, but Jesus replies, "Who are my mother and my brothers?" and states, "Whoever does the will of God is my brother, and sister, and mother." When read in the context of Mark 3:20–35, "the natural family seems to be replaced by

[41] H. Koester, Einführung in das Neue Testament im Rahmen der Religionsgeschichte und Kulturgeschichte der hellenistischen und römischen Zeit, Berlin–New York, 1980, p. 601 (= Idem, Introduction to the New Testament, Philadelphia, 1982, vol. 2, pp. 164 f.).

[42] In Mark 15:40 there is a reference to a Mary who is described as the mother of James the Less and of Joses, and in Mark 16:1 there is a reference to Mary (the mother?) of James. But it is unlikely that this Mary is the mother of Jesus, and, consequently, it is unlikely that James the Less is the same person as James the brother of Jesus. See R. Brown et al., Mary in the New Testament, Philadelphia, 1978, pp. 68–72.

[43] Nothing in Paul nor in the Gospels of Mark or Matthew suggests that ἀδελφός means anything other than blood brother. See Meyer and Bauer, Verwandtschaft, p. 316 (= Idem, Relatives, p. 424). But see Brown et al., Mary, p. 72.

an eschatological family."[44] The same note is struck in Mark 6:1–6a, especially with the proverbial statement employed in 6:4, "A prophet is not without honor, except in his own country, and among his own kin (συγγενεῖς), and in his own house."[45]

It has been customary to accept as historical the Marcan portrait of the brothers, including James, as having no understanding of Jesus during the ministry.[46] But in view of the redactional theology of Mark, this is by no means certain. In any case, the criticism of Jesus' family in Mark must be seen alongside the criticism of the Twelve. For example, if Mark opposed the theological position of the Twelve, as argued by T. J. WEEDEN, Mark may also be opposing the position of the Jerusalem *ekklesia* whose leader was James.[47] A different approach is taken by W. MARXSEN who argues that the tradition of the primitive community shifts its focus from Jerusalem to Galilee and that at the stage of Mark's gospel this orientation to Galilee is already a present fact. Prior to Mark's gospel the Jerusalem community abandoned that city.[48] Does this shift facilitate a new and somewhat different view of the Jerusalem community and its leader, James?

More importantly, the criticism of Jesus' natural family in Mark (and in Matthew) should not be pressed too far as historical evidence for James' relationship to Jesus. As J. A. GAGER has argued, earliest Christianity was a "millenarian movement" in which kinship ties were scorned.[49] Anti-family traditions are more widespread than merely those directed specifically at Jesus' family (cf. Luke 14:26). Even the prohibition of divorce in Matthew 19 is interpreted as a disincentive to marriage (vs. 10). Paul's counsel to remain single, a radical proposal in a society built on the social structure of the family, was motivated by his apocalyptic eschatology (I Cor. 7:7; 25–31). In this context, the pericope in Mark 3:31–35 and Matt. 12:46–50 should be seen more as a social restructuring (the eschatological family replacing the natural family), rather than any specific evidence that Jesus' mother, brothers and sisters were antagonistic to his ministry. And in the pericope in Mark 6:1–6a and Matthew 13:53–58, the disbelief is charged against the hearers in his home town synagogue, not against his family, even though the proverb of Mark 6:4 and Matt. 13:57 (see Gos. Thom. Log. 31) includes reference to

[44] BROWN et al., Mary, p. 58 and passim.

[45] Mark 6:1–6a may have grown out of a double proverb preserved in POxy I. 6 (see Gos. Thom. 31); thus R. BULTMANN, Geschichte der synoptischen Tradition, FRLANT 29, Göttingen, 9th edn., 1979, p. 30 (= IDEM, History of the Synoptic Tradition, New York, 1963, p. 31). But see J. A. FITZMYER, The Gospel according to Luke (I–IX), The Anchor Bible 28, Garden City, 1981, pp. 527 f.

[46] Thus MEYER and BAUER, Verwandtschaft, p. 312 (= IDEM, Relatives, p. 419).

[47] T. J. WEEDEN, Mark – Traditions in Conflict, Philadelphia, 1971.

[48] W. MARXSEN, Der Evangelist Markus. Studien zur Redaktionsgeschichte des Evangeliums, FRLANT 49, Göttingen, 2nd edition, 1959, pp. 59 f. (= IDEM, Mark the Evangelist, Nashville, 1969, p. 93).

[49] J. G. GAGER, Kingdom and Community: The Social World of Early Christianity, Englewood Cliffs, 1975, pp. 20, 34.

dishonor in "his own house." It would seem that the references in Mark and Matthew have been interpreted in the light of the Gospel of John 7:5 where it says "his brothers did not believe in him." Thus E. HAENCHEN comments on John 7, "The assertion in verse 5 that Jesus' brothers did not believe in him squares with the tradition recorded in Mark 3:21, 31 – 35, according to which Jesus' family regarded him as possessed and wanted to take him home ..."[50] Starting from John 7:5, Mark 3:31 – 35 might be taken as suggesting that the brothers didn't believe, but it is not so clear if Mark 3:31 – 35 is read on its own.[51]

2. Gospel of John

This leads us to a consideration of the Gospel of John in which the brothers are mentioned in two pericopes. In the first, 2:12, a transitional verse, we are told that Jesus went down to Capernaum, with his mother and his brothers and his disciples. R. E. BROWN, with John 7:5 in mind, comments, "it is curious to find the 'brothers' of Jesus following him along with his mother and his disciples who believed in him."[52] In the second pericope, 7:1 – 13, the brothers are with Jesus in Galilee (Capernaum?),[53] and they urge him to go to Judea in order that his disciples may see the works he is doing (7:3) and so that he may show himself to the "world" (7:4). Then the narrator says, "For even his brothers did not believe in him" (7:5). BROWN comments, "The 'brothers' admit that Jesus can perform amazing deeds; yet they do not believe, for they do not see the real meaning behind these signs."[54] In 7:10 we are told that the brothers went up to the feast and afterwards Jesus went up privately. After this, we hear no more about the brothers.

The portrait of the brothers in the Gospel of John is mixed. They are presented as accompanying Jesus, as do his disciples. They are also presented as "believing" in Jesus' signs, as, for example, the "many" did in Jerusalem in 2:23. But as BROWN comments on ch. 2, "Verses 24 – 25 show us that the faith produced by Jesus' signs in vs. 23 is not satisfactory."[55] It is in this sense that the author says that even the brothers did not believe in him; that is, they do not see the real meaning behind these signs. But is this a sufficient

[50] E. HAENCHEN, Das Johannesevangelium. Ein Kommentar, Tübingen, 1980, p. 345 (= IDEM, John 2, Hermeneia, Philadelphia, 1984, p. 6).

[51] HAENCHEN's assertion that in Mark 3:21 it was Jesus' family that regarded him as possessed is not self-evident from the text, οἱ παρ' αὐτοῦ.

[52] R. E. BROWN, The Gospel according to John I – XII, The Anchor Bible 29, Garden City, 1966, p. 112. BROWN notes the omission of "and the disciples" in Codex Sinaiticus and the early versions and suggests that "brothers" might refer to the disciples. But in his commentary to 7:3, he assumes that "brothers" refers to Jesus' family.

[53] HAENCHEN, John, ad 7:2.

[54] BROWN, John, p. 307.

[55] Ibid., p. 127.

basis to conclude that the historical James was not a follower of his brother during his ministry and was 'converted' only later on the occasion of a resurrection appearance? In view of the theological program of the author of the Gospel of John and his critical attitude toward the miracles from the Signs Source, one should not historicize the criticism of the brothers in 7:5. On the other hand, the hostile portrait of the brothers may reflect, as BROWN has suggested, a contemporary polemic against Jewish Christians, particularly in Palestine, who regard themselves as heirs of the Jerusalem *ekklesia* of James.[56] Certainly the Gospel of John comes from a time when already various Christian groups were trying to lay claim on figures of the first generation to legitimate their traditions,[57] and that process also included criticism of others (e.g., the criticism of Peter in the Gospel of Mary). The criticism of the brothers of Jesus in the Gospel of John should be seen in that context.[58]

The references to James or the brothers in the Gospels of Matthew, Mark and John must be regarded as tendentious and scarcely sufficient to establish with certainty that James was not an adherent of Jesus' cause prior to the resurrection appearance.

### 3. Luke-Acts

A different view of James emerges from the Gospel of Luke and the Acts of the Apostles. In the Gospel of Luke there is only one reference to the brothers of Jesus, Luke 8:19–21 (par. Mark 3:31–35; Matt. 12:46–50). But compared with the parallels in Matthew and Mark, Luke's contrast between the natural mother and brothers and the 'true' mother and brothers is not so sharp. He does not give the abrupt question, "Who are my mother and my brothers?"[59] Even though Luke shares with Matthew and Mark the traditions which distinguish true kinship from physical relationship (see Luke 11:27f.),

[56] R. E. Brown, 'Other Sheep not of this Fold': the Johannine Perspective on Christian Diversity in the Late First Century, Journal of Biblical Literature 97 (1978), 13; see also BROWN et al., Mary, pp. 175, 199–201.

[57] See, inter al., D. M. PARROTT, Gnostic and Orthodox Disciples in the Second and Third Centuries, in: Nag Hammadi, Gnosticism, & Early Christianity, ed. by C. W. HEDRICK and R. HODGSON, Peabody, 1986, pp. 193–219.

[58] The Gospel of John may mention a brother of Jesus in a positive light, but the reader would not realize it. H. KOESTER has argued convincingly that Judas (see Mark 6:3) was given the name Thomas, "the twin," and that Judas Thomas, the (twin) brother of Jesus, was considered the bearer of tradition in eastern Syria. In the Johannine tradition (John 20:24–29) Thomas is an important link, but he is never associated with the name Judas. See KOESTER, GNOMAI DIAPHOROI, in: Entwicklungslinien durch die Welt des frühen Christentums, pp. 119–121 (= Trajectories through Early Christianity, pp. 127ff.); IDEM, Einführung, pp. 587, 682f. (= Introduction, vol. 2, pp. 152, 246f.).

[59] If one follows the Two Source hypothesis instead of the Two Gospel hypothesis, then Luke "softens" the contrast he found in his source Mark, see BROWN et al., Mary, pp. 167–170; FITZMYER, op. cit., p. 723.

this does not prevent him from presenting Mary as "the first Christian disciple" and "a model of Christian discipleship."[60]

What is most significant in Luke-Acts is that the author presents Mary and the brothers together with the Eleven and others waiting in Jerusalem after the resurrection and Ascension (Acts 1:14). In this narrative there is no hint given the reader that the mother or brothers had been at any time anything other than adherents of Jesus' cause during his ministry.

## 4. Gospel of the Hebrews

In a fragment of the Gospel of the Hebrews Jesus' first resurrection appearance was to James. This story implied that James was present at the last supper, stating that "James had sworn that he would not eat bread from that hour in which he had drunk the cup of the Lord, until he should see him risen from among them that sleep" (frag. 7, apud Jerome, De viris inlustribus 2).[61] H. KOESTER comments, "there is no reason to doubt that this is an old traditional story,"[62] and CAMERON dates the Gospel of Hebrews from Egypt between the middle of the first century and the middle of the second century, suggesting that "an earlier date of composition is more likely than a later one."[63] The depiction of James in the Gospel of the Hebrews agrees with Paul's in so far that for both, James is given a resurrection appearance. Further, in the Gospel of Hebrews James is addressed "My brother" (*frater mi*), in keeping with Paul's designation of James as "the brother of the Lord." What interests us here is that the Gospel of the Hebrews goes beyond what we found in Luke-Acts. Not only is James present after the resurrection, but he seems to have been present with Jesus before, that is, at the Last Supper. Is this a later development predicated on the importance of James to the Greek-speaking Jewish Christians in Egypt, or is it a piece of historical memory? VIELHAUER opts for the former, claiming that this depiction of James is "contrary to the historical facts."[64] But, as we have argued, the so-called "historical facts" are themselves tendentious, particularly when the argument is based on John 7:5.

It is safer to conclude that we can not be certain whether or not James was an adherent of Jesus' cause prior to the crucifixion of Jesus. Just as the 'historical Jesus' is elusive because of the nature of the sources, the 'historical James' before the crucifixion is also elusive.[65]

[60] BROWN et al., Mary, pp. 126, 152.

[61] See P. VIELHAUER, Das Hebräerevangelium, in: Neutestamentliche Apokryphen, vol. 1, pp. 104 – 108 (= IDEM, The Gospel of the Hebrews, in: New Testament Apocrypha, vol. 1, pp. 158 – 165).

[62] KOESTER, Einführung, p. 502 (= IDEM, Introduction, vol. 2, p. 68).

[63] R. CAMERON, The Other Gospels, Philadelphia, 1982, p. 84. VIELHAUER, op. cit., p. 107 (= p. 163), assigned it to the first half of the second century.

[64] VIELHAUER, op. cit., p. 105 (= p. 160).

[65] J. M. ROBINSON, A New Quest of the Historical Jesus, Studies in Biblical Theology 25, Naperville, 1959, pp. 35 – 38.

## *III. Developments in the James-Tradition*

### 1. Gospel of Thomas

In the Gospel of Thomas from Palestine or Syria, probably written during the first century C. E.,[66] there is one logion which mentions James.

> "The disciples said to Jesus, 'We know that You will depart from us. Who is to be our leader?' Jesus said to them, 'Wherever you are, you are to go to James the righteous, for whose sake heaven and earth came into being" (NHC II, 2; Log. 12).

We did not discuss this text when considering James during the ministry of Jesus because the Gospel of Thomas "shows no trace of the *kerygma* of the cross and the resurrection of Jesus"[67] and therefore the concepts of "ministry" and "post-resurrection setting" are meaningless. In this logion James is called δίκαιος, the first such use of this title, and he is said to be the disciples' leader, or as SCHENKE interprets this logion, "the sole foundation of the church."[68] But the next saying, Log. 13, places (Judas) Thomas in a more select position as the recipient of the secret teaching (cf. also the prescript where Didymus Judas Thomas receives the secret words and writes them down). On the contrast between James and Thomas, KOESTER conjectures that the author of the Gospel of Thomas belonged to circles which "sought to strengthen and defend the right of the tradition of Thomas against the authority of James, without denying the latter's claim to leadership in ecclesiastical matters."[69]

### 2. Gospel of the Hebrews

The prominence of James is clear in a fragment of the Gospel of the Hebrews from Egypt, quoted by Jerome (De viris inlustribus 2).

[66] KOESTER, Einführung, p. 586 f. (= IDEM, Introduction, vol. 2, pp. 152 f.); see also the recent discussion of the dating of the Gospel of Thomas by J. M. ROBINSON, On Bridging the Gulf from Q to the Gospel of Thomas (or vice versa), in: Nag Hammadi, Gnosticism, & Early Christianity, pp. 142–164; F. T. FALLON and R. CAMERON, The Gospel of Thomas: A Forschungsbericht and Analysis, ANRW II 25.6, ed. by W. HAASE, Berlin – New York, 1988, 4195–4251. Translations from the Nag Hammadi texts are from J. M. ROBINSON (ed.), The Nag Hammadi Library, San Francisco, 3rd edn., 1988.

[67] KOESTER, Einführung, p. 587 (= IDEM, Introduction, vol. 2, p. 152).

[68] H.-M. SCHENKE, The Function and Background of the Beloved Disciple in the Gospel of John, in: Nag Hammadi, Gnosticism, & Early Christianity, p. 122.

[69] KOESTER, Einführung, p. 587 (= IDEM, Introduction, vol. 2, pp. 152 f.); IDEM, GNOMAI, p. 128 (= p. 136); IDEM, Ancient Christian Gospels: Their History and Development, Philadelphia, 1990, § 2.2.2.

"And when the Lord had given the linen cloth to the servant of the priest, he went to James and appeared to him. For James had sworn that he would not eat bread from that hour in which he had drunk the cup of the Lord until he should see him risen from among them that sleep. And shortly thereafter the Lord said: Bring a table and bread! And immediately it is added: he took the bread, blessed it and brake it and give it to James the Just and said to him: My brother, eat thy bread, for the Son of Man is risen from among them that sleep."

Unlike the Gospel of Thomas, the Gospel of Hebrews gives a significant role to the resurrection and appears to name James as the first recipient of a resurrection appearance. Paul knew a tradition of a resurrection appearance to James (I Cor. 15:7), but Paul placed Cephas first in his list of such appearances (I Cor. 15:5). E. PAGELS, following the analysis by C. H. DODD, distinguishes between the "concise" type of resurrection account in which the risen one appears to the disciples gathered as a group and is identified as the Jesus of their former experience, and the "circumstantial" type in which Christ appears to one or a select few and in which recognition forms the climax of the story.[70] The appearance to James in the Gospel of Hebrews does not fit neatly into either category. On the one hand, the appearance is to James alone, and the recognition of the Lord as the Son of Man who is risen is paramount. But unlike the recognition scenes in Luke 24:30, 31 and John 21:12–14, James is not in despair, and unlike the appearances in Acts 7:55–56; 9:3–7 or Rev. 1:10–18, there is no glorious light, nor does the account in the Gospel of the Hebrews lend itself "to interpretation as visions which are perceived by the 'inner eye' or 'inner ear' ... or by one who is in an ecstatic state."[71] On the other hand, as in the "concise" type, the risen one is identified implicitly with the Jesus of James' former experience since James seems to have been present at the Last Supper (see discussion above).

In the Gospel of the Hebrews James is addressed as "My brother," in keeping with Paul's designation of James as "the brother of the Lord." In this fragment James is also called the Just. This title may be dependent on the Gospel of Thomas which was brought to Egypt at an early date and which may have been a source for some of the sayings in the Gospel of the Hebrews.[72]

## 3. The Apocryphon of James

On the basis of his analysis of the sayings traditions in the Apocryphon of James (NHC I, 2), RON CAMERON fixes the date of this document in the

[70] E. PAGELS, Visions, Appearances and Apostolic Authority: Gnostic and Orthodox Traditions, in: Gnosis. Festschrift für Hans Jonas, ed. by B. ALAND, Göttingen, 1978, pp. 415 f., 418; see C. H. DODD, The Appearance of the Risen Christ: An Essay in Form-Criticism of the Gospels, in: Studies in the Gospels, ed. by D. E. NINEHAM, Oxford, 1957, pp. 9 ff. and 13 ff.

[71] PAGELS, Visions, p. 418.

[72] KOESTER, Einführung, p. 662 (= IDEM, Introduction, vol. 2, p. 224).

first half of the second century.[73] The place of origin is Egypt.[74] The authority of James already witnessed by the Egyptian Gospel of the Hebrews is continued and expanded. The Apocryphon of James preserves an independent tradition of Jesus-sayings which have been inserted into an account of a post-resurrection appearance to James and Peter, and which, in turn, are embedded into the frame of a letter from James. The letter claims for itself to be written in Hebrew (Ap. Jas. 1.16), although, as CAMERON notes, "it is manifestly an originally Greek document." He argues that the claim to Hebrew, similar to the case of Papias' claim that the Gospel of Matthew was composed in Hebrew, is "intended to locate this text in the earliest stages of the tradition,"[75] guaranteeing the authority of the text.

The James in the Apocryphon of James is not expressly identified as the brother of the Lord nor as the Just, a fact which has led some to think he is another James (e.g., the son of Zebadee).[76] However, at the end of this document it is James who goes up to Jerusalem, while the others go to other places (16.7–9). This must surely refer to the James who was, in fact, a leader of the Jerusalem *ekklesia*. As we will see, other documents of this same period refer to James of Jerusalem but without the designations of "brother of the Lord" or "the Just," namely, the Acts of the Apostles and the Protogospel of James.[77]

It is also objected that James in the Apocryphon of James is numbered with the twelve disciples (1.24, 25), but this is not a conclusive objection to identifying him as James of Jerusalem. Although Paul mentioned a resurrection appearance to "the twelve" (I Cor. 15:5), it is not clear that Paul knew who constituted that circle nor that they were identical with the apostles.[78] The earliest lists of names for "the twelve" – and different lists, at that! – come from the Gospels of Matthew, Mark and Luke, but the Apocryphon of James is not literarily dependent on any of these. Later the Twelve Apostles were to become the normal authority for Christian church orders, as in the Didascalia and the Apostolic Constitutions,[79] but even then it was difficult to find a place, not only for James of Jerusalem but also for the Apostle Paul. Even in

[73] R. CAMERON, Sayings Traditions in the Apocryphon of James, Harvard Theological Studies 34, Philadelphia, 1984, p. 130.

[74] CAMERON, Other, p. 56.

[75] CAMERON, Sayings, pp. 121 f.; KOESTER, Ancient, § 3.1.2.1.

[76] PARROTT, Gnostic, p. 211, n. 41; see also B. DEHANDSCHUTTER, L'Epistula Jacobi apocrypha de Nag Hammadi (CG I, 2) comme apocryphe néotestamentaire, ANRW II 25.6, ed. by W. HAASE, Berlin – New York, 1988, 4529–4550 and especially on the name, 4536–4539.

[77] To this we could add the Letter of James, although it is clearer in the case of the Acts of the Apostles and the Protogospel of James that the James intended is the James who was the leader of the Jerusalem *ekklesia*. See M. HORNSCHUH, Die Apostel als Träger der Überlieferung, in: Neutestamentliche Apokryphen, vol. 2: Apostolisches, Apokalypsen und Verwandtes, Tübingen. 4th edn., 1971, p. 49 (= IDEM, The Apostles as Bearers of the Tradition, in: New Testament Apocrypha, vol. 2, p. 83).

[78] KOESTER, Einführung, pp. 756 f. (= IDEM, Introduction, vol. 2, p. 319).

[79] Ibid., vol. 2, p. 160.

the Apostolic Constitutions James of Jerusalem is once numbered among the "Thirteen (sic) Apostles" (VIII.46.13).

It should be recalled that when Paul recounts the tradition of resurrection appearances in I Cor. 15:5–7, only two names appear, Cephas (Peter) and James – the same two individuals to whom the Lord reveals the secret book in the Apocryphon of James. Three times these two are distinguished from the rest of the twelve, first, in the letter framework, wherein the secret book is said to be one "that the Savior did not wish to tell to all of us, his twelve disciples" (Ap. Jas. 1.23–25). Then in the post-resurrection account we are told that 550 days after the Savior arose from the dead, the twelve disciples were remembering what the Savior had said to each of them and were writing it down (Ap. Jas. 2.7–21). But Jesus appeared and said, "Leave James and Peter to me that I may fill them. And having called these two, he drew them aside, and bade the rest occupy themselves with that they were about" (Ap. Jas. 2:33–39). The third reference to James and Peter together and distinguished from the rest of the twelve is, following the body of dialogue and discourse, in the account of the ascension, which begins,

> "Having said these words, he departed. And we bent (our) knee(s), I and Peter, and gave thanks and sent our heart(s) to heaven" (Ap. Jas. 15.5–9).

Having received a heavenly vision, they are called by "the other disciples" (Ap. Jas. 15.28–29) to whom they disclosed the revelation. Although they believed the revelation, they "were displeased about those to be born" (Ap. Jas. 16.4, 5) and James "not wishing to give them offense ..., sent each one to another place" while he went up to Jerusalem (Ap. Jas. 16.5–9).

All three references to James and Peter together appear in the secondary frame of the Apocryphon of James, and in all cases James is mentioned first, reversing the apparent order in Paul's tradition of resurrection appearances, but consistent with the apparent priority of James in the Gospel of the Hebrews.[80] Unlike the Gospel of the Hebrews, the Apocryphon of James presents a 'circumstantial' type of appearance account, an appearance limited to James and Peter and involving dialogue. However, the dialogue does not lead to recognition, but rather becomes a frame for further revelations, a feature that is to become a striking feature of gnostic accounts.[81]

Within the body of the Apocryphon of James both James and Peter appear individually in dialogue with the Lord. But on two occasions James is singled out as a unique recipient of the Lord's revelation.

> "And many times I have said to you all together and also to you (sg.) alone, James, I have said, be saved! And I have commanded you (sg.) to follow me, and I have taught you the response in the presence of the Rulers" (Ap. Jas. 8.30–36).

[80] In the Gospel of Matthew the first appearance is to Mary Magdalene and the other Mary (28:1, 9, 10). In the Gospel of Luke the eleven say, "The Lord has risen indeed, and has appeared to Simon" (24:34). In the Gospel of John the first appearance is to Mary Magdalene (20:11–18). The tradition is quite varied.

[81] PAGELS, Visions, p. 419; see also P. PERKINS, The Gnostic Dialogue, New York, 1980.

And again,

> "But the Lord answered and said to us, 'I have given you (pl.) faith many times; moreover I have revealed myself to you (sg.), James, and you (pl.) have not known me'" (Ap. Jas. 13.36 – 14.2).

The situation in the Apocryphon of James as a whole seems somewhat like the contrast between James and Thomas in the Gospel of Thomas, except that here it is James' authority that is strengthened against the authority of Peter, but without denying Peter's claim.[82]

The instruction given by the Lord to James and Peter centers around themes of persecution and the cross (Ap. Jas. 5.9 – 35). The Lord says, "Verily I say unto you, none will be saved unless they believe in my cross. But those who have believed in my cross, theirs is the kingdom of God" (Ap. Jas. 6:1 – 7). There are varieties of opinion whether the Apocryphon of James should be regarded as a 'gnostic' document.[83] W. C. van Unnik's assessment is still valuable: "Whether the author was, in the strict sense, a Gnostic seems doubtful to me. The characteristic doctrines of Gnosticism ... are not found there ... Although not actually Gnostic in itself, it contained much that a Gnostic would have needed to use ..."[84] Although James and Peter are bearers of a secret tradition, it remains until later for James to be the bearer of a fully developed 'gnostic' gospel.

## 4. The Acts of the Apostles

A somewhat different portrait of James of Jerusalem emerges from the Acts of the Apostles, the sequel to the Gospel of Luke, written at the end of the first or the beginning of the second century.[85] The first time that James is mentioned by name is in Acts 12:17. Earlier references in Luke 8:20, 21 and Acts 1:14 refer merely to Jesus' brothers, and unlike Matthew and Mark, he does not supply a list of the brothers.[86] After the death of James the brother of John (sons of Zebadee; see Luke 5:10), Peter departs Jerusalem, leaving

[82] Perkins. op. cit., p. 148, goes too far in saying that the dialogue will go on "to show the inferiority of Peter's understanding." Although Peter's question shows misunderstanding, so too does James' response, "Lord, do not mention to us the cross and the death, for they are from you" (Ap. Jas. 5:36 – 6:1). See Cameron, Sayings, pp. 89 f.

[83] See M. Malinine and H.-C. Puech, Epistula Iacobi Apocrypha, Zürich, 1968, pp. xx – xxv.

[84] W. C. van Unnik, Newly Discovered Gnostic Writings, Studies in Biblical Theology 30, London, 1960, p. 87. Koester, Einführung, pp. 661 – 663 (= Idem, Introduction, vol. 2, pp. 223 – 225), places the Apocryphon of James under the category of "Egyptian Jewish Christianity," not "Egyptian Gnosticism."

[85] Koester, Einführung, p. 749 (= Idem, Introduction, vol. 2, p. 310).

[86] Following the Two Source hypothesis, Fitzmyer, op. cit., pp. 526 f., notes that Luke uses Mark 6:1 – 6 b as a source in Luke 4:16 – 30, but does not reproduce the list of names in Mark 6:3.

word to "tell James and the brethren." It is to be noted that the author does not tell the reader who this James is. He does not, for example, refer to James as the brother of Jesus,[87] although it may reasonably be inferred that he is meant to be that same James referred to by Paul in Galatians.[88] In the first chapters of the Acts of the Apostles Peter has been the predominant figure in the story and a (the?) leader of the Jerusalem *ekklesia*. It is precisely at the point when Peter leaves Jerusalem to go to "another place" that James is first mentioned.

James reappears in the pivotal chapter 15 where the apostles and elders were gathered to consider whether the Gentiles ought to be circumcized and whether they ought to keep the law of Moses (15:1, 5, 6). Peter, appearing for the first and last time in the story after 12:17, delivers a speech (15:7–11) in which he refers back to the conversion of Cornelius. A summary statement is made about Barnabas and Paul's testimony (15:12). But the final and decisive word comes from James (15:13–21). His speech is both retrospective and prospective. The previous missionary activity receives its justification in James' interpretation of the words of the prophets, citing Jeremiah 12:15, Amos 9:11 f. and Isaiah 45:21 (Acts 15:15–18). The author employs the form Συμεών in 15:14 to show that James is speaking Aramaic, but the text of the quotations in 15:16–18 is dependent on the LXX. As E. HAENCHEN comments, "It is not James but Luke who is speaking here."[89] This may be intended to produce the same effect as in the Apocryphon of James where it is claimed that the letter was written in Hebrew.

Then James proposes the "apostolic decree" concerning the Gentiles' obligations to the law. This decree determines the course of Paul's further activity through the remainder of the Acts of the Apostles.[90] The decree that the Gentiles "abstain from the ceremonial pollutions by idols and from prostitution[91] and from what is strangled and from blood" (15:20) bears the authority of Moses (15:21). Here the Lucan James may refer to what Lev. 17–18 demands from the "strangers" that sojourn among Israelites.[92] The Lucan James' attitude toward the inclusion of the Gentiles is generally in keeping with Paul's report in Galatians 2. But James' proposal of the "apostolic

[87] S. G. F. BRANDON, Jesus and the Zealots, New York, 1967, pp. 161 f.; J. JERVELL, Luke and the People of God, Minneapolis, 1972, p. 185.

[88] An uniformed reader might suppose that this James who first appears in Acts 12:17 was James the son of Alphaeus. See JERVELL, op. cit., p. 199, n. 1. See also the discussion of James in the Apocryphon of James above.

[89] E. HAENCHEN, Die Apostelgeschichte, Kritisch-exegetischer Kommentar über das Neue Testament 3, Göttingen, 15th edn., 1968, pp. 388 f., 400 f., 410 f. (= IDEM, The Acts of the Apostles, Philadelphia, 1971, pp. 447 f., 459, 469).

[90] JERVELL, op. cit., pp. 186, 189 f.; HAENCHEN, Apostelgeschichte, pp. 403 f. (= IDEM, Acts, pp. 461 f.).

[91] On the meaning of πορνεία see R. B. WARD, PORNEIA and Paul, Proceedings: Eastern Great Lakes Biblical Society and Midwestern Society of Biblical Literature 6 (1986), 219–228.

[92] JERVELL, op. cit., p. 144; HAENCHEN, Apostelgeschichte, p. 411 (= IDEM, Acts, p. 469).

decree" (15:21; cp. vs. 29) is problematic. Paul in his letters knows nothing of such obligations placed on Gentile Christians, and if the council in Acts 15 is the same as Paul's second Jerusalem visit described in Galatians 2, Paul said that nothing was added (Gal. 2:6).[93] In the context of the Acts of the Apostles MARCEL SIMON is probably correct in his assessment: "while the decree goes against the tendency represented by Paul and illustrates the triumph of what can be described as moderate or mitigated Jewish Christianity, it also amounts to a defeat of extreme, uncompromising Jewish Christianity."[94] But in his role as promulgator of this decree the Lucan James becomes the model of this "moderate or mitigated Jewish Christianity" or what BROWN classifies as "Group Two, consisting of Jewish Christians and their Gentile converts, who did not insist on circumcision but did require converted Gentiles to keep some Jewish observances."[95] But at the same time the Lucan Paul belongs to the same group. The letter from the Jerusalem brethren (Acts 15:23–29) is carried by Judas and Silas to Antioch where also Paul and Barnabas return and teach and preach (Acts 15:30–35), presumedly in agreement with the decree.[96]

James appears finally in another pivotal point in the story of the Acts of the Apostles, chapter 21. Paul has finished his missionary activity and appears before James and all the elders in Jerusalem (21:17 f.). They recount a problem, namely that it has been reported that Paul teaches the Jews who are among the Gentiles to forsake Moses (21:21). No objection is raised about the Gentile mission per se, and the 'apostolic decree' is repeated (21:25). They advise Paul to purify himself along with the four men who are under a vow to pay their expenses in order to show that Paul lives "in observance of the law" (21:23 f.). Although James is mentioned as present in 21:18, the speech in 21:20–25 is presented as coming from "them," not from James alone, as was the case also

[93] M. HENGEL, Zur urchristlichen Geschichtsschreibung, Calw, 2nd edn., 1984, p. 97 (= IDEM, Acts and the History of Earliest Christianity, Philadelphia, 1979, pp. 115 f.).

[94] M. SIMON, The Apostolic Decree and Its Setting in the Ancient Church, Bulletin of the John Rylands Library 52 (1970), 460.

[95] R. E. BROWN and J. P. MEIER, Antioch & Rome, New York, 1983, p. 3; see also W. PRATSCHER, Der Herrenbruder Jakobus und sein Kreis, Evangelische Theologie 41 (1987), 228–244.

[96] BROWN recognizes that Paul according to the Acts of the Apostles accepted James' position, but he doubts the historicity of that account and places Paul (on the basis of his letters) in "Group Three," a "type of Jewish/Gentile Christianity, more liberal than that of James and of Peter in regard to certain obligations of the Law." On the other hand, BROWN, in effect accepts the historicity of the account of the Acts of the Apostles about James, citing Gal. 2:12 as presenting the same depiction of James as that in Acts 15:20; BROWN and MEIER, Antioch, pp. 3–5. While the incident described in Gal. 2: 11 ff. did involve table-fellowship, it is not at all clear that "someone from James" required that converted Gentiles keep some Jewish observances, as the Lukan James does. D. R. CATCHPOLE, Paul, James and the Apostolic Decree, New Testament Studies 23 (1976/77), 428–444, argues that "someone from James" actually brought the decree to Antioch, but LUEDEMANN has correctly criticized that position: Paulus, p. 100, n. 95 (= IDEM, Paul, p. 123, n. 100).

for the letter in Acts 15:23–29. Thus, JERVELL goes too far when he says, "Once again James proposes a decisive solution."[97] Paul proceeds to follow the advice (21:26). In so far as James is a party to the advice given to Paul, he once again is depicted as a "moderate" Jewish-Christian, one who lives "in observance of the law" – as does the Lucan Paul.

The author of the Acts of the Apostles uses the fiction of the Twelve Apostles to guarantee the reliability of the tradition. Only they are called "apostles,"[98] and they are limited to eyewitnesses of the revelation in Jesus "beginning from the baptism of John until the day when he was taken up from us" (Acts 1:22). For the author Peter was, of course, one of the Twelve. Although Paul was a central figure and authority for the author, his calling is described in such a way that the dependence of his commission upon the Twelve is beyond question.[99] So also James is outside the circle of the Twelve and emerges as the leader of the Jerusalem *ekklesia* only after Peter (and the Twelve?) depart. He is not called an apostle nor does he receive a resurrection appearance, as Paul had claimed. The resurrection appearances were limited to "the apostles whom he had chosen" during a 40 day period (Acts 1:2, 3).

## 5. The Protogospel of James

As we have noted, the author of Luke-Acts does not refer to James as the brother of Jesus, but he does mention "brothers" of Jesus in Luke 8:19–21 and Acts 1:14. And nothing in the birth narrative of the Gospel of Luke suggests that Mary remained a virgin after the birth of Jesus. By the middle of the second century, however, the idea that Mary was a perpetual virgin had emerged and is set forward in a writing dependent in part on the Gospel of Luke and which claimed James as its author, the Protogospel of James.[100]

Joseph is described as a widower (8.7), and when he tried to refuse to be the warden of the young virgin Mary, he states, "I have sons and I am old" (9.5). The reader is reminded that Joseph already had sons when the enrollment decree of Augustus is mentioned and Joseph says, "I will enroll

97 JERVELL, op. cit., p. 187.

98 KOESTER, Einführung, p. 757 (= IDEM, Introduction, vol. 2, p. 319), notes, "... the only exception is 14:14 where the title seems to have slipped in inadvertently from Luke's source."

99 Ibid., p. 321.

100 The Protogospel of James must be later than the Gospels of Matthew and Luke which are used as sources. If Justin used the Protogospel of James, the terminus ad quem must be ca. 160. See CAMERON, Other, p. 108; KOESTER, Einführung, p. 782 (= IDEM, Introduction, vol. 2, p. 344); IDEM, Ancient, § 4.2.2; BROWN et al., Mary, p. 248; O. CULLMANN, Protoevangelium des Jakobus, in: Neutestamentliche Apokryphen, vol. 1, p. 278 (= IDEM, The Protoevangelium of James, in: New Testament Apocrypha, vol. 1, p. 372); E. COTHENET, Le Protoévangile de Jacques: origine, genre et signification d'un premier midrash chrétien sur la Nativité de Marie, ANRW II 25.6, ed. by W. HAASE, Berlin–New York, 1988, 4252–4269.

my sons" (17.2). As we are told of Joseph and the pregnant Mary going to Bethlehem, we are told "his son led" (17.4), perhaps a veiled reference to James himself. When Mary gives birth to Jesus, the midwife Salome examines Mary and testifies that her virginal nature is intact (20.1). At the end the author reveals himself:

> "Now I, James, who wrote this history in Jerusalem, there having arisen a clamor when Herod died, withdrew myself into the desert until the tumult in Jerusalem ceased." (25.1).

This account, which was to be very popular for many centuries, reinterprets James, not as a brother of Jesus, but as a stepbrother. It agrees with other sources that Jerusalem is the locale for James' work. But it also suggests that James as the witness and recorder of this sacred history was an adherent of Jesus' cause from the time of Jesus' birth! The impression is given that James wrote this account after the tumult that arose when Herod died and that the Herod in question was the same Herod mentioned in preceding sections, that is, Herod the Great who died in 4 B. C. E.[101] Thus, not only are the sons of Joseph present at the decisive events of this sacred history, but James bears his witness while Jesus is but an infant.

### 6. Hegesippus

Hegesippus, whom Eusebius describes as converted from among the Hebrews (HE IV.22.8), travelled as far as Rome (HE IV.22.1), gathering materials of "the unerring tradition of the apostolic preaching" (HE IV.8.2) to be used against "the counter-proclamation of Gnosis falsely so-called" (HE III.32.8). His view was that the *ekklesia* remained "a pure and uncorrupted virgin" until after the death of the apostles when "godless error" took its beginning (HE III.32.7, 8). According to Hegesippus, such was the case for the *ekklesia* in Jerusalem which was not corrupted during the time of its first two leaders, James and Symeon (HE IV.22.4). One may infer from what Hegesippus says that in the apostolic age all of the leaders taught the same apostolic preaching, so that James would not differ in that regard from the others.

In Book 5 of his Hypomnemata, c. 180 C. E. (preserved in Eusebius HE II.23.4 – 18), Hegesippus wrote at length concerning James and his martyrdom. Initially he designates James as "the brother (ἀδελφός) of the Lord," but elsewhere there is evidence that Hegesippus actually regarded James as the cousin (ἀνεψιός) of Jesus. In one instance he refers to Judas as one of the "so-called" (φερόμενοι) brothers of the savior (HE III.32.5). In four citations he refers to Symeon or Simon as the son of Clopas who was the brother of

[101] CULLMANN, loc. cit., suggests that the Herod may have been Herod Agrippa I (d. 44 C. E.). Although there are difficulties with the text, as it stands in P Bodmer V (3rd cent.), it would be more natural to identify Herod with the Herod of the preceeding sections, namely, Herod the Great.

Joseph (HE III.11) and the uncle (θεῖος) of the Lord (HE III.32.6; IV.22.4). Thus Hegesippus calls Symeon/Simon the cousin (ἀνεψιός) of the savior (HE III.11). Although Hegesippus, in the fragments preserved by Eusebius, never directly calls James a cousin, he does say that Symeon was appointed bishop because "he was another (δεύτερος) cousin of the Lord" (HE IV.22.4), implying that James was also a cousin.[102]

Hegesippus also claims that James was called

> " 'Just' (δίκαιος) by all men from the Lord's time to ours, since many are called James, but he was holy (ἅγιος) from his mother's womb" (HE II.23.4).

In fact, the earliest texts to use the title of the "Just" for James were the Gospel of Thomas and the Gospel of the Hebrews. In the latter, which according to Eusebius, Hegesippus knew (HE IV.22.8), no explanation is given for the title; it merely says that the risen Jesus gave bread to "James the Just and said to him, My brother ..." In the Gospel of Thomas, logion 12, the living Jesus tells his disciples,

> "Wherever you are, you are to go to James the Righteous (δίκαιος) for whose sake heaven and earth came into being."

Neither Paul nor the earlier sources we have surveyed used this title for James, but by the time of Hegesippus he believes that "all men from the Lord's time to ours" called James the "Just."

Furthermore, Hegesippus attempts to explain this title by pointing to James' holiness from birth, but his support for this is a novel development, compared to all previous references to James. Even the Protogospel of James, which makes James the eyewitness and recorder of the sacred history of the birth of Jesus, refrains from mentioning any special holy or righteous characteristics of James. A more plausible explanation for the title, the "Just," is that it came to be affixed to James as a martyr title after his death.[103] Already in Wisdom of Solomon 2:17 ff. the man on trial and condemned to death is the "Just" (δίκαιος). The adjective δίκαιος is characteristic of the martyrs of the past (Matt. 23:29, 35) and is applied to Jesus (Acts 3:14; 7:52; 22:14). In the Letter of James 5:6, the just one is the one killed by the wicked rich, a description in line with the Jewish view of the righteous martyr and reminiscent of Isaiah 3:10, "let us bind the righteous, because he is inconvenient to us," a passage quoted by Hegesippus in his description of James' death (HE. II.23.15). The death of James came to be well known as a martyr death in early Christian tradition with differing accounts in Hegesippus and the Second Apocalypse of James. Later in the Apostolic Constitutions V.8.1 the

[102] See MEYER and BAUER, Verwandtschaft, pp. 316–319 (= IDEM, Relatives, pp. 424–429). CAMPENHAUSEN, op. cit., p. 12, n. 57, argues that δεύτερος is to be taken with ἐπίσκοπος, not ἀνεψιός, so that Symeon is the "second bishop" and a cousin of James.

[103] For a different explanation, see HENGEL, Jakobus, pp.79–81.

martyrs are honored and James is first in order; in support Proverbs 10:7 is cited: "The memory of the righteous is a blessing. ..." Once the title "Just" was attached to James of Jerusalem, it would be easy for Hegesippus and others to understand it pointing also to the righteousness of James before his death and even from his mother's womb.

Hegesippus describes James as one who "drank no wine or strong drink" and "no razor went upon his head" (HE II.23.5). This is reminiscent of the Nazarite (Numbers 6:1–5) and of Samson (Judges 13:4, 5, 7, 14) and of Samuel (LXX I Sam. 1:11). Both Samson and Samuel were holy from birth, as Hegesippus claims for James. The further description that he did not eat meat[104] nor did he anoint himself with oil nor go to the baths gives James an ascetic cast. Furthermore in Hegesippus' account James appears priestlike, since "he alone was allowed to enter the holy place" (HE II.23.6) where he wore linen garments (see Lev. 6:10; 16:4), not mixed with wool (see Deut. 22:11).[105] In the temple he kneeled and prayed for forgiveness for the people so that "his knees grew hard like a camel's." Hegesippus explains that because of his superlative righteousness (ἡ ὑπερβολὴ τῆς δικαιοσύνης αὐτοῦ) he was called ὁ δίκαιος καὶ ὠβλίας, which Hegesippus interprets as "Rampart (περιοχή) of the people and righteousness, as the prophets declare concerning him" (HE II. 23.7).[106] Although Hegesippus goes beyond the "moderate Jewish-Christian" portrait of James in the Acts of the Apostles, painting a very Jewish picture of James with its Nazarite and priestly motifs, James is at the same time one who asserted to "some of the seven sects among the people" that Jesus was the savior (HE II.23.8) and that some believed because of James (HE II.23.9), even among the rulers (HE II.23.10). Although the Jews and the Scribes and Pharisees fear that the whole people will suppose Jesus is the Christ, they turn to James to dissuade the people on the day of the passover.[107] The stature of James in this account is heightened by the fact that twice the Scribes and Pharisees assert, "The people and we all obey you," and, furthermore, they assert, "For we and all the people testify that you are just (δίκαιος) and do not respect persons" (HE II.23, 10, 11). When the Scribes and Pharisees make James stand on the pinnacle of the temple, once again they repeat their obedience to James, but James proclaims the Son of Man in language similar

[104] Ἔμψυχος, literally something living, may mean animal. Although ἔμψυχος does not occur in the LXX, it could reflect the injunction of Genesis 9:4, πλὴν κρέας ἐν αἵματι ψυχῆς οὐ φάγεσθε; see also Lev. 17:10–12.

[105] E. Zuckschwerdt, Das Naziräat des Herrenbruders Jakobus nach Hegesipp (Euseb., h. e. II.23, 5–6), Zeitschrift für die neutestamentliche Wissenschaft 68 (1977), 276–287.

[106] See K. Baltzer and H. Koester, Die Bezeichnung des Jakobus als ΩΒΛΙΑΣ, Zeitschrift für die neutestamentliche Wissenschaft 46 (1955), 141 f. They note that the Septuagint of Obadiah 1:1 accounts for the interpretation of James as περιοχή and Hegesippus' reference to the prophets.

[107] The expression εἰς τὴν ἡμέραν τοῦ πάσχα does not occur in the Septuagint nor in Christian sources before Justin. Munck, op. cit., p. 109 (= pp. 116 f.), cites this among other details to show that "the Jewish touches" in Hegesippus' account are wrong. On the unhistorical nature of the account see also Campenhausen, op. cit., pp. 13 ff.

to Matthew 26:24, that he is sitting in heaven at the right hand of the great power and that he is about to come on the clouds of heaven (HE II.23.13). Only then do the Scribes and Pharisees realize their own mistake in providing such a witness (μαρτυρία) for Jesus, and they decide to throw James down, hoping thereby to dissuade the people (HE II. 23.14). The fall did not kill him, so they decided to stone him. James prays, "Father, forgive them, for they don't know what they are doing," words identical to those of Jesus in Luke 23:24 (HE II.23.16). A priest tried to stop the stoning, but a fuller took a club and killed James (HE II.23.18). He was buried by the temple, and Hegesippus says that James was a true witness (μάρτυς ἀληθής) both to Jews and Greeks that Jesus is the Christ. He adds that immediately Vespasian began to besiege the city of Jerusalem, suggesting that this incident was the immediate cause for judgment against the city.

Hegesippus' account differs considerably from that in Josephus. The role of the Sadducean high priest Ananus is replaced by the Scribes and Pharisees who, although impressed by James' righteousness, appear totally naive about James until his pinnacle speech. In Josephus' account James and others were charged with transgressing the law, but in Hegesippus the innocence of James is emphasized and attested by his own executioners who call him δίκαιος. Josephus knows only of a stoning, but Hegesippus' account adds the fall and the actual death by a fuller's club. And by tying the death of James to the siege of Jerusalem, Hegesippus has effectively moved the date of James' death from 62 to 67 C.E. But the account in Hegesippus is typical of Christian martyr accounts in which the hero is idealized, it is difficult to kill the martyr, and both scriptures and the model of Jesus' death shape and color the account.

Hegesippus continues and develops the trajectory from the Acts of the Apostles in several ways. Nowhere in the extant fragments is James called an apostle nor is he the recipient of a resurrection appearance. The "moderate Jewish-Christian" of the Acts of the Apostles has become in Hegesippus a Nazarite, priestly, righteous Jewish-Christian who could even fool the Pharisees and the Scribes. Already in the Acts of the Apostles there is the idea that heresy will arise only after the first generation (Acts 20:29, 30), and this is developed in Hegesippus so that he (and Symeon) insure the true faith. As in the Acts of the Apostles, James is the leader of the Jerusalem *ekklesia*, but Hegesippus appears to understand his leadership to be from the beginning, and he fails to mention Peter's earlier leadership, as does the Acts of the Apostles (compare also Paul).

### 7. Clement of Alexandria

The work of Hegesippus was probably used by Clement of Alexandria in his work, Hypotyposes, c. 200 C.E. In a fragment from Book 7 preserved by Eusebius, Clement wrote,

> "Now there were two James, one James the Just, who was thrown down from the pinnacle of the temple and beaten to death with a fuller's club, and the other, he who was beheaded" (HE II.1.5).

Although Clement makes no mention of the stoning of James, this appears to be a summary of the account written by Hegesippus.[108]

In the same fragment Clement wrote,

> "After the Resurrection the Lord gave the tradition of knowledge to James the Just and John and Peter, these gave it to the other Apostles and the other Apostles to the Seventy, of whom Barnabas also was one" (HE II.1.4).

James stands first among the three principle apostles, perhaps under the influence of the Gospel of Hebrews which Clement knew (Stromateis II.ix, 45). Something like this chain of tradition may have stood in Hegesippus, since he was interested in establishing "the unerring tradition of the apostolic preaching" (Eusebius, HE IV.8.2).

In another fragment from Book 6 of the Hypotyposes, Clement wrote:

> "For Peter and James and John after the Ascension of the Saviour did not struggle for glory, because they had previously been given honor by the Saviour, but chose James the Just as bishop of Jerusalem" (HE. II.1.3).

Here, for the first time in our survey we find the ecclesiastical title ἐπίσκοπος applied to James.[109] As we have seen, James was certainly a leader of the Jerusalem *ekklesia*, and by the time of Paul's second visit to Jerusalem he was probably the preeminent leader. Clement, like Hegesippus and Irenaeus, reads back into the tradition the title bishop, which in their own time signified their authority over against their "errant" opponents. In the extant fragments of Hegesippus he never calls James a bishop, but it may be implied in his account of Symeon, after the martyrdom of James when Symeon was appointed as bishop (Eusebius HE IV.22.4).

Although in Book 7 Clement mentions James first in the receipt of knowledge from the Lord, in Book 6 Clement states that Peter, James (of Zebadee?) and John chose James the Just as bishop, suggesting that the Just was dependent on the other three.[110]

## 8. Kerygmata Petrou

The Kerygmata Petrou contained in the "basic writing" which underlay the pseudo-Clementines, comes from Syria at the end of the second century C.E. G. STRECKER[111] has argued that "in the world from which the Kerygmata

[108] Eusebius notes that Hegesippus' account was in agreement with that of Clement. See MEYER and BAUER, Verwandtschaft, p. 314 (= IDEM, Relatives, p. 421; HENGEL, Jakobus, p. 75.

[109] See CAMPENHAUSEN, op. cit., p. 10.

[110] See HENGEL, Jakobus, pp. 83 f.

[111] G. STRECKER, Zum Problem des Judenchristentums, in: W. BAUER, Rechtgläubigkeit und Ketzerei im ältesten Christentum, Beiträge zur historischen Theologie 10, Tübingen, 2nd

derives, Jewish Christianity was the sole representative of Christianity and the problem of its relationship to the 'great church' had not yet arisen."[112] There is no basis to characterize this work as "Ebionite," a title that first appears in Irenaeus (Advs. Haer. 1.26.2). STRECKER argues that Ebionite was originally applied to a specific Jewish Christian group which felt especially obliged to uphold the ideal of poverty and that "Later the title was transformed by the heresiologists into a general designation for 'sectarian' Jewish Christianity."[113]

The Kerygmata Petrou consists of the Epistula Petri, the Contestio and lectures and debates of Peter. In the Epistula Petri Peter writes to James, "the Lord and bishop of the holy *ekklesia*" (EP 1:1). As in the case of Clement of Alexandria, James is called ἐπίσκοπος, and the *ekklesia* which he oversees is undoubtedly the one in Jerusalem. Peter beseeches James not to pass on to any one of the Gentiles nor to "any of your own tribe" before probation the books of Peter's preachings (EP 1:2). Guarding the tradition is reminiscent of the Apocryphon of James, except that here there is no secret revelation. James is to hand over the preachings to those properly examined, even as "Moses handed over his office of a teacher to the seventy" (EP 1:2, cf. 2:1; 3:1, 2). This is similar to Clement of Alexandria's assertion that the Lord gave the tradition of knowledge to James the Just and John and Peter who gave it to other apostles who gave it to the seventy (apud Eusebius, HE II.1.4). The purpose of guarding the preachings of Peter is to prevent "our word of truth" from being "split into many opinions" (EP 2:2). Peter accuses "the man who is my enemy" of distorting his words "whilst I am still alive" (EP 2:3, 4). The allusions to Galatians makes clear that Peter refers to the Apostle Paul as this enemy. The distortion concerns the law, and Peter protests that he did not teach the dissolution of the law. Against such a position Peter quotes a saying of the Lord, "Heaven and the earth will pass away, but one jot or one tittle shall not pass away from the law" (EP 2:5, a harmonization of Matt. 24:35 and 5:18).

The anti-Pauline position taken here and elsewhere in the Kerygmata Petrou is tied to the controversy between Peter and Paul in Antioch, as recorded in Galatians 2:11 ff. The anti-Pauline position obviously includes James. It is impossible to say that this anti-Pauline position represents an unbroken tradition preserved from the time of the Antioch incident.[114]

edn., 1964, pp. 260 ff. (= IDEM, On the Problem of Jewish Christianity, in: W. BAUER, Orthodoxy and Heresy, Philadelphia, 1971, pp. 258 ff.). IDEM, Die Kerygmata Petrou, in: Neutestamentliche Apokryphen, vol. 2, p. 68 (= IDEM, The Kerygmata Petrou, in: New Testament Apocrypha, vol. 2, p. 110).

112 STRECKER, Problem, p. 273 (= IDEM, Problem, p. 271); see also p. 265 (= pp. 262 f.).

113 Ibid., p. 273 (= p. 273); see also J. E. TAYLOR, The Phenomenon of Early Jewish-Christianity: Reality or Scholarly Invention?, Vigiliae Christianae 44 (1990), 313–334. For a contrary view see H.-J. SCHOEPS, Theologie und Geschichte des Judenchristentums, Tübingen, 1949; IDEM, Das Judenchristentum. Untersuchungen über Gruppenbildungen und Parteikämpfe in der frühen Christenheit, Bern, 1964 (= IDEM, Jewish Christianity, Philadelphia, 1969).

114 But see G. LUEDEMANN, Paulus, der Heidenapostel, vol. 2: Antipaulinismus im frühen Christentum, FRLANT 130, Göttingen, 1983.

STRECKER argues that the anti-Paulinism reflects a later development, that is, after Peter's death (see EP 2:7), and that his knowledge derives essentially from literary sources, namely, the Pauline letters and picture of Paul in the Acts of the Apostles.[115]

Although STRECKER argues that the problem of the relationship of this Jewish Christian tradition to the "great church" had not yet arisen, one should entertain the possibility that the anti-Pauline polemic had as its „*Sitz im Leben*" the relationship to Marcionite Christians who appealed to their true (and only) apostle, Paul. Marcion also appealed to Galatians 2, but in order to show that Peter was a false apostle, condemned by Paul.[116] This is turned around and refuted in the Kerygmata Petrou (H. 17:19). Although in the Kerygmata Petrou Peter upholds the law, he also teaches that there are false pericopes that have been interpolated into it (H. 3:47), presumably "sacrifices, bloodshed and sprinklings" (H. 3:26:3), which were among the things in the Old Testament which offended Marcion. In the Kerygmata Petrou Peter affirms "one God" (EP 1:3) who is the creator (H. 2:16:1), and he claims that it is a grievous sin to assert that Adam who possessed the spirit of divine foreknowledge was created by any other than the Creator of all things (H. 3:17:1). Manifestation of the "true prophet" before Christ, beginning with Adam, is reminiscent of the anti-Marcionite polemic in III Corinthians. If, as STRECKER argues, the Kerygmata Petrou developed from a tradition in the region bordering Osroenian Syria,[117] it is not unreasonable to argue that the anti-Paulinism of Peter, and thus of James, is really anti-Marcionite since we know of Marcionite Christian Osroene prior to 200 C. E.[118]

Nothing more is added about James in the Kerygmata Petrou. Peter is the primary character, but James exercises authority as bishop over the Jerusalem *ekklesia*. This authority will continue in the development of the pseudo-Clementines where James is ordained bishop by the Lord (R. 1:43), he presides over the Twelve Apostles (R. 1.44), he dispatches Peter (R. 1.72), etc.

## 9. First Apocalypse of James

In the First Apocalypse of James (NHC V, 3) James appears as the bearer of a revelation whose theology is entirely gnostic.[119] It appears to have emerged out of Jewish Christianity from Syria.[120]

115 STRECKER, Problem, pp. 265 f. (= IDEM, Problem, p. 263).

116 A. v. HARNACK, Marcion: das Evangelium vom fremden Gott. Eine Monographie zur Geschichte der Grundlegung der katholischen Kirche, TU 45, 1924, repr. Darmstadt, 1960, pp. 257 ff.

117 STRECKER, Problem, p. 267 (= IDEM, Problem, p. 264).

118 KOESTER, GNOMAI, pp. 118, 133 (= pp. 127, 142).

119 KOESTER, Einführung, p. 653 (= IDEM, Introduction, vol. 2, p. 213). Compare the assessment of the Apocryphon of James above.

120 IDEM and W. R. SCHOEDEL, The First Apocalypse of James (V, 3), in: ROBINSON, Nag Hammadi, p. 260.

James, the recipient of the revelation, is addressed by the Lord as "my brother" (24:13 – 15), but it is added that James is not the Lord's brother "materially" (24:15, 16). The setting for the first revelation is Jerusalem the day before the Lord is to be seized (25:7 – 15). The Lord warns James that he too will be seized and counsels James to leave Jerusalem (25:14, 15). The Lord is from Him Who Is (24:23)[121] and James will reach Him Who Is and be no longer James but will be One Who Is (27:7 – 10). James, who regularly addresses the Lord as "Rabbi" in the dialogue (25:10 et al.), asks in what way he will reach Him Who Is (27:14, 15), and the Lord reveals that the powers are really armed against himself (27:23).

The second revelation takes place after James has heard of the Lord's sufferings (30:13, 14). James is walking on the mountain with his disciples (30:18 – 22). The crowd disperses and James remains in prayer, as was his custom (30:28 – 30:1). Then the Lord appears to James who kissed him (31:2 – 4). James expresses his distress concerning the Lord's suffering, but the Lord replies, "Never have I suffered in any way" (31:18, 19). Then, in a fragmentary passage, the Lord says

> "[The] just [...] is his servant. Therefore your name is 'James the Just' " (31:32 – 32:3).

The text continues, "Now since you are a just man of God, you have embraced me and kissed me" (32:6 – 8). Unlike the account in Hegesippus where James is righteous from birth and where even the Pharisees and Scribes recognize him as righteous, here the title "the Just" is bestowed on James by the Lord after his "suffering" and because James is his servant, expressing it by his embrace and kiss. The Lord foretells the sufferings of James (32:17, 18) when three of the toll collectors will seize him (33:5 – 7).[122] They come from the lower wisdom, Achamoth (34:3), and they are a type of the twelve disciples (36:2). James is to hide these things and reveal them to Addai (36:15, 16), later known as the apostle to Edessa and identified as one of the Seventy in other sources.[123] When James departs, "immediately war will be [made] with this land. [Weep], then, for him who dwells in Jerusalem" (36:16 – 19). The connection between James' death and the destruction of Jerusalem we have already seen in Hegesippus. The Lord tells James to cast away from himself all unlawfulness (40:19, 20) and to encourage Salome and Mariam (40:25). At the end of the revelation, James "rebuked the twelve, and cast [out] of the contentment [concerning the] way of knowledge" (42:21 – 24).[124] At the end

[121] This name of God is derived from Exod. 3:14 and is one of several features which point to a Jewish-Christian origin. See KOESTER, Einführung, loc. cit. (= IDEM, Introduction, loc. cit.).

[122] *Formulae* are given to protect James on his upward journey. See W. R. SCHOEDEL, Scripture and the Seventy-two Heavens of the First Apocalypse of James, Novum Testamentum 12 (1970), 118 – 129.

[123] Compare Clement of Alexandria and Kerygmata Petrou where James hands traditions on to the Seventy. See HENGEL, Jakobus, p. 86.

[124] PERKINS, Dialogue, p. 144.

of the document it is said (it is not clear by whom), "We have no part in this blood, for a just man will perish through injustice" (43:17–21).

We have seen in the Apocryphon of James that although James is counted as one of the twelve, he and Peter are carefully distinguished from the rest of the twelve. Now in the First Apocalypse of James, James is seen as both distinguished from the twelve and superior to them as the bearer of true gnosis.

### 10. Second Apocalypse of James

The Second Apocalypse of James (NHC V, 4) presents a discourse of James within which are revelations of the Lord, a narrative of the martyrdom of James and James' final prayer. The whole is prefaced with these words:

> "This is [the] discourse that James [the] Just spoke in Jerusalem, [which] Mareim, one [of] the priests, wrote. He had told it to Theuda, the father of the Just One, since he was a relative of his" (44:13–20).

Surprisingly, Theudas, not Joseph, is named the father of James. There may, however, be some confusion in the tradition with Thaddeus (= Addai), the one to whom James was to pass on the revelation in the First Apocalypse of James (36:15 ff.).[125] But as the text stands, James appears to be of a priestly family since Mareim, a kinsman of his father Theudas, was one of the priests.

The frame of Mareim's narrative places the discourse of James at the temple, sitting above the people (45:23–25), which is consistent with the end of James' discourse where James refers also to the temple (60:1–24).

In the discourse James discloses that he has received revelation from the Pleroma (46:6–8) and that he is rich in knowledge (47:7, 8). James claims, "That which was revealed to me was hidden from everyone" (47:16, 17). There appears to follow a revelation from the Lord, although the lacuna at the top of column 48 makes it difficult to know who is speaking thereafter.

Again James addresses the people, saying that once when he was sitting and deliberating, the one whom the people hated and persecuted opened the door and came to James (50:5–10). The Lord addressed James, "Hail, my brother; my brother, hail" (50:11, 12). James' mother explains that the Lord addresses him as "My brother" because both of them "were nourished with this same milk" and that is why the Lord calls her "My mother." This appears to be a different explanation of the relationship between James and Jesus than is offered either by the Protogospel of James where James is not the son of Mary but Jesus is, or by Hegesippus where James appears to be a cousin of Jesus. In the Second Apocalypse of James, the Lord appears not to have been

[125] S. K. Brown, Jewish and Gnostic Elements in the Second Apocalypse of James (CG V, 4), Novum Testamentum 17 (1975), 225; cf. A. Boehlig, Zum Martyrium des Jakobus, Novum Testamentum 5 (1962), 208 = Idem, Mysterion und Wahrheit. Gesammelte Beiträge zur spätantiken Religionsgeschichte, Leiden, 1968, pp. 112–118.

born of the one alleged to be his mother.[126] The Lord also reveals to James, "Your father is not my father," but adds, "But my father has become a father to [you]" (51:19–22).

The Lord continues to reveal the inheritance and tells James that he wishes to reveal through James "in order that he might reveal [to those] who are yours" (55:3–6). James is to open the door (cf. Hegesippus, ἡ θύρα τοῦ Ἰησοῦ)[127] and escort those who are ready for it (55:11–14). The Lord then calls James "an illuminator and a redeemer," one who will reveal to them (55:17, 18, 20, 21). They will admire James "because of every powerful (deed)" (55:22, 23). They will come to rest, become kings and have pity for the sake of James (56:2, 4, 5). And the Lord gives primacy to James, saying, "For just as you are first having clothed yourself, you are also the first who will strip himself, and you shall become as you were before you were stripped" (56:7–13), probably referring to James' imminent martyrdom.

In the discourse James says that the Lord kissed his mouth and called him "My beloved" (56:14–16). The Lord bids James to stretch out his hand and take hold of him, but when James does so he did not find him as he thought he would be (57:10–14).

James then addresses the "judges," whom he exhorts to repent and turn to the Father. He reminds them, "I am the Just One" (59:22). James reported that he heard the temple music, but that the Lord had closed the ears of the unbelieving judges so that they would not believe James' words. Then James pronounced judgment: "This (house) I shall doom to destruction and derision of those who are in ignorance" (60:20–22). As in the First Apocalypse of James and in Hegesippus, the death of James is understood to be tied to the destruction of Jerusalem and/or the temple.

The narrator then describes the anger of the crowd who cry out, "Come, let us stone the Just One" (61:13, 14; cf. Hegesippus, λιθάσωμεν Ἰάκωβον τὸν δίκαιον).[128] The crowd also cried out, "Yes, let us kill this man, that he may be taken from our midst. For he will be of no use to us" (61:16–19). These words stem from Isaiah 3:10 which appears in Hegesippus' account, not as the words of the crowd, but as a quotation which Hegesippus says was fulfilled by the crowd.[129] The crowd cast James down from the height of the temple, seized him and struck him and dragged him and stretched him out and placed a stone on him and said, "You have erred" (61:23–62:7; cf. Hegesippus, ὁ δίκαιος ἐπλανήθη).[130] James was forced to dig a hole, where then they stoned him. The account closes with a prayer of petition which corresponds to the form of the psalms of lamentations in the Old Testament.[131]

As we have indicated, the account of the death of James in the Second Apocalypse of James is similar in some respects to that given by Hegesippus

126 See E. Pagels, The Gnostic Gospels, New York, 1979, pp. 52 f.
127 Eusebius, HE II.23.12.
128 Eusebius, HE II.23.16.
129 Eusebius, HE II.23.15.
130 Eusebius, HE II.23.15.
131 Koester, Einführung, p. 653 (= Idem, Introduction, vol. 2, p. 214).

(and the briefer account in Clement of Alexandria which may depend on Hegesippus). But there is no literary dependence. For example, in three points of contact, (1) the crowd crying out to stone James, (2) the language of Isaiah 3:10, and (3) the charge that James erred, the order of these threee is the reverse in Hegesippus. The scripture quotation of Isaiah 3:10 has become narrative in the Second Apocalypse of James. And missing in the Second Apocalypse of James is death by the fuller's club; instead, James dies by stoning (as Josephus reported). Nevertheless, we deal with a common tradition of the martyrdom of James.[132]

But more important in the Second Apocalypse of James is the emergence of James, as especially in 55:15 – 56:13, a "Gnostic redeemer."[133]

## *Conclusion*

Most of the developments in the traditions about James of Jerusalem have their roots in what we know about the 'historical James,' but these developments are explicable by changes in the life of Christian communities through the first two centuries.

Paul called James an apostle, but apostles were for Paul not limited to the Twelve. The tradition of the Apocryphon of James as well as that of the Acts of the Apostles share the idea of the Twelve as somehow foundational; but the Apocryphon of James includes James among the Twelve while the Acts of the Apostles does not. In one instance Clement of Alexandria includes James among the apostles (he doesn't mention the Twelve), but in the First Apocalypse of James, James is separate from and superior to the Twelve. This variety is at home in the second century where various Christian communities were attempting to establish the legitimacy of their own authority by appeal to those who exercised authority in the first generation.

This is all the more obvious when we follow the trajectory of James' reception of a resurrection appearance, beginning with Paul's simple assertion that the risen Christ appeared to James. In the Gospel of the Hebrews, the Apocryphon of James, Clement of Alexandria, and both the First and Second Apocalypse of James, James assumes a position of priority in the appearances of Jesus. But also the appearance becomes an occassion for revelation in the Apocryphon of James and both the First and Second Apocalypse of James. Thus James becomes a bearer of revelation, and in the latter two, a bearer of gnostic revelation.

That James was a leader of the Jerusalem *ekklesia*, as witnessed by Paul (and Josephus), is not disputed in any of our sources. The only difference is

[132] BROWN, Jewish, p. 231, accounts for the difference as arising "simply in the process of retelling the story in oral form." See also D. LITTLE, The Death of James, unpublished Ph. D. dissertation, Rice University, 1971.

[133] C. W. HEDRICK, The Second Apocalypse of James (V. 4), in: ROBINSON, Nag Hammadi, p. 269.

at what time he became such a leader and what he was called. The tendency in several sources is to assert James' prominence from the very beginning, at the expense of Peter's early prominence in Jerusalem according to Paul (and followed by the Acts of the Apostles). James' prominence is not accompanied with any anti-Petrine animus in sources such as the Apocryphon of James or Clement of Alexandria or the Kerygmata Petrou, or presumably Hegesippus. As the doctrine of Apostolic succession arises, it may have been sufficient to associate Peter with Rome, and not Jerusalem. Clement of Alexandria and the Kerygmata Petrou (and perhaps Hegesippus) call James bishop, again a development at home in the late second century attempts to establish Apostolic succession of bishops. But the growth in traditions about the prominence of James as bishop of the Jerusalem *ekklesia* had a limit. While James of Jerusalem was a leader of the Jerusalem community, and this was remembered and enhanced in various circles, the Jerusalem *ekklesia* could not compete with the *ekklesia* of Rome after the Jewish-Roman War of 66–70 C.E. and the rising importance of the Roman *ekklesia* at the end of the second century.

That James was a brother of the Lord, as Paul (and Josephus) noted, became problematic as communities developed their christologies. Changes in the view of Jesus and his birth and subsequently in the view of Mary necessitated reinterpretation of the fraternal relationship of James to Jesus. But the references in the Protogospel of James, Hegesippus, and both the First and Second Apocalypses of James represent a variety of solutions.

Paul witnessed to the fact that James was a Jew and had a mission to the Jews. After the Jewish-Roman War of 66–70 C.E., many forms of Christianity adopted a dialectical relationship to Jerusalem. On the one hand anti-Judaism grew, but on the other hand Christians (except Marcion) laid claim to the Jewish scriptures and in various ways used and incorporated Jewish motifs, moving in some ways beyond what Paul had required of Gentiles. In this context the 'Jewishness' of James develops from the Acts of the Apostles to Hegesippus and the Second Apocalypse of James, all of which are marked by anti-Jewish criticism of Jewish leaders but which portray James as righteous according to the Law. Paul portrayed James as supportive of Paul's gospel to the Gentiles, and that amicable relationship continues in the Acts of the Apostles, although both James and Paul appear in that source as "moderate Jewish Christians." Not until Marcion does enmity between Peter and Paul appear, and in the Kerygmata Petrou this enmity reappears, including James on the side of Peter.

The death of James, which Josephus reports, led to James' prominence as a martyr, but the Christian telling and re-telling of the story led to an elaborate account represented in two slightly different accounts in Hegesippus and the Second Apocalypse of James. As in other martyr-accounts, the martyr is holy and righteous, attempts to kill him are not successful at first, fulfillment of prophecy is recognized and the ordeal is shaped by imitation of Jesus' death. It may be in this tradition that James acquired the title, the Just, a title not attested by Paul or Josephus.

We have omitted reference to another source which bears the name of James, the Letter of James. This source, like the Apocryphon of James, the Acts of the Apostles and the Protogospel of James, fails to use identifying descriptions, such as brother of the Lord or the Just. Nor does it explicitly tie the author to Jerusalem, although the address to "the twelve tribes in the dispersion" (1:1) might suggest that the author is writing from Jerusalem. The Letter of James tells us nothing about James except that he is a teacher (3:1). In this letter James offers paraenesis which is eschatologically grounded and which emphasizes communal relations.[134] The authorship and date of the Letter of James has been in question, based, inter al., on the supposed anti-Pauline character of the Letter of James' treatment of "faith and works" (2:14–26),[135] which in turn has been influenced by assumptions about "James the Just," assumptions often influenced by Hegesippus' account. Here we would only note that the Letter of James does not fit into any of the trajectories we have traced. Either it came from James of Jerusalem and thus supplements what we know of the 'historical James,' or it represents a later, independent development which had no interest in James as apostle, recipient of a resurrection appearance, brother of Jesus, leader of the Jerusalem *ekklesia*, or martyr. But it was these themes which provided the interest of others who told and re-told the story of James of Jerusalem.

[134] R. B. Ward, Partiality in the Assembly: James 2:2–4, Harvard Theological Review 62 (1969), 87–97.

[135] R. B. Ward, The Works of Abraham, Harvard Theological Review 61 (1968), 283–290.

**Band 18:** Religion (Heidentum: Die religiösen Verhältnisse in den Provinzen). 6 Teilbände.
1: XV, S. 1–871. 1986. DM 580,–
2: XI, S. 873–1655. 1989. DM 540,–
3: XII, S. 1657–2211. 1990. DM 390,–
4: XII, S. 2213–2797. 1990. DM 418,–
5: In Vorbereitung.
6: In Vorbereitung.

**Band 19:** Religion (Judentum: Allgemeines; Palästinisches Judentum). 2 Halbbände.
1: XVI, 875 S. 1979. DM 398,–
2: VIII, 688 S. 1979. DM 305,–

**Band 20:** Religion (Hellenistisches Judentum in römischer Zeit, ausgenommen Philon und Josephus). 2 Halbbände.
1: IX, S. 1–668. 1987. DM 410,–
2: VIII, S. 669–1304. 1987. DM 390,–

**Band 21:** Religion (Hellenistisches Judentum in römischer Zeit: Philon und Josephus). 2 Halbbände.
1: X, S. 1–759. 1984. DM 400,–
2: X, S. 761–1342. 1984. DM 320,–

**Band 23:** Religion (Vorkonstantinisches Christentum: Verhältnis zu römischem Staat und heidnischer Religion). 2 Halbbände.
1: X, S. 1–868. 1979. DM 388,–
2: VIII, S. 869–1557. 1980. DM 306,–

**Band 25:** Religion (Vorkonstantinisches Christentum: Leben und Umwelt Jesu; Neues Testament [Kanonische Schriften und Apokryphen]). 6 Teilbände.
1: XVI, S. 1–890. 1982. DM 420,–
2: X, S. 891–1885. 1984. DM 490,–
3: X, S. 1887–2646. 1985. DM 440,–
4: XII, S. 2647–3618. 1987. DM 585,–
5: XII, S. 3619–4194. 1988. DM 360,–
6: XIV, S. 4195–4795. 1988. DM 375,–

**Band 26:** Religion (Vorkonstantinisches Christentum: Neues Testament [Sachthemen]). 6 Teilbände.
1: XXV, S. 1–812. 1992. DM 578,–
2: In Vorbereitung.
3: In Vorbereitung.
4: In Vorbereitung.
5: In Vorbereitung.
6: In Vorbereitung.

**Band 29:** Sprache und Literatur (Sprachen und Schriften). 3 Teilbände.
1: XVI, S. 1–506. 1983. DM 280,–
2: IX, S. 507–1249. 1983. DM 410,–
3: ca. 850 Seiten. (in Vorbereitung).

**Band 30:** Sprache und Literatur (Literatur der augusteischen Zeit: Allgemeines; Einzelne Autoren). 3 Teilbände.
1: XII, S. 1–896. 1982. DM 410,–
2: VIII, S. 897–1444. 1982. DM 280,–
3: VIII, S. 1445–2158. 1983. DM 360,–

**Band 31:** Sprache und Literatur (Literatur der augusteischen Zeit: Einzelne Autoren, Forts. [Vergil, Horaz, Ovid]). 4 Teilbände.
1: X, S. 1–706. 1980. DM 315,–
2: VIII, S. 707–1400. 1981. DM 295,–
3: VIII, S. 1401–2158. 1981. DM 340,–
4: VIII, S. 2159–2783. 1981. DM 270,–

**Band 32:** Sprache und Literatur (Literatur der julisch-claudischen und der flavischen Zeit). 5 Teilbände.
1: XI, S. 1–650. 1984. DM 360,–
2: X, S. 651–1454. 1985. DM 460,–
3: X, S. 1455–2066. 1985. DM 360,–
4: X, S. 2067–2678. 1986. DM 380,–
5: X, S. 2679–3346. 1986. DM 420,–

**Band 33:** Sprache und Literatur (Allgemeines zur Literatur des 2. Jahrhunderts und einzelne Autoren der trajanischen und frühhadrianischen Zeit). 6 Teilbände.
1: XVI, S. 1–847. 1989. DM 530,–
2: XII, S. 849–1647. 1990. DM 498,–
3: XII, S. 1649–2382. 1991. DM 498,–
4: XV, S. 2383–3259. 1991. DM 590,–
5: XV, S. 3261–3959. 1991. DM 470,–
6: XV, S. 3961–4915. 1992. DM 640,–

**Band 36:** Philosophie, Wissenschaften, Technik (Philosophie). 7 Teilbände.
1: XVI, S. 1–712. 1987. DM 438,–
2: XII, S. 713–1322. 1987. DM 375,–
3: XV, S. 1323–2252. 1989. DM 580,–
4: XVII, S. 2253–3243. 1990. DM 630,–
5: XVIII, S. 3245–3792, 1*–25*. 1992. DM 392,–
6: XIX, S. 3793–4411. 1992. DM 422,–
7: In Vorbereitung.

WALTER DE GRUYTER · BERLIN · NEW YORK